भोजपुरी-हिंदी-अंग्रेजी शब्दकोश

ज्ञान शांति मैत्री

महात्मा गांधी अंतरराष्ट्रीय हिंदी विश्वविद्यालय, वर्धा

भोजपुरी-हिंदी-अंग्रेजी शब्दकोश

प्रधान संपादक

अरुणेश नीरन

संपादक

अर्जुन तिवारी

उपसंपादक

सूर्यदेव पाठक 'पराग'

प्रकाश उदय

धनजी प्रसाद

राजकमल प्रकाशन

संरक्षक : गिरीश्वर मिश्र

ISBN : 978-93-88183-28-4

मूल्य : ₹999

पहला संस्करण : 2018

प्रकाशक : राजकमल प्रकाशन प्रा. लि.
1-बी, नेताजी सुभाष मार्ग, दरियागंज
नई दिल्ली-110 002

शाखाएँ : अशोक राजपथ, साइंस कॉलेज के सामने, पटना-800 006
पहली मंजिल, दरबारी बिल्डिंग, महात्मा गांधी मार्ग, प्रयागराज-211 001
1, अनमोल सोराबजी संतुक लेन, धोबी तलाव, मरीन लाइंस, मुम्बई-400 002

वेबसाइट : www.rajkamalprakashan.com
ई-मेल : info@rajkamalprakashan.com

मुद्रक : बी.के. ऑफसेट
नवीन शाहदरा, दिल्ली-110 032

BHOJPURI-HINDI-ENGLISH SHABDKOSH
Edited by Arunesh Neeren, Arjun Tiwari

महापंडित राहुल सांकृत्यायन
भिखारी ठाकुर
महेंदर मिसिर
की परंपरा को...

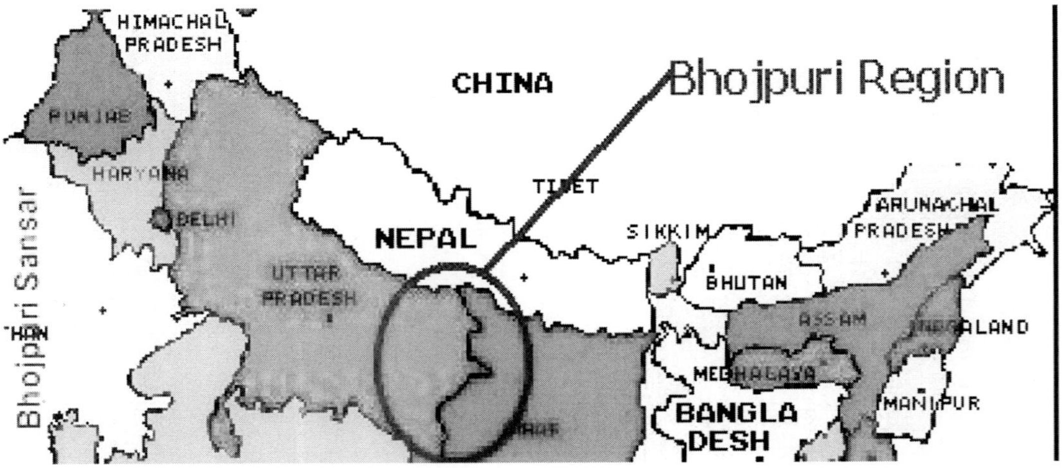

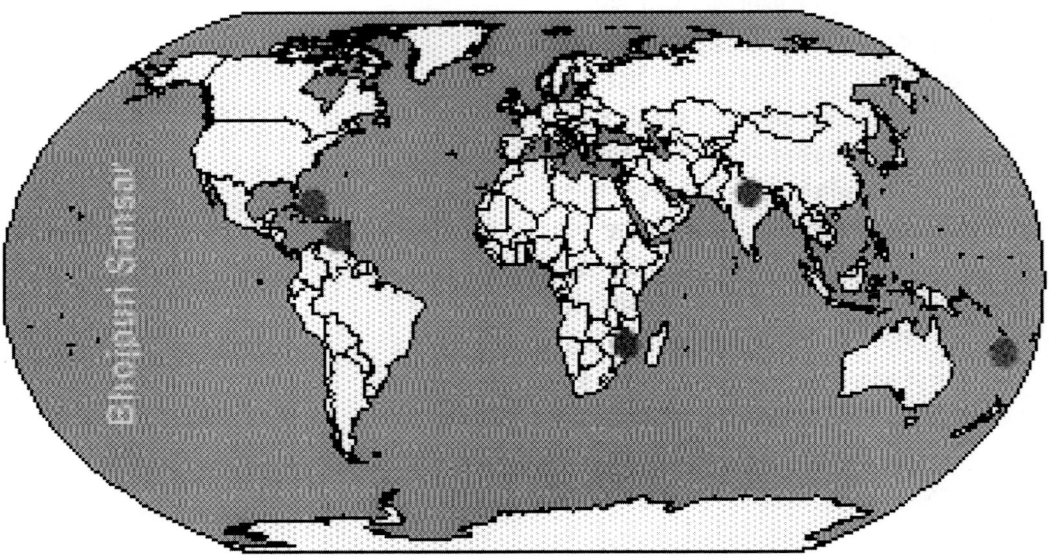

● Bhojpuri Area in the World

भोजपुरी क्षेत्र

पुरोवाक्

भाषा एक अनोखी मानव-संपदा है और प्रत्येक भाषा अपने बोलनेवालों की प्राण-नाड़ी सरीखी होती है। अपने लिखित और मौखिक रूप में वह उन्हें अपने अनेकानेक कार्यों का संपादन करने के लिए सक्षम बनाती है। इनमें अभिव्यक्ति, संवाद, संचार और रचनात्मक प्रतिभा को आकार देने के कार्य विशेष रूप से उल्लेखनीय हैं। अतः यह स्वाभाविक है कि समाज की अस्मिता के चिह्न के रूप में भाषा का जीवन उसे प्रयोग में लानेवाले समाज के अस्तित्व के समानांतर ही चलता है। भाषा देश और स्थान विशेष के मानव समुदाय की संस्कृति और विचारधारा का दर्पण हुआ करती है। सामाजिक स्मृति के रूप में वह उन मान्यताओं और संस्कारों का अभिलेख भी प्रस्तुत करती है जो उस देश ने युगों-युगों से सँजो रखा है। इस दृष्टि से हिंदी भाषा पर विचार करते समय हम उसकी सहभाषाओं के अवदान को नहीं भुला सकते क्योंकि हिंदी की असली शक्ति उसकी तद्भव संपदा में है। इन तद्भवों का एक बड़ा स्रोत उसकी सहभाषाएँ और बोलियाँ हैं। इन जनपदीय भाषाओं में रचे साहित्य ने भक्ति आंदोलन और देश के स्वतंत्रता-संग्राम में विशेष योगदान किया था। हिंदी और उसकी सहभाषाओं के बीच आदान-प्रदान सतत बना रहा और उससे हिंदी निखरती गई। यह कहना अतिशयोक्ति नहीं होगी कि तुलसी, कबीर, सूर, रैदास, मीरा जैसी विभूतियों को लेकर ही हिंदी 'हिंदी' है। ये सभी महान रचनाकार अपनी रचनाएँ हिंदी की सहभाषाओं अवधी, ब्रज, भोजपुरी और राजस्थानी में रच रहे थे। ये भाषाएँ ग्रामीणजन के जीवन में व्याप्त थीं और अभी भी प्रयुक्त हैं। हिंदी की जीवंतता, शक्ति और चेतना ग्रामवासिनी भारत के जनपदों से प्राप्त होगी। इस तथ्य की सार्थकता हेतु जनपदीय भाषाओं के शब्दकोशों की आवश्यकता स्वयंसिद्ध है।

जैसा कि ज्ञात है हिंदी की समृद्धि का एक अजस्र स्रोत उसकी अनेक जनपदीय भाषाएँ हैं। उदाहरण के लिए अवधी, ब्रज और भोजपुरी की शब्द-संपदा पाकर हिंदी को माधुर्य और प्रस्तुति की नई भंगिमा मिलती है। उसे खोकर हिंदी निश्चय ही दुर्बल होगी। चूँकि औपचारिक भाषा के रूप में आज खड़ी बोली हिंदी ही अधिक प्रचलित हो रही है, इसलिए जनपदीय भाषाएँ अतिरिक्त ध्यान की अपेक्षा करती हैं। आज नगरीकरण और वैश्वीकरण से सब कुछ एकसार हुआ जा रहा है और भाषाओं की विविधता पर खतरा मँडराने लगा है। अब भाषाएँ तिरोहित होने लगी हैं और भाषाओं की मृत्यु एक गंभीर चिंता का विषय बन रहा है। ऐसे में हिंदी भाषा का दायित्व बढ़ जाता है।

उपर्युक्त पृष्ठभूमि में भाषा-संरक्षण के लिए महात्मा गांधी अंतरराष्ट्रीय हिंदी विश्वविद्यालय, वर्धा ने विभिन्न जनपदीय भाषाओं के कोश-निर्माण का कार्य शुरू किया है। इस क्रम में भोजपुरी-हिंदी-अंग्रेजी का त्रिभाषी कोश प्रथम उपलब्धि है। भोजपुरी भारत के उत्तर प्रदेश और बिहार क्षेत्र में प्रचलित एक जीवंत भाषा है। साथ ही मारीशस, सूरीनाम, त्रिनिदाद, गुयाना, फिजी

आदि देशों में भारतवंशियों के बीच भी भोजपुरी का प्रयोग प्रचलित है। इस तरह भोजपुरी हिंदी के अंतरराष्ट्रीय परिप्रेक्ष्य का एक विशेष हिस्सा है जिसकी उपेक्षा नहीं की जा सकती।

हमें इस कोश को प्रस्तुत करते हुए बड़ा हर्ष हो रहा है। कोश-निर्माण के चुनौती-भरे कार्य को समयबद्ध ढंग से और व्यवस्थित रूप से संपन्न करने के लिए भोजपुरी और हिंदी भाषा और साहित्य के मर्मज्ञ और अंतरराष्ट्रीय स्तर पर भोजपुरी के ख्यातिलब्ध अध्येता और एक समर्पित संस्कृतिकर्मी डॉ. अरुणेश नीरन के नेतृत्व में भोजपुरी के गंभीर अध्ययन में संलग्न अध्येताओं के एक दल ने कार्य किया। इस दल के सदस्य डॉ. अर्जुन तिवारी, श्री सूर्यदेव पाठक 'पराग', डॉ. धनजी प्रसाद और डॉ. प्रकाश उदय भोजपुरी भाषी हैं, भाषाविज्ञान और भोजपुरी साहित्य में दखल रखते हैं। इन महानुभावों ने इस योजना को संपन्न करने में अथक परिश्रम किया है। इस हेतु उन्हें हृदय से साधुवाद। कोश-कार्य की दिशा और गुणवत्ता को सुनिश्चित करने के लिए परामर्शदाताओं ने सुझाव दिए, जिसके लिए मैं उनके प्रति आभार प्रकट करता हूँ।

आशा है, यह प्रयास हिंदी और जनपदीय भाषाओं के अध्ययन के लिए एक महत्त्वपूर्ण संसाधन सिद्ध होगा। इसमें संशोधन और संवर्धन हेतु सुझावों की प्रतीक्षा रहेगी।

—गिरीश्वर मिश्र
कुलपति

जोग लिखी...

महात्मा गांधो अंतरराष्ट्रीय हिंदी विश्वविद्यालय, वर्धा की ओर से प्रकाशित 'भोजपुरी-हिंदी-अंग्रेजी शब्दकोश' आपके हाथों में देते हुए हमें असीम प्रसन्नता का अनुभव हो रहा है। भोजपुरी भाषा, साहित्य एवं लोक-साहित्य की दृष्टि से एक अत्यंत समृद्ध भाषा है। भारत में इसके बोलनेवालों की संख्या बीस करोड़ से अधिक है। भारत के अतिरिक्त मारीशस, सूरीनाम, फिजी, गुयाना, त्रिनिदाद आदि देशों में भी भोजपुरी बोली जाती है। मारीशस में तो फ्रेंच और अंग्रेजी के साथ इसे 'ऑफिशियल लैंग्वेज' का दर्जा प्राप्त है। भारतीय भाषाओं में भोजपुरी अकेली भाषा है जिसे सही अर्थों में विश्व-भाषा का स्थान दिया जा सकता है।

इतनी लंबी और समृद्ध परंपरा, सर्जनात्मक और लोक-साहित्य का इतना बड़ा भंडार होने और संख्या की दृष्टि से भारत में बोली जानेवाली दूसरी सबसे बड़ी भाषा होने के बावजूद भोजपुरी का कोई बड़ा शब्दकोश नहीं था। दो-तीन कोश थे भी तो वे अपर्याप्त थे क्योंकि किसी की भी शब्द संख्या छः हजार से ज्यादा नहीं थी। भारत और विदेशों में भोजपुरी के अध्ययन-अध्यापन में लगे लोगों और सामान्य पाठकों को इससे असुविधा होती थी।

जुलाई, सन् 2014 को मैं आवासीय लेखक के रूप में महात्मा गांधी अंतरराष्ट्रीय हिंदी विश्वविद्यालय, वर्धा में आया। यहाँ के विद्वान कुलपति प्रो. गिरीश्वर मिश्र ने हिंदी की प्रमुख जनपदीय भाषाओं के अध्ययन-अनुसंधान और उनके संरक्षण की एक योजना बनाई। विश्वविद्यालय के इलाहाबाद केंद्र में एक बैठक हुई जिसमें विशेषज्ञ के रूप में उपस्थित थे—डॉ. अर्जुन तिवारी, डॉ. प्रकाश उदय (भोजपुरी), डॉ. उषा किरण खान (मैथिली), डॉ. विद्याबिन्दु सिंह (अवधी)। ब्रज और राजस्थानी के विशेषज्ञों की सम्मतियाँ भी ली गईं। सर्जनात्मक और लोक-साहित्य के संग्रह के साथ यह भी निर्णय लिया गया कि जनपदीय भाषाओं के शब्दकोश भी तैयार किए जाएँ। इनमें पहले 'भोजपुरी-हिंदी-अंग्रेजी शब्दकोश' की परियोजना शुरू की जाए। चर्चा के आधार पर इस परियोजना का प्रारूप तैयार किया गया।

उल्लेखनीय है कि अर्ध-मागधी से विकसित भोजपुरी की विशाल शब्द-संपदा का विकास मुख्यतः तीन कारणों से हुआ है—एक, सामान्य बोलचाल के शब्दों से; दो, सर्जनात्मक साहित्य के सुसंस्कृत परिष्कृत शब्दों से; तीन, परंपरागत लोक-साहित्य में व्यवहृत शब्दों से। उद्गम के लिहाज से भोजपुरी की शब्द-संपदा चार भागों में बँटी हुई है—तत्सम, तद्भव, देशज और विदेशी। प्रयोग के आधार पर इसके आठ भेद हो सकते हैं—संज्ञा, सर्वनाम, विशेषण, क्रिया, क्रिया विशेषण, संबंधबोधक, समुच्चयबोधक और विस्मयादिबोधक; रूपांतर के अनुसार दो भेद हैं—विकारी और अविकारी। शब्दार्थ की दृष्टि से चार भेद हैं—रूढ़, यौगिक, योगरूढ़ और भावरूढ़। इन शब्दों के आधार पर प्रस्तावित शब्दकोश के बारे में निम्नांकित निश्चय किए गए :

1. इसमें प्राचीन भोजपुरी गद्य-पद्य में प्रयुक्त होनेवाले सभी शब्द संगृहीत होंगे।
2. ब्रजभाषा, अवधी, मैथिली, मगही, अंगिका, राजस्थानी, छत्तीसगढ़ी, बुंदेली, खड़ीबोली और अन्य बोलियों-भाषाओं के वे शब्द, जो भोजपुरी में व्यवहृत होते हैं, संगृहीत होंगे।
3. डच, फ्रेंच, अंग्रेजी और क्रियोल भाषाओं के वे शब्द, जिनका प्रयोग विदेशों में लिखी जानेवाली भोजपुरी में होता है, उनका भी संग्रह होगा।
4. संत काव्य की भोजपुरी शब्दावली भी दी जाएगी।
5. स्थान-स्थान पर संस्कृत शब्दों के संस्कृत प्रत्ययादि भी दिए जाएँगे।
6. अरबी, फारसी तथा अन्य विदेशी शब्दों के प्रचलित शब्द तथा उनके देशज रूप भी दिए जाएँगे।
7. उच्चारांतर तथा रूपांतर के साथ मूल शब्दों पर भी प्रकाश डाला जाएगा।
8. शब्दार्थ देने में काव्य-कला-कौतुक से निकलनेवाले अर्थांतर विशेष भी यथास्थान सूचित किए जाएँगे।
9. पद मंगतादि चातुर्य से अर्थांतर करने की ओर भी यथेष्ट संकेत होंगे।
10. विशेष शब्दों से संबंध रखनेवाली लोकोक्तियाँ भी दी जाएँगी।
11. काकु (उच्चारांतर) व्यंजना, ध्वनि आदि के कारण शब्दों में होनेवाले अर्थांतरों पर भी प्रकाश डाला जाएगा।
12. मूल कोश के अतिरिक्त परिशिष्ट भी होगा जिसमें कृषि, व्यवसाय, उद्योग, खान-पान, संबंध, जीव-जंतु, शरीर, शरीर के विकार, खाद्यान्न, घरेलू सामग्री, औजार, कामकाज, कामकाज के साधन, खेल-कूद, आभूषण, घर-द्वार, कलह, जन-रंजन, जुगुप्सा-व्यंजक, सब्जी, तेल-मसाला, देवी-देवता, पानी, पूजा-अभिचार, ध्वन्यर्थव्यंजन, भोजन-व्यापार, बाँस-मूँज के उत्पाद, मिट्टी, रंग, रसोई, पहनावा आदि से संबंधित समूह अलग से होगा।

इस प्रारूप के अनुसार कार्य शुरू किया गया। संपादक-मंडल का गठन हुआ और समयावधि निर्धारित की गई—दस माह।

संपादक-मंडल ने अथक परिश्रम करके निश्चित अवधि में यह कार्य पूरा कर दिया और अब यह कोश आपके सामने है। भोजपुरी की वैश्विक भूमिका, लोकप्रियता, हिंदी के बढ़ते अंतरराष्ट्रीय महत्त्व तथा अंग्रेजी की सार्वदेशिक उपस्थिति के परिप्रेक्ष्य में यह त्रिभाषी 'भोजपुरी-हिंदी-अंग्रेजी शब्दकोश' निश्चित रूप से कोशकला का एक अनुपम प्रमाण सिद्ध होगा। विस्मृति के गर्भ में चले गए शब्दों को पुनर्जीवित करने का प्रयत्न यहाँ नहीं किया गया है और फूहड़, एकांगी और विवादास्पद शब्दों से परहेज करके कोश को भारी-भरकम और बोझिल होने से बचाया गया है। खटकनेवाले शब्दों से दूरी रखी गई है—जैसे एक प्रामाणिक बहुप्रचलित कोश ने 'रेलवे' को 'रेलसड़क' लिखा है जबकि प्रस्तुत कोश में 'रेलवे' और 'रेलपथ' दिया गया है। शब्दों के लिंगभेद में कहीं-कहीं असमंजस की स्थिति आ जाती है। एक ही शब्द कहीं पुलिंग है तो कहीं स्त्रीलिंग। 'मुकुट' को नागरी प्रचारिणी सभा ने स्त्रीलिंग माना है जबकि अन्य स्थानों पर यह पुलिंग है। हमने यथासंभव प्रयोग के अनुसार लिंग का प्रयोग किया है।

इस शब्दकोश में भोजपुरी के शब्दों को संकलित कर उनके हिंदी और अंग्रेजी पर्याय दिए गए हैं, जिससे नई पीढ़ी अपनी भाषायी धरोहर से अपरिचित न रहे। शब्दकोश को उपयोगी और बहुआयामी बनाने के लिए जीवन के विविध क्षेत्रों के शब्दों को स्थान दिया गया है। यह 'भोजपुरी-हिंदी-अंग्रेजी शब्दकोश' भोजपुरी-हिंदी के वर्णक्रम से प्रस्तुत है। हर शब्द के साथ रोमन

में उच्चारण, पुनः व्याकरणिक कोटि, व्युत्पत्ति, सर्वग्राह्य उदाहरण, समानार्थी शब्द, लाक्षणिक तथा विशिष्ट प्रयोग दिए गए हैं, यथा–

अउँठी (auṁthī) स्त्री. 1. अंगुली में पहनने का आभूषण। 2. लोहे की बनी गोलाकार कड़ी जिसका उपयोग ढोलक, तबला आदि की रस्सी कसने में होता है, मुनरी, मुद्रिका। लोक. 'अउँठी के नगीनवा मोर पियवा'।

(f.) 1. a ring, a ring worn on the finger. 2. an iron ring used to tighten the rope used in Dholak or Tabla etc.

अटारी (aṭārī) पु. (सं.) अट्टालिका, घर के ऊपर का कमरा, कोठा, ऊँचा भवन, चौबारा। उदा. 'ऊँच अटारी मधुर बतास, घाघ कहे घर ही कैलास।'

(m.) a small garret, an altic, multi storeyed building, high buildings in the city.

महात्मा गांधी अंतरराष्ट्रीय हिंदी विश्वविद्यालय, वर्धा विश्व-पटल पर हिंदी को सुप्रतिष्ठित करने के प्रति संकल्पबद्ध है। इसी क्रम में विश्वविद्यालय द्वारा इस कोश की परियोजना आरंभ की गई। इसमें शब्द-संकलन, अर्थ-अन्वेषण, व्याकरणिक कोटि निर्धारण से लेकर मुद्रण, प्रूफ वाचन, प्रकाशन के कार्य में हमें कुलपति प्रो. गिरीश्वर मिश्र का सतत निर्देशन मिला है। उनके प्रति हम सात्विक कृतज्ञता ज्ञापित करते हैं। प्रतिकुलपति प्रो. चित्तरंजन मिश्र ने समय-समय पर इस कार्य को प्रोत्साहित किया।

डॉ. आनंद मण्डित मलयज, डॉ. गोविंद प्रसाद वर्मा और श्री नटराज वर्मा ने प्रूफ शोधन और श्री उमाशंकर बघेल, श्री पवन कुमार और श्री केशरी प्रसाद ने टंकण कार्य में अपेक्षित गति से कार्य करके इस शब्दकोश को तैयार किया, इसके लिए इन सभी को साधुवाद। आरंभ में कोश का कार्य विश्वविद्यालय के इलाहाबाद के क्षेत्रीय केंद्र पर किया जा रहा था। वहाँ के क्षेत्रीय प्रभारी प्रो. संतोष कुमार भदौरिया ने इस कार्य में रुचि लेकर प्रोत्साहित किया। विश्वविद्यालय के वर्धा मुख्यालय के भाषा प्रौद्योगिकी विभाग के सहायक प्राध्यापक डॉ. धनजी प्रसाद ने समन्वयक के रूप में परियोजना में कार्य कर रहे सभी के बीच सेतु का कार्य किया। उन्होंने भोजपुरी के अनेक शब्दों को भी एकत्र करने में और पांडुलिपि को व्यवस्थित करने में रुचिपूर्वक सहायता दी। अंत में इस शब्दकोश- परियोजना में प्रत्यक्ष और अप्रत्यक्ष रूप से सहयोग करनेवाले सभी हिंदीप्रेमियों और शुभचिंतकों को संपादक-मंडल के सभी सदस्य हृदय से धन्यवाद ज्ञापित करते हैं।

आशा है, यह शब्दकोश भोजपुरी और हिंदी के छात्रों, अध्येताओं और प्रेमियों के लिए उपयोगी सिद्ध होगा। कोश का निर्माण एक निरंतर चलनेवाली प्रक्रिया है। पाठकों की प्रतिक्रिया और सुझावों का स्वागत रहेगा।

अरुणेश नीरन
प्रधान संपादक

भूमिका

भारत मूलतः गाँवों का देश है। गाँव के जीवन की जड़ें धरती का आश्रय पाकर पनपती और विकसित होती हैं। ग्रामीण जनता ही हमारे राष्ट्र की जाग्रत देवता है। हम उसे अनपढ़ और गँवार के रूप में देखते हैं तो अपने पैर पर कुल्हाड़ी मार लेते हैं और गाँव के जीवन में उपलब्ध अर्थ को खो देते हैं। जनपदीय अध्ययन का विद्यार्थी जब देहात में जाता है तो वहाँ उसे शब्द और अर्थ के भंडार मिलते हैं। अनेक गूढ़ बातों और पुरातन तथा नवीन शब्दार्थों से वह अपना ज्ञानकोश समृद्ध करता है। इस पर विचार करते हुए प्रख्यात भाषाविद् डॉ. वासुदेवशरण अग्रवाल ने बड़े ही स्पष्ट शब्दों में इसकी प्रासंगिकता विवेचित की है। उनके शब्दों में–

''जनपदीय अध्ययन की जो आँख है, उसकी ज्योति भाषाशास्त्र की सहायता से कई गुना बढ़ जाती है। भाषाशास्त्र में रुचि रखनेवाले व्यक्ति के लिए तो जनपदीय अध्ययन कल्पवृक्ष के समान समझना चाहिए। किसान के जीवन की जो विस्तृत शब्दावली है, उसमें वैदिक काल से लेकर अनेक शताब्दियों के शब्द संचित हैं। हम यदि चाहें तो प्राचीनकाल की बहुत-सी ऐसी शब्दावली का उद्धार कर सकते हैं जिसका साहित्य में उल्लेख नहीं हुआ। मानव श्रौतसूत्र में हसिया के लिए असिद शब्द प्रयुक्त हुआ है।

* * *

हिंदी भाषा में जनपदों के भंडार से लगभग 50 सहस्र नए शब्द आ जाएँगे और भौतिक वस्तुओं एवं मनोभावों को व्यक्त करने के लिए जोगाजोग शब्दावली पाने का हमारा टोटा मिट जाएगा। जनपदों के साथ मिलकर हमारी भाषा को अनेक धातुओं, मुहावरों और कहावतों का अद्भुत भंडार प्राप्त होगा। कहावतें हमारी जातीय बुद्धिमत्ता के समुचित सूत्र हैं! शताब्दियों के निरीक्षण और अनुभव के बाद जीवन के विविध व्यवहारों में हम जिस संतुलित स्थिति तक पहुँचते हैं, लोकोक्ति उसका संक्षिप्त सत्यात्मक परिचय हमें दे देती है। साहित्य के अन्य क्षेत्र में सूत्रों की शैली को हमने पीछे छोड़ दिया, किंतु लोकोक्तियों के सूत्र हमारे चिरसाथी रहे हैं और आगे रहेंगे। लोकोक्तियों के रूप में समस्त जाति की आत्मा एक बिंदु या कूट पर संचित होकर प्रकट हो जाती है।

* * *

भारत का कृषिप्रधान जीवन है। उसकी शब्दावली प्राचीन समय में क्या थी, साहित्य में इसका लेखा नहीं बचा किंतु जनपदीय बोलियों के तुलनात्मक अध्ययन से हम उसे फिर प्राप्त कर सकते हैं। इससे प्राचीन भारतीय जीवन पर एक नया प्रकाश पड़ेगा। खेतों की जुताई, बुआई, कटाई और मंड़नी से संबंध रखनेवाले शब्दों को पंजाब से बंगाल तक और युक्तप्रांत से गुजरात-महाराष्ट्र तक के जनपदों से यदि हम एकत्र करें तो संस्कृतमूलक समान शब्दों का एक व्यापक ताना-बाना बुना हुआ मिलेगा। कुछ शब्द अपनी-अपनी बोलियों में भिन्न भी होंगे किंतु समान शब्दों के आधार से हम प्राचीन शब्दावली तक पहुँच सकेंगे। खेत काटनेवाले के लिए लावा (सं. लावक), गन्ना काटनेवाले के लिए कपटा (सं. क्लृप्ता) ऐसे शब्द हैं जो हमें तुरंत पुरानी परंपरा तक पहुँचा देते हैं।''

(स्रोत : जनपदीय अध्ययन की आँख, प्रतिनान, जुलाई-सितंबर 2013)

जनपदीय अध्ययन जन-जन की चेतना, चिंतन का नेत्र है जैसा कि अग्रवाल जी ने निष्कर्ष निकाला है, ''जनपदीय अध्ययन का क्षेत्र अत्यंत विस्तृत और गहरा है, उसमें अपरिमित रस और नवीन प्रकाश भी है। जीवन के लिए उसकी

उपयोगिता भी कम नहीं है। उस अध्ययन के सफल होने के लिए सधे हुए ज्ञान और समझदारी की भी आवश्यकता है। मानसिक सहानुभूति और शारीरिक श्रम के बिना यह कार्य पनप नहीं सकता। जनपदीय अध्ययन की आँख लोक का वह खुला हुआ नेत्र है, जिसमें सारे अर्थ दिखाई पड़ते हैं। ज्यों-ज्यों इस नेत्र में देखने की शक्ति बढ़ती है, त्यों-त्यों भूतत्व में छिपे हुए रत्न और कोषों की भाँति जनपदीय जीवन के नए-नए भंडार हमारे दृष्टिपथ में आते जाते हैं। जनपदीय चक्षुष्मत्ता साहित्य का ही नहीं, बल्कि प्रत्येक मनुष्य का भूषण है। उसकी वृद्धि जीवन की आवश्यकता के साथ जुड़ी है। अशोक के शब्दों में जनपद जन का दर्शन हमारी जनपदीय आँख की सच्ची सफलता है।''

गाँव की संस्कृति और गाँव की भाषा को आत्मसात् करने पर हिंदी की समृद्धि होगी। बहुभाषाविद् और साहित्यकार नागार्जुन ने जनपदीय भाषाओं के महत्त्व को समझाने के लिए भारतेंदु हरिश्चंद्र के प्रति सात्विक कृतज्ञता अर्पित की–

हिंदी की है असली रीढ़ गँवारू बोली।
यह उत्तम भावना तुम्हीं ने हममें घोली॥

भारतीय जनगणना 1991 की रिपोर्ट 'भाषाएँ : भारत और राज्य' 1997 (Languages : India and States, 1997) में अवधी, कांगणी, कुमाऊँनी, कुर्माली, खोरठा, गढ़वाली, छत्तीसगढ़ी, चंबेली, जौनसारी, नगपुरिया, पहाड़ी, बघेली, बांगड़ी, बुंदेली, ब्रजभाषा, भोजपुरी, मगही, मांडली, मालवी, लढिया, सरगुजिया, हरियाणवी, हाड़ौती, हिंदी जैसी 48 सहभाषाओं को लेकर हिंदी परिवार की रचना बताई गई है। हिंदी परिवार की इन सहभाषाओं में अंतरराष्ट्रीय स्तर पर भारत में बोली जानेवाली आर्यभाषाओं में भोजपुरी का प्रमुख स्थान है। भाषा-संप्रेषण की दृष्टि से हिंदी परिवार की यह एक उपयोगी और प्रभावशाली भाषा है। सांस्कृतिक थाती होने के साथ यह उत्तर भारत के बड़े समुदाय में दैनंदिन जीवन में प्रयुक्त होती है। भोजपुरी का लोकसाहित्य अत्यंत समृद्ध है। विगत एक दशक से टी.वी., रेडियो, सिनेमा और विभिन्न संचार माध्यमों में भी भोजपुरी की उपस्थिति और भागीदारी उल्लेखनीय रूप से दिख रही है। फिल्म-जगत में यह काफी लोकप्रिय हुई है। इलेक्ट्रानिक मीडिया में समाचार चैनल, मनोरंजन चैनल तथा धारावाहिक चैनलों के साथ भोजपुरी बड़े सामर्थ्य के साथ उपस्थित है। प्रिंट मीडिया में साप्ताहिक और पाक्षिक पत्र-पत्रिकाओं की संख्या बड़ी है जिससे भोजपुरी भाषा और साहित्य की श्रीवृद्धि हो रही है।

सभी भारतीय भाषाओं के प्रति सदाशय भाव रखनेवाली भोजपुरी है जिसकी संकल्पना है–

हिंदी ह भारत के भासा, उहे एक राष्ट्र के आसा
हम ओकरो भंडार बढ़ाइब, ओहिमे बोलब आ गाइब
तबो न छाड़ब आपन बोली, चाहे केहू मारे गोली।

–मनोरंजन प्रसाद सिंह

भोजपुरी की भाषिक संरचना

शब्द और क्रियापद की दृष्टि से भोजपुरी संस्कृत से संश्लिष्ट है। कोई अन्य भारतीय आर्यभाषा संस्कृत के उतना सन्निकट नहीं है, जितनी भोजपुरी है ऐसा अनुमान किया जाता है कि भोजपुरी के नब्बे प्रतिशत शब्द और वाक्य संस्कृत के समान हैं। भोजपुरी और संस्कृत की निकटता निम्नलिखित रूपों में व्यक्त होती है–

1. संस्कृत और भोजपुरी के वाक्य-विन्यास में समता।
2. तत्सम और तद्भव शब्दों के अपार भंडार।
3. संस्कृत से बने देशज शब्द।
4. अन्य भारतीय भाषाओं की तुलना में संस्कृत से अधिक निकटता।
5. लोकसाहित्य और कहावतों में संस्कृत के शब्द और क्रियापद के प्रयोग।

वाक्य-विन्यास में एकरूपता

लट् लकार वर्तमानकालिक क्रिया

संस्कृत	भोजपुरी	संस्कृत	भोजपुरी
अहम् खादामि	हम खाऽतानी	सः पठति	उ पढ़ता
अहम् पठामि	हम पढ़ऽतानी	सः खादति	उ खाता
अहम् चलामि	हम चलऽतानी	सः चलति	उ चलता

* * *

पठ	पढ़	पुस्तकं पठ	पुस्तक पढ़

भोजपुरी में तत्सम और तद्भव शब्दों का अपार भंडार भी देखा जा सकता है, उदाहरण के लिए–

संस्कृत	भोजपुरी (तत्सम)
महाजन	महाजन
धन	धन
चिंता	चिंता
संबंध	संबंध

संस्कृत	भोजपुरी (तद्भव)	संस्कृत	भोजपुरी (तद्भव)
अवदहन	अदहन	निर्वाह	निबाह
पिष्टान	पिसान	भर्तार	भतार
ध्वजा	धजा	कन्या	कनिया
उत्थान	उठान	दुर्बल	दुब्बर
चंद्रमा	चनरमा	विवाहित	विआहुत
सुंदर	सुन्नर	द्वार	दुआर
सूर्य	सुरुज	शुक्र	शुकर
तक्र	तकर	सत्त्व	सत्त
यौवन	जोबन	वस्त्र	बस्तर
कज्जल	काजर		

संस्कृत से बने देशज शब्द

संस्कृत से आए तत्सम और तद्भव शब्दों के अलावा भोजपुरी में अनेक ऐसे देशज शब्द भी प्राप्त होते हैं जो संस्कृत के ही शब्दों से परिवर्तित होकर बने हैं। उदाहरण के लिए कुछ शब्दों को देखा जा सकता है–

संस्कृत	तद्भव	भोजपुरी	संस्कृत	तद्भव	भोजपुरी
जार	यार	इयार	स्नेहगृह	नेहघर	नइहर
द्विबर	दोब्बर	दोहर	पीठ	पिठि	पीठई
मंडप	म्डवी	मँड़ई	स्थाली	थाली	थरिया
भ्रमत	भ्रतरी	घूमरी	उलूखल	उखल	ओखर
दंड	डंड	डाँर	ढोला	डोला	डोली

भोजपुरी अन्य भारतीय आर्यभाषाओं की तुलना में संस्कृत के अधिक निकट है। इसे हिंदी से तुलनात्मक रूप से देखा जा सकता है–

संस्कृत	भोजपुरी	हिंदी	संस्कृत	भोजपुरी	हिंदी
हरिद्रा	हरदी	हल्दी	काक	काग	कौवा
यत्र-तत्र	यतर-ततर	जहाँ-तहाँ	अहम्	हम	मैं
सर्वम्	सब	सभी	मातृ	माई	माँ
का	का	क्या			

भाषा की थाती साहित्य में सँजोई जाती है। भोजपुरी वैसे तो एक क्षेत्रीय भाषा है, किंतु आज इसका फैलाव भारत के बाहर अनेक देशों में है। इसका अंतरराष्ट्रीय आयाम है। 'भोज' का संदर्भ अनेक स्थलों पर प्राचीन काल से प्राप्त होता है। ऋग्वेद के 'भोज', मालवा के राजा 'भोज', उज्जैन के 'भोज', गुर्जर प्रतिहार के 'भोज', काशी (डुमराँव) के 'भोज' के संदर्भों पर विचार करें तो इतिहास भोजपुरी की व्यापकता तथा प्राचीनता की ओर संकेत देता है। भोजपुरी एक कर्मठ समुदाय की सहज, सरल और प्रभावशाली भाषा है, जिसके बारे में भाषाविद् डॉ. जार्ज ग्रियर्सन ने यह टिप्पणी की है–

"Bhojpuri is the practical language of an energetic race, which is ever ready to accommodate itself to circumstances and which has made its influence felt all over India– The Bengali and the Bhojpuri are two of the great civilizers of Hindustan, the formers with his pen and latter with his cudgel."

(Linguistic Survey of India (1894 -1928) No- 5, p- 40)

इसी क्रम में उन्होंने आगे बतलाया है कि भोजपुरी जवानों ने हिंदुस्तानी सेना में भर्ती होकर उसे सुसज्जित किया और 1857 की लड़ाई में भाग लिया। वस्तुतः भोजपुर और भोजपुरी भारत की अस्मिता का इतिहास है–

कण-कण में जेकरा क्रांतिबीज
अइसन भोजपुर टप्पा हमार
इतिहास कहे पन्ना पसार।

1 जनवरी 1896 ई. को महात्मा गांधी ने कहा था– "हिंदी सभी प्रादेशिक भाषाओं की बड़ी बहन के समान है, अतः राष्ट्रीय स्तर पर हिंदी प्रचारित होते समय अपनी सभी छोटी बहनों से शब्द-संपदा ले तथा उन्हें शब्द देकर आदान-प्रदान का काम करती हुई सेतु का काम भी करे। भाव यह कि सभी प्रादेशिक भाषाएँ और हिंदी एक दूसरे की पूरक के रूप में कार्य करें।" महापंडित राहुल सांकृत्यायन इसी विचार के पोषक थे। उनकी आशा थी– "ऊहो दिनवा आई जब भोजपुरी सरताज बनी। हिंदी हमनी के बड़की माई ह, ओकरे सासन आ मिलकियत रही, भोजपुरी के बढंती से आपन बड़की माई के हियरा जुड़ाई आ देस-विदेस तक ऊ लहलहाए लागी।"

'कोस-कोस पर पानी बदले, चार कोस पर बानी' की कहावत को चरितार्थ करनेवाली भोजपुरी की भंगिमा स्थान-भेद के साथ बदलती रहती है। 'तुम क्या करते हो?' का भोजपुरी वाक्य बलिया में 'रउवाँ का करत बानी' होता है, वहीं काशिका में निम्नलिखित चार रूपों में बोला जाता है–

'तू का करथ्यों?', 'तू का करत हौअ?', 'तू का करत बाटऽ?', 'तू का करत बाड़ऽ?

इस प्रकार देखा जा सकता है कि एक ही जनपद में भोजपुरी भाषा के स्वरूप में इतनी विविधता है। लिखित रूप में कम उपलब्ध होने से अभी तक इसका व्यवस्थित रूप से विधिवत् मानकीकरण नहीं हो सका है।

भोजपुरी का अंतरराष्ट्रीय परिप्रेक्ष्य

'भोजपुरी' नाम से न केवल एक क्षेत्र की भाषा वरन् वहाँ रहनेवाले जनसमुदाय का भी बोध होता है। भोजपुरी को 'भोजपुरिया, बक्सरिया, हिंदुस्तानी, पश्चिमी, देशवाली, खोट्टा, पूर्विया' आदि अनेक नामों से संबोधित किया गया है। आदर्श भोजपुरी, पश्चिमी भोजपुरी, मधेसी, थारू, सरवरिया, नगपुरिया में बोली जानेवाली भोजपुरी भी भारत में प्रयुक्त होती है। वर्तमान समय में भोजपुरी उत्तर प्रदेश, बिहार, झारखंड और अंशतः मध्य प्रदेश तथा छत्तीसगढ़ राज्यों में बोली जाती है। लगभग समस्त भारत में भोजपुरी भाषा-भाषी लोग पाए जा सकते हैं। भारत के अलावा मारीशस, फिजी, गुयाना, नेपाल, सूरीनाम, दक्षिण अफ्रीका, त्रिनिदाद आदि में भी प्रवासी भारतीयों द्वारा यह बोली जाती है। इतनी व्यापकता एवं विस्तार के बावजूद 'भोजपुरी' से संबंधित व्यवस्थित सामग्री का प्रायः अभाव दिखाई पड़ता है। इसका वाचिक लोकसाहित्य बहुत ही प्रभावशाली है। पिछले कुछ दशकों से इस भाषा का लिखित साहित्य भी विकसित और समृद्ध हुआ है। भोजपुरी पत्रिकाओं तथा पुस्तकों का प्रकाशन बढ़ा है। इसलिए यह आवश्यक हो जाता है कि भोजपुरी को–एक भाषा के रूप में समझने-समझाने की सामग्री को–व्यवस्थित कर प्रस्तुत किया जाए।

अंतरराष्ट्रीय जगत में तो इस भाषा का स्वरूप और भी वैविध्यपूर्ण हो जाता है जिसके दो उदाहरण प्रस्तुत हैं–

मारीशस की भोजपुरी

पहिलका बड़का लड़ाई के बात ह। दखिनी मॅरीशस में एगो गाँव रहल। अब गाँववा उदस गइल बा। ऊ गाँववा में एगो परिवार रहत रहल जेकर मँझलका छोकरवा के नाम रहल रामबिरिछ।

...और छरहरा छोकरा रहल। कोई ओको देखी तलं, रामबिरिछ एगो साँवर ना बोली कि ऊ बीमार बा। त ई ह कि ओकर स्वास्थ्य अच्छा रहल पर कितना बरिस से ओकर दायाँ घुटना के नीचे गोड़वा में एगो बड़ा सुन घाव रहल। पक के घाववा पीअर हो गइल रहल। ऊ में से दकन भर पीब चुअत रहल आउर मक्खियन भिनऊ बैठत भिन कइ केरहलन।

फिजी की भोजपुरी

हम हला भीतर, सब अदमी सोर मचइन—"तिरलोक, तिरलोक, बजरंग बली, कम-आन तिरलोक" अउर थपोड़ी अइसन पीटिन कि हमार जोसवा सरवा अउर चढ़ गया। हम पहुँचा इसटैज के लगे तब दुई चम्चे रसरी उठाइन हमके हले खातिर। हम दुनों के ढकेल के नीचे से मारा छलाँग सीधा रिंग के भीतर। तीनों रसरी के उप्पर से हम कूदा अउर दउड़ा सीधा टेगा के कोना तक। रेफरी हमके पकड़ के लाल कोना में लय गया। टेगा तो बइठा रहा बाकिर हमार तो फरके लगा देही अउर हम काफी कूद-काद लगाते रहा रिंग में। सबबल घूम-घूम के भई लोगन के तरफ सिर झुकाय के नमस्कार करा। भाई लोग थपोड़ी पीटें अउर चिल्लाय। जइसे मालुम पड़े कि पटाका दगे है।

अपनी मुखरता और अभिव्यंजना के चलते भोजपुरी एक मधुर और अनौपचारिक भाषा के रूप में समादृत होती है। इसका प्रनाण यही है कि आज भी सेना में अपनी-अपनी भाषा भुलाकर सैनिकों ने भोजपुरी को अपना लिया। अपने देश की सीमा को लाँघकर भोजपुरी जहाँ-जहाँ गई, अपना असर बनाए रखी। गिरमिट (एग्रीमेंट) या शर्तवादी के तहत परदेश जानेवाले भोजपुरी भाषी अब सरकार के अंग बन गए। डॉ. शिवसागर राम गुलाम, डॉ. छेदी जगन, डॉ. वासुदेव पाण्डेय आदि इसी भोजपुरी माटी के सपूत हुए, जिन्होंने मारीशस, सूरीनाम आदि देशों का नवनिर्माण किया।

अपने देश में भोजपुरी सेवकों की संख्या अनगिनत है। भारत की हर गृहिणी लोकगीत गाने और उसकी रचना में आगे है, जिनका उल्लेख किया जाए तो स्वतंत्र पोथा चाहिए। डॉ. श्यामा कुमारी श्रीवास्तव, शारदा त्रिपाठी, संपत्ति आर्यानी, विंध्यवासिनी देवी, शारदा सिन्हा, मैनावती देवी, स्नेहप्रभा 'चाँद', डॉ. ऊषा वर्मा, राजेश्वरी शांडिल्य, संध्या सिन्हा, डॉ. शुभदा पाण्डेय जैसी सैकड़ों यशस्विनी महिलाओं ने विविध विधाओं को गौरवान्वित कर भोजपुरी की लोकप्रियता में चार चाँद लगाया है।

हम यहाँ विदेशी महिलाओं की भोजपुरी सेवा को उद्धृत कर इसकी व्यापकता को सुस्पष्ट करना चाहते हैं—

1.	एल. सेंट जोसेफ (इंग्लैंड)	'भोजपुरी शब्दकोश'
2.	एजा एम. चाइल्ड (इंग्लैंड)	'ए ग्रामर ऑफ भोजपुरी'
3.	जितका हर्टिंग (जर्मनी)	'बलिया जिला क लोकगीत'
4.	कैथेराइन चैंपियन (फ्रांस)	'भोजपुरी लोकगीतन क फ्रांसीसी भाषा में अनुवाद'
5.	रॉक्सिन पुवरमैन (रूस)	'बनारस क औघड़ संत कीनाराम शोधकार्य'
6.	बर्कले (अमेरिका)	'भक्तिसाहित्य'
7.	लिंडाहेस (अमेरिका)	'तुलसीदास'
8.	से. सेरेक्यूज (अमेरिका)	'जोगी साधु आ भोजपुरी'
9.	गफूरवा (रूस)	'बीजक का एक अध्ययन'
10.	अक्कू नकानो (जापान)	'भारतीयता क मूल तत्त्व के पहिचान'
11.	नताल्यिा साजनोवा (रूस)	'मंदिर देवदासी आ भक्तिन'
12.	डायना (अमेरिका)	'बनारस शहर'
13.	सरिता बुधू (मारीशस)	'भोजपुरी गीत-गायिका'
14.	सुचिता रामदीन (मारीशस)	'भोजपुरी लोक गीतिका'

15. जितका हरटोग (स्विट्जरलैंड) — 'बलिया के पचास लोकगीत'
16. सेंट्रफैगन (आस्ट्रेलिया) — 'भोजपुरी लोकगीत क संगीत पक्ष'
17. ईमेन्युवेला (इटली) — 'भोजपुरी लोकगीत'

भाषावैज्ञानिक दृष्टि से भाषा की कोटि में रखने के लिए 4 शर्तें होती हैं—विस्तृत व्यवहार क्षेत्र, शब्दभंडार, व्याकरण व्यवस्था और संप्रेषणीयता। शब्द शिव है, अर्थ शक्ति है, शब्द वृक्ष है, अर्थ फूल-फल है, सारा विश्व प्रपंच शब्द और अर्थ के भाव विवर्त है। किसी शब्द का अर्थ अपने सामाजिक बुनावट, परंपरा, जीवन तथ्य और कल्पना का ही क्रियात्मक रूप होता है। भोजपुर में 'बाटे', छपरा में 'बाड़े, बाड़न', बनारसी के 'हउवन, हई, हौ, हवन' में परिवेशगत कोमलता, कठोरता, स्थिरता और गतिशीलता के संकेत दिखते हैं। हिंदी के ऐ तथा औ का उच्चारण भोजपुरी में नहीं है, ऐ का यदि हम चाहें तो उच्चारण कर सकते हैं, किंतु औ तो निश्चित रूप से नहीं है। हिंदी का कैलास, मैदा और पैसा भोजपुरी उच्चारण में कएलास, मएदा या (मयदा), पएसा या (पइसा) हो जाता है। इसी प्रकार हिंदी के कौवा, कौड़ी और कौन भोजपुरी में कउवा, कउड़ी और कउन हो जाते हैं। अनुनासिक स्वरों के उच्चारण में भोजपुरी तथा हिंदी (खड़ी बोली) में कोई अंतर नहीं है। दोनों भाषाओं में अनुनासिक और निरनुनासिक रूप कर देने पर कुछ शब्दों का अर्थ स्पष्टतः बदल जाता है, जैसे— तागा-ताँगा, विधना-विंधना, बाध-बाँध, गाज-गाँज, पूछ-पूँछ, गोड़-गोंड़ आदि।

शब्दों के उच्चारण में भोजपुरी में आदि स्वरागम की प्रवृत्ति है। हिंदी के तत्सम शब्द स्तुति, स्नान, स्थान तथा स्टेशन भोजपुरी में क्रमशः 'अस्तुति', 'असनान', 'अस्थान', 'इस्टेसन' के रूप में लिखे तथा बोले जाते हैं। इसी तरह भोजपुरी शब्दों के निर्माण में कुछ ध्वनियों के लोप की प्रवृत्ति भी पाई जाती है। भोजपुरी में नखहरनी 'नहरनी या नहन्नी' का रूप धारण कर लेता है। भोजपुरी में हिंदी शब्द के स्थान पर 'इ' जुट जाता है, जैसे—आँख का आखि, नाक का नाकि, आँच का आँचि हो जाता है। इसी प्रकार हिंदी शब्द के अंत का 'ण' भोजपुरी में 'ड़' या 'न' हो जाता है। हिंदी का ब्राह्मण भोजपुरी में बराम्हन या बाभन हो जाता है। इसी प्रकार किसी को पुकारते समय अक्सर हिंदी में सीधे नाम लेकर या फिर 'रे', 'अरे', 'हो' लगाकर पुकारते हैं; यथा— राम हो, सोहन हो, रामू रे। भोजपुरी में राम को पुकारते समय यदि किसी प्रकार की खीझ उत्पन्न हुई तो राम को 'रामवा' या 'रमुआ' कहेंगे। इसी प्रकार 'रामजी' का 'रमजिउवा' हो जाएगा।

हिंदी एक सुविकसित भाषा है। वह भारत की राजभाषा के साथ-साथ विविध बोलियों के माध्यम से विभिन्न अंचलों की मातृभाषा भी है। 'भाषा' का तात्पर्य परिनिष्ठित भाषा से है। कार्यालयों तथा विद्यालयों में व्यवहृत और शिक्षण में प्रयुक्त हिंदी (खड़ी बोली) एक परिनिष्ठित भाषा है। परिनिष्ठित भाषा के रूप में हिंदी की व्यापकता को बढ़ाने में इसकी सहभाषाओं का विशेष योगदान है। हिंदी के अधिकांश तद्भव शब्दों का प्रयोग भोजपुरी में होता है। उसके पास मुहावरों, कहावतों, पहेलियों एवं सूक्तियों का एक बृहद् भंडार है। भोजपुरी लोकसाहित्य का भी हिंदी साहित्य में एक महत्त्वपूर्ण स्थान है। इनमें प्रयुक्त मुहावरे, कहावतें एवं शब्द न केवल सूक्ष्म भावाभिव्यक्ति में सहायक होते हैं, वरन् हिंदी खड़ी बोली के मुहावरों, कहावतों एवं सूक्तियों को समझने में भी विशेष सहायक सिद्ध होते हैं। एक ही ढंग की कहावतें एवं एक ही प्रकार के मुहावरे प्रायः हिंदी की सभी बोलियों में अपने बदले हुए रूपों में दिखाई पड़ते हैं। संस्कृत का 'निरस्त पादपे देशे एरण्डोऽपि द्रुमायते' खड़ी बोली में 'जहाँ एक न वृक्ष वहाँ रेड़ महावृक्ष' तो भोजपुरी में 'जहाँ रूख न मयूख उहाँ रेड़ महापुरुख' हो गया है। इस दृष्टि से भोजपुरी लोकोक्तियाँ हिंदी खड़ी बोली में प्रचलित मुहावरों एवं कहावतों को समझने में विशेष रूप से सहायक होती हैं।

भोजपुरी लोकोक्तियाँ आकार में छोटी होती हैं, किंतु इनकी अर्थछटा गंभीर होती है। इनमें गागर में सागर भरने की क्षमता होती है। लोकोक्तियाँ लोकमानस से उद्भूत होकर दूर-दूर के समाजों में प्रचलित हो जाती हैं। अतः इन पर स्थानीय छाप दिखाई पड़ती है। बलिया में प्रचलित लोकोक्ति—'दस पाँच क लउरी एक अदिमी क बोझ' मुंगेर जिले के दक्षिणी पूर्वी भाग में—'दस के लाठी एक के बोझ' के रूप में प्रचलित है, वही शाहाबाद के दक्षिणी क्षेत्र में—'दस-पाँच के लकड़ी एगो के बोझ' के रूप में प्रयुक्त होती है। इसी प्रकार पूर्वी उत्तर प्रदेश में प्रचलित कहावत—'बड़-बड़ दहल जाँय गदहा पूछई कतेक पानी' भागलपुर में—'बड़-बड़ गैल त बैजू ऐल' तथा मुजफ्फरपुर जिले में—'बड़-बड़ गेला त चेथरू अयला' के रूप में चल रही है। लोकोक्तियों में व्याप्त सरलता और स्वाभाविकता के बल पर ही कोई भी अपनी पूरी बात कहकर उससे जुड़ी एक लोकोक्ति ठोंककर या तो उस बात

पर 'पक्की' यानी खरी या सही होने की मुहर लगा देता है या फिर अपनी सारी बात को एक कहावत के माध्यम से ही व्यक्त कर देता है। श्रोता सहज ही सारी परिस्थिति का अनुमान लगा लेता है। भोजपुरी की कुछ प्रचलित लोकोक्तियाँ और मुहावरे देखे जा सकते हैं–

लोकोक्तियाँ

अन्हरा के आगे रोवै आपन दीदा खोवै।
अँगुरी पकड़त-पकड़त पहुँचा पकड़ै।
आन के धन पै बिकरम राजा।
आँख क जोति औ विश्वास गवें-गवें जालै।
आन के आटा आन के घी चाबस-चाबस बाबा जी।
आन के धन पै लक्ष्मी नारायन।

मुहावरे

पानी उतारल – इज्जत उतारना।
पानी-पानी भइल – बेइज्जत होना।
नाकि में पानी कइल – परेशान करना।
पानी चढ़ावल – उत्तेजित करना।
थाह लिहल – अंदाज लेना।

यूरोपियन विद्वानों में सर्वप्रथम जे. बीम्स ने 1868 ई. में 'नोट्स आन द भोजपुरी डायलेक्ट ऑफ हिंदी ऐज स्पोकेन इन वेस्टर्न बिहार' जैसी रचना 'रायल एशियाटिक सोसायटी' के जर्नल में प्रकाशित करवाई। सन् 1880 ई. में हार्नले की कृति 'पूर्वी हिंदी व्याकरण' आई जिसमें भोजपुरी और बनारसी बोली पर गहन चिंतन-मनन हुआ। केलांग (1875), कैमावेल (1875), गिरींद्रनाथ दत्त (1897) ने भोजपुरी व्याकरण के विविध पक्षों का उद्घाटन किया। सर्वाधिक महत्त्वपूर्ण कार्य डॉ. ग्रियर्सन द्वारा हुआ, जिससे भोजपुरी को एक मुकम्मल पहचान मिली।

प्रख्यात भाषाविद् डॉ. सुनीतिकुमार चटर्जी की देखरेख में डॉ. उदयनारायण तिवारी ने भोजपुरी भाषा के व्याकरण पर ऐतिहासिक महत्त्व का कार्य किया। उन्होंने भोजपुरी प्रत्यय तथा शब्दों की व्युत्पत्ति का विशद विश्लेषण किया। इस परंपरा को आगे बढ़ाते हुए डॉ. गंगाचरण त्रिपाठी (अवधी, ब्रज और भोजपुरी का तुलनात्मक अध्ययन), डॉ. अमर बहादुर सिंह (भोजपुरी और अवधी सीमा बोलियों का अध्ययन), डॉ. वकील सिंह (चंपारन की बोली का भाषावैज्ञानिक अध्ययन), डॉ. महंत मिश्र (भोजपुरी का क्रियापद), डॉ. चंद्रसेन कुमार जैन (उड़िया और भोजपुरी प्रत्ययों का तुलनात्मक अध्ययन), डॉ. महेंद्रनाथ दूबे (आजमगढ़ जनपद की भाषा) और डॉ. विश्वनाथ प्रसाद (भोजपुरी ध्वनि) आदि ने भोजपुरी व्याकरण के विभिन्न पहलुओं को उद्घाटित किया है।

भोजपुरी व्याकरण पर आरंभ में किए गए महत्त्वपूर्ण कार्य इस प्रकार हैं–

1. हेरासिम लेवेडेफ – ए ग्रामर ऑफ प्योर एंड मिक्स्ड ईस्ट इंडियन डायलेक्ट्स
2. जार्ज ए. ग्रियर्सन – सेवन ग्रामर ऑफ बिहार लैंग्वेज, लिंग्विस्टिक सर्वे ऑफ इंडिया
3. एस.जी. मुहिउद्दीन कादरी – हिंदुस्तानी फोनेटिक्स
4. ए.एच. हार्ली – कोलोकिअल हिंदुस्तानी
5. धीरेंद्र वर्मा – हिंदी भाषा का इतिहास
6. उदयनारायण तिवारी – भोजपुरी भाषा और साहित्य
7. शुकदेव सिंह – भोजपुरी एवं खड़ीबोली के व्याकरण का तुलनात्मक अध्ययन, भोजपुरी और हिंदी
8. सत्यव्रत सिन्हा – भोजपुरी लोकगाथा
9. कृष्णदेव उपाध्याय – भोजपुरी भाषा का साहित्य, भोजपुरी साहित्य का अध्ययन

सर विलियम जोंस और कर्नल जेम्स टाड ने जहाँ भोजपुरी के लोक साहित्य पर शोध किया वहीं जॉन बीम्स, जार्ज ग्रियर्सन, एस.डब्ल्यू. फैलन और जी. आर्चर विलियम कुक ने भाषा-सर्वेक्षण तथा साहित्य के तुलनात्मक अध्ययन पर जोर दिया। डॉ. उदयनारायण तिवारी, डॉ. कृष्णदेव उपाध्याय, दुर्गाशंकर सिंह, रासबिहारी पाण्डेय, डॉ. अर्जुन तिवारी, आचार्य हवलदार त्रिपाठी 'सहृदय' आदि ने उपलब्ध भोजपुरी के इतिहास को पाँच कालखंडों में विभक्त किया है।

प्रवर्तन (सिद्ध-नाथ) काल : इसकी अवधि सन् 700 से 1100 ई. तक मानी जाती है। ईसानचंद्र, चौरंगीपा, सरहपा, सबरपा, भुसुकपा आदि प्रारंभिक कवियों की रचनाओं में भोजपुरी का प्रारंभिक रूप दिखाई पड़ता है। सिद्ध संतों ने भोजपुरी साहित्य के निर्माण में विशेष योगदान दिया। सरहपा को भोजपुरी का पहला कवि माना गया है, जिन्होंने आडंबरों से दूर रहकर सदाचार का उपदेश सुनाया। उनकी कविता का एक उदाहरण द्रष्टव्य है–

जह मन पवन न संचरइ, रवि ससि नाहिं पवेस।
तहि बट चित्त विसराम करु, सरहे कहिय उवेस॥

सिद्ध साहित्य एवं संत साहित्य के बीच नाथ साहित्य को समृद्ध करने में गोरखनाथ, जालंधरनाथ, मत्स्येंद्रनाथ तथा चौरंगीनाथ आदि ने चारित्रिक दृढ़ता पर बल दिया। उन लोगों ने गुरु को ही सर्वोपरि माना–

गुर कीजै गरिला निगुरा न रहिला
गुर बिन ग्यान न पायला रे भइया
दूधै धोया कोइला उजला न होइला
कागा कंठै पुहुप माल हंसला न भैला।

* * *

थुलथुल काया मोटा पेट नहीं रे पूता गुरु से भेंट
खड़खड़ काया दुबला पेट भई रे पूता गुरु से भेंट

सिद्ध तथा नाथ काल में भोजपुरी साहित्य को व्यवस्थित किया गया।

लोकगाथा काल : इसका अवधि विस्तार सन् 1100 से 1400 ई. तक है। इसके अंतर्गत आल्हा, लोरकी, सोरठी, बृजभार, विजयमल, शोभानायका, बनजारा, राजा भरथरी, राजा गोपीचंद्र जैसी रचनाओं में ललकार, गोहार, जागरण के संदेश मिलते हैं, जिनसे भोजपुरी साहित्य की जुझारू प्रवृत्ति का संकेत मिलता है–

'बारह बरिस ले कुक्कुर जिए, औ तेरह ले जिए सियार।
बरिस अठारह क्षत्री जिए, आगे जीवन के धिक्कार॥

उपर्युक्त पंक्तियों द्वारा विदेशी आक्रांता से लोहा लेने के निमित्त क्षत्रियों को जगाने का कार्य भोजपुरी ने ही किया। 'इंडियन एंटिक्विटी' (भाग-14, सन् 1885) में ग्रियर्सन ने लिखा है–"आल्हा गाथा काव्य का पूर्वी पाठांतर भ्रमण करनेवाले गायकों के कंठों में आज वर्तमान है और प्रायः बिहार की बोली में पाया जाता है।" क्षणभंगुर जीवन में कुछ कर दिखाने की प्रेरणा लोकगाथा काल के साहित्य में मिलती है। भोजपुरी के लोकगीत सरस हैं और उसकी लोकगाथाएँ समृद्ध हैं। 'सती सोरठी योगी बृजभार' 96 भागों में और 'कुँवर विजयमल' 32 भागों में संपादित हुआ है।

इस काल में भोजपुरी ने अपभ्रंश से अलग होकर अपना स्वतंत्र अस्तित्व प्राप्त किया। मुहावरे एवं कहावतों से भोजपुरी जीवंत हुई और अगली पीढ़ी के साहित्यकारों के लिए अनुकरणीय बनी।

प्रबोधन काल : इसकी अवधि सन् 1400 से 1775 ई. तक है। संत-समागम, भक्ति, प्रेमकथा, संस्कार गीत इस काल की महत्त्वपूर्ण उपलब्धियाँ हैं। कबीर, दादू, कमालदास, धरनीदास, पलटूदास, बाबा कीनाराम, रूपकला, रामाजी, लक्ष्मी सखी, बूला साहब आदि ने समाज में व्याप्त कुरीतियों पर प्रहार किया तथा समाज को सन्मार्ग पर चलने का संदेश दिया। कबीर की निम्नलिखित पंक्तियों में इसकी साफ झलक है–

तोरा हीरा हेराइल बा कीचरे में
केहू ढूँढ़े पूरब, केहू ढूँढ़े पछिम, केहू ढूँढ़े पानी पथरे में।
सुर नर मुनि अउर पीर अवलिया, भूलल बाड़े सभ नखरे में।
दास कबीर ई हीरा परखले, बान्हि लिहले जतन से अचरे में।

भोजपुरी क्षेत्र में हजारों की संख्या में लोककथाएँ हैं, जिनमें प्रेम, युद्ध, ठगी और उपदेश की बातें मिलती हैं। कहावतों, लोकोक्तियों, मुहावरों की सहजता, प्रभाविकता से भोजपुरी साहित्य समृद्ध हुआ है। व्यापार, व्यवहार, कृषि, मौसम, औषध, पशु-पक्षी, जाति और मानव-जीवन संबंधी युग-युग के अनुभव इनमें संचित हैं। यह भूभाग चिरकाल से विचार स्वातंत्र्य के प्रेमी, क्रांतिकारी, साहसी, निर्भीक व्यक्तियों का कार्यक्षेत्र रहा है। यहाँ अनेक महापुरुषों ने जन्म लिया है। महात्मा बुद्ध ने सर्वप्रथम यहीं सारनाथ में अपने विचारों को उपदेश के रूप में प्रकट किया। यहीं की काशी नगरी में सुदूर प्रांतों तक के महान आचार्यों ने समय-समय पर आकर अपने-अपने मतों के महत्त्व को कसौटी पर कसा।

नवजागरण काल : यह सन् 1775 से 1974 ई. तक विस्तृत है। इस काल में भारत के प्रथम स्वतंत्रता संग्राम सन् 1857 ई. से पूर्व 1765 ई. में ही भोजपुरी क्षेत्र में आंग्ल शासकों को चुनौती दी गई। चौसा, हुस्सेपुर, बक्सर, झारखंड आदि में अंग्रेजों को नाकों चना चबवाया गया। बाबू कुँवर सिंह ने ब्रिटिश साम्राज्य के विरुद्ध मोर्चा लिया था, जिससे पूरा राष्ट्र प्रभावित हुआ। राहुल सांकृत्यायन, भिखारी ठाकुर, महेंदर मिसिर, महेन्द्र शास्त्री, रघुवीर नारायण, मनोरंजन प्रसाद सिंड़ आदि की कृतियों से पूरे भोजपुरी क्षेत्र में नवजागरण की लहर फैली। इसी अवधि में प्रबंध काव्य, खंड काव्य, कथा साहित्य, नाटक, संस्मरण, समालोचना, पत्रकारिता जैसी विधाओं का भी पल्लवन हुआ।

संप्रति समाज के हाशिए पर स्थित समुदायों को लेकर दलित साहित्य रचा जा रहा है। भोजपुरी में यह वेदना 20वीं सदी के आरंभ में ही देखी जा सकती है। पटना के हीरा डोम ने 'अछूत के शिकायत' लिखा जिसे आचार्य महावीर प्रसाद द्विवेदी ने 'सरस्वती' पत्रिका में 1914 में प्रकाशित किया, जिसका प्रत्येक शब्द मननीय है–

हमनी के रात दिन दुखवा भोगत बानी,
हमनी के सहेबे से मिनती सुनाइबि।
हमनी के दुख भगवनवों न देखताजे,
हमनी के कबले कलेसवा उठाइबि।

*　　*　　*

हड़वा मसुइया के देहिया ह हमनी के,
ओकरे के देहिया बभनओं के बानी।
ओकरा के घरे-घरे पुजवा होखत बाजे,
सगरे इलकवा से लेले जजमानी।
हमनी इनार के निगिचे न जाइलेजा,
पाँके में भरि-भरि पियतानी पानी।
पनही से पिटि-पिटि हाथ गोड़ तुरि देले,
हमनी के एतनी काहे के हलकानी।

भोजपुरी के आधुनिक साहित्य में नए छंदों में नई प्रवृत्तियों और भावनाओं की अभिव्यक्ति दिखती है। गजलकार तेग अली तेग का 'बदमाश दर्पण' तथा बिसराम का बिरहा बेजोड़ हैं। अनगढ़ हीरा भिखारी ठाकुर, पुरबी के अनुसंधाता महेंदर मिसिर तथा भोजपुरी के समर्पित साधक महेंद्र शास्त्री की उपलब्धियों से भोजपुरी साहित्य क्षेत्रीय, राष्ट्रीय से आगे अंतरराष्ट्रीय स्तर पर जन-जन का धरोहर है। भारत के स्वातंत्र्य संग्राम के योद्धा कवि रघुवीर नारायण, मनोरंजन प्रसाद सिंह, सरदार हरिहर सिंह 'चंचरीक' थे, जिनकी पंक्तियाँ महात्मा गांधी को मर्माहत करती थीं–

सुंदर सुभुमि भैया भारत के देशवा से
मोरे प्रान बसे हिम-खोह रे बटोहिया

*　　*　　*

अपर प्रदेस देस सुगम सुघर बेस,
मोरे हिंद जग के निचोड़ से बटोहिया

*　　*　　*

भारत बेहाल भइल लोग के इ हाल भइल
चारों ओर मचल हाय-हाय रे फिरंगिया

* * *

जहँवा के लोग रहे ब्रह्मऋषि, राजऋषि
हमनी के गदहा बनवले, लुटेरवा।।

जनपदीय साहित्य की सबसे बड़ी विशेषता पारिवारिक संबंधों की रसमयता है। भोजपुरी के कवि चंद्रशेखर मिश्र ने द्रौपदी और कृष्ण के बीच भाई-बहन का नाता जोड़ा और उसमें बीरन (भाई) के रूप में कृष्ण का चित्रण बहुत मार्मिक है :

नंगी हमैं सब देखन चाहेलें
घींचि ले धोती इहै चरचा बा
जानऊँ न मैं बिरना मोरि भागि में
कइसन कौन विधान रचा बा
एकै तो हैं तजि देस देसंतर
कै ठकुरान ऐहीं ठकचा बा,
बीरन जादव बंश कै नाहर
खाली भरोस तोहार बँचा बा॥

भारतीय भाषाओं में हिंदी के बाद भोजपुरी ही है, जो किसी एक प्रांत की घेरेबंदी में नहीं है। इसके मंगल, सोहर, बधाई, बिदाई गीत मारीशस, सूरीनाम आदि देशों तक गाए जा रहे हैं। घर-घर में गाए जानेवाले गीतों के कुछ उदाहरण देखे जा सकते हैं–

गाई के गोबरे महादेव अंगना लिपाई
गज मोतिया हो महादेव चौका पुराई
सुनीं ऐ सिव, सिव के दोहाई।

* * *

काँच ही बाँस के बहँगिया, बहँगी लचकत जाय
होई ना बलम जी कहँरिया, बहँगी घाटे पहुँचाय।

* * *

केरवा जे फरेला घेवद से, ओह पर सुगा मेड़राय
सुगवा के मरबो धनुस से, सुगा गिरिहें मुरुछाय
सुगनी जे रोवेले बियोग से, अदित होखीं ना सहाय।

* * *

पुत्र जनम मनभावन मंगल गाइब हो
रामा जुग-जुग जियै मोर ललनवा निरखि सुख पाइब हो,
रामा लेई के ललनवा के गोद बिहँसि हम खेलाइब हो
ललना के देखि कै सुरतिया त नयना जुड़ाइल हो

* * *

बेटी! आँखि के रे पुतरिया,
दिनवाँ हरेलू ए बेटी भूखिया रे पियसिया।
रतिया हरेलू ए बेटी बाबा सुख रे निनिआ॥

'लोक' देश का ही रूप है। लोक अपने में विशाल अर्थक्षेत्र समेटता है। समस्त दृष्टिगत संसार में लोकगीत प्रकृति का सहज उद्रेक है जैसा कि प्रसिद्ध समाजशास्त्री श्यामाचरण दुबे ने 'मानव और संस्कृति' (पृष्ठ 164-165) में लिखा है–

"लोकगीत स्वतः स्फूर्त प्राकृतिक काव्य के अंग हैं। लोकगीतों में उनके रचयिता या रचना-काल का प्रश्न महत्त्वपूर्ण नहीं होता; उनका महत्त्व तो उनकी रसोद्रेक की शक्ति तथा सरल सौंदर्य में रहता है। उनमें एक व्यक्ति की अनुभूति की अपेक्षा लोक-हृदय की अनुभूति ही अधिक रहती है। व्यक्ति-विशेष की भावनाओं का प्रतिनिधित्व न कर लोकगीत समुदाय की भावना के कहीं अधिक सच्चे प्रतीक होते हैं। काल और स्थान की सीमा को लाँघ, लोकगायकों और गायिकाओं के अधरों पर जीवित रहनेवाले ये लोकगीत अतीत की परंपरा के गीतों के बाह्य स्वरूप में कतिपय परिवर्तन अवश्य होते हैं, किंतु उनके अनेक मूल, मूलभाव तथा अभिव्यक्ति की अपनी विशेष शैली सामान्यतः अपरिवर्तित ही रहते हैं।"

भिखारी ठाकुर भोजपुरी के लोकगायक, नाटककार, रंगकर्मी और कवि हैं। बहुमुखी प्रतिभा के धनी भिखारी ठाकुर को भोजपुरी लोकनाटक 'बिदेशिया' शैली के प्रणेता के रूप में ख्याति प्राप्त है। भिखारी ठाकुर ने अपने लोकनाटकों द्वारा भोजपुरी समाज में फैली तमाम कुरीतियों, धार्मिक अंधविश्वासों, जातीय और लैंगिक शोषणों के खिलाफ जनजागृति का कार्य किया। उनके नाटकों का केंद्रीय विषय भोजपुरी समाज में स्त्रियों की दुर्दशा है। 'बिदेसिया', 'बेटी बियोग', 'ननद भौजाई', 'बिधवा बिलाप', 'गबरघिचोर', 'कलयुग प्रेम' आदि में स्त्री के जीवन-संघर्ष के विभिन्न रूप दिखाई देते हैं। भिखारी ठाकुर की नायिका प्यारी सुंदरी अपना दुख बटोही से कह रही है–

पिया मोर गइलन परदेस, ए बटोही भइया।
रात नाहिं नींद दिन तनी ना चएनवाँ, ए बटोही भइया।
सहतानी बहुते कलेसवा, ए बटोही भइया।
रोवत-रोवत हम भइलीं पगलिनियाँ, ए बटोही भइया।
एको ना भेजवलन सनेस, ए बटोही भइया।
नाहके जवानी हमके दिहलन बिधाता, ए बटोही भइया।
कुछ दिन में पाक जाई केस, ए बटोही भइया।

प्रसार काल : यह सन् 1975 ई. से आरंभ होता है। इमर्जेंसी में 'सभ अखबार अब होई सरकारी, कलम से धारवा के तूरे के तेयारी' (विजेंद्र अनिल) के साथ 'समाजवाद बबुआ धीरे-धीरे आई' (गोरख पाण्डेय) की धूम है।

आजादी के बाद भोजपुरी भाषा और साहित्य ने अपने को नए रूप-रंग में ढाला और ऊर्जस्वित किया है। साहित्य की सभी विधाएँ इसमें विकसित हुईं, प्रौढ हुईं। गद्य के साथ भोजपुरी कविता के कथ्य में आए विस्तार तथा शैली की पुष्टि हेतु कवि महेन्द्र शास्त्री की कुछ पंक्तियाँ उद्धृत हैं–

कमइया हमार चाट जाता
इहे बाबू भइया
जेकरा आगे जोंको फीका
अइसन ई कसइया
दूहल जाता खूनो जेकर
अइसन हमनी गइया
कमइया हमार चाट जाता
इहे बाबू भइया।

अंग्रेजी के टामस ग्रे की 'एलेजी' और निराला की 'सरोज स्मृति' के परिप्रेक्ष्य में जनार्दन पाण्डेय 'अनुरागी' की निम्नलिखित पंक्तियाँ मार्मिकता में आगे निकल सकती हैं–

अनुरागी के देख बिरागी काहे दुनिया रोई
देहिया धइले ना जानीं कि का केकर गति होई

* * *

हमरे घर के पीछे रहली ह बुढ़िया रमराजी
जिनगी भर बिधवापन खेपली खइली सतुआ भाजी

जनमें उनके बपसी मरलें, गवना होते माई
सेजिया चढ़ते पिया गुजरले अइसन करम कमाई।
ससुरे उनका कोइला बरिसल नइहर भरल अन्हरिया
बोझा भइल जवानी दिन-दिन बैरिन भइल उमिरिया।

दहेज के चलते कन्याओं की विपदा पर धरीक्षण मिश्र की ये पंक्तियाँ ध्यातव्य हैं–

चौदहे बरिस घर राम छोड़ि देहले त
पोथी के पोथी लोग लिखले बा कहनिया
जनमभूमि छोड़ि देत बानी आजीवन हम
माथ पे चढ़ा के माई-बाप के बचनिया
हमरी बेर बाकी त दुकाहे दो सूखि गैल
बलमीक व्यास कालिदास के कलमिया
हमरा ए त्याग पर लिखाइल ना ग्रंथ एको
एहि दुखे डोली में रोवत जाति कनिया।

अखिल भारतीय भोजपुरी साहित्य सम्मेलन, भोजपुरी संसद (काशी), भोजपुरी साहित्य मंदिर, भोजपुरी मैथिली अकादमी (दिल्ली), भोजपुरी परिवार (पटना), भोजपुरी मंडल (बक्सर), भोजपुरी भाषा सम्मेलन (पटना), भोजपुरी साहित्य परिषद (नेपाल), भोजपुरी साहित्य परिषद (पतरातू), बंग भोजपुरी परिषद (कोलकाता), भिखारी ठाकुर आश्रम (कुतुबपुर, छपरा), भोजपुरी भारती (छपरा) जैसे शताधिक संगठन जिस भोजपुरी भाषा और साहित्य के उन्नयन में दत्तचित्त हैं, भला उसकी बहुमुखी प्रतिभा से कौन अपने को दूर रखना चाहेगा। अनेक प्रांतों में व्यवस्थित रूप से संचालित भोजपुरी अकादमी, विश्व भोजपुरी परिषद इस अंतरराष्ट्रीय भाषा की समृद्धि के लिए समर्पित हैं।

'कौशिकायन', 'सेवकायन' (विद्यार्थी), 'कुँवर सिंह', 'द्रौपदी' (चंद्रशेखर मिश्र), 'बउधायन' (स्वामी विमलानंद) जैसे महाकाव्यों से भोजपुरी साहित्य समृद्ध है। केवल कुँवर सिंह पर चंद्रशेखर मिश्र, कमला प्रसाद मिश्र, हरेंद्रदेव नारायण, सर्वदेव तिवारी जैसे समर्थ साहित्यकारों ने अनेक प्रबंधकाव्यों का सृजन किया है। 'राम-श्याम के लीला', 'भोजपुरी भुई', 'सुदिन', 'निरधन के धन राम', 'जुलुम भइल राम', 'बिनिया-बिछिया', 'लर मोतियन के' आदि काव्य-संग्रहों से भोजपुरी की पहचान सुदृढ़ हुई है। 'फुलसुंघी' (पाण्डेय कपिल), 'भोर मुसकाइल' (विक्रमा प्रसाद), 'रावन उवाच' (गजेंद्रदत्त किरण), 'महेंदर मिसिर' (रामनाथ पाण्डेय), 'अछूत' (सूर्यदेव पाठक पराग), 'परशुराम' (अरुणमोहन भारवि) जैसे उपन्यासों से साहित्य जगत उपकृत है। कहानी, पत्रकारिता, निबंध-लेखन, संस्मरण, यात्रा-साक्षात्कार जैसी विधाओं में भोजपुरी साहित्य रचा जा रहा है।

लोकनाटकों में महापंडित राहुल सांकृत्यायन विरचित 'जोंक', 'मेहरारुन के दुरदसा', 'नवकी दुनिया', 'जरमनवा के हार निहचय', 'जपनिया राछस', 'ई हमार लड़ाई ह', 'देस रच्छक', 'ढुनमुन नेता' तत्कालीन समस्याओं पर आधारित हैं जिनसे भारत में जागरण का शंखनाद हुआ। 'वीर मंगल पांडे' (कमला प्रसाद मिश्र 'विप्र'), 'बाबू कुँवर सिंह' (दुर्गाशंकर प्रसाद सिंह), 'उलटा जमाना' (गोरखनाथ चौबे), 'शहीद मंगल पांडेय' (रामविचार पांडेय), 'रास लीला' (मोती बी.ए.), 'लोहा सिंह' (रामेश्वर सिंह कश्यप) आदि की कृतियों ने साक्षर-निरक्षर भोजपुरी जन-मानस में राष्ट्रभक्ति, समाज-सेवा का भाव पनपाया।

दुर्गाशंकर प्रसाद सिंह का 'न्याय के न्याय', सतीश्वर सहाय वर्मा का 'माटी के दीया आ घीव के बाती', परमात्मा पांडेय का 'अतियाचार' अमीर के छल-प्रपंच का लेखा-जोखा है। 'शुरुआत' (केदारनाथ पांडेय), 'बिरजू के बियाह' (महेंद्र बाबू), 'मास्टर गनेसी राम' (नरेंद्र रस्तोगी), 'जंजीर' (सूर्यदेव पाठक), 'सरग-नरक' (सुरेश कांटक), 'साक्षात् लक्ष्मी' (चौधरी कन्हैया प्रसाद सिंह), 'बैरी भइल जमाना' (शहीद परदेसी) जैसी लोकनाट्य कृतियों में आजादी के बाद भारतीय समाज में व्याप्त प्रवृत्तियों पर प्रकाश डाला गया है। भोजपुरी पद्य में गीत, गजल, मुक्तक, रुबाई, हाइकू, सानेट जैसी विधाएँ खूब लिखी जा रही हैं तथा निबंध, ललित निबंध, एकांकी, कहानी, समीक्षा, साक्षात्कार, रिपोर्ताज और संस्मरणों से भोजपुरी साहित्य समृद्ध है।

भोजपुरी फिल्म तथा गायकी

मुंबई फिल्म संसार में भोजपुरी का प्रवेश गीतों के माध्यम से हुआ। किशोर साहू के निर्देशन में 'नदिया के पार' (1948) फिल्म का निर्माण हुआ जिसके संवाद अवधी में और गीत भोजपुरी में थे। सभी गीत दिलीप कुमार और कामिनी कौशल पर फिल्माए गए, जिसके रचनाकार मोती बी.ए. थे। इसी फिल्म के चलते भोजपुरी गीतों, भोजपुरी टोन का चस्का हिंदी के फिल्मों को लग गया। हर हिंदी फिल्म को लोकप्रिय बनाने तथा बॅक्स ऑफिस पर हिट करने के निमित्त भोजपुरी का छौंक दिया जाने लगा। 'तीसरी कसम' और 'पिपली लाइव' जैसी अनेक फिल्में भोजपुरी के चलते बॉक्स ऑफिस पर हिट हुई हैं।

देशरत्न डॉ. राजेंद्र प्रसाद की प्रेरणा से नासिर हुसेन और विश्वनाथ शाहाबादी ने 'गंगा मइया तोहे पियरी चढ़इबो' का मुहूर्त 16 फरवरी, 1961 ई. में किया। कुंदन कुमार, असीम कुमार, कुमकुम, रामायण तिवारी, पद्मा खन्ना, गीतकार शैलेंद्र तथा संगीतकार चित्रगुप्त के सहयोग से निर्मित इस फिल्म ने सिने-जगत में झन्नाटेदार प्रवेश किया तथा भोजपुरी की अहमियत को सभी ने पहचाना। अमिताभ बच्चन, अजय देवगन, मिथुन चक्रवर्ती, मनोज तिवारी, रविकिसन, दिनेश यादव 'निरहुआ', पवन सिंह के साथ अभिनेत्रियाँ कुमकुम, बैजयंती माला, रानी चटर्जी, नगमा, भाग्यश्री, पाखी हेगड़े, श्वेता तिवारी आदि की भोजपुरी फिल्में अब लोकप्रियता की बुलंदी छू रही हैं। अब तो ओवरसीज मार्केट में भी भोजपुरी फिल्मों ने अपनी पैठ बना ली है। चित्र, शब्द, संगीत, नृत्य, नाटक और कहानी को समेटते हुए मिट्टी और मानवता को मुखर बनाने की कला भोजपुरी फिल्म है। मिठास और लालित्य से परिपूर्ण भोजपुरी की फिल्मों ने अंतरराष्ट्रीय स्तर पर अपनी पहचान बनाई है। 'लागी नाहीं छूटे रामा', 'बिदेसिया', 'बलमा नादान', 'कब होइहें गवनवा हमार', 'नाग पंचमी', 'जेकरा चरनवा में लगले परनवाँ', 'भौजी', 'सीता मइया', 'बिधना नाच नचावै', 'हमार संसार', 'गंगा', 'सैंया से भइले मिलनवा', 'आइल बसंत बहार', 'लोहा सिंह', 'बलम परदेसिया', 'माई के लाल', 'धरती मइया', 'जागल भाग हमार' जैसी शताधिक फिल्मों ने भोजपुरी भाषा, साहित्य तथा संस्कृति के प्रचार-प्रसार में अपना बहुमूल्य योगदान दिया।

लीला मिश्र, जट्टन बाई (नरगिस की माँ), बैजयंती माला, कुमकुम, पद्मा खन्ना, तनूजा, पिंकी यादव जैसी प्रसिद्ध तारिकाओं ने भोजपुरी फिल्म को ऊँचाई पर पहुँचाया। दिलराज कौर, मालिनी अवस्थी, अलका याज्ञनिक, ऊषा मंगेशकर, आशा भोसले ने भोजपुरी गायन को लोकप्रिय बनाया। निम्नलिखित पंक्तियाँ किसी की भी जिह्वा पर रहती हैं–

हो रामा रिमझिम झरेला सारी बुनिया
मगन सारी दुनिया ए रामा।

*　　*　　*

कहे के त सभ केहू आपन, आपन कहावे वाला के बा
सुखवा त सभे केहू बाँटे, दुखवा बँटावेवाला के बा।

पद्मभूषण गिरिजा देवी, श्रीमती शारदा सिन्हा, विंध्यवासिनी देवी, सुभद्रा वीरेंद्र, मैना देवी, डॉ. कमला सिंह, मोनिका अग्रवाल, पद्मा गिडवानी, आरती पांडेय, मंजुला दिवाकर, शांति जैन, कुमुद अखौरी, मनोज तिवारी, भरत शर्मा 'व्यास', बालेश्वर यादव, ब्रजकिशोर दुबे द्वारा भोजपुरी गायकी को समृद्ध किया गया है।

लोकगीत घर-घर का, हर युग का, हर व्यक्ति का इतिहास है। पद्मश्री शारदा सिन्हा के गीत इसके उदाहरण हैं–

जगदंबा घर में दियरा बार अइनी हो

*　　*　　*

का लेके शिव के मनाइबि हो शिव मानस नाहीं

*　　*　　*

पनिया के जहाज में पलटनिया बनि अइह पिया
लेले अइह पिया सेन्हुरा बंगाल से

*　　*　　*

कोयल बिन बगिया ना सोहे राजा

*　　*　　*

राम के नगरिया से अइली बरिअतिया
जनक नगरिया भइले भोर हाय रे जिया।

*　　*　　*

रेलिया बैरन पिया को लिए जाय रे।

भोजपुरी पत्रकारिता-जगत

पत्रकारिता लोकतंत्र का चौथा स्तंभ है। 'जब तोप मुकाबिल हो तो अखबार निकालो' (अकबर इलाहाबादी) की इस प्रेरणा से भोजपुरी क्षेत्र आंदोलित है। सबके सुख-दुख का साथी बनकर पत्र 'दर्द को जुबाँ' दे रहे हैं। महत्त्वपूर्ण प्रकाशनों की एक संक्षिप्त सूची प्रस्तुत है जिससे साहित्यिक, सांस्कृतिक और राजनीतिक गतिविधियों में भोजपुरी की सहभागिता का सहज अनुमान लगाया जा सकता है–

1914 : 'सरस्वती' में हीरा डोम की 'अछूत के शिकायत'
1915 : 'बक्सर समाचार' (सं. : जयप्रकाश नारायण)
1947 : 'भोजपुरी साप्ताहिक' (राहुल साकृत्यायन का महत्त्वपूर्ण योगदान)
1952 : 'भोजपुरी' (सं. : विश्वनाथ सिंह, रघुवंश नारायण सिंह, आरा, पटना)
1955 : 'धरती' (सं. : मदन मोहन सिन्हा, इलाहाबाद)
1960 : 'गाँव घर' (सं. : भुवनेश्वर प्रसाद श्रीवास्तव)
1960 : 'अंजोर' (सं. : नर्मदेश्वर सहाय, पटना)
1964 : 'भोजपुरी वार्ता' (सं. : प्रतापदित्य, गाजीपुर)
1964 : 'माटी के बोली' (सं. : सतीश्वर सहाय वर्मा, छपरा)
1964 : 'भोजपुरी कहानियाँ' (सं. : स्वामीनाथ सिंह, गिरिजेश राय, भोजपुरी संसद, काशी)
1965 : 'लुकार' (सं. : बच्चन पाठक 'सलिल', जमशेदपुर)
1968 : 'भोजपुरी जनपद' (सं. : राधामोहन राधेश, सिपाही सिंह श्रीमंत, बनारस)
1971 : 'भोजपुरी टाइम्स' (सं. : ब्रह्मानंद, पटना)
1972 : 'सनेस' (सं. : दीपनारायण मिश्र, नेपाल)
1973 : 'माटी के गमक' (सं. : विमल कुमार सिंह, सीवान)
1975 : 'लोग' (सं. : पांडेय कपिल, नागेंद्र प्रसाद सिंह, पटना)
1976 : 'उरेह' (सं. : पांडेय कपिल, पटना)
1976 : 'भोजपुरी सम्मेलन पत्रिका' (अखिल भारतीय भोजपुरी साहित्य सम्मेलन के वार्षिक मुखपत्र) जिसके विवेकी राय विशेषांक, आंजनेय विशेषांक, संत दुनियाराम विशेषांक महत्त्वपूर्ण हैं। निबंध, शोधपरक लेख, एकांकी, गजल, हाइकू जैसी विधा को समृद्ध करने में इस पत्रिका का महत्त्वपूर्ण स्थान है।
1977 : 'भोजपुरी माटी' (सं. : कृष्ण बिहारी मिश्र, कोलकाता)
1977 : 'भोजपुरी संसार' (सं. : हवलदार त्रिपाठी, पटना)
'भोजपुरी मिलाप' (सं. : ऋषिदेव दूबे, कोलकाता)
'कलश' (सं. : रामनाथ पाठक 'प्रणयी', आरा)
'डेग' (सं. : तैयब हुसेन पीड़ित, पटना)
1978 : 'भोजपुरी कथा-कहानी' (सं. : ब्रजकिशोर, पटना)
'भोजपुरी अकादमी पत्रिका' (सं. : विश्वनाथ सिंह, पटना)
'पपीहरा' (वैद्यनाथ विभाकर, सारण)

1979 : 'पाती' (सं. : अशोक द्विवेदी, बलिया) भोजपुरी साहित्य की प्रमुख विधाओं की समृद्धि में 'पाती' का योगदान अविस्मरणीय सिद्ध हो रहा है।

1980 : 'भोजपुरी सम्मेलन पत्रिका' (सं. : ईश्वरचंद सिन्हा, पांडेय कपिल, पटना; रघुवीर नारायण, भिखारी ठाकुर से संबंधित विशेषांक संग्रहणीय हैं)।

1990 : 'बिगुल' (सं. : सूर्यदेव पाठक 'पराग', भीठी (सीवान); चार 'कविता विशेषांक' में 210 कवियों की रचनाएँ प्रकाशित कर साहित्यिक पत्रकारिता का उन्नयन)।

1993 : 'भोजपुरी वार्ता' (सं. : आनंदमूर्ति, पटना)।

1995 : 'समकालीन भोजपुरी साहित्य' (सं. : अरुणेश नीरन, देवरिया; विश्व भोजपुरी सम्मेलन की इस पत्रिका का प्रकाशन सेतु न्यास द्वारा किया जाता है। भोजपुरी को विश्व-पटल पर गौरवान्वित करने में इस सुरुचिपूर्ण, गंभीर पत्रिका का विशेष योगदान है।)

वीर कुँवर सिंह विश्वविद्यालय (आरा), नालंदा खुला विश्वविद्यालय (पटना), मुजफ्फरपुर, गया स्थित विश्वविद्यालयों में भोजपुरी को विषय मानकर स्नातक, स्नातकोत्तर शिक्षाएँ दी जा रही हैं। एम.फिल., पी-एच.डी. उपाधि हेतु छात्र शोध कर रहे हैं। अनेक विश्वविद्यालयों में हिंदी के स्नातक और स्नातकोत्तर पाठ्यक्रमों में भोजपुरी को स्थान मिला है।

किसी भी भाषा को भाषायी दृष्टि से दो ही चीजें सशक्त बनाती हैं– उस भाषा का शब्दकोश और व्याकरण। भोजपुरी का समृद्ध साहित्य और पर्याप्त भौगोलिक विस्तार होते हुए भी इस भाषा के शब्दकोश और व्याकरण को लेकर अभी कम प्रयास हुआ है। अतः भोजपुरी के शब्दकोशों और मानक व्याकरण का निर्माण अत्यंत आवश्यक है। प्रस्तुत 'भोजपुरी-हिंदी-अंग्रेजी-शब्दकोश' इसी दिशा में एक विनम्र प्रयास है। भोजपुरी-हिंदी शब्दकोश की परंपरा पर दृष्टिपात करें तो निम्नलिखित महत्त्वपूर्ण ग्रंथ प्राप्त होते हैं–

1801	हेरासिम लेवेफेड	ए ग्रामर आफ प्योर एंड मिक्स्ड ईस्ट इंडियन डायलेक्ट्स
1867	जान बीम्स	नोट्स आन द भोजपुरी डायलेक्ट्स ऑफ हिंदी स्पोकेन इन वेस्टर्न बिहार
1876	सेमुअल केलॉग	ए ग्रामर ऑफ द हिंदी लैंग्वेज
1878	फैलन लाला फकीरचंद	न्यू हिंदुस्तानी इंग्लिश डिक्शनरी
1885	ग्रियर्सन	बिहार पिजेंट लाइफ (बोली, शब्दावली) : लिंग्विस्टिक सर्वे ऑफ इंडिया
1885	ग्रियर्सन और हार्नले	ए कंपरेटिव डिक्शनरी ऑफ द बिहारी लैंग्वेज्ज
1940	एल.सेंट जोसेफ	भोजपुरी शब्दकोश (मोतिहारी मिशन हाउस से प्रकाशित, जिसमें भोजपुरी के डेढ़ हजार शब्दों का अर्थ अंग्रेजी में प्रस्तुत)
1951	हजारी प्रसाद गुप्त	भारतीय औद्योगिक शब्दावली का अध्ययन
	नवल किशोर राय	गाजीपुर के कृषक जीवन संबंधी शब्दावली
	हरदेव बाहरी	भोजपुरी शब्द संपदा
1978	ब्रजबिहारी कुमार	भोजपुरी-हिंदी शब्दकोश
2003	सुचिता रामदीन	मारीशस की भोजपुरी का शब्दकोश
	विद्यानिवास मिश्र	हिंदी की शब्द संपदा
2005	विद्यानिवास मिश्र, गणेश चौबे एवं अरुणेश नीरन	भोजपुरी-हिंदी शब्दकोश
	शुकदेव सिंह	भोजपुरी एवं खड़ी बोली के व्याकरण का तुतनात्मक अध्ययन
2009	केंद्रीय हिंदी संस्थान	भोजपुरी-हिंदी-इंग्लिश लोक शब्दकोश

किसी भी शब्दकोश का प्रथम उद्देश्य भाषा सिखाना होता है। प्रस्तुत त्रिभाषी शब्दकोश भाषाविज्ञान, शिक्षणशास्त्र के आधारों पर तैयार किया गया है। 'भोजपुरी-हिंदी-अंग्रेजी शब्दकोश' में शब्द के एक-एक अर्थ को उदाहरणों द्वारा सुस्पष्ट किया गया है। इस शब्दकोश में शब्द के अर्थों की विविध छटाएँ भी दी गई हैं। कोशकारों द्वारा शब्द और

अर्थ पर शोधपरक विवेचन हुआ है, जैसे– अधिकांश शब्दकोशों में 'लावा' को 'parched rice' तथा 'छाछ' को 'butter milk' लिखा गया है, जबकि इसमें 'parched paddy' और 'liquified curd' जैसे सार्थक पर्याय प्रस्तुत हैं। 'लंच', 'लिफ्ट' जैसे अंग्रेजी शब्दों को भोजपुरी में ग्रहण किया गया है, क्योंकि 'लंच बहुत टंच करी, काम कहाँ सपरी', 'लिफ्ट भइल फेल अब सीढ़िए सहारा' लोकोक्तियों की उपेक्षा नहीं की जा सकती। (भूमिका शेख)

महापंडित राहुल सांकृत्यायन ने अखिल भारतीय साहित्य सम्मेलन (दिसंबर, 1947 ई.) में अपने लिखित वक्तव्य में बताया–

''हिनुतान हमनी के देस, हमनी के बड़का देस के भाखा हिनुई, भला ओकर पुछार के ना करी? हिनुई के राज समूचा हिनुतान में रही।''

कुछ समय तक 'हिनुतान', 'हिनुई', 'भाखा' का प्रचलन था, लेकिन भोजपुरी के अटूट ग्रामीण क्षेत्र के लोग भी अब 'हिंदुस्तान', 'हिंदी', 'भाषा' (भासा) का ही प्रयोग करते हैं, जिसमें भोजपुरी का सुसंस्कृत स्वरूप प्रस्तुत होता है। प्रारंभ के भोजपुरी शब्दकोशों में देवनागरी के 'य, व, श और ष' को स्थान नहीं दिया गया है जिस पर विचार होना चाहिए। यदि हम 'य' नहीं अपनाएँगे तो यायावर, यार, यारी, युग, योग, योग्य, योजना, योनि की अभिव्यक्ति सहज नहीं होगी। निरक्षर भोजपुरी नागरिक भी विधान, विधायक, वोट, वकील, वहन, वाक्य, वाद, वास, विज्ञान, विभाग और विवाद आदि का ही प्रयोग करता है। अपनी भाषा में 'श' को समाकृत न करें तो अपने आराध्यदेव 'शंकर' का सात्विक शुद्ध उच्चारण नहीं कर पाएँगे। शतक, शपथ, शब्द, शांति, शासन, शोध, शुभ को गलत लिखकर हमें शर्म का अनुभव होगा। 'षटकर्म, षडानन, षष्ठी की उपस्थिति से भारतीय संस्कृति की आत्मा गौरवदीप्त होगी। इसलिए इस शब्दकोश में 'य, व, श और ष' को सम्मिलित किया गया है। आशा है, भोजपुरी जगत में इसका स्वागत होगा। तत्सम शब्दों को आत्मसात् करके भोजपुरी मजबूत होगी, उसकी अभिव्यक्ति क्षमता में वृद्धि होगी तथा उसका परिमार्जित साहित्यिक रूप निखरेगा।

हिंदी साहित्य के अधिकांश साहित्यकार भोजपुरी भाषी ही रहे हैं। भारतेंदु हरिश्चंद्र, जयशंकर प्रसाद, प्रेमचंद, आचार्य रामचंद्र शुक्ल, महापंडित राहुल सांकृत्यायन, आचार्य शिवपूजन सहाय, राजा राधिकारमण प्रसाद सिंह फणीश्वरनाथ 'रेणु' जैसी विभूतियों ने हिंदी को हर क्षेत्र में समृद्ध किया। महामहोपाध्याय पं. रामावतार शर्मा, इतिहासवेत्ता काशी प्रसाद जायसवाल, भारतीय संविधान सभा के अध्यक्ष डॉ. सच्चिदानंद सिन्हा, भारतीय गणतंत्र के प्रथम राष्ट्रपति डॉ. राजेंद्र प्रसाद, बाबू जगजीवन राम, लोकनायक जयप्रकाश नारायण इसी भोजपुरी क्षेत्र के निवासी थे, जिनकी भोजपुरी में अटूट निष्ठा थी। जनगणना में मातृभाषा के रूप में डॉ. राजेंद्र प्रसाद ने 'हिंदी (भोजपुरी)' लिखवाया। उनकी पोती की शादी का कार्ड 'सोस्ती सिरि सर्व उपमा योग' से प्रारंभ हुआ जो दिल्ली के बड़े लोगों के पास पहुँचा। वस्तुतः सभी भाषाएँ मंदिर-मस्जिद हैं जिनके सामने नतमस्तक होना हर बुद्धजीवी का कर्तव्य है। भोजपुरी तो 'देवकुरी' है, अपने घर-आँगन की है, अतः पहले यहाँ दिया जलाकर ही मंदिर-मस्जिद जाना न्यायसंगत है।

सगरी भाषा मंदिर-मस्जिद हमहूँ माथ नवाईं।
भोजपुरी देवकुरी ह घर के पहिले दिया जराईं॥

–चतुर्भुज मिश्र

डॉ. उदयनारायण तिवारी, डॉ. हजारी प्रसाद द्विवेदी, डॉ. भगवतशरण उपाध्याय, डॉ. कृष्णदेव उपाध्याय, भोलानाथ गहमरी, विवेकी राय, गणेश चौबे, पं. विद्यानिवास मिश्र, पाण्डेय कपिल, डॉ. केदारनाथ सिंह, डॉ. प्रभुनाथ सिंह, प्रो. अरुणेश नीरन, सांसद प्रभुनाथ सिंह जैसे समर्पित भोजपुरी साधकों के चलते भोजपुरी का वटवृक्ष लहलहा रहा है।

अर्जुन तिवारी
सूर्यदेव पाठक 'पराग'
प्रकाश उदय
धनजी प्रसाद

भोजपुरी-हिंदी-अंग्रेजी शब्दकोश

संकेताक्षर विवरण

अं.	अंग्रेजी
अ.	अरबी
अक.	अकर्मक क्रिया
अनु.	अनुकरण
अप.	अपभ्रंश
अर्द्ध	अर्द्ध मागधी
अव.	अवधी
अव्य.	अव्यय
इ.	इत्यादि
उदा.	उदाहरण
उप.	उपसर्ग
कहा.	कहावत
क्रि.	क्रिया
क्रि.वि.	क्रिया-विशेषण
क्व.	क्वचित् (कहीं-कहीं प्रयुक्त)
जा.	जापानी
टि.	टिप्पणी
तु.	तुर्की
दे.	देखें
देश.	देशज
पर्या.	पर्याय
पा.	पालि
पर	परसर्ग
पु.	पुल्लिंग
पुर्त.	पुर्तगाली
प्र.	प्रसंग
प्रत्य.	प्रत्यय
प्रा.	प्राकृत
फा.	फारसी
बहु.	बहुवचन
ब्रज.	ब्रजभाषा
भू.कृ.	भूतकालिक कृदंत
मुहा.	मुहावरा
यो.	योजक
यौ.	यौगिक
व.कृ.	वर्तमानकालिक कृदंत
वा.	वाक्य
वि.	विशेषण
विस्म.	विस्मयादिबोधक
व्या.	व्याकरण
ला.	लाक्षणिक
लो.	लोकोक्ति
लोक.	लोकगीत
सं.	संस्कृत
सक.	सकर्मक क्रिया
सर्व.	सर्वनाम
सहा.	सहायक
स्त्री.	स्त्रीलिंग
हिं.	हिंदी
>	रूपपरिवर्तन
<	से व्युत्पन्न
=	समान अर्थ
ई.	ईसवी

(adj.)	adjective
(conj.)	conjunction
(etc.)	et cetra
(i.e.)	that is to say
(m.)	masculine
(poet.)	poetical
(pron.)	pronoun
(prov.)	proverb
(v.i.)	verb intransitive
(indec.)	indeclinable
(hon.)	honorific
(adv.)	adverb
(e.g.)	for example
(f.)	feminine
(interj.)	interjection
(ph.)	phrase
(pref.)	prefix
(suf.)	suffix
(v.t.)	verb transitive
(fig.)	figurative(ly)
(id.)	idiom

उच्चारण संकेत

स्वर

अ a	आ ā	इ i	ई ī	उ u	ऊ ū
ए e	ऐ ai	ओ o	औ au		

अनुस्वार और अनुनासिक

अं ṅ	अँ ṁ

व्यंजन

क k	ख kh	ग g	घ gh	ङ ṅ	
च c	छ ch	ज j	झ jh	ञ ñ	
ट ṭ	ठ ṭh	ड ḍ	ढ ḍh	ण ṇ	ड़ ṛ ढ़ ṛh
त t	थ th	द d	ध dh	न n	
प p	फ f	ब b	भ bh	म m	
य y	र r	ल l	व v	श ś	
ष ṣ	स s	ह h			

संयुक्त व्यंजन

क्ष kṣa	त्र tr	ज्ञ jña

अ

अ (a) देवनागरी लिपि की वर्णमाला का प्रथमाक्षर, स्वर वर्ण, कंठ से उच्चरित। इस सहायता से व्यंजन वर्णों का उच्चारण होता है, जैसे– क् + अ = क। उप. (सं.) लगने पर शब्दों के अर्थ विपरीतार्थक हो जाते हैं, जैसे– धर्म-अधर्म, खंड-अखंड। भोजपुरी में शब्दांत में प्रायः 'अ' + के स्थान पर 'इ' तथा 'उ' का प्रयोग हो जाता है, जैसे– आँख-(आँखि), रात-(राति), आज-(आजु), सुन-(सुनु)।

a- first letter and vowel of Devanagari alphabet, (pref.) prefix signifying negation.

अँ (aṁ) अव्य. एक निपात, बातचीत में 'हाँ, सुन लिया' का बोधक।

(indec.) a particle an indeclinable signifies 'yes' heard or understood.

अँइडी-मइडी (aṁiṅī-maiṅī) स्त्री. यौ. (सं.) श्रम से बचने अथवा आलस्य के वश में रहने की स्थिति।

(f.) a state of laziness, lethargy, to avoid labour.

अँइच (aṁic) वि. (सं. अक्षि विकृतौ) टेढ़े रूप में देखना। अँइचा, अँइचाह, ऐंचा–जिसकी आँख की पुतली एक ओर से खिंचकर दूसरी ओर चली जाती है, भेंगा, अँइचा-ताना कहा. 'सवालाख में अँइचा ताना'।

(adj.) squint eyed, crossed-eye.

अँइजन (aṁijan) पु. (अं.) इंजन।

(m.) engine.

अँइजन (aṁijan) सक. काजल लगाना।

(v.t.) Collyrium, antimony, a style on the eye.

अँइठल (aṁiṭhal) अक. 1. बल दिखाने के लिए व्यग्र होना। 2. बल प्रदर्शित करना। 3. जवानी के जोश में अंग-प्रत्यंग को ऐंठना। 4. अकड़ना। 5. मन मसोसकर रह जाना।

(v.i.) 1. to become stiff. 2. to be arrogant. 3. proud. 4. to be obstinate. 5. stubborn.

अँउजाइल (aṁujāil) अक. घबराहट से शुरू करना, परेशान होना।

(v.i.) to start with confusion. to be contorted, nervous.

अँउठा (aṁuṭhā) पु. (सं.) 1. हाथ या पैर की पहली छोटी तथा मोटी अंगुली, अँगूठा। 2. एक पहाड़ा जिसमें कोई संख्या साढ़े तीन से गुणित होतो है, साड़ी की किनारी।

(m.) 1. thumb, the great toe. 2. a table. 3. edge of saree.

अँउठी (aṁuṭhī) स्त्री. 1. अंगुली में पहनने का आभूषण। 2. लोहे की बनी गोलाकार कड़ी जिसका उपयोग ढोलक, तबला आदि की रस्सी कसने में होता है, मुनरी, मुद्रिका। लोक. 'अँउठी कऽ नगीना, मोर पियवा'।

(f.) 1. a ring, a ring worn on the finger. 2. an iron ring used to tighten the rope used in Dholak or Tabla etc.

अँउघी (aṁughī) स्त्री. झपकी, तंद्रा। अक. उँघाइल, नींद के पूर्व की झपकी, ऊँघना, अँउघात।

(f.) drowsiness, sleepy, soporific, somnolent.

अँउड़िआइल (aṁuṛiāil) अक. पेट में अन्न का चक्कर, जी मिचलाना।

(v.i.) to suffer indigestion.

अँउतिआइल (aṁutiāil) अक. आकुल-व्याकुल होना, व्यग्र होना, ऊबना।

(v.i.) to be agitated, to be troubled, to be anxious.

अँउपात (aṁupāt) वि. (सं.) व्यग्र, व्याकुल, भयभीत।
(adj.) agitated, distressed.

अँकटा (aṁkaṭā) पु. छोटे गोल दाने, छोटे कंकड़।
(m.) pebble, a small piece of stone.

अँकड़ा (aṁkaṛā) वि. वह मिट्टी जिसमें कंकड़ हों।
(adj.) soil with pebbles.

अँकरी (aṁkarī) स्त्री. एक प्रकार की घास।
(f.) a type of grass.

अँकवार (aṁkavār) पु. 1. दोनों बाँहों में भर आनेवाली कटी फसल। 2. भेंट-अँकवार।
(m.) 1. an armful of cut corn. 2. an embrace.

अँकवैया (aṁkavaiyā) पु. मूल्य आँकनेवाला।
(m.) a valuer, assessor.

अँकवारी (aṁkavārī) स्त्री. (सं.) दोनों हाथों के बीच आबद्ध कर मिलने की स्थिति, आलिंगन; भेंट-अँकवार का प्रचलन नारी-जगत में प्रचलित है; गोद, अंक, अंकमाल, दोनों भुजाओं के अंदर समाहित करने की स्थिति।
(f.) an embrace, the lap, hug.

अँकुड़ा (aṁkuṛā) पु. (सं.) मिलों में कोयला टालने या उसकानेवाली लोहे की छड़, जिसका अगला छोर टेढ़ा और दूसरी ओर मूठ जैसा बना होता है, जो हाथ से पकड़ने लायक होता है। पर्या.– कोलटारा।
(m.) hook of iron, bent nail.

अँकुरल (aṁkural) अक. (सं.) अंकुर निकलना, अँखुआना, अँकुरना, अंकुर फेंकना, अंकुर फोड़ना, अँकुराना, अँखुआ फूटना, उगना, उभरना, निकलना, बाहर आना।
(v.i.) to sprout, to shoot up.

अँकुरा (aṁkurā) पु. प्रथम-प्रथम जमीन से उगा हुआ पौधा, अंकुर।
(m.) a sprout; an offshoot, seed bud.

अँकुराइल (aṁkurāil) अक. अंकुरित होना।
(v.i.) to germinate.

अंकुस (aṅkus) पु. गजबाँक, गजांकुश। पर्या.– दबाव, दाब, नियंत्रण, प्रशासन, रेफ।
(m.) hook, goad.

अँकुसी (aṁkusī) स्त्री. (सं.) पेड़ से फल तोड़नेवाली लग्गी के अंतिम छोर पर बँधी हुई छोटी लकड़ी। हाथी के नियंत्रण हेतु महावत द्वारा प्रयुक्त लोहे का प्रयुक्त हथियार। पर्या. अँकुड़ा, हुक।
(f.) a hook, hooked implement, fire-rake, poker, skelton key.

अँकेर (aṁker) पु. दुधारू मवेशियों के दूध को बढ़ाने हेतु दिया जानेवाला दाना।
(m.) a grainy diet of animals for more milk.

अँखुआ (aṁkhuā) पु. अंकुर।
(m.) an offshoot.

अँखुआइल (aṁkhuāel) अक. अंकुर निकलना।
(v.i.) budding, germination.

अँग (aṁg) पु. अंग, शरीर या ज्ञान आदि के भाग।
(m.) limb, member, organ., the body part, branch of knowledge, member (of society).

अँगउछा (aṁgauchā) पु. अँगोछा।
(m.) towel, small cloth.

अँगना (aṁganā) पु. आँगन।
(m.) compound, a yard.

अँगनाई (aṁganāi) स्त्री. आँगन। पर्या.–अँगनैया, अजिर, अहाता, प्रांगण। कहा. 'अँगनवा ना बहुरिए टेढ़' (आँगन टेढ़ा नहीं है स्वयं बहू की चाल ही टेढ़ी है)।
(f.) a courtyard, a yard, court.

अँगराइल (aṁgarāil) अक. लगातार बैठने से पैर आदि अंगों में दर्द होना।
(v.i.) to be worn and wearied.

अँगरी (aṁgarī) पु. (सं.) कवच, जिरह, झिलम; गोह के चमड़े का दस्ताना जो धनुष चलाते समय हाथ में पहना जाता था। उदा. 'अँगरी पहिरि कुंड सिर धरहीं'– तुलसी।
(m.) protector of a person, armour.

अँगरेज (aṁgarej) पु. अंग्रेज।
(m.) an Englishman.

अँगरेजिन (aṁgarejin) स्त्री. अंग्रेज की स्त्री।
(f.) an Englishwoman.

अँगरेजियत (aṁgarejiyat) स्त्री. अंग्रेजी सभ्यता।
(f.) english or westeran ways, cultivation of the english language, Arglicism.

अँगरेजीदाँ (aṁgarejīdāṁ) पु. अंग्रेजी का जानकार।
(m.) knowing English, western attitudes, one who knows English.

अँगरेजी-अङरेजी (aṁgarejī-aṅgarejī) स्त्री. इंग्लैंड की भाषा। कहा. 'अँगरेजी न फारसी, बाबूजी बनारसी' (अँग्रेजी फारसी कुछ नहीं जानता है लेकिन अपने को बनारसी कहता है)।
(f.) the English language.

अँगा (amgā) पु. 1. वह रूई जो अँगरखे में भरी रहती है। 2. ऊँची जमीन में होनेवाला लाल रंग के चावल का धान, करिंगा। 3. कुरता, अचकन। कहा. 'अँगा न टोपी सिपहिया नाँव' (न कुरता है न टोपी है फिर भी सिपाही नाम है)।
(m.) 1. a long loose upper garment for men. 2. a type of paddy

अँगार-अङार (amgār-aṅgār) पु. अंगार जलता कोयला। **~दरल (~daral)** मुहा. एक गाली जिसका संकेत किसी के विधवा होने की ओर है।
(m.) an ember, live coal, burning charcoal spark.

अँगारमती (amgāramatī) स्त्री. वह चेचक जिसमें फोड़ा होता है और अधिक जलन देता है।
(f.) small pox.

अँगुरी-अङुरी (amgurī-aṅgurī) स्त्री. (सं.) अंगुली, पाँचों अंगुलियों के नाम–अंगुष्ठ, तर्जनी, मध्यमा, अनामिका और कनिष्ठा हैं। हाथ और पैर के पंजों के अग्रभाग अंगुली कहलाते हैं। 'अँगुरी में डँसले बिया नगिनिया रे ननदी'–महेंदर मिसिर। लोक.–अँगुरी धरत-धरत पहुँचा पकड़ले।
(f.) finger.

अङिया (aṅgiā) स्त्री. (सं.) अंगिका, चोली।
(f.) a bodice, a waist coat, a jacket, brassiers.

अँगीठी (amgīṭhī) स्त्री. सिगड़ी। पर्या. बोरसी।
(f.) a grate, a firebot, a portable oven.

अँगूठी (amgūṭhī) स्त्री. मुदरी। पर्या. छल्ला, मुद्रिका। लोक.– 'मोर पियवा अँगूठी के नगीनवा'।
(f.) a finger ring, a ring worn on the finger.

अँगूर (amgūr) पु. (फा.) एक लता जिसमें रसीले फल लगते हैं, अँगूर।
(m.) a grape.

अँगेया-अङेआ (amgeyā-aṅgeā) पु. (सं.) निमंत्रण, भोजन करने का नेवता।
(m.) call, summons, invitation for food.

अँगेजल-अङेजल (amgejal-aṅejal) अक. सहना, पहने हुए वस्त्र की गर्मी या बोझ को बर्दाश्त करना।
(v.i.) to endure, bear, tolerate.

अँचरपल्लो (amcarapallo) पु. (सं.) विवाह के अवसर पर प्रयुक्त दुल्हन की साड़ी के आँचल में बँधी आम की पत्तियाँ।
(m.) mango leaves wrapped in bride's shawl's border.

अँचरा-आँचर (amcarā-āmcar) पु. (आँचल) साड़ी का छोर जो स्त्रियों की छाती पर रहता है। लोकगीतों में प्रयुक्त, साधुओं द्वारा कमर में लपेटी जानेवाली धोती।
(m.) the border, or hem at the end of a sari or shawl.

अँचरी (amcarī) स्त्री. 1. वस्त्र का चित्रित छोर। 2. देवी को चढ़ाया जानेवाला वस्त्र-खंड।
(f.) 1. border region of a shawl. 2. a piece of cloth offered to a deity.

अँचवल (amcaval) अक. (सं.) भोजन के बाद मुँह-हाथ धोना। व.कृ. अँचवावत; भू.कृ. अँचावल।
(v.i.) rinsing the mouth, sipping water from the palm of the right hand in religious ceremonies.

अँचरा (amcarā) पु. आँचल।
(m.) the border of a sari

अँचार (amcār) पु. मसाले और खटाई के योग से कच्चे फल की बनी खाद्य वस्तु। **~लगावल** मुहा. किसी वस्तु का उपयोग न कर यों ही रखे रहना।
(m.) pickle, prserved in vinegar. (prov.) to keep safe without the proper use.

अँछिया (amchiyā) स्त्री. (सं.) चूल्हे का ऊपरी मुँह।
(f.) an upper open portion of chulha or stove.

अंजर-पंजर (aṅjar-paṅjar) पु. शरीर का जोड़ ठठरी, हड्डी-पसली, ढाँचा। मुहा. **~ढीला हो जाना**–जोड़-जोड़ हिल जाना, अंगों का शिथित होना।
(m.) bodily frame, skeleton joints, parts. (ed.) the joints to be loose, to be out of order.

अँजरा-पँजरा (amjarā-pamjarā) क्रि.वि. (सं.) आस-पास, बगल में।
(adv.) nearby.

अँजाद (amjād) पु. (फा.) अंदाज, अनुमान, अटकल।
(m.) guess, estimate.

अँजादी (amjādī) क्रि.वि. अंदाज से, अनुमान से, अनुमान पर आधारित।
(adv.) based on estimation, guessing.

अंजाम (aṅjām) पु. (फा.) अंत, समाप्ति, पूर्ति, फल, नतीजा।
(m.) end, completion, conclusion, result.

अँजुरी (amjurī) स्त्री. दोनों हथेलियों को मिलाकर कटोरी जैसी बनाई गई आकृति, अंजलिपुट, अन्न की राशि में से तौलते समय दोनों हथेलियों से दान देने के लिए निकाला हुआ अनाज। (अंजलि)।
(f.) the cup-shaped hallow formed by joining of the two palms together.

अँजोर (aṁjor) पु. उजाला, प्रकाश।
(m.) light, brightness, splender.

अँजोरिया (aṁjoriyā) (स्त्री.) (सं.) शुक्लपक्ष की रात, जब तक आकाश में चंद्रमा उदित रहता है, उज्ज्वल।
(f.) the bright half of a month, shining, luminous.

अँझुराइल (aṁjhurāil) वि. जटिल, उलझा हुआ।
(adj.) knotty, complicated.

अँझुरावल (aṁjhurāval) सक. उलझाना।
(v.t.) to complicate.

अँटकल (aṁṭakal) अक. किसी सँकरे छेद में किसी चीज का बीच में ही रुक जाना, कहीं फँस जाना। लोक.– 'अँटकल बनिया दे उधार'।
(v.i.) to hold up, to obstruct, to put obstacles, to get stuck up.

अँटकल-पच्चू (aṁṭakal-paccū) क्रि.वि. ठीक अनुमान न होना। (वि.) काल्पनिक, अनिश्चित।
(adv.) at random, random estimate, mere conjecture. (adj.) fanciful, imaginary, uncertain

अँटल (aṁṭal) अक. समाना, घुसना, ठीक-ठीक बैठ जाना, पहुँच जाना।
(v.i.) to be contained in.

अँटावल (aṁṭāval) सक. समा देना।
(v.t.) to cause to be contained in.

अँटिया (aṁṭiyā) स्त्री. (सं.) 1. फसल, घास के डंठल का छोटा बोझा या पूला जिसे दोनों हाथों से पकड़ा जा सके। लोक.–'कोढ़ि कटनिहार के मुँगर सन आँटी'। 1. कटनी के समय प्रति हल किसान के द्वारा दिया जानेवाला एक निश्चित परिमाण (आँटी-भर)। 2. रोपने के लिए तैयार उखाड़े हुए बीजों के पौधों का पूला, बंडल। 3. अनाज निकालने के बाद पुआल की आँटी (बंडल)। 4. किसी फसल का बाँधा हुआ पूला या मुट्ठा या गट्ठा जो दोनों हाथों से पकड़ा जा सके। 5. आँटी, पूला, छोटा बोझा, गठिया।
(f.) a bundle, a pack, a sheaf.

अँगड़-खँगड़ (aṁgaṛ-khaṁgaṛ) वि. व्यर्थ, परित्यक्त, जंग लगा हुआ।
(adj.) discarded, rubbish.

अंट-संट (aṅṭ-saṅṭ) वि. अनाप-सनाप।
(adj.) absurd, nonsense.

अँड-बँड (aṁḍ-bṁḍ) वि. बेकार, असंगत।
(adj.) irrelevant, useless.

अँटिआ-अँटिया (aṁṭiā-aṁṭiyā) स्त्री. अन्न के डंठलों का गठ्ठर।
(f.) a bundle, bunch, handful.

अंटी (aṅṭī) पु. 1. उलटा काम, बदमाशी। 2. अंडी, रेशमी चादर।
(m.) 1. opposite work, mischief. 2. a shawl.

अँठई (aṁṭhaī) स्त्री. (सं.) पशुओं के शरीर से खून चूसने वाला एक छोटा कीड़ा, किलनी। मुहा. **~भइल**– स्वार्थवश पीछे पड़े रहना।
(f.) a tick found on animals.

अँठली (aṁṭhalī) स्त्री. गुठली, गाँठ।
(f.) kernel, pip, knot, nipple.

अँडकोस (aṁḍakos) पु. (सं.) पुरुषेंद्रीय से सटा अंडाकार अंग, अंडकोश।
(m.) testicles.

अँड़री (aṁṛarī) स्त्री. रेंड़ का बीज, जिससे तेल निकलता है।
(f.) castor seed.

अँड़तालिस (aṁṛatālis) वि. अड़तालीस, 48 की संख्या।
(adj.) forty eight.

अँड़तीस (aṁṛatīs) वि. अड़तीस, 38 की संख्या।
(adj.) thirty eight.

अँड़सठ (aṁṛasaṭh) वि. अड़सठ, 68 की संख्या।
(adj.) sixty eight.

अँड़सा (aṁṛasā) पु. भीड़, जगह की कमी।
(m.) crowded, the lack of space, congested.

अंक (aṅk) पु. (सं.) 1. गोद, क्रोड़। मुहा. अंक देना, **~लगाना** या भरना (क) गले लगाना, आलिंगन करना। (ख) बच्चे आदि को गोद में प्रेमपूर्वक बैठाना। **~में नमावत** = प्रसन्न होना, फूले अंगों न समाना। 2. कटि प्रदेश, कमर। 3. चिह्न, छाप या निशान। 4. संख्या सूचक चिह्न जैसे– 1, 2, 3 आदि। 5. खेल, परीक्षा आदि में योग्यता की सूचक इकाइयाँ। (नंबर) जैसे गणित में नौ अंक मिले। उदा. 'एकहु अंक न हरि भजे रे सठ सूर गँवार'–तुलसी। 6. भाग्य। 7. नजर लगने से बचाने हेतु लगाई गई काजल की बिंदी। 8. शरीर, देह। 9. नाटक का एक खंड, भाग, दृश्य। 10. पत्र-पत्रिकाओं का कोई निश्चित समय पर होनेवाला

प्रकाशन (नंबर)। पर्या.– अदद, आँकड़ा, गिनती, संख्या, कटि, कमर, गोद, चिह्न, निशान, परीक्षांक।

(m.) 1. lap, embrace. 2. waist. 3. mark. 4. digit. 5. number. 6. fate. 7. body. 8. episode. 9. edition.

अंग (aṅg) पु. (सं.) 1. शरीर के विभिन्न अवयव जैसे हाथ, पैर आदि। मुहा. **~छूअल**=शपथ खाने के लिए शरीर पर हाथ रखना। **~लगावल**=छाती से लगाना, गले लगाना। 2. देह, शरीर। मुहा. **~उभरल**=जवानी आना, **~चुरावल**=लज्जा से संकुचित होना। **~टूटल**= थकावट, पीड़ा होना। **~तोड़ल**=अँगड़ाई लेना। **~मोड़ल**=शरीर के अंगों को लज्जावश छिपाना, भय या संकोच से पीछे हटना। उदा. 'खेलै फाग अंग नहिं मोड़ै सतगुरु से लपटानी'–कबीर। **फूले ~न समाइल**= बहुत प्रसन्न होना।

(m.) 1. a limb, member, part, component, organ. 2. body.

अंडा (aṅḍā) पु. गोल पिंड या खोल जिसमें साँप, मछली, चिड़िया के बच्चे पलते हैं। कहा. 'अंडा पेटे में रहल तावत बच्चा उड़ि गइल'। मुहा. 'अंडा सिखावे बच्चा के कि चेउँ चेउँ बोलऽ'।

(m.) an egg.

अंडानियर (aṅḍāniyar) वि. अंडाकृति, अंडाकार।

(adj.) oval, ovoid, elliptic.

अंडासय (aṅḍāsay) पु. अंडाशय।

(m.) ovary.

अंडी (aṅḍi) स्त्री. (सं.) 1. रेंड़ी या रेंड़ का पेड़। 2. अरंड पर पले कीड़ों से प्राप्त रेशम का वस्त्र।

(f.) 1. the oil bearing fruit of the castor tree, 2. a kind of coarse silk.

अंत (aṅt) पु. (सं.) 1. अंत, समाप्ति, अवसान। 2. पूर्णता, परिणाम। 3. सीमा। 4. रहस्य। लो. अंत भला त सब भला।

(m.) 1. end, death, destruction. 2. result. 3. boundary. 4. mystry.

अंत (aṅt) वि. (सं.) आखिरी, मृत्यु के करीब।

(adj.) ending, causing death or destruction.

अंतर (antar) वि. (सं.) भीतर का, आसन्न, निकट, आत्मीय, बाहरी, भिन्न। (पु.) भीतर का भाग, आशय, छिद्र, बीच, आत्मा, मन, हृदय, परमात्मा, अवकाश, स्थान, प्रवेश। (उप.) अंग्रेजी के 'इंटर' के समान एक नया उपसर्ग जो इस अर्थ का द्योतक है–दो या अधिक देशों में होनेवाला या मिलनेवाला, या उनसे संबंधित।

(adj.) nearest, intimate. (m.) inner soul. (pref.) in the sense of 'inter'.

अंतर (aṅtar) पु. (फा.) 1. फर्क, भेद। 2. दो वस्तुओं या स्थानों के बीच दूरी। उदा. 'पारस में अरु संत में बड़ो अंतरो जान, वह लोहा कंचन करै यह पुनि आप समान'।

(m.) 1. different, seperation. 2. distance, gap.

अंतरा (aṅtarā) पु. गीतों में बीच की पंक्ति। उदा. 'पारस में अरु संत में बड़ो अंतरा जान। वह लोहा कंचन करै वह आप समान॥'

(m.) an inner line of a song.

अंतरा (aṅtarā) स्त्री. (सं.) कोना, सँकरा, एक छोड़कर दूसरा।

(f.) nearly, corner, alternate, narrow.

अँतड़ी (aṁtaṛī) स्त्री. आँत।

(f.) intestine, entrails, gut.

अँतराना (aṁtarānā) सक. भीतर करना, छिपाना, अलग करना।

(v.t.) to separate, to conceal, to remove from.

अँतरिआ (aṅtariyā) वि. (अंतर+आ(प्र.)) एक या दो दिन के अंतर पर आनेवाला (ज्वर)।

(adj.) intermittent fever.

अंतरिछ (aṅtaricha) पु. (सं.) अंतरिक्ष, आकाश। (वि.) गायब, लुप्त।

(m.) sky, cosmos. (adj.) vanished.

अँतरी (aṁtarī) स्त्री. (सं.) आँत, अँतड़ी। **~ओनचास हाथ के** मुहा. गूढ़ मनोभावों की अभिव्यक्ति।

(f.) intestine. (id.) expression of mysterious feelings.

अंतरौटा (aṅtarauṭā) पु. (सं.) कपड़े का वह छोटा टुकड़ा जो स्त्रियाँ प्रायः चोली के ऊपर पेट और पेडू पर लपेटती हैं। उदा. 'श्री भामिनी की लै अंतरौटा मोहन सीस ओढ़ायो'–गोबिंद स्वामी।

(m.) a covering, curtain.

अंतर्कथा (aṅtarkathā) स्त्री. किसी बड़ी कथा के अंतर्गत आई हुई कोई छोटी कथा।

(f.) a small story depicted under a large story.

अंतर्गत (aṅtargat) वि. जो किसी के अंदर मिल गया हो। समा गया हो, अंग बन गया हो।
(adj.) included.

अंतर्धान (aṅtardhān) पु. (सं.) अचानक आँखों से ओझल हो जाने की क्रिया या भाव।
(m.) disappearance, concealment.

अंताछरी (aṅtācharī) स्त्री. (सं.) किसी के द्वारा उद्धृत पद्य के अंतिम अक्षर या शब्द से प्रारंभ किया गया नया पद्य।
(f.) a pastime in which the participants recite verses in turn, the first word of each new verse being the same as the last of the verse preceding.

अंते-अनते (aṅte-anate) क्रि.वि. (सं.) अन्यत्र, दूसरी जगह।
(adv.) elsewhere.

अंदर (aṅdar) क्रि.वि. भीतर।
(adv.) within, inside.

अँदरसा (aṁdarasā) पु. एक प्रकार की मिठाई जो चावल के आटे और घी की बनी होती है।
(m.) a kind of sweet made of rice flour and fried in ghee.

अंदाज (aṅdāj) पु. (फा.) अनुमान, अटकल। (क्रि.वि.) 1. अनुमान से, अटकल से। 2. करीब, लगभग।
(m.) rough estimate, conjecture, guess. (adv.) round figure.

अंदाजल (aṅdājal) अक. अनुमान करना।
(v.i.) to guess.

अंदाजी (aṅdājī) क्रि.वि. अनुमानतः अटकल से।
(adv.) approximately, by guess.

अंदेसा (aṅdesā) पु. (फा.) खटका, चिंता, अनिश्चय की स्थिति।
(m.) reflection, anxious thought, uncertainty.

अंदोलन (aṅdolan) पु. (सं.) आंदोलन, किसी समस्या के समाधान के लिए सामूहिक गतिविधि, हो-हल्ला करना और नारेबाजी करना।
(m.) objection, a movement for the solution of a problem, protest.

अंधड़ (aṅdhaṛ) पु. (सं.) धूल-भरी हवा का झोंका, आँधी।
(m.) a violent dust-storm.

अंधर (aṅdhar) पु. दे. अंधड़।

अंधाधुंध (aṅdhādhuṅdh) क्रि.वि. शीघ्रता से, बिना सोचे-विचारे, बेतहाशा, बेहिसाब, बहुतायत।
(adv.) fast, without proper thinking.

अंधेर (aṅdher) पु. अनीति, नियम व्यवस्था का अभाव।
(m.) arbitrary or tyrannical act, wrong, irregularity, chaos, place where lawlessness prevails.

अँनकल (aṁnakal) सक. टटोलना, ध्यान लगाकर सुनते हुए अंदाजा लगाना।
(v.t.) to feel, to guess, to hear attentively.

अँवटल (aṁvaṭal) वि. बहुत अधिक उबला हुआ।
(adj.) hard boiled.

अँवासल (aṁvāsal) सक. (सं.) किसी नए बर्तन को काम में लाना, प्रारंभ कर देना।
(v.t.) to season a new vessel, to rinse.

अँस (aṁs) पु. (सं.) अंश, भाग, हिस्सा; पूर्व निश्चित भाग; किसी देवता से प्राप्त तेज या शक्ति।
(m.) a part, portion, division, share.

अँहुड़ी (aṁhuṛī) स्त्री. काठ या ईंट का बरतन जिसमें मवेशी चारा-पानी लेता है। **~काटल** मुहा. किसी वस्तु को प्राप्त करने के लिए व्यग्रता, किसी कष्ट से होनेवाली बेचैनी।
(f.) a pot of wood for fodder. (id.) restlessness for achieveing a thing, perplexed state.

अईंठल (aīṅṭhal) सक. ऐंठना।
(v.t.) to contort, distort.

अईंठाइल (aīṅṭhāil) वि. ऐंठी हुई।
(adj.) contorted.

अइकल (aikal) सक. (सं.) किसी वस्तु को गौर से देखना।
(v.t.) to see attentively.

अइगा (aigā) पु. (सं.) आज्ञा, भोजन का निमंत्रण।
(m.) invitation for meal.

अइन (ain) पु. (फा.) 1. कानून, कायदा। 2. विधि।
(m.) law, act, legal method.

अइला (ailā) पु. दे. अँछिया।

अइसन-अइसना-अइसनी (aisan-aisanā-aisanī) वि. ऐसा।
(adj.) of this sort, such thing as this, in this way, as though, just so as if.

अइसहीं (aisahīṅ) क्रि.वि. ऐसे ही, यों ही, इसी प्रकार।
(adv.) so-so, indifferent like this.

अइसहूँ (aisahūṁ) क्रि.वि. यूँ भी, अनायास, ऐसे भी, इस प्रकार भी।
(adv.) casually, thoughtlessly.

अइसे (aise) क्रि.वि. इस प्रकार।
(adv.) like this.

अउअल (aual) वि. (अ.) प्रथम, बढ़िया, श्रेष्ठ, उत्तम।
(adj.) the first, the best.

अउआइल (auāil) अक. सूनापन अनुभव करना, यह नहीं समझ पाना कि अब क्या करना चाहिए। किंकर्तव्यविमूढ़।
(v.i.) to be uncertain what to do.

अउआ-डेबर (auā-debar) वि. निम्नस्तरीय और शरीर का असंतुलित (व्यक्ति)।
(adj.) distorted, disfigured, ugly body.

अउजार (aujār) पु. उपकरण, औजार।
(m.) appliance, tool.

अउन्हल (aunhal) सक. उलटना, उलट देना, पेट के बल रखना।
(v.t.) to be overturned, to overturn, to turn upside down.

अउरी (aurī) क्रि.वि. अधिक। (अव्य.) और।
(adv.) more, else. (indec.) and.

अउल (aul) पु. वातावरण की गर्मी।
(m.) hot, warm, state of environment.

अउलल (aulal) वि. भुना हुआ।
(adj.) roasted grain.

अउलिआ-अउलिया (auliā-auliyā) पु. (अ.) 1. फकीरों का एक संप्रदाय। 2. सिद्ध पुरुष, संत, वली, फकीर।
(m.) 1. a community of ascetic saint. 2. a saint.

अउव्वल (auvval) वि. बहुत अच्छा, प्रथम, प्रमुख।
(adj.) eminence, state of being formost or outstanding, supreme.

अउस (aus) पु. (सं.) वातावरण की गर्मी।
(m.) warm, hotness of environment.

अउसल (ausal) अक. गर्मी के कारण किसी कच्ची चीज का सड़ने लगना।
(v.i.) to become rotten due to heat.

अएब (aeb) पु. (अ.) ऐब, दोष, दुर्गुण।
(m.) a fault, defect, shortcoming.

अएबाह (aebāh) वि. ऐब से भरा हुआ, दुर्गुण वाला।
(adj.) defective, vicious, flawed.

अकछी (akachī) क्रि.वि. छींक आने पर मुँह से निकलने वाली ध्वनि।
(adv.) a sound at the time of sneezing.

अकट-बकट (akaṭ-bakaṭ) वि. अखाद्य, अग्राह्य, फालतू।
(adj.) inedible, not to be eaten.

अकड़ल (akaṛal) अक. गर्वपूर्ण बातें करना, किसी बात पर तन जाना।
(v.i.) to be arrogant, to be insolent.

अकबक (akabak) पु. (सं.) अक्ल या सूझ से रहित बात। **~ना चलल**, मुहा. किंकर्तव्यविमूढ़ हो जाना।
(m.) non-sense. (id.) uncertain what to do.

अकबकाइल (akabakāil) अक. भौंचक रह जाना, स्तंभित होना।
(v.i.) to be surprised.

अकरखन (akarakhan) पु. अनाचार, अत्याचार। उदा. 'तनिको सोहात नइखे तोहरी अकरखन। हम रहनी गोपिया तू भइलऽ गोपीचन'।
(m.) unprincipled, improper or dishonest conduct.

अकरब (akarab) वि. कुकर्मी, पापी, अधर्मी।
(adj.) wicked, villainous, vicious.

अकलंक (akalank) पु. (सं.) दाग, दोष।
(m.) spot, stain, blot.

अकवन (akavan) पु. (सं.) एक प्रकार का पौधा जिसके दूध से आँखें अंधी हो जाती हैं।
(m.) a kind of plant. Its milk is harmful for eye.

अकस (akas) पु. (सं.) बैर, शत्रुता।
(m.) enemity, not friendly.

अकसर (akasar) अव्य. (अ.) अक्सर, अधिकतर, प्रायः। वि. अकेला।
(indec) usually, generally, often. (adj.) alone.

अकसरहाँ (aksarahāṁ) क्रि.वि. अधिकतर।
(adv.) maximum, frequently.

अकसरुआ (akasaruā) वि. अकेला व्यक्ति। उदा. 'चुप रहऽ, बबुआ। सुपुली में ढेबुआ। बाबू गइलन नोकरी। भाई अकसरुआ'।
(adj.) the lonely person.

अकस्मिक (akasmik) वि. आकस्मिक।
(adj.) unexpected.

अकाज (akāj) पु. 1. हर्ज, हानि। 2. व्यर्थ बैठे रहने की स्थिति। 3. काम नहीं होने की स्थिति। 4. अनुपस्थित हो जाने की स्थिति।
(m.) 1. harm, damage. 2. improper action. 3. to be out of work. 4. absent.

अकाजी (akājī) स्त्री. काम के बंद रहने की स्थिति।
(f.) to be out of work, useless.

अकाट (akāṭ) वि. अकाट्य।
(adj.) irrefutable.

अकादमी (akādamī) स्त्री. (अं.) वह संस्था जिसका उद्देश्य कला, साहित्य, विज्ञान, प्रौद्योगिकी की उन्नति हो।
(f.) academy whose target is to promote literature, art, science and technology.

अकाम (akām) वि. इच्छारहित, कामना से परे।
(adj.) without a wish.

अकार (akār) पु. 'अ' अक्षर और इसकी ध्वनि।
(m.) the letter 'अ' and its sound.

अकारथ (akārath) क्रि.वि. (सं.) बेकार, व्यर्थ। उदा. 'जनम अकारथ जाए'।
(adv.) futile, ineffectual, in vain.

अकाल (akāl) पु. अभाव, भुखमरी।
(m.) famine, acute shortage of any thing.

अकालकुसुम (akālakusum) पु. बेमौसम की चीज।
(m.) untimely thing.

अकालगीर (akālagīr) पु. एक प्रकार का धान।
(m.) a kind of paddy.

अकाली (akālī) वि. गुरु नानक के चलाए धर्म संबंधी पंथ को माननेवाला, पंथी।
(adj.) a follower of the sect, religion initiated by Guru Nanak.

अकास (akās) पु. आकाश।
(m.) sky.

अकिल (akil) स्त्री. (अ.) अक्ल, बुद्धि। **~हेराइल** मुहा. हतबुद्धि होना।
(f.) commonsense, intellect, wits, wisdom. (id.) to loose the wisdom.

अकिला (akilā) वि. बुद्धिमान, अक्लमंद।
(adj.) prudent, intelligent, wise, sensible.

अकिला फुआ (akilā fuā) स्त्री. वह स्त्री जो अक्लमंद समझी जाती हो (व्यंग्य रूप में प्रयुक्त)।
(f.) a satire for a prudent lady.

अकियान (akiyān) पु. अंदाज, अनुमान, ध्यान।
(m.) estimate to guess, paying attention.

अकीन (akīn) पु. (अ.) यकीन, विश्वास, प्रतीति।
(m.) faith, honesty.

अकुताहट (akutāhaṭ) स्त्री. (सं.) व्याकुलता, बेचैनी, शीघ्रता।
(f.) restlessness, uneasiness.

अकुसल (akusal) वि. अकुशल।
(adj.) maladroit.

अकूत (akūt) वि. जिसका कूत या अंदाजा न हो सके, विपुल, अपरिमित।
(adj.) unlimited, large.

अकेल (akel) वि. (सं.) अकेला।
(adj.) single.

अकेलुआ (akeluā) वि. वह व्यक्ति जो घर का अकेला हो, जिसका और कोई न हो।
(adj.) the lonely person.

अकेले (akele) क्रि.वि. अकेला।
(adv.) alone.

अक्खो-मक्खो (akkho-makkho) पु. बच्चे को बहलाने के लिए कहे जानेवाले एक वाक्य का अंश। (बुरी नजर से बच्चे को बचाने के लिए महिलाएँ दीपक के पास हाथ ले जाकर उसके मुँह पर फेरते हुए कहती हैं– 'अक्खो-मक्खो दिया बरक्खो, जो मेरे बच्चे को तक्के उसकी फूटें दोनों अक्खों।'
(m.) a phrase for entertaining the baby.

अखज (akhaj) पु. (अ.) बैर, विरोध, लंबे समय से चल रहा विरोध।
(m.) enmity, protest.

अखतिआर (akhatiār) पु. (अ.) अधिकार, शक्ति।
(m.) authority, power.

अखबार (akhabār) पु. (अ.) समाचार-पत्र। **~नवीस**= अखबार निकालनेवाला पत्रकार, **~नवीसी**=पत्रकारी, पत्रकारिता। पर्या. अखबार, समाचार-पत्र, परचा, पेपर। पर्या. खबर, संवाद, न्यूज, खैर-खबर, खोज-खबर, हाल, हाल-चाल, जानकारी, सूचना, संदेश।
(m.) newspaper.

अखरल (akharal) सक. खटकना, बुरा लगना, कसक पैदा करना।
(v.t.) to feel bad, offended to be disagreeable or unpleasant to be troublesome or oppressive.

अखरा (akharā) वि. बिना घी लगाई हुई रोटी। पर्या. अरकरी, अखरी, अौवट।
(adj.) unbuttered bread.

अखरेर-अखरेरे (akharer-akharere) क्रि.वि. अकारण, नाहक।
(adv.) without cause, uselessly, fruitlessly.

अखाड़ जंगी (akhāṛ jaṅgī) वि. लड़ाकू, लड़नेवाला, योद्धा।
(adj.) warlike, warrior, fighter.

अखाड़ल (akhāṛal) सक. पशु द्वारा जमीन या नाद को सींग से कोड़ना, गहरी कोड़ाई करना। पर्या. अखनवाही।
(v.t.) to dig earth, wall, tub with horns.

अखाड़ा (akhaṛā) पु. (सं.) 1. कुश्ती हेतु कोड़कर बनाई हुई भूमि। 2. साधुओं की मंडली, अड्डा। पर्या. अक्षवाट, अक्षवाटक, कसरतघर, मल्लपीठ, मल्लभूमि, मल्लशाला, रंगभूमि, वरजिशगाह, व्यायामशाला, मठ।
(m.) 1. an arena, arena place for exercise. 2. a congregation of sadhus or their abode.

अखाड़िया (akhāṛiyā) पु. अखाड़े में व्यायाम करनेवाला।
(m.) a master fighter, skilled manoeuverd, strategist.

अखिरी (akhirī) वि. अंतिम।
(adj.) final, last.

अखोर-बखोर (akhor-bakhor) पु. (फा.) निकृष्ट व्यक्ति, बेकार वस्तु।
(m.) sinful man, useless things.

अगउड़-अगवर (agauṛ-agavar) पु. (सं. अग्रांश) अग्रिम दी गई राशि या मजदूरी (असहर, अग्रवलि, अग्रिम)।
(m.) an advance (of money), advance payment.

अगड़धत्त (agaṛadhatta) पु. (सं.) कर्मठ, बहादुर चुस्त।
(m.) stalwart, sturdy.

अगड़म-बगड़म (agaṛam-bagaṛam) वि. अंट-संट, बेकार, फालतू।
(adj.) confused, jumbled, worthless, junk.

अगताह (agatāh) क्रि.वि. (सं.) समय से पूर्व, पहले होनेवाला, पहले। कहावत–'अगताह बोआई, सवाई लवाई'।
(adv.) before time, early, before.

अगतिआर (agatiār) पु. (अ.) अधिकार, सामर्थ्य, काबू।
(m.) authority, capacity, power.

अगते (agate) क्रि.वि. (सं.) पहले, पूर्व में।
(adv.) earlier, aforetime.

अगम (agam) वि. (सं.) अथाह, दुर्गम, दुर्बोध। पर्या.– कठिन, अगम्य, गहरा।
(adj.) inaccessible, unattainable, incomprehensible.

अगमजान (agamajān) पु. पूर्व सूचना, पूर्वाभास।
(m.) earnest, foreboding, prescient.

अगमजानी (agamajāni) पु. (सं.) दैवीशक्ति से भूत, वर्तमान, भविष्य को जाननेवाला, भविष्यवक्ता।
(m.) foreseer, visionary.

अगर (agar) यो. (फा.) यदि।
(conj.) if, ifs and buts.

अगरचनन (agarachanan) पु. अगरचंदन।
(m.) sandal wood.

अगरबत्ती (agarabattī) स्त्री. चंदन आदि से बनी बत्ती जो पूजा में जलाई जाती है।
(f.) an incense stick.

अगरचे (agarace) यो. (फा.) यदि, जो। पर्या. गो कि, बावजूद इसके कि, यद्यपि।
(conj.) although, even if.

अगराइल (agarāil) अक. उतावला होना।
(v.i.) to be thrilled.

अगरवाल-अगरवाला (agaravāl-agaravālā) पु. (अग्रवाल) वैश्यों का कुलनाम, एक वंशनाम।
(m.) a family name of Vaishya.

अगल-बगल (agal-bagal) क्रि.वि. (फा.) इधर-उधर आस-पास।
(adv.) to this side and that, here and there, all-around, nearly.

अगवार, अगवारी (agavār-agavārī) पु. 1. ओसाने के समय हवा में भूसा के साथ उड़ा हुआ अनाज। 2. पुरोहित और भिखारी हेतु निकाला गया अन्न। पर्या. अगाड़।
(m.) 1. first corn taken from a heap of newly threshed grain, corn lost during winnowing. 2. a portion of corn set apart for the village priests, beggars.

अगवांसा (agavāṅsā) पु. (सं.) घर के आगे की जमीन (अग+वासा<अग्र+वास)।
(m.) front portion of house.

अगस्त (agast) पु. 1. एक प्रकार का लंबा वृक्ष, जो शरद् ऋतु में फूलता है और जिसका फूल सफेद होता है। (अगस्त्य)। 2. अंग्रेजी कैलेंडर का आठवाँ महीना।
(m.) 1. a kind of long tree having white flower. 2. August.

अगहन (agahan) पु. (सं.) अग्रहायण, भारतीय वर्ष का नौवाँ और हेमंत ऋतु का पहला महीना। (प्रायः नवंबर के अंतिम और दिसंबर के आदि के पंद्रह दिन)।
(m.) the ninth month lunar month of the Hindu year (November- December).

अगहनिया (agahaniyā) वि. अगहनी। (अगहन+इया< अगहन<आग्रहायण<अग्र+हायन)।
(adj.) related with Agahan month.

अगहनी (agahanī) वि. (सं.) अगहन महीने में होनेवाला धान या अन्य फसल।
(adj.) crop harvested in Agahan month.

अगहरिआ (agahariyā) पु. किसी के साथ आगे-आगे चलनेवाला व्यक्ति। (अगहरिया)
(m.) a leader, forerunner, guide.

अगाऊँ (agāūṁ) अव्य. अग्रिम मजदूरी।
(indec.) an advance (of money).

अगाड़ (agāṛ) पु. घोड़े के पैर में बाँधी जानेवाली रस्सी।
(m.) fore-fetters of a horse.

अगाड़ी-अगाड़ू (agāṛī- agāṛū) क्रि.वि. (सं.) सामने, आगे।
(adv.) front, forepart.

अगात (agāt) वि. (सं.) पहले तैयार होनेवाली फसल। (क्रि.वि.) समय से पूर्व, पहले।
(adj.) crop ripe earlier. (adv.) before.

अगाह (agāh) वि. (फा.) आगाह, सूचित, विज्ञापित; सचेत।
(adj.) informed, advertised, warned.

अगिआइल (agiāil) अक. गर्म होना, क्रोधित होना; विषयाक्रांत या कामुक होना।
(v.i.) to become angry, to be sensual.

अगिआह (agiāh) वि. कामुक, विषयाक्रांत।
(adj.) amorous, sensual.

अगिन (agin) पु. (सं.) अग्नि देवता, यज्ञ या शपथ में प्रयुक्त अग्नि के लिए आदरसूचक शब्द।
(m.) fire.

~कुंड (~kuṅḍ) पु. अग्निकुंड, हवन-कुंड।
(m.) a fire pit.

~कोन (~kon) पु. अग्निकोण, पूर्व-दक्षिण का कोण।
(m.) south east.

~प्रतिस्ठा (~pratisṭhā) स्त्री. अग्निप्रतिष्ठा।
(f.) summoning and worshipping the god of fire (in order to commence a religious function).

~दाह (~dāh) पु. अग्निदहन, मृतक को अग्नि में जलानेवाला संस्कार।
(m.) funeral ceremonies.

~परीछा (~parīchā) स्त्री. अग्निपरीक्षा।
(f.) ordeal.

~होतरी (~hotarī) पु. अग्निहोत्री, अग्नि में नियमित आहुति देनेवाले ब्राह्मणों की उपाधि, ब्राह्मणों का एक जाति-भेद।
(m.) a Brahmin who maintains a perpetual fire in his house.

अगिया (agiyā) पु. एक प्रकार की बीमारी जो बैलों और घोड़ों को होती है।
(m.) a disease of oxen and horses.

अगिया बैताल (agiyā-baitāl) पु. विक्रमादित्य से संबंधित कथाओं में वर्णित उनके दो गण—अगिया और बैताल।
(m.) name of two demons ruling over fire related with Vikramaditya.

अगियाइल (agiyāil) वि. अग्निमय। (अक.) जलन महसूस होना।
(adj.) fiery. (v.i.) to feel fiery.

अगिलका (agilakā) वि. आगे का।
(adj.) ahead, further.

अगिला (agilā) वि. अगला।
(adj.) next, forward, following.

अगुअई (Aguaī) स्त्री. विवाह की वार्ता, विवाह तय कराने का काम।
(f.) talk related with marriage, the function of marriage-negotiation.

अगुआ (aguā) पु. नेता, मुखिया, मार्गदर्शक, विवाह तय करानेवाला मध्यस्थ।
(m.) leader, guide, match-maker.

अगुआइल (aguāil) अक. चलने में आगे निकल जाना या रहना।
(v.i.) to take the lead.

अगुआर-अगुआरा (aguār-aguārā) पु. (सं.) मकान के सामने का खुला भाग।
(m.) open space in front of house.

अगूढ़ (agūṛh) वि.(सं.) सहज, स्पष्ट।
(adj.) open, straight foward, not concealed, manifest.

अगुताई (agutāī) स्त्री. किसी काम को संपन्न करने की शीघ्रता, व्यग्रता।
(f.) restlessness for completing the work in a hurry.

अगुतावल (agutāval) सक. जी उबाना।
(v.t.) to bore someone.

अगूती (agūtī) स्त्री. घर के सामने का भाग।
(f.) front portion of house.

अगे-अगे (age-age) क्रि.वि. (सं.) चलने में आगे।
(adv.) ahead, in front of.

अगेआन (ageān) पु. (सं.) अज्ञान, मूर्ख, अबोध।
(m.) ignorance, fool.

अगोरल (agoral) सक. खेत आदि की रखवाली करना, राह देखना।
(v.t.) to watch, to guard, to watch for, to wait for.

अगौं (agauṅ) पु. (सं.) गृहदेवता (भूमिगनेस) के लिए नए तैयार अन्न से निकाला गया अंश। पर्या. अगवड़ रसुआड़, रसबड़। खलिहान में तैयार नए अन्न में से पहले-पहल निकाला गया ब्राह्मण-अंश।
(m.) grain given at harvest for religious purpose, grain distributed to religious mendicants.

अगोरिया (agoriyā) पु. 1. प्रतीक्षा। 2. रखवाली।
(m.) 1. the act of watching. 2. guarding.

अघ (agh) पु. पाप, अपराध, कष्ट।
(m.) sin, guilt, wickedness, crime, suffering.

अघारि (aghāri) पु. (अघ+अरि) पापों का दुश्मन।
(m.) an enemy of sin.

अघवावल (aghavāval) सक. खूब खिलाकर पेट भर देना। (विशेषतः पशुओं के संबंध में)।
(v.t.) to fill, to satisfy, to glut, to cloy, specially for animals.

अघाइल (aghāil) अक. 1. यथेष्ट भोजन से पेट का भर जाना। 2. पूर्ण संतुष्ट होना।
(v.i.) 1. to be surfeited or sated. 2. to be satisfied, contented.

अघोर (aghor) पु. (सं.) पाप, घृणित कार्य।
(m.) sin, hateful action.

~घोटल (~ghotal) मुहा. घृणित काम का समर्थन।
(id.) to approve the hateful action.

अघोरी (aghorī) पु. अघोर पंथ को माननेवाला, शैव, घृणित काम करनेवाला।
(m.) a member of the aghor community, doer of hateful action.

अङमजनी (aṅamajanī) वि. (सं.) वह स्त्री जो परिश्रम नहीं करती है, केवल अपने बनाव-शृंगार में लगी रहती है।
(adj.) the woman who is busy in self decoration and avoids laborious task.

अङवछा (aṅavachā) पु. (सं. अंग प्रक्षालिका) अङौछा। संज्ञा (सं. अंगरसा) गमछा, अँगौछा, पुरुषों द्वारा कंधे पर रखने या शरीर पोंछने के काम में आनेवाला वस्त्र-खंड।
(m.) towel, napkin.

अचंभा (acaṅbhā) पु. अचरज, आश्चर्य।
(m.) wonder, surprise, astonishment.

अचकचाइल (acakacāil) अक. आश्चर्यचकित होना।
(v.i.) to be taken aback or astonished, to be surprised, to be startled.

अचकन (acakan) पु. लंबी, बंद गले की कमीज या कोट। (यह हिंदुओं में वर वैवाहिक अवसर पर पहनता है।)
(m.) a mans tight-fitting knee-length coat buttoned in front. (bridegroom puts it on at marriage time.)

अचके (acake) क्रि.वि. (अ.) अचानक, यकायक।
(adv.) at once, all of a sudden, unexpectedly.

अचमनी (acamanī) स्त्री. (सं.) आचमन, आचमन का जल निकालनेवाला चम्मच।
(f.) a little spoon used in worshipping God.

अचरज (acaraj) पु. (सं.) आश्चर्य, अचंभा, अनोखापन।
(m.) wonder, surprising.

अचल (acal) वि. (सं.) अटल, स्थिर, नहीं चलनेवाला।
(adj.) immovable or immobile, stationary, motionless, firm.

अचलस्त (acalast) वि. (सं.) अचल अवस्था, चलने-फिरने में असमर्थ।
(adj.) immovability, inertia, firm.

अचानक (acānak) क्रि.वि. अकस्मात्।
(adv.) suddenly, all of sudden.

अचानके (acānake) क्रि.वि. दे. अचानक।

अचार (acār) पु. अचार।
(m.) pickle.

अचारज (acāraj) पु. (सं.) आचार्य, पंडित, उपनयन विवाह आदि यज्ञों में यज्ञ-कार्य संपन्न करानेवाला।
(m.) a pandit (preceptor) who perfoms religious activities in yagya.

अचिको-इचिको (aciko-iciko) क्रि.वि. थोड़ा भी, इतना भी।
(adv.) a little, some, meagre.

अचेत (acet) वि. (सं.) चेतनाहीन, बेहोश।
(adj.) unconscious.

अच्छा (acchā) वि. (सं.) बढ़िया, सुंदर, स्वस्थ, धनी, नेक, शुद्ध, ताजा, स्वादिष्ट।
(adj.) good, fine, excellent, pleasant, righteous, sound, all right.

अच्छाय (acchāy) वि. बिना छाया के।
(adj.) without shade.

अच्छत-अछत (acchat-achat) पु. (सं.) अक्षत, पूजा में व्यवहृत अरवा चावल।
(m.) white rice used in religious ceremonies.

अच्छर-अछर (acchar-achar) पु. (सं.) 1. अक्षर, किसी वर्णमाला की एक ध्वनि की अभिव्यक्ति के लिए निश्चित संकेत चिह्न। 2. लिखावट।
(m.) 1. a character of a syllabary or other writing system, a syllable. 2. letter writing system.

अछइत (achait) क्रि.वि. रहते हुए।
(adv.) beside this.

अछयवट-अछयवर (achayavaṭ-achayavar) पु. (सं.) अक्षयवट, प्रयाग का वह पुराना प्रसिद्ध वटवृक्ष जो अमर समझा जाता है।
(m.) an old famous tree knwon as eternal in Prayag.

अछतावल-पछतावल (achatāval-pachatāval) अक. (सं. पश्चाताप) पश्चाताप करना।
(v.i.) to repent, to regret, to grieve.

अछते (achate) क्रि.वि. (सं.) रहते हुए, होते हुए, बावजूद।
(adv.) in spite of, beside.

अछम (acham) वि. अक्षम, असमर्थ।
(adj.) inert, inefficient.

अछम्य (achamy) वि. अक्षम्य।
(adj.) inexcusable.

अछरंग (acharang) पु. झूठ दोषारोपण, निराधार कलंक, अपयश।
(m.) disgrace, dishonour, shame, infamy.

अछवानी (achavānī) स्त्री. प्रसूता को दी जानेवाली देशी औषधियाँ।
(f.) a warm drink containing ajvayn, ginger and other spices, given to women after child birth.

अछांस (achaṅs) पु. (सं.) अक्षांश।
(m.) latitude.

अछूत (achūt) पु. जो छूने लायक न हो।
(m.) untouchable, not to be touched.

अछूता (achūtā) वि. (सं.) 1. जो छुआ नहीं गया हो। 2. यज्ञ, व्रत या देवपूजन के प्रयोग के लिए रखी गई पवित्र सामग्री।
(adj.) 1. not to be touched (as food for religious persons). 2. pure, unused virgin things for the use in religious ceremonies.

अछो (acho) पु. भोजन करते समय की वह स्थिति जब खानेवाला आदमी यह कह दे कि उसे अब कुछ न चाहिए।
(m.) fully satisfied after meal perons say 'acho' (अछो) (no more, no more).

अछोर (achor) वि. बिना छोर के, आरंभ-अंत के बिना।
(adj.) without a beginning or end, unending.

अछूतोद्धार (achūtoddhār) पु. अछूत (अस्पृश्य) का उद्धार, उन्नयन।
(m.) upliftment of untouchables.

अछोधाह (achodhāh) क्रि.वि. (सं.) निरंतर रोना, विकल होकर लगातार रोना।
(adv.) continuously weeping, restessly weeping.

अछोप (achop) पु. दे. अछूत।

अजगर (ajagar) पु. (सं.) एक प्रकार का बड़ा, मोटा और खतरनाक विशाल सर्प। उक्ति–'अजगर करै न चाकरी, पंछी करै न काम। दास मलूका कह गए सबके दाता राम'।
(m.) a kind of large, huge, fatty and dangerous snake, python.

अजगव (ajagav) पु. शिवजी का धनुष।
(m.) Shiva's bow.

अजगूत (ajagūt) वि. (अ.) अनोखा, विचित्र। उदा. 'सपना देखींले अजगूत' (लोक.)।
(adj.) strange, marvellous, surprising.

अजगैबी (ajagaibī) वि.(फा.) विचित्र, अनोखा।
(adj.) strange.

अजगैबीनाथ (ajagaibīnāth) पु. 1. एक संत। 2. भागलपुर जिले के सुल्तानगंज में गंगा की बीच धारा में स्थित शिला-खंड पर स्थापित शिवलिंग।
(m.) 1. a saint. 2. devine Shivaling on shilakhand amidst Ganga river in Sultanganj (Bhagalpur).

अजड़ (ajaṛ) वि. (सं.) अजर, जो नष्ट होनेवाला न हो, सदाबहार।
(adj.) undecaying, ever young.

अजब (ajab) वि. (अ.) अनोखा, अजीब, विचित्र।
(adj.) peculiar, strange.

अजबे (ajabe) वि. दे. अजब।

अजमत (ajamat) पु. महान, चमत्कार।
(m.) wonder, great, miracle.

अजमावल (ajmāval) वि. अनुभूत, परीक्षित।
(adj.) tried, experienced.

अजमोदा (ajamodā) पु. अजवाइन।
(m.) a type of leafy vegetable used in salad, its seeds are called ajwain.

अजय (ajay) वि. अजेय।
(adj.) invincible.

अजर-अमर (ajar-amar) वि. (सं.) दीर्घायु, उम्र का प्रभाव नहीं।
(adj.) immortal, changeless, ever young.

अजवाइन (ajavāin) स्त्री. दे. अजमोदा।

अजस (ajas) पु. (सं.) अयश, बदनामी, कलंक।
(m.) infamy, disgrace, dishonour.

अजसी (ajasī) वि. (सं.) अयशस्वी, जिसे यश नहीं मिला हो, बदनाम।
(adj.) without grace, infamous.

अजहद (ajahad) वि. (फा.) हद से ज्यादा, बहुत अधिक।
(adj.) very much, too much.

अजहूँ (ajahūṁ) क्रि.वि. आज तक, अभी तक। उक्ति–'अजहूँ न आए बालमा सावन बीता जाय'।
(adv.) even today, till now, yet, upto the present time.

अजात (ajāt) वि. जातिभ्रष्ट, जिसे जाति से निकाला गया हो।
(adj.) one who has been expelled from caste.

अजाती (ajātī) पु. जातिभ्रष्टता का दोषारोपण।
(m.) blame regarding the expulsion from caste.

अजान (ajān) स्त्री. (अ.) अजान, मस्जिदों में नमाज की पुकार।
(f.) prayer, call in a mosque.

अजान (ajān) वि. (सं.) अजान, जो जानता नहीं हो, अनभिज्ञ, अनजान।
(adj.) ignorant, innocent.

अजिअउरा (ajiaurā) पु. दादी का मायका।
(m.) grand mother's maternal home.

अजिआ (ajiā) वि. दे. अजिया।

अजिया (ajiyā) वि. आजा के पद का।
(adj.) equal to grand father.

~ससुर (~sasur) पु. पति या पत्नी का पितामह।
(m.) great grand father.

~सास (~sās) स्त्री. पति या पत्नी की पितामही।
(f.) great grand mother.

अजी (ajī) अव्य. (सं.) संबोधन का पद।
(indec.) expressing used in calling a person's attention without mentioning name, expression of astonishment.

अजीज (ajīj) वि. (फा.) प्रिय, प्यारा, मूल्यवान।
(adj.) valued, dear, beloved, dear friend, a relative.

अजीरन (ajīran) वि. (सं.) अजीर्ण, अत्यंत, अधिक। (पु.) बदहजमी। अपच। उदा.–'अकिल अजीरन रोग'।
(adj.) surfeit, unwholesome. (m.) indigestion.

अजीव (ajīv) वि. निर्जीव।
(adj.) lifeless, dead.

अजुरता-अजुरदा (ajuratā-ajuradā) पु. (सं.) अप्राप्यता।
(m.) unavailability.

अजुरा (ajurā) पु. मजदूर को मिलनेवाली मजदूरी जो अँजुरी से दी जाती है।
(m.) remuneration, wages, hire (of day labour).

अजू (ajū) वि. जो पूर्ण तैयार नहीं हो (फल, सब्जी)।
(adj.) unripe, (fruits or vegetables).

अजूबा (ajūbā) वि. (अ.) अद्‌भुत, विचित्र।
(adj.) wonderful, miracle.

अजोग (ajog) वि. (सं.) अयोग्य, जो योग्य न हो, अनुपयुक्त।
(adj.) not qualified, unfit.

अजोग्य (ajogy) वि. दे. अजोग।
(adj.) unjoined, disconnected, matchless.

अजोड़ (ajoṛ) वि. बिना जोड़ का, अनुपमेय, बिना बराबरी का।
(adj.) unjoined, disconnected, matchless.

अजोधेया (ajodheā) पु. (सं.) तीर्थ अयोध्या, अयोध्या नगर।
(m.) a pious city Ayodhya related with God Ram.

अझुरहट (ajhurahaṭ) स्त्री. उलझन, झंझट, परेशानी।
(f.) problem, tangle.

अझुराइल (ajhurāil) अक. उलझना। वि. उलझा हुआ।
(v.i.) to get tangled. (adj.) tangled.

अटंबर (aṭaṅbar) पु. ढेर, राशि।
(m.) heap, multitude.

अटकन-मटकन (aṭakan-maṭakan) पु. बच्चों का एक प्रकार का खेल।
(m.) a kind of children game.

अटकल (aṭakal) अक. अटकना।
(v.i.) to stick, to obstruct, to check.

अटकर (aṭakar) स्त्री. अनुमान लगाना।
(f.) guessing, an unsuppported estimate.

अटकावल (aṭakāval) सक. अटकाना।
(v.t.) to cause to obstruct.

अट-पट (aṭ-paṭ) वि. अनाप-सनाप, भला-बुरा।
(adj.) odd, absurd.

अटपटाह (aṭapaṭāh) वि. अटपटा, बेतुका, बेढंगा।
(adj.) incoherent, confused, perplexed.

अटर-पटर (aṭar-paṭar) पु. कई प्रकार की बेमेल वस्तुओं का समूह।
(m.) a group of incoherent things.

अटरम-पटरम (aṭaram-paṭaram) वि. बेतुकी बात।
(adj.) inappropriate (as words, dress).

अटपटी (aṭapaṭī) स्त्री. नटखटपना।
(f.) naughtiness.

अटाटूट (aṭāṭūṭ) वि. बहुत अधिक।
(adj.) immense, immeasurable.

अट्टहास (attahās) पु. ठठाकर हँसना।
(m.) boisterous laugh.

अटल (atal) वि. जो टले नहीं, बिल्कुल, पूरा, अचल, नित्य, स्थिर, पक्का।
(adj.) immovable, firm, stationed, permanent, not to be moved, resolute.

अटवी (aṭavī) स्त्री. (सं.) जंगल, खुला क्षेत्र।
(f.) forest, grove, wild region.

अटार (aṭār) स्त्री. रस्सी।
(f.) rope, cord, string.

अटारी (aṭārī) स्त्री. (सं.) अट्टालिका, घर के ऊपर का कमरा, कोठा, ऊँचा भवन, चौबारा। उदा. 'ऊँच अटारी मधुर बतास, घाघ कहें घर ही कैलास'।
(m.) a small garret, analtic, multi storeyed building, high buildings in the city.

अटाल (aṭāl) पु. ढेरी, राशि।
(m.) heap, pile (as of grain).

अटाला (aṭālā) पु. (सं.) 1. ढेर। 2. असबाब। 3. राशि। 4. समूह। 5. कसाइयों की बस्ती।
(m.) 1. pile. 2. goods. 3. miscellaneous effect. 4. number. 5. butcher's place.

अटूट (aṭūṭ) वि. जिसे तोड़ा न जा सके, निरंतर।
(adj.) unbroken, unbreakable, unfailing.

अटेक (aṭek) वि. बिना सहारे का, अवलंबरहित।
(adj.) unsupported.

अटेरन (aṭeran) पु. बुनाई के पहले जिस पर धागा चढ़ाया जाता है।
(m.) a hollow stick or reed on which thread is wound before spinning, reel, bobbin.

अट्ट-सट्ट (aṭṭ-saṭṭ) वि. उटपटाँग, अनमेल, मूर्खतापूर्ण।
(adj.) confused, incoherent.

अट्ठाइस (atṭhāis) वि. अट्ठाइस, 28 की संख्या।
(adj.) twenty eight.

अट्ठानबे (aṭṭhānbe) वि. अट्ठानवे, 98 की संख्या।
(adj.) ninety eight.

अट्ठासी (aṭṭhāsī) वि. अट्ठासी, 88 की संख्या।
(adj.) eighty eight.

अट्ठा (aṭṭhā) पु. (सं.) ताश का आठवाँ पत्ता।
(m.) an eight (as in cards or at dice).

अठकठिया (aṭhakaṭhiā) स्त्री. आठ कट्ठे का खेत।
(f.) an agricultural land of eight kaṭṭha.

अठकोनी (aṭhakonī) वि. अष्टकोणीय।
(adj.) octagonal.

अठखेलपन (aṭhakhelapan) वि. हँसी-मजाक से पूर्ण।
(adj.) playful.

अठगुना (aṭhagunā) वि. आठ गुना।
(adj.) eight fold.

अठगोड़वा (aṭhagoṛavā) पु. आठ पैरों वाला मवेशियों के शरीर का एक कीड़ा।
(m.) a germ of eight legs found on cattle's body.

अठ (aṭh) उप. आठ का संक्षिप्त रूप।
(pref.) abrreviation of āṭh (आठ) used for meaning of eight, eighth.

अठदंता (aṭhadantā) पु. आठ दाँत वाला बछड़ा।
(m.) eight teethed bullock.

अठनिया (aṭhaniyā) वि. (सं.+हिं.) 1. जिसका मूल्य आठ आना हो, आठ आने की कोई भी वस्तु। 2. मालगुजारी या अन्य देय राशि का आधा हिस्सा।
(adj.) 1. a thing of eight anna. 2. half amount of payable money.

अठन्नी (aṭhannī) स्त्री. आठ आने (पचास पैसे) का सिक्का, आधे रुपए का सिक्का।
(f.) an eight anna piece, coin of half a rupee.

अठपनिया (aṭhapaniyā) वि. कागज के एक ताव को मोड़कर आठ पन्ने का बनाया हुआ।
(adj.) octavo.

अठपहल (aṭhapahal) वि. (सं.) आठ पहलवाला (बर्तन)।
(adj.) a pot or vessel of eight corner.

अठभाखर (aṭhabhākhar) पु. (सं.) 1. एक ही विषय पर अनेक तरह की बातें करनेवाले व्यक्तियों का समूह। 2. अशुभ बातें बोलनेवाला।
(m.) 1. group of people talking variously on the same topic. 2. a man who speaks inauspicious unlucky words.

अठमंगरा (aṭhamaṅgarā) पु. (सं.) कन्या के विवाह के आठ दिन पूर्व से प्रारंभ होनेवाली रस्में।
(m.) auspicious ceremonies started before eight days of marriage.

अठमी (aṭhamī) वि. (सं.), अष्टमी, कृष्ण या शुक्लपक्ष की आठवीं तिथि।
(adj.) the eighth day of dark or light fortnight.

अठवरन (aṭhavaran) पु. (सं.) आठ दिन की अवधि।
(m.) a period of eight days.

अठवाँस (aṭhavāṁs) पु. (सं.) वह बच्चा जो केवल आठ माह तक गर्भ में रहकर जन्मा हो।
(m.) a prematured child born in the eighth month of pregnancy.

अठवारा (aṭhavārā) पु. (सं.) आठ दिन की अवधि।
(m.) a span of eight days.

अठवें (aṭhaveṅ) क्रि.वि. (सं.) आठवें दिन।
(adv.) on the eighth day.

अठहत्तर (aṭhahattar) वि. अठहत्तर, 78 की संख्या।
(adj.) seventy eight.

अठाइस (aṭhāis) वि. (पु.) अट्ठाइस, 28 की संख्या।
(adj.) twenty eight.

अठाँई (aṭhāṁī) वि. आठ गुणा, आठ को आठ से गुणित करने में प्रयुक्त।
(adj.) eight times, eight multiplied by eight.

अठान-पठान (aṭhān-paṭhān) पु. दुराग्रह।
(m.) pertinancy, obduracy.

अठारह-अठारे (aṭhārah-aṭhāre) वि. अठारह, 18 की संख्या।
(adj.) eighteen.

अठासी (aṭhāsī) वि. अठ्ठासी, 88 की संख्या।
(adj.) eighty eight.

अठे (aṭhe) वि. आठ गुणा, पहाड़े में किसी अंक को आठ से गुणित करने के लिए प्रयुक्त।
(adj.) eight times, multiplied by eight.

अठेल (aṭhel) वि. बिना किसी की परवाह किए किया गया अनुचित कार्य।
(adj.) improper act without considering any one.

अठोतर सौ (aṭhotar sau) वि. एक सौ आठ, 108 की संख्या।
(adj.) one hundred and eight.

अठोतरी (aṭhotarī) स्त्री. एक सौ आठ दानों की माला।
(f.) a garland of one hundred eight beads.

अडिग (aḍig) वि. दृढ़।
(adj.) firm.

अड़ँग-तड़ँग (aṛaṁg-taṛaṁg) स्त्री. मूर्खतापूर्ण बात, मूर्खता।
(f.) folly, nonsensical talk.

अड़ँग-बड़ँग (aṛaṁg-baṛaṁg) वि. बेसिर-पैर की बात।
(adj.) odds, incoherent (the mind or talk).

अड़ंगड़ा (aṛaṅgaṛā) पु. अर्गला, साँकल।
(m.) a wooden bar or bolt especially for fastening a door.

अड़ंगा (aṛaṅgā) पु. रुकावट, बाधा, हस्तक्षेप।
(m.) an obstruction, obstacle, interference.

अड़ (aṛ) स्त्री. जिद्द।
(f.) obstinacy.

अड़गुड़ाह (aṛaguṛāh) वि. ऊँची-नीची, टेढ़ी-मेढ़ी, ऊबड़-खाबड़ (जमीन)।
(adj.) rough, uneven, rugged, hilly.

अड़चन (aṛacan) स्त्री. कठिनाई, बाधा।
(f.) obstacle, hindrance, difficulty.

अड़तालीस (aṛatālīs) वि. अड़तालीस, 48 की संख्या।
(adj.) forty eight.

अड़भंग-अड़भंगी (aṛabhaṅg-aṛabhaṅgī) वि. बिना सोचे-समझे सहसा किसी काम को करनेवाला, ऊटपटाँग काम करनेवाला।
(adj.) doer of naughty things.

अड़ल (aṛal) अक. डटना।
(v.i.) to be stubborn.

अड़ोस-पड़ोस (aṛos-paṛos) पु. आस-पास के लोग।
(m.) neighbourhood.

अड़हुल (aṛahul) पु. एक प्रकार का फूल, देवी फूल, गुड़हल, जवाकुसुम।
(m.) a plant of china rose and its red flowers.

अड़ार (aṛār) पु. मवेशियों के चारे के लिए छोड़ी गई जमीन का टुकड़ा, नदी का किनारा।
(m.) cattle closure, pasture land.

अड़ाव (aṛāv) पु. रुकावट।
(m.) obstacle.

अड़ावल (aṛāval) सक. 1. बाधा पहुँचाना। 2. रोकना।
(v.t.) 1. to put or place impediment in the way. 2. to cause obstruction.

अड़ियल (aṛiyal) वि. अड़ जानेवाला, हठी। **~टट्टू** यौ. बिना कारण हठ करनेवाला।
(adj.) restive, mulish (ariyal tattoo) (conj.) restive pony, stubborn fellow.

अड्डा (aḍḍā) पु. ठहरने या रहने का स्थान, सदा बैठने की जगह, जुआ खेलने की स्थायी जगह।
(m.) halting place, sitting place, perch (of birds) stand of (vehicles), base.

अड्डी (aḍḍī) स्त्री. छोटा अड्डा।
(f.) small halting place.

अढ़इया (aṛhaiyā) पु. अढ़ाई सेर का बटखरा, अढ़ाई सेर की माप, अढ़ाई का पहाड़ा।
(m.) a weight or measure of two and half seers, the two and half times multiplication table.

अढ़उल (aṛhaul) पु. गुड़हल, एक फूल।
(m.) Hibiscus, a flower.

अढ़क (aṛhak) पु. ओट, रुकावट, उड़कन।
(m.) obstacle, hindrance.

अढ़तिया (aṛhatiyā) पु. बड़ा दुकानदार, सामानों का थोक विक्रेता।
(m.) a big shopkeeper, wholesaler, a broker.

अढ़ाई (aṛhāī) वि. (सं.) दो और आधा, ढाई।
(adj.) two and a half.

अढ़ाहल (aṛhāhal) सक. खेत को बार-बार जोतकर तैयार करना।
(v.t.) to ready a field by ploughing it many times.

अढ़ोआर (aṛhoār) स्त्री. हल्ला, हुड़दंग।
(f.) noise, uproar, shout.

अणिमा (aṅimā) स्त्री. आठ सिद्धियों में से एक सिद्धि।
(f.) one of the eight siddiyan.

अणी (aṅī) स्त्री. सूई की नोक, औजार।
(f.) point of needle, instrument.

अणु (aṅu) पु. सूक्ष्म कण।
(m.) minute particle.

अणुबम (aṅubam) पु. अणुबम, प्रस्फोटक।
(m.) atom bomb.

अत (at) वि. अत्यधिक। (क्रि.वि.) इतना।
(adj.) excessive. (adv.) as much as this, as many as this.
~वत (~vat) वि. दे. अतहत।
~हत (~hat) वि. (सं.) इतना बड़ा।
(adj.) as much, as this, so big, so large.

अतते (atate) स्त्री. अत्याचार।
(f.) tyranny excess, atrocity.

अतना (atanā) वि. (सं.) इतना।
(adj.) as much as this.

अतमा (atamā) स्त्री. (सं.) आत्मा, प्राण, स्वयं।
(f.) soul, spirit.

अतर (atar) पु. (अ.) फूल के सत्त्व से बना सुगंधित तरल पदार्थ, इत्र।
(m.) a fragrant liquid of flower's essence.

अतरसों (atarasoṅ) क्रि.वि. तीन रोज पहले या बाद।
(adv.) three days ago or after.

अतराँ (ataraṁ) क्रि.वि. (सं.) यहाँ, इस स्थान पर।
(adv.) here, at this place.

अताई (atāī) वि. (सं.) आततायी, अत्याचारी, जुल्म करने वाला।
(adj.) a tyrant, cutrageous.

अता-पता (atā-patā) पु. ऐसा चिह्न, पता जिससे किसी तक पहुँचा जा सके।
(m.) whereabouts, trace, clue, track.

अति (ati) क्रि.वि. (सं.) चरम सीमा तक पहुँचा हुआ, बहुत अधिक। (उप.) एक उपसर्ग जो कुछ शब्दों के पहले लगकर मात्रा, मान का बोध कराता है—अति उत्पादन, अतिशीतल; नियम, मर्यादा, सीमा से आगे बढ़ा हुआ—अतिक्रमण। उदा.— 'भेद गए बिनु रघुपति अति न हरहिं जग जाल'—तुलसी। पर्या. ज्यादा, बहुत।
(adv.) very much, very great, excessive. (pref.) over production, beyond (in point of time or place).

अतिअंत (atiant) वि. (सं.) अत्यंत, अत्यधिक, आवश्यकता से अधिक।
(adj.) very much, excessively.

अतुना (atunā) वि. इतना।
(adj.) this much, so much.

अतुलनीय (atulanīy) वि. अतुल्य।
(adj.) nonpareil, matchless, incredible.

अतू (atū) अव्य. कुत्तों को बुलाने का संकेत शब्द।
(indec.) (an inceclinable word) a peculiar symbolic word for calling the dogs.

अतेयाचार (ateyācār) पु. (सं.) अत्याचार, दुराचार, जुल्म, अन्याय।
(m.) a tyrannical act, an unjust or oppressive use of one's authority.

अतेयाचारी (ateyācārī) वि. अत्याचारी, अत्याचार करनेवाला।
(adj.) persecutors, oppressor.

अथ (ath) पु. आरंभ।
(m.) the beginning, commencement.

अथक (athak) वि. नहीं थकनेवाला।
(adj.) unwearied

अथरी (atharī) स्त्री. मिट्टी का छोटा पात्र जिसमें दूध-दही रखा जाता है।
(f.) small clay pot to keep milk or curd.

अथवल (athaval) अक. (सं.) अस्त, डूबना (सूर्य, चंद, तारा)।
(v.i.) sun-set.

अथाह (athāh) वि. जिसकी गहराई की जानकारी ठीक-ठीक न लगे।
(adj.) bottomless, unplumbed.

अथिर (athir) वि. (सं.) अस्थिर, गतिशील।
(adj.) unfixed.

अथीथ (athīth) पु. अतिथि, संन्यासियों की एक जाति।
(m.) guest, a caste of Sanyasi (monk).

अथोर (athor) वि. 1. बहुत अधिक। 2. अपरिमित। 3. असीम।
(adj.) 1. very much. 2. limitless. 3. endless.

अदंक-अदक (adaṅk-adak) पु. (सं.) आतंक, भय, डर।
(m.) terror, fear.

अदउरी (adaurī) स्त्री. उड़द की दाल को भिगोकर एवं पीसकर बनाई गई बड़ी जो सब्जी के रूप में खाई जाती है।
(f.) nuggets made from black gram or some other pulse paste.

अदकल (adakal) अक. भयभीत होना, डर जाना, आतंकित हो जाना।
(v.i.) to be feared, terrified.

अदगोई-बदगोई (adagoī-badagoī) स्त्री. (अ.) निंदा, शिकायत। उदा.— 'जे करी अदगोई-बदगोई। ओकरा मुँह में पिलुआ होई॥' (लो.)
(f.) ill speaking, defamation, accusation, scorn, blame.

अदत (adat) पु. (अ.) संख्या, अंक।
(m.) number.

अदना (adanā) वि. (अ.) छोटा, साधारण।
(adj.) insignificant, low, inferior.

अदनी (adanī) वि. छोटी, सामान्य।
(adj.) small, normal.

अदब (adab) पु. (अ.) शिष्टाचार, विनय, लिहाज।
(m.) respect, respectfulness, politeness.

अद-बद (ad-bad) क्रि.वि. (फा.) जानबूझकर, खासकर।
(adv.) knowingly, deliberately.

अदबी (adabī) वि. साहित्यिक, साहित्य से संबंधित।
(adj.) literary, pertaining to literature.

अदमी (adamī) पु. (अ.) आदमी, मनुष्य, व्यक्ति।
(m.) man, person.

अदरइतिन (adaraitin) स्त्री. (सं.) वह स्त्री जिसे अपने आदर पाने पर गर्व हो, वह स्त्री जिसको आदर प्राप्त हो।
(f.) the lady proud of being respected.

अदरक (adarak) पु. (फा.) आदी, अदरख।
(m.) ginger.

अदरा-अरदरा (adarā-aradarā) पु. (सं.) छठा नक्षत्र आर्द्रा, आषाढ़ माह के कृष्ण पक्ष में पड़ता है। इस नक्षत्र की वर्षा फसल के लिए आवश्यक मानी जाती है। टि. सामान्यतः जब आषाढ़ के आर्द्रा नक्षत्र में धान बोया जाता है तो प्रचुर धान होता है, पुनर्वसु नक्षत्र में बोए जाने पर खोखले दाने (खँखड़ी) की अधिकता तथा पुष्य नक्षत्र में बोने पर सर्वथा अभाव होता है जैसाकि कहावत है– "अरदरा धान, पुनरवस पैया, गइल किसान, जे बोए चिरैया।' आर्द्रा नक्षत्र में साठी धान बोकर लाठी के बल पर दुख को भगा सकते हैं–'अदरा मास जे बोए साठी। दुख के मार निकाल लाठी।' धान और आर्द्रा नक्षत्र पर कई कहावते हैं–'आदि न बरसे अरदरा हस्त न बरसे निदान। कहहिं डाक सुनु भिल्लरी भये किसान पिसान'। 'आवत आदर ना दियो जा ना दियो हस्त। कहे घाघ दोनों गए पाहुन औ गिरहस्त॥' यदि आर्द्रा में वर्षा होती है तो फसल अच्छी होती है केवल जवास ही पत्रहीन होता है–'अरदरा बरसे सभ किछुहौं। एक जवास पतर बिन भौं।'
(m.) Aradra Nakshartra, a lunar mansion (its occupation coincides usually with the month Asarh and traditionally with the beginning of the rains) a beginning period of rain, a boon period for paddy crop.

अदल-बदल (adal-badal) पु. (अ.) किसी वस्तु को लेकर दूसरी वस्तु को देना, वस्तु-विनिमय।
(m.) exchange, interchange, transfer.

अदला-बदली (adalā-badalī) स्त्री. रूपांतर।
(f.) conversion.

अदवाँइन (adavāṁin) स्त्री. खाँचा में लपेटी गई एक डोरी।
(f.) the strings at the foot of a bedstead, by which the cross- strings are tightened or braced.

अदहन (adahan) पु. भोजन बनाने के लिए चूल्हे पर उबाला जानेवाला पानी।
(m.) water set to boil for cooking food.

अदाँय (adāṁy) स्त्री. (अ.) भुगतान देने का कार्य।
(f.) repay, pay.

अदायगी (adāyagī) स्त्री. चुकता, भुगतान।
(f.) payment, fulfilment.

अदालत (adālat) स्त्री. (अ.) न्यायालय, कचहरी।
(f.) court.

अदालती (adālatī) वि. 1. अदालत संबंधी। 2. मुकदमेबाज।
(adj.) 1. judicial. 2. litigous.

अदालती जाँच (adālatī jāṁc) स्त्री. अदालत द्वारा जाँच की कार्यवाही।
(f.) Judicial enquiry.

अदावत (adāvat) स्त्री. (अ.) बैर, शत्रुता।
(f.) enmity, hostility.

अदिन (adin) पु. (सं.) बुरा दिन। **~भइल** मुहा. बुरा दिन आना।
(m.) an unlucky day. (id.) coming of bad days.

अदिना (adinā) वि. बेमौसम का, नियत समय से अलग।
(adj.) improper days, before or after due date.

अदेआ (adeā) स्त्री. (सं.) आद्या, भवानी या दुर्गा देवी का एक रूप।
(f.) a form of Bhawani Durga.

अदेनिया (adeniā) वि. नहीं देनेवाला।
(adj.) not paying person.

अदुस (adus) वि. दोषयुक्त, सदोष।
(adj.) person having ill-will.

अदेय (adey) वि. (सं.) जो देने योग्य न हो या जो दिया न जा सके।
(adj.) not to be given, unfit to be given.

अदौरी (adaurī) स्त्री. कुछ तरकारियाँ जो उड़द या मूँग के साथ लपेट कर सुखा ली जाती हैं।
(f.) dried up tiny round cakes of ground pulse.

अद्धा (addhā) वि. अधिया, आधा सिक्का, एक प्रकार का कपड़ा।
(adj.) one half (of anything) a half bottle, addhi, a coin of half paisa, a kind of fine muslin like cloth.

अद्‌भुत (adbhut) वि. आश्चर्यजनक।
(adj.) wonderful.

अदृस्य (adrisy) वि. अदृश्य, गायब।
(adj.) invisible.

अदृस्यता (adrisyatā) स्त्री. अदृश्यता।
(f.) invisibility.

अध (adh) वि. (सं.) आध शब्द का संक्षिप्त रूप जो यौगिक संज्ञाओं में रहता है, किसी वस्तु का आधा हिस्सा।
(adj.) half, used mainly in compound words.
~कच्च (~kācc) वि. जो पूरा पका न हो।
(adj.) immature, under cooked.
~कपारी (~kapārī) पु. आधे सिर का दर्द।
(m.) a pain affecting half the head, migraine.
~खिला (~khilā) वि. आधा ही खिला हुआ।
(adj.) half bloom, semi bloomed.
~खुला (~khulā) वि. आधा खुला हुआ।
(adj.) half open.
~गोला (~golā) वि. अर्ध गोलाकार।
(adj.) hemispherical.
~जरू (~jarū) वि. आधा जला हुआ।
(adj.) half burnt.
~जल (~jal) वि. आधा भरा हुआ जल।
(adj.) half full of water.
~पई (~paī) स्त्री. आधे पाव की नाप या तौल।
(f.) a weight of half quarter.
~पक्कू (~pakkū) वि. आधा पका अन्न या फल।
(adj.) half ripe, half cooked.
~पेटा (~peṭā) वि. इतना कम कि पेट नहीं भर सके।
(adj.) half the stomach, half-fed.
~बिजोजल (~bijojal) वि. अधूरा।
(adj.) incomplete.
~बूढ़ (~būṛh) वि. अधेड़।
(adj.) adult (after fifty years).
~भर (~bhar) पु. अन्न का वह दाना जो पुष्ट न हो।
(m.) immatured grain.
~मनहा (~manaha) पु. आधे मन का बटखरा।
(m.) a weight of half a maund (twenty seers).
~मरू (~marū) वि. मार या चोट से जो मरणासन्न हो, अधमरा।
(adj.) half dead, almost dead.
~पन्ना (~pannā) पु. पन्ने का आधा भाग।
(m.) a counterfoil.
~बर (~bar) पु. मध्य भाग।
(m.) middle (part) centre.
~बीच (~bīc) पु. मध्य भाग।
(m.) the middle portion.

अधन्नी (adhannī) स्त्री. दे. अधन्ना।
अधन्ना (adhannā) पु. आधा आना का सिक्का।
(m.) a half anna coin (now out of currency).
अधरम (adharam) पु. (सं.) अधर्म, धर्म के विरुद्ध कार्य, पाप, अन्याय।
(m.) unrighteousness, wickedness, sin, guilt.
अधरमी (adharamī) वि. (सं.) 1. अधर्मी, जो धर्म नहीं मानता हो। 2. कुकर्मी। 3. पापी।
(adj.) 1. unrighteous. 2. immoral. 3. sinfull.
अधातुर (adhātur) वि. क्षुधातुर, अधीर, अतिलोलुप।
(adj.) ravening, impatient, rapacious.
अधार (adhār) पु. (सं.) आधार, सहारा, नींव।
(m.) support, base.
अधवा (adhavā) स्त्री. विधवा।
(f.) a widow.
अधावत (adhāvat) पु. (सं. अध्यवसाय) उद्यम, परिश्रम, प्रयास।
(m.) labour, attempt.
अधियाइल (adhiyāil) अक. आधा होना।
(v.i.) being half.
अधियाउर (adhiyāur) वि. आधा होनेवाला।
(adj.) to be half.
अधियावल (adhiyāval) सक. दो भागों में बाँटना।
(v.t.) to distribute units two equal parts.
अधिकई (adhikaī) स्त्री. फालतूपना।
(f.) baselessness.
अधिकांस (adhikāṅs) वि. अधिकांश।
(adj.) majority, most of.
अधिका (adhikā) वि. जरूरत से ज्यादा, फालतू, अधिक।
(adj.) abundant, more than necessary.
अधिकाई (adhikāī) स्त्री. अतिरिक्त, अधिक होने की अवस्था।
(f.) to be peripheral, exuberant, excessive, more, additional.
अधिकार (adhikār) पु. हक, दावा।
(m.) right, claim.
अधिकारी (adhikārī) वि. (सं.) जिसको अधिकार प्राप्त हो, जो अधिकार रखता हो। (पु.) अधिकार प्राप्त व्यक्ति, अफसर। उदा.–'सावन मास समधी काहे ना अइनीं कटहर के अधिकारी जी।'
(adj.) possessing authority. (m.) officer.

अधिकाह (adhikāh) वि. जरूरत से ज्यादा, बढ़-चढ़कर बोलनेवाला, फालतू काम करनेवाला।
(adj.) more than need, a great talker, useless, good for nothing.

अधिया (adhiyā) वि. (सं.) व्यर्थ का काम करना। मुहा. 'अधिया पर ढेला ढोअल'।
(adj.) busy in useless work.

अधिरजी (adhirajī) वि. (सं.) शीघ्र धैर्य खो देनेवाला।
(adj.) unsteady, unstable, irresolute, fickle, impatient.

अधीन (adhīn) वि. (सं.) मातहत, अधिकार में।
(adj.) subordinate.

अधूरा (adhūrā) वि. (सं.) अपूर्ण, जो पूरा न हुआ हो।
(adj.) incomplete, imperfect, unfinished.

अधेआय (adheāy) पु. (सं.) अध्याय, पुस्तक का भाग, पाठ, प्रकरण, ग्रंथ-विभाग, कथा-विभाग।
(m.) section (of a book), chapter, lesson.

अधेड़-अधेर (adheṛ-adher) वि.(सं. अर्द्ध-वय) जिसकी आधी उम्र बीत गई हो, जिसकी उम्र लगभग पचास वर्ष हो।
(adj.) middle-aged, having crossed fifty.

अधेला (adhelā) पु. आधा पैसा।
(m.) a small copper coin equal to half a pice.

अधेली (adhelī) स्त्री. (सं.) आधा रुपया। 'टुटलो तेली, त नव अधेली' लो.।
(f.) a nickel coin equal to half a rupee.

अध्यछ (adhyach) पु. अध्यक्ष।
(m.) president.

अध्यछता (adhyachatā) स्त्री. अध्यक्षता।
(f.) presidency.

अधैल (adhail) वि. आठ दाँतोंवाला पूर्ण वयस्क बैल।
(adj.) matured bullock of eight teeth.

अनंद (anand) पु. (सं.) आनंद, खुशी, उल्लास।
(m.) happiness, joy, delight, bliss.

अनंदी (anan̐dī) स्त्री. 1. खुशहाली। 2. थरुहट में पैदा होने वाला एक प्रकार का धान जिसका लावा उत्तम होता है।
(f.) 1. happiness, bliss. 2. a kind of paddy.

अन (an) पु. अन्न, अनाज, दाना, भोजन सामग्री। (उप.) निषेध या नकारात्मक उपसर्ग। उदा. अनजान, अनबोलत, अनमेल।
(m.) grain, food material. (pref.) the negation of as unseen (अनदेखा), a improper conduct (अनाचार)।

~कस (~kas) पु. कठिनाई।
(m.) difficulty, discomfort, hardship.

~खाती (~khātī) वि. अखाद्य, जो नहीं खाता हो।
(adj.) one who does not take meal.

~गनित (~ganit) वि. अगणित, असंख्य, जिसकी गिनती न हो।
(adj.) countless.

~गुताह (~gutāh) अव्य. खूब सबेरे।
(indec.) early in the morning.

~चटका (~caṭakā) क्रि.वि. अचानक।
(adv.) suddenly.

~चित (~cit) पु. अनहोनी।
(m.) unthought of .

~चितला (~citalā) क्रि.वि. अचानक।
(adv.) suddenly.

~चिन्हार (~cinhār) वि. अपरिचित।
(adj.) unacquainted.

~जान (~jān) वि. अज्ञात, अपरिचित।
(adj.) unknown, unfamiliar.

~जानत (~jānat) क्रि.वि. बिना जाने।
(adv.) while in ignorance, impercetibly.

~दाना (~dānā) पु. अनाज, भोजन।
(m.) food material, grains.

~दिना (~dinā) पु. सामान्य दिन, जिसका मौसम न हो।
(m.) normal day, not particular season.

~देखल (~dekhal) वि. (सं.) अदृश्य, जो देखा हुआ न हो।
(adj.) unseen, invisible.

~देखी (~dekhī) स्त्री. किसी बात या दृश्य पर ध्यान न देने की अवस्था।
(f.) not to pay attention to any scene or talk.

~धन (~dhan) पु. धन-धान्य। उदा. 'किया तोरा अन-धन थोर भइले। लक्ष्मी बिदा भइली'–सोहर।
(m.) grain and money, prosperity.

~पच (~pac) पु. भोजन नहीं पचने की बीमारी, अपच।
(m.) indigestion.

~पट (~paṭ) पु. मवेशियों के आँख का पलक।
(m.) covering of eye, eyelid.

~पढ़ (~paṛh) वि. अशिक्षित, निरक्षर।
(adj.) illiterature, uneducated.

~पूरना (~pūranā) स्त्री. अन्न की देवी, अन्नपूर्णा।
(f.) goddess of grain, Annapurna.

~पेक्षित (~pekṣit) वि. कामना रहित, आशा रहित।
(adj.) not wished, unexpected.
~बन (~ban) स्त्री. विरोध, वैमनस्य।
(f.) discord, dispute, quarrel.
~बूझ (~būjh) वि. नासमझ, बुद्धिहीन।
(adj.) hard to understand, senseless.
~बोलता (~bolatā) वि. नहीं बोलनेवाला, गूँगा।
(adj.) unspoken, speechless, silent.
~बोया (~boyā) वि. नहीं बोया गया।
(adj.) unsown.
~ब्याहा (~byāhā) वि. अविवाहित।
(adj.) unmarried.
~भल (~bhal) पु. अमंगल, बुराई।
(m.) bad fortune, malicious thought.
~भला (~bhalā) वि. दुष्ट, बुरा।
(adj.) wicked, bad.
~भाया (~bhāyā) वि. नापसंद।
(adj.) displeasing.
~मन (~man) वि. उदास, खिन्न, अस्वस्थ।
(adj.) preoccupied, dejected, indisposed, sad.
~माना (~mānā) पु. समय काटने के लिए किया गया काम, मनोरंजन।
(m.) entertainment.
~मेल (~mel) वि. अनमेल, जिसका जोड़ा न हो।
(adj.) unmatched, unsuitable.
~मोल (~mol) वि. अमूल्य, बहुमूल्य।
(adj.) priceless, precious.
~रस (~ras) वि. स्वादहीन।
(adj.) tasteless.
~रुचि (~ruci) स्त्री. भोजन की अनिच्छा।
(f.) dislike for food.
~सन (~san) पु. भूख हड़ताल।
(m.) hunger strike.
~सिखा (~sikhā) वि. अशिक्षित, न सीखा हुआ।
(adj.) uneducated, unlearned.
~सुना (~sunā) वि. बात नहीं सुननेवाला, अनाहत।
(adj.) unheard, disregarded.
~सोच (~soc) वि. सोचहीन।
(adj.) thoughtless.
~सोहातो (~sohāto) क्रि.वि. जो पसंद नहीं आए।
(adv.) want of pleasantness.
~हक (~hak) क्रि.वि. व्यर्थ।
(adv.) useless.
~हद (~had) वि. अबाधित, लगातार। उदा. 'अनहद नाद गगन में बाजे'।
(adj.) continuoaus, without break.
~हित (~hit) पु. दुर्भाग्य, अहित।
(m.) misfortune, disadvantage.
~होनी (~honī) स्त्री. असंभव, आकस्मिक घटना, दुर्घटना।
(f.) impossible, improbable.
अनकर (anakar) सर्व. (सं.) अन्य किसी का, दूसरे का।
(pron.) his, theirs, its.
अनघा (anaghā) वि. अधिक, पर्याप्त, बहुत।
(adj.) execss, very much.
अनचितला (anacitalā) क्रि.वि. अचानक।
(adv.) suddenly, all of a sudden.
अनजाद (anajād) पु. दे. अंजाद।
अनजादल (anajādal) सक. अंदाज लगाना।
(v.t.) to estimate, to guess.
अनजान (anajān) वि. न जाना हुआ, अज्ञात।
(adj.) unknown, ignorant.
अनजानत (anjānat) क्रि.वि. बिना जानते हुए।
(adv.) while in ignorance, imperceptibly.
अनजानी (anajānī) वि. दे. अनजान।
अनजामा (anajāmā) वि. ऊसर, अनुत्पादक भूमि।
(adj.) barren, unproductive land.
अनझिप (anajhip) वि. आँखों का न झपकना, पलकें न गिरना।
(adj.) not blinking.
अनट (anaṭ) पु. अत्याचार, नटखट काम।
(m.) wrong doing, naughtiness, childish pranks.
अनटी (anaṭī) स्त्री. शरारत।
(f.) naughtyness.
अनठानवे (anaṭhānave) वि. अट्ठानवे, 98 की संख्या।
(adj.) ninety eight.
अनठावन (anaṭhāvan) वि. अट्ठावन, 58 की संख्या।
(adj.) fifty eight.

अनठियावल (anaṭhiyāval) सक. बहाना बनाकर किसी काम को नहीं करना, टाल-मटोल करना।
(v.t.) to pretend, to make an excuse, to ignore.

अनते (anate) क्रि.वि. (सं.) अन्यत्र, दूसरे स्थान को।
(adv.) elsewhere, another place.

अनत्त (anatt) पु. (सं.) भाद्रशुक्ल चतुर्दशी को होनेवाला अनंत व्रत।
(m.) a festival of Anant.

अनदाजा (anadājā) पु. अनुमान।
(m.) idea, estimate.

अनघ (anagh) क्रि.वि. (सं.) लगातार, अबाध, लोकगीतों में प्रयुक्त। उदा. 'बाजे लागे अनघ बधावा महलिया उठे सोहर हो'।
(adv.) continuous, without break.

अनपरासन (anaparāsan) पु. (सं.) अन्नप्राशन, अन्न ग्रहण करना, षोडश संस्कारों में एक संस्कार।
(m.) sanctifying or purificatory rites of the first taking of solid food.

अनभो (anabho) पु. (सं.) 1. अनुभव, जानकारी. 2. उपद्रव, तूफान, दैवी आपदा, अद्‌भुत।
(m.) 1. perception, consciousness, feeling. 2. disaster.

अनमन (anaman) वि. (सं.) जिसका जी या ध्यान किसी और तरफ हो, अनमना, उदास, खिन्न।
(adj.) preoccupied, distracted, dejected.

अनमना (anamanā) वि. दे. अनमन।

अनमनापन (anmanāpan) पु. दूसरी ओर ध्यान का भाव, उदासी।
(m.) preoccupation, dejection.

अनमिल (anamil) वि. बिना मेल का, अनुचित।
(adj.) ill-assorted, unsuitable, inappropriate.

अनमुनाहे (anamunāhe) क्रि.वि. प्रातःकाल से पूर्व।
(adv.) before sun rise.

अनरथ (anarath) पु. (सं.) 1. अनाचार, अत्याचार, अन्याय। 2. कार्य की हानि, नुकसान। 3. विपद, अनिष्ट, अनर्थ।
(m.) 1. injustice. 2. futile, injurious, loss. 3. misfortune.

अनरमेवा (anarameva) पु. (सं.) पपीता।
(m.) papaya.

अनरीत (anarīt) स्त्री. रीति के प्रतिकूल कार्य, कुचाल, बुरी रस्म।
(f.) unmannerly conduct, improper conduct.

अनर्गल (anargal) वि. अंड-बंड, बेसिर-पैर का।
(adj.) incoherent, unbarred, without restraint.

अनरुध (anarudh) पु. (सं.) अनिरुद्ध, उषा का पति और कृष्ण का पौत्र।
(m.) husband of Usha and grandson of Krishna.

अनवट (anavaṭ) पु. (सं.) कोल्हू के बैल की आँखों के ढक्कन, ढोका।
(m.) blinkers (for working oxen).

अनवन (anavan) वि. (सं.) अनमोल, अमूल्य।
(adj.) priceless, very valuable, precious.

अनस-अनुस (anas-anus) पु. असुविधा, परेशानी।
(m.) inconvenience, trouble.

अनसन (anasan) पु. (सं.) अनशन, अन्न-त्याग, उपवास।
(m.) fasting, hunger strike.

अनस्वर (anasvar) वि. शाश्वत, कभी नाश न होनेवाला।
(adj.) imperishable, eternal.

अनसाइल (anasāil) अक. ऊब जाना, क्षुब्ध हो जाना।
(v.i.) to feel bored, to be angry, to be unhappy.

अनाचार (anācār) पु. अनुपयुक्त व्यवहार।
(m.) improper, dishonest conduct.

अनाचारी (anācārī) वि. आचारहीन व्यक्ति।
(adj.) dishonest, unpricipled person.

अनाज (anāj) पु. अन्न।
(m.) grain, food in general.

अनाठी (anāṭhī) वि. अनजुता बैल।
(adj.) unyoked bullock.

अनाड़ी (anāṛī) वि. अनुभवहीन, मूर्ख, अकुशल।
(adj.) inexperienced, unskillful, foolish.

अनातुर (anātur) वि. आतुर नहीं, बेचैन नहीं।
(adj.) not distressed, not restless.

अनाथ (anāth) वि. (सं.) अशरण, असहाय, वैसा बच्चा या विधवा जिसके माता पिता या पति अथवा पालक नहीं हो।
(adj.) without the lord or master, helpless orphaned, widowed.

अनादर (anādar) पु. (सं.) अपमान।
(m.) disrespect.

अनाधून (anādhūn) क्रि.वि. (सं.) 1. अबाध, अंधाधुंध, लगातार, बेहिसाब। 2. बहुत तेजी से।
(adv.) 1. excessive, unbridled, wild. 2. very fast.

अनानास (anānās) पु. अनन्नास।
(m.) the pineapple plant and its fruit.
अनाप-सनाप (anāp-sanāp) वि. बेतुकी, बकवास, अंड-बंड।
(adj.) nonsense, confusion.
अनार (anār) पु. (फा.) एक पेड़ और उसके फल का नाम।
(m.) pomegranate.
अनारकली (anārakalī) स्त्री. 1. एक प्रकार का धान। 2. सुंदर स्त्री।
(f.) 1. a kind of paddy. 2. a beautiful woman.
अनावृस्टि (anāvrisṭi) स्त्री. सूखा, वर्षा की कमी।
(f.) lack of rain, drought.
अनाहारी (anahārī) वि. भूखा।
(adj.) fasting.
अनिल (anil) पु. हवा, वायु।
(m.) wind, air.
अनिस्चित (aniscit) वि. अनिश्चित।
(adj.) indeterminate, irresolute, indefinite.
अनीति (anīti) स्त्री. नीति से रहित, बुरा व्यवहार।
(f.). improper conduct, bad behaviour.
अनारी (anārī) वि. दे. अनाड़ी।
अनुचर (anucar) पु. अनुगामी, नौकर।
(m.) a follower, servant.
अनुचित (anucit) वि. 1. अयुक्त। 2. गैर मुनासिब। 3. नीति विरुद्ध।
(adj.) 1. unproper. 2. unsuitable. 3. unappropriate.
अनुराधा (anurādhā) स्त्री. हिंदू पंचांग का सत्रहवाँ नक्षत्र।
(f.) seventeenth nakshatra of Hindu calendar.
अनुसासक (anusāsak) पु. अनुशासक।
(m.) proctor.
अनुसासन (anusāsan) पु. अनुशासन।
(m.) discipline.
अनुस्ठान (anusṭhān) पु. अनुष्ठान, विशेष क्रिया।
(m.) performance, special act.
अनूठा (anūṭhā) वि. (सं.) विचित्र, अद्भुत, बढ़िया।
(adj.) wonderful, strange, uncommon.
अनूदित (anūdit) वि. अनुवाद किया हुआ।
(adj.) translated.
अनूप (anūp) वि. (सं.) अनुपम, बेजोड़, अलभ्य, बहुमूल्य।
(adj.) peerless, splendid, best.
अनूपी (anūpī) स्त्री. एक प्रकार का फूल।
(f.) a kind of flower.
अनेआय (aneāy) पु. (सं.) अन्याय, अत्याचार, न्याय विरुद्ध कार्य।
(m.) injustice, wrong, oppression.
अनेक (anek) वि. (सं.) एक से अधिक, बहुत।
(adj.) many, more than one, much.
अनेकधा (anekadhā) क्रि.वि. अनेक तरह का, विविधा।
(adv.) in various ways, by different means.
अनेत (anet) पु. (सं.) अनीति, सदाचार या सद्विचार के विपरीत।
(m.) improper conduct, immorality.
अनेर (aner) क्रि.वि. व्यर्थ, फिजूल।
(adv.) useless.
अनेरा-अनेरिया-अनेरुआ (anerā-aneriyā-aneruā) वि. फालतू, कुढंगी, ऐसा पशु जिसका कोई मालिक न हो, वर्ण-संकर। कहा. 'अनेर गाय के राम रखवार।'
(adj.) useless, uncared animal, alloy.
अनेरे (anere) क्रि.वि. व्यर्थ में, बेकार।
(adv.) useless, of no value.
अनेरा (anerā) पु. (फा.) अंदेशा, चिंता, फिक्र।
(m.) anxeity, doubt.
अनेसा (anesā) पु. अंदेशा, आशंका, संदेह।
(m.) misgiving, anxious thought.
अनैक्य (anaiky) पु. मतभेद, फूट।
(m.) disunity, discord, disagreement.
अनैस (anais) वि. बुरा, अयोग्य, बेकार।
(adj.) worthless, bad.
अनैसे (anaise) क्रि.वि. बदनीयती से।
(adv.) moved by a feeling of ill-will.
अनैठा (anaiṭhā) वि. बोंदा (बैल), अनिष्ट।
(adj.) undesirable (bullock), unwanted.
अनोखा (anokhā) वि. असामान्य, आश्चर्यजनक, अद्भुत।
(adj.) uncommon, strange, novel, wonderful.
अनोना (anonā) वि. लवण विहीन, जिसमें नमक का उपयोग न हो (व्रत)।
(adj.) unsalted.
अनोर (anor) पु. शब्दायमान, गुंजार।
(m.) full of noise, echo.
अन्ह (anh) वि. ओझल।
(adj.) disappeared.
अन्ह होखल (anh hokhal) अक. आँखों से ओझल होना।
(v.i.) to be out of sight.

अन्हड़ (anhaṛ) पु. (सं.) तेज हवा, अंधड़।
(m.) storm, strong wind.

अन्हरजाली (anharajālī) स्त्री. बुद्धि पर पर्दा।
(f.) curtain over intelligence.

अन्हरिया (anhariyā) स्त्री. कृष्णपक्ष, रात्रि का अंधकार।
(f.) dark fortnight of lunar month, the darkness of night.

अन्हरी (anharī) वि. अंधी। उदा. 'अन्हरी बिलाई कोन्हरी में सिकार'। (कहा.)।
(adj.) a blind female.

अन्हवट (anhavaṭ) पु. अंटौतल, कोल्हू के बैल की आँखों पर लगाया गया ढक्कन।
(m.) blinders, flaps put on an oil crushing bullock's eyes, eyeshade.

अन्हवा (anhavā) स्त्री. साँप की तरह दिखाई पड़नेवाली मछली; एक तरह का अंधा साँप।
(f.) a serpentine fish, a kind of blind snake.

अन्हा-थोपी (anhā-thopī) स्त्री. एक खेल जिसमें किसी लड़के की आँखें ढँक दी जाती हैं, फिर कोई दूसरा लड़का थप्पड़ जमाता है और बंद आँखोंवाले को मारनेवाले का नाम बताना होता है।
(f.) a game of children in which a child closes his eyes and others striks at the head.

अन्हार-अन्हाकूप (anhār-anhākūp) पु. (सं.) अँधेराकूप, घोर अंधकार।
(m.) thick darkness, blackout.

अन्हिआर-अन्हियार (anhiār-anhiyār) वि. (सं.) अंधकार, अँधेरा।
(adj.) darkness.

अन्हुवाइल (anhuvāil) वि. ऊँघता हुआ, सुषुप्त।
(adj.) drowsy, dormant.

अन्हेर (anher) पु. (सं.) अंधकार, अन्याय, रात।
(m.) injustice, hight.

अन्हेरिहा (anherihā) पु. लंपट।
(m.) a rogue.

अन्होर (anhor) पु. प्रचुरता, प्रकृष्टता, घना कुहरा। उदा. माई के रोअले गंगा बढिअइली, बाबा का रोअले अन्होर।
(m.) thick darkness, rashness.

अपंग (apaṅg) वि. जिसका कोई अंग टूटा हो, असहाय।
(adj.) infirm, helpless, maimed.

अपंथी (apaṅthī) वि. अपने पथ पर न चलनेवाला, बुरे पथ का राही।
(adj.) without a path, on a bad path.

अपकर्म (apakarm) पु. बुरा, अनुचित, निंदनीय काम।
(m.) bad deed, misdeed.

अपकलंक (apakalaṅk) पु. घोर कलंक, न मिटनेवाला कलंक।
(m.) an indelible disgrace.

अपकार (apakār) पु. हानि, अहित, नुकसान।
(m.) harm, injury, detriment, misconduct.

अपकारी (apakārī) वि. खराबी करनेवाला, नुकसान करनेवाला।
(adj.) harmful, injurious, hostile.

अपच (apac) पु. भोजन न पचने का रोग, अजीर्ण।
(m.) indigestion.

अपजोस (apajos) पु. एक प्रकार का मेवा।
(m.) a kind of dried fruit.

अपटन (apaṭan) पु. उबटन, सरसों, तेल, हल्दी एवं आटा का लेप जो विवाहादि अवसरों पर दुलहन या दुलहे को लगाया जाता है, अभ्यंग।
(m.) a paste (made up of, turmeric, mustard oil and perfume) rubbed on the body especially on marriage ceremony.

अपटउनी (apaṭaunī) स्त्री. विवाह के अवसर पर होनेवाली एक रस्म जिसमें स्त्रियाँ वर-वधू को उबटन लगाती हैं।
(f.) a ceremony which is performed at the time of marriage.

अपढ़ (apaṛh) वि. अशिक्षित, निरक्षर।
(adj.) uneducated, illiterate.

अपत (apat) वि. बिना पत्ते का।
(adj.) leafless.

अपथ (apath) पु. अनुचित पथ।
(m.) improper way.

अपन-अप्पन (apan-appan) सर्व. (सं.) अपना, आपका, हम लोगों का (परिवार के लोगों से बातचीत में)।
(pron.) One's own, pertaining to oneself.

अपनइती-अपनाइती (apanaitī-apanāitī) स्त्री. अपनापन, घनिष्ठता, आत्मीयता।
(f.) owness, affinity, feeling of mine.

अपनावल (apanāval) सक. अपना बना लेना।
(v.t.) to own, to assimilate.

अपने (apane) क्रि.वि. स्वयं।
(adv.) self.

अपरस (aparas) पु. हाथ और पैर का चर्मरोग जिसमें फुंसियाँ निकलती हैं।
(m.) a skin disease causing pustules on hands and legs.

अपराजिता (aparājitā) स्त्री. एक फूल।
(f.) a flower.

अपराध (aparādh) पु. दोष, जुर्म, गलती, पाप।
(m.) fault, offence, crime, sin.

अपराधी (aparādhī) वि. अपराध करनेवाला, दोषी।
(adj.) guilty, blameworthy, criminal.

अपरिचित (aparicit) वि. अनभिज्ञ, अज्ञात, अजनबी।
(adj.) unacquainted, unknown, unfamiliar.

अपरी (aparī) क्रि.वि. इस बार।
(adv.) this time.

अपरूपी (aparūpī) वि. जो स्वतः उत्पन्न हो।
(adj.) self germinated, auto-evolved.

अपरैल (aparail) पु. (अं.) अप्रैल माह।
(m.) April.

अपलक (apalak) वि. एकटक, निर्निमेष।
(adj.) unblinking (eyes), fixed (gaze).

अपलक्षन (apalakṣan) पु. कुलक्षण, दोषयुक्त लक्षण।
(m.) bad sign, a bad omen.

अपवाद (apavād) पु. निंदा, बदनामी, अपवाद।
(m.) blame, complaint, exception.

अपवित्तर (apavittar) वि. (सं.) अपवित्र, अशुद्ध, नापाक, जिसकी पवित्रता नष्ट हो गई हो।
(adj.) unclean, impure, unholy.

अपसगुन (apasagun) पु. अनिष्टसूचक शकुन, अपशकुन।
(m.) a bad omen.

अपसब्द (apasabd) पु. दुर्वचन, गाली-गलौज।
(m.) an abusive word, abuse.

अपसर (apasar) पु. (अं.) ऑफिसर, पदाधिकारी।
(m.) officer, holder of the post.

अपसवार्थी (apasavārthī) वि. (हिं. अप+स्वार्थी-सं.) अपना स्वार्थ सिद्ध करनेवाला, निजी स्वार्थ-साधन में रत रहनेवाला।
(adj.) selfish, seeking one's own interest.

अपसोस (apasos) पु. (फा.) अफसोस, पश्चाताप, दुख, चिंता, खेद, पछतावा।
(m.) sorrow, regret, lament.

अपहरन (apaharan) पु. (सं.) अपहरण।
(m.) hijacking, abduction, kidnapping.

अपान (apān) पु. शरीरस्थ वायु का प्रकार।
(m.) flatulence, windiness.

अपाप (apāp) वि. पापरहित।
(adj.) sinless, guiltless.

अपार (apār) वि. (सं.) 1. जिसका अंत नहीं हो। 2. अत्यधिक। 3. जिसे पार करना कठिन हो।
(adj.) 1. unbounded, infinite. 2. shore less. 3. unsurpassed.

अपारदर्सी (apāradarsī) वि. अपारदर्शी।
(adj.) opaque.

अपावन (apāvan) वि. अपवित्र।
(adj.) not holy, impure, polluting.

अपासी (apāsī) स्त्री. सिंचाई।
(f.) irrigation.

अपिलांट (apilāṅt) पु. (अं.) अपील करनेवाला व्यक्ति।
(m.) an appellant.

अपील (apīl) स्त्री. (अं.) मुकदमे में पुनर्विचार के लिए प्रार्थना, निवेदन।
(f.) an appeal, request.

अफरल (afaral) अक. (सं.) अधिक खा लेने या किसी बीमारी से पेट का फूल जाना।
(v.i.) to swell out (the stomach, with wind) to become fat, gorged (the stomach) to be sated with.

अफड़ा (afaṛā) पु. पेट फूलने या वायु से उसमें तनाव होने की बीमारी, अफरा।
(m.) surfeit, over-eating, gluttony, swelling of the stomach.

अफड़ा-तफड़ी (afaṛā-tafaṛī) स्त्री. (अ.) कष्टकारक उलझन, बदहवासी, गड़बड़ी, अफरा-तफरी।
(f.) confusion, uproar, disturbance.

अफड़ात (afaṛāt) वि. (अं.) अफरात, बहुतायत।
(adj.) immense, very much.

अफनाइल (afanāil) अक. अत्यधिक उकताना, बौखलाना, बड़बड़ाना।
(v.i.) to be hasted bustled, to make undue haste, to scramble.

अफलातून (afalātūn) पु. (अ.) बहुत घमंडी व्यक्ति।
(m.) a boastful or haughty man.

अफसर (afasar) पु. (अं.) ऑफिसर, हाकिम, ऊँचे ओहदे का व्यक्ति, सरकारी मुलाजिम।
(m.) an officer, official bureaucrat.

अफार (afār) वि. (सं.) फसल कटने के बाद बिना जोता हुआ खेत।
(adj.) uncultivated plot after harvesting.

अफीम (afīm) स्त्री. (अ.) पोस्ते के फल से प्राप्त नशीली एवं विषैली वस्तु, अफीम।
(f.) opium

~ची (~cī) पु. अफीम का नशा करनेवाला व्यक्ति।
(m.) an opium eater, opium addict.

अफीमी (afīmī) वि. अफीम की आदत वाला।
(adj.) having to do with opium.

अब (ab) क्रि.वि. (सं.) इस समय, अब। **~तब लागल** मुहा. मरणासन्न होना।
(adv.) at the present time, now, just now.

अबकी-अमकी (abakī-amakī) क्रि.वि. (सं.) इस बार।
(adv.) this time, the next time.

अबग (abag) वि. व्यक्तिगत, निजी, खास, विशेषकर।
(adj.) personal, private, especailly.

अबगे-अबे (abage-abe) क्रि.वि. अभी।
(adv.) now, even now, yet.

अबड़-धबड़ (abaṛ-dhabaṛ) वि. भद्दा, बेसुरा।
(adj.) clumsy, crude, discordant, jarring (as music).

अबजोस (abajos) पु. (फा.) बड़ी जाति का मुनक्का।
(m.) a kind of munakka.

अबटन (abaṭan) पु. उबटन।
(m.) a paste.

अबटल (abaṭal) सक. उबटन लगाना।
(v.t.) to rub the paste (made up of meal, turmeric, oil and perfume).

अबर-अब्बर (abar-abbar) वि. (सं.) निर्बल, कमजोर।
(adj.) weak, powerless, strengthless.

अबरक (abarak) पु. (सं.) अभ्रक, काँच सदृश एक प्रकार का चमकीला पत्थर जिसका चूर्ण अबीर में मिलाया जाता है।
(m.) mica, talc, make-up, cosmetic.

अबरखन (abarakhan) पु. (सं.) वर्षा नहीं होने की स्थिति, सूखा।
(m.) drought.

अबरी (abarī) वि. (सं.) बलहीन।
(adj.) weak.

अबलख (abalakh) वि. सफेद और लाल रंग के मिश्रित रोएँ का (घोड़ा)।
(adj.) red and white haired (horse).

अबले (abale) क्रि.वि. अब तक।
(adv.) till now, by now, hitherto.

अबहियों (abahiyoṅ) क्रि.वि. अब भी।
(adv.) even now, yet, as yet, still, even so.

अबहीं (abahīṅ) क्रि.वि. अभी।
(adv.) now, at this particular time, just now.

अबहूँ (abahūṅ) क्रि.वि. अभी भी।
(adv.) as yet.

अबाटी (abāṭī) वि. बदमाश, लंठ, दुष्ट, शरारती (बच्चा)। उदा. 'अबाटी कान्हा छोड़ऽ ना डगरिआ हमार' लोक.।
(adj.) wicked, vicious, naughty, depraved, stupid.

अबाद (abād) वि. (फा.) आबाद, वह खेत जिसमें नियमित खेती हो, अच्छी हालत में, बर्बाद का प्रतिलोम, भरा-पूरा, हृष्ट-पुष्ट।
(adj.) land under cultivation, flourishing, populous, prosperous.

अबादी (abādī) स्त्री. (फा.) आबादी, आबाद की स्थिति, खेती होने की स्थिति, जनसंख्या।
(f.) an inhabited or settled land, population.

अबिकसित (abikasit) वि. अविकसित।
(adj.) undeveloped.

अबिनासी (abināsī) वि. अविनाशी।
(adj.) imperishable, indestructible.

अबिलाख (abilākh) पु. (सं.) हार्दिक इच्छा, लालसा।
(m.) desire, longing.

अबिसवास (abisavās) पु. अविश्वास।
(m.) incredulity, mistrust.

अबिसवासी (abisavāsī) वि. अविश्वासी।
(adj.) mistrustful.

अबीर (abīr) पु. (अ.) एक प्रकार का रंगीन चूर्ण जिसका उपयोग बसंतोत्सव (होली) में या पूजा में करते हैं, गुलाल।
(m.) a coloured powder which is thrown and sprinkled at Basantotsava or Holy festival, Gulal.

अबुध (abudh) वि. नासमझ, मूर्ख, अनभिज्ञ।
(adj.) without understanding or sense, foolish, ignorant.

अबूझ (abūjh) वि. जो न बूझ सके, मूर्ख।
(adj.) without understanding, stupid.

अबूझा (abūjhā) वि. अज्ञात, समझ से परे।
(adj.) not understood, uncomprehensible.

अबे (abe) विस्म. 'ऐ' 'ओ' 'तुम' आदि का बोधक शब्द।
(interj.) wretch, you! you rascal!

अबेर (aber) क्रि.वि. देर, विलंब, असमय, कुसमय, अतिकाल।
(adv.) lateness, delay, late, after time.

अबेवस्था (abevasthā) पु. अव्यवस्था।
(m.) mismanagement.

अबैध (abaidh) वि. अवैध, अमान्य।
(adj.) illicit, invalid, illegitimate.

अबोध (abodh) वि. (सं.) नादान, कम उम्र का (बच्चा)।
(adj.) immature mind, innocent, puzzled at a loss, ignorant.

अब्बर (abbar) वि. शक्तिहीन, कमजोर।
(adj.) impotent, frail, anaemic, flimsy.

अब्बरई (abbaraī) पु. कमजोरी।
(m.) frailty, weakness.

अब्बर-दुब्बर (abbar-dubbar) वि. निर्बल और दुबला।
(adj.) weak.

अब्बे (abbe) क्रि.वि. अभी।
(adv.) at present.

अब्बो (abbo) क्रि.वि. अभी भी।
(adv.) as yet, now, at present.

अब्यक्त (abyakt) वि. अव्यक्त, अनकहा।
(adj.) inarticulate.

अभंग (abhaṅg) वि. अनश्वर, भंग न हुआ, नष्ट नहीं हुआ।
(adj.) unbroken, undestrayed, eternal.

अभच्छ (abhacch) वि. (सं.) जो खाने योग्य न हो।
(adj.) not to be eaten, prohibited food.

अभडंगर (abhaḍaṅgar) वि. (हि. डांगर) अत्यंत अभागा, भाग्यहीन।
(adj.) misfortunate, ill-fate.

अभद्र (abhadr) वि. भद्दा, व्यवहार और भाषा में अनैतिकता।
(adj.) indecent, crude (as conduct, language).

अभय (abhay) वि. एवं पु. निडर, भय से मुक्त।
(adj.) and (m.) fearless, freed from fear.

अभरन (abharan) पु. (सं.) आभरण, आभूषण, गहना, श्रृंगार।
(m.) ornament, decoration.

अभाग (abhāg) पु. (सं.) अभाग्य, भाग्यहीनता, दुर्भाग्य।
(m.) misfortune, ill-fate.

अभागत (abhāgat) पु. बेसहारा, निर्बल, भाग्यहीन।
(m.) without support, weak, wretched.

अभागा (abhāgā) वि. (सं.) भाग्यहीन, बदकिस्मत।
(adj.) unfortunate, wretched, ill-fated.

अभागिन (abhāgin) वि. भाग्यहीन स्त्री।
(adj.) unfortunate lady.

अभाव (abhāv) पु. (सं.) अविद्यमानता, कमी।
(m.) absence, lack, non-existence.

अभिभो (abhibho) स्त्री. अचरज, आश्चर्य।
(f.) wonder, astonishment.

अभिमान (abhimān) पु. (सं.) घमंड, अहंकार, गर्व।
(m.) pride, vanity, arrogance, conciet.

अभियोग (abhiyog) पु. अभियोग।
(m.) accusation.

अभिलाख (abhilākh) पु. इच्छा, कामना, चाह।
(m.) desire, wish, longing, aspiration.

अभिलेख (abhilekh) पु. दस्तावेज।
(m.) record.

अभिवादन (abhivādan) पु. आदर के साथ नमस्कार।
(m.) respectful salutation.

अभिव्यक्ति (abhivyakti) स्त्री. प्रकाशित, व्यक्त, सुव्यक्त।
(f.) expression, manifestation.

अभी (abhī) क्रि.वि. (हिं.) तुरंत, अविलंब। इसी क्षण, इसी समय।
(adv.) at present, just now, at once, this moment.

अभुआर (abhuār) पु. अपरिचित या अनभ्यस्त होने की स्थिति।
(m.) a state of being unacquainted.

अभुड़ (abhuṛ) वि. कठिन।
(adj.) hard.

अभू (abhū) वि. असंभाव्य।
(adj.) impossible.

अभेआस (abheās) पु. (सं.) अभ्यास, किसी काम में पूर्णता प्राप्त करने के लिए उसे बराबर करते रहना, आदत।
(m.) practice, exercise, habit.

अभेद (abhed) वि. (सं.) अभेद्य, अखंडय।
(adj.) proof, indissoluble, impermeable, impervious.

अमंगल (amaṅgal) वि. (सं.) भाग्यहीन, अशुभ, मंगलविहीन।
(adj.) unlucky, evil, misfortune, ill omen.

अमचुर (amacur) पु. (सं.) आम्रचूर्ण, आम की सूखी खटाई, आम का चूरा।
(m.) dried powder of mango.

अमझोरा (amajhorā) पु. (सं.+हि.) कच्चे आम को पकाकर बनाया गया घोल या शर्बत।
(m.) sour tartish juice made of mango.

अमड़ा-आमड़ा (amaṛā-āmaṛā) पु. (सं.) एक प्रकार का खट्टा फल।
(m.) a kind of sour fruit.

अमता-आमता (amatā-āmatā) स्त्री. (सं.) एक प्रकार की घास जो खट्टी होती है।
(f.) a kind of sour grass.

अमता-भवानी (amatā-bhavānī) स्त्री. (सं.) अंबिका भवानी, एक ग्राम्य देवी।
(f.) ambika, Bhavani, a rural Goddess.

अमर्त्य (amarty) वि. अमर।
(adj.) immortal.

अमर्याद (amaryād) वि. अनाहत, सीमा से परे।
(adj.) disrespected, going beyond limits.

अमर्यादित (amaryādit) वि. अनादर किया गया।
(adj.) shown disrespect.

अमन-चैन (aman-cain) पु. शांति और समृद्धि।
(m.) peace and prosperity.

अमनख (amanakh) वि. अन्यथा मान लेना, किसी बात का दु:ख मान लेना।
(adj.) contrary, improper, worng angry.

अमनिआ-अमनिया (amaniā-amaniyā) वि. (सं.) शुद्ध एवं पवित्र।
(adj.) pious, holy, pure.

अमर (amar) वि. (सं.) जो मरे नहीं। **~लती** स्त्री. (लता) एक प्रकार की बेल जो सूखती नहीं है।
(adj.) immortal, eternal. **~lati** (f.) a parasitical creeper.

अमरख (amarakh) पु. (सं.) आन, क्षोभ, दु:ख, क्रोध, रिस।
(m.) warth, anger, envy.

अमरस (amaras) पु. (सं.) पके आम का रस।
(m.) juice of ripe mango.

अमराई (amarāī) स्त्री. आम का बगीचा, बाग।
(f.) a garden of mango.

अमरित (amarit) पु. (सं.) अमृत, ऐसा पदार्थ जिसे पीने से आदमी अमर हो जाए। (ला.अ.) वि. बहुत मीठा (फल आदि)।
(m.) nector, a juice or fruit which gives immortality. (adj.) very very sweet fruit.
~कुंड (~kuṇḍ) पु. अमृत का तालाब।
(m.) a pond of nector.

अमरी (amarī) स्त्री. कबीरपंथी साधुओं द्वारा मूत्र-त्याग के लिए प्रयुक्त शब्द।
(f.) a word used by Kabirpanthi sadhus for discharging urine.

अमरुध (amarudh) पु. (फा.) एक प्रकार का फल, सफरी, रूनी, अमरूद।
(m.) guava.

अमरोरा (amarorā) स्त्री. एक प्रकार की घास।
(f.) a type of grass.

अमल (amal) पु. (अ.) नशा, नशा लेने की आदत, व्यवहार।
(m.) intoxication, stupor, a narcotic, habitual, to be addicted.

अमलतास (amalatās) पु. (सं.) पीले फूलवाला एक पौधा जो औषधि और सजावट के काम में आता है।
(m.) Indian laburnum used as a purgative.

अमलदार (amaladār) पु. अधिकृत व्यक्ति, प्रशासनिक अधिकारी।
(m.) one having authority, an administrative officer, a collector of revenue.

अमल-पट्टा (amal-paṭṭā) पु. अधिकार-पत्र, याचिका।
(m.) a writ, deed, power of attorney.

अमला (amalā) पु. (अ.) सरकारी कचहरी में काम करनेवाला मध्यम श्रेणी का कर्मचारी।
(m.) workers, staff members of government office.

अमवाड़ी (amavāṛī) स्त्री. आम का बाग, अमराई।
(f.) garden of mango, Amarai (mango grove).

अमहक (amahak) वि. (अ.) मूर्ख, बेवकूफ।
(adj.) fool, non-sense.

अमाइल (amāil) अक. समाना, भर जाना।
(v.i.) to fit into, to be contained.

अमानक (amānak) वि. मानक के अनुरूप न हो, सामान्य से नीचे।
(adj.) not standard, below norms.

अमानत (amānat) स्त्री. (अ.) 1. धरोहर, थाती। 2. अमीन का काम, अमीनी।
(f.) 1. security, deposit, fidility. 2. the duty of Amin.

अमानुस (amānuṣ) वि. अमानुष, अमानवीय।
(adj.) not human, inhuman.

अमाप (amāp) वि. अपरिमित, विस्तृत।
(adj.) immeasurable, vast.

अमार (amār) पु. (फा.) अंबार, ढेर, राशि।
(m.) plenty, abundance, heap, pile.

अमावट (amāvaṭ) स्त्री. (सं.) पके आम के रस को धूप में सुखाकर बनाई गई पपड़ी।
(f.) a thick crust of dried juice of ripe mango.

अमावस (amāvas) स्त्री. (सं.) अमावस्या, कृष्ण पक्ष का अंतिम दिन एवं रात्रि।
(f.) the last day of the dark fortnight.

अमिका (amikā) स्त्री. (सं. अंबिका) दुर्गा, पार्वती, भवानी।
(f.) Durga, Parvati, Bhawani.

अमिट (amiṭ) वि. न मिटनेवाला।
(adj.) indelible.

अमित (amit) वि. अपरिमित, बहुत अधिक।
(adj.) immeasurable, huge, much.

अमिता (amitā) स्त्री. सोमेश्वर क्षेत्र में पाई जानेवाली एक लता, जो लाल रंग की होती है।
(f.) a red creeper often found in Someshwar.

अमिरथा (amirathā) स्त्री. (सं.) मिथ्या, असत्य, व्यर्थ।
(f.) false, not true, useless.

अमी (amī) पु. अमृत।
(m.) nector.

अमीन (amīn) पु. (अ.) भूमि की नाप-जोख करनेवाला व्यक्ति, कर्मचारी।
(m.) a petty revenue officer.

अमीनी (amīnī) स्त्री. अमीन का कार्य।
(f.) work of petty revenue officer.

अमीर (amīr) पु. (अ.) धनी और आरामतलब व्यक्ति, धनवान।
(m.) rich, wealthy man.

अमीरी (amīrī) स्त्री. (अ.) दौलतमंदी।
(m.) richness, wealthiness.

अमोल (amol) वि. अमूल्य।
(adj.) inestimable.

अमोला (amolā) पु. आम का नया पौधा।
(m.) a new plant of mango.

अम्मा (ammā) स्त्री. (सं.) माता।
(f.) mother.

अम्माघवद (ammāghavad) पु. एक प्रकार का धान जिसकी बाली में एक-एक जगह तीन-तीन धान के फल रहते हैं।
(m.) kind of paddy of which a corn ear yields three grains.

अमौरी (amaurī) स्त्री. आम का टिकोरा, जिसमें रेशा न आया हो।
(f.) a mango unripe fruit.

अम्हउरी (amhaurī) स्त्री. (सं.) गर्मी में शरीर में निकलने-वाली फुंसियाँ।
(f.) prickly heat.

अम्हाउर (amhāur) पु. गर्म, उष्ण।
(m.) hot.

अरई (araī) स्त्री. छड़ी के अंत का नुकीला भाग।
(f.) a pointed implement. a goad, spike, awl.

अरक (arak) पु. (अ.) सार (तरल)। (सं. अर्घ्य) देवी-देवताओं को धार चढ़ाना। **~पात** पु. (सं. अर्घ्य-पत्र) लाल रूई का गोल पत्ता जो रवि षष्टी व्रत में अर्घ्य देने के काम आता है।
(m.) sap, juice, extract, essence, respectful offering to a deity. **~pāt** (m.) a circular leaf of red fibrus cotton used in offering in chath.

अरकल (arakal) अक. खेत में दरार पड़ना।
(v.i.) to develop fissurer (of a field).

अरगन-परगन (aragan-paragan) पु. परिवार-कुटुंब के सदस्य।
(m.) kinfolk, family members.

अरकसिआ-अरकसिया (arakasiā-arakasiyā) पु. आरा से लकड़ी चीरनेवाला।
(m.) a sawyer.

अरगनी (aragani) स्त्री. (सं.) कपड़ा टाँगने-सुखाने की रस्सी या तार का एक उपकरण।
(f.) a rope or cord or bamboo, stretched between two points of support for hanging clothes.

अरघा (araghā) पु. (सं.) अर्घ्य, वह पात्र जिसमें शिवलिंग स्थापित रहता है।
(m.) the pious pot in which Shivalinga is established.

अर छे-छे (ar che-che) अव्य. नर बकरा को पुकारने का ध्वनि-संकेत।
(indec.) a sound to call male goat.

अरज (araj) पु. (अ.) अर्ज, प्रार्थना, निवेदन, आग्रह। चौड़ाई (खेत, कपड़ा आदि)।
(m.) petition, request, representation, breadth width (cloth, field)

अरजा (arajā) पु. अरज, पनहा, वस्त्र की चौड़ाई।
(m.) cloth width.

अरजन (arajan) पु. (सं.) अर्जन, कमाई, उपार्जन।
(m.) acquiring, earning.

अरजुन (arajun) पु. 1. वृक्ष विशेष, जिसकी छाल दवा के काम आती है। 2. एक योद्धा (महाभारत)।
(m.) 1. a deciduous tree, its bark is used in medicine. 2. a warrior (Mahabharat).

अरजल (arajal) सक. अर्जित करना, कमाना, उपार्जित करना।
(v.t.) to earn, to acquire, to accumulate.

अरजा (arajā) पु. वह सूत्र जिसके सहारे कोई गणित शीघ्र हल किया जाए।
(m.) a clue, a short rule of aphorism (as used for solving any problem).

अरजी (arajī) स्त्री. (अ.+फा.) प्रार्थना-पत्र, आवेदन-पत्र।
(f.) petition, application.

अरथ (arath) पु. (सं.) अर्थ, मायने, मतलब, अभिप्राय, हेतु, निमित्त, काम, इष्ट।
(m.) meaning, explanation.

अरथियावल (arathiyāval) सक. अर्थ जानते हुए भी किसी बात को समझने के लिए अनजान बनकर बार-बार पूछना।
(v.t.) to make an excuse, to pretend, to ask many times.

अरथी (arathī) स्त्री. (सं.) सीढ़ी के आकार का ढाँचा जिस पर शव को रखकर श्मशान ले जाते हैं, टिकठी।
(f.) a bier, a (Hindu) funeral to take place, or to begin.

अरदली (aradalī) पु. (अं.) वह चपरासी जो साथ में या दरवाजे पर रहता है।
(m.) an orderly, an attendent.

अरदास (aradās) स्त्री. (अ.+फा.) बड़ों से प्रार्थना के साथ भेंट, नजर।
(f.) offering to a deity, a request.

अरदियाह (aradiyāh) वि. (सं. अर्दि) जिसमें चोट या जख्म हो, किंचित टूटा हुआ।
(adj.) perhaps broken, injured.

अरधंग (aradhaṅg) पु. (सं.) 1. लकवे की बीमारी। पक्षाघात। 2. आधा अंग।
(m.) 1. affecting, half, or one side of the body, paralysis. 2. one side of the body.

अरधङेआ (araḍhaṅeā) वि. जिसको लकवे की बीमारी हो। (पु.) एक गाली।
(adj.) a hemiplegic. (m.) an abuse.

अरना (aranā) पु. (सं.) अरण्य, जंगली भैंसा, गैंडा।
(m.) a wild buffalo, rhino.

अरनी (aranī) स्त्री. एक छोटा पेड़ जो हिमालय में मिलता है।
(f.) a name of small tree (a source of timber) found in the Himalayas.

अरपल (arapal) सक. (सं.) अर्पण करना, अर्पित करना, आदर से देना, देवता को चढ़ाना।
(v.t.) to offer, to sacrifie, to present to God.

अरब (arab) पु. (अ.) 1. पश्चिमी एशिया का मुस्लिम बहुल देश, अरबिस्तान। 2. (सं.) सौ करोड़ की संख्या।
(m.) 1. Arabia, arabistan. 2. a hundred million population.

अरबपति (arabapati) पु. एक अरब का स्वामी।
(m.) a billionaire.

अरबर (arabar) वि. ऊटपटाँग, फालतू बातें।
(adj.) incoherent, useless talk.

अरबी (arabī) स्त्री. (अ.) अरब देश की भाषा।
(f.) language of Arab.

अरमान (aramān) पु. कामना, इच्छा।
(m.) longing, desire, aspiration.

अ-र-र (a-r-r) विस्म. होली में गाने के साथ बोला जानेवाला शब्द।
(interj.) oh! expressing dismay, why (is he) taken aback like this, on the occaison of Holi songs begin with words arara.

अररा (ararā) स्त्री. (सं.) नदी या जलाशय का ऊँचा किनारा। **~इल** अक. आवाज के साथ पेड़, दीवार या नदी के किनारे का टूटकर गिरना। भहरा पड़ना, सहसा गिरना।
(f.) high bank of river or pond. **~il** (v.i.) to fall with a crash (as a building or tree) to rumble.

अरवा (aravā) वि. (सं.) बिना उबाले-सुखाए धान से बना चावल।
(adj.) a type of rice, white rice from unboiled paddy.

अरवी (aravī) स्त्री. अरुई, सब्जी विशेष।
(f.) a plant of the arum family, Arue the root of this family used as vegetable.

अरविंद (aravind) पु. कमल।
(m.) lotus.

अरसा (arasā) पु. (अ.) 1. समय, काल। 2. देर, अतिकाल।
(m.) 1. period of time. 2. subjectively long duration.

अरसिक (arasik) वि. नीरस, रसहीन।
(adj.) dry, incapable of rubishing things, prosaic.

अरहट (arahaṭ) पु. रहट, पानी खींचनेवाली चक्की।
(m.) Rahat, water drawing wheel, a kind of pulley.

अरहर (arahar) पु. अन्न विशेष, जिसकी दाल बनती है।
(m.) a kind of corn used mostly as a pulse, red gram.

अराम (arām) पु. (फा.) आराम, विश्राम, चैन, सुविधा, सुख।
(m.) rest, comfort, relief.
~कुरसी (~kurasī) स्त्री. (फा.+अ.) एक प्रकार की आरामदायक कुर्सी।
(f.) a comfortable chair, an easy chair.

अरा (arā) पु. आरा, लकड़ी चीरने का एक उपकरण।
(m.) a saw.

अरार (arār) स्त्री. (सं.) नदी या जलाशय का किनारा।
(f.) bank of a river.

अरारोट (arāroṭ) पु. एक प्रकार का कंद जिसकी सब्जी बनती है। 2. जिस कंद का सत्व कपड़े में कलफ देने के काम आता है।
(m.) arrowroot.

अरि (ari) पु. दुश्मन, विरोधी।
(m.) enemy, hostile.

अरिनी (arinī) वि. बिना कर्ज का, ऋणमुक्त।
(adj.) out of debt.

अरिआ (ariā) वि. बगल का खेत, खेतवाला, आर, मेड़।
(adj.) round about, all round, innanity of adjacent, neighbouring, at edge.

अरिआतल (ariātal) सक. किसी काम के लिए बार-बार कहना।
(v.t.) to ask for a task repeatedly.

अरिआवल (ariāval) सक. किनारे करना, समाप्त करना।
(v.t.) to complete, to finish, to sideline.

अरिका (arikā) क्रि.वि. हाल का, तुरंत का।
(adv.) at once, quickly, immediately.

अरिष्ट (ariṣht) पु. आपत्ति, अभाग्य, आपदा।
(m.) misfortune, disaster.

अरीत (arīt) स्त्री. बुरा व्यवहार, उदंड, असभ्य।
(f.) illmanners, incivility.

अरुआ-अरुई (aruā-aruī) पु. एक प्रकार का कंद जिसकी सब्जी बनती है। घुइया, घिया, बंडा।
(m.) a kind of vegetable, Ghiya, Banda.

अरुआइन (aruāin) पु. बासी होने के कारण खाद्य पदार्थ का बिगड़ा स्वाद।
(m.) stale, kept overnight, bad taste due to stale.

अरुआइल (aruāil) अक. बासी या देर का बने होने के कारण स्वाद का खराब हो जाना।
(v.i.) to become rancid, smelling or tasting unpleasant, stale.

अरुई-पत्ता (aruī-pattā) पु. अरबी के पत्ते जिनकी सब्जी बनती है।
(m.) the leaves of Ghiya used as vegetable.

अरुझल (arujhal) अक. उलझना।
(v.i.) entangled (as thread, hair, heart) to quarrel, to fight.

अरूसा (arūsā) पु. एक प्रकार की कफनाशक औषधि, अड़ूसा।
(m.) adusa, an anti-phlegmatic.

अरे (are) विस्म. 'अरे' अचानक कुछ घटित होने पर निकलनेवाला शब्द।
(interj.) oh, a form of address .

अरे-अरे (are-are) विस्म. 'अरे' अचानक कुछ घटित होने पर निकलनेवाला शब्द।
(interj.) expressions of sudden surprise.

अरैया (araiyā) स्त्री. धान की फसल का एक रोग।
(f.) a disease of paddy crop.

अरोग (arog) वि. स्वस्थ्य, रोग से मुक्त।
(adj.) healthy, free from disease.

अरोचक (arocak) वि. अरुचिकर, ऊबाऊ।
(adj.) uninteresting, boring.

अरोस-परोस (aros-paros) पु. निकटवर्ती स्थान और घर, आस-पास।
(m.) near, all round, adjacent, neighbouring.

अर्र (arr) अव्य. बकरी को पुकारने की संकेत-ध्वनि।
(indec.) a sound for calling a she goat.

अलंग (alaṅg) पु. शरीर का एक अंग, हिस्सा, भाग।
(m.) a part of body, towards, direction, way.

अलंम (alaṅm) पु. (सं.) अवलंब, आलंबन, सहारा।
(m.) support, backing, aid.

अलकतरा (alakatarā) पु. (अ.) कोलतार, कोयले से बना तरल पदार्थ जो रँगने या सड़कें बनाने के काम आता है।
(m.) coal tar, tar.

अलख (alakh) वि. जो देखा नहीं जा सके।
(adj.) the invisible.

अलखनामी (alakhanāmī) वि. निर्गुण संतों का एक संप्रदाय।
(adj.) a school of Yogis or Nirgun Sants.

अलगटे (alagaṭe) क्रि.वि. स्पष्टतः।
(adv.) clearly, finally.

अलगनी (alaganī) स्त्री. रस्सी जिस पर कपड़े लटकाए जाते हैं।
(f.) a rope or bamboo pole used to hang clothes on.

अलगरजी (alagarajī) वि. बेपरवाह, लापरवाह।
(adj.) unconcern, careless.

अलगल (alagal) अक. उठना, अलग होना।
(v.i.) to protrude, to rise, to be seperate.

अलगा (alagā) वि. पृथक, भिन्न।
(adj.) separated, aloof.

अलगा-अलगा (alagā-alagā) वि. पृथक-पृथक, भिन्न-भिन्न।
(adj.) asunder, diverse.

अलगाइल (alagāil) वि. अलग हुआ।
(adj.) detached, separated.

अलगा-बिलगी (alagā-bilagī) स्त्री. एक ही परिवार के सदस्यों का अपना-अपना हिस्सा लेकर अलग हो जाना, बँटवारा।
(f.) separation, split, break up (of a family), partition.

अलगाव (alagāv) पु. पृथक, अलग-अलग।
(m.) detachment, separation.

अलगावल (alagāval) सक. ऊपर उठाना, किसी बोझ को ऊपर उठाने में सहायता करना।
(v.t.) to lift, to raise, to pick up, to pack up, to help in lifting.

अलगिआ-अलगिया (alagiā-alagiyā) वि. पृथक रहनेवाला।
(adj.) to be separated, to become aloof.

अलगियावल (alagiyāval) सक. अलग करना, अलग-अलग करना, पृथक करना।
(v.t.) disintegrate, disengage, isolate.

अलगोजा-अलगोझा (alagojā-alagojhā) पु. (फा.) एक प्रकार की बाँसुरी।
(m.) a kind of flute, flageolet.

अलगौझा (alagaujhā) पु. अलगाव, बँटवारा, पृथक।
(m.) partition, division, separation.

अलङ (alaṅ) पु. (सं.) 1. शरीर के विभिन्न अवयव, अंग। 2. ओर, किनारा।
(m.) 1. different part of the body. 2. bank.

अलचारी (alacārī) वि. (अ.+फा.) विवशता, मजबूरी, निरूपायता, कमजोरी। (पु.) शिव संबंधी लोकगीत, नचारी, एक लोक-राग।
(adj.) helpless, compulsory. (m.) a folk lore.

अलच्छन (alacchan) पु. चिह्न रहित, जिसमें कोई परिचायक चिह्न न हो, अशुभ, अपशकुन, अलक्षण।
(m.) uncharacteristic, inauspicious.

अलछ्य (alachy) वि. अदृश्य, गुप्त।
(adj.) unnoticable, invisible, latent.

अलटाह (alaṭāh) वि. दुर्गम, कठिन, विकट।
(adj.) difficult, inaceessible, tough.

अलता (alatā) पु. (सं.) स्त्रियों के पैर रँगने का लाल रंग का घोल, महावर।
(m.) colour made from lac (mainly used by women to stain their feet red).

अलती (alatī) स्त्री. तरकारी विशेष, अरुई।
(f.) a kind of vegetable.

अलप-अलफ (alap-alaf) वि. (सं.) अल्प, कम, छोटा, नया, कोमल।
(adj.) short, small, new, tender.

अलबत्ता (alabattā) अव्य. (अ.) 1. बेशक, निःसंदेह, बहुत ठीक। 2. लेकिन, परंतु।
(indec.) 1. nevertheless, of course. 2. but, yet.

अलबेला (alabelā) पु. (सं.+हि.) छैल-छबीला, सुंदर, अच्छा, बाँका, बन-ठन कर रहनेवाला, मनमौजी।
(m.) a dandy, foppish, frivolous, charming, handsome, showy (in dress, manner).

अलमगंज (alamagaṅj) पु. (अ.+फा.) बहुतायत, बहुलता।
(m.) very much, too much. excessive.

अलमस्त (alamast) वि. निश्चिंत, बावला।
(adj.) drunk, mad, without any anxiety.

अलमारी (alamārī) स्त्री. (पुर्त.) पुस्तक, वस्त्र आदि रखने के लिए खानों या दरोंवाला पल्लेदार उपकरण, अलमारी।
(f.) cupboard, wardrobe, book case.

अलमुनिया (alamuniā) पु. (अं.) एल्युमिनियम, एक प्रकार की धातु जिसका बर्तन या तार बनता है।
(m.) a kind of metal for the manufacturing of pots and wire, aluminium.

अलल (alal) वि. सुंदर, बढ़िया, अल्हड़, मौजी।
(adj.) cheerful, frisky, thoughtless, frivolous.

अललाइल (alalāil) अक. जोर से चिल्लाना, बहुत आवाज करना।
(v.i.) to cry out loudly, to scream, to shriek, to groan.

अलवाँती (alavāṅtī) स्त्री. (सं.) बालवती, स्त्री जिसने हाल में ही बच्चा जना हो।
(f.) a women who has recently given birth to a child.

अलवान (alavān) पु. (अ.) एक प्रकार की ऊनी शाल।
(m.) shawl cloth, shawl.

अलविदा (alavidā) पु. 1. रमजान का अंतिम शुक्रवार। 2. अलविदा।
(m.) 1. last friday in Ramzan. 2. goodbye.

अलसियाइल (alasiyāil) अक. आलस्य से आक्रांत होना, आलस्य अनुभव करना।
(v.i.) to feel laziness, to be inactive, to be drowsy.

अलसी (alasī) स्त्री. तीसी, एक फसल जिससे तेल निकाला जाता है।
(f.) linseed.

अलहदी (alahadī) वि. (अ.) सुस्त, आलसी, गंदा रहने-वाला।
(adj.) lazy, inert, drowsy, lethargic.

अलान (alān) पु. हाथी बाँधने का खूंटा या सिक्कड़, बेड़ी।
(m.) a part for tying an elephant to chain or rope used to tie an elephant.

अलाप (alāp) पु. (सं.) आलाप, लय के साथ स्वर। **~ल** अक. अलापना, लय के साथ स्वर भरना। आपन राग अलापल (मुहा.) अपनी बात सुनाते जाना।
(m.) madulation of the voice in singing. **~l** (v.i.) to intone to give a particular intonation, to harp on the same theme.

अलाय-बलाय (alāy-balāy) स्त्री. गंदी वस्तु, कूड़ा- कर्कट, मुसीबत।
(f.) trouble, misfortune, wretched.

अलाव (alāv) पु. गर्मी के लिए जाड़े में खुले स्थान पर जलाई गई आग।
(m.) a fire lit in the open (as in winter for warmth, bonfire.

अलावे (alāve) क्रि.वि. (अ.) अलावा, अतिरिक्त, सिवाय।
(adv.) in addition to, apart (from).

अलाहदा (alāhadā) वि. पृथक, अलग, भिन्न।
(adj.) separate, apart, distinct.

अलिफ (alif) पु. अरबी का प्रथम अक्षर।
(m.) the first letter of Arabic alphabet.

अलीबम (alībam) पु. नेपाली गाँजा जिसमें नशा अधिक होता है।
(m.) hemp leaves of Nepal full of plenty intoxication, a narcotic.

अलीन (alīn) वि. घृणित।
(adj.) hateful.

अलीसेर (alīser) पु. (अ.) अलीशेर, धनी और बलिष्ठ।
(m.) wealthy and strong.

अलुई (aluī) स्त्री. छोटा आलू।
(f.) small potato.

अलेख (alekh) वि. अवर्णनीय, अगण्य, अगम्य।
(adj.) indescribable, incalculable, unknowable.

अलेन (alen) क्रि.वि. अधिक संख्या में।
(adv.) numerous, in huge numbers.

अलेट (aleṭ) वि. बहुत अधिक, इफरात।
(adj.) too much.

अलोत (alot) पु. (सं.) लुप्त, ओझल।
(m.) invisible.

अलोना (alonā) वि. (सं.) अलवणीय, बिना नमक का।
(adj.) unsalted, not salty.

अलोप (alop) क्रि.वि. (सं.) लुप्त, गायब।
(adv.) vanished, disappeared.

~ल (~l) सक. छिपा देना (लोकगीतों में प्रयुक्त)।
(v.t.) to conceal.

अलोपित (alopit) वि. गायब, छिपा हुआ।
(adj.) concealed, extinct, hidden.

अल्लाइल (allail) अक. जोर से चिल्लाना।
(v.i.) to cry loudly.

अल्लाह (allāh) पु. (अ.) खुदा, ईश्वर, भगवान (इस्लाम धर्म में प्रयुक्त)।
(m.) God, almighty (in Islam).

अल्लो-पल्लो (allo-pallo) पु. अनायास, बिना परिश्रम।
(m.) absence of effort, ease.

अल्हर (alhar) वि. (हिं.) अल्हड़, लापरवाह, बेफिक्र, कच्ची उम्र का।
(adj.) childish, inexperienced, carefree.

अल्हरपन (alharapan) पु. लापरवाही, बचकाना, बेफिक्री।
(m.) carefreeness, gaiety, childishness.

अवकास (avakās) पु. अवकाश, छुट्टी, अवकाश प्राप्त।
(m.) leisure, vacation, retirement, space.

अवगत (avagat) वि. सूचित, जाना हुआ।
(adj.) known, informed.

अवगाह (avagāh) पु. स्नान, डूबना, डूबना (चिंतन में)।
(m.) bathing, plunge, dive, immersion.

अवगुन (avagun) पु. दोष, पाप, अवगुण।
(m.) defect, fault, vice.

अवचेतन (avacetan) वि. चेतना का सुप्त पक्ष।
(adj.) subconscious.

अवकात (avakāt) स्त्री. (अ.) 1. औकात, हैसियत। 2. संपत्ति की ताकत। 3. पौरुष।
(f.) 1. capacity, means. 2. resources, condition. 3. state.

अवखत (avakhat) पु. कुसमय, खराब समय।
(m.) bad days.

अवघट (avaghaṭ) वि. (सं.) विकट, दुर्गम।
(adj.) hard, difficult.

अवछराह (avacharāh) पु. हल्की चोट।
(m.) a mild hurt, injury, wound.

अवझट (avajhaṭ) पु. किसी काम को सहसा करने की स्थिति।
(m.) a state of sudden performance.

अवझटाह (avajhaṭāh) वि. जो सहसा हो गया (काम)।
(adj.) work done suddenly.

अवध (avadh) पु. अयोध्या, (रामायण) राम की जन्मभूमि।
(m.) Ayodhya, (Ramayana) the birthplace of Lord Ram.

अवधिया (avadhiyā) पु. कुर्मियों की एक उपजाति। वि. अवध से आया, अवध का।
(m.) a subcaste of Kurmi. (adj.) belongs to Avadh.

अवधी (avadhī) स्त्री. अवध प्रांत की भाषा।
(f.) language of Avadh region.

अवधूत (avadhūt) पु. (सं.) संन्यासियों की एक श्रेणी।
(m.) an ascetic, a yogi, one who has renounced the world.

अवमानता (avamānatā) स्त्री. अनादर, अवमूल्यन।
(f.) disregard, downgrading (for, of).

अवरो (avaro) वि. दूसरा, अधिक, और।
(adj.) else, and, moreover, another, extra.

अवसर (avasar) पु. समय, अवकाश, विशेष कार्य के लिए विशिष्ट।
(m.) occasion, opportunity, proper time.

अवसान (avasān) पु. अंत, पूर्ण, उपसंहार, मृत्यु।
(m.) end, completion, conclusion, death.

अवस्था (avasthā) स्त्री. (सं.) अवस्था, उम्र, आयु, स्थिति, हालत, समय।
(f.) state, condition, circumstance, situation, age, stage (of life) progress.

अवस्थापन (avasthāpan) पु. टिकाना, ठहराना, प्रतिष्ठित करना, रखना।
(m.) settling, establishing.

अवहेलना (avahelanā) स्त्री. नकारना, उदासीन रहना।
(f.) neglect, indifference.

अवाई (avāi) स्त्री. आने का काम, आगमन।
(f.) arrival, report of approach or arrival.

अवाज (avāj) स्त्री. दे. आवाज।

अवाम (avām) पु. सामान्यजन का बहुवचन।
(m.) plural of the common people.

अवारा (avārā) वि. (फा.) 1. व्यर्थ समय व्यतीत करने-वाला, घूमते रहनेवाला आवारा। 2. फालतू, लंपट।
(adj.) 1. wandering, vagrant, astray, rakish. 2. useless.

अविस्कार (aviskār) पु. आविष्कार।
(m.) invention.

अविस्कारी (aviskārī) वि. आविष्कारी।
(adj.) inventive.

असंख (asaṅkh) वि. असंख्य, अनगिनत।
(adj.) countless, innumerable.

असंतुस्ट (asaṅtusṭ) पु. असंतुष्ट।
(m.) unsatisfied.

असंतोसजनक (asaṅtosajanak) वि. असंतोषजनक।
(adj.) discomfortable, unsatisfactory.

असंभो (asaṅbho) वि. (सं. असंभव) जो नहीं हो सके। नामुमकिन।
(adj.) impossible.

अस (as) वि. (सं.) ऐसा, इस प्रकार का, तुल्य, समान, सदृश।
(adj.) like this, similar, like.

असक (asak) वि. (सं.) अशक्य, गैर-जानकारी, अनजान। सामर्थ्य के बाहर।
(adj.) beyond capacity, without knowing.

असकत (asakat) पु. आलस्य।
(m.) indolence, lazyness.

असकतियाह (asakatiyāh) वि. आलसी।
(adj.) indolent, lazy.

असकती (asakatī) वि. (सं.) अशक्ति, आलसी।
(adj.) inactive, lazy.

असगंध (asagaṅdh) पु. (सं.) अश्वगंध, एक वनौषधि।
(m.) Ashwagandha (a name of medicinal plant).

असगर (asagar) क्रि.वि. अकेला।
(adv.) lonely.

असगरुआ-अकसरुआ (asagaruā-akasaruā) वि. घर का अकेला व्यक्ति।
(adj.) the only member of the family.

असगवें-पसगवें (asagaveṅ-pasagaveṅ) क्रि.वि. (सं.) आसन्न, आस-पास।
(adv.) round about, near.

असगुन (asagun) पु. (सं.) अपशकुन, अशुभ लक्षण, अमंगल का संकेत।
(m.) an ill omen.

असत (asat) वि. (सं.) असत्य, झूठ, मिथ्या।
(adj.) unreal, untrue, false.

असतन (asatan) पु. (सं.) उरोज, स्तन।
(m.) breast, teat.

असतर (asatar) पु. (सं.) कोट, बंडी, ब्लाउज में निचले तह में दिया जानेवाला कपड़ा, स्तर।
(m.) inner cloth of coat or blouse.

असतुती (asatutī) स्त्री. (सं.) स्तुति, ईश्वर-प्रार्थना, देव-प्रशंसा, बड़ाई।
(f.) praise (devout, or lavish) celebration eulogy, a song or rhyme of praise.

असथमन (asathaman) पु. (सं.) स्तंभन, किसी खड़ी वस्तु को गिरने से रोकने का खंभा, आलंबन, सहारा।
(m.) a pillar, a support after stumbling.

असथल (asathal) पु. (सं.) स्थल, जगह, स्थान।
(m.) place, spot, situation.

असथाई (asathāī) क्रि.वि. (सं.) स्थायी, सदैव रहनेवाला।
(adv.) permanent.

असथापना (asathāpanā) स्त्री. (सं.) स्थापना, थापना, बैठाना, देव-स्थान या मंदिर में देवता का प्रतिष्ठापन।
(f.) erection, establishment, placing Deva in a temple.

असथामा (asathāmā) पु. अश्वत्थामा, द्रोणाचार्य के पुत्र (महाभारत)।
(m.) (Mahabharat) Ashwthama, the son of Dronacarya.

असथावर (asathāvar) वि. (सं.) स्थावर, स्थायी, एक जगह पर निश्चित, अचल।
(adj.) fixed, immovable.

असथिर (asathir) वि. (सं.) स्थिर, जो चंचल नहीं हो, शांत, निश्चिंत, अचल।
(adj.) firm, fixed, unmoving.

असनान (asanān) पु. (सं.) स्नान, पुण्यतिथि पर या पूजा के अवसर पर पवित्र नदियों में किया गया स्नान।
(m.) bathing in holy river on auspicious day.

असपताल (asapatāl) पु. (अं.) हास्पिटल, चिकित्सालय।
(m.) hospital.

असपरस (asaparas) पु. (सं.) स्पर्श, छूना, छूने की क्रिया या भाव।
(m.) touch, contact, action or feeling of touch.

असबाब (asabāb) पु. (अ.) सामान, चीज, वस्तु।
(m.) goods, property, things, wares, stores, baggage.

असभ (asabh) वि. (सं.) असभ्य, अशिष्ट, असंस्कृत।
(adj.) uncouth, rude, uncivilised, impolite.

असभ्यता (asabhyatā) स्त्री. अशिष्टता, गँवारपन।
(f.) uncouthness, rudeness, uncivilised state.

असमंजस (asamañjas) पु. दुविधा, आगा-पीछा, अड़चन, कठिनाई, अनिश्चय की स्थिति।
(m.) uncertainty, hesitation, suspence. disparity.

असम (asam) वि. जो सम न हो, अतुल्य, असदृश, विषम, ऊँचा-नीचा, ऊबड़-खाबड़।
(adj.) unequal, dissimilar, uneven, not level, odd.

असमता (asamatā) स्त्री. असमानता, समता का अभाव, विषमता।
(f.) inequality, dissimilarity, unevenness.

असमन (asaman) अव्य. ऐसा है कि।
(indec.) of this sort, such a thing (as this).

असमय (asamay) वि. बुरा समय, विपत्ति का समय, बेमौके।
(adj.) a time of misfortune, unsuitable time, untimely.

असमर्थ (asamarth) वि. (सं.) सामर्थ्यहीन, दुर्बल, अशक्त, अयोग्य।
(adj.) incapable, unable, powerless, weak, helpless, incompetent.

असमान (asamān) वि. जो समान न हो, बेमेल।
(adj.) unequal, dissimilar incomparable.

असमानी (asamānī) वि. आसमानी।
(adj.) azure.

असमिया (asamiyā) वि. (सं.) असम संबंधी, असम का। स्त्री. असम राज्य की भाषा। –पु. असम राज्य का निवासी।
(adj.) related with Assam, of Asam. (f.) the language of Asam. (m.) resident of Asam.

असमेध (asamedh) पु. (सं.) अश्वमेघ, एक वैदिक यज्ञ जिसमें दिग्विजय हेतु अश्व छोड़ा जाता है।
(m.) a vedic horse– sacrifice (performed by kings, often in assertion of kings dominion over his territory).

असर (asar) पु. (अ.) प्रभाव।
(m.) effect, impression, influence.

असरफी (asarafī) स्त्री. (फा.) अशरफी, मुगल काल का सोने का सिक्का, मोहर।
(f.) a gold coin of mughal period, a locket, a gold coin, a seal, a stamp, impression.

असरा (asarā) पु. (अ.) लकड़ी का वह भाग जो कच्चा हो। स्त्री. (सं. आशा) आस, भरोसा, अवलंब।
(m.) tender portion of wood. (f.) hope, expectation, prospect, trust, reliance.

असरेसा (asaresā) स्त्री. (सं.) अश्लेषा नक्षत्र।
(f.) the ninth lunar mansion (five stars in cancer).

असल (asal) वि. (अ.) सच्चा, खरा, उच्च, श्रेष्ठ, बिना मिलावट का, शुद्ध।
(adj.) origin, base, source, substance, essence, original or real nature, principal (amount as opposed to interest).

असलियत (asaliyat) स्त्री. (अ.) तथ्य, वास्तविकता, जड़, मूल, सार, सच्चाई।
(f.) reality, essential, quality, originality, purity.

असली (asalī) वि. दे. असल।

असलेसा (asalesā) स्त्री. दे. असरेसा।

असलोक (asalok) पु. (सं.) संस्कृत के पद, दोहानुमा संस्कृत श्लोक।
(m.) a Sanskrit Couplet.

असवार (asavār) वि. (फा.) सवार, सवारी करनेवाला। (पु.) अश्वारोही।
(adj.) mounted. (m.) a horseman.

असहजोग (asahajog) पु. असहयोग।
(m.) non-co-operation.

असाढ़ (asāṛh) पु. (सं.) आषाढ़, हिंदुओं का एक चंद्रमास जिसमें वर्षाऋतु का आरंभ होता है।
(m.) the fourth month (lunar) of the Hindu year : June-July the begining of rainy season.

असाढ़ी (asāṛhī) स्त्री. आषाढ़ महीने में जुताई या अन्य कार्य।
(f.) the cultivation during the month of Asarh.

असाध (asādh) वि. (सं.) असाध्य, कठिन, दुष्ट, दुष्कर, असंभव, वैसा रोग जिससे छुटकारा न मिले।
(adj.) hard, impossible, wicked, immoral, incurable.

असाधारन (asādhāran) वि. असाधारण।
(adj.) unusual, extraordinary.

असान-आसान (asān-āsān) वि. (फा.) सरल, सहज, सुविधाजनक।
(adj.) simple, comfortable.

असामयिक (asāmayik) वि. उचित समय पर नहीं।
(adj.) untimely, not on proper time.

असामान्य (asāmāny) वि. असाधारण, सामान्य नहीं।
(adj.) unusual, uncommon, particular, peculiar, abnormal.

असामी-आसामी (asāmī-āsāmī) पु. (अ.) 1. खेत जोतने वाला, रैयत, कर्जखोर। 2. असम राज्य का वासी।
(m.) 1. a person, an individual, party, tenant, a client, customer. 2. a resident of Assam state.

असार (asār) वि. साररहित, अर्थहीन, व्यर्थ।
(adj.) without content, senseless, vain (as the world).

असावधानी (asāvadhānī) स्त्री. सावधान न रहने की अवस्था, बेपरवाही, सचेत न रहना।
(f.) carelessness, negligence.

असिछित (asichit) वि. अशिक्षित।
(adj.) illiterate.

असित (asit) वि. (सं.) काला। (पु.) गहरा काला रंग। 'प्रकृति वधू ने असित वसन बदला, सित पहना'–हरिऔध।
(adj.) black, dark. (m.) black clour.

असिद्ध (asiddh) वि. अपूर्ण, अधूरा, बेपका, व्यर्थ, निष्फल।
(adj.) unacomplished, unachieved, incomplete unripe, raw, not cooked.

असिरवाद (asiravād) पु. (सं.) आशीर्वाद, शुभ-वचन, दुआ, शुभकामना। **~सुनावल** (मुहा.) गाली देना।
(m.) blessing, benediction. ~ **sunaval** (phrase) to abuse.

असिस्ट (asisṭ) वि. अशिष्ट।
(adj.) indecorous.

असी (asī) पु. (सं.) काशी में एक घाट।
(m.) a famous ghat in Varanasi.

असीम (asīm) वि. सीमा से परे, बेहद, अपार, अनंत।
(adj.) unlimited, boundless, absolute.

असीस (asīs) पु. दे. असिरवाद।

असुद्ध (asuddh) वि. अशुद्ध, अपवित्र।
(adj.) incorrect, inaccurate, impure.

असुद्धता (asuddhatā) पु. अशुद्धता।
(m.) impurity, incorrectness.

असुभ (asubh) वि. (सं.) अशुभ, अमंगलकारी, अनिष्ट-कारक, बुरा, खराब।
(adj.) inauspicious, unlucky, sinister.

असुर (asur) पु. (सं.) राक्षस, अविवेकी, अपवित्र।
(m.) an evil spirit, demon.

असुरारी (asurārī) पु. (सं.) असुरारि, असुरों का दुश्मन, विष्णु।
(m.) enemy of asuras (demons), Vishnu.

असुविधा (asuvidhā) स्त्री. कठिनाई, अड़चन।
(f.) inconvenience, trouble.

असूल (asūl) पु. (अ. वसूल) अदायगी, **~ल.** सक. वसूल करना।
(m.) a charge made, a levy payment. **~l** (v.t.) to pay out, to discharge (as a debt).

असेरा (aserā) पु. (सं.) आधा सेर की नाप या तौल।
(m.) a weight of half seer.

असों (asoṅ) क्रि.वि. इस वर्ष। 'असों आइल महुआबारी में बहार सजनी'–मोती बी.ए.।
(adv.) this year.

असो-असो (aso-aso) क्रि.वि. विलंब, धीरे-धीरे।
(adv.) lately, slowly-slowly.

असोक (asok) वि. (सं.) अशोक, शोक से रहित। पु. अशोक सम्राट।
(adj.) free from sorrow. (m.) name of the emperor Asoka.

अस्तबल (astabal) पु. (अं.) अश्वशाला, घुड़शाल, तबेला।
(m.) a stable.

अस्थिर (asthir) वि. चिरस्थायी, स्थायी।
(adj.) perpetual, permanent.

अस्पस्ट (aspasṭ) वि. (सं.) स्पष्ट, साफ, प्रकट, खुलासा, समझ में आनेवाला।
(adj.) clear, distinct, intelligible (as language, wording).

अस्सी (assī) वि. अस्सी, 80 की संख्या।
(adj.) eighty.

अहजह (ahajah) पु. असमंजस, अनिश्चय, ऊहापोह, कठिन स्थिति, हिचकिचाहट।
(m.) uncertainty, hesitation, suspense, difficult situation.

अहड़ी (ahaṛī) स्त्री. छोटा कुंड या टैंक।
(f.) small pond or tank.

अहदी (ahadī) वि. आलसी।
(adj.) lazy, lethargic (person).

अहरा (aharā) पु. गोंइठे के ढेर की आग।
(m.) heap of cowdung cake fire.

अहवल (ahaval) अक. (अ.) किसी वस्तु को न पाने पर मन का दुखी होना, किसी बात से हृदय को चोट पहुँचाना।
(v.i.) to suffer the consequences, of distress (one) has caused.

अहस्तछेप (ahastachep) पु. अहस्तक्षेप।
(m.) non-intervention.

अहक (ahak) पु. उत्कंठा, हार्दिक इच्छा।
(m.) desirous, longing.

अहा (ahā) विस्म. हर्षसूचक ध्वनि, विस्मयादिबोधक ध्वनि संकेत।
(interj.) exclamation of pleasure, exclamation of astonishment.

अहारल (ahāral) सक. पेड़ काटने के बाद सिल्ली को किनारे-किनारे से थोड़ा काटना।
(v.t.) to trim wood block at corners.

अहिमन (ahiman) पु. (महाभारत) अभिमन्यु अर्जुन का पुत्र।
(m.) (Mahabharat) Abhimanyu, the son of Arjun.

अहिर-अहीर (ahir-ahīr) पु. (सं.) पशु-पालन करनेवाली जाति। **–गोआर** यौ. (सं. ग्वाल) ग्वाला।
(m.) a community or tribe of herdsmen, milk-men.

अहिवात (ahivāt) पु. स्त्री का सौभाग्य, सोहाग।
(m.) married state (of a woman whose husband is alive); married happiness.

अहिवाती (ahivātī) स्त्री. एक स्त्री जिसका पति जीवित हो।
(f.) a women whose husband is alive.

अहेर (aher) पु. (सं.) आखेट, शिकार।
(m.) hunting.

आ

आ (ā) देवनागरी वर्णमाला का दूसरा अक्षर जो 'अ' का दीर्घ रूप है। इसका उच्चारण कंठ से होता है। उप. उपसर्ग के रूप में गत्यर्थक धातुओं के पहले लगकर विशेषता उत्पन्न करता है, जैस–आकंपन, आरोहण, आकर्षक। शब्दों के पहले लगकर उनका अर्थ उलट देता है, जैसे– गमन और आगमन, दान और आदान, नयन (ले जाना) और आनयन (ले आना)। कुछ संस्कृत शब्दों में 'तक' का अर्थ भी देता है, जैसे आजीवन, आजन्म।
–The second vowel of the Devanagari syllabary, a Sanskrit prefix used to denote up to, from, throughout, along with; imperative verb intended for juniors, equals etc as come, come on, come forth.

आँ (āṁ) अव्य. (अनु.) ऐं! हें! आश्चर्यसूचक बच्चों के रोने का शब्द, जैसे–लगे बच्चों की तरह आँ-आँ करने।
(indec.) exclamatory sound of babies.

आँउस (āṁus) पु. एक प्रकार का भदई धान।
(m.) a type of Bhadai paddy.

आँक (āṁk) पु. (सं.) अंक, चिह्न, निशान, संख्या का चिह्न, अदद, अक्षर, हरफ, गढ़ी हुई बात, अंश, हिस्सा, किसी चीज का संकेत रूप में टाँका हुआ उसका दाम।
(m.) a number, a figure, a mark, stamp, brand, price-mark.

आँकड़ (āṁkaṛ) पु. कंकड़ का बड़ा टुकड़ा।
(m.) big piece of stone.

आँकड़ा (āṁkaṛā) पु. अंक, अदद, संख्या का चिह्न। गणित की सहायता से किसी की स्थिति सूचित (स्टैटिस्टिक्स) होती है।
(m.) a figure, figures, statistics.

आँकल (āṁkal) सक. (सं.) अंकन करना, चिह्नित करना, निशान लगाना, दागना, कूतना, अंदाज करना, मूल्य लगाना, अनुमान करना, ठहराना, चित्र बनाना।
(v.t.) to mark, to stamp, to value, to appraise, to assess, to outline, to draw.

आँकुस (āṁkus) पु. हाथी को हाँकने के लिए बना लोहे का हथियार। **~राखल** मुहा. नियंत्रण।
(m.) a goad, an iron-made weapon for controlling elephants, to curve. (id.) to hold in sub-mission.

आँख (āṁkh) स्त्री. (सं.) वह इंद्रिय जिससे प्राणियों को रूप, वर्ण, विस्तार तथा आकार का ज्ञान होता है, नेत्र, नयन। मुहा. **~आइल**=आँख में लाली, पीड़ा और सृजन होना। **~उठावल**=(क) देखना; (ख) हानि पहुँचाने की चेष्टा करना। **~खुलल**=(क) नींद टूटना; (ख) ज्ञान होना, भ्रम दूर होना। **~दिखावल**=क्रोध की दृष्टि से देखना, क्रोध जताना। **~फड़कल**=आँख का बार-बार हिलना (शुभ-अशुभ सूचक)। **~मारल**=(क) इशारा करना;

(ख) आँख के इशारे से मना करना। **~मिलावल**=आँख सामने करना, बराबर ताकना। **~लगल**=(क) प्रीति होना, प्रेम होना; (ख) नींद आना। **~लड़ल**=(क) देखादेखी होना, आँख मिलना; (ख) प्रेम होना, प्रीति होना। विचार, विवेक। परख, पहचान। कृपादृष्टि, दयाभाव। आँख के आकार का छेद या चिह्न, जैसे सुई की आँख।
(f.) the eye, sight, look, glance.

आँखि (āṁkhi) स्त्री. दे. आँख।

आँखर (āṁkhar) पु. बिना जोता हुआ खेत।
(m.) uncultivated farm.

आँख-मिचौनी (āṁkh-micaunī) स्त्री. (हिं. आँख+ मीचना) एक खेल जिसमें एक लड़का किसी दूसरे लड़के की आँखें मूँदकर बैठता है और बाकी लड़के इधर-उधर छिपते हैं, जिन्हें उस आँख मुँदनेवाले लड़के को ढूँढ़कर छूना पड़ता है।
(f.) blind man's buff.

आँगछ (āṁgach) पु. व्यक्ति के शुभ या अशुभ लक्षण।
(m.) auspicious, lucky or unlucky symptom of a man.

आँगन (āṁgan) पु. (सं. अंगण) घर के अंदर का सहन, चौक, अजिर।
(m.) courtyard (of a house) court, area, quadrangle.

आँगना (āṁganā) पु. दे. आँगन।

आँच (āṁc) स्त्री. (सं. अर्चि) गर्मी, ताप; आग की लपट, लौ; आग। मुहा. ~ **आइल**=कुछ हानि पहुँचाना या अपकार होना।
(f.) flame, blaze, heat, brilliance.

आँचर (āṁcar) पु. (सं. अंचल) आँचल, साड़ी का छोर।
(m.) the border or hem at the end of a Sari or shawl, the end of a sari which usually covers woman's breast.

आँचल (āṁcal) पु. दे. आँचर।

आँछ-आँछी (āṁch-āṁchī) स्त्री. (सं. अक्षि) चूल्हे का ऊपरी मुँह जहाँ बर्तन रखा जाता है।
(f.) the upper portion of oven where pot is kept.

आँजन (āṁjan) पु. (सं. अंजन) आँख में लगाया जानेवाला अँजन।
(m.) lampblack (as applied to the eyes and eyelashes as a cosmetic or an ointment).

आँजल (āṁjal) सक. अँजन लगाना। 'अँजबो भतिजवा के आँख कंगनवा हम बधइया लेबो' (लोक.)।
(v.t.) to apply collyrium, or lampblack to the eyes.

आँजुर (āṁjur) पु. (सं. अंजलि) अंजलि की नाप।
(m.) measurement of palm.

आँटल (āṁṭal) अक. किसी वस्त्र का शरीर में ठीक बैठना, किसी वस्तु का दूसरी वस्तु में पूर्णतः अँट जाना, जरूरत का पूरा होना।
(v.i.) to fit (into), to fit (on), to the contained, to suffice (for).

आँटा (āṁṭā) पु. अनाज का बारीक चूर्ण जिससे रोटी बनती है, आटा।
(m.) flour, meal, a substance, of floury consistency.

आँटी (āṁṭī) स्त्री. रोपनी के लिए धान के पौधों का बनाया हुआ छोटा गट्ठा।
(f.) a small sheaf of paddy plants for transplanting.

आँटे (āṁṭe) क्रि.वि. आस-पास, लगभग।
(adv.) round about, near all round, in the vicinity (of).

आँठी (āṁṭhī) स्त्री. (सं. अष्टि) किसी फल का बीज, गुठली, छोटा घेंघा।
(f.) kernel, pite, knot, nodule, nipple, fruit stone.

आँड़ (āṁṛ) पु. (सं. अंड) अंडकोश।
(m.) testicle, scrotum.

आँत (āṁt) स्त्री. (सं. अंत्र) प्राणियों के पेट के भीतर की वह लंबी नली जो गुदा तक रहती है और जिससे होकर मल बाहर निकल जाता है, अंत्र, अँतड़ी, लाद। मुहा. **~उतरल**=एक रोग जिसमें आँत ढीली होकर नाभी के नीचे उतर आती है और अंडकोश में पीड़ा उत्पन्न होती है। **~सूखल**=भूख के मारे बुरी दशा होना।
(f.) entrails , intestines, bowels.

आँतर (āṁtar) वि. (सं.) अंदर का, भीतरी। किसी निश्चित क्षेत्र या सीमा के भीतरी भागों में होनेवाला। किसी वस्तु के वास्तविक मूल्य, तत्त्व, महत्त्व आदि से संबंध रखनेवाला।
(adj.) interior, innner, internal, within, among, intrinsic.

आँतर (āṁtar) पु. खेत जोतते समय बैल के एक बार घूम सकने लायक स्थान।
(m.) space for a bullock to turn while ploughing.

आँतर-खोंतर (āṁtar-khoṁtar) अव्य. यदा-कदा, कभी-कभी।
(indec.) time to time, sometimes, at any times.

आँधी (āṁdhī) स्त्री. धूल-भरा झोंका, अंधड़।
(f.) a dust storm, whirlwind.

आँय (āṁy) अव्य. फिर से सुनने के लिए प्रश्नवाचक शब्द संकेत।
(indec.) an interrogative word or symbol for hearing once more.

आँय-बाँय (āṁy-bāṁy) पु. अनाप-सनाप, अंट-संट, अंड-बंड, व्यर्थ बातचीत।
(m.) (going) in all directions.

आँव (āṁv) पु. मल पड़ने की बीमारी।
(m.) looseness of the bowels, dysentery, diarrhoea.

आँवक (āṁvak) पु. वश, काबू।
(m.) control, force.

आँवट (āṁvaṭ) पु. जौ का आटा।
(m.) flour of barley.

आँवा (āṁvā) पु. मिट्टी के कच्चे बर्तन को पकाने वाला गड्ढा।
(m.) a potters kiln, furnace.

आँस (āṁs) पु. (सं. अश्रु) वह जल जो आँखों से निकलता है, अश्रु, आँसू। मुहा. **~गिरावल**=रोना। **~पीके रह गइल**=मन ही मन रोकर रह जाना। **~पोंछल**=आश्वासन मिलना, ढाढ़स बँधना।
(m.) tear, to weep, to repress (one's) tears.

आँहड़ (āṁhaṛ) पु. गाय-भैंस के शरीर में दूध का स्थान।
(m.) mammary gland, udder.

आँहुड़-अँहुड़ी (āṁhuṛ-aṁhuṛī) पु. व्यग्रता। मुहा. **~काटल** व्यग्र होना।
(m.) bewilderment, distracted, agitated person, eager.

आइंदा (āiṁdā) क्रि.वि. आनेवाला समय, आगे।
(adv.) in future.

आइत (āit) पु. (सं. आगत) आनेवाला सही समय।
(m.) proper time.

आइरिन (āirin) स्त्री. (अं. इयरिंग) कान का गहना।
(f.) an ornament of ear.

आइल (āil) अक. (सं. आगत) आना, आया, फल लगना, जानकारी होना। **~गइल** (अक.) आने-जाने का क्रम।
(v.i.) to come. **~gail** (v.i.) to come and go.

आइल-जाइल (āil-jāil) अक. आना-जाना।
(v.i.) to come and go.

आइस-पाइस (āis-pāis) पु. लुका-छुपी, एक खेल।
(m.) hide-and-seek, a game.

आक्सीजन (āksījan) पु. (अं.) ऑक्सीजन।
(m.) oxygen.

आई-माई (āī-māī) स्त्री. समारोह के अवसर पर इकट्ठी वयस्क स्त्रियाँ।
(f.) gathering of aged ladies on ceremony.

आईना (āīnā) वि. दर्पण के समान स्पष्ट चमकदार। (पुं.) आईना।
(adj.) mirror-like, clear, bright, polished, (m.) a mirror.

आऊँ-जाऊँ (āūṁ-jāūṁ) क्रि.वि. अस्त-व्यस्त, अव्यवस्थित।
(adv.) disturbed.

आउर (āur) वि. अधिक, अन्य। (क्रि.वि.) और।
(adj.) much, other. (adv.) other and other.

आक (āk) पु. मदार, अकवन।
(m.) the medicinal plant (madar and Akavan).

आकफियत (ākafiyat) स्त्री. (अ. आफियत) सहूलियत, आराम, सुविधा।
(f.) comfort, rest, easiness.

आकफीयत (ākafīyat) स्त्री. (अ. कैफियत) जानकारी, जवाब-तलब।
(f.) knowledge, enquiry.

आकबद (ākabad) पु. (अ.) परलोक, मरणोपरांत रूप।
(m.) following, end, the future life.

आकरसक (ākarasak) वि. आकर्षक।
(adj.) prepossessing, attractive.

आकरसन (ākarasan) पु. आकर्षण।
(m.) attraction, glamour.

आकास (ākās) पु. आकाश, आसमान। **~फल** पु. बनौरी, ओले। **~बत्ती** स्त्री. आकाशदीप। **~बानी** स्त्री. रेडियो स्टेशन। **~बिरती** स्त्री. (सं. वृत्ति) अनायास आमदनी से चलनेवाली जीविका। **~लत्ती** स्त्री. (सं. लतिका) लता जो हरे वृक्ष पर फैलती है।
(m.) space, the sky. **~fal** (m) heaven fruit of heaven. **~battē** (f.) offspring a lamp attached to a pole, lit in honour of Lakshmi and Vishnu. **~bānē** (f.) Radio Station. **~biratī** (f.) an existence, dependent on fortune. **~lattī** (f.) a rootless creeper, a parasite.

आकासबँवर (ākāsabaṁvar) स्त्री. अमरबेल।
(f.) mistletoe.

आकासगंगा (ākāsagaṅgā) स्त्री. आकाशगंगा।
(f.) milky way.

आकी-बाकी (ākī-bākī) स्त्री. बचा-खुचा, शेष, ऋण का शेष भाग।
(f.) remaining, remainder left over, portion.

आक्रमन (ākraman) पु. आक्रमण।
(m.) attack.

आखत (ākhat) पु. (सं. अक्षत) बिना टूटा चावल, माँगलिक कार्यों में प्रयुक्त हल्दी से रंगा चावल।
(m.) intact coloured rice used in cereomnies.

आखर (ākhar) वि. सदा एक सा रहनेवाला, अविनाशी, अनित्य। पु. वर्णमाला का कोई स्वर या व्यंजन वर्ण, हरफ, लेटर, अल्फाबेट।
(adj.) imperishable, unchangeable. (m.) a character of syllabary or other writing system, a syllable, a letter.

आखा (ākhā) पु. बड़ी चलनी जिससे चाला जाता है।
(m.) a big sieve, colander, strainer for flour and grain.

आखिर (ākhir) वि. (फा.) अंत।
(adj.) last, final.

आखिरी (ākhirī) वि. (फा.) अंतिम, पिछला।
(adj.) last, final, latter.

आखिरिस (ākhiris) क्रि.वि. अंतिम काल में, अंत में।
(adv.) in the last, finally.

आखिरिसी (ākhirisī) क्रि.वि. अंततः।
(adv.) ultimately.

आखु (ākhu) पु. चूहा।
(m.) a mouse, rat.

आखेट (ākheṭ) पु. शिकार।
(m.) hunting, chase.

आखेटक (ākheṭak) पु. शिकारी।
(m.) a hunter.

आखोर (ākhor) पु. बेकार की चीज।
(m.) refuse, leavings.

आगंतुक (āgaṅtuk) पु. अतिथि।
(m.) a newcomer, guest.

आग (āg) स्त्री. (सं. अग्नि) जलन, ताप, गरमी, काम का वेग, डाह, ईर्ष्या। (वि.) जलता हुआ, बहुत गरम, जो गुण में उष्ण हो। मुहा. **~बबूला भइल**=अत्यंत क्रुद्ध होना। **~लगावल**=(क) आग से किसी वस्तु को जलाना; (ख) गरमी करना, जलन पैदा करना। पानी में **~लगावल**=(क) असंभव कार्य करना; (ख) जहाँ लड़ाई की कोई बात न हो, वहाँ भी लड़ाई लगा देना।
(f.) fire, a fire, a flame, heat, passion, jealousy phrase to be enraged. (adj.) burning hot (an object; as the hand, brow).

आगत (āgat) पु. आमदनी, धन।
(m.) income, wealth.

आगत-स्वागत (āgat-svāgat) पु. (सं. आगत+स्वागत) आए हुए व्यक्ति का आदर-सत्कार, आव-भगत।
(m.) welcome to a guest. hospitality.

आगम (āgam) पु. (सं.) 1. आने की क्रिया या भाव, अवाई, आगमन। 2. भविष्यकाल, आनेवाला समय। 3. आमदनी, आय।
(m.) 1. arrival. 2. future. 3. income.

आगमजानी (āgamajānī) वि. (सं. आगमज्ञानी) भविष्य जाननेवाला।
(adj.) an astrologer.

आगमन (āgaman) पु. (सं.) 1. किसी के कहीं से आकर पहुँचने की क्रिया या भाव, अवाई, आना, आमद। 2. किसी कार्य या बात के नए सिरे से सामने आने या होने की क्रिया या भाव। 3. प्राप्ति लाभ।
(m.) 1. arrival. 2. advent. 3. profit, income.

आगर (āgar) पु. (सं. आकर) खान, आकर, समूह, ढेर, कोष, निधि, खजाना, वह गड्ढा जिसमें नमक जमाया जाता है।
(m.) a mine, a store, a treasury, a salt-pit.

आगा (āgā) पु. (सं. अग्र) 1. किसी चीज के आगे का भाग, अगला भाग, सामने का भाग, मुख, मुँह। 2. घर के सामने का मैदान। 3. आनेवाला समय, भविष्य।
(m.) 1. front, forepart, forehead. 2. open space in front of a house. 3. future.

आगा-पीछा (āgā- pīchā) पु. (हिं. आगा+पीछा) हिचक, सोच-विचार, दुविधा, परिणाम, नतीजा, शरीर का अगला और पिछला भाग।
(m.) front and rear circumstances (of a matter) hesitation, vacillations.

आगामी (āgāmī) वि. (सं.) भावी, आनेवाला।
(adj.) coming, impending, future.

आगार (āgār) पु. (सं.) 1. घर, मकान, स्थान, जगह। 2. खजाना।
(m.) 1. dwelling, house, premises devoted to a particular purpose, stone. 2. treasury.

आगाह (āgāh) वि. (फा.) सचेत, अग्रिम, समय से पूर्व, सूचित।
(adj.) acqainted (with), informed (of) fore-warned, knowing, well informed.

आगिल (āgil) वि. (सं. अग्र) जो पहले संपन्न हो चुका हो। लो.–'आगिल खेती आगे-आगे, पाछिल खेती भागे-जोगे'।
(adj.) foremost, front, first, former.

आगुर (āgur) क्रि.वि. और आगे।
(adv.) further, farther.

आगे (āge) क्रि.वि. (सं. अग्र) 1. सामने की ओर कुछ दूरी पर, और बढ़कर, 'पीछे' का उलटा। 2. उन्नति में बढ़कर; वह मुझसे एक कक्षा आगे था। 3. समक्ष, सामने, सम्मुख। मुहा. **~आइल**=(क) सामने आना या पड़ना, मिलना; (ख) सामना करना, भिड़ना; (ग) घटित होना, घटना। **~कइल**=(क) उपस्थित या प्रस्तुत करना; (ख) अगुआ या मुखिया बनाना। **~निकलल**= बढ़ जाना। **~पीछे**=(क) एक के पीछे एक; (ख) आस-पास। **~से**=(क) आइंदा से, भविष्य में; (ख) पहले से।
(adv.) 1. in front, out in front, ahead. 2. further, further on, confronting. 3. in view, in sight, in the future, again, afterwards, later, previously, formerly. (id.) to approach, to confront, to come, to light, to place in front of.

आगोस (āgos) स्त्री. (फा.) गोद।
(f.) embrace.

आघात (āghāt) पु. धक्का, ठोकर, मार, प्रहार, चोट।
(m.) a blow, shock, injury.

आङछ (āṅach) पु. (सं. अंग) विरासत में मिला, भाग्य।
(m.) inheritance, heritage, luck.

आङ-माथ (āṅ-māth) पु. (सं. अंग मस्तक) सजाने योग्य शरीर के अंग।
(m.) The part of body fit for decoration.

आङा (āṅā) स्त्री. (सं. अंगक) रजाई, मिरजई।
(f.) a quilted, blanket.

आङुर (āṅur) पु. (सं. अंगुलि) उँगली, एक उँगली की चौड़ाई।
(m.) the finger, a finger's breadth.

आचमन (ācaman) पु. (सं.) पूजा के समय दाहिने हाथ में थोड़ा जल लेकर मंत्र पढ़ते हुए पीना, मुँह धोना।
(m.) sipping water from the palm of the right hand (as a ritual purification, before meals or religious ceremonies), rinsing the mouth.

आचमनी (ācamanī) स्त्री. एक छोटा चम्मच जिससे आचमन किया जाता है।
(f.) a small spoon or ladle used in performing Acaman rites.

आचरज (ācaraj) पु. आश्चर्य।
(m.) wonder, atonishment, surprize.

आचरण (ācaraṇ) पु. (सं.) व्यवहार, बर्ताव, चाल-चलन, आचार-शुद्धि।
(m.) conduct, behaviour,custom, usage, rule or norm of conduct, religious observance.

आचरन (ācaran) पु. दे. आचरण।

आचार (ācār) पु. (सं.) चाल-चलन, रहन-सहन, शील स्वभाव।
(m.) manner of life; conduct, behaviour, good or virtuous conduct, custom, rite.

आचार (ācār) पु. (फा. अचार) मसाले लगाकर तेल में रखे गए कच्चे फल के टुकड़े।
(m.) pickles, unripe fruits pieces wrapped with spices and kept in oil.

आचारज (ācāraj) पु. आचार्य, एक वरिष्ठ प्रोफेसर, प्राचार्य, वैदुष्य से परिपूर्ण व्यक्ति।
(m.) a senior professor, principal, a man of distinguished learning.

आचार-विचार (ācār-vicār) पु. व्यवहार, चाल-चलन।
(m.) conduct, behaviour.

आछा (āchā) वि. (सं. अच्छ) अच्छा, सुंदर, खुशनुमा।
(adj.) good, excellent, pleasant, fine, nice, useful, well, fit, genuine.

आछे (āche) क्रि.वि. भली-भाँति से, अच्छी तरह से।
(adv.) well, adequately.

आज (āj) क्रि.वि. (सं. अद्य) आज, वर्तमान, अब। (वि.) आज का, अद्यतन, आधुनिक, समकालीन।
(adv.) today, at this time, now. (adj.) today's, recent, modern, contemporary.

आज-कल (āj-kal) क्रि.वि. इन दिनों, इस समय।
(adv.) now a days, recently, of late, in a few day's time.

आजन-बाजन (ājan-bajan) पु. (सं. वाद्य) विभिन्न प्रकार के बाजे।
(m.) bands of different kinds.

आजा (ājā) पु. (सं. आर्य) दादा, पितामह।
(m.) paternal grandfather.

आजाद (ājād) वि. (फा. आज़ाद) स्वतंत्र, स्वाधीन, नियंत्रणमुक्त।
(adj.) free, unrestrained, independent (a country), liberated, released.

आजादी (ājādī) स्त्री. (फा.) स्वतंत्रता, स्वाधीनता, रिहाई, मुक्ति।
(f.) freedom, independence, a release, deliverance.

आजिज (ājij) वि. (अ.) तंग, परेशान।
(adj.) baffled, helpless, exhausted.

आजी (ājī) स्त्री. (सं. आर्या) पितामही, दादी, पिता की माता।
(f.) paternal grandmother.

आजीवन (ājīvan) क्रि.वि. जीवनपर्यंत, जिंदगी-भर।
(adv.) lifelong.

आजीविका (ājīvikā) स्त्री. जीविका, जीने का साधन, नौकरी।
(f.) livelihood, means of subsistence, job.

आजु-काल (āju-kāl) क्रि.वि. आजकल।
(adv.) currently.

आजू-बाजू (ājū-bājū) क्रि.वि. अगल-बगल, निकट, समीप।
(adv.) round about, about, nearly.

आजो (ājo) क्रि.वि. (सं. अद्यापि) आज भी।
(adv.) even today.

आज्ञा (ājñā) स्त्री. निर्देश, हुक्म, उपदेश, अनुमति।
(f.) command, order, rule, commandment, precept, permission.

आटा (āṭā) पु. (प्रा. अट्ट) रोटी बनाने हेतु पीसा अन्न, पिसान, चून।
(m.) flour, a substance of floury consistency.

आटोप (āṭop) पु. ढका हुआ।
(m.) covering, pomp.

आठ (āṭh) वि. आठ। **~आठों पहर**=क्रि.वि. चौबीसों घंटे, रात-दिन।
(adj.) eight, **āṭhoṅ pahar**=(adv.) twenty four hours a day, day and night.

आडंबर (ādaṅbar) पु. 1. एक प्रकार का ढोलक। 2. दिखावा।
(m.) 1. a kind of drum. 2. ostentation, show pretention, arrogance.

आडंबरी (ādaṅbarī) वि. आडंबर करनेवाला, अपने को बड़ा दिखानेवाला, अहमक, उद्धत।
(adj.) ostentatious, pretentious, arrogant.

आड़ (āṛ) स्त्री. पर्दा, ओट, सहारा, बहाना।
(f.) covering, screen, shelter, protection, obstruction.

आड़ना (āṛanā) सक. रोकना, सहारा देना, आश्रय देना।
(v.t.) to stop, to check, to obstruct, to support, to shelter.

आड़ा (āṛā) पु. तिरछा, तिर्यक।
(m.) transverse, oblique, diagonal, crooked, horizontal, causing obstruction.

आड़ी (āṛī) स्त्री. तिरछी।
(f.) diagonal, crooked, horizontal.

आढ़त (āṛhat) स्त्री. थोक सौदे की दुकान, बड़े पैमाने पर कारोबार।
(f.) warehouse (esp. for grain) an agency, brokerage business.

आढ़तिया (āṛhatiyā) पु. थोक विक्रेता, अनाज का बड़ा दुकानदार, अंश या लाभ पर काम करनेवाला।
(m.) a broker, agent (esp. in grain) working on commission.

आढ़ा (āṛhā) पु. दो सेर आठ छटाँक की मात्रा।
(m.) a weight of two ser and eight chatank. a measure of grain (16 cups).

आढ़े (āṛhe) वि. आदरणीय, धनी।
(adj.) respected, rich.

आणविक (āṇavik) वि. अणु से संबंधित।
(adj.) atomic, molecular

आतंक (ātaṅk) पु. भय, आशंका।
(m.) fear, awe, terror.

आतंकवाद (ātṅkavād) पु. यह सिद्धांत कि कोई विकट उद्‌देश्य सिद्ध करने के लिए लोगों को अपनी शक्ति से अत्यंत भयभीत रखना चाहिए।
(m.) terrorism.

आतंकी (ātaṅkī) पु. आतंक में लिप्त व्यक्ति, आतंकवादी।
(m.) terrorist.

आततायी (ātatāyī) पु. (सं. आततायिन्) वह जो दूसरों की धन-संपत्ति लूट ले, हिंसा का सहारा ले, उपद्रव-दुष्कर्म करे।
(m.) one intent on violence : a dangerous criminal (as a murderer, poisoner) a tyrant; oppressor.

आतप (ātap) पु. (सं.) धूप, गर्मी, उष्णता।
(m.) heat of the sun, burning heat.

आतमा (ātamā) स्त्री. (सं. आत्मन्,) आत्मा मन, जीव, स्वयं।
(f.) soul, spirit, the self, the individual, the mind, the heart.
~कुटुम (~kuṭum) पु. (सं. कुटुंब) संबंधी, नातेदार।
(m.) relatives.
~राम (~rām) पु. आत्मज्ञान का प्रयासी योगी।
(m.) one rejoicing in knowledge of the self, esp. a yogi, the supreme being.

आताई (ātāī) पु. दे. आततायी।

आतिस (ātis) स्त्री. आग, अग्नि, ताप।
(f.) fire, flame, heat.

आतिसबाजी (ātīsabājī) वि. आतिशबाजी, पटाखेबाजी।
(adj.) pyrotechnics.

आती-जाती (ātī-jātī) स्त्री. आने-जाने की स्थिति।
(f.) the state of coming and going, here and there.

आती-पाती (ātī-pātī) स्त्री. लुका-छिपी का खेल।
(f.) a game similar to hide and seek.

आतुर (ātur) वि. (सं.) व्याकुल, उत्सुक, बेचैन।
(adj.) afflicted, distressed, desirous, restless, hasty.

आत्महत्या (ātmahatyā) स्त्री. (सं.) अपने आप की हत्या।
(f.) suicide.

आत्मीयता (ātmīyatā) स्त्री. अपना अंग बना लेना, स्वसंबंध।
(f.) relationship, feelings of kinship or intimacy.

आद (ād) पु. (सं. आदि) आरंभ।
(m.) beginning.

आदचिक (ādacik) पु. चुकंदर।
(m.) beetroot, sugar beet.

आदत (ādat) स्त्री. (अ.) अभ्यास, स्वभाव, व्यसन।
(f.) habit, manner, custom.

आदतन (ādatan) क्रि.वि. आदत से।
(adv.) habitually.

आदती (ādatī) वि. (अ.) लतवाला आदमी।
(adj.) habitual, customary.

आदम (ādam) पु. (अ. आदम) अरबी मतों के अनुसार मनुष्यों के आदि पुरुष।
(m.) Adam.

आदमियत (ādamiyat) पु. (अ. आदमियत) मनुष्यता, इंसानियत।
(m.) humanity, compassion, civilisation.

आदमी (ādamī) पु. (अ.) मनुष्य, मानव, मानवजाति, पति, पुरुष, नौकर।
(m.) a descendant of Adam, a man, a person, an adult mankind, a husband, a servant.

आदर (ādar) पु. (सं.) सत्कार, सम्मान, इज्जत।
(m.) esteem, respect, honour, reverence, respectful treatment.

आदरनीय (ādaranīy) वि. आदर किए जाने लायक।
(adj.) to be respected, esteemed reversed.

आदर्स (ādars) पु. दर्पण, शीशा, आईना। वि. आदर्श, शास्त्रीय।
(m.) a mirror, an exemple, prototype, an ideal. (adj.) ideal, classic.

आदान (ādān) पु. ग्रहण करना, कुछ लेना।
(m.) taking, receiving, accepting, receipt.

आदाब (ādāb) पु. (अ.) सलाम, प्रणाम, नमस्कार, अर्ज। विस्म. सलाम! प्रणाम!
(m.) good manners, courtesy, courteous greeting. (interj.) greetings! good morning!

आदि (ādi) पु. आरंभ, बुनियाद, समय। (वि.) पहला, शुरू का, आरंभ का।
(m.) beginning, origin, an ancient or early period. (adj.) first, prior, primary, original, early, primitive.

आदित (ādit) पु. (सं. आदित्य) अदिति के पुत्र, सूर्य। लो. 'आदित होई ना सहाय'।
(m.) son of Aditi, the sun.

आदिम (ādim) वि. पहले का, पुराना, प्राचीन।
(adj.) first, prior, original, primitive.

आदिवासी (ādivāsī) पु./वि. किसी स्थान पर रहनेवाले वहाँ के मूल निवासी।
(m./adj.) original inhabitant, a member of an indigenous tribe (as opposed to later settlers), indigenous, aboriginal.

आदी (ādī) स्त्री. (अ.) अदरक। (वि.) अभ्यस्त, आदती।
(f.) ginger. (adj.) accustomed (to) habitual.

आदेस (ādes) पु. आदेश।
(m.) pointing out, instruction, order, directive, respectful greeting.

आधा (ādhā) वि. (सं. अर्द्ध) किसी वस्तु को दो बराबर भागों में विभाजित करने पर प्राप्त एक भाग।
(adj.) half.

आद्धा (āddhā) वि. (सं.) आधा, अपूर्ण।
(adj.) half, in two equal parts, incomplete.

आधान (ādhān) पु.(सं.) स्थापन, रखना।
(m.) placing, depositing, conception, receiving.

आधार (ādhār) पु. (सं.) 1. सहारा, अवलंब। 2. एक सर्वमान्य विशिष्ट पहचान-पत्र, जो भारतीय विशिष्ट पहचान प्राधिकरण भारत सरकार द्वारा जारी किया गया है।
(m.) 1. base, foundation, basis, premise. 2. a well recognized peculiar identity card, isssued by Unique Identification Authority of India, Govt. of India.

आधे-आधा (ādhe-ādhā) वि. (सं. अर्द्धम्-अर्द्धम्) आधा-आधा।
(adj.) half and half in two (equal parts).

आधि (ādhi) स्त्री. (सं.) चिंता, मानसिक व्यथा।
(f.) anoxious thought, distress, expectation, agony.

आधुनिक (ādhunik) वि. (सं. अधुना) नया, नए जमाने का, आजकल का, वर्तमान काल का।
(adj.) modern, of the present, new, recent.

आन (ān) स्त्री. शान, स्वाभिमान, घमंड।
(f.) honour, reputation, dignity, self respect.

आनकेहु (ānakehu) पु. पराया, दूसरा, अपरिचित।
(m.) outsider, other person.

आनंद (ānaṅd) पु. (सं.) खुशी, हर्ष, सुख, उल्लास। **~मूरत** पु. सदा आनंद में रहनेवाला व्यक्ति।
(m.) joy, delight, bliss, enjoyment, contentment. **~mūrat** (m.) a man who always lives in enjoyment a happy man, cheerful man.

आनन (ānan) पु. मुँह, मुख, चेहरा।
(m.) mouth, face.

आनन-फानन (ānan-fānan) क्रि.वि. बात ही बात में, अतिशीघ्र, तुरंत, झटपट।
(adv.) forthwith, very soon, at once.

आनल (ānal) सक. लाना।
(v.t.) to bring.

आना (ānā) पु. (सं. आणक) एक रुपए का सोलहवाँ भाग, आना। (अक.) पहुँचना, प्रकट होना, आना।
(m.) an anna (a coin equal to one sixteenth of a rupee). (v.i.) to come, to approach, to arrive.

आनाकानी (ānākānī) स्त्री. सुनी-अनसुनी करने का कार्य, हीला-हवाली, आना-कानी। (क्रि.वि.) टाल-मटोल, अनिच्छा प्रकट करना, उज्र।
(f.) turning a deaf year not acknowledging (one); showing reserve, overlooking, pretence. (adv.) to turn a fear ear, to overlook, to disregard.

आन्दोलन (āndolan) पु. दे. आंदोलन।

आन्हर (ānhar) वि. अंधा।
(adj.) blind.

आन्ही (ānhī) स्त्री. आँधी।
(f.) storm.

आन्ही-पानी (ānhī-pānī) स्त्री. ओलावृष्टि।
(f.) hailstorm.

आप (āp) सर्व. (सं. आत्मन्) स्वयं, खुद, 'तुम और वह' के लिए आदरसूचक शब्द। (क्रि.वि.) आपस।
(pron.) self, oneself, you. (adv.) mutually, among one another.

आपकारी (āpakārī) स्त्री. (फा. आब + सं. कारी) आबकारी, मादक पदार्थों की देखभाल।
(f.) the trade of a distiller a distillery, excise duty on alcohol.

आपत् (āpat) स्त्री. विपत्ति, आपदा। **~काल** पु. आपात्-काल।
(f.) misfortune, disaster. **~kāl** (m.) time of disaster, an emergency.

आपदा (āpadā) स्त्री. विपत्ति।
(f.) misfortune, disaster, distress.

आपन (āpan) वि. दे. अपना।

आपरूप (āparūp) वि. स्वतः उत्पन्न, मूर्तिमान, साक्षात्।
(adj.) self evolved.

आपस (āpas) अव्य. (हिं. आप + से) परस्पर, अपनों के बीच।
(indec.) among, themselves, mutually, reciprocally.

आपसी (āpasī) वि. पारस्परिक।
(adj.) interpersonal, mutual.

आपा (āpā) पु. घमंड, अहंकार। **~धापी** स्त्री. प्रतियोगिता, दौड़-भाग।
(m.) pride, boast. **~dhāpī** (f.) self-seeking, competition.

आपिस (āpis) पु. (अं. आफिस) कार्यालय, दफ्तर।
(m.) office.

आपुस (āpus) अव्य. दे. आपस।

आफत (āfat) स्त्री. (अ.) विपत्ति, जोरों की आँधी, कष्ट।
(f.) misfortune, disaster, trouble, turmoil, hardship.

आफताब (āfatāb) पु. (फा.) सूर्य, सूरज की गर्मी।
(m.) the sun, sun's heat.

आफताबी (āfatābī) स्त्री. (फा.) एक प्रकार की आतिशबाजी।
(f.) a type of firework.

आब (āb) पु. (फा.) रौनक, रौब, चमक, पानी।
(m.) 1. sparkle, dignity, splendour, reputation. 2. water.

आबपासी (ābapāsī) स्त्री. सिंचाई।
(f.) irrigation. watering.

आबरू (ābarū) स्त्री. (फा.) 1. इज्जत, प्रतिष्ठा। 2. चेहरे की चमक
(f.) 1. honour, reputation. 2. brightness of face.

आबाद (ābād) वि. दे. अबाद।

आबादी (ābādī) स्त्री. जनसंख्या।
(f.) population.

आबारा (ābārā) वि. दे. आवारा।

आबाहन (ābāhan) पु. (सं.) पूजा के समय देवताओं की उपस्थिति की प्रार्थना, आह्वान।
(m.) praying for presence of God at the occasion of worship.

आबोहवा (ābohavā) स्त्री. (फा.) वातावरण, पर्यावरण, जलवायु।
(f.) climate, atmosphere.

आभरण (ābharaṇ) पु. अलंकार, शृंगार।
(m.) ornament, decoration, jewellery.

आभा (ābhā) स्त्री. (सं.) चमक, प्रभा, सौंदर्य।
(f.) light, splendour, beauty, gleam.

आभार (ābhār) पु. कृतज्ञता।
(m.) responsibility, obligation, debt, gratitude.

आभीर (ābhīr) पु. अहीर।
(m.) a cowherd.

आभूसन (ābhusan) पु. अलंकार, गहना।
(m.) a piece of jewellery, an ornament, decoration.

आमंतरित (āmaṅtarit) वि. आमंत्रित, न्योता देकर बुलाया हुआ।
(adj.) invited, invited (application).

आम (ām) पु. (सं. आम्र) आम (फल) रसाल, आम का वृक्ष। (वि.) साधारण और जन सामान्य।
(m.) the mango tree, and its fruit. (adj.) general, common, ordinary.

आमद (āmad) स्त्री. (फा.) आय, आमदनी, आगंतुकों की आमदरफ्त।
(f.) income, receipts coming and going; traffic, passage.

आमदनी (āmadanī) स्त्री. आय, लाभ, राजस्व।
(f.) income, revenue, profit.

आमने-सामने (āmane-sāmane) क्रि.वि. (सं. आमुख-सम्मुख) एक-दूसरे के समक्ष, मुकाबले में।
(adv.) opposite, facing, face to face, to put side by side.

आमिछ (āmich) पु. (सं. आमिष) माँसाहारी।
(m.) non vegetarian, flesh-eating.

आमिल (āmil) पु. (अ.) कर्मचारी, सयाना।
(m.) agent, servant, authority.

आय (āy) स्त्री. आमदनी।
(f.) income.

~कर (~kar) पु. आयकर।
(m.) income-tax.

आयँती-पायँती (āyaṁtī-pāyaṁtī) स्त्री. बिस्तर के सिर और पैर का भाग।
(f.) the head and foot of a bed.

आया (āyā) स्त्री. धाई, बच्चों की सेविका, महिलाओं की नौकरानी।
(f.) an ayah, children's nurse, lady's maid.

आयोग (āyog) पु. आयोग, कमीशन।
(m.) a commission.

आरंभ (āraṅbh) पु. प्रारंभ, शुरू।
(m.) beginning, start, commencement.

आर (ār) पु. किनारा, मेड़।
(m.) a boundary between fields, shore, bank, a border.

आरच्छन (āracchan) पु. आरक्षण, किसी व्यक्ति या समूह के लिए किसी वस्तु या लाभ का पूर्व निर्धारण।
(m.) reservation, to determine something or benifit for someone.

आरजू (ārajū) स्त्री. (फा. आरजू) इच्छा, आकांक्षा, आशा, अनुरोध।
(f.) wish, longing, eagerness, hope, request.

आरत (ārat) वि. (सं. आर्त्त) दुखी, व्याकुल।
(adj.) afflicted, distressed, wretched.

आरती (āratī) स्त्री. (सं. आरती) प्रज्वलित दीप को देवता के सामने घुमाते हुए वंदना के गीत को गाना।
(f.) a ceremony in which a dish holding lamp, burning ghee is moved in front of the idol with a hymn of praise, prayer.

आर-पार (ār-pār) पु. यह और वह किनारा। (क्रि.वि.) एक किनारे से दूसरे किनारे तक।
(m.) the nearer and further sides, total width or extent. (adv.) right across, right through, through and through.

आर-बन (ār-ban) पु. (सं. आरण्य वन) घना जंगल।
(m.) dense forest.

आर-बल (ār-bal) पु. (सं. आयुर्बल) आयु, उम्र।
(m.) age, span, of life, long life.

आरँवो (āraṁvo) अव्य. महिलाओं में चलनेवाला। उदा. 'आँखों सुनतानी'। एक संबोधन, 'ए जी'।
(indec.) an addressing word among women.

आरसी (ārasī) स्त्री. दर्पण, एक प्रकार का आभूषण।
(f.) mirror, a kind of ornament.

आरसी (ārasī) स्त्री. मछली पकड़ने हेतु बाँस की कमाचियों का बना डिब्बेनुमा उपकरण।
(f.) small box type instrument to catch fish.

आरा (ārā) पु. (फा.) लकड़ी चीरने का बड़ा औजार।
(m.) a big sawyer.

आराजी (ārājī) स्त्री. खेत, जमीन, भूमि।
(f.) field, plot, land.

आराधना (ārādhanā) स्त्री. पूजा।
(f.) worship, adoration.

आराम (ārām) पु. चैन, सुख, दम लेना, विश्राम, थकावट मिटाना।
(m.) rest, repose, ease, comfort, leisure.

आरि-आरि (āri-āri) क्रि.वि. किनारे-किनारे।
(adv.) on the edge.

आरी (ārī) स्त्री. लकड़ी चीरने का छोटा औजार।
(f.) a small sawyer.

आरे (āre) विस्म. आश्चर्य व्यक्त करनेवाला शब्द।
(interj.) word used for expressing the wonder, astonishment.

आरोग (ārog) पु. रोग से मुक्त, आरोग्यलाभ। (वि.) आरोग्यकारी, स्वस्थ।
(m.) freedom from disease, health. (adj.) free of disease, restoration of health.

आलन (ālan) पु. (सं. आलंबन) गोबर या मिट्टी गुथते वक्त उसमें मिलाया जानेवाला खरपतवार।
(m.) a mixture of dough and lentils used for dung cake.

आलपीन (ālapīn) पु. एक घुंडीदार सूई जिससे कागज के टुकड़े नत्थी होते हैं।
(m.) pin.

आलम (ālam) पु. (अ.) विश्व, जगत, भीड़, जन-समूह।
(m.) the world, the universe, state or condition, crowd, mass gathering.

आलमारी (ālamārī) स्त्री. दे. अलमारी।

आलस (ālas) पु. आलस्य।
(m.) languor, idleness.

आलसी (ālasī) वि. सुस्त, निष्क्रिय। (पु.) सुस्त व्यक्ति।
(adj.) lazy, inactive. (m.) a lazy person.

आलापल (ālāpal) सक. आलाप तथा लय के साथ गाना।
(v.t.) modulation of the voice in singing.

आलाय-बालाय (ālāy-bālāy) पु .दे. अलाय-बलाय।

आली (ālī) स्त्री. सखी, सहेली।
(f.) a woman's female friend.

आलू (ālū) पु. एक गोला कंद जिसकी सब्जी बनती है।
(m.) potato.

~दम (~dam) पु. उबले हुए आलू से बना चटपटा खाद्य पदार्थ।
(m.) a dish of steamed potatoes.

आलोक (ālok) पु. (सं.) 1. दर्शन, दृष्टि, प्रकाश। 2.प्रकाश स्तंभ।
(m.) 1. seeing, vision, light, splendour, light. 2. light house.

आलोचना (ālocanā) स्त्री. समीक्षा, मूल्यांकन।
(f.) considering, assessment, criticism.

आल्हा (ālhā) पु. प्रसिद्ध वीर (लोक-गाथा) आल्हा-ऊदल की लोक-गाथा। उदा. 'जा दिन जनम भयो आल्हा के धरती धँसी अढ़ाई हाथ।'
(m.) name of a legendary hero, name of a ballad cycle about Alha.

आवक (āvak) वि. पहुँचने का काम, बाजार में आपूर्ति।
(adj.) arriving, incoming (as of supplies).

आवल (āval) अक. आना।
(v.i.) to come.

आवला (āvalā) पु. (सं. आमलक) आँवला, एक फल जो औषधि के रूप में प्रयुक्त होता है।
(m.) the tree emblic myrobalan and its fruit, a medicinal fruit.

आवभगत (āvabhagat) स्त्री. स्वागत, मेहमान नवाजी।
(f.) courteous or warm welcome, hospitality.

आवाँ (āvāṁ) पु. कच्चे (मिट्टी के) बर्तनों को पकाने की भट्ठी।
(m.) a potter's kiln, kiln, furnace.

आवाई (āvāī) स्त्री. दे. अवाई।

आवाग (āvāg) पु. आगमन, आमद।
(m.) coming, income.

आवाज (āvāj) स्त्री. (फा.) शब्द, बोली, स्वर, शोर।
(f.) sound, noise, echo, call voice, tone, cry.

आवाजाही (āvājāhī) स्त्री. आने-जाने का काम, आना-जाना, आमदरफ्त।
(f.) coming and going, arrival and departure.

आवारा (āvārā) वि. इधर-उधर घूमनेवाला, निकम्मा, परिवार से अलग रहनेवाला, बदमाश, बेठौर, लुच्चा।
(adj.) separated from family, without home, wandering, vagrant, abandoned.

आवास (āvās) पु. रहने की जगह, निवासस्थान, मकान, घर।
(m.) place of residence or abode, habitation, housing.

आविस्कार (āviskār) पु. शोध, आविष्कार।
(m.) discover, invention.

आवेदक (āvedak) पु. प्रार्थना-पत्र देनेवाला।
(m.) an applicant.

आस (ās) स्त्री. आशा, उम्मीद।
(f.) hope, expectation, prospect, wish.

आसंकित (āsaṅkit) वि. आशंकित।
(adj.) fearful.

आसकत (āsakat) स्त्री. सुस्ती, निष्क्रियता।
(f.) inactivity, laziness.

आसकती (āsakatī) वि. आलसी, काहिल।
(adj.) inactive, lazy.

आसथान (āsathān) पु. (सं. स्थान) जगह, देवमंदिर, देव-मंडप।
(m.) place of assembly, temple, shrine.

आसन (āsan) पु. (सं.) जिस पर बैठा जाता है, योग में बैठने का ढंग, कपड़े या घासफूस की चटाई।
(m.) sitting, posture, a seat, mat of cloth, grass, a posture (as in yoga).

आसनी (āsanī) स्त्री. छोटा कंबल का टुकड़ा या चटाई जिस पर बैठकर पूजा होती है।
(f.) a small carpet or mat for worshipping, skin (to sit on at the time of praying).

आस-पास (ās-pās) क्रि.वि. (सं. आसन्नपार्श्व) निकट, चारों ओर, अगल-बगल, इधर-उधर।
(adv.) round about, near, all-round, in the vicinity (of).

आसमान (āsamān) पु. (फा.) आकाश, देवलोक।
(m.) the sky, the heaven.

आसमानी (āsamānī) वि. आसमान का, आसमान के रंग का, हल्के नीले रंग का।
(adj.) aerial, having to do with the sky, light blue.

आसरम (āsaram) पु. (सं. आश्रम) साधु-संतों के रहने का स्थान, पवित्र स्थान।
(m.) abode (as of a devotee), sanctuary.

आसरय (āsaray) पु. आश्रय।
(m.) shelter.

आसरयदाता (āsarayadātā) पु. आश्रयदाता।
(m.) prop, patronage.

आसरा (āsarā) पु. आश्रय, शरण, सुरक्षा, सहारा, भरोसा।
(m.) refuge, shelter, safeguard, support, dependence.

आसरे (āsare) पु. (सं. आश्रय) जाति।
(m.) caste.

आसा (āsā) स्त्री. (स. आशा) उम्मीद, भरोसा।
(f.) hope, expectation.

आसान (āsān) वि. सरल, सीधा, आरामदायक।
(adj.) easy, simple, convenient.

आसानी (āsānī) स्त्री. (फा.) सरलता, सुविधा।
(f.) ease, comfort.

आसाम (āsām) पु. भारत का एक राज्य।
(m.) Assam (a state of India).

आसामी (āsāmī) पु. रैयत, किसान।
(m.) farmer, cultivator, tenant.

आसावान (āsāvān) वि. आशावान।
(adj.) hopeful.

आसिन (āsin) पु. (सं. आश्विन) हिंदू कैलेंडर के अनुसार क्वार का महीना।
(m.) according to Hindu Calendar the month of Kuar.

आसिरवाद (āsiravād) पु. दे. आसिरवाद।

आसीस (āsīs) पु. दे. असीस।

आसिरवाद (āsiravād) पु. आशीर्वाद।
(m.) benediction, blessing.

आसुर (āsur) वि. राक्षस से संबंधित।
(adj.) pertaining to an evil spirit.

आस्ते (āste) क्रि.वि. धीरे से, धीरे-धीरे, शनै-शनै।
(adv.) slowly, gradually, leisurely.

आह (āh) विस्म. (सं.) शोक, दुख प्रकट करनेवाला शब्द।
(interj.) oh! (expressing grief, unpleasant surprise).

आहट (āhat) स्त्री. पद-चाप की ध्वनि, टोह, खड़का, पता।
(f.) the sound of footsteps, light sound, noise.

आहत (āhat) वि. चोट खाया हुआ, घायल।
(adj.) hurted, wounded.

आहन (āhan) पु. (फा.) दीवार उठाने हेतु पानी के लिए रौंदी गई मिट्टी।
(m.) chopped straw mixed with soil (used in building).

आहर (āhar) पु. जलाशय, तालाब, गोंइठा, चिपरी का ढेर।
(m.) reservoir, pond, pile of dung cakes.

आहार (āhār) पु. खुराक, भोजन।
(m.) food, foodstuffs.

आहुँड़ (āhuṁṛ) पु. व्यग्रता, परेशानी।
(m.) anxiety, restlessness.

आहुत (āhut) स्त्री. (सं. आहुति) होम, हवन की सामग्री, न्योछावर।
(f.) oblation, burnt offering, sacrifice.

इ

इ (i) देवनागरी वर्णमाला का तीसरा स्वर वर्ण। इसका उच्चारण तालु से होता है। सर्व. (सं. इदम्) यह।
– the third vowel of the Devanagari syllabary. (pron.) this.

इँकड़ी (iṁkaṛī) स्त्री. दे. अँकड़ी।

इँगलिस्तान (iṁgalistān) पु. इंग्लैंड, ब्रिटेन।
(m.) England, Britain.

इँगुर (iṁgur) पु. लाल रंग विशेष जिसे स्त्रियाँ सौभाग्य के रूप में लगाती हैं।
(m.) vermilion, red lead, red colour especially used by ladies as a sign of good fortune.

इँगुरउटी (iṁgurauṭī) स्त्री. इँगुर रखने की डिबिया, इँगुर-दान, सिंदूरदान।
(f.) small box or miniature box or caspet for keeping ingur.

इंच (iṅc) पु. (अ.) एक फुट का बारहवाँ भाग, इंच।
(m.) an inch.

इंजन (iṅjan) पु. (अं. एंजिन) भाप, डीजल, बिजली से चलनेवाला यंत्र, कल।
(m.) an engine, motor.

इंजीनियर (iṅjīniyar) पु. (अं.) अभियंता, यंत्री।
(m.) an engineer.

इंटिना (iṅṭinā) पु. (अं.) शृंगिका, एंटिना।
(m.) antenna.

इंतकाल (iṅtakāl) पु. मौत, मृत्यु।
(m.) death.

इंतजाम (iṅtajām) पु. व्यवस्था, प्रबंध।
(m.) arrangement, order, method, discipline.

इंतजार (iṅtajār) पु. प्रतीक्षा, आशा।
(m.) waiting, expecting.

इंतहा (iṅtahā) स्त्री. अंत, अंतिम छोर पर।
(f.) end, limit, utmost extent.

इंतहान (iṅtahān) पु. परीक्षा, जाँच।
(m.) examination, test.

इंद्रधनुस (iṅdradhanus) पु. इंद्रधनुष।
(m.) rainbow.

इआ (iā) स्त्री. (सं. आर्या) पिता की माँ।
(f.) father's mother.

इआद-इयाद (iād-iyād) स्त्री. (फा. याद) स्मृति-स्मरण।
(f.) memory, rememberance.

इआम (iām) पु. (अ. ऐयाम) समय।
(m.) time, period.

इआर-इयार (iār-iyār) पु. (फा. यार) मित्र, दोस्त।
(m.) friend.

इकट्ठा (ikaṭṭhā) वि. एकत्र, जमा।
(adj.) collected, assembled, gathered.

इकतालीस (ikatālīs) वि. 41 की संख्या।
(adj.) forty one.

इकत्तीस (ikattīs) वि. 31 की संख्या।
(adj.) thirty one.

इकरार (ikarār) पु. (अ.) प्रतिज्ञा, वादा।
(m.) promise, settlement, consent.

इकलउता (ikalautā) वि. अकेला, एकमात्र।
(adj.) only, sole.

इकसठ (ikasaṭh) वि. इकसठ, 61 की संख्या।
(adj.) sixty one.

इकिड़ा (ikiṛā) पु. छोटे पत्थर।
(m.) cobble, concrete, ballast.

इक्कीस (ikkīs) वि. इक्कीस, 21 की संख्या।
(adj.) twenty one.

इगरहवाँ (igarahavāṁ) वि. ग्यारहवाँ।
(adj.) eleventh.

इगारह (igārah) वि. ग्यारह, 11 की संख्या।
(adj.) eleven.

इगुअरवा (iguaravā) पु. आगे (घर का हिस्सा)।
(m.) frontyard, frontage.

इचिको (iciko) क्रि.वि. थोड़ा भी, इतना भी।
(adv.) the least.

इच्छा (icchā) स्त्री. अभिलाषा, मन की चाह।
(f.) wish, desire, will.

इजत (ijat) स्त्री. (अ. इज्जत) प्रतिष्ठा, आबरू।
(f.) honour, respect, esteem, good name.

इजतदार (ijatadār) वि. प्रतिष्ठित, सम्मानयुक्त।
(adj.) famed, respected.

इजती (ijatī) वि. इज्जतदार, प्रतिष्ठित।
(adj.) honoured, respected, holding high rank.

इजमाल (ijamāl) पु. (अ. इज्माल) किसी वस्तु पर अनेक लोगों का सम्मिलित अधिकार।
(m.) collective ownership.

इजमाली (ijamālī) वि. अनेक लोगों के सम्मिलित अधिकार की वस्तु।
(adj.) mixed, combined, included.

इजलास (ijalās) पु. (अ.) कचहरी, न्यायालय, कठघरा।
(m.) sitting, session (as of a court or committee).

इजहार (ijahār) पु. (अ. इज्हार) जाहिर या प्रकट, वक्तव्य, बयाँ।
(m.) disclosure, display, declaration, law, evidence.

इजाजत (ijājat) स्त्री. (अ.) आज्ञा, स्वीकृति, अनुमति।
(f.) permission, leave to depart, grant.

इठलाइल (iṭhalāil) अक. घमंड करना, ठसक दिखाना, इठलाना।
(v.i.) to walk affectedly or flirtatiously, to give oneself airs.

इतना (itanā) वि. (सं. एतावत) इस मात्रा का, इस कदर।
(adj.) as much as this, as many, as this.

इतफाक (itafāk) पु. (अ. इत्तफाक) संयोग।
(m.) chance, coincidence, concord, harmony.

इतमीनान (itamīnān) पु. निश्चिंत, संतोष, शांति।
(m.) content, repose, calm, confidence, reliance.

इतर (itar) वि. दूसरा, अन्य, भिन्न, शेष।
(adj.) other, remaining, rest.

इतराइल (itarāil) अक. घमंड करना, फूलना, हर्षातिरेक की स्थिति।
(v.i.) to behave with pride, or conceit or arrogance or affectation.

इतरी (itarī) स्त्री. चंचल स्वभाव की स्त्री।
(f.) an arrogant woman.

इतवार (itavār) पु. रविवार, एतवार।
(m.) sunday.

इति (iti) अव्य. समाप्त। मुहा. **~लागल**=समाप्त होना, **~सिरी भइल**=समाप्त होना।
(indec.) end, conclusion. **~lagal**=to end, **~sirī bhail**=to complete.

इतिहास (itihās) पु. (सं.) बीती हुई प्रसिद्ध घटनाओं और उनसे संबंध रखनेवालों का कालक्रम से वर्णन, तवारीख।
(m.) thus indeed it was, history, annals, tradition, account.

इतिहासकार (itihāsakār) पु. इतिहास लिखनेवाले।
(m.) a historian.

इत्तला (ittalā) स्त्री. (अ. इत्तिला) सूचना, रिपोर्ट, उद्घोषणा।
(f.) information, notification, report, announcement.

इधर (idhar) क्रि.वि. इस तरफ, एक तरफ।
(adv.) on this side, on the one hand, over here, hither.

इनकर (inakar) सर्व. इसका, इनका।
(pron.) of this person.

इनकलाब (inakalāb) पु. परिवर्तन, क्रांति।
(m.) change, turn, revolution.

इनकार (inakār) पु. (अ.) अस्वीकार, कबूल नहीं करना।
(m.) denial, objection, contradiction, refusal, rejection.

इनजन (inajan) पु. (अं.) इंजन।
(m.) locomative, engine.

इनर (inar) पु. (सं. इंद्र) देवताओं के राजा।
(m.) king of gods.

इनरासन (inarāsan) पु. (सं. इंद्रासन) इंद्र का आसन।
(m.) throne of the king of gods.

इनरी (inari) स्त्री. (सं. इंद्रिय) पुरुष का जननांग।
(f.) penis, the male organ of sex.

इनसाल्लाह (inasāllāh) क्रि.वि. भगवान की अनुकंपा से।
(adv.) if God wills.

इनसान (inasān) पु. आदमी, मानव।
(m.) man, human being, man kind.

इनसानियत (inasāniyat) स्त्री. मनुष्यता।
(f.) humanity, human kindness.

इनसाफ (inasāf) पु. (अ. इंसाफ) न्याय।
(m.) justice, judgement.

इनाम (inām) पु. (अ. इनआम) पुरस्कार, उपहार।
(m.) a prize, reward, gift, favour.

इनायत (ināyat) स्त्री. पक्ष, दया, दूसरे के लिए कष्ट भोगना।
(f.) favour, kindness, trouble-taking.

इनार (inār) पु. कुआँ।
(m.) a well.

इन्हिका (inhikā) सर्व. दे. इनकर।

इन्हुनकर (inhunakar) सर्व. दे. इनकर।

इमरित (imarit) पु. (सं. अमृत) सुधा, मीठा।
(m.) nector.

इमनदार (imanadār) वि. ईमानदार।
(adj.) honest.

इमनदारी (imanadārī) स्त्री. ईमानदारी।
(f.) honesty, probity.

इमान (imān) पु. (अ. ईमान) सच्चाई, अच्छी नीयत।
(m.) truth, good intention.

इमाम (imām) पु. (अ.) मुसलमानों का धार्मिक नेता।
(m.) a religious leader, patriarch, priest of Muslims.

इमिली-घोटावल (imilī-ghoṭāval) पु. एक वैवाहिक रस्म जिसमें वर और कन्या का मामा अपनी बहन को पानी पिलाता है।
(m.) a marriage rite in which maternal uncle offers water to his sister.

इया (iyā) स्त्री. दादी।
(f.) paternal grand mother.

इयाद (iyād) स्त्री. स्मरण, याद।
(f.) memory, remembering.

इयार (iyār) पु. (फा. यार) दोस्त, मित्र।
(m.) friend.

इयारी (iyārī) स्त्री. (फा. यारी) मित्रता, दोस्ती।
(f.) friendship.

इरखा (irakhā) स्त्री. (सं. ईर्ष्या) डाह, जलन।
(f.) envy, jealousy.

इरादा (irādā) पु. (अ.) निश्चय, इच्छा।
(m.) intention, desire.

इरिच-मिरिच (iric-miric) स्त्री. (सं. मिर्च) तीता मसाला।
(f.) bitter, pungent spices.

इलत (ilat) स्त्री. (अ. इल्लत) दोष, बुरी आदत।
(f.) a fault, defect, bad habit.

इला (ilā) स्त्री. इल्ला, शरीर पर उभरा काला निशान।
(f.) a wart.

इलाका (ilākā) पु. (अ.) क्षेत्र, रियासत, अधिकृत क्षेत्र।
(m.) region, estate, holding.

इलाज (ilāj) पु. (अ.) रोग का उपचार, समस्या का निदान।
(m.) medical treatment, a remedy, cure.

इलायची (ilāyacī) स्त्री. इलायची।
(f.) cardamom.

इलायचीदाना (ilāyacīdānā) पु. चीनी, मैदा या चौरठ से बनी पवित्र मिठाई।
(m.) a pious sweet of sugar, fine flour and caurath (rice-piece).

इलाही (ilāhī) वि. स्वर्ग से संबंधित। पु. अल्ला। विस्म. हे भगवान!
(adj.) divine, heavenly. (m.) Allah. (interj.) oh God!

इलिम (ilim) पु. (अ. इल्म) हुनर, ज्ञान, विद्या, तरकीब।
(m.) knowledge, science, skill.

इसकूल (isakūl) पु. (अं.) विद्यालय, पाठशाला, स्कूल।
(m.) school.

इसक्रीम (isakrīm) पु. (अं.) मलाई, बर्फ, आईसक्रीम।
(m.) ice cream.

इसटेसन (isaṭesan) पु. (अं. स्टेशन) रुकने का स्थान।
(m.) station (Railway or Bus).

इसतिरी (isatirī) स्त्री. 1. नारी, औरत, पत्नी। 2. कलफ करने की मशीन।
(f.) 1. woman, wife. 2. a machine for ironing the clothes.

इसतीफा (isatīfā) पु. (अ. इस्तीफा) त्यागपत्र।
(m.) resignation.

इसदुआ (isaduā) पु. प्रार्थना, अर्ज।
(m.) request, entreaty.

इसपात (isapāt) पु. पक्का लोहा, फौलाद।
(m.) pure iron, steel.

इसलेट (isalet) पु. (अं. स्लेट) लेखन पट्ट।
(m.) slate.

इसलाम (isalām) पु. (अ. इस्लाम) इस्लाम।
(m.) Islam.

इसलामी (isalāmī) वि. (अ.) इस्लामी।
(adj.) islamic.

इसाई (isāī) वि. (फा.) ईसा से संबंधित, ईसाई धर्म माननेवाला।
(adj.) related with Christ, christian.

इस्तकबाल (istakabāl) पु. स्वागत, आगवानी।
(m.) reception, welcome.

इस्तगासा (istagāsā) पु. फरियाद, अभियोग, दावा, न्याय के लिए प्रार्थना।
(m.) complaint, suit demanding, justice.

इस्तमाल (istamāl) पु. (अ. इस्तेमाल) प्रयोग, उपयोग।
(m.) use, operation, practice.

इस्तहार (istahār) पु. विज्ञापन, पोस्टर, सूचना, सूचना पत्रक।
(m.) an advertisement, a poster, a notice, a leaflet.

इस्थिति (isthiti) पु. स्थिति, पद।
(m.) position, event.

इस्लेट (isleṭ) पु.(अं.) स्लेट, बार-बार लिखने के लिए बनाई गई दफ्तीनुमा चीज, एक पत्थर।
(m.) slate, a stone.

इस्लेटी (isleṭī) वि. स्लेटी (एक रंग)।
(adj.) gray.

इस्वर (isvar) पु. ईश्वर, भगवान।
(m.) God.

इहवाँ (ihavāṁ) क्रि.वि. (सं. इह) इस जगह, यहीं।
(adv.) at this place, here.

इहवें (ihaveṅ) क्रि.वि. इसी स्थान पर।
(adv.) at this very place.

इहाँ (ihāṁ) क्रि.वि. यहाँ, इस जगह।
(adv.) here, hither, this place.

इहे (ihe) सर्व. यही।
(pron.) this, this only, definitely this.

इहो (iho) सर्व. यह भी।
(pron.) this also.

ई

ई (ī) देवनागरी वर्णमाला का चौथा वर्ण और 'इ' का दीर्घ रूप जिसका उच्चारण तालु से होता है। प्रत्य. (क) स्त्रीलिंग का वाचक (ऊँचा से ऊँची, घोड़ा से घोड़ी), (ख) संज्ञाओं से विशेषण बनाने हेतु (नीलाम से नीलामी, बनारस से बनारसी, पहाड़ से पहाड़ी), (ग) संज्ञाओं से उनके कर्त्ता रूप निर्माण हेतु (पाप से पापी, लोभ से लोभी, क्रोध से क्रोधी), (घ) विशेषणों से उनकी भाववाचक संज्ञा हेतु (मोटा से मोटाई, लाल से लाली, लंबा से लंबाई), (ङ) क्रियाओं से उनकी भाववाचक संज्ञा हेतु (जोड़ना से जोड़ाई, रँगना से रँगाई), (च) संबंधवाचक या वाला का बोधक (चैत से चैती, दरबार से दरबारी)।
–the fourth vowel of the Devanagari syllabary, also used as suffix.

ई (ī) सर्व. (सं. इदम्) यह।
(pron.) this.

ईंकटी (īṅkaṭī) स्त्री. रोड़ी, छोटे-छोटे कंकड़।
(f.) debris.

ईंकड़ (īṅkaṛ) पु. खरपतवार का एक प्रकार जो कठोर होता है जिससे झोपड़ी बनाई जाती है।
(m.) a hardy weed.

ईंगुर (īṅgur) पु. एक प्रकार का बारीक सिंदूर।
(m.) red lead, vermilion.

ईंटा (īṅṭā) स्त्री. (ईंट>इष्टका (सं.)>इट्ठक>इट्ठआ) ईंट, साँचे में ढाला और आग में पकाया हुआ मिट्टी का वह स्वरूप जो मकान बनाने में प्रयुक्त होता है। लो. 'मन में आन, बगल में ईंटा' (ऊपर से मीठी बातें पर भीतर

से आघात पहुँचाने की तैयारी)। मुहा. 'ईंट से ईंट बजावल (ध्वस्त करना)। कहा. 'अँइटा से गोंइठा बड़ सुकुमार' गोंइठा(उपला) ईंट (अईंटा) से क्या अधिक सुकुमार है? जब एक ही स्थिति के दो व्यक्तियों में से एक व्यक्ति अपने को अधिक सुकुमार या श्रेष्ठ बतलाता है तो दूसरा व्यंग्य से यही कहता है।
(f.) a brick.

ईद (īd) स्त्री. (अ.) रमजान की समाप्ति पर मुसलमानों का प्रसिद्ध त्यौहार।
(f.) a muslim festival after breaking of the fast of Ramazan held on the day after the new moon of that month.

ईनार (īnār) पु. दे. इनार।

ईमान (īmān) पु. दे. इमान।

ईरघाट-बीरघाट (īraghāṭ-bīraghāṭ) क्रि.वि. इधर-उधर, यहाँ-वहाँ, तितर-बितर।
(adv.) here and there, scattered.

ईरखा (īrakhā) स्त्री. (सं. ईर्ष्या) जलन, वैमनस्य।
(f.) envy, jealousy, ill-will.

ईरान (īrān) पु. एक मुस्लिम देश।
(m.) Iran, a mohamedan country.

ईरानी (īrānī) वि. ईरान का।
(adj.) Iranian.

ईस (īs) पु. स्वामी, भगवान, सर्वोच्च सत्ता।
(m.) lord, master, the supreme spirit, ruler.

ईसर (īsar) पु. (सं. ईश्वर) भगवान, परमेश्वर, लोक. 'ईसर पइसस दलिदर निकसस।'
(m.) lord, master, God, ruler.

ईसवी (īsavī) पु. (अ.) ईसा की जन्म-तिथि से चलाया गया वर्ष या सन्। वि. ईसा से संबंधित।
(m.) christian era. (adj.) christian.

ईसाई (īsāī) वि. ईसा से संबंधित। पु. ईसाई धर्म माननेवाला व्यक्ति।
(adj.) christian, (m.) a christian, christianity.

ईर्स्या (īrsyā) स्त्री. ईर्ष्या, जलन, डाह।
(f.) envy, jealousy, ill-will.

उ

उ (u) देवनागरी वर्णमाला का पाँचवाँ स्वर। इसका उच्चारण ओठ से होता है। कहीं-कहीं कविता में इसका प्रयोग 'वह' के निमित्त होता है।
-the fifth vowel of the Devanagari alphabet.

उँ (uṁ) विस्म. प्रश्न, नापसंद, नाखुशी को व्यक्त करनेवाला शब्द।
(interj.) a word, expressing interrogation or displeasure, eh? oh!

उँकवत (uṁkavat) पु. एग्जीमा।
(m.) eczema.

उँघाइल (uṁghāil) अक. ऊँघना।
(v.i.) to feel sleepy, to doze.

उँघाई (uṁghāī) स्त्री. झपकी, हल्की नींद।
(f.) drawsiness, dozing.

उँचास (uṁcās) पु. ऊँची जमीन।
(m.) high land.

उँजाला (uṁjālā) पु. उजाला, प्रकाश, चमकीला।
(m.) light, daylight, bright, radiant.

उअरगत (uaragat) पु. सुविधाजनक, गुंजाइश।
(m.) space, room, opportunity, margin.

उकँवत (ukaṁvat) स्त्री. (सं. उत्+कंट+वत्) एक चर्मरोग, खुजलाहट।
(f.) a kind of skin disease, ringworm, shingles, eczema.

उकटल-उखटल-उघटल (ukaṭal-ukhaṭal-ughaṭal) सक. (सं. उद्घाटन) किसी बात को बार-बार कहना।
(v.t.) to repeat the past actions frequently, to abuse, to revile.

उकटा-पइँच (ukaṭā-paiṁc) पु. अपने द्वारा किए गए उपकार और दूसरे के अपकार की चर्चा का कार्य।
(m.) the reciprocal discussion of kind and unkind behaviours.

उकटा-पुरान (ukaṭā-purān) पु. दे. उकटा-पइँच।

उकटी (ukaṭī) पु. उघटनेवाला व्यक्ति।
(m.) a person who quotes an old matter again and again.

उकठल (ukaṭhal) अक. सूखकर ऐंठ जाना (लकड़ी)।
(v.i.) to get strained, taunted on drying (said of wood).

उकन्हल (ukanhal) अक. (सं. अस्कंध) बैल के कंधे से जुए का अलग होना।
(v.i.) to get detached (said of yoke getting detached from the bullock's shoulder).

उकरिन-उगरिन (ukarin-ugarin) वि. (सं. उऋण) कर्जा चुका देना, ऋण से मुक्त होना।
(adj.) out of debt (to).

उकसावल-उसकावल (ukasāval-usakāval) सक. (सं. उत्कर्षण) तेज करना, भड़काना, दीपक की बत्ती को ऊपर करना, बैलों को हाँकना, प्रेरित करना।
(v.t.) to raise, to lift, to turn up (a lamp) to blow (flame) to stir up, to rouse, to incite, to provoke.

उकित (ukit) स्त्री. (सं. उक्ति) बुद्धि, प्रतिभासूचक, कथन।
(f.) statement, intelligence, genius, deliberation.

उख-बीख (ukh-bīkh) स्त्री. (सं. उष्मक) बेचैनी, परेशानी, गर्मी से होनेवाली तकलीफ।
(f.) restlessness, uncomfort due to heat.

उखड़ल (ukhaṛal) अक. (सं. उत्खनन) उखड़ना, किसी गड़ी वस्तु का अलग होना, क्रुद्ध होना, किसी अंग का जोड़ से अलग हो जाना, गायन में बेसुरा हो जाना, व्याकुल, विक्षुब्ध।
(v.i.) to be uprooted, to become detached or removed, to be dislocated (a bone), to become displaced or offended, to be out of tune, to be disturbed.

उखड़ा (ukhaṛā) पु. धान में लगनेवाला एक रोग।
(m.) a disease infecting paddy.

उखम (ukham) पु. उष्ण, तप्त, गर्म।
(m.) hot, heated, warm.

उखमंजल (ukhamaṅjal) अक. उतावला होकर बखेड़ा करना।
(v.i.) to make fuss due to impatience.

उखरी (ukharī) स्त्री. ओखली।
(f.) a small wooden or stone mortar.

उखली (ukhalī) स्त्री. दे. उखरी।

उखाड़ी (ukhāṛī) स्त्री. ऊख का खेत।
(f.) a field of sugarcane.

उखाड़ू (ukhāṛū) पु. उखाड़ने की क्रिया या भाव।
(m.) rooting up, eradicating.

उखारल (ukhāral) सक. उखाड़ना।
(v.t.) to pull, out.

उगरह (ugarah) पु. (सं. उग्रह) ग्रहण की समाप्ति की स्थिति।
(m.) the ending of an eclipse.

उगल (ugal) अक. (सं. उद्‌गमन) चंद्र, सूर्य, तारा, चाँदनी का उदित होना, तेजी से प्रकाश फैलाना, उगना।
(v.i.) to rise the moon, sun and stars, to appear, to sprout.

उगाहल (ugāhal) सक. (सं. उद्‌ग्रहण) वसूलना, इकट्ठा करना।
(v.t.) to gather, to collect, to realize dues.

उगिलल (ugilal) सक. 1. उगलना। 2. छुपाई गई बात बता देना।
(v.t.) 1. to vomit, to bring up (food) from the stomach (as cattle, birds). 2. to reveal, to blurt out.

उगिलावल (ugilāval) सक. उगलवाना।
(v.t.) to cause to be disgorged (by), to extort.

उघरल (ugharal) अक. (सं. उद्‌घटन) निर्वस्त्र होना, अनावृत्त होना, लिपटी हुई वस्तु का खुलना या प्रकट होना।
(v.i.) to bare (the body), to uncover, to expose, to reveal.

उघार (ughār) वि. निर्वस्त्र, अनावृत्त।
(adj.) the bare (body), uncovered, exposed.

उघारल (ughāral) सक. अनावरण करना।
(v.t.) to uncover, to inaugurate.

उघारे (ughāre) क्रि.वि. नंगा, खुला।
(adv.) naked, unclad.

उचकन (ucakan) पु. सहारा।
(m.) a support, prop.

उचकुन (ucakun) पु. ईंट का टुकड़ा जो चूल्हे पर रखे बर्तन के नीचे लगाकर ऊँचा करने के काम आता है।
(m.) brick piece used to raise a pot on the clay stove.

उचक्का (ucakkā) पु. पाकिटमार, ठग।
(m.) a pickpocket, a cheat, swindler.

उचटल (ucaṭal) अक. अचानक नींद का टूटना, किसी काम में मन न लगना, उदास, रंग का फीका पड़ना।
(v.i.) to awaken suddenly, to be alienated (from), to be dissuaded (from), to be weary (of).

उचरल (ucaral) अक. शकुन से किसी बात का सामने आना, पोथी-पत्रा से मंगल तय होना।
(v.i.) to pronounce, to vocalize.

उचरूंग (ucarūṅg) पु. टिड्डी।
(m.) a locust.

उचाट (ucāṭ) पु. (सं. उच्चाट) मन नहीं लगना, विरक्ति, उदासीनता।
(m.) alienation, estrangement, indifference, weariness.

उचास (ucās) पु. दे. उँचास।

उचित (ucit) वि. (सं.) ठीक, समीचीन, मुनासिब, न्याय-संगत।
(adj.) proper, right, appropriate, expedient.

उचिलावल (ucilāval) सक. भूसा और अनाज अलग-अलग करना।
(v.t.) to separate grain and straw.

उचुकल (ucukal) अक. (सं. उत्+करण) पंजे पर खड़ा होकर ऊँचा होना।
(v.i.) to stand on toes (to look at something).

उछड़ल (ucharal) अक. दे. उछलल।

उछड़ावल (ucharāval) सक. उछालना।
(v.t.) to throw up, to toss up.

उछलल (uchalal) अक. (सं. उच्छल) वेग से ऊपर उठना-गिरना।
(v.i.) to spring up, to leap, to bound, to splash up or out.

उछाड़ी (ucharī) पु. धान बोने के बाद होनेवाला सहभोज।
(m.) feast after sowing paddy.

उछालल (uchālal) सक. ऊपर की ओर फेंकना।
(v.t.) to throw up in the air.

उछाह (uchāh) पु. (सं. उत्साह) उमंग, उत्सव।
(m.) enthusiasm, eager, desire, festival.

उजड्ड (ujaḍḍ) वि. अशिष्ट, मूर्ख, गँवार।
(adj.) uncivilised, nonsense, stupid, course, loutish.

उजड़ (ujaṛ) पु. ध्वस्त, बर्बाद।
(m.) ruins, desolate.

उजबक (ujabak) पु. उजड्ड, बेवकूफ, मूर्ख।
(m.) nonsense, stupid, loutish, duffer.

उजबूजाइल (ujabūjāil) सक. डूबना-उतराना।
(v.t.) to float up and down.

उजर (ujar) वि. (सं. उज्ज्वल) उजला, सफेद।
(adj.) bright, radiant, white, clean, polished.

उजरका (ujarakā) वि. उजला, धवल।
(adj.) white.

उजरल (ujaral) अक. ध्वस्त होना, वीरान होना, उजड़ना, बर्बाद होना।
(v.i.) to lay waste, to paunder, to demolish, to ruin.

उजला (ujalā) वि. दे. उजर।

उजागर (ujāgar) वि. (सं. उद्+जागर) जगमगाता हुआ, प्रसिद्ध, विख्यात, उद्घाटित।
(adj.) bright, shining, gaudy splendid, manifest.

उजाड़ (ujāṛ) वि. उजड़ा हुआ स्थान, निर्जन।
(adj.) laid waste, ruined, deserted, desolate.

उजाड़ल (ujāṛal) सक. दे. उजारल।

उजाड़ू (ujāṛū) पु. उजाड़नेवाला।
(m.) a plunderer.

उजार (ujār) वि. उजाड़।
(adj.) desolate.

उजारल (ujāral) सक. उजाड़ना, बर्बाद करना।
(v.t.) to displace, to demolish, to destroy.

उजाला (ujālā) पु. प्रकाश, चाँदनी, रोशनी।
(m.) light, daylight, daybreak , brightness, glory .

उजास (ujās) वि. दे. उजाला।

उजियार (ujiyār) पु. दे. उजाला।

उजियाइल (ujiyāil) अक. फिर से पनपना।
(v.i.) to prosper again.

उजियाला (ujiyālā) पु. दे. उजाला।

उजुर (ujur) पु. (अ. उज्र) विरोध। लो. 'वाजिब में उजुर क्या'।
(m.) objection, pretext, contradiction.

उझंख (ujhankh) वि. वीरान।
(adj.) desolate.

उझिलल (ujhilal) सक. उड़ेलना, खाली करना, किसी तरल पदार्थ को नीचे गिराना।
(v.t.) to be thrown down, to pour, to be poured from one container into another.

उझुकल (ujhukal) अक. देखने हेतु ऊपर की ओर उठकर आगे झुकाना, उभकना, उमड़ना, पंजे पर खड़ा होना।
(v.i.) to raise oneself on tiptoe so as to see, to peep, to sky, to jump, to spring up.

उटुंग (uṭuṅg) वि. (सं. उन्तुंग) परिधान जो छोटा होने के चलते अपने स्थान से ऊपर उठे रहते हैं। नाप-जोख से कम।
(adj.) high on the leg, not long enough, short, short in length.

उटकेरल (uṭakeral) सक. उलट-पुलट करना, कुरेदना।
(v.t.) to poke, to jabe with stick, to prod.
उठँगन (uṭhaṁgan) पु. सहारा, अवलंब (उठने के लिए)।
(m.) support, wedge (used to raise).
उठँगल (uṭhṁgal) अक. टेक लगाना, लेटना, पड़े रहना।
(v.i.) to rest (on or against) to depend (on) for support, to lay.
उठती (uthatī) स्त्री. वह जमीन जो कभी परती नहीं रहती।
(f.) land never left unloughed, farm under use continously.
उठल (uṭhal) अक. 1. उठना, खड़ा होना, तैयार होना, जागना। 2. मादा पशु का कामेच्छुक होना।
(v.i.) 1. to rise, to rise up, to stand up, to get up, to work. 2. to become oestrus (female cattle).
उठ-बइठ (uṭh-baiṭh) स्त्री. बेचैनी, अशांति।
(f.) restlessness, agitation, fuss, turmoil.
उठल्लू (uṭhallū) वि. एक स्थान पर जमकर न रहनेवाला, बेठिकाने का, आवारा। मुहा. 'उठल्लू के चूल्हा'।
(adj.) not having any fixed abode, movable, vagrant.
उठवना (uṭhavanā) पु. किसी वस्तु को प्रतिदिन लेने का कार्य (जैसे—अखबार दूध आदि), प्रतिदिन व्यवहार करना।
(m.) the action of taking something as milk, newspaper in a regular way.
उठान (uṭhān) स्त्री. (सं. उत्थान) उठने की क्रिया, वृद्धि, प्रारंभ, ऊँचाई।
(f.) rise, ascent, act of appearance, beginning height, elevation, stature.
उठा-बइठी (uṭhā-baiṭhī) स्त्री. दे. उठ-बइठ।
उठावल (uṭhāval) सक. नीचे पड़ी वस्तु को ऊपर उठाना, नींद से जगाना, लेटे हुए को उठाना, बैठे हुए को खड़ा करना, मकान निर्माण करना।
(v.t.) to lift, to raise, to pick up, to awaken, to build up the house.
उठाव-पटक (uṭhāv-paṭak) पु. (सं. उत्थान-पतन) झगड़ा, संघर्ष।
(m.) quarrel, conflict.
उड़ंत (uṛaṅt) वि. उड़ता हुआ, उड़ने का सामर्थ्य।
(adj.) flying, having the power to fly.
उड़द (uṛad) स्त्री. दालवाली एक फसल।
(f.) a crop of pulse.
उड़न-खटोला (uṛan-khaṭolā) पु. उड़नेवाला खटोला, विमान, वायुयान।
(m.) flying bed stead, a magic carpet, aeroplane.
उड़न-छू (uṛan-chū) वि. देखते-देखते गायब हो जाना।
(adj.) flown off as if by enchantment, gone with the wind.
उड़नतस्तरी (uṛanatastarī) स्त्री. उड़नतश्तरी।
(f.) flying saucer.
उड़ल (ural) अक. पंख के सहारे हवा में उड़ना, विमान से यात्रा करना, बिखर जाना, फहराना, लहराना, छलाँग भरना, लाँघना।
(v.i.) to fly, to fly up, to soar, to take flight, to dart, to unfure, to flap, to hoist.
उड़सल (urasal) अक. मेला, बाजार का भंग होना।
(v.i.) to come to the end (as fair, market).
उड़ान (uṛān) स्त्री. उड़ने का काम। कहा. 'तीन उड़ाने तितिर'।
(f.) flying, flight, a leap, bound.
उड़ावल (uṛāval) सक. उड़ाना, धमाका करना, बंदूक से गोली मारना।
(v.t.) to fly, to blow.
उड़ाही (uṛāhī) स्त्री. (सं.) कुएँ, टंकी, नाली इत्यादि का पूरा पानी निकालकर की गई सफाई।
(f.) cleansing of a well after draining all water out of it.
उड़ियाइल (uṛiyāil) अक. सूक्ष्म पदार्थ का हवा में उड़ना।
(v.i.) to get airborne, to flutter, to flap.
उड़िसहवा (uṛisahavā) वि. खटमल युक्त।
(adj.) ridden with bedbugs.
उड़िस (uṛis) पु. (सं. उड्डिस) खटमल।
(m.) bedbug.
उढ़री (uṛharī) स्त्री. पर पुरुष के साथ भागी औरत, रखैल।
(f.) a woman taken by a man to live with, a second wife.
उढ़ावन (uṛhavan) स्त्री. शाल।
(f.) a shawl.
उतजोग (utajog) पु. (सं. उद्योग) प्रयास, प्रयत्न, व्यवस्था।
(m.) effort, exertion, attempt, endeavour.
उतनाही (utanāhī) वि. उस मात्रा का, जितना वह है उसके बराबर।
(adj.) as much as that, as many as that, just as much as that.

उतपत-उतपति (utapat-utapati) पु. (सं. उत्पत्ति) उद्‌भव, जन्म, पैदाइश, आरंभ।
(m.) origin, birth, produce, production.

उतपन (utapan) पु. (सं. उत्पन्न) पैदाइश, आरंभ।
(m.) birth, origin.

उतपल (utapal) पु. कमल।
(m.) a lotus.

उतपात (utapāt) पु. (सं. उत्पात) उपद्रव, अत्याचार।
(m.) violence, mischief, disaster, injury, turmoil.

उतपाद (utapād) पु. उत्पाद।
(m.) product.

उतपादन (utapādan) पु. उत्पादन।
(m.) production.

उतफाल (utafāl) पु. उपद्रव, उत्पात, अत्याचार।
(m.) confusion, turmoil, violence.

उतम-उतिम (utam-utim) वि. (सं. उत्तम) श्रेष्ठ, अच्छा, बढ़िया।
(adj.) highest, best, supreme, excellent.

उतरउनी-उतरौनी (utaraunī-utaraunī) स्त्री. मजदूरी, पुरस्कार।
(f.) wages, reward.

उतरती (utaratī) स्त्री. घटते वर्ष, घटती दशा।
(f.) declining years, decline stage.

उतरल (utaral) अक. नीचे उतरना, स्वाद में खराबी आना, समाप्त होना (माह)।
(v.i.) to come down, to step down, to descend, to be (of bad taste), to pass (a period of time).

उतरवारी (utaravārī) वि. उत्तर दिशा का।
(adj.) northern.

उतरहा (utarahā) वि. उत्तर दिशा का।
(adj.) northern.

उतरही (utarahī) वि. उत्तर से बहनेवाली (हवा)।
(adj.) north (wind).

उतरा (utarā) स्त्री. उत्तरा, हिंदू कैलेंडर के अनुसार फाल्गुनी नक्षत्र। कहा. 'उतरा जान, बन्हिह बान्ह। उतरा में मत रोपऽ भइया। तीन धान होइ तेरह पइया।'
(f.) the Uttara, a Phalguni nakshatra (according to Hindu calander).

उतराइल (utarāil) अक. तैरना, ऊपर आना।
(v.i.) to float, to swim, to come up.

उत्तराखंड (uttarākhaṅd) पु. भारत का एक प्रांत।
(m.) a province of India.

उतराहुत (utarāhut) क्रि.वि. कुछ उत्तर की ओर।
(adv.) a bit to the north, northish.

उतरैया (utaraiyā) स्त्री. उत्तरी (हवा)।
(f.) northern wind.

उतसव-उतसो (utasav-utaso) पु. (सं. उत्सव) मंगल कार्य, समारोह, यज्ञ, पूजा, त्यौहार।
(m.) rejoicing, festival, ceremony, festivity.

उतसाह (utasāh) पु. (सं. उत्साह) उमंग, उल्लास। (वि.) उल्लास बढ़ानेवाला।
(m.) enthusiasm, zeal, morale. (adj.) encouraging, inspiring.

उतसाही (utasāhī) वि. उत्साह से भरा हुआ, हौसलेवाला।
(adj.) energetic, enthusiastic, inspired.

उतसुक (utasuk) वि. इच्छुक, अभिलाषायुक्त।
(adj.) eager, keen.

उतान (utān) वि. (सं. उत्तान) जो पीठ नीचे और छाती ऊपर किए हुए हो, छाती ताने हुए।
(adj.) lying on the back, inverted upside down.

उतार (utār) पु. नीचे की ओर जाने की स्थिति, उतरने योग्य स्थान, घटाव, कमी।
(m.) descent, decline, landing-place, decrease, reduction.

उतारन (utāran) पु. त्यागा हुआ पदार्थ।
(m.) discarded objects.

उतारल (utāral) सक. नीचे ले आना, सवारी से उतारना।
(v.t.) to cause to descend, to alight, to set down.

उतारा (utārā) पु. (सं. उत्तर) पत्र का उत्तर।
(m.) reply of the letter.

उतरीय (utarīy) पु. शाल।
(m.) an upper or outer garment, a shawl.

उतारू (utārū) वि. किसी बात या काम के लिए उद्यत, तत्पर।
(adj.) stooping, bent on (a course of action esp. on improper one), ready.

उतारे (utāre) क्रि.वि. समान, सदृश।
(adv.) similar, as like as.

उताहुल (utāhul) पु. व्यग्रता, उत्कंठा।
(m.) eagerness, restlessness, impatient.

उत्तर (uttar) पु. (सं. उत्तर) 1. उत्तर, उत्तर दिशा। 2. जवाब।
(m.) 1. north. 2. answer.

उथल-पुथल (uthal-puthal) स्त्री. उलट-पलट, क्रमभंग।
(f.) in complete confusion, upset, disorder.

उथला (uthalā) वि. छिछला।
(adj.) shallow, low-lying, superficial.

उथा-थाही (uthā-thāhī) स्त्री. अनिश्चित, अव्यवस्थित।
(f.) indefinite, disorder, unmanaged objects.

उथी-बीथी (uthī-bīthī) स्त्री. अव्यवस्था, अस्त-व्यस्त।
(f.) lack of organisation, disorder, confusion, unsettled object.

उदंगर (udaṅgar) पु. छुट्टा पशु, अनेरिया।
(m.) animal without master, uncared animal, astray cattle.

उदंत (udānt) वि. दूध का दाँत नहीं टूटा हुआ (शिशु या बछड़ा)। पु. समाचार, वृत्तांत।
(adj.) with milk teeth intact (child or calf). (m.) news.

उदवास (udavās) पु. परेशान, तंग।
(m.) trouble, distress, embarrasment.

उदवेग (udaveg) पु. (सं. उद्वेग) घबड़ाहट, बेचैनी।
(m.) anxiety, unease, haste, passion.

उदमद (udamad) वि. (सं.) उन्मत्त, बावला।
(adj.) mad, passionate, frenzy.

उदम (udam) पु. (सं. उद्यम) प्रयास, परिश्रम।
(m.) effort, exertion, toil.

उदय (uday) पु. (सं.) उगना, प्रगट होना।
(m.) rising, rise (the sum) ascent, appearance, advent.

उदया (udayā) पु. (सं. उदय) सूर्योदय, सूर्योदय के समय की तिथि।
(m.) sunrise, date of sunrise.

उदर (udar) पु. पेट, जठर।
(m.) the abdomen, stomach, bowels, womb.

उदहल (udahal) सक. पानी उलीचना।
(v.t.) to drain out (water).

उदार (udār) वि. (सं.) रूढ़ियों में सुधार चाहनेवाला, प्रगतिशील विचारोंवाला, दाता, दानी, सहिष्णु।
(adj.) liberal, noble, illustrious, generous.

उदास (udās) वि. (सं.) अप्रसन्न, फीका, अनाकर्षक, निराश।
(adj.) sitting apart, being indifferent, sad, dejected.

उदासल (udāsal) वि. उदास, उदासी की अवस्था।
(adj.) pensive, dejected, melancholic.

उदासी (udāsī) स्त्री. उदास रहने की स्थिति, खिन्नता, विरक्ति।
(f.) indifference, dejection, dullness.

उदासी (udāsī) पु. (सं.) साधुओं का एक संप्रदाय।
(m.) an ascetic, a member of the Udasi sect.

उदासीन (udāsīn) वि. (सं.) विरक्त, झगड़े-बखेड़े से अलग, निष्पक्ष, तटस्थ।
(adj.) indifferent, (towards) detached, inert, uninvolved, neutral.

उदिआ-गुदिआ (udiā-gudiā) स्त्री. घरेलू मामले में आंतरिक बातें खोलना।
(f.) the act of disclosing the internal domestic affairs.

उदित (udit) वि. उदय (सूर्य), स्पष्ट।
(adj.) risen (as the sun), evident.

उदुंबर (uduṅbar) पु. गूलर का पेड़ तथा फल।
(m.) tree ficus glomerata and its fruit.

उदूखल (udūkhal) पु. ऊखल।
(m.) a heavy wooden mortar used for pounding rice.

उदेस (udes) पु. (सं. उद्देश्य) अभिप्राय, खोज, तलाश, मतलब।
(m.) purpose, search, meaning, target, aim, any-time referred to.

उदोत (udot) पु. प्रकाश, चाँदनी, चमक।
(m.) light, moonlight, radiance.

उद्घाटन (udghāṭan) पु. आगे पड़ा हुआ परदा उठाना, खोलना, प्रकाशित करना, रहस्य भेदन, समारोह की शुरुआत।
(m.) disclosing, revealing, raising, opening, in-auguration.

उद्दंड (uddaṅd) वि. (सं.) अक्खड़, उद्धत, अनुशासनहीन।
(adj.) arrogant, insolent.

उद्धरन (uddharan) पु. उद्धरण।
(m.) quotation.

उद्बोधन (udbodhan) पु. बोध कराने की क्रिया, प्रकाशित, प्रकट या सूचित करना, उत्तेजित करना।
(m.) awakening, arousing, enlightenment, incit-ing.

उद्भट (udbhaṭ) वि. प्रकांड, गंभीर।
(adj.) eminent, weighty (as in learning).

उद्दम (uddam) वि. उद्यम।
(adj.) effort, exertion, toil, an enterprise.

उदापन (udāpan) पु. उद्यापन, समापन समारोह।
(m.) bringing to a conclusion, concluding ceremony.

उदोग (udog) पु. प्रयास, उद्योग।
(m.) effort, attempt, industry.

उधड़ल (udhaṛal) अक. खुलना, उघड़ना, उजड़ना।
(v.i.) to become unrolled, unravelled, to be torn off, to open.

उधम (udham) पु. हल्ला-गुल्ला, उत्पात, उपद्रव।
(m.) confusion, turmoil, violence.

उधर (udhar) क्रि.वि. (सं. उत्तर) उस ओर, उस तरफ, दूसरी तरफ।
(adv.) thither, over there, on that side, on the other hand.

उधवा (udhavā) पु. एक गीत (वर्षाऋतु में गाया जाता है)।
(m.) a song (esp. sung in rainy season).

उधरिया (udhariyā) पु. उधार, कर्ज।
(m.) debt.

उधार (udhār) पु. ऋण, कर्ज।
(m.) a loan, a debt.

उधियाइल (udhiyāil) अक. हल्की वस्तु का हवा में उड़ना।
(v.i.) to soar in air.

उधेड़ल (udheṛal) सक. हाथ से मिट्टी हटाना, उखाड़ना, सिलाई खोलना, बात उघटना।
(v.t.) to unravel, to unpick, to disease, to expose (a deficiency, a secret) to open.

उनइस (unais) वि. उन्नीस, 19 की संख्या।
(adj.) nineteen.

उनइसवाँ (unaisavāṁ) वि. उन्नीसवाँ।
(adj.) nineteenth.

उनकर-उनुकर (unakar-unukar) सर्व. उनका।
(pron.) his (respect).

उनचन (unacan) पु. दे. ओरचन।

उनचास (unacās) वि. उनचास, 49 की संख्या।
(adj.) forty nine.

उनति (unati) स्त्री. उन्नति, बढ़ती, तरक्की।
(f.) progress, ascent, development.

उनतीस (unatīs) वि. उनतीस, 29 की संख्या।
(adj.) twenty nine.

उनमुनी (unamunī) स्त्री. जगे रहने का लक्षण।
(f.) a symptom of awakening.

उनसठ (unasaṭh) वि. उनसठ, 59 की संख्या।
(adj.) fifty nine.

उनवल (unaval) अक. झुकना, लटकना।
(v.i.) to bent, to hang.

उनहत्तर (unahattar) वि. उनहत्तर, 69 की संख्या।
(adj.) sixty nine.

उनहल (unahal) अक. हवा, गर्मी के चलते किसी वस्तु का टेढ़ा हो जाना।
(v.i.) to become disfigured due to air and heat.

उनायक (unāyak) पु. (सं. उन्नायक) उन्नायक।
(m.) uplifter, leader, reformer.

उनुस-अनस (unus-anas) पु. असुविधा, परेशानी।
(m.) discomfort, restlessness.

उन्हनका (unhanakā) सर्व. सब (आदर सूचक), वे लोग।
(pron.) all they.

उपकरन (upakaran) पु. (सं. उपकरण) औजार, साधन।
(m.) instrument, apparatus, means, device.

उपकार (upakār) पु. (सं.) हित-साधन, भलाई, नेकी, लाभ, फायदा।
(m.) kindness, favour, benefit, beneficence.

उपकारी (upakārī) वि. सदाशय, उत्तम, दयालु, सहायक।
(adj.) beneficent, good, kind, helpful.

उपग्रह (upagrah) पु. (सं.) वह छोटा ग्रह जो किसी बड़े ग्रह के चारों ओर घूमता हो, सैटेलाइट।
(m.) a satellite (artificial or natural).

उपचार (upacār) पु. सेवा, रोग दूर करने हेतु नियमित चिकित्सा, इलाज, सेवा-सुश्रूषा।
(m.) service, attendance, nursing, medical care, treatment.

उपज (upaj) स्त्री. उपजने की क्रिया, उद्भव, पैदावार, खेत की उपज।
(f.) produce, production (of goods, assets) crop, yield.

उपजल (upajal) अक. उत्पन्न होना, पैदा होना।
(v.i.) to grow, to be born.

उपजाऊ (upajāū) वि. भूमि जिसमें अच्छी उपज हो, उर्वर, उपजाऊ।
(adj.) fertile, rich (soil, land), productive.

उपजावल (upajāval) सक. उपजाना, पैदा करना।
(v.t.) to grow, to produce.

उपजीविका (upajīvikā) स्त्री. आजीविका, रोजी।
(f.) livelihood, means of support, subsidiary source of income.

उपटन (upaṭan) पु. उबटन।
(m.) an ointment, a paste rubbed on the body when bathing to clean and soften the skin.

उपटल (upaṭal) अक. (सं.उत्+पात्र) बेंट का अलग होना।
(v.i.) to be uprooted, or removed.

उपटा (upaṭā) वि. अक्खड़।
(adj.) insolent, quarrelsome.

उपदरव (upadarav) पु. दे. उपदरो।

उपदरो (upadaro) पु. (सं. उपद्रव) उत्पात, अनाचार।
(m.) commotion, turmoil, sudden disturbance, riot, revolt.

उपदेस (upades) पु. (सं. उपदेश) भलाई की बात, शिक्षा, ज्ञान की बात।
(m.) advice, counsel.

उपद्दर (upaddar) पु. दे. उपदरो।

उपदेसक (upadesak) पु. उपदेशक।
(m.) preacher.

उपधा (upadhā) स्त्री. (सं.) अधिक, ज्यादा, फाजिल।
(f.) much, more, extra.

उपनाम (upanām) पु. (सं.) उपनाम।
(m.) nickname, pseudonym.

उपनेत (upanet) पु. (सं. उपनीत) शिव पूजनार्थ महायज्ञ जिसमें अतिथियों, ब्राह्मणों याचकों को प्रसन्न किया जाता है।
(m.) a religious rite in which guests, Brahmins and beggars are satisfied for the worship of Shiva.

उपन्यास (upanyās) पु. (सं.) वाक्य का उपक्रम, बंधान, कल्पित बड़ी आख्यायिका।
(m.) novel, placing near or together.

उपभासा (upabhāsā) स्त्री. क्षेत्रीय बोली, उपबोली।
(f.) a dialect.

उपमहाद्वीप (upamahādvīp) पु. उपमहाद्वीप।
(m.) subcontinent.

उपमा (upamā) स्त्री. तुलना, साम्य, समता, उपमा अलंकार।
(f.) comparison, similarity, a simile.

उपयुक्त (upayukt) वि. उचित, सही, यथायोग्य।
(adj.) fit, proper, suitable, appropriate.

उपयोग (upayog) पु. प्रयोग, व्यवहार, सेवा, उपयोगिता।
(m.) application, use, service, usefulness, validity.

उपयोगी (upayogī) वि. लाभदायक, सेवा योग्य, वैध।
(adj.) useful, sericeable, available, valid.

उपरजल (uparajal) सक. (सं. उपार्जन) मन में किसी बात का स्वतः पैदा होना।
(v.t.) self evolution of any idea in the mind.

उपरतक्का (uparatakkā) वि. (हिं.) बिना श्रम के हथियाने वाला।
(adj.) a person who wants to secure without any effort.

उपरवार (uparavār) पु. ऊँची भूमि, ऊपर की ओर जगह, बाहरी, घूस।
(m.) high land near plain land, a place of higher strata, external, bribe.

उपराजल (uparājal) सक. उपार्जित करना, पैदा करना।
(v.t.) to produce, to create, to aquire.

उपरावल (uparāval) सक. खोजना, प्राप्त करना।
(v.t.) to search, to find.

उपराष्ट्रपति (uparāṣtrapati) पु. उपराष्ट्रपति।
(m.) vice president.

उपरा-उपरी (uparā-uparī) पु. चढ़ा-ऊपरी, प्रतिद्वंदिता।
(m.) rivalry.

उपरियाइल (upariyāil) अक. ऊपर आना।
(v.i.) rebound.

उपरी (uparī) स्त्री. गोहरा, चिपरी, गोइंठा, उपला।
(f.) cow-dung cake, a dried cake of cow-dung.

उपरोहित (uparohit) पु. (सं. पुरोहित) कुल पंडित।
(m.) family priest, domestic chaplain.

उपरोहितानी (uparohitānī) स्त्री. उपरोहित की पत्नी।
(f.) wife of a family priest.

उपरोहिती (uparohitī) स्त्री. पुरोहिती का कार्य।
(f.) office or duties of a family priest. fees of an officiating priest.

उपल (upal) पु. ओला।
(m.) a stone, a hailstone.

उपवन (upavan) वि. बाग, बगीचा।
(adj.) a garden.

उपसरग (upasarag) पु. उपसर्ग।
(m.) prefix.

उपवास (upavās) पु. (सं.) नियत समय तक भोजन न करना, फाका, भूख।
(m.) fasting, a fast, hunger strike.

उपहास (upahās) पु. हास्य, व्यंग्य।
(m.) laughter, ridicule.

उपाय (upāy) पु. (सं.) तरकीब, व्यवस्था, इलाज।
(m.) means, resource, plan, device, measure.

उपारजन (upārajan) पु. उपार्जन, प्राप्ति।
(m.) acquisition, earning.

उपास (upās) पु. दे. उपवास।

उपिजल (upijal) अक. (सं. उत्पादन) अन्न पैदा होना, मन में विचार पैदा होना।
(v.i.) to be produced (grain), to occur (to the mind).

उपिजा (upijā) पु. पैदावार, खेत की उपज।
(m.) produce, production, yield, crop.

उप्पर (uppar) क्रि.वि. ऊपर।
(adv.) over, above.

उफर (ufar) पु. तड़पकर मरने की क्रिया।
(m.) tossing about, restlessness, anxiety, agony.

उफरा (ufarā) पु. चौपायों में लगनेवाले कीड़े।
(m.) a kind of insects infesting animals.

उफान (ufān) पु. बाढ़ की लहर।
(m.) waves of flood.

उबकल (ubakal) अक. उबकना, उल्टी करना।
(v.i.) to vomit.

उबछल (ubachal) सक. हाथ या किसी चीज से पानी बाहर फेंकना।
(v.t.) to throw water by hand or by another means, to pour off, to drain off (water).

उबटन (ubaṭan) पु. शरीर में लगाया जानेवाला एक लेप।
(m.) a paste rubbed on the body.

उबड़-खाबड़ (ubaṛ-khābaṛ) वि. ऊँचा-नीचा स्थान।
(adj.) high and low place.

उबरल (ubaral) अक. किसी विपत्ति से बाहर निकलना।
(v.i.) to get relieved, to be free, to be left over, to be saved from disaster.

उबलल (ubalal) अक. खौलना, क्रुद्ध होकर उल्टी सीधी बात करना।
(v.i.) to boil, to boil up, to swell or boil with emotion (as with rage, pride).

उबसल (ubasal) अक. अधिक देर तक पड़े रहने पर दुर्गंध आना, सड़ना।
(v.i.) to smell unpleasant, to rot, to become stale, rancid.

उबहन (ubahan) पु. पानी खींचनेवाली रस्सी।
(m.) rope to draw water from a well.

उबाऊ (ubāu) वि. ऊब उत्पन्न करनेवाला, उबानेवाला, ऊबाऊ।
(adj.) boring, tiring.

उबाकी (ubākī) स्त्री. वमन, कै, उलटी।
(f.) vomiting.

उबार (ubār) पु. रक्षा, बचाव।
(m.) safety, defence.

उबालल (ubālal) सक. खौलाना।
(v.t.) to boil.

उबासी (ubāsī) स्त्री. जम्हाई लेना।
(f.) a yawn.

उबिछन (ubichan) पु. उबीछकर बाहर निकाला हुआ (चारा आदि)।
(m.) taken out (fodder).

उबिछल (ubichal) सक. उलीचना (पानी)।
(v.t.) to pour off, to drain off (water), to bale.

उबियाइल (ubiyāil) अक. तंग आ जाना, परेशान हो जाना, घबरा जाना।
(v.i.) to be perplexed, to be harassed.

उबियावल (ubiyāval) सक. उबाना, बहुत अधिक परेशान करना।
(v.t.) to bore.

उबेने (ubene) वि. बिना जूते का।
(adj.) shoeless, without shoes.

उबेर (uber) पु. (सं. उत्+बेला) वर्षा के बाद आसमान का साफ होना, पशुओं का स्थान।
(m.) cloudless sky after raining, an enclosure or shelter where cattle are collected overnight.

उभय (ubhay) वि. दोनों, उभय, पक्ष में समान होना।
(adj.) both, common to both sides.

उभड़-खाभड़ (ubhaṛ-khābhaṛ) वि. ऊँची-नीची, विषम।
(adj.) high-low, not plain.

उभरल (ubharal) अक. उदित होना, विकसित होना, प्रकाश में आना, सुस्पष्ट होना, महत्त्वपूर्ण होना।
(v.i.) to ripe, to fill, to be developed, to become prominent, to come to light, to become evident.

उभारल (ubhāral) सक. खोलना, चर्चा चलाना, बात चलाना।
(v.t.) to casuse to swell, to bring out, to higlight, to raise, to lift.

उमकल (umakal) अक. (सं. उमंग) अति हर्ष से उछल-कूद करना, उमंग में आना।
(v.i.) height of feeling, elation, rapture , strong desire.

उमका (umakā) पु. दे. उमकल।

उमकावल (umakāval) सक. घोड़ा दौड़ाना।
(v.t.) to race a horse.

उमछाइल (umachāil) अक. नापसंद होना, मन का ऊबना। (v.i.) not to be liked.

उमछावन (umachāvan) पु. नापसंदगी। (m.) disliking.

उमड़ल (umaṛal) अक. उमड़ना, नदी का भरकर बहना। (v.i.) to overflow, to gush out or forth.

उमत (umat) वि. (सं. उन्मत्त) मतवाला, पागल, अविवेकी। (adj.) insane, frenzied, lustful, madman.

उमदा (umadā) वि. (अ. उम्दा) बढ़िया, अच्छा। (adj.) fine, excellent, grand, splendid, wonderful.

उमर (umar) स्त्री. आयु, जीवन, अवस्था, वय। (f.) life, age.

उमरा (umarā) पु. अमीर लोग, मंत्रीगण। (m.) person of high rank.

उमराव (umarāv) पु. दे. उमरा।

उमस (umas) स्त्री. (सं. उष्म) आर्द्र, नम। (f.) humid, heat.

उमिर (umir) स्त्री. दे. उमर।

उमिदवार (umīdavār) पु. उम्मीदवार। (m.) candidate.

उमीदवार (umīdavār) पु. आशा रखनेवाला व्यक्ति। (m.) a person having expectation.

उमेद (umed) पु. (फा. उम्मीद) आशा। (m.) hope, desire, expectation.

उरद (urad) पु. उड़द, एक दाल। (m.) urad, a pulse.

उरदी (uradī) स्त्री. एक प्रकार का दलहन, उड़द। (f.) a kind of pulse, urad.

उरदू (uradū) स्त्री. (तु. उर्दू) फारसी अक्षरों में लिखित खड़ी बोली। (f.) distinctively persianised form of Khari Boli.

उरिद (urid) स्त्री. एक प्रकार का दलहन। (f.) a kind of pulse.

उरूआ (urūā) पु. (सं. उलूक) उल्लू। (m.) owl.

उरेब (ureb) वि. (फा.) बेढंग, दोषपूर्ण, बेतरतीब, संकट, कठिनाई। (adj.) bad condition, difficulty, disadvantage.

उरेह (ureh) पु. अनुमान, सूझ। (m.) drawing, tracing out.

उरेहल (urehal) सक. रेखांकित करना, उरेहना। (v.t.) to draw, to trace out, to paint, to engrave.

उलंग (ulaṅg) वि. नग्न, नंगा। (adj.) naked, nude.

उलंघ (ulaṅgh) वि. (सं. उत्+लंघ) बहादुर, फुर्तीला। (adj.) brave, smart.

उलंघन (ulaṅghan) पु. उल्लंघन। (m.) infringement.

उलचल (ulacal) सक. हाथ या बर्तन से पानी उछालकर फेंकना, कोई चीज निकालकर बाहर करना। (v.t.) to throw out, to pour off (water) to drain, to bale out.

उलझन (ulajhan) स्त्री. (हिं. उलझन) फँसान, अटकाव, बाधा, समस्या, चिंता। (f.) tangled state, tangle, complication, twist, turn.

उलझल (ulajhal) अक. उलझना, जटिल हो जाना। (v.i.) to be tangled, twisted, to be complicated, intricate (a matter), to be perplexed, to be embarrassed.

उलझाव (ulajhāv) पु. दे. उलझन।

उलटल (ulatal) अक. उलटना। (v.i.) to reverse, to turn, back to front, or inside out.

उलटबाँसी (ulaṭabāṁsī) स्त्री. संतों की ऐसी बात जिसमें पदान्वय और अर्थ विपरीत होते हैं, उलटी बात। उदा. 'कबीरदास की उलटी बानी, बरसै कंबल भींजे पानी'। (f.) a suggestive paradox throwing light on the relationship of the soul to the ultimate being.

उलटल (ulaṭal) वि. (सं. उल्लोठन) विपरीत, औंधा, क्रम-विरुद्ध। (adj.) reversed, back to front, upside down, confused, topsy-turvy.

उलटा (ulaṭā) वि. उलट, विपरीत। (adj.) obverse, contrary, converse.

उलटा-पलटा (ulatā-palaṭā) पु. इधर का उधर, अंड-बंड। (m.) confusion (of facts, or a situation), converse.

उलटल-पलटल (ulaṭal-palaṭal) सक. उलटा-पुलटा करना। (v.t.) to disorganize.

उलटी (ulaṭī) स्त्री. कै, वमन। (f.) vomiting, nausea.

उलटे (ulaṭe) क्रि.वि. नियम-विरुद्ध, न्याय के विपरीत।
(adv.) opposite to law, opposite to established system.

उलथा (ulathā) पु. अनुवाद।
(m.) a translation.

उलफत (ulafat) स्त्री. (अ. उल्फत) प्रेम, मुहब्बत, प्यार, मित्रता।
(f.) love, affection, friendship.

उलफती (ulafatī) वि. (अ. उल्फती) प्यार करनेवाला।
(adj.) lover.

उलमा (ulamā) पु. इस्लाम के विद्वान-न्यायाधीश, धर्म प्रचारक।
(m.) the learned, jurists and theologians (of Islam).

उलवा (ulavā) पु. उबालने के बाद भूनकर तैयार किया हुआ चावल।
(m.) boiled dried roasted rice.

उलहल (ulahal) अक. लकड़ी का अपने आप टेढ़ा-मेढ़ा होना।
(v.i.) to become twisted, distorted naturally (said of wood).

उल्हा (ulhā) क्रि.वि. बाहर।
(adv.) out.

उल्ह-मेल्ह (ulh-melh) पु. बेचैनी।
(m.) uneasiness, distress, unrest.

उलीचल (ulīcal) सक. उलीचना।
(v.t.) to pour off, to drain off, to bale.

उलूखल (ulūkhal) पु. ओखल।
(m.) a mortar (for crushing or cleaning rice, grinding ingredients).

उल्लू (ullū) पु. उल्लू, मूर्ख, बेवकूफ, सीधा।
(m.) an owl, simpleton, fool.

उसकावल (usakāval) सक. उकसाना, उभाड़ना।
(v.t.) to excite, to raise lamp's wick.

उसठ (usaṭh) वि. बिना रस का।
(adj.) juiceless, sapless.

उसरल (usaral) अक. (सं. उत्+सृ) किसी काम का पूरा होना, मेला, बाजार समाप्त होना।
(v.i.) to complete the work, ending of fair or market.

उसा (usā) स्त्री. (सं. उषा) प्रातःकाल का प्रकाश।
(f.) dawn, dight of early morning.

उसारल (usāral) सक. किसी काम को खतम करना।
(v.t.) to finish a work.

उसास (usās) स्त्री. (सं. उच्छवास) दुख-भरा श्वास, जोर का श्वास।
(f.) breath, breathing , a sigh, groan.

उसिनल (usinal) सक. उबालना।
(v.t.) to bubble up, to boil.

उसीना (usīnā) पु. उबालकर बनाया गया चावल।
(m.) rice prepared after boiling.

उसूल (usūl) पु. सिद्धांत, नियम।
(m.) principle, doctrine.

उस्तरा (ustarā) पु. (फा.) रेजर, मूँड़नेवाला चाकू।
(m.) a razor.

उस्ताद (ustād) पु. शिक्षक, दक्ष कारीगर, कला का माहिर।
(m.) a teacher, a skilled craftsman, master (of an art).

उहवाँ-उहाँ (uhavāṁ-uhāṁ) क्रि.वि. वहाँ, उस स्थान पर।
(adv.) at that place, there.

उहिआवल (uhiāval) अक. अनुमान लगाना।
(v.i.) to guess.

उहे (uhe) सर्व. वही।
(pron.) the same, that very.

उहो (uho) सर्व. वह भी।
(pron.) he too, that too.

ऊ

ऊ (ū) देवनागरी वर्णमाला का छठवाँ स्वर जिसका उच्चारण स्थान ओष्ठ है। सर्वनाम के रूप में 'वह' का बोधक है तथा प्रत्यय के रूप में 'वाला' का अर्थ देता है, जैसे–लेऊ, खाऊ।
—the sixth vowel of the Devanagari syllabary. (pron.) that. also used as suffix.

ऊँघाइल (ūṁghāil) अक. ऊँघना, झपकी लेना।
(v.i.) to doze.

ऊँघाई (ūṁghāī) स्त्री. झपकी, अर्धनिद्रा, नींद आना।
(f.) drowsiness, sleepiness, dozing.

ऊँच (ūṁc) वि. (सं. उच्चैः) ऊँचा।
(adj.) high, upper, superior.
~नीच (~nīc) पु. छोटा-बड़ा, उचित-अनुचित।
(m.) high and low, uneven, superior and inferior.

ऊँचाई (ūṁcāī) स्त्री. उच्चता, उठान।
(f.) height, stature.

ऊँचास (ūṁcās) पु. दे. ऊँचाई।

ऊँचे-ऊँचे (ūṁce-ūṁce) क्रि.वि. ऊपर-ऊपर, ऊपर की ओर।
(adv.) high and high, towards up.

ऊँट (ūṁṭ) पु. (सं. उष्ट्र) ऊँट। **~वान** पु. ऊँट को हाँकने वाला।
(m.) a camel. **~van** (m.) camel-rider.

ऊँटनी (ūṁṭanī) स्त्री. (सं. उष्ट्र) मादा ऊँट।
(f.) she camel.

ऊँहुँ (ūṁhuṁ) अव्य. अस्वीकार, असहमति।
(indec.) expressing refusal or denial.

ऊई (ūī) विस्म. हर्ष, पीड़ा, आश्चर्य, भय व्यक्त करनेवाला शब्द।
(interj.) expressing pleasure, pain, fear, surprise.

ऊख (ūkh) पु. गन्ना, ईख।
(m.) sugarcane.

ऊखम (ūkham) पु. (सं. उष्मा) गर्मी।
(m.) heat.

ऊखल (ūkhal) पु. ऊखल, ओखल।
(m.) a mortar (for hushing grain in).

ऊखी-बीखी (ūkhī-bīkhī) स्त्री. गर्मी के चलते बेचैनी।
(f.) restlessness due to heat.

ऊजर (ūjar) वि. उजला, सफेद, झकाझक।
(adj.) white.

ऊजाड़ (ūjāṛ) वि. बर्बाद, नष्ट, उजाड़, ध्वस्त।
(adj.) laid waste, ruined, desolate, deserted.

ऊटपटाँग (ūṭapaṭāṁg) वि. (हिं. ऊँट+पट+टाँग) टेढ़ा-मेढ़ा, बेढंगा, बेमेल, व्यर्थ।
(adj.) confused, contrary (as words) absurd, difficult.

ऊटपटाँगी (ūṭapaṭāṁgī) पु. अड़बड़ बोलने या करनेवाला व्यक्ति, विसंगतिपूर्ण बातें करनेवाला।
(m.) a confused or crazy person, one who speaks incoherently or nonsensically.

ऊढ़ा (ūṛhā) पु. मिट्टी का ढेर।
(m.) heap of soil.

ऊधम (ūdham) पु. उपद्रव।
(m.) disturbance.

ऊधमी (ūdhamī) (वि.) उत्पाती, ऊधम मचानेवाला।
(adj.) rowdy, quarrelsome.

ऊन (ūn) पु. ऊन। वि. कम, छोटा।
(m.) wooll. (adj.) deficient, less, minus.

ऊना-टेनी (ūnā-ṭenī) स्त्री. टंटा, झगड़ा।
(f.) conflict, quarrel.

ऊनी (ūnī) वि. ऊन से बना।
(adj.) woollen.

ऊपर (ūpar) क्रि.वि. ऊँचाई पर, ऊँचे स्थान पर।
(adv.) on top, above, over, up, above, overhead, upward.

ऊपरी (ūparī) वि. ऊपर का, बाहरी।
(adj.) upper, outer, external.

ऊफनल (ūfanal) अक. खौलना, अधिक उबलने पर बाहर गिरने लगना।
(v.i.) to boil up, to boil over, to foam.

ऊब (ūb) स्त्री. उद्वेग, घबराहट।
(f.) disparatedness.

ऊबड़-खाबड़ (ūbaṛ-khābaṛ) वि. ऊभड़-खाभड़।
(adj.) rough, uneven, rugged, hilly.

ऊभ-चुभ (ūbh-cubh) अक. पानी में ऊपर-नीचे डूबना।
(v.i.) rising and sinking (in water).

ऊल-जलूल (ūl-jalūl) वि. बेसिर-पैर का, अंड-बंड, वाहियात, मूढ़।
(adj.) silly, stupid, pointless, awkward.

ऊसर (ūsar) वि. अनुपजाऊ भूमि, क्षारीय भूमि।
(adj.) barren (land) saline soil.

ऊसराटाँड़ (ūsarāṭāṁṛ) पु. अनुपजाऊ भूमि का क्षेत्र।
(m.) region of barren land.

ऊह (ūh) विस्म. पीड़ा, कष्टसूचक ध्वनि।
(interj.) exclamation of pain, distress.

ऊँहूँ (ūṁūṁ) विस्म. असहमति, घृणासूचक शब्द।
(interj.) expression of disagreement, distate, dislike, oh no.

ऊहे (ūhe) क्रि.वि. वही।
(adv.) ditto, same thing.

ए

ए (e) देवनागरी वर्णमाला का आठवाँ स्वर वर्ण, गद्य में यह 'हे' या 'ऐ' की तरह संबोधन के रूप में तथा कविता में 'यह' या 'ये' के अर्थ में प्रयुक्त होता है।
– the eighth vocalic sound of the Devanagari syllabary. the sound/e/; the letter/e/.

एँगुर (eṁgur) पु. एक खनिज पदार्थ जिसका रंग बहुत चटकीला होता है और उसे व्याहता अपनी माँग में लगाती है।
(m.) ingoor type mineral applied by married women to their hair parting.

एँच-पेंच (eṁc-peṅc) पु. (फा. पेच) उलझन, दाँव-पेंच।
(m.) twist, entanglement, wiles, cunning.

ए (e) विस्म. संबोधन के लिए, प्रयुक्त शब्द।
(interj.) oh!

एक (ek) वि. एक की संख्या, अकेला।
(adj.) one, single, sole, alone, the same, identical.

~अँखिया (~aṁkhiyā) वि. एक नेत्री।
(adj.) monocular.

~एगो (~ego) क्रि.वि. हर, प्रत्येक।
(adv.) each, every.

~दा (~dā) क्रि.वि. एक बार, एक समय।
(adv.) once, at one time.

~नी (~nī) सर्व. ये लोग।
(pron.) these people.

~मत (~mat) वि. एक राय।
(adj.) of one opinion, agreed.

~महला (~mahalā) वि. एक मंजिला।
(adj.) single storeyed.

~रंगा (~raṅgā) पु. लाल रंग का कपड़ा।
(m.) red cloth.

~रस (~ras) वि. एक समान, बराबर।
(adj.) equal, similar.

~लउता (~lautā) वि. इकलौता।
(adj.) the only, single (child).

~वटल (~vaṭal) अक. (सं. एकवत्) एक मत होना, एकजुट होना।
(v.i.) to be united.

~सठ (~saṭh) वि. एकसठ, 61 की संख्या।
(adj.) sixty one.

~हत्तर (~hattar) वि. एकहत्तर, 71 की संख्या।
(adj.) seventy one.

~तालिस (~talis) वि. इकतालीस, 41 की संख्या।
(adj.) forty one.

~तिस (~tis) वि. इकतीस, 31 की संख्या।
(adj.) thirty one.

एकतल्ला (ekatallā) वि. एक मंजिल का।
(adj.) singlestoried, singlefloored.

एकदम (ekadam) क्रि.वि. नितांत।
(adv.) profoundly.

एकबार (ekabār) पु. (अ. अखबार) समाचार-पत्र।
(m.) newspaper.

एकबाल (ekabāl) पु. (अ. फा. इकबाल) प्रताप, भाग्य, स्वीकृति।
(m.) luck, glory, wealth, the act of confessing or admitting.

एकम (ekam) पु. प्रतिपदा तिथि, चाँद निकलने का पहला दिन।
(m.) pratipada, first date of a half lunar month.

एकर (ekar) सर्व. इसका।
(pron.) its, of this.

एकरउनी (ekaraunī) स्त्री. खेत की पहली निराई।
(f.) field's first weeding.

एकरार (ekarār) पु. (अ. इकरार) कबूल, स्वीकार, वादा।
(m.) acceptance, commitment, promise.

एकराहा (ekarāhā) पु. एकांत स्थान।
(m.) lonely place.

एकवान (ekavān) पु. घोड़ागाड़ी चालक।
(m.) coachman.

एकहरा (ekaharā) वि. इकहरा, एक ही परतवाला।
(adj.) single, of one layer or price, simple.

एकही (ekahī) स्त्री. केवल एक।
(f.) mono, only one.

एकांत (ekāṅt) वि. (सं.) अकेला, जहाँ दूसरा कोई न हो, सुनसान जगह।
(adj.) secluded, lonely, private, unaccompanied.

एका (ekā) पु. एकता, संघ।
(m.) unity, unanimity, union, league.

एकाई (ekaī) स्त्री. इकाई।
(f.) a unit, a unit (of enumeration, measurement).

एकाएक (ekāek) क्रि.वि. सहसा, अकस्मात्, अचानक।
(adv.) suddenly, unexpectedly.

एकाकी (ekākī) वि. अकेला।
(adj.) alone, solitary, single, isolated.

एकांता (ekāṅtā) पु. निर्जन स्थान।
(m.) lonely place, seclusion.

एकाछरी (ekāchārī) वि. एकाक्षरी।
(adj.) monosyllabic.

एकादसा (ekādasā) पु. (सं. एकादशाह्न) मृत्यु के ग्यारहवें दिन पूरा होनेवाला श्राद्ध-कर्म।
(m.) the eleventh day after death, a rite performed on that day.

एकादसी (ekādasī) स्त्री. पक्ष की ग्यारहवीं तिथि को होने-वाला व्रत।
(f.) the eleventh day of a lunar fortnight (traditionally kept as a fast among Hindus).

एकावन (ekāvan) वि. एक्यावन, 51 की संख्या।
(adj.) fifty one.

एकासी (ekāsī) वि. इक्यासी, 81 की संख्या।
(adj.) eighty one.

एकेबेर (ekeber) क्रि.वि. एक बार में, एक मुश्त।
(adv.) in lumpsum, outright.

एकोतरसो (ekotaraso) वि. (सं. एकोत्तर शत) एक सौ एक।
(adj.) one hundred and one.

एकोरा (ekorā) क्रि.वि. एक तरफ।
(adv.) one side.

एकोराह (ekorāh) पु. एक तरफ स्थित।
(m.) situated in one side.

एक्का (ekkā) पु. ताश का पहला पत्ता।
(m.) first card in a playing card set.

एगउरी (egaurī) वि. दे. एगोअउरी।

एगारह (egārah) वि. ग्यारह, 11 की संख्या।
(adj.) eleven.

एगो (ego) वि. एक का संख्यावाची विशेषण।
(adj.) qualifying word for the numeral one.

एगोअउरी (egoaurī) वि. एक और, दूसरा।
(adj.) another, one more.

एजवाँ (ejavāṁ) क्रि.वि. इस स्थान पर।
(adv.) at this place, here.

एजिन (ejin) क्रि.वि. इस स्थान पर।
(adv.) at this place.

एजेंट (ajeṅṭ) पु. (अं.) अभिकर्ता।
(m.) agent.

एठियाँ (eṭhiyāṁ) क्रि.वि. इस जगह पर।
(adv.) on this spot, at this place.

एड़ियाइल (eṛiyāil) वि. दृढ़-संकल्प।
(adj.) earnest.

एड़ियाके (eṛiyāke) क्रि.वि. दृढ़ता से।
(adv.) earnestly.

एड़ी (eṛī) स्त्री. पैर का पिछला भाग।
(f.) heel, heel (of footwear).

एढ़ा-टेढ़ा (eṛhā-teṛhā) वि. कुटिल, विचारहीन।
(adj.) crooked, inconsiderate, thoughtless.

एतना (etanā) वि. (सं. इयत) इतना।
(adj.) as much as this, as many as this.

एतनी-इतने (etanī-etane) क्रि.वि. (सं. इयत या एतावत्) इतनी अल्प मात्रा में, इतना ही।
(adv.) so less.

एतबार (etabār) पु. विश्वास, सहमत।
(m.) confidence, reliance, faith, belief, credit.

एतराज (etarāj) पु. विरोध, आलोचना।
(m.) opposition, objection, criticism, fault-finding.

एतवार (etavār) पु. (फा. इतवार) रविवार, विश्वास।
(m.) sunday, faith.

एतहत (etahat) क्रि.वि. इतना बड़ा, इस आकार का।
(adv.) so big, of this size.

एतहाँ (etahāṁ) क्रि.वि. यहाँ पर।
(adv.) on this place.

एतहीं (etahīṅ) क्रि.वि. इसी स्थान पर।
(adv.) at this very place.

एतहूँ (etahūṁ) क्रि.वि. यहाँ भी।
(adv.) here too.

एथी (ethī) अव्य. 'केथी' के जवाब में 'एथी' कहकर विस्मृत वस्तुओं का नाम लिया जाता है।
(indec.) with counting things (in response to this one, expression used along to the question which one).

एथी (ethī) सर्व. यह (अनिश्चित)।
(pron.) this (indefinite).

एधिर-ओधिर (edhir-odhir) क्रि.वि. इधर-उधर।
(adv.) around, here and there.
एनही-एनिये (enahī-eniye) क्रि.वि. इधर ही।
(adv.) here only.
एनहूँ-एनियो (enahūṁ-eniyo) क्रि.वि. इधर भी।
(adv.) here too, this side too.
एनि-ओनि (eni-oni) क्रि.वि. इधर-उधर।
(adv.) around, about.
एने (ene) क्रि.वि. इस तरफ, इधर।
(adv.) on this side, here.
एमें (emeṅ) सर्व. इसमें।
(pron.) in this.
एलमुनिया (elamuniyā) पु. (अं.) अल्युमिनियम।
(m.) aluminium.
एलान (elān) पु. घोषणा।
(m.) announcement.
एसों (esoṅ) क्रि.वि. इस वर्ष।
(adv.) this year.
एह (eh) सर्व. यह।
(pron.) this.
एहर-एहरा (ehar-eharā) क्रि.वि. इधर।
(adv.) here, in this side.
एहवात (ehavāt) पु. (सं. अहोभाग्य) सधवापन।
(m.) happy state of a married woman.
एहवाती (ehavātī) वि. सौभाग्यवती।
(adj.) a woman whose husband is alive.
एहसे (ehase) यो. फलतः, इससे।
(conj.) now, in-as-much-as.
एहसेकि (ehaseki) यो. क्योंकि, इसलिए कि।
(conj.) for, because.
एहि (ehi) सर्व. इसी।
(pron.) this very, this only.
एहिगुने (ehigune) क्रि.वि. इसो कारण।
(adv.) for this very reason.
एहिघरी (ehigharī) क्रि.वि. इसी समय, तात्कालिक।
(adv.) at the same time, recent.
एहिजा (ehijā) क्रि.वि. इसी स्थान पर।
(adv.) at this very place, here.
एही (ehī) क्रि.वि. यहीं।
(adv.) at this very place.
एहीसे (ehīse) क्रि.वि. इसी कारण, इसीलिए।
(adv.) consequently, due to.
ए हो (e-ho) विस्म. संबोधनसूचक शब्द।
(interj.) exclamatory word an addressing...o, hey, ho.

ऐ

ऐ (ai) देवनागरी वर्णमाला का नौवाँ स्वर वर्ण जिसका उच्चारण स्थान कंठ और तालु है। विस्मयादिबोधक के रूप में इसका व्यवहार संबोधन के लिए होता है, जैसे–'ऐ भाई!' भोजपुरी में ऐ के बदले 'अय' या 'अए' चलता है। – the ninth vocalic sound of the Devanagari syllabary as used in writing Hindi. the phoneme/ai/ the letter/ai/. also used as interjection.
ऐंचा-ताना (aiṅca-tānā) वि. तिरछी नजरवाला, विचित्र आँखवाला।
(adj.) squint-eyed.
ऐंठन (aiṅṭhan) पु. मरोड़, तनाव, घमंड।
(m.) twist, turn, coil (as of rope), tension (as of rope) spasm, colic.
ऐंठू (aiṅṭhū) वि. घमंडी, जिद्दी।
(adj.) proudy, naughty, affected.
ऐ (ai) विस्म. अपने से छोटे को संबोधन करने का शब्द।
(interj.) hey!
ऐगुन (aigun) पु. (सं. अवगुण) ऐब, अपराध, दोष।
(m.) defect, fault, vice.
ऐन (ain) पु. थन।
(m.) udder, teat.
ऐनक (ainak) पु. (अं.+फा.) शोशा, दर्पण।
(m.) glass (for vision), mirror.
ऐपन (aipan) पु. (सं. अल्पना) चावल, हल्दी और आटे सहित विभिन्न रंगों एवं सामग्रियों से व्रत एवं यज्ञादि अवसरों पर बनाया गया चित्र, रंगोली।
(m.) painted decoration (on floor or house wall) with paste made from wet rice mixed with turmeric.

ऐब (aib) पु. (अ.) दोष, अवगुण, बुराई खराबी।
(m.) a fault, shortcoming defect, a vice.

ऐबी (aibī) वि./पु. दोषी, अवगुणी, दुष्ट।
(adj./m.) defective, vicious, a vicious person.

ऐरा-गैरा (airā-gairā) वि./पु. बेगाना, अजनबी तुच्छ, हीन।
(adj./m.) this and other, nondescript, so-so of no account, a stranger, a nobody.

ऐरावत (airāvat) पु. (सं. ऐरावत), हिंदू धर्म में इंद्र का हाथी, गरजनेवाला एक बादल।
(m.) the name of Indra's elephant, a thunder cloud.

ऐलान (ailān) पु. (अ. इअलान) घोषणा, मुनादी।
(m.) declaration, announcement, proclamation.

ऐसा-तैसा (aisā-taisā) पु. (अ. ऐश-तैश) आवेगपूर्ण क्रोध।
(m.) disgrace, infamy, unmentionable.

ओ

ओ (o) देवनागरी वर्णमाला का दसवाँ स्वर वर्ण जिसका उच्चारण ओठ और कंठ से होता है। विस्मयादिबोधक के रूप में यह संबोधन और आश्यर्चसूचक शब्द के लिए प्रयुक्त होता है।
– the tenth vocalic sound of the Devanagari syllabary as used in writing Hindi. the sound/ o/; the letter o. also used as interjection.

ओं (oṅ) पु. (सं.) परब्रह्म का वाचक शब्द, प्रणव मंत्र।
(m.) the mystical or sacred syllable 'om'.

ओंकार (oṅkar) पु. (सं.) परमात्मा का सूचक 'ओं' शब्द।
(m.) om denoting the supreme lord.

ओ (o) अव्य. हे, ऐ, अरे जैसी संबोधनसूचक ध्वनि।
(indec.) exclamatory sound like oh, e, hurray.

ओअरगत (oaragat) पु. सुविधाजनक, गुंजाइश।
(m.) comfortable, agreeable.

ओइँछल (oiṁchal) सक. चावल आदि छिड़ककर अभिमंत्रित करना।
(v.t.) to cast a spell by sprinkling rice grains.

ओइसन (oisan) क्रि.वि. वैसा, उस तरह से।
(adv.) like that.

ओइसे (oise) क्रि.वि. उस तरह से।
(adv.) like that.

ओकनी (okanī) सर्व. वे सब।
(pron.) they all.

ओकर (okar) सर्व. उसका।
(pron.) his, her, hers.

ओकाइल (okāil) अक. वमन करना, उलटी करना, कै करना।
(v.t.) to vomit.

ओका-बोका (okā-bokā) पु. अक्कड़-बक्कड़ जो हथेली को उठाकर और गिराकर खेला जाता है, बच्चों का खेल। उदा. 'ओका बोका तीन तड़ोका'।
(m.) a game of children, children's counting game played by raising up and putting down palm.

ओकील (okīl) पु. वकील।
(m.) advocate.

ओखर-ओखरी (okhar-okharī) स्त्री. अन्न कूटने हेतु पात्र, ओखल।
(f.) mortar.

ओखाह (okhāh) पु. मवेशियों को आधे पेट खिलाने का काम।
(m.) keeping cattle half fed.

ओछ (och) वि. (सं. तुच्छ) छोटा, अशिष्ट, क्षुद्र।
(adj.) shallow, vain, small, absurd.

ओछ (och) वि. नाप में छोटा (परिधान)।
(adj.) smaller than the right size (garment).

ओछरा (ocharā) पु. पुआल जो मवेशियों हेतु सोने या बैठने के लिए बिछाए जाते हैं।
(m.) straw spread as base for cattle to sit or sleep.

ओछवानी (ochavānī) स्त्री. घी, सूखाफल, मेवा, जड़ी-बूटी मिश्रित खाद्य पदार्थ जो जच्चा (प्रसूता) को दिया जाता है।
(f.) edibles (a healthy mixture of Ghee, dry fruits) for a woman who has recently given birth).

ओछाई (ochāī) स्त्री. तुच्छता, क्षुद्रता, छिछोरापन, हलकापन, छिछलापन।
(f.) emptiness, absurdity, shallowness, baseness.

ओछी-कान्हीं (ochī-kānhiṅ) पु. छः दाँतोंवाला बैल।
(m.) six-toothed bullock.

ओज (oj) क्रि.वि. कमी करना। कहा. 'भोज में ओज का'।
(adv.) to lessen, to minimise.

ओजन (ojan) पु. वजन, भार।
(m.) weight.

ओजन (ojan) अव्य. वहाँ।
(indec.) there.

ओजमाइस (ojamāis) स्त्री. (फा. आजमाइश) जाँच, परीक्षण।
(f.) test, examination.

ओजवाँ (ojavāṁ) अव्य. उस जगह, वहाँ।
(indec.) there.

ओजिन (ojin) अव्य. उस जगह।
(indec.) on that place.

ओजीर (ojīr) पु. (अ. वजीर) मंत्री।
(m.) a minister.

ओझइती (ojhaitī) स्त्री. झाड़-फूँक का कार्य।
(f.) removal of ghostly influences.

ओझइया (ojhaiyā) पु. झाड़-फूँक की क्रिया।
(m.) the practice of sorcery.

ओझा (ojhā) पु. 1. तंत्र-मंत्र का ज्ञाता। 2. ओझा।
(m.) 1. a person who practices sorcery. 2. a member of the ojha sub community.

ओट (oṭ) स्त्री. आड़, सहारा।
(f.) covering, screen, shelter.

ओटन (oṭan) पु. रूई की सफाई की चरखी।
(m.) an appliance for cleaning cotton.

ओटा (oṭā) पु. ओट या आड़ करने हेतु खड़ी की गई दीवार, प्लेटफार्म।
(m.) a partition wall or screen a side wall, platform of bricks or earth.

ओटियावल (oṭiyāval) सक. किसी वस्तु का पता लगाने के फिराक में रहना।
(v.t.) to be in search of anything.

ओठँगल (oṭhaṁgal) अक. किसी वस्तु के सहारे बैठना या थोड़ी देर के लिए आराम करना।
(v.i.) to recline or rest for sometime against something.

ओठ (oṭh) पु. (सं. ओष्ठ) होंठ।
(m.) the lip.

ओठलाली (oṭhalālī) पु. लिप्स्टिक।
(m.) lipstic.

ओठइयाँ (oṭhaiyaṁ) क्रि.वि. उस जगह।
(adv.) that place.

ओठिन (oṭhin) क्रि.वि. उस जगह, वहाँ।
(adv.) there, on that place.

ओड़हुल (oṛahul) पु. लाल रंग का फूल, देवी फूल, गुड़हल, जवाकुसुम।
(m.) a flower of red colcur, Devi flower, shoe-flower, Hifiscus synacus.

ओड़ी (oṛī) स्त्री. राड़ी और मूँज की बनी टोकरी।
(f.) basket made with moonj twine and rari.

ओढ़ना (oṛhanā) पु. ओढ़ने की वस्तु, रजाई, चादर।
(m.) a covering, blanket, veil.

ओढ़नी (oṛhanī) स्त्री. दुपट्टा।
(f.) a woman's sheet or shawl.

ओत (ot) पु. आड़, पर्दा, छिपा हुआ।
(m.) covering, screen, a partition wall, a side wall.

ओतना (otanā) क्रि.वि. उतना अधिक।
(adv.) as much as that, as many as that.

ओतहत (otahat) क्रि.वि. उतना बड़ा।
(adv.) that big, as big as.

ओतहीं (otahīṅ) क्रि.वि. उसी जगह पर।
(adv.) at that very place.

ओतहूँ (otahūṁ) क्रि.वि. वहाँ भी।
(adv.) there also.

ओद (od) वि. (सं. आर्द्र) नमीवाला, भीगा, हरा।
(adj.) wet, moist, damp.

ओदन (odan) पु. भात, पका हुआ चावल।
(m.) boiled rice, food.

ओदरल (odaral) अक. सटी हुई चीज का उखड़ना, उभरना।
(v.i.) to flake off, to splint off.

ओदियावल (odiyāval) सक. नम करना।
(v.t.) to damp.

ओदारल (odāral) सक. सटी चीज को उखाड़ना।
(v.t.) to cause to flake, to splint off.

ओद्दी (oddī) स्त्री. नमी।
(f.) humidity.

ओनइस (onais) वि. उन्नीस, 19 की संख्या।
(adj.) nineteen.

ओनचालीस (onacālīs) वि. उन्तालीस, 39 की संख्या।
(adj.) thirty nine.

ओनचास (onacās) वि. उन्चास, 49 की संख्या।
(adj.) forty nine.

ओनतीस (onatīs) वि. उन्तीस, 29 की संख्या।
(adj.) twenty nine.

ओनसठ (onasaṭh) वि. उनसठ, 59 की संख्या।
(adj.) fifty nine.

ओनहत्तर (onahattar) वि. उनहत्तर, 69 की संख्या।
(adj.) sixty nine.

ओनहीं (onahīṅ) क्रि.वि. उधर ही।
(adv.) on that side, there only.

ओनहूँ (onahūṁ) क्रि.वि. उधर भी।
(adv.) there too.

ओनारल (onāral) सक. ऊपर की ओर उठाना।
(v.t.) to raise upwards.

ओनिए (onie) क्रि.वि. उधर ही।
(adv.) on that side, there only.

ओने (one) क्रि.वि. उधर।
(adv.) there, that side.

ओन्हा (onhā) पु. दूध को बिल्ली आदि से सुरक्षित रखने के लिए बनाया गया मिट्टी का ढक्कन।
(m.) a soil made lid used to protect milk from cat etc.

ओर (or) स्त्री. तरफ, किनारा, दिशा।
(f.) side, end , direction.

ओरचन (oracan) पु. खटिया के पैताने में बँधी हुई रस्सी (अर्दवान)।
(m.) rope to tighten a cot's weave at the foot side.

ओरछा (orachā) पु. पशुओं की पीठ का चादर।
(m.) sheet cover for an animal's lock.

ओरन्त (orant) पु. समाप्त।
(m.) the end.

ओरवानी (oravānī) स्त्री. दे. ओरियानी।

ओरहन (orahan) पु. उलाहना, ताना, आरोप।
(m.) complaint.

ओराइल (orāil) अक. समाप्त होना, खत्म होना।
(v.i.) to be exhausted, to come to an end.

ओरियानी (oriyānī) स्त्री. छप्पर का सबसे किनारेवाला हिस्सा।
(f.) eaves.

ओरियावल (oriyāval) सक. किनारे लगाना, पूरा करना।
(v.t.) to edge, to complete.

ओरी (orī) स्त्री. छप्पर का वह किनारा जहाँ से वर्षा का पानी नीचे गिरता है।
(f.) eaves of house, bank (of pond, or stream).

ओल (ol) पु. जिमीकंद, जमीन में होनेवाला गोल गाँठनुमा कंद जिसकी सब्जी बनती है।
(m.) yam, a pungent edible root.

ओला (olā) पु. आकाश से गिरनेवाली बर्फ।
(m.) hailstone, hail.

ओलार (olār) पु. बैलगाड़ी, घोड़ागाड़ी आदि के आधे हिस्से पर अधिक वजनी सामान रखने पर एक तरफ झुकने की स्थिति।
(m.) bullock, horse carts, inclining due to imbalance.

ओल्हापाती (olhāpātī) पु. वृक्ष पर खेला जानेवाला एक खेल।
(m.) a game played on trees.

ओस (os) स्त्री. ओस।
(f.) dew.

ओसवनी (osavānī) स्त्री. ओसाने का काम।
(f.) the process of winnowing.

ओसवल (osaval) सक. ओसाई, हवा में उड़ाकर भूसा और अन्न अलग-अलग करना।
(v.t.) to winnow.

ओसाइल (osāil) वि. ओस में भीगा हुआ।
(adj.) wet with dew.

ओसारा (osārā) पु. बरामदा, दालान।
(m.) a verandah, a porchway.

ओस्ताद (ostād) पु. उस्ताद।
(m.) master.

ओह (oh) विस्म. दुख और शोकसूचक शब्द।
(interj.) exclamatory word of pain and anxiety.

ओहके (ohake) सर्व. उसको।
(pron.) him.

ओहटा (ohaṭā) क्रि.वि. दूर।
(adv.) far.

ओहदा (ohadā) पु. पद, कार्य, कर्तव्य।
(m.) an office, position, duty.

ओहरल (oharal) अक. घटाव या कमी होना।
(v.i.) to get reduced.

ओहार (ohār) पु. पर्दा।
(m.) covering, curtain of a litter (for protection) palanquin, curtain.

औ

औ (au) देवनागरी वर्णमाला का ग्यारहवाँ स्वर वर्ण जो अ+ओ के संयोग से बना है। इसका उच्चारण कंठ एवं ओठ के योग से होता है।
– the eleventh vocalic sound of the Devanagari syllabary.

औंकर (auṅkar) पु. एक प्रकार की घास।
(m.) a type of grass.

औंठी (auṅṭhī) स्त्री. अँगूठी।
(f.) a ring.

औकात (aukāt) पु. हैसियत, शक्ति।
(m.) state, condition, capacity, limitation.

औघड़ (augharḥ) पु. अघोरी।
(m.) name of a saiva community of beggars.

औचक (aucak) क्रि.वि. अकस्मात्, अचानक।
(adv.) suddenly, unexpectedly.

औचित (aucit) पु. औचित्य।
(m.) justification.

औछार (auchār) पु. बौछार, वर्षा का झोंका।
(m.) heavy shower, squall.

औजार (aujār) पु. उपयोगी उपकरण, जैसे–रेती, छेनी, हथौड़ा, आदि।
(m.) tool, implement, equipment.

औझड़ (aujhaṛ) क्रि.वि. लगातार, निरंतर।
(adv.) uninterruptedly, continuous.

औटन (auṭan) पु. उबाल, ताप।
(m.) boiling, heat.

औढर (auḍhar) पु. मनमौजीपन।
(m.) merriness, jolliness, jollity.

औढर-दानी (auḍhar-dānī) वि. भगवान शिव की एक उपाधि।
(adj.) a title of the God Shiva, giving at (one's) will.

औतार (autār) पु. अवतार, प्राकट्य।
(m.) incarnation, descent, appearance.

औना-पौना (aunā-paunā) वि. कम मात्रा, कमी।
(adj.) little (of amount), deficient.

औरंग (auraṅg) पु. एक रोग जिसमें डंठल पर सफेद दाग पड़ जाते हैं।
(m.) a crop disease causing stalks to develop white spots.

और (aur) यो. तथा, एवं। (वि.) दूसरा, अन्य, अधिक।
(conj.) and, further, again, else. (adj.) other, different, extra, additional.

औरत (aurat) स्त्री. (अ.) महिला, नारी, स्त्री।
(f.) a woman, lady.

औरताना (auratānā) वि. औरत का।
(adj.) of women.

औरा (aurā) पु. आँवला।
(m.) the tree emblic myrobalan and its fruit.

औलाद (aulād) स्त्री. (अ.) संतान, संतति, वंशज।
(f.) children, offspring, descendants.

औलिया (auliyā) पु. संत, पावन व्यक्ति।
(m.) a saint, holy man.

औसत (ausat) वि. मध्यम, मध्यमान।
(adj.) middle, medium, average.

औसर (ausar) पु. (सं. अवसर) समय, अवकाश, फुरसत।
(m.) occasion, proper time, opportunity, leisure time.

औसान (ausān) पु. (सं. अवसान) अंत, समाप्ति, उपसंहार, मृत्यु, सीमा, सायंकाल, हद।
(m.) end, completion, conclusion, death, limit, evening, boundry.

क

क (k) 1. देवनागरी और कैथी वर्णमाला का पहला व्यंजन वर्ण जो कंठ से बोला जाता है। कवर्ग का पहला वर्ण। (अव्य.)। 2. संबंध कारक की विभक्ति का संक्षिप्त रूप। उदा.– 'जेहल क सनदि'। 3. तद्धित उपसर्ग के रूप में यह (क) कुछ क्रियाओं के अंत में लगकर उनके कर्ताकारक का सूचक होता है, जैसे–प्रबंध से प्रबंधक, व्यवस्था से व्यवस्थापक आदि।

1. the first consonant and the first member of the first pentad (i.e. कवर्ग kavarg) of Devanagari and Kaithi alphabet. 2. genetive marker, used for 'of'. 3. it signifies as agent, (as प्रबंधक prabandhak Vyavasthapak). (indec.)

कँइचा (kaṁicā) पु. फूल एवं झाड़ी की बेतरतीब बढ़ी डालियों को छाँटने की बड़ी कैंची।

(m.) big scissors used for cutting the unsystematic branches of a tree.

कँइची (kaṁicī) स्त्री. (सं. कर्त्तरी, कर्त्तरिका) कपड़ा आदि काटने का औजार, कैंची।

(f.) scissors used for cutting the cloth.

कँइत-कँइती (kaṁit-kaṁitī) पु. (सं. कपित्थ) कंठ बेली (छोटा फल) के सदृश एक फल। कैथ कपित्थ का फल। कइत्था। (प्रा.) कैंथ, कैंत, कइँता। (हिं.) गणेशजी का प्रिय फल 'कपित्थ जंबूफलचारु भक्षणम्'।

(m.) the wood apple feronia elephantum.

कँउची (kaṁucī) सर्व. 'कौन चीज' का संक्षिप्त रूप। ग्रामीण ठेठ बोली के रूप में यह प्रयुक्त होता है।

(pron.) the short form of 'what is this?'

कँउनी (kaṁunī) स्त्री. (सं. कंगु) एक प्रकार का अन्न, जिसका बाल बाजरे-सा होता है। टँगुनी।

(f.) a kind of grain like millet.

कंक (kaṅk) पु. अत्यंत गरीब, दरिद्र। उदा. 'कंक का लेखे मड़ुआ अन्न'। पर्या. गरीबी, दरिद्रता, दीनता, तंगहाली, फटेहाली।

(m.) a pauper, poor man, penniless.

कंकड़ (kaṅkaṛ) पु. 1. पत्थर या ईंट का छोटा टुकड़ा। 2. सूखी सुरती या तंबाकू, जो चिलम पर चढ़ाकर पिया जाता है। 3. चूना मिला हुआ गाँठदार पत्थर का छोटा, गोल और मटमैला टुकड़ा, जिसे पकाकर चूना बनाया जाता है। 4. अनाज में मिलनेवाला आँकड़। पर्या. आँकड़ इकड़ी, इँकड़ी कंकड़ी, टुकड़ी, टूक।

(m.) 1. a stone a hard piece. 2. a piece of tabacco. 3. a nodule of limestone. 4. pebbles and stones found in grain.

कंकण (kaṅkaṇ) पु. (सं. कम्+कण+अच्) विवाहसूत्र, वर के हाथ में बाँधने के लिए बना हुआ वस्तु विशेष, जिसमें राई, नोन और हल्दी बँधी होती है। पर्या. कंकण, कंगना, कड़ा, चूड़ा, ब्रेसलेट।

(m.) a thread or string tied round the right wrist of a bridegroom and the left of a bride at the marriage ceremony.

कँकरी (kaṁkarī) स्त्री. (सं. कर्कटी) खीरे की जाति का एक लंबा पतला फल जो कच्चा खाया जाता है। कहा. 'एक हाथ के कँकरी नौ हाथ के बीया', ककड़ी।

(f.) a long thin fruit like cucumber.

कंकाल (kaṅkāl) पु. शरीर का हड्डी-समूह, अस्थिपंजर। पर्या. ठठरी, ठटरी, पंजर, हड्डी-पसली।

(m.) skelton.

कंकाली (kaṅkālī) स्त्री. मंत्र-तंत्र के प्रयोग में निपुण एक देवी, कंकालिनी। उदा. 'जयकाली कंकाली वचन न जाए खाली (लोकमंत्र)। **'कंकाली माई'** आदरार्थ प्रयोग।

(f.) the goddess worshipped by mantra-tantra, kan-ka-lini-quarrelsome (women).

कँखउरी (kaṁkhaurī) स्त्री. (सं. कक्ष+वटी) काँख का एक प्रकार का घाव।

(f.) an armpit boil.

कँखवटल (kaṁkhavaṭal) सक. काँख में दबाकर चल देना।

(v.t.) to walk away squeezing under the armpits.

कंगाल (kaṅgāl) वि. (सं. कंकाल) देखें कंक।

कंचट (kaṅcaṭ) पु. कान की जड़ में होनेवाला घाव।

(m.) a bruise, sore in the root of ear.

कंचन (kaṅcan) पु. सोना। (वि.) सुंदर, मूल्यवान। उदा. हरिअर कंचन–अत्यंत हरा (सहचर शब्द)।

(m.) gold. (adj.) precious.

कंचनचूर (kaṅcancūr) पु. 1. रोपा जानेवाला एक प्रकार का उत्कृष्ट धान। 2. बासमती चावल का एक भेद।
(m.) 1. a superb quality of paddy. 2. a kind of Basmati rice.

कँचलोहिया-कचलोहिया (kaṁcalohiyā-kacalohiyā) वि. 1. कच्चे लोहे से निर्मित। 2. श्रम से भागनेवाला। कहा. 'कचलोहिया मरदवा से का उसरी'।
(adj.) 1. made of pig iron. 2. avoiding labour.

कंचा (kaṅcā) वि. कच्चा। उदा. 'बान्हल बाड़े संकर लडुआ, अँउटल कंचा दूध'।
(adj.) uncooked, unboiled, raw, green.

कँचाड़ल-कचारल (kaṁcāṛal-kacāral) सक. रौंदना, पैर से दबाना, कपड़े को पटककर धोना।
(v.t.) to trample, to tread.

कँचिया (kaṁciā) वि. कच्चा, अपक्व।
(adj.) unripe, green, not yet fully ripe, immature.

कंचु (kaṅcu) पु. एक प्रकार का साग।
(m.) a type of green leaves used as vegetables.

कंचोरस-कचरस (kaṅcoras-kacaras) पु. ईंख को पेरकर या चूसकर निकाला गया रस (कच + रस = कच्चा रस), ईख का रस, ईख का अधपका रस। पर्या. कचकुट्टा।
(m.) juice after crushing the sugarcane.

कंछल (kaṅchal) अक. मरोड़ना, पेट में हलका-हलका दर्द मालूम होना।
(v.i.) a twisting of the bowels, pain in bowels.

कंछा (kaṅchā) स्त्री. (सं. कांक्षा) इच्छा।
(f.) wish, desire, will, ambition.

कंछी (kaṅchī) स्त्री. टहनी, वृक्ष की छोटी शाखा।
(f.) bough, small branch.

कंजड़ (kaṅjaṛ) पु. 1. एक झगड़ालू घुमक्कड़ जाति जो गीदड़ आदि का शिकार करती है। 2. रस्सी बाँटनेवाली एक विशेष जाति। पर्या. कंजड़ा, पाई, रसबंटा। 3. एक प्रकार का हरा पक्षी।
(m.) 1. a quarrelsome scattered intinerant community. 2. the members of which make and sell, metal goods. 3. a green bird.

कंजड़ई (kaṅjaṛaī) स्त्री. कंजूसी।
(f.) miserliness, stinginess.

कंजूस (kaṅjūs) वि. कृपण। पर्या. अनुदार, अदाता, सूम, मक्खीचूस।
(adj.) miser, skinflint.

कंटइया (kaṅṭaiyā) पु. (सं. कंटकारी, कंटकारिका) पीले फूलवाला एक जंगली पौधा, धमोय, भेटकेटैया।
(m.) a prickly plant, solanum jackini (used medicinally in greating several complaints).

कँटगर (kaṁṭagar) वि. काँटेदार।
(adj.) prickly.

कंट-बिछुवना (kaṅṭ-bichuvanā) पु. (सं. कंटकशय्या) काँटों का बिछावन।
(m.) a bed of thorns.

कंटा (kaṅṭā) पु. (सं कंटक) छोटी-छोटी काँटियों का गुच्छा जिसका उपयोग कूएँ में गिरे बर्तनों को निकालने के लिए होता है।
(m.) a cluster of prickles which is used for drawing out the pots from well.

कंटिया (kaṅṭiyā) स्त्री. गाय-भैंस के दूहने या घी-तेल रखने का लंबी गर्दनवाला मिट्टी का बर्तन। पर्या. कँटिया, घूँचा, मेटिया, झबही।
(f.) a soil pot used for keeping the milk.

कँटिया (kaṁtiyā) स्त्री. कील।
(f.) nail.

कंटी (kaṅṭī) स्त्री. (सं. कंठिन) अन्न नापने का बर्तन।
(f.) a pot for measurement of grain.

कंटोप (kaṅṭop) पु. बड़ी टोपी जिसके पहनने पर कान ढँक जाता है।
(m.) a large cap which can cover the ear.

कंठ (kaṅṭh) पु. 1. गला, गले नें सामने की तरफ जवानी आने पर एक माँस ग्रंथि निकल आने की स्थिति। 2. कंठायन। पर्या. नटई, गता, गर्दन, हलक, कंबु।
(m.) the neck, throat.

कंठी (kaṅṭhī) स्त्री. 1. तुलसी की माला, जिसे वैष्णव या निरामिष व्यक्ति धारण करता है। मुहा. **1. ~बान्हल**– किसी काम को न करने का व्रत लेना। **2. ~तूरल**–किसी त्याज्य काम को कर बैठना। **3. ~देहल**–साधू द्वारा किसी को शिष्य बनाना।
(f.) a necklace of small beads, a vaisnav rosary.

कँठेसर-कंठा (kaṁṭhesar-kaṅṭhā) पु. (सं. कंठ + ईश्वर, कंठ + आभरण) गले का आभूषण जिसे स्त्रियाँ ही पहनती हैं।
(m.) a necklace of big beads.

कंठेसरी (kaṅṭhesarī) स्त्री. (सं. कंठ + ईश्वरी) स्वर की अधिष्ठात्री देवी। उदा. 'कंठ बान्ह कंठेसरी, काया बान्ह परमेसरी'– लोकमंत्र।
(f.) the goddess of voice.

कँड़रा (kaṁṛarā) पु. सूखा हुआ गोबर, एक प्रकार का उपला।
(m.) a kind of cow-dung cake.

कँड़री (kaṁṛarī) स्त्री. अँतड़ी में सुखकर कड़ा हुआ मल। 'कँड़री परल'=मल का सूखकर कड़ा होना, (मवेशी एवं बच्चों के पेट में)।
(f.) hard faeces.

कँड़ा (kaṁṛā) पु. सूखा हुआ गोबर, मूँज या सरपत नामक घास। पर्या. कंडा, करर।
(m.) a cow-dung cake, dry cow-dung picked up in the fields and used for fuel.

कंडा (kaṅḍā) पु. (सं. कांड) एक प्रकार की घास, जिसका उपयोग फूस का घर बनाने में होता है। सरकंडा, सूखा गोबर (उपला)।
(m.) a kind of grass used for covering the hut, a piece of dry dung.

कंडाल (kaṅḍāl) पु. पीतल या लोहे का चौड़े मुँह का बड़ा पात्र।
(m.) a wide-mouthed vessel of brass or iron.

कंडील (kaṅdīl) स्त्री. (अ. कंदील) दीप पात्र।
(f.) a lampshade.

कंडु (kaṅḍu) पु. (सं. कंडु) खुजली।
(m.) itching, a skin complaint.

कंडुआ (kaṅḍuā) पु. खाद्यान्न का एक रोग।
(m.) a fungus that attacks cereals, rust.

कंत (kaṅt) पु. (सं. कांत) प्रियतम, पति। (केवल लोकगीत या कविता में प्रयुक्त) उदा.–'किआ तोर सासु ससुर दुःख नैहर दूर बसे, किआ तोर कंत विदेस कवन दुःख रोएलू' –सोहर। पर्या. प्रणयी, रसिक, वल्लभ, स्वामी।
(m.) lover, dear, husband.

कंतान (kaṅtān) पु. हिम्मत, साहस।
(m.) courage, bravery.

कंतोड़ (kaṅtoṛ) पु. काठ का छोटा बॉक्स।
(m.) a small box of wood.

कंद (kaṅd) पु. पौधों की मीठी जड़ जिसका उपयोग फलाहार एवं सब्जी में होता है। पर्या. जड़, मूल, कन्ना, गंजी, शकरकंद, शकरकंदी।
(m.) a bulbour root, a sweet root used as fruit and vegetable.

कँदई (kaṁdaī) स्त्री. (सं. कर्दम) कीचड़, काँदो। (वि.) कँदवइल-कीचड़ मिलने से गंदा।
(f.) mud. (adj.) spoiled.

कंदरा (kaṅdarā) पु. (सं. कंदरा) गुफा, खोह।
(m.) a cave, cavern, abyss.

कंदा (kaṅdā) पु. (सं. कंद) अरुई की जाति का जमीन में बैठनेवाला एक कंद, जिसकी सब्जी होती है। पर्या. अरुई, कंडा।
(m.) kand.

कंधा (kaṅdhā) पु. (सं. स्कंध) कंधा।
(m.) the shoulder.

कंप (kaṁp) पु. कँपना, हिलना-डुलना।
(m.) trembling, shaking, shivering.

कँपकँपी (kaṁpakaṁpī) स्त्री. (सं. कंपन) काँपने का भाव, कँपनी, थरथराहट।
(f.) shivering, shiver.

कँपनी (kaṁpanī) स्त्री. कंपन, कँपकँपी।
(f.) fluttering movement, shivering.

कंपा (kaṅpā) पु. बाँस की पतली कमची से बनी बहेलियों द्वारा पक्षियों को फँसाने की एक वस्तु।
(m.) a long stick, or the end section of a long rod, on which bird lime is smeared (used by fowlers).

कंबल (kaṅbal) पु. ऊन का मोटा चादर।
(m.) a blanket.

कँवरिया (kaṁvariyā) पु. बहँगी, बहँगीदार।
(m.) a porter who uses a sling-pole, a bamboo, or other pole having slings, or baskets suspended at each end for carrying loads.

कँवरी (kaṁvarī) स्त्री. पशुओं का पागुर। पर्या. कउरी, कबुरी।
(f.) chewing the cud.

कँवल (kaṁval) पु. कमल। पर्या. पद्म, नलिन, पंकज, जलज, उत्पल।
(m.) a lotus (Nelumbium speciosum).

कँवल गट्टा (kaṁval gaṭṭā) पु. कमल का बीज।
(m.) a lotus seed.

कंस (kaṅs) पु. मथुरा के राजा उग्रसेन का पुत्र और कृष्ण का मामा।
(m.) the son of Ugarasen (the king of Mathura) and maternal uncle of Krishana.

कँसकूट (kaṁsakūṭ) पु. (सं. कांस्य) काँस्य मिश्रित, जस्ता और ताँबे आदि के योग से बनी एक धातु।
(m.) any alloy of copper and tin or copper and zinc, brass, bronge.

कँसासुरी (kaṁsāsurī) पु. वह बैल जिसका एक सींग ऊपर और दूसरा नीचे की ओर हो।
(m.) bullock with a horn raised up and the other standing down.

कँसेरा (kaṁserā) पु. बर्तन बनाने और मरम्मत का काम करनेवाली एक जाति।
(m.) metallic vessel makers and sellers.

कँहतरी (kaṁhatarī) स्त्री. दूध गर्म करके दही बनाने के लिए प्रयुक्त मिट्टी का पात्र।
(f.) a soil made pot used to make curd by heating milk.

कँहरल (kaṁharal) अक. कराहना।
(v.i.) to groan, to moan, to cry in pain.

कँहरवा (kaṁharavā) पु. एक प्रकार का राग, सुगम संगीत का एक भेद।
(m.) a melody tune, a kind of tune.

कँहार (kaṁhār) पु. एक जाति, जिसका पेशा पालकी ढोना और पानी भरना है। उदा. 'लाली-लाली डोलिया के सबुजी, ओहरवा। लागी गइले बत्तीसो कँहार'। (लोक.)।
(m.) a water drawer, a carrier of palanquins (palaki), one belonging to a kahar community.

कइँची (kaiṁcī) स्त्री. कैंची।
(f.) scissors, clippers.

कइटी (kaiṭī) स्त्री. बहुत दिनों की जमी हुई कालिख या मैल।
(f.) a frozen dirt.

कइथी (kaithī) स्त्री. एक प्रकार की लिपि, जो कायस्थों एवं कम पढ़े-लिखे लोगों के बीच मध्यकाल में प्रचलित थी।
(f.) the earlier form of the Devanagari alphabet used among Kayastha caste.

कइदी (kaidī) पु. (अ. कैदी) अभियोग में पकड़ा गया या सजा पाया व्यक्ति। पर्या. नजरबंद, बंदी।
(m.) prisoner.

कइन (kain) स्त्री. (सं.) बाँस की पतली डाली।
(f.) a thin branch of bamboo.

कइल (kail) सक. किसी काम को करना।
(v.t.) to work, to do.

कइलाइल (kailāil) अक. अन्न के दाने का पकने की स्थिति में किंचित् काला होना।
(v.i.) the ripe stage of grain in which blackish shade appears.

कइसन (kaisan) क्रि.वि. कैसा।
(adv.) how, in what way, what type of.

कइसहूँ (kaisahūṁ) क्रि.वि. किसी भी स्थिति में, किसी प्रकार से, कैसे भी।
(adv.) anyhow, anyway.

कइसे (kaise) क्रि.वि. कैसे। उदा. 'तहार बिगड़ल बा चलनियाँ कइसे सुधरी'—गीत।
(adv.) how.

कई (kaī) वि. (सं. कति) एक से अधिक।
(adj.) several, some, sundry, many.

कईतल्ला (kaītallā) वि. बहुमंजिला।
(adj.) multistoried.

कईन (kaīn) स्त्री. दे. कइन।

कउँचल (kauṁcal) अक. रंज होना, चिढ़ना।
(v.i.) to regret, to grieve, to be in grief.

कउआ (kauā) पु. (सं. काक) कौवा, कौआ।
(m.) a crow.

कउआइल (kauāil) अक. मन का ऊब जाना।
(v.i.) to get bored, to lose interest.

कउआल (kauāl) पु. (अ. कव्वाल) कौवाली गानेवाला।
(m.) (A. kavval), singer of Kavvali.

कउकाठ (kaukāṭh) पु. झंझट, झमेला।
(m.) worry, difficutlty, perplexity.

कउड़ा (kauṛā) पु. (सं. कंड) जाड़े में तापने के लिए घास-पात की प्रज्वलित आग, अलाव।
(m.) a fire lit in winter to give warmth.

कउड़ी (kauṛī) स्त्री. (सं. कपर्दिका) 1. घोंघे-सा एक समुद्री कीड़े की अस्थि, जिसका उपयोग सबसे कम मूल्य के सिक्के के रूप में होता था, कौड़ी। 2. सरकार द्वारा लिया गया कर। 3. कान, कंठ, काँख और जाँघ की जोड़ के निकट निकली छोटी-सी गिल्टी। (वि.) कृपण, कंजूस। मुहा. **~के तीन भइल**—बेमोल होना।
(f.) 1. a small shell. 2. money-duty. 3. levy, a gland. (adj.) miser.

कउल (kaul) पु. वादा, वचनबद्धता, कउल-करार (सहचर शब्द)।
(m.) an agreement, a contract, commitment, under taking.

कउवाँ (kauvāṁ) वि. क्रम में कौन-सा।
(adj.) which one of the serial.

कउवाल (kauvāl) पु. एक तरह की मछली जो पटेआ जैसी होती है।
(m.) a type of fish.

कउस (kaus) वि. काले एवं सफेद रंगों वाला बैल।
(adj.) oxen of black and white colour.

कएलास (kaelās) पु. कैलाश, हिमालय का एक पहाड़।
(m.) name of a mountain supposed to be located near Mansarovar lake and regarded as the home of Kuvera and main abode of Shiva.

ककउ (kakau) पु. काका के लिए संबोधनसूचक शब्द।
(m.) a word used for addressing Kaka (uncle).

ककन-ककना (kakan-kakanā) पु. दे. कंकण।

ककहरा (kakaharā) पु. 'क' आदि अक्षरों का समूह।
(m.) Devanagari syllabary, the alphabet ka, kha, ga.

ककही (kakahī) स्त्री. कंघी।
(f.) a comb.

ककिआ (kakiā) स्त्री. काका की पत्नी। काकी, चाची।
(f.) aunty.

ककीर (kakīr) पु. एक तरह का पान जो उत्तम कोटि का होता है।
(m.) a kind of high quality betel leaf.

ककुलाइल (kakulāil) अक. खुजली होना।
(v.i.) to itch.

ककोच (kakoc) पु. मवेशियों का जबड़ा।
(m.) cattle's jaw.

ककोहल (kakohal) अक. नोचना, बकोटना।
(v.i.) to scrap, to scratch.

कगजही (kagajahī) वि. कागज का, कागज से संबंधित, एक प्रकार की पेंसिल।
(adj.) related with paper, a type of pencil.

कगभाखी (kagabhākhī) पु. अपशकुन बोलनेवाला व्यक्ति।
(m.) a man who utters inauspicious words.

कगरी (kagarī) स्त्री. किनारा।
(f.) bank.

कगवल (kagaval) पु. (सं. काक+बलि) यज्ञादि में कागों के लिए निकाला गया अंश।
(m.) an offering for crow in religious ceremonies.

कगवा (kagavā) वि. काग का संबोधन। पर्या. काक, कउआ, कौआ, काग। उदा. 'कगवा जवन सनेसा लेई अइलस कि बोलिया सोहावन लागे'।
(adj.) an addressing word for crow.

कच (kac) पु. सेब, कद्दू आदि फल एवं सब्जियों जैसे पदार्थों के काटने से निकली आवाज।
(m.) sound of cutting apples and kaddu.

कचउड़ी (kacauṛī) स्त्री. एक प्रकार की पूड़ी, कचौड़ी।
(f.) a kind of puri having a filling of lentils or vegetables and deep fried.

कचकचाइल (kacakacāil) पु. कुत्ता आदि काटनेवाले जानवरों का आवेश में निकला शब्द।
(m.) grating sound, crunching sound of dogs.

कचट (kacaṭ) पु. मुँह के भीतर लगनेवाली चोट जिससे माँस को कुछ क्षति पहुँचे।
(m.) a mouth injury.

कच-दे (kac-de) क्रि.वि. पट से, अचानक, झट से, जल्दी से।
(adv.) suddenly, smartly, hurriely.

कचनार (kacanār) पु. (सं. कांचनार) एक प्रकार का प्रसिद्ध वृक्ष, जो मझोले आकार का होता है।
(m.) a moderate-sized famous tree.

कचर-बचर (kacar-bacar) पु. व्यर्थ की बातें, शोर-सराबा, जगमगाहट।
(m.) crunch, a noise made when chewing anything crisp or hard.

कचरल (kacaral) सक. मस्तीपूर्वक चबाना।
(v.t.) to chew merrily.

कचरस (kacaras) पु. ईख का रस।
(m.) sugarcane juice.

कचरी (kacaṛī) स्त्री. हरा चना।
(f.) green chickpea.

कचवनी (kacavanī) स्त्री. कच्चे चावल में गुड़ आदि डालकर बना हुआ एक प्रकार का मिष्ठान।
(f.) a sweetmeat made with raw rice and jaggery.

कचहरी (kacaharī) स्त्री. न्यायालय।
(f.) court.

कचाइन (kacāin) स्त्री. 1. कच्चे स्वाद का फल। 2. बहुत अधिक शोरगुल।
(f.) 1. a taste of raw fruit. 2. a lot of noise.

कचारल (kacāral) सक. कपड़े को पैर से धोना।
(v.t.) to wash clothes by foot.

कचिया (kaciā) स्त्री. फसल काटने की दाँतदार हँसिया। दाँती। पर्या. कर्त्तरी, कट्टारी, कच्चारी।
(f.) sickle.

कचूमर (kacūmar) पु. कुचलकर बनाया हुआ पदार्थ।
(m.) sweet fruit pickle.

कचूर (kacūr) पु. (सं. कर्चूर) हल्दी की जाति का एक पौधा, जिसकी जड़ सुगंधित होती है।
(m.) a medicinal plant.

कचोट (kacoṭ) स्त्री. कसक, टीस। उदा. 'मन में कचोट रहे तब परोसे माठा, राम-राम कहऽ, मत करऽ ठाठा'– शंकरदास।
(f.) vexation, galling, feeling.

कचोरा-कटोरा (kacorā-kaṭorā) पु. बड़ी कटोरी।
(m.) a shallow metal cup, bowl, cup.

कच्चक (kaccak) पु. छेनी।
(m.) chisel.

कच्चा (kaccā) वि. दुधिया (खोया) भोजन के लिए काटा हुआ कच्चा अनाज। पर्या. अनपका, अपक्व, अपुष्ट, टाँका (पक्की सिलाई के पहले)।
(adj.) not yet fully ripe, unripe, green.

कच्ची (kaccī) स्त्री. वह भोज्य पदार्थ, जो घी या तेल में नहीं तला गया हो, जैसे–भात-दाल। कच्ची-पक्की (सहचर शब्द)।
(f.) the food which has not been fried in Ghee or oil as Bhat-Dal.

कच्चू (kaccū) पु. जमीन में बैठनेवाली एक प्रकार की जड़, जो सब्जी के काम में आती है।
(m.) a kind of root used as a vegetable.

कच्छा (kacchā) पु. लँगोटे के समान कसकर कमर में पहना जानेवाला वस्त्र।
(m.) a tight join cloth, underwear.

कछनी (kachanī) स्त्री. पहनी हुई धोती को कमर में कसकर तथा ऊपर चढ़ाकर बाँधना।
(f.) the dhoti, worn drawn up round the thighs.

कछ-मछ (kach-mach) पु. एक प्रकार की बड़ी मछली।
(m.) a kind of big fish.

कछार (kachār) पु. नदी की बाढ़ के दायरेवाली जमीन।
(m.) low wet land (by a river), bank of a river, alluvial land.

कछिया (kachiyā) स्त्री. दे. कच्छा।

कछुआ (kachuā) पु. (सं. कच्छप) कड़ी खोपड़ीवाला एक जल जंतु। मुहा. **~चाल-चलना** = धीरे-धीरे चलना।
(m.) a tortoise, a turtle.

कछुई (kachuī) स्त्री. मादा कछुआ।
(f.) a female tortoise.

कछौटा (kachauṭā) पु. धोती के कसकर पहनने का ढंग।
(m.) style of tightening and folding worn dhoti half way up.

कज (kaj) वि./पु. टेढ़ा, एक तरफ झुका हुआ, कूल्हे में दर्द होने पर चलने में टेढ़ापन आने की स्थिति।
(adj./m.) crooked awry, crookedness, fault.

कजरगोट (kajaragoṭ) पु. एक प्रकार का काला धान। पर्या. कजरगौट, कजरघौर, कजरघौड़।
(m.) a kind of black paddy.

कजरवटा (kajaravaṭā) पु. काजल रखने का बर्तन।
(m.) a pot for lamp-black.

कजरी (kajarī) स्त्री. एक प्रकार का बरसाती गीत, जो आषाढ़ से भादों तक गाया जाता है। उदा. 'चलबे-चलबे रे सँवरिया देखे कजरी के बहार। मिरजापुर कजरी के नइहर कासी में ससुरार'।
(f.) a type of song sung from Ashadh to Bhado month.

कजाक (kajāk) पु. डाकू, लूटेरा।
(m.) robber, bandit.

कजाहल (kajāhal) वि. अपाहिज (बैल)।
(adj.) a cripple, crippled, disabled (ox).

कज्जक (kajjak) पु. छेनी।
(m.) chisel.

कटउँसा (kaṭauṁsā) पु. चूहों की एक जाति जिसकी प्रकृति काटने की होती है।
(m.) a kind of biting mouse.

कट-कट (kaṭ-kaṭ) पु. काटने से उत्पन्न शब्द।
(m.) chattering of teeth, sound of cutting.

कटकटाइल (kaṭakaṭāil) अक. कटकटाना।
(v.i.) to chatter.

कटकटावल (kaṭakaṭāval) अक. क्रोध में दाँत पीसना, ठंड में दाँतों का आपस में टकराना।
(v.i.) to grind teeth in anger, to chatter in chill.

कटकेना (kaṭakenā) पु. निश्चित राशि पर दिया गया काम, ठीका।
(m.) contract, work done on contract.

कटघरा (kaṭagharā) पु. न्याय के लिए अदालत में बना लकड़ी का घेरा।
(m.) dock, wooden box in a court of law.

कटनिहार (kaṭanihār) पु. काटनेवाला।
(m.) reaper.

कटनी (kaṭanī) स्त्री. फसल की कटाई।
(f.) reaping, cropping.

कटरनी (kaṭaranī) पु. मोची का सूआ।
(m.) a large needle of shoemaker.

कटरा (kaṭarā) पु. जवान पाड़ा (भैंस का बच्चा)। पर्या. कटड़ा, कट्‌टा, पँड़वा, पड़वा।
(m.) a male buffalo calf.

कटल (kaṭal) अक. कट जाना।
(v.i.) to be cut, to be reaped.

कटसिंगी (kaṭasiṅgī) स्त्री. कटी सींगवाली भैंस।
(f.) buffalo with cut-off horns.

कटहर (kaṭahar) पु. कटहल।
(m.) jack fruit.

कटहीहर (kaṭahīhar) पु. एक तरह का हल जिससे निकौनी की जाती है।
(m.) a kind of plaugh.

कटाँस (kaṭāṁs) पु. बनबिलार, बिल्ली की वह बड़ी जाति जो जंगल में पेड़ों पर चढ़ती है।
(m.) the jungle cat, marsh lynx, Felis ehaus.

कटाइल (kaṭāil) वि. दे. कटल।

कटाई (kaṭāī) स्त्री. फसल काटने की मजदूरी।
(f.) wages for reaping.

कटाउज (kaṭāuj) पु. दो कुत्तों की लड़ाई।
(m.) quarrel between two dogs.

कटान (kaṭān) पु. कटाव।
(m.) erosion.

कटार (kaṭār) पु. पतली और दुधारी बड़ी तलवार।
(m.) a double edged long dagger.

कटारी (kaṭārī) स्त्री. (सं. कर्तरिका, कर्तरी) आकार में छोटी और दुधारी तलवार।
(f.) a small dagger.

कटाव (kaṭāv) पु. 1. दर्जी द्वारा सिलाई में काटने की क्रिया। 2. काटकर बनाए हुए बेलबूटे।
(m.) 1. cutting process of a tailor. 2. a kind of flowering on cloths.

कटावदार (kaṭāvadār) वि. बेलबूटा बनाया हुआ (वस्त्र)।
(adj.) floral patterning on cloth.

कटाह (kaṭāh) वि. काटनेवाला (कुत्ता आदि)।
(adj.) biting (dog etc).

कटिया (kaṭiyā) पु. तैयार फसल को काटने का काम।
(m.) the work of harvesting.

कटिहर (kaṭihar) वि. बहुत गंदा।
(adj.) excessive dirty.

कटुई (kaṭuī) स्त्री. फसलों को नष्ट करनेवाला कीड़ा।
(f.) a pest which destroys crops.

कटुओ (kaṭuo) पु. चारे के लिए व्यवहृत होनेवाला भूसा।
(m.) husk or cut stalks used for fodder.

कटोरा (kaṭorā) पु. चौड़े पेंदे का खुले मुँहवाला पात्र।
(m.) broad-bottomed open cup.

कटोरी (kaṭorī) स्त्री. कटोरी, छोटा कटोरा।
(f.) a small shallow metal cup or bowl.

कटौनी (kaṭaunī) स्त्री. दे. कटनी।

कट्‌टर (kaṭṭar) वि. अपने विश्वास पर अटल रहनेवाला।
(adj.) strict, dogmatic.

कट्‌टरपंथी (kaṭṭarapaṅthī) वि. अपने सिद्धांत पर अटल रहनेवाला।
(adj.) dogmatic, fanatic.

कट्‌ठा (kaṭṭhā) पु. (सं. काष्ठा) बीस धुर जमीन की एक नाप, बिस्वा।
(m.) a measure of land (80 sq. yds).

कठंजा (kaṭhaṅjā) पु. कई तरह के मिले हुए अनाज।
(m.) mixed grain.

कठ (kaṭh) पु. काठ का संक्षिप्त रूप जो शब्दों के आदि में जुड़ता है। उदा. कठपुतली।
(m.) abbreviation of kath like kathputali (puppet).

कठइया (kaṭhaīyā) वि. दे. कठऊ।

कठऊ (kaṭhaū) वि. काठ का बना हुआ।
(adj.) made by wood.

कठउता (kaṭhauatā) पु. काठ का बना बड़ा बर्तन, कठवत। स्त्री. कठउती।
(m.) a big wooden bowl, a big wooden tub.

कठकरेज (kaṭhakarej) वि. कठोर हृदयवाला, तंगदिल।
(adj.) cruel hearted, narrow mind.

कठकरेजी (kaṭhakarejī) वि. दे. कठकरेज।

कठखल्ला (kaṭhakhallā) पु. थारुओं की एक उपजाति।
(m.) a subcaste of Tharu.

कठखोलवा (kaṭhakholavā) पु. सिर पर चोटीनुमा आकृतिवाला पक्षी जो अपनी लंबी चोंच से पेड़ों में छेद करता है, कठफोड़वा।
(m.) woodpecker.

कठघरा (kaṭhagharā) पु. कचहरी में बना काठ का घेरा जिसमें मुजरिम न्यायाधीश के सामने खड़ा होता है।
(m.) a large wooden cage, railing, witness box dock.

कठघोड़वा (kaṭhaghoṛavā) पु. (काष्ठ घोटक) काठ की बनी घोड़े की आकृति जिसका उपयोग एक लोकनृत्य में होता है। दुलदुल का नृत्य।
(m.) a wooden horse used in folk dance.

कठजामुन (kaṭhajāmun) पु. (सं. काष्ठ जंबू) एक प्रकार का जामुन। यह छोटा होता है तथा इसका बीज बड़ा होता है।
(m.) a kind of rose apple, blackberry tree and its hard fruits.

कठजीव (kaṭhajīv) वि. कठोर प्रकृति का आदमी, जो शरीर के कष्ट को आसानी से सहन कर लेता है।
(adj.) sturdy, burly, crassly overbearing.

कठनही (kaṭhanahī) स्त्री. (सं. काष्ठ+नघ्री) कठपनही, काठ का चप्पल।
(f.) a wooden sandle.

कठपिरी (kaṭhapirī) स्त्री. एक प्रकार का फूल।
(f.) a kind of flower.

कठपुतरी (kaṭhaputarī) स्त्री. (सं. काष्ठ+पुत्तलिका) काठ से बनी पुतली।
(f.) a wooden puppet.

कठफनेल (kaṭhaphanel) पु. दे. कठजामुन।

कठफोरवा (kaṭhaphoravā) पु. एक प्रकार की चिड़िया, जो काठ को खोदकर अपना घोंसला बनाती है। उदा. 'काठफोरी निकले आहो कठफोरवा हो रामा, छतिया फोरी निकले गोरी के जोबनवाँ हो'। (लोक.) चैताबर।
(m.) a woodpecker.

कठबंधन (kaṭhabańdhan) पु. (सं. काष्ठ+बंधन) लकड़ी का खंभा, जिसमें हाथी बाँधा जाता है।
(m.) wooden ring with which the feet of elephants are fastened.

कठवाँस (kaṭhavāṁs) पु. (सं. काष्ठ+वंश) पतला और ठोस बाँस।
(m.) thin and solid bamboo.

कठबाप (kaṭhabāp) पु. सौतेला पिता।
(m.) step father.

कठबेंग (kaṭhabeṅg) पु. छोटे आकार का मेंढक।
(m.) frog of small size.

कठबेली (kaṭhabelī) स्त्री. आकार में छोटा जंगली बेल।
(f.) the wood apple, feronia elephantum.

कठमउगा (kaṭhamaugā) पु. स्त्रैण प्रकृति का पुरुष।
(m.) womanish person.

कठमाठ (kathamāth) पु. वह निट्टी जो अपेक्षाकृत कड़ी होती है।
(m.) comparatively hard soil.

कठमुरुकी (kaṭhamurukī) स्त्री. किंकर्तव्यविमूढ़ मनोदशा।
(f.) bewilderment, predicament, puzzlement, being nonplussed.

कठमोरवा (kaṭhmoravā) पु. (सं. काष्ठमयूर) काठ का बना मोर (मयूर), जिसका उपयोग एक प्रकार के लोकनृत्य में होता है।
(m.) a wooden peacock used in folk dance.

कठरंजनी (kaṭharańjanī) स्त्री. गुंजा। पर्या. धुंधली, चिंचा, चिंची।
(f.) the creeper abrus precatorius and its red seed.

कठरा (kaṭharā) पु. दे. कठवत।

कठरिआ (kaṭhariā) पु. थारुओं की एक उपजाति।
(m.) a subcaste of Tharu.

कठवत (kaṭhavat) पु. (सं. काष्ठपात्र) रसोईघर में प्रयुक्त होनेवाला लकड़ी का पात्र (कठौती)।
(m.) a wooden tub.

कठार (kaṭhār) पु. एक प्रकार का कंद, जिसकी सब्जी बनती है।
(m.) a kind of root used as vegetable.

कठिन (kaṭhin) वि. दुष्कर, कड़ा, कठोर।
(adj.) difficult.

कठिनाई (kaṭhināī) स्त्री. कठिन होने का भाव।
(f.) the feeling of being difficult.

कठुआइल (kaṭhuāil) अक. ठंड से सिकुड़ना या सिकुड़कर कड़ा होना।
(v.i.) to shrink, contract due to coldness.

कठुली (kaṭhulī) स्त्री. छोटा कठौता।
(f.) a small tub of wood.

कठेठ (kaṭheṭh) वि. वह फल जो ठीक से पका न हो और कड़ा हो। पर्या. कड़ा, कठोर, सख्त, ठोस।
(adj.) unripe and solid fruit.

कठेया (kaṭheyā) पु. काठ की तरह जड़ीभूत होने की स्थिति।
(m.) being transfixed like wood.

कठेल (kaṭhel) वि. सख्त, कड़ा।
(adj.) hard, stiff.

कठोर (kaṭhor) वि. निष्ठुर, निर्दयी। पर्या. क्रूर, निर्दय, निर्मम, बेदर्द, बेरहम।
(adj.) hard hearted, cruel.

कठौत (kaṭhaut) पु. (सं. काष्ठपात्र) दे. कठवत।

कड़-कड़ (kaṛ-kaṛ) पु. कड़े वस्त्र, कागज पर पड़े दबाव से या तेल-घी को आँच पर खौलाने से निकला शब्द।
(m.) producing a continued or repeated cracking or succession of loud sounds.

कड़कल (kaṛakal) अक. कसक पैदा करना। उदा. 'इँगुरा के ठोपवा, सुरुजवा के जोतिया हो। कजरवा देखि के ना, देवरा के कड़केला करेजवा हो'। (लोक.)
(v.i.) to pain, to throb with pain, to ache to smart.

कड़खल (kaṛakhal) वि. (सं. कर्करा) कड़ा, कठोर।
(adj.) hard.

कड़र (kaṛar) वि. फसल का कड़ा और मोटा पौधा।
(adj.) hard and fat plant of crop.

कड़रा (kaṛarā) पु. दे. कँड़रा।

कड़री (kaṛarī) स्त्री. दे. कँड़री।

कड़रू (kaṛarū) पु. भैंस का बच्चा। पर्या. पड़रू, पाड़ा।
(m.) he calf of a buffalo.

कड़वार (kaṛavār) पु. दे. कड़रू।

कड़ाँव (kaṛām̐v) पु. दे. कड़ाम।

कड़ा (kaṛā) वि. कठोर, कठिन, कड़ाई, कड़े काम का भाव या क्रिया।
(adj.) hard, difficult.

कड़ा-कड़ी (kaṛā-kaṛī) वि. झगड़े का (बातचीत)।
(adj.) talking loudly while scolding or reprimanding.

कड़ाचूर (kaṛācūr) क्रि.वि. भरपूर, अधिक, ज्यादा।
(adv.) immense, very much.

कड़ाबीन (kaṛābīn) स्त्री. छोटी बंदूक।
(f.) a carbine, small gun.

कड़ाम (kaṛām) पु. दौनी के समय बैलों को बाँधने की लंबी रस्सी। पर्या. कडाँव।
(m.) long rope used to the bullocks at the time of winnowing.

कड़ाह (kaṛāh) पु. (सं. कटाह) ईख के रस को उबालने के लिए लोहे का बड़ा गोल बर्तन।
(m.) huge frying pan, cauldron.

कड़ाही (kaṛāhī) स्त्री. लोहे का छोटा गोल बर्तन, जिसमें सब्जी आदि पकाई जाती है।
(f.) a kind of deep frying pan.

कड़ियल (kaṛiyal) वि. कड़े स्वभाव का।
(adj.) hard, harsh, stiff or tough of nature.

कड़ी (kaṛī) स्त्री. (सं. कटक) 1. मकान की छत में प्रयुक्त लकड़ी। 2. गीत का पद।
(f.) 1. a beam. 2. the chorus of a song.

कड़ुआ (kaṛuā) वि. तीखा, चरपरा, तेज।
(adj.) bitter, pungent.

कड़ू (kaṛū) पु. (सं. कटु) सरसों का तेल।
(m.) mustard oil.

कड़ेर (kaṛer) वि. कड़ा, कठोर।
(adj.) hard, stiff.

कड़ेराह (kaṛerāh) वि. कड़ा, कठोर-सा।
(adj.) hard, stiff.

कड़ोर (kaṛor) पु. (सं. कोटि) करोड़। पर्या. कोटिक।
(m.) ten million, a crore.

कड़ोरिया (kaṛoriyā) पु. एक खानाबदोश जाति।
(m.) with house on back nomadic, a wanderer.

कढ़ावल (kaṛhāval) सक. गीत की प्रथम कड़ी को पहले गाकर समूह गान को आरंभ करना।
(v.t.) to start a chorus by singing the first line of the song.

कढ़ुआ (kaṛhuā) पु. रात की बनी रसोई से दूसरे दिन खाने के लिए निकाला गया अंश।
(m.) food kept over from an evening meal for the next day.

कढ़ौर (kaṛhaur) पु. अनाज के बीज पर दिया जानेवाला सूद।
(m.) interest on grain seed taken as loan.

कंडा (kaṅḍā) पु. सूखा गोबर।
(m.) dry dung.

कतका (katakā) पु. छड़ी।
(m.) stick.

कतकी (katakī) स्त्री. कार्तिक महीने में पकनेवाला धान।
(f.) a kind of paddy which ripe in Kartik month.

कतना (katanā) वि. (सं. कियत्) किस परिमाण में, कितना।
(adj.) how much, how many.

कतरन (kataran) पु. कागज, वस्त्र आदि के कटने से प्राप्त टुकड़ा।
(m.) piece of paper or cloth cutting, clipping, trimming.

कतरनी (kataranī) स्त्री. (सं. कर्तनी) बाल बनाने या कपड़ा काटने का औजार, कैंची। उदा. 'हाथ सुमिरनी बगल कतरनी, पढ़े भागवतगीता रे'—कबीर।
(f.) scissors, shears.

कतरल (kataral) सक. कैंची से काटना।
(v.t.) to cut, to trim by scissor.

कतरा (katarā) पु. किसी फल का कटा हुआ भाग।
(m.) a piece of fruit.

कतराइल (katarāil) अक. किसी काम से देह चुराना।
(v.i.) to avoid work, to shun.

कतरी (katarī) स्त्री. एक तरह की मछली, जो चिपटी होती है।
(f.) a kind of flat fish.

कतल (katal) पु. (अ. कत्ल) वध, हत्या।
(m.) killing, slaughtering, murder, assassination.

कतला (katalā) पु. एक तरह की उत्तम कोटि की मछली।
(m.) a kind of highly prized fish.

कतवार (katavār) पु. कूड़ा-करकट, गंदी वस्तु।
(m.) sweepings, dregs, rubbish, refuse.

कतवावल (katavāval) सक. दूसरे से सूत कतवाना।
(v.t.) to cause to spun.

कतहत (katahat) क्रि.वि. (आकार में) कितना बड़ा।
(adv.) how much, how many.

कतहाँ-केतहाँ (katahāṁ-ketahāṁ) क्रि.वि. (सं. कुत्र) कहाँ।
(adv.) where, in what case, how.

कतहीं-कतहूँ (katahīṅ-katahūṁ) क्रि.वि. (सं. कुत्रापि) किसी भी स्थान पर, कहीं भी।
(adv.) somewhere, anywhere.

कता (katā) वि. (सं. कति) कितना। उदा. 'चिठिया से बचनि, मने मुसुकइनि, कता धनी लिखेली वियोगवा हो ना'। (लोक.)।
(adj.) how much, how many, what number.

कतार (katār) स्त्री. (अ. कतार) पंक्ति। पर्या. पंगत, पाँत, पाँती, अवलि, माला, शृंखला, श्रेणी, सिलसिला।
(f.) a line, row, series, order, que.

कतिबेर (katiber) क्रि.वि. कितनी देर, कितनी देर तक, कितनी बार।
(adv.) how many, what number.

कतिया (katiyā) पु. कार्तिक महीने में तैयार होनेवाला धान।
(m.) a paddy matured in Kartik month.

कती (katī) वि. कितना। उदा. 'कती देर से बइठल बानी'।
(adj.) how much.

कतेक (katek) वि. कितना। उदा. 'ई गाँव कतेक दूर बाटे?'
(adj.) how much.

कतों (katoṅ) क्रि.वि. (सं. कुत्रापि) कहीं।
(adv.) where-ever.

कत्ती (kattī) स्त्री. छोटी तलवार, छुरी।
(f.) a small sword, a knife, dagger.

कत्तिन (kattin) स्त्री. चरखा कातनेवाली स्त्री।
(f.) a woman who spins wheel.

कत्थी (katthī) वि. कत्थे के रंग का।
(adj.) a colour of Kattha.

कथ (kath) पु. खैर के पेड़ से निकालकर बनाया गया पदार्थ, जो पान में खाया जाता है। पर्या. खैर, कत्था।
(m.) an astringent and narcotic vegetable extract from the plant Khair (eaten in betel leaf with lime, which turns red).

कथई (kathaī) वि. दे. कत्थी।

कथक (kathak) पु. एक प्रकार का शास्त्रीय नृत्य, ऐसे नृत्य का पेशा अपनानेवाला (व्यक्ति)।
(m.) a type of classical dance, a community of singers and dancers.

कथक्कड़ (kathakkaṛ) पु. लगातार बहुत कथा कहनेवाला व्यक्ति।
(m.) a profound narrator and expounder of sacred legends.

कथनी (kathanī) स्त्री. (सं. कथन) कही हुई बात, उपदेश।
(f.) statement, preachings.

कथरी (katharī) स्त्री. गुदरी, सुजनी। पर्या. गुदड़ी, गूदड़।
(f.) old cotton, the padding from a quiet, old tattered cloths or garments.

कथा (kathā) स्त्री. आख्यान, कहानी, पौराणिक एवं धार्मिक घटनाओं का वर्णन।
(f.) story, tale, legend, sacred legend or tale.

कथी (kathī) सर्व. क्या, कौन।
(pron.) what, who.

कद (kad) पु. (अ.) डील-डौल, ऊँचाई।
(m.) height, stature.

कदई (kadaī) स्त्री. (सं. कर्दम) कीचड़। पर्या. कदवा।
(f.) mud.

कदम (kadam) पु. (सं. कदंब) पीला फूल और फलवाला एक पेड़।
(m.) a tree with yellow flower and fruit, nauclea cadamba.

कदर (kadar) स्त्री. (अ. कद्र) मान, सम्मान। पर्या. आदर, इज्जत, सम्मान।
(f.) worth, estimation, value, honour.

कदरई (kadaraī) स्त्री. कायरता, ढीलापन, आलस्य।
(f.) cowardice, laziness.

कदवा (kadavā) पु. दे. कदई।

कदराह (kadarāh) पु. दे. कदरई।

कदाप (kadāp) क्रि.वि. (सं. कदापि) शायद, कभी।
(adv.) sometimes, at all, on any account, never, by no means, absolutely not.

कदावर (kadāvar) वि. (फा. कदावर, कद्दावर) लंबा-तगड़ा, ऊँचे कद वाला।
(adj.) tall, of good stature.

कदीम (kadīm) वि. (अ. कदीम) पुराना, पुरातन, बहुत दिनों से आनेवाला।
(adj.) ancient, former (time, age, ways).

कदीमा (kadīmā) पु. कोंहड़ा, एक प्रकार की सब्जी।
(m.) the pumpkin cucumbita pepo.

कदीमी (kadīmī) पु. (अ. कदीमी) वह काश्तकार, जिसे अधिकृत भूमि प्राप्त है।
(m.) a farmer who is authorised for the land.

कदुआ (kaduā) पु. (फा. कदू) लता में होनेवाला एक प्रकार का लंबा या गोल फल, जिसकी तरकारी होती है। पर्या. कदू, कद्दू, लौका, लौकी, कदुइया। उदा. 'कदुआ पर सितुहा चोख'।
(m.) a type of pumpkin, gourd.

कद्दू (kaddū) पु. दे. कदुआ।

कधोर (kadhor) वि. (सं. कर्द+उदक) कीचड़ मिला हुआ पानी। पर्या. किधोर, किदोड़ किदौड़ा, कदवइल।
(adj.) water mixed with mud.

कन (kan) पु. धान की भूसी।
(m.) paddy straw.

कन-खुद्दी (kan-khuddī) स्त्री. अनाज के टूटे टुकड़े।
(f.) pieces of broken corn.

कनइठी (kanaiṭhī) स्त्री. कान को ऐंठने की क्रिया।
(f.) twisting the ear.

कनइल (kanail) पु. (सं. कर्णकील) एक प्रकार का फूल, कनेर, कनैल।
(m.) oleander.

कनइली (kanailī) स्त्री. कान का एक गोल आभूषण।
(f.) a circular ornament of ear.

कनई (kanaī) स्त्री. काँदो, कीचड़।
(f.) mud.

कनउसी (kanausī) स्त्री. (सं. कर्णकुश) कान का गहना।
(f.) an ornament of ear.

कनउजिया (kanaujiyā) वि. कन्नौज का मूल निवासी। (पु.) हिंदुओं की एक उपजाति।
(adj.) belonging to Kanauj. (m.) a caste.

कनकचूर (kanakacūr) पु. (सं. कनकचूर्ण) रोपा जानेवाला एक प्रकार का उत्कृष्ट धान।
(m.) a fine paddy.

कनकजीर (kanakajīr) पु. (सं. कनकजीरकः) एक प्रकार का महीन धान।
(m.) a type of fine paddy.

कनकट (kanakaṭ) पु. मिट्टी का बर्तन, जिसका ऊपरी हिस्सा टूटा-फूटा हो।
(m.) a clay pot with broken upper part.

कनकनी (kanakanī) स्त्री. ठंडक लगने से अंग में हल्का कंपन या सनसनी पैदा करना।
(f.) to tingle, to feel cold.

कनकी (kanakī) स्त्री. अधिक बारीक कण (धूल)।
(f.) fragment, dust.

कनखा (kanakhā) पु. मिट्टी या धातु के बर्तन का ऊपरी हिस्सा।
(m.) the upper portion of clay or metal pot.

कनखिआवल (kanakhiāval) सक. कनखी से देखना या इशारा करना।
(v.t.) to glance stealthily, to give a side long look, to throw a furtive glance.

कनखी (kanakhī) स्त्री. (सं. कण+अक्षि) आँख की पुतली को कोने में ले जाकर देखने की विधि, बंकिम नयन।
(f.) a squint, side-glance.

कनगर (kanagar) वि. बात को ध्यान से सुनकर याद रखनेवाला।
(adj.) a man who remembers after attentively hearing the fact.

कनगुरिया (kanaguriyā) स्त्री. (सं. कनिष्ठिका) सबसे छोटी अंगुली। पर्या. कानी अंगुली।
(f.) the smallest finger.

कनगोजर (kanagojar) पु. एक प्रकार का अनेक पैरोंवाला लंबा कीड़ा जो विषैला होता है।
(m.) a centipede.

कनछल (kanachal) अक. आँव के कारण पेट में मरोड़ या दर्द होना।
(v.i.) to gripe.

कनछाल (kanachāl) पु. पौधे का कोंपल।
(m.) young leaf, budding leaf, sprout, shoot.

कनझप्पा (kanajhappā) पु. बड़ी टोपी, जिससे कान ढक जाता है।
(m.) a long cap covering the ear.

कनटोप (kanaṭop) पु. कानों को ढकनेवाली बड़ी टोपी।
(m.) a big cap which covers the ears.

कनडेढ़ (kanaḍeṛh) वि. ऐसा व्यक्ति, जिसकी आँखें तिरछी या छोटी-बड़ी हो।
(adj.) squint eyed.

कनपटल (kanapaṭal) सक. गरदन पर मारना।
(v.t.) to hit at the neck.

कनपटी (kanapaṭī) स्त्री. (सं. कर्ण+पट्टिका) कान और आँख के बीच का भाग।
(f.) the area between the eye and the ear.

कनपसवा (kanapasavā) पु. एक प्रकार का कर्णफूल।
(m.) a kind of ear tops.

कनफटा (kanafaṭā) पु. योगियों का एक भेद।
(m.) a type of members of the Nath yogi sect.

कनफुँकवा (kanafuṁkavā) वि. कान में दीक्षा या गुरुमंत्र देनेवाला।
(adj.) one who whispers mantras into another's ear.

कनफुसकी (kanafusakī) स्त्री. कान के निकट धीरे- धीरे कही गई बात, कान के निकट कहने की स्थिति जो दूसरे को सुनाई नहीं दे।
(f.) whisper.

कनफूल (kanafūl) पु. (सं. कर्णपुष्प) कान का एक आभूषण।
(m.) ear-ring.

कनबदा (kanabadā) पु. एक प्रकार का धान।
(m.) a kind of paddy.

कनबहिर (kanabahir) वि. (सं. कर्ण+बधिर) बहरा आदमी।
(adj.) deaf.

कनबोज (kanaboj) पु. आँख-कान के बीच का भाग।
(m.) area between an ear and eye.

कनमन (kanaman) पु. धीमे और अस्पष्ट शब्दों में असंतोष व्यक्त करना।
(m.) to express unsatisfaction in slow and ambiguous words.

कनमूल (kanamūl) पु. (सं. कर्ण+मूल) कान की जड़ में सूजन की बीमारी।
(m.) a swelling disease in ear-root.

कनमोर (kanamor) पु. खेत का वह हिस्सा जो जोतते समय छूट गया हो।
(m.) part of field left out during ploughing.

कनरा-कनरल (kanarā-kanaral) अक. (सं. कण) अत्यंत छोटी बूँदों में वर्षा होना।
(v.i.) to rain lightly, to rain in small drops.

कनवई (kanavaī) स्त्री. दे. कनवाँ।

कनवाँ (kanavāṁ) पु. सेर का सोलहवाँ भाग, छटाँक।
(m.) sixteenth part of Ser, chatank.

कनसन (kanasan) पु. फसल को पूर्णतः हानि पहुँचानेवाली एक घास। पर्या. काँसी, कास।
(m.) a kind of grass harmful to a crop.

कनसी (kanasī) स्त्री. ईख का अंकुर।
(f.) sprouts or buds of sugarcane.

कनसुनी (kanasunī) स्त्री. उपेक्षा।
(f.) unheard, avoid.

कनसुप (kanasup) पु. सूप। अनाज फटकने के लिए प्रयुक्त एक साधन। कहीं-कहीं कलसुप भी कहा जाता है।
(m.) winnowing basket.

कनसून (kanasūn) वि. कम सुननेवाला।
(adj.) hard hearing.

कनस्तर (kanastar) पु. (अं.) टीन का चौखूँटा बर्तन, जिसमें मिट्टी का तेल आदि रखा जाता है।
(m.) canister.

कनहा-कनाह (kanahā-kanāh) वि. (सं. काण) काना, एक आँख का।
(adj.) one-eyed.

कनाइल (kanāil) वि. कीड़ा लगा हुआ।
(adj.) to get infected with worms.

कनाई (kanāī) स्त्री. ईख का एक रोग विशेष। लोको. 'ऊख कनाई काहे से, स्वाती पानी पाये से'—घाघ, (स्वाती का पानी पाने से ईख काना हो जाता है)।
(f.) a disease pertaining to sugarcane.

कनाठ (kanāṭh) पु. बाँस का एक टुकड़ा जिसके दोनों किनारों पर आँटी के जोड़े बाँध कर एक जगह से दूसरी जगह ढोए जाते हैं, बहँगी।
(m.) a pole with slings at the ends for carrying loads.

कनाठा (kanāṭhā) पु. एक प्रकार का कीड़ा, जो दलहन, कपास और तंबाकू के पौधों में लगता है। पर्या. छीरी, छेड़ी, छीरा।
(m.) a type of germ found in pulse, cotton and tobacco.

कनात (kanāt) स्त्री. किसी स्थान को घेरने के लिए कपड़े की बनी टट्टी।
(f.) a wall of a tent.

कनाह-कनाहा (kanāh-kanāhā) पु. कीड़े लगा ईख का पौधा।
(m.) a sugarcane plant with germs.

कनिआइल (kaniāil) अक. अँखुआना।
(v.i.) to sprout, to bud.

कनियाई (kaniāī) स्त्री. विवाह के अवसर पर वर पक्ष की ओर से कन्या के लिए दी गई साड़ी।
(f.) sari offered to bride at marriage ceremony by bridegroom's side.

कनिया-पुतरी (kaniā-putarī) स्त्री. कपड़े की बनी गुड़िया, जिससे छोटी लड़कियाँ खेलती हैं।
(f.) dolls of cloths with which little girls play.

कनिक (kanik) पु. गेहूँ या जौ का मोटा आटा।
(m.) coarse flour of wheat or barley.

कनिया (kaniyā) स्त्री. (सं. कन्या) ब्याह के बाद ससुराल में आई हुई नई बहू, पर्दे में रहने वाली स्त्री। उदा. 'कनिया बहुरिया लाल गोधना। बरवा बोलावत बा चलऽ अँगना'। बाल लोकोक्ति।
(f.) newly wed woman, bride.

कनियाल (kaniyāl) पु. एक प्रकार का धान।
(m.) a kind of paddy.

कनियादान (kaniyādān) पु. कन्यादान।
(m.) offering one's daughter to bridegroom in marriage ceremony.

कनिया-बहुरिया (kaniyā-bahuriyā) स्त्री. दे. कनिया।

कनून (kanūn) पु. कानून, विधि, नियम।
(m.) law, rules.

कन्हइया (kanhaiyā) पु. श्रीकृष्ण, कंधे पर बैठाना। उदा. 'जै कन्हइया लाल की, मदनगोपालकी। लइकन के हाथी, घोड़ा, बुढ़वन के पालकी'।
(m.) Lord Krishna, a children game in which folk lore is sung.

कन्हावरि (kanhāvari) स्त्री. शादी आदि अवसरों पर मेहमान को दी जानेवाली धोती जो प्रायः पीले रंग से रंगी होती है।
(f.) a gift of yellow dhoti at wedding etc.

कनेल (kanel) पु. (सं. कर्णिकार) एक प्रकार का फूल, जो लाल, पीला, सफेद और अन्य रंगों का भी होता है।
(m.) a type of flower of different colours as red, yellow, white etc.

कनैली (kanailī) स्त्री. खूँटी।
(f.) a stake.

कन्ना (kannā) पु. अनाज के खेतों में होनेवाली एक पशुखाद्य घास, धान की फसल की वृद्धि रोकनेवाली एक घास।
(m.) a kind of grass seen in farm.

कन्ही (kanhī) पु. दलहन, कपास के पौधों पर लगनेवाला एक कीड़ा।
(m.) a germ of pulse, cotton plant.

कप (kap) पु. प्याला।
(m.) a cup.

कपट (kapat) पु. स्वार्थ सिद्धि के लिए प्रपंचपूर्ण बात, छल।
(m.) deceit, trick, trickery hypocrisy.

कपटा (kapaṭā) पु. एक कीड़ा, जो धान की फसल में लगता है।
(m.) a germ of paddy crop.

कपटी (kapaṭī) स्त्री. मिट्टी की कटोरी। (वि.) प्रपंचपूर्ण।
(f.) a small clay cup. (adj.) deceitful.

कपड़छान (kapaṛachān) वि. पीसी हुई काष्ठौषधि जो कपड़े से छानी गई हो।
(adj.) sifted through cloth, fine (as a powder).

कपड़ा (kapaṛā) पु. रेशम, ऊन, रूई या अन्य किसी धागे से बना वस्त्र, परिधान। पर्या. पट, चीर, वसन।
(m.) cloth , clothes, clothing, garment.

कपरफोरउअल (kaparaforaual) पु. मार-पीट के दौरान एक दूसरे के सिर फोड़ने का काम।
(m.) clouting.

कपरबथी (kaparabathī) स्त्री. सिर दर्द की बीमारी।
(f.) headache.

कपसा (kapasā) पु. गन्ने में मक्खियों के चिपकने का रोग।
(m.) a sugarcane disease.

कपार (kapār) पु. (सं. कपाल) ललाट, मस्तक, खोपड़ी।
(m.) skull, forehead.

कपारी (kapārī) वि. सिरवाला।
(adj.) headed.

कपास (kapās) पु. (सं. कर्पास) एक प्रकार का पौधा, जिसके फल से रूई निकलती है। मुहा. 'आये थे हरिभजन को, ओटन लगे कपास'।
(m.) the cotton plant, cotton.

कपिला (kapilā) स्त्री. भूरी गाय, छोटे और हिलते सींगोंवाली गाय।
(f.) a type of cow.

कपुरिया (kapuriyā) पु. (सं. कर्पूर) आम की एक जाति, जिससे कपूर की सुगंध आती है।
(m.) a kind of mango with camphor scent.

कपूत (kapūt) पु. (सं. कुपुत्र) पुत्र-धर्म का निर्वाह नहीं करनेवाला लड़का। बुरी प्रकृति का लड़का।
(m.) a bad son.

कपूर (kapūr) पु. (सं. कर्पूर) एक सुगंधित सफेद पदार्थ, जिसका उपयोग आरती में होता है।
(m.) camphor.

कपूरसाह (kapūrasāh) पु. दे. कपुरिया।

कपूरी (kapūrī) स्त्री. पान का एक भेद, जिसका पत्ता बड़ा कोमल होता है।
(f.) a yellowish type of betel leaf.

कफ (kaf) पु. (अ.) एक प्रकार का रोग, बलगम।
(m.) cough, phlegm.

कफन (kafan) पु. (अ.) दाह संस्कार या दफनाने के पूर्व मुर्दे के ऊपर दिया जानेवाला वस्त्र।
(m.) shroud.

कफनचोर (kafanacor) वि. अनैतिक ढंग से धन कमानेवाला व्यक्ति, कंजूस व्यक्ति।
(adj.) penny pincher, a stingy, stealer of grave-clothes (shroud).

कफनावल (kafanāval) सक. शव को कफन में लपेटना।
(v.t.) to wrap a deadbody in shroud.

कफला (kafalā) पु. तीर्थ यात्रियों की जमात, काफिला।
(m.) carvan, convoy.

कफियाइल (kafiyāil) वि. कफमय।
(adj.) phelgmatic.

कब (kab) क्रि.वि. (सं. कदा) किस समय।
(adv.) when, at what time.

कब-कब (kab-kab) पु. खाने के बाद मुँह में खुजली पैदा होने की स्थिति।
(m.) itching in mouth after taking food.

कबज (kabaj) पु. (अ. कब्ज) मलावरोध, पेट में तनाव की स्थिति।
(m.) constipation.

कबजा (kabajā) पु. दखल, अधिकार।
(m.) possession, occupation.

कबडी (kabaḍī) स्त्री. एक प्रकार का देशी खेल, कबड्डी।
(f.) a typical Indian game among boys.

कब-दो (kab-do) क्रि.वि. पता नहीं, कब।
(adv.) don't know when.

कबर (kabar) स्त्री. (अ. कब्र) वह गड्ढ़ा जिसमें मुसलमान और इसाई के मुर्दे दफनाए जाते हैं। पर्या. कबुर, कब्र।
(f.) a grave.

कबरा (kabarā) वि. (सं. कर्बुर) दो रंगों का बैल आदि मवेशी जिसकी आधी देह उजली और आधी काली हो। पर्या. चितकबरा।
(adj.) a bullock of white and black colour.

कबरिस्तान (kabaristān) पु. (अ.+फा. कब्रिस्तान) वह स्थान जहाँ शव गाड़े जाते हैं।
(m.) a grave yard, cemetery.

कबला (kabalā) स्त्री. ढिबरी।
(f.) a lamp.

कबली (kabalī) पु. उजले वर्ण का बड़े दानोंवाला मटर।
(m.) a big pea of white colour.

कबले (kabale) क्रि.वि. कब तक।
(adv.) upto when.

कबहीं (kabahīṅ) क्रि.वि. (सं. कदापि) कभी।
(adv.) when ever.

कबाड़ल (kabāṛal) सक. उखाड़ना, अलगाना, नोंचना।
(v.t.) to root out.

कबाड़ी (kabāṛī) पु. टूटे-फूटे पुराने सामानों की खरीद-बिक्री करनेवाला।
(m.) junk dealer, a dealer of old and broken articles.

कबाब (kabāb) पु. आग पर सीधे पकाया गया एक प्रकार का माँस।
(m.) roasted meat.

कबाबचीनी (kabābacīnī) स्त्री. माँस का एक प्रकार का मसाला।
(f.) a kind of spice for the meat.

कबारल (kabāral) सक. दे. कबाड़ल।

कबाला (kabālā) पु. वह दस्तावेज, जिसके द्वारा किसी की जमीन आदि संपत्ति दूसरे के अधिकार में जाती है।
(m.) title deed, will.

कबाहट (kabāhaṭ) पु. (अ. कबाहत) झंझट, दिक्कत।
(m.) inconvenience, difficulty.

कबित (kabit) पु. मनहरण छंद, घनाक्षरी।
(m.) a class of particular chand in poetry.

कबिरा (kabirā) पु. कबीर के वाक्यों और शब्दों में उनके लिए आया नाम। उदा. 'कबिरा खड़ा बजार में, लिए लुकाठी हाथ'।
(m.) the name of Kabir included in his poetry.

कबिलास (kabilās) पु. स्वर्ग, कैलास।
(m.) heaven.

कबिली (kabilī) वि. दे. कबली।

कबीर (kabīr) पु. 1. उत्तरी भारत के प्रमुख संत कवि। 2. होली के अवसर पर गाया जानेवाला अश्लील गीत। उदा. 'सुनले भइया मोर कबीर, भले जी भले जोगिड़ा।'
(m.) 1. the name of a north Indian saint poet. 2. a type of indecent song sung of mystical meaning at the Holi festival.

कबीर-पंथ (kabīr-panth) (पुं.) कबीरमत, कबीर को माननेवाले कबीरपंथी।
(m.) the sect or followers of Kabir.

कबुर (kabur) पु. कब्र।
(m.) grave.

कबूतर (kabūtar) पु. (सं. कपोत) एक प्रकार का पालतू पक्षी, परेवा।
(m.) a pigeon.

कबूल (kabūl) पु. (अ. कुबूल) स्वीकार। पर्या. अंगीकार, मंजूर, मानना।
(m.) acceptance.

कबूलल (kabūlal) सक. कबूलना, सकारना।
(v.t.) to confess, to admit guilt.

कबूलियत (kabūliyat) स्त्री. पट्टावाले रैयतों द्वारा जमींदार को दिया गया स्वीकृति-पत्र।
(f.) acceptance letter by farmers to the landlord.

कबे (kabe) क्रि.वि. कब तो, बहुत देर पहले।
(adv.) before earlier.

कबो (kabo) क्रि.वि. कभी।
(adv.) ever.

कबो-कब्बो (kabo-kabbo) क्रि.वि. (सं. कदापि) कभी कभी।
(adv.) sometimes, at any time.

कब्जियावल (kabjiyāval) सक. कब्जे में करना।
(v.t.) to take possession.

कभी (kabhi) क्रि.वि.(सं. कदापि) किसी भी समय।
(adv.) sometimes, at any time.

कमंडल (kamaṅḍal) पु. (सं. कमंडलु) साधुओं का जल-पात्र।
(m.) water pot used by ascetics.

कम (kam) वि. (फा.) थोड़ा, अल्प। पर्या. न्यून, स्वल्प।
(adj.) little, few.

कमइया (kamaiyā) स्त्री. कमाई। उदा. 'कमइया हमार चाट जाले इहे बाबू भइया'।
(f.) the act of earning or acquiring.

कमकर (kamakar) पु. हिंदुओं की एक जाति, जो पानी भरने या पालकी ढोने का काम करती है।
(m.) water carrier caste.

कमकरीन (kamakarīn) स्त्री. रोजाना घर पर बर्तन साफ करने तथा झाड़-पोंछा आदि का काम करनेवाली स्त्री, एक जाति विशेष।
(f.) maid employed to sweep, wipe floors and cleanse utensils daily, a caste.

कमकोढ़ी (kamakoṛhī) वि. (कर्मकुष्ठी) कामचोर, आलसी।
(adj.) idle.

कमखरची (kamakharacī) स्त्री. मितव्ययता, किफायत-दारी।
(f.) parsimony.

कमची (kamacī) स्त्री. (सं. कंचिका) बाँस की पतली पट्टी, जिससे टोकरी बनती है। पर्या. कमाची।
(f.) strip of bamboo slender stick.

कमजोर (kamajor) वि. क्षीण, शक्तिहीन, असहाय, दुर्बल।
(adj.) feeble, weak.

कमतर-कमतराह (kamatar-kamatarāh) वि. कम, थोड़ा, निम्न।
(adj.) less, little.

कमती (kamatī) स्त्री. कम, थोड़ी मात्रा में, अल्प।
(f.) little, few.

कमर-कम्मर (kamar-kammar) पु. कंबल।
(m.) blanket, rug.

कमरकल्ला (kamarakallā) पु. बंदगोभी, जिसमें पत्ता का संपुट होता है, चैत में इसमें फूल हो जाता है।
(m.) cabbage.

कमरख (kamarakh) पु. अमड़े की जाति का एक प्रकार का खट्टा फल। इसका वृक्ष मध्यमाकार होता है, पत्ती एक-डेढ़ अंगुल चौड़ी और दो अंगुल लंबी होती है। यह दवा के काम में भी आती है। कच्चे का रंग भी बनता है।
(m.) the carambola tree Averrhoa Carambola and its fruit.

कमरबन (kamaraban) पु. कमरबंद।
(m.) girdle.

कमरबाला (kamarabālā) पु. छाजन के मध्य भाग में रहने-वाली लंबी लकड़ी।
(m.) centre beam in a shed.

कमरसायर (kamarasāyar) पु. लोहार के काम करने का निश्चित स्थान। पर्या. लोहसारी, कमसारी, कमरसाल, बढ़ईखाना।
(m.) a smithy, a particular place for working the smith.

कमरसारी (kamarasārī) स्त्री. दे. कमरसायर।

कमरसाल (kamarasāl) पु. दे. कमरसायर।

कमरा (kamarā) पु. 1. कंबल, 2. कक्ष।
(m.) 1. blanket. 2. room.

कमरिया (kamariyā) पु. मजदूर। पर्या. जन, बनिहार, नौकर।
(m.) a labourer.

कमरी (kamarī) स्त्री. छोटा कंबल।
(f.) a small blanket.

कमल (kamal) पु. एक जलीय पुष्प, कमल।
(m.) a lotus.

कमलगट्टा (kamalagaṭṭā) पु. कमल के फूल का बीज। पर्या. कमलघट्टा।
(m.) a lotus seed.

कमला (kamalā) स्त्री. लक्ष्मी।
(f.) a title of the goddess Lakshmi.

कमला-परसाद (kamalā parasād) पु. एक प्रकार का धान।
(m.) a kind of paddy.

कमली (kamalī) स्त्री. दे. कमरी।

कमवावल (kamavāval) सक. 1. कमवाना, धन उपार्जित करवाना। 2. काम कराना।
(v.t.) 1. to cause to earn. 2. to cause to work.

कमसरे (kamasare) पु. ऊँची श्रेणी के काश्तकारों के लिए भूमिकर से मुक्ति। पर्या. जागीर।
(m.) estate.

कमसिन (kamasin) वि. (फा.) कम उम्रवाली। (नवयुवती)।
(adj.) young girl.

कमस्सल (kamassal) वि. दोगला, वर्णसंकर।
(adj.) a bastard, crossbreed, illegitimate.

कमहड़ (kamahaṛ) पु. ओखर।
(m.) a mortar (for pounding grain in).

कमाइल (kamāil) सक. (सं. कर्म) कमाना, प्राप्त करना, काम करना।
(v.t.) to earn, to acquire, to work.

कमाई (kamāī) स्त्री. 1. पैदावार। 2. जोतकर खेती करने योग्य की गई (मिट्टी)। 3. किसी तरह के काम करने के बदले प्राप्त पैसा। पर्या. खान, भॉवर।
(f.) 1. grain. 2. well ploughed soil. 3. earnings, gain, work, performance.

कमाऊ (kamāū) वि. काम करनेवाला, अर्जित करनेवाला।
(adj.) capable of earning.

कमाची (kamācī) स्त्री. दे. कमची।

कमानी (kamānī) स्त्री. लोहे या बाँस की पतली सींक।
(f.) spring.

कमायल (kamāyal) सक. दे. कमाइल।

कमार (kamār) पु. (सं. कर्मार) लोहा-लकड़ी का काम करनेवाली एक जाति। लुहार, बढ़ई।
(m.) a blacksmith.

कमावट (kamāvaṭ) स्त्री. खुरपी से खर-पात निकालने की प्रक्रिया। पर्या. सोहनी, निकौनी, निराई।
(f.) a broom weeding , clearing.

कमावल (kamāval) सक. केश कटवाना।
(v.t.) to cut the hair short.

कमासुत (kamāsut) वि. दे. कमाऊ।

कमी (kamī) स्त्री. (फा.) न्यूनता। पर्या. कोताही, अल्पता, हानि।
(f.) shortage.

कमीज (kamīj) स्त्री. (अ.) एक विशेष प्रकार का अंगरखा, कुरता।
(f.) a shirt.

कमीना (kamīnā) वि. (फा.) नीच प्रकृति का, दुष्ट।
(adj.) a man of mean nature.

कमीनी (kamīnī) स्त्री. मजदूरी, मेहनताना।
(f.) wages.

कमी-बेसी (kamī-besī) वि. कम या अधिक।
(adj.) shortage or ample.

कमीसन (kamīsan) पु. (अं.) खरीद-बिक्री के कार्य में दिया गया अंश।
(m.) commission.

कमुआ (kamuā) पु. पौधों की जड़ में लगने वाला एक प्रकार का कीड़ा।
(m.) a kind of insect harmful to plant's root.

कमेड़ा (kameṛā) वि. काफी काम करनेवाला मनुष्य।
(adj.) a hard worker, a labourious worker.

कमोच (kamoc) पु. एक प्रकार का काला धान।
(m.) a kind of black paddy.

कमोदी (kamodī) पु. एक प्रकार का उत्तम सुगंधित धान।
(m.) a kind of scented paddy.

कय (kay) पु. कै, वमन, उल्टी।
(m.) vomiting.

कयदा-कयदफा (kayadā-kayadafā) अव्य. कितनी बार।
(indec.) how many times.

कयरा (kayarā) पु. केला, केले का पौधा। पर्या. केरा।
(m.) banana, a plant of banana.

कयरा के कंद (kayarā ke kaṅd) पु. केले की जड़।
(m.) a root of banana.

करँगा (karaṁgā) पु. काले दानोंवाला एक प्रकार का धान। पर्या. करंगी, करङा।
(m.) a black grain paddy.

करँगी (karaṁgī) स्त्री. दे. करँगा।

करंग (karaṅg) पु. काले रंग का धान, करंगा, सिलहट।
(m.) a black paddy.

करंद-करंक-कलंच (karaṅd-karaṅk-kalaṅc) पु. वह निर्धन व्यक्ति जो निमंत्रित नहीं होने पर भी किसी के भोज में खाने बैठ जाता है।
(m.) uninvited guest.

कर (kar) पु. सरकार को दी जानेवाली राशि, मालगुजारी, टैक्स, भू-राजस्व।
(m.) tax, duty, custom.

करइत (karait) पु. एक प्रकार का विषैला साँप।
(m.) a kind of poisonous snake.

करइल (karail) स्त्री. काली मिट्टी का क्षेत्र।
(f.) the area of black soil.

करइला (karailā) पु. एक प्रकार की सब्जी जो स्वाद में कड़वी होती है। पर्या. करैला।
(m.) bitter gourd.

करइली (karailī) स्त्री. दे. करइला।

करकंधा (karakaṅdhā) वि. वह गाय या बैल जिसके कंधे पर एक काला धब्बा होता है। पर्या. करिकंधा, करकन्हा।
(adj.) a cow or bullock who has a black mark on neck.

करकजाँघी (karakajāṁghī) स्त्री. बैलों का एक रोग। इसमें चलते-चलते बैल के पैर ऐंठ जाते हैं। पर्या. करजाँघिल।
(f.) a disease causing stretch in legs among bullock.

करकस (karakas) वि. (सं. कर्कश) कड़ा, भारी, तेज।
(adj.) hard, harsh, hoarse.

करकसा (karakasā) वि. कड़ी बोली बोलनेवाली स्त्री, कर्कशा।
(adj.) a quarrelsome or shrewish woman.

करका (karakā) स्त्री. काली मिट्टी।
(f.) black soil.

करकी (karakī) स्त्री. दे. करका।

करकुट (karakuṭ) पु. रूई की गंदगी।
(m.) dirt of cotton.

करखनिया (karakhaniyā) पु. कारखाने का मजदूर, कर्मचारी।
(m.) labour of workshops, mills and factories.

करखा (karakhā) स्त्री. अहँ को ठेस पहुँचाने वाली बात। कालिख। पर्या. करिखा।
(f.) blemish talk to hurt the ego.

करखाना (karakhānā) पु. कारखाना।
(m.) factory.

करखी (karakhī) स्त्री. कालिख।
(f.) stain.

करगह (karagah) पु. करघा।
(m.) a weaver's loom.

करघा (karaghā) पु. दे. करगह।

करङा (karaṅgā) पु. दे. करँगा।

करची (karacī) स्त्री. बाँस की टहनी। पर्या. कइन।
(f.) a twig of bamboo.

करछल (karachal) अक. मन में कसक पैदा होना, मसोसना।
(v.i.) to subdue one's emotional upsurge, to confine one's grief to oneself.

करछाल (karachāl) पु. घोड़े की एक चाल, तेज दौड़, छलाँग।
(m.) a horse gait, fast speed of horse, making large stride.

करछुल (karachul) स्त्री. एक प्रकार का बर्तन जिसका उपयोग दाल, सब्जी आदि निकालने में होता है, बड़ा चम्मच।
(f.) ladle or large service spoon used to handle pulses or other things.

करज (karaj) पु. (अ. कर्ज) निश्चित अवधि के लिए वादा करके किसी से द्रव्य लेने की प्रक्रिया।
(m.) debt, loan.

करजखउका-करजरखोर (karajakhaukā-karajakhor) वि. कर्ज लेकर निर्वाह करनेवाला। पर्या. रिनिहा, करज-खौक।
(adj.) a debtor.

करजा (karajā) पु. दे. करज।

करतब (karatab) पु. (सं. कर्तव्य) काम, हुनर।
(m.) performance, duty.

करता (karatā) पु. (सं. कर्ता) करनेवाला व्यक्ति। परिवार का मालिक।
(m.) doer, maker, the head of a family.

करता-धरता (karatā-dharatā) पु. करनेवाला, कर्ता, व्यवस्थापक।
(m.) all in all, the active or managing member of a social, political or any other unit.

करतार (karatār) पु. ईश्वर, ब्रह्मा।
(m.) the creator, the God.

करताल (karatāl) पु. काठ और लोहे की पतली पट्टी का बना एक प्रकार का बाजा।
(m.) cymbals.

करतूत (karatūt) पु. काम (कुत्सा)।
(m.) misdeed, evil deed.

करदुम्म (karadumm) पु. वह बैल, जिसकी देह उजली और पूँछ काली हो।
(m.) a bullock who has white body and black tail.

करधनी (karadhanī) स्त्री. (सं. किंकिणी) कमर में पहनने का एक गहना।
(f.) a girdle (of gold, silver, yarn etc.).

करना (karanā) पु. मिट्टी का छिछला बर्तन, जिसमें दही जमाया जाता है।
(m.) a sallow clay pot used for preparing curd.

करनिस (karanis) स्त्री. (अं.) दीवार के ऊपरी भाग पर बनी नक्काशी।
(f.) cornice, ornamental moulding on the wall of a room just below the ceiling root.

करनिहार (karanihār) पु. दे. करता।

करनी (karanī) स्त्री. राजगीरों का एक औजार, करतूत।
(f.) trowel, tool.

करबीर (karabīr) पु. (सं. करवीर) एक प्रकार का पीला फूल, जिसकी पत्तियाँ लंबी होती हैं और पौधा मूल से ही शाखावाली झाड़ी की तरह होता है।
(m.) a kind of fragrant plant and its flower.

करबोला (karabolā) पु. (अ. कर्बला) वह स्थान, जहाँ ताजिए को जल में डुबोया हुआ ले जाया जाता है।
(m.) a graveyard burial place.

करम (karam) पु. (सं. कर्म) काम। पर्या. कार्य, भाग्य।
(m.) deed, action, fate, fortune.

करम-अधीन (karam-adhīn) वि. भाग्य पर आधारित।
(adj.) by chance, depended on luck.

करमइत (karamait) वि. भाग्यशाली।
(adj.) fortunate, lucky.

करमकमाई (karamakamāī) स्त्री. किए गए काम का परिणाम, भाग्य फल।
(f.) result of work.

करमकीट (karamakīṭ) वि. कंजूस।
(adj.) a miser.

करमचारी (karamacārī) पु. (सं. कर्मकार) काम करनेवाला कर्मचारी, सरकार का एक मुलाजिम।
(m.) an employee , an official, a worker, a servant of Government.

करमजरू (karamajarū) वि. भाग्यहीन, अभागा।
(adj.) unfortunate, unlucky.

करमनासा (karamanāsā) स्त्री. (सं. कर्मनाशा) शाहाबाद जिले की एक नदी, कर्मनाशा।
(f.) a river of Shahabad district.

करमफल (karamfal) पु. कर्म पर आधारित भाग्यफल।
(m.) result of one's actions.

करम-फूटल (karam-fūṭal) अक. (सं. कर्मस्फोट) भाग्य खराब होना।
(v.i.) to have a stroke of ill luck, to fall into adversity.

करमभोग (karamabhog) पु. किए गए कर्म का परिणाम, कर्मफल।
(m.) suffering the consequences of one's deed.

करमरेख (karamarekh) पु. जो कुछ ब्रह्मा ने भाग्य के संबंध में लिखा है, भाग्य की रेखा।
(m.) destiny, the line of fate.

करमसाँढ़ (karamasāṁṛh) वि. परम भाग्यशाली। पर्या. खुशनसीब।
(adj.) fortunate, lucky.

करमहीन (karamahīn) त्रि. कर्महीन, करमजरू। 'करमहीन नर पावत नाहीं'—मानस।
(adj.) unfortunate, lazy.

करमा-धरमा (karamā-dharamā) पु. भाद्रपद एकादशी को भाइयों के लिए बहनों द्वारा किया जानेवाला व्रत।
(m.) a fast observed on Bhadrapad Ekadashi on the bright fort night, sisters hold fast for brothers.

करमात (karamāt) स्त्री. (अ. करामत) चमत्कारपूर्ण कार्य, करिश्मा।
(f.) miracle, miraculous or supernatural action.

करमी (karamī) स्त्री. जल या दलदल में होनेवाली एक लता, जिसके फूल छोटे एवं उजले बैंगनी रंग के होते हैं। इसका साग होता है तथा यह पशु खाद्य भी है। पर्या. करमीलत, करेम, कर्मी।
(f.) a kind of tender vegetable.

करमीलत (karamīlat) स्त्री. दे. करमी।

करल (karal) सक. करना, काम करना।
(v.t.) to do, to work.

करला (karalā) पु. जमीन से जमा हुआ बाँस का कोमल पौधा, कल्ला।
(m.) a sprout.

करलूठ (karalūṭh) वि. कुछ-कुछ काला (व्यक्ति)।
(adj.) dark black man.

करवँछल (karavaṁchal) स्त्री. एक प्रकार की मछली, जिसके चोइटे पर कालापन रहता है।
(f.) a kind of fish.

करवँट (karavaṁṭ) पु. एक प्रकार की जंगली लता।
(m.) a kind of forest creeper.

करवट (karavaṭ) स्त्री. बगल के बल पर लेटने की स्थिति।
(f.) the position of lying on the side.

करवाइन (karavāin) पु. 1. मछली की गंध। 2. वह बर्तन, जो मछली बनाने एवं खाने के काम में आता है।
(m.) 1. odour of fish. 2. a pot for fish preparation.

करवा-चउथ (karavā cauth) पु. कार्तिक कृष्णपक्ष चतुर्थी को होने वाला पर्व, जिसमें चंद्रमा की पूजा का विधान है।
(m.) the fourth day of the lunar fort night in the month of Kartik, this day a fast is observed by married women for the long life of their husbands.

करवाई (karavāī) स्त्री. कार्यवाही।
(f.) operation, action.

करसी (karasī) स्त्री. (सं. करीष) गोबर के स्वतः सूखे हुए टुकड़े, जिनका जलावन होता है। पर्या. अमारी।
(f.) small lumps of dried cow-dung used for fuel.

कराँकुल (karāṁkul) पु. बगुले की जाति का एक बड़ा पक्षी, जिसकी टाँगें और गर्दन लंबी होती हैं।
(m.) a type of heron, his leg and neck are long.

कराँत (karāṁt) पु. आरा।
(m.) a saw.

कराइल (karāil) अक. कौवे की लंबी बोली बोलना, चिल्लाना, व्यंग्यात्मक प्रयोग।
(v.i.) to utter, to cry.

कराई-कलाई (karāī-kalāī) स्त्री. एक प्रकार का दलहन, जो स्लेटी रंग का छोटा और बीच में उजली-सी पतली रेखा लिए होता है। इसकी पकी दाल चिकनी होती है। पर्या. उरिद, उड़द।
(f.) horse bean, black gram (a pulse).

कराती (karātī) स्त्री. (सं. कराली) डरावनी सूरतवाली एक देवी।
(f.) the goddess of fearful face.

करायल (karāyal) पु. एक प्रकार का सुगंधित पदार्थ, जो मिट्टी से प्राप्त होता है।
(m.) a kind of scented thing.

करार (karār) पु. (अ.) वादा। पर्या. शर्त, प्रतिज्ञा, वचनबद्धता।
(m.) an agreement, a contract.

करारा (karārā) पु. नदी का खड़ा ऊँचा किनारा। पर्या. अररा, अरार, अरारि, कछाड़, कछाड़ा, ढाह।
(m.) stiff, bank of the river.

करावल (karāval) सक. करना क्रिया का प्रेरणार्थक प्रयोग। कराना, काम कराना।
(v.t.) to cause to do.

करासर (karāsar) पु. गन्ना पेराई की मशीन।
(m.) sugarcane crusher.

कराह (karāh) पु. ऊख के रस को उबालने का बरतन। पर्या.—कड़ाह, कराहार, नमक बनाने अथवा नील आदि के रस उबालने के लिए प्रयुक्त लोहे का बड़ा बर्तन।
(m.) a shallow iron boiler in which sugar etc. is boiled.

कराह-घर (karāh-ghar) पु. (सं. कटाह गृह) नील, नमक, गन्ना का रस उबालने का घर।
(m.) the boiling factory of Nil, sugar, salt etc.

कराहल (karāhal) अक. दर्द-भरी आवाज निकालना, कराहना।
(v.i.) to cry due to pain, to moan.

कराही (karāhī) स्त्री. (सं. कटाह) कड़ाही।
(f.) a small boiler, frying pan.

करिअंबा (kariaṅbā) पु. गुण के अनुसार आम का भेद।
(m.) a type of mango as its quality.

करिअई (kariaī) स्त्री. कालिमा, काली।
(f.) blackness.

करियवा (kariyavā) वि. काला। पर्या. करिया, करियका।
(adj.) a black (man).

करिखा (karikhā) पु. कालिख। मुहा. **~पोताइल**= कलंकित।
(m.) blackness.

करियठ-करिया (kariyaṭh-kariyā) वि. दे. करियवा।

करिलत (karilat) पु. एक प्रकार की लता।
(m.) a kind of creeper.

करिहाँई (karihāṁī) स्त्री. कमर। उदा. 'डाँड़ मोरा बथे करिहइयाँ साले' (सोहर)।
(f.) back, waist.

करिहाँव-करिहाँइ (karihāṁv-karihāṁi) पु. कटि, कमर।
(m.) back, waist.

करीना (karīnā) पु. (फा. कारिंद) मालिक की ओर से काम करनेवाला, कारिंदा। पर्या. गुमाश्ता।
(m.) a work agent, an agent.

करीब (karīb) क्रि.वि. (अ.) समीप। पर्या. 1. पास, निकट। 2. लगभग। 3. नजदीक।
(adv.) 1. near. 2. close by. 3. almost.

करुअइनी (karuainī) स्त्री. एक प्रकार की आँख की बीमारी।
(f.) an eye disease.

करुआ (karuā) वि. (सं. कटु) जो स्वाद में कड़वा हो। कड़ुआ (तेल)। करुआ तेल=सरसों का तेल।
(adj.) bitter, unpleasant, oil.

करुआर (karuār) पु. पतवार, नाव खेने में प्रयुक्त बाँस। पर्या. करुआरा, करुआरी, खूरा, जोंक, जोंकी, चाभी, गाँसी, करुवार।
(m.) rudder, the helm.

करुई (karuī) वि. सरसों या तोरी से तैयार किया गया।
(adj.) mustard (oil).

करुना (karunā) पु. एक प्रकार का खट्टा फल, जिससे चटनी, अचार आदि बनाए जाते हैं। करौंदा।
(m.) a kind of sour fruit (karuanda).

करेज (karej) पु. हृदय, कलेजा।
(m.) heart.

करेयबा सीम (kareyabā sīm) पु. (सं. शिंबी, शिंबिका) तरकारी के काम में आनेवाली मटर की छीमी की तरह फलने वाली सेम।
(m.) bean.

करेला-करैला (karelā- karailā) पु. (सं. कारवेल्ल) लता में होनेवाली एक प्रकार की कड़वी तरकारी। प्रा. कारइल्ल, बं. करला।
(m.) the bitter gourd.

करोड़ (karoṛ) पु. (सं. कोटि) सौ लाख की संख्या।
(m.) the number amounting to one hundred lakhs or ten millions.

करोड़पति (karoṛapati) पु. करोड़ों रुपए रखनेवाला व्यक्ति, धनाढ्य।
(m.) possessor of a karor (of rupees).

करौंदा (karauṅdā) पु. (सं. करमर्द) एक प्रकार का फल, जो छोटा, चिकना और स्वाद में खट्टा होता है। पर्या. करौना, कलौंदा, करुना, प्रा. करमद्द।
(m.) the shrub carissa carandas and its fruit.

कलंबक-लेंबू (kalaṅbak-leṅbū) पु. एक प्रकार का नींबू, जो कुछ लंबा होता है।
(m.) a kind of long lame.

कलंक (kalaṅk) पु. लांछन, मिथ्या अभियोग, बदनामी।
(m.) blemish, stigma, slur.

कलंडी (kalaṅḍī) स्त्री. सिर का एक पहनावा, पक्षियों के सिर।
(f.) a dress of head, head of bird.

कलंदर (kalaṅdar) पु. (फा.) 1. एक प्रकार के मुसलमान साधु और त्यागी। 2. मस्त और स्वतंत्र व्यक्ति। 3. बंदर आदि को नचाने वाला।
(m.) 1. a muslim mendicant. 2. a carefree person. 3. a juggeler.

कल (kal) अव्य. 1. मशीन। 2. शांति, आराम। 3. बीता हुआ कल, आनेवाला कल।
(indec.) 1. a machine. 2. peace, comfort. 3. yesterday, tomorrow.

कलइया (kalaiā) स्त्री. कलाई। उदा. 'मोर कलइआ सुकवार हो गड़ि जाला कंगनवाँ'–गीत।
(f.) wrist.

कलई (kalaī) स्त्री. (अ.) 1. धातु के बर्तनों पर चढ़ाया जानेवाला पतला लेप। 2. बाहरी चमक-दमक : तड़क-भड़क। मुलम्मा।
(f.) 1. white wash, coating. 2. external grandeur.

कलउँजी (kalauṁjī) स्त्री. कलौंजी, एक प्रकार की सब्जी।
(f.) stuffed vegetable, a type of vegetable.

कलउ (kalau) पु. (सं. कल्यवर्त) 1. दोपहर का भोजन। 2. कलियुग। पर्या. कलउआ, कलऊ, कलेवा।
(m.) 1. a luncheaon. 2. kaliyug.

कलकल (kalakal) पु. फोड़ेवाली खुजली।
(m.) itching.

कलकतिया (kalakatiyā) वि. कलकत्ता में रहनेवाला।
(adj.) a resident of Kolkata.

कलकानि (kalakāni) पु. झंझट, समस्या, कठिनाई।
(m.) problem.

कलगरह (kalagarah) पु. कलह, झगड़ा।
(m.) quarrel, scramble, strife.

कलछुलि (kalachuli) स्त्री. बड़ा-सा चम्मच, करछी।
(f.) a ladle, a big spoon.

कलजुग (kalajug) पु. कलियुग।
(m.) kaliyug.

कलप (kalap) पु. (अ. कलफ) कपड़ों में लगाई गई माड़ी।
(m.) starch.

कलपल (kalapal) अक. दुःख, रोने की मनोदशा।
(v.i.) to grieve, to wail, to lament.

कलबल (kalabal) पु. उपाय, युक्ति, दाँव-पेच, छल।
(m.) remedy, device, tricks, strategical moves.

कलबुध (kalabudh) पु. शरीर, ढाँचा।
(m.) body, frame.

कलम (kalam) स्त्री. 1. लेखनी। 2. पेड़ का कलम।
(f.) 1. a pen. 2. a scion.

कलमदान (kalamadān) पु. (सं. कलमधान्य) उजले रंग का एक उत्कृष्ट धान।
(m.) a kind of white paddy.

कलमबाग (kalamabāg) पु. कलमी आमों का बगीचा।
(m.) a garden of kalami mangoes.

कलम-लगावल (kalam-lagāval) सक. कलम लगाना।
(v.t.) to plant a tree scion.

कलमा (kalamā) पु. (अ. कलमः) मुसलमानों के धर्म का मूलमंत्र।
(m.) the basic statement or confession of Mohammedan faith.

कलमी (kalamī) वि. (अ.) कलम काटकर लगाया हुआ (पौधा या वृक्ष आदि)।
(adj.) grafted.

कलवरिया (kalavariyā) पु. शराब विक्रय का स्थल।
(m.) a bar, wine shop, alcohal shop.

कलस (kalas) पु. कँगूरा, कलसा, घड़ा।
(m.) a dome, a gilded copper cupola, spire, a large pitcher for storing water.

कलसा (kalasā) पु. दे. कलस।

कलसी (kalasī) स्त्री. दे. कलस।

कलह (kalah) पु. (सं.) झगड़ा।
(m.) quarrel, scramble, strife, broil, dispute.

कलहारल (kalahāral) सक. भोज्य पदार्थों को थोड़ा गर्म करना।
(v.t.) to roast or deep fry in a pan.

कलही (kalahī) वि. झगड़ालू स्त्री। मुहा. **~नार विपत के ओर।**
(adj.) quarrelsome woman.

कला (kalā) स्त्री. (सं.) हुनर, इल्म, कौशल।
(f.) craft, art, skill.

कलाइल (kalāil) वि. वह गरीब व्यक्ति जिसमें खाने की भूख बराबर बनी रहती है।
(adj.) very hungry.

कलाई (kalaī) स्त्री. एक प्रकार का दलहन। इसकी पकी हुई दाल चिकनी होती है। पर्या. उरिद, उड़द, कलाय।
(f.) a kind of pulse, black gram.

कलिया (kaliyā) पु. (अ. कलियः) भूनकर रसदार पकाया हुआ माँस।
(m.) meat-curry.

कलियान (kaliyān) पु. कल्याण।
(m.) welfare, benediction.

कली (kalī) स्त्री. (सं. कलिका, कलिः) अनखिला फूल।
(f.) a bud, an unblossomed maiden.

कलील (kalīl) वि. (अ.) थोड़ा। पर्या. कम, स्वल्प, न्यून।
(adj.) little, few, less, short, small.

कलीसा (kalīsā) पु. सगुनी बैल।
(m.) good bullock.

कलेंडर (kaleṅḍar) पु. (अं.) कैलेंडर, पंचांग।
(m.) calendar.

कले-कले (kale-kale) क्रि.वि. धीरे-धीरे, थोड़ा-थोड़ा करके।
(adv.) slowly.

कलेऊ-कलेवा (kaleū-kalevā) पु. सबेरे या दोपहर का भोजन। पर्या. कलेऊ, कलौ, खाय, खैया, खाईक।
(m.) a luncheon, breakfast.

कलेजिहा (kalejihā) वि. कॉलेज का (विद्यार्थी)।
(adj.) college student.

कलेयान (kaleyān) पु. (सं. कल्याण) भलाई, कल्याण।
(m.) welfare, benediction.

कलेवर (kalevar) पु. (सं.) शरीर, बनावट।
(m.) body, frame work.

कलेस (kales) पु. (सं. क्लेश) दुःख। पर्या. कष्ट, तकलीफ, पीड़ा।
(m.) trouble, anguish affliction, pain, misery.

कलेहरा (kaleharā) वि. कालापन लिए हुए।
(adj.) blackish.

कलोर (kalor) स्त्री. वह जवान गाय, जो बरदाई या बियाई नहीं हो।
(f.) a heifer.

कलौजर (kalaujar) पु. कोंपल, कलस, किसलय।
(m.) a new and tender leaf (just sprouting).

कलौंजी (kalauṅjī) स्त्री. मसाला भरकर और भूनकर बनाई गई सब्जी।
(f.) stuffed vegetable.

कल्ला (kallā) पु. अंकुर, जबड़ा।
(m.) a sprout, jaw.

कल्लू (kallū) पु. काला आदमी, काला-कलूटा।
(m.) ingger, pitch black.

कल्ह (kalh) क्रि.वि. (सं. कल्य) बीता हुआ या आनेवाला दूसरा दिन।
(adv.) yesterday or tomorrow.

कल्हरावल (kalharāval) सक. दे. कलहारल।

कवन-कवना (kavan-kavanā) सर्व. (सं. कः) कौन।
(pron.) who.

कवनेङा (kavaneṅāga) क्रि.वि. किस तरह, किस प्रकार।
(adv.) of what type.

कवनो (kavano) क्रि.वि. (सं. कोऽपि) कोई भी।
(adv.) anyone.

कवनोतरे (kavanotare) क्रि.वि. किसी प्रकार भी।
(adv.) any how.

कवर (kavar) पु. एक बार मुँह में डाला जानेवाला भोजन। पर्या. ग्रास, कौर, निवाला।
(m.) morsel.

कवरा-कौरा (kavarā-kaurā) पु. एक मुट्ठी सिद्ध अन्न, जो कुत्ता या पशुओं को दिया जाता है।
(m.) a mouthful food given to dogs or animals.

कवरी (kavarī) स्त्री. पागुर, पगुरी।
(f.) chewing the cud, rumination.

कवलगट्टा (kavalagattā) पु. कमल का बीज, कमलगट्टा।
(m.) the seed of lotus.

कवल-पतर (kaval-patar) पु. वस्त्र की एक प्रकार की रंगाई।
(m.) a kind of cloth colouring.

कवला (kavalā) पु. कमल।
(m.) lotus.

कवलेस (kavales) पु. दे. कलेस।

कवाइत (kavāit) पु. (अ. कवायद, कायदा का बहु.) 1. व्याकरण। 2. सेना के युद्धनियमों के अभ्यास की क्रिया। 3. सामूहिक व्यायाम या कसरत। पर्या. कायदे, नियम, व्यवस्था।
(m.) 1. grammar. 2. parade. 3.drill.

कवाछ (kavāch) पु. (सं. कपिकच्छु) 1. सेम की जाति की एक फली। 2. एक प्रकार का जंगली पौधा, जिसमें फल लगता है। इस फल के रेशे के शरीर में स्पर्श करने से जोरों की खुजलाहट होती है तथा उस स्थान पर खुजलाकर उस उँगली से शरीर के दूसरे अंग का स्पर्श करने पर वहाँ भी खुजलाहट होने लगती है। पर्या. केंवाछ, कवछुआ सेम, कँवाछ, कवाछु, कवाच, क्रोंच।
(m.) 1. fluffy. 2. itchcausing plant.

कवाछल (kavāchal) अक. तंग होना।
(v.i.) to be tired (of), to be fed up, to be browned off.

कस (kas) पु. (फा.) प्रभाव, दबाव।
(m.) influence, effect, pressure.

कसइलिया (kasailiyā) पु. कसैली की तरह छोटा-छोटा फलनेवाला आम।
(m.) a small mango like a betel-nut.

कसइली (kasailī) स्त्री. कसैली। पर्या. सुपारी, पूगीफल।
(f.) the betel nut, areca nut.

कस्बा (kasbā) पु. (अ. कस्बः) साधारण गाँव से बड़ी और शहर से छोटी बस्ती।
(m.) a township, small town.

कसबिन (kasabin) स्त्री. (अ. कस्बी) वेश्या, रंडी।
(f.) a prostitute, harlot.

कसम (kasam) स्त्री. (अ.) शपथ, सौगंध।
(f.) an oath, swearing.

कसमस (kasamas) स्त्री. कसमसाहट, अधिक लोगों के इकट्ठा होने के कारण धक्का होने की स्थिति।
(f.) fidgeting, restlessness.

कसमिरा (kasamirā) पु. एक प्रकार का पौधा, जिससे रस्सी आदि बनाने के लिए रेसे-जैसी चीज निकाली जाती है। सन। पर्या. पटसन।
(m.) jute.

कसयपन (kasayapan) पु. निर्दयता, कसाई की क्रिया या भाव।
(m.) cruelity, ruthlessness.

कसर (kasar) स्त्री. (अ. कस्र) 1. कमी, न्यूनता, टोटा, घाटा, हानि, दोष, विकार। 2. तौलने के बाद पूरक रूप में अतिरिक्त (कमी की पूर्ति में) अंजलि या हाथ से दिया हुआ अनाज।
(f.) 1. deficiency, loss. 2. drawback.

कसरत (kasarat) स्त्री. (अ. कस्रत) शरीर को पुष्ट और बलवान बनाने के लिए दंड-बैठक आदि परिश्रम के काम, व्यायाम, मेहनत।
(f.) physical exercise, abundance, plenty.

कसल (kasal) सक. जोर से बाँधना।
(v.t.) to tight.

कसवल (kasaval) अक. स्वाद में कसैला लगना।
(v.i.) to acrid in taste.

कसहूँ (kasahūṁ) क्रि.वि. कैसे भी।
(adv.) anyhow.

कसाई (kasāī) पु. (अ. कस्साब) पशुओं का वध करनेवाला। बधिक, बूचड़।
(m.) a butcher.

कसार (kasār) पु. चावल के चूर्ण में चीनी या गुड़ डालकर बनाया गया लड्डू।
(m.) rice or wheat flour mixed with Ghee and sugar.

कसिया (kasiyā) स्त्री. पतली धारवाली कुल्हाड़ी।
(f.) sharpedged pickaxe, a digging tool.

कसीदा (kasīdā) पु. (अ.) वह कविता या गजल, जिसमें पंद्रह से अधिक चरण हों और जिसमें किसी की प्रशंसा अथवा निंदा, उपदेश या ऋतुवर्णन आदि हो।
(m.) a special variety of eulogistic poetic composition in Urdu or Persian, a genre akin to the Ode.

कसीला (kasīlā) पु. सगुनी बैल।
(m.) augur bullock.

कसीस (kasīs) पु. एक प्रकार की खनिज, जिसका उपयोग स्याही बनाने में होता है।
(m.) blue or green vitrial, sulphate of copper.

कसूर (kasūr) पु. (अ. कुसूर) अपराध, दोष, गलती।
(m.) fault, offence, guilt.

कसेया (kaseyā) पु. मवेशियों के दाँत में होनेवाली एक प्रकार की बीमारी।
(m.) a tooth disease among cattle.

कसेरा (kaserā) पु. बर्तन बनानेवाली एक जाति।
(m.) bronze smith, brazier.

कसौझा (kasaujhā) पु. सफेद फूलोंवाली एक प्रकार की घास।
(m.) a grass with white flowers.

कसौटी (kasuaṭī) स्त्री. ऐसा पत्थर, जिस पर सोने को रगड़कर परखा जाता है।
(f.) a touchstone, test criterion.

कसौन्ह (kasaunh) पु. एक प्रकार का लाल अगहनी धान। पर्या. जड़हन।
(m.) a kind of Agahani paddy.

कस्टी (kaṣṭī) वि. कष्ट सहनेवाला, दुखी।
(adj.) living in pain.

कस्त (kast) पु. कठिनाई, परिश्रम।
(m.) difficulty, labour.

कस्सा (kassā) पु. फावड़ा।
(m.) a spade, hoe.

कहँतरी (kahaṁtarī) पु. दही रखने का मिट्टी का बर्तन, हाँड़ी।
(m.) a clay pot for keeping curd.

कहँरल (kahaṁral) अक. कराहना।
(v.i.) to groan with pain.

कहतुक (kahatuk) पु. निंदा, भर्त्सना।
(m.) ill speaking, censure, condemnation.

कहनाम (kahanām) पु. बात, कहा हुआ। पर्या. कथन।
(m.) saying, statement, speech.

कहनिहार (kahanihār) पु. कहनेवाला।
(m.) speaker.

कहनी (kahanī) स्त्री. कहानी।
(f.) story.

कहरनी (kaharanī) स्त्री. एक प्रकार का साग।
(f.) a kind of vegetable.

कहल (kahal) सक. कहना।
(v.t.) to say.

कहल (kahal) वि. कथित।
(adj.) spoken, told, alleged.

कहलकी (kahalakī) पु. दे. कहनाम।

कहवइया (kahavaiyā) पु. दे. कहनिहार।

कहाउत (kahāut) स्त्री. कहावत।
(f.) proverb, saying.

कहाँर (kahāṁr) पु. गाँवों में बसनेवाली एक जाति।
(m.) a caste of Hindu .

कहाकही (kahākahī) स्त्री. कहासुनी, विवाद।
(f.) dispute.

कहासुनी (kahāsunī) स्त्री. बातचीत, झगड़ा।
(f.) a quarrel, dispute, talks.

कहिआ (kahiā) क्रि.वि. किस दिन।
(adv.) which day.

कहेरिया (kaheriyā) पु. वह बैल, जिसका रूप-रंग चीते की तरह हो। पर्या. बघछल्ला।
(m.) a bullock just like a leopard.

काँई (kāṁī) वि. धूर्त व्यक्ति।
(adj.) cunning, rascal.

काँकड़ि-काँकरि (kāṁkari-kāṁkari) स्त्री. (सं. कर्कटि कर्कटी कर + कट + इन्)। एक प्रसिद्ध लंबा फल, ककड़ी।
(f.) the cucumber, cucumis sativus.

काँकर (kāṁkar) पु. कछौटा।
(m.) a cloth worn between the legs (to conceal the private parts.)

काँकरेजी (kāṁkarejī) पु. एक प्रकार का बैल।
(m.) a kind of ox.

काँकेर (kāṁker) पु. एक प्रकार का पान।
(m.) a kind of betel.

काँख (kāṁkh) स्त्री. (सं. कक्ष) बाहुमूल के नीचे का भाग। पर्या. काँखि।
(f.) the armpit.

काँखल (kāṁkhal) अक. 1. बहुत अधिक जोर लगाने की क्रिया। 2. कहरना।
(v.i.) 1. to grunt. 2. to groan.

काँच (kāmch) स्त्री. 1. शीशा। 2. जो पका हुआ नहीं हो, अधपका, कच्चा।
(f.) 1. glass. 2. raw, uncooked, unripe.

काँजी (kāṁjī) स्त्री. नमकीन, घोल के रूप में प्रस्तुत खट्टा पेय, माँड़।
(f.) a kind of sour, gruel vinegar.

काँजी हाउस (kāṁjī hāus) पु. वह घिरा स्थान या बाड़ा, जहाँ दूसरे की फसल आदि चरनेवाले मवेशी बाँधे जाते हैं, मवेशियों का जेल।
(m.) lock-up, a pound for cattle.

काँट (kāṁṭ) पु. (सं. कंटक) काँट।
(m.) a thorn.

काँटा (kāṁṭā) पु. तौल करने का बड़ा तराजू।
(m.) balance.

काँटी (kāṁṭī) स्त्री. लोहे का छोटा काँटा, कील।
(f.) a nail.

काँठर (kāṁṭhar) पु. बाती।
(m.) the wick of lamp, a candle.

काँड़ (kāṁṛ) पु. चूहे का बिल।
(m.) the hole of a rat, burrow.

काँड़ल (kāṁṛal) सक. 1. रौंदना। 2. खूब पीटना।
(v.t.) 1. to tread. 2. to crush, to beat.

काँड़ी (kāṁṛī) स्त्री. पशुओं को दवा आदि पिलाने के लिए बनी बाँस की नली। पर्या. ढरकी।
(f.) bamboo feeder to administer medicine to cattle.

काँत (kāṁt) पु. जुए में दाँव, मौका।
(m.) a wager in gambling.

काँती (kāṁtī) स्त्री. (सं. कांति) शरीर का गठन।
(f.) body frame work.

काँदो (kāṁdo) पु. कीचड़।
(m.) mud.

काँपल (kāṁpal) अक. (सं. कंप) जोर से हिलना, थरथराना। काँपना।
(v.i.) to shudder, to tremble, to quiver.

काँव-काँव (kāṁv-kāṁv) पु. कौवे की बोली।
(m.) crowing.

काँवर-काँवरि (kāṁvar-kāṁvari) पु. बाँस की बनी बहँगी, जिसके साथ लटके टोकरे में कोई सामान ढोया जाता है।
(m.) a stick or pole with stings at both ends for carrying boxes etc. on the shoulder.

काँस (kāṁs) स्त्री. घास विशेष, जिससे छप्पर या मड़ई बनाई जाती है।
(f.) a kind of tall grass.

काँसड़ (kāṁsaṛ) पु. काले उजले रोएँ वाला ऐसा बैल, जिसका अंडकोश भी काला हो।
(m.) bullock with white and black fleece and black testicles.

काँसी (kāṁsī) स्त्री. फसल को पूर्णतः हानि पहुँचानेवाली एक प्रकार की घास।
(f.) a harmful grass for crops.

काँहे (kāṁhe) क्रि.वि. क्यों।
(adv.) why.

कांछा (kāñchā) स्त्री. (सं. कांक्षा) इच्छा। पर्या. अभिलाषा, स्पृहा, आकांक्षा।
(f.) desire, wish.

का (kā) सर्व. (सं. किम्) क्या।
(pron.) what.

काई (kāī) स्त्री. कीचड़ या गीली जमीन पर उगनेवाली बारीक वनस्पति, काई।
(f.) water-moss, algae.

काउच (kāuc) पु. हिंसक जंतु का खुला मुख।
(m.) an open mouth of violent animal.

काउन-काऊन (kāun-kāūn) पु. (सं. कंकु) बाजरे की जाति का सूक्ष्म दानोंवाला एक अनाज, टँगूनी।
(m.) a kind of corn as millet.

काउर (kāur) पु. धान के पुआल का महीन अंश।
(m.) paddy-straw.

काउर-माउर (kāur-māur) वि. अंट-संट बात, बेकार चीज, बेमतलब, बेवजह।
(adj.) absurd, irrelevant.

काका (kākā) पु. पिता का छोटा भाई, चाचा।
(m.) a paternal uncle.

काकी (kākī) स्त्री. काका की पत्नी।
(f.) aunt (wife of uncle).

काग (kāg) पु. (सं. काक) काले रंग का एक पक्षी, कौआ। उदा. 'कगवा जे बोलेला वृंदावन अवरों निकुंज वन। कगवा कवन सनेसा लेइ आइल, त बोलिया सोहावन'। (लोक.)।
(m.) crow.

कागज (kāgaj) पु. (फा.) सन, रूई, पटुए आदि को सड़ाकर बनाया हुआ महीन पत्र, जिस पर अक्षर लिखे या छापे जाते हैं।
(m.) paper.

कागजाती (kāgajātī) वि. कागज से संबंधित (सबूत)।
(adj.) related to documents.

कागजी (kāgajī) पु. एक प्रकार का नीबू जिसका छिलका पतला होता है। पर्या. कागजी लेंबो।
(m.) a kind of lemon.

कागद (kāgad) पु. दे. कागज।

काचल (kācal) सक. किसी फल या सब्जी को काटना।
(v.t.) to cut a fruit or vegetable.

काछ (kāch) स्त्री. (सं. कच्छ) कमर के नीचे और घुटने के ऊपर का पैर का हिस्सा।
(f.) upper part of the thigh.

काछल (kāchal) अक. (सं. कक्ष) बीमारी का बहाना करना।
(v.i.) to pretend of being ill.

काछा (kāchā) पु. धोती को ऊपर चढ़ाकर बाँधने की क्रिया।
(m.) dhoti coming up to the knees.

काज (kāj) पु. पहनावे के वस्त्र में बटन लगाने के लिए बनाई जानेवाली जगह।
(m.) a button hole.

काज-परोजन (kāj-parojan) पु. यज्ञ, विवाह आदि कार्य। उदा. 'बाबा कहेले बेटी काज-परोजन, भइया कहेले छव मास। आमा कहेली बेटी नित उठि अइहऽ भउजी नएनवा ना लोर'। (लोक.)।
(m.) auspicious ceremony like yagya, wedding festival.

काजर (kājar) पु. (सं. कज्जल) काजल। पर्या. अंजन। कहा. 'ठाँव गुने काजर ठाँव गुने कारिख'।
(m.) collyrium.

काजी (kājī) पु. (अ.) मुसलमानों के धर्म और रीति-नीति के अनुसार न्याय की व्यवस्था करनेवाला अधिकारी। उदा. 'लइका-लइकी राजी, त का करिहें काजी'।
(m.) judge who enforces muslim law, Muslim priest who conducts weddings.

काट-कपट (kāṭ-kapaṭ) पु. काट-छाँट करने का काम।
(m.) cropping, trimming, pruning.

काटल (kāṭal) सक. (सं. कृती छेदने) किसी वस्तु आदि को किसी से काटना।
(v.t.) to cut, to chip.

काटा-बान्हा (kāṭā-bānhā) पु. काटना-बाँधना। फसल को काटने के साथ ही उसे बाँध देने की स्थिति।
(m.) cutting and binding of crops.

काट्टा (kāṭṭā) पु. देशी पिस्तौल।
(m.) a pistol, country made gun.

काठ (kāṭh) पु. (सं. काष्ठ) 1. काटे पेड़ का सूखा तना। 2. शरीर की बनावट। उदा. 'काठ के बालक गढ़ि देहुँ त जियरा बुझाइब'। (लोक.)।
(m.) 1. wood, timber. 2. structure of body.
~भइल (~bhail) अक. स्तंभित होना।
(v.i.) to be petrified, to pine away.
~मारल (~māral) अक. काठ मारना, लज्जित होना, सन्न रह जाना।
(v.i.) to be stunned.

काठी (kāṭhī) स्त्री. दियासलाई की पतली लकड़ी।
(f.) matchstick.

काड (kāḍ) पु. (अं.) कार्ड।
(m.) a card.

काड़ा (kāṛā) पु. 1. भैंस का नर बच्चा, जो बड़ा हो गया हो, पाड़ा। 2. एक आभूषण, कड़ा।
(m.) 1. male young of a buffalo. 2. an ornament.

काड़ी (kāṛī) स्त्री. भैंस का मादा बच्चा, पड़िया। पर्या. पाड़ी।
(f.) female young of a buffalo.

काढ़ल (kāṛhal) सक. 1. निकालना। 2. कपड़े पर बेल बूटा बनाना। 3. कर्ज लेना। उदा. 'जब हो कवन लाल काढ़ले पुतरिया। उरछि मुरछि गिरे सजन बरियतिया'। (लोक.)।
(v.t.) 1. to draw. 2. to work flowers on cloth. 3. to borrow.

काढ़ा (kāṛhā) पु. एक प्रकार का औषधीय पेय, जो विभिन्न प्रकार की वनस्पतियों की कोमल पत्तियों को पानी के साथ उबालकर बनाया जाता है। जैसे–तुलसी का काढ़ा।
(m.) a medicinal decoction .

कातल (kātal) सक. (सं. कर्तन) चरखा द्वारा रूई से सूत निकालना।
(v.t.) to spin.

काता (kātā) पु. डोमों का हथियार, जिससे बाँस काटा और फाड़ा जाता है।
(m.) a knife used (as by cremation workers) for cutting or paring bamboos.

कातिक (kātik) पु. (सं. कार्तिक) हिंदू कैलेंडर वर्ष का आठवाँ और शरद ऋतु का अंतिम महीना।
(m.) the eighth month of the Hindu calendar.

काथा (kāthā) स्त्री. (सं. कथा) कहानी।
(f.) story.

कादर (kādar) वि. डरपोक, भीरु, आलसी। उदा. 'कादर मन कहँ एक अधारा। दैव दैव आलसी पुकारा–तुलसी।
(adj.) timid, cowardish.

कादो (kādo) अव्य. शायद, संदिग्ध बात को दुहराने की स्थिति इस शब्द का प्रयोग किसी कही हुई बात को संदेह की दृष्टि से देखते हुए उसे दुहराने में होता है। (पु.) 1. धान रोपने के लिए खेत को पानी से भरकर इस प्रकार जोतने की प्रक्रिया, जिससे घास-पात न रहने पावे, जमीन खूब गीली तथा मुलायम हो जाए एवं पौधे आसानी से रोपे जा सकें। 2. वह कीचड़ जिसमें धान की फसल होती है। पर्या. लेव, कदोई, कदई, काँदों, कानो। मुहा. 'काँदो करल'=धान की बोआई के लिए खेत को तैयार करना। पर्या. कदुवा करल, लेव करल।
(indec.) perhaps. (m.) slime, mud, mire.

कान (kān) पु. (सं. कर्ण) शरीर का वह भाग, जिसके द्वारा किसी आवाज या बात को सुना जाता है।
(m.) an ear.

कानकुबुज (kānakubuj) पु. (सं. कान्यकुब्ज) 1. ब्राह्मण जाति का एक उपभेद। 2. कन्नौज नगर।
(m.) 1. a sub classification of Brahmin. 2. Kannauj town.

कान-फुँकवावल (kān-phuṁkavāval) सक. गुरुमंत्र लेना।
(v.t.) to get initiated into a religion.

कानल (kānal) अक. (सं. क्रंदन) रोना।
(v.i.) crying, weeping.

काना (kānā) वि. (सं. काण) एक आँखवाला व्यक्ति।
(adj.) one-eyed.

कानाकानी (kānākānī) क्रि.वि. एक कान से दूसरे कान तक।
(adv.) to whisper.

कानी अंगुरी (kānī aṅgurī) स्त्री. (सं. कनिष्ठिका) सबसे छोटी अंगुली, कनिष्ठिका।
(f.) little finger.

कानी कउड़ी (kānī kauṛī) स्त्री. कानी कौड़ी, पैसे के अभाव का सूचक।
(f.) shortage of money.

कानू (kānū) पु. (सं. कांदविक) एक विशेष जाति, जो भूँजा भूनने का व्यवसाय करती है। पर्या. स्त्री. कनुइन, कनुनियाँ, कानुन।
(m.) a sub-caste amongst the Hindus whose profession is to parch grains and sell the same.

कानून (kānūn) पु. राज्य या सरकार द्वारा बनाया गया नियम। मुहा. 'कानून छाँटल'= कानून की पूरी जानकारी नहीं रहने पर भी उस पर तर्क वितर्क करना।
(m.) law.

कानो (kāno) पु. दे. कादो।

कान्ह (kānh) पु. (सं. स्कंध) कंधा।
(m.) shoulder.

कान्ह लगावल (kānh lagāval) सक. कंधा लगाना, सहयोग करना।
(v.t.) to assist, to help in carrying a load.

कान्हा (kānhā) पु. श्री कृष्ण।
(m.) Shri Krishna.

कान्ही (kānhī) स्त्री. 1. नदी या तालाब का खड़ा किनारा। 2. कंधा।
(f.) 1. a straight bank of river or pond. 2. shoulder.

कापी (kāpī) स्त्री. (अं.) पुस्तिका।
(f.) handbook, copy, manual.

काफिर (kāfir) पु. मुस्लिम धर्म के अनुसार वह व्यक्ति, जो उस धर्म को नहीं मानता है, नास्तिक।
(m.) a disbeliever (in the tenets of Islam), an atheist.

काफी (kāfī) वि. अधिक, प्रचुर, पर्याप्त। पु. काफी।
(adj.) enough, sufficient. (m.) coffee.

काबर (kābar) वि. अनेक रंगोंवाला पशु।
(adj.) many coloured (cattle), speckled (cattle).

काबा (kābā) पु. (अ.) अरब में स्थित मुसलमानों का तीर्थस्थल।
(m.) a square building at Macca where Mohammedans from all over the world go for pilgrimage.

काबिल (kābil) वि. योग्य, विद्वान।
(adj.) able, worthy, capable.

काबिस (kābis) पु. (सं. कपिश) लाल मिट्टी जिसका उपयोग बर्तन रँगने में होता है।
(m.) a kind of red soil used in painting.

काबुली (kābulī) वि. 1.काबुल का। 2. काबुल का निवासी।
(adj.) 1. an Afghani. 2. an inhabitant of Kabul.

काबू (kābū) पु. (तु.) ताकत, नियंत्रण। पर्या. शक्ति, बल, वश, प्रभाव, जोर।
(m.) control, hold.

काम (kām) पु. (सं. कर्म) कार्य, पेशा।
(m.) work, task, job, employment.

काम-किरिया (kām-kiriyā) पु. श्राद्ध-कर्म।
(m.) last rite.

काम चलाऊ (kām calāū) वि. जिससे किसी प्रकार काम चलाया जा सके।
(adj.) workable, serviceable, caretaker (government).

कामचोर (kāmacor) वि. काम से जी चुरानेवाला, काहिल, आलसी।
(adj.) malingerer, shirker.

कामती (kāmatī) पु. खेत-खलिहान में मजदूर से काम करानेवाला जमादार।
(m.) a contractor who uses workers in farm and farmhouse.

कामदानी (kāmadānī) स्त्री. तार या सलमें-सितारे से बने बेलबूटे।
(f.) embroidered work.

कामदार (kāmadār) वि. तार या सलमें-सितारे से बने बेलबूटेवाला सामान।
(adj.) embroidered (shoe, cap etc.).

काम-धाम (kām-dhām) पु. कार्यक्रम, व्यापार, रोजगार, कर्म-धर्म।
(m.) work, occupation, business.

कामधेनु (kāmadhenu) स्त्री. इच्छानुसार दूध देनेवाली गाय।
(f.) name of a celestial cow.

काम-नाधल (kām-nādhal) सक. काम शुरू करना।
(v.t.) to begin a work.

कामभर (kāmabhar) क्रि.वि. पर्याप्त, ठीक-ठाक।
(adv.) enough.

काम-लायक (kām lāyak) वि. उपयोगी।
(adj.) useful.

कायथ-काएथ (kāyath-kāeth) पु. कायस्थ, हिंदुओं की एक जाति।
(m.) a caste of Hindus.

कायथ बनिया (kāyath bāniyā) पु. व्यापार करनेवाली हिंदुओं की एक जाति जो पहले कायस्थ थी। उदा. 'रहली कायथ, भइली कायथ, बनियाँ। करम जर गइल हो गइली किरतनिया' (लोक.)।
(m.) a caste of Hindu businessman.

कायदा (kāyadā) पु. (अ.) नियम, ढंग।
(m.) rule, method, manner.

कायम (kāyam) वि. (अ.) स्थिर, निश्चित, मौजूद।
(adj.) established, firm, fixed, available.

कायल (kāyal) वि. (अ.) जो तर्कपूर्ण बात को सुनकर उसे मान लेता है।
(adj.) convinced, impressed.

काया (kāyā) स्त्री. (सं.) शरीर।
(f.) body.

कार (kār) पु. (सं.) कार्य। (अं.) कार।
(m.) act, work, car.

कारन (kāran) पु. कारण।
(m.) cause, reason.

कार-बार (kār-bār) पु. काम-धंधा, व्यवसाय।
(m.) work, business, occupation.

कारवाही (kāravāhī) स्त्री. कार्यवाही।
(f.) proceedings.

कारी-करिया (kārī-kariyā) वि. काली उड़द। काला, काले वर्ण का अनाज, पशु आदि।
(adj.) black gram, black corn, cattle etc.

कारू (kārū) पु. एक प्रकार की घास।
(m.) a kind of grass.

कारों के खजाना (kāroṅ ke khajānā) पु. बहुत अधिक धन।
(m.) immense wealth, immeasurable treasure.

कार्हा (kārhā) पु. दे. काढ़ा।

काला (kālā) वि. (सं. कृष्ण) काला रंग।
(adj.) black colour.

कालाकंद (kālākanḋ) पु. 1. एक प्रकार का धान। 2. काले रंग का नमक विशेष। 3. एक प्रकार की मिठाई।
(m.) 1. a kind of paddy. 2. rock salt. 3. a type of sweets.

काला नमक (kālā namak) पु. 1. एक प्रकार का नमक। 2. एक महीन धान।
(m.) 1. a type of salt. 2. a thin paddy.

काला पहाड़ आम (kālā pahāṛ ām) पु. एक प्रकार का आम, जो बड़ा और काला होता है।
(m.) a kind of big and black mango.

काली (kālī) स्त्री. (सं.) काली देवी। पर्या. भवानी, चंडिका, अंबिका, कात्यायनी, दुर्गा। उदा. 'जै काली कलकत्ता वाली'।
(f.) goddess Kali, Durga.

काली के रंथ (kālī ke ranṫh) पु. मृत्यु, काली जी का रथ।
(m.) death.

कालेज (kālej) पु. (अं.) महाविद्यालय।
(m.) college.

काल्हि-काल्हु (kālhi-kālhu) क्रि.वि. कल।
(adv.) yesterday, tomorrow.

कावर (kāvar) अव्य. ओर, तरफ।
(indec.) towards.

कावारा (kāvārā) पु. पालतू पशुओं को दिया जानेवाला जूठन। ('कवरा' शब्द भी प्रचलित है)।
(m.) morsel given to pet animals.

कास (kās) पु. घास।
(m.) a kind of grass.

कासगरेह (kāsagareh) पु. झगड़ा, झंझट।
(m.) a quarrel, dispute.

कासनी (kāsanī) स्त्री. एक प्रकार का पौधा जिसका उपयोग औषधियों के रूप में होता है।
(f.) a kind of plant used as medicines.

कासिका (kāsikā) स्त्री. राहुल सांकृत्यायन द्वारा काशी की बोली का दिया गया नाम, काशिका।
(f.) the name of the language of Kashi, as recommended by Rahul Sankrityayan.

कासी (kāsī) स्त्री. भोजपुरी क्षेत्र की एक प्राचीन नगरी, काशी। पर्या. बनारस, वाराणसी।
(f.) the ancient city of Bhojpuri region.

कासीफल (kāsīfal) पु. कुम्हड़ा, कद्दू।
(m.) squash, gourd.

कास्तकार (kāstakār) पु. (काश्तकार) जमीन जोतनेवाला किसान।
(m.) a cultivator.

कास्तकारी (kāstakārī) स्त्री. वह जमीन, जिसकी लगान जमींदार को देकर उस पर स्वत्व प्राप्त किया गया हो।
(f.) cultivation, farming.

काहाँ (kāhāṁ) क्रि.वि. (सं. कुत्र) कहाँ।
(adv.) where.

काही (kāhī) वि. एक रंग।
(adj.) a colour.

काहें (kāheṅ) क्रि.वि. क्यों।
(adv.) why.

काहें कि (kāheṅ ki) क्रि.वि. क्योंकि।
(adv.) because.

काहें से कि (kāheṅ se ki) क्रि.वि. दे. काहें कि।

कि (ki) अव्य. कि।
(indec.) that.

किकुरल (kikural) अक. शरीर के अंगों का सिमटना।
(v.i.) to shrink.

किकुरी मारल (kikurī māral) अक. दे. किकुरल।

किकोरल (kikoral) सक. दही को कहँतरी को खुरचना।
(v.t.) to scrape.

किचकिच (kickic) पु. बकवास, झगड़ा।
(m.) altercation, quarrel.

किचर (kicar) पु. आँख का कीचड़।
(m.) mucus.

किचराइल (kicarāil) अक. आँख से कीचड़ निकलना।
(v.i.) to have dried mucus (in the eyes).

किछार (kichār) पु. (सं. कच्छ) नदी, तालाब या झील का किनारा।
(m.) alluvial land, moist lowlying land by a river.

किछु-किछुओ (kichu-kichuo) वि. थोड़ा, कुछ, कुछ भी।
(adj.) anything, little, what ever.

किटकिटावल (kiṭakiṭāval) अक. दाँत से दाँत की टक्कर होना, दाँत पीसना।
(v.i.) to quash one's teeth.

कितई (kitaī) स्त्री. (अ. कतई) सुनिश्चित होने की स्थिति।
(f.) certainly, finally, wholly.

किता (kitā) पु. संख्याबोधक एक शब्द, हिस्सा।
(m.) a piece.

किताब (kitāb) स्त्री. पुस्तक।
(f.) a book.

कित्ता (kittā) पु. भूमि का एक भाग।
(m.) a plot of land.

किदो (kido) क्रि.वि. शायद, संभवतः।
(adv.) perhaps.

किन-किन (kin-kin) पु. दाँत के नीचे बालू रहने का अनुभव।
(m.) grating sensation under the teeth.

किनक (kinak) पु. मंद बूँदें।
(m.) small drops.

किनल (kinal) सक. (सं. क्रयण) खरीदना।
(v.t.) to buy, to purchase.

किनाई (kināī) स्त्री. खरीद।
(f.) purchasing.

किनार (kinār) पु. छोर, कोर। नदी का तट, तीर।
(m.) bank, shore, bank of river.

किनारे (kināre) क्रि.वि. तट पर।
(adv.) ashore.

किनावल (kināval) सक. 'किनल' क्रिया का प्रेरणार्थक, खरीदवाना।
(v.t.) to make to purchase.

किफाइत (kifāit) स्त्री. (किफायत) कम खर्च करने की स्थिति।
(f.) economy, thrift, frugality.

किमागोई (kimāgoī) स्त्री. कंजूसी।
(f.) miserliness, parsimony.

किम्मत (kimmat) स्त्री. (अ. कीमत) कीमत, मूल्य, मोल।
(f.) price, value.

किया (kiyā) अव्य. क्या, या। उदा. 'किया तोर कंत विदेस', (लोक.)।
(indec.) what, or.

कियाम (kiyām) पु. (अ.) ठहराव, निश्चय, विश्वास।
(m.) stoppage, decision, belief.

कियारी (kiyārī) स्त्री. छींटने या बोने आदि की सुविधा के लिए खेतों में बने हुए जमीन के छोटे टुकड़े। पर्या. घड़ारी, गँड़ारी, गेंड़ारी, केआरी, क्यारी।
(f.) bed of garden or field.

किरकिचही (kirakicahī) स्त्री. एक प्रकार का कीड़ा।
(f.) a worm.

किरकिरी (kirakirī) स्त्री. बालू के कण।
(f.) particles of sand.

किरतनिया (kirataniyā) पु. कीर्तन-भजन करनेवाला।
(m.) the performer of Kirtan-Bhajan.

किरन (kiran) पु. प्रकाश की किरण।
(m.) beam, gleam, ray.

किरपा-किरिपा (kirapā-kiripā) स्त्री. (सं. कृपा) दया। पर्या. कृपा, अनुकंपा, मेहरबानी।
(f.) pity, compassion, kindness.

किरपालु (kirapālu) वि. कृपालु।
(adj.) indulgent.

किरपिन (kirapin) पु. (सं. कृपण) कंजूस।
(m.) miser.

किरवना (kiravanā) पु. कीड़ा, फतिंगा।
(m.) a worm, an insect.

किराइल (kirāil) वि. कीड़ा लगा हुआ। पर्या. खराब, पिलुआइल, घुनाइल।
(adj.) eaten up by worms.

किराँची (kirāṁcī) स्त्री. (अं.) कूड़ा ढोने की बैलगाड़ी।
(f.) carriage, a vehicle that carries rubbish.

किरान (kirān) पु. (अं.) भारी चीजों को उठाने की मशीन।
(m.) crane.

किराना (kirānā) पु. पसरहट्ट की वस्तुएँ, फुटकर विक्रय-पदार्थ।
(m.) grocery.

किरानी (kirānī) पु. सरकारी या गैर सरकारी कार्यालयों में कार्य करनेवाला।
(m.) clerk.

किराया (kirāyā) पु. किसी वस्तु को उपयोग में लाने पर उसके मालिक को दी गई राशि, भाड़ा।
(m.) rent, fare, hire.

किरासन (kirāsan) पु. (अं. किरोसिन) मिट्टी का तेल।
(m.) kerosene oil.

किरिन (kirin) स्त्री. (सं. किरण) सूर्य या चंद्रमा की रश्मि। पर्या. किरण, अंशु, मयूख।
(f.) ray, the rays of the sun or the moon.

किरिमची (kirimacī) स्त्री. एक प्रकार की मिट्टी, जिसका उपयोग मकान रँगने में होता है।
(f.) crimson colour.

किरिया (kiriyā) स्त्री. सौगंध, कसम, शपथ।
(f.) oath, swearing.

किरिया-करम (kiriyā-karam) पु. (सं. क्रिया-कर्म) श्राद्ध कर्म।
(m.) funeral, obsequies.

किरीरल (kirīral) सक. पेंचदार काँटी को जोर से ऐंठकर कसना।
(v.t.) the process of tightening of nail.

किरोध (kirodh) पु. (सं. क्रोध) क्रोध। पर्या. नाराजगी, गुस्सा।
(m.) anger, rage, fury.

किरौना (kiraunā) पु. (सं. कीट) उड़नेवाला दुर्गंधयुक्त कीड़ा, जो फूल होने के पहले ही ज्वार आदि पर प्रहार करता है, कीड़ा।
(m.) a flying insect that attacks cereals, chiefly millets, insect.

किरौयाँ (kirauyāṁ) पु. एक प्रकार का अन्न।
(m.) a type of corn.

किर्रो (kirro) पु. (सं. खिल) मकई, मटर आदि का अधफुटा चबेना। पर्या. बजरी, ढुर्री, ठोरी।
(m.) semi-parched maize, pea etc.

किला (kilā) पु. (अ. कलूहः) बड़ा और सुदृढ़ मकान। राजमहल। पर्या. दुर्ग, गढ़।
(m.) a fort, castle.

किलाट (kilāṭ) पु. एक वाद्ययंत्र जो मुँह से बजाया जाता है।
(m.) musical instrument played with mouth, it emits sound soon.

किलाबंदी (kilābandī) स्त्री. किलेबंदी।
(f.) fortification.

किल्ला (killā) पु. (सं. कीलक) खूँटा। कुम्हारों के चाक की धुरी। पर्या. कील, कीला, कील्ला, कील्ली।
(m.) a nail, peg.

किल्ली (killī) स्त्री. लकड़ी का टुकड़ा, जो दो काठों को जोड़ने के लिए जोड़ा जाता है।
(f.) peg, wedge, latch of a door.

किलो (kilo) पु. (अं.) किलोग्राम।
(m.) kilogram.

किसमिस (kisamis) पु. (फा. किशमिश) एक प्रकार का सूखा और मीठा मेवा, जो अंगूर को सुखाकर बनाया जाता है।
(m.) currant, raisin.

किसमिसिया (kisamisiyā) वि. वह बैल, जिसका रंग किशमिश की तरह हो।
(adj.) raisin coloured ox.

किसान (kisān) पु. (सं. कृषक) कृषि कार्य करनेवाला, खेती-बारी करनेवाला।
(m.) a farmer, a cultivator.

किसानी (kisānī) स्त्री. किसान का काम।
(f.) farming.

किसिम (kisim) स्त्री. (अ. किस्म) प्रकार, ढंग।
(f.) type, kind, way.

किसिम-किसिम (kisim-kisim) क्रि.वि. विभिन्न तरह का।
(adv.) of different kinds.

किसुन कतिका (kisun-katika) पु. एक प्रकार का महीन धान।
(m.) a type of thin paddy.

किसुन-पच्छ (kisun-pacch) पु. (सं. कृष्णपक्ष) चांद्रमास के पंद्रह दिनों का एक कालिक परिमाण, जिसमें चंद्रमा की कला घटती जाती है।
(m.) the dark-half of a lunar month, period of a wanting moon.

किसुन-भोग (kisunā-bhog) पु. (सं. कृष्ण-भोग) एक प्रकार का आम, जो बड़ा, कुछ गोलाकार और गुदुदेदार होता है।
(m.) a type of big round mango.

किस्त (kist) स्त्री. (अ.) थोड़ा-थोड़ा करके कई बार में ऋण चुकाने की विधि, निश्चित समय पर दिया जानेवाला ऋण का अंश, ऋण अदा करने का निश्चित काल।
(f.) an instalment, instalment-payment.

किहाँ (kihāṁ) क्रि.वि. के यहाँ, के पास।
(adv.) close by, with.

किहें-केहें (kiheṅ-keheṅ) क्रि.वि. दे. किहाँ।

कींच (kīṅc) पु. किसी पोखरे के तल की गीली जमीन। जल के नीचे की अथवा जल सूख जाने पर की गीली मिट्टी। कीचड़।
(m.) mud, mire, ooze.

कींचड़ (kīṅcaṛ) पु. दे. किचर।

की (kī) अव्य. कि, या।
(indec.) that , or.

कीअ (kīa) पु. सिंदूर-पात्र।
(m.) a pot of vermilion.

कीछु (kīchu) वि. (सं. किंचित्) कुछ।
(adj.) something.

कीट (kīṭ) पु. मैल, गर्द।
(m.) dirt, filth, scum.

कीटल (kīṭal) अक. दाँत कटकटाकर क्रोध व्यक्त करना।
(v.i.) to chatter the teeth.

कीड़ा-मकोड़ा (kīṛā-makoṛā) पु. कीड़े-मकोड़े।
(m.) an insect, a worm, a grub.

कीनल (kīnal) सक. (सं. क्रयण) खरीदना।
(v.t.) to buy.

कीनवइया (kīnavaiyā) पु. खरीदनेवाला, ग्राहक।
(m.) customer.

कीमत (kīmat) स्त्री. दाम, मूल्य।
(f.) value, price.

कीमती (kīmatī) वि. मूल्यवान।
(adj.) precious.

कीरति (kīrati) स्त्री. (सं. कीर्ति) किया हुआ कार्य, कीर्ति। उदा. 'कीरति भनिति भूति भल सोई'–तुलसी।
(f.) fame, glory, mention.

कीरा (kīrā) पु. (सं. कीट) कीड़ा, पिल्लू, साँप।
(m.) insect, worm, snake.

कीरी (kīrī) स्त्री. छोटा कीड़ा, जो मल में पाया जाता है।
(f.) a small insect, a worm.

कीर्तन (kīrtan) पु. (सं.) भगवान या किसी देवता का सामूहिक गुणगान।
(m.) praising, group singing of hymns.

कील (kīl) पु. (सं. कीलक) लकड़ी या लोहे का छोटा खुट्टा। धुरी के अंत में पहिए के बाद लगी हुई कील, जो पहिया को गिरने से बचाती है।
(m.) a nail, spike, peg.

कीला (kīlā) पु. चाक की धुरी। पर्या. किल्ला, खूँटी, खूँट।
(m.) a large nail, spike.

कीहाँ (kīhāṁ) अव्य. दे. किहाँ।

कुँअर, कुँवर (kuṁar, kuṁvar) पु. (सं. कुमार) युवक, अविवाहित व्यक्ति, राजा का बेटा, राजकुमार।
(m.) a youth, a young unmarried man, a prince.

कुँआ (kuṁā) पु. (सं. कूप) जल की प्राप्ति के लिए खोदा हुआ गोलाकार गहरा गड्ढा, जिसमें जल रहता है।
(m.) a well.

कुँआर (kuṁār) वि. (सं. कुमार) कुँवार। (पु.) अविवाहित रहने की स्थिति।
(adj.) unmarried. (m.) bachelorhood.

कुँइयाँ (kuṁiyāṁ) पु. दे. कुँआ।

कुँचाइल (kuṁcāil) अक. किसी भारी वस्तु के प्रहार से छोटी वस्तु का तोड़ा जाना या दबाया जाना।
(v.i.) to be crushed.

कुँजड़ा (kuṁjaṛā) पु. तरकारी बेचने वाले मुसलमानों की एक जाति। पर्या. कुजड़ा, कुँजरा।
(m.) a name of Muslim community of vegetable-sellers.

कुँण, कुँड़ि (kuṁṇ-kuṁṛi) पु. (सं. कुंड) अनाज, पानी वगैरह रखने का मिट्टी का बना विशाल पात्र।
(m.) a large earthenware bowl.

कुँड़िआइल (kuṁṛiāil) अक. इकट्ठा होना। व.कृ. कुँड़िआइत। भू कृ. कुँड़िआइल।
(v.i.) collected.

कुँड़ियावल (kuṁṛiyāval) सक. ढेर लगाना।
(v.t.) to collect.

कुँड़ेसर (kuṁṛesar) पु. मिट्टी का घड़ा।
(m.) an earthen water pot.

कुंजी (kuṅjī) स्त्री. (सं. कुंजिका) 1. चाभी। पर्या. चाभी, ताली। 2. टीका, टीकाग्रंथ, व्याख्याग्रंथ।
(f.) 1. key for a lock. 2. a textbook for a difficult text or book.

कुंड (kuṅḍ) पु. (सं.) बड़ा एवं गहरा गड्ढा। पर्या. टैंक, हौज। तीर्थ स्थान का पवित्र जलाशय।
(m.) wide and deep pit.

कुंडल (kuṅḍal) पु. (सं.) सोने या चाँदी का गोलाकार गहना, जो कान मे पहना जाता है। पर्या. कर्णभूषण, बाली, मुरकी।
(m.) a large sized earring.

कुंडली (kuṅḍalī) स्त्री. जन्म-पत्री।
(f.) horoscope.

कुंडा (kuṅḍā) पु. (सं. कुंड) वह बरतन, जिसमें गन्ने का रस गिरता है।
(m.) a large earthenware bowl.

कुंद (kuṅd) पु. (सं.) चंपा की जाति का एक फूल, कुमुद। (वि.) धारहीन, भुथरा, भोथरा, मंद।
(m.) a jasmine. (adj.) blunt.

कुंदरी (kuṅdarī) स्त्री. सब्जी के काम में आनेवाली एक फली, कुन्दुरु।
(f.) the creeper ivy gourd.

कुंदा (kuṅdā) पु. (फा.) बंदूक का पिछला भाग।
(m.) the built (end of a gun).

कुंभ (kuṅbh) पु. (सं.) 1. ज्योतिष में ग्यारहवीं राशि। 2. बारहवें वर्ष के बाद होनेवाला हिंदू पर्व, जहाँ प्रमुख रूप से धर्म प्रेमी इकट्ठा होते हैं। 3. घड़ा। पर्या. कलश, कलशा, गगरा, गगरी, घट।
(m.) 1. Aquarius. 2. the eleventh sign of the zodiac, a sacred festival of the Hindus which falls after every twelve years. 3. an earthen waterpol.

कु (ku) उप. शब्दों के पूर्व जुड़नेवाला एक उपसर्ग, जिसका प्रयोग बुरा, नीच, कुत्सित के अर्थ या भाव को व्यक्त करने में होता है, जैसे–कुकर्म, कुमार्ग, कुजात आदि।
(pref.) a prefix meaning deterioration, depreciation, deficiency, want, littleness, hindrance, reproach, contempt, guilt.

कुआँ (kuāṁ) पु. (सं. कूप) गहरा खोदा हुआ गोलाकार कच्चा या पक्का गड्ढ़ा, जिससे पानी निकाला जाता है।
(m.) a well.

कुआत (kuāt) पु. दुःख, वितृष्णा। (वि.) कुअतल, उपेक्षित।
(m.) grief. (adj.) neglected.

कुआर (kuār) पु. आश्विन का महीना। हिंदू वर्ष का सातवाँ तथा शरद ऋतु का पहला महीना। पर्या. क्वार।
(m.) according to Hindu calendar the month of Ashvin.

कुआरी (kuārī) पु. आश्विन में काटा जानेवाला एक धान। पर्या. असनी।
(m.) paddy harvesting in the month of Ashvin.

कुइयाँ (kuiyāṁ) स्त्री. कच्चा कुआँ। उदा. 'कुइयाँ के ठंडा पानी बरगद के छाँव रे'। (गीत)।
(f.) earthen well.

कुकरम (kukaram) पु. (सं. कुकर्म) बुरा काम, नीच धंधा।
(m.) a bad or wicked action, misconduct, vice, sin.

कुकरौंधा (kukarauṅdhā) पु. (सं. कुक्कुरद्रु) एक पौधा, इसका दवा में प्रयोग होता है।
(m.) a plant that used medicinally.

कुकुआइल (kukuāil) अक. सिकुड़ना।
(v.i.) to shrink.

कुकुर (kukur) पु. कुत्ता। पर्या. कुक्कुर, श्वान, शुनि, सेनहा।
(m.) dog.

कुकुर काटल (kukur kātal) सक. मूर्खता करना, कुत्ता काटना।
(v.t.) to do something foolish, to go mad.

कुकुरखाँसी (kukurakhāṁsī) स्त्री. सूखी खाँसी।
(f.) whooping cough.

कुकुरदंता (kukuradaṅtā) पु. वह दाँत जो साधारण दाँतों के अलावा हो।
(m.) impacted teeth.

कुकुरमाछी (kukuramāchī) स्त्री. कुत्तों या अन्य जानवरों के शरीर पर रहनेवाली बड़ी मक्खी।
(f.) a large fly infesting animals.

कुकुरवांछी (kukuravāṅchī) स्त्री. दे. कुकुरमाछी।

कुकुरहो-कुकुराह (kukuraho-kukurāh) पु. हल्ला-गुल्ला, कुत्तों के एक साथ बोलने से उत्पन्न हल्ला।
(m.) uproarious scene, tumult and uproar.

कुकुरौंधा-कुकुरौना (kukurauṅdhā-kukuraunā) पु. एक प्रकार का पौधा, जिससे दुर्गंध निकलती है।
(m.) a type of plant of fowl smell.

कुचउवल (kucauval) पु. कूँचने की प्रक्रिया।
(m.) to mash, to crush.

कुचकुच (kucakuc) वि. काला शब्द के पहले लगनेवाला विशेषणए अत्यधिक गहरा (काला) के अर्थ में।
(adj.) dark black.

कुचकुचवा (kucakucavā) पु. एक प्रकार की चिड़िया, उल्लू।
(m.) a type of bird, owl.

कुचकुचाइल (kucakucāil) अक. नुकीले चीज से कुचकुचाना।
(v.i.) to pierce with a pointed thing.

कुचरा (kucarā) वि. इधर की बात उधर करनेवाला, चुगला या चुगली करना।
(adj.) back biter.

कुचलल (kucalal) वि. कुचला हुआ।
(adj.) suppressed.

कुचला-कुचिला (kucalā-kucilā) पु. एक प्रकार का जहरीला बीज, जो दवा के काम में आता है।
(m.) the strychnine tree, strychnos nux-vomica.

कुचाल (kucāl) पु. बुरा आचरण, खराब काम।
(m.) evil move, misdemeanour.

कुछू (kuchū) वि. (सं. किंचिदपि) कुछ, कुछ भी।
(adj.) something.

कुजगहा (kujagahā) पु. 1. पहुँच के बाहर की जगह। 2. वह अंग जिसे पर्दे के भीतर रखते हैं। पर्या. कुठाँव।
(m.) 1. a place hard to reach. 2. a vital part of the body.

कुजतिहा-कुजात (kujatihā-kujāt) वि. नीच जाति का।
(adj.) low caste, low breed.

कुटंबस-कुटम्मस (kuṭaṅbas-kuṭammas) पु. कड़ी पिटाई, खूब पीटने की क्रिया।
(m.) hard beating.

कुटकुर (kuṭakur) पु. सूखी हुई जमीन। पर्या. कुटुकुर।
(m.) dry land.

कुटनपन (kuṭanapan) पु. दो व्यक्तियों में झगड़ा लगाने का काम।
(m.) the nature or profession of a procurer.

कुटनी (kuṭanī) स्त्री. झगड़ा लगानेवाली।
(f.) a bawd, a procuress.

कुटनी (kuṭanī) स्त्री. रसोई में मसाले आदि कूटने का पात्र।
(f.) a pot to crush spice etc. in kitchen.

कुटरी (kuṭarī) स्त्री. दे. कुट्टी।

कुटवन (kuṭavan) पु. कूटने का काम।
(m.) crushing.

कुटवनी (kuṭavanī) स्त्री. कूटने की मजदूरी।
(f.) the wages paid for thrashing.

कुटिया (kuṭiyā) स्त्री. साधुओं की झोपड़ी।
(f.) a cottage hut, hermitage.

कुटियावल (kuṭiyāval) सक. घास-पात काटकर कुट्टी बनाना।
(v.t.) to chop up straw.

कुटुकल (kuṭukal) सक. दाँत से धीरे-धीरे जरा-जरा-सा काटना।
(v.t.) to cut with teeth.

कुटुकी (kuṭukī) स्त्री. 1. एक मिठाई विशेष। 2. एक प्रकार का कीट।
(f.) 1. a kind of sweet. 2. a type of insect.

कुटुम (kuṭum) पु. (सं. कुटुंब) संबंधी, रिश्तेदार, परिवार। पर्या. खानदान, कुलवंश, घराना, कुटुंब, परिजन, स्थान।
(m.) family, relatives, household.

कुटुमायत (kuṭumāyat) स्त्री. (सं. कुटुंब) संबंधी होने का भाव।
(f.) relationship.

कुट्टी (kuṭṭī) स्त्री. घास या फसल की डंठल आदि का काटा हुआ पशुओं का महीन खाद्य। पर्या. कुटिया, कुटरी, कट्टा, लेदी।
(f.) chopped straw or fodder.

कुठहरे-कुठाँव (kuṭhahare-kuṭhāṁv) पु. दे. कुजगहा।

कुड़कुड़ाइल (kuṛakuṛāil) अक. कुड़कुड़ाना।
(v.i.) to make a cluck.

कुड़नी (kuṛanī) स्त्री. मिट्टी का छोटा-सा बर्तन, जिसमें पानी रखा जाता है।
(f.) small earthen pot.

कुड़हरि (kuṛahari) पु. (सं. कुठार) कुल्हाड़ी। पर्या. टेङारी, टेंगारी, टंडुला।
(m.) exe, hatchet.

कुडौल (kuḍaul) वि. बेढंगा, बुरे आकार का।
(adj.) ugly, having disproportionate, physical build.

कुढंग (kuḍhaṅg) पु. बेढंगा काम।
(m.) ill manner.

कुत (kut) पु. कूतने की प्रक्रिया।
(m.) estimation.

कुतप (kutap) पु. गलत तपस्या, चूक।
(m.) wrong penance, fault.

कुताक-कुतार (kutāk-kutār) पु. कुअवसर, खराब मौसम। पर्या. कुसमय।
(m.) inopportune time, period of adversity.

कुत्त-कुत्त (kutt-kutt) पु. कुत्ते को पुकारने का शब्द।
(m.) a word to call dog.

कुत्ता (kuttā) पु. दे. कुकुर।

कुत्ती (kuttī) स्त्री. कुतिया।
(f.) a bitch.

कुदार (kudār) पु. (सं. कुद्दार, कुद्दाल, कुद्दालक) फावड़ा, कुदाल, मिट्टी खोदने का एक हथियार। पर्या. कोदारि, कोदारी, कोदार, कुदार, कुदाली।
(m.) a hoe, a pickaxe.

कुद्दी (kuddī) स्त्री. अन्न का छोटा ढेर।
(f.) small bulk of corn.

कुनमुनाइल (kunamunāil) अक. भुनभुनाना, धीरे-धीरे बोलकर खिन्नता प्रकट करना।
(v.i.) to whine, to whimper, to be agitated.

कुनरी (kunarī) स्त्री. एक प्रकार का पौधा जिसका फल व्यंजन में प्रयुक्त होता है। कुनरू।
(f.) the creeper ivy gourd.

कुन्ती (kuntī) स्त्री. पाँडु की पत्नी तथा कर्ण और पाँडवों की माता।
(f.) name of wife of Pandu, mother of the five Pandava princes.

कुपंथ (kupaṅth) पु. (सं. कुपथ) गलत रास्ता, गलत तरीका।
(m.) bad way.

कुपातर (kupātar) पु. (सं. कुपात्र) अपात्र, अयोग्य।
(m.) an unworthy person.

कुप्पी (kuppī) स्त्री. कीप।
(f.) funnel.

कुपोसन (kuposan) पु. कुपोषण।
(m.) malnutrition.

कुफुत (kufut) पु. (फा. कोफ्त) कष्ट, पीड़ा, दुःख, मानसिक व्यथा।
(m.) pain, distress, grief.

कुफुताइल (kufutāil) वि. कुपित।
(adj.) furious.

कुबंस (kubaṅs) वि. (सं. कुवंश) खराब संतान।
(adj.) bad lineage.

कुबखत-कुबेरा (kubakhat-kuberā) क्रि.वि. गलत समय, समय का अतिक्रमण, कुसमय।
(adv.) untimely.

कुबर (kubar) पु. कूबड़, पीठ का टेढ़ापन।
(m.) a hump on the back.

कुबान (kubān) पु. बिना आदत का, बुरी लत।
(m.) unhabitual, bad habit.

कुबुधी (kubudhī) वि. (सं. कुबुद्धि) बुद्धिहीन, मूर्ख।
(adj.) stupid, foolish.

कुबोल (kubol) पु. कुशब्द, नहीं बोलने योग्य बात।
(m.) unpleasant talk.

कुमत (kumat) पु. कुमति, बुरा विचार।
(m.) perversity, stupidity.

कुमारगी (kumāragī) वि. (सं. कुमार्गी) बुरे रास्ते पर चलनेवाला।
(adj.) on taking an evil course, crafty.

कुमुदनी (kumudanī) स्त्री. एक जलीय फूल, कुमुद। पर्या. कुमुदिनी, कुमोदिनी।
(f.) a lotus, a cluster of lotus flowers.

कुमुदसार (kumudasār) पु. (सं. कुमुदशालि) महीन धान का एक भेद।
(m.) a kind of thin paddy.

कुमैत (kumait) वि. स्याह एवं लाल रंग का (घोड़ा)।
(adj.) dull red horse.

कुम्ह (kumh) पु. टेढ़ा होने की स्थिति।
(m.) obliquity, intricacy.

कुम्हड़ (kumhaṛ) पु. (सं. कुष्मांड) कोंहड़े की जाति का एक फल, जिसका उपयोग मिठाई, मुरब्बा आदि बनाने में होता है। भतुआ पेठा। पर्या. सज कुम्हड़, सीस कोंहड़ा। यथा–'इहाँ कुम्हड़ बत्तिया कोउ नाहीं। जो तर्जनी देख डर जाहीं।'–तुलसी।
(m.) the white gourd melon.

कुम्हरौटी (kumharauṭī) स्त्री. काली मिट्टी जिसका उपयोग कुम्हार बर्तन बनाने में करता है।
(f.) black soil used to make pots.

कुम्हार (kumhār) पु. (सं. कुंभकार) मिट्टी का बर्तन बनाने-वाली एक जाति। पर्या. कुंभकार, कुलाल, कोंहार, घटकार। उदा. 'माटी कहे कुम्हार से तू का रौंदे मोहि। एक दिन ऐसा आयेगा मैं रौंदूगी तोहि'–कबीर।
(m.) a potter, a man of the kumhar community.

कुम्हिलाइल (kumhilāil) अक. किसी फल-फूल का धूप में पड़ने या पेड़ से टूटने के बाद कुछ-कुछ सूखने लगना। यथा–'काहेरी नलिनी तू कुम्हिलानी, तेरे ही नाल सरोवर पानी'–कबीर।
(v.i.) to fade, to wither.

कुम्ही (kumhī) स्त्री. पानी पर फैलने वाला एक पौधा, जलकुंभी।
(f.) a type of water-weed.

कुरंग (kuraṅg) पु. (सं.) हरिण की एक जाति। पर्या. कुरंगम, कृष्णसार, मिरग, मृग, सारंग, हिरन।
(m.) a type of deer, antelope.

कुरकड़ (kurakaṛ) पु. झगड़ा, झंझट।
(m.) quarrel, perplexity.

कुरकी (kurakī) स्त्री. (तु. कुर्की) कर्जदार या अपराधी की जायदाद का ऋण या जुरमाने की वसूली के लिए सरकार द्वारा जब्त किया जाना, कुर्की।
(f.) attachment of property.

कुरकुट (kurakuṭ) पु. छोटा टुकड़ा, पुआल का भूसा।
(m.) rag, scraps, crumbs.

कुरखेत (kurakhet) पु. (सं. कृष्ट क्षेत्र) जोता हुआ वह खेत जिसमें कुछ बोया नहीं गया हो।
(m.) a land which is ploughed but not planted.

कुरती (kuratī) स्त्री. चोली।
(f.) bodice, blouse.

कुरथी (kurathī) स्त्री. (सं. कुलत्थ) एक प्रकार का दलहन जो थोड़ा लाल होता है और बड़ा कड़ा होता है। पर्या. कुरुथी, कुर्थी, कुलथी।
(f.) horse gram.

कुरदा (kuradā) पु. गरी।
(m.) kernel of a coconut.

कुरबानी (kurabānī) स्त्री. (अ. कुर्बानी) बलिदान। पर्या. उत्सर्ग, निछावर, न्योछावर, निसार, आहुति।
(f.) sacrifice.

कुरबुराइल (kuraburāil) अक. नाखुशी या असहमति व्यक्त करने के लिए अस्पष्ट शब्दों में बोलना।
(v.i.) to grumble.

कुरमी (kuramī) पु. कुर्मी, हिंदुओं की एक जाति।
(m.) a caste of Hindu.

कुरवा (kuravā) पु. मिट्टी का बर्तन जो पानी पीने के काम आता है।
(m.) an earthen pot used to drink water.

कुरसा (kurasā) पु. एक प्रकार की मछली।
(m.) a type of fish.

कुरसी (kurasī) स्त्री. (अ. कुर्सी) 1. काठ या लोहे का बना एक प्रकार का फर्नीचर जिसका उपयोग बैठने में होता है। 2. पद, ओहदा।
(f.) 1. chair. 2. post.

कुरसीनामा (kurasīnāmā) पु. (अ. कुर्सी+फा. नामः) लिखी हुई वंश परंपरा, वंशवृक्ष।
(m.) family tree.

कुरान (kurān) पु. (अ.) मुसलमानों का धर्मग्रंथ।
(m.) the sacred book of the Mahommadans.

कुराव (kurāv) पु. वह परती जमीन जो पहली बार जोती जाती है।
(m.) fallow land ploughed for the first time.

कुराह (kurāh) स्त्री. गलत रास्ता, कुपथ।
(f.) evil course, uneven path.

कुरी (kurī) स्त्री. (सं. कुल) जाति का उपभेद।
(f.) the sub category of caste.

कुरीत (kurīt) स्त्री. कुप्रथा।
(f.) bad custom.

कुरुता (kurutā) पु. (तु. कुर्तः) एक प्रसिद्ध पहनावा, जो सिर में डालकर पहना जाता है। कुरता। पर्या. कुर्ता।
(m.) a loose fitting shirt.

कुरुती (kurutī) स्त्री. कुर्त्ती, ब्लाउज।
(f.) blouse, brassiere.

कुरुवारन (kuruvāran) (वि.) उच्छृंखल, उद्दंड, अहंकारी।
(adj.) arrogant, insolent.

कुरूप (kurūp) वि. देखने में बदसूरत, भद्दा। पर्या.–बदनुमा, बदशक्ल, विद्रूप, विरूप, भौंडा।
(adj.) ugly, ill formed.

कुलंजन (kulaṅjan) पु. एक प्रकार का पौधा जिसकी जड़ गर्म और उद्दीपक होती है। वह खाँसी की दवा है।
(m.) the plant Alpinia Galanga.

कुलकन्या (kulakanyā) स्त्री. (सं.) कुलीन लड़की।
(f.) a girl of noble family.

कुलकुलाइल (kulakulāil) अक. भूख से व्यग्र होना।
(v.i.) to be perturbed by hunger.

कुलचीज (kulacīj) पु. सबकुछ, सारा सामान।
(m.) all things.

कुलच्छन (kulacchan) पु. (सं. कुलक्षण) खराब अथवा अमंगलदायक लक्षणों वाला।
(m.) misconduct, bad temper.

कुलदेवता (kuladevatā) पु. (सं.) परिवार का वह देवता जिसकी परंपरा से पूजा होती आ रही हो।
(m.) the family deity.

कुलफुत (kulafut) पु. (फा. कोफ्त) मानसिक व्यथा, कुफुत। पर्या. कुलफित।
(m.) pain, distress, grief.

कुलबुलाइल (kulabulāil) अक. व्याकुल होना, चंचल होना।
(v.i.) to be restless.

कुलबोरन (kulaboran) पु. खानदान की इज्जत में दाग लगानेवाला, कुल को नष्ट करनेवाला।
(m.) stain on family.

कुलरुआ (kularuā) वि. उपेक्षित, अनादृत।
(adj.) neglected, not respected.

कुलवंती (kulavaṅtī) स्त्री. (सं. कुलवती) कुल की मर्यादा की रक्षा करनेवाली स्त्री।
(f.) a woman of good or noble family.

कुलवंस (kulavaṅs) पु. कुलवंश।
(m.) race.

कुलवाँसी (kulavāṁsī) वि. मुलायम गुठली का आम।
(adj.) mango with a soft stone.

कुलहर (kulahar) पु. चौमास, बरसात के चार महीने।
(m.) four months of rainy season.

कुलाँच (kulāṁc) स्त्री. कूदने का काम, दौड़े।
(f.) spring, jump.

कुलि (kuli) वि. सब, कुल। पर्या. कुल्हि, कुल्ही, सभ।
(adj.) total, entire.

कुलिचा (kulicā) पु. वह बैल, जिसका एक पैर दूसरे पैर से टकराता हो।
(m.) bullock whose feet clash with each other.

कुलेल (kulel) पु. आमोद-प्रमोद, मनोविनोद।
(m.) entertainment.

कुल्ला (kullā) पु. मुख शुद्धि के लिए मुँह में पानी लेकर फेंकना।
(m.) rinsing the mouth.

कुल्हम (kulham) वि. दे. कुलि।

कुल्हर (kulhar) पु. जल आदि पीने के लिए मिट्टी का बर्तन।
(m.) an earthen ware cup.

कुल्हा (kulhā) पु. नितंब का पिछला भाग।
(m.) hip.

कुल्ही (kulhī) पु. दे. कुलि।

कुल्हारी (kulhārī) स्त्री. (सं. कुठारी) लकड़ी फाड़ने तथा पेड़ काटने के काम में आनेवाला बसुला से कुछ लंबा एक प्रकार का हथियार। पर्या. कुल्हारा, कुढार, कुल्हाड़ा, कुल्हाड़ी।
(f.) an axe, hatchet.

कुवार (kuvār) पु. आश्विन का महीना, हिंदू कैलेंडर का सातवाँ महीना। पर्या. कुआर।
(m.) the seventh month of the Hindu calendar.

कुस (kus) पु. (सं. कुश) 1. एक प्रकार की पवित्र घास जिसका उपयोग यज्ञादि में होता है। कुश। 2. राम का बड़ा पुत्र (रामायण)।
(m.) 1. a sacred grass used in brahmanical ceremonies. 2. name of a son of Ram (Ramayana).

कुसकुट (kusakuṭ) पु. काँसा।
(m.) an alloy of copper, tin and zink.

कुसगुन (kusagun) पु. अपशकुन, वैसा लक्षण जिससे बुरी स्थिति पैदा होने का आभास मिलता है।
(m.) ill omen.

कुसबटना (kusabaṭanā) पु. धान में लगनेवाला कीड़ा।
(m.) a kind of insect infesting paddy.

कुसल (kusal) वि. निपुण, कुशल।
(adj.) expert.

कुसही (kusahī) स्त्री. छोटे दानोंवाला मटर, बजरी। पर्या. लेस बरिया।
(f.) small pea.

कुसाइत (kusāit) पु. (अ. कु+साअत) बुरा मुहूर्त, खराब समय।
(m.) inopportune time.

कुसाध (kusādh) पु. वह बैल या भैंस जिसका मुँह चौड़ा होता है।
(m.) wide mouthed cattle.

कुसासन (kusāsan) पु. कुशासन।
(m.) misrule.

कुसियार (kusiyār) पु. एक दंडाकार प्रसिद्ध पौधा जिसका रस मीठा होता है और जिससे गुड़-चीनी आदि बनाई जाती है। ईख, गन्ना।
(m.) sugarcane.

कुसुम (kusum) पु. (सं.) 1. फूल, पुष्प। पर्या. प्रसूनं कुसुमं सुमम्-अमरकोश। 2. एक प्रकार का पौधा, जिसके रंग में वस्त्र रँगा जाता है।
(m.) 1. a flower. 2. a type of plant.

कुसुमा (kusumā) पु. पीने के लिए तैयार किया हुआ भाँग।
(m.) a narcotic drink made from hemp leaves.

कुसुमी (kusumī) वि. कुसुम रंग का।
(adj.) reddish yellow.

कुस्ट (kusṭ) पु. (सं. कुष्ठ) कोढ़, कुष्ठ रोग। पर्या. गलित कुष्ट, श्वेत कुष्ट, फूल, फूला।
(m.) leprosy.

कुस्ती (kustī) स्त्री. (फा. कुश्ती) दो व्यक्तियों का परस्पर एक दूसरे को बलपूर्वक पछाड़ने या पकड़ने के लिए लड़ना। पर्या. मल्लयुद्ध, पकड़, कुश्ती। मुहा. 'कुस्ती मारल'—कुश्ती में दूसरे को पछाड़ना।
(f.) wrestling.

कुहकवा (kuhakavā) पु. एक प्रकार का खेल।
(m.) a kind of game.

कुहनी (kuhanī) स्त्री. शरीर का एक अंग, कोहनी, बाहु और भुजा का जोड़।
(f.) elbow.

कुहरा (kuharā) पु. ओस, कुहासा। पर्या. कुहा, कोहरा, धुंध, नीहार।
(m.) fog.

कुहकल-कुहुकल (kuhakal-kuhukal) अक. कोयल का कूँकना।
(v.i.) to coo.

कुहल (kuhal) अक. पूरी पिटाई करना, खूब पीटना। (पु.) कंजी आँखोंवाली भैंस।
(v.i.) beating. (m.) brownish eyed buffalo.

कुहासा (kuhāsā) पु. दे. कुहरा।

कूँचल (kūṁcal) सक. कुचलना।
(v.t.) to mash, to trample.

कूँचा (kūṁcā) पु. (सं. कूर्च, कूर्चक) झाड़ू, बुहारने का यंत्र। पर्या. बढ़नी, बुहारी, शोधनी, सोहनी।
(m.) weaver's brush.

कूँची (kūṁcī) स्त्री. (सं. कूर्चिका) छोटी झाड़, चित्रकारी करने की कूँची, ब्रश।
(f.) small brush.

कूँड़ (kūṁṛ) पु. (सं. कुंडिका) भोजन और अन्न रखने का मिट्टी का बड़ा बर्तन। पर्या. कुंडी, कूँड़ी।
(m.) furrow.

कूँड़ा (kūṁṛā) पु. मिट्टी की हाँड़ी, मिट्टी का घड़ा।
(m.) an earthen vessel.

कूँड़ी (kūṁṛī) स्त्री. ढेर।
(f.) stock, heap.

कूँथल (kūṁthal) अक. पैखाना आदि के समय पेट पर जोर देने से आवाज निकलना। बल देना, काँखना। मुहा. 'काम करे में कूँथल'—काम करने में जोर देने का दिखावा करना।
(v.i.) to groan.

कूँचल (kūṁcal) अक. धूरना, पीसना, पीटना।
(v.i.) to crush, to grind.

कूट (kūṭ) पु. मोटा कागज, जिसका व्यवहार पुस्तकों- कापियों के जिल्द में होता है।
(m.) coot.

कूटल (kūṭal) सक. कूटना।
(v.t.) to pound, to crush.

कूटिया-पिसिया (kūṭiyā pisiyā) पु. कूटने-पीसने की मजदूरी तथा उसके द्वारा चलाई जानेवाली जीविका।
(m.) the wages of crushing.

कूड़ा (kūṛā) पु. बुहारन। पर्या. कतवार, कबाड़, कूड़ा करकट, निकम्मी चीज, रद्दी चीज।
(m.) sweepings, rubbish.

कूढ़ल (kūṛhal) अक. रंज होना, भिड़ना।
(v.i.) to suffer, to displease.

कूढ़ा (kūṛhā) पु. 1. छोटी मड़ई। 2. खेत या खलिहान में खड़ी की गई झोपड़ी।
(m.) 1. hut. 2 small hut made in fields.

कूतल (kūtal) अक. अनुमान लगाना, अंदाज लगाना, अटकल लगाना।
(v.i.) to estimate, to make a guess.

कूदल (kūdal) अक. फाँदना, उछलना, लाँघना, छलाँग लगाना, उचकना।
(v.i.) to jump, to leap.

कूप (kūp) पु. (सं.) गड्ढा, कुआँ। पर्या. इनार, इंदारा, कुवाँ, कूआँ।
(m.) well.

कूप्पा (kūppā) पु. (सं. कुपक) चमड़े का थैला जिसमें तेल, घी रखा जाता है।
(m.) leathern vessel for holding oil, ghee etc .

कूबत (kūbat) स्त्री. (अ. कुव्वत) शक्ति, बल। पर्या. ऊर्जा, ताकत, जोर, दम, बूता, शक्ति, सामर्थ्य।
(f.) power, might.

कूर (kūr) पु. सूखी घास, बहारन, नदी का किनारा।
(m.) hay, rubbish, bank of river.

कूरी (kūrī) स्त्री. (सं. कूट) ढेर, राशि। पर्या. ढेरी, पुंज अटाला, भंडार।
(f.) heap, lot.

क्रूर (krūr) वि. निर्दयी, बुरा, हिंसक, अत्याचारी, आततायी, कठोर, निर्मम, निष्ठुर, बर्बर, बेरहम।
(adj.) cruel, unkind, pitiless.

कूली (kūlī) पु. (तु.) कुली, बोझ ढोनेवाला। पर्या. भारिक, मजूर, मजदूर।
(m.) coolie.

कूल्हि (kūlhi) वि. सब, कुल। पर्या. समूचा, पूरा, भरपूर, मुसल्लम, संपूर्ण।
(adj.) total, entire.

कूहा (kūhā) पु. सबेरे का कुहरा। पर्या. कुहेस, कुहेसा, कुहस्सा।
(m.) fog, mist.

केंचुआ (keṅcuā) पु. एक रेंगनेवाला छोटा जीव।
(m.) an earth worm.

केंचुल (keṅcul) स्त्री. वह पतला, महीन पुराना चमड़ा जिसे साँप उतारकर फेंक देता है। पर्या. कंचुक, केंचली, निर्मोक।
(f.) the slough of a snake.

केंड़वारी (keṅṛavārī) स्त्री. फलों का नया बगीचा।
(f.) a new garden of fruits.

केंड़ी (keṅrī) स्त्री. दंडी मारने की क्रिया, बेईमानी से कम तौलना।
(f.) act of cheating by weighing less.

केंवट (keṅvaṭ) पु. (सं. कैवर्त) मछली मारने एवं नाव खेनेवाली एक जाति। पर्या. कर्णधार, खेवट, खेवैया, नाविक, मल्लाह, माँझी, मछुआ। उदा. 'सुनि केवट के बैन, प्रेम लपेटे अटपटे'–तुलसी।
(m.) a particular caste whose members were mainly boatmen.

केंवटिन (keṅvaṭin) स्त्री. केवट जाति की स्त्री।
(f.) woman of boatman.

केंवाछ (keṅvāch) पु. दे. कवाछ।

केंवाड़ (keṅvāṛ) पु. किवाड़ (सं. कपाट) दरवाजा। पर्या. गेट, द्वार, दरवाजा, पट, फाटक। उदा. 'खोलऽना बजर केवाड़'। (लोक.)।
(m.) a door, gate, door leaf, shutter.

केंवाड़ा (keṅvāṛā) पु. बड़ा किवाड़, दरवाजा।
(m.) big door.

केंवारी (keṅvārī) स्त्री. दे. केंवाड़।

केंहा-केंहा (keṅhā-keṅhā) पु. बच्चों के रोने की आवाज।
(m.) weeping sound of infants.

के (ke) सर्व. (सं. कः) कौन। कहा. 'के जाने कवनातरे जिनगी लागी पार।' (लोक.)।
(pron.) who.

केइजा (keijā) क्रि.वि. (सं. कुत्र) कहाँ।
(adv.) where.

केओचा (keocā) पु. बड़ा झरना।
(m.) big waterfall.

केकई (kekaī) स्त्री. (सं. कैकेयी) दशरथ की एक रानी, भरत की माँ (रामायण)।
(f.) a queen of king Dashrath, the mother of Bharat. (Ramayana).

केकर (kekar) सर्व. (सं. कस्य) किसका। कहा. 'केकर– केकर धरी नाँव। कमरी ओढ़ले सगरी गाँव'।
(pron.) whose .

केकरा (kekarā) सर्व. (सं. कस्य) किसके।
(pron.) whose, with whom.

केकराके (kekarāke) सर्व. किसको। उदा. 'केकरा के कहीं, के सपूत इहाँ बाटे। पानी पीयत बाटे सभे घाटे-घाटे'।
(pron.) whom.

केकुरल (kekural) अक. (सं. कुंचन) जाड़ा आदि के कारण मवेशी या किसी व्यक्ति का सिकुड़ जाना। उदा. 'बरखा में खाढ़ बिया केकुरल गइया। खोजलो प मिले न लेहनो-पतइया'। –'पराग'।
(v.i.) to shrink.

केके (keke) सर्व. (सं. कः कः) कौन-कौन, किसको।
(pron.) who, to whom.

केख (kekh) पु. आन, प्रतिष्ठा, ख्याति।
(m.) prestige.

केतकी (ketakī) स्त्री. (सं. केतक) 1. केवड़ा का फूल। 2. एक प्रकार का धान।
(f.) 1. screw pine plant and flower. 2. a kind of paddy.

केतना (ketanā) सर्व. (सं. कियत्) कितना, कितना अधिक।
(pron.) how much, how many.

केतहत-कतहत (ketahat-katahat) वि. कितना बड़ा।
(adj.) how big.

केतारी (ketārī) स्त्री. गन्ना।
(f.) sugarcane.

केथी (kethī) क्रि.वि. क्या। पर्या. कथी, केथु, केथुआ।
(adv.) what.

केदली (kedalī) स्त्री. (सं. कदली) केला।
(f.) banana.

केनहू-केनिओ (kenahū-kenio) क्रि.वि. किधर भी, किसी ओर भी।
(adv.) in any direction.

केना (kenā) पु. वैजयंती का फूल।
(m.) a flower of vaijayanti.

केने (kene) क्रि.वि. (सं. कुत्र) कहाँ, किधर, किस ओर।
(adv.) where, in which side.

केनौला (kenaulā) पु. एक झाड़ जिसके फल की चटनी बनती है। पर्या. करौंदा।
(m.) the shrubcarissa carandas and its fruit.

केमें (kemeṅ) सर्व. (सं. कस्मिन्) किसमें।
(pron.) in which.

केम्हर (kemhar) क्रि.वि. (सं. कुत्र) किस ओर।
(adv.) where.

केर (ker) स्त्री. 1. केलि। 2. संबंध कारक का चिह्न, जो प्रायः गीतों में आता है। उदा. 'अगहन हे सखी अगर सोहावन चहुँदिसि उपजेला धान हे। हंस चकेउआ राम केर करतु है, तइसे जग संसार हे'।
(f.) 1. amorous sport. 2. words denoting relation used in folk song.

केरवा (keravā) वि. केले के समान लंबा (आम)।
(adj.) a mango as long as banana.

केरवानी (keravānī) स्त्री. केले का बगीचा।
(f.) a garden of banana.

केरा (kerā) पु. दे. केदलि।

केराव (kerāv) पु. (सं. कलाय) छोटे दानों का मटर।
(m.) a type of small pea.

केरावल (kerāval) सक. खड़ी फ़सलवाले खेत से घास-पात निराना, निकौनी करना।
(v.t.) to weed.

केवई (kevaī) स्त्री. एक प्रकार की मछली। पर्या. कवई।
(f.) a type of fish.

केवट (kevaṭ) पु. दे. केंवट।

केवड़ा (kevaṛā) स्त्री. एक प्रकार का काँटेदार पौधा, जिसमें सुगंधित फूल लगता है।
(f.) the screwpine.

केवड़ी (kevaṛī) पु. रोशनदान।
(m.) ventilator.

केवनाठ (kevanāṭh) पु. केहुनी।
(m.) the elbow.

केवल (keval) वि. (सं.) मात्र। पर्या. एक मात्र, निरा, भर, महज, सिर्फ।
(adj.) only.

केवाँच (kevāṁc) पु. ग्वारफली।
(m.) a medicinal plant.

केवाड़ी (keṅvāṛī) स्त्री. दे. केंवाड़।

केवाल (kevāl) स्त्री. काफी मजबूत काली मिट्टी। पर्या. करार।
(f.) black soil.

केवाला (kavālā) पु. (अ. कबाल) बैनामा, विक्री का दस्तावेज।
(m.) the sale deed.

केवाही (kevāhī) स्त्री. एक प्रकार की ईख।
(f.) a type of sugarcane.

केस (kes) पु. (सं. केश) 1. सिर के बाल। 2. (अ. केस) मुकदमा। पर्या. अलक, कच, कुंतल, केशपाश, गेसू, चिकुर, जटा, बाल, लट, वेणी।
(m.) 1. hair. 2. case, law-suit.

केसउर (kesaūr) पु. एक प्रकार का सफेद कंद, जो खाने में मीठा लगता है।
(m.) bulbous root.

केसर (kesar) पु. (सं.) एक प्रकार का सुगंधित मसाला, जो कश्मीर में पाया जाता है।
(m.) saffron.

केसरबाटी (kesarabāṭī) स्त्री. बेसन की एक मिठाई।
(f.) a sweet of gram flour.

केसौड़ा (kesauṛā) पु. नहछू।
(m.) nail paring.

केसौर (kesaur) पु. शकरकंद की जाति का एक मीठा कंद, जो कच्चा खाया जाता है।
(m.) a sweet root, sweet patoto.

केहर (kehar) क्रि.वि. किधर, किस ओर।
(adv.) where.

केहुनी (kehunī) स्त्री. बाँहों के बीच की गाँठ, कुहनी।
(f.) elbow.

केहू (Kehū) सर्व. (सं. कोऽपि) कोई भी।
(pron.) any, anyone.

कैंच (kaiṅc) पु. बल्ला, शहतीर।
(m.) beam.

कैंत (kaiṅt) पु. (सं. कपित्थ) छोटे बेल जैसा एक प्रकार का खट्टा फल।
(m.) the wood apple.

कैद (kaid) स्त्री. (अ.) कारावास, कैदखाना, हवालात, हिरासत, नजरबंदी, जेल, जेलखाना।
(f.) imprisonment.

कैन (kain) पु. बाँस की एक छरन, बेंत की कैन।
(m.) a bamboo or cane twig.

कैरा (kairā) पु. सर्वांग श्वेत बैल।
(m.) white Ox.

कैल (kail) पु. (सं. कपिल) पीताभ-घूसर, पशु। पर्या. कैला, कहल।
(m.) yellowish gray or cream coloured ox.

कैलास (kailās) पु. (सं.) शिवजी का निवास-स्थान जो हिमालय पर स्थित है, हिमालय का एक पहाड़।
(m.) name of a mountain and main abode of Lord Shiva.

कोंअर (koṅar) वि. दुर्बल, कमजोर।
(adj.) weak, thin.

कोंकड़ा (koṅkaṛā) पु. (सं. कर्कट) केंकड़ा।
(m.) a crab.

कोंकड़िआइल (koṅkaṛiāil) अक. रोग या पाले से किसी पौधे के पत्ते का सिकुड़ना या संकुचित हो जाना।
(v.i.) shrinking of plants or leaves.

कोंखि (koṅkhi) स्त्री. गर्भ, गर्भाशय, कोख, उदर, कुक्षि, पेट।
(f.) the abdomen.
~भराइल (~koṅkhi bharail) सक. माँ बनना।
(v.t.) to be pregnant.

कोंचल (komcal) सक. (सं. कच्) घुसेड़ना, ठूँसना, तंग करना। व.कृ. कोंचत। भू.कृ. कोंचल।
(v.t.) to thrust.

कोंचा-कोंची (koṅcā-koṅcī) अक. परस्पर एक दूसरे को कोंचना।
(v.i.) to thrust reciprocally.

कोंचाइल (koṅcāil) अक. दे. कोंचल।

कोंचिला (koṅcilā) पु. एक विषैला पौधा, जिसका बीज दवा के काम में आता है।
(m.) Nux vomica (plant and its seed).

कोंढ़ (koṅṛh) पु. यकृत।
(m.) the liver.

कोंढ़ी (koṅṛhī) स्त्री. (सं. कली) अधखिला फूल, कली। (अक.) कोंढ़िआइल। पर्या. कलिका, कुड्मल, कोरक, गुंचा, मुकुल।
(f.) bud.

कोंपड़ (koṅpaṛ) पु. बाँस की जड़ से निकला नया पौधा।
(m.) young bamboo shoot.

कोंय (koṅy) पु. किसी के गिरने की आवाज।
(m.) sound of falling of anybody.

कोंहइन (koṅhain) स्त्री. कुम्हारिन।
(f.) a potter's wife.

कोंहड़ा (koṅhaṛā) पु. (सं. कुष्मांड) एक प्रकार की लता, जिसका फल सब्जी के काम में आता है।
(m.) the white gourd-melon.

कोंहार (koṅhār) पु. दे. कुम्हार।

कोआ (koā) पु. कटहल का पका गूदेदार फल।
(m.) slice of ripe jackfruit.

कोइन (koin) पु. (सं. कोशिन) अधपका बाँस, करमी।
(m.) thin offshoot in bamboo plant.

कोइना (koinā) पु. महुए का पका फूल एवं उसका बीज।
(m.) ripe fruit and seed of mahua plant.

कोइरियार (koiriyār) पु. शाक का खेत, सब्जियों का खेत।
(m.) vegetable farm.

कोइरी (koirī) पु. हिंदुओं की एक जाति जिसका मुख्य व्यवसाय सब्जी की खेती है। उदा.–'कोइरी का घेघ, गहकी का उद्वेग।' (लोक.)।
(m.) a Hindu caste of vegetable growers.

कोइल (koil) स्त्री. (सं. कोकिला) कोयल, काले रंग की एक चिड़िया जिसकी कूक सुरीली होती है। पर्या. कोइलर, कोइलिया, कोइली, पिक, कोकिल, परभृत, वसंतदूत, श्यामा।
(f.) an Indian bird known for its sweet warble, cuckoo.

कोइलखो (koilakho) पु. गोरखुल।
(m.) the medicinal plant and its thorny fruit.

कोइलर (koilar) स्त्री. दे. कोइल।

कोइला (koilā) पु. कोयला।
(m.) coal.

कोइला चूल्हा (koilā chulhā) पु. वह देसी चूल्हा जिसमें कोयला जलाकर खाना बनाते हैं।
(m.) the maty stove used to cook food by firing coal.

कोइला माता (koilā mātā) स्त्री. कुएँ की अधिष्ठात्री देवी।
(f.) the goddess of well.

कोइली (koilī) स्त्री. आम की गुठली।
(f.) mango stone.

कोकई (kokaī) स्त्री. लोहे की छोटी काँटी।
(f.) a small iron nail.

कोकच (kokac) पु. मवेशियों का खुला मुख।
(m.) cattle's open mouth.

कोकटी (kokaṭī) स्त्री. एक प्रकार का विशेष रंगवाला वस्त्र।
(f.) a kind of cotton having a reddish colour.

कोका (kokā) पु. कल्पित शक्ति, जिसका नाम लेकर बच्चों को डराया जाता है।
(m.) an imaginary power to frighten children.

कोख (kokh) स्त्री. दे. कोंखि।

कोखवटल (kokhavaṭal) अक. कोख का मरना।
(v.i.) to be infertile.

कोचिया (kociyā) पु. एक तरह का आभूषण जो हाथों में पहना जाता है।
(m.) an arm ornament.

कोट (koṭ) पु. (अं.) अंग्रेजी ढंग का पहनावा विशेष।
(m.) coat.

कोटा (koṭā) पु. किसी वस्तु का निश्चित हिस्सा, जो सरकारी नियम के अनुसार निश्चित होता है।
(m.) quota.

कोठरी (koṭharī) स्त्री. मकान का छोटा कमरा।
(f.) small room.

कोठा (koṭhā) पु. घर के ऊपर का खंड।
(m.) upper storey.

कोठा-अटारी (koṭhā-aṭārī) पु. (अ. इमारत) ऊँचा महल, विशाल मकान।
(m.) building.

कोठार (koṭhār) पु. अन्न या दूसरे खाद्य पदार्थों को रखने की जगह, भंडारगृह।
(m.) store room.

कोठिला (koṭhilā) पु. अन्न रखने के लिए मिट्टी की बनी छोटी कोठरी।
(m.) household grain store.

कोठी (koṭhī) स्त्री. बड़े पदाधिकारियों का बंगला।
(f.) large house of brick or stone, a bungalow of officers.

कोड़ल (koṛal) सक. मिट्टी को गहराई तक खोदना, कोड़ना।
(v.t.) to dig up.

कोड़नी (koṛanī) स्त्री. कोड़ने का भाव या क्रिया।
(f.) digging.

कोड़ा (koṛā) पु. (सं. क्रोड) डंडे के टुकड़े में बँधी बँटे हुए सूत या चमड़े की डोरी, जो घुड़सवारी में काम आती है। चाबुक।
(m.) whip.

कोड़ार (koṛār) पु. घर के निकट का खेत, जिसे कोड़कर साग-सब्जी की खेती की जाती है, कोला-बारी, उपजाऊ खेत।
(m.) fertile farm.

कोड़िया (koṛiyā) स्त्री. गोड़ाई
(f.) digging and upturning, hoeing.

कोड़ी (koṛī) वि. बीस की संख्या के लिए प्रयुक्त शब्द।
(adj.) twenty.

कोढ़ (koṛh) पु. एक प्रकार का भीषण चर्म रोग, कुष्ठ।
(m.) leprosy.

कोढ़ि (koṛhi) स्त्री. कली।
(f.) bud.

कोतगरदनिया (kotagaradaniyā) वि. ऐसा व्यक्ति, जिसकी गर्दन छोटी हो।
(adj.) short necked.

कोतनयना (kotanayanā) वि. ऐसा बैल, जिसकी आँखें लाल और भीतर धँसी हों।
(adj.) sunken and red eyed bullock.

कोतल (kotal) पु. (फा.) ऐसा घोड़ा, जिसका साज सिंगार तो होता है, पर कोई चढ़ता नहीं है।
(m.) a decorated horse in procession.

कोतवाल (kotaval) पु. पुलिस का एक प्रधान कर्मचारी। गृह-रक्षक (अल्प प्रयुक्त शब्द)। उदा. 'सइयाँ भइले कोतवाल अब डर काहे के'।
(m.) chief police officer of a town or city.

कोताह (kotāh) वि. (फा.) छोटा, अल्प।
(adj.) small.

कोथी (kothī) स्त्री. चाकू का मूठवार।
(f.) knife's handle.

कोदई (kodaī) स्त्री. छोटे दानोंवाली कोदो, एक भदई फसल।
(f.) a kind of small millet that grows readly on poor soil.

कोदार (kodār) पु. (सं. कुदाल) लोहे का बना खेत कोड़ने का औजार।
(m.) a hoe, a pickaxe.

कोदो (kodo) पु. (सं. कदन्न) दे. कोदई।

कोन (kon) पु. कोण, किसी खेत आदि के कोने की जमीन।
(m.) angle, corner land of a field.

कोनइचा (konaicā) पु. कोना।
(m.) nook, corner.

कोनसिला (konasilā) पु. कोनिया।
(m.) a niche in the corner of a room.

कोनहरा (konaharā) क्रि.वि. कोने में।
(adv.) in corner.

कोना (konā) पु. वह स्थान जहाँ दो दिशाएँ मिलती हैं, कोण।
(m.) corner.

कोना-कोनी (konā-konī) क्रि.वि. एक कोण से दूसरे कोण तक।
(adv.) one corner to another corner.

कोनिया (koniyā) वि. दे. कोनसिला।

कोन्हरी (konharī) स्त्री. दे. कोना।

कोन्ही (konhī) स्त्री. खेत का कोना।
(f.) a corner of farm.

कोपड़ (kopaṛ) पु. बाँस का अंकुरित रूप।
(m.) freshly germinated bamboo shoot.

कोपल (kopal) पु. किसलय। अक. (सं. कोप) कुपित होना।
(m.) young leaf. (v.i.) to be angry.

कोपलासी (kopalāsī) वि. अधपका।
(adj.) half-baked.

कोपीन (kopīn) पु. (सं. कौपिन) लँगोटी।
(m.) small loin cloth.

कोबरा (kobarā) पु. एक विषैला साँप।
(m.) cobra.

कोबी (kobī) स्त्री. एक प्रकार की सब्जी, गोभी।
(f.) cauliflower.

कोमल (komal) वि. (सं.) मुलायम, सुकुमार, सुंदर।
(adj.) soft, tender.

कोर (kor) पु. किनारा, छोर, कपड़े का धारीदार किनारा।
(m.) bank, striped, border of clothes.

कोरइला (korailā) वि. गोद में लेने योग्य छोटा बालक।
(adj.) an infant.

कोररी (korarī) स्त्री. (सं. क्रोधी) दुखी, व्यथित।
(f.) angry.

कोरवर (koravar) वि. यथावत्, बिना किसी हेर-फेर के।
(adj.) as it is.

कोरा (korā) वि. नया अप्रयुक्त वस्त्र या बर्तन। (पुं.) गोद, अंक।
(adj.) new, unused cloth or pot. (m.) lap.

कोरो (koro) पु. खपरैल या फूस के मकान की छजनी में प्रयुक्त लकड़ी।
(m.) a rafter, a transverse beam.

कोला (kolā) पु. खेत का छोटा भू-भाग।
(m.) small part of a farm, field.

कोलासी (kolāsī) पु. काला दाग लगा हुआ कच्चा आम जिसकी मिठास अच्छी लगती है। उदा. 'बाग के बाग कोलासी बा।' (लो.)।
(m.) smudgy, stained raw mango admired for its unique sweet taste.

कोल्हुआड़ (kolhuāṛ) पु. ईख पेरने तथा उससे गुड़ बनाने का स्थान।
(m.) place for extracting sugar cane juice, expeller's place.

कोल्हू (kolhū) पु. एक यंत्र जिससे ईख या तेलहन पेरा जाता है।
(m.) mill for sugar cane or oil seed.

कोस (kos) पु. 1. कोश। 2. लगभग तीन किलोमीटर की दूरी
(m.) 1. lexicon. 2. distance of about three kms.

कोसा (kosā) पु. मिट्टी का चौड़े मुँहवाले दीया जैसा पात्र।
(m.) large earthenware saucer as used to cover water jars or to hold food.

कोसिया (kosiyā) पु. छठ व्रत की एक विधि।
(m.) a system of chath.

कोसिला (kosilā) स्त्री. (सं. कौशल्या) राम की माता (रामायण)।
(f.) mother of Ram (Ramayan).

कोसिस (kosis) स्त्री. (फा. कोशिश) प्रयास, प्रयत्न, उद्योग, चेष्टा।
(f.) effort, attempt, try.

कोहनाइल (kohanāil) अक. (सं. क्रोध) रूठना, नाराज होकर नहीं बोलना, अप्रसन्न होना।
(v.i.) to be offended, to sulk.

कोहबर (kohabar) पु. वह घर जहाँ विवाह के समय कुल देवता की स्थापना होती है।
(m.) place to instal family house hold deity during a wedding.

कोहा (kohā) पु. मिट्टी का छोटा बर्तन।
(m.) earthen small pot.

कोहारगिरी (kohāragirī) स्त्री. कुम्हारगीरी।
(f.) potter's work.

कौंध (kauṅdh) पु. चमक।
(m.) flesh, sudden dazziling light.

कौआ (kauā) पु. (सं. काक) काँव-काँव करनेवाला एक काले रंग का पक्षी, कौवा।
(m.) crow.

कौर (kaur) पु. एक बार मुँह में डाला जानेवाला भोजन।
(m.) a mouthful of food.

कौराई (kaurāī) स्त्री. भोर।
(f.) morning.

कौरो (kauro) पु. कौरव।
(m.) a descendent of Kaurav.

कौसल (kausal) पु. कौशल।
(m.) skill.

ख

ख (kha) देवनागरी वर्णमाला के कवर्ग का दूसरा व्यंजन।
the second consonant of Kavarg of the Devanagari alphabet.

खँखरी (khaṁkharī) स्त्री. बिना दाना पड़ा हुआ धान।
(f.) paddy before emergence of seed.

खँखार (khaṁkhār) पु. कफयुक्त गाढ़ा थूक, श्लेष्मा।
(m.) plegm, spittle.

खँखोरी (khaṁkhorī) स्त्री. हाँड़ी को खँखोरने से प्राप्त दूध या दही का अंश, खुरचन।
(f.) scraped crust of milk and curd items.

खँघारल (khaṁghāral) सक. बरतन, कपड़े आदि को केवल पानी से धोना।
(v.t.) to wash utensils clothes in water.

खँच्चड़ (khaṁccaṛ) पु. बदचलन।
(m.) misconduct.

खँचड़ाल (khaṁcaṛāl) वि. दे. खँच्चड़।

खँचड़पेल (khaṁcaṛapel) वि. दे. खँच्चड़।

खँज-खोहर (khaṁj-khohar) पु. विकलांग, निम्नवर्ग का व्यक्ति।
(m.) physical disable, a man of lower caste.

खँजड़ी-खँजरी (khaṁjaṛī-khaṁjarī) स्त्री. काठ या धातु के बने मंडलाकृति पात्र पर चमड़ा मढ़ने से बना एक छोटा वाद्य-यंत्र, छोटी डफली।
(f.) a small tambourine.

खँड़ (khaṁṛ) पु. 1. भाग, टुकड़ा। 2. मकान की एक मंजिल।
(m.) 1. part, piece. 2. first floor of house.

खँड़चर (khaṁṛacar) पु. अवलंब, खंभा।
(m.) support, pillar, pole.

खँड़तर (khaṁṛatar) पु. चटाई का टूटा हिस्सा।
(m.) a part of mat.

खँड़रा (khaṁṛarā) पु. चावल के आटे का व्यंजन।
(m.) a food item made from rice flour.

खँड़हर (khaṁṛahar) पु. टूटा एवं गिरा मकान।
(m.) a broken down building.

खँड़िया (khaṁṛiyā) पु. 1. एक प्रकार का हथियार, जो काटने के काम आता है। 2. एक प्रकार की मिट्टी, चाक, चूने का पत्थर।
(m.) 1. a kind of weapon. 2. chalk.

खँड़ी (khaṁṛī) स्त्री. चारों ओर से घिरा स्थान।
(f.) enclosed area.

खँसिआ (khaṁsiā) पु. मिर्च, प्याज, नमक, मसाला आदि डालकर तैयार किया गया भूजा।
(m.) roasted spicy munchies.

खँसी-खँस्सी (khaṁsī-khaṁssī) पु. (अ.) बकरी का बधिया किया हुआ नर बच्चा।
(m.) castrated male goat.

खँखड़ (khaṁkhaṛ) पु. गड्ढा, खाली जगह।
(m.) pit, substance.

खंता (khaṅtā) पु. मिट्टी काटने से बना गड्ढा। वह गड्ढा, जिसमें से कुम्हार मिट्टी लेते हैं।
(m.) a pit.

खंती (khaṅtī) स्त्री. मिट्टी खोदने का एक औजार।
(f.) a spade.

खंधक (khaṅdhak) पु. शहर या किले के चारों ओर की खाई, बड़ा गड्ढा।
(m.) moat, deep ditch.

खंभिया (khaṅbhiyā) स्त्री. 1. ठेंघनी, एक मोटी छड़ी। 2. बरामदा।
(f.) 1. a thick stick. 2. varamdah.

खंहारल (khaṅhāral) सक. साफ करने के लिए पानी से हल्के रूप में धोना, बर्तन या कपड़े को केवल पानी से धोना।
(v.t.) to wash lightly.

खइन-पइन (khain-pain) पु. भेद, रहस्य, गुप्त कार्य।
(m.) mystery, secret matter.

खइनी (khainī) स्त्री. तंबाकू की वह जाति जिसमें चूना रगड़कर खाया जाता है, सुरती।
(f.) chewing tobacco mixed with lime.

खइहन (khaihan) पु. वह अन्न, जो खाने के लिए रखा गया हो।
(m.) grain kept aside for use in the family.

खउकार (khaukār) वि. घूस खानेवाला।
(adj.) one who takes bribe.

खउफिआ (khaufiā) वि. (अ. खुफियः) छिपकर भेद का पता लगानेवाला, छिपा हुआ, गुप्त।
(adj.) detective, secret.

खउरल (khaural) सक. किसी वस्तु को उलट-पलट करना।
(v.t.) to overturn.

खउरा (khaurā) पु. एक प्रकार की बीमारी, जिसमें बाल उड़ जाते हैं, खैरा। उदा. 'रामनाम सुनि के पापी के उठे खउरा'।
(m.) disease in which the hair falls.

खउराइल (khaurāil) अक. अस्त-व्यस्त होना।
(v.i.) to become untidy, ruffled, tangled.

खउराह (khaurāh) वि. चीजों को तोड़नेवाला, नष्ट करनेवाला।
(adj.) destroyer.

खउल (khaul) पु. उबाल।
(m.) boil.

खउलल (khaulal) अक. उबलना, गर्म करते समय खौलना।
(v.i.) to boil.

खउलावल (khaulāval) सक. उबालना।
(v.t.) to boil.

खउसिया (khausiyā) पु. थारुओं की एक उपजाति।
(m.) a sub caste of Tharu.

खउसी (khausī) स्त्री. एक प्रकार का चर्मरोग, जिसमें फुंसियाँ निकल आती हैं और उनमें खुजलाहट रहती है, खुजली।
(f.) a kind of itch.

खउहट (khauhaṭ) पु. 1. गड़हा, गड्ढा। 2. योनि।
(m.) 1. pit. 2. the female genital organs, vagina.

खकहा (khakahā) पु. बुरा व्यक्ति।
(m.) bad person.

खकही (khakahī) वि. निम्नस्तरीय, घटिया।
(adj.) low standard.

खखड़ी (khakhaṛī) स्त्री. फसलों का एक रोग।
(f.) a disease of crops.

खखाँरल (khakhāṁral) अक. खखारना।
(v.i.) to cough.

खखाइल-खखनल (khakhāil-khakhanal) अक. खाने में अतृप्त रहना, खाने की प्रबल इच्छा होना।
(v.i.) to yearn for, to crave, to long for.

खगड़ा (khagaṛā) पु. ताड़ का पत्ता। उदा. 'अकलँड़ कनिया, बकलड़ बर, खगड़ा बिछौना खड़-खड़ कर'। (लोक.)।
(m.) dry palm leaf.

खगवट (khagavaṭ) पु. खेत का वह किनारा, जो रोपते समय बाकी रह जाता है।
(m.) edge of field left unsown.

खच-खच (khac-khac) स्त्री. पानी या भीगी और मुलायम वस्तु पर आघात करने से उत्पन्न शब्द, किसी वस्तु को काटने पर उत्पन्न आवाज।
(f.) a splashing, the sound of cutting something.

खच्चड़ (khaccaṛ) पु. दे. खच्चर।

खच्चर (khaccar) पु. गधे और घोड़े की जाति का एक पशु जो इन दोनों के समागम से पैदा होता है।
(m.) mule.

खजानची-खजांची (khajānacī-khajāñcī) पु. (फा.) खजाने का प्रभारी, कोषाध्यक्ष।
(m.) treasurer, cashier.

खजाना (khajānā) पु. (अ.) वह स्थान, जहाँ धन या कोई मूल्यवान चीज संग्रह करके रखी जाए, कोषागार, धनागार।
(m.) treasury.

खजुला (khajulā) पु. खाजा, एक मिठाई।
(m.) a kind of sweetmeat.

खजुवाइल (khajuvāil) अक. खुजली होना।
(v.i.) to irritate.

खजुहट (khajuhaṭ) पु. खुजली।
(m.) itch, eczema.

खजुहटाह (khajuhaṭah) वि. खुजली पैदा करनेवाला।
(adj.) itchy.

खजूर (khajūr) पु. 1. ताड़ की जाति का एक प्रकार का पेड़ और उसका फल। 2. आटे से तैयार की गई मिठाई। कहा. 'ताड़ से गिरले, खजूर पर अँटकले'।
(m.) 1. the date palm. 2. a sweet made of flour (shaped like a date).

खट (khaṭ) अव्य. दो कड़ी वस्तुओं के टकराने से निकला शब्द।
(indec.) the sound of knocking together.

खटउर (khaṭaur) पु. खाट की बनी हुई और पुआल से ढकी हुई झोंपड़ी।
(m.) hut made with a cot and covered with straw.

खटकरम (khaṭakaram) पु. कष्टसाध्य क्रियाएँ।
(m.) work which is full of troubles and impediments.

खटकल (khaṭakal) सक. बुरा लगना, खलना, विरोध होना।
(v.t.) to be doubtful, to prick.

खटका (khaṭakā) पु. आशंका, चिंता।
(m.) to have a fear.

खटकिरवा (khaṭakiravā) पु. खटमल।
(m.) bug.

खटखटावल (khaṭakhaṭāval) सक. खटखटाना।
(v.t.) to knock.

खट से (khaṭ se) क्रि.वि. जल्दी से।
(adv.) fast, rapidly, at once.

खटतुरुस (khaṭaturus) वि. स्वाद में किंचित् खट्टा।
(adj.) few sour in taste.

खटपट (khaṭapaṭ) पु. अनबन, विरोध, लड़ाई-झगड़ा।
(m.) wrangling, quarrel.

खटपटिया (khaṭapaṭiyā) वि. इधर की बात उधर लगाने वाला व्यक्ति, चुगलखोर।
(adj.) mischievous.

खटपरू (khaṭaparū) वि. रोगग्रस्त, जो बीमारी के कारण बिस्तर से नहीं उठ सके।
(adj.) bed-ridden (sick-person).

खटमिट्ठी (khaṭamiṭṭhī) स्त्री. ऐसा अचार जो स्वाद में खट्टा और मीठा दोनों हो।
(f.) a pickle of sour and sweet taste.

खटरस (khaṭaras) पु. जो स्वाद में खट्टापन लिए हो।
(m.) sour in taste.

खटल (khaṭal) अक. परिश्रमपूर्वक किसी काम को करना।
(v.i.) to labour, to work hard.

खटवसल (khaṭavasal) अक. बीमार पड़ना।
(v.i.) to fall sick.

खटवाँस-पटवाँस (khaṭavāṁs-paṭavāṁs) पु. कुपित होकर लेटे रहने की स्थिति।
(m. comp.) retiring angrily to bed.

खटहवा (khaṭahavā) वि. जो स्वाद में खट्टा हो (आम)।
(adj.) sour.

खटाई (khaṭaī) स्त्री. खट्टापन।
(f.) sourness.

खटाक (khaṭāk) पु. किसी वस्तु के गिरने का खट शब्द।
(m.) a crashing noise.

खटाल (khaṭāl) पु. ढोरघर, वह स्थान जहाँ दुधारू मवेशियों को झुंड में रखा जाता है और दूध का व्यवसाय किया जाता है।
(m.) cattleyard.

खटावल (khaṭāval) सक. किसी से परिश्रम का काम कराना, लगातार काम कराते रहना।
(v.t.) to make somebody work hard.

खटिआ (khaṭiā) पु. (सं. खट्विका) छोटी खाट।
(m.) small bedstead.

खटिक (khaṭik) पु. साग-सब्जी बेचकर जीविका चलानेवाली एक जाति।
(m.) a seller of vegetables.

खटोली (khaṭolī) स्त्री. खटिआ का छोटा रूप।
(f.) small cot, bassinet.

खट्टतुरुस (khaṭturus) वि. खट्टा।
(adj.) very sour. citric, tartish.

खट्टा (khaṭṭā) वि. दे. खटहवा।

खड़ंजा (khaṛañjā) पु. ईंट की खड़ी जोड़ाई।
(m.) a row of bricks.

खड़उल (khaṛaul) पु. चावल के महीन टुकड़े, खुद्दी।
(m.) fine pieces of rice.

खड़-खड़ (khaṛ-khaṛ) पु. कड़ी वस्तु के टकराने या संघर्ष से निकला शब्द।
(m.) hustle, bustle.

खड़खड़ाइल (khaṛakhaṛāil) अक. खड़खड़ाना।
(v.i.) to rattle.

खड़खड़िया (khaṛakhaṛiyā) स्त्री. काठ की बनी एक प्रकार की डोली।
(f.) colloq, a dummy cart.

खड़ग (khaṛag) पु. (सं. खड्ग) एक प्रकार की तलवार।
(m.) a sword.

खड़बड़-खड़भर (khaṛabaṛ-khaṛabhar) अव्य. ऊभड़-खाभड़, खलबल, उलट-फेर, हलचल।
(indec.) noise.

खड़बड़ाइल (khaṛabaṛāil) अक. अस्त-व्यस्त होना, खड़बड़ की आवाज होना।
(v.i.) to be noisy, tumutuous, confused.

खड़बड़ाह (khaṛabaṛāh) वि. ऊँची-नीची।
(adj.) noisy, tumultuous, confused.

खड़मंडल (khaṛamaṇḍal) पु. (सं. खंड+मंडल) गड़बड़-घोटाला।
(m.) confusion, wrangling.

खड़ा-खाड़ा (khaṛā-khāṛā) वि. ऊपर की ओर सीधा उठा हुआ, तना हुआ, पैर पर स्थित।
(adj.) standing, upright, vertical.

खड़ाऊँ (khaṛāūṁ) स्त्री. काठ की बनी पादुका, चरण-पादुका।
(f.) a wooden sandal.

खड़ा-खड़ी (khaṛā-khaṛī) क्रि.वि. तुरंत, शीघ्र, अविलंब।
(adv.) immediately, at once.

खड़िया (khaṛiyā) वि. खड़ा रहने की स्थिति में।
(adj.) remain standing.

खड़ी (khaṛī) स्त्री. पालक की एक जाति।
(f.) a kind of Palak leaf.

खड़ुआ (khaṛuā) पु. पैर का एक आभूषण।
(m.) a type of women's leg ornament.

खड़ुका (khaṛukā) पु. रबी के खेत में उगनेवाली एक प्रकार की घास।
(m.) a kind of grass found in the mansoon crop.

खड्ढा (khaḍḍhā) पु. गड्ढा।
(m.) pit.

खत (khat) पु. (अ.) 1. चिट्ठी, पत्र। 2. कनपट्टी के निकट का बाल, कान के निकट के बाल को छूरा से काटने की स्थिति।
(m.) 1. a letter. 2. hair near the temple (on the face).

खतइत (khatait) पु. (फा.) 1. थारुओं की एक उपजाति। 2. खत पहुँचाने वाला।
(m.) 1. sub-caste of Tharus. 2. postman.

खतम (khatam) वि. (अ. खत्म) पूर्ण, समाप्त।
(adj.) finished, ended.

खतरा (khatarā) पु. (अ. खतरः) डर, भय, खौफ, अनिष्ठ की आशंका, जोखिम।
(m.) danger, peril.

खतरी (khatarī) पु. क्षत्रिय वर्ण की एक जाति, जिसका मुख्य पेशा खेती और व्यवसाय है, खत्री।
(m.) a caste of kshtriya whose main occupations are cultivation and business.

खतल (khatal) सक. काठ पर किसी तेज हथियार से खरोंच कर नक्काशी करना।
(v.t.) to mark a piece of wood in order to give it a desired shape.

खतहवा झिंगनी (khatahavā jhiṅganī) स्त्री. एक प्रकार की सब्जी।
(f.) a kind of vegetable.

खतिआइल (khatiāil) सक. खाता में दर्ज होना।
(v.t.) to be post in ledger.

खतिआन (khatiān) पु. जमींदारी का वह कागज, जिसमें रैयत के प्रत्येक खेत का खाता और खसरा नंबर होता है, शासन द्वारा भूमि के सर्वे के बाद तैयार किया गया भूमि का विवरण।
(m.) ledger posting, entry.

खतिआवल (khatiāval) सक. लेखा-जोखा या विवरण तैयार करना।
(v.t.) to enter in a ledger, to record.

खत्ती (khattī) स्त्री. बखारी।
(f.) suterranean granary.

खन्ती (khantī) स्त्री. जमीन खोदने का एक औजार।
(f.) a digging instrument.

खत्रा (khatrā) पु. मेड़।
(m.) boundary mound of a field.

खत्री (khatrī) पु. हिंदुओं की एक जाति।
(m.) a caste of Hindu.

खदंमर (khadaṅmar) वि. स्वभाव एवं शरीर से गंदा रहनेवाला व्यक्ति।
(adj.) dirty by habit and body.

खदकल (khadakal) अक. तरल पदार्थ का खौलना, उबलना।
(v.i.) to boil.

खदगौर (khadagaur) पु. जिसमें पर्याप्त खाद हो, खदौर। पर्या. खदरौर।
(m.) a land of sufficient manure.

खदबद (khadabad) पु. उबलने से उत्पन्न आवाज, हलचल।
(m.) sound of boiling, bubbling.

खदर-खद्दर (khadar-khaddar) पु. चर्खा एवं करघा के सहारे हाथ से तैयार किया वस्त्र, खादी वस्त्र।
(m.) hand-spun coarse cloth.

खदर-बदर (khadar-badar) क्रि.वि. अधिक मात्रा में।
(adv.) profusely, in large quantity.

खदी-बदी (khadī-badī) स्त्री. गलत-सही, अच्छा-बुरा व्यवहार।
(f.) merit-demerit, good and bad manner.

खदुका (khadukā) पु. कर्जखोर, कर्ज खानेवाला।
(m.) borrower.

खदेरल (khaderal) सक. खदेड़ना, दूर भगाना।
(v.t.) to drive away, to chase.

खदैया (khadaiyā) पु. खाद रखने का छोटा गड्ढा।
(m.) a pit to keep compost.

खदोना (khadonā) पु. पत्ते की बनी छोटी टोकरी।
(m.) small basket of leaves.

खदोर (khador) वि. पेटू, अधिक खानेवाला, वृकोदर।
(adj.) glullonous, voracious.

खधगर (khadhagar) वि. दुधारू, अधिक दूध देनेवाली। (मवेशी)।
(adj.) milch.

खधरल (khadharal) अक. पानी द्वारा मिट्टी का कटाव होना।
(v.i.) to erode, (said of soil erosion by water).

खधुक (khadhuk) पु. दे. खदुका।

खधेल (khadhel) पु. पशुओं के खाने के बाद बची हुई घास।
(m.) left over grass, straw etc. by animals after they have fed.

खन (khan) पु. (सं. क्षण) 1. समय। 2. शारीरिक गठन, सुंदरता। उदा. 'खन रे बाहर खन भीतर, खन गजओबर।' (लोक.)।
(m.) 1. moment. 2. construction of body.

खनकल (khanakal) अक. खनकना।
(v.i.) to make a clinking sound, to jangle.

खनखनाइल (khanakhanāil) अक. खनखनाना।
(v.i.) to jingle.

खनगिन (khanagin) स्त्री. सुंदर पर खतरनाक स्त्री।
(f.) a beautiful fatal woman.

खनतलासी (khanatalāsī) स्त्री. चोरी की गई वस्तु के लिए अपराधी या संदिग्ध व्यक्ति के घर या शरीर की तलाश।
(f.) act of searching, search.

खनदानी (khanadānī) वि. कुलीन।
(adj.) of noble family.

खनल (khanal) सक. खोदना
(v.t.) to dig.

खनसारी (khanasārī) स्त्री. मछली पकड़ने का एक प्रकार का जाल।
(f.) a fishing net.

खनसुमारी (khanasumārī) स्त्री. (फा.) जनगणना।
(f.) a census.

खनहन (khanahan) पु. हल्का, तेज, चंचल।
(m.) light weight, active.

खनिता (khanitā) स्त्री. दे. खंती।

खनेखराब (khanekharāb) पु. बिल्कुल नष्ट, बर्बाद।
(m.) destroyed, ruined.

खन्नास (khannās) पु. अत्यधिक बूढ़ा।
(m.) very old.

खपचार-खपाची (khapacār-khapācī) स्त्री. बाँस या लोहे की छोटी तीली जो शरीर में घुस जाती हो।
(f.) splint, splinter.

खपटा (khapaṭā) पु. खपड़े का टूटा-फूटा बड़ा टुकड़ा।
(m.) large broken piece of tile.

खपड़इल (khapaṛail) वि. खपड़ों से छाया हुआ घर।
(adj.) tiled roof.

खपड़घर (khapaṛaghar) पु. दे. खपड़इल।

खपड़ा (khapaṛā) पु. 1. घर छाने के लिए मिट्टी का उपादान। 2. मिट्टी का बर्तन। 3. खपड़े का टुकड़ा।
(m.) 1. roofing tile. 2. earthen begging pot. 3. pot shered.

खपत (khapat) स्त्री. खर्च, बिक्री, उपयोग की मात्रा।
(f.) expenditure, consumption (of goods).

खपरतत्ता (khaparatattā) वि. वह व्यक्ति जिसके पास कुछ नहीं हो, अत्यंत निर्धन।
(adj.) very poor.

खपरी (khaparī) स्त्री. मिट्टी की हाँड़ी जो अन्न भूनने के काम आती है।
(f.) an earthen pot for parching grain.

खपल (khapal) अक. समाप्त होना, किसी वस्तु का दूसरी वस्तु से मिलकर एक होना।
(v.i.) to end, to intermingle.

खपसूरत (khapasūrat) वि. (फा. खूबसूरत) सुंदर, रूपवान, खूबसूरत।
(adj.) beautiful, handsome, pretty.

खपावल (khapāval) सक. खपाना।
(v.t.) to exhaust, to dispose of.

खप्पर (khappar) पु. मिट्टी का बड़ा छिछला बर्तन।
(m.) a cupel, a shell.

खफा (khafā) वि. (अ.) नाराज, अप्रसन्न, क्रुद्ध, रुष्ट।
(adj.) angry, displeased, unhappy.

खफीफ (khafīf) वि. (अ.) थोड़ा, कम, हल्का, तुच्छ, क्षुद्र।
(adj.) in small quantity, short, mean.

खफ्त (khaft) वि. (अ. खब्त) विमूढ़, विवेक शून्य।
(adj.) whim, crazy.

खबर (khabar) स्त्री. (अ.) समाचार, संदेश, हाल, वृत्तांत।
(f.) news, report, notice, message.

खबरदार (khabaradār) वि. (अ.) सावधान, सतर्क।
(adj.) watchful, attentive, alert.

खबरिया (khabariyā) पु. सूचनादाता।
(m.) informer, informant.

खबीस (khabīs) वि. (अ.) दुष्ट, क्रूर, कंजूस, चालाक।
(adj.) wicked, stingy, cleaver.

खभड़ल (khabhaṛal) सक. 1. खेत की मिट्टी को उलट-पुलट करना, किंचित खोदना। 2. मिलाना।
(v.t.) 1. to shuffle. 2. to reverse, to mix.

खभड़ा (khabhaṛā) पु. गड़हा, गड्ढा।
(m.) pit.

खभार (khabhār) पु. सूअरों के रहने की जगह गड्ढा।
(m.) pigsty, distress.

खमजात (khamajāt) वि. (फा. कमजात) कमीना, बदमाश।
(adj.) low, mean.

खमहरुआ (khamaharuā) पु. एक प्रकार की लता।
(m.) a kind of creeper.

खमीन (khamīn) पु. (फा. खाबिंद) पति, मालिक, स्वामी।
(m.) husband, boss, master.

खमीरा (khamīrā) पु. (अ.) एक प्रकार का तंबाकू।
(m.) a kind of tobacco.

खम्हा (khamhā) पु. पत्थर, ईंट, लकड़ी या बाँस का खंभा, जिसके सहारे कोई छत या छप्पर टिका रहता है, खंभा।
(m.) pillar, pole.

खम्भार (khambhār) पु. ढेरी।
(m.) small pile heap.

खम्हार (khamhār) पु. (सं. क्षोभ) क्षोभ, दुःख।
(m.) disturbance, distress.

खयाली (khayālī) वि. ख्याली।
(adj.) quixotic.

खर (khar) पु. एक प्रकार का तृण जो घर छाने के काम में आता है।
(m.) a kind of grass to cover home.

खरई (kharaī) स्त्री. 1. एक प्रकार की घास। 2. अरहर आदि की डंढल।
(f.) 1. a kind of grass. 2 stalk of pigeon-pea etc.

खरकटल (kharakaṭal) अक. किसी बर्तन में लगे भोज्य पदार्थ का सूखकर कड़ा होना।
(v.i.) to get dry along with left over food (said of a utensil left uncleaned for a long time).

खरकोंच (kharakoṅc) पु. खर या बाँस की पतली नोक जो शरीर में गड़ जाती है।
(m.) narrow bamboo or wood splinter that can get wedged in a body part.

खरखउकी (kharakhaukī) स्त्री. वह स्त्री जो एक पति को छोड़कर दूसरा पति रखती हो, व्यभिचारिणी।
(f.) dissolute, vicious.

खरखर (kharakhar) वि. वह सतह जो चिकनी नहीं हो।
(adj.) rough place.

खरखराहट (kharakharāhaṭ) स्त्री. खराब गले की आवाज, खरा, खुरखुराहट।
(f.) ratting of the throat.

खरखस (kharakhas) पु. आशंका, संभावित झमेला।
(m.) doubt, probable difficulty.

खरखाह (kharakhāh) वि. (अ.+फा.) शुभचिंतक, हितैषी।
(adj.) a well wisher.

खरग (kharag) पु. गैंड़े का सींग।
(m.) horn of rhinoceros.

खरगिदरी (kharagidarī) वि. आकार में अति छोटा (पशु)।
(adj.) small animal.

खरगोस (kharagos) पु. खरगोश।
(m.) a rabbit.

खरघुसिया (kharaghusiyā) वि. दे. खरगिदरी।

खरच-खरचा (kharac-kharacā) पु. (फा.) वह धन जो किसी काम में लगाया जाए, खर्च। पर्या. खर्चा, व्यय, खपत।
(m.) expenditure, expenses.

खरचल (kharacal) सक. खर्च करना।
(v.t.) to bring into use.

खरचा (kharacā) पु. खर्च, व्यय।
(m.) outgoing, outlay.

खरचाती (kharacātī) वि. खुले हाथ से खर्च करनेवाला व्यक्ति, खर्चीला।
(adj.) extravagant, expensive (an object).

खरची (kharacī) स्त्री. भोजन संबंधी दैनिक खर्चा।
(f.) a provision of expenses.

खरछाहिन (kharachāhin) वि. स्वाद में अरुचिकर।
(adj.) causing dislike.

खरछुताह (kharachutāh) वि. जो परोक्ष रूप से पैदा हुआ हो, अपात्र।
(adj.) undeserving or worthless person.

खरथुआ (kharathuā) पु. बथुआ।
(m.) a potherb.

खरब (kharab) पु. सौ अरब की इकाई।
(m.) hundred billion.

खरबूजा (kharabūjā) पु. (अ.) एक प्रकार का लता-फल जो नदी के किनारे बालू में होता है।
(m.) the muskmelon.

खरभर (kharabhar) पु. दे. खड़बड़।

खरमेटाव (kharameṭāv) पु. प्रातः का जलपान, अल्पाहार।
(m.) a light food before lunch.

खरल (kharal) पु. काष्ठौषधि कूटने का पत्थर का बर्तन।
(m.) a stone pot for grinding medicine.

खरवाँस (kharavāṁas) पु. धनु और मीन राशि में सूर्य की स्थितिवाला महीना, जिसमें माँगलिक कार्य वर्जित हैं।
(m.) the period not considered good for any auspicious function.

खरहरल (kharaharal) सक. खरहरे से बहारना, घोड़े के रोएँ को साफ करना।
(v.t.) to sweep, to dustoff, to curry a horse.

खरहरा (kharaharā) पु. बाँस की कमानी या अरहर की टहनी का बना बड़ा झाड़ू।
(m.) a curry comb.

खरहा (kharahā) पु. खरगोश।
(m.) a hare, rabbit.

खरही (kharahī) स्त्री. घर की छजनी में व्यवहृत एक प्रकार का बड़े आकार का खर, सरई।
(f.) a stack of straw or grass.

खरा (kharā) वि. व्यवहार या वचन में स्पष्ट।
(adj.) plainspeaking, genuine.

खराइल (kharāil) सक. मक्खन से घी निकालने के लिए खौलाना।
(v.t.) to boil butter to make ghee.

खराई (kharāī) स्त्री. प्रातः बहुत देर तक या समय पर भोजन नहीं मिलने से उत्पन्न बीमारी।
(f.) disease caused by not eating in time.

खराद (kharād) पु. लकड़ी या धातु से बने सामानों की सतह को चिकना करने का औजार।
(m.) a lathe machine.

खराब (kharāb) वि. (अ.) बुरा, निकृष्ट, निकम्मा, घटिया, पापी, पथभ्रष्ट, पतित।
(adj.) bad, wicked, degraded.

खराबी (kharābī) स्त्री. कमी, बुराई।
(f.) evil, demerit.

खरिआतल (khariātal) वि. खरीदा हुआ।
(adj.) purchased.

खरिका (kharikā) पु. भोजनोपरांत दाँत से अन्न का टुकड़ा निकालने के लिए व्यवहृत तृण।
(m.) a toothpick.

खरिहान (kharihān) पु. वह स्थान जहाँ खेत की फसल काट कर इकट्ठा करके उसकी मड़ाई के बाद दाना अलग किया जाता है। पर्या. खलिहान, खलियान।
(m.) threshing floor, granary.

खरी (kharī) स्त्री. तेलहन से तेल निकालने के बाद बचा अंश, खल्ली, तेलहन की सिट्ठी।
(f.) oilcake, dregs of crushed oilseeds.

खरीद (kharīd) स्त्री. (फा.) किसी वस्तु को मोल लेने की क्रिया।
(f.) purchasing.

खरीददार (kharīdadar) पु. (फा.) क्रय करनेवाला, खरीदनेवाला।
(m.) purchaser, buyer, customer.

खरीदल (kharīdal) सक. खरीदना, क्रय करना।
(v.t.) to buy, to purchase.

खरीफ (kharīf) स्त्री. (अ.) आषाढ़ से अगहन तक की फसल।
(f.) autumnal crops.

खरे (khare) पु. कायस्थों की एक उपाधि।
(m.) a title of kayasth.

खरौटी (kharauṭī) स्त्री. कटुता।
(f.) asperity.

खई (kharh) पु. दे. खर।

खल (khal) पु. औषधि कूटने का एक पात्र। (वि.) दुष्ट, प्रपंची।
(m.) a mortar, stone for granding on. (adj.) base, wicked.

खलखलाइल (khalakhalāil) अक. जोर से हँसना, कहकहा लगाना।
(v.i.) to make a rumbling, bubbling sound.

खलचोइया (khalacoiyā) पु. छिलका, खेइया।
(m.) husk, peel.

खलड़ी (khalaṛī) स्त्री. चमड़ा, त्वचा।
(f.) skin.

खलबी (khalabī) पु. शोरगुल, हलचल।
(m.) noise, bustle.

खलरा (khalarā) पु. चर्म, खाल, चमड़ा। उदा. 'एक चिरइया अट ओकर कान दूनू पट, ओकर खलरा ओदार, ओकर माँस मजेदार'।
(m.) skin, leather.

खलल (khalal) पु. (अ.) अवरोध, बाधा, रुकावट।
(m.) obstacle, hitch.

खलहल (khalahal) वि. जिसमें अंदर का स्थान भरा न हो।
(adj.) hollow, unloaded.

खलार (khalār) वि. नीचा, गहरा।
(adj.) low, deep, down.

खलास (khalās) वि. खाली, मुक्त, खाली करने या होने की स्थिति।
(adj.) discharged, emptied, released.

खलासी (khalāsī) पु. काम करनेवाला मजदूर।
(m.) a seaman, a porter, a labour.

खलिआ-खलिहा (khaliā-khalihā) वि. वह व्यक्ति जिसके पास आवश्यकता की वस्तुएँ नहीं हों, निर्धन।
(adj.) an emptied man, poor, wretched.

खलियावल (khaliyāval) सक. खाली करना।
(v.t.) to vacate, to empty.

खलिहान (khalihān) पु. वह स्थान जहाँ फसल काटकर रखी जाती है।
(m.) a granary, a threshing floor.

खली (khalī) स्त्री. तेलहन की सीट्ठी।
(f.) the dregs of mustard oil.

खलीफा (khalīfā) पु. (अ.) पहलवान, खानसामा।
(m.) a caliph, vetern wrestler.

खले-खले (khale-khale) क्रि.वि. अनेक प्रकार के।
(adv.) so many kind.

खवक्कड़ (khavakkaṛ) वि. डटकर खानेवाला, बहुत खानेवाला, पेटू।
(adj.) glutton.

खवाई (khavāī) स्त्री. खाने का काम।
(f.) fooding.

खवास (khavās) पु. (अ.) राजाओं एवं जमींदारों का खास खिदमतगार।
(m.) personal attendent/bodyguard who waits on kings and the like.

खस (khas) स्त्री. (फा.) एक विशेष घास की सुगंधित जड़।
(f.) the fragrant root of the grass used for cooling.

खसकल (khasakal) अक. नीचे की ओर सरकना, हटना, चुपके से चल देना।
(v.i.) to slip away, to move or shift slowly.

खसखस (khasakhas) पु. एक प्रकार का तेल, अफीम का बीज।
(m.) a kind of oil, the poppy seed.

खसम (khasam) पु. (अ.) स्वामी, पति।
(m.) husband.

खसरा (khasarā) पु. 1. चर्मरोग। 2. लेखपाल का वह कागज जिसमें खेत का नंबर और क्षेत्रफल का हिसाब रखता हो।
(m.) 1. measles, scab. 2. a village accountant's survey book.

खसल (khasal) अक. दे. खसकल।

खसी (khasī) पु. दे. खँसी।

खसोटल (khasoṭal) सक. छीनना, झपटना।
(v.t.) to grab, to snatch.

खस्टी (khasṭī) स्त्री. (सं.) तिथि, षष्ठी।
(f.) date, sixth day of fortnight.

खस्ता (khastā) वि. (फा.) बहुत थोड़े दबाव से टूट जानेवाला, भुरभुरा।
(adj.) crisp, brittle.

खहराइल (khaharāil) अक. गिरना (पत्ता)। उदा. 'एक दिन अइहें रामा जुलुमी बेपरिया, डाढ़ पात जइहें खहराइ रे बिदेसिया।' (बिदेसिया गीत)।
(v.i.) falling of the leaf.

खाँ (khāṁ) पु. समय, एक उपाधि।
(m.) denoting time, a surname.

खाँइस (khāṁis) स्त्री. (फा.) इच्छा, ख्वाहिश, अभिलाषा, अरमान, आकांक्षा, मनोरथ, स्पृहा, साध।
(f.) desire, wish, will.

खाँचना (khāṁcanā) पु. बिनाई के समय चारपाई में बाध को सरकाने के लिए प्रयुक्त लकड़ी या कील।
(m.) the wood or chock used to pull on the rope in cot during weaving.

खाँचल (khāṁcal) अक. लकड़ी या धातु में उत्कीर्ण करने की क्रिया।
(v.i.) to scratch a groove.

खाँचा (khāṁcā) पु. बड़ा टोकरा, लकड़ी या धातु में बनाया गया चिह्न।
(m.) big bucket, groove, furrow.

खाँची (khāṁcī) स्त्री. छोटी टोकरी।
(f.) small bucket.

खाँटी (khāṁṭī) वि. विशुद्ध, असली, अमिश्रित, खालिस, ठेठ, बेमिलावट।
(adj.) real, genuine.

खाँड़ (khāṁṛ) पु. सूखी हुई दानेदार शक्कर।
(m.) coarse sugar.

खाँड़ा (khāṁṛā) पु. आधा (रोटी के प्रसंग में)।
(m.) half (in context of chapati).

खाँनल (khāṁnal) सक. पैर से कुचलना।
(v.t.) to crushe by foot.

खाँसल (khāṁsal) अक. खाँसना।
(v.i.) to cough.

खाँहाँ (khāṁhāṁ) पु. तैयार, ख्वाहिशमंद।
(m.) ready, eager.

खाइल (khāil) सक. भोजन करना, खाना।
(v.t.) to have food, to eat.

खाई (khāī) स्त्री. गड्ढा, खंदक, प्राचीन खंडहरों की सुरक्षा के लिए उसके चारों तरफ खोदा गया गड्ढा।
(f.) trench, ditch.

खाउर-भाउर (khāur-bhāur) पु. अप्रिय या हानिकारक बात।
(m.) unpleasant talk.

खाऊ (khāū) वि. पेटू, खद्धुक, बहुभोजी, भोजन- भट्ट।
(adj.) gluttonous, voracious.

खाएलाएक (khāelāek) वि. खाद्य, खाने योग्य।
(adj.) eatable.

खाक (khāk) स्त्री. (फा.) धूल, मिट्टी, राख।
(f.) dust, earth.

खाका (khākā) पु. (फा.) चित्र आदि का डौल-ढाँचा, नक्शा।
(m.) sketch, layout.

खाकी (khākī) वि. (फा.) मिट्टी के रंग का भूरा।
(adj.) dust-colour, almond coloured.

खाखाइल (khākhāil) अक. अतृप्त इच्छा से ग्रसित होना, अत्यंत भूख की प्रवृत्ति से ग्रासित होना।
(v.i.) to be tempted, to yearn for.

खाजा (khājā) पु. मैदे की बनी एक लंबी और परतदार मिठाई।
(m.) sweetmeat made with maida.

खाट (khāṭ) स्त्री. बड़ा खटिया। पर्या. चारपाई, खट्वा, पलंग, खटीला।
(f.) a bedstead.

खाटा (khāṭā) वि. दे. खट्टा।

खाड़ा (khāṛā) वि. दे. खड़ा।

खाड़ी (khāṛī) स्त्री. तीन ओर जमीन से घिरा समुद्र का भाग, बड़ा गड्ढा, खाड़ी।
(f.) bay, gulf.

खाता (khātā) पु. बनियों और जमींदारों की वह बही, जिसमें प्रत्येक व्यक्ति का पृथक्-पृथक् रुपए या खेत का ब्यौरा रहता है।
(m.) account.

खाता-नागा (khātā-nāgā) पु. यौ. दुर्घटना, छोटी-छोटी भूलें।
(m. comp.) mistake.

खातिर (khātir) स्त्री. (अ.) सम्मान, आदर। (अव्य.) अर्थ, वास्ते, निमित्त, लिए। उदा. 'तोहरा खातिर आहो मोहन घर-बार छोड़नी, छोड़नी नगर के लोग' (लोक.)।
(f.) hospitality. (indec.) for, for the sake of.

खाद (khād) स्त्री. वह रासायनिक या जैविक पदार्थ, जिसे उपज बढ़ाने के लिए खेत में डाला जाता है।
(f.) manure, fertilizer.

खादर (khādar) पु. दे. खाद।

खाधुर (khādhur) वि. दे. खाऊ।

खान (khān) पु. ढेर, समूह, धरती के नीचे दबी कोयले, सोने आदि को निकालने के बड़े-बड़े गड्ढे।
(m.) heap, bulk, mine.

खानगी (khānagī) वि. (फा.) निजी, अपना, घरेलू, दूसरे से संबंध न रखनेवाला।
(adj.) private, personal.

खानदान (khānadān) पु. (फा.) कुल, वंश, कुटुंब, आत्मीयजन, परिजन, स्वजन।
(m.) a family, dynasty.

खान-पान (khān-pān) पु. खाना-पीना, खाने-पीने का संबंध एवं व्यवहार।
(m.) eating and drinking.

खान-बिखान (khān-bikhān) वि. तरह-तरह का।
(adj.) articles of various kinds.

खानल (khānal) सक. कूटना, पैरों से रौंदना।
(v.t.) to crush, to trample.

खानसामा (khānasāmā) पु. (फा.) खाना बनानेवाला व्यक्ति, रसोइया, बावर्ची, रसोईयादार, सूपकार।
(m.) a cook, one who cooks food.

खाना (khānā) पु. तैयार भोजन।
(m.) food, meal.

खानापुरी (khānāpurī) स्त्री. जैसे-तैसे किया गया कार्य, फर्ज अदायगी।
(f.) unresponsible work.

खानि (khāni) पु. समय, अवसर। (वि.) सदृश।
(m.) time, moment, chance. (adj.) equal, similar.

खाप (khāp) पु. नकदी मालगुजारी पर दी गई जमीन, हुंडा।
(m.) an agreement, contract.

खापसूरत (khāpasūrat) वि. (फा.) खूबसूरत, सुंदर, रूपवान, अनूप, कमनीय, चिताकर्षक, अभिराम, चारु, मनोहर, सुहावना।
(adj.) beautiful, charming.

खाब (khāb) पु. (फा.) ख्वाब, स्वप्न, सपना।
(m.) dream.

खामी (khāmī) स्त्री. कमी, त्रुटि, कच्चापन।
(f.) rawness, immaturity, fault.

खामोखाह (khāmokhāh) अव्य. (फा. ख्वाहमख्वाह) कोई चाहे या नहीं, जानबूझकर, हठात्, व्यर्थ।
(indec.) without any purpose.

खाम्हा (khāmhā) पु. खंभा।
(m.) pole, piller.

खायेक (khāyek) पु. दे. खाना।

खार (khār) पु. (फा.) ईर्ष्या, डाह, जलन।
(m.) malice, envy, grudge.

खारा (khārā) पु. एक प्रकार का रोग, जिसमें चमड़े पर दरार-सा नजर आता है।
(m.) a kind of disease.

खारिज (khārij) वि. (अ.) अलग किया हुआ, बहिष्कृत, भिन्न-भिन्न, अलग।
(adj.) being out of, excluded, rejected.

खारी (khārī) स्त्री. रेह मिट्टी से तैयार किया हुआ एक प्रकार का लवण।
(f.) with potassium salt (soil).

खाल-खाला (khāl-khālā) पु. शरीर का चमड़ा। (वि.) नीची भूमि।
(m.) skin. (adj.) low land.

खालसा (khālasā) वि. 1. जिस पर राज्य या सरकार का अधिकार हो (भूमि)। 2. सिक्ख।
(adj.) 1. land belonging to the state. 2. a person who is a believer in Sikhism.

खाला डाबा (khālā dābā) पु. बच्चों में एक प्रकार का फेफड़े का रोग।
(m.) a children's disease of lung.

खालिस (khālis) क्रि.वि. मात्र।
(adv.) barely.

खाली (khālī) वि. (अ.) रिक्त, निष्फल। (क्रि.वि.) केवल, सिर्फ।
(adj.) empty, useless. (adv.) only.

खावा (khāvā) पु. तालाब के चारों ओर का बाँध, मेड़।
(m.) boundary, mound of pond.

खास (khās) वि. (अ.) विशेष, मुख्य।
(adj.) special, particular.

खासलत (khāsalat) स्त्री. आदत, स्वभाव।
(f.) habit, nature.

खासा (khāsā) वि. 1.बड़ा, अच्छा। 2. स्वस्थ। 3. भरपूर।
(adj.) 1. great, good. 2. healthy. 3. quite, full.

खासियत (khāsiyat) पु. (अ.) विशिष्टता।
(m.) distinction.

खास्ता (khāstā) वि. (फा.) मुलायम, ताजा तला हुआ भोजन।
(adj.) soft, fresh.

खाहिन (khāhin) पु. एक प्रकार का मोटा धान।
(m.) a kind of coarse paddy.

खिंचल (khiṅcal) वि. खिंचा हुआ।
(adj.) pulled, tightened.

खिअंता (khiaṅtā) वि. घिसा हुआ, घिसने की क्रिया।
(adj.) rubbed.

खियाइल (khiyāil) अक. (सं.) रगड़ से घिस जाना।
(v.i.) to get eroded.

खियावल (khiyāval) सक. खिलाना।
(v.t.) to feed.

खिचड़ी (khicaṛī) स्त्री. चावल एवं दाल को मिलाकर तैयार किया गया भोज्य पदार्थ।
(f.) a dish of rice and pulse boiled together.

खिचवावल (khicavāval) सक. खींचने का कार्य दूसरे से कराना।
(v.t.) to cause to be pulled.

खिजमत (khijamat) स्त्री. (अ.) खिदमत, सेवा।
(f.) service, work.

खिजमतिया (khijamatiyā) पु. खिदमत करनेवाला, सेवक, नौकर।
(m.) servant, attendant.

खिजाब (khijāb) पु. (अ.) सफेद बालों को काला करने का एक प्रकार का रंग।
(m.) hair dye.

खिज्झिल (khijjhil) वि. जटिल।
(adj.) complex.

खिझियाइल (khijhiyāil) अक. दे. खिसियाइल।

खिड़की-खिरकी (khiṛakī-khirakī) स्त्री. जंगला, वातायन, झरोखा।
(f.) window.

खिड़कीदार (khīṛakīdār) वि. जिसमें खिड़की लगी हो।
(adj.) having a window.

खिड़कीबंद (khiṛakībaṅd) वि. किराए पर देने के लिए बंद रखा गया मकान।
(adj.) an independent apartment on rent.

खिड़लिच (khiṛalic) स्त्री. खंजन, खंजरीट।
(f.) wagtall (bird).

खिनौरी (khinaurī) स्त्री. पुराना तथा घिसा हुआ हल।
(f.) old and battlered plough.

खियाल (khiyāl) पु. स्मृति।
(m.) memory.

खियावल-पियावल (khiyāval-piyāval) सक. खिलाना-पिलाना।
(v.t.) to cater.

खिरका (khirakā) पु. ईंटों की पंक्तियाँ।
(m.) row of bricks.

खिरनी (khiranī) स्त्री. (सं. क्षीरिणी) एक छोटे और मीठे फल का वृक्ष, खीरी।
(f.) a small and sweet fruit.

खिरल (khiral) सक. किसी बान को आग्रहपूर्वक कहना, दाँत निपोरना।
(v.t.) to express one's helplessness, to show the teeth.

खिरौदा (khiraudā) पु. चावल के आटे की रोटी।
(m.) bread of rice flour.

खिलकत (khilakat) पु. (अ.) प्रपंचपूर्ण कार्य, सृजन, जन-समूह।
(m.) to work out, a conspiracy, creation, crowd.

खिलचा (khilacā) पु. प्रभाव।
(m.) effect, influence.

खिलल (khilal) अक. फूल निकल आना, प्रसन्न होना।
(v.i.) to blossom, to be happy.

खिलाफ (khilāf) वि. (अ.) विरुद्ध, प्रतिकूल, विपरीत।
(adj.) against, opposed.

खिल्ली (khillī) स्त्री. मजाक, दिल्लगी, पान का बीड़ा।
(f.) jock, humour, seasoned and folded betel leaf.

खिसकल (khisakal) अक. खिसकना।
(v.i.) to slip away, to slink away.

खिसियाइल (khisiyāil) अक. क्रुद्ध होना, नाराज होना।
(v.i.) to enrage, to displease, to be angry.

खिसियावल (khisiyāval) सक. क्रोधित करना।
(v.t.) to provoke, to aggravate.

खिसियाह (khisiyāh) वि. क्रोधी, आक्रामक।
(adj.) ill tempered, aggressive.

खिस्सा-खीसा (khissā-khīsā) पु. (अ.) कहानी, कथा, आख्यान।
(m.) a story.

खींचल (khīṅcal) सक. खींचना, घसीटना, आकर्षित करना।
(v.t.) to pull, to drag, to attract.

खींच-खाँच (khiṅc-khāṁc) स्त्री. खींचातानी।
(f.) manipulation, tug/scrummage.

खींचातानी (khīṅcātānī) स्त्री. दे. खींच-खाँच।

खींची (khīṅcī) स्त्री. पशुओं द्वारा पद दलित फसल।
(f.) crops crushed by cattles.

खी-खी (khī-khī) स्त्री. हँसने की आवाज।
(f.) sound of laughing.

खीप (khīp) पु. ईंट या पत्थर के छोटे-छोटे टुकड़े।
(m.) small pieces of bricks or stones.

खीर (khīr) स्त्री. दूध, चावल और शक्कर या गुड़ मिलाकर बनाया गया भोज्य पदार्थ।
(f.) a sweetend preparation of rice and milk boiled together.

खीरकदम (khīrakadam) पु. छेने की मिठाई।
(m.) sweet prepared with light chease.

खीरा (khīrā) पु. ककड़ी की जाति का एक फल।
(m.) cucumber.

खीरी (khīrī) स्त्री. दे. खिरनी।

खीला (khīlā) पु. काठ या धातु का काँटा।
(m.) spicule, stake.

खीली (khīlī) स्त्री. बीड़ा।
(f.) seasoned and folded betal leaf.

खीस (khīs) स्त्री. क्रोध, रोष, गुस्सा।
(f.) anger.

खीसा (khīsā) स्त्री. किस्सा, कहानी।
(f.) anecdote, story.

खुआब (khuāb) पु. (फा.) ख्वाब, स्वप्न, कल्पना।
(m.) dream, imagination.

खुक्खा (khukkhā) पु. पइया, खोखला।
(m.) hollow, empty.

खुखसा (khukhasā) पु. एक प्रकार की घास।
(m.) a kind of grass.

खुखुना (khukhunā) वि. अत्यंत मोटा व्यक्ति।
(adj.) very fat.

खुचुर-खुचुर (khucur-khucur) क्रि.वि. थोड़ा-थोड़ा।
(adv.) little by little.

खुजली (khujalī) स्त्री. एक तरह का चर्म रोग, जिसमें प्रभावित स्थान खुजलाता है।
(f.) itching.

खुज्जा-खुज्झा (khujjā-khujjhā) पु. रेशा।
(m.) fibre.

खुटकावल-खुदकावल (khuṭakāval-khudakāval) सक. 1. किसी को कुछ कहने के लिए उकसाना। 2. खटकाना, आवाज करना। (किसी वस्तु द्वारा)।
(v.t.) 1. to provoke. 2. to knock.

खुटराकस (khuṭarākas) पु. अपने ही कुल को खानेवाला, कुलकलंकी।
(m.) a slur on the fair name of family.

खुटार (khuṭār) पु. बाँस काटने के बाद नीचे का वह भाग जो जमीन से लगा रहता है।
(m.) bamboo stubble, bamboo stumps left standing after the upper part has been cut.

खुटीखाप (khuṭīkhāp) पु. छोटा-छोटा बना देने का कार्य।
(m.) making small part.

खुटुकचाली (khuṭukacālī) वि. दुष्ट, प्रपंची, दुराचारी, बदचलन।
(adj.) wicked, misconduct.

खुटुकावल (khuṭukāval) सक. दे. खुटकावल।

खुटेरा (khuṭerā) पु. खूँटी का बड़ा रूप।
(m.) a stake, a stump.

खुट्टा (khuṭṭā) पु. दे. खुटेरा।

खुड़हेरल (khuṛaheral) सक. उलट-पुलट करना।
(v.t.) to disarrange.

खुड़ारी (khuṛārī) स्त्री. पतली पगडंडी।
(f.) a thin straight line of the feet.

खुड़्र (khuṛār) पु. दे. खुड़ारी।

खुद (khud) अव्य. (फा.) स्वयं, आप।
(indec.) of one's, own accord, by one self.

खुदकावल (khudakāval) सक. कुछ कहने के लिए हाथ से किसी को खोदना।
(v.t.) to make a searching to say.

खुदनी (khudanī) स्त्री. खोदने का छोटा औजार।
(f.) a small instrument used for digging.

खुदरा (khudarā) पु. फुटकर, रेजगारी।
(m.) retail, small coins.

खुदसर (khudasar) वि. व्यक्ति विशेष, खास, निजी।
(adj.) special, particular.

खुदिआइल (khudiāil) अक. छोटे-छोटे टुकड़े होना।
(v.i.) to be small pieces.

खुदी (khudī) स्त्री. अन्न का छोटा टुकड़ा, खुद्दी।
(f.) small pieces of grain.

खुदे (khude) सर्व. खुद।
(pron.) self.

खुद्दी (khuddī) स्त्री. दे. खुदी।

खुनि (khuni) पु. दे. खानि।

खुनुस (khunus) स्त्री. (सं.) क्रोध, रोष, गुस्सा।
(f.) anger, envy.

खुमारी (khumārī) स्त्री. (अ.) नशे के उतरने के बाद की शिथिलता। 2. रात-भर जगने की थकावट।
(f.) 1. drowsiness. 2. fatigue due to awaking in the night.

खुर (khur) पु. पशुओं का नखवाला भाग।
(m.) a hoof.

खुरकी (khurakī) स्त्री. एक प्रकार की घास।
(f.) a kind of grass.

खुर-खार (khur-khār) सक. इधर-उधर करना, कार्य आरंभ करना।
(v.t.) to disarrange, to start the work.

खुर-खुर (khur-khur) पु. एक प्रकार की आवाज।
(m.) a kind of voice, ratting of the throat.

खुरखून (khurakhūn) पु. अधिक व्यग्रता दिखलाने की स्थिति।
(m.) showing distracted.

खुरचन (khuracan) पु. 1. सब्जी चलानेवाला घरेलू उपकरण। 2. मिठाई। 3. वह वस्तु जो खुरचकर निकाली जाती है।
(m.) 1. scraper (instrument). 2. a kind of sweet. 3. craping.

खुरचल (khuracal) सक. खुरचना।
(v.t.) to corrode.

खुरजी (khurajī) स्त्री. (फा.) सामान रखने का बड़ा थैला।
(f.) big bag for goods.

खुरदन (khuradan) पु. रौंदने की क्रिया।
(m.) trampling.

खुरपा (khurapā) पु. घास छीलने या निकौनी करने का औजार।
(m.) a flat bladed tool for scraping up grass.

खुरपियावल (khurapiyāval) सक. खुरपी से खेत के घास-पात निकालना।
(v.t.) to scrape up grass.

खुरपेड़िया (khurapeṛiyā) स्त्री. खेत की मेड़ों से होकर जानेवाला रास्ता, छोटा रास्ता, खेत में आदमी के चलने से बनी पगडंडी।
(f.) foot path.

खुरफा (khurafā) पु. एक प्रकार का साग, कुल्फे का साग।
(m.) a kind of green vegetable.

खुरफात (khurafāt) पु. (अ.) उपद्रव, झगड़ा, खुराफात।
(m.) smut, indecent.

खुरमा (khuramā) पु. एक प्रकार की मिठाई।
(m.) a kind of sweet meat.

खुरसनिया (khurasaniyā) पु. एक प्रकार की छोटी तीखी मिर्च।
(m.) a kind of small but bitter chillies.

खुरहेंटी (khuraheṅṭī) स्त्री. मवेशियों द्वारा चलने से जमीन पर बना चिह्न।
(f.) dried land made uneven by animal hoofs.

खुरुपा (khurupā) पु. जमीन खोदने, घास छीलने, कड़ाही से गुड़ खुरचने आदि के काम आनेवाला एक उपकरण।
(m.) a hoe.

खुलता (khulatā) वि. खुला हुआ।
(adj.) open, exposed.

खुलम-खुल्ला (khulam-khullā) क्रि.वि. खुलेआम, सबके समक्ष।
(adv.) openly, publicly.

खुलल (khulal) अक. बंधन से मुक्त होना, बादल का छँटना।
(v.i.) to be cleaned up, to be released.

खुलहा (khulahā) वि. दे. खुलता।

खुलावल (khulāval) वि. बंधनमुक्त (मवेशी)।
(adj.) to be untied.

खुलासा (khulāsā) वि. (अ.) स्पष्ट, साफ।
(adj.) clear, open.

खुल्लमखुल्ला (khullamakhullā) क्रि.वि. मुक्त भाव से, खुलेआम।
(adv.) freely.

खुस (khus) वि. (फा.) प्रसन्न, आनंदित, खुश।
(adj.) glad, happy, pleased.

खुसखबरी (khusakhabarī) स्त्री. सुखद समाचार।
(f.) good news.

खुवाड़ (khuvāṛ) पु. मवेशियों को बंद रखने की जगह, जहाँ विशेषकर आवारा पशुओं को पकड़कर रखा जाता है।
(m.) kine house, pound.

खुसनामा (khusanāmā) पु. खुशी की बात।
(m.) a matter of happiness.

खुसबू (khusabū) स्त्री. (फा.) सुगंध, सौरभ।
(f.) fragrance, perfume.

खुसहाल (khusahāl) वि. (फा.) सुखी, संपन्न।
(adj.) prosperous, well to do.

खुसामद (khusāmad) स्त्री. (फा.) चापलूसी, झूठी प्रशंसा।
(f.) flattery.

खुसी (khusī) स्त्री. हर्ष, खुशी।
(f.) bliss, delight, mirth.

खुसुक (khusuk) वि. (फा.) सूखा, जो तर न हो।
(adj.) dry, withered.

खूँख (khūṁkh) वि. छूँछा, रिक्त, खाली, निर्धन।
(adj.) empty, vacant, poor.

खूँट (khūṁṭ) (सं.) 1. छोर, कोना, भाग। 2. वंश परंपरा।
(m.) 1. a corner, an angle. 2. genealogy.

खूँटा (khūṁṭā) पु. (सं.) लकड़ी का टुकड़ा, जिसका उपयोग पशु बाँधने या खेत की सीमा को स्पष्ट करने के लिए किया जाता है।
(m.) a wooden stake, peg.

खूँटी (khūṁṭī) स्त्री. छोटा खूँटा जो जमीन या दीवार में गाड़ा जाता है।
(f.) peg, stake.

खूझा (khūjhā) पु. दे. खुज्जा।

खूथ (khūth) पु. बाँस या पेड़ काटे जाने के बाद बचा जड़युक्त तना।
(m.) the root part of cut bamboo or tree.

खून (khūn) पु. (फा.) 1. रक्त, लहू। 2. हत्या।
(m.) 1. blood. 2. murder.

खूब (khūb) वि. (फा.) अच्छा, उत्तम, बहुत यथेष्ट। (क्रि.वि.) भली-भाँति, अच्छी तरह से।
(adj.) very much, good, excellent. (adv.) excellentaly.

खूबी (khūbī) स्त्री. अच्छाई, विशेषता।
(f.) merit, characteristic, quality.

खेंसरार (kheṅsarār) पु. एक प्रकार का जलीय पक्षी जिसका रंग तो काला होता है पर सिर पर सफेद धारी होती है।
(m.) a black bird of water having white line on head.

खेखर (khekhar) पु. लोमड़ी जैसा जानवर, व्यर्थ हँसते रहनेवाला आदमी।
(m.) an animal like fox, a man laughs without sense.

खेआल (kheāl) पु. (अ. ख्याल) 1. याद, स्मरण। 2. विचार। 3. सहानुभूति।
(m.) 1. rememberance. 2. an idea. 3. sympathy.

खेखना (khekhanā) पु. बीमारी का बहाना।
(m.) pertext of illness.

खेड़ही (kheṛahī) स्त्री. एक प्रकार का फूल।
(f.) a kind of flower.

खेड़ी (kheṛī) स्त्री. जेर।
(f.) afterbirth.

खेड़ुकी (kheṛukī) स्त्री. बच्चों के पहनने, बाँधनेवाला कपड़ा।
(f.) cloth used to dress, tie children.

खेढ़ा (kheṛhā) पु. 1. रहस्य, भेद। 2. एक प्रकार का धान।
(m.) 1. mystery. 2. a kind of paddy.

खेत (khet) पु. (सं. क्षेत्र) वह भूमि जिसमें अन्न उपजाया जाता है।
(m.) farm, land.

खेतवानी (khetavānī) स्त्री. खेतों का समूह।
(f.) a lot of farms.

खेतिहर (khetihar) पु. खेती करनेवाला व्यक्ति, कृषक, किसान।
(m.) a cultivator, a farmer.

खेती (khetī) स्त्री. खेत संबंधी काम, खेत की फसल, कृषि, किसानी। उदा. 'उत्तम खेती मध्यम बान, निसिध चाकरी भीख निदान।' (लो.)।
(f.) cultivation, farming.

खेती-बारी (khetī-bārī) स्त्री. कृषि-कार्य, भूस्वामी की भू-संपत्ति।
(f.) husbandry, landed property of the owner.

खेदल (khedal) सक. खदेड़ना, भगाना।
(v.t.) to chase away, to cause to fly away.

खेदा (khedā) पु. 1. शिकार के लिए जंगली जानवरों को हाँककर एक स्थान पर एकत्रित करना, हाँका। 2. शिकार, अहेर।
(m.) 1. driving of animals. 2. hunting.

खेप (khep) स्त्री. (सं.) 1. एक बार में किया गया कार्य, लदान। 2. गाड़ी आदि की एक बार की यात्रा।
(f.) 1. a single time work. 2. a round journey.

खेपल (khepal) अक. रुक जाना, ठहरना।
(v.i.) to stop, to stay.

खेपाइल (khepāil) अक. जब्त रह जाना, स्वतः शांत या संतोषपूर्वक रह जाना।
(v.i.) to stop, to be silent.

खेमटा (khemaṭā) पु. बारह मात्राओं की एक ताल, इस ताल पर होनेवाला गान या नाच।
(m.) a tal of twelve matras, the song or dance related with this Tal, beat.

खेमा (khemā) पु. (अ.) 1. डेरा, तंबू, अस्थायी आवास। 2. समूह।
(m.) 1. a tent. 2. group.

खेमाता (khemātā) स्त्री. (सं.) क्षमता, हिम्मत।
(f.) spirit, courage, capacity.

खेल (khel) पु. क्रीड़ा, व्यायाम के लिए उछल-कूद।
(m.) play, a game.

खेलनी (khelanī) वि. प्रपंची औरत, बहाना बनानेवाली स्त्री।
(adj.) insidious (woman).

खेलल (khelal) सक. खेलना।
(v.t.) to play.

खेलवना (khelavanā) पु. बच्चों के खेलने का साधन, खिलौना। उदा. 'चिरई के जान जाय, लइका के खेलवना' (लो.)।
(m.) a plaything, toy.

खेलवाड़ (khelavāṛ) पु. बच्चों का खेल, तमाशा, मनबहलाव। (वि.) खेलवाड़ी।
(m.) child's play, amusement. (adj.) athlete.

खेला (khelā) पु. खेल।
(m.) game.

खेलाड़ा (khelāṛā) वि. किसी बात के रहस्य को तुरंत ताड़ने-वाला व्यक्ति।
(adj.) the man who is expert in disclosing the mystery.

खेलाड़ी (khelāṛī) वि. खेलनेवाला व्यक्ति।
(adj.) one who plays, sportsman.

खेलौना (khelaunā) पु. खिलौना।
(m.) plaything.

खेलौनिया (khelauniyā) वि. हास्य-पात्र।
(adj.) a laughing stock, humorous person.

खेवट (khevaṭ) पु. नाविक, नदी पार करानेवाला, माँझी, मल्लाह।
(m.) boatman, boat sailor.

खेवल (kheval) सक. नाव चलाना, पार लगाना।
(v.t.) to row, to sail boat.

खेवा (khevā) पु. नाव का किराया, केवट द्वारा लिया गया शुल्क। उदा. 'खेवा देबे के आ दहाइल जाए के' (लो.)।
(m.) fare for a river crossing.

खेवाई (khevāī) स्त्री. 1. जो कार्य एक बार में या एक मात्रा में किया जाता है। 2. नाव चलाने की क्रिया। 3. नाव चलाने की मजदूरी।
(f.) 1. consignment. 2. to row. 3. fare for a river crossing.

खेसरा (khesarā) पु. सर्वे द्वारा निश्चित प्रत्येक खेत का नंबर आदि का उल्लेख संबंधी कागज।
(m.) documents regarding plot as per survey report.

खेसारी (khesārī) स्त्री. (सं.) एक प्रकार का दलहन विशेष, जो निम्न कोटि का होता है।
(f.) the chickling vetch.

खेस्टा (khesṭā) पु. अनिबंधित (दस्तावेज या शर्तनामा)।
(m.) unregistered document.

खेह (kheh) पु. धूल, गर्दा, पत्ता या अन्न के डंढल का अति बारीक चूर्ण।
(m.) dust, straw.

खैका (khaikā) पु. भोजन।
(m.) meal, lunch.

खैनी (khainī) स्त्री. एक तंबाकू जो चूने से मसल कर होंठों में दबाई जाती है।
(f.) khaini, a tobacco.

खैर (khair) पु. कत्था।
(m.) catechu.

खैरा (khairā) वि. खैर के रंग का, कत्थई।
(adj.) of the colour of catechu.

खैरात (khairāt) स्त्री. (अ.) दान, निःशुल्क दी गई वस्तु।
(f.) alms, donation for any charitable purpose.

खैरियत (khairiyat) स्त्री. (फा.) कुशलक्षेम, भलाई, कल्याण, सुरक्षा।
(f.) welfare, safety, well-being.

खोंइछा (khoṅichā) पु. बेटी या बहू को ससुराल या मायके जाते समय आँचल में दिया जानेवाला अन्न, दूब, हल्दी एवं पैसा।
(m.) rice, turmeric, money etc. tied to a dauther's or a bride's saree end at the time of her fare-well.

खोंखड़ (khoṅkhaṛ) वि. जिसके भीतर कुछ न हो, खोखला।
(adj.) hollow.

खोंखल (khoṅkhal) अक. खाँसना।
(v.i.) to cough.

खोंखी (khoṅkhī) स्त्री. खाँसी, कफजनित रोग।
(f.) cough.

खोंघ (khoṅgh) पु. नुकीला सिरा।
(m.) pointed edge.

खोंच (khoṅc) पु. किसी नुकीली वस्तु द्वारा शरीर या वस्त्र का थोड़ा-सा फटने की क्रिया।
(m.) to be scratched, torn.

खोंचल (khoṅcal) सक. (सं.) लकड़ी या बाँस के टुकड़े से खोदना।
(v.t.) to scratch.

खोंचा (khoṅcā) पु. दे. खोंच।

खोंचिया (khoṅciyā) स्त्री दे. खोंची।

खोंची (khoncī) स्त्री. शुभ संदेश या बायन देनेवाली नाइन या मजदूरनी को अन्न के रूप में दी गई मजदूरी।
(f.) grain given to workers.

खोंट (khoṅṭ) पु. कान का मैल।
(m.) ear wax.

खोंटल (khoṅṭal) सक. नख के द्वारा किसी वस्तु या पौधों के ऊपरी भाग को तोड़ना।
(v.t.) to pluck, to prune upper part of plant.

खोंठिला (khoṅṭhilā) पु. एक प्रकार का नाक का गहना।
(m.) a kind of ornament of nose.

खोंठी (khoṅṭhī) स्त्री. घाव के ऊपर की पपड़ी।
(f.) the upper layer of a wound.

खोंड़ी (khoṅṛī) स्त्री. खूँटी।
(f.) a stake, a wooden handle.

खोंढ़ (khoṅṛh) वि. खंडित, अपूर्ण।
(adj.) fragmented, incomplete.

खोंढ़र (khoṅṛhar) पु. वृक्ष के तने में बना गड्ढा, खोखला।
(m.) a hollow in a tree.

खोंड़ियावल (khoṅṛiyāval) सक. खोखला बनाना।
(v.t.) to make hollow.

खोंढ़िला (khoṅṛhilā) पु. दाँत खोखले होने की बीमारी।
(m.) a disease of teeth excavated as a tooth cavity.

खोंढ़ी (khoṅṛhī) स्त्री. दाँत का छिद्र।
(f.) hollow in tooth, cavity in tooth.

खोंता (khoṅtā) पु. 1. घोंसला। 2. समूह।
(m.) 1. bird's nest. 2. collection.

खोंप (khoṅp) पु. वृत्ताकार ढक्कन।
(m.) cover, pot lid, a circular cover.

खोंपा (khoṅpā) पु. जूड़ा, चोटी का गुच्छा, छल्ला, छल्ली।
(m.) a coiled or braided hair of a woman.

खोंपी (khoṅpī) स्त्री. ढक्कन।
(f.) lid.

खोंसल (khoṅsal) सक. घुसाना।
(v.t.) to push, to thrust into.

खोआ (khoā) पु. दूध का बना ठोस पदार्थ, जो औटकर और उसका पानी जलाकर तैयार किया जाता है, खोया।
(m.) thickened milk, perforated portion of milk after boiling.

खोआब (khoāb) पु. दे. खुआब।

खोइआ (khoiā) पु. छिलका, सिट्ठी।
(m.) husk (as of grains, rice, seeds) dregs.

खोगीर (khogīr) पु. अनावश्यक वस्तु।
(m.) unnecessary thing.

खोज (khoj) स्त्री. तलाश, शोध, अनुसंधान, जाँच।
(f.) search, investigation, research.

खोजक (khojak) पु. खोज करनेवाला।
(m.) a searcher, investigator.

खोजल (khojal) सक. खोजना।
(v.t.) to search.

खोजा (khojā) पु. (फा.) 1. वह व्यक्ति जिसे महलों में सेवा करने के लिए हिजड़ा बनाया गया हो। 2. हिजड़ा।
(m.) 1. an eunch serving in a herem. 2. an eunch.

खोट (khoṭ) स्त्री. छोटा, बुरा, ऐब, दोष।
(f.) small, evil, fault, demerit.

खोटल (khoṭal) सक. खोटना।
(v.t.) to pluck.

खोद-खाद (khod-khād) पु. खोदने का कार्य।
(m.) act of digging.

खोदल (khodal) सक. शरीर में किसी वस्तु को गड़ाना, खुदाई करना।
(v.t.) to cause to penetrate, pierce, to dig.

खोदाय (khodāy) पु. (फा. खुदा) ईश्वर।
(m.) God, almighty.

खोनल (khonal) सक. खोदना।
(v.t.) to dig.

खोनसाइल (khonasāil) अक. क्रुद्ध होने की स्थिति।
(v.i.) to be angry.

खोपड़ी (khopaṛī) स्त्री. सिर का ऊपरी भाग, कपाल, सिर।
(f.) the skull.

खोपचारी (khopacārī) स्त्री. बाँस का नुकीला टुकड़ा।
(f.) a pointed piece of a bamboo.

खोभसल (khobhasal) सक. उलाहना देना, प्रताड़ित करना।
(v.t.) to complain.

खोभल (khobhal) सक. छेदना, किसी तीखे औजार को घुसेड़ना, भेदना।
(v.t.) to pierce, to perforate.

खोभा (khobhā) पु. कड़ी पीड़ा, पेट में चुभनेवाला दर्द।
(m.) piercing pain.

खोभाड़ (khobhāṛ) पु. सूअर का घर।
(m.) pigsty, pigpen.

खोर (khor) पु. लकड़ी का पका भाग।
(m.) the matured, ripe portion of wood.

खोरनाठी (khoranāṭhī) स्त्री. लकड़ी का अधजला टुकड़ा।
(f.) poking rod.

खोरल (khoral) सक. आग को लकड़ी से उलट-पलट करना।
(v.t.) to turn over and over.

खोरहा (khorahā) पु. मवेशियों के खुर का रोग।
(m.) animal disease causing putrefaction of hoofs.

खोरा (khorā) पु. कटोरा।
(m.) a shallow metal cup, bowl.

खोराक (khorāk) पु. (फा.) खुराक, एक बार में दी जानेवाली दवा की मात्रा, भोजन की मात्रा।
(m.) dose, diet.

खोरि (khori) स्त्री. 1. तंग गली। 2. ऐब, दोष।
(f.) 1. a narrow valley. 2. a fault.

खोरिस (khoris) स्त्री. (फा.) खाने के लिए दिया गया धन या जमीन।
(f.) diet-money, food allowance.

खोल (khol) पु. किसी वस्तु पर लगाया गया आवरण, गिलाफ।
(m.) covering cloth.

खोलड़ी (kholaṛī) स्त्री. मवेशियों के शरीर का ताजा चमड़ा।
(f.) fresh skin of cattle.

खोलल (kholal) सक. खोलना, प्रकट करना।
(v.t.) to open, to expose, to disclose.

खोला (kholā) पु. आवरण।
(m.) jacket, cover.

खोली (kholī) स्त्री. छोटा कमरा।
(f.) a small room.

खोवल (khoval) वि. गया-गुजरा।
(adj.) out-and-out.

खोह (khoh) स्त्री. कंदरा, माँद।
(f.) a cave, den (of a wild beast).

ग

ग (ga) देवनागरी वर्णमाला में कवर्ग का तीसरा वर्ण जिसका उच्चारण स्थान कंठ है।
– the third consonant of the Devanagri syllabary and Kavarg.

गँइचा (gaṁica) पु. एक प्रकार की मछली।
(m.) a type of fish.

गँइता (gaṁitā) पु. खोदने का साधन।
(m.) an apparatus of digging.

गँई (gaṁī) स्त्री. ढंग, प्रकार।
(f.) method, type.

गँउँआ (gaṁūṁā) पु. गाँव का।
(m.) of village.

गँउछी (gaṁuchī) स्त्री. नई शाखा।
(f.) new offspring.

गंग (gaṅg) स्त्री. गंगा नदी।
(f.) the river Ganga.

गंगट (gaṅgaṭ) पु. एक प्रकार की मछली।
(m.) a kind of fish.

गंगवट (gaṅgavaṭ) पु. गंगा की मिट्टी जो चंदन लगाने के लिए प्रयुक्त होती है।
(m.) the soil of Ganga used as a sandal paste.

गंगा (gaṅgā) स्त्री. भारत की एक नदी।
(f.) a river of India.

गंगाजल (gaṅgājal) पु. गंगा का पवित्र जल। उदा. 'सोने सुराही, गंगाजल पानी'।
(m.) the holy water of Ganga.

गंगालाभ (gaṅgālābh) पु. निधन।
(m.) death.

गंगासागर (gaṅgāsāgar) पु. वह स्थान जहाँ गंगा समुद्र में मिलती है।
(m.) the place where the Ganga reaches the sea.

गंगोतरी (gaṅgotarī) स्त्री. वह स्थान जहाँ से गंगा निकलती है।
(f.) the place from where Ganga starts.

गंज (gaṅj) पु. बाजार, मंडी।
(m.) a grain market, heap.

गंजन (gaṅjan) पु. परेशानी, कष्ट, नाश, तिरस्कार।
(m.) worry, destruction, trouble.

गंजा (gaṅjā) वि. जिसके सिर पर बाल न हो (व्यक्ति)।
(adj.) bald.

गंजी (gaṅjī) स्त्री. गंजी।
(f.) vest.

गँजेड़ी (gaṁjeṛī) पु. गाँजे का आदी व्यक्ति।
(m.) the person addicted to hemp.

गँठिया (gaṁṭhiyā) वि. गठिया।
(adj.) arthritis, rheumatism.

गंडा (gaṅḍā) पु. चार का योग, चार की संख्या।
(m.) an aggregate of four, the number four.

गँड़ारी (gaṁṛārī) स्त्री. क्यारी।
(f.) a field plot banked up for irrigation.

गँड़ासा (gaṁṛāsā) पु. एक प्रकार का लोहे का हथियार।
(m.) a chopper.

गँड़ासी (gaṁṛāsī) स्त्री. एक प्रकार का छोटा तेज हथियार।
(f.) a small chopper.

गँड़ेरी (gaṁṛerī) पु. एक जाति जो भेंड़ पालती है।
(m.) a community who nourishes sheep.

गंदा (gaṅdā) वि. मलिन, अशुद्ध।
(adj.) dirty, impure.

गँदौरा (gaṁdaurā) पु. खाद, बुहारन।
(m.) manure, sweepings.

गंध (gaṅdh) स्त्री. महक।
(f.) smell, fragrance.

गंधक (gaṅdhak) स्त्री. गंधक।
(f.) sulphur.

गंधकी (gaṅdhakī) स्त्री. एक मक्खी जो धान के पौधों को हानि पहुँचाती है।
(f.) a fly that attacks rice.

गंधरप (gaṅdharap) पु. (सं.) गंधर्व, गायन-वृत्ति अपनाने वाली एक जाति।
(m.) a community of singers.

गंधरप विद्या (gaṅdharap vidyā) स्त्री. संगीत विद्या।
(f.) the science or art of music.

गंधरप बिआह (gaṅdharap biāh) पु. स्त्री और पुरुष की आपसी सहमति से किया गया विवाह।
(m.) marriage by mutual agreement.

गंधाइल (gaṅdhāil) अक. महकना।
(v.i.) to smell.

गँव-गँई (gaṁv-gaṁī) स्त्री. ढंग, तरीका, युक्ति, उपाय।
(f.) manner, method.

गँवई (gaṁvaī) स्त्री. छोटा गाँव।
(f.) small village.

गँवरउ (gaṁvarau) वि. ग्रामीणों का, गँवारों का।
(adj.) of villagers, of uncouths.

गँवाऊ (gaṁvāū) वि. गँवाने वाला, नुकसान करनेवाला।
(adj.) a waster, wastful.

गँवार (gaṁvār) वि. गाँव का रहनेवाला, देहाती, असभ्य।
(adj.) villager, an ignorant person.

गँवारपन (gaṁvārapan) पु. गँवार जैसा तौर तरीका।
(m.) boorishness, uncouthness.

गँवारू (gaṁvārū) वि. असभ्य, देहाती।
(adj.) unrefined, villager.

गँवावल (gaṁvāval) सक. बर्बाद करना।
(v.t.) to lose.

गँवे-गँवे (gaṁve-gaṁve) क्रि.वि. धीरे-धीरे।
(adv.) slowly.

गँहकी (gaṁhakī) पु. खरीदनेवाला, ग्राहक।
(m.) a customer, a subscriber.

गइया (gaiyā) पु. गाय।
(m.) cow.

गइरी (gairī) स्त्री. एक प्रकार का जलपक्षी।
(f.) a type of water bird.

गइल (gail) अक. जाना, हाथ से निकल जाना, घाटे में पड़ना। उदा. 'गइल गइल भँइसिया पानी में। दुधवो ना देलस जवानी में' (लोक.)।
(v.i.) to go, to suffer a loss.

गइल-गुजरल (gail-gujaral) वि. गया-गुजरा।
(adj.) out-and-out .

गउबध (gaubadh) पु. (सं.) गोवध, गोहत्या।
(m.) killing of the cow.

गउरा (gaurā) स्त्री. गौरी के लिए आदरसूचक शब्द, गौरा, पार्वती।
(f.) honourable word for Gaura.

गउरी (gaurī) स्त्री. शिव की पत्नी, गौरी।
(f.) the wife of Lord Shiva.

गउसाला (gausālā) स्त्री. गोशाला।
(f.) the place where cows rest.

गउला (gaulā) पु. अफवाह।
(m.) rumour.

गऊ (gaū) स्त्री. गाय।
(f.) a cow.

गगन (gagan) पु. आकाश।
(m.) the sky.

गगरा (gagarā) पु. पानी रखने का बड़ा पात्र।
(m.) a large water pot.

गगरी (gagarī) स्त्री. पानी रखने का छोटा पात्र। उदा. 'गगरी भरल खिंचाते नइखे'।
(f.) a small water pot.

गचकल (gacakal) सक. हजम करना, खा जाना, छिपाना।
(v.t.) to digest, to hide.

गचाक (gacāk) पु. पानी में डूबने से उत्पन्न शब्द।
(m.) the word or sound denoting the sinking in water.

गचू (gacū) पु. गुल्ली-डंडा खेलने के लिए बच्चों द्वारा बनाया गया छोटा छिद्र।
(m.) a small hole made by boys for playing gulli danda.

गच्च (gacc) पु. खुश, अतिप्रसन्न।
(m.) extremely happy.

गछउनी (gachaunī) स्त्री. पेड़ की छायावाली जगह।
(f.) the place under shaddow of tree.

गछल (gachal) अक. स्वीकार करना।
(v.i.) to accept.

गछाइल (gachāil) अक. पौधे का बड़ा और विस्तृत होना।
(v.i.) to flourish and grow of a plant.

गछाड़ (gachāṛ) पु. वृक्ष की छाया।
(m.) shaddow of tree.

गछुली (gachulī) स्त्री. नया पेड़ जो अभी छोटा है।
(f.) a new and small tree.

गज (gaj) पु. (फा.) 1. लंबाई का माप। 2. हाथी।
(m.) 1. a measure of length, a yard. 2. an elephant.

गजक (gajak) पु. तिल और चीनी से बना मिष्ठान।
(m.) a sweet made from sesame and sugar.

गजट (gajaṭ) पु. (अं.) 1. सरकारी घोषणापत्र। 2. सुनिश्चित।
(m.) 1. gazette. 2. sure.

गजपत्ता (gajapattā) पु. एक मोटा धान।
(m.) a type of coarse paddy.

गजब (gajab) वि. विचित्र, अद्भुत।
(adj.) wonderful, miraculous.

गजबाँक (gajabāṁk) पु. हाथी का अंकुश।
(m.) a goad.

गजमुकता (gajamukatā) स्त्री. एक प्रकार का मोती जो हाथी के मस्तक पर पाया जाता है।
(f.) a kind of pearl which is found on the head of elephant.

गजर-बजर (gajar-bajar) पु. कई अन्नों का मिश्रण।
(m.) mixed corns, poor quality food.

गजरा (gajarā) पु. 1. फूलों का हार। 2. एक प्रकार का कंद, गाजर।
(m.) 1. a garland of flower. 2.carrot root.

गजल (gajal) स्त्री. उर्दू की एक लोकप्रिय काव्य-विधा।
(f.) a popular poetic form of Urdu.

गजाल (gajāl) पु. एक प्रकार की मछली।
(m.) a kind of fish.

गज्जन (gajjan) पु. दे. गंजन।

गझंडी (gajhaṅḍī) स्त्री. एक जंगली झाड़।
(f.) a forested bush.

गझिन (gajhin) वि. मोटा, घना।
(adj.) thick.

गटई (gaṭaī) स्त्री. गला, गर्दन।
(f.) throat.

गटकल (gaṭakal) सक. गले से नीचे उतारना, निगलना।
(v.t.) to gulp down, to bolt (food).

गटगट-गटर-गटर (gaṭgaṭ-gaṭar-gaṭar) क्रि.वि. पानी या दूध जैसे तरल पदार्थ के पीने से उत्पन्न शब्द।
(adv.) the repeated sound of gulping.

गट्टा (gaṭṭā) पु. कलाई।
(m.) forearm, the wrist joint.

गट्टी (gaṭṭī) स्त्री. आंतरिक विचार।
(f.) internal idea.
गट्ठर (gaṭṭhar) पु. बड़ा बंडल।
(m.) a large bundle.
गट्ठा (gaṭṭhā) पु. प्याज लहसुन की गठी हुई जड़।
(m.) a bulbous root of onion and garlic.
गट्ठी (gaṭṭhī) स्त्री. छोटा बंडल।
(f.) a small bundle.
गठकोबी (gaṭhakobī) स्त्री. एक तरह की सब्जी, गाँठगोभी।
(f.) a type of vegetable.
गठन (gaṭhan) पु. बनावट, आकार।
(m.) structure, construction.
गठरी (gaṭharī) स्त्री. पोटली, पुलिंदा।
(f.) pack, bundle.
गठल (gaṭhal) अक. सटे रहना।
(v.i.) to be joined together.
गठाव (gaṭhāv) पु. दे. गठन।
गठिया (gaṭhiyā) स्त्री. गाँठ में होनेवाला वात रोग, गठिया।
(f.) rheumatism.
गठियावल (gaṭhiyāval) सक. बाँधना।
(v.t.) to pack, to bundle up.
गड़कावल (gaṛakāval) सक. गड़ाना।
(v.t.) to prick.
गड़गड़ (gaṛagaṛ) स्त्री. बादल की गरज।
(f.) rumbling of clouds.
गड़गड़ा (gaṛagaṛā) पु. एक प्रकार का हुक्का।
(m.) a type of hokkah, colloq.
गड़गड़ाइल (gaṛagaṛāil) अक. गड़गड़ाने की आवाज होना।
(v.i.) to gurgle, to rumble as clouds.
गड़गड़ाहट (gaṛagaṛāhaṭ) पु. गड़गड़ाने की आवाज।
(m.) a rumbling sound.
गड़गड़ी (gaṛagaṛī) स्त्री. छोटा ढोल।
(f.) a small drum.
गड़त (gaṛat) वि. चुभता हुआ।
(adj.) biting.
गड़बड़ (gaṛabaṛ) वि. 1. अस्त-व्यस्त। 2. अनुचित।
(adj.) 1. disorder, confusion. 2. unsuitable.
गड़बड़इल (gaṛabaṛāil) अक. अव्यवस्थित होना, खराब होना।
(v.i.) to get into a state of confusion, muddle, to be spoiled.
गड़बड़ावल (gaṛabaṛāval) सक. गड़बड़ करना।
(v.t.) to derange, to queer.
गड़बड़ी (gaṛabaṛī) स्त्री. अस्त-व्यस्तता, भ्रम की स्थिति।
(f.) disturbance, confusion.
गड़ल (gaṛal) अक. चुभना।
(v.i.) to penetrate.
गड़हा (gaṛahā) पु. गड्ढा।
(m.) a pit.
गड़ा (gaṛā) पु. काठ की गाड़ी।
(m.) woodden cart.
गड़ाप (gaṛāp) पु. पानी या कीचड़ में गिराने की आवाज।
(m.) the noise of falling into water or mud.
गड़ारा (gaṛārā) पु. दो पहिया गाड़ी की लीक।
(m.) a cart track.
गड़ारी (gaṛārī) स्त्री. गोल और घूमनेवाला पहिया, जिसके सहारे कुएँ से पानी खींचा जाता है।
(f.) a pulley as for a well-rope.
गड़ावल (gaṛāval) सक. चुभाना, गड़ाना, धँसाना।
(v.t.) to cause to penetrate, to push, to stick.
गड़िवान (gaṛivān) पु. गाड़ी हाँकनेवाला।
(m.) carter, driver.
गड़ी (gaṛī) स्त्री. छकड़ा। उदा. 'कबहूँ गड़ी पर नाव कबहूँ नाव पर गड़ी।' (लो.)।
(f.) a two wheeled bullock cart.
गड़ुआ (gaṛuā) पु. टोंटी लगा जल-पात्र। उदा. 'सोना के गड़ुआ गंगाजल पानी।' (लोक.)।
(m.) a water pot having a spout.
गड़ेरिया (gaṛeriyā) पु. भेड़ चरानेवाला।
(m.) a shepherd.
गड़ोरल (gaṛoral) सक. एक टक देखना, घूरना।
(v.t.) continued looking, to be able only to look on, to stare.
गड्ड (gaḍḍ) पु. वस्तुओं का ढेर।
(m.) a bundle, bunch, collection.
गड्ड-मड्ड (gaḍḍ-maḍḍ) वि. मिला हुआ, गड़बड़झाला।
(adj.) jumbled up, hotch potch.
गड्डी (gaḍḍī) स्त्री. बँधा हुआ सामान, गुच्छा।
(f.) bundle bunch.
गड्ढा (gaḍḍhā) पु. गड़हा, खाई।
(m.) a pit, a ditch.
गढ़ंत (gaṛhant) वि. कल्पित।
(adj.) imaginary.
गढ़ (gaṛh) पु. राजाओं और जमींदारों का निवासस्थान, किला, विशाल भवन।
(m.) a fort, castle.

गढ़न (gaṛhan) स्त्री. आकृति, गठन, बनावट।
(f.) making structure, construction.

गढ़ल (gaṛhal) सक. आकृति प्रदान करना, बनाना, चिकना करना।
(v.t.) to shape, to make, to plane.

गढ़ा (gaṛhā) पु. दे. गड़हा।

गढ़ावल (gaṛhāval) सक. गढ़ने का काम दूसरे से कराना।
(v.t.) to cause to be made.

गढ़िया (gaṛhiyā) पु. किसी वस्तु को गढ़कर बनानेवाला, स्वर्णकार, जौहरी।
(m.) craftsman, goldsmith, jeweller.

गढ़ी (gaṛhī) स्त्री. छोटा गढ़।
(f.) a small fort.

गढ़ू (gaṛhū) पु. कठिन काम।
(m.) hard work.

गत (gat) वि. 1. बीता हुआ। 2. मरा हुआ। 3. रहित।
(adj.) 1. past. 2. died. 3. without.

गतर (gatar) पु. अंग।
(m.) parts of body.

गतल (gatal) वि. गया-गुजरा।
(adj.) destroyed, corrupt.

गति (gati) स्त्री. दशा, चाल, मुक्ति।
(f.) condition, motion, death.

गते-गते (gate-gate) क्रि.वि. धीरे-धीरे।
(adv.) slowly.

गतौरा (gataurā) पु. ईख बाँधने की रस्सी।
(m.) a cord to bind sugarcane.

गत्ता (gattā) पु. कूट।
(m.) pasteboard, cardboard.

गद (gad) पु. 1. रोग। 2. विष।
(m.) 1. disease. 2. poison.

गदका (gadakā) पु. खेल में व्यवहृत काठ का डंडा।
(m.) a wooden stick to play.

गदगद (gadagad) क्रि.वि. अतिआनंदित, बहुत खुश।
(adv.) very happy.

गदपुरना (gadapuranā) पु. एक प्रकार की वनौषधि, पुनर्नवा।
(m.) hogweed.

गदबदाइल (gadabadāil) अक. अत्यधिक खुश होना, आनंदित होना, गदगदाना।
(v.i.) to rejoice.

गदबेरा (gadaberā) पु. संध्या, गोधूलि।
(m.) twilight, earth-dust.

गदर (gadar) पु. (अ.) क्रांति, विद्रोह।
(m.) a rebellion, revolution.

गदरा (gadarā) पु. कच्चा धान।
(m.) green paddy.

गदराइल (gadarāil) अक. 1. फल आदि का पकने को होना। 2. जवानी में अंगों का भरना।
(v.i.) 1. to be ripening. 2. to develop body in young age.

गदला (gadalā) वि. मिट्टी मिला हुआ, गंदा।
(adj.) muddy, dirty.

गदलापन (gadalāpan) पु. मिट्टीयुक्त, अशुद्धि।
(m.) muddiness, impurity.

गदहई (gadahaī) स्त्री. मूर्खता, बुद्धिहीनता।
(f.) stupidity, foolishness.

गदहपचीसी (gadahapacīsī) स्त्री. सोलह से पच्चीस वर्ष की आयु, जब युवक अनुभवहीन होता हो।
(f.) age from sixteen to twenty five when young is inexperienced.

गदहपूरना (gadahapūranā) पु. दे. गदपुरना।

गदहा (gadahā) पु. गधा, खर, वैशाखनंदन, गर्दभ।
(m.) an ass.

गदहिया (gadahiyā) पु. 1. एक खानाबदोश जाति। 2. गदही, गधी।
(m.) 1. a nomad caste. 2. a she-donkey.

गदा (gadā) स्त्री. मुद्गर, लकड़ी का भारी मुँगरा जो कसरत करने में प्रयुक्त होता है।
(f.) a kind of heavy mallet used for exericse.

गदागद (gadāgad) क्रि.वि. एक पर एक, लगातार।
(adv.) one after another, continuously.

गदानल (gadānal) अक. महत्त्व देना, आदर, स्नेह देना।
(v.i.) to show respect for.

गदाल (gadāl) स्त्री. चिड़ियों का झुंड, शोर।
(f.) a flock of birds, noise, uproar.

गदेना (gadenā) पु. एक वनौषधि।
(m.) a wild medicinal shrub.

गदेल-गदेला (gadel-gadelā) पु. छोटा बच्चा।
(m.) a baby, a child.

गदोरी (gadorī) स्त्री. हथेली।
(f.) palm.

गद्दा (gaddā) पु. तोशक, गलीचा, गद्दा।
(m.) a mattress, a large padded cushion.

गद्दार (gaddār) वि. (अ.) 1. बहुत बड़ा गदर करनेवाला। 2. अविश्वासी।
(adj.) 1. a traitor. 2. unfaithful.

गद्दारी (gaddārī) स्त्री. विश्वासघात, बेवफाई।
(f.) unfaithfulness, treachery.

गद्दी (gaddī) स्त्री. 1. राज सिंहासन। 2. तोशक।
(f.) 1. a throne, royal seat. 2. a cushion.

गधबेर (gadhaber) स्त्री. गोधूलि, संध्या।
(f.) cowdusk, time of cows to come back, twilight.

गन (gan) पु. गण, अनुचर, सेवक, दूत।
(m.) a follower, servant, messenger.

गनगर (ganagar) वि. वैसी गाय या भैंस जो अधिक दूध देती है।
(adj.) yielding profuse milk, milch.

गनती (ganatī) स्त्री. गणना, गिनने का काम।
(f.) counting, calculation.

गनल (ganal) सक. गिनना, संख्या निश्चित करना।
(v.t.) to count, to calculate.

गनी (ganī) वि. धनी, संतुष्ट, बेपरवाह।
(adj.) rich, satisfied, careless.

गनी-गरीब (ganī-garīb) वि. धनी-गरीब।
(adj.) rich-poor.

गनीमत (ganīmat) स्त्री. (अ.) 1. लूट का माल। 2. संतोष की बात।
(f.) 1. booty. 2. a satisfactory factor.

गने-गने (gane-gane) क्रि.वि. धीरे-धीरे।
(adv.) slowly.

गनेस (ganes) पु. शिव के पुत्र गणेश। उदा. 'जै गनेस जै गनेस जै गनेस देवा। माता जाकी पारबती पिता महादेवा'।
(m.) the son of Lord Shiva.

गन्धकी (gandhakī) स्त्री. एक प्रकार का रंग, हल्का पीला।
(f.) a kind of colour, light yellow.

गन्धी (gandhī) पु. इत्र बेचनेवाला।
(m.) seller of perfumes.

गन्ना (gannā) पु. ईख।
(m.) sugarcane.

गन्हवा (ganhavā) पु. एक प्रकार का बदबूदार कीड़ा।
(m.) a kind of bad smelling insect.

गन्हाइल (ganhāil) अक. दुर्गंध देना, सड़ना।
(v.i.) to give bad smell, to emit an offensive odour, to rot.

गप (gap) स्त्री. इधर-उधर की बात, मनगढ़ंत बात।
(f.) gossip, imaginary talk.

गपकल (gapakal) सक. निगल लेना, झट से खा लेना।
(v.t.) to swallow hastily, to gulp.

गपकावल (gapakāval) सक. दे. गपकल।

गपगप (gapagap) क्रि.वि. शीघ्रतापूर्वक निगलने का काम।
(adv.) eating hastily, to swallow hastily.

गपडोल (gapaḍol) पु. डाँवाडोल।
(m.) unstable, unsteady.

गपस (gapas) वि. सघन (बुनाई)।
(adj.) dense (weave).

गपसप (gapasap) स्त्री. मनोविनोद।
(f.) gossip.

गपोड़-गपोल (gapoṛ-gapol) वि. गप हाँकने वाला।
(adj.) gossiper.

गप्फा (gapfā) पु. बड़ा कौर।
(m.) large mouthful food, big morsel.

गफलत (gafalat) स्त्री. (अ.) 1. असावधानी। 2. बेपरवाही। 3. भूल।
(f.) 1. unattentiveness. 2. negligence. 3. mistake.

गबगब (gabagab) क्रि.वि. शीघ्रतापूर्वक, बिना सोचे-समझे बोली हुई बात।
(adv.) hastily, speaking without thinking.

गबड़ा (gabaṛā) वि. वह धान जिसमें अनेक प्रकार के धानों का मिश्रण हो।
(adj.) mixed paddy.

गबदी (gabadī) स्त्री. वह भैंस जिसका स्तन बड़ा हो और अधिक दूध देती हो।
(f.) large-uddered buffalo yielding profuse milk.

गबरू (gabarū) पु. 1. उभरता जवान। 2. दुल्हा।
(m.) 1. budding youth. 2. bridegroom.

गब्बर (gabbar) वि. घमंडी, बेकार, मंद, ढीठ।
(adj.) proud, vain, dull, obstinate.

गभड़ा (gabhaṛā) पु. फसल से बाल फूटने की अवस्था।
(m.) stage when a crop starts germinating filaments.

गभड़ू (gabhaṛū) वि. दे. गबरू।

गभिना (gabhinā) वि. (सं.) (मादा पशु) जिसके पेट में बच्चा हो।
(adj.) pregnant (animal).

गभिनाइल (gabhināil) अक. मवेशियों का गर्भ धारण करना।
(v.i.) to conceive, become pregnant (said of animals).

गभुआइल (gabhuāil) अक. क्षुब्ध होकर मौन रहना।
(v.i.) to pout.

गम (gam) पु. (अ.) दुःख, शोक, गम।
(m.) grief, sorrow, mourning.

गमक (gamak) स्त्री. सुगंध।
(f.) scent, fragrance.

गमकल (gamakal) अक. सुगंध देना।
(v.i.) to give out fragrance.

गमगम (gamagam) क्रि.वि. सुगंधयुक्त।
(adv.) scented.

गमगर (gamagar) वि. गंभीर, शांत प्रवृत्ति का।
(adj.) grave, profound, serious.

गमछा (gamachā) पु. अँगोछा।
(m.) towel.

गमछी (gamachī) स्त्री. छोटा अँगोछा, तौलिया।
(f.) small towel.

गमला (gamalā) पु. फूल-पौधा लगाने का बर्तन।
(m.) a jar or pot, as for flowers or plants, earthen flowerpot.

गमी (gamī) स्त्री. (अ.) 1. शोक की अवस्था या काल। 2. मृत्यु।
(f.) 1. bereavement. 2. death.

गम्हाउर (gamhāur) स्त्री. गर्मी।
(f.) heat.

गम्हार (gamhār) पु. एक प्रकार का वृक्ष जिसकी लकड़ी में सुगंध होती है।
(m.) a kind of scented tree, beechwood.

गम्हीर (gamhīr) वि. गंभीर।
(adj.) serious.

गयवाल (gayavāl) पु. गया का पंडा या ब्राह्मण।
(m.) priest or brahman of Gaya.

गया (gayā) पु. दक्षिण बिहार में स्थित एक तीर्थ स्थान।
(m.) a pilgrims of south Bihar.

गपेण (gapeṇ) पु. गाँव, लोगों का निवासस्थान।
(m.) a village.

गरंथ (garaṁth) पु. (सं.) ग्रंथ, पुस्तक।
(m.) a book.

गर (gar) पु. (सं.) गला।
(m.) the throat.

गरई (garaī) स्त्री. एक प्रकार की मछली।
(f.) a kind of fish.

गरक (garak) वि. (अ.) 1. डूबा हुआ। 2. मग्न।
(adj.) 1. sunk. 2. absorbed.

गरगज (garagaj) पु. जोर की आवाज।
(m.) loud voice.

गरगट (garagaṭ) पु. कठिनाई।
(m.) difficulty.

गरज (garaj) स्त्री. (अ.) 1. आशय। 2. आवश्यकता। 3. इच्छा। 4. उद्देश्य।
(f.) 1. import. 2. need. 3. a desire. 4. aim.

गरजल (garajal) अक. 1. जोर-जोर से बोलना। 2. बादल का गरजना।
(v.i.) 1. to bellow. 2. to thunder.

गरदन (garadan) स्त्री. (फा.) गला, ग्रीवा।
(f.) the neck, the throat.

गरदनियाँ (garadaniāṁ) वि. गर्दन से संबंधित।
(adj.) related to neck.

गरदाँव-गरदाम (garadāṁv-garadām) पु. मवेशियों के गले की रस्सी, गिराँव।
(m.) halter, tether, neck rope.

गरदनियावल (garadaniyāval) सक. गर्दन में हाथ लगाकर ढकेलना या बाहर करना।
(v.t.) to hold the neck for forcing out, to push by the neck, to throw out by the scruff of the neck.

गरदा (garadā) पु. (फा.) धूल।
(m.) dust.

गरदाज (garadāj) पु. अंगीकार, स्वीकार।
(m.) acceptance, acknowledgment.

गरब (garab) पु. (सं.) गर्व, घमंड, अभिमान।
(m.) pride.

गरभ (garabh) पु. 1. पेट के अंदर बच्चा रहने की स्थिति। 2. घर का भीतरी भाग।
(m.) 1. the womb, pregnancy. 2. an inner room, confinement room.

गरम (garam) वि. (फा.) उष्ण, गर्म।
(adj.) hot.

गरम-गरम, गरमा-गरम (garam-garam, garamā-garam) वि. ताजा, गर्म-गर्म।
(adj.) fresh, piping hot.

गरमसल (garamasal) अक. वातावरण का गर्म होना, उमस।
(v.i.) to be hot atmosphere.

गरमा (garamā) पु. ग्रीष्म ऋतु में पैदा होनेवाली फसल।
(m.) crops of summer season.

गरमाइल (garamāil) अक. 1. तप्त होना, गर्म होना। 2. क्रुद्ध होना।
(v.i.) 1. to warm up. 2. to be excited.

गरमा-फसल (garamā-fasal) स्त्री. गरमी के दिनों में उपजनेवाली फसल।
(f.) hot weather crop.

गरमावल (garamāval) सक. उत्तेजित करना, गर्म करना।
(v.t.) to excite, heat.

गरमाह (garamāh) वि. क्रोधशील, असंयमी।
(adj.) passionate, intemperate.

गरमिआह (garamiāh) वि. वह व्यक्ति जो उपदंश या सुजाक से पीड़ित हो।
(adj.) a patient of syphilis.

गरमी (garamī) स्त्री. ऊष्मा।
(f.) heat.

गरल (garal) अक. पानी आदि तरल पदार्थ का चूकर एकत्रित होना।
(v.i.) to drip.

गरह (garah) पु. (सं.) ग्रह, सौरमंडल के नौ प्रमुख तारे जिनकी गति का प्रभाव मनुष्य के ऊपर पड़ता हो।
(m.) planets influencing men's destiny.

गरहन (garahan) पु. (सं.) 1. पुराणों के अनुसार राहु द्वारा चंद्रमा और सूर्य के ग्रस्त होने की स्थिति, ग्रहण। 2. पकड़ने या लेने की क्रिया। 3. स्वीकार, ग्रहण।
(m.) 1. according to mythology eclipse (seizure of sun or moon by the demon Rahu). 2. seizing. 3. acceptance.

गराम (garām) पु. (अं.) ग्राम।
(m.) gm, gram.

गरामी (garāmī) वि. आदरणीय, प्रतिष्ठित, सम्मानित।
(adj.) respected, honoured, reverent.

गरारी (garārī) स्त्री. (फा.) गरारा, कुल्ला।
(f.) gargle, act of washing one's mouth and throat.

गरियावल (gariyāval) सक. गाली देना, अपशब्द कहना।
(v.t.) to abuse, to revile.

गरियार (gariyār) पु. काम में बैठ जानेवाला बैल।
(m.) obstinate bullock.

गरी-गड़ी (garī-gaṛī) स्त्री. नारियल के फल के भीतर का मुलायम गूदा।
(f.) the kernel of a coconut.

गरीब (garīb) वि. (अ.) निर्धन, दीन-हीन।
(adj.) poor, helpless.

गरीबी (garībī) स्त्री. गरीब होने की स्थिति।
(f.) poverty.

गरुअट (garuaṭ) पु. रोली।
(m.) a coloured powder made principally from turmeric and lime used to make sectarian, or decorative, makes on the forehead.

गरुआ (garuā) वि. (सं.) भारी, वजनदार।
(adj.) weighty, grave.

गरुआरी (garuārī) स्त्री. मवेशियों की सेवा-टहल।
(f.) looking after cattle.

गरुड़ (garuṛ) पु. एक पक्षी, विष्णु का वाहन।
(m.) a bird, the vehicle of Vishnu.

गरूर (garūr) पु. (अ.) गुरूर, अभिमान, घमंड।
(m.) pride, naughtiness, vainglory.

गरेबान (garebān) पु. (फा.) अंगरखे, कुरते आदि का गले पर का भाग।
(m.) portion of the garment resting on the forepart of neck.

गरेसल (garesal) सक. तंग करना।
(v.t.) to bother, to irritate, to distress.

गरोह (garoh) पु. दे. गिरोह

गर्रा (garrā) पु. गारा।
(m.) mud mortar.

गर्हन (garhan) स्त्री. बनावट, गठन।
(f.) making, shaping, construction.

गर्हल (garhal) सक. कोई वस्तु बनाना।
(v.t.) to form, to carve (as a statue).

गर्हावल (garhāval) सक. गढ़वाना, किसी वस्तु को तैयार कराना।
(v.t.) to cause to make, form, maleate.

गर्हुआइल (garhuāil) अक. भारी होना, घना होना।
(v.i.) to be heavy, to be thick.

गर्हू (garhū) वि. भारी, घना, कठिन।
(adj.) heavy, thick, hard.

गलइचा (galaicā) पु. दरी, कालीन।
(m.) a carpet.

गलगल (galagal) वि. 1.अत्यंत मुलायम। 2. आर्द्र, गीला।
(adj.) 1. very soft. 2. wet, damp.

गलगलाइल (galagalāil) अक. अस्पष्ट शब्द करना।
(v.i.) to soften, to molly.

गलचउड़ी (galacauṛī) स्त्री. हँसी, मजाक, गलचौरी।
(f.) a joke.

गलजोरा (galajorā) पु. मवेशियों के गले की रस्सी।
(m.) yoke rope, tackle.

गलतंस (galataṅs) वि. गया-गुजरा, निकृष्ट।
(adj.) inferior most, outcast, low.

गलत (galat) वि. (अ.) 1. अशुद्ध। 2. झूठ।
(adj.) 1. incorrect, wrong. 2. false, untrue.

गलतकिया (galatakiyā) स्त्री. छोटी और मुलायम तकिया जो गाल के नीचे रखी जाती है।
(f.) side pillow, bolster.

गलती (galatī) स्त्री. त्रुटि, चूक, भूल।
(f.) fault, error, blemish, omission.

गलथेथरई (galathetharaī) स्त्री. दुराग्रहपूर्वक गलत बात या मिथ्या बातें बोलना।
(f.) false statement.

गलफर (galafar) पु. 1. गाल के निकट या मुख तक का भाग। 2. जल-जंतुओं का वह अवयव जिससे वे पानी या साँस लेते हैं, गलफड़ा।
(m.) 1. gill. 2. gill of a fish.

गलफरा (galafarā) पु. दे. गलफर।

गलबँहिया (galabaṁhiyā) स्त्री. किसी के गले में बाँह डालकर चलने की क्रिया, आलिंगन।
(f.) am embrace.

गलबल (galabal) पु. मवेशियों के बोलने की ध्वनि।
(m.) indistinct human voice.

गलबलाइल (galabalāil) अक. अस्पष्ट बोलना।
(v.i.) to gabble.

गलल (galal) अक. 1. गलना, पिघलना। 2. दुर्बल होना।
(v.i.) 1. to melt. 2. to be weak.

गलसोद (galasod) पु. कान के निकट सूजन की बीमारी।
(m.) swelling near ear.

गला (galā) पु. 1. गर्दन। 2. कंठ। 3. स्वर।
(m.) 1. neck. 2. throat. 3.voice.

गलावल (galāval) सक. गलाना, पिघलाना।
(v.t.) to cause to melt.

गलियारा (galiyārā) पु. गली की तरह एक छोटा रास्ता।
(m.) path, lane.

गलियावल (galiyāval) सक. किसी मवेशी का गाल दबाकर या ढरकी से खली या कोई दवा पिलाना।
(v.t.) to make an animal drink medicine etc, through a pipe and holding them it by neck.

गली (galī) स्त्री. बस्ती का तंग रास्ता, कूचा।
(f.) a lane, alley, a partic.

गलीज (galīj) वि. (अ.) गंदा, अशुद्ध, मल।
(adj.) dirty, unpure, excreta.

गल्ला (gallā) पु. अन्न, अनाज
(m.) grain.

गवइया (gavaiyā) वि. गाने वाला।
(adj.) a singer.

गवई (gavaī) स्त्री. छोटी चिड़िया।
(f.) small bird.

गवत (gavat) पु. मवेशियों का चारा।
(m.) fodder.

गवनई (gavanaī) स्त्री. गाने का कार्य।
(f.) work of singing.

गवनहरी (gavanaharī) स्त्री. वह वधू जो पहली बार अपने पतिगृह जाती है।
(f.) a bride (when brought to her husband's house for the first time).

गवना (gavanā) पु. विवाह के कुछ समय के बाद वधू का पहली बार अपने पति के घर जाने का रस्म, द्विरागमन, गौना।
(m.) ceremonial bringing of a wife from her father's to husband's home after marriage.

गवनिहार (gavanihār) पु. गायक।
(m.) singer.

गवर (gavar) पु. विचार, सलाह, गौर, गौर करना।
(m.) thought, advice, consider.

गवरइया (gavaraiyā) स्त्री. एक प्रकार की चिड़िया, गौरैया।
(f.) a sparrow.

गवँई (gavaṁī) वि. गाँव का।
(adj.) rural.

गवा (gavā) पु. अरंडी का फल।
(m.) a fruit of castor.

गवें-गवें (gaveṅ-gaveṅ) क्रि.वि. धीरे-धीरे।
(adv.) slowly.

गस (gas) पु. (फा.) मूर्च्छा, बेहोशी।
(m.) fainting.

गसवन (gasavan) वि. अनधिकृत।
(adj.) unauthorised.

गसल (gasal) वि. सटा हुआ, सघन।
(adj.) attached, thick.

गसिआवल (gasiāval) सक. कसना।
(v.t.) to tighten, to draw tight.

गस्त (gast) पु. (फा.) 1. पहरे के लिए किसी स्थान के चारों ओर या गली कूचों आदि में घूमना, दौरा, गश्त। 2. भ्रमण। 3. चक्कर।
(m.) 1. an act of patroling an area. 2. roaming. 3. a round.

गस्ती (gastī) स्त्री. (फा.) मूर्छा।
(f.) faint.

गहँकी (gahaṁkī) पु. ग्राहक।
(m.) buyer, customer.

गहगड्ड (gahagadd) वि. 1. गहरा रंग। 2. कड़ा नशा।
(adj.) 1. deep colour. 2. a very strong intoxicating beverage.

गहगह (gahagah) वि. चमकदार (चाँदनी)।
(adj.) bright (moonlight).

गहना (gahanā) पु. आभूषण।
(m.) ornament.

गहागह (gahāgah) वि. प्रफुल्ल, प्रसन्न।
(adj.) glad, happy.

गहिर (gahir) वि. गहरा।
(adj.) deep.

गहिराई (gahirāī) पु. गहराई।
(m.) depth.

गहिरावल (gahirāval) सक. अधिक गहरा बनाना।
(v.t.) to make deep, to deepen.

गहुँअन (gahuṁan) पु. गेहूँ के रंग का एक विषैला साँप।
(m.) name of a very poisonous snake having a light brown colour.

गहुँआ (gahuṁā) वि. गेहूँ के रंग का, गेहुँआ।
(adj.) wheat coloured, like wheat.

गहुँआना (gahuṁānā) वि. दे. गहुँआ।

गहुआ (gahuā) पु. हाथ-पैर से सँड़सी की तरह किसी को पकड़ने की क्रिया।
(m.) act of grasping, enclasping, grabbing, gripping.

गहुआन (gahuān) पु. वर्षा के पानी का तेज प्रवाह।
(m.) fast flow of rain water.

गहूँ (gahūṁ) पु. गेहूँ।
(m.) wheat.

गाँइस (gāṁis) स्त्री. खोज।
(f.) search.

गांङ (gāṅ) पु. झगड़ा।
(m.) a quarrel.

गाँज (gāṁj) पु. राशि, ढेर।
(m.) pile.

गाँजल (gāṁjal) सक. अधिक वस्तुओं को रखना, इकट्ठा करना।
(v.t.) to pile up, to collect.

गाँजा (gāṁjā) पु. एक नशीला पदार्थ।
(m.) a hemp plant and its leaves.

गाँजाखोर (gāṁjākhor) पु. गाँजा पीने वाला, गँजेड़ी।
(m.) hemp smoker.

गाँठ (gāṁṭh) स्त्री. (सं.) ग्रंथि, गिरह, जोड़।
(f.) knot, joint.

गाँठ-कोबी (gāṁṭh-kobi) स्त्री. एक प्रकार की गोभी जिसमें बड़ी-सी गोल गाँठ रहती है, गाँठ-गोभी।
(f.) cabbage.

गाँड़ (gāṁṛ) स्त्री. गुदा।
(f.) anus, rectum.

गाँड़ू (gāṁṛū) वि. अप्राकृतिक यौनाचार करानेवाला।
(adj.) a male homosexual.

गाँत (gāṁt) पु. बोझ बाँधने की रस्सी जो स्थायी रूप से अपने पास रखी जाती है।
(m.) rope for tying load, it is kept with one self.

गाँती (gāṁtī) स्त्री. बच्चों के शरीर पर लपेटकर गले में बाँधा जानेवाला छोटा कपड़ा।
(f.) a small piece of cloth wrapped around children's body and tied at the neck like an apron.

गाँथल (gāṁthal) सक. गूँथना, पिरोना।
(v.t.) to thread.

गाँधी (gāṁdhī) पु. 1. गुजराती वैश्यों की उपाधि। 2. महात्मा गाँधी।
(m.) 1. title of gujarati trading community. 2. Mahatma Gandhi.

गाँव (gāṁv) पु. (सं.) ग्राम, ग्रामीणों के बसने की जगह।
(m.) village.

गाँव-जवार (gāṁv-javār) पु. ग्रामक्षेत्र।
(m.) rural area, impale.

गाँसल (gāṁsal) सक. छेदना, चुभोना, गूँथना।
(v.t.) to pierce, to thread, to weave.

गाँसी (gāṁsī) स्त्री. ताना, व्यंग्य, कपट।
(f.) a taunt, irony, satire, fraud.

गाइ (gāi) स्त्री. गाय।
(f.) cow.

गाऊँज-माऊँज (gāūṁj-māūṁj) वि. गड़बड़, अनियमित, लीपा पोती।
(adj.) disorder, irregular.

गाउज (gāuj) पु. मुँह से निकला सफेद पदार्थ, फेन, गाज।
(m.) foam.

गाएक (gāek) पु. दे. गायक।

गागर-गगरा (gāgar-gagarā) पु. घड़ा।
(m.) a large waterpot, pail.

गागर-गागल (gāgar-gāgal) पु. एक बड़ी जाति का नींबू।
(m.) a kind of large lime, lemon.

गाछ (gāch) पु. पेड़। मुहा. 'गाछे कटहर ओठे तेल'।
(m.) a tree.

गाछी (gāchī) स्त्री. छोटा पेड़, फुलवारी।
(f.) small tree, garden.

गाज (gāj) पु. दे. गाउज।

गाजर (gājar) पुं. एक प्रकार का कंद।
(m.) carrot.

गाजल (gājal) अक. अति हर्षित होना, उल्लसित होना।
(v.i.) to be delighted, shout with joy.

गाजा-बाजा (gājā-bājā) पु. हर्ष के समय उत्सव मनाने के लिए वाद्ययंत्र।
(m.) a band with musical instruments.

गाटा (gāṭā) पु. कलाई।
(m.) wrist.

गाठल (gāṭhal) सक. 1. घुसाना। 2. रोब जमाना।
(v.t.) 1. to cause to enter. 2. domineering manner.

गाड़ल (gāṛal) सक. जमीन में दफनाना।
(v.t.) to bury.

गाडर (gāḍar) पु. (अं) लोहे का मोटा और मजबूत खंभा, जो मकान या पुल में लगता है (शहतीर)।
(m.) girder.

गाड़ी (gāṛī) स्त्री. (सं.) छकड़ा, बैलगाड़ी।
(f.) bullock-cart.

गाड़ी-तीती (gāṛī-tītī) पु. एक प्रकार का खेल।
(m.) a kind of game.

गाढ़ (gāṛh) वि. मजबूत, घना, गाढ़ा।
(adj.) strong, thick, dense.

गात (gāt) पु. (सं.) शरीर, देह।
(m.) body.

गाता (gātā) पु. गत्ता, जिल्द, कागज की दफ्ती।
(m.) cardboard.

गाथा (gāthā) स्त्री. (सं.) 1. स्तुति, प्रशंसा। 2. कथा, वृत्तांत।
(f.) 1. a song or chant. 2. tale, story, a narrative poem, memoirs.

गाद (gād) स्त्री. तेल के नीचे बैठी हुई मैल, गाढ़ी मैल, तलछट।
(f.) sediment, mud, dregs, silt.

गादा (gādā) पु. खेत में का अधपका अन्न।
(m.) unripe cereal.

गाना (gānā) पु. गीत।
(m.) a song.

गाफल (gāfal) सक. विवश करना, घेर लेना।
(v.t.) to compel, to surround.

गाफिल (gāfil) वि. (अ.) 1. बेसुध। 2. बेखबर, असावधान।
(adj.) 1. unconscious. 2. heedless, careless.

गाभा (gābhā) पु. (सं.) नया निकला हुआ नरम पत्ता, कल्ला, कोंपल।
(m.) a new shoot, a sprout.

गाभिन (gābhin) वि. (सं.) गर्भवती मवेशी।
(adj.) pregnant, especially an animal.

गाभी (gābhī) स्त्री. व्यंग्य, तंज।
(f.) irony, satire, taunt.

गाम (gām) पु. (सं.) ग्राम, गाँव।
(m.) village.

गाय (gāy) स्त्री. (सं.) 1. एक प्रसिद्ध मादा पशु जो अपने दूध के लिए प्रसिद्ध है। 2. बहुत सीधा मनुष्य।
(f.) 1. a cow. 2. a gentle person.

गायक (gāyak) पु. (सं.) गानेवाला।
(m.) a singer.

गायेब (gāyeb) वि. (अ.) 1. लुप्त, अदृश्य। 2. खोया हुआ।
(adj.) 1. vanished. 2. lost.

गारत (gārat) वि. बर्बाद। नष्ट।
(adj.) devastated, ruined.

गारद (gārad) पु. सिपाहियों का जत्था।
(m.) batch of soldiers.

गारल (gāral) सक. निचोड़ना।
(v.t.) to crush, to squeeze, liquid out by pressing with fingers or between palms.

गारा (gārā) पु. मिट्टी, सीमेंट, बालू या चूना-सुर्खी का लेप, जिससे ईंटों की जुड़ाई होती है।
(m.) thick mortar, plaster.

गारी (gārī) स्त्री. 1. दुर्वचन, अपशब्द। 2. विवाह के अवसर पर गाया जानेवाला गाली-गीत।
(f.) 1. abusive langauge, abuse, slang. 2. a type of indecent song sung at weddings.

गारी गावल (gārī gāval) अक. विवाह आदि अवसरों पर गाली गाना।
(v.i.) to sing abusive songs in a wedding.

गार्ह (gārh) वि. 1. गाढ़ा, घना। 2. विपत्ति।
(adj.) 1. thick, a grove. 2. distress.

गाल (gāl) पु. मुख और क़नपटी के बीच का कोमल भाग। कपोल।
(m.) the cheek.

गाल-गूल (gāl-gūl) पु. मिथ्या बात, असंगत बात।
(m.) a lie, falsehood, improper.

गालिब (gālib) वि. (अ.) 1. जबरदस्त। 2. दूसरों को दबानेवाला। 3. विजयी। 4. संभावित।
(adj.) 1. powerful. 2. overpowering. 3. victorious. 4. expected.

गालू (gālū) वि. बकवादी, गप्पी, गाल बजानेवाला।
(adj.) talkative, boastful, gossipy.

गावदी (gāvadī) वि. (फा.) मूर्ख, बेवकूफ।
(adj.) foolish, stupid.

गावल (gāval) सक. गीत गाना।
(v.t.) to sing.

गावा (gāvā) पु. धान के बीजों का समूह जो एक बार में बोया जाए।
(m.) amount of paddy seed to be sown at one time.

गास (gās) वि. घना, तंग।
(adj.) thick, tight.

गाह (gāh) स्त्री. (फा.) 1. जगह। 2. समय।
(f.) 1. place. 2. time.

गाह (gāh) पु. (सं.) घड़ियाल।
(m.) a crocodile.

गाहक (gāhak) पु. (सं.) ग्राहक, खरीददार।
(m.) a customer, purchaser.

गाहा (gāhā) स्त्री. दे. गाथा।

गाही (gāhī) स्त्री. पाँच की इकाई, जिसका प्रयोग फल की गिनती में होती है।
(f.) a unit of five for counting fruits.

गाहे-बेगाहे (gāhe-begāhe) क्रि.वि. कभी-कभी।
(adv.) sometimes.

गिंजल (giṅjal) अक. कपड़े आदि का उलट-पलट जाने से खराब हो जाना।
(v.i.) to be crumpted as clothes.

गिचपिच (gicapic) स्त्री. जो ठीक क्रम से या स्पष्ट नहीं लिखा गया हो, अस्पष्ट लेखन।
(f.) illegible writing.

गिट-पिट (giṭ-piṭ) स्त्री. निरर्थक शब्द।
(f.) meaningless words.

गिटार (giṭār) पु. (अं.) छह तारवाला एक वाद्ययंत्र।
(m.) a guitar.

गिट्टी (giṭṭī) स्त्री. कंकड़, ईंट आदि का छोटा टुकड़ा।
(f.) rubble, macadan, dowel.

गिड़गिड़ाइल (giṛagiṛāil) अक. अत्यंत नम्र होकर कोई बात करना, रोते हुए निवेदन करना।
(v.i.) to entreat, to cringe, to grovel, to whine.

गिदगिदावल (gidagidāval) सक. तंग करना, परेशान करना।
(v.t.) to trouble, to harass, to victimize.

गिदरोई (gidaroī) वि. बतिया, फली।
(adj.) pod, fruit pod.

गिदली (gidalī) स्त्री. खेलने का गोलाकार और चौरस कंकड़।
(f.) a round or flat pebble as a game piece.

गिनती (ginatī) स्त्री. गणना, गिनने की क्रिया या भाव।
(f.) counting.

गिनल (ginal) सक. (सं.) गिनती करना।
(v.t.) to count, to calculate.

गिनवावल (ginavāval) सक. गिनाना, गिनवाना।
(v.t.) to cause to be counted.

गिन्नी (ginnī) स्त्री. (अं.) सोने का एक आंग्ल सिक्का।
(f.) guinea, an old British gold coin.

गिरगिट (giragiṭ) पु. छिपकली की जाति का एक जंतु जो रंग बदलता है। मुहा. 'गिरगिट नियन रंग बदलल।'
(m.) a chameleon.

गिरजा (girajā) स्त्री. शिव की पत्नी पार्वती। (पु.) ईसाइयों का प्रार्थना मंदिर।
(f.) wife of Shiva, Parvati. (m.) church.

गिरजाघर (girajāghar) पु. ईसाइयों का प्रार्थना मंदिर।
(m.) Christian's prayer house, church.

गिरधर (giradhar) पु. (सं.) गिरिधर, अपनी अंगुली पर पर्वत उठानेवाले, श्रीकृष्ण।
(m.) supporter or bearer of a hill, Shri Krishna, to hold a hill on his finger.

गिरफ्त (giraft) स्त्री. (फा.) पकड़ने की क्रिया, पकड़।
(f.) catch, hold, grip.

गिरफ्तार (giraftār) वि. (फा.) जो पकड़ा, कैद किया या बाँधा गया हो।
(adj.) arrested, seized.

गिरमिट (giramiṭ) पु. (अं.) अग्रीमेंट, समझौता, करार अंग्रेजों द्वारा भोजपुरी क्षेत्र के मजदूरों से ईख की खेती के लिए समझौता।
(m.) agreement, agreement contract by indenture to work on cane plantation.

गिरमिटिया (giramiṭiyā) पु. शर्तनामा के आधार पर भोजपुरी क्षेत्र के निवासी जो बाहरी क्षेत्रों में काम पर जाते थे।
(m.) indentured labourer of Bhojpuri area.

गिरल (giral) अक. गिरना, ऊपर से नीचे आना।
(v.i.) to fall, to fall down.

गिरवावल (giravāval) सक. गिराने का काम दूसरे से कराना।
(v.t.) to cause to fall down.

गिरवी (giravī) स्त्री. बंधक, रेहन।
(f.) pledge, pawn.

गिरह (girah) स्त्री. (फा.) 1. गाँठ। 2. जेब। 3. दो पोरों के जोड़ का स्थान। 4. गज का सोलहवाँ भाग।
(f.) 1. a knot. 2. a pocket. 3. a fingerjoint. 4. 1/16 of a yard.

गिरहकट (girahakaṭ) पु. जेब का या गाँठ में बँधा माल काट लेनेवाला, जेबकतरा।
(m.) a pickpocket.

गिरहबाज (girahabāj) पु. (फा.) वह कबूतर जो उड़ते-उड़ते उलटकर कलैया खाता हो।
(m.) a acrobatic pigeon.

गिरहथ-गिरहस्थ (girahath-girahasth) पु. (सं.) 1. गृहस्थ, गृहस्थाश्रम में रहनेवाला व्यक्ति, बाल बच्चों-वाला आदमी। 2. किसान।
(m.) 1. householder. 2. farmer.

गिरही (girahī) स्त्री. घर, गृह, आवास।
(f.) home, house, residence.

गिरानी (girānī) स्त्री. (फा.) महँगी, कमी।
(f.) dearness, scarcity, shortage.

गिरावट (girāvaṭ) स्त्री. गिरने की क्रिया, भाव या ढंग।
(f.) a falling, fall.

गिरावल (girāval) सक. नीचे की ओर गिराना।
(v.t.) to cause to fall, to throw down.

गिरोह (giroh) पु. (फा.) झुंड, जत्था।
(m.) a group, band, gang.

गिल (gil) स्त्री. 1. मिट्टी। 2. गारा। (वि.) गीला, भीगा हुआ।
(f.) 1. earth. 2. clay. (adj.) wet.

गिलट (gilaṭ) पु. एक हल्की एवं सस्ती चाँदी-सी धातु।
(m.) a light and cheap white metal just like silver.

गिलटी (gilaṭī) स्त्री. (सं.) ग्रंथि, किसी रोग की पूर्व सूचना के रूप में शरीर पर उभर आई छोटी-छोटी माँस ग्रंथियाँ।
(f.) a gland, glandular swelling.

गिलबिल (gilabil) क्रि.वि. अस्पष्ट बात।
(adv.) vague talk, improper talk.

गिलाफ (gilāf) पु. (अ.) ओढ़ने का वस्त्र, तकिया आदि का आवरण।
(m.) quilt, pillow case.

गिलास (gilās) पु. (अं.) ग्लास, पानी पीने का गोल एवं लंबा बर्तन।
(m.) a glass, tumbler.

गिलोय (giloy) स्त्री. दवा के काम में आनेवाली तीखे स्वाद वाली एक लता।
(f.) a medicinal creeper very bitter in taste.

गिल्ली (gillī) स्त्री. ठूँठ, बाँस।
(f.) stump, bamboo.

गिहथिन (gihathin) स्त्री. गृहकार्य में चतुर स्त्री, गृहिणी।
(f.) a clever woman in home work, house-wife.

गींजल (gīṅjal) सक. हाथ से चलाकर मिलाना।
(v.t.) to mash with hand, to crumble.

गीजन (gījan) पु. दे. गंजन।

गीत (gīt) पु. (सं.) वह वाक्य, पद या छंद जो गाया जाता है, गाना।
(m.) song, lyric.

गीतकार (gītakār) पु. (सं.) वह कवि जो गाने के लिए गीत लिखता है/बनाता है।
(m.) composer of a song, lyric poet.

गीता (gītā) स्त्री. (सं.) श्रीमद्भागवद्गीता जो महाभारत का एक अंश है।
(f.) the Bhagavadgita, a part of the Mahabharata.

गीति (gīti) स्त्री. (सं.) गान, गीत।
(f.) a song.

गीतिका (gītikā) स्त्री. (सं.) एक मात्रिक छंद, गीत।
(f.) a type of metre belonging to a vowel-mark, song.

गीतिकाव्य (gītikāvy) पु. (सं.) वह काव्य-ग्रंथ जिसमें गाने योग्य गीत हों।
(m.) lyrical poems.

गीदर (gīdar) पु. सियार, गीदड़। (वि.) डरपोक, कायर।
(m.) jackal. (adj.) coward.

गीदर-भभकी (gīdar-bhabhakī) स्त्री. किसी को डराने के लिए दिखाया गया झूठा भय।
(f.) jackal's threat, bluster.

गीध (gīdh) पु. एक माँसाहारी पक्षी।
(m.) a vulture.

गीर (gīr) वि. (फा.) पकड़नेवाला, रखनेवाला।
(adj.) holder, seizer.

गील (gīl) वि. दे. गिल।

गुँगा (guṁgā) पु. जिसमें बोलने की शक्ति नहीं हो।
(m.) a dumb person, speechless.

गुंजा (guṅjā) स्त्री. घुंघुची।
(f.) a small red and black seed of abrus precatorius plant.

गुंजाइस (guṅjāis) स्त्री. (फा.) 1. गुंजाइश, अँटने या समाने की जगह। 2. समाई, उम्मीद।
(f.) 1. space, room. 2. capacity.

गुंडई (guṅḍaī) स्त्री. अकारण किसी से झगड़ना, मारना-पीटना।
(f.) hooliganism, rascality.

गुंडा (guṅḍā) वि. (सं.) अकारण लोगों से लड़ने या उन्हें मारने-पीटनेवाला।
(adj.) a hooligan, ruffian, vandalism.

गुंबज (guṅbaj) पु. (फा.) गुंबद, ऊँची और उभरी हुई छत।
(m.) a dome, an arch.

गुइआँ (guiāṁ) पु. 1. घनिष्ठ मित्र 2. खेल का साथी।
(m.) 1. close friend. 2. partner in game.

गुगुल (gugul) पु. एक पेड़ का गोंद जो सुगंध या औषधि के काम में आता है, गुगुल।
(m.) a thorny tree amyris agallochum and its fragrant resin.

गुच्ची (guccī) स्त्री. गुल्ली-डंडा के खेल में बना छोटा गड्ढा, जिसमें गुल्ली रखकर उसे डंडे से उड़ाया जाता है।
(f.) a small hole as dug by children in playing gulli danḍa.

गुच्छा (gucchā) पु. पत्तों या फलों का समूह, झब्बा।
(m.) a bunch of leaves or flowers.

गुच्छी (gucchī) स्त्री. एक आभूषण।
(f.) an ornament.

गुज-गुज (guj-guj) क्रि.वि. धीरे-धीरे देर तक कार्य करने की स्थिति, दबने की स्थिति।
(adv.) working slowly, for some time, situation of stress.

गुजगुज्जा (gujagujjā) पु. एक तरह की घास जो धान के खेत में होती है।
(m.) a grass growing in paddy crop.

गुजर-गुजारा (gujar-gujārā) पु. (फा.) गुजर, निबाह, निर्वाह।
(m.) subsistence .

गुजरल (gujaral) अक. 1. बीतना, कटना। 2. गुजरना।
(v.i.) 1. to pass, to spend. 2. to reach.

गुजरात (gujarāt) पु. (सं.) एक राज्य।
(m.) a state.

गुजरान (gujarān) पु. निर्वाह, गुजारा।
(m.) subsistence.

गुजरिया (gujariyā) स्त्री. सुंदर स्त्री, गुज्जर समुदाय की स्त्री। उदा. 'होत ही सबेरे भोर धइली डगरिया, नइहर जाली रे गुजरिया।' (गीत)।
(f.) beautiful woman, gujariya (initially the word stood only for woman of the Gujjar caste).

गुजरी (gujarī) स्त्री. 1. दही बेचनेवाली, ग्वालिन। 2. कलाई का आभूषण, पहुँची।
(f.) 1. a milk maid. 2. an ornament for the wrist.

गुजारिस (gujāris) स्त्री. (फा.) निवेदन, प्रार्थना।
(f.) submission, request, prayer.

गुजुर-गुजुर (gujur-gujur) क्रि.वि. 1. संख्या में अधिक। 2. बार-बार। 3. एकदम छोटा-छोटा।
(adv.) 1. maximum in number. 2. frequently. 3. micro.

गुझिया (gujhiā) स्त्री. खोये से बना एक प्रकार का मिष्टान्न।
(f.) a sweet made with khoa.

गुट (guṭ) पु. (सं.) 1. किसी दल या संस्था के कुछ लोगों का गिरोह। 2. दल।
(m.) 1. group. 2. party.

गुटका (guṭakā) स्त्री. (सं.) 1. अपेक्षाकृत छोटे आकार की पुस्तक जो प्रायः जेब में रखी जा सकती हो। 2. एक प्रकार का मिश्रण जो पान के साथ खाया जाता है, गुटखा।
(f.) 1. a pocket sized, edition of book. 2. a kind of mixture eaten with betel leaves.

गुट्ट (guṭṭ) पु. दे. गुट।

गुड़ (guṛ) पु. गन्ने के रस को पकाकर तैयार किया गया मीठा खाद्य पदार्थ, गुड़। पर्या. खाँड़।
(m.) raw sugar, boild sugarcane juice.

गुड़गुड़ाइल (guṛaguṛāil) अक. गुड़गुड़ ध्वनि करना।
(v.i.) to bubble.

गुड़गुड़ी (guṛaguṛī) स्त्री. हुक्का।
(f.) water pipe for smoking, hookah.

गुड़ची (guṛacī) स्त्री. छोटा छेद।
(f.) pot hole.

गुड़हल (guṛahal) पु. अड़हुल का फूल, जवाकुसुम।
(m.) a shoe flower, hibiscus.

गुड़ही (guṛahī) स्त्री. छोटा गड्ढा।
(f.) small pit.

गुड्डी (guḍḍī) स्त्री. 1.पतंग। 2. गुड़िया।
(f.) 1. a paperkite. 2. a doll.

गुड़ेरल (guṛeral) सक. आँख फाड़कर देखना, गुरेरना, घूरना।
(v.t.) to stare with rage, to frown.

गुणा (guṇā) पु. गुणक।
(m.) multiplication.

गुत्थमगुत्था (gutthamagutthā) पु. हाथापाई।
(m.) scuffle, hand to hand fight.

गुत्थी (gutthī) स्त्री. 1. एक में गुथने से बनी हुई गाँठ। 2. उलझन। 3. समस्या।
(f.) 1. an entangled mass as of string. 2. confused situation. 3. problem.

गुथाइल (guthāil) अक. गूँथा जाना।
(v.i.) to interweave.

गुदगर (gudagar) वि. माँसल।
(adj.) fleshy, plump.

गुदगुदावल (gudagudāval) सक. काँख आदि स्थानों में स्पर्श करने से मीठी सनसनी का पैदा होना।
(v.t.) to tickle, to titillate.

गुदगुदी (gudagudī) स्त्री. गुदगुदी होने का भाव।
(f.) tickling, titillation.

गुदड़ी (gudaṛī) वि. गुदड़िया।
(adj.) ragged.

गुदना (gudanā) पु. चमड़े पर सूई चुभाकर बनाया गया चिह्न।
(m.) tattoo.

गुदरा (gudarā) पु. फटे-पुराने कपड़ों को सीकर बनाया गया भिखारियों का बिछावन।
(m.) beggar's bedding, bed.

गुदरी (gudarī) स्त्री. फटे-पुराने कपड़ों को जोड़कर बनाया हुआ बिछौना।
(f.) quilt pieced together with old cloth pieces, bed cushion.

गुदानल (gudānal) सक. आदर-स्नेह देना, महत्त्व देना।
(v.t.) to respect.

गुदार (gudār) पु. फसल काटने की मजदूरी।
(m.) wages of harvesting.

गुद्दा (guddā) पु. गूदा।
(m.) mush, pulp, flesh.

गुन (gun) पु. (सं.) गुण, विशेषता।
(m.) a quality, properity.

गुनगुनाइल (gunagunāil) सक. धीरे-धीरे गाना, गुनगुनाना।
(v.t.) to sing slowly.

गुनल (gunal) सक. 1. सीखना। 2. ध्यान से पढ़ना। 3. आत्मसात करना।
(v.t.) 1.to learn. 2.to ponder. 3. to assimilate.

गुना (gunā) पु. (सं.) गुणा, किसी संख्या का अन्य संख्या से गुणित होने की प्रक्रिया।
(m.) multiplication.

गुनावन (gunāvan) पु. चिंतन, ध्यान।
(m.) considering, meditation, absorption.

गुनाह (gunāh) पु. (फा.) पाप, अपराध, कसूर।
(m.) sin, fault, guilt.

गुनिया (guniyā) स्त्री. अमीनों और राजगीरों का एक यंत्र।
(f.) 1. a square of a petty revenue officer and a carpenter.

गुनी (gunī) वि. (सं.) गुणी, जिसमें गुण हो।
(adj.) having good quality, meritorious quality.

गुनीली (gunīlī) स्त्री. गाय, जिसके दूध में खूब घी निकलता हो।
(f.) cow yielding milk with high fat content.

गुपती (gupatī) स्त्री. (सं.) वह छड़ी जिसमें गुप्तरूप से तलवार छिपी रहती है।
(f.) a sword stick.

गुपपाक (gupapāk) पु. एक मिठाई।
(m.) a sweet.

गुपुत (guput) वि. (सं.) गुप्त, छिपा हुआ।
(adj.) hidden, secret.

गुप्तदान (guptadān) पु. वह दान जिसे केवल देनेवाला ही जानता है।
(m.) anonymous gift.

गुब्बारा (gubbārā) पु. (अ.) वह थैली जिसमें गरम हवा या हलकी गैस भरकर आकाश में उड़ाते हैं।
(m.) a balloon.

गुमनाम (gumanām) वि.(फा.) बिना नाम पता का, अज्ञात।
(adj.) unknown.

गुमराह (gumarāh) वि. (फा.) 1. जो रास्ता भूल गया हो। 2. नीति-पथ से भटका हुआ।
(adj.) 1. having lost one's way. 2. unrighteous, unscrupulous.

गुमसल (gumasal) अक. हवा न चलने की स्थिति में भीतर ही भीतर किसी वस्तु का दुर्गंधयुक्त होना।
(v.i.) to stink in airless close atmospheric condition.

गुमसुम (gumasum) वि. चुपचाप।
(adj.) quite silent.

गुमाइल (gumāil) अक. चुप रहना।
(v.i.) to keep silent.

गुमाटी-गुमटी (gumāṭī-gumaṭī) स्त्री. काठ का बना छोटा कमरा।
(f.) wooden cabin.

गुमास्ता (gumāstā) पु. (फा.) बड़े व्यापारियों का कारिंदा।
(m.) an agent, a representative.

गुमान (gumān) पु. (फा.) अभिमान, घमंड।
(m.) pride.

गुर (gur) पु. दे. गुड़।

गुरगुराइल (guragurāil) अक. गुर्राना।
(v.i.) to growl, to roar.

गुरछा (gurachā) पु. दे. गुच्छा।

गुरदन (guradan) पु. लकड़ी का बड़ा चमचा, जिससे ईख का गर्म रस ठंडा किया जाता है।
(m.) large and long-handled wooden spoon to cool heated sugarcane juice.

गुरदा (guradā) पु. (फा.) 1. शरीर के अंदर कलेजे के पास का एक अंग, गुर्दा। 2. साहस, हिम्मत।
(m.) 1. a kidney. 2. courage.

गुरदेल (guradel) स्त्री. (अ.) गुलेल, वह कमान जिससे छोटी-छोटी गोलियाँ चलाई जाती हैं, गुलेल।
(f.) a catapult.

गुरनाइल (guranāil) अक. क्रुद्ध होना।
(v.i.) to be angry.

गुर-पीर (gur-pīr) पु. गुरु-पीर, आदरणीय।
(m.) respected person.

गुरमी (guramī) स्त्री. एक तरह का छोटा पौधा एवं उसके फल जो छोटे-छोटे स्याही रंग के गोल होते हैं और स्वाद में खट्टे होते हैं, मकई-मसुरिया के खेत में उगनेवाली एक लता जिसमें छोटे-छोटे फल लगते हैं, जो पकने के बाद खट्टे-मीठे लगते हैं।
(f.) a small plant and its small inky (in colour) sour (in taste) fruit.

गुरबत (gurabat) स्त्री. (अ.) 1. विदेश में निवास। 2. मुसाफिरी। 3. नम्रता। 4. दरिद्रता।
(f.) 1. an act or state of living in a foreign country. 2. an act of travelling. 3. huminity. 4. poverty.

गुरबा (gurabā) पु. (फा.) गरीब का बहुवचन, गरीब लोग।
(m.) the poor.

गुरमुखी (guramukhī) स्त्री. पंजाबी लिपि।
(f.) script used for writing in Punjabi.

गुरहथल (gurahathal) सक. विवाह के समय वर के बड़े भाई द्वारा लड़की को जेवर देने की रस्म पूरा करना।
(v.t.) to perform the custom of offering ornaments to the bride (by the elder brother of the groom).

गुरिया (guriyā) स्त्री. (सं.) माला का दाना या मनका।
(f.) a small bead of rosary.

गुरु (guru) पु. (सं.) 1. शिक्षक। 2. अनुदेशक। 3. भारी।
(m.) 1. teacher, master. 2. preceptor. 3. heavy.

गुरुकुल (gurukul) पु. प्राचीन समय का आवासीय विद्यालय।
(m.) Indian residential teaching institution in ancient times.

गुरुगादी (gurugādī) स्त्री. गुरु का स्थायी निवासस्थान।
(f.) a permanent residence of a guru.

गुरुघंटाल (gurughaṅṭāl) पु. अति धूर्त व्यक्ति, बहुत चालाक।
(m.) crafty fellow, cunning.

गुरुच (guruc) स्त्री. एक प्रकार की औषधि, गिलोय।
(f.) a kind of medicine.

गुरुदछिना (gurudachinā) स्त्री. (सं.) गुरुदक्षिणा, शिष्य द्वारा गुरु को भेंट में दिया गया द्रव्य।
(f.) fee to a guru by a pupil.

गुरुभाई (gurubhāī) पु. एक ही गुरु के शिष्य।
(m.) pupils of the same guru.

गुरुमुख (gurumukh) पु. गुरु द्वारा किसी को शिष्य के रूप में दीक्षा देने का कार्य।
(m.) one initiated by a guru as his pupil.

गुरेज (gurej) स्त्री. (फा.) 1. भागना। 2.बचना, दूर रहना, परहेज। 3. नफरत।
(f.) 1. act of running away. 2. avoidance. 3. hate.

गुर्‌रही (gurrhī) स्त्री. पुआल से बनाई गई रस्सी।
(f.) rope made of paddy straw.

गुल (gul) पु. (फा.) 1.फूल। 2. दीया के बुझ जाने की स्थिति।
(m.) 1. a flower. 2. put off an earthen lamp.

गुलगंज (gulagaṅj) पु. कोलाहल, हल्ला।
(m.) noise, uproar.

गुलगुल (gulagul) वि. मुलायम।
(adj.) soft, plump.

गुलगुला (gulagulā) पु. आटे में गुड़ या चीनी मिलाकर बनाया गया एक मीठा पकवान जो घी में तला जाता है।
(m.) a sweet made from wheat flour and sugar, fried in ghee.

गुलगुलाइल (gulagulāil) अक. मुलायम होना।
(v.i.) to become soft, to be soft.

गुलगेंठ (gulageṅṭh) वि. मोटा और नाटा (व्यक्ति)।
(adj.) fat and short of stature.

गुलजार (gulajār) वि. हरा-भरा शोभायुक्त। उदा. 'मिर्जापुर के कइलऽ गुलजार कचौड़ी गली सून कइलऽ बलमू।' (कजरी गीत)।
(adj.) lush with greenery, beautiful.

गुलती (gulatī) स्त्री. गुलेल।
(f.) a catapult.

गुलथुल (gulathul) वि. स्थूलकाय।
(adj.) bulky fat.

गुलदस्ता (guladastā) पु. (फा.) सुंदर फूलों या पत्तियों का एक में बँधा समूह, गुच्छा, गुलदस्ता।
(m.) a bunch of flowers, bouquet.

गुलनार (gulanār) पु. (फा.) 1. अनार का फूल। 2. अनार के फूल-सा गहरा लाल रंग।
(m.) 1. flower of a pomegranate. 2. red colour like that of pomegranate.

गुलफाम (gulafām) वि. (फा.) 1. जिसका रंग गुलाब के फूल-सा हो। 2. बहुत सुंदर। 3. सुकुमार।
(adj.) 1. rose like. 2. very beautiful. 3. tender.

गुलबंद (gulabaṅd) पु. (फा.) मफलर।
(m.) a muffler.

गुलबकावली (gulabakāvalī) स्त्री. (फा.) एक पौधा जिसमें फूल लगते हैं।
(f.) a plant and its flowers.

गुलबदन (gulabadan) वि. (फा.) जिसका शरीर गुलाब के फूलों के समान सुंदर हो।
(adj.) having body as beautiful as rose flower.

गुलसन (gulasan) पु. (फा.) सुंदर बाग।
(m.) a beautiful garden.

गुलाब (gulāb) पु. 1. एक कँटीला झाड़ या पौधा जिसमें बहुत सुंदर सुगंधित फूल लगते हैं। 2. गुलाब का फूल।
(m.) 1. rose-plant. 2. rose flower.

गुलाब-कजूर (gulāb-kajūr) पु. एक मिठाई।
(m.) a sweet.

गुलाबजल (gulābajal) पु. गुलाब का अर्क।
(m.) rose-water.

गुलाब-जामुन (gulāb-jāmun) पु. खोये से बनी एक प्रकार की मिठाई।
(m.) a sweet made from khoa.

गुलाबपास (gulābapās) पु. (फा.) झारी के आकार का एक लंबा पात्र जिसमें गुलाबजल भरकर छिड़कते हैं।
(m.) a container for sprinkling rose-water.

गुलाबी (gulābī) वि. (फा.) 1. गुलाब के रंग का। 2. गुलाब संबंधी।
(adj.) 1. pink. 2. of rose.

गुलाम (gulām) पु. (अ.) 1. मोल लिया हुआ दास, खरीदा हुआ नौकर। 2. साधारण सेवक।
(m.) 1. a slave. 2. an ordinary servant.

गुलामजादा (gulāmajādā) पु. (अ.+फा.) गुलाम, दासी-पुत्र।
(m.) son of a slave.

गुलामी (gulāmī) स्त्री. (अ.) 1. गुलाम का भाव, दासता। 2. सेवा, नौकरी।
(f.) 1. slavery. 2. service.

गुल्ली (gullī) स्त्री. लकड़ी की कील या खूँटी।
(f.) a nail or peg of wood.

गुस्सा (gussā) पु. क्रोध।
(m.) irritation, indignation, anger.

गुस्साह (gussāh) वि. गुस्सा करनेवाला।
(adj.) ill tempered.

गुह (guh) पु. मल, विष्ठा।
(m.) excrement.

गुहथर (guhathar) पु. दे. गुहथुर।

गुहथुर (guhathur) पु. गंदा स्थान।
(m.) dirty place.

गुहौरी (guhaurī) स्त्री. पलकफुंसी, आँख की बिलनी।
(f.) sty.

गूँगा (gūṁgā) वि. (फा.) वह व्यक्ति जो बोल न सके, मूक।
(adj.) dumb, mute.

गूँज (gūṁj) वि. (सं.) 1. भौंरों के गूँजने की आवाज, गुंजार। 2. प्रतिध्वनि।
(adj.) 1. buzzing. 2. echo.

गूँजल (gūṁjal) अक. प्रतिध्वनित होना, गुंजन।
(v.i.) to echo, to hum.

गूँजावल (gūṁjāval) सक. प्रतिध्वनि करना।
(v.t.) to echo.

गूँथल (gūṁthal) सक. सिलाई करना, पिरोना।
(v.t.) to thread, to plait, to stitch.

गूट (gūṭ) पु. दे. गुट्‌ट।

गूठल (gūṭhal) वि. घना, सटा हुआ।
(adj.) thick.

गूढ़ (gūṛh) वि. गुप्त, रहस्यमय।
(adj.) secret, mystic.

गूदा (gūdā) पु. किसी फल का भीतरी भाग जो मुलायम होता है।
(m.) pith, pulp.

गूदाह (gūdāh) वि. गूदेदार।
(adj.) pulpy.

गूमा (gūma) पु. एक प्रकार का पौधा जो दवा के काम आता है।
(m.) a plant used medicinally.

गूलर (gūlar) पु. (सं.) एक प्रकार का फल जो पेट के रोग की दवा है, उदुंबर।
(m.) wild fig.

गूह (gūh) पु. दे. गुह।

गेंग (geṅg) पु. 1. झगड़ा, मारपीट। 2. समूह।
(m.) 1. brawl, fracas. 2. group.

गेंठ (geṅṭh) पु. गिरह, गाँठ।
(m.) knot.

गेंठरी (geṅṭharī) स्त्री. पोटली, गठरी।
(f.) a bundle, a package.

गेंठिआ (geṅṭhiā) पु. एक प्रकार का रोग, गठिया।
(m.) a gout.

गेंठियावल (geṅṭhiyāval) सक. गाँठ बाँधना।
(v.t.) to pack, to bundle up.

गेंड़ (geṅṛ) पु. ईख के ऊपर का पत्तावाला भाग।
(m.) upper part of sugarcane.

गेंड़छिला (geṅṛachilā) पु. ईख काटनेवाला।
(m.) reaper of sugarcane crop, scythe.

गेंड़ल (geṅṛal) सक. घेरना, मेंड़ बनाना।
(v.t.) to surround, to enclose.

गेंड़ा (geṅṛā) पु. एक जंगली जानवर, गैंड़ा।
(m.) rhinoceros.

गेंड़ी (geṅṛī) स्त्री. ईख का अगला भाग।
(f.) upper part of sugarcane.

गेंदा (geṅdā) पु. गेंदे का फूल।
(m.) marigold.

गेंहुआ (geṅhuā) वि. गेहूँ के रंग का।
(adj.) wheat coloured.

गेआन (geān) पु. (सं.) ज्ञान, जानकारी, समझदारी।
(m.) knowledge, understanding.

गेठबन्हन (geṭhabanhan) पु. विवाह के समय वर-वधू तथा अन्य शुभ कार्य के मौके पर पति-पत्नी के वस्त्रों को परस्पर बाँधने की एक विशेष विधि।
(m.) tying the clothes of groom and bride (at the time of wedding) or husband and wife together.

गेड़हरुआ (geṛaharuā) पु. एक तरह की घास, जो जौ की फसल में होती है।
(m.) a grass growing in barley crop.

गेना (genā) स्त्री. गेंद।
(f.) a ball.

गेरुआ (geruā) वि. मटमैले लाल रंग का, गेरू में रँगा हुआ।
(adj.) ochre coloured.

गैर (gair) वि. (अ.) अन्य, दूसरा।
(adj.) other, non-related.

गैरजरूरी (gairajarūrī) वि. अनावश्यक।
(adj.) unimportant.

गैरहाजिर (gairahājir) वि. अनुपस्थित।
(adj.) absent.

गैरहाजिरी (gairahājirī) स्त्री. अनुपस्थिति।
(f.) absence.

गैरी (gairī) स्त्री. एक प्रकार का जलपक्षी।
(f.) a kind of waterbird.

गोंड़ (goṅṛ) पु. अनाज भूननेवाली एक जाति।
(m.) a caste engaged in rosting, parching grains.

गो (go) अव्य. एक अव्यय जो संख्यावाची विशेषणों के साथ प्रयुक्त होता है।
(indec.) an expression appended to adjectives denoting numbers.

गोइआँ-गुइयाँ (goiāṁ-guiyāṁ) पु. साथी, सहचर।
(m.) close friend , partner.

गोएँड़ा (goemṛā) पु. गाँव के पास की जमीन।
(m.) land near a village.

गोकुल (gokul) पु. (सं.) गोकुल, ब्रज की भूमि जहाँ भगवान कृष्ण ने बचपन बिताया था।
(m.) the country Vrindavan where Krishna passed his boyhood.

गोचरो (gocaro) पु. चर्चा, कानाफूसी।
(m.) discussion, murmuring.

गोजई (gojaī) स्त्री. गेहूँ और जौ का मिश्रण।
(f.) mixture of wheat and barley.

गोजटा (gojaṭā) पु. एक तरह की मछली, जो बड़े आकार की होती है, इसका माँस कड़ा होता है।
(m.) a large fish, its meat is rather hard.

गोजर (gojar) पु. अनेक पैरों वाला विषैला कीड़ा, कनखजूरा।
(m.) a centipede.

गोजा (gojā) पु. हरा और मुलायम पौधा।
(m.) green and soft plant.

गोजी (gojī) स्त्री. चरवाहों की पतली लाठी।
(f.) a stick.

गोझनौटा (gojhanauṭā) पु. आँचल।
(m.) sari-chuddar end.

गोट (goṭ) पु. वह पट्टी या फीता जिसे कपड़े के किनारे लगाते हैं।
(m.) border.

गोटाइल (goṭāil) अक. फसल की बाल का पुष्ट होना।
(v.i.) to gain strength (said of cornear).

गोटिआइल (gotiāil) अक. एकत्रित होना, इकट्ठा होना।
(v.i.) to be gathered.

गोटी (goṭī) स्त्री. 1. खेल में प्रयुक्त ईंट के छोटे टुकड़े, गोली। 2. चेचक।
(f.) 1. pieces of bricks, which are used in several games. 2. small pox.

गोठ (goṭh) पु. दे. गोठा।

गोठ-उलिया (goṭh-uliyā) स्त्री. एक तरह की मधुमक्खी जो शांत स्थान पर रहती है।
(f.) a honeybee that prefers to reside in a peaceful place.

गोठा (goṭhā) पु. (सं.) वह स्थान जहाँ गायों को रात में बाँधते हैं, बथान।
(m.) cow house, cowshed to tie cows at night.

गोड़ (goṛ) पु. पैर, पाँव, टाँग।
(m.) foot, leg.

गोड़थारी (goṛathārī) स्त्री. पैताना, बिस्तर पर पाँव की तरफ का भाग।
(f.) part of bedstead towards the feet.

गोड़ना (goṛanā) पु. चूहों की एक छोटी जाति।
(m.) a small kind of rat.

गोड़-पोछना (goṛ-pochanā) पु. पाँवपोश, पाँवदान।
(m.) door mat.

गोड़ल (goṛal) सक. फल आदि को पकने के लिए भूसे में ढककर रखना।
(v.t.) to keep fruit etc. covered with straw for ripening.

गोड़ा (goṛā) पु. कुर्सी आदि का पाया।
(m.) leg of a chair etc.

गोड़ारी (goṛārī) स्त्री. लोगों के चलने से बना निशान, पदचिह्न।
(f.) footprint.

गोड़ाँव (goṛāṁv) पु. पैरों में पहना जानेवाला चाँदी का निम्नवर्गीय औरतों का आभूषण जो मोटा और भीतर से ठोस होता है।
(m.) thick solid foot silver ornament worn by lower class women.

गोड़ी (goṛī) स्त्री. 1. बकरे के पैर का माँस। 2. लाभ।
(f.) 1. shin-bone. 2. gain.

गोत (got) पु. (सं.) गोत्र, कुल या वंश जो उस व्यक्ति के मूल पुरुष, किसी ऋषि के नाम से संबंधित रहता है।
(m.) an exogamnous sub-division of a caste group, family lineage stock.

गोतनी (gotanī) स्त्री. पति के भाई की पत्नी।
(f.) wife of husband's brother.

गोतल (gotal) सक. गोतना, डुबाना।
(v.t.) to immerse in water, to soak.

गोता (gotā) पु. (अ.) डुबकी लगाने की स्थिति, डुब्बी।
(m.) a dive.

गोतिया (gotiyā) वि. (सं.) सगोत्रीय एवं परिवार का व्यक्ति।
(adj.) belonging to the same lineage.

गोद-गोदी (god-godī) स्त्री. अंक, कोरा।
(f.) lap.

गोदना (godanā) पु. दे. गुदना।

गोदल (godal) सक. गोदना, चुभाना।
(v.t.) to tattoo, to prick , to jab, to pinch.

गोदाम (godām) पु. वह स्थान जहाँ खरीद-बिक्री या उपयोग के लिए वस्तुएँ रखी जाती हैं।
(m.) godown, storeroom.

गोधन (godhan) पु. दीपावली के बाद की द्वितीया का त्यौहार, भैयादूज।
(m.) a Hindu festival falling on the second day of the bright fort night of Kartik.

गोधना (godhanā) पु. दे. गुदना।

गोधा (godhā) पु. खेल में एक तरफ की टीम के सदस्य।
(m.) players belonging a side in a game.

गोन (gon) पु. गोंद, लस्सा।
(m.) gum.

गोनउरा (gonaurā) पु. वह स्थान जहाँ कूड़े का ढेर लगाया जाता है।
(m.) dunghill, sweeping.

गोनार (gonār) वि. मुलायम (बिछावन)।
(adj.) soft (Bedding).

गोनी (gonī) स्त्री. बोरा।
(f.) a sack, jute.

गोप (gop) पु. (सं.) ग्वाला, ग्वालों का प्रधान।
(m.) a cowherd, the leader of a group of cowherds.

गोपी (gopī) स्त्री. 1. पके आम का गाढ़ा रस। 2. ग्वाले की पत्नी।
(f.) 1. the juice of riper mango. 2. cowherd's wife.

गोबर (gobar) पु. गाय या बैल का गोबर (विष्टा) जो सुखाकर जलावन या खाद के रूप में प्रयुक्त होता है। उदा. 'गाइ के गोबर महादेव अँगना लिपाई'। (लो.)।
(m.) cow dung or ox-dung dried and used as fuel, dung.

गोबरियावल (gobariyāval) सक. गोबर से लीपना।
(v.t.) to coat with cowdung.

गोबिन्द (gobind) पु. श्रीकृष्ण।
(m.) Shrikrishna.

गोमती (gomatī) स्त्री. उत्तर प्रदेश की एक नदी।
(f.) a river of Uttar Pradesh.

गोयँड़ा (goyaṁṛā) पु. दे. गोएँड़ा।

गोर (gor) वि. (सं.) साफ रंग का, गोरा।
(adj.) fair skined , fair.

गोरख (gorakh) पु. भोजपुरी क्षेत्र के एक सिद्ध संत योगी गुरु गोरखनाथ। उदा. 'गोरख जगायो जोग'।
(m.) a perfect yogi guru Gorakhnath of Bhojpuri area (gorakhpur).

गोरखधंधा (gorakhadhaṅdhā) पु. वह कार्य जिसमें विशेष झमेला या उलझन हो।
(m.) complicated affair.

गोरखा (gorakhā) पु. नेपाल का निवासी।
(m.) an inhabitant of Nepal.

गोरखुल (gorakhul) पु. एक प्रकार का कटीला पौधा जो दवा के काम आता है।
(m.) the medicinal thorny plant.

गोरस (goras) पु. (सं.) दूध, दही एवं मट्ठा।
(m.) milk, curd and liquified curd.

गोरा (gorā) पु. यूरोप और अमेरिका का निवासी, अंग्रेज। (वि.) गोरे रंग का।
(m.) an inhabitant of Europe and America. (adj.) fair complexioned, attractive.

गोराई (gorāī) स्त्री. गोरा रंग।
(f.) fairness of complexion.

गोरिया (goriyā) स्त्री. सुंदर गौर वर्ण की स्त्री।
(f.) beautiful and fair skinned lady.

गोरी (gorī) स्त्री. स्वच्छ वर्णवाली स्त्री।
(f.) a woman of fair complexion, a beautiful woman.

गोरू (gorū) पु. चौपाया जानवर, गाय, बैल आदि।
(m.) a four footed animal, a cow, an ox etc.

गोल (gol) वि. गोलाकार वस्तु। (पु.) वृत्त।
(adj.) anything round. (m.) a circle.

गोलक (golak) पु. रुपया पैसा रखने का छोटा संदूक। गुल्लक।
(m.) a small box for keeping money.

गोलकी (golakī) स्त्री. काली मिर्च।
(f.) black pepper.

गोलजामा (golajāmā) पु. कुल, सब मिलाकर बनी संख्या।
(m.) total.

गोलटूल (golatūl) वि. आकृति में गोला।
(adj.) round in shape.

गोलमरिच (golamaric) स्त्री. काली मिर्च।
(f.) black pepper.

गोलमाल (golamāl) पु. अव्यवस्था, गड़बड़ी।
(m.) confusion, mess, chaos.

गोलवा (golavā) वि. लाल रंग का पशु।
(adj.) red coloured animal.

गोलहनी (golahanī) स्त्री. हल, जिसमें पाँच फार हो।
(f.) five pronged plough.

गोला (golā) पु. 1. वह स्थान जहाँ बिक्री के लिए अन्न या अन्य वस्तुओं का ढेर लगा रहता है। 2. नारियल की गिरी।
(m.) 1. a grain market. 2. coconut kernel.

गोलाई (golāī) स्त्री. गोलापन, गोल होने की स्थिति।
(f.) roundness, circle.

गोलावट (golāvaṭ) पु. विवाह की वह प्रथा जिसमें साले तथा बहनोई की बहन एक-दूसरे से ब्याही जाती हैं।
(m.) system of brothers in law marrying each other's sisters.

गोलियाइल (goliyāil) अक. गोलाकार बन जाना।
(v.i.) to be round.

गोलियावल (goliyāval) सक. गोलाकार बनाना।
(v.t.) to make round.

गोली (golī) स्त्री. 1. बच्चों को खेलने की गोली। 2. बंदूक या पिस्तौल की गोली।
(f.) 1. marble. 2. a bullet.

गोलौर (golaur) पु. गुड़ बनाने का घर, कोल्हुआर।
(m.) a house for sugarcane, raw making.

गोस-गोस्त (gos-gost) पु. (फा.) माँस।
(m.) meat, flesh.

गोसइयाँ (gosaiyāṁ) पु. पति, स्वामी, प्रभु।
(m.) husband, owner, lord.

गोसा (gosā) पु. (अ.) गुस्सा, क्रोध।
(m.) anger.

गोसाईं (gosāīṅ) पु. 1. विशिष्ट व्यक्ति की उपाधि। 2. ब्राह्मणों की एक उपजाति।
(m.) 1. a title of the supreme being. 2. a tille of a brahman sub-community.

गोसेंआ (goseṅā) पु. दे. गोसइयाँ।

गोह (goh) स्त्री. (सं.) छिपकली की जाति का एक जंगली जंतु।
(f.) a type of large lizard, monitor lizard.

गोहन (gohan) पु. साथ, संग।
(m.) company, association.

गोहरा (goharā) पु. उपला, सुखाया हुआ गोबर, कंडा।
(m.) a dried cow dung cake.

गोहरावल (goharāval) सक. पुकारना, सहायता के लिए बुलाना।
(v.t.) to call, to call for help.

गोहरौर (goharaur) पु. उपलों का ढेर, गोहरौल।
(m.) a pile of cowdung cakes.

गोहार (gohār) स्त्री. लड़ने-झगड़ने के लिए एकत्रित मनुष्यों का समूह।
(m.) group of persons bent on a fight.

गोहार लगावल (gohār lagāval) अक. याचना करना।
(v.i.) to implore, to entreat.

गोहाल (gohāl) पु. गौयों को बाँधने का स्थान।
(m.) cowshed.

गोहुअन (gohuan) पु. गेहुँअन साँप जो विषैला होता है।
(m.) a poisonous large snake.

गोहूँ (gohūṁ) पु. गेहूँ।
(m.) wheat.

गौं (gauṅ) स्त्री. प्रयोजन, अवसर।
(f.) purpose, occasion, opportunity.

गौंआँ (gauṅāṁ) पु. एक गाँव का रहनेवाला।
(m.) villagers of the same village.

गौठि (gauṭhi) पु. सूखा हुआ गोबर, गोइठी।
(m.) dried cow dungcake.

गौना (gaunā) पु. (सं.) विवाह के बाद की रस्म जिसमें वर वधू को घर ले जाता है। उदा. 'कब होइहें गौना हमार हो, बता दे कोई।' (गीत)।
(m.) ceremonial bringing of a wife from her father's to her husband's home.

गौर (gaur) पु. (अ.) 1. सोच-विचार, चिंतन। 2. ध्यान।
(m.) 1. deep thought. 2. care.

गौरी (gaurī) स्त्री. 1. पार्वती। 2. आठ वर्ष की कन्या।
(f.) 1. a name of the goddess Parvati. 2. a girl of eight year.

गौरिया (gauriyā) स्त्री. 1. एक प्रकार का केला। 2. एक महीन धान।
(f.) 1. a type of banana. 2. a thin paddy.

गौरेया (gauraiyā) स्त्री. गौरिया, चटक।
(f.) a sparrow.

गौसार (gausār) पु. गायों के रहने का स्थान।
(m.) cowshed, cowpen.

गौसिंघी (gausiṅghī) पु. वह बैल जिसके दोनों सींग बीच में आकर सटे हों।
(m.) bullock with curved horns meeting on top.

ग्वार (gvār) पु. ग्वाला।
(m.) a milkman.

घ

घ (gha) देवनागरी वर्णमाला के कवर्ग का चौथा व्यंजन। – the fourth consonant of the Devanagari syllabary kawarg.

घँकोरल (ghaṁkoral) सक. पानी आदि तरल पदार्थ को बार-बार चलाकर गंदा कर देना।
(v.t.) to make muddy (water) by stirring round.

घँखाड़ (ghaṁkhāṛ) वि. जो तथ्य को छिपा ले।
(adj.) reticent, secretive.

घँघरा (ghaṁgharā) पु. स्त्रियों का एक प्रकार का घेरेदार कटिवस्त्र, बड़ा लहँगा।
(m.) an ample, a ankle lenth skirt, a voluminous skirt.

घँघरी (ghaṁgharī) स्त्री. छोटा घँघरा।
(f.) a small Ghamghara.

घँघोटल (ghaṁghoṭal) सक. रोब से डाँटना।
(v.t.) to lambaste, to admonish, to blister, to blow up at.

घँघोरल (ghaṁghoral) सक. कुछ घोलकर या हिलाकर पानी को गंदा करना।
(v.t.) to make water dirty by mixing it with something or by just stirring.

घँसुई (ghaṁsuī) वि. तेल या घी लगाई हुई (रोटी)।
(adj.) buttered, or smeared with ghee (chapati).

घंट (ghaṅṭ) पु. मिट्टी की लुटिया (पात्र) जो मृतक को जल पहुँचाने के लिए 10 दिनों तक पीपल के पेड़ में लटकाई जाती है।
(m.) small clay pitcher that is hung on a peepal treee for ten days for pacification of a dead person's soul.

घंटफोरवा (ghaṅṭaforavā) पु. महाब्राह्मण, महापात्र।
(m.) pitcher breaker.

घंटा (ghaṅṭā) पु. 1. एक घंटे की अवधि। 2. बड़ी घंटी।
(m.) 1. a period of one hour. 2. a bell.

घंटाघर (ghaṅṭāghar) पु. वह ऊँची मीनार जिस पर घड़ी लगी हो।
(m.) a clock tower.

घंटी (ghaṅṭī) स्त्री. छोटे आकार का घंटा। उदा. 'टन्-टन्-टन्-टन् घंटी बाजे, डम-डम बजे नगाड़ा' (बालगीत)।
(f.) a small bell.

घँसल (ghaṁsal) सक. रगड़ना।
(v.t.) to rub.

घइका (ghaikā) वि. धूर्त, घाघ।
(adj.) cunning.

घइला (ghailā) पु. मिट्टी का जलपात्र, घड़ा।
(m.) an earthen waterpot.

घइली (ghailī) स्त्री. मिट्टी का छोटा घड़ा।
(f.) a small earthen waterpot.

घउइ (ghaui) पु. केले के फलों का समूह। पर्या. घउर, घवद।
(m.) cluster of bananas.

घघरा (ghagharā) स्त्री. सरयू नदी, घाघरा।
(f.) a river Saryu, Ghaghra.

घचपच (ghacapac) पु. अस्त-व्यस्तता, गड़बड़ी।
(m.) disorganising, disorder.

घचौना (ghacaunā) पु. आँखों से नहीं दिखने की स्थिति, रतौंधी।
(m.) night blindness.

घटंती (ghaṭaṅtī) स्त्री. दे. घटती।

घट-घट, घटर-घटर (ghaṭ-ghaṭ, ghaṭar-ghaṭar) क्रि.वि. शीघ्रतापूर्वक पीने का काम।
(adv.) speedly drinking.

घटत (ghaṭat) वि. घटित होता हुआ।
(adj.) live.

घटती (ghaṭatī) स्त्री. कमी, कसर, न्यूनता।
(f.) shortage, want, lack.

घट-बढ़ (ghaṭ-baṛh) पु. कमी-बेसी।
(m.) shortage, increase.

घटल (ghaṭal) अक. 1. कम होना। 2. घटित होना।
(v.i.) 1. to decrease. 2. happening.

घटवार (ghaṭavār) पु. नदी के घाट का कर वसूलनेवाला व्यक्ति।
(m.) a collector of ferry charges, ferryman.

घटाँव (ghaṭāṁv) पु. बड़ी संख्या में से छोटी संख्या को अलग करने की क्रिया।
(m.) substraction.

घटा (ghaṭā) स्त्री. उमड़ता हुआ घना बादल।
(f.) a lowering clouds, a dense cloud.

घटावल (ghaṭāval) सक. कम करना।
(v.t.) to reduce (as prices), to deduct (from).

घटिया (ghaṭiyā) वि. 1. कम कीमती, खराब। 2. नीच (मनुष्य)।
(adj.) 1. inferior, of poor quality. 2. dishonest, cunning.

घटिहा (ghaṭihā) पु. दे. घटवार।

घटी (ghaṭī) स्त्री. हानि, कमी।
(f.) decrease.

घटी-बढ़ी (ghaṭī-baṛhī) स्त्री. दे. घट-बढ़।

घटुही (ghaṭuhī) वि. जो तौल में कम हो।
(adj.) less in weight.

घट्ठा (ghaṭṭhā) पु. रगड़ के कारण शरीर पर पड़नेवाली गाँठ।
(m.) a bulge in the body as a result of bruisel, impact.

घठाउर (ghaṭhāur) वि. आदत से लाचार।
(adj.) habitual.

घँड़हर (ghaṁṛahar) पु. घरेलू काम में प्रयुक्त बर्तन।
(m.) pots used for domestic works.

घड़घड़ (ghaṛaghaṛ) पु. घड़घड़ाहट, घड़-घड़ की आवाज।
(m.) rumbling, thundering.

घड़रल (ghaṛaral) सक. रगड़ना।
(v.t.) to rub, to grind.

घड़िया (ghaṛiyā) स्त्री. मिट्टी का छोटा पात्र, सोना चाँदी गलाने का पात्र।
(f.) a small earthen pot, crucible.

घड़ियाल (ghaṛiyāl) पु. 1. एक हिंसक जलजंतु, मगरमच्छ ग्राह। 2. घंटा।
(m.) 1. a crocodile. 2. a bell.

घड़ी (ghaṛī) स्त्री. 1. समय सूचक यंत्र। 2. 24 मिनट का समय। 3. समय का छोटा हिस्सा। कहा. 'घड़ी में घर छूटे, नव घड़ी भदरा।'
(f.) 1. a watch, a clock. 2. a period of twenty four minutes. 3. short period of time.

घन (ghan) पु. लोहे का भारी हथौड़ा। (वि.) घना।
(m.) a heavy hammer. (adj.) thick, solid, dense.

घन-गरज (ghan-garaj) पु. बादलों के गरजने का भाव।
(m.) the noise of thunder, thunderous.

घन-घटा (ghan-ghaṭā) स्त्री. घने बादल अथवा बादलों का समूह।
(f.) a heavy cloud or cloud-bank.

घनघनाइल (ghanaghanāil) अक. घंटे के समान शब्द होना।
(v.i.) to chink.

घनघोर (ghanaghor) वि. बहुत अधिक परिमाण में।
(adj.) very dense, heavy.

घनचक्कर (ghanacakkar) पु. उलझन, झमेला। (वि.) मूर्ख, बेवकूफ।
(m.) predicament. (adj.) foolish, stupid.

घनेरा (ghanerā) वि. बहुत, अनेक।
(adj.) much, many.

घपचल (ghapacal) सक. किसी व्यक्ति से कोई सामान लेकर नहीं लौटाना।
(v.t.) to grasp but not to return.

घपचहर (ghapacahar) पु. झझट, उलझन की स्थिति।
(m.) perplexity, complication.

घपला (ghapalā) पु. चकमा, धोखा, गबन।
(m.) confusion, discrepancy (in account) fraud, cheating.

घपसल (ghapasal) अक. भीतर घुस जाना।
(v.i.) to thrust in, to enter forcibly.

घपाच (ghapāc) वि. वह व्यक्ति जो किसी से कोई सामान लेकर नहीं लौटाता है।
(adj.) a person who receives any thing but does not returns.

घफलत (ghaphalat) स्त्री. (अ. गफ्लत) असावधानी, गड़बड़ी।
(f.) unconsciousness, inattention, awry, unintention.

घबड़ाइल (ghabaṛāil) अक. बेचैन होना, घबराना। व.कृ. घबरात। भू.कृ. घबराइल।
(v.i.) to be perplexed.

घबड़ावल (ghabaṛāval) सक. घबरा देना।
(v.t.) to perplex.

घबड़ाहट (ghabaṛāhaṭ) स्त्री. घबराने की स्थिति या भाव।
(f.) perplexity.

घमंड (ghamaṅḍ) पु. अभिमान, अहंकार।
(m.) pride, arrogance.

घमंडी (ghamaṅḍī) वि. अहंकारी, अभिमानी।
(adj.) proud, arrogant.

घमगारा (ghamagārā) पु. धूपवाली जगह।
(m.) a place of the sunlight.

घम-घम, घमाघम (gham-gham, ghamāgham) पु. किसी वस्तु के जोर से गिरने या मारने से उत्पन्न शब्द।
(m.) sound of things falling, to strike one.

घमघमाइल (ghamaghamāil) अक. धूप निकलना।
(v.i.) advent of sunshine.

घमघमावल (ghamaghamāval) सक. किसी वस्तु के गिरने या किसी को मारने की आवाज।
(v.t.) the sound of things falling, to strike one.

घम-छहियाँ (gham-chahiyāṁ) स्त्री. वह जगह जहाँ पर धूप और छाँह दोनों हों।
(f.) a place with sunlight and shed.

घमजरू (ghamajarū) वि. धूप में जला हुआ।
(adj.) sun-burnt.

घमलउर (ghamalaur) पु. भीड़-भाड़, कोलाहल, हल्ला।
(m.) crowd, turmoil.

घमसान (ghamasān) वि. भयंकर, घनघोर लड़ाई।
(adj.) fierce fight, battle.

घमाइल (ghamāil) अक./वि. 1. धूप से आक्रांत होना। 2. जिसे धूप में चलने से परेशानी हो।
(v.i./adj.) 1. to warm (oneself) in the sun. 2. exhausted due to sunshine.

घमाघम (ghamāgham) क्रि.वि. जोर-जोर से मुक्का मारना।
(adv.) to sock, to hit strongly with fist.

घमोई (ghamoī) स्त्री. एक काँटेदार पौधा जिसके फूल पीले होते हैं, मकोय।
(f.) a kind of prickly plant having yellow flowers.

घमौरी (ghamaurī) स्त्री. गर्मी के कारण शरीर में निकलनेवाली फुंसियाँ।
(f.) prickly heat.

घर (ghar) पु. 1. मकान। 2. स्थायी निवास-स्थान।
(m.) 1. a house. 2. residence.

घरइतिन (gharaitin) स्त्री. 1. गृहिणी, घरवाली। 2. पत्नी।
(f.) 1. mistress of a house, housewife. 2. a wife.

घरऊ (gharaū) वि. घरेलू, घर से जुड़ी (वस्तु)।
(adj.) domestic (thing).

घरकच (gharakac) वि. घरेलू काम।
(adj.) domestic work, household work.

घरगइया (gharagaiyā) स्त्री. घर पर पैदा हुई और पाली-पोसी गई गाय।
(f.) a domestic cow.

घरगनी (gharaganī) स्त्री. जनगणना।
(f.) a census.

घरघर (gharaghar) पु. अस्पष्ट आवाज।
(m.) a rattling or rumbling sound.

घरघराइल (gharagharāil) अक. स्पष्ट आवाज नहीं होना।
(v.i.) to rattle, to rumble.

घरघुमनी (gharaghumanī) स्त्री. घर-घर घूमनेवाली स्त्री।
(f.) a woman who wanders home to home.

घरघुसन (gharaghusan) वि. जो प्रायः घर में और विशेषतः स्त्रियों के पास बैठा रहता हो।
(adj.) male who prefers to be in the house and in company of women stay at house.

घरजाना (gharajānā) पु. घर के एक व्यक्ति को भोज में आमंत्रण।
(m.) invitation for one person in a family.

घरनी (gharanī) स्त्री. गृहिणी, पत्नी। उदा. 'बिनु घरनी घर भूत के डेरा।' (कहा.)।
(f.) house wife, wife.

घरबद (gharabad) वि. घरेलू उपयोग के लिए।
(adj.) for domestic work or domestic use.

घर-बार (ghar-bār) पु. आवास।
(m.) accommodation, abode.

घरबारी (gharabārī) पु. गृहस्थ, परिवारवाला।
(m.) a house holder, domestic.

घरभोज (gharabhoj) पु. नए मकान में प्रवेश के समय दिया गया भोज।
(m.) feast at the time of entrance in new house.

घरमुँहा (gharamuṁhā) वि. वह व्यक्ति जो घर पर ही रहना पसंद करता हो।
(adj.) a person who likes to live at home.

घरवइया (gharavaiyā) पु. घर का मालिक, घरवाला, गृहपति। उदा. 'माँस-भात घरवइया खइले, पाप लेके पाहुन गइले' (कहा.)।
(m.) occupant of a house, house holder.

घरहंड (gharahaṅd) पु. घरेलू काम में आनेवाला मिट्टी का बर्तन, विशेषतः घड़ा।
(m.) domestic earthen pot, specially earthen waterpot.

घराइल (gharāil) अक. दीये का बुझ जाना।
(v.i.) put off the light.

घराती (gharātī) पु. विवाह में कन्यापक्ष के लोग।
(m.) belonging to a bride's wedding party, one of that party.

घराना (gharānā) पु. 1. कुल, खानदान। 2. संगीत नृत्य की संस्था। 3. घर।
(m.) 1. family. 2. school of music or dance. 3. house.

घरामी (gharāmī) पु. घर छानेवाला व्यक्ति।
(m.) a man who makes the roof.

घरारी (gharārī) स्त्री. वह जमीन जिस पर घर हो या रहा हो।
(f.) a place on which a house is constructed.

घरिआर (ghriār) पु. दे. घड़ियाल।

घरी (gharī) स्त्री. घड़ी, तह, परत।
(f.) watch, fold.

घरुआरी (gharuārī) स्त्री. घरेलू कार्य।
(f.) household work.

घरैतिन (gharaitin) स्त्री. कुलवधू।
(f.) a family-bride.

घरौंदा-घरौंधा (gharauṅḍā-gharauṅdhā) पु. बच्चों का खेलने का बना छोटा घर।
(m.) a small play house built by children.

घलुआ (ghaluā) स्त्री. खरीददार को खरीद से अधिक दिया गया सामान, घाल। मुहा. 'नउज बिकाय मोर घलुआ द'।
(f.) given to a buyer additional to his purchase.

घवद (ghavad) पु. गुच्छा, समूह, घौद। उदा. 'केरवा जे फरेला घवद से, ओहपर सुगा मेंड़राय' (छठगीत)।
(m.) bunch, cluster, (of grapes, dates, bananas).

घवाहिल (ghavāhil) वि. घाव लगा हुआ।
(adj.) wounded, injured.

घसकटवा (ghasakaṭavā) पु. घसियारा।
(m.) grass-cutter.

घसकल (ghasakal) अक. खिसक जाना, स्थान से कुछ हट जाना।
(v.i.) to move away, to be displaced.

घसकावल (ghasakāval) सक. किसी वस्तु को खिसकाना।
(v.t.) to displace, to put back, to move away.

घसर-घसर (ghasar-ghasar) क्रि.वि. स्वादहीन खाद्य को खाने की क्रिया।
(adv.) to eat tasteless food.

घसर-फसर (ghasar-fasar) पु. फालतू काम।
(m.) not needed work, extra work.

घसवाह-घसियारा (ghasavāh-ghasiyārā) पु. घास काटनेवाला।
(m.) cutter or scraper of grass, grass-cutter.

घसवाहिन (ghasavāhin) स्त्री. घसियारे की पत्नी।
(f.) the wife of a grass -cutter.

घसुई (ghasuī) स्त्री. बिना तली हुई पुड़ी, पराठा।
(f.) a cake of wheat flour fried in Ghee or oil, on a griddle.

घसेट (ghaseṭ) पु. घर्षण, घसीटने का भाव।
(m.) dragging, illegible and hastily done hand writing.

घसेटल (ghaseṭal) सक. घसीटना।
(v.t.) to rag.

घसेटुआ (ghaseṭuā) वि. ऐसी लिखावट जिसमें अक्षर एक-दूसरे से सटकर दुर्बोध हो जाए।
(adj.) illegible and hastily done hand writing.

घहरल-घहरावल (ghaharal-ghaharāval) अक. गरजना।
(v.i.) to thunder, to roar.

घाँकड़ा (ghṁmkaṛā) वि. धूर्त, घाघ।
(adj.) cunning.

घाँघरा (ghāṁgharā) पु. स्त्रियों का कमर में पहनने का चुनटदार और घेरदार पहनावा, जिससे नीचे का अंग ढका रहता है।
(m.) a kind fo petticoat.

घाँटो (ghāṁṭo) पु. 1. गीत विशेष। 2. पक्षी विशेष।
(m.) 1. a kind of song. 2. a kind of bird.

घाएल (ghāel) वि. जख्मी, घायल।
(adj.) wounded, injured.

घाघ (ghāgh) वि. अनुभवी, धूर्त। (पु.) एक प्रसिद्ध कवि।
(adj.) 1. experienced, cunning. (m.) a prominent poet.

घाघस (ghāghas) पु. घास-पात, खरपतवार।
(m.) grass and leaves, vegetation, garden's rubbish.

घाट (ghāṭ) पु.(सं.) नदी या जलाशय के किनारे का वह स्थान जहाँ लोग पानी भरते, नहाते और नाव पर चढ़ते

हैं। मुहा. 'घाट-घाट के पानी पीयल'—तरह, तरह के काम करना। जगह-जगह की सैर करना।
(m.) landing place on a pond and a river bank, port.

घाटा (ghāṭā) पु. घटने की क्रिया या भाव, घटी, हानि।
(m.) decrease, a reduction, loss.

घाटिया (ghāṭiyā) पु. घाट पर बैठनेवाला ब्राह्मण जो स्नानार्थियों से दान लेता है।
(m.) a brahmin who performs various services for pilgrims at the bathing place.

घाटी (ghāṭī) स्त्री. 1. दो पर्वतों के बीच का तंग रास्ता, दर्रा। 2. दो नदियों के बीच का प्रदेश।
(f.) 1. a mountain pass, a valley. 2. a slope.

घात (ghāt) पु. प्रहार, चोट, हत्या, अवसर।
(m.) an attack, injury, murder, opportunity.

घाती (ghātī) पु. घात करनेवाला।
(m.) a killer.

घानी (ghānī) स्त्री. कोल्हू में एक बार में डाला जानेवाला तेलहन।
(f.) crushing grinding machine (as for oil-seed).

घाम (ghām) पु. धूप, सूर्य का ताप। उदा. 'रामजी, रामजी, घाम करऽ'।
(m.) light of the sun.

घामड़ (ghāmaṛ) वि. नासमझ, बेवकूफ।
(adj.) out of (one's) sense, stupid.

घामस (ghāmas) पु. सूर्य से उत्पन्न गर्मी।
(m.) heat of the sun.

घार (ghār) पु. गर्दन।
(m.) neck.

घारा (ghārā) पु. पैर के तलवे में तेल रगड़ने की क्रिया या भाव।
(m.) act of rubbing oil on the sole.

घारी (ghārī) स्त्री. मवेशियों को बाँधने का घर।
(f.) a house for animals.

घाल (ghāl) पु. किसी चीज के खरीदने-बेचने के बाद उसी में से थोड़ी-सी और वही चीज जो बिना मूल्य ली या दी जाती है, घलुआ।
(m.) given to a buyer additional to his purchase.

घाल-मेल (ghāl-mel) पु. भिन्न प्रकार की वस्तुओं की मिलावट, गड्डमड्ड, गड़बड़।
(m.) a thorough mixture, jumble, hotch-potch.

घालल (ghālal) सक. (सं.) देना, डालना, फेंकना, नष्ट करना।
(v.t.) to give, to throw, to ruin.

घाव (ghāv) पु. (सं.) वार, आघात, चोट।
(m.) a wound, injury.

घास (ghās) स्त्री. (सं.) वे प्रसिद्ध, छोटे उद्‌भिज जो चौपाए चरते हैं, तृण, घास।
(f.) grass, hay, straw.

घास-पात (ghās-pāt) पु. तृण और वनस्पति।
(m.) grass and leaves.

घास-फूस (ghās-fūs) पु. कूड़ा-करकट।
(m.) grass and straw rubbish.

घासलेट (ghāsaleṭ) पु. (अं.) 1. मिट्टी का तेल। 2. तुच्छ वस्तु।
(m.) 1. kerosene oil. 2. an inferior product.

घाह-घूह (ghāh-ghūh) पु. आना-जाना।
(m.) coming and going, beginning.

घाही (ghāhī) वि. घायल।
(adj.) wounded, injured.

घिउँड़ा (ghiuṁṛā) पु. एक प्रकार की हरी सब्जी, नेनुआ, घवेड़ा, तोरई।
(m.) a kind of green vegetable, Nenua.

घिघियाइल (ghighiyāil) अक. गिड़गिड़ाना।
(v.i.) to cringe, to implore.

घिचपिच (ghicapic) क्रि.वि. अस्पष्ट, गिचपिच।
(adv.) jumbled together.

घिड़सिर (ghiṛasir) पु. घड़ा रखने का स्थान।
(m.) place for earthen water pots.

घिन (ghin) स्त्री. (सं.) अरुचि, घृणा, नफरत।
(f.) hate, dislike, abhorrence.

घिनही (ghinahī) स्त्री. एक प्रकार का घाव।
(f.) a kind of wound.

घिनाइल (ghināil) अक. घृणा अनुभव करना।
(v.i.) to be disgusted.

घिनावन (ghināvan) पु. घृणित।
(m.) loathesome, odious.

घिया (ghiyā) पु. कद्‌दू।
(m.) gourd, bottle gourd.

घियार (ghiyār) स्त्री. वह गाय या भैंस जिसके दूध में अधिक घी हो।
(f.) a cows or a shebufflao's milk containing much Ghee.

घियौड़ा (ghiyauṛā) पु. आटे से बना व्यंजन।
(m.) a food made by flour.

घिरनी (ghiranī) स्त्री. चर्खी, रस्सा खींचने के लिए लगा चक्का।
(f.) pulley, wheel for pulling ropes.

घिरनई (ghiranaī) स्त्री. एक तरह का खिलौना। यह तरकुल के सूखे पत्तों से बनता है, इसे बच्चे नचाते हैं।
(f.) children's toy made of dry tarkul leaves they rotate it on a thin rod.

घिरल (ghiral) अक. सब ओर से घेरा जाना, आवृत्त होना।
(v.i.) to be surrounded, to be encompassed.

घिरियावल (ghiriyāval) सक. किसी व्यक्ति को अपनी स्वार्थ-सिद्धि के लिए घेरे रहना।
(v.t.) to cause to be surrounded or closed.

घिरि (ghiri) स्त्री. एक ही स्थान पर चक्कर काटने की स्थिति।
(f.) encircled, the state of surrounding.

घिवही (ghivahī) वि. घी की बनी हुई।
(adj.) made with Ghee.

घिसघिस (ghisaghis) स्त्री. कार्य में शिथिलता या अनुचित विलंब, अनिश्चय।
(f.) undue delay, indecision.

घिसपिस (ghisapis) क्रि.वि. दे. घिचपिच।

घिसरावल (ghisarāval) सक. दे. घिसियावल।

घिसल (ghisal) सक. घिसना, रगड़ना।
(v.t.) to scrape, to abrade, to rub.

घिसल-पिसल (ghisal-pisal) वि. घिसा-पिटा हुआ।
(adj.) cliched.

घिसियावल (ghisiyāval) सक. घसीटना।
(v.t.) to rag, to drag.

घिसिरावल (ghisirāval) सक. दे. घिसियावल।

घिसिऔड़ा (ghisiauṛā) पु. दे. घसेट।

घींच-घाच (ghīṅc-ghāc) स्त्री. खींच लेने का भाव।
(f.) pulling.

घींचल (ghīncal) सक. खींचना।
(v.t.) to pull, to draw, to attract.

घींचा-घींची (ghīṅcā-ghīṅcī) स्त्री. खींचातानी।
(f.) pulling and tugging.

घीयाकस (ghīyākas) पु. कद्दूकश, लौकी को काटने का औजार।
(m.) an appliance for cutting and grating pumpkins, grater.

घीव (ghīv) पु. (सं. घृत) घी, घृत।
(m.) clarified butter, Ghee.

घीवहड़िया (ghīvahaṛiyā) पु. घी का व्यापारी।
(m.) Ghee merchant.

घुँघची (ghuṁghacī) स्त्री. (सं.) एक प्रकार का लाल छोटा बीज।
(f.) a kind of red small seed.

घुँघनी (ghuṁghanī) स्त्री. भिगोकर तला हुआ चटपटा चना, मटर या अन्य कोई अन्न।
(f.) gram or peas, soaked and boiled with spices.

घुँठा (ghuṁṭhā) वि. जिसे घुन ने खा लिया हो, घुना हुआ।
(adj.) worm-eaten, internally decayed.

घुंडी (ghuṅḍī) स्त्री. कपड़े का बटन।
(f.) knot like button made of cloth.

घुइयाँ (ghuiyāṁ) स्त्री. अरुई।
(f.) a vegetable root, arum.

घुग्घी (ghugghī) स्त्री. सिर पर ओढ़ने का वस्त्र, घोंघी।
(f.) a piece of cloth folded like a cone as headgear.

घुग्घू (ghugghū) पु. उल्लू।
(m.) an owl.

घुघुआ-मामा (ghughuā-māmā) पु. एक तरह का संगीतमय खेल, जिसमें बड़ा व्यक्ति चित लेटे बच्चे को पैर पर रखकर ऊपर नीचे करता है। उदा. 'घुघुआ मामा, उपजे धाना'। (बालगीत)।
(m.) a game in which an elder puts a child on his legs and raises it up or puts down.

घुघुन (ghughun) स्त्री. ठुड्डी
(f.) chin.

घुघुनी (ghughunī) स्त्री. दे. घुँघनी।

घुघुर (ghughur) पु. एक छोटी गोलाकार घंटी जो नाचने के समय प्रयोग में लाई जाती है, घुँघरू।
(m.) a small round bells worn by dancers around the ankles.

घुघुरावल (ghughurāval) सक. बचे हुए अनाज को जाँते में मोटा पीसा जाना।
(v.t.) to grind coarsely left over grains.

घुघुरुआ (ghughuruā) पु. पाँव का एक आभूषण।
(m.) an ornament of foot.

घुचुर-फुचुर (ghucur-fucur) क्रि.वि. थोड़ा-थोड़ा करके।
(adv.) little by little, bit by bit.

घुटन (ghuṭan) स्त्री. ऐसी अवस्था या वातावरण जिसमें साँस घुटती हो।
(f.) suffocation.

घुटना (ghuṭanā) पु. (सं.) टाँग और जाँघ का जोड़, घुटना।
(m.) knee.

घुट्टी (ghuṭṭī) स्त्री. छोटे बच्चों को दी जानेवाली जन्म-घूँटी।
(f.) medicine or tonic given to infants.

घुड़कल (ghuṛakal) सक. रोष प्रकट करने के लिए जोर-जोर से बोलना, डाँटना।
(v.t.) to talk in a threatening tone.

घुड़की (ghuṛakī) स्त्री. घुड़कने की क्रिया या भाव, फटकार।
(f.) a hollow threat.

घुड़चियावल (ghuṛaciyāval) सक. घुँघराला बनाना।
(v.t.) to curl, to wrinkle.

घुन (ghun) पु. (सं.) एक छोटा कीड़ा जो अनाज आदि में लगता है।
(m.) weevil, wood worm, wood louse.

घुनसी (ghunasī) स्त्री. एक तरह का चेचक, जिसमें दाना त्वचा के भीतर ही निकलता है।
(f.) a kind of pox in this putules remain under the skin.

घुमंतर-घुमक्कड़ (ghumaṅtar-ghumakkaṛ) वि. सदा घूमते रहनेवाला।
(adj.) always moving, wandering.

घुमंतू (ghumaṅtū) वि. भ्रमणशील।
(adj.) wondering.

घुमउआ (ghumauā) वि. जो टेढ़ा हो गया हो, टेढ़ा-मेढ़ा।
(adj.) crooked, zigzag.

घुमटा (ghumaṭā) पु. सिर में चक्कर, सिर घूमना।
(m.) to feel giddy.

घुमरियावल (ghumariyāval) सक. चारों तरफ चक्कर कटवाना।
(v.t.) to cause to go round.

घुमरी (ghumarī) स्त्री. सिर में चक्कर आने की बीमारी।
(f.) dizziness.

घुमरी-परौआ (ghumarī-parauā) पु. बच्चों का एक खेल। कहा. 'घुमरी परौआ, लाल महदेउआ'।
(m.) a play of children.

घुमाई (ghumāī) स्त्री. घूमने की क्रिया।
(f.) moving, wandering.

घुमान (ghumān) पु. किसी जगह पहुँचने का टेढ़ा रास्ता, फेर।
(m.) turning circuitous, winding path.

घुमाव (ghumāv) पु. दे. घुमान।

घुमावल (ghumāval) सक. घुमाना।
(v.t.) to revolve, to turn round.

घुमावल-फिरावल (ghumāval-phirāval) सक. घुमाना-फिराना।
(v.t.) to take round, to be guile.

घुर (ghur) पु. कूड़े का ढेर।
(m.) garbage pit, dump.

घुरकल (ghurakal) सक. दे. घुड़कल।

घुरघुरा (ghuraghurā) पु. 1. एक प्रकार का घाव। 2. कीड़ा विशेष।
(m.) 1. a kind of wound. 2. an insect.

घुरची (ghuracī) स्त्री. ऐंठ, कपड़े या रस्सी की ऐंठन।
(f.) stiffening, contraction of cloth etc.

घुरुमल (ghurumal) अक. चक्कर आना, घूमना।
(v.i.) to suffer from vertigo, to feel giddy.

घुलटल (ghulaṭal) अक. असफल होना, घुलटना।
(v.i.) to be unsuccessful, to fail.

घुलटियाइल (ghulaṭiyāil) अक. उलट-पुलट जाना।
(v.i.) to capsize.

घुलल (ghulal) अक. किसी घुलनशील पदार्थ का पानी में घुलना।
(v.i.) to be liquified, dissolve.

घुलल-मिलल (ghulal-milal) अक. घुलना-मिलना।
(v.i.) to mingle.

घुलावल (ghulāval) सक. किसी घुलनशील पदार्थ को पानी में डालकर उसे तरल बनाना।
(v.t.) to melt, to dissolve, to dilute.

घुसकुरिया (ghusakuriyā) स्त्री. बैठे-बैठे पैरों के बल चलने की क्रिया।
(f.) moving on feet in a sitting posture.

घुसखोरी (ghusakhorī) स्त्री. रिश्वतखोरी।
(f.) bribery.

घुसपइठ (ghusapaiṭh) स्त्री. अनधिकार प्रवेश।
(f.) infiltration.

घुसरल (ghusaral) अक. विस्मृत होना, समाप्त होना, अंदर होना।
(v.i.) to forget, to be end, to be inside.

घुसल (ghusal) अक. घुसना, प्रवेश करना।
(v.i.) to enter, to go in.

घुसवटल (ghusavaṭal) सक. घूँसा मारना।
(v.t.) to hit with fist, to box, fisticuffs.

घुसावल (ghusāval) सक. घुसाना।
(v.t.) to enter, to insert.

घुसिआइल (ghusiāil) अक. भीड़ में घुस जाना।
(v.i.) to thrust oneself , to enter forcibly.

घुसेड़ल (ghuseṛal) सक. घुसाना, धँसाना, पैठाना।
(v.t.) to thrust, plug into.

घुहुरावल (ghuhurāval) सक. किसी अन्न को बहुत साधारण ढंग से कूटना।
(v.t.) to crush the grain.

घूँघट (ghūṁghaṭ) पु. साड़ी का वह भाग जिससे औरतें अपना मुँह ढक लेती हैं।
(m.) the end of Saree used (by a woman) to hide the face , a veil.

घूँचा (ghūṁcā) पु. दूध दूहने का मिट्टी का बर्तन।
(m.) a small earthen pot for keeping milking.

घूँट (ghūṁṭ) पु. उतना द्रव पदार्थ, जितना एक बार गले के नीचे उतारा जाए।
(m.) gulp, sip, a draught.

घूँटी (ghūṁṭī) स्त्री. दे. घुट्टी।

घूँड़ी (ghūṁṛī) स्त्री. दे. घुंड़ी।

घूँसा (ghūṁsā) पु. मारने के लिए तनी मुट्ठी, मुक्का।
(m.) a blow with the fist.

घूआ (ghūā) पु. भुट्टे के ऊपर का केश जैसा गुच्छा।
(m.) the hair on a corn cob.

घूघ (ghūgh) पु. दे. घूँघट।

घूटल (ghūṭal) अक. श्वास का अवरुद्ध होना।
(v.i.) to be suffocated.

घून (ghūn) पु. दे. घुन।

घूमल (ghūmal) अक. भ्रमण करना।
(v.i.) to go round or about, to travel.

घूर (ghūr) पु. दे. घुर।

घूरल (ghūral) सक. किसी की ओर ध्यान से देखना, घूरना।
(v.t.) to stare, to gaze.

घूरा (ghūrā) पु. कउड़ा, जाड़े के दिनों में दरवाजे पर जलाया गया अलाव, कूड़ा।
(m.) earthen tub like container kept at the door with slow fire generally of cow dung cakes, dust.

घूलल (ghūlal) अक. फल का पकना, मुलायम हो जाना।
(v.i.) being soft and ripe.

घूस (ghūs) पु. अपने अनुकूल कार्य कराने के लिए अनुचित रीति से दिया जानेवाला द्रव्य, रिश्वत। उदा. 'घूस कहाँ ना घूसल बाटे'।
(m.) a bribe.

घूसखोर (ghūsakhor) पु. अनुचित काम करने के बदले द्रव्य लेनेवाला व्यक्ति।
(m.) one who takes bribe.

घूसखोरी (ghūsakhorī) स्त्री. घूस के रूप में पैसे लेने का कार्य।
(f.) bribery.

घूसल (ghūsal) अक. दे. घुसल।

घूसा-घुस्सा (ghūsā-ghussā) पु. बँधी हुई मुट्ठी से मारने की स्थिति।
(m.) the fist, thump or blow of the fist.

घेंकुआर (gheṅkuār) पु. (सं.) एक प्रकार का बहुत मोटे पत्तों वाला पौधा, जो औषधि के काम में आता है, घृतकुमारी।
(m.) the aloe plant, aloevera.

घेंकुचल (gheṅkucal) अक. सिकुड़ना, कपड़े में शिकन पड़ना।
(v.i.) to shrink.

घेंकुरल (gheṅkural) अक. किकुरना, सिमटना।
(v.i.) to contract.

घेंघा (gheṅghā) पु. शरीर में आयोडीन की कमी से गले की गोलाकार ग्रंथि का बाहर निकलना।
(m.) goitre.

घेंच (gheṅc) पु. गर्दन।
(m.) neck, nape.

घेंचुराइल (gheṅcurāil) अक. सिकुड़ना।
(v.i.) to shrink, to be crumpled, to be wrinkled.

घेंट (gheṅṭ) स्त्री. गर्दन, ग्रीवा।
(f.) neck.

घेंटारी (gheṅṭārī) वि. छोटी गर्दनवाला।
(adj.) one who has small neck.

घेंपल (gheṅpal) सक. खाना (व्यंग्य)।
(v.t.) to eat (satire).

घेंव-घेंव (gheṅv-gheṅv) क्रि.वि. धीरे-धीरे।
(adv.) slowly.

घेंवर (gheṅvar) पु. एक प्रकार की मिठाई।
(m.) a kind of sweet.

घेघ (ghegh) पु. दे. घेंघा।

घेर (gher) पु. कुर्ता आदि कपड़े के बीच की गोलाई।
(m.) fullness (as of skirt) boundary of a shirt.

घेरल (gheral) सक. घेरना। उदा. 'घेरलस बदरिया अन्हार भइल जाता।' (वर्षा गीत)।
(v.t.) to enclose, to surround, to cordon.

घेरवटल (gheravaṭal) सक. चारों तरफ से घेरना।
(v.t.) to enclose, to engird, to fence in.

घेरा (gherā) पु. किसी वस्तु द्वारा चारों तरफ से घेरे रहने का भाव हाता।
(m.) a circle, a boundary, an enclosed space.

घेराइल (gherāil) अक. चारों तरफ से घिर जाना।
(v.i.) to be surrounded, to be encompassed.

घेराबंदी (gherābaṅdī) स्त्री. नाकाबंदी।
(f.) blockade.

घेराव (gherāv) पु. लोगों द्वारा चारों ओर से घेरे रहने का भाव।
(m.) blockade.

घेरावा (gherāvā) पु. दे. घेरा।

घेवर (ghevar) पु. दे. घेंवर।

घेसिटल (ghesiṭal) वि. घसीट लिखाई।
(adj.) cursive.

घेहल (ghehal) सक. मारने के लिए किसी को चारों ओर से घेरना।
(v.t.) to entrap, to bring to bay, to close in on, to besiege.

घोंघड़ी (ghoṅghaṛī) स्त्री. एक कीड़ा।
(f.) an insect.

घोंघा (ghoṅghā) पु. शंख की आकृति का एक जलजंतु। उदा. 'घोंघा काना दोसर डाबर थारू काना दोसर देस।' (लोक.)।
(m.) a snail, cockle shell.

घोंचा (ghoṅcā) वि. छोटी गर्दनवाला और आगे की ओर मुड़े सींगों वाला (बैल)।
(adj.) short necked (bullok) with horns turned forward.

घोंची (ghoṅcī) स्त्री. टेढ़े सींगोंवाली गाय।
(f.) cow with curved horns.

घोंचाह (ghoṅcāh) वि. 1. टेढ़ा। 2. बहुत अधिक।
(adj.) 1. curved. 2. too much.

घोंट (ghoṅṭ) पु. दे. घूँट।

घोंटल (ghoṅṭal) सक. 1. निगलना। 2. किसी बात को बार-बार कहना।
(v.t.) 1. to swallow, to gulp. 2. talking again and again.

घोंपल (ghoṅpal) सक. घुसेड़ना।
(v.t.) to penetrate.

घोंइँस (ghoṅiṁs) पु. चूहे की जाति का एक बड़ा जीव।
(m.) a kind of rat but larger.

घोंइसा (ghoṅisā) पु. झोपड़ी के नीचे कैंचीनुमा लगे बाँस या लकड़ी।
(m.) bamboo or wood used in clipper shape in hut.

घोखल (ghokhal) सक. किसी पाठ को याद करने के लिए उसे बार-बार दुहराना।
(v.t.) to cram, to memory, to learn by heart.

घोघरल (ghogharal) अक. सूजन होना।
(v.t.) to swell.

घोघराह (ghogharāh) वि. जो देखने में सूजा हुआ लगता हो।
(adj.) like as swelling.

घोघसा (ghoghasā) पु. गेहूँ, जौ आदि अनाज के ऊपर का भूसा।
(m.) husk of grains like wheat and barley.

घोघियाइल (ghoghyāil) अक. क्रोध की मुद्रा में बोलना।
(v.i.) to speak in anger.

घोघी (ghoghī) स्त्री. वर्षा से बचने के लिए ओढ़ा जानेवाला आवरण।
(f.) a cover to escape from rains.

घोटाला (ghoṭālā) पु. घपला, गड़बड़ी।
(m.) bungling, disorder, misappropriation.

घोठा (ghoṭhā) पु. वह स्थान जहाँ मवेशियों के रहने की व्यवस्था रहती है।
(m.) living place of animals.

घोड़कंजा (ghoṛakaṅjā) पु. एक प्रकार की काष्ठौषधि।
(m.) a kind of wooden medicine.

घोड़कंधा (ghoṛakaṅdhā) वि. घोड़े के कंधे के समान ऊँचे कंधेवाला (बैल)।
(adj.) (bullock) with horse like shoulders.

घोड़करइत (ghoṛakarait) पु. एक प्रकार का काले रंग का विषैला साँप।
(m.) a kind of poisonous black snake.

घोड़गाजर (ghoṛagājar) पु. एक तरह की बड़ी गाजर जो मवेशियों के खाने के काम आती है।
(m.) a large carrot favoured by animals.

घोड़जीभा (ghoṛajībhā) वि. जिस बैल की जीभ घोड़े की तरह सफेद हो।
(adj.) bullock with a horse like white tongue.

घोड़दउड़ (ghoṛadauṛ) स्त्री. घोड़ों की दौड़।
(f.) race of horses.

घोड़पड़ार (ghoṛapaṛār) पु. लंबी टाँगवाला एक जानवर, नीलगाय।
(m.) a species of large antelope, boselaphus, nilgai.

घोड़बार (ghoṛabār) पु. घोड़े का बाल।
(m.) horse hair.

घोड़मुँहा (ghoṛamuṁhā) पु. घोड़े के मुँह की तरह लकड़ी जो दीवार में लगकर छप्पर या टाट को सहारा देती है।
(m.) anchor, support projecting from a wall to hold a shed or sacking it is shaped like a horse's mouth.

घोड़सवार (ghoṛasavār) पु. घुड़सवार।
(m.) horseman.

घोड़सार (ghoṛasār) स्त्री. अस्तबल।
(f.) stable.

घोड़ा (ghoṛā) पु. (सं.) 1. सवारी में काम आनेवाला या टमटम खींचनेवाला एक जानवर, अश्व, घोड़ा। 2. बंदूक का घोड़ा।
(m.) 1. a horse. 2. trigger, of a gun.

घोड़ागाड़ी (ghoṛāgāṛī) स्त्री. वह गाड़ी, जिसे घोड़ा खींचता है।
(f.) horse drawn carriage.

घोड़िया (ghoṛiyā) स्त्री. 1. छप्पर का बोझ रोकने के लिए बनाया गया काँधवाला खंभा। 2. छोटी सीढ़ी।
(f.) 1. peg or bracket for the wall. 2. a small ladder.

घोदुआ (ghoduā) पु. सियार।
(m.) jackal.

घोनसार-घोनसारी (ghonasār-ghonasārī) स्त्री. वह जगह जहाँ अन्न भूनने का काम होता है।
(f.) oven or the place for parching.

घोपल (ghopal) सक. दे. घोंपल।

घोरमट्ठा (ghoramaṭṭhā) पु. 1. गड़बड़ी। 2. मिलावट।
(m.) 1. confusion, disturbance. 2. mixture.

घोरल (ghoral) सक. किसी वस्तु को पानी या किसी अन्य पदार्थ में मिलाना, घोलना।
(v.t.) to dissolve, to dilute.

घोरुआ (ghoruā) वि. पानी में डालकर पतला बनाया हुआ।
(adj.) diluted.

घोली (gholī) वि. दे. घलुआ।

घोसल (ghosal) सक. चुपड़ना।
(v.t.) to apply a greasy substance.

घोसी (ghosī) पु. दूध का कारोबार करनेवाली मुसलमानों की एक जाति।
(m.) muslim milkman, cowherd.

घौंका (ghauṅkā) पु. एक प्रकार का साग।
(m.) a kind of green leafy vegetable.

घौद (ghaud) पु. दे. घवद।

च

च (ca) देवनागरी वर्णमाला का छठवाँ व्यंजन, और चवर्ग का पहला व्यंजन जिसका उच्चारण स्थान तालु है। –the sixth consonant of the Devanagari syllabary.

चँइट (caṁiṭ) वि. कंजूस, कृपण।
(adj.) cunning, clever.

चंग (caṅg) स्त्री. 1. पतंग। 2. सितार की आवाज।
(f.) 1. paper kite. 2. small timbrel, tune or melody of sitar.

चंगा (caṅgā) वि. स्वस्थ, तंदुरुस्त।
(adj.) healthy, sound, healed, cured.

चँगेर (caṁger) पु. टोकरी।
(m.) a basket.

चँगेली (caṁgelī) स्त्री. छोटी टोकरी।
(f.) a small basket.

चंक (caṅk) पु. (सं.) सारा, पूरा, सब।
(m.) all, complete, altogether.

चंचल (cañcal) वि. (सं.) अस्थिर, नटखट, बेचैन।
(adj.) moving, shaking, quick, active, unsteady.

चंचा (cañcā) पु. जंगली पशुओं को डराने के लिए खेतों में लगाया गया पुतला।
(m.) mannequin used in fields to frighten the wild animals.

चंट (cañṭ) वि. धूर्त, चालाक, सयाना, मक्कार।
(adj.) cunning, sly, villainous, clever.

चंठ (cañṭh) वि. उद्दंड।
(adj.) drastic.

चंड (cañḍ) वि. (सं.) चंड, तेज, तीक्ष्ण, उग्र, प्रखर।
(adj.) fierce, violent, strong, harsh.

चंडा (cañḍā) स्त्री. क्रोधी महिला, माँ दुर्गा की उपाधि।
(f.) a passionate or enraged woman, a title of the goddess Durga.

चंडाल (cañḍāl) पु. आर्य जाति का निम्नतम वर्ण, डोम, श्वपच। (वि.) निर्दयी, कठोर।
(m.) the lowest of the Aryan communtties, an a outcast. (adj.) cruel, hard.

चंडालिनी (cañḍālinī) स्त्री. चंडाल-पत्नी, दुष्टा, पापिनी।
(f.) a degraded women, vile woman.

चंडी (cañḍī) स्त्री. देवी दुर्गा, कर्कश स्त्री।
(f.) goddess Durga, an enraged woman.

चंडुल (cañḍul) वि. जिसके सिर पर बाल न हों, टकला।
(adj.) bald.

चंडूबाज (cañḍūbāj) पु. अफीमची।
(m.) an opium addict.

चंडोल (cañḍol) वि. गंजा।
(adj.) hairless, bald.

चंद (cañd) वि. (फा.) कुछ, थोड़े से।
(adj.) some, a few.

चंदन (cañdan) पु. चंदन, श्रीखंड, तिलक, ललाट पर चंदन।
(m.) sandal, sandal wood, tilak-a mark of sandal paste (on forehead).

चंदवा (cañdavā) पु. हल का पिछला भाग।
(m.) the back part of plough.

चंदा (cañdā) पु. किसी कार्यक्रम आदि हेतु दान, पत्र-पत्रिका का मासिक मूल्य, आर्थिक सहायता।
(m.) subscription, donation for a program or function.

चंदा (cañdā) पु. चंद्रमा।
(m.) the moon.

चंद्र (cañdr) पु. चाँद।
(m.) the moon.

चंपा (cañpā) पु. एक प्रकार का पीले रंग का पुष्प।
(m.) a type of yellow flower.

चंपारन (cañpāran) पु. बिहार स्थित एक जिला।
(m.) a district situated in Bihar.

चँवर (caṁvar) पु. 1. नीचे का खेत जहाँ पानी जमा रहता है। 2. देवता, राजा, दुलहा हेतु विशिष्ट पंखा।
(m.) 1. low land with water. 2. flywhisk.

चइत (cait) पु. (सं.) चैत्र, हिंदू पंचांग के अनुसार पहला महीना जो अप्रैल महीने के आस-पास आता है, चैत का महीना।
(m.) the first month of Hindu calendar that occurs near April.

चइता (caitā) पु. एक ऋतु गीत जो चैत में गाया जाता है, चइतावर।
(m.) a seasonal song sung in Chait month.

चइती (caitī) वि. चैत महीने की फसल।
(adj.) a crop of Chait month.

चइला (cailā) पु. जलाने की लकड़ी।
(m.) a fire wood.

चउ (cau) वि. चार।
(adj.) four.

चउअन (cauan) वि. चौवन, 54 की संख्या।
(adj.) fifty four.

चउअन्नी (cauannī) स्त्री. दे. चवन्नी।

चउआ (cauā) वि. (हि.) चौथी पत्ती।
(adj.) fourth card.

चउआलीस (cauālīs) वि. चौवालीस, 44 की संख्या।
(adj.) forty four.

चउक (cauk) पु. चार राहों का मेल।
(m.) a crossroads, a square.

चउकठ (caukaṭh) पु. चौकठ।
(m.) the bottom part of a door frame.

चउकड़ी (caukaṛī) स्त्री. चार का समूह, सरपट चाल।
(f.) a group of four, gallop.

चउकन्ना (caukannā) वि. सतर्क, सजग।
(adj.) alert, vigilant.

चउकस (caukas) वि. सावधान, सजग।
(adj.) watchful, alert, careful.

चउका (caukā) पु. रसोईघर।
(m.) a cooking area, kitchen.

चउकी (caukī) स्त्री. चौकी।
(f.) a low rectangular four-legged seat or sleeper.

चउकी-बेलना (caukī-belanā) पु. रोटी बेलने के लिए प्रयुक्त सामान, चकलट।
(m.) round wood part and rolling-pin to roll the bread.

चउकीदार (caukīdār) पु. पहरेदार, रखवाला।
(m.) a watchman, guard, local policeman.

चउकेठल (caukeṭhal) अक. चारों तरफ घूमना।
(v.i.) to move arround.

चउखुट्टा (caukhuṭṭā) वि. चारों कोने से बराबर खेत।
(adj.) four-cornered, squired plot.

चउगोड़ा (caugoṛā) वि. चौपाया।
(adj.) four footed.

चउघड़िया (caughaṛiyā) वि. चारघड़ी का, शुभ अवधि।
(adj.) of four hours, short, fleeting (of a favourable moment).

चउतरफा (cautarafā) क्रि.वि. (फा.) चारों तरफ से।
(adv.) four sided, around.

चउतीस (cautīs) वि. चौंतीस, 34 की संख्या।
(adj.) thirty four.

चउथाई (cauthāī) पु. चौथाई भाग।
(m.) quarter.

चउदंत (caudaṅt) वि. चार दाँतवाला, जवान बछड़ा।
(adj.) having four teeth, young and energetic bullock.

चउदह (caudah) वि. चौदह, 14 की संख्या।
(adj.) fourteen.

चउदहवाँ (cudahavāṁ) वि. चौदहवाँ।
(adj.) fourteenth.

चउधुरी (caudhurī) पु. किसी जाति का सरदार, शासकों द्वारा दी गई उपाधि।
(m.) the leader of a community, the headman of a village, an honorific title.

चउपट (caupaṭ) वि. नष्ट-भ्रष्ट, बेकार।
(adj.) ruined, wasted.

चउपड़ (caupaṛ) पु. चौपड़।
(m.) a game played with dice on a cloth or board of cross-shaped layout.

चउपहल (caupahal) वि. चार पहलवाला, वर्गात्मक।
(adj.) four sided, squared.

चउपाई (caupāī) स्त्री. सोलह मात्राओं की एक छंद, चौपाई। उदा. 'कवित विवेक एक नहिं मोरे, सत्य कहहूँ लिखि कागद कोरे'–तुलसीदास।
(f.) a quatrain (usually printed as two rhyming lines of verse, each containing sixteen matras or metrical instants).

चउपाल (caupāl) पु. चौपाल, गाँव में राय-विमर्श का सार्वजनिक स्थान, बरामदा।
(m.) an assembly room, covered assembly place (in a village), verandah.

चउपेजी (caupejī) वि. चार पेज का।
(adj.) containing four pages, quarto.

चउफेरा (cauferā) क्रि.वि. चारों तरफ।
(adv.) all round, on all sides.

चउबंदी (caubaṅdī) स्त्री. (फा.) चौबंदी।
(f.) binding, attaching at four points.

चउबाइन (caubāin) स्त्री. चौबे की स्त्री।
(f.) the wife of a Caubey.

चउबीस (caubīs) वि. चौबीस, 24 की संख्या।
(adj.) twenty four.

चउबे (caube) पु. ब्राह्मणों की एक उपजाति, चौबे जाति का आदमी।
(m.) a subcaste of Brahmnas, a man of Caubey community.

चउरंच (caurañc) पु. प्रपंच, भ्रम, ट्रिक।
(m.) worldly affairs and entanglements, illusion, trick, deceit.

चउरंची (caurañcī) वि. प्रपंची, ट्रेकबाज।
(adj.) insidious, deceitful, scheming.

चउरल (caural) सक. चारों तरफ से बाँधना।
(v.t.) to bind from all sides, to tight from four sides.

चउरस (cauras) वि. बराबर, समतल।
(adj.) even, level, flat, square.

चउरा (caurā) पु. चबूतरा।
(m.) a platform.

चउरानबे (caurānabe) वि. चौरानबे, 94 की संख्या।
(adj.) ninety four.

चउरासी (caurāsī) वि. चौरासी, 84 की संख्या।
(adj.) eighty four.

चउराहा (caurāhā) पु. चार राहों का संगम।
(m.) a cross road.

चउल (caul) पु. मजाक, हँसी-दिल्लगी।
(m.) a joke, humour.
चउसठ (causaṭh) वि. चौंसठ, 64 की संख्या।
(adj.) sixty four.
~घड़ी (~ghaṛī) क्रि.वि. लगातार, हर घड़ी।
(adv.) all the times, constantly.
चउहान (cauhān) पु. चौहान, राजपूत समुदाय का एक उपनाम।
(m.) name of a Rajput community.
चउमास (caumās) पु. (सं.) वर्षा ऋतु के चार महीने की अवधि।
(m.) a period of four months of rainy season.
चउमासा (caumāsā) पु. वर्षा ऋतु में गाया जानेवाला प्रेमगीत।
(m.) love song sung in rainy season.
चउमुहानी (caumuhānī) स्त्री. वह स्थान जहाँ चार रास्ते मिलते हैं।
(f.) a crossroads.
चकइठ (cakaiṭh) वि. मोटा-नाटा व्यक्ति।
(adj.) fat and dwarf person.
चएन (cain) पु. (अं.) चेन, सिकड़ी।
(m.) chain.
चकचोन्हर (cakaconhar) वि. मूर्ख व्यक्ति।
(adj.) stupid, ignorant, foolish.
चकड़चाल (cakaṛacāl) पु. षड़यंत्र, साजिश।
(m.) conspiracy, plot.
चकरी (cakarī) पु. गोलाकार वस्तु।
(m.) round thing.
चकल्लस (cakallas) पु. आनंद, मित्रों का हास-परिहास।
(m.) delight, enjoyment, bliss.
चकाचक (cakācak) वि. चमकदार, स्वच्छ।
(adj.) extreme white.
चकिया (cakiyā) पु. किसी गाँव के नाम के अंत में जुड़ा हुआ शब्द, जैसे—तिवारी चकिया।
(m.) the last word attached with the name of village such as Tiwari Cakiya.
चकोह (cakoh) पु. भँवर।
(m.) eddy.
चक्क (cakk) पु. बड़ा खेत।
(m.) big plot, farm.
चक्कर (cakkar) पु. पहिया या गोल वस्तु के घूमने की प्रक्रिया।
(m.) a round journey, a curve, a bend over.
चक्का (cakkā) पु. पहिया।
(m.) a wheel, a round and flat object.
चक्की (cakkī) स्त्री. पीसने या दलनेवाला जाँता।
(f.) a millstone, a pair of millstones, a mill, a grindstone.
चख-चख (cakh-cakh) स्त्री. नोक-झोंक, झगड़ा।
(f.) dispute, wrangling, uproar, quarrelling.
चघड़ (cagharṛ) वि. चंट।
(adj.) cunning.
चचा (cacā) पु. चाचा, पिता का छोटा भाई।
(m.) paternal uncle, father's younger brother.
चचिआ (caciyā) स्त्री. चाची, चाचा और चाची से जुड़े रिश्तों को व्यक्त करनेवाला शब्द। जैसे—चचिआ सास।
(f.) paternal aunt, a word used to express relations of uncle and aunt, such as Caciya Sas.
चटक (caṭak) वि. गाढ़ा, तेज।
(adj.) bright, brilliant.
चटकदार (caṭakadār) वि. विशेष रंग, रंगीन, खुलता, भड़कीला।
(adj.) a special colour, splendid, showy, flashy.
चटकन (caṭakan) पु. थप्पड़, झापड़, चमेटा, लप्पड़।
(m.) a slap, a smack.
चटक-मटक (caṭak-maṭak) स्त्री. अच्छे स्वाद का, नमकीन, स्वादिष्ट भोज्य पदार्थ।
(f.) mincing or wanton gait, very tasty edibles.
चटकनी (caṭakanī) स्त्री. दरवाजा बंद रखने की छोटी कुंडी।
(f.) the bolt of a door.
चटकार (caṭakār) वि. चटपटा, तीक्ष्ण, खट्टा, नमकीन, मिर्च मसाले का स्वाद।
(adj.) tasty, luscious.
चटना (caṭanā) वि. चटोर, स्वाद-लोलुप।
(adj.) voracious, rapacious.
चटनी (caṭanī) स्त्री. चटनी, चाटकर खाई जानेवाली वस्तु, अवलेह।
(f.) a sweet pickle or sauce, chopped, mashed or bruised preparation.
चटपट (caṭapaṭ) क्रि.वि. शीघ्रता से, तेजी से।
(adv.) quickly, smartly, fastly.
चटपटा (caṭapaṭā) वि. 1. मिर्च-मसालेयुक्त। 2. मजेदार।
(adj.) 1. spicy, hot, savorous, brisk. 2. lively.

चटपाइल (caṭapāil) अक. शीघ्रता से आगे बढ़ना।
(v.i.) to move briskly (in haste).

चटर-चटर (caṭar-caṭar) पु. खड़ाऊँ की ध्वनि।
(m.) a clacking sound of wooden chappal.

चटाई (caṭāī) स्त्री. फूस-सींक या बाँस का बना बिछावन।
(f.) a mat of interwoven strips of leaf or bamboo.

चटाक (caṭāk) पु. चोट देने पर या किसी चीज के टूटने पर निकली आवाज।
(m.) a crack or crackling sound, a smack, a crash, sound of an explosion.

चटा-चट (caṭā-caṭ) क्रि.वि. शीघ्रतापूर्वक, झट से।
(adv.) hurriedly, hastly.

चटावन (caṭāvan) पु. 1. अन्नप्राशन (बच्चे को पहले पहल अन्न चटाना)। 2. घूस।
(m.) 1. the ceremony of feeding a child for the first time (ann-prasan). 2. bribe.

चटिया (caṭiyā) पु. चेला, विद्यार्थी।
(m.) pupil, student.

चटोर (caṭor) वि. जीभचटोर, लोलुप, लोभी।
(adj.) a glutton, a person with a sweet tooth, a gluttonous, a greedy, fond of sweet food.

चटोरापन (caṭorāpan) पु. लालचपन, किसी स्वादिष्ट वस्तु के लिए ललचने की अवस्था।
(m.) greed, fondness for sweet food.

चट्टा (caṭṭā) पु. 1. विद्यार्थी, चेला। 2. लाल निशान, फुंसी।
(m.) 1. a school pupil. 2. a red mark, pimple.

चट्टी (caṭṭī) स्त्री. गाँवों के निकास-स्थान (सड़क) पर दुकानों वाली जगह जहाँ लोग जाकर चाय और जलपान करते हैं तथा चर्चा करते हैं। जैसे–रामपुर चट्टी।
(f.) a halting or camping place with shops, Ex. Rampur catti.

चड़ (caṛ) स्त्री. लकड़ी के टूटने या जलने पर होनेवाली आवाज, कपड़ा फाड़ने से निकली आवाज।
(f.) a cracking or crackling sound (as of breaking or burning wood), a sound of tearing cloth.

चड़बड़िया (caṛabaṛiyā) वि. बातूनी, गप्पबाज।
(adj.) talkative, gossiping, chatterer.

चढ़ंती (caṛhantī) स्त्री. प्रगति, बढ़ोतरी।
(f.) rise, increase, growth.

चढ़ल (caṛhal) अक. चढ़ना।
(v.i.) to ascend, board, mount, climb.

चढ़ाई (caṛhāī) स्त्री. आरोहण।
(f.) mounting.

चढ़ाऊ (caṛhāū) वि. चढ़ने लायक। (पु.) किसी देवी-देवता की पूजा में चढ़ाने के लिए निकालकर रखी गई वस्तु।
(adj.) capable of beeing climbed. (m.) a thing for worship of God.

चढ़ाव (caṛhāv) पु. बढ़ोतरी, प्रगति।
(m.) ascent, rise, increase.

चढ़ाव-उतार (caṛhāv-utār) पु. चढ़ने-उतरने का भाव।
(m.) rise and fall, increase and decrease, ups and downs.

चढ़ावल (caṛhāval) सक. देवता को कोई चीज अर्पित करना।
(v.t.) to present any thing in sacrifice or in religious offering.

चढ़इत (caṛhait) पु. जो चढ़ता है, चढ़वैया, चढ़ैता, घुड़सवारी में दक्ष।
(m.) one who mounts, a horseman, an expert horseman.

चतुर (catur) वि. चालाक, कुशल, दक्ष।
(adj.) clever, skillful, shrewd.

चतुर (catur) वि. चार।
(adj.) four.

~आनन (~ānan) पु. चार मुख वाला ब्रह्मा।
(m.) Brahma having four mouth.

~आसरम (~āsaram) पु. हिंदू धर्म के अनुसार जीवन की चार अवस्थाएँ।
(m.) four stages of life according to Hindu.

~गुन (~gun) वि. चार गुना।
(adj.) fourfold.

~दस (~das) वि. चौदह।
(adj.) fourteen.

~धाम (~dhām) पु. चारधाम।
(m.) four pilgrimage places.

~भुज (~bhuj) वि. विष्णु।
(adj.) Visnu.

~वरन (~varan) पु. आर्य समाज के चार वर्ण।
(m.) four Varnas of Aryan society.

~वेद (~ved) पु. चार वेद।
(m.) four Vedas.

~वेदी (~vedī) पु. चार वेदों का ज्ञाता, एक उपनाम।
(m.) a man having knowledge of four Vedas, a surname.

चतुरगुन (caturagun) पु. दशरथ-सुत शत्रुघ्न।
(m.) Satrughna : the son of Dasarath.

चतुरमासा (caturamāsā) पु. वर्षा ऋतु के चार महीने की अवधि।
(m.) a period of four months of rainy season.

चतुराई (caturaī) स्त्री. चतुरता, दक्षता।
(f.) cleverness, shrewdness, skill.

चदर (cadar) पु. चद्दर, ओढ़नी।
(m.) a sheet, coverlet, a woman's light shawl.

चदरा (cadarā) पु. दे. चदर।

चनऊ (canaū) पु. कुर्मी वर्ग की एक जाति।
(m.) a caste of Kurmi class.

चनकबाई (canakabāī) पु. अंग फड़कने, टूटने के साथ दर्द, गठिया।
(m.) cracking (pain), rheumatism (in the back), arthritis.

चननी (cananī) स्त्री. चाँदनी।
(f.) a canopy.

चनरमा (canaramā) पु. चाँद, चंद्रमा।
(m.) the moon.

चनरहार (canarahār) पु. औरतों के गले का गहना, आभूषण, चंद्रहार।
(m.) an ornament called chandrahar : the necklace.

चना (canā) पु. (सं.) बूँट, एक दलहन फसल, चना।
(m.) gram, the chick-pea.

चनी (canī) स्त्री. चने की छोटी किस्म।
(f.) a small variety of gram.

चन्न (cann) पु. शीशे के टूटने की आवाज।
(m.) sound of cracking the glass.

चपकन (capakan) स्त्री. जाकिट, चौबंदी।
(f.) a close fitting jacket.

चपकल (capakal) अक. चिपकना।
(v.i.) to adhere.

चपटा (capaṭā) पु. चपटी नाकवाला व्यक्ति।
(m.) a flat nosed person.

चपड़-चपड़ (capaṛ-capaṛ) स्त्री. चबाने या खाने की ध्वनि, गोद में लेने की ध्वनि।
(f.) the sound of chewing or eating, the sound of lapping.

चपड़ा (capaṛā) पु. लाह, लाक्षा।
(m.) lac.

चपत (capat) पु. तमाचा, थप्पड़।
(m.) a slap.

चपरगट्टू (caparagaṭṭū) वि. अभागा, विपन्न।
(adj.) unfortunate, unlucky, wretched.

चपरास (caparās) पु. मुहर (जिसे अर्दली, आदेशपालक पहचान हेतु पहनते हैं)।
(m.) badge or plate (worn as identification by orderlies).

चपरासी (caparāsī) पु. अर्दली, आदेशपालक, प्यादा।
(m.) an orderly, peon, official messenger.

चपल (capal) वि. चंचल, चुलबुला, उतावला, चालाक, जल्दबाज।
(adj.) unsteady, restless, active, swift, fickle.

चपला (capalā) स्त्री. लक्ष्मी, बिजली।
(f.) the goddess Lakshmi, lightning.

चपाती (capātī) स्त्री. पतली रोटी।
(f.) a thin cake of unleavened bread.

चपाना (capānā) सक. किसी को चपने में प्रवृत्त करना, लज्जित, शर्मिंदा करना।
(v.t.) to press, to press down, to squeeze, to crush, to abash, to intimidate.

चपेट (capeṭ) पु. (सं.) थप्पड़, धक्का।
(m.) a slap, a blow, sudden blow or shock.

चपेटना (capeṭanā) सक. दबोचना, दबाना, आक्रमण करना।
(v.t.) to attack, to assail.

चप्पल (cappal) पु. सैंडिल, स्लीपर।
(m.) a sandal, an open heeled slipper.

चप्पा (cappā) पु. थोड़ा या छोटा भाग, छोटा भूखंड।
(m.) four (fingers) breadth, a span, a small amount.

चप्पा-चप्पा (cappā-cappā) पु. हर जगह।
(m.) every inch of ground.

चप्पी (cappī) स्त्री. शरीरांगों की मालिश।
(f.) massaging the limbs.

चप्पू (cappū) पु. डांड़, पतवार, नाव की डांड़।
(m.) a paddle, an oar.

चबक (cabak) स्त्री. टीस, दर्द।
(f.) a throb or shoot of pain.

चबर-चबर (cabar-cabar) स्त्री. चबड़-चबड़।
(f.) jabber, chatter.

चबाइल (cabāil) सक. चबाना।
(v.t.) to chew.

चबाई (cabāī) स्त्री. चबाई, चबाने की क्रिया।
(f.) chewing.

चबूतरा (cabūtarā) पु. मिट्टी, ईंटों से बैठने के लिए बनाया गया ऊँचा स्थान।
(m.) a platform, a base, a terrace, an open raised area.

चबेना (cabenā) पु. चबाकर खाने की चीज, भुना हुआ चना, चावल आदि, भूँजा।
(m.) something to be chewed, parched grain (as food).

चबेनी (cabenī) स्त्री. मध्याह्न का हल्का जलपान।
(f.) a light midday snack (as grain).

चभक (cabhak) स्त्री. किसी चीज के पानी में डूबने से निकलनेवाली आवाज।
(f.) sinking sound.

चभड़-चभड़ (cabhaṛ-cabhaṛ) स्त्री./क्रि.वि. चपड़-चपड़।
(f./adv.) the sound of chewing or eating, the sound of lapping, noisily (of eating or drinking).

चभाड़ (cabhāṛ) पु. पानीवाला गड्ढा।
(m.) a ditch full of water, a sunken area of water.

चभुकी (cabhukī) स्त्री. कोड़ा।
(f.) a whip.

चभोरल (cabhoral) सक. कपड़े को पानी में डुबाना।
(v.t.) to immerse the cloth in water.

चमक (camak) स्त्री. प्रकाश, रोशनी, कांति, आभा।
(f.) glitter, sparkle, a flash, gleam, brilliance.

चमकउअल (camakaual) स्त्री. रूठने का भाव, चमकाने की क्रिया, मटकाने की क्रिया।
(f.) the feeling of anger, the action of startling, the action of dazzling, seductive gesturing.

चमकउआ (camakauā) वि. चमकीला।
(adj.) glaring, glossy, luminous.

चमकल (camakal) अक. बिजली का कौंधना।
(v.i.) to shine, to sparkle, to glitter, to glow, to glare.

चमक-चुमक (camak-cumak) वि. चमकीला।
(adj.) bright.

चमक-दमक (camak-damak) स्त्री. दीप्ति, आभा, तड़क-भड़क।
(f.) glitter, brilliance, splendour.

चमका-चमकी (camakā-camakī) स्त्री. रुष्ट होने की स्थिति।
(f.) stage of being annoyed.

चमकावल (camakāval) सक. चमकाना।
(v.t.) to polish, to burnish, to irradiate.

चमकीला (camakīlā) वि. चमकदार, चमकनेवाला, जिसमें चमक हो।
(adj.) sparkling, glittering, brilliant.

चमक्को (camakko) स्त्री. चटक-मटक वाली निर्लज्ज स्त्री।
(f.) a seductive woman, a brazen or shameless woman.

चमगादड़ (camagādaṛ) पु. (सं.) उड़नेवाला जंतु जिसके पैर जालदार होते हैं।
(m.) a bat, a flying fox.

चमगुदड़ी (camagudaṛī) स्त्री. दे. चमगादड़।

चमच (camac) पु. चम्मच।
(m.) a spoon, a laddle.

चम-चम (cam-cam) स्त्री. चमकदार वस्तु, एक प्रकार की मिठाई।
(f.) a glittering thing, a sweet.

चमचमात (camacamāt) वि. चमकता हुआ।
(adj.) glittering.

चमची (camacī) स्त्री. छोटा चन्मच।
(f.) a small spoon.

चमचोरा (camacorā) पु. व्यभिचारी, लंपट।
(m.) a man infatuated by physical beauty.

चमड़ा (camaṛā) पु. (सं.) चाम, त्वचा, खाल।
(m.) skin, leather, hide.

चमड़ी (camaṛī) स्त्री. त्वचा, खाल।
(f.) skin (of the human body), hide.

चमन (caman) पु. फूलों का उद्यान।
(m.) a flower garden.

चमरउआ-चमरउधा (camarauā-camaraudhā) वि. चमारों द्वारा बनाया गया चमड़े का जूता।
(adj.) a boot made by leather worker.

चमरख (camarakh) वि. गंदा कपड़ा।
(adj.) dirty cloth.

चमरस (camaras) पु. जूता काटने पर हुआ घाव।
(m.) a sore place on the foot caused by chafing of a shoe.

चमरदिनाय (camaradināy) पु. एक प्रकार का दाद जिसमें अधिक खुजली होती है।
(m.) scratching, itchiness.

चमरदेवी (camaradevī) स्त्री. एक देवी जो चमारों द्वारा पूजी जाती हैं।
(f.) a goddess worshipped by camar community.
चमाइन (camāin) स्त्री. चमार की स्त्री, गाँव की दाई।
(f.) wife of a camar, a village midwife.
चमाचम (camācam) पु. चमकने की स्थिति।
(m.) the stage of glittering.
चमार (camār) पु. (सं. चर्मकार) एक जाति जो चमड़े की चीजें बनाती है।
(m.) a leather-worker, a tanner, shoemaker, a man belonging to the camar community.
चमारन (camāran) स्त्री. दे. चमारिन।
चमारनी (camāranī) स्त्री. दे. चमारिन।
चमारिन (camārin) स्त्री. चमार जाति की औरत, चमार की पत्नी।
(f.) a woman of the camar caste, the wife of a leather worker.
चमारी (camārī) स्त्री. चमार का पेशा।
(f.) the occupation of camar.
चमेली (camelī) स्त्री. एक प्रकार का फूल।
(f.) a kind of flower, the jasmine.
चमोटा (camoṭā) पु. चमड़े का वह टुकड़ा जिस पर नाई छुरे की धार तेज करता है।
(m.) a leather strap used by barber to sharpen the knife.
चरँछिया (caraṁchiyā) पु. चार तरफ से आग निकालने-वाला चूल्हा।
(m.) stove (made of soil) having four places to extinguish the fire.
चरक (carak) पु. श्वेत कुष्ठ।
(m.) white leprosy.
चरका (carakā) पु. धोखा, छल।
(m.) fraud, rigging.
चरखा (carakhā) पु. सूत कातने की मशीन।
(m.) a wheel, pulley, reel, bobbin, spindle, a spinning wheel.
चरखाना (carakhānā) पु. वर्गाकार या आयताकार कपड़ा।
(m.) chequered cloth.
चरखी (carakhī) स्त्री. छोटा चरखा, बीज से कपास अलग करने का औजार।
(f.) a potter's wheel, an instrument for separating cotton from the seed, a firework.
चरँगा (caraṁgā) पु. एक प्रकार की काली मछली।
(m.) a kind of black fish.
चरगुन्ना (caragunnā) वि. चौगुना।
(adj.) fourfold, quadruple.
चरचर (caracar) पु. प्रलाप, वाचालता, गप-शप, अनु-करणात्मक ध्वनि।
(m.) prating, chattering, an imitative sound.
चरचरा (caracarā) वि. बातूनी, बतक्कड़।
(adj.) talkative, chattering.
चरचरही (caracarahī) स्त्री. झगड़ालू औरत।
(f.) quarrelsome woman.
चरचराइल (caracarāil) अक. चर-चर शब्द करना, जल्दी-जल्दी तेजी से बोलना।
(v.i.) to crackle, to sputter the nose, to speak loudly and fastly.
चरचा (caracā) स्त्री. जिक्र, वर्णन, बातचीत।
(f.) discussion, reflection, argument, mention, talk.
चरनी (caranī) स्त्री. नाद, कुंड।
(f.) a feeding trough.
चरनामिरित (caranāmirit) पु. देवमूर्ति को स्नान कराने में प्रयुक्त जल, चरणामृत।
(m.) foot ambrosia, the water in which the idol of deity has been bathed.
चरन्नी (carannī) स्त्री. चवन्नी, रुपए का चौथांश।
(f.) a quarter of a rupee.
चरफर (carafar) वि. वाचाल, बोलने और काम करने में तेज।
(adj.) talkative, active, quick in action and speech.
चरफरा (carafarā) वि. तीक्ष्ण स्वादवाला, तीता, झालदार।
(adj.) piquant, hot, of pungent taste.
चरबजवा (carabajavā) पु. दो-चार लोगों का बाजा।
(m.) quadrille.
चरबी (carabī) स्त्री. वसा, मेद।
(f.) fat, fats and oils, grease.
चरबीदार (carabīdār) वि. वसा से युक्त।
(adj.) fatty, greasy.
चरमंजिला (caramaṅjilā) वि. चार मंजिलोंवाला।
(adj.) four storeyed (house).
चरम (caram) वि. पराकाष्ठा या हद तक पहुँचा हुआ, अंतिम, सबसे आगे या ऊपर का।
(adj.) absolute, ultimate, last, final, extreme.

~लक्ष्य (~lakshy) वि. अंतिम उद्देश्य।
(adj.) ultimate aim.

~सीमा (~sīmā) वि. पराकाष्ठा।
(adj.) extreme limit.

चरमर (caramar) स्त्री. कड़ी या चिमड़ी वस्तु के दबने या मुड़ने का शब्द।
(f.) creaking sound (as of new boots), squeak.

चरमराइल (caramarāil) अक. चरमराना।
(v.i.) to creak.

चरमरात (caramarāt) वि. चरमराता हुआ।
(adj.) creaky.

चरमराहट (caramarāhaṭ) स्त्री. चरमराने की अवस्था, शब्द।
(f.) creaking or squeaking sound, creak, squeak.

चरल (caral) सक. पशुओं का घूम-घूम कर घास चरना।
(v.t.) to graze.

चरवाह (caravāh) पु. मवेशियों को चरानेवाला।
(m.) a grazier, a shepherd.

चरवाही (caravāhi) स्त्री. चराने का काम, चरवाहे को दी जानेवाली मजदूरी।
(f.) work of grazing, wages of a shepherd.

चरस (caras) पु. गाँजे के पेड़ से निकला गोंद जिसे चिलम में डालकर पीते हैं।
(m.) the exudation of the flowers of hemp collected with dew and prepared for use as an intoxicating drug, a leathern bucket, an urn.

चरसा (carasā) पु. मरे मवेशियों का चाम, चमड़े का बड़ा थैला, चरख, मोट।
(m.) a hide, a skin, a huge, leather bucket.

चरसेरी (caraserī) स्त्री. चार सेर वजन का बटखरा।
(f.) a weight of four kilogram (approximately).

चरही (carahī) स्त्री. लंबी रस्सी।
(f.) a long rope.

चराँत (carāṁt) पु. मवेशियों के चरने हेतु छोड़ी गई जमीन।
(m.) land spared for grazing the cattles.

चराई (carāi) स्त्री. पशुओं के चरने या चराने का काम, पशु चराने के लिए दी जानेवाली मजदूरी।
(f.) grazing, pasturage, the rent or wages paid for grazing (one's cow buffalo etc.).

चरागाह (carāgāh) पु. चारागाह, चरने का मैदान, चरनी, चरी।
(m.) pasture, pasture land, meadow, graziery.

चराचर (carācar) पु. जगत, आकाश, संसार, स्वर्ग। (वि.) चर और अचर, चेतन और जड़।
(m.) the entire creation, sky, atmosphere, heaven. (adj.) movable and immovable, animate and inanimate.

चरित (carit) पु. जीवनकथा, जीवनी।
(m.) biography, doings, goings.

चरित्तर (carittar) पु. (सं.) चरित्र, चाल-चलन।
(m.) character.

चरी (carī) स्त्री. मवेशियों के चरने की घास।
(f.) green grass used for cattle-fodder, unripe corn used as food for cattle.

चरुआ (caruā) पु. चरुई, हाँड़ी।
(m.) a large pot.

चरोत्तर सौ (carottar sau) वि. एक सौ चार।
(adj.) one hundred four.

चल (cal) वि. (सं.) चलता हुआ, अस्थिर, चल, बेचैन, जंगम।
(adj.) moving, unsteady, restless, disturbed, fickle, inconstant.

चलंता (calaṅtā) वि. चालू, जारी, प्रामाणिक, वैध, बिक्री योग्य।
(adj.) valid, current, saleable.

चलत-फिरत (calat-firat) वि. चलता-फिरता।
(adj.) mobile.

चलता (calatā) वि. चलता हुआ, गतियुक्त, जारी।
(adj.) moving, in motion, mobile (as a service) current, in vogue.

चलती (calatī) स्त्री. प्रभाव, रोब-दाब।
(f.) influence, authority, dominance.

चलते (calate) क्रि.वि. के कारण से, वजह से।
(adv.) due to, because of, in view of.

चलन (calan) पु. प्रथा, तौर-तरीका, प्रचलन।
(m.) procedure, conduct, behaviour, way, manner, fashion.

चलनी (calanī) स्त्री. छाननी, कपड़ा, लोहे, पीतल आदि की जाली मढ़ी हुई एक ऐसी चीज जिससे आटा या सत्तु चालते-छानते हैं।
(f.) sieve, strainer, riddled (with holes).

चलल (calal) अक. चलना।
(v.i.) to move.

चलल-फिरल (calal-firal) अक. चलना-फिरना।
(v.i.) to get about.

चलवइया (calavaiyā) पु. चलनेवाला या चलानेवाला।
(m.) one who moves, one who walks about much, one who causes to move, drives.

चलबिधर (calabidhar) वि. होनहार, चंचल।
(adj.) active, fickle, playful, naughty.

चलाई (calaī) स्त्री. चलने की क्रिया।
(f.) the pose in motion, the act of moving.

चलावल (calāval) सक. चलाने की क्रिया।
(v.t.) to cause to move, to put in motion, to push.

चलावा (calāvā) पु. रीति-रिवाज, परंपरा, रहन-सहन।
(m.) custom, manners.

चलिसवाँ (calisavāṁ) वि. चालीसवाँ।
(adj.) fortieth.

चलिसहा (calisahā) पु. मुहर्रम का चालीसवाँ दिन।
(m.) the fortieth day of Muharram.

चलौना (calaunā) पु. हिलाने के लिए प्रयुक्त छड़ी, लकड़ी।
(m.) a ladle (for stirring), a stick (for turning a spinning wheel).

चल्हाँक (calhāṁk) वि. चालाक।
(adj.) foxy, artful.

चल्हाँकी (calhāṁkī) स्त्री. बुद्धिमानी।
(f.) prudence.

चवनपरास (cavanaparās) पु. पौष्टिक औषधि, च्यवन-प्राश।
(m.) a tonic, cyavanpras.

चवन्नी (cavannī) पु. चार आना, जिसका मूल्य 25 पैसे के बराबर होता है।
(m) a four anna piece equal to 25 paise.

चवालीस (cavālīs) वि. चौवालीस, 44 की संख्या।
(adj.) forty four.

चसका (casakā) पु. बुरी आदत, शौक, व्यसन।
(m.) bad habit, fashion, vice.

चसपा (casapā) वि. सटा हुआ।
(adj.) adhering, sticking.

चसमा (casamā) पु. चश्मा।
(m.) glasses.

चह (cah) पु. भीतर का दाँत जिससे चबाया जाता है, चबूतरा, पाट, नदी पार करने के लिए बना लकड़ी का पुल।
(m.) the chewing teeth, a platform, pier-head (at a river crossing).

चहकल (cahakal) अक. चिड़ियों का चहचहाना, चहकना।
(v.i.) to chatter, peep.

चहचहा (cahacahā) पु. चुहचुहाते पक्षियों का कलरव।
(m.) warbling, singing (of birds), chirping, chatter to make merry.

चहुँपल (cahuṁpal) अक. पहुँचना।
(v.i.) to arrive at, to reach.

चहुँपावल (cahuṁpāval) सक. पहुँचाना।
(v.t.) to reach.

चहेता (cahetā) वि. जिसे चाहा जाए, प्यारा, प्रिय।
(adj.) desired, dear one, darling.

चाँई (cāṁī) स्त्री. छली, उचक्का, चालाक।
(f.) cunning, tricky, arrogant.

चाँक (cāṁk) पु. पहचान के लिए किसी चीज पर बना निशान।
(m.) a wooden stamp, mark or inscription (fixed on a heap of grain to ward off the evil eye and protect from theft).

चाँचर (cāṁcar) पु. बाँस के फट्ठों से बना दरवाजा।
(m.) the door made by bamboo.

चाँटा (cāṁṭā) पु. चाँटा।
(m.) a slap, a blow.

चाँड़ (cāṁṛ) वि./पु. पुष्ट, चालाक, स्तंभ, खंभा।
(adj./m.) strong, arrogant, a pillar.

चांडाल (cāṅḍāl) पु. (सं.) आर्य जाति की छोटी जमात, डोम, श्वपच, पतित।
(m.) the lowest of the original mixed Aryan communities, an outcaste, a wretch.

चाँद (cāṁd) पु. चंद्रमा, अर्धगोलाकार, चंद्राकार, चिह्न।
(m.) the moon, a moonshaped (round, semi-circular) mark, an ornament having a moon like shape.

चाँदनी (cāṁdanī) स्त्री. 1. चंद्रमा का प्रकाश, चाँद का उजाला, चंद्रिका। 2. दरी पर बिछी सफेद चद्दर।
(f.) 1. a moonlight, a moonbeam. 2. a white cloth spread over a carpet.

चाँदी (cāṁdī) स्त्री. रजत, श्वेत चमकीली धातु जिसके गहने, बर्तन बनते हैं, धन, आमदनी, भाग्य।
(f.) silver, money, wealth, income, good luck.

चंडीला (cāṅdīlā) पु. बालरहित सिर, खल्वाट।
(m.) a bald person.

चाँप (cāṁp) स्त्री. दबाव, चँप जाने का भाव, धक्का।
(f.) pressure, pressing, footsteps, the sound of footsteps.

चाँपल (cāṁpal) सक. चाँपना, बलपूर्वक दबाना।
(v.t.) to press, to squeeze, to put pressure (on), to press in the thrust.

चाँय-चाँय (cāṁy-cāṁy) स्त्री. हल्ला-गुल्ला, बकवाद, बकबक।
(f.) noise (as of birds) chirping, chatter.

चाँव-चाँव (cāṁv-cāṁv) स्त्री. चह-चह, चहचहाट, बकझक।
(f.) chattering, rapid speech like sounds of birds.

चाइयाँ (cāiyāṁ) वि. चालबाज, धूर्त।
(adj.) tricky, fraud.

चाउर (cāur) पु. चावल।
(m.) rice.

चाक (cāk) पु. (सं.) चक्र, चक्का, कील पर घूमनेवाला चक्राकार पत्थर जिस पर कुम्हार मिट्टी के बर्तन बनाता है, पहिया, गराड़ी।
(m.) a wheel, potter's wheel, grindstone, pulley, a ring shaped or circular object.

चाकर (cākar) पु. (फा.) दास, नौकर, सेवक, भृत्य।
(m.) a servant, attendant.

चाकरानी (cākarānī) स्त्री. सेविका।
(f.) a woman servant.

चाकरी (cākarī) स्त्री. (फा.) सेवा, नौकरी, दासता।
(f.) service, employment, duty.

चाकी (cākī) स्त्री. चक्की। उदा. 'चलती चाकी देख के, दिया कबीरा रोय।'
(f.) a millstone, a pair of millstones, a mill, a grindstone.

चाकू (cākū) पु. (फा.) छुरी।
(m.) a knife.

चाचा (cācī) पु. पिता के छोटे भाई, काका, पितिया, पितृव्य।
(m.) paternal uncle, father's younger brother.

चाची (cācī) स्त्री. चाची, पिता के छोटे भाई की पत्नी।
(f.) paternal aunt.

चाट (cāṭ) पु. 1. चटाई। 2. छोला।
(m.) 1. mat. 2. an Indian spicy food.

चाटल (cāṭal) सक. चाटना।
(v.t.) to lick.

चाटु (cāṭu) पु. (सं.) चाटुकार।
(m.) a flatterer.

चाटू (cāṭū) वि. लालची, पेटू।
(adj.) greedy, gluttonous.

चातक (cātak) पु. (सं.) पपीहा नामक पक्षी, जिसके बारे में मान्यता है कि वह केवल 'स्वाती' नक्षत्र के बरसात की बूँदे पीकर जीवित रहता है।
(m.) the pied cuckoo or Papiha (supposed to live only on rain drops, esp. those falling in the autumn asterism Swati).

चातुर (cātur) वि. दे. चतुर।

चातुरी (cāturī) स्त्री (सं.) चतुराई।
(f.) cleverness, skill, accomplishment, shrewdness.

चादर (cādar) स्त्री. (फा.) कपड़े का लंबा-चौड़ा टुकड़ा जो ओढ़ने या बिछाने के काम आता है, हल्का ओढ़ना, चौड़ा दुपट्टा, किसी धातु का बड़ा चौखूँटा पत्तर, चद्दर।
(f.) a large rectangular piece of cloth used as bedsheet, a piece of cloth used to cover the body, a rectangular broad flat piece of metal.

चाननी (cānanī) स्त्री. चाँदनी।
(f.) moonlight.

चापलूस (cāpalūs) वि. (फा.) चापलूस, खुशामदी, लल्लो-चप्पो करनेवाला, चाटुकार।
(adj.) a flatterer, sycophant.

चापलूसी (cāpalūsī) स्त्री. (फा.) चाप्लूसी, खुशामद, हाँ में हाँ मिलाना।
(f.) flattery, sycophancy.

चापाकल (cāpākal) पु. हाथ से चलाकर पानी निकालने की कल या मशीन, हैंड पंप।
(m.) hand pump.

चापाती (cāpātī) स्त्री. (फा.) चपाती, रोटी।
(f.) an Indian loaf.

चाबी (cābī) स्त्री. कुंजी।
(f.) a key, a wedge.

चाबुक (cābuk) पु. (फा.) कोड़ा, हंटर, जोश दिलानेवाली बात।
(m.) a whip, a horsewhip, flagellum.

चाभी (cābhī) स्त्री. दे. चाबी।

चाभुक (cābhuk) पु. दे. चाबुक।

चाम (cām) पु. (सं. चर्म) चमड़ा, खाल।
(m.) skin, hide, leather.

चामर (cāmar) पु. चँवर, सुरागाय की पूँछ के बालों का गुच्छा जो डंडी में बाँधकर राजाओं, दूल्हों, देवताओं पर डुलाया जाता है।
(m.) a fly whisk.

चामुंडा (cāmuṅḍā) स्त्री. देवी दुर्गा का एक रूप।
(f.) a form of goddess Durga.

चाय (cāy) स्त्री. (फा.) चाय के पौधे की सूखी पत्तियाँ जिन्हें उबालकर पेय तैयार किया जाता है, चाय।
(f.) dried leaves of the tea plant, tea.

चार (cār) वि. (सं.) चार, 4 की संख्या।
(adj.) four.

चारखाना (cārakhānā) वि. (हिं.+फा.) वह कपड़ा या वस्तु जिस पर रंगीन धारियों वाले चौखूँटे खाने बने हों।
(adj.) chequered, consisting of lines intersecting at right angles (a design).

चारन (cāran) पु. (सं.) चारण, भाट।
(m.) a bard, a singer.

चारपाई (cārapāī) स्त्री. खटिया, खाट।
(f.) a bedstead, a bed.

चारा (cārā) पु. पशुओं का भोजन।
(m.) fodder, bait.

चारामशीन (cārāmasīn) स्त्री. पशुओं का चारा काटनेवाली मशीन।
(f.) a machine to cut grains and make fodder.

चारु (cāru) वि. (सं.) प्यारा, सुंदर, स्वागतयोग्य, शानदार।
(adj.) agreeable, lovely, elegant, graceful.

चाल (cāl) स्त्री. चलने की क्रिया, गति, चलने का ढंग।
(f.) motion, movement, gait, pace.

चालक (cālak) वि. (सं.) चलानेवाला।
(adj.) driver, motive.

चाल-चलन (cāl-calan) पु. चरित्र।
(m.) character.

चाला (cālā) पु. प्रस्थान, यात्रा का शुभ मुहूर्त।
(m.) departure, an auspicious moment or day for departure.

चालाक (cālāk) वि. (फा.) दक्ष, चतुर, धूर्त, चालबाज।
(adj.) active, quick, dextrous, clever, cunning, vigilant.

चालाकी (cālākī) स्त्री. (फा.) चतुराई, दक्षता, व्यवहार, कुशलता, पटुता, धूर्तता, चालबाजी, युक्ति।
(f.) cleverness, deftness, shrewdness, cunning, artfulness, a device, trick, plea.

चालान (cālān) पु. माल को एक स्थान से दूसरे स्थान पर भेजे जाने का कार्य, धन का विवरण।
(m.) despatch, consignment, transportation (of goods) transfer (of money), an invoice.

चालीस (cālīs) वि. चालीस, 40 की संख्या।
(adj.) forty.

चालीसा (cālīsā) पु. चालीस पदों का संग्रह (जैसे–हनुमान चालीसा), चालीस वस्तुओं का समूह, चालीस दिन का समय।
(m.) an aggregate of forty (as days, or verses) like Hanuman Calisa.

चालू (cālū) वि. जो चल रहा हो या वर्तमान हो, चलता हुआ।
(adj.) current, inforce, continuing, in progress (as a show, a term), in working order.

चाव (cāv) पु. अभिलाषा, आकांक्षा।
(m.) active wish, desire, a need, eagerness.

चावल (cāval) पु. चाउर, चावल।
(m.) rice.

चास (cās) पु. जोत, खेती की एक बार की जुताई।
(m.) ploughing, one ploughing (of a field).

चासल (cāsal) सक. खेत को जोतना।
(v.t.) to plough.

चाह (cāh) स्त्री. (सं.) 1. इच्छा, कामना, जरूरत, अभिलाषा। 2. चाय।
(f.) 1. wish, desire, need, eagerness, longing, choice, fancy, fondness. 2. tea.

चाहत (cāhat) स्त्री. दे. चाह।

चाहल (cāhal) सक. चाहना।
(v.t.) to want, to court, to desire.

चाहीं (cāhīṅ) सक. चाहिए।
(v.t.) should, ought to.

चाहीता (cāhītā) पु. दे. चहेता।

चाहे (cāhe) यो. यदि इच्छा हो, अथवा, या। उदा. 'लागी नाहीं छूटे रामा चाहे जिया जाय'।
(conj.) though, even if.

चिंउटी (ciṅuṭī) स्त्री. 1. चींटी। 2. चिकोटी।
(f.) 1. an ant. 2. a pinch.

चिंगुरन (ciṅguran) पु. सिकुड़न।
(m.) crease.

चिउरी (ciurī) स्त्री. अधपका भूना तथा कूटा हुआ अन्न।
(f.) unripe grain boiled, pounded and roasted.

चिकना (cikanā) स्त्री. खुरदुरारहित मुलायम पात्र, एक प्रकार की घास।
(f.) a greasy pot, a kind of grass.

चिकनावल (cikanāval) सक. चिकना करना।
(v.t.) to lubricate, to grease.

चिकनाहट (cikanāhaṭ) स्त्री. चिकनाहट, चिकनापन, चिकनाई।
(f.) oiliness, smoothness, polish.

चिकोटी (cikoṭī) स्त्री. झटके से पकड़ने हेतु अँगूठे और तर्जनी का योग।
(f.) a pinch (with the fingers).

चिक्कट (cikkaṭ) वि. तेल और मैल से गंदा और चिपचिपा।
(adj.) sticky, viscous, greasy, oily, dirty, filthy.

चिक्कन (cikkan) वि. चिकना, स्पष्ट, साफ।
(adj.) glace, clear, greasy.

चिक्कन-चाकन (cikkan-cākan) क्रि.वि. साफ-साफ।
(adv.) clearly.

चिक्करल (cikkaral) अक. जोर से चिल्लाना।
(v.i.) to cry out loudly.

चिक्का (cikkā) पु. कबड्डी के समान बच्चों का खेल।
(m.) a children's game resembling Kabaddi.

चिखना (cikhanā) पु. शराब आदि पीने के पहले जो चटपटा पदार्थ खाया जाता है।
(m.) spicy food taken before drinking wine etc.

चिखुर (cikhur) स्त्री. गिलहरी।
(f.) a squirrel.

चिखावल (cikhāval) सक. स्वाद जानने के लिए किसी चीज को खिलाना, चखाना।
(v.t.) to cause to taste.

चिचरा (cicarā) पु. ढाक का पेड़।
(m.) the dhak tree (Butea froundosa).

चिचिरी (cicirī) स्त्री. गाँवों में दिन गिनने हेतु दीवाल पर खींची रेखाएँ।
(f.) scratching the straight lines on wall for counting days.

चिचियाइल (ciciyāil) अक. चिल्लाना, शोर-गुल मचाना।
(v.i.) to utter a high pitched cry, to scream.

चिचिरा (cicirā) पु. एक प्रकार की सब्जी।
(m.) snake gourd.

चिट (ciṭ) स्त्री. कागज, कपड़े का टुकड़ा।
(f.) a piece, bit, chip, shred, a piece of written paper.

चिटकनी (ciṭakanī) स्त्री. चिटकनी।
(f.) the bolt of a door.

चिटखनी (ciṭakhanī) स्त्री. दे. चिटकनी।

चिट्ठा (ciṭṭhā) पु. खाता, लेखा, टिप्पणी, सूची।
(f.) an account (as of revenues, expenditure, lands), a memorandum list, a note.

चिट्ठी (ciṭṭhī) स्त्री. पत्र, खत।
(f.) a letter, a note.

चिड़चिड़ा (ciṛaciṛā) वि. जरा-सी बात पर चिढ़ने या अप्रसन्न हो जानेवाला।
(adj.) irritable, touchy, short-tempered.

चिड़चिड़ाइल (ciṛaciṛāil) अक. चिड़चिड़ाना।
(v.i.) to crackle.

चिड़चिड़ाह (ciṛaciṛāh) वि. चिड़चिड़ा।
(adj.) peevish.

चिड़चिड़ाहट (ciṛaciṛāhaṭ) पु. चिड़चिड़ापन।
(m.) petulance, moroseness.

चिड़ा (ciṛā) पु. (सं.) गौरैया पक्षी।
(m.) a cock bird, a cock-sparrow.

चिड़िया (ciṛiyā) स्त्री. पक्षी, पखेरू।
(f.) a bird.

चिड़ी (ciṛī) स्त्री. दे. चिड़िया।

चिढ़ (ciṛh) स्त्री. चिढ़ने की अवस्था या भाव, खीझ।
(f.) irritation, offence, huff, dislike, aversion.

चिढ़ल (ciṛhal) अक. खीझना, कुढ़ना।
(v.i.) to be irritated, to feel provoked.

चित (cit) पु. मन, दिल।
(m.) mind, heart.

चितकबरा (citakabarā) वि. भिन्न-भिन्न रंगों के धब्बों वाला।
(adj.) spotted.

चितकाबर (citakābar) वि. दे. चितकबरा।

चितरकूट (chitarakūṭ) पु. दे. चित्रकूट।

चितरा (citarā) स्त्री. चित्रा नक्षत्र।
(f.) the fourteenth lunar mansion.

चितवन (citavan) स्त्री. अवलोकन, ताकना।
(f.) a look, galence.

चिता (citā) स्त्री. (सं.) लकड़ियों का वह ढेर जिस पर मुर्दे को जलाया जाता है।
(f.) a funeral pyre.

चितेरा (citerā) पु. चित्रकार।
(m.) a painter, an artist.

चितेरिन (citerin) स्त्री. महिला चित्रकार।
(f.) a woman painter, artist.

चित्तल (cittal) पु. चीतल।
(m.) spotted deer.

चित्ती (cittī) स्त्री. छोटा धब्बा।
(f.) a spot, mark, stain, scar.

चिथड़ा (citharā) पु. फटा-पुराना कपड़ा।
(m.) a rag, a tatter.

चिथड़िया (cithariyā) पु. चिथड़ा पहना हुआ व्यक्ति।
(m.) a person wearing rags.

चिनक (cinak) स्त्री. चनक, पेशाब करते समय का दर्द, उत्तेजना।
(f.) a stinging or burning sensation, pain felt at the time of urinating, irritation.

चिनगारी (cinagārī) स्त्री. (सं.) आग का छोटा कण, अग्निकण।
(f.) a spark of fire.

चिनगी (cinagī) स्त्री. दे. चिनगारी।

चिनार (cinār) पु. पहाड़ी पीपल।
(m.) the plane tree, the poplar.

चिनिया (ciniyā) वि. चीनी का बना हुआ, चीनीयुक्त मीठा।
(adj.) made of sugar, sugary, sweet.

चिनिया-केला (ciniyā-kelā) पु. केले का एक प्रकार।
(m.) a type of banana.

चिन्ह (cinh) पु. निशानी।
(m.) token, sign.

चिन्हल (cinhal) सक. पहचानना।
(v.t.) to identify.

चिन्हा (cinhā) पु. प्रतीक, चिह्न।
(m.) sign, mark.

चिन्हा-परची (cinhā-paracī) स्त्री. परिचय।
(f.) acquaintance.

चिन्हा (cinhā) स्त्री. स्मारक, याद दिलानेवाली वस्तु।
(f.) mark/sign of identity token of remembrance.

चिन्हार (cinhār) पु. परिचित, पहचान।
(m.) familiar, identification.

चिन्हासी (cinhāsī) स्त्री. निशानी, पहचान।
(f.) mark, sign, token.

चिपकल (cipakal) अक. चिपक जाना, लग जाना, लटके रहना।
(v.i.) to stick, to adhere, to be attached, to cling.

चिपकू (cipakū) वि. लटके रहनेवाला, लगे रहनेवाला।
(adj.) hanger on, tenacious, clingy.

चिपचिप (cipacip) स्त्री. चिपचिप।
(f.) viscosity.

चिपचिपा (cipacipā) वि. चिपकनेवाला, चिपचिपा।
(adj.) sticky, viscous.

चिपटा (cipaṭā) वि. चपटा।
(adj.) flat.

चिपरी (ciparī) स्त्री. छोटी पतली चिपरी, गोइंठा।
(f.) a thin, small cake of cow-dung.

चिपल (cipal) सक. दबा देना।
(v.t.) to press.

चिपोरल (ciporal) सक. दाँत दिखाते हुए मुस्कुराना।
(v.t.) to grin.

चिप्पी (cippī) स्त्री. छोटा टुकड़ा जो कपड़े या कागज पर साटा जाता है।
(f.) a piece, a patch.

चिबउनी (cibaunī) स्त्री. स्त्रियों में प्रचलित एक गाली- 'बेटवा चिबउनी...'।
(f.) an abuse prevalent among woman.

चिबुक (cibuk) पु. (सं.) चिबुक।
(m.) the chin.

चिमटा (cimaṭā) पु. चिमटा।
(m.) tongs, pincers.

चिमटी (cimaṭī) स्त्री. छोटा चिमटा।
(f.) small pincer, tong.

चिमड़ा (cimaṛā) वि. कड़ा, ठोस।
(adj.) tough, inflexible.

चिमनी (cimanī) स्त्री. (अं.) धुआँ बाहर निकालनेवाली नली।
(f.) chimney (smoke passage).

चियाँ (ciyāṁ) पु. इमली का बीज।
(m.) a tamarind seed.

चिरंजी (ciraṅjī) वि. बहुत दिनों तक जीवित रहनेवाला।
(adj.) long lived, immortal.

चिरंजीवी (ciraṅjīvī) वि. दे. चिरंजी।

चिरइता (ciraitā) पु. एक प्रकार का तीखा पौधा, चिरैता।
(m.) a type of gentian used medicinally.

चिरई (ciraī) स्त्री. पक्षी, चिड़िया। उदा. 'चिरई के जान जाय लइका के खेलवना'।
(f.) bird.

चिरउँजी (ciraumjī) स्त्री. चिरउँजी का पेड़ व फल।
(f.) the tree Buchanania latifolia and its fruit.

चिरउरी (ciraurī) स्त्री. आग्रहपूर्वक प्रार्थना, दीनतापूर्ण अनुरोध।
(f.) trying to gain favour, ingratiating entreaty.

चिरकुट (ciracuṭ) पु. फटा-चिटा कपड़ा या कागज।
(m.) a bit, piece, rag, tattered cloth or paper.

चिरचिरी (ciracirī) स्त्री. छोटा पौधा जो दवा के काम आता है।
(f.) the little plant (source of pearlash).

चिरमिराहट (ciramirāhaṭ) स्त्री. टीस, चुभन, चमक।
(f.) smarting, burning, tingling.

चिरल (ciral) सक. चीरना, सीध में फाड़ना।
(v.t.) to torn, to split, to tear, to splinter.

चिरवाई (ciravāī) स्त्री. चिरवाने का काम, चिरवाने की मजदूरी।
(f.) causing to split, to be cut, price paid for having wood split.

चिराइन (cirāin) स्त्री. माँस या चमड़े के जलने की गंध, चिरायँध।
(f.) the smell of burning flesh or leather.

चिराइल (cirāil) पु. चीरा।
(m.) cut.

चिराई (cirāī) स्त्री. चीरने का काम या भाव।
(f.) sawing, cost of, or price paid for sawing or splitting.

चिराग (cirāg) पु. दीपक, दीया।
(m.) a lamp, a light.

चिलक (cilak) स्त्री. चमक, कांति, हड्डी या नस में अचानक दर्द।
(f.) glitter, brilliance, a shooting pain, a stitch (from running).

चिलबिला (cilabilā) वि. चंचल, चपल।
(adj.) boyish, childish, boisterous.

चिलम (cilam) स्त्री. मिट्टी का कटोरीनुमा पात्र जो तंबाकू पीने के काम आता है।
(f.) a clay bowl in which tobacco is smoked.

चिलर (cilar) पु. बालों में रहनेवाली सफेद जूँ।
(m.) a louse of white colour.

चिलवन (cilavan) पु. पर्दा, बाँस की पट्टियों का परदा, चिक।
(m.) a screen, a hanging screen of reeds or split bamboo.

चिलाइल (cilāil) अक. ऊँचे स्वर में बोलना, चिल्लाना।
(v.i.) to cry out loudly, to shout, to scream.

चिल्लाहट (cillāhaṭ) स्त्री. जोर की आवाज, स्वर।
(f.) a cry, scream, outcry, clamour.

चिल्ह (cilh) पु. अँतड़ी में पैदा होनेवाला लंबा कीड़ा।
(m.) a ribbon like flat worm.

चिहाइल (cihail) अक. चौंकना।
(v.i.) to be startled, to be greatly astonished.

चीं (cīṅ) स्त्री. चहचहाहट, कुलबुलाहट, मरमराहट, चिड़िया की आवाज।
(f.) chirping, chattering, murmuring, the sound of bird.

चींगा (cīṅgā) पु. छोटी चिड़िया।
(m.) a young bird.

चींटा (cīṅṭā) पु. काले या लाल रंग की बड़ी चींटी।
(m.) a large ant (black or red).

चींटी (cīṅṭī) स्त्री. चींटी।
(f.) an ant.

चीकट (cīkaṭ) वि. गंदा।
(adj.) greasy, dirty (as cloth).

चीख (cīkh) स्त्री. जोर से चिल्लाने की आवाज।
(f.) a scream, shriek, screech.

चीज (cīj) स्त्री. वस्तु।
(f.) a thing, an article, an item.

चीड़ (cīṛ) पु. एक पौधा।
(m.) a pine or fir tree.

चीतल (cītal) पु. एक प्रकार का हिरन।
(m.) the axis or spotted deer.

चीता (cītā) पु. (सं.) चीता।
(m.) a leopard, cheetah.

चीथड़ा (cītharā) पु. फटा-पुराना कपड़ा।
(m.) a rag, a tatter.

चीन (cīn) पु. एशिया का एक देश, चीन।
(m.) China (a famous country of Asia).

चीना (cīnā) पु. एक प्रकार का अनाज।
(m.) a kind of small millet.

चीन्हल (cīnhal) सक. पहचानना।
(v.t.) to recognize, to identify.
चीन्हा (cīnhā) पु. निशान।
(m.) an acquaintance.
चीमटा (cīmaṭā) पु. कोई जलती हुई चीज (जैसे कोयला) पकड़ने का आला, चिमटा।
(m.) tongs, pincers.
चीभल (cībhal) सक. चूसना (गन्ना)।
(v.t.) to suck, to draw in, to soak up.
चीमड़ (cīmaṛ) वि. कड़ा।
(adj.) tough, tenacious, inflexible.
चीरल (cīral) सक. चीरना।
(v.t.) to cut, to lance.
चीयाँ (cīyāṁ) पु. इमली का बीया।
(m.) a tamarind seed.
चीर (cīr) पु. दे. चीड़।
चीरा (cīrā) पु. चीरकर बनाया गया घाव, क्षत।
(m.) a cut, incision, wound.
चीरी (cīrī) स्त्री. दे. चिड़िया।
चील (cīl) स्त्री. एक चिड़िया।
(f.) a kite (the bird).
चुंगी (cuṅgī) स्त्री. शुल्क, शहर में आनेवाली वस्तु पर महसूल।
(f.) a portion of produce, duty, levy or toll on produce.
चुंबक (cuṅbak) पु. दे. चुम्मक।
चुंबन (cuṅban) पु. दे. चुम्मा।
चुकंदर (cukaṅdar) पु. गाजर की तरह का एक कंद, चुकंदर।
(m.) beetroot.
चुकावल (cukāval) सक. चुकाना, कर्ज से मुक्त होना।
(v.t.) to pay.
चुक्कड़ (cukkaṛ) पु. (सं.) कुल्हड़, पुरवा, मिट्टी का बना कप जैसा पात्र जो पानी या चाय पीने के काम आता है।
(m.) a small earthen vessel, a drinking cup.
चुक्का (cukkā) पु. गुल्लक।
(m.) an earthen pot.
चुगद (cugad) पु. मूर्ख, उल्लू।
(m.) a fool, an owl.
चुगल (cugal) पु. शिकायत।
(m.) a slanderer, a tale-bearer, informer.
चुगली (cugalī) स्त्री. (फा.) दूसरे की निंदा जो उसकी अनुपस्थिति में की जाए।
(f.) slander, tale-bearing, backbiting.
चुचुकल (cucukal) वि. झुर्रीदार, सूखी हुई।
(adj.) parched, withered.
चुचकारी (cucakārī) स्त्री. चुचकारी।
(f.) coaxing, fondling.
चुटकिला (cuṭakilā) पु. दे. चुटकुला।
चुटकुला (cuṭakulā) पु. हँसी की मजेदार बात।
(m.) a joke, joking, a humorous story, pun.
चुटपुटिया (cuṭapuṭiyā) पु. बच्चों की फुलझड़ी।
(m.) children's firework.
चुटीला (cuṭīlā) वि. घाव करनेवाली तेज बात, व्यंग्य।
(adj.) wounding, sharp (as speech).
चुड़इल (cuṛail) स्त्री. भूतनी, डायन।
(f.) the ghost of a woman who dies while pregnant or in childbirth.
चुतरी (cutarī) पु. हल का पिछला सिरा।
(m.) the tail end of the plough.
चुत्तर (cuttar) पु. दे. चूतड़।
चुनचुनी (cunacunī) स्त्री. खुजली।
(f.) itchiness, unease.
चुनरी (cunarī) स्त्री. लाल साड़ी।
(f.) red saree.
चुनल (cunal) सक. अनेक वस्तुओं में से चुनना।
(v.t.) to select among various things.
चुनाव (cunāv) पु. निर्वाचन, चुनने की क्रिया।
(m.) a choice, selection, an election.
चुनौटी (cunauṭī) स्त्री. चूना रखने की डिबिया।
(f.) a small box for holding the lime which is eaten with betal leaf or tobacco.
चुन्ना (cunnā) विस्म. छोटे बच्चों के पुकार का नाम।
(interj.) an exclamation used in calling small children.
चुन्नी (cunnī) स्त्री. छोटा टुकड़ा, छोटा रत्न, अनाज या लकड़ी का चूरा, छोटा सितारा।
(f.) a small fragments, bruised or broken grain, bran, sawdust, a small ruby.
चुप (cup) स्त्री. शांति। (वि.) शांत।
(f.) silence, quiet. (adj.) silent, quiet.
चुपकी (cupakī) स्त्री. मौन।
(f.) silence, quiet.

चुपके (cupke) क्रि.वि. धीमे से, चुपके से।
(adv.) silently, quietly, stealthily.

चुपावल (cupāval) सक. चुप कराना।
(v.t.) to pacify.

चुप्पी (cuppī) स्त्री. शांति।
(f.) silence, quiet.

चुभकी (cubhakī) स्त्री. डुबकी।
(f.) a plunge, dive, ducking under the water.

चुभन (cubhan) स्त्री. गड़ने की क्रिया, खटका, दर्द।
(f.) a piercing, pricking, piercing pain, colic.

चुभावल (cubhāval) सक. चुभाना।
(v.t.) to prickle.

चुम्मक (cummak) पु. चुंबक।
(m.) a magnet.

चुम्मा (cummā) पु. स्पर्श, बोसा, चुंबन।
(m.) a kiss.

चुरइल (curail) स्त्री. दे. चुड़इल।

चुरचुरा (curacurā) वि. चुरचुरा लगनेवाला।
(adj.) crisp, crunchy.

चुरमुरा (curamurā) वि. चुर-चुर वाली ध्वनि।
(adj.) making a crunching or crackling sound.

चुरी (curī) स्त्री. चूड़ी।
(f.) a bracelet, bangle.

चुलबुल (culabul) स्त्री. जीवंतता, बेचैनी।
(f.) liveliness, restlessness.

चुलबुला (culabulā) वि. जीवंत, बेचैन।
(adj.) restless, lively.

चुलबुलापन (culabulāpan) पु. दे. चुलबुल।

चुलबुलिया (culabuliyā) वि. दे. चुलबुला।

चुल्लू (cullū) पु. अँजुरी।
(m.) the palm of the hand hollowed (as to hold water) a mouthful of water.

चुसकी (cusakī) स्त्री. सुरक, घूँट, चुस्की।
(f.) sip, suck, pull (as at a pipe).

चुस्त (cust) वि. फुरतीला, तत्पर, मुस्तैद, कसा हुआ, तंग, संकुचित।
(adj.) quick, brisk, active, alert, clever, smart, ingenious, close, narrow, tight-fitting (of clothes).

चुस्ती (custī) स्त्री. फुरती, तेजी।
(f.) quickness, alertness, elegance.

चुहचुहा (cuhacuhā) वि. चुहचुहाता।
(adj.) lively, bright, warm, glowing.

चुहल (cuhal) स्त्री. हँसी, ठिठोली।
(f.) merriment, naughtiness (of behaviour).

चुहिया (cuhiyā) स्त्री. चूहा का स्त्रीलिंग।
(f.) a female rat, a small mouse, rat.

चूँ (cūṁ) स्त्री. धीमी आवाज।
(f.) a slight noise or sound.

चूँच (cūṁc) स्त्री. बड़ा स्तन।
(f.) big breast, big nipple.

चूँची (cūṁcī) स्त्री. (सं.) स्तन, कुच।
(f.) the female breast.

चूअल (cūal) अक. तरल पदार्थ की बूँदों का गिरना।
(v.i.) dropping of liquid.

चूक (cūk) स्त्री. गलती, दोष, भूल, छूट।
(f.) shortcoming, mistake, blunder, fault, omission.

चूकल (cūkal) सक. भूल करना, अवसर खो देना।
(v.t.) to fall short, to make a mistake, or blunder, to err, to miss (a target).

चूका (cūkā) पु. मिट्टी का बर्तन।
(m.) a kind of earthen pot.

चूजा (cūjā) पु. मुर्गी का बच्चा।
(m.) a chicken.

चूड़ा (cūṛā) पु. चिउड़ा।
(m.) paddy boiled, pounded, and roasted.

चूड़ी (cūṛī) स्त्री. वृत्ताकार वस्तु, घेरा, छल्ला, चूड़ी।
(f.) a bangle, bracelet (as of glass), plastic.

चूड़ीहारा (cūṛīhārā) पु. चूड़ी बनाने या बेचनेवाला।
(m.) maker or seller of bangles.

चूत (cūt) स्त्री. स्त्रियों का गुप्तांग, भग, योनि।
(f.) vulva, vagina.

चूतड़ (cūtaṛ) पु. नितंब।
(m.) buttocks, rump.

चूतिया (cūtiyā) पु. मूर्ख, बुद्धू व्यक्ति।
(m.) a contemptible wretch, an idiot, fool, stupid.

चूतियागिरी (cūtiyāgirī) पु. दे. चूतियापन।

चूतियापन (cūtiyāpan) पु. बेसमझी, मूर्खता, बुद्धूपन।
(m.) idiocy, folly.

चून (cūn) पु. आटा, चूर्ण, चूना। उदा. 'चोंच जे देहल, चून भेजइहें'।
(m.) flour, meal, powder, lime.

चूमल (cūmal) सक. चुम्मा लेना, चूमना।
(v.t.) to kiss.
चूमा (cūmā) पु. चुंबन, चूमने की क्रिया।
(m.) a kiss.
चूरकी (cūrakī) स्त्री. चोटी, चुटिया।
(f.) lock (of hair).
चूरन (cūran) वि. चूर्ण। (पु.) आटा, बारीक पीसा हुआ अन्न।
(adj.) crushed, smashed, broken (m.) any ground or minutely fragmented substance, powder, flour.
चूरी (cūrī) स्त्री. दे. चूड़ी।
चूल (cūl) पु. बाल, चोटी।
(m.) top, crest, the hair of the head.
चूल्ह (chūlh) पु. दो तरफ से आग निकालनेवाला चूल्हा।
(m.) stove (made of soil) having two places to extinguish the fire.
चूल्हा (cūlhā) पु. मिट्टी की बनी हुई अंगीठी।
(m.) a stove made of soil.
चूवन (cūvan) पु. टपकन।
(m.) drip.
चूवल (cūval) अक. बूँद-बूँद करके टपकना।
(v.i.) to leak drop by drop.
चूसल (cūsal) सक. रसपान करना, रस निचोड़ लेना।
(v.t.) to suck, to draw in, to absorb.
चूहड़ा (cūhaṛā) पु. भंगी, डोम।
(m.) a base or villainous person, an outcast sweeper.
चूहा (cūhā) पु. (सं.) मूषक, चूहा।
(m.) a rat, a mouse.
चूही (cūhī) स्त्री. चूहा का स्त्रीलिंग।
(f.) a female rat.
चेक (cek) पु. (अं.) चेक, चेकबही।
(m.) a cheque.
चेका (cekā) पु. मिट्टी का बड़ा ढेला।
(m.) a big piece of soil.
चेचक (cecak) स्त्री. शीतला, चेचक।
(f.) small pox.
चेत (cet) पु. चेतना, होश, समझदारी।
(m.) consciousness, wits, senses, alertness, caution.
चेतावनी (cetāvanī) स्त्री. सावधान करने की बात।
(f.) a warning, caution, reminder.
चेतल (cetal) वि. सचेत।
(adj.) conscious.
चेतावल (cetāval) सक. सावधान करना।
(v.t.) to caution, to warn.
चेप (cep) स्त्री. गाढ़ा रसदार रस।
(f.) a sticky substance.
चेपा (cepā) पु. खड़ी फसल को नुकसान पहुँचानेवाला रोग।
(m.) a disease which affects standing crops.
चेपी (cepī) स्त्री. चिप्पी।
(f.) a piece stuck on, a patch.
चेरा (cerā) पु. सेवक, दास, चेला।
(m.) a servant, a pupil.
चेरी (cerī) स्त्री. सेविका, दासी।
(f.) a woman servant.
चेलवाही (celavāhī) स्त्री. चेलों का समूह।
(f.) group of pupils.
चेला (celā) पु. शिष्य, शागिर्द, गुरुमंत्र लेनेवाला।
(m.) a pupil, disciple, an attendant.
चेला-चपाटी (celā-capāṭī) पु. शिष्यगण।
(m.) pupils.
चेली (celī) स्त्री. गुरुदीक्षा पानेवाली स्त्री, शिष्या।
(f.) a female pupil, female attendant.
चेहरा (ceharā) पु. मुखड़ा, मुखाकृति।
(m.) face, features, expression (facial), front part.
चेहलुम (cehalum) पु. चेहल्लुम चालीसवाँ, मुहर्रम के चालीसवें दिन पर शहीदों का फातिहा।
(m.) fortieth, the fortieth day of mourning, an observance carried out on the fortieth day after a death, or after the burial of the Taziya in the month of Muharram.
चैत (cait) पु. चैत्र, हिंदू वर्ष का पहला महीना।
(m.) the first month of the Hindu year.
चैन (cain) पु. आराम, सुख, शांति।
(m.) ease of mind, contentment, peace, quiet, repose.
चैला (cailā) पु. जलाने के लिए चिरी हुई लकड़ी, फट्टा।
(m.) a piece of split wood (for burning).
चैली (cailī) स्त्री. छोटा चैला।
(f.) a splinter or chip of wood.
चोंइटा (coṅiṭā) पु. दे. चोंइयाँ।
चोंइया (choṅiyā) स्त्री. मछली की त्वचा।
(f.) skin of fish.
चोंकरल (coṅkaral) अक. बहुत जोर से चिल्लाना।
(v.i.) to cry loudly.

चोंगा (coṅgā) पु. बाँस के लंबे पोर के भीतर का खोखला भाग, कागज, टीन की खोखली नली, टेलीफोन रिसीवर।
(m.) section of bamboo (used as a container for oil, or as a tube), cylindrical case, telephone receiver (handset).

चोंच (coṅc) स्त्री. पक्षियों के मुँह का अगला भाग, चोंच।
(f.) beak, bill, mouth.

चोंचला (coṅcalā) पु. नखरा, हाव-भाव।
(m.) playfulness, artfulness, affectation.

चोकर (cokar) पु. गेहूँ, जौ का छिलका जो आटे को छानने से चलनी में रह जाता है।
(m.) husks or refuse of wheat, barley.

चोख (cokh) वि. तेज, पैना (हथियार)।
(adj.) sharp.

चोखा (cokhā) पु. भरता, सब्जियों को भूनकर बनाया गया व्यंजन।
(m.) a spiced dish of roasted or fried vegetables.

चोखाई (cokhāī) स्त्री. चोखापन, उत्तमता।
(f.) sharpness, pungency, good quality.

चोगद (cogad) वि. बेवकूफ, मूर्ख।
(adj.) fool, idiot.

चोगा (cogā) पु. लंबा और ढीला-ढाला अँगरखा।
(m.) a long, loose knee length cloth.

चोट (coṭ) स्त्री. आघात, प्रहार।
(f.) blow, wound, injury, hurt, shock, blow.

चोट्टा (coṭṭā) पु. चोर, एक गाली।
(m.) pilferer.

चोटा (coṭā) पु. राब के ऊपर उठ आनेवाला शीरा।
(m.) molasses, treacle.

चोटार (coṭār) वि. चोट करनेवाला, चोट खाया हुआ।
(adj.) violent (a blow), prone to bite (an animal).

चोटाह (coṭāh) वि. चोट खाया हुआ, चोटिल।
(adj.) wounded.

चोटी (coṭī) स्त्री. 1. शिखा, चुंडी। 2. पर्वत का शिखर, टीला।
(f.) a lock of hair left unshaven on the head, top-knot. 2. peak, crest (of a mountain).

चोदल (codal) सक. मैथुन करना।
(v.t.) to fuck.

चोदक्कड़ (codakkaṛ) पु. अत्यधिक संभोग करनेवाला।
(m.) a lascivious man.

चोर (cor) पु. चोरी करनेवाला व्यक्ति।
(m.) a thief, a robber.

चोरावल (corāval) सक. चोरी करना, चुराना।
(v.t.) to steal.

चोरी (corī) स्त्री. चोर का काम, छिपाव।
(f.) theft.

चोला (colā) पु. लंबा, ढीला-ढाला कुरता।
(m.) a long gown.

चोली (colī) स्त्री. ब्लाउज, बाडिस।
(f.) a bodice, blouse, a brassiers.

चोहपल-चहुपल (cohapal-cahupal) अक. पहुँचना।
(v.i.) to reach.

चौंतरा (cauṅtarā) पु. चौतरा, चबूतरा।
(m.) a platform, base (of a temple or mosque) a terrace, an open raised area.

चौंतीस (cauṅtīs) वि. चौंतीस, 34 की संख्या।
(adj.) thirty four.

चौंधियावल (cauṅdhiyāval) सक. चकाचौंध करना, चौंधियाना।
(v.t.) to dazzle, to daze.

चौंसठ (cauṅsaṭh) वि. चौंसठ, 64 की संख्या।
(adj.) sixty four.

चौक (cauk) पु. 1. चौखूँटा, सघन, आँगन, चौमुहानी। 2. मुख्य बाजार।
(m.) 1. a quadrangle, courtyard, a squire. 2. market place.

चौकस (caukas) वि. चौकन्ना।
(adj.) careful.

चौपाया (caupāyā) पु. चार पैरवाला।
(m.) four footed.

चौड़ा (cauṛā) वि. फैला हुआ, विस्तृत, चौड़ा, चकला।
(adj.) wide, broad.

चौड़ाई (cauṛāī) स्त्री. चौड़ापन।
(f.) width, breadth.

चौदह (caudah) वि. चौदह, 14 की संख्या।
(adj.) fourteen.

चौपाई (caupāī) स्त्री. सोलह मात्राओंवाली एक छंद, चौपाई।
(f.) a quartrain (usually printed as two rhyming lines of verse, each containing sixteen matras).

चौपाल (caupāl) पु. गाँव का सभाकक्ष।
(f.) an assembly room, covered assembly, place (in a village).

चौबीस (caubīs) वि. चौबीस, 24 की संख्या।
(adj.) twenty four.
चौरठ (caurațh) पु. सूखे चावल का आटा।
(m.) flour of dried rice.
चौरा (caurā) पु. चबूतरा, प्लेटफार्म।
(m.) platform.
चौराई (caurāī) स्त्री. एक प्रकार का साग।
(f.) a kind of a green vegetable.
चौरासी (caurāsī) वि. चौरासी, 84 की संख्या।
(adj.) eighty four.
चौराहा (caurāhā) पु. दो मार्गों के मिलने पर निकलनेवाली चार राह।
(m.) a crossroads, intersection.
चौहट्टा (cauhaṭṭā) पु. दे. चौराहा।
चौहद्दी (cauhaddī) स्त्री. सीमा।
(f.) boundary.

छ

छ (cha) देवनागरी वर्णमाला में सातवाँ व्यंजन, उच्चारण स्थान तालु।
-the seventh consonant of the Devanagari syllabary.
छँइटा (chaṁiṭā) पु. बाँस की बड़ी टोकरी या बर्तन।
(m.) big basket of bamboo.
छँइटी (chaṁiṭī) स्त्री. बाँस की छोटी टोकरी।
(f.) small basket of bamboo.
छँउड़ी (chaṁuṛī) स्त्री. लड़की, छोकड़ी।
(f.) a girl.
छँखड़ा (chaṁkhaṛā) स्त्री. (सं.) बैलगाड़ी, गाड़ी।
(f.) bullock cart.
छँटल (chaṁṭal) वि. कुख्यात, छाँटकर अलग किया हुआ।
(adj.) picked, out and out (a scoundrel).
छँटुआ (chaṁṭuā) वि. जाति से बहिष्कृत।
(adj.) outcasted from the caste.
छँवकल (chaṁvakal) सक. दाल आदि को घी तेल से छौंकना।
(v.t.) to fry pulse with ghee, oil.
छई (chaī) स्त्री. यक्ष्मा, क्षय रोग।
(f.) tuberculosis.
छउकल (chaukal) अक. आक्रमण करने हेतु आगे बढ़ना।
(v.i.) to go ahead to attack.
छकड़ा (chakaṛā) पु. वाहन।
(m.) conveyance.
छका (chakā) वि. गुणा के अर्थ में प्रयुक्त शब्द, छह बार। उदा. 'छ छका छत्तीस'।
(adj.) six fold, six times.
छकल (chakal) अक. धोखा खाना, थक जाना।
(v.i.) to be astonished, to be harassed.
छक्का (chakkā) पु. 1. ताश का छठा पत्ता जिसमें छ बूटे बने रहते हैं। 2. क्रिकेट का एक शाट। मुहा. **~पंजा जानल**। 3. नपुंसक।
(m.) 1. a six (in cards, dice, cricket), a group of six. 2. sixer. 3. third gender.
छकावल (chakāval) सक. छकाना, मात देना, परेशान करना।
(v.t.) to inflict, to punish, cane.
छखँड़ा (chakhaṁṛā) वि. टूटा हुआ (चावल, धान, गेहूँ)।
(adj.) broken into pieces (rice).
छखड़ल (chakhaṛal) सक. खंड-खंड काटना।
(v.t.) to cut into pieces.
छगन (chagan) पु. (सं. छगट, एक छोटी मछली) छोटा बालक (प्यार का शब्द)।
(m.) baby, young one (a word of affection).
छगरा (chagarā) पु. बकरा।
(m.) a goat.
छगरी (chagarī) स्त्री. छोटी बकरी।
(f.) a small goat.
छछनल (chachanal) अक. पाने के लिए व्यग्र होना।
(v.i.) to be eagerly engaged in getting something.
छछकाल (chachakāl) पु. पानी की बहुलता की स्थिति। उदा. 'सूखली गड़हिया में इनर अइले, पनिया भइल छछकाल हो रामा' (लोक.)।
(m.) the state of flood.
छछर (chachar) वि. छह दाँतवाला बछड़ा।
(adj.) six toothed calf.
छछात (chachāt) क्रि.वि. साक्षात्, सामने, प्रत्यक्ष।
(adv.) in person, visible.

छछिया (chachiyā) स्त्री. छाछ पीने या रखने का एक छोटा बर्तन।
(f.) a little pot for keeping the butter milk.

छछुन्नर (chachunnar) पु. दे. छछूंदर।

छछूंदर (chachūṅdar) पु. चूहे की तरह का एक जंतु।
(m.) the musk-rat.

छटँकी (chaṭaṁkī) स्त्री. लगभग दो औंस का तौल।
(f.) a weight of approx. two ounces.

छटपट (chaṭapaṭ) स्त्री. बेचैनी, प्रबल उत्कंठा।
(f.) tossing about, impatience.

छटाँक (chaṭāṁk) स्त्री. एक तौल, एक सेर का सोलहवाँ भाग, लगभग दो औंस।
(f.) a sixteenth part of a ser (approx two ounces).

छटा (chaṭā) स्त्री. (सं.) शोभा, सौंदर्य, चमक।
(f.) splendour, brilliance, lustre.

छठ (chaṭh) स्त्री. (सं.) शुक्लपक्ष का छठवाँ दिन, एक व्रत जिसमें डूबते और उगते सूर्य को अर्घ्य दिया जाता है।
(f.) the sixth day of the lunar fortnight, a fasting festival of offering Arghya to the rising and setting sun.

छठिहार (chaṭhihār) पु. (सं.) जन्म के छठवें दिन का उत्सव।
(m.) the sixth day after the birth of a child (when ceremonial observances are performed).

छड़ (chaṛ) पु. (सं.) धातु, लकड़ी का लंबा, पतला टुकड़ा।
(m.) a pole, a rod, a staff bar.

छड़ी (chaṛī) स्त्री. पतली छोटी लाठी जिसके सहारे टहला जाता है।
(f.) stick, cane, rod, walking stick.

छड़ीदार (chaṛīdār) पु. द्वारपाल, दरबान।
(m.) gatekeeper.

छत (chat) स्त्री. छत, पाटन।
(f.) a roof, a ceiling.

छतनार (chatanār) वि. जिसकी शाखाएँ छितरी या फैली हों।
(adj.) dense, overspread, shade giving.

छतर (chatar) पु. (सं.) छत्र, साँप का फण, हरिहर क्षेत्र का संक्षिप्त नाम।
(m.) snake's hood, short form of Harihar region.

छतरछाँह (chatarachāṁh) स्त्री. सुरक्षा, शरण, अभिभावकत्व।
(f.) protection, shelter, patronage.

छतरी (chatarī) स्त्री. (सं.) 1. छाता। 2. राजपूत।
(f.) 1. an umbrella. 2. Rajput.

छतइला (chatailā) वि. छतदार (मकान)।
(adj.) a house with roof.

छति (chati) स्त्री. हानि, नुकसान, चोट।
(f.) harm, loss, damage.

छतीस (chatīs) वि. छत्तीस, 36 की संख्या।
(adj.) thirty six.

छतीसा (chatīsā) वि. छत्तीसों कला का जानकार व्यक्ति, धूर्त, चतुर।
(adj.) possessing thirty six arts or skills, cunning, clever.

छतीसी (chatīsī) स्त्री. छत्तीसी।
(f.) a disguised person.

छत्ता (chattā) पु. छत्ता (मधुमक्खी आदि का)।
(m.) honeycomb.

छदाम (chadām) पु. पैसे का चौथाई भाग।
(m.) one fourth of a paisa.

छन (chan) पु. (सं.) क्षण।
(m.) a moment, an instant.

छनक (chanak) पु. छन-छन शब्द (ध्वनि)।
(f.) a tinkling or jingling sound.

छनकल (chanakal) अक. आशंकित होना।
(v.i.) to get frightened.

छनकटाह (chanakaṭāh) वि. तुनक मिजाज।
(adj.) whimsical, irritable of temperament.

छननी (chananī) स्त्री. चलनी, छननी।
(f.) a strainer, siever.

छनमतू (chanamatū) वि. अस्थिर, चंचल, नटखट।
(adj.) shaking, wanton, naughty.

छनिक (chanik) वि. (सं.) क्षणिक, क्षण-भर ठहरनेवाला, क्षणभंगुर, अनित्य, अस्थाई।
(adj.) momentary, temporary, transitory.

छप (chap) स्त्री. कीचड़ या पानी में किसी वस्तु के गिरने से उत्पन्न आवाज।
(f.) splashing or squelching sound (as of an object falling into water or mud).

छपकल (chapakal) अक. पानी में हाथ-पैर मारना।
(v.i.) to be dashed in water, to jump into water.

छपका (chapakā) पु. पानी का छपाका।
(m.) a splash (of water).

छपरा (chaparā) पु. 1. छप्पड़, कुटी। 2. बिहार का एक शहर।
(m.) 1. a thatch, a hut. 2. a famous city in Bihar.

छपरी (chaparī) स्त्री. झोंपड़ी।
(f.) hut, cottage.

छपल (chapal) वि. मुद्रित।
(adj.) printed.

छपाई (chapāī) स्त्री. मुद्रण, मुद्रण की मजदूरी।
(f.) printing, a printing, an impression, cost of printing.

छप्पन (chappan) वि. छप्पन, 56 की संख्या।
(adj.) fifty six.

छप्पनछुरी (chappanachurī) स्त्री. नर्तकी, चहकदार, चुलबुली, मायावी औरत। (बोलचाल की शब्दावली)।
(f.) colloq, a smart dashing sharp woman.

छप्पर (chappar) पु. झोपड़ी।
(m.) a thatched roof, hut, a shed.

छबि (chabi) स्त्री. (सं.) छवि, शोभा, बनावट, कांति, प्रभा।
(f.) beauty, grace, charm, graceful form, brilliance, lustre.

छबीला (chabīlā) वि. आकर्षक, सुंदर छविवाला।
(adj.) graceful, handsome (in a faminine way).

छब्बीस (chabbīs) वि. छब्बीस, 26 की संख्या।
(adj.) twenty six.

छब्बे (chabbe) पु. एक काल्पनिक उपाधि। उदा. 'चउबे गइले छब्बे होखे, दूबे होके अइले'।
(m.) an imaginary surname.

छमछम (chamacham) स्त्री. घंटी, घुँघरू की ध्वनि, सघन वृष्टि की ध्वनि।
(f.) a jingling sound (as of bells) the sound of heavy rain.

छमसिया (chamasiyā) वि. छह माह की आयुवाला बालक।
(adj.) a child of six month.

छमा (chamā) स्त्री. (सं.) माफी, क्षमा।
(f.) forbearance, forgiveness, pardon.

छमाही (chamāhī) वि. छह महीने पर होनेवाली, अर्धवार्षिक।
(adj.) half yearly.

छय (chay) पु. (सं.) क्षय, यक्ष्मा रोग।
(m.) tuberculosis.

छरकल (charakal) अक. आवेश में इधर-उधर भागना।
(v.i.) to rampage.

छरकी (charakī) स्त्री. पतली लंबी टहनी, चहारदीवारी।
(f.) thin and long branch of trees, boundary.

छरदवाली (charadavālī) स्त्री. दे. छरकी।

छरदेवाल (charadevāl) स्त्री. चारदीवारी।
(f.) an enclosing wall.

छरपट (charapaṭ) पु. छटपटी, व्यग्रता। मुहा. **~छूटल**= व्यग्र होना।
(m.) tossing about, restlessness, impatience.

छरपल (charapal) अक. कूदना, फाँदना।
(v.i.) to jump.

छरहर (charahar) वि. लंबा पतला (शरीर), जीवंत।
(adj.) lean, spare (of build), slender, lively, graceful.

छर्रा (charrā) पु. शीशे, लोहे, पत्थर धातु की छोटी-छोटी गोलियाँ।
(m.) a small stone, piece of shot, charge of shot.

छरियाइल (chariyāil) अक. बच्चों का किसी बात पर जिद करना और जोर-जोर से रोना।
(v.i.) to cry loudly on any issue (by child).

छल (chal) पु. दूसरे को धोखा देने का काम, कपट, धूर्तता, वंचना।
(m.) deceit, fraud, pretence, trick, trickery.
~बट्टा (~baṭṭā) पु. चालबाजी, धोखेबाजी।
(m.) fraud and harm.
~बल (~bal) पु. कपटपूर्ण व्यवहार।
(m.) fraud and force.
~विद्या (~vidyā) स्त्री. छल-छद्म की कला।
(f.) a deceitful art.

छलक (chalak) स्त्री. छलकने की क्रिया या भाव।
(f.) splashing, overflowing.

छलकल (chalakal) अक. भर जाने पर पात्र से छलकना।
(v.i.) to splash, to overflow.

छलछल (chalachal) स्त्री. छलकने की ध्वनि।
(f.) the sound of splashing, overflowing.

छलनी (chalanī) स्त्री. (सं.) चालने का एक उपकरण, चलनी।
(f.) a sieve, a strain.

छलाँग (chalāṁg) स्त्री. कुदान, फलाँग।
(f.) a leap, bound, spring, a jump.

छलिया (chaliyā) वि. (सं.) छल करनेवाला, कपटी, धोखेबाज।
(adj.) a deceiver, cheat, trickster.
छली (chalī) वि. दे. छलिया।
छव (chav) वि. छः, 6 की संख्या।
(adj.) six.
छवधर (chavadhar) वि. छह दाँतवाला बैल।
(adj.) a bullock with six teeth.
छवड़ा (chavaṛā) पु. छोकड़ा, नौजवान।
(m.) a boy, a lad.
छवड़ी (chavaṛī) स्त्री. छोकड़ी।
(f.) a girl, lass.
छवर (chavar) पु. रास्ता, डगर।
(m.) path, way.
छवाई (chavāī) स्त्री. घर छाने का काम, छाने की प्रक्रिया, छाने की मजदूरी।
(f.) the process of thatching, wages of thatching.
छहंतर (chahantar) वि. किसी बात को तुरंत ताड़नेवाला।
(adj.) a fast guessing man.
छहक्का (chahakkā) वि. चमकदार, झकाझक।
(adj.) dazzling, brilliant.
छहलल (chahalal) अक. फिसलना।
(v.i.) to slip, to slide.
छाँछ (chāṁch) पु. मट्ठा।
(m.) liquified curd, butter milk.
छाँट (chāṁṭ) स्त्री. काटने-छाँटने की क्रिया।
(f.) cutting, paring, trimming.
छाँटन (chāṁṭan) पु. कतरन।
(m.) cutting.
छाँटल (chāṁṭal) सक. छाँटना।
(v.t.) to prune.
छाँटि (chāṁṭi) स्त्री. वमन, कै।
(f.) vomitting.
छाँव (chāṁv) स्त्री. छाया, परछाई, शरण।
(f.) shade, shadow, reflection.
छाई (chāī) स्त्री. धूल, राख।
(f.) ashes, ash.
छाउर (chāur) पु. राख।
(m.) ash.
छागल (chāgal) पु. पाजेब, पैर का गहना।
(m.) an anklet with bells.
छाछठ (chāchaṭh) वि. छियासठ, 66 की संख्या।
(adj.) sixty six.
छाङुर (chāṅur) वि. छह अंगुलीवाला व्यक्ति।
(adj.) a man of six fingers.
छाजल (chājal) अक. सुशोभित होना।
(v.i.) to grace (a scene).
छाड़न (chāṛan) स्त्री. छोड़ी गई वस्तु, नदी द्वारा छोड़ी हुई भूमि।
(f.) leaving, land gained by the retreat of a river.
छाड़ी (chāṛī) स्त्री. त्यागा हुआ वस्त्र।
(f.) abondoned cloth.
छाता (chātā) पु. छाता।
(m.) an umbrella.
छाती (chatī) स्त्री. सीना, वक्षस्थल।
(f.) breast, chest, bosom.
छानबे (chānabe) वि. छियानवे, 96 की संख्या।
(adj.) ninety six.
छान (chān) स्त्री. मवेशियों के पैर में बाँधने की रस्सी।
(f.) rope to tie cattle feet (at the time of milking).
छानबीन (chānabīn) स्त्री. तह्कीकात।
(f.) probe.
छानल (chānal) वि. छना हुआ।
(adj.) filtered.
छानल (chānal) सक. गरम तेल में तलना।
(v.t.) to poach.
छानल-बघारल (chānal-baghāral) सक. तलना, छौंकना।
(v.t.) to fry.
छानी (chānī) पु. छाजन, छप्पर।
(m.) thatch, roofing.
छाल्ही (chālhi) स्त्री. मलाई, दूध-दही की ऊपरी मोटी परत, साढ़ी।
(f.) cream.
छाप (chāp) स्त्री. छापने से पड़ा हुआ चिह्न, मुद्रा, अंक, ठप्पा, किसी बात का विशेष प्रभाव।
(f.) a stamp, impression, imprint, mark, seal.
छापल (chāpal) सक. छापना।
(v.t.) to print, to inscribe.
छापा (chāpā) पु. ठप्पा, मोहर, मुद्रण।
(m.) a stamp, copy, an instrument for stamping, a wooden stamp, seal.
~खाना (~khānā) पु. मशीन के सहारे जहाँ छपाई होती है।
(m.) printing firm.

~मार (~mar) पु. गुरिल्ला, कमांडो।
(m.) guerilla, commando.

छाया (chāyā) स्त्री. छाँह, छाया। उदा. 'रामजी के माया, कहीं धूप कहीं छाया'।
(f.) shade, shadow.

छाल (chāl) स्त्री. वल्कल, वृक्ष का ऊपरी आवरण।
(f.) bark, skin, rind.

छालटी (chālaṭī) स्त्री. एक प्रकार का चमकीला वस्त्र।
(f.) a shining cloth.

छाव (chāv) पु. कृत्रिम भाव-भंगिमा, नाज।
(m.) artificial gesture.

छावनी (chāvanī) स्त्री. फौज के रहने का स्थान, डेरा, पड़ाव।
(f.) contonment (for troops, police), barracks, hutment.

छावल (chāval) सक. आवृत करना।
(v.t.) to envelop.

छावा (chāvā) पु. (सं.) 1. सूअर का बच्चा। 2. बच्चा, पुत्र (आत्मीय भाव)।
(m.) 1. a young pig. 2. child, son.

छिउँकी (chiuṁkī) स्त्री. चिकोटी।
(f.) nip.

छिछला (chichalā) वि. उथला।
(adj.) shallow.

छिछियाइल (chichiyāil) अक. व्यर्थ घूमते रहना।
(v.i.) roaming without any goal.

छिछोरपन (chichorapan) पु. क्षुद्रता, ओछापन, नीचता।
(m.) shallowness, pettiness, worthlessness, triviality.

छिछोरा (chichorā) वि. क्षुद्र, ओछा।
(adj.) shallow, petty (as an attitude), trivial, worthless.

छिछोरापन (chichorāpan) पु. दे. छिछोरपन।

छिटका (chiṭakā) पु. छींट, छींटा।
(m.) a splash, drop.

छिटकी (chiṭakī) स्त्री. छींट, छींटा।
(f.) a splash, a speck, a spot.

छिटपुट (chiṭapuṭ) वि. बिखरा हुआ, जहाँ-तहाँ।
(adj.) dispersed, miscellaneous.

छिड़काई (chiṛakāī) स्त्री. छिड़कने का काम, सिंचाई।
(f.) sprinkling, watering.

छितनी (chitanī) स्त्री. छोटी छिछली टोकरी।
(f.) a small shallow basket.

छितर-बितर (chitar-bitar) वि. तितर-बितर, बिखराव।
(adj.) scattered, dispersed.

छितराइल (chitarāil) अक. बिखरना।
(v.i.) to scatter, to spread, to disperse.

छितराव (chitarāv) पु. छितराने की क्रिया या भाव।
(m.) the state of being scattered, dispersal.

छितरावल (chitarāval) सक. छितराना।
(v.t.) to disperse.

छिति (chiti) स्त्री. भूमि, पृथ्वी।
(f.) the earth, the ground.

छितिर-बितिर (chitir-bitir) वि. क्षत-विक्षत।
(adj.) mangled.

छिदर (chidar) पु. छेद, खुला हुआ, झीना, खोखला, बिल।
(m.) a hole, an opening, a gap, crack, a pore.

छिन (chin) पु. क्षण।
(m.) a moment, an instant, a leisure moment.

छिन-छोर (chin-chor) पु. छीनने का भाव या स्थिति।
(m.) the state or feeling of snatching.

छिनतई (chinataī) स्त्री. छीना-झपटी।
(f.) snatching, seizing.

छिनरा (chinarā) पु. छिनाल।
(m.) a man of bad character.

छिनार (chinār) वि. बदचलन, कुलटा।
(adj.) a loose man or woman.

छिनुही (chinuhī) स्त्री. दही जिसकी छाली उतार ली गई हो।
(f.) curd with topping removed.

छिन्नी (chinnī) स्त्री. छेनी।
(f.) chisel.

छिपकली (chipakalī) स्त्री. गृह-गोधिका, छिपकली।
(f.) a lizard, the common house-lizard.

छिपल (chipal) अक. प्रकट नहीं होना, गुप्त स्थान पर रहना, छुपना।
(v.i.) to be hidden, to hide, to lurk, to conceal.

छिप-छाप (chip-chāp) वि. अल्पमात्रा में, जहाँ-तहाँ (पानी)। उदा. 'धोबिया के नाद में छिप-छाप पानी, बभना करे अस्नान हो रामा।'–(लोक.)।
(adj.) the presence of little water.

छिपावल (chipāval) सक. किसी चीज को गुप्त स्थान पर रखना, प्रगट न होने देना।
(v.t.) to cause to be hidden, to conceal.

छिपुली (chipulī) स्त्री. दे. छीपी।

छिमा (chimā) स्त्री. दे. क्षमा।

छिया (chiyā) स्त्री. विष्ठा, गंदा पदार्थ, घृणित वस्तु।
(f.) dirt, excrement, mucus, impurity, waste matter.

छियानबे (chiyānabe) वि. छियानवे, 96 की संख्या।
(adj.) ninety six.

छियालिस (chiyālis) वि. छियालीस, 46 की संख्या।
(adj.) fourty six.

छियासठ (chiyāsaṭh) वि. छियासठ, 66 की संख्या।
(adj.) sixty six.

छियासी (chiyāsī) वि. छियासी, 86 की संख्या।
(adj.) eighty six.

छिरकल (chirakal) सक. छिड़कना।
(v.t.) to dust, to drizzle.

छिलका (chilakā) पु. खाल।
(m.) skin, shell, husk, peel, bark.

छिलछिला (chilachilā) वि. छिछला, उथला (पानी)।
(adj.) shallow, rippling (water).

छिलबिल (chilabil) वि. कीच-काच, फिसलनयुक्त।
(adj.) muddy, slippery.

छिलनी (chilanī) स्त्री. खुरचनी, सब्जी या फल की छाल हटाने का एक छोटा औजार।
(f.) a scraper.

छिलवाई (chilavāī) स्त्री. छीलने का काम या भाव, छीलने के लिए दी गई मजदूरी।
(f.) peeling, paring, husking, cost of, wages for peeling.

छिहत्तर (chihattar) वि. छिहत्तर, 76 की संख्या।
(adj.) seventy six.

छींक (chīṅk) स्त्री. (सं.) नाक की वायु की झटके से निकलने की स्थिति।
(f.) sneezing, a sneeze.

छींकल (chīṅkal) अक. छींकना।
(v.i.) to sneeze.

छींका (chīṅkā) पु. (सं.) सिकहर, रस्सियों का बना झूला, पुल।
(m.) a net, hanging basket (for food) a rope bridge.

छींटा (chīṅṭā) पु. कृषि-कार्यों में प्रयुक्त एक बड़ा टोकरा और औजार।
(m.) a big basket and tool used in agriculture.

छीछालेदर (chīchaledar) पु. दुर्दशा, दुर्गति, बुरी स्थिति।
(m.) a bad situation, trouble.

छीज (chīj) स्त्री. छीजने का भाव, क्षय, घटाव, ह्रास।
(f.) wasting or wearing away, deterioration, loss.

छीजल (chījal) अक. दुबला-पतला होना, शक्तिहीन होना। उदा. 'देखा देखी साधे जोग, छीजे काया बाढ़े रोग।' –(लोक.)।
(v.i.) to deteriorate, to be damaged.

छीट (chīṭ) स्त्री. बेल-बूटेवाला वस्त्र।
(f.) floral or figured patterning, printed calico.

छीटकन (chīṭakan) पु. बैलगाड़ी का चाबुक।
(m.) bullock cart whip.

छीन (chīn) वि. (सं.) दुबला-पतला, कमजोर, घटा हुआ, समाप्त, क्षतिग्रस्त।
(adj.) diminished, reduced, wasted, decayed, lost.

छीनल (chīnal) सक. बलपूर्वक किसी से कोई वस्तु ले लेना।
(v.t.) to take any thing by force, to snatch.

छीपा (chīpā) पु. थाली।
(m.) a metal dish, a plate.

छिपी (chīpī) स्त्री. छोटी थाली।
(f.) a small plate.

छीमी (chīmī) स्त्री. फली।
(f.) pod, a seed case as of a pea.

छीर (chīr) पु. (सं.) दूध, गाढ़ा दूध।
(m.) milk, thickened milk, the milky juice.

छीलन (chīlan) स्त्री. खुरचन।
(f.) paring, scraping.

छीलल (chīlal) सक. छीलना।
(v.t.) to scratch out, to erase.

छुअल (chual) सक. छूना, स्पर्श करना। उदा. 'अबकी के छुअलका ए भसुर, फेर मत छुइह हो' (विवाह गीत)।
(v.t.) to touch.

छुआई (chuāī) स्त्री. स्पर्श, सफेदी का काम।
(f.) touching, causing to be touched, white-washing.

छुआछूत (chuāchūt) स्त्री. (हिं.) अस्पृश्य का स्पर्श, छूत का विचार, छुआछूत।
(f.) touched and untouched restriction on touching or contact.

छुईमुई (chuīmuī) स्त्री. एक संवेदनशील पौधा, लज्जालू, लज्जावती, छुईमुई।
(f.) a sensitive plant Mimosa pudica, a sensitive or irritable person, a delicate or frail thing.

छुछुनर (chuchunar) पु. चूहे की जाति का दुर्गंध युक्त जीव। मुहा. 'छुछुनर के माथे चमेली के तेल'।
(m.) mole, muskrat, ground shrew, squib (firework).

छुछेरा (chucherā) वि. नीच स्वभाव का छिछोरा।
(adj.) worthless person.

छुटपन (chuṭapan) पु. बचपन, छोटाई, लघुता।
(m.) childhood, infancy.

छुटफुट (chuṭafuṭ) वि. विविध, फुटकर, प्रकीर्ण।
(adj.) miscellaneous (expenses, contingencies) occasional, petty.

छुटभैया (chuṭabhaiyā) पु. महत्त्वहीन व्यक्ति।
(m.) a person of little importance.

छुट्टा (chuṭṭā) वि. जो बँधा न हो, खुला, अकेला।
(adj.) unrestrained, untethered, detached, miscellaneous.

छुट्टा-छुट्टी (chuṭṭā-chuṭṭī) स्त्री. विवाह-विच्छेद, तलाक।
(f.) divorce.

छुट्टी (chuṭṭī) स्त्री. छुटकारा, अवकाश, फुरसत, जाने की अनुमति।
(f.) release, permission to go, discharge, leave, holiday, vocation, leisure time.

छुड़ा (chuṛā) पु. बाल बनाने (छिलवाने) का छुरा।
(m.) a large knife for shaving.

छुड़ाई (chuṛāī) स्त्री. बंधन से मुक्ति, बरखास्त, आजादी।
(f.) setting free, releasing, discharging, liberation, dismisal.

छुतका (chutakā) पु. सूतक, वह अशौच जो व्यक्ति के जनमने या मरने पर होता है।
(m.) unholy period observed after birth and death.

छुतहर (chutahar) पु. अछूतों से छुआ हुआ मिट्टी का घड़ा। मुहा. 'अकबर मरे ना छुतहर छूटें'।
(m.) a clay pot touched by untouchables.

छुतहा (chutahā) वि. संक्रामक, अस्वच्छ, अप्रयोज्य, अस्पृश्य।
(adj.) contagious, unclean, not usable or touchable.

छुधा (chudhā) स्त्री. भूख, भोजन करने की इच्छा।
(f.) hunger, appetite.

छुपल (chupal) वि. गुप्त।
(adj.) hidden.

छुरी (churī) स्त्री. चाकू।
(f.) knife.

छुवाई (chuvāī) स्त्री. संस्पर्श।
(f.) contact.

छुहाड़ा (chuhāṛā) पु. (सं.) एक प्रकार का खजूर, खुरमा, छोहाड़ा।
(m.) a dried sweet, date.

छूँछा (chūṁchā) वि. खाली, रिक्त। उदा. 'ए छूँछा के के पूछा'।
(adj.) empty, without substance, shallow, blank.

छूँछी (chūṁchī) स्त्री. औरतों के नाक का गहना, नाक का गहना। उदा. 'कहावे के सैयद चोरावेले छूँछी'।
(f.) a nose ornament.

छू (chū) पु. मंत्र पढ़कर फूँक मारने का शब्द।
(m.) a blowing or breathing sound, blowing or breathing after a prayer or incarnation.

छूअल (chūal) सक. स्पर्श करना, छूना।
(v.t.) to touch, to feel, to smear, to handle.

छूट (chūṭ) स्त्री. छुटकारा, स्वतंत्रता, कमीसन (डिस्काउंट)।
(f.) deliverance, freedom (from), escape, freedom, liberty, discount.

छूटन (chūṭan) वि. छूटा हुआ (सामान)।
(adj.) leavings (articles), refuse, exempt.

छूत (chūt) पु. स्पर्श-दोष, अस्पृश्य का संसर्ग।
(m.) the touch of something ritually impure, ritual contamination the notion of untouch-ability.

छूदर (chūdar) वि. नीच प्रवृत्ति का आदमी, भुक्खड़ आदमी, जो खाने का लोभी हो, पेटू।
(adj.) a man of mean mentality, glutton.

छूदरी (chūdarī) स्त्री. दुष्ट स्वभाववाली, पेटू स्त्री।
(f.) a woman of base mentality, glutton.

छेआसठ (cheāsath) वि. छियासठ, 66 की संख्या।
(adj.) sixty six.

छेउकी (cheukī) स्त्री. छड़ी।
(f.) a stick.

छेंकल (cheṅkal) सक. छेंकना, घेरना, रोकना।
(v.t.) to reserve, to stop.

छेड़ल (cheṛal) सक. छेड़ना।
(v.t.) to disturb.

छेत्र (chetr) पु. क्षेत्र।
(m.) land, area.
छेद (ched) पु. सुराख, बिल, छिद्र, विवर।
(m.) a hole, an opening, gap, crack.
छेदनी (chedanī) स्त्री. कुरेदनी।
(f.) poker.
छेदल (chedal) सक. छेदना।
(v.t.) to punch, to prick.
छेदहा (chedahā) वि. छोटे छेदोंवाला।
(adj.) porous.
छेदाह (chedāh) वि. छिद्रित।
(adj.) porous.
छेदियावल (chediyāval) सक. छेद बनाना।
(v.t.) to poke.
छेदी (chedī) स्त्री. छिद्रित वस्तु।
(f.) perforated thing, pierced paper.
छेना (chenā) पु. (सं.) फटे हुए दूध के खौलाने पर प्राप्त तत्त्व।
(m.) porus substance gained after boiling milk, thick curdled milk.
छेनी (chenī) स्त्री. पत्थर आदि काटने का लोहे का औजार, टाँकी।
(f.) a chisel, a gouge.
छेर (cher) पु. बकरी।
(m.) a goat.
छेरल (cheral) अक. पतला दस्त करना।
(v.i.) to have diarrhoea.
छेरा (cherā) पु. बालक, बच्चा।
(m.) a boy, a child.
छेरी (cherī) स्त्री. बकरी।
(f.) a nanny-goat.
छेरुआ (cheruā) पु. बधिया किया हुआ पशु।
(m.) a castrated animal (specifically a goat).
छेव (chev) पु. (सं.) कुदाल से कोड़ी गई मिट्टी, कुदाल से धरती पर चिह्न बनाना।
(m.) a cut (made as in earth with a spade), spades depth, a mark made by cutting.
छेहर (chehar) वि. ओछा, हल्का।
(adj.) flippant, shallow, frivolous.
छै (chai) वि. छह, 6 की संख्या।
(adj.) six.
छैगल (chaigal) पु. पायल।
(m.) an anklet.
छैला (chailā) पु. बाँका, मनोरम बना-ठना आदमी। उदा. 'सखिया देख बरज के छैला के ढिठइया कइले बा।' –(लोक.)।
(m.) a modishly, dressed person, a dandy.
छोंड़ (choṅṛ) पु. मिट्टी का बना अनाज रखने का बड़ा बर्तन।
(m.) a soil made big pot to keep grains.
छोआ (choā) पु. खोई।
(m.) molasses.
छोकड़ा (chokaṛā) पु. (सं.) लड़का, बालक।
(m.) a boy, lad.
छोकरा (chokarā) पु. दे. छोकड़ा।
छोकरी (chokarī) स्त्री. लड़की, बालिका।
(f.) a girl, lass.
छोट (choṭ) वि. लघु, छोटा।
(adj.) concise, brief.
छोट-मोट (choṭ-moṭ) वि. छोटा और मोटा।
(adj.) little, small.
छोटहन (choṭahan) वि. ऊँचाई या विस्तार में कम।
(adj.) small, short.
छोटका (choṭakā) वि. अपेक्षाकृत छोटा।
(adj.) proportionally small.
छोटकी-माता (choṭakī-mātā) स्त्री. छोटी चेचक।
(f.) chickenpox.
छोटा (choṭā) वि. डील-डौल में कम, अवस्था में कम।
(adj.) small, lesser, younger, minor.
छोटाई (choṭāī) स्त्री. छोटा होने की अवस्था, छुटाई।
(f.) smallness, triviality, insignificance.
छोटिहा (choṭihā) वि. नीच बुद्धिवाला, दुर्बुद्धि।
(adj.) mean minded, base.
छोटिहई (choṭihaī) स्त्री. नीचता।
(f.) meanness.
छोड़ल (choṛal) सक. बंधन से मुक्त करना, परित्याग करना, साथ में नहीं लाना, यथावत् रहने देना।
(v.t.) to let go, to release, to set free, to discharge, to leave, to leave alone, to abandon.
छोड़ावल (choṛāval) सक. (सं.) बंधन से मुक्त करवाना, स्वामित्व हटवा लेना, किसी को बंधन से मुक्त करवा लेना, छुटकारा पाना (आदतों से)।
(v.t.) to cause to be freed, to effect the release of, to get (one) discharged, to get rid of (as a habit).

छोत (chot) स्त्री. छूने, छू जाने का भाव, स्पर्श, स्पर्शजनित, अशुचिता, स्पर्श दोष।
(f.) contagious infection, malignant influence, the notion of untouchability.

छोदरा (chodarā) पु. कलंक, अपयश।
(m.) mean, base, contemptible.

छोनिप (chonip) पु. पृथ्वी का स्वामी, राजा।
(m.) lord of the earth, a king.

छोनी (chonī) स्त्री. (सं.) पृथ्वी।
(f.) the earth.

छोभ (chobh) पु. (सं.) क्षोभ, आंदोलन, विक्षोम, दुर्नीति।
(m.) agitation, distrubance (of mind), distress, ill-will, malice, anguish.

छोर (chor) पु. किनारा, अंत, ओर।
(m.) border, edge, side, end, bank, shore.

छोरल (choral) सक. छीनना, छोड़ देना।
(v.t.) to snatch with force, to let go.

छोरा (chorā) पु. लड़का।
(m.) a boy, a lad.

छोलनी (cholanī) स्त्री. कलछी।
(f.) a scraper, small laddle.

छोला (cholā) पु. उबला हुआ मसालेदार चना या मटर।
(m.) boiled and spiced gram or pea.

छोह (choh) पु. ममता, प्रेम, कृपा, स्नेह।
(m.) love, affection, warm feeling.

छोहगर (chohagar) वि. ममता रखनेवाला।
(adj.) a person of warm feeling, an affectionate.

छोहड़ा (chohaṛā) पु. छोकड़ा, छबीला, लड़का।
(m.) a boy, a lad.

छोहड़ी (chohaṛī) स्त्री. छोकड़ी, छबीली, लड़की।
(f.) a girl, a lass.

छोहाड़ा (chohāṛā) पु. खजूर की जाति का एक सूखा फल।
(m.) a dried fruit like Khajur.

छोही (chohī) वि. अनुरागी, प्रेम बरसानेवाला।
(adj.) affectionate.

छौंक (chauṅk) स्त्री. तड़का, बघार।
(f.) seasoing, taste, flavour spices for seasoning food.

छौंक-बघार (chauṅk-baghār) स्त्री. बघार, तड़का।
(f.) seasoning, making spicy (a dish or a narrative).

छौना (chaunā) पु. (सं.) 1. पशु का बच्चा, जैसे– मृगछौना। 2. बालक, बच्चा।
(m.) 1. the young of any animal. 2. a child, a boy.

ज

ज (ja) देवनागरी वर्णमाला के चवर्ग का तीसरा व्यंजन। शब्दों के अंत में लगकर 'में उत्पन्न' या 'से उत्पन्न' का अर्थ देता है, जैसे देशज, जलज।
–the third letter of the second pentad (i.e. चवर्ग cavarg) in the Devanagari alphabet.

जंकसन (jankasan) पु. (अं.) जंक्शन, मिलन-स्थल, संगम।
(m.) junction.

जंग (jaṅg) पु. धातु का मैल, मुरचा।
(m.) rust.

जंग (jaṅg) स्त्री. (फा.) लड़ाई, युद्ध, समर।
(f.) battle, war, hostility.

जंगम (jaṅgam) वि. (सं.) चलने-फिरनेवाला, चर, चल। (पु.) शैव संप्रदाय के संन्यासी।
(adj.) moving, not stationary, movable, wandering. (m.) name of a Saiva community.

जंगल (jaṅgal) पु. वन, घासों से ढकी भूमि।
(m.) jungle, forest, overgrown ground, uninhabited region, a woods, a thicket.

जंगला (jaṅgalā) पु. खिड़की।
(m.) grating, a lattice, lattice window.

जंगली (jaṅgalī) वि. वन में रहनेवाला, असभ्य।
(adj.) having to do with forest, uncivilised, wild.

जंगी (jaṅgī) वि. (फा.) युद्ध संबंधी, सेना संबंधी, लड़ाकू, झगड़ालू।
(adj.) having to do with war, military, naval, aggressive.

जंघा (jaṅghā) पु. जाँघ, रान।
(m.) the thigh.

जंघाड़ (jaṅghāṛ) स्त्री. जाँघ में होनेवाला घाव या फोड़ा।
(f.) a boil or ulcer of thigh.

जँचल (jaṁcal) अक. उचित ठहरना, पसंद आना, प्रतीत होना, फबना, अच्छा लगना।
(v.i.) to accord with, to be evaluated, to be judged, to be examined, to seem, to be liked.

जँचवइया (jaṁcavaiyā) पु. परीक्षक, जाँचकर्ता, पारखी।
(m.) examiner, appraiser, tester.

जँचाइल (jaṁcāil) वि. परीक्षित, सिद्ध, परखा गया।
(adj.) examined, tried, proved.

जँचाई (jaṁcāī) स्त्री. परीक्षण, गुण-दोष, निरीक्षण।
(f.) examining, examination, appraising, appraisal.

जंजाल (jaṅjāl) पु. झमेला, झंझट, बंधन, फँसाव।
(m.) snare(s) of the world, trouble(s), entanglements(s), care(s), bother.

जंजाली (jaṅjālī) वि. कठिनाई पैदा करनेवाला, लखेड़िया, फसादी।
(adj.) troublesome.

जंजीर (jaṅjīr) स्त्री. (फा.) कड़ियों की लड़ी, बेड़ी, सिकड़ी।
(f.) a chain, a fetter, fetters.

जंत (jaṅt) पु. जीवधारी, प्राणी, जीव-जंतु।
(m.) creature, living being, insects.

जंतर (jaṅtar) पु. (सं.) ताबीज, औजार।
(m.) an astrological or magic diagram, an instrument.

जंतरी (jaṅtarī) पु. (सं.) जादूगर, मायावी, ऐंद्रजालिक।
(m.) a conjurer, juggler, wizard.

जंतरी (jaṅtarī) स्त्री. पंचांग या जंत्र, छोटा जंता जिससे सोना-लोहा का तार खींचा जाता है।
(f.) almanac, an appliance for drawing gold or silver wire, a pincers.

जंतर-मंतर (jaṅtar-maṅtar) पु. (सं.) यंत्र-मंत्र, वेधशाला।
(m.) an observatory.

जँतसार (jaṁtasār) स्त्री. वह स्थान जहाँ पीसने की चक्की रहती है।
(f.) a place where grinding (of meal) is done.

जँतसारी (jaṁtasārī) स्त्री. चक्की चलाते समय गाया जानेवाला गीत।
(f.) a kind of song sung by woman while grinding grain, a song sung by woman while milling.

जँताइल (jaṁtāil) अक. दबना।
(v.i.) to get pressed.

जंबुक (jaṅbuk) पु. (सं.) शृंगाल, सियार।
(m.) a jackal.

जँभाई (jaṁbhāī) स्त्री. जम्हाने की स्थिति।
(f.) a yawn.

जँवाई (jaṁvāī) पु. जमाई।
(m.) a son-in-law.

जइआ (jaiā) पु. आँख का सूजनवाला रोग।
(m.) disease causing inflammation in eyes.

जइधी (jaidhī) स्त्री. जेठानी, देवरानी की पुत्री।
(f.) daughter of husband's brother.

जइसन (jaisan) यो. जैसा।
(conj.) as.

जइसे (jaise) क्रि.वि. जैसे।
(adv.) for example, such as.

जइसे-तइसे (jaise-taise) क्रि.वि. जैसे-तैसे।
(adv.) indifferently.

जई (jaī) स्त्री. जौ की प्रारंभिक पत्तियाँ (कोंपल)।
(f.) oats, a small species of barley, young shoots of barley, young shoots of barley (considered auspicious, offered to patrons during Dasahara festival).

जईफ (jaīf) वि. (अ.) वृद्ध, बूढ़ा, अशक्त।
(adj.) old, feeble.

जईफी (jaīfī) स्त्री. बुढ़ौती।
(f.) feebleness, old age.

जक (jak) पु. (अ.) हब, जिद्‌द, कार आदि को ऊपर उठाने का औजार।
(m.) obsession, fascination.

जकड़ (jakaṛ) स्त्री. जाम की स्थिति, जकड़न।
(f.) tightness, constriction, clutch (of a cold, or rheumatic pain.

जकड़ल (jakaṛal) सक. जकड़ना।
(v.t.) to pull tight, to tie tightly, to bind, to stiffen (joints).

जकड़ी (jakaṛī) वि. बिगड़ा हुआ, जर्जर।
(adj.) out of order, bad, decrepit.

जकल (jakal) अक. मार-पीट करना।
(v.i.) to quarrel.

जकात (jakāt) स्त्री. 1. दान, कर। 2. खैरात।
(f.) 1. portion of property, given as alms. 2. tax, levy.

जक्सन (jaksan) पु. (अं.) जंक्शन।
(m.) junction.

जखम (jakham) पु. (फा.) जख्म, फोड़ा, व्रण, कड़ी चोट।
(m.) a wound, an injury.

जखमी (jakhamī) वि. घायल, चोट खाया ।
(adj.) wounded, hurt, injured.

जखीरा (jakhīrā) पु. (अ.) खजाना, ढेर।
(m.) a treasure, stock.

जग (jag) पु. (सं.) 1. संसार, दुनिया। 2. धार्मिक अनुष्ठान। 3. पानी रखने का एक पात्र।
(m.) 1. the world, the universe. 2. a sacrificial act, sacrifice offering. 3. a pot for keeping water.

जगकरता (jagakaratā) पु. यज्ञ करनेवाला।
(m.) the person who performs a sacrifical act.

जगजगाइल (jagajagāil) अक. चमकना, जगमगाना।
(v.t.) to give a dazzling light, to flash, to glitter.

जगत (jagat) पु. (सं.) 1. कुएँ के चारों ओर का चबूतरा। 2. संसार।
(m.) 1. the plinth of masonary or cement or wooden framework, built round a well-mouth. 2. the world.

जगत्तर (jagattar) वि. दुष्ट।
(adj.) bad, rascal.

जगता (jagatā) वि. जागरूक, सतर्क, सिद्ध पुरुष या देवी-देवता।
(adj.) enlightened one, adept, accomplished.

जगती (jagatī) स्त्री. (सं.) सृष्टि, विश्व, रचना, मानव।
(f.) the universe, created things, mankind.

जगदंबा (jagadaṅbā) स्त्री. (सं.) दुर्गा देवी का एक रूप।
(f.) mother of the world, a title or Durga.

जगतर (jagatar) पु. संसार।
(m.) the world.

जगदीश (jagadīs) पु. विश्व का स्वामी, विष्णु।
(m.) lord of the world, the supreme being, Visnu.

जगद्गुरु (jagadguru) पु. जगत का गुरु।
(m.) mentor of the world, widely revered teacher.

जगद्धात्री (jagaddhātrī) स्त्री. दुर्गा, सरस्वती।
(f.) a title of Durga or of Saraswati.

जगन्नाथ (jagannāth) पु. जगत का नाथ, विष्णु, कृष्ण।
(m.) lord of the world, a title of Visnu or of Krishna.

जगमग (jagamag) स्त्री. झकाझक।
(f.) dazzling light.

जगमगाइल (jagamagāil) अक. दे. जगजगाइल।

जगमगाहट (jagamagāhaṭ) स्त्री. चमक-दमक।
(f.) flash, glare, glitter, brilliance, splendour.

जगर-मगर (jagar-magar) वि. चमकीला (प्रकाश)।
(adj.) dazzling (light).

जगरम (jagaram) पु. जागरण।
(m.) vigil.

जगरनाथ (jagaranāth) पु. (सं.) पुरी (उड़ीसा) के मंदिर के देवता जगन्नाथ।
(m.) Jagannath of Puri temple.

जगह (jagah) स्त्री. स्थल, रिक्त स्थान, पद, ओहदा।
(f.) place, locality, a vacant post, appointment.

जगहा (jagahā) स्त्री. स्थान विशेष।
(f.) particular place, proper place.

जगा-जोत (jagā-jot) स्त्री. चमक।
(f.) brightness, brilliance.

जगावल (jagāval) सक. जगाना।
(v.t.) to awake.

जगिरदारी (jagiradārī) वि. जागीरदारी, सामंती।
(adj.) feudal.

जगे (jage) स्त्री. जगह का संक्षिप्त रूप।
(f.) the short form of 'Jagah'.

जग्य (jagy) पु. यज्ञ।
(m.) a sacrificial act, sacrifice, offering.

जच्चा (jaccā) स्त्री. प्रसूता स्त्री।
(f.) a woman who has recently given birth.

जच्चा-बच्चा (jaccā-baccā) पु. माँ और शिशु।
(m.) mother and (new born) child.

जज (jaj) पु. (अं.) न्यायाधीश।
(m.) a judge.

जजमनिका (jajamanikā) पु. पुरोहित का कार्य-क्षेत्र।
(m.) the working field of a Purohit (priest).

जजमान (jajamān) पु. यज्ञ करनेवाला, पूजा-पाठ करनेवाला व्यक्ति।
(m.) one who requests and pays for the performance of a sacrifice.

जजमानी (jajamānī) स्त्री. यजमानी का कार्य या दान।
(f.) the status or activity of a jajman, the fee paid by jajman.

जजात (jajāt) स्त्री. (फा.) जायदाद, संपत्ति, जगह-जमीन, फसल।
(f.) property, landed property.

जजी (jajī) स्त्री. जज का पद, उनकी गतिविधि।
(f.) jude's position, activity or status.

जट (jaṭ) स्त्री. उलझे हुए, आपस में चिपके बालवाले संत।
(f.) matted hair (as worn by ascetics and attributed to the God Siva), a mass of twisted or braided hair.

जट-जटिन (jaṭ-jaṭin) पु. एक प्रकार का लोक-नाट्य, लोकगीत।
(m.) a folk drama, a folk song.

जटल (jaṭal) सक. ठगना, छीनना।
(v.t.) to snatch away, to cheat.

जटहवा (jaṭahavā) वि. जटाधारी।
(adj.) having tangled hair.

जटा (jaṭā) पु. दे. जट।

जटाऊ (jaṭaū) पु. जटायु।
(m.) name of the king of vultures.

जटामासी (jaṭāmasī) स्त्री. शिव का प्रिय लाल रंग का फूल।
(f.) the favourite red flower of Lord Shiva.

जटी (jaṭī) वि./पु. जटाधारी।
(adj./m.) having matted hair, an asectic.

जठर (jaṭhar) पु. पेट।
(m.) the stomach, the abdomen.

जड़ (jaṛ) स्त्री. किसी पौधे का नीचे का हिस्सा।
(f.) root, basis, foundation.

जड़ (jaṛ) वि. निर्जीव, निष्क्रिय, मूढ़।
(adj.) lifeless, inert, unfeeling, stupid, senseless.

जड़इआ (jaṛaiā) स्त्री. जाड़े के साथ आनेवाला बुखार, मलेरिया।
(f.) malaria.

जड़काला (jaṛakālā) पु. जाड़े का मौसम।
(m.) the winter season.

जड़खर (jaṛakhar) स्त्री. पौधों की जड़।
(f.) the root of the plant.

जड़ल (jaṛal) सक. जड़ना।
(v.t.) to set.

जड़वल (jaṛaval) अक. ठंड लगना।
(v.i.) to feel cold.

जड़ी (jaṛī) स्त्री. वह वनस्पति जिसकी जड़ औषधि के काम लाई जाती है।
(f.) any root used medicinally.

जड़ी-बूटी (jaṛī-būṭī) स्त्री. औषध के रूप में प्रयुक्त जड़ी।
(f.) roots and herbs used medicinally.

जढ़ (jarh) वि. (सं.) जड़, बुद्धिहीन, मूर्ख।
(adj.) idiotic, foolish.

जतन (jatan) पु. (सं.) यत्न, प्रयास, उपाय, सँभालकर रखना। उदा. 'लाख जतन करब, होनी होके रही'।
(m.) effort, attempt, to keep carefully.

जतनी (jatanī) वि. शक्तिशाली, अध्यवसायी, सँभालकर रखनेवाला।
(adj.) energetic, industricus.

जतर-ततर (jatar-tatar) क्रि.वि. (सं.) यत्र-तत्र, जहाँ-तहाँ।
(adv.) here and there.

जतहत (jatahat) क्रि.वि. जितना बड़ा।
(adv.) as large (of size).

जती (jatī) पु. यती।
(m.) an ascetic.

जतेक (jatek) क्रि.वि. जितना।
(adv.) as much.

जथा (jathā) क्रि.वि. (सं.) यथा, जैसा।
(adv.) in the manner which, just as, like, according to.

जथारथ (jathārath) वि. (सं.) यथार्थ, उचित, वास्तविक।
(adj.) in accordance with reality, genuine, real, actual.

जदुबंसी (jadubaṅsī) पु. (सं.) यदुवंशी, यदुवंश में उत्पन्न यादवों की एक जाति।
(m.) a subcaste of Yadav.

जद्दी (jaddī) स्त्री. संपत्ति में पिता का अंश।
(f.) father's portion in property.

जन (jan) पु. मनुष्य, पुरुष, सेवक, मजदूर।
(m.) a man, a person, an attendant, a servant.
~गणना (~gaṇanā) स्त्री. जनसंख्या की गणना।
(f.) a census.
~जागरण (~jāgaraṅ) पु. सामान्य चेतन।
(m.) general awareness.
~जाति (~jāti) स्त्री. ट्राइब, आदिवासी समुदाय।
(f.) a tribe.

~तंत्र (~tantr) पु. लोकतंत्र।
(m.) a republic, a democracy.
~धन (~dhan) पु. मानवशक्ति।
(m.) manpower.
~पद (~pad) पु. जिला।
(m.) a district.
~मत (~mat) पु. जनमत, जनता का मत।
(m.) popular opinion, a vote of the people.
~संख्या (~saṅkhyā) स्त्री. जनसंख्या, आबादी।
(f.) population.
~समुदाय (~samudāy) पु. जन का समुदाय।
(m.) a community.
~समाज (~samāj) पु. जनसमिति।
(m.) society with its members.

जनक (janak) पु. (सं.) मिथिला के राजा, सीता के पिता, पिता।
(m.) the king of Mithila, the father of Sita, father.

जनकपुर (janakapur) पु. मिथिला की राजधानी।
(m.) the capital of Mithila.

जनकार (janakār) वि. जानकार।
(adj.) having knowledge.

जनकारी (janakārī) स्त्री. जानकारी।
(f.) knowledge, awareness.

जनखा (janakhā) वि. (फा.) हिंजड़ा, नपुंसक।
(adj.) impotent.

जनता (janatā) स्त्री. जनता, सर्वसाधारण, जनसमूह।
(f.) people, populace, the public.

जननी (jananī) स्त्री. माता।
(f.) mother.

जनम (janam) पु. (सं.) जन्म, पैदाइश, पैदा होने की स्थिति, पैदा होना।
(m.) birth, emergence.

जनमकुंडली (janamakuṇḍalī) स्त्री. जन्मकुंडली।
(f.) horoscope.

जनमजात (janamajāt) वि. जन्मजात।
(adj.) innate.

जनमजाती (janamajātī) वि. जन्मजाती।
(adj.) inborn.

जनमजुग (janamajug) क्रि.वि. जीवन-भर, आजीवन।
(adv.) whole life.

जनमतुआ (janamatuā) पु. शिशु, छोटा बच्चा।
(m.) new born child, youngling.

जनमदाता (janamadātā) पु. जन्मदाता।
(m.) founding father.

जनमभुँई (janamabhuṁī) स्त्री. जन्मभूमि।
(f.) native place, motherland.

जनमभूमि (janamabhūmi) स्त्री. दे. जनमभुँई।

जनमल (janamal) अक. जनमना, जन्म लेना।
(v.i.) to be born, to come into existence.

जनवरी (janavarī) स्त्री. (अं.) जनवरी, प्रथम अंग्रेजी मास।
(f.) january.

जनवासा (janavāsā) पु. बारातियों के ठहरने की जगह।
(m.) living place of the bridegrooms party (at the time of a wedding).

जना-जने (janā-jane) पु. आदमी, संख्यावाचक शब्दों के साथ प्रयुक्त होता है। उदा. 'तीन जना, चार जने।'
(m.) a man, a person.

जनाना (janānā) स्त्री. स्त्री, पत्नी।
(f.) wife.

जनानी (janānī) स्त्री. स्त्रियों के पहनने की धोती, साड़ी। (वि.) स्त्री संबंधी।
(f.) a woman's dhoti or Sari. (adj.) related to woman.

जनावर (janāvar) पु. जानवर, वन्यपशु।
(m.) an animal, a beast.

जनि (jani) क्रि.वि. मत, नहीं।
(adv.) not, no, don't.

जनिया (janiyā) स्त्री. (फा.) प्यारी, प्रेयसी, प्रियतमा।
(f.) sweetheart, darling.

जनी (janī) स्त्री. मजदूरिन।
(f.) a woman labourer.

जनेरा (janerā) पु. मक्का, मकई, अन्न विशेष।
(m.) a coarse whitish or red foodgrain.

जनेरिआ (janeriā) स्त्री. मक्के की छोटी किस्म।
(f.) a kind of coarse whitish foodgrain.

जनेव (janev) पु. (सं.) जनेऊ।
(m.) a sacred thread worn by males.

जप (jap) पु. किसी मंत्र, स्तोत्र, नाम को धीमे-धीमे बार-बार दुहराना।
(m.) repetition in a low tone of an incantation, or the name of a deity, counting silently the beads of a rosary.

~तप (~tap) पु. पूजा-पाठ, व्रत-उपवास।
(m.) devotion, worship, the performance of religious observances.
~माला (~mālā) स्त्री. जप करने की माला।
(f.) a rosary.
जब (jab) क्रि.वि. जिस समय।
(adv.) when, at the time when, while.
जबड़ा (jabaṛā) पु. कल्ला।
(m.) the jaw, the jaws.
जबदल (jabadal) अक. जुकाम के चलते नाक के छिद्र का रुद्ध होना।
(v.i.) to get clogged (said of ear and nose).
जबर (jabar) वि. (फा.) बलवान, मजबूत, ताकतवर।
(adj.) strong, high handed, mighty, oppressive (as rule).
जबरदस्त (jabaradast) वि. बलवान, शक्तिशाली, मजबूत।
(adj.) having the upper hand, strong high handed, overbearing.
जबरन (jabaran) क्रि.वि. बलात्, बलपूर्वक।
(adv.) forcibly, by compulsion.
जबरी (jabarī) वि. अनिवार्य, जबरदस्ती।
(adj.) forced, compulsory.
जबह (jabah) पु. (अ.) जान लेने का कार्य।
(m.) slaughtering (an animal for food).
जबान (jabān) स्त्री. (फा.) 1. जीभ। 2. वचन। 3. भाषा।
(f.) 1. tongue. 2. speech. 3. language.
जबाना (jabānā) पु. दे. जमाना।
जबानी (jabānī) वि. (अ.) मौखिक।
(adj.) oral, unwritten, verbal.
जबाब (jabāb) पु. उत्तर, जवाब।
(m.) an answer.
जबाबदेह (jabābadeh) पु. जिम्मेदार, उत्तरदायी।
(m.) responsible, accountable.
जबुन (jabun) वि. (फा.) खराब, बुरा।
(adj.) bad, deficient.
जभी (jabhī) क्रि.वि. जब से, इसलिए।
(adv.) hence, therefore, as a result.
जम (jam) पु. (सं.) यम।
(m.) name of the god who judges and punishes the dead.
जमकल (jamakal) अक. कोई काम पूरे जोर से होना।
(v.i.) to be in full swing.
जमखानी (jamakhānī) स्त्री. गेहूँ का एक प्रकार, सफेद गेहूँ।
(f.) a type of wheat, white wheat.
जमघंट (jamaghanṭ) पु. दीपावली का दूसरा दिन।
(m.) the next day of Dipavali, the day following the Divali festival.
जमघट (jamaghaṭ) पु. लोगों की भीड़, जमाव, मानव-समूह।
(m.) a gathering, a dense crowd.
जमदार (jamadār) पु. पुलिस का अधिकारी जो हवलदार से बड़ा होता है।
(m.) police officer superior to Hawaldar.
जमदियरी (jamadiyarī) स्त्री. यम के लिए दीया , दीपावली के एक दिन पूर्व जलाया जाता है।
(f.) yama's lamp, a lamp lit on one day before Dipavali.
जमदूत (jamadūt) पु. (सं.) यमदूत।
(m.) yama's messenger (who brings the souls of the dead to judgement and thence to their final).
जमराज (jamarāj) पु. यमराज।
(m.) the king Yama.
जमल (jamal) वि. जमी हुई।
(adj.) frozen.
जमल (jamal) अक. जमना।
(v.i.) to freeze.
जमलोक (jamalok) पु. यमलोक, यमपुरी, नरक।
(m.) the world of Yama, hell.
जमहूरियत (jamahūriyat) स्त्री. (फा.) जनतंत्र, लोकतंत्र।
(f.) a republic, a democracy.
जमा (jamā) वि. (फा.) एकत्रित, इकट्ठा, संकलित।
(adj.) collected, gathered together.
~खरच (~kharac) पु. आय-व्यय का हिसाब।
(m.) income and expenditure, current account.
~खोर (~khor) पु. उपसंचयी, जमाखोर।
(m.) a hoarder.
~पूंजी (~pūñjī) स्त्री. धन-संपत्ति।
(f.) capital, assets.
जमाई (jamāī) पु. दामाद।
(m.) a son-in-law.
जमाऊ (jamāū) वि. जमनेवाला।
(adj.) able to be fixed or stuck, fixed, enduring.

जमात (jamāt) स्त्री. (अ.) 1. मनुष्यों का समूह, गिरोह या जत्था। 2. कक्षा, श्रेणी; दरजा।
(f.) 1. a community, group. 2. a class (school), line, row.

जमानत (jamānat) स्त्री. (अ.) वह जिम्मेदारी जो जबानी या कागज पर लिखकर ली जाती है, जामिनी।
(f.) bail, security.

जमाना (jamānā) पु. (अ.) समय, काल, बल, बहुत अधिक समय, मुद्दत, प्रताप या सौभाग्य का समय।
(m.) times, an age or era, long period or time, good days, good time.

जमाबंदी (jamābaṅdī) स्त्री. (फा.) पटवारी का एक रजिस्टर जिसमें असामियों के लगान की रकमें लिखी जाती हैं।
(f.) Patwari's register containing the names of tenants their holdings and the amount of rent they pay.

जमाल (jamāl) पु. (अ.) बहुत खूब, रूप, सौंदर्य, खूबसूरती।
(m.) glamour, spendour, beauty, elegance.

जमालगोटा (jamālagoṭā) पु. जमालगोटा (तीव्र विरेचक)।
(m.) a small cultivated tree, croton tiglium and its nut (used as a purgative).

जमावट (jamāvaṭ) स्त्री. जमने का भाव।
(f.) thickering, collecting, consolidation.

जमावटी (jamāvaṭī) वि. जमाया हुआ (दूध)।
(adj.) thickened (milk).

जमावड़ा (jamāvaṛā) पु. जमाव, भीड़।
(m.) a gathering, an assembly.

जमीं (jamīṅ) स्त्री. (फा.) भूमि, धरती।
(f.) earth, land.

जमींदार (jamīṅdār) पु. (फा.) जमीन का मालिक, भूमि का स्वामी।
(m.) a landlord, owner of the large cultivated fields.

जमींदारी (jamīṅdārī) स्त्री. (फा.) जमींदार की वह जमीन जिसका वह मालिक हो, जमींदार का पद।
(f.) the land owned by a landlord, the post of a landord.

जमीन (jamīn) स्त्री. (फा.) भूमि, धरती, खेत, सतह।
(f.) earth, ground, soil, land.

जमीनी (jamīnī) वि. जमीन का, जमीन से लगा हुआ।
(adj.) having to do with the earth, earthly, terrestrial.

जमीर (jamīr) पु. (अ.) हृदय, मन।
(m.) heart, mind.

जमीरी (jamīrī) स्त्री. एक प्रकार का नीबू।
(f.) a type of large lemon.

जमुना (jamunā) स्त्री. (सं. यमुना) यमुना नदी।
(f.) the river Yamuna.

जमुरा (jamurā) पु. जादूगर का सहायक।
(m.) a helper of magician.

जमोट (jamoṭ) पु. (सं.) कुएँ के अंदर पानी में दिया गया जामुन का वृत्ताकार काष्ठखंड जहाँ से ईंट की जोड़ाई शुरू होती है।
(m.) wooden cylinder used in forming the foundation of a masonry well (often made of jamun wood).

जमौड़ा (jamauṛā) पु. दे. जमावड़ा।

जम्हाई (jamhāī) स्त्री. निद्रा और आलस्य से मुँह खोलने की क्रिया।
(f.) a yawn, yawning.

जयंती (jayaṅtī) स्त्री. 1. जुबिली, वर्षगाँठ का उत्सव। 2. पताका, दुर्गा-पार्वती।
(f.) 1. a jubilee, a birthday celebration, a flag. 2. banner, a victorious woman, title of Durga and Parvati.

जय (jay) स्त्री. जीत, विजय।
(f.) victory, triumph.
~घोष (~ghos) पु. जयध्वनि।
(m.) shout of victory.
~हो (~ho) विस्म. जय-जय हो।
(interj.) long live! hail, hurrah.

जयमाल (jayamāl) स्त्री. वह माला जिसे विवाह के समय कन्या वर को पहनाती है।
(f.) garland placed round a bridegroom's neck by his bride.

जया (jayā) स्त्री. (सं.) जय दिलानेवाली, दुर्गा, पार्वती।
(f.) the victorious one, a title of several deities including Durga and Parvati.

जर (jar) पु. (सं.) ज्वर, बुखार।
(m.) fever.

जर (jar) पु. (फा.), सोना, स्वर्ण, धन, दौलत, रुपया।
(m.) gold, money, wealth, riches.

जरई (jaraī) स्त्री. अंकुरित धान।
(f.) sprouted paddy.

जरजर (jarajar) वि. बूढ़ा, जीर्ण, झुका हुआ।
(adj.) decrepit, decayed, archaic, old, broken down.

जरठ (jaraṭh) वि. दे. जरजर।

जरत (jarat) वि. जलता हुआ।
(adj.) on-fire.

जरतवाई (jaratavāī) स्त्री. दे. जरती।

जरती (jaratī) स्त्री. अनाज पीसते समय उसके वजन में आई कमी की मात्रा।
(f.) loss of weight (in grains) due to milling.

जरतुहा (jaratuhā) वि. ईर्ष्यालु।
(adj.) jealous.

जरद (jarad) वि. (फा.) पीला।
(adj.) yellow, pale.

जरदा (jaradā) पु. (फा.) पान में खाने की एक प्रकार की सुगंधित सुरती, तंबाकू।
(m.) a scented tobacco for chewing with (betel leaf or alone).

जरनाठी (jaranāṭhī) स्त्री. जलने के बाद बची जलावन की लकड़ी।
(f.) left over pieces of wood after burning.

जरनिआह (jaraniāh) वि. ईर्ष्यालु, द्वेषी।
(adj.) jealous.

जरनेटर (jaraneṭar) पु. (अ.) जेनरेटर, जनित्र।
(m.) generator.

जरपेसगी (jarapesagī) स्त्री. ऐसा दस्तावेज जिसमें महाजन सूद में जमीन की फसल का उपयोग करता है।
(f.) land mortgage.

जरबार (jarabār) पु. परेशानी, हैरानी।
(m.) trouble, difficulty.

जरल (jaral) अक. 1. जलना, प्रज्वलित होना। 2. ईर्ष्या करना।
(v.i.) 1. to burn. 2. to envy.

जरवना-जरना (jaravanā-jaranā) पु. जलाने की वस्तु जैसे लकड़ी आदि।
(m.) wood etc. to burn.

जरब (jarab) स्त्री. (अ.) चोट, हानि।
(f.) blow, stroke, injury.

जरा (jarā) क्रि.वि. थोड़ा।
(adv.) a little.

जरा (jarā) स्त्री. बुढ़ापा।
(f.) old age, infirmity.

जराइन (jarāin) वि. जलने से उत्पन्न गंध।
(adj.) the smell of burning

जरावल (jarāval) सक. जलाना।
(v.t.) to burn.

जरिआ (jariā) पु. (अ.) संबंध, लगाव, हेतु, कारण, सबब।
(m.) cause, source, agency, means, connection, incluence.

जरिऔधा (jariaudhā) पु. किसी पेड़ का नीचेवाला हिस्सा जो प्रायः मोटा होता है।
(m.) lower and thick part of a tree.

जरी (jarī) वि. (फा.) सोने का बना हुआ, स्वर्णिम।
(adj.) made of gold, golden.

जरी (jarī) स्त्री. (फा.) सोने के तारों आदि से बना हुआ काम।
(f.) gold thread used in weaving.

जरीब (jarīb) स्त्री. (अ.) खेत या जमीन मापने की जंजीर।
(f.) a surveyor's measuring chain (of fifty five yards).

जरूर (jarūr) क्रि.वि. (अ.) अवश्य, निश्चयपूर्वक।
(adv.) certainly, surely, of course, without fail, at all cost.

जरूरत (jarūrat) स्त्री. (अ.) आवश्यकता, प्रयोजन।
(f.) need, urgency, purpose.

जरूरतमंद (jarūratamaṅd) वि. (अ.) जिसे आवश्यकता हो।
(adj.) needy, necessitous, poor.

जरूरी (jarūrī) वि. (अ.) जिसके बिना काम न चले, प्रयोजनीय, जो अवश्य होना चाहिए।
(adj.) necessary, needful, which must be done or performed.

जरोह (jaroh) पु. वंश, परंपरा।
(m.) family, tradition.

जल (jal) पु. (सं.) पानी।
(m.) water.

~थल (~thal) पु. जल और जमीन, भूमि और समुद्र।
(m.) land and water, land and sea, low lying, wet ground.

~धर (~dhar) पु. सागर, बादल।
(m.) the ocean, a cloud.

~धारा (~dhārā) स्त्री. स्रोता, जल-प्रवाह।
(f.) stream or current of water.

~निधि (~nidhi) पु. सागर।
(m.) the ocean.
~पक्षी (~pakṣī) पु. पानी के किनारे रहनेवाला पक्षी।
(m.) an aquatic bird.
~मार्ग (~mārg) पु. जल-पथ, जलप्रणाली।
(m.) a water way, sea-passage, channel.
~यात्रा (~yātrā) स्त्री. जलमार्ग से नाव द्वारा यात्रा।
(f.) a journey by water, voyage.
~यान (~yān) पु. पानी का जहाज, नाव।
(m.) water-vehicle, a boat, a vessel.
~वायु (~vāyu) पु. वातावरण।
(m.) climate.
~वाष्प (~vāsp) पु. जलवाष्प।
(m.) water gas.
~विद्युत (~vidyut) वि. जल से उत्पन्न बिजली।
(adj.) hydro-electric.
~सेना (~senā) स्त्री. जंगी जहाजों का बेड़ा, नौ सेना।
(f.) a fleet, navy.
जलकपूर (jalakapūr) पु. एक प्रकार की सफेद मछली।
(m.) a type of white fish.
जलकुम्ही (jalakumhī) स्त्री. जलकुंभी।
(f.) a type of water weed.
जलखई (jalakhaī) स्त्री. नाश्ता, हल्का जलपान।
(f.) breakfast.
जलपान (jalapān) पु. दे. जलखई।
जलमअठमी (jalamaaṭhamī) स्त्री. श्रीकृष्ण जन्माष्टमी।
(f.) Krisna janmashthami.
जलमधरती (jalamadharatī) यौ. (सं.) जन्मभूमि।
(comp.) motherland, native land.
जलमल (jalamal) अक. जन्म लेना, पैदा होना।
(v.i.) to born, to come into existence.
जलमावल (jalamāval) सक. जन्म देना, पैदा करना।
(v.t.) to give birth to, to produce (a child).
जलसा (jalasā) पु. हर्षोल्लास।
(m.) gathering, function (social or formal).
जलसेम (jalasem) पु. मछली के लिए प्रयुक्त शब्द।
(m.) word used for fish.
जला (jalā) वि. जला हुआ।
(adj.) burnt.
जलाऊ (jalāū) वि. जलानेवाला।
(adj.) combustible, intended for burning (as firewood).
जलातंक (jalātaṅk) पु. हाइड्रोफोबिया।
(m.) hydrophobia, rabies.
जलाद (jalād) पु. (अ.) प्राण-दंड वाले व्यक्ति का वध करनेवाला, जल्लाद।
(m.) an executioner, a crue person, fig. a harsh or merciless person.
जलामय (jalāmay) वि. जलमग्न, पानी में डूबा हुआ।
(adj.) drowned in water.
जलाल (jalāl) पु. (अ.) गौरव, रोब, ताकत।
(m.) majesty, splendour, glory.
जलावन (jalāvan) पु. जलाने के लिए इकट्ठा की गई सामग्री।
(m.) fuel, woods stored to fire.
जलील (jalīl) वि. (अ.) अपमानित, बेकदर।
(adj.) base, humiliated.
जलुआ (jaluā) पु. बारात जाने के बाद रात्रिकालीन स्वाँग।
(m.) women's jocular playing, acting, dancing after a Barat has left for bride's place.
जलूस (jalūs) पु. जुलूस।
(m.) procession.
जलेबा (jalebā) पु. (फा.) बड़े आकार की जलेबी।
(m.) a large jalebi.
जलेबी (jalebī) स्त्री. (फा.) जलेबी, आतिशबाजी हेतु प्रयुक्त छुरछुरी।
(f.) a sweet made of flour soaked in syrup and fried, a type of firecracker.
जलोदर (jalodar) पु. जलोदर रोग।
(m.) dropsy.
जलो-पलो (jalo-palo) पु. चारों तरफ जलामय की स्थिति।
(m.) the state of flood.
जल्द (jald) क्रि.वि. चटपट, शीघ्र, तुरंत।
(adv.) quickly, hastily, soon.
जल्दबाज (jaldabāj) वि. (अ.) शीघ्रता से काम करनेवाला।
(adj.) brisk, hasty or impetuous.
जल्दबाजी (jaldabājī) स्त्री. (फा.) शीघ्रता।
(f.) hastiness, hurriedness.
जल्दिए (jaldie) क्रि.वि. शीघ्र ही।
(adv.) soon, presently.
जल्दी (jaldī) स्त्री. (अ.) शीघ्रता, फुरती।
(f.) haste, hurry.
जव (jav) पु. (सं.) एक प्रकार का अन्न, जौ।
(m.) a type of grain, barley.

जवकेरवा (javakeravā) पु. जौ तथा मटर का मिश्रण।
(m.) mixture of barley and pea.

जवकेराई (javakerāī) स्त्री. जौ और छोटे केराव का मिश्रण।
(f.) mixture of barley corn and pea.

जवखेंसरा (javakheṅsarā) पु. जौ और खेंसारी का मिश्रण।
(m.) mixture of barley and khensari.

जवगोजई (javagojaī) स्त्री. जौ और गेहूँ का मिश्रण।
(f.) mixture of barley and wheat.

जवबूँटा (javabūṁṭā) पु. जौ और चने का मिश्रण।
(m.) mixture of barley and gram.

जवदि (javadi) यो. यदि।
(conj.) if.

जवन (javan) सर्व. जो।
(pron.) who, that.

जवरा (javarā) पु. नाई, धोबी, लोहार, बढ़ई को फसल या अनाज के रूप में दिया गया सालाना मेहनताना या क्षतिपूर्ति।
(m.) annual compensation given to workers like–barber, washerman, carpenter, ironsmith etc.

जवान (javān) वि. (फा.) युवा, तरुण, बहादुर।
(adj.) young, youthful, vigorous, bold, brave.

जवानी (javānī) स्त्री. (फा.) यौवन, तरुणाई, युवावस्था।
(f.) youth, adolescence, the period between childhood and adultage.

जवाब (javāb) पु. (अ.) 1. किसी प्रश्न या बात के समाधान के लिए कही हुई बात। 2. वह बात जो किसी बात के बदले में की जाए, बदला। 3. मुकाबले की चीज, जोड़ा। 4. नौकरी छूटने की आज्ञा, पदच्युति।
(m.) 1. reply, answer. 2. answer. 3. an exact equivalent, match. 4. order of dismissal.

जवाबतलब (javābatalab) पु. (अ.) 1. स्पष्टीकरण करने के लिए कहना। 2. पूछताछ।
(m.) 1. act of demanding clarification. 2. enquiry.

जवाबदेही (javābadehī) स्त्री. (अ.) उत्तरदायित्व, जिम्मेदारी।
(f.) accountability, responsibility.

जवार (javār) पु. (अ.) आस-पास का स्थान या गाँव।
(m.) the place or village around.

जवार-पथार (javār-pathār) पु. अगल-बगल का इलाका।
(m.) nearby area, neighbourhood.

जवाल (javāl) पु. (अ.) झंझट, आफत, परेशानी।
(m.) harm, misery, declining, wretchedness.

जवाहर (javāhar) पु. (अ.) रत्न, मणि।
(m.) jewels, precious stones.

जस (jas) पु. (सं.) यश, कीर्ति।
(m.) glory, honour, fame, reputation.

जस (jas) वि. जैसा।
(adj.) as (it was) before, unchanged.

जस (jas) पु. दे. जसोदा।

जसन (jasan) पु. (फा.) 1. उत्सव, समारोह, जलसा। 2. आनंद, हर्ष।
(m.) 1. festive event, celebration. 2. pleasure, happiness, joy.

जसु (jasu) स्त्री. दे. जसोदा।

जसुदा (jasudā) स्त्री. दे. जसोदा।

जसुमति (jasumati) स्त्री. दे. जसोदा।

जसूस (jasūs) पु. दे. जासूस।

जसूसी (jasūsī) वि. दे. जासूसी।

जसोदा (jasodā) स्त्री. (सं.) यशोदा, यश देनेवाली, कृष्ण को पालने-पोसनेवाली माँ, नंद की पत्नी।
(f.) glory-giving, name of the foster-mother of Krisna and wife of Nand.

जस्ता (jastā) पु. खाकी रंग की एक धातु।
(m.) zinc, pewter.

जहद्दम (jahaddam) पु. झंझट का काम।
(m.) toil, exertion.

जहन्नुम (jahannum) पु. (अ.) नरक, दोजख।
(m.) the hell.

जहमत (jahamat) स्त्री. आपत्ति, बखेड़ा, झंझट।
(f.) calamity, botheration, trouble.

जहर (jahar) पु. (फा.) विष, गरल, अप्रिय बात।
(m.) poison, unpleasant thing.

जहरबाद (jaharabād) पु. (फा.) एक प्रकार का भयंकर फोड़ा।
(m.) a type of swelling under the skin, carbuncle.

जहरीला (jaharīlā) वि. जहर-भरा।
(adj.) poisonous.

जहाँ (jahāṁ) क्रि.वि. जिस जगह, जिस स्थान पर।
(adv.) where, in the place where or which, in the very place.

जहाज (jahāj) पु. (अ.) 1. समुद्री पोत, बड़ी नाव। 2. वायुयान।
(m.) 1. a ship. 2. an aeroplane.

जहाजी (jahājī) वि. (अ.) जहाज से संबंध रखनेवाला। (पु.) यानचालक, नाविक।
(adj.) pertaining to ships. (m.) a pilot, a pilot, a navigator.

जहान (jahān) पु. (फा.) संसार, दुनिया।
(m.) the world.

जहालत (jahālat) स्त्री. (अ.) अज्ञान।
(f.) ignorance, illiteracy.

जहिया (jahiyā) क्रि.वि. जिस दिन।
(adv.) at that day.

जहीं (jahīṁ) क्रि.वि. दे. जहाँ।

जहीन (jahīn) वि. (अ.) बुद्धिमान, समझदार।
(adj.) intelligent, quick witted.

जाँगर (jāṁgar) पु. शारीरिक बल-बूता। उदा, 'जाँगर थाकल, मती हेराइल'।
(m.) the bodily energy, vigour.

जाँगरचोर (jāṁgaracor) वि. सुस्त, कामचोर।
(adj.) lazybones.

जाँघ (jāṁgh) स्त्री. उरु, घुटने और कमर के बीच का हिस्सा।
(f.) the thigh.

जाँघिया (jāṁghiyā) पु. जाँघिया।
(m.) shorts.

जाँघिल (jāṁghil) पु. एक चिड़िया विशेष।
(m.) the painted stork, long shankes.

जाँच (jāṁc) स्त्री. जाँचने की क्रिया, परीक्षा, छान-बीन, पड़ताल।
(f.) examination, test, enquiry, evaluation, verification.

~आयोग (~ayog) पु. जाँच आयोग।
(m.) commission of enquiry.

~कर्ता (~kartā) पु. जाँच करनेवाला।
(m.) an investigator.

~परख (~parakh) स्त्री. सावधानी से पड़ताल।
(f.) careful scrutiny.

~पड़ताल (~paṛatal) स्त्री. जाँचने की प्रक्रिया।
(f.) process of examining appraising.

~समिति (~samiti) स्त्री. जाँच समिति।
(f.) committee of enquiry.

जाँचल (jāṁcal) सक. परखना, माँगना।
(v.t.) to enquire into, to test, to evaluate, to beg.

जाँत (jāṁt) पु. चक्की।
(m.) a hand mill (for grinding corn).

जाँय-बेजाँय (jāṁy-bejāṁy) वि. उचित-अनुचित।
(adj.) proper-improper.

जाइल (jāil) अक. जाना।
(v.i.) to go.

जाई (jāī) स्त्री. बेटी, पुत्री, कन्या।
(f.) a daughter.

जाउत (jāut) पु. देवरानी, जेठानी का पुत्र।
(m.) the son of Devrani, Jethani.

जाउर (jāur) पु. खीर जैसा एक पकवान।
(m.) a dish of rice boiled in milk with sugar.

जाकड़ (jākaṛ) पु. व्यापारियों की एक बही जिसमें ग्राहकों की पसंदगी के लिए दिया गया सौदा लिखा जाता है।
(m.) deposit (on goods taken from a seller or approval or for use if required).

जाकिट (jākiṭ) पु. (अं.) जॉकेट।
(m.) jacket.

जागता (jāgatā) वि. वह देवता जिसकी महिमा का चमत्कार प्रत्यक्ष नजर आ रहा हो, जाग्रत।
(adj.) waking, watchful, fully efficacious (as a deity's influence).

जागर (jāgar) पु. एक प्रकार का मोटा धान।
(m.) a type of coarse paddy.

जागरन (jāgaran) पु. जगने का भाव या कर्म, किसी पर्व के उपलक्ष्य में सारी रात जागना या गीत-गवनई का आयोजन।
(m.) wakefulness, vigil, awareness, keeping awake througout the night (as an aspect of a religious observance).

जागल (jāgal) अक. 1. निद्रा त्यागकर उठना। 2. सावधान या सतर्क होना।
(v.i.) 1. to wake up. 2. to be alert, vigilant.

जागीर (jāgīr) स्त्री. (फा.) राज्य या जमींदारों की ओर से मिली हुई भूमि या क्षेत्र, सरकार से मिला हुआ तालुका।
(f.) estate received from a ruler or Jamindars, freehold (as formerly given by government in return for service).

जागीरी (jāgīrī) वि./स्त्री. जागीरदारी।
(adj./f.) having to, do with a Jagir, the position or status of a Jagir.

जाजिम (jājim) स्त्री. (तु.) फर्श पर बिछाने की रंगीन और बूटेदार चादर, जाजिम।
(f.) a chequrred or figured linen cloth spread over a floor, or over a carpet.

जाट (jāṭ) पु. उत्तर पश्चिम की एक हिंदू जाति।
(m.) the name of a north-west Indian community (chiefly of cultivation), a man of that community.

जाड़ा (jāṛā) पु. सरदी, ठंड।
(m.) cold, the cold season, winter.

जात (jāt) स्त्री. जाति, कुल, वंश।
(f.) caste, lineage, community.

जात-पाँत (jāt-pāṁt) स्त्री. बिरादरी।
(f.) lineage, family, community, caste.

जातरा (jātarā) स्त्री. (सं.) यात्रा, भ्रमण, सफर।
(f.) travel.

जादा (jādā) वि. ज्यादा, अधिक।
(adj.) much, sufficient.

जादुई (jāduī) वि. जादू से भरा।
(adj.) magical.

जादू (jādū) पु. टोना, जंतर-मंतर, मोहनी।
(m.) magic, a spell, charm, enchantment.

जादो (jādo) पु. (सं.) यादव, अहीर, ग्वाला।
(m.) a descendant of Yadu name of an ahir community.

जान (jān) स्त्री. प्राण, जीवन।
(f.) life, spirit, animating force (expression showing).

जान (jān) स्त्री. (सं.) ज्ञान, जानकारी, समझ, ख्याल।
(f.) knowledge, acquaintance, understanding, opinion.
~पहचान (~pahacān) स्त्री. आत्मीयता।
(f.) familiarity (with).

जानकार (jānakār) वि. जाननेवाला।
(adj.) acquainted, informed, specialist.

जानकारी (jānakārī) स्त्री. ज्ञान, समझ।
(f.) acquaintance, informed, knowledge.

जानकी (jānakī) स्त्री. जनक की पुत्री (रामायण)।
(f.) daughter of Janaka, title of Sita. (Ramayana).

जानदार (jānadār) वि. जोरदार।
(adj.) forceful.

जाननहार (jānanahār) पु. जाननेवाला।
(m.) one who knows.

जानल (jānal) सक. जानकारी प्राप्त करना, पहचानना।
(v.t.) to know, to understand, to ascertain.

जानलेवा (jānalevā) वि. प्राणघातक।
(adj.) fatal.

जानवर (jānavar) पु. पशु, जंतु। (वि.) मूर्ख, जड़।
(m.) a living creature, an animal, a beast. (adj.) a fool, a boor.

जाना (jānā) पु. नौकर, मजदूर।
(m.) servant, labour.

जानी (jānī) स्त्री. प्रियतमा।
(f.) beloved, cordial, intimate (a friend).

जाप (jāp) पु. (सं.) मंत्रादि जपने का काम।
(m.) repeating an incantation or the name of a deity.

जापक (jāpak) पु. (सं.) जप करनेवाला व्यक्ति।
(m.) one who repeats an incantation.

जापान (jāpān) पु. एक देश, जापान।
(m.) a country Japan.

जापानी (jāpānī) वि. जापान का।
(adj.) Japanese.

जापानी (jāpānī) स्त्री. जापानी भाषा।
(f.) Japanese language.

जाफ (jāf) पु. बेहोशी, घुमरी, मूर्छा।
(m.) senselessness, unconsciousness.

जाफरान (jāfarān) वि. केसर।
(adj.) saffron.

जाफरानी (jāfarānī) वि. पीला केसर।
(adj.) saffron coloured yellow.

जाबी (jābī) स्त्री. छोटे पशुओं के मुँह पर लगाने के लिए रस्सी की बनी जाली।
(f.) a rope, muzzle (for small cattle).

जाम (jām) पु. (फा.) शराब का प्याला।
(m.) a goblet, drinking vessel.

जाम (jām) वि. (अ.) अवरुद्ध मार्ग।
(adj.) jammed, blocked (a road).

जामल (jāmal) अक. बीज के अंकुर का निकलना।
(v.i.) to sprout, to shoot, to germinate.

जामा-जोड़ा (jāmā-joṛā) पु. विशेष प्रकार का वस्त्र जिसे विवाह के समय वर पहनता है।
(m.) wedding robe (worn by a bridegroom).

जामादार (jāmādār) पु. रखवाला, रक्षक।
(m.) a guard, a keeper.

जामिन (jāmin) पु. (अ.) किसी के काम का दायित्व लेना।
(m.) a guarantor, surety.

जामुन (jāmun) पु. एक प्रकार का फल।
(m.) a type of fruit.

जायका (jāyakā) पु. (अ.) खाने-पीने की चीजों का मजा, स्वाद।
(m.) taste, flavour.

जायदाद (jāyadād) स्त्री. (फा.) भूमि, धन या सामान जिस पर किसी का अधिकार हो, संपत्ति।
(f.) estate, property, effects, assets, wealth.

जायफर (jāyafar) पु. एक प्रकार का फल जो औषधि के काम आता है।
(m.) nutmeg, mace, a type of fruit used as medicine.

जारल (jāral) सक. जलाना।
(v.t.) to burn, to kindle, to light (a lamp, a stove) to set on fire.

जारी (jārī) क्रि.वि. (अ.) प्रचलित, चलता हुआ कार्य।
(adv.) progressing, continuing, current, in use, in force.

जाल (jāl) पु. फरेब, धोखा, जाल, जाली।
(m.) a net, a lattice grating, network, fraud, deception, forgery.

जालसाज (jālasāj) पु. (अ.) दूसरों को धोखा देने के लिए झूठी कार्रवाई करनेवाला।
(m.) a forger, schemer.

जाला (jālā) पु. 1. मकड़ी का बनाया हुआ जाल। 2. आँख का एक रोग।
(m.) 1. a web. 2. cataract.

जालिम (jālim) वि. (अ.) जुल्म करनेवाला।
(adj.) oppressive, cruel, unjust.

जालिया (jāliyā) पु. जाल रचनेवाला।
(m.) a forger.

जाली (jālī) वि. (अ.) नकली।
(adj.) forged, fabricated.

जाली (jālī) स्त्री. छिद्रदार बुनावट।
(f.) network, netting, criss-cross, a net.

जावित्री (jāvitrī) स्त्री. जायफल का छिलका (मसाला, दवा के रूप में प्रयुक्त)।
(f.) mace (fibrous covering of the nutmeg used as an aromatic spice and medicine).

जासूस (jāsūs) पु. (अ.) गुप्त रूप से किसी बात या अपराध का पता लगानेवाला भेदिया, मुखबिर।
(m.) a spy, a detective, informer.

जासूसी (jāsūsī) स्त्री. (अ.) जासूस का काम या पद।
(f.) the profession of a spy, detective work.

जास्ती (jāstī) वि. अत्यधिक।
(adj.) too much.

जाहिर (jāhir) वि. (अ.) 1. जो सबके सामने हो, प्रकट, प्रकाशित, खुला हुआ। 2. जाना हुआ, ज्ञात।
(adj.) 1. obvious, apparent, evident. 2. known.

जाहिल (jāhil) वि. (अ.) 1. नासमझ, मूर्ख, अज्ञानी। 2. निरक्षर, अनपढ़।
(adj.) 1. unwise, foolish, ignorant. 2. illiterate, uneducated.

जिंदगानी (jiṅdagānī) स्त्री. (फा.) जिंदगी, जीवन।
(f.) life, lifetime.

जिंदगी (jiṅdagī) स्त्री. (फा.) जीवन, जीवनकाल, आयु।
(f.) life, lifetime, age.

जिंदा (jiṅdā) वि. (फा.) जीवित, जीता हुआ, जीवंत।
(adj.) alive, living, lively, full of life, active.

जिंदादिल (jiṅdādil) वि. (फा.) सदा प्रसन्न रहनेवाला, सहृदय, हँसमुख।
(adj.) cheerful, friendly, jolly, cheery, good, humoured.

जिंदादिली (jiṅdādilī) स्त्री. (फा.) हँसोड़पन।
(f.) cheerfulness, jocularity.

जिंस (jins) स्त्री. (अ.) प्रकार, किस्म, चीज, वस्तु, सामग्री, द्रव्य, अनाज।
(f.) kind, species, goods, wares, grain.

जिअतार (jiatār) वि. तुरंत की पकड़ी गई मछली, ताजा मछली। (जीवनयुक्त)।
(adj.) live fish.

जियान (jiyān) पु. (फा.) नुकसान, बर्बाद, नष्ट।
(m.) loss, damage.

जिआवल (jiāval) सक. जीवित रखना, जिलाना।
(v.t.) to keep alive.

जिउका (jiukā) स्त्री. रोजी, जीविका।
(f.) service, employment.

जिउतिया (jiutiyā) स्त्री. पुत्रवती स्त्री द्वारा पुत्र रक्षा हेतु रखा जानेवाला व्रत।
(f.) a religious observance of ladies for their sons.

जिउदान (jiudān) पु. जीवनदान, प्राणदान।
(m.) the gift of life, saving a life.

जिकिर (jikir) पु. (अ.) चर्चा, प्रसंग।
(m.) mention, report, topic.

जिगर (jigar) पु. (फा.) कलेजा, चित्त, मन, साहस, हिम्मत।
(m.) liver, the vitals, courage, vitality.

जिच (jic) वि. बेबस, तंग, मजबूर।
(adj.) helpless, tired.

जितावल (jitāval) सक. किसी के जीतने में सहायता पहुँचाना।
(v.t.) to cause to be conquered.

जिद (jid) स्त्री. हठ, दुराग्रह।
(f.) stubbornness, obstinacy.

जिदियाइल (jidiyāil) अक. जिद्द करना।
(v.i.) to be stubborn, to persist, to insist.

जिद्दी (jiddī) वि. (अ.) जिद करनेवाला, हठी।
(adj.) stubborn, obstinate.

जिन (jin) पु. (अ.) भूत, प्रेतात्मा।
(m.) a jinn, demon, an evil, spirit.

जिनगी (jinagī) स्त्री. (फा.) जिंदगी, जीवन, आयु।
(f.) life, age, lifetime.

जिनसी (jinasī) वि. अनाज से संबंधित।
(adj.) related with grain.

जिभिया (jibhiyā) पु. जीभी।
(m.) tongue cleaner.

जिमवार (jimavār) वि. उत्तरदायी, जिम्मेदार।
(adj.) responsible.

जिम्मा (jimmā) पु. (अ.) जिम्मा, जवाबदेही, देख-रेख, जिम्मेदारी।
(m.) responsibility, supervision.

जिमि (jimi) क्रि.वि. जिस प्रकार से।
(adv.) like, as, just as.

जियरा (jiyarā) पु. दिल, मन।
(m.) heart, mind.

जियादा (jiyādā) वि. (अ.) अधिक, ज्यादा।
(adj.) more, surplus, superfluous.

जियावल (jiyāval) सक. जीवन संचार करना, जीवित रखना, जिलाना।
(v.t.) to animate, to keep alive.

जिरह (jirah) स्त्री. बहस, दलील।
(f.) cross-questioning, wrangle, a provocation.

जिरात (jirāt) स्त्री. (अ.) कृषि, खेती।
(f.) agriculture.

जिला (jilā) पु. (अ.) जनपद, जिला।
(m.) a district.

जिलादार (jilādār) पु. (अ.) किसी जिले का अफसर।
(m.) a district officer.

जिलेबी (jilebī) स्त्री. एक मिठाई।
(f.) a sweet.

जिल्दसाज (jildasāj) वि. जिल्द बाँधनेवाला।
(adj.) a book-binder.

जी (jī) अव्य. 1. किसी के प्रति सम्मान व्यक्त करने के लिए नाम या उपाधि के अंत में जोड़ा जानेवाला शब्द। 2. जी हाँ।
(indec.) 1. an expression of respect or affection (used with name or title). 2. yes (respect).

जीजा (jījā) पु. बहन का पति।
(m.) sister's husband.

जीजी (jījī) स्त्री. बड़ी बहन, दीदी।
(f.) an elder sister-in-law.

जीट (jīṭ) स्त्री. डींग।
(f.) boasting.

जीत (jīt) स्त्री. जय, फतह, लाभ, सफलता।
(f.) winning, victory, a win, a success.

जीतल (jītal) सक. विजय प्राप्त करना, जीतना।
(v.t.) to overcome, to defeat, to heat, to conquer, to win.

जीता (jītā) वि./पु. जीता हुआ, जिंदा, जीवित।
(adj./m.) living, alive.

जीन (jīn) पु. (फा.) 1. घोड़े की पीठ पर रखने की गद्दी, चारजामा, काठी। 2. एक तरह का मोटा सूती कपड़ा।
(m.) 1. a seat used on horse, saddle. 2. a type of cotton cloth.

जीनत (jīnat) स्त्री. (फा.) शोभा, श्रृंगार, सजावट।
(f.) beauty, make-up, decoration.

जीना (jīnā) पु. (फा.) सीढ़ी।
(m.) a ladder, staircase, flight of stairs.
जीभ (jībh) स्त्री. (सं.) जिह्वा, जीभ।
(f.) the tongue, a flat, projecting part.
जीभी (jībhī) स्त्री. जीभ छीलने (साफ करने) का साधन, जीभी।
(f.) a tongue scraper, tonque cleaner.
जीरा (jīrā) पु. (फा.) जीरा।
(m.) the cumin plant and its seed.
जीव (jīv) पु. (सं.) जान, प्राण, जीवन।
(m.) the soul, living creature.
~जगत (~jagat) पु. प्राणि-समष्टि।
(m.) the world of living creature.
~दान (~dān) पु. प्राणदान।
(m.) the gift of life.
~धन (~dhan) पु. पशुधन, गाय-बैल।
(m.) wealth in livestock.
~धारी (~dhārī) वि. प्राणी।
(adj.) possessing life.
~लोक (~lok) पु. संसार, प्राणि-जगत।
(m.) the world of living beings.
~बिज्ञान (~bigyān) पु. जीव-जंतुओं से संबंधित विज्ञान।
(m.) biology.
जीवंत (jīvaṅt) वि. (सं.) जीवित, जीता-जागता।
(adj.) living, alive.
जीवक (jīvak) पु. (सं.) प्राणधारक।
(m.) a living creature, an animal, a course of life.
जीवट (jīvaṭ) वि. हिम्मत, साहस।
(adj.) bold, resolute.
जीहुजूर (jīhujūr) पु. खुशामद।
(m.) a yesman.
जीवन (jīvan) पु. (सं.) जीवन, प्राणधारण।
(m.) life, lifetime, livelihood.
~चरित (~carit) पु. जीवन-वृत्तांत।
(m.) a biography.
~दरसन (~darasan) पु. जीवन संबंधी विचार।
(m.) view of life.
~दान (~dān) पु. प्राण न लेने का वचन।
(m.) gift of life.
~बूटी (~būṭī) स्त्री. संजीवनी बूटी।
(f.) life-giving root.
~मरन (~maran) पु. जीना-मरना।
(m.) life and death.
~बिरित (~virit) पु. जीवन-चरित।
(m.) a biography.
जीवनी (jīvanī) स्त्री. जीवनचरित।
(f.) a biography.
जीविका (jīvikā) स्त्री. रोजी, वृत्ति, जीवन-यात्रा का साधन।
(f.) livelihood, means of subsistence, occupation.
जीह (jīh) स्त्री. जीभ, जिह्वा।
(f.) the tongue.
जुआँ (juāṁ) पु. ढील, सिर की जूँ।
(m.) a large louse.
जुआ (juā) पु. बैल के कंधे पर रखी जानेवाली लकड़ी।
(m.) a yoke.
जुआ (juā) पु. बाजी लगाकर खेला जानेवाला ताश का खेल, द्यूत, जुआ।
(m.) gambling, a gamble.
जुआठ (juāṭh) पु. हल खींचने में बैलों के कंधे पर रखा जानेवाला लकड़ी का जुआ।
(m.) a yoke of two bars (for oxen).
जुआन (juān) वि. जवान, हट्टा-कट्टा।
(adj.) manly, courageous, generous.
जुआरी (juārī) पु. जुआ खेलनेवाला।
(m.) a gambler.
जुकाम (jukām) पु. (अ.) जुकाम, सरदी।
(m.) cold, catarrh.
जुग (jug) पु. (सं.) युग, पुराणों में वर्णित सतुयुग, द्वापर, त्रेता और कलियुग।
(m.) one of the four ages of the world (viz. satya, treta, dvapara and kaliyug-the present age).
जुगुत (jugut) वि. योग्य, अनुकूल।
(adj.) appropriate, reasonable.
जुगुती (jugutī) स्त्री. (सं.) युक्ति, उपाय, तरीका।
(f.) means, device.
जुगनूँ (juganūṁ) पु. जुगनी, जुगनू।
(m.) a firefly, glow-worm.
जुगाड़ (jugāṛ) पु. कार्य सिद्धि का उपाय।
(m.) provision, means of providing (for).
जुगाली (jugālī) स्त्री. चर्वित चर्वण, निगले हुए चारे को चबाने की क्रिया।
(f.) chewing the cud.

जुज्झ (jujjh) स्त्री. (सं.) युद्ध।
(f.) battle.

जुझाऊ (jujhāū) वि. जूझनेवाला।
(adj.) quarrelsome, martial.

जुझार (jujhār) पु. जूझता हुआ सिपाही।
(m.) a warrior.

जुटाव (juṭāv) पु. जमाव।
(m.) collecting, amassing.

जुटावल (juṭāval) सक. जुटाना।
(v.t.) to cause to collect, to combine, to amuss, to obtain.

जुड़पित्ती (juṛapittī) स्त्री. खुजली और दोदरा निकलनेवाला एक चर्मरोग।
(f.) a skin complaint causing itching and blotchiness.

जुड़ल (juṛal) अक. जुड़ना।
(v.i.) to associate, to coherent.

जुड़वाँ (juṛavāṁ) वि. जुड़े हुए, एक साथ पैदा हुए दो बच्चे।
(adj.) twin, paired.

जुड़ाइल (juṛāil) वि. तृप्त।
(adj.) contented.

जुड़ाव (juṛāv) पु. आसक्ति।
(m.) infatuation.

जुताई (jutāī) स्त्री. जोतने की क्रिया, जोतने की मजदूरी।
(f.) 1. ploughing, cultivation. 2. cost of, or wages for ploughing.

जुतियावल (jutiyāval) सक. जूते से मारना।
(v.t.) to beat with a shoe or slipper.

जुत्तम-जुत्ता (juttam-juttā) पु. आपस में जूतों से मारपीट करना।
(m.) flailing of shoes, a scuffle, brawl.

जुत्ता (juttā) पु. जूता।
(m.) boot.

जुत्ता-चप्पल (juttā-cappal) पु. जूता-चप्पल।
(m.) footwear.

जुदा (judā) वि. (फा.) 1. पृथक्, अलग। 2. भिन्न, निराला।
(adj.) 1. separate. 2. different, strange.

जुदाई (judāī) स्त्री. (फा.) जुदा होने का भाव, विछोह, वियोग।
(f.) separation, parting, detachment.

जुध (judh) पु. (सं.) युद्ध, लड़ाई, झगड़ा।
(m.) war, battle, fight.

जुन्हरी (junharī) स्त्री. ज्वार।
(f.) millet, maize.

जुमला (jumalā) पु. (अ.) 1. पूरा वाक्य। 2. कुल जोड़, सारी जमा।
(m.) 1. a complete sentence. 2. total.

जुमा (jumā) पु. (अ. जुमूअः) शुक्रवार।
(m.) friday.

जुरमाना (juramānā) पु. (फा. जुर्मानः) अर्थदंड, वह दंड जिसके अनुसार अपराधी को धन देना पड़े।
(m.) penalty, fine.

जुराब (jurāb) स्त्री. (तु.) पैरों में पहनने का मोजा।
(f.) socks, stockings.

जुलाब (julāb) पु. (अ. जुल्लाब) 1. रेचन, दस्त। 2. दस्त लानेवाली दवा।
(m.) 1. loose motions. 2. a medicine used as purgative.

जुलुम (julum) पु. (अ.) उत्पात, जुल्म, अत्याचार।
(m.) tyranny, oppression, cruelty.

जुलुमी (julumī) वि. अत्याचारी।
(adj.) wicked, tyrannical, cruel.

जुलूस (julūs) पु. बहुत से लोगों का इकट्ठा होकर प्रदर्शन करना।
(m.) a procession, a demonstration.

जुहार (juhār) स्त्री. जयकारा। उदा. 'जुहार झारखंड'।
(f.) greeting, salutation, a formal mode of salutation.

जूँ (jūṁ) स्त्री. जूँ।
(f.) a louse.

जूँज (jūṁj) पु. पुरुषेंद्रिय, लिंग।
(m.) penis.

जूँजी (jūṁjī) पु. बच्चे का लिंग, अल्पार्थक।
(m.) penis (of a child).

जूट (jūṭ) पु. (सं.) जूड़ा, जटा, शिव की जटा।
(m.) the matted or twisted hair of an ascetic or of the god Shiva.

जूटल (jūṭal) अक. इकट्ठा होना।
(v.i.) to assemble, to get together.

जूठ (jūṭh) स्त्री. उच्छिष्ट पदार्थ, जूठा।
(f.) remnants of food, an object previously used by another (and so made impure and unholy unfit for use), left over food.

जूठा (jūṭhā) वि./पु. उच्छिष्ट, चखकर या खाकर छोड़ा हुआ।
(adj./m.) touched, tasted (food), left uneaten, used made impure, unfit for another's use, remnants of food.

जूड़ (jūṛ) वि. ठंडा।
(adj.) cold.

जूड़ा (jūṛā) पु. चोटी।
(m.) the hair coiled or tied up behind.

जूतमपैजार (jūtamapaijār) स्त्री. जूतों चप्पलों से मारपीट।
(f.) a fight with shoes, fracas.

जूता (jūtā) पु. चमड़े, रबड़ का बना हुआ पादत्राण, उपानह।
(m.) a pair of shoes, shoes, slippers, sandals.
~खोर (~khor) वि./पु. लतखोर, बेहया।
(adj./m.) beaten with shoes, mean, base one who has suffered a shoe-beating.
~छिपाई (~chipāī) स्त्री. विवाह में कोहबर में या दुल्हन की विदाई के समय सालियों द्वारा वर के जूते छिपा देना और नेग लेकर देना, जूते छिपाने और लौटाने का नेग।
(f.) the hiding of a bridegroom's shoes by the bride's sisters and friends; money which he gives to recover them.

जूती (jūtī) स्त्री. जनाना जूता।
(f.) a small shoe specif, a woman's shoe, slipper or sandal.

जून (jūn) पु. सुअवसर, समय।
(m.) time, particular time, a meal time.

जून (jūn) पु. (अं.) जून का महीना।
(m.) the month of June.

जूना (jūnā) पु. उबसन।
(m.) a grass rope, a bundle of grass (for cleaning vessels).

जूर (jūr) पु. एक प्रकार का घास।
(m.) a type of grass.

जूरल (jūral) अक. उपलब्ध होना, प्राप्त होना।
(v.i.) to be available, to get.

जूवा (jūvā) पु. 1. जुआ। 2. जाँते को चलाने का हत्था।
(m.) 1. gamble. 2. the handle of handmill.

जूस (jūs) पु. रस, सूप, शोरबा।
(m.) broth, cooking water from vegetables, juice from cooked fruit or non-vegitable thing.

जूसताख (jūsatākh) पु. (फा.) लड़कों का एक खेल।
(m.) evens and odds, name of a game.

जूही (jūhī) स्त्री. एक प्रकार का फूल।
(f.) a jasmine.

जेंवना (jeṁvanā) पु. भोजन की सामग्री। उदा. 'सोने की थारी में जेंवना परोसलो।' (लोक.)।
(m.) food, eating, partaking of food.

जे (je) सर्व. जो।
(pron.) who or which.

जेउवाँ (jeuvāṁ) पु. एक साथ पैदा होनेवाले दो बच्चे, जुड़वाँ।
(m.) twin.

जेकर (jekar) सर्व. जिसका।
(pron.) whose.

जेठ (jeṭh) वि. (सं.) ज्येष्ठ, सबसे बड़ा, वरिष्ठ। (पु.) पति का बड़ा भाई।
(adj.) eldest, senior. (m.) a husband's elder brother.

जेठ (jeṭh) पु. (सं.) जेठ माह, बैशाख के ठीक बाद का महीना।
(m.) the month of Jeth after Baishakh in Hindu calender.

जेठउत (jeṭhaut) पु. पति के बड़े भाई का पुत्र।
(m.) son of a husband's elder brother.

जेठसर (jeṭhasar) स्त्री. पत्नी की बड़ी बहन।
(f.) elder sister of wife.

जेठानी (jeṭhānī) स्त्री. पति के बड़े भाई की पत्नी।
(f.) wife of a husband's elder brother.

जेतना (jetanā) वि. जितना।
(adj.) as much as, as many as.

जेतही (jetahī) क्रि.वि. जहाँ।
(adv.) where, in the place where or which.

जेने (jene) क्रि.वि. जिधर, जिस ओर।
(adv.) in which (ever) direction where (soever).

जेब (jeb) स्त्री. (अ.) थैली, पाकिट, खलीता।
(f.) pocket.
~कतरा (~katarā) पु. पॉकिटमार।
(m.) a pickpocket.
~खरच (~kharac) पु. निजी खर्च।
(m.) money for out of pocket expenses.

~घड़ी (~gharī) स्त्री. जेब में रखने की छोटी घड़ी।
(f.) a pocket-watch.
जेमे (jeme) सर्व. जिसमें।
(pron.) upon whom or which.
जेल (jel) पु. (अं.) जेल, कैदखाना, कारावास।
(m.) a prison, jail.
जेलर (jelar) पु. (अं.) कारावास निरीक्षक।
(m.) a jailer.
जेवर (jevar) पु. (फा.) 1. आभूषण। 2. वह जो शोभा बढ़ाए।
(m.) 1. an ornament. 2. something that beautifies.
जेहर (jehar) पु. (अ.) 1. प्रतिभा। 2. बुद्धि। 3. स्मरण शक्ति।
(m.) 1. talent. 2. intellect. 3. memory.
जेहर (jehar) क्रि.वि. दे. जेने।
जै (jai) विस्म. जीत, जय। उदा. 'राम जी की जै'।
(interj.) victory, long live.
जैतून (jaitūn) पु. (अ.) एक सदाबहार वृक्ष जिसके बीजों से तेल निकलता है।
(m.) an evergreen tree, olive.
जैन (jain) पु. महावीर वर्द्धमान द्वारा चलाया गया धर्म।
(m.) a Jain, the Jain community, Jain religion propounded by Mahavir Varadhaman.
जैनी (jainī) पु. जैनधर्म के अनुयायी।
(m.) follower of Jain Dharma.
जोंक (joṅk) स्त्री. पानी का लचीला कीड़ा जो रक्त चूसता है।
(f.) a leech.
जो (jo) अव्य (सं.) यदि, जो।
(indec.) if, although, when.
जोइया (joiyā) स्त्री. पत्नी। उदा. 'माई निहारे ठठरी, जोइया निहारे मोटरी' (लोक.)।
(f.) wife.
जोकड़ (jokaṛ) पु. जोकर, मजाकिया।
(m.) joker.
जोख (jokh) स्त्री. वजन, तौल।
(f.) weighing, measuring, weight.
जोखल (jokhal) सक. तौलना, वजन करना।
(v.t.) to weigh, to measure, to assess, to calculate.
जोखाम (jokhām) पु. जुकाम।
(m.) cold.
जोखिम (jokhim) स्त्री. (सं.) खतरा।
(f.) risk, danger, hazardous, undertaking.
जोग (jog) पु. (सं.) 1. जोड़। 2. योग-क्रिया।
(m.) 1. sum, total. 2. bodily, exercises or discipline.
जोगड़ा (jogaṛā) पु. पाखंडी, ढोंगी व्यक्ति।
(m.) an impostor, hypocrite, heretic.
जोगड़ियावल (jogaṛiyāval) सक्र. जुगाड़ करना।
(v.t.) to manage, to arrange.
जोगल (jogal) सक. सँजोकर रखना।
(v.t.) to preserve with love and care.
जोगिनी (joginī) स्त्री. मादा योगी।
(f.) a female ascetic.
जोगाड़ (jogāṛ) पु. प्रबंध, जुगत।
(m.) management, gadget.
जोगी (jogī) पु. यौगिक क्रियाओं का अभ्यासी, गेरुआधारी भीखमंगा।
(m.) an ascetic.
जोगीरा (jogīrā) पु. होली के समय गाया जानेवाला समूह गीत।
(m.) a group song sung at Holi.
जोग्य (jogy) वि. योग्य।
(adj.) eligible, suitable.
जोग्यता (jogyatā) पु. योग्यता।
(m.) eligibility, merit.
जोड़ (joṛ) पु. जोड़।
(m.) addition.
जोड़दार (joṛadār) पु. दे. जोड़ीदार।
जोड़ल (joṛal) सक. जोड़ना।
(v.t.) to add.
जोड़ा (joṛā) पु. युग्म, नर-मादा।
(m.) a pair, a couple, partner.
जोड़ियावल (joṛiyāval) पु. युम्मन।
(m.) coupling.
जोड़ी (joṛī) स्त्री. युगल।
(f.) couple.
जोड़ीदार (joṛīdār) पु. सहभागी, साथी।
(m.) a mate, partner, an equal.

जोत (jot) स्त्री. 1. जोतने का कार्य, किसान की भूमि। 2. प्रकाश, प्रकाश की किरण।
(f.) 1. ploughing, a cultivator's holding. 2. light, a beam or ray of light.

जोतल (jotal) सक. खेत में हल चलाना।
(v.t.) to plough, to cultivate.

जोतसी (jotasī) वि. ज्योतिषी।
(adj.) an astrologer, an astronomer.

जोता (jotā) पु. बैल का जुआ बाँधने की रस्सी।
(m.) the rope to bind the yoke with ox.

जोताई (jotāī) स्त्री. जोतने का काम या भाव।
(f.) ploughing.

जोती (jotī) स्त्री. प्रकाश, चमक, ज्योति।
(f.) light, brilliance, splendour.

जोधा (jodhā) वि. शूरवीर, लड़नेवाला।
(adj.) a warrior, soldier, champion.

जोनी (jonī) स्त्री. (सं.) योनि, स्त्रियों की जननेंद्रिय, गर्भाशय।
(f.) the womb, the female genital organ.

जोन्हरी (jonharī) स्त्री. एक प्रकार का मोटा अन्न।
(f.) a type of coarse grain.

जोन्हीं (jonhīṅ) स्त्री. तारा।
(f.) star.

जोबना (jobanā) पु. स्त्री का वक्षस्थल। उदा. 'चोली में जोबना हिलोर मारे' (लोक.)।
(m.) breast.

जोम (jom) पु. उत्साह, घमंड।
(m.) enthusiasm, pride.

जोर (jor) पु. (फा.) 1. बल, शक्ति। 2. आतंक। 3. प्रयत्न। 4. रस्सी।
(m.) 1. power, force, strength. 2. terror. 3. an attempt. 4. a rope.

जोरन (joran) पु. दही जमाने हेतु प्रयुक्त दही का अंश, जामन।
(m.) coagulating agent for curd.

जोरू (jorū) स्त्री. पत्नी।
(f.) wife.

जोलहा (jolahā) पु. 1. कपड़ा बुननेवाला, तंतुवाय। 2. एक फतिंगा।
(m.) 1. a weaver. 2. an insect.

जोस (jos) पु. आवेग, उत्साह, उमंग।
(m.) excitement, passion, enthusiasm.

जोसियाइल (josiyāil) वि. उन्मत्त।
(adj.) frantic, impassioned.

जोसियावल (josiyāval) सक. उत्तेजित करना।
(v.t.) to incite.

जौ (jau) पु. एक प्रकार का अन्न, जौ।
(m.) a kind of grain, barley.

जौन (jaun) सर्व. जो।
(pron.) the one who, which.

जौहर (jauhar) पु. (अ.) रत्न, खूबी, वीरता।
(m.) a jewel, gist, bravery.

जौहरी (jauharī) पु. (अ.) रत्न परखने या बेचनेवाला, गुण-दोष का पारखी।
(m.) a jewellar, a connoisseur.

झ

झ (jha) देवनागरी वर्णमाला का नौवाँ व्यंजन।
–the ninth consonant of the Devanagari.

झँइन (jhaṁin) स्त्री. झाड़ियों का समूह।
(f.) a bunch of shrub, bushes.

झँउसल (jhaṁusal) सक. प्राणियों के रोएँ या ऊपरी त्वचा का आग से जल जाना।
(v.t.) to scorch.

झँउसियावल (jhaṁusiyāval) सक. झाँसा देना, चकमा पढ़ाना।
(v.t.) to deceive, to hoodwink.

झं (jhaṅ) पु. झाँझ बजने की आवाज।
(m.) ringing, clashing (of metallic objects), jingling, rattling.

झंकार (jhaṅkār) स्त्री. झनझनाहट।
(f.) a ringing sound, resonance.

झँकावल (jhaṁkāval) सक. झाँकने हेतु प्रेरित करना।
(v.t.) to cause to peep.

झँखन (jhaṁkhan) पु. चिंता, पछतावा।
(m.) grievance, lament, regret.

झँखल (jhaṁkhal) अक. पछताना, पश्चाताप करना।
(v.i.) to regret, to lament.

झँखाड़ (jhaṁkhāṛ) पु. झाड़ियों का समूह, पुराना और बड़ा पेड़।
(m.) a dense thicket, thorny undergrowth, leafless tree, old and large tree.

झँगा (jhaṁgā) पु. बच्चों का ढीला-ढाला कुरता, पहनावा।
(m.) a long loose garment worn by babies.
झँगुला (jhaṁgulā) पु. दे. झँगा।
झंझकार (jhaṅjhakār) पु. झन-झन (ध्वनि)।
(m.) a ringing or resonance (sound).
झंझट (jhaṅjhaṭ) स्त्री. बखेड़ा, उलझन।
(f.) perplexity, worry, trouble.
झंझटाह (jhaṅjhaṭāh) वि. दे. झंझटी।
झंझटिया (jhaṅjhaṭiyā) वि. झंझटी। (पु.) झगड़ालू व्यक्ति।
(adj.) preplexing, worrisome. (m.) quarrelsome.
झंझटी (jhaṅjhaṭī) वि. झगड़ालू।
(adj.) perplexing, difficult (a matter), quarrelsome.
झंझर (jhaṅjhar) पु. (सं.) पानी रखने का मिट्टी का छोटा बर्तन।
(m.) a porous water jug.
झंझरी (jhaṅjharī) स्त्री. जाली, झरोखा, खिड़की।
(f.) a window, a shutter.
झंझा (jhaṅjhā) स्त्री. वह तेज आँधी जिसके साथ पानी भी बरसता हो।
(f.) wind and heavy rain, a storm, a clanging sound.
झंझाइल (jhaṅjhāil) अक. चक्कर आना, गश्ती आना, एकाएक बेहोश हो जाना।
(v.i.) to feel not good, to loose consciousness.
झंझिया (jhaṅjhiyā) स्त्री. छोटी झाँझ, मजीरा।
(f.) a small cymbal.
झंझोरल (jhaṅjhoral) सक. झकझोरना।
(v.t.) to shake, to give a shaking to.
झंडा (jhaṅḍā) पु. पताका, ध्वज।
(m.) a flag, banner.
झंडी (jhaṅḍī) स्त्री. छोटी झंडी।
(f.) a small flag, signal flag.
झंडील (jhaṅḍīl) वि. विशालकाय, बहुत लंबा, वृद्ध।
(adj.) abnormal stature, old.
झंडू (jhaṅḍū) वि. बेकार, अनुपयुक्त।
(adj.) useless, unfit.
झंडूला (jhaṅḍūlā) वि. बिना मुंडनवाला बच्चा।
(adj.) having a still unshaven head (a child), as yet uncut (a child's hair).
झँपना (jhaṁpanā) पु. ढक्कन।
(m.) cover.
झँपाइल (jhaṁpāil) वि. ढका हुआ।
(adj.) covered.
झंपाट (jhaṅpāṭ) वि. अत्यधिक वृद्ध (बैल)।
(adj.) too old (a bullock).
झँपोला-झाँपी (jhaṁpolā-jhāṁpī) स्त्री. झपोली, बाँस का बना ढक्कनदार पिटारा।
(f.) a bamboo basket.
झँवाइल (jhaṁvāil) अक. झँवराना, कुछ काला पड़ना।
(v.i.) melted due to extreme heat (brick), to burn away.
झक (jhak) स्त्री. सनक, धुन, बड़बड़ाहट।
(f.) craze, whim, obsession.
झक (jhak) वि. चमकदार, साफ, चमकीला।
(adj.) bright, shining, clear, clean.
झकझकाइल (jhakajhakāil) अक. चमकना, उज्ज्वल होना।
(v.i.) to shine, to glitter.
झकझोरल (jhakajhoral) सक. जोर से हिलाना, झकझोर देना।
(v.t.) to shake violently.
झकझोरा (jhakajhorā) पु. झटका।
(m.) a jolt, blow.
झकास (jhakās) पु. आँधी-पानी के साथ आनेवाला बादल। वि. बहुत अच्छा।
(m.) stormy cloud. (adj.) very good.
झकोर (jhakor) स्त्री. हवा का झोंका, लहर।
(f.) shaking, a blast of wind.
झक्कड़ (jhakkaṛ) पु. हवा का तेज झोंका, धूल-भरी आँधी।
(m.) a blast, squall, violent storm.
झक्कड़ (jhakkaṛ) वि. झक्की।
(adj.) stubborn, perverse.
झक्की (jhakkī) पु. सनकी, अपने आप कुछ बकते रहनेवाला।
(m.) crazy a chatterer, one who talks to himself, babbler.
झख (jhakh) पु. पछतावा। मुहा. **~मारल**–पछतावा करना।
(m.) repentence, foolish speech.
झखल (jhakhal) अक. पछताना, चिंतातुर रहना।
(v.i.) to repent and fret with sorrow.
झखाड़ (jhakhāṛ) पु. काँटेदार घनी झाड़ी।
(m.) dense, thorny bush
झगड़ल (jhagaṛal) सक. झगड़ना।
(v.t.) to quarrel, to bash, to brawl.

झगड़ा (jhagaṛā) पु. (प्रा.) तकरार, हुज्जत, विवाद, कहासुनी, लड़ाई।
(m.) a quarrel, dispute, row, fight.

झगड़ालिन (jhagaṛālin) स्त्री. झगड़ने वाली औरत।
(f.) a quarrelsome women.

झगड़ाह (jhagaṛāh) वि. झगड़ालू।
(adj.) quarrelsome, litigious.

झगरा (jhagarā) पु. दे. झगड़ा।

झग्गर (jhaggar) पु. कुएँ आदि में गिरी बाल्टी आदि निकालने के लिए अँकुसीदार लोहों का गुच्छा।
(m.) the tussock of clinch used to get out the bucket tumbled in well etc.

झगराह (jhagarāh) वि. दे. झगड़ाह।

झझकल (jhajhakal) अक. एकबारगी उत्तेजित होकर बोल उठना, झुँझलाना, बिदकना, चौंक पड़ना।
(v.i.) to feel a sudden start (of the emotions), to be at a loss, to be afraid, to have a fit of anger.

झट (jhaṭ) क्रि.वि. शीघ्र, तुरंत।
(adv.) quickly, at once.

झटकल (jhaṭakal) सक. झटकना, जल्दी।
(v.t.) to jerk.

झटका (jhaṭakā) वि. झटका, एकबारगी गला काटकर मारा गया (पशु)। (पु.) बलि चढ़ाया गया पशु।
(adj.) slaughtered with a single knife stroke (an animal). (m.) an animal so slaughtered for immolation.

झटसिन (jhaṭasin) अव्य. तुरंत, शीघ्र।
(indec.) at once, immediately.

झटास (jhaṭās) पु. पानी की बूँदों से युक्त हवा का झोंका।
(m.) squall, driving rain.

झड़ (jhaṛ) स्त्री. बौछार, लगातार वृष्टि।
(f.) a shower, continuous rain.

झड़प (jhaṛap) स्त्री. झगड़ा।
(f.) fighting, a fight.

झड़ी (jhaṛī) स्त्री. 1. लगातार वर्षा। 2. दस्त की बीमारी।
(f.) 1. continuous rain. 2. loose motion.

झड़ुआवल (jhaṛuāval) सक. झाड़ू से मारना।
(v.t.) to beat with broom.

झड़ेला (jhaṛelā) पु. सुंदर सजीला नौजवान, झरेला। उदा. 'देखनी झड़ेलवन के गरवा में सिकड़ी।' (लोक.)।
(m.) a smart fashionable person.

झड़ेलिया (jhaṛeliyā) स्त्री. लुभानेवाली लड़की।
(f.) charming and fascinating girl.

झन (jhan) स्त्री. झाँझ बजने की आवाज।
(f.) ringing, clashing (of metallic objects), jingling, rattling.

झनक (jhanak) पु. पायल की आवाज। उदा. 'झनक झनक मोरी बाजे पायलिया।'
(m.) tinkling, jingling (of small bells, ornaments).

झनकार (jhanakār) स्त्री. घुँघरू, बर्तन या आभूषण से निकली झनझन की ध्वनि।
(f.) a ringing sound, resonance (as of metallic objects or ornament).

झन-झन (jhan-jhan) पु. (अनु.) पायल आदि से निकली ध्वनि।
(m.) tinkling of small bells or ornaments.

झनझन-पटपट (jhanajhan-paṭapaṭ) पु. चिल्लाहट, शोर।
(m.) shouting and flailing, a tantrum.

झनहन (jhanahan) वि. तीखा, कड़ुआ।
(adj.) bitter.

झनाझन (jhanājhan) क्रि.वि. झनझन ध्वनि से युक्त।
(adv.) with a clash.

झन्नाहट (jhannāhaṭ) स्त्री. झनझनाहट, सुन्नपन।
(f.) resounding, tinkling, numbness.

झप (jhap) पु. एकाएक की गतिविधि। (वि.) शीघ्र, अकस्मात्। (क्रि.वि.) जल्दी से।
(m.) a sudden movement. (adj.) quick, sudden. (adv.) all in a moment.

झपक (jhapak) स्त्री. 1. पलक गिरने भर का समय। 2. झपकी।
(f.) 1. a closing or lowering of the eyelids in drowsiness. 2. a blink of the eyes, a moment.

झप-झप (jhap-jhap) क्रि.वि. शीघ्रतापूर्वक। 'तेल करे चप-चप, बबुआ बढ़े झप-झप।' (लोक.)।
(adv.) all in a moment, quickly.

झपकी (jhapakī) स्त्री. थोड़ी देर के लिए सोना, निद्रा, ऊँघना।
(f.) drowsiness, a nap, doze, blinking (of the eyes).

झपट (jhapaṭ) स्त्री. उछाल, कूद।
(f.) a spring, leap, dash, pounce.

झपटल (jhapaṭal) सक. आक्रमण के लिए वेग से चलकर वार करना, झपटना।
(v.t.) to run quickly for attack.

झपनी (jhapanī) स्त्री. ढकनेवाली, ढँपनी।
(f.) a cover, lid.

झपल (jhapal) अक. आँख मूँदना, झपकना।
(v.i.) to close (the eyes).

झपाक (jhapāk) क्रि.वि. तेजी से, एकाएक।
(adv.) quickly, in a flash.

झपास (jhapās) स्त्री. हवा के साथ वृष्टि।
(f.) a downpour.

झपास (jhapās) पु. बहला-फुसलाकर दूसरे की वस्तु को हथिया लेनेवाला, झपट्टा, छीना-झपटी।
(m.) swoop, pounce.

झबरा (jhabarā) वि. लंबे, घने बालों वाला पशु।
(adj.) hairy, shaggy (an animal).

झबिया (jhabiyā) स्त्री. औरतों का एक आभूषण।
(f.) a woman's arm ornament.

झब्बा (jhabbā) पु. गुच्छा, चाभियों का समूह।
(m.) a tassel, pendant, cluster.

झब्बुआ (jhabbuā) वि. दे. झबरा।

झमक (jhamak) स्त्री. 1. चमक, आभा। 2. पायल, पाजेब की झनकार।
(f.) 1. radiance, glitter, flash. 2. jangle, clash (as of anklets).

झमकल (jhamakal) अक. 1. रह-रहकर चमकना। 2. झनकार होना। 3. बजाना।
(v.i.) 1. to glitter, to flash. 2. to jangle, to clash. 3. to beat, to blow.

झमकावल (jhamakāval) सक. 1. चमकाना। 2. गहने दिखाने हेतु बजाना या चमकाना।
(v.t.) 1. to cause to glitter to flash (the eyes). 2. to cause to jangle or to clash.

झमझम (jhamajham) पु. (अनु.) 1. गहनों के बजने से निकली ध्वनि, छम। 2. पानी बरसने की ध्वनि।
(m.) 1. clashing, jangling (as of ornaments). 2. the beating of steady or heavy rain.

झमर-झमर (jhamar-jhamar) क्रि.वि. वेग से होनेवाली वर्षा। उदा. 'एक मुट्ठी सरसों, झमर-झमर बरसो' (बालोक्ति)।
(adv.) heavy rain.

झमाझम (jhamājham) क्रि.वि. 1. झमझम शब्द के साथ। 2. दमक के साथ।
(adv.) 1. heavily and continuously (raining). 2. radiantly.

झमेला (jhamelā) पु. झंझट, बखेड़ा।
(m.) entanglement, mess, trouble.

झमेलिया (jhameliyā) स्त्री. झनेला करनेवाला, झगड़ालू।
(f.) a troublesome person, mischeif-maker.

झर (jhar) स्त्री. (सं.) 1. सोता, पानी का झरना। 2. झड़ी (पानी, वृष्टि, क्रोध)।
(f.) a spring of water, a waterfall. 2. a torrent (as of water, rain, or of anger).

झरझर (jharajhar) स्त्री. (अनु.) जल के बहने, या बरसने या हवा के चलने का शब्द।
(f.) the sound of gurgling rushing or roaring (water, wind).

झरना (jharanā) पु. 1. पहाड़ से गिरनेवाली पानी की धारा। 2. अनाज चालने का उपकरण।
(m.) 1. a cascade, waterfall. 2. a kind of sieve.

झरनाठ (jharanāṭh) पु. खूब पका हुआ, सूखा काठ, ज्यादा उम्र का दूल्हा।
(m.) well matured, dried wood, above-age bridegroom.

झरेला (jharelā) पु. प्रेमी।
(m.) lover.

झरेलिया (jhareliyā) स्त्री. प्रेमिका।
(f.) beloved.

झरोखा (jharokhā) पु. खिड़की, गवाक्ष, छिद्र।
(m.) a small barred window, lattice window, skylight, a loop hole.

झलक (jhalak) स्त्री. चमक, झाँकी। उदा. 'ऐ अलख, खोल पलक, देख दुनिया के झलक।'
(f.) brightness, radiance.

झलकल (jhalakal) अक. चमकना, झलकना, इस पार से उस पार दिखाई देना।
(v.i.) to shine, to glitter, to gleam, to be reflected, to look across.

झलका (jhalakā) पु. फफोला, फोड़ा।
(m.) a blister.

झलकावल (jhalakāval) सक. झलकाना।
(v.t.) to make to glimmer.

झलकी (jhalakī) स्त्री. 1. चमक, झाँकी। 2. संक्षिप्त रेडियो नाटक।
(f.) 1. brightness, radiance. 2. a short radio play.

झलझल (jhalajhal) वि. पारदर्शी।
(adj.) transparent.

झलझलाहट (jhalajhalāhaṭ) स्त्री. झलझलाने की क्रिया या भाव।
(f.) glittering, brilliance, radiance.

झलमल (jhalamal) पु. दे. झलझल।

झलरी (jhalarī) स्त्री. झालर।
(f.) a fringe, border.

झलाझल (jhalājhal) वि. दे. झलझल।

झलाबोर (jhalābor) पु. चमक, आभा, प्रकाश।
(m.) glitter, radiance.

झल्ला (jhallā) पु. बड़ा टोकरा।
(m.) a large basket.

झल्ला (jhallā) वि. तमतमाया हुआ, पागल, मूर्ख।
(adj.) hot-tempered, crazed.

झल्लाइल (jhallāil) अक. कुद्ध होकर बोलना।
(v.i.) to become enraged.

झल्ली (jhallī) स्त्री. छोटी टोकरी।
(f.) a small basket.

झाँई (jhāṁī) स्त्री. 1. आँखों के सामने अँधेरा छा जाने की स्थिति। 2. मूर्छा। 3. दाग (चेहरे पर)।
(f.) 1. a darkness to come over (one's) eyes. 2. delirium. 3. dark spot on face.

झाँकल (jhāṁkal) अक. ध्यान लगाकर देखना, सिर उठाकर या पैर उचकाकर देखना।
(v.i.) to peep, to peer, to spy, to glance, to put one's head out (from a door or window).

झाँकी (jhāṁkī) स्त्री. दृश्य, झरोखा।
(f.) a glimpse, view.

झाँख (jhāṁkh) पु. पेड़ की टहनी या शाखाएँ जो सब्जी की लताओं को फैलाने या छत-छप्पर पर पहुँचाने हेतु गाड़ी जाती हैं।
(m.) stalks bush etc. fixed to let vegetable clinging plants to creep on.

झाँग (jhāṁg) पु. कई टहनियोंवाला कटा हुआ पेड़ या उसकी डाल।
(m.) the cutted tree or branch with many branches.

झाँझ (jhāṁjh) स्त्री. झाँझ।
(f.) a cymbal, cymbals.

झाँझर (jhāṁjhar) वि. छिद्रवाला, जालीदार।
(adj.) leaky, perforated or shot through (as the heart by arrow of a lady's beauty).

झाँझिया (jhāṁjhiyā) पु. झाँझ बजानेवाला।
(m.) one who plays the cymbals.

झाँट (jhāṁṭ) स्त्री. गुप्तांग का बाल।
(f.) pubic hair.

झाँप (jhāṁp) पु. पर्दा, ढक्कन।
(m.) cover (as of a basket).

झाँपल (jhāṁpal) सक. ढकना, छिपाना।
(v.t.) to cover, to conceal, to screen.

झाँपा (jhāṁpā) पु. ढक्कनयुक्त टोकरा।
(m.) a type of basket having a lid.

झाँपी (jhāṁpī) स्त्री. ढक्कनदार पेटी।
(f.) a small basket with lid.

झाँव-झाँव (jhāṁv-jhāṁv) पु. (अनु.) कुत्ते की बोली से उत्पन्न हल्ला।
(m.) commotion (of dog barking).

झाँवर (jhāṁvar) वि. जो गर्मी से काला हो गया हो, साँवला, मलिन, मुरझाया।
(adj.) dark-coloured, black, gloomy (mood).

झाँवाँ (jhāṁvāṁ) पु. (सं.) काला पत्थर, वह ईंट जो जलकर काली हो गई हो।
(m.) a pumice stone, overburnt brick (used to clean the feet).

झाँस (jhāṁs) स्त्री. तीखा, कड़ुआ गंध।
(f.) pungency.

झाँसल (jhāṁsal) अक. तीक्ष्ण गंध देना।
(v.i.) to give pungent smell.

झाँसा (jhāṁsā) पु. धोखा, चालबाजी।
(m.) deception, trickery.

झाँसू (jhāṁsū) वि. धोखा देनेवाला, धूर्त।
(adj.) a deceiver, cheat.

झा (jhā) पु. मैथिल ब्राह्मणों की एक उपाधि।
(m.) a surname of Maithili Brahmans.

झाऊ (jhāū) पु. एक प्रसिद्ध पौधा।
(m.) the tamarisk shrub or tree (a source of twings for making baskets and brooms).

झाक (jhāk) पु. 1. गंध। 2. डाँट-डपट।
(m.) 1. smell. 2. scolding.

झाग (jhāg) पु. फेन।
(m.) foam.

झाड़ (jhāṛ) पु. झाड़ी।
(m.) a bush, bushes.

झाड़ा (jhāṛā) पु. शौच, पैखाना।
(m.) defecation.

झाड़ी (jhāṛī) स्त्री. 1. छोटे-छोटे पौधों का समूह। 2. पानी पीने हेतु प्रयुक्त पात्र। उदा. 'सोने का झाड़ी गंगा जल पानी' (लोक.)।
(f.) 1. a shrub, bushes, undergrowth. 2. a jar (usu, earthen).

झाड़ू (jhāṛū) पु. बुहरनी, बुहारनेवाला उपकरण।
(m.) a broom.

झापड़ (jhāpaṛ) पु. तमाचा, थप्पड़।
(m.) a blow with the open hand, slap.

झापस (jhāpas) पु. दे. झपास।

झाम (jhām) पु. गहराई से मिट्टी निकालने का उपकरण, फावड़ा, कुदाल।
(m.) a large mattock or shovel (as used in dredging or excavating wells).

झामर (jhāmar) पु. पायजेब।
(m.) an anklet.

झारी (jhārī) स्त्री. पानी रखने का बर्तन।
(f.) a jar for keeping water.

झारे-झार (jhāre-jhār) क्रि.वि. प्रत्येक पौधे में।
(adv.) in every plant.

झाल (jhāl) स्त्री. झाल।
(f.) cymbals (as used in temple worship).

झालर (jhālar) स्त्री. किसी वस्त्र के किनारे पर जोड़ा गया वस्त्र खंड जो लटकता रहता है।
(f.) a fringe, border, edging.

झाला (jhālā) पु. कान का आभूषण।
(m.) an ornament of ear.

झाली (jhālī) स्त्री. एक प्रकार का धान।
(f.) a type of paddy.

झिंगा (jhiṅgā) पु. एक प्रकार की छोटी मछली।
(m.) a shrimp, prawn.

झिंगुनी (jhiṅgunī) स्त्री. एक प्रकार की सब्जी।
(f.) a type of vegetable.

झिंझरी (jhiṅjharī) स्त्री. नदी में नाव नचाने का खेल।
(f.) a game of boat-dancing in river.

झिकटा (jhikaṭā) पु. ईंट या खपड़े का छोटा टुकड़ा।
(m.) small piece of bricks.

झिटका (jhitakā) पु. दे. झिकटा।

झिक-झिक (jhik-jhik) स्त्री. अप्रसन्नतापूर्वक एक पर एक कही हुई बातें, कहा-सुनी।
(f.) whinning, complaining.

झिझक (jhijhak) स्त्री. झिझकने की क्रिया या भाव, कोई काम करने में भय, संकोच, क्रोध का आवेश।
(f.) a sudden start (of the emotions) being at a loss, hesitation, fear, shyness, reserve, an impulse of anger.

झिड़कल (jhiṛakal) सक. झिड़कना, डाँटना, फटकारना।
(v.t.) to scold, to rebuke.

झिड़की (jhiṛakī) स्त्री. डाँट, फटकार।
(f.) scolding, rebuke, threat.

झिरझिर (jhirajhir) वि. झिर-झिर आवाज के साथ मंद-मंद बहना।
(adj.) splashing, blowing gently.

झिलँगा (jhilaṁgā) वि. झीना, ढोला-ढाला।
(adj.) worn, ragged.

झिलझिलाह (jhilajhilāh) वि. दे. झिलमिल।

झिलमिल (jhilamil) स्त्री. हिलता और घटता-बढ़ता प्रकाश।
(f.) sparkling, shimmering, indistinct light (of dawn or dusk).

झिलमिलाहट (jhilamilāhaṭ) स्त्री. झिलमिलाने की क्रिया या भाव।
(f.) flashing, twinkling, flickering.

झिलिंगा (jhiliṅgā) पु. दे. झिलँगा।

झिल्ली (jhillī) स्त्री. चमड़े आदि की पतली तह, बारीक छिलका, आँख का जाला, मोतियाबिंद।
(f.) a membrane, lining, film, cataract.

झिलियाइल (jhiliyāil) अक. अनाज आदि का खराब होना।
(v.i.) to be bad (of grains).

झील (jhīl) स्त्री. बहुत बड़ा तालाब, सरोवर।
(f.) a lake, a pool.

झीसी (jhīsī) स्त्री. हल्की बूँदाबाँदी, फुहारे की तरह पड़नेवाली वर्षा।
(f.) drizzle, light rain.

झुंड (jhuṅḍ) पु. समूह, विशेषतः पशु-पक्षियों का समूह।
(m.) a flock (of animals or birds), a troop, herd, a crowd.

झुकल (jhukal) अक. टेढ़ा होना, लटकना, मुड़ना, नीचा होना, दबना।
(v.i.) to be bent down, to bend, to lean, to incline.

झुकावल (jhukāval) सक. झुकाना, लटकाना, दबाना।
(v.t.) to cause to bend, downwards, to bend, to incline (the head).

झुगिया (jhugiyā) स्त्री. झोपड़ी, झुग्गी।
(f.) a hut.

झुट्ठा (jhuṭṭhā) वि. दे. झूठा।

झुनझुना (jhunajhunā) पु. झुनझुना, खिलौना जो झुन-झुन बजता है।
(m.) a child's rattle.

झुमका (jhumakā) पु. कान में पहनने का गहना। उदा. 'झुमका गिरा रे, बरेली के बाजार में'।
(m.) a bell-shaped pendant (of an ear-ring).

झुरमुट (jhuramuṭ) पु. (सं.) पास-पास उगे कई झाड़ जिनकी डालियाँ मिलकर कुंज बनाती हैं।
(m.) dense undergrowth, a thicket.

झुर्री (jhurrī) स्त्री. शरीर के चमड़े पर होनेवाली सिकुड़न, शिकन।
(f.) a wrinkle, fold, pucker.

झुलसावल (jhulasāval) सक. झुलसा देना।
(v.t.) to char, to swinge.

झूठ (jhūṭh) वि. असत्य, सत्य का विपरीत।
(adj.) false.

झूठा (jhūṭhā) वि. मिथ्यावादी, नकली।
(adj.) lying, false, insincere.

झूम (jhūm) स्त्री. झूमने की क्रिया या भाव, ऊँघ।
(f.) swaying, swinging.

झूमर (jhūmar) पु. 1. सिर में पहनने का एक गहना, झुमका। 2. गीत (सोहर) जो संतानोत्पत्ति पर गाया जाता है।
(m.) 1. an ornament for the forehead or side of the head. 2. a type of song sung often on child birth.

झूमल (jhūmal) अक. झूमना।
(v.i.) to vacillate, to nod.

झूराँठ (jhūrāṁṭh) पु. काँटेदार छोटा झाड़।
(m.) small thorny bush.

झूलल (jhūlal) अक. झूलना, झूला।
(v.i.) to swing, to sway.

झूला (jhūlā) पु. (सं.) हिंडोला, झूला।
(m.) a swing, a swinging, rope.

झोंका (jhoṅkā) पु. झटका, धक्का, रेला।
(m.) a gust, puff, blast (of wind).

झोंझ (jhoṅjh) पु. 1. पक्षियों का घोंसला। 2. गुच्छा।
(m.) 1. nest (of a bird). 2. bunch.

झोंटा (jhoṅṭā) पु. (सं.) बड़े-बड़े बालों का समूह।
(m.) coil, bunch (esp. of a woman's hair).

झोपड़ी (jhopaṛī) स्त्री. कुटी, पर्णशाला, झोपड़ी।
(f.) a hut (built of earth or clay and roofed with thatch, reeds) a shed.

झोर (jhor) पु. रसा।
(m.) gravy.

झोरा (jhorā) पु. झोला, थैला।
(m.) a bag.

झोरी (jhorī) स्त्री. छोटा झोला, थैली।
(f.) a small bag.

झोरी-झंटा (jhorī-jhaṅṭā) पु. यात्रा का सामान, बोरिया बिस्तर।
(m.) with bag and baggage.

झौवा (jhauvā) पु. एक बड़ी टोकरी।
(m.) a large open basket (made of tamarisk twigs, used for carrying earth).

ट

ट (ṭa) देवनागरी वर्णमाला में ग्यारहवाँ व्यंजन और टवर्ग का पहला वर्ण है।
–the eleventh consonant of the Devanagari syllabary and the first letter of the cerebral of Tavarg.

टँउनी (ṭaṁunī) स्त्री. एक प्रकार का घटिया अन्न। पर्या. कउनी, कँगुनी, टागुन।
(f.) a kind of poor quality corn.

टंका (ṭaṅkā) पु. (सं.) ताँबे का सिक्का।
(m.) a copper coin.

टँकाई (ṭaṁkāī) स्त्री. 1. सिलाई का काम। 2. लिख लेने का काम।
(f.) 1. stitching movement of a needle in sewing. 2. writing.

टंकी (ṭaṅkī) स्त्री. तेल या पानी को जमा करने का हौज।
(f.) tank, reservoir.

टँगनी (ṭaṁganī) स्त्री. कपड़ा फैलाने के लिए प्रयुक्त लग्गी।
(f.) a pole for spreading clothes.

टंगइल (ṭaṅgail) वि. लंबी टाँगवाला।
(adj.) a man of long legs.

टँगरी (ṭaṁgarī) स्त्री. घुटने से लेकर एड़ी तक का भाग, टाँग, पैर।
(f.) leg.

टंगवाह (ṭaṅgavāh) पु. लकड़हारा।
(m.) a woodcutter.

टंगारी (ṭaṅgārī) स्त्री. कुल्हाड़ी, लकड़ी काटने का एक उपकरण।
(f.) a small axe.

टंगिवाह (ṭaṅgivāh) पु. लकड़हारा, कुल्हाड़ी चलाकर रोजी-रोटी चलानेवाला।
(m.) a woodcutter.

टंच (ṭaṅc) वि. (सं.) 1. कंजूस, कुटिल। 2. दुरुस्त, ठसाठस भरा हुआ।
(adj.) 1. miserly, crafty. 2. fit, over stuffed, well packed.

टंट-घंट (ṭaṅṭ-ghaṅṭ) पु. कार्यारंभ के लिए उपकरण जुटाना, झूठा प्रपंच।
(m.) preparatory work, formalities.

टंटा (ṭaṅṭā) पु. लड़ाई, कठिनाई, समस्या।
(m.) wrangling, difficulty, problem.

टंडइल (ṭaṅḍail) पु. मजदूरों का जमादार।
(m.) mate of labourers.

टंडइली (ṭaṅḍailī) अक. बेमतलब का घूमना।
(v.i.) wandering without work.

टँड़िया (ṭaṁṛiyā) स्त्री. बाँह में पहनने का एक प्रकार का आभूषण।
(f.) an ornament of arm.

टक (ṭak) स्त्री. (सं.) बिना पलक गिराए देर तक देखना। मुहा. **~लगावल**–प्रतीक्षा करते रहना।
(f.) gaze, fixed look.

टकउरी (ṭakaurī) स्त्री. तौलने का छोटा तराजू।
(f.) small balance, small weighing scales.

टकटकी (ṭakaṭakī) स्त्री. लगातार देखते रहने की स्थिति। उदा. टकटकी लगवले बीतल रतिया जागल (गीत)।
(f.) steady, gaze.

टकटेना (ṭakaṭenā) पु. बेमतलब का झगड़ा, ठकठेन, टंटा। उदा. झउरी बीने छउरी, पतोहिया बीने बेना। कतहीं से आवे छउरी लगावे टकटेना। (कहा.)
(m.) squabble, brawl, fracas.

टकटोरल (ṭakaṭoral) सक. टटोलना, खोजना।
(v.t.) to grope (in the dark).

टकराइल (ṭakarāil) अक. टकराना, भिड़ना।
(v.i.) to collide, to fight.

टकराव (ṭakarāv) पु. टकराने की स्थिति।
(m.) clash, collision.

टकला (ṭakalā) वि. गंजा।
(adj.) hairless, bald.

टकसल (ṭakasal) अक. खिसकना, चल देना।
(v.i.) to get away, to slink away.

टकसाल (ṭakasāl) पु. वह स्थान जहाँ सिक्के ढाले जाते हैं।
(m.) a mint, mint house.

टकहा (ṭakahā) पु. दो पैसे के बराबर का पुराना सिक्का।
(m.) a two pice coin (now obsolete).

टकहिआ (ṭakahiā) वि. सस्ता।
(adj.) cheap.

टका (ṭakā) पु. (सं.) 1. रुपया, चाँदी का सिक्का। 2. दो पैसे का पुराना सिक्का।
(m.) 1. a coin of silver (out of currency). 2. indian two pice coin.

टकुआ (ṭakuā) पु. तकला।
(m.) a spindle.

टक्कर (ṭakkar) स्त्री. 1. आमने-सामने की चोट, भिड़ंत। 2. ठोकर। मुहा. 1. **~खाइल**–जोर से टकराना। 2. **~मारल**–मुकाबला करना।
(f.) 1. collision. 2. clash.

टकौरी (ṭakaurī) स्त्री. छोटा तराजू।
(f.) small weighing scales.

टखना (ṭakhanā) पु. (सं.) एड़ी के ऊपर और पिंडली के नीचे की गाँठ, गुल्फ।
(m.) the ankle, ankle-joint.

टगल (ṭagal) अक. खिसकना, हटना।
(v.i.) to move away.

टघरल (ṭagharal) अक. पिघलना।
(v.i.) to melt.

टघरावल (ṭagharāval) सक. पिघलाना।
(v.t.) to couse to melt.

टटइनी (ṭaṭainī) स्त्री. एक प्रकार का दर्द।
(f.) a kind of pain.

टटऊ (ṭaṭaū) वि. खर-पतवार का घर।
(adj.) a home of straw.

टटका (ṭaṭakā) वि. ताजा, तुरंत का बना भोज्य पदार्थ।
(adj.) fresh.

टटमेर (ṭaṭamer) स्त्री. भीड़।
(f.) a crowd.

टटाइल (ṭaṭāil) अक. 1. भोज्य पदार्थ रोटी आदि का बासी होने पर सूख कर कड़ा हो जाना। 2. दर्द होना।
(v.i.) 1. to be dried. 2. to ache (the limbs or body).

टट्टी (ṭaṭṭī) स्त्री. 1. बाँस और कंडे से बनी टाटी। 2. शौच।
(f.) 1. matted shutter, screen made of straw. 2. toilet.

टट्टू (ṭaṭṭū) पु. छोटा घोड़ा। मुहा. **भाड़ा के टट्टू**–धन लेकर किसी का काम करनेवाला।
(m.) pony.

टड़ल (ṭaṛal) अक. दे. टगल।

टन (ṭan) स्त्री. 1. धातु खंड पर आघात करने पर उत्पन्न ध्वनि, झनकार। उदा. 'टन-टन, टन-टन घंटी बाजे, डम-डम बजे नगाड़ा।' (बालगीत)। 2. एक तौल।
(f.) 1. a ringing sound, clang. 2. a measure of weight.

टनक (ṭanak) स्त्री. 1. घंटी की आवाज। 2. पशुओं के पैर की एक बीमारी।
(f.) 1. ringing sound. 2. a disease of animal's leg.

टनकल (ṭanakal) अक. 1. घंटी की आवाज। 2. सरदर्द।
(v.i.) 1. to ring. 2. headache.

टनकबाई (ṭanakabaī) स्त्री. पशुओं को होनेवाली बीमारी।
(f.) pain in the calf (fleshy back part of the leg below the knee).

टनटन (ṭanaṭan) स्त्री. घंटी बजने का शब्द।
(f.) ringing sound.

टनटनाइल (ṭanaṭanāil) अक. घंटा बजना।
(v.i.) to ring a bell.

टनमन (ṭanaman) वि. स्वस्थ, नीरोग, चंगा।
(adj.) healthy.

टनाटन (ṭanāṭan) क्रि.वि. निरंतर घंटी बजने की स्थिति।
(adv.) continuous ringing of several bells.

टप (ṭap) पु. पानी रखने का बड़ा पात्र, टब। 2. कान का एक आभूषण। 3. पानी की बूँद गिरने की आवाज।
(m.) 1. tub. 2. an ornament of ear. 3. the sound of dropping (as of rain).

टपक (tapak) स्त्री. टपकने की क्रिया, बूँद-बूँद गिरने का भाव।
(f.) dropping, sound of dripping.

टपकल (ṭapakal) अक. टपकना, चूना।
(v.i.) to drip, to drop in.

टपका (ṭapakā) वि. पककर टपका हुआ फल।
(adj.) fallen ripe fruit.

टप-टप (ṭap-ṭap) पु. बूँदों के गिरने की ध्वनि। उदा. 'टप-टप टपकल लोर, भोर ले नींन निगोड़ी भागल'।
(m.) sound of dripping water, trickle.

टप-दे (ṭap-de) क्रि.वि. तुरंत, झट-पट।
(adv.) immediately, at once.

टपरा (ṭaparā) पु. 1. छोटी वस्तु, भूखंड। 2. गरीब।
(m.) 1. a small thing, a part of land. 2.poor

टपल (ṭapal) अक. कूदना, फाँदना।
(v.i.) to leap. to jump.

टपाटप (ṭapāṭap) क्रि.वि. दे. टप-दे।

टप्पन (ṭappan) पु. 1. एक प्रकार का लोकगीत। 2. भूमि खंड।
(m.) 1. a kind of folk song. 2. a part of land.

टप्पर (ṭappar) पु. घोड़ेगाड़ी जैसी गाड़ी।
(m.) a cart like horsecart.

टप्पू-टपरा (ṭappū-ṭaparā) पु. निर्जन भूमि खंड।
(m.) deserted place.

टभकल (ṭabhakal) अक. घाव में दर्द होना।
(v.i.) to rankle, to smart.

टमकी (ṭamakī) स्त्री. एक बाजा जिसे शादी-विवाह के अवसर पर बजाया जाता है।
(f.) a little drum played on holy occasions, such as marriage.

टमटम (ṭamaṭam) पु. (अं. टैंडम) दो पहियों की घोड़ागाड़ी।
(m.) tandem. a horse carriage (in which two passengers sit in front and two at the rear).

टमाटर (ṭamāṭar) पु. (अं.) एक प्रकार की सब्जी।
(m.) tomato.

टयरिया (ṭayariyā) पु. कम गुदावाला छोटा आम।
(m.) a small mango with meagre flesh.

टरंक (ṭaraṅk) पु. (अं.) लोहे का बक्सा।
(m.) trunk.

टरकावल (ṭarakāval) सक. टालना।
(v.t.) to equivocate. to postpone.

टरल (ṭaral) अक. हट जाना, बहाना बनाकर चल देना। उदा. 'खा के पर जा, मार के टर जा।' (कहा.)
(v.i.) to move away, to draw back as from a commitment.

टरेन (ṭaren) स्त्री. (अं.) ट्रेन, रेलगाड़ी।
(f.) train.

टर्र (ṭarr) पु. मेंढक के बोलने की आवाज।
(m.) croak of a frog.

टरटराइल (ṭaraṭarāil) अक. 1. व्यर्थ की बातें करना। 2. मेढक का टरटराना।
(v.i.) 1. to talk useless. 2. to croak.

टलहा (ṭalahā) वि. खोटा सिक्का।
(adj.) of poor quality coin.

टलियावल (ṭaliyāval) सक. ढेर लगाना।
(v.t.) to heap up, to pile up.

टसमस (ṭasamas) पु. जगह से हटने की स्थिति या भाव। मुहा. **'टस से मस ना भइल'**=किसी भारी वस्तु का न हिलना।
(m.) movement, act of moving.

टसकल (ṭasakal) अक. खिसकना, दर्द होना।
(v.i.) to move to, shoot with pain.

टसकावल (ṭasakāval) सक. खिसकाना।
(v.t.) to move, to displace.

टसुआ (ṭasuā) पु. आँसू।
(m.) a tear.

टहकल (ṭahakal) अक. दर्द करना।
(v.i.) to have a throbbing pain, to shoot with pain.

टहकार (ṭahakār) वि. चमकदार, चमाचम।
(adj.) shining, gleaming, glimmering, glinting.

टहटह (ṭahaṭah) वि. चमकता हुआ, चमाचम, चकाचक।
(adj.) shining, gleaming, glimmering, glinting.

टहरल (ṭaharal) अक. दे. टहलल।

टहल (ṭahal) स्त्री. सेवा, भ्रमण।
(f.) service, walking to and fro.
~कइल (~kail) सक. सेवा करना।
(v.t.) to serve.

टहलनी (ṭahalanī) स्त्री. दासी, नौकरानी।
(f.) a maid servant.

टहलल (ṭahalal) अक. टहलना।
(v.i.) to walk.

टहलावल (ṭahalāval) सक. टहलाना।
(v.t.) to cause to walk, to help some body to walk.

टहलुआ (ṭahaluā) पु. सेवक।
(m.) servant, attendant.

टहलुई (ṭahaluī) स्त्री. नौकरानी।
(f.) maid servant.

टहोका (ṭahokā) पु. हाथ या पैर से दिया हुआ धक्का, झटका।
(m.) push or blow given by hand or foot.

टाँक (ṭāṁk) स्त्री.(सं.) 1. चार माशे या चार ग्राम की एक तौल। 2. सिलाई।
(f.) 1. weight equal to four mashas or grams. 2. sewing.

टाँकल (ṭāṁkal) सक. टाँकना।
(v.t.) to stitch, to attach, to affix.

टाँका (ṭāṁkā) पु. सीवन, जोड़ने का काम।
(m.) stitch, join.

टाँकी (ṭāṁkī) स्त्री. पत्थर गढ़ने या काटने की छेनी।
(f.) a steel tool, chisel.

टाँग (ṭāṁg) स्त्री. पैर।
(f.) leg.

टाँगल (ṭāṁgal) सक. 1. टाँगना, लटकाना। 2. फाँसी पर चढ़ाना।
(v.t.) 1. to hang. 2. to hang by the neck until dead.

टाँगा (ṭāṁgā) बड़ी कुल्हाड़ी।
(m.) an axe.

टाँगी (ṭāṁgī) स्त्री. छोटी कुल्हाड़ी।
(f.) a small axe.

टाँट (ṭāṁṭ) वि. कड़ा, कठोर।
(adj.) hard.

टाँड़ (ṭāṁṛ) पु. अनुर्वर भूमि, टापड़, बंजर।
(m.) barren soil.

टाँड़ल (ṭāṁṛal) सक. किसी कार्य को फँसाकर रखना।
(v.t.) to prolong a work.

टाँड़ा (ṭāṁṛā) पु. व्यापार की वस्तुओं से लदे हुए पशुओं का झुंड।
(m.) pack of animals, goods carried by pack animals.

टाँय-टाँय (ṭāṁy-ṭāṁy) स्त्री. निरर्थक बात जिसका कुछ परिणाम नहीं हो, बकवास।
(f.) chatter.

टाँरल (ṭāṁral) सक. दे. टाँड़ल

टाँस (ṭāṁs) स्त्री. हाथ-पैर में नसों की जकड़न।
(f.) cramp.

टांघन (ṭāṅghan) पु. ऐसा घोड़ा जो छोटा हो तथा उसकी पूँछ लंबी और घनी हो।
(m.) a horse with short stature and long bushy tail.

टाट (ṭāṭ) पु. 1. सूत या जूट का बना मोटा कपड़ा। 2. खर-पतवार की दीवाल।
(m.) 1. sack cloth. 2. a wall of straw.

टाट-पलान (ṭāṭ-palān) पु. बैल की पीठ पर लादने के लिए प्रयुक्त एक गद्दा।
(m.) cushion on the back of a bullock until load.

टाटी (ṭāṭī) स्त्री. झोपड़ी के चारों ओर घास-फूस की दीवार।
(f.) straw walls around a cottage.

टाड़ (ṭāṛ) पु. बीज डालकर बुआई करने का हल में लगा यंत्र।
(m.) implement attached to a plough for sowing.

टान (ṭān) स्त्री. 1. कमी। 2. तनाव।
(f.) 1. scarcity. 2. tension.

टानल (ṭānal) सक. खींचना, उठाना।
(v.t.) to haul, to carry, to raise.

टाप (ṭāp) पु. 1. चलते समय घोड़े के पैर से निकली आवाज। 2. मछली पकड़ने या रखने का झाबा।
(m.) 1. tramp of horse, a stroke with the fore foot of a horse. 2. a bamboo basket or net for catching fish.

टापल (ṭāpal) अक. 1. घोड़े का पैर पटकना। 2. फाँदना।
(v.i.) 1. to stamp by a horse. 2. to jump over.

टापा (ṭāpā) पु. मछली पकड़ने की बाँस की टोकरी।
(m.) a bamboo basket (for catching fish).

टापू (ṭāpū) पु. वह भूमिखंड जो चारों ओर से पानी से घिरा हो, द्वीप।
(m.) an island.

टायर (ṭāyar) पु. रबड़ का पहिया।
(m.) a tyre.

टायरा (ṭāyarā) पु. एक तरह का आभूषण जो सिर पर पहना जाता है।
(m.) a head ornament.

टारच (ṭārac) पु. (अं.) टार्च।
(m.) flashlight.

टारल (ṭāral) सक. हटाना।
(v.t.) to put off, to postpone.

टाल (ṭāl) पु. ढेर।
(m.) heap.

टालमटोल (ṭālamatol) स्त्री. बहाना बनाकर काम नहीं करने का भाव।
(f.) prevarication, postponement, excuse.

टालल (ṭālal) सक. दे. टारल।

टाली (ṭālī) स्त्री. 1. गाय, बैल आदि के गले में बाँधी जानेवाली घंटी। 2. ट्राली।
(f.) 1. the bell tied round the necks of cows, bullocks etc. 2. trolely.

टालू (ṭālū) पु. बहाना बनाकर काम को टालनेवाला।
(m.) evasive.

टालू-जवाब (ṭālū-javāb) पु. काम को टालनेवाला उत्तर।
(m.) evasive reply.

टाल्ही (ṭālhī) स्त्री. ऊँची जमीन।
(f.) high level land.

टाही (ṭāhī) स्त्री. घात लगाकर बैठने का भाव।
(f.) waiting for an ambush.

टिंचर (ṭiṅcar) पु. (अं.) दवा का घोल।
(m.) tincture.

टिंडा (ṭiṇḍā) पु. एक प्रकार की लता जिसके फलों की सब्जी बनती है।
(m.) a creeper, its fruit used as a vegetable.

टिकट (ṭikaṭ) पु. (अं.) रेल या बस आदि की यात्रा का टिकट, डाक या धन के लेनदेन में प्रयुक्त टिकट।
(m.) railway or bus journey ticket etc., postage or revenue stamp.

टिक-टिक (ṭik-ṭik) स्त्री. 1. टिक-टिक की आवाज। 2. घड़ी की आवाज। 3. घोड़े की टाप की आवाज।
(f.) 1. sound of tick-tick. 2. beat of a watch or clock. 3. stepping sound of a horse's hooves.

टिकठी (ṭikaṭhī) स्त्री. शव ले जाने के लिए बनी शय्या, अरथी।
(f.) a bier.

टिकड़ा (ṭikaṛā) पु. अंगारों पर सेंकी हुई मोटी रोटी।
(m.) thick loaf of bread baked on fire.

टिकना (ṭikanā) पु. जाल के ऊपर बँधी रस्सी।
(m.) rope tied above a net.

टिकरी (ṭikarī) स्त्री. एक प्रकार की मिठाई।
(f.) a kind of sweet.

टिकल (ṭikal) अक. 1. ठहरना। 2. कुछ समय के लिए रुकना। 3. टिकना।
(v.i.) 1. to stay. 2. to stop for a short time. 3. to come to rest up on.

टिकस (ṭikas) पु. (अं.) कर, किराया, महसूल, टिकट।
(m.) tax, revenue, duty, ticket.

टिकाऊ (ṭikāū) वि. ठहरनेवाला, ज्यादा समय रहनेवाला।
(adj.) durable, lasting.

टिकान (ṭikān) पु. ठहरने का स्थान।
(m.) halting place.

टिकावल (ṭikāval) सक. 1. किसी व्यक्ति को रहने देना। 2. स्थिर करना।
(v.t.) 1. to make some body stay or halt. 2. to fix.

टिकासन (ṭikāsan) पु. पैर से सिर तक की ऊँचाई।
(m.) a length of foot to head.

टिकिया (ṭikiyā) स्त्री. 1. दवा की गोली। 2. एक छोटा गोल टुकड़ा।
(f.) 1. tablet. 2. a small and round cake.

टिकुलाई (ṭikulāī) स्त्री. छेद करने का लोहे का उपकरण।
(f.) drill.

टिकुल(ṭikul) पु. एक प्रकार का जंगली पेड़।
(m.) a kind of forest tree.

टिकुली(ṭikulī) स्त्री. स्त्रियों के ललाट पर चिपकाने के लिए बनी बिंदी।
(f.) a spangle, small glittering object gummed on the forehead by indian women as ornamentation.

टिकोरा (ṭikorā) पु. आम का कच्चा छोटा फल, अमिया। 'ए बसंत तू संत बन, सनक जनि देख टिकोरा के।' (लोक.)।
(m.) a small unripe mango.

टिक्कड़ (ṭikkaṛ) पु. छोटी और मोटी रोटी। पर्या. बाटी, लिट्टी।
(m.) a small and thick bread.

टिटकारल (ṭiṭakāral) सक. आगे की ओर बढ़ने के लिए मवेशियों को प्रेरित करने के लिए मुँह से आवाज निकालना।
(v.t.) to urge an animal to move forward making clicking sound.

टिटकारी(ṭiṭakārī) स्त्री. घोड़ा आदि को आगे बढ़ने के लिए प्रयुक्त आवाज।
(f.) clicking sound for horses etc, to proceed.

टिटिंबा(ṭiṭiṅbā) पु. व्यर्थ का बखेड़ा।
(m.) unnecessary botheration or complication.

टिटिहरी (ṭiṭiharī) स्त्री. एक प्रकार का पक्षी जो पैरों को ऊपर की ओर करके सोता है। कहा. 'टिटिहरी के छपले बादर ना छपाई।'
(f.) a sandpiper.

टिपकारी (ṭipakārī) स्त्री. ईंटों के जोड़ को सीमेंट से बंद करना।
(f.) cementing one brick with another.

टिप-टिप (ṭip-ṭip) स्त्री. पानी की बूँदों के गिरने की आवाज।
(f.) sound produced by drops of water.

टिपटिपाइल (ṭipaṭipāil) अक. धीरे-धीरे बूँदें पड़ना।
(v.i.) to fall in drops slowly.

टिपल (ṭipal) सक. हथियाना, अनाधिकृत रूप से किसी वस्तु को ले लेना या चुरा लेना।
(v.t.) to grab, to usurp, to acquire by force.

टिपारा (ṭipārā) पु. पुराने फैशन की टोपी।
(m.) an old fashioned cap.

टिपारी (ṭipārī) स्त्री. टोकरी।
(f.) a basket.

टिपोर (ṭipor) पु. आत्मश्लाघा, शेखी, डींग।
(m.) boasting.

टिभुका (ṭibhukā) पु. आँसू।
(m.) tears.

टिभोली (ṭibholī) स्त्री. मजाक, परिहास।
(f.) joke, ridicule, jest.

टिमकी (ṭimakī) स्त्री. छोटा ढोल। उदा. 'जहाँ बड़-बड़ ढोल तहाँ टिमकी के मोल?' (लोक.)।
(f.) small drum.

टिम-टिम (ṭim-ṭim) स्त्री. कोमल आवाज।
(f.) soft sound.

टिमटिमाइल (ṭimaṭimāil) अक. चमकना, हल्का प्रकाश देना।
(v.i.) to twinkle, to give faint light.

टिमाक (ṭimāk) पु. शेखी, गुमान, गुरूर।
(m.) air of superiority, vanity, arrogance, pride.

टिमुक (ṭimuk) पु. टीला जो कम ऊँचा हो।
(m.) hillock.

टिरकावल (ṭirakāval) सक. टरका देना, हटा देना।
(v.t.) to put off, to get rid of.

टिसहपन (ṭisahapan) पु. द्वेष, बैर।
(m.) malice, enmity.

टिसुना (**ṭisunā**) स्त्री. (सं.) लालच। उदा. 'टिसुना लागल जब देखे के कन्हइया जी के।'
(f.) greed, rapaciousness.

टिहिरका (**ṭihirakā**) पु. देखा-देखी काम करने की प्रवृत्ति।
(m.) inspired by the work of imitation.

टिहुकल (**ṭihukal**) अक. रूठना।
(v.i.) to sulk, to be piqued.

टिहुकी (**ṭihukī**) स्त्री. क्रोधित करने के लिए बोला गया वचन।
(f.) talk for angry.

टींगा (**ṭīṅgā**) स्त्री. स्त्रियों का गुप्तांग।
(f.) private organs of women.

टीआ (**ṭīā**) पु. बारात ठहराने के लिए निश्चित किया गया स्थान।
(m.) place for staying of a marriage party.

टीक (**ṭīk**) पु. शिखा, चोटी, चुटकी।
(m.) tuft (kept by upper caste men under old system).

टीकर (**ṭīkar**) पु. काले पशु के माथे का सफेद दाग।
(m.) black animal with a white mark on the forehead.

टीकल (**ṭīkal**) सक. टीका लगाना।
(v.t.) to mark.

टीका (**ṭīkā**) स्त्री. 1. चंदन तिलक। 2. पुस्तक का भाष्य या अर्थ। 3. स्त्रियों के माथे का एक आभूषण।
(f.) 1. a mark of sandal paste on forehead. 2. a commentary on a book. 3. an ornament worn by a woman, whose husband is alive.
~कइल (**~kail**) सक. टीका करना, व्याख्या या अर्थ करना।
(v.t.) to comment.

टीकाकार (**ṭīkākār**) पु. टीका या व्याख्या करनेवाला।
(m.) commentator.

टीका-टिप्पनी (**ṭīkā-ṭippanī**) स्त्री. समीक्षा।
(f.) comments, criticism.

टीका-बाँसा (**ṭīkā-bāṁsā**) पु. एक प्रकार का ग्रामीण खेल।
(m.) a kind of rural game.

टीडी-टीड़ी (**ṭīḍī-ṭīṛī**) स्त्री. फसल नष्ट करनेवाला एक प्रकार का फतिंगा।
(f.) grasshopper, locust.

टीन (**ṭīn**) पु. (अं.) टिन, एक प्रकार की धातु, लोहे की पतली चादर।
(m.) a malleable metal, tin.

टीप (**ṭīp**) स्त्री. अँगूठे का निशान।
(f.) thumb impression.

टीपन (**ṭīpan**) पु. जन्मपत्री।
(m.) horoscope, astrological record of nativity.

टीपल (**ṭīpal**) सक. टीप करना।
(v.t.) to comment, to note the point.

टीपुर (**ṭīpur**) पु. सूखी जमीन।
(m.) dry land.

टीपोर (**ṭīpor**) पु. दे. टिपोर।

टीभुक (**ṭībhuk**) पु. बैल का कूबड़।
(m.) bullock's hump.

टीम-टाम (**ṭīm-ṭām**) पु. दिखावा, आडंबर। उदा. 'टीम-टाम- अतना भोजने नदारद।' (कहा.)।
(m.) show off, ostentation.

टील्हा (**ṭīlhā**) पु. ऊँची भूमि, टीला।
(m.) mound.

टीव (**ṭīv**) पु. अनुमान।
(m.) estimate, guess.

टीस (**ṭīs**) स्त्री. पीड़ा, दर्द, चुभन।
(f.) pain, smarting pain.

टीसन (**ṭīsan**) पु. (अं.) स्टेशन, ट्रेन या बस के ठहरने का स्थान।
(f.) railway station or bus station.

टीसल (**ṭīsal**) अक. रह-रहकर पीड़ा देना, कसकना। उदा. 'टोअलो पर टीसेला छिउँकिया के साटी राम।' (गीत)।
(v.i.) to smart, pain to shoot.

टुँगल (**ṭuṁgal**) अक. कुतरना, कुतर कर खाना।
(v.i.) to gnaw, to nibble, to cut with teeth.

टुंडा (**ṭuṅḍā**) पु. (सं.) 1. ठूँठ। 2. लूला।
(m.) 1. tree with its branches cut off. 2. person handless or whose hands are cut off.

टुइयाँ (**ṭuiyāṁā**) स्त्री. 1. छोटी जाति का सुग्गा। 2. छोटा। 3. बौना, नाटा, टोंटी लगा। 4. मिट्टी का छोटा लोटा।
(f.) 1. small parrot. 2. small. 3. dwarf, tiny. 4. small clay pot with a spout.

टुक (**ṭuk**) वि. थोड़ा, तनिक, टुकड़ा।
(adj.) a little, piece.

टुक-टुक (**ṭuk-ṭuk**) वि. धीरे-धीरे, मंद गति।
(adj.) slowly, without much speed, gradually.

टुकड़ (**ṭukaṛ**) पु. टुकड़ा, रोटी का टुकड़ा।
(m.) piece, a piece of bread.

टुकड़खोर (ṭukaṛākhor) वि. टुकड़ों पर पलनेवाला।
(adj.) parasite, hanger on.

टुकड़ा (ṭukaṛā) पु. 1. छोटा हिस्सा। 2. खंड, भाग।
(m.) 1. a piece. 2. part.

टुकदम (ṭukadam) अव्य. कभी-कभी, धीरे-धीरे।
(indec.) now and then, gradually.

टुकुर-टुकुर (ṭukur-ṭukur) क्रि.वि. चुपचाप ताकते रहने की क्रिया। उदा. 'टुकुर-टुकुर टकटकी लगवले बीतल रतिया जागल।'–'पराग'।
(adv.) gaze with lingering looks, lingeringly.

टुटपुंजिया (ṭuṭapuṅjiyā) वि. थोड़ी पूँजीवाला (व्यक्ति)।
(adj.) a man of scanty wealth, a man of small means.

टुटहा (ṭuṭahā) वि. भग्न, टूटा हुआ, जीर्ण-शीर्ण।
(adj.) broken, breakable, brittle.

टुनकार (ṭunakār) स्त्री. घड़ी या घंटी की आवाज।
(f.) chime of a clock or bell.

टुनकी (ṭunakī) स्त्री. माथे का बाल झड़ने का रोग।
(f.) a disease of hair fall out.

टुनटुनी (ṭunaṭunī) स्त्री. घंटी।
(f.) a bell.

टुम (ṭum) स्त्री. 1. गहना, आभूषण। 2. कम शब्दों में किसी बात को कहने की स्थिति।
(f.) 1. an ornament. 2. to say some thing in minimum words.

टूँगल (ṭūṁgal) सक. नख से पकड़कर काटना।
(v.t.) to nibble (grass, shoots).

टूँड़ा (ṭūṁṛā) पु. जौ, गेहूँ, धान आदि अनाजों में निकला हुआ पतला नुकीला भाग। पर्या. टूँड़, सूँग।
(m.) pointed portion of barley, wheat, paddy etc.

टूँड़ी (ṭūṁṛī) स्त्री. 1. नाभि। 2. बाल का टुकड़ा।
(f.) 1. navel. 2. piece of hair.

टूअर (ṭūar) वि. पितृहीन बच्चा।
(adj.) a child whose father has died.

टूका-टुकड़ा (ṭūkā-ṭukaṛā) पु. 1. टूटने का भाव। 2. छोटा हिस्सा।
(m.) 1. breaking, fracture. 2. a small piece.

टूटल (ṭūṭal) वि. खंडित।
(adj.) broken.

टूटी (ṭūṭī) स्त्री. घाटा, नुकसान।
(f.) deficit, loss.

टूसल (ṭūsal) सक. डंक मारना, काटना।
(v.t.) to sting.

टूसा (ṭūsā) पु. अंकुर, नई कोंपल।
(m.) sprout, shoot, leaf bud on branch.

टेंगड़ा (ṭeṅgaṛā) पु. हल्के पीले रंग की मछली।
(m.) a yellowish fish.

टेंगड़ी (ṭeṅgaṛī) स्त्री. कुल्हाड़ी।
(f.) an axe.

टेंट (ṭeṅṭ) पु. झगड़ा।
(m.) quarrel.

टेंटिहई (ṭeṅṭihaī) स्त्री. झगड़ा करने की प्रवृत्ति।
(m.) tendency to quarrel.

टेंटिहा (ṭeṅṭihā) वि. झगड़ालू।
(adj.) quarrelsome.

टेंटी (ṭeṅṭī) स्त्री. बेईमानी।
(f.) dishonesty.

टेक (ṭek) स्त्री. प्रतिज्ञा, प्रण।
(f.) promise.

टेकल (ṭekal) सक. सहारा देना।
(v.t.) to support.

टेकसी (ṭekasī) स्त्री. टैक्सी।
(f.) a cab, taxi.

टेकावल (ṭekāval) सक. सहारा देकर किसी बोझ को कम करना।
(v.t.) to support a burden to lift it up.

टेकुआ (ṭekuā) पु. लोहे का बना बोरा आदि सीने का औजार। पर्या. सूआ।
(m.) an awl.

टेकुरी (ṭekurī) स्त्री. सूत कातने की तकली। पर्या. टेकली।
(f.) a spindle.

टेटि (ṭeṭi) स्त्री. धोती के फेटे का वह स्थान जहाँ रुपया-पैसा खोंसा जाता है।
(f.) a fold to tuck money in dhoti.

टेढ़रा-टेढ़ना (ṭeṛharā-ṭeṛhanā) वि. टेढ़ा-मेढ़ा।
(adj.) slipshod.

टेढ़ाई (ṭeṛhāī) पु. टेढ़ापन।
(m.) distortion.

टेढ़ियाइल (ṭeṛhiyāil) अक. वक्र होना।
(v.i.) to curve.

टेढ़ (ṭeṛh) स्त्री. टेढ़ा, तिरछा, वक्र।
(f.) curve, arch awry.

टेना (ṭenā) पु. बाँस का लाठीनुमा टुकड़ा जिसे किसी चीज को ऊपर उठाने के लिए लगाया जाता है।
(m.) bamboo/wooden piece of rod to lift a thing, lever, crowbar.

टेपा (**ṭepā**) पु. मिट्टी का सख्त टुकड़ा, ढेला।
(m.) lump. clod, pellet.

टेबुकी (**ṭebukī**) स्त्री. टीला, ऊँची जमीन।
(f.) mound, high land.

टेम्ही (**ṭemhī**) स्त्री. दीपक की बाती का अग्रभाग।
(f.) fore part of an earthen lamp wick.

टेरल (**ṭeral**) सक. 1. बुलाना। 2. बाँसुरी बजाना।
(v.t.) 1. to call out. 2. to sound as a flute.

टेल्हा (**ṭelhā**) पु. बालक।
(m.) a boy.

टेल्ही (**ṭelhī**) स्त्री. लड़की।
(f.) a girl.

टेहा-टेही (**ṭehā-ṭehī**) क्रि.वि. एक-एक कर।
(adv.) one by one.

टैट (**ṭaiṭ**) वि. (अं. टाइट) टाइट, कसा हुआ, जोर देकर बाँधा हुआ।
(adj.) tight.

टोंटा (**ṭoṅṭā**) पु. गुल्ला, खूँटा।
(m.) pole, stake.

टोअल (**ṭoal**) सक. टटोलना।
(v.t.) to grope, to fumble.

टोइआवल (**ṭoiāval**) सक. टटोलना।
(v.t.) to grope.

टोकरी (**ṭokarī**) स्त्री. बाँस का बना पात्र।
(f.) basket.

टोकल (**ṭokal**) सक. पूछना, प्रश्न करना।
(v.t.) to interrupt.

टोटका (**ṭoṭakā**) पु. टोना, टोटका।
(m.) superstition, enchantment.

टोटा (**ṭoṭā**) पु. 1. बंदूक का कारतूस। 2. घाटा।
(m.) 1. cartridge. 2. a loss, scarcity.

टोप (**ṭop**) पु. 1. टाँका। 2. बड़ी टोपी, जिसे अंग्रेज पहनते हैं।
(m.) 1. a stitch. 2. hat.

टोपरा (**ṭoparā**) पु. बड़ा खेत।
(m.) large farm.

टोपा (**ṭopā**) पु. मछली रखने का बाँस का बना हुआ छिछला टोकरा।
(m.) shallow bamboo basket to keep fish.

टोपी (**ṭopī**) स्त्री. सिर का पहनावा।
(f.) a cap.

टोरा (**ṭorā**) स्त्री. हल का निचला हिस्सा जिसमें लोहे का फाल लगा रहता है।
(f.) lower part of a plough to which its iron blade is fixed.

टोला (**ṭolā**) पु. 1. मुहल्ला। 2. बड़ी बस्ती का एक भाग।
(m.) 1. street, neighbourhood. 2. part of a town.

टोली (**ṭolī**) स्त्री. (सं.) समूह, जत्था।
(f.) group, batch, team.

टोल्हिया (**ṭolhiyā**) स्त्री. प्यारी-सी छोटी लड़की।
(f.) beauteous lovable girl, lass.

टोह (**ṭoh**) स्त्री. 1. अन्वेषण, खोज। 2. देखभाल।
(f.) 1. search. 2. watching.

ठ

ठ (ṭha) देवनागरी-वर्णमाला के व्यंजनों में बारहवाँ और टवर्ग का दूसरा व्यंजन।
-the twelfth consonant of the Devanagari syllabary and the second letter of the cerebral or Tavarg.

ठँइया (**ṭhaṁiyā**) पु. (सं.) स्थान, नियत जगह। उदा. 'राउर पइया पर एही, ठँइया हुलसल धरती के भाग हो।' (गीत)।
(m.) fixed place.

ठुंगनी (**ṭhuṅganī**) स्त्री. टेकनी।
(f.) small support.

ठंठा (**ṭhanṭhā**) वि. वैसी गाय या भैंस जिसने बहुत दिनों से दूध देना बंद कर दिया हो, ठाँठ।
(adj.) a cow or she buffalo not giving milk, dry.

ठंढ (**ṭhanḍh**) स्त्री. सर्दी, जाड़ा।
(f.) cold, winter.

ठंढई (**ṭhanḍhaī**) स्त्री. सौंफ, बादाम आदि मिलाकर बनाया गया शर्बत।
(f.) cold herbal drink.

ठंढक (**ṭhanḍhak**) स्त्री. शीत, जाड़ा।
(f.) cold, coolness.

ठंढा (**ṭhaṅḍhā**) वि. सर्द, शीतल।
(adj.) cold, cool, chill.
ठंढाइल (**ṭhaṅḍhāil**) अक. ठंडा होना।
(v.i.) to be cold.
ठंढावल (**ṭhaṅḍhāval**) सक. ठंडा करना।
(v.t.) to cold.
ठक (**ṭhak**) स्त्री. एक कड़ी वस्तु से दूसरी कड़ी वस्तु के टकराने का शब्द।
(f.) rap.
ठकचल (**ṭhakacal**) अक. ठसाठस भरना।
(v.i.) to stuff, to pack, to cram, to over stuff.
ठकच्चा (**ṭhakaccā**) स्त्री. लोगों की भीड़।
(f.) crowd.
ठक-ठक (**ṭhak-ṭhak**) स्त्री. बार-बार ठोकने की ध्वनि।
(f.) rap, tap, knock.
ठकठकावल (**ṭhakaṭhakāval**) सक. किसी वस्तु पर ठोकर मारकर ठक-ठक शब्द पैदा करना।
(v.t.) to knock, to tap.
ठकठेन (**ṭhakaṭhen**) पु. झगड़ा, टंटा, लड़ाई-झगड़ा।
(m.) squabble, brawl, fracas, fray.
ठक्कर (**ṭhakkar**) स्त्री. छोटा डंडा।
(f.) small stick.
ठकुआ (**ṭhakuā**) पु. 1. स्तब्धता। मुहा. ~**मारल**- किंकर्तव्यविमूढ़ होना। 2. ठेकुआ।
(m.) 1. nonplus. 2. a kind of sweetened puri.
ठकुआइल (**ṭhakuāil**) अक. विमूढ़ होना, स्तंभित होना।
(v.i.) to get nonplussed, to get transfixed.
ठकुरसुहाती (**ṭhakurasuhātī**) स्त्री. खुशामद, चाटुकारी, झूठी प्रशंसा।
(f.) flattery, insincere praise.
ठकुराइन (**ṭhakurāin**) स्त्री. 1. ठाकुर की स्त्री। 2. मालकीन।
(f.) 1. wife of a thakur. 2. lady proprietor.
ठकुराई (**ṭhakurāī**) स्त्री. 1. ठाकुर का अधिकार। 2. पद।
(f.) 1. right of thakur. 2. rank, status.
ठकुरानी (**ṭhakurānī**) स्त्री. दे. ठकुराइन।
ठग (**ṭhag**) पु. छल और कपट से दूसरे का द्रव्य ले लेनेवाला व्यक्ति, छली, धूर्त।
(m.) cheater, rogue, cunning.
ठगइती (**ṭhagaitī**) स्त्री. ठगने का भाव या क्रिया।
(f.) cheating, the practice of cunning.
ठगनी (**ṭhaganī**) स्त्री. ठगनेवाली स्त्री। उदा. 'माया महाठगनी हम जानी।'–कबीर।
(f.) a woman who deceives.
ठगल (**ṭhagal**) सक. ठगना।
(v.t.) to deceive, to cheat.
ठगहर्रा (**ṭhagaharrā**) पु. ठग।
(m.) cheater.
ठगेड़ा (**ṭhageṛā**) वि. चतुर ठग।
(adj.) cunning.
ठट (**ṭhaṭ**) पु. समूह, झुंड।
(m.) crowd, gathering.
ठटल (**ṭhaṭal**) अक. डटे रहना
(v.i.) to be firm, determined.
ठट्ठा (**ṭhaṭṭhā**) पु. मसखरी, हँसी-मजाक। उदा. 'भर घर देवर भतार से ठट्ठा।' (कहा.)।
(m.) joke, jocularity.
ठटियल (**ṭhaṭiyal**) वि. ठाट-बाट से रहनेवाला (व्यक्ति)।
(adj.) pomp and show.
ठठरा (**ṭhaṭharā**) पु. एक प्रकार का पक्षी।
(m.) a kind of bird.
ठठरी (**ṭhaṭharī**) स्त्री. 1. शरीर का ढाँचा। 2. छप्पर का ढाँचा।
(f.) 1. skeleton. 2. frame work of bamboo for a thatch.
ठठाइल (**ṭhaṭhāil**) अक. जोर से हँसना।
(v.i.) to laugh loudly, to guffaw.
ठठेरल (**ṭhaṭheral**) सक. जमीन पर घसीटकर ले जाना।
(v.t.) to drag, to heave, to haul.
ठठेरा (**ṭhaṭherā**) पु. कसेरा, बर्तन की मरम्मत करनेवाला या बनानेवाला।
(m.) brazier, maker of metal pots.
ठढ़वल (**ṭhaṛhaval**) अक. ठंडा पड़ना।
(v.i.) to be affected with the cold.
ठढ़िया (**ṭhaṛhiyā**) पु. एक प्रकार का साग।
(m.) leafly green vegetable.
ठनकल (**ṭhanakal**) अक. जोर से आवाज करना, बिजली का गर्जन।
(v.i.) thundering.
ठनल (**ṭhanal**) अक. किसी काम का उत्साहपूर्वक आरंभ होना।
(v.i.) to start with full vigour.
ठनका (**ṭhanakā**) पु. बिजली के चमकने के बाद होनेवाला वज्रपात।
(m.) thunder struck.
ठनकावल (**ṭhanakāval**) सक. आवाज निकालने के लिए विवश करना।
(v.t.) to compell to sound.

ठनक्का (ṭhanakkā) क्रि.वि. स्पष्ट शब्दों में।
(adv.) clearly.

ठनगन (ṭhanagan) पु. हठ, किसी वस्तु के लिए आग्रह।
(m.) obstinacy, stubbornness.

ठन-ठन (ṭhan-ṭhan) स्त्री. किसी धातु की सामग्री के बजने की आवाज।
(f.) metallic ringing sound.

ठनठनाइल (ṭhanathanāil) अक. घनघनाना।
(v.i.) to jingle.

ठनाठन (ṭhanāṭhan) क्रि.वि. लगातार ठन-ठन की आवाज।
(adv.) with a jingling or tinkling.

ठप (ṭhap) पु. बंद।
(m.) stop.

ठप्पा (ṭhappā) पु. मुहर।
(m.) a stamp.

ठमकल (ṭhamakal) अक. चकित होकर रुकना, स्तब्ध होना।
(v.i.) to get transfixed.

ठरकी (ṭharakī) स्त्री. एक प्रकार की छोटी और सुंदर चिड़िया, दारूबाज।
(f.) a kind of small and beautiful bird, drinker.

ठरल (ṭharal) अक. ठंडी का अनुभव करना।
(v.i.) to feel cold.

ठर्रा (ṭhārrā) वि. देशी शराब।
(adj.) country liquor.

ठवर (ṭhavar) स्त्री. जगह, स्थान।
(f.) place.

ठस (ṭhas) वि. कंजूस।
(adj.) miser.

ठसाठस (ṭhasāṭhas) क्रि.वि. खचाखच भरा हुआ।
(adv.) fully packed.

ठहरल (ṭhaharal) अक. ठहरना, रुकना।
(v.i.) to stop, to rest, to pause.

ठहराव (ṭhaharāv) पु. 1. रुकावट। 2. बाधा।
(m.) 1. stop. 2. a hindrance.

ठहरावल (ṭhaharāval) सक. किसी को चलने या काम करने से रोकना।
(v.t.) to cause to stand, stay.

ठहरावल (ṭhaharāval) सक. ठहराना।
(v.t.) to lodge.

ठहाका (ṭhahākā) पु. जोर की हँसी।
(m.) peal or explosion of laughter.

ठाँइ (ṭhāṁi) स्त्री. 1. ठौर, जगह। 2. निकट।
(f.) 1. place. 2. near.

ठाँय-ठाँय (ṭhāṁy-ṭhāṁy) स्त्री. बंदूक से गोली निकलने के समय की आवाज।
(f.) sound of gunfire.

ठाँव (ṭhāṁv) पु. दे. ठाँइ।

ठाँवा-ठाँई (ṭhāṁvā-ṭhaṁī) क्रि.वि. कहीं-कहीं।
(adv.) here and there.

ठाँवे-ठाँवे (ṭhāṁve-ṭhāṁve) क्रि.वि. जगह-जगह।
(adv.) at many places.

ठाकुर (ṭhākur) पु. 1. भगवान। 2. विष्णु। 3. मालिक। 4. एक जाति विशेष।
(m.) 1. god. 2. vishnu. 3. proprietor. 4. title of a caste.

ठाकुर-दुआरा (ṭhākur-duārā) पु. देव-स्थान, जगन्नाथ-पुरी।
(m.) a temple, jagannathpuri.

ठाकुरबारी (ṭhākurabārī) स्त्री. देवालय।
(f.) house of god, temple.

ठाट (ṭhāṭ) पु. लकड़ी या बाँस की फट्ठियों से बना परदा।
(m.) framework as of wood or bamboo for curtain.

ठाट-बाट (ṭhāṭ-bāṭ) पु. सुख-सुविधा।
(m.) amenity.

ठाट-पटाका (ṭhāṭ-paṭākā) क्रि.वि. तुरंत, अविलंब।
(adv.) at once, immediately.

ठाढ़ (ṭhāṛh) वि. खड़ा।
(adj.) standing.

ठानल (ṭhānal) सक. ठानना, संकल्प करना।
(v.t.) to resolve, to start, to commence.

ठार (ṭhār) पु. अधिक सर्दी, अत्यंत जाड़ा।
(m.) extreme cold, chilliness.

ठासल (ṭhāsal) सक. ठूँसना।
(v.t.) to be over stuffed.

ठिंगना (ṭhiṅganā) पु. बौना, नाटा।
(m.) short-statured, dwarf.

ठिकरी (ṭhikarī) स्त्री. एक प्रकार की मिठाई, टिकरी।
(f.) a kind of sweet.

ठिकिआवल (ṭhikiāval) सक. किसी कार्य को करने के लिए किसी को नियोजित करना।
(v.t.) to appoint any person for work.
ठिगना (ṭhiganā) पु. दे. ठिंगना।
ठिठकल (ṭhiṭhakal) अक. ठिठकना।
(v.i.) to recoil, to boggle.
ठि-ठि (ṭhi-ṭhi) अव्य. हँसने की आवाज।
(indec.) sound of laughter.
ठिठोली (ṭhiṭholī) स्त्री. मजाक, दिल्लगी।
(f.) banter, jesting, jocularity.
ठिल्ली (ṭhillī) स्त्री. गगरी।
(f.) an earthenware water pot.
ठीक (ṭhīk) वि. 1. उचित, अच्छा। 2. निश्चित। 3. सच।
(adj.) 1. appropriate, good. 2. sure. 3. true.
ठीक-ठाक (ṭhīk-ṭhāk) पु. अच्छी तरह दुरुस्त, निश्चय, तैयार।
(m.) all well, correct, certain, ready.
ठीक-ठीक (ṭhīk-ṭhīk) क्रि.वि. 1. सही ढंग से। 2. विधिवत्। 3. तथ्यपूर्ण।
(adv.) 1. rightly, truly. 2. duly. 3. factual.
ठीक से (ṭhīk se) क्रि.वि. 1. अच्छी तरह। 2. संतोषजनक।
(adv.) properly. 2. adequately.
ठीकदार (ṭhīkadār) पु. किसी काम को ठेके पर करानेवाला व्यक्ति।
(m.) contractor.
ठीकरा (ṭhīkarā) पु. मिट्टी के बर्तन का छोटा टूटा-फूटा अंश।
(m.) broken piece of earthenware.
ठीकल (ṭhīkal) अक. अनुमान लगाना।
(v.i.) to guess, to conjecture.
ठीका (ṭhīkā) पु. किसी निश्चित राशि आदि के बदले में किसी के काम को पूरा करने का जिम्मा।
(m.) contract, work done on contract.
ठीढ़आ (ṭhīṛhaā) पु. एक हरे रंग का साग।
(m.) a green vegetable.
ठीन (ṭhīn) पु. जगह।
(m.) place.
ठीहा (ṭhīhā) पु. स्थान, रहने की जगह।
(m.) seat, a place to sit on.
ठुँठ (ṭhuṁṭh) पु. (सं. स्थाणु) 1. ठूँठ वृक्ष। 2. बिना हाथ का मनुष्य।
(m.) 1. stump of a tree. 2. a man without hand.
ठुक-ठुक (ṭhuk-ṭhuk) पु. लकड़ी पर किसी चीज से ठोकने की आवाज।
(m.) sound of strike on a wooden article.
ठुकरावल (ṭhukarāval) सक. 1. अस्वीकार करना। 2. छुटकारा पाना।
(v.t.) 1. to reject. 2. to get rid of.
ठुकुचल (ṭhukucal) सक. धीरे-धीरे चोट करना।
(v.t.) to strike slowly.
ठुनकल (ṭhunakal) अक. रुक-रुक कर रोना-सिसकना।
(v.i.) to sob.
ठुनुक (ṭhunuk) स्त्री. सिसकी।
(f.) sob.
ठुमकल (ṭhumakal) अक. नाच में पैर पटककर चलना जो ताल के अनुकूल हो।
(v.i.) to strut, in dancing to move the feet alternately in a rhythmic manner.
ठुमका (ṭhumakā) पु. छोटे डील-डौल का ठिगना व्यक्ति।
(m.) short sized person, dwarf.
ठुमरी (ṭhumarī) स्त्री. एक प्रकार की रागिनी।
(f.) style of a classical Indian music.
ठुमुक (ṭhumuk) वि. छोटा और ठोस (वस्तु)।
(adj.) small and solid (thing).
ठुर्री-ठूरी (ṭhurrī-ṭhūrī) स्त्री. मक्के का भूँजा, जो लावा नहीं बना हो।
(f.) hard corn grain which has not burst.
ठुसकल (ṭhusakal) सक. धीरे-धीरे रोना।
(v.t.) to sob.
ठुसकी (ṭhusakī) स्त्री. अपानवायु के निकलने की आवाज।
(f.) sound of forting.
ठूँठ (ṭhūṁṭh) पु. दे. ठुँठ।
ठूँसा (ṭhūṁsā) पु. मारने के लिए तानी हुई मुट्ठी, घूँसा।
(m.) mailed fist, cuff.
ठूँसल (ṭhūṁsal) सक. खूब कसकर किसी वस्तु को भर देना।
(v.t.) to be over stuffed.
ठेंघुना (ṭheṅghunā) पु. घुटना।
(m.) knee.
ठेक (ṭhek) स्त्री. सहारा।
(f.) support.
ठेकल (ṭhekal) अक. छू जाना।
(v.i.) to be touched.

ठेका (**ṭhekā**) पु. 1. ढोल बजाते समय का ताल, सहारा। 2. देशी शराब की दुकान। 3. ठेका।
(m.) 1. rhythm of beating drum. 2. place of selling country liquor. 3. contract.

ठेकान (**ṭhekān**) पु. 1. विश्वास। 2. निश्चय। 3. भरोसा।
(m.) 1. faith. 2. determination. 3. confidence.

ठेकाना (**ṭhekānā**) पु. पता, ठिकाना।
(m.) address, location.

ठेकी (**ṭhekī**) स्त्री. कान का कड़ा मैल, खूँट।
(f.) dear-vax.

ठेकुआ (**ṭhekuā**) पु. आटे या मैदे से बना एक प्रकार का मीठा पकवान।
(m.) a sweetmeat made of wheat flour.

ठेकेदार (**ṭhekedār**) पु. ठेकेदार।
(m.) a contractor.

ठेठ (**ṭheṭh**) वि. 1. शुद्ध। 2 असली। 3. स्थानीय।
(adj.) 1. pure. 2. genuine. 3. local.

ठेठा (**ṭheṭhā**) वि. जो मवेशी दूध नहीं दे। पर्या. ठाँठ।
(adj.) not yielding milk (cattle), milkless.

ठेठावल (**ṭheṭhāval**) सक. पीटना, मारना।
(v.t.) to beat, to belabour, to thrash.

ठेपी (**ṭhepī**) स्त्री. काग, बोतल आदि का ढक्कन।
(f.) a cork, lid, stopper.

ठेमस (**ṭhemas**) पु. गर्व, अभिमान।
(m.) pride.

ठेलल (**ṭhelal**) सक. ढकेलना, ठेलना, धक्का देना।
(v.t.) to push, to haul.

ठेलमठेल (**ṭhelamaṭhel**) स्त्री. धक्कम-धक्का, भीड़-भाड़।
(f.) hustle and bustle, josting.

ठेला (**ṭhelā**) पु. सामान ढोने की गाड़ी।
(m.) a trolley, cart, truck.

ठेला-ठेली (**ṭhelā-ṭhelī**) स्त्री. इधर-उधर ठेलने का काम, बहुत भीड़।
(f.) shoving and shouldering, a croud.

ठेलाह (**ṭhelāh**) पु. रोपनीवाले खेत में पर्याप्त पानी।
(m.) enough water in the transplantation field.

ठेस (**ṭhes**) स्त्री. चलते समय पैर की अंगुलियों में किसी वस्तु से लगी चोट। मुहा. **~लागी त अकिल बढ़ी**= असफलता से सीख मिलेगी।
(f.) a knock in toes.

ठेसल (**ṭhesal**) सक. 1. आगे की ओर धकेलना। 2. ठूँस-ठूँसकर खाना।
(v.t.) 1. to be stuffed. 2. to be stuffed with food.

ठेहगर (**ṭhehagar**) वि. सशक्त, शरीर से मजबूत।
(adj.) strong body.

ठेहल (**ṭhehal**) अक. लाठी के सहारे चलना।
(v.i.) to walk with staff, to walk with a support of lathi.

ठेहा (**ṭhehā**) पु. ठीहा, धरती में गड़ा लकड़ी का कुंदा, जिस पर पुआल, घास आदि गँड़ासी से काटे जाते हैं।
(m.) wooden anvil for chopping fodder, chopping block.

ठेही (**ṭhehī**) स्त्री. थोड़ी ऊँची जमीन, बौना आदमी।
(f.) slightly higher land, dwarf, midget.

ठेहुन (**ṭhehun**) पु. पैर का मध्य भाग जहाँ से वह मोड़ा जाता है, घुटना।
(m.) a knee.

ठोंकाई (**ṭhoṅkāī**) स्त्री. पु. ठुकाई।
(f.) drubbing.

ठोंगा (**ṭhoṅgā**) पु. सामान रखने का कागज का थैला।
(m.) paper bag.

ठोंठीआइल (**ṭhoṅṭhīāil**) अक. झगड़े के लिए उत्तेजित होना।
(v.i.) to be hectec.

ठो (**tho**) अव्य. संख्या के बाद प्रयुक्त प्रत्यय।
(indec.) suffix after a numeral.

ठोकच (**ṭhokac**) पु. गाल के बीच का भाग।
(m.) middle part of cheek.

ठोकर (**ṭhokar**) पु. अवरोध।
(m.) flashing, breaker.

ठोकरा (**ṭhokarā**) पु. ठोकर।
(m.) a blow struck with the bent toes, stumble.

ठोकरियावल (**ṭhokariyāval**) सक. ठोकर मारना।
(v.t.) to strike with the bent fingers.

ठोकल (**ṭhokal**) सक. ठोकना।
(v.t.) to push, to drive in, to thrust, to hammer.

ठोकाइल (**ṭhokāil**) अक. पिटाई होना।
(v.i.) to be beaten.

ठोठ मिसवा (**ṭhoṭh misavā**) पु. हजाम (व्यंग्य)।
(m.) barber (teasingly).

ठोठा (**ṭhoṭhā**) पु. दाढ़ी।
(m.) beard.

ठोड़ी (ṭhoṛī) स्त्री. ठुड्डी।
(f.) chin.

ठोढ़-ढोर (ṭhoṛh-ṭhor) पु. चोंच।
(m.) beak, bill.

ठोप (ṭhop) स्त्री. 1. बूँद। 2. गहना।
(f.) 1. drop. 2 ornament.

ठोस (ṭhos) वि. 1. जो खोखला नहीं हो। 2. मजबूत। 3. यथार्थ।
(adj.) 1. solid. 2. strong, heavy. 3. real, true.

ठौर (ṭhaur) पु. 1. निश्चित स्थान। 2. जगह।
(m.) 1. a fixed place. 2. place.

ड

ड (ḍa) हिंदी वर्णमाला का तेरहवाँ व्यंजन और टवर्ग का तीसरा वर्ण।
– the thirteenth consonant of the devanagari syllabary and the third letter of the cerebral or Tavarg.

डँउआइल (ḍaṁuāil) अक. जहाँ-तहाँ घूमना।
(v.i.) to wander.

डँकरल (ḍaṁkaral) अक. उल्टी करना।
(v.i.) to vomit.

डँकरा (ḍaṁkarā) पु. विष, जहर।
(m.) poison.

डँकड़ा (ḍaṁkaṛā) पु. उल्टी करने का भाव।
(m.) vomiting.

डँकेला (ḍaṁkelā) पु. डाकू।
(m.) a dacoit, a bandit, a robber.

डँगवारा (ḍaṁgavārā) पु. किसानों द्वारा हल जोतनेवाले बैल का आपस में विनिमय।
(m.) mutual exchange of bullocks between farmers for farming activity.

डँठगर (ḍaṁṭhagar) वि. डंठल सहित।
(adj.) with stalk.

डँड़कस (ḍaṁṛakas) पु. महिलाओं द्वारा कमर में पहना जानेवाला आभूषण।
(m.) a waist ornament for women.

डँड़वास (ḍaṁṛavās) पु. पासियों द्वारा प्रयुक्त कमर की रस्सी।
(m.) rope tied at the back to keep a tapper from falling while collecting toddy from the toddy tree.

डँड़िया (ḍaṁṛiyā) स्त्री. बैलगाड़ी के पहिए के मध्य भाग को उसके ऊपरी भाग से जोड़नेवाले लकड़ियों के टुकड़े।
(f.) wooden pieces to conjoin center of the bullock cart's wheel to the upper part of it.

डँड़ीर (ḍaṁṛīr) स्त्री. रेखा।
(f.) a line.

डँड़ेर (ḍaṁṛer) पु. खेत की मेंड़ जो सामान्य भूमि से कुछ ऊँची रहती है।
(m.) raised level on a field's boundary.

डँस (ḍaṁs) पु. काटनेवाला एक प्रकार का बड़ा मच्छर।
(m.) a large mosquito.

डँसल (ḍaṁsal) सक. विषैले जंतुओं का काटना।
(v.t.) to sting, to bite.

डँसावल (ḍaṁsāval) सक. बिछावन बिछाना।
(v.t.) to spread bedding.

डँहकल (ḍaṁhakal) अक. किसी चीज के लिए तरसना।
(v.i.) to yearn for a thing.

डँहकावल (ḍaṁhakāval) सक. कोई वस्तु दिखाकर या ललचाकर भी न देना।
(v.t.) not to give even after tempting.

डंका (ḍaṅkā) पु. 1. नगाड़ा। 2. एक प्रकार का स्वादिष्ट आम।
(m.) 1. drum. 2. a kind of tasteful mango.

डंगहन (ḍaṅgahan) पु. एक तरह का मक्का, जिसके दाने बड़े और सफेद होते हैं।
(m.) a kind of corn with large and white grains.

डंटा (ḍaṅṭā) पु. छोटी लाठी, बेत।
(m.) a small staff.

डंटी (ḍaṅṭī) स्त्री. डंठल।
(f.) stalk.

डंड (ḍaṅḍ) पु. 1. एक प्रकार का व्यायाम। 2. सजा। 3. जुर्माना।
(m.) 1. kind of physical exercise. 2. punishment. 3. fine.

डंडताल (ḍaṅḍatāl) पु. लोहे के छड़ का बना एक वाद्ययंत्र।
(m.) a musical instrument of iron stick.

डंडवत (ḍaṅḍavat) पु. देवताओं और साधुओं को प्रणाम करने के लिए प्रयुक्त शब्द, साष्टांग प्रणाम।
(m.) prostration (before god or one's superiors), salutation.

डंडा (ḍaṅḍā) पु. बाँस अथवा अन्य लकड़ी की छड़ी।
(m.) bamboo or wood stick.

डंडी (ḍaṅḍī) स्त्री. लकड़ी का वह टुकड़ा जिसमें तराजू का पलड़ा बाँधकर लटकाया जाता है।
(f.) beam of a pair of scales.

डंफा (ḍaṅfā) पु. ताड़ का पत्ता।
(f.) palm leaf.

डइयाइल (ḍaiyāil) अक. व्यर्थ इधर-उधर घूमते रहना।
(v.i.) to wander.

डउँगी (ḍauṁgī) स्त्री. पेड़ की छोटी डाल।
(f.) a small branch of tree.

डउल (ḍaul) पु. ढाँचा, ढंग।
(m.) shape, form, method.

डएन (ḍaen) पु. पंख, पाँख।
(m.) wing, fin.

डकइत (ḍakait) पु. लुटेरा, डकैत।
(m.) dacoit, bandit, a robber.

डकडर (ḍakaḍar) पु. (अं.) चिकित्सक।
(m.) physician, doctor.

डकरल (ḍakaral) अक. मवेशियों का बोलना, रँभाना, डकरना।
(v.i.) to ululate, to moo.

डकहा (ḍakahā) पु. मवेशियों को होनेवाली एक बीमारी।
(m.) a cattle disease.

डकार (ḍakār) स्त्री. वह आवाज जो पेट के पूरी तरह भर जाने पर निकलती है।
(f.) a belch, eructation.

डगमग (ḍagamag) पु. हिलने या काँपने का भाव। उदा. 'डगमग डगमग नइया डोले, आफत में बा प्रान रे।' (गीत)।
(m.) stagger, totter.

डगमगाइल (ḍagamagāil) अक. डगमगाना, लड़खड़ाना।
(v.i.) to stumble, to totter.

डगर (ḍagar) स्त्री. कच्ची सड़क, देहाती सड़क, डगर। उदा. 'लामी लामी केसिया सँवरी डगर बहारेली।' (लोक.)।
(f.) way, path.

डगरना (ḍagaranā) पु. मूँज-राढ़ी आदि का बना डाल या वह पात्र, जिसमें मिठाई, इत्यादि रखी जाए।
(m.) basket or container made with moonj and radi for keeping sweet meats etc.

डगरल (ḍagaral) अक. किसी गोल वस्तु का अपनी जगह से हट जाना।
(v.i.) to stumble.

डगरा (ḍagarā) पु. बाँस की कमाचियों का बना गोलाकार बर्तन जो अन्न आदि फटकने के काम आता है।
(m.) a round basket for winnowing.

डगरिन (ḍagarin) स्त्री. प्रसव करानेवाली स्त्री, दाई।
(f.) midwife, woman trained to assist women in childbirth.

डगरी (ḍagarī) स्त्री. छोटा डगरा।
(f.) small woven basket.

डटल (ḍaṭal) अक. 1. डटना। 2. अड़ जाना।
(v.i.) 1. to be firm, determined. 2. to stay.

डढ़ांग (ḍaṛhāṅg) पु. शाखा।
(m.) branch.

डढ़ियल (ḍaṛhiyal) वि. दाढ़ीवाला।
(adj.) bearded.

डपटल (ḍapaṭal) सक. झिड़कना, डाँटना।
(v.t.) to rebuke.

डपोर-संख (ḍapor-saṅkh) पु. बकवादी, वह व्यक्ति जो बोलता है अधिक किंतु करता कुछ भी नहीं।
(m.) an idle, a person who promises much but performs nothing.

डफ (ḍaf) पु. (अ.) डफ नाम का बाजा, डफली, खँजड़ी।
(m.) tambourine.

डफड़ा (ḍafaṛā) पु. डफ के समान एक बाजा।
(m.) an musical instrument just like tambourine.

डफरा (ḍafarā) पु. दे. डफड़ा।

डफली (ḍafalī) स्त्री. छोटा डफ।
(f.) small hand held drum.

डफाली (ḍafālī) पु. डफ बजानेवाला। कहा. 'मजा मारस गाजी मियाँ, मार खास डफाली।'
(m.) a drummer.

डबडबाइल (ḍabaḍabāil) अक. आँखों में आँसू भर जाना।
(v.i.) to be filled with tear (the eyes).

डबड़ा-डबरा (**ḍabaṛā-ḍabarā**) पु. (सं.) पानी का छिछला गड्ढा।
(m.) a pit, a small pond.

डबरी (**ḍabarī**) स्त्री. छोटा गड्ढा।
(f.) a small pit.

डबल (**ḍabal**) वि. (अं.) 1. आकार या परिमाण में बड़ा। 2. दूना।
(adj.) 1. large. 2. double.

डबहा (**ḍabahā**) पु. मटमैले पानी का जमाव।
(m.) collection of muddy water.

डब्बा (**ḍabbā**) पु. (फा.) 1. ढक्कनदार बर्तन। 2. कनस्तर। 3. रेल का डिब्बा।
(m.) 1. box. 2. tin. 3. compartment.

डब्बी (**ḍabbī**) स्त्री. काठ या लोहे की बनी कोठरी।
(f.) an wooden or iron made room.

डब्बू (**ḍabbū**) पु. बड़ा कलछुल।
(f.) large spoon.

डबोह (**ḍaboh**) पु. जहाँ आदमी के डूबने लायक पानी हो।
(m.) enough water to drown out of a man's depth.

डभडभ (**ḍabhaḍabh**) पु. पानी में किसी के डुबकी लगाने की आवाज।
(m.) sound to take a dip.

डभकल (**ḍabhakal**) अक. भोजन सामग्री का पानी में उबलना।
(v.i.) to boil food.

डभकावल (**ḍabhakaval**) सक. भोजन की सामग्री को पानी में उबालना।
(v.t.) to boil food.

डभोर (**ḍabhor**) स्त्री. पंछी, पक्षी।
(f.) a bird.

डमरू (**ḍamarū**) पु. चमड़ा चढ़ा एक छोटा बाजा।
(m.) a leather covered precision instrument.

डम्हा-डम्हल (**ḍamhā-damhal**) वि. आधा पका हुआ फल।
(adj.) halfripe fruit.

डर (**ḍar**) पु. भय।
(m.) fear, fright.

डरपोक (**ḍarapok**) वि. डरनेवाला, भीरु, कायर।
(adj.) coward, timid.

डरपोकन (**ḍarapokan**) वि. दे. डरपोक।

डरल (**ḍaral**) अक. डरना।
(v.i.) to fear, to be afraid.

डरावल (**ḍarāval**) सक. किसी को डराना।
(v.t.) to frighten, to terrify.

डरुक (**ḍaruk**) वि. दे. डरपोक।

डरेस (**ḍares**) पु. (अं.) लिबास।
(m.) dress.

डलिया (**ḍaliyā**) स्त्री. चँगेली, दउरी, टोकरी।
(f.) a small wicker basket.

डली (**ḍalī**) स्त्री. छोटा टुकड़ा या खंड।
(f.) a small fragment, small lump (of sugar, meat etc.).

डसल (**ḍasal**) सक. (सं.) विषवाले कीड़े का दाँत से काटना। उदा. 'अँगुरी में डसले बिया नगिनियाँ रे ननदी, भइया के बोला दऽ' (महेंदर मिसिर)।
(v.t.) to sting, to bite.

डसावल (**ḍasāval**) सक. बिछाना।
(v.t.) to spread (a sheet).

डहमंगर (**ḍahamaṅgar**) पु. द्वेषी।
(m.) malicious.

डहर (**ḍahar**) पु. रास्ता, सड़क।
(m.) way, path.

डहरी (**ḍaharī**) स्त्री. दे. डहर।

डहल (**ḍahal**) अक. ईर्ष्या करना।
(v.i.) to envy.

डहडहा (**ḍahaḍahā**) वि. ताजा।
(adj.) fresh.

डहवावल (**ḍahavāval**) सक. डराना, भयभीत करना।
(v.t.) to terify.

डाँकल (**ḍāṁkal**) अक. जोर से बोलना।
(v.i.) to cry loudly.

डाँगर (**ḍāṁgar**) पु. मरा हुआ मवेशी।
(m.) dead cattle.

डाँटल (**ḍāṁtal**) सक. डाँटना, घुड़कना।
(v.t.) to admonish, to chastise, to scold.

डाँठ (**ḍāṁṭh**) पु. फसल के कटे हुए डंठल।
(m.) cut stalks from a crop.

डाँड़ (**ḍāṁṛ**) पु. कटि, कमर।
(m.) loin, back.

डाँड़ा (**ḍāṁṛā**) पु. कमर में काले रंग का एक बंधन जो मोटे धागे का बना होता है।
(m.) girdle made with thick black thread.

डाँड़ी (ḍāṁṛī) स्त्री. 1. शाखा, डाली। 2. तराजू की डाँड़ी। (पु.) मल्लाह।
(f.) 1. branch. 2. the beam of a pair of scales. (m.) helmsman.

डाँरल (ḍāṁral) सक. दंड देना।
(v.t.) to penalise or fine.

डाइन (ḍāin) स्त्री. 1. दूसरे को हानि पहुँचानेवाले मंत्र की जानकारी रखनेवाली स्त्री। 2. कुरूपा।
(f.) 1. witch. 2. ugly wommn.

डाक (ḍāk) स्त्री. सरकार की वह व्यवस्था जिससे एक स्थान से दूसरे स्थान तक चिट्ठी आदि चीजें पहुँचाई जाती हैं।
(f.) post, mail.

डाक-क्लर्क (ḍāk-klark) पु. डाक विभाग का किरानी।
(m.) mail clerk.

डाक-खर्च (ḍāk-kharc) पु. डाक द्वारा भेजने पर लगने वाली कीमत।
(m.) postage.

डाकखाना (ḍākakhānā) पु. वह सरकारी दफ्तर जहाँ चिट्ठी, पत्र, मनीऑर्डर आदि भेजने और बाँटने की व्यवस्था की जाती है।
(m.) post office.

डाकगाड़ी (ḍākagāṛī) स्त्री. वह रेलगाड़ी जिसमें डाक ढोने का अलग डब्बा रहता है।
(f.) mail train.

डाकघर (ḍākaghar) पु. दे. डाकखाना।

डाकपाल (ḍākapāl) पु. डाकखाने का प्रभारी।
(m.) postmaster.

डाकबँगला (ḍākabaṁgalā) पु. विभागीय सरकारी पदाधिकारियों के ठहरने के लिए बनाया गया भवन।
(m.) a circuithouse, dak bungalow.

डाक्टर (ḍākṭar) पु. (अं.) 1. चिकित्सक। 2. किसी विषय से सर्वोच्च उपाधि प्राप्त करनेवाला व्यक्ति।
(m.) 1. doctor, physician, surgeon. 2. doctor, a scholar who has earned highest university degree as Ph.D. D.Litt. etc.

डाका (ḍākā) पु. डकैती।
(m.) robbery.
~डालल (~ḍālal) सक. लूटना।
(v.t.) to rob.

डाकू (ḍākū) पु. दूसरे के घर में डाका डालनेवाला, लुटेरा।
(m.) a robber.

डागा (ḍāgā) पु. एक प्रकार का बड़ा ढोल, नगाड़ा।
(m.) a big drum.

डाट (ḍāṭ) स्त्री. फटकार, डपट।
(f.) rebuke, reprimand.

डाड़ (ḍāṛ) पु. दे. डाँड़।

डाड़े-मेड़े (ḍāṛe-meṛe) पु. 1. आसपास। 2. बराबरी।
(m.) 1. near about. 2. parity.

डाढ़ा (ḍāṛhā) पु. फसल सुखानेवाला एक रोग।
(m.) a crop disease.

डाढ़ी (ḍāṛhī) स्त्री. 1. डाली। 2. दाढ़ी। 3. ठुड्ढी।
(f.) 1. branch. 2. beard. 3. the chin.

डापुट (ḍāpuṭ) वि. पुष्ट।
(adj.) robust, healthy.

डाफल (ḍāfal) अक. बढ़-चढ़कर बातें करना।
(v.i.) to boast, to make loud claims.

डाबर (ḍābar) पु. (सं.) डबड़ा, गड्ढा।
(m.) a pit, low ground where water settles.

डाभ (ḍābh) पु. कच्चा नारियल जिसके अंदर का पानी पिया जाता है।
(m.) raw coconut.

डाभी (ḍābhī) स्त्री. एक प्रकार की घास जिसे पशु खाते हैं।
(f.) a grass eaten by animals.

डार (ḍār) स्त्री. डाल, शाखा। कहा. 'तू डार-डार हम पात-पात।'
(f.) branch, bough.

डालल (ḍālal) सक. डालना।
(v.t.) to drop.

डाला (ḍālā) पु. विवाह में लड़केवाले की ओर से जानेवाला बाँस का उपकरण।
(m.) bamboo basket sent by the groom's side in a wedding.

डाली (ḍālī) स्त्री. 1. मूँज-राढ़ी का बना छोटा पात्र। 2. उपहार। 3. डाल।
(f.) 1. small basket made of moonj and radi. 2. gift. 3. branch.

डासन (ḍāsan) पु. बिछावन, बिछौना।
(m.) bedding.

डासल (ḍāsal) सक. बिछाना।
(v.t.) to make a bed or bedding.

डाह (ḍāh) स्त्री. 1. जलन। 2. द्वेष, ईर्ष्या।
(f.) 1. envy. 2. jealousy.

डाहल (ḍāhal) सक. किसी को आंतरिक दुःख पहुँचाना।
(v.t.) to cause distress.

डाही (ḍāhi) वि. ईर्ष्यालु।
(adj.) jealous, envious.

डिगरी (ḍigarī) स्त्री. (अं.) 1. जीत, मुकदमा। 2. ताप की एक माप। 3. विश्वविद्यालय की परीक्षा उत्तीर्ण करने के बाद प्राप्त पदवी।
(f.) 1. decree. 2. degree (as on a thermometer). 3. degree (from a university).

डिगल (ḍigal) अक. अपनी जगह से टलना।
(v.i.) to be moved.

डिगिस (ḍigis) पु. काठ का एक प्रकार का संदूक।
(m.) a kind of wooden box.

डिठार (ḍiṭhār) वि. प्रत्यक्ष, सामने।
(adj.) visible, in view.

डिठियावल (ḍiṭhiyāval) सक. नजर पर चढ़ाना।
(v.t.) to cast a spell.

डिपाट (ḍipāṭ) पु. (अं.) 1. विभाग। 2. कार्यक्षेत्र।
(m.) 1. department. 2. field, sphere of activity.

डिबिया (ḍibiyā) स्त्री. 1. छोटा डिब्बा। 2. छोटा दीया।
(f.) 1. small box. 2. small lamp.

डिब्बा (ḍibbā) पु. 1. छोटा बर्तन, संपुट। 2. रेलगाड़ी का डिब्बा।
(m.) 1. a small box, container. 2. railway wagon, compartment.

डिब्बी (ḍibbī) स्त्री. डिबिया, पेटी।
(f.) case.

डिभिआइल (ḍibhiāil) अक. अंकुर निकलना।
(v.i.) to sprout.

डिभी (ḍibhī) स्त्री. अंकुर।
(f.) a sprout.

डिल्ला (ḍillā) पु. टीला।
(m.) mound.

डिहांस (ḍihāṅs) पु. गाँव के आसपास की उपजाऊ जमीन।
(m.) fertile land near the village.

डींग (ḍīṅg) स्त्री. गर्व-भरी बात, शेखी। मुहा. ~**हाँकल**।
(f.) vanity, bragging.

डीठ (ḍīṭh) स्त्री. 1. नजर। 2. कुदृष्टि।
(m.) 1. sight, a glance. 2. evil eye.

डीठार (ḍīṭhār) वि. देखनेवाला, दृष्टिवाला।
(adj.) an observer, spectator.

डीबा (ḍībā) पु. दे. डिब्बा।

डीर (ḍīr) पु. सीमा-रेखा।
(m.) border line, boundary line.

डील (ḍīl) पु. 1. कद, उठान। 2. शरीर का गठन।
(m.) 1. stature, size. 2. physique.

डील-डौल (ḍīl-ḍual) पु. आकृति, आकार।
(m.) figure, shape, physique.

डीह (ḍīh) पु. गाँव के नजदीक की ऊँची जमीन।
(m.) higher land near the village.

डीह-डाबर (ḍīh-ḍābar) पु. ढहे मकान की ऊँची जमीन, खंडहर, टीला, ढूह।
(m.) rubble heap, mound.

डुगडुगी (ḍugaḍugī) स्त्री. बात को सुनाने या प्रचारित करने का बाजा, डुग्गी।
(f.) tom-tom, proclamation drum.

डुगिरल (ḍugiral) अक. गोल वस्तु का इधर-उधर लुढ़कना।
(v.i.) rolling over circular thing.

डुगी (ḍugī) स्त्री. दे. डुगडुगी।

डुबकी (ḍubakī) स्त्री. पानी में डूबना।
(f.) dive, plunge.

डुबान-डुबाव (ḍubān-ḍubāv) वि. डूबने योग्य पानी।
(adj.) enough to drown, out of a man's depth.

डुबावल (ḍubāval) सक. 1. पानी में डुबाना। 2. काम को चौपट करना।
(v.t.) 1. to make a thing sink, to immerse. 2. waste a work, make a pig ear out of.

डुमरी (ḍumarī) स्त्री. 1. गुलर। 2. दुर्लभ वस्तु। उदा. 'डुमरी के फूल भइल'–दुर्लभ होना।
(f.) 1. sycamore fig. 2. rare thing.

डुमरेजिन (ḍumarejin) स्त्री. डुमराँव नगर की अधिष्ठात्री देवी।
(f.) a goddess of Dumramv town.

डुमसा (ḍumasā) पु. मुँहासा।
(m.) pimples on the face, (esp. those of adolescence).

डूगी (ḍūgī) स्त्री. छोटा नगाड़ा।
(f.) small drum.

डूबल (ḍūbal) अक. 1. डूबना। 2. अस्त होना।
(v.i.) 1. to sink. 2. to set.

डूभा (ḍūbhā) पु. बड़ा कटोरा
(m.) large bowl.

डूमर (ḍūmar) पु. एक मटमैले रंग का जलपक्षी।
(m.) a dust coloured water fowl.

डेंगा-पानी (ḍeṅgā-pānī) पु. बच्चों का खेल, जो ऊँची-नीची जगह पर खेला जाता है।
(m.) a children's game played on high and low ground.

डेंगी (**ḍeṅgī**) स्त्री. काठ की बनी छोटी नाव।
(f.) a small, wooden small boat.

डेउढ़ी (**ḍeuṛhī**) स्त्री. दहलीज, चौकठ।
(f.) threshold, porch.

डेकची (**ḍekacī**) स्त्री. सब्जी बनाने का बर्तन, पतीली।
(f.) stew pot, boiler.

डेग (**ḍeg**) पु. दोनों पैरों के बीच की दूरी, कदम, पग।
(m.) step.

डेगाडेगी (**ḍegāḍegī**) क्रि.वि. डेग बढ़ाते हुए।
(adv.) step by step.

डेगार (**ḍegār**) क्रि.वि. तेजी से चलना।
(adv.) to walk with long steps.

डेड़ँवा (**ḍeṛaṁvā**) पु. एक प्रकार की छोटी किंतु पतली मछली।
(m.) a kind of small and thin fish.

डेड़ा (**ḍeṛā**) पु. 1. ठहरने की जगह। 2. परदेश का निवास-स्थान। 3. अस्थायी निवास-स्थान।
(m.) 1. a camp. 2. abode. 3. temporary camp.

डेड़ा-डंडा (**ḍeṛā-ḍaṅḍā**) पु. गृहस्थी का पूरा सामान।
(m.) bag and baggage.

डेढ़ (**ḍeṛh**) वि. एक और आधे का योग।
(adj.) one and a half.

डेढ़िया (**ḍeṛhiyā**) स्त्री. स्त्रियों का अधोवस्त्र।
(f.) an inner cloth of ladies.

डेफा (**ḍefā**) पु. अँखुआ।
(m.) sprout, shoot.

डेफुआ (**ḍefuā**) पु. दे. डेफा।

डेरवहिया (**ḍeravahiyā**) पु. डेरे में रहनेवाला।
(m.) dweller in tents.

डेरवावन (**ḍeravāvan**) वि. डरावना।
(adj.) awful, horrible, dreadful.

डेरवावल (**ḍeravāval**) सक. आतंकित करना, डराना (प्रेम से)।
(v.t.) to horrify, haunt.

डेरा (**ḍerā**) पु. दे. डेड़ा।

डेराइल (**ḍerāil**) अक. भयभीत होना, डरना।
(v.i.) to fear, to be afraid.

डेराभुत (**ḍerābhut**) वि. भीरु, डरपोक।
(adj.) coward, timid.

डेरी (**ḍerī**) स्त्री. एक तरह की मछली जो छोटी होती है।
(f.) a kind of small fish.

डेली (**ḍelī**) स्त्री. खाँची, एक जालीनुमा झोली जो लग्गी के अग्र भाग पर बाँधी जाती है, कुँजड़ा जिससे पेड़ पर ही आम तोड़ता है, ताकि गिरकर खराब न हो।
(f.) a basket.

डेवढ़ (**ḍevaṛh**) वि. 1. असमान। 2. परंपरा। 3. डेढ़ गुना।
(adj.) 1. unequal, dissimilar. 2. tradition. 3. one and half.

डेवढ़ी (**ḍevaṛhī**) स्त्री. दे. डेउढ़ी।

डेवल (**ḍeval**) अक. कूदना (मछली)।
(v.i.) to jump (fish).

डेवा (**ḍevā**) पु. हल से बनी दो पंक्तियों के बीच का भाग।
(m.) area between the two plough lines.

डेहरी (**ḍeharī**) स्त्री. अन्न रखने के लिए मिट्टी की बनी बखारी।
(f.) clay pot to keep grains.

डेहुँगी (**ḍehuṁgī**) स्त्री. टहनी, डाली।
(f.) an offshoot, a sprig.

डैन (**ḍain**) पु. पक्षियों के पंख, डैना।
(m.) wing (of a bird), pinion.

डोंगा (**ḍoṅgā**) पु. बड़ी नाव।
(m.) a big boat.

डोंगी (**ḍoṅgī**) स्त्री. दे. डेंगी।

डोंड़ (**ḍoṅṛ**) पु. विषहीन सर्प जो पानी में रहता है।
(m.) a water snake.

डोई (**ḍoī**) स्त्री. काठ की कलछी, लकड़ी का चम्मच।
(f.) a wooden ladle or spoon.

डोकल (**ḍokal**) सक. सूप से फटककर अनाज से धूल निकालना।
(v.t.) to separate the husks from grain by winnowing basket.

डोकनी (**ḍokanī**) स्त्री. काठ की कटोरी।
(f.) an wooden bowl.

डोका (**ḍokā**) पु. कटोरानुमा बड़ा-सा बर्तन।
(m.) a pot like big bowl.

डोड़हा (**ḍoṛahā**) पु. दे. डोंड़।

डोड़ा (**ḍoṛā**) पु. धागा।
(m.) thread.

डोभ (**ḍobh**) पु. पानी में डूबी हुई फसल।
(m.) crops in sufficient depth of water.

डोभल (**ḍobhal**) सक. बीज को खुरपी के सहारे खेत में रोपना।
(v.t.) to sow seed embedding it in soil.

डोभिआइल (**ḍobhiāil**) अक. अंकुर के बाद पौधे का बढ़ना।
(v.i.) to grow after developing a sprout.

डोभिआवल (ḍobhiāval) सक. दे. डोभल।

डोम (dom) पु. सूप बनानेवाली एक निम्न-जाति।
(m.) a lower caste of winnowing frame.

डोमकच (ḍomakac) पु. जिस दिन बेटे की बारात जाती है, उसी दिन रात में महिलाओं के तरह-तरह के स्वांग। डोमकच का एक गीत–'अनार कलिया डोमनी के डोम कहाँ गइले, डोम गइले भोज में ओतही लोभइले'।
(m.) khoria, women's dance making fun of menfolk.

डोमकौआ (ḍomakauā) पु. बड़ा और बहुत काला कौआ।
(m.) raven, wild crow.

डोमघाउज (ḍomaghāuj) पु. डोम जाति की तरह का कार्य।
(m.) the characteristics and practices of the dom caste.

डोमड़ा (ḍomaṛā) पु. डोम की तरह व्यवहार करनेवाला व्यक्ति।
(m.) a man who behaves like a dom.

डोमड़ी (ḍomaṛī) स्त्री. डोम की तरह व्यवहार करनेवाली स्त्री।
(f.) a woman who behaves like a dom.

डोमा (ḍomā) पु. वह ताड़ जिसका फल काला होता है।
(m.) a plam which fruit is black.

डोमा-डिमारी (ḍomā-dimārī) स्त्री. झगड़ा, गाली-गलौज।
(f.) quarrel, dispute.

डोमिन (ḍomin) स्त्री. डोम की पत्नी।
(f.) wife of dom.

डोर (ḍor) स्त्री. कुँए से पानी या भारी सामान बाँधने और खींचने की रस्सी।
(f.) a big rope.

डोरल (ḍoral) सक. बकरी आदि को चरने के लिए लंबी रस्सी से बाँधना।
(v.t.) to tether goat etc. for grazing with a long rope.

डोरा (ḍorā) पु. दे. डोड़ा।

डोरिआ (ḍoriā) पु. एक प्रकार का धारीदार कपड़ा।
(m.) a type of striped cloth.

डोरी (ḍorī) स्त्री. खींचने की रस्सी।
(f.) a rope to pull.

डोल (ḍol) पु. (सं.) कुएँ से पानी निकालने के लिए गोल तलीवाली बाल्टी।
(m.) round-bottomed bucket for drawing water from the well.

डोलची (ḍolacī) स्त्री. छोटी टोकरी।
(f.) a small basket.

डोल-डाल (ḍol-ḍāl) क्रि.वि. 1. मलत्याग, पाखाना। 2. चलना-फिरना।
(adv.) 1. defecation. 2. walking.

डोल-माल (ḍol-māl) क्रि.वि. इधर-उधर।
(adv.) here and there.

डोलल (ḍolal) अक. हिलना।
(v.i.) to move, to shake, to swing.

डोला (ḍolā) पु. पालकी।
(m.) a sedan.

डोलावल (ḍolāval) सक. हिलाना।
(v.t.) to swing , to rock.

डोली (ḍolī) स्त्री. दे. डोला।

डोहल (ḍohal) सक. खोजना।
(v.t.) to seek, to search for.

ढ

ढ (ḍha) देवनागरी वर्णमाला का चौदहवाँ और टवर्ग का चौथा व्यंजन वर्ण।
– the fourteenth consonant of the Devanagari syllabary and the fourth letter of the cerebral or Tavarg.

ढंग (ḍhaṅg) पु. 1. तरीका। 2. शैली। 3. उपाय।
(m.) 1. manner. 2. style. 3. method.

ढँपना (ḍhaṁpanā) पु. ढक्कन।
(m.) lid, cover.

ढक (ḍhak) पु. ढीलापन।
(m.) looseness.

ढकचल (ḍhakacal) अक. 1. जमीन में गड़ी वस्तु का हिलना। 2. कै करना।
(v.i.) to budge or shift. (said of a thing fixed in the ground). 2. to vomit.

ढकचावल (ḍhakacāval) सक. कोई बंद या गड़ी चीज हिलाना।
(v.t.) to cause to budge or shift (said of a thing fixed is the ground).

ढकना (**ḍhakanā**) पु. ढक्कन, ढकने की वस्तु।
(m.) lid, cover.

ढकनी (**ḍhakanī**) स्त्री. ढँकने का छोटा पात्र।
(f.) small lid, small cover.

ढकनेसर (**ḍhakanesar**) पु. एक तरह का पकवान जो चावल के आटे से बनता है।
(m.) a cooked dish made of rice flour.

ढकर-ढकर (**ḍhakar-ḍhakar**) क्रि.वि. ढीला-ढाला रहने की स्थिति में उत्पन्न आवाज।
(adv.) voice due to loose fitting.

ढकर-पँइच (**ḍhakar-paṁic**) पु. जोड़-तोड़।
(m.) machination, manoeuvring.

ढकल (**ḍhakal**) सक. अच्छादित करना, ढँकना।
(v.t.) to cover.

ढकेलल (**ḍhakelal**) सक. धक्का देकर आगे बढ़ाना।
(v.t.) to push, to propel.

ढकोसला (**ḍhakosalā**) पु. आडंबर, पाखंड।
(m.) delusion, pomp.

ढगड़ियावल (**ḍhagaṛiyāval**) सक. ढेर करना, इकट्ठा करना।
(v.t.) to pile up, to heap up.

ढठर (**ḍhaṭhar**) पु. घेरा, बाँस बाँध कर बनाया गया घेरा।
(m.) fence, boundary of bamboo.

ढठ्ठा (**ḍhaṭhṭhā**) पु. मकई का डंठल।
(m.) stalk of maize.

ढढ़ाइल (**ḍhaṛhāil**) अक. पौधे का बहुत बढ़ जाना।
(v.i.) more growing of plants.

ढनमन (**ḍhanaman**) पु. बच्चों के चलने और गिरने का कार्य।
(m.) children's walking and slipping.

ढब (**ḍhab**) पु. 1. आदत, ढंग। 2. गढ़न।
(m.) 1. habit, manner. 2. construction.

ढब-ढब (**ḍhab-ḍhab**) पु. ढोलक पर चोट देने से निकली आवाज।
(m.) the sound of a small drum.

ढबढबावल (**ḍhabaḍhabāval**) सक. 1. ढोलक बजाना। 2. दस्तक देना।
(v.t.) 1. to beat the drum. 2. to knock.

ढबहरिया (**ḍhabahariyā**) पु. नदी तट के किनारे रहने-वाला।
(m.) inhabitant of river bank.

ढबाइल (**ḍhabāil**) अक. छिपकर बैठना।
(v.i.) to sit hidden.

ढमिलाइल (**ḍhamilāil**) अक. लुढ़कना, लड़खड़ाकर गिरना।
(v.i.) to tumble, to stumble.

ढरकल (**ḍharakal**) अक. नीचे की ओर गिरना।
(v.i.) to flow down.

ढरकाऊँ (**ḍharakāūṁ**) वि. ढालू।
(adj.) sloping, slanting.

ढरका (**ḍharakā**) पु. 1. पशुओं का एक नेत्र रोग। 2. बाँस की नली जिससे मवेशियों को तरल पदार्थ या दवा पिलाई जाती है।
(m.) 1. a cattle disease it causes their eyes to shed water. 2. wooden pipe to administer liquid or medicine down cattles throat.

ढरकावल (**ḍharakāval**) सक. किसी तरल पदार्थ का ऊपर से नीचे की ओर गिराना।
(v.t.) to make a liquid trickle down.

ढरकी (**ḍharakī**) स्त्री. जुलाहे द्वारा कपड़ा बुनने का औजार।
(f.) weaver's shuttle.

ढरन (**ḍharan**) पु. दयाभाव।
(m.) sense of mercy or pity.

ढरल (**ḍharal**) अक. दे. ढरकल।

ढरुआ (**ḍharuā**) वि. ढाला हुआ।
(adj.) moulded.

ढर्रा (**ḍharrā**) पु. 1. ढंग। 2. काम करने की शैली। 3. आदत।
(m.) 1. manner. 2. style of work. 3. habit.

ढलइया (**ḍhalaiyā**) पु. ढलाई।
(m.) moulding.

ढलई (**ḍhalaī**) स्त्री. एक तरह की मछली।
(f.) a type of fish.

ढलल (**ḍhalal**) अक. झुकाव होना।
(v.i.) to bend.

ढलोर (**ḍhalor**) वि. ढीला।
(adj.) loose.

ढलवाँ (**ḍhalavāṁ**) वि. दे. ढरकाउँ।

ढहकल (**ḍhahakal**) अक. जोर-जोर से बोलना।
(v.i.) to talk loudly.

ढहल (**ḍhahal**) अक. ध्वस्त होना, गिर जाना।
(v.i.) to fall down, to tumble down.

ढहलेल (**ḍhahalel**) वि. मूर्ख, विवेकहीन।
(adj.) foolish, stupid, thoughtless.
ढाँकल (**ḍhāṁkal**) सक. ढकना, तोपना।
(v.t.) to cover.
ढाँप (**ḍhāṁp**) पु. धोखा, प्रपंच।
(m.) fraud, deceit.
ढाँसल (**ḍhāṁsal**) अक. जोर-जोर से खाँसना।
(v.i.) to cough loudly.
ढाँसी (**ḍhāṁsī**) स्त्री. एक प्रकार की कफ की बीमारी।
(f.) a type of cough disease.
ढाई (**ḍhaī**) वि. (सं.) अढ़ाई, दो और आधा।
(adj.) two and a half.
ढाक (**ḍhāk**) पु. एक वाद्य जो ताजिया में बजता है।
(m.) a musical instrument played in tajia procession.
ढाका (**ḍhākā**) पु. बड़ी टोकरी।
(m.) a large basket.
ढाठ (**ḍhāṭh**) पु. दे. ढठर।
ढाठा (**ḍhāṭhā**) पु. दे. ढठ्ठा।
ढाठी (**ḍhāṭhī**) स्त्री. पशुओं के मुँह पर कसी जानेवाली कैंचीनुमा लकड़ी।
(f.) scissors like wood contraption tied to animal's mouth.
ढाढ़स (**ḍhāṛhas**) पु. ढाढ़स, तसल्ली।
(m.) satisfaction, consolation.
~दिहल (**~dihal**) सक. सांत्वना देना, धैर्य दिलाना।
(v.t.) to impart confidence, to console.
ढाढू (**ḍhāḍhū**) पु. हिमवात, बर्फीली हवा।
(m.) snowy wind.
ढाब (**ḍhāb**) पु. पानी में डूबा हुआ खेत।
(m.) water logged farm.
ढाबा (**ḍhābā**) पु. रोटी, दाल आदि बिकने का स्थान, होटल।
(m.) a place where snacks or meals are sold, restaurant.
ढाबुस (**ḍhābus**) पु. बड़ा मेढक।
(m.) large frog.
ढारल (**ḍhāral**) सक. तरल पदार्थ को किसी बर्तन में डालना।
(v.t.) to drop, to pour out.
ढारा (**ḍhārā**) पु. चट्टी का बिछावन।
(m.) a bed of jute.
ढाल (**ḍhāl**) स्त्री. तेज हथियार के आघात को रोकने का उपकरण।
(f.) shield, buckler, armcur.
ढाला (**ḍhālā**) पु. चट्टी जिस पर अनाज रखा जाए।
(m.) platform to keep grain on.
ढालो (**ḍhālo**) स्त्री. एक प्रकार की मछली।
(f.) a kind of fish.
ढाह (**ḍhāh**) पु. नदी का ऊँचा किनारा।
(m.) high bank of a river.
ढाहल (**ḍhāhal**) सक. दीवार-मकान आदि को गिराना।
(v.t.) to ruin, to dissemble.
ढाही (**ḍhāhī**) स्त्री. बैल, गाय, भैंस आदि द्वारा सींग से किया गया आघात।
(f.) blow made by cattle with their horn.
ढिंढ़ (**ḍhiṅṛh**) पु. गर्भ। मुहा. **~फूलल**=गर्भ रहना।
(f.) womb.
ढिंढ़ार (**ḍhiṅṛhār**) वि. गर्भिणी।
(adj.) pregnent woman.
ढिंढ़ोरची (**ḍhiṅṛhoracī**) पु. 1. ढोल बजानेवाला। 2. ढोल की आवाज से किसी बात की घोषणा करनेवाला।
(m.) 1. drummer. 2.public announcer.
ढिंढोरा (**ḍhiṅḍhorā**) पु. ढोल की आवाज से किसी बात की घोषणा। मुहा. **~पीटल**=प्रचारित करना।
(m.) proclamation by beat of drum.
ढिग (**ḍhig**) क्रि.वि. नजदीक।
(adv.) near, close to.
ढिठाई (**ḍhiṭhāī**) स्त्री. निर्भयता, निडरता। उदा. 'छमिहे हीरो मोर ढिठाई। सुनिहें आपन गुन मन लाई।' (गीत)।
(f.) impudence, impertinence.
ढिबरी (**ḍhibarī**) स्त्री. चिराग, दीपक।
(f.) lamp.
ढिमका (**ḍhimakā**) पु. टीला, ऊँची जगह।
(m.) mound,a high ground, hillock.
ढिमिलाइल (**ḍhimilāil**) अक. दे. ढमिलाइल।
ढिल-ढिल (**ḍhil-ḍhil**) पु. ढीला।
(m.) loose.
ढिलमिल (**ḍhilamil**) वि. बेपरवाह।
(adj.) negligent, lax.
ढिलाई (**ḍhilāī**) स्त्री. 1. ढीलापन। 2. आलस।
(f.) looseness. 2. laziness.

ढीठ (ḍhīṭh) वि. 1. उद्दंड। 2. धृष्ट, दुष्ट।
(adj.) 1. impudent. 2. insolent, impertinent.

ढीया (ḍhīyā) स्त्री. मिट्टी का एक बर्तन।
(f.) an earthen pot.

ढील (ḍhīl) पु. जूँ।
(m.) louse, lice.

ढीलल (ḍhīlal) सक. 1. छूट देना। 2. उड़ेलना।
(v.t.) 1. to get released, to cause to get free. 2. to pour.

ढीला (ḍhīlā) वि. 1. उपयुक्त आकार से बड़ा। 2. धीमा, सुस्त।
(adj.) 1. loose. 2. slack, sluggish.

ढीला-ढाला (ḍhīlā-ḍhālā) पु. 1. शक्तिहीन। 2. आलसी। 3. सुस्त।
(m.) 1. nerveless. 2. inactive. 3. tardy.

ढीलापन (ḍhīlāpan) पु. वि. ढीला पड़ने का भाव।
(m.) looseness, slackness, sluggishness.

ढुँढ़वावल (ḍhum̐ṛhavāval) सक. खोज कराना, पता लगाना।
(v.t.) to cause to seek or search, to cause to be searched.

ढुकल (ḍhukal) अक. घुसना, प्रवेश करना।
(v.i.) to enter, to penetrate.

ढुकरल (ḍhukaral) अक. उल्टी करना।
(v.i.) to vomit.

ढुका लागल (ḍhukā lāgal) अक. छिपकर किसी को देखना।
(v.i.) looking secretly.

ढुकावल (ḍhukāval) सक. घुसेड़ना, घुसाना।
(v.t.) thrust into, to plug into.

ढुटेवा (ḍhuṭevā) पु. वह छोटा लड़का, जो किसी काम में सहायता पहुँचाता है।
(m.) a helper boy.

ढुढ़ल (ḍhuṛhal) सक. खोजना।
(v.t.) to seek, to search.

ढुरकी (ḍhurakī) स्त्री. कपास में लगनेवाला कीड़ा।
(f.) a worm infecting cotton crop.

ढुरहुर (ḍhurahur) वि. चिकना।
(adj.) smooth, glazed.

ढुरुकल (ḍhurukal) अक. लुढ़कना, गिरना।
(v.i.) to roll over, to topple over.

ढुलकल (ḍhulakal) अक. फिसलकर गिरना।
(v.i.) to slip, to slide.

ढूँढ़ा (ḍhūm̐ṛhā) पु. एक प्रकार का लड्डू।
(m.) on type of laddoo.

ढूका (ḍhūkā) अक. दे. ढुका लागल।

ढूलल (ḍhūlal) अक. जमीन से नीचे की ओर खिसकना।
(v.i.) to slip down.

ढूह (ḍhūh) पु. मिट्टी का टीला, भूमि का ऊँचा भाग।
(m.) heap of earth, mound.

ढेंक (ḍheṅk) स्त्री. एक प्रकार का पक्षी।
(f.) a kind of bird.

ढेंकी (ḍheṅkī) स्त्री. 1. अनाज कूटने का उपकरण। 2. सिंचाई का साधन।
(f.) 1.apparatus for pounding corn. 2. a machine for drawing water.

ढेंढ़ी (ḍheṛhī) स्त्री. छीमी।
(f.) pod, legume.

ढेकार (ḍhekār) पु. पेट की वायु का मुँह से शब्द के साथ निकलने की क्रिया।
(m.) burp, a belch.

ढेकारल (ḍhekāral) अक. भरपेट खाने के बाद शब्द के साथ मुँह से हवा का निकलना।
(v.i.) to belch.

ढेकुल (ḍhekul) पु. कुएँ से पानी निकालने का काठ का उपकरण।
(m.) a wooden apparatus to pull out water from well.

ढेड़ी (ḍheṛī) स्त्री. थोक, समूह।
(f.) wholesale, bulk, a collection.

ढेढ़र (ḍheṛhar) पु. आँख का भीतरी हिस्सा पुतली।
(m.) a pupil of the eye.

ढेढुकी (ḍheṛhukī) स्त्री. 1. छोटा पेट। 2. नाभि।
(f.) 1. a small belly. 2. navel.

ढेपा (ḍhepā) पु. ढेला।
(m.) hard earth, a lump of earth, a clod.

ढेब (ḍheb) पु. ढेर, राशि।
(m.) a heap, pile.

ढेबुआ (ḍhebuā) पु. पैसा।
(m.) a copper coin.

ढेर (ḍher) पु. दे. ढेड़ी।

ढेरका (ḍherakā) वि. अतिरिक्त, ज्यादा, अधिक।
(adj.) redundant, to much.

ढेर-खानी (ḍher-khānī) वि. बहुतायत, अधिक।
(adj.) flush, too much.

ढेर-ढेर (ḍher-ḍher) क्रि.वि. बड़ी मात्रा में।
(adv.) lavishly.

ढेरियावल (ḍheriyāval) सक. इकट्ठा करना, ढेर लगाना।
(v.t.) to heap up, to pile up, to accumulate.

ढेरी (ḍherī) स्त्री. दे. ढेड़ी।

ढेलवास (ḍhelavās) पु. ढेला फेंकने का उपक्रम।
(m.) throwing lump of clay.

ढेला (ḍhelā) पु. दे. ढेपा।

ढेसराइल (ḍhesarāil) अक. अधपका होना।
(v.i.) to be half ripe.

ढेह (ḍheh) पु. दे. ढेड़ी।

ढेहियावल (ḍhehiyāval) सक. दे. ढेरियावल।

ढैया (ḍhaiyā) स्त्री. ढाई सेर का वजन या तौल।
(f.) a weight of 2½ sers (now kilograms).

ढोंग (ḍhoṅg) पु. आडंबर।
(m.) pomp. fraud.

ढोंगी (ḍhoṅgī) वि. पाखंडी।
(adj.) dissembling, fraudulent fellow, sanctimonious.

ढोंढ़ी (ḍhoṅṛhī) स्त्री. दे. ढोड़ी।

ढोअल (ḍhoal) सक. ढोना।
(v.t.) to bear up, to carry.

ढोकरल (ḍhokaral) अक. दे. ढुकरल।

ढोका (ḍhokā) पु. सूअर।
(m.) hog, pig.

ढोड़ी (ḍhoṛī) स्त्री. नाभि।
(f.) navel.

ढोढ़िला (ḍhoṛhilā) पु. एक प्रकार का पौधा।
(m.) a type of plant.

ढोर (ḍhor) पु. पशु, मवेशी।
(m.) cattle.

ढोल (ḍhol) पु. बड़ा ढोलक।
(m.) a large drum.

ढोलक (ḍholak) पु. छोटा ढोलक।
(m.) a small drum.

ढोलकिया (ḍholakiyā) पु. ढोलक बजानेवाला व्यक्ति।
(m.) a drummer.

ढोलना (ḍholanā) पु. ढोलक के आकार का जंतर।
(m.) an amulet, of the shape of a drum.

ढोलनी (ḍholanī) स्त्री. बच्चों का झूला, पालना।
(f.) a cradle.

ढोली (ḍholī) स्त्री. दो सौ पान की पत्तियों की गड्डी।
(f.) a heap or bundle of two hundred betel leaves.

ढोवल (ḍhoval) सक. दे. ढोअल।

त

त (ta) देवनागरी वर्णमाला का सोलहवाँ वर्ण जिसका उच्चारण स्थान दंत है।
–the sixteenth consonant of the Devanagari syllabary.

तँवाइल (taṁvāil) अक. पड़ा रह जाना, बेकार हो जाना।
(v.i.) to remain unnoticed, to go waste.

तंग (taṅg) पु. (फा.) घोड़ों की जीन कसने का तस्मा या काठी, कसन। (वि.) 1. संकीर्ण, संकुचित। 2. कसा हुआ। 3. दुखी। 4. निर्धन। 5. कम।
(m.) a string used to tighten the saddle. (adj.) 1. narrow. 2. tight. 3. grieved. 4. poor. 5. less, not much.

तंगी (taṅgī) स्त्री. (फा.) 1. तंग या सँकरे होने का भाव, संकीर्णता, संकोच। 2. दुख, तकलीफ। 3. निर्धनता। 4. कमी।
(f.) 1. narrowness. 2. grief, hardship. 3. poverty. 4. shortage.

तंज (taṅj) पु. (अ.) बोली-ठोली, ताना, व्यंग्य।
(m.) a taunt, sarcasm, sneer, mockery.

तंतर (taṁtar) पु. (सं.) टोना, टोटका।
(m.) a teaching of magical and mystical formula for worship or the attainment of superhuman power.

तँतवा (taṁtava) पु. कपड़ा बुननेवाली एक जाति।
(m.) a community of weavers.

तंदुरुस्त (taṅdurust) वि. (फा.) निरोग, स्वस्थ।
(adj.) of sound body, healthy, vigorous.

तंदुरुस्ती (taṅdurustī) स्त्री. आरोग्य, निरोगता, स्वास्थ्य।
(f.) health, vigour.

तंदूर (taṅdūr) पु. (अ.) भट्‌टी की तरह का रोटी पकाने हेतु मिट्‌टी का बड़ा गोल पात्र।
(m.) a large earthen oven.

तंदूरी (taṅdūrī) वि. तंदूर में पकी हुई (रोटी आदि)।
(adj.) baked in a tandur, cooked in an oven (tandur).

तंबाकू (taṅbākū) पु. जर्दा।
(m.) tobacco.

तंबू (taṅbū) पु. शामियाना, खेमा।
(m.) a tent, pavilion, canopy.

तंबूरा (taṅbūrā) पु. तानपूरा।
(m.) a stringed instrument, used to accompany a singer.

तंबोल (taṅbol) पु. (सं.) पान का पत्ता।
(m.) a betel leaf.

तंबोलिन (taṅbolin) स्त्री. 1. पान के पत्ते को बेचनेवाली औरत। 2. पान बेचनेवाले की पत्नी।
(f.) 1. a woman who sells betal leaf. 2. wife of a seller of betel leaf.

तंबोली (taṅbolī) पु. पान के पत्ते को बेचनेवाला।
(m.) a seller of betel leaf.

तूंबी (tūṅbī) स्त्री. लौकी, कद्‌दू।
(f.) pumpkin.

तइयार (taiyār) वि. तैयार।
(adj.) ready, readymade.

तइयारी (taiyārī) स्त्री. तैयारी।
(f.) preparation.

तइसन (taisan) क्रि.वि. वैसा।
(adv.) like that.

तइसे (taise) क्रि.वि. उसी प्रकार से, तैसे।
(adv.) like that.

तइयो (taiyo) क्रि.वि. तथापि, तो भी।
(adv.) even then.

तई (taī) स्त्री. छिछली कड़ाही।
(f.) a metal frying pan or griddle.

तउजी (taujī) पु. गाँव का नंबर जो कचहरी में दर्ज रहता है।
(m.) the number of particular village allotted in collectory document.

तउल (taul) स्त्री. तौल, माप।
(f.) weight, measurement.

तउलहर (taulahar) पु. जवान बैल।
(m.) young bullock.

तउलिया (tauliyā) पु. मोटे सूत का गमछा।
(m.) a towel.

तउला (taulā) पु. मिट्‌टी की बड़ी हाँड़ी (दही-दूध रखने हेतु)।
(m.) a large earthen vessel (for curd and milk).

तउलल (taulal) सक. जोखना, नापना।
(v.t.) to weigh, to measure.

तक (tak) अव्य. आखिरी समय तक, सीमा का अंतिम छोर।
(indec.) upto, as far as, as much as, until.

तकदीर (takadīr) स्त्री. (अ.) तकदीर, भाग्य, प्रारब्ध।
(f.) fate, luck.

तकनीकी (takanīkī) वि. (अं.) तकनीकी। (पु.) प्रौद्योगिकी।
(adj.) technical. (m.) technology.

तकरार (takarār) स्त्री. (अ.) तकरार, किसी बात को बार-बार कहना, हुज्जत, विवाद, झगड़ा।
(f.) repetition, quarrel, dispute.

तकरारी (takarārī) पु. (अ.) तकरारी, झगड़ालू व्यक्ति।
(m.) a quarrelsome person.

तकरीबन (takarīban) क्रि.वि. (अ.) तकरीबन, करीब-करीब, प्रायः, लगभग।
(adv.) approximately, about, almost.

तकरीर (takarīr) स्त्री. (अ.) तकरीर, भाषण, वक्तृता, अपील।
(f.) lecture, speech.

तकला (takalā) पु. चरखा में लगी लोहे की सलाई जिस पर सूत लपेटा जाता है।
(m.) a spindle, shaft.

तकली (takalī) स्त्री. छोटा तकला।
(f.) a small spindle.

तकलीफ (takalīf) स्त्री. (अ.) 1. तकलीफ, कष्ट, क्लेश, दुख। 2. विपत्ति, मुसीबत।
(f.) 1. pain, sorrow or grief. 2. trouble, hardship.

तकावल (takāval) सक. ताकने के लिए कहना, इंतजार, प्रतीक्षा।
(v.t.) to cause to look at.

तकिया (takiyā) पु. (फा.) बालिश, सिरहानी।
(m.) a pillow, a small bolster, cushion.

तकुआ (takuā) पु. दे. तकला।

तकुली (takulī) स्त्री. सूत कातने का एक उपकरण।
(f.) a spindle.

तक्कड़ (takkaṛ) पु. मट्ठा।
(m.) liquified curd.

तक्की (takkī) स्त्री. टकटकी।
(f.) fixed stare.

तखत (takhat) पु. सिंहासन।
(m.) throne, seat.

तखता (takhatā) पु. लकड़ी का लंबा पटरा, बड़ी चौकी।
(m.) a plank, board.

तख्ती (takhtī) स्त्री. एक छोटा बोर्ड, बच्चों के लिखने के लिए लकड़ी का बोर्ड।
(f.) a small board, child's writing board.

तखन (takhan) क्रि.वि. उस समय।
(adv.) at that time, then.

तगड़ा (tagaṛā) वि. मजबूत, सुदृढ़, शक्तिशाली।
(adj.) sturdy, robust, vigorous.

तगड़ी (tagaṛī) स्त्री. कमर का आभूषण।
(f.) woman's ornament.

तगमा (tagamā) पु. (तु.) 1. पदक। 2. मोहर। 3. राजाज्ञा।
(m.) 1. a medal. 2. a golden coin used as seal. 3. a royal order.

तगवा (tagavā) वि. पतला एवं लंबे आकार का धागा।
(adj.) thin and long thread.

तगवाई (tagavāī) स्त्री. धागे से मोटे ओढ़ने को तागना, तगाई का पारिश्रमिक या कीमत।
(f.) a stitching together, quilting, cost of, or price paid for stitching.

तगही (tagahī) स्त्री. छोटे पशुओं को बाँधने की रस्सी।
(f.) tether, rope for tying small animals.

तगाड़ (tagāṛ) पु. (अ.) बड़ा टब, वह स्थान जहाँ मकान बनाने के लिए सीमेंट, बालू, पानी मिलाकर मसाला तैयार होता है।
(m.) big tub, pail (as for mixing mortar, or carrying lime), an earthen pan (as for kneading sweets) a lime pit.

तगाड़ी (tagāṛī) स्त्री. छोटा तगार।
(f.) a small tub, pail.

तगादा (tagādā) पु. (अ.) 1. ऐसी चीज माँगना जिसके पाने का अधिकार हो, तगादा। 2. ऐसा काम करने हेतु कहना जिसके लिए वचन मिल चुका हो।
(m.) 1. act of pressing the settlement of a debt, strong request. 2. demand.

तचा (tacā) पु. चमड़ा, त्वचा।
(m.) skin.

तजबीज (tajabīj) पु. (अ.) विवेक, अनुमान, समझ, निर्णय।
(m.) deliberation, inference, opinion, judgement.

तजबीजल (tajabījal) सक. अनुमान लगाना, अंदाजा करना।
(v.t.) to guess, to estimate.

तजुरबा (tajurabā) पु. (अ.) जानकारी, अनुभव।
(m.) knowledge, experience.

तट (taṭ) पु. (सं.) तट, किनारा (नदी और समुद्र के संदर्भ में)।
(m.) bank, shore, coast.

तड़ (taṛ) पु. टूटने, फाड़ने की आवाज।
(m.) 1. a sound of snapping, cracking, bursting, tearing. 2. a sound of striking.

तड़क (taṛak) पु. छौंकने, बघारने का कार्य।
(m.) a work of frying.

तड़क-भड़क (taṛak-bhaṛak) स्त्री. शान शौकत का प्रकाशन।
(f.) splendour, show.

तड़कल (taṛakal) अक. 1. तड़कना, टूटना, खंडित होना, आवाज के साथ टूटना। 2. अचानक क्रुद्ध होना।
(v.i.) 1. to crack, to split, to burst. 2. to become suddenly angry.

तड़का (taṛakā) पु. 1. सूर्योदय। 2. भोजन में छौंक।
(m.) 1. early morning. 2. seasoning.

तड़तड़ाइल (taṛaṭaṛāil) अक. तड़तड़ की आवाज।
(v.i.) to patter.

तड़तड़ाहट (taṛataṛāhaṭ) स्त्री. टूटने की आवाज।
(f.) a snapping or cracking sound, storming, raging.

तड़पल (taṛapal) अक. 1. फाँदना। 2. तड़पना। 3. छटपटाना।
(v.i.) 1. to toss about. 2. to be restless. 3. to be agitated.

तड़ाक (taṛāk) क्रि.वि. तुरंत, शीघ्र, जल्दी।
(adv.) quickly, briskly, smartly.

तड़ाग (taṛāg) पु. सरोवर, तालाब।
(m.) a pond, tank.

तड़ातड़ (taṛātaṛ) क्रि.वि. टूटने की ध्वनि, शीघ्रतापूर्वक, अचानक।
(adv.) with a cracking sound, suddenly, in quick succession.

तड़ातड़ी (taṛātaṛī) क्रि.वि. लगातार, जल्दबाजी में, शीघ्रता से।
(adv.) haste, hurry.

तड़ी (taṛī) स्त्री. थप्पड़, चपत।
(f.) a slap, punishment.

ततर (tatar) क्रि.वि. (सं.) जहाँ-तहाँ, उसी जगह।
(adv.) there.

ततछन (tatachan) क्रि.वि. तत्काल, उसी क्षण।
(adv.) immediate, at the same time.

ततबीर (tatabīr) स्त्री. (अ.) उपाय, युक्ति, तरकीब।
(f.) a device, a plan, means.

ततहत (tatahat) क्रि.वि. उतना बड़ा।
(adv.) of that size.

ततवाँ (tatavāṁ) स्त्री. कपड़ा बुननेवाली जाति।
(f.) a community of weavers.

ततवल (tataval) सक. गर्म करना।
(v.i.) to heat.

ततना (tatanā) क्रि.वि. उतना।
(adv.) so much.

ततकाल (tatakāl) क्रि.वि. तुरंत।
(adv.) immediate, at once.

ततावल (tatāval) सक. गर्म करना।
(v.t.) to heat.

तथ (tath) पु. (सं.) वास्तविक स्वरूप, तत्त्व, तथ्य।
(m.) real state or nature, essence, fact.

तथा (tathā) अव्य. इसी तरह, और।
(indec.) in the same way, and.

तदात (tadāt) स्त्री. (अ.) संख्या, गिनती।
(f.) number, count, quantity.

तन (tan) पु. (फा.) शरीर, बदन, जिस्म।
(m.) body.

तनका (tanakā) वि. थोड़ा।
(adj.) little, slight, the least.

तनकी (tanakī) क्रि.वि. थोड़ा-सा, कुछ, अल्प मात्रा।
(adv.) fractionally, a few.

तनखाह (tanakhāh) स्त्री. दे. तनख्वाह।

तनख्वाह (tanakhvāh) स्त्री. (फा.) वेतन, मासिक वेतन।
(f.) salary, pay, wages.

तनतन (tanatan) क्रि.वि. दर्द के साथ।
(adv.) with pain.

तनतनावल-तनतनाइल (ṭanatanāval-tanatanāil) अक. क्रुद्ध होना।
(v.i.) to show overbearing anger.

तनतनी (tanatanī) स्त्री. क्रोध।
(f.) anger.

तनदुरुस्त (tanadurust) वि. हट्ठा-कट्ठा, स्वस्थ, आरोग्य।
(adj.) sound in body, healthy.

तनय (tanay) पु. (सं.) पुत्र।
(m.) a son.

तनहा (tanahā) वि. (फा.) अकेला, एकाकी, जिसके संग कोई न हो।
(adj.) alone, lonely, single.

तनहाई (tanahāī) स्त्री. तनहा होने की दशा या भाव, अकेलापन, एकांत।
(f.) lonelines, solitude, privacy.

तना (tanā) पु. (फा.) वृक्ष का जमीन से ऊपर निकला हुआ भाग, पेड़ का धड़, तना।
(m.) trunk (of a tree) which grooms above the ground, stalk, stem.

तनाजा (tanājā) पु. (अ.) 1. बखेड़ा, झगड़ा। 2. शत्रुता। 3. खींचा-तानी।
(m.) 1. a quarrel, row. 2. enmity. 3. tussle.

तनातनी (tanātanī) स्त्री. तनाववाली स्थिति।
(f.) tension, strained relationship.

तनाव (tanāv) पु. तनाव, मानसिक कष्ट की स्थिति।
(m.) tightness, tension.

तनिक (tanik) वि. थोड़ा-सा, बहुत थोड़ा, अल्प।
(adj.) little, slight, very little, the least.

तनी (tanī) स्त्री. डोरी, टेप, बाँधने हेतु रस्सी, थोड़ा-सा।
(f.) string, cord, tape, serving as a fastening (of a garment a bag), little.

तनी-सा (tanī-sā) क्रि.वि. थोड़ा-सा, थोड़ी मात्रा में।
(adv.) just a bit.

तप (tap) पु. (सं.) तपस्या, साधना, नियमपालन, घोर परिश्रम।

(m.) ascetic fervour or practice, religious austerity, penance.

तपत (tapat) वि. गर्म, तप्त।

(adj.) heat, the state of being hot, burning.

तपरी (taparī) स्त्री. उस बार।

(f.) at that time.

तपल (tapal) वि. 1. कष्ट सहा हुआ, आग में तपाया हुआ। 2. तेजस्वी।

(adj.) 1. heated, to blaze. 2. splendid.

तपसी (tapasī) पु./वि. तपस्या करनेवाला, तपस्वी, योगी, भक्त।

(m./adj.) ascetic, engaged in penance, an ascetic, a yogi, a devotee.

तपा (tapā) पु. ग्रीष्म ऋतु, लू।

(m.) the hot weather, heat stroke.

तपाक (tapāk) पु. तेजी, फुर्ती, आवेश, जोश।

(m.) quick, warmth, zeal, ardour.

तपास (tapās) स्त्री. सूर्य का ताप, गर्मी।

(f.) sunshine, sun's heat.

तपिस (tapis) स्त्री. गर्मी, तपन।

(f.) heat.

तपी (tapī) पु. तपस्वी।

(m.) an ascetic, a hermit.

तपेदिक (tapedik) पु. (फा.) क्षयरोग, टी.बी.।

(m.) tuberculosis.

तफड़ी (tafaṛī) स्त्री. मजाक, दिल्लगी।

(f.) entertainment, amusement, joke, fun.

तफतीस (tafatīs) स्त्री. (अ.) तफतीश, जाँच-पड़ताल, तहकीकात।

(f.) investigation, search, probe.

तफरका (tafarakā) पु. (अ.) 1. अंतर, फर्क। 2. फासला, दूरी। 3. वियोग, अलगाव, बिछोह। 4. शत्रुता, दुश्मनी।

(m.) 1. dissention, difference. 2. distance, 3. separation. 4. enmity.

तफरीक (tafarīk) स्त्री. (अ.) 1. बाँटने की क्रिया, विभाजन, बँटवारा। 2. वर्गीकरण। 3. अंतर, फर्क, 4. गणित में घटाने की क्रिया, बाकी।

(f.) 1. division, partition. 2. classification, 3. difference. 4. substraction.

तफरीह (tafarīh) स्त्री. (अ.) 1. मनोरंजन, मनबहलाव। 2. दिल्लगी, हँसी, ठट्ठा। 3. हवाखोरी, सैर।

(f.) 1. amusement, diversion, entertainment, 2. a fun, joke. 3. a walk for pleasure.

तफसील (tafasīl) स्त्री. (अ.) विस्तृत वर्णन, ब्योरा।

(f.) detailed information, details, particulars.

तफाउत (tafāut) पु. (अ.) 1. फासला, दूरी। 2. अंतर।

(m.) 1. distance. 2. difference.

तब (tab) अव्य. (सं.) उस समय, उसके बाद, इस कारण।

(indec.) then, at that time, next, thereafter, therefore, that, being so.

तबक (tabak) पु. एक तरह का गले का आभूषण।

(m.) a type of ornament for neck.

तबका (tabakā) पु. (अ.) 1. खंड, विभाग। 2. तह, परत। 3. तल। 4. आदमियों का गिरोह। 5. सामाजिक श्रेणी।

(m.) 1. a part, division. 2. a layer. 3. surface. 4. a group of people. 5. a class, rank.

तबकी (tabakī) क्रि.वि. उस बार, उस समय।

(adv.) on a different occasion.

तबड़ाक (tabaṛāk) पु. थप्पड़, तमाचा।

(m.) slapping.

तबदार (tabadār) पु. नौकर।

(m.) a servant.

तबदील (tabadīl) वि. (अ.) बदला हुआ, परिवर्तित।

(adj.) changed, altered, transferred.

तबलची (tabalacī) पु. तबला बजानेवाला।

(m.) tabla player, drummer.

तबला (tabalā) पु. एक प्रकार का वाद्ययंत्र।

(m.) a small drum used as a musical instrument.

तबसुम (tabasum) पु. (अ.) 1. मंदहास, मुस्कुराहट। 2. कलियों का विकसित होना, खिलना।

(m.) 1. smile. 2. blooming of buds.

तबादला (tabādalā) पु. (अ.) 1. परिवर्तन, बदला जाना। 2. स्थानांतरण, तबादला।

(m.) 1. change, exchange. 2. transfer.

तबाह (tabah) वि. (फा.) 1. नष्ट। 2. बुरी हालतवाला।

(adj.) 1. ruined, wretched. 2. in wretched condition.

तबाही (tabāhī) स्त्री. नाश, बरबादी।

(f.) ruin, destruction.

तबीअत (tabīat) पु. (अ.) 1. शारीरिक अवस्था, तबीयत। 2. समझ, ज्ञान, बुद्धि।
(m.) 1. bodily condition. 2. intellect, understanding, knowledge.

तबीज (tabīj) पु. (फा.) मंत्र-भूत एवं धातु-निर्मित शरीर में बाँधने का आभूषण, ताबीज, जंतर।
(m.) an amulet worn by people to avoid bad happenings.

तबो (tabo) क्रि.वि. तो भी, तथापि, फिर भी, होने पर भी।
(adv.) even then, despite, however.

तब्बे (tabbe) क्रि.वि. तत्क्षण।
(adv.) instantaneously.

तमंचा (tamañcā) पु. पिस्टल।
(m.) a pistal.

तमकल (tamakal) अक. आवेश में आना, क्रुद्ध होना।
(v.i.) to flush with anger, to become enraged.

तमघइल (tamaghail) पु. तांबे का घड़ा।
(m.) a pitch of copper.

तमतमाइल (tamatamāil) अक. क्रुद्ध होना, क्रोध से चेहरा लाल होना।
(v.i.) to flush, to glow, to sparkle.

तमसगीर (tamasagīr) पु. (फा.) तमाशबीन।
(m.) onlooker, a spectator.

तमनी (tamanī) स्त्री. कुड़ाई, गुड़ाई, खेत को गोड़ने की प्रक्रिया।
(f.) hoeing.

तमहा (tamahā) पु. दे. तमघइल।

तमाकू (tamākū) पु. तंबाकू, गुड़गुड़ा (हुक्का) में पिया जानेवाला तंबाकू।
(m.) tobacco, tobacco used in smoking from a hukkah.

तमाचा (tamācā) पु. थप्पड़।
(m.) a slap.

तमाम (tamām) वि. संपूर्ण, पूरा, कुल, समस्त, खत्म।
(adj.) complete, entire, finished, completed.

तमाल (tamāl) पु. तमाल नामक वृक्ष।
(m.) an evergreen tree.

तमासबीन (tamāsabīn) पु. तमाशबीन।
(m.) onlooker.

तमासा (tamāsā) पु. (अ.) 1. मनोरंजक दृश्य। 2. अद्भुत बात।
(m.) 1. a show, display. 2. wonderful or miraculous happening event.

तमीज (tamīj) पु. (अ.) विवेक, समझदारी, सभ्य व्यवहार या शिष्टाचार।
(m.) discernment, discrimination, good sense, courtesy, manners.

तमू (tamū) पु. (फा.) तंबू, खेमा, शिविर।
(m.) a tent (esp. a large one) canopy, pavilion.

तमेचा (tamecā) पु. थप्पड़।
(m.) a slap, blow.

तमोली (tamolī) स्त्री. पान बेचनेवाली एक जाति।
(f.) betel-grower, seller of betel leaf.

तर (tar) वि. (फा.) गीला, भीगा हुआ, रसपूर्ण।
(adj.) wet, moist, saturated, juicy.

तरई (taraī) स्त्री. तारा।
(f.) a star.

तर-ऊपर (tar-ūpar) क्रि.वि. नीचे-ऊपर।
(adv.) one above the other.

तरक (tarak) पु. तर्क, वाद-विवाद।
(m.) deliberation, discussion, interpretation, logic.

तरक-बितरक (tarak-bitarak) पु. तर्क-वितर्क।
(m.) reasoning.

तरकल (tarakal) अक. खेत का सूख जाना, खेत जोतने-बोने में देर करने पर खेत की धरती का फटना।
(v.i.) to get dried up (said of a field and development of fissures in it due to delay in ploughing and sowing).

तरकस (tarakas) पु. (फा. तर्कश) तीर रखने का चोंगा, तूणीर।
(m.) a quiver, a case for carrying arrows.

तरका (tarakā) पु. (अ.) वह जायदाद जो किसी मृतक के वारिस को मिले।
(m.) the property of a dead person inherited by someone.

तरकारी (tarakārī) स्त्री. (फा.) 1. सब्जी, साग-भाजी। 2. पकाई हुई सब्जी।
(f.) 1. a vegetable. 2. a cooked vegetable.

तरकी (tarakī) स्त्री. कर्णफूल।
(f.) a kind of ear-ring.

तरकीब (tarakīb) स्त्री. (अ.) 1. युक्ति, ढंग, उपाय। 2. रचना, प्रणाली।
(f.) 1. a device, manner. 2. a method.

तरकुल (tarakul) पु. ताड़ का पेड़, ताल वृक्ष।
(m.) palm tree.

तरक्की (tarakkī) स्त्री. (अ.) उन्नति, प्रगति।
(f.) advancement, progress, promotion.

तरख (tarakh) वि. 1. कड़ी चीज या पदार्थ। 2. उद्दंड आदमी।
(adj.) 1. hard thing. 2. a rogue.

तरखा (tarakhā) पु. पानी का तेज बहाव।
(m.) the current of water.

तरघुसका (taraghusakā) पु. घूस, उत्कोच।
(m.) a bribe, a gift.

तरज (taraj) पु. (अ.) गीत की लय, फैशन, रीति, शैली।
(m.) melody of song, form, fashion, style.

तरजनी (tarajanī) स्त्री. (सं.) तर्जनी।
(f.) forefinger, threatening finger.

तरजल (tarajal) अक. डाँटना, बिगड़ना, क्रोधित होना।
(v.i.) to scold.

तरजुई (tarajuī) स्त्री. तुला, तराजू।
(f.) weighing machine, balance.

तरजुमा (tarajumā) पु. (अ.) अनुवाद, भाषांतर, उल्था।
(m.) translation, interpretation.

तरजुमान (tarajumān) पु. (अ.) अनुवादक।
(m.) translator, interpreter.

तरजुमानी (tarajumānī) स्त्री. (अ.) 1. अनुवाद कला। 2. अनुवाद।
(f.) 1. art of translating. 2. translation.

तरतीब (taratib) स्त्री. (अ.) 1. क्रम। 2. विधि।
(f.) 1. order. 2. method.

तरनाइल (taranāil) अक. क्रोधित होना।
(v.i.) to get angry.

तरपन (tarapan) पु. पितरों को पानी देने का कार्य, तिलांजलि, तर्पण।
(m.) the offering of libations of water to the gods or to the spirits of one's ancestors.

तरफ (taraf) स्त्री. (अ.) 1. ओर, दिशा। 2. बगल, पक्ष।
(f.) 1. a direction. 2. a side.

तरफदार (tarafadār) वि. 1. समर्थक, हिमायती। 2. पक्षपाती।
(adj.) 1. a supporter. 2. a partisan.

तरफदारी (tarafadārī) स्त्री. (अ.+फा.) समर्थन, पक्षपात।
(f.) support, backing, partiality, favouritism.

तरफराइल (tarafarāil) अक. घबड़ाना, परेशान होना, तड़फड़ाना।
(v.i.) to be panic, to experience troubled.

तरफैन (tarafain) पु. (तरफ का बहुवचन) दोनों तरफ के लोग, दोनों पक्ष।
(m.) both the parties engaged in a law suit.

तरबूज (tarabūj) पु. एक बड़े आकार का पानी भरा मीठा फल, तरबूज।
(m.) a water melon.

तरमीम (taramīm) स्त्री. (अ.) संशोधन, सुधार।
(f.) an amendment, improvement.

तरबेलनी (tarabelanī) वि. प्रपंची औरत।
(adj.) deceitful, scheming woman.

तरल (taral) वि. (सं.) द्रव।
(adj.) liquid, inconstant.

तरल (taral) अक. मुक्ति पाना, भव सागर से पार उतरना।
(v.i.) to get salvation.

तरवन (taravan) पु. कान का गहना, तर्यौना।
(m.) an ornament for ear.

तरवा (taravā) पु. पैर का निचला हिस्सा, तलवा।
(m.) the sole of the foot.

तरस (taras) पु. करुणा, दया, रहम।
(m.) compassion, pity, mercy.

तरसल (tarasal) अक. लालायित रहना, विकल रहना।
(v.i.) to long (for), to yearn, to crave for.

तरसावल (tarasāval) सक. ललचाना।
(v.t.) to cause (one) to long (for).

तरसों (tarasoṅ) क्रि.वि. वर्तमान से पहले या बाद का चौथा दिन।
(adv.) in fourth days' time, four days ago or after.

तरह (tarah) स्त्री. (अ.) 1. प्रकार, किस्म। 2. रचना-प्रकार, रूप-रंग। 3. ढब, तर्ज, प्रणाली।
(f.) 1. kind, type. 2. formation, structure. 3. a way, method.

तरहत्थी (tarahatthī) स्त्री. तलहत्थी, पंजा।
(f.) palm.

तरहरा (taraharā) पु. घर में सामान छिपाने का गड्ढा, रक्ती।
(m.) pit in a house for hiding valuables, underground storage.

तरहा (tarahā) स्त्री. घोड़े की पीठ पर रखी जानेवाली पतली गद्दी।
(f.) thin padding put on horse back.

तराबोर (tarābor) वि. एकदम भीगा हुआ, तरबतर।
(adj.) soaked, drenched.

तराई (tarāī) स्त्री. 1. हिमालय की तलहटी। 2. तलछट।
(f.) 1. low-lying land (esp. that at the foot of the Himalayas). 2. an alluvial plain (as that of the Ganga).

तराकट (tarākaṭ) पु. (फा.) अभाव, कमी।
(m.) deprivation.

तराजू (tarājū) पु. (फा.) तुला।
(m.) a weighing scale, balance.

तराना (tarānā) पु. (फा.) 1. संगीत। 2. राग। 3. एक प्रकार का गाना।
(m.) 1. music. 2. a melody, tune. 3. a part of song.

तरास (tarās) पु. तीव्र प्यास, बार-बार प्यास लगने की स्थिति।
(m.) tormented by thirst, unquenched thirst, continuing thirst.

तरासल (tarāsal) सक. (फा.) काटना, कतरना।
(v.t.) to cut, engrave or chisel.

तराहि-तराहि (tarāhi-tarāhi) अव्य. रक्षा करो, मदद करो।
(indec.) save me, help me.

तरिछन (tarichan) पु. दही के नीचे की तरी।
(m.) substance at the bottom of curd.

तरिवन (tarivan) पु. कर्णफूल।
(m.) an ornament of ear, ear-ornament, eartops.

तरिवर (tarivar) पु. बड़ा वृक्ष।
(m.) a large tree.

तरी (tarī) स्त्री. (फा.) 1. गीलापन, आर्द्रता। 2. ठंडक, शीतलता। 3. वह नीची भूमि जहाँ बरसात का पानी इकट्ठा रहता हो, कछार, तराई, तलहटी, सब्जी का रस।
(f.) 1. wetness. 2. coolness. 3. a valley.

तरीका (tarīkā) पु. (अ.) 1. ढंग, विधि, रीति। 2. चाल, व्यवहार। 3. उपाय, तरकीब, नियम।
(m.) 1. method, way. 2. behaviour. 3. a device, manner.

तरुआर (taruār) स्त्री. तलवार।
(f.) a sword, sword-blade.

तरुन (tarun) वि. युवक।
(adj.) young, youthful.

तरुनी (tarunī) स्त्री. तरुणी।
(f.) a young woman.

तरे (tare) पु. प्रकार, ढंग, तरह।
(m.) kind, mode, way, like.

तरे (tare) क्रि.वि. नीचे, तले।
(adv.) below, under.

तरेगनी (tareganī) स्त्री. स्वच्छ रात्रि में उगनेवाली तारिकाएँ।
(f.) stars visible in cloudless night.

तरेरल (tareral) सक. क्रोध से देखना।
(v.t.) to glare (with eyes).

तरोई (taroī) स्त्री. एक सब्जी।
(f.) a cucurbitaceous plant and its fruit, zucchini.

तल (tal) पु. 1. धरातल। 2. सतह। 3. सबसे नीचे, गहरा, नीचे की धरती।
(m.) 1. surface. 2. level. 3. lowest, part, base, bottom, low ground.

तलक (talak) क्रि.वि. तक, पर्यंत, जहाँ तक हो।
(adv.) upto, as far as, as much as, until.

तलख (talakh) वि. (फा.) कड़वा, तेज, अप्रिय, कटुभाषी।
(adj.) bitter, acrimonious, unpleasant, speaking bitterly.

तलब (talab) स्त्री. (अ.) 1. खोज, तलाश। 2. चाह, पाने की इच्छा। 3. आवश्यकता, माँग। 4. बुलावा, बुलाहट। 5. तनखाह।
(f.) 1. search. 2. a desire. 3. demand, necessity. 4. call. 5. salary, pay.

तलबगार (talabagār) वि. (अ.+फा.) चाहनेवाला, इच्छा करनेवाला।
(adj.) desirous.

तलबाना (talabānā) पु. (फा.) वह खर्च जो गवाहों को तलब करने के लिए अदालत में दाखिल किया जाता है।
(m.) process fee paid to the court for serving summons, fee for serving a document.

तलमलाइल (talamalāil) अक. डगमगाना, चलते समय पैरों का स्थिर नहीं पड़ना, बेचैन होना।
(v.i.) to rock, to sway, to tremble, to totter, to stagger, to be restless.

तलवा (talavā) पु. पैर का निचला भाग।
(m.) the sole of the foot.

तलवार (talavār) स्त्री. तलवार।
(f.) a sword.

तलहटी (talahaṭī) स्त्री. तराई, निचला भूमि-क्षेत्र, पहाड़ी के नीचे।
(f.) low and beneath, mountains.

तलही (talahī) वि. वह पक्षी जो ताल में रहता हो।
(adj.) living in a pond or tank (a bird).

तलाक (talāk) पु. (अ.) पति-पत्नी का संबंध विच्छेद या रिश्ते का टूटना।
(m.) divorce.

तलाब (talāb) पु. पोखरा, जलाशय, तालाब।
(m.) tank, pond.

तलास (talās) स्त्री. (तु.) 1. खोज, ढूँढना, अनुसंधान, अन्वेषण। 2. आवश्यकता। 3. चाह।
(f.) search, quest. 2. demand. 3. a desire.

तलासल (talāsal) सक. तलाशना।
(v.t.) to quest, to search.

तलासी (talāsī) स्त्री. (तु.) गुम हुई, छिपाई गई वस्तु को पाने के लिए की जानेवाली ढूँढ़-खोज।
(f.) act of searching, search.

तलुआ (taluā) पु. दे. तलवा।

तली (talī) स्त्री. गहने को कसने के लिए पीछे से लगाया जानेवाला छोटा स्क्रूनुमा पेच।
(f.) a screw for tightening the ornament.

तले (tale) क्रि.वि. तब तक।
(adv.) till then.

तल्ला (tallā) पु. मकान की छत।
(m.) storey, floor (of a building).

तल्ला (tallā) पु. जूते के निचले भाग में प्रयुक्त चमड़ा, तलवा।
(m.) sole (of a shoe).

तल्ली (tallī) स्त्री. छोटी हल्की जूती।
(f.) a light shoe.

तवन (tavan) सर्व. वह, सो (व्यक्ति या वस्तु विशेष के लिए प्रयुक्त)।
(pron.) that.

तवल (taval) अक. गर्म होना, तप्त होना।
(v.i.) to be heated.

तवा (tavā) पु. 1. लोहे का चपटा प्लेट जिस पर रोटी सेंकी जाती है। 2. ग्रामोफोन रिकार्ड (तवा)।
(m.) 1. a flat iron plate, griddle (as for baking bread-cakes). 2. a gramophone record.

तवाई (tavāī) स्त्री. गर्मी, उष्णता।
(f.) heat.

तवायफ (tavāyaf) स्त्री. (अ.) वेश्या, नर्तकी।
(f.) a prostitute, a dancing girl.

तवारीख (tavārīkh) स्त्री. (अ.) इतिहास।
(f.) history.

तस (tas) वि. तैसा।
(adj.) of that sort, such.

तसदीक (tasadīk) स्त्री. (अ.) सही बतलाना या ठहराना, पुष्टि।
(f.) confirmation, verification, attestation.

तसबीर (tasabīr) स्त्री. (अ.) चित्र, तस्वीर।
(f.) picture.

तसमई (tasamai) स्त्री. दूध की खीर।
(f.) dish of rice boiled in milk with sugar.

तसर (tasar) पु. मोटा सिल्क, टसर।
(m.) coarse silk, tussore.

तसला (tasalā) पु. धातु का एक गोलाकार बर्तन।
(m.) an vessel having steep sides.

तसली (tasalī) स्त्री. छोटा तसला।
(f.) a small tasala.

तसील (tasīl) स्त्री. (अ.) 1. वसूली, उगाही। 2. वह आमदनी जो लगान वसूल करने से इकट्ठी हो। 3. तहसीलदार का दफ्तर या कचहरी, तहसील। 4. जिले का वह भाग जो तहसीलदार के अधीन रहता है।
(f.) 1. realisation of dues. 2. realised dues. 3. the office of a tehsildar. 4. an administrative part of a district under the officer.

तसीलदार (tasīladār) पु. (अ.+फा.) 1. वह अफसर जो जमींदारों से सरकारी मालगुजारी वसूल करता है। 2. वह अधिकारी जो माल के छोटे मुकदमों का फैसला करता है।
(m.) 1. an officer whose duty is to realise land revenue. 2. a magistrate.

तसीलल (tasīlal) सक. कर या मालगुजारी को वसूल करना।
(v.t.) to collect (revenue).

तस्कर (taskar) पु. (सं.) तस्कर (व्यापारी)।
(m.) a smuggler.

तस्बीर (tasbīr) स्त्री. तस्वीर।
(f.) photo.

तहवाँ (tahavāṁ) क्रि.वि. वहाँ, उसी जगह पर।
(adv.) there, in the very same place.

तह (tah) स्त्री. (फा.) परत, स्तर।
(f.) a layer, level.

तहकीकात (tahakīkāt) स्त्री. (अ.) जाँच-पड़ताल, अनुसंधान।
(f.) investigation, fact-finding, research

तहखाना (tahakhānā) पु. (फा.) वह कोठरी या घर जो जमीन के नीचे बना हो, भुईधरा, तलगृह।
(m.) a basement.

तहजीब (tahajīb) स्त्री. (अ.) 1. सभ्यता, संस्कृति। 2. भलमनसाहत। 3. शिष्टाचार।
(f.) 1. civilization, culture. 2. generosity. 3. etiquette.

तहतुक (tahatuk) पु. कहासुनी, वाद विवाद।
(m.) argument, dispute.

तहद (tahad) पु. (फा.) अधीनता।
(m.) subjection, authority, control.

तहनी (tahanī) सर्व. तुम लोग।
(pron.) you people.

तहमत (tahamat) स्त्री. लुंगी।
(f.) a cloth worn wrapped round the waist and falling to the ankles, by men.

तहरी (taharī) स्त्री. वह खिचड़ी जो सब्जियाँ डालकर बनाई गई हो।
(f.) khicri made with vegetables.

तहरीर (taharīr) स्त्री. (अ.) 1. लिखावट, लेख। 2. लेखन शैली। 3. लिखी हुई बात। 4. लिखा हुआ प्रमाणपत्र। 5. लिखने की मजदूरी, लिखाई।
(f.) 1. writing. 2. style of writing. 3. a written matter. 4. a written certificate. 5. wages paid for a written work.

तहलका (tahalakā) पु. (अ.) 1. मौत, मृत्यु। 2. नाश, बरबादी। 3. खलबली, धूम, हलचल।
(m.) 1. death. 2. destruction. 3. sensation, flutter, commotion.

तहवन (tahavan) पु. स्त्रियों का भीतरी वस्त्र।
(m.) ladies undergarment.

तहस-नहस (tahas-nahas) वि. नष्ट-भ्रष्ट, बर्बाद।
(adj.) ruined, quite destroyed.

तहाँ (tahāṁ) वि. दे. तहँवा।

तहिआ (tahiā) क्रि.वि. उसी दिन, उसी समय।
(adv.) on that very day.

तहियावल (tahiyāval) सक. तह लगाना।
(v.t.) to fold, to wrap.

तहीं (tahīṅ) अव्य. वहीं, उसी जगह।
(indec.) in that very place, right there, at that very moment, then and there.

तहेतह (tahetah) पु. तह पर तह, परत दर परत।
(m.) layer after layer.

तांगा (tāṅgā) पु. घोड़े से खींची जानेवाली दुपहिया गाड़ी, टाँगा।
(m.) a two-wheeled horse- drawn vehicle for passengers, a trap, tanga.

तांडव (tāṅḍav) पु. (सं.) शिव का भयंकर तांडव नृत्य।
(m.) the dance of Shiva (as taking place at the dissolution of the world).

ताँत (tāṁt) स्त्री. चमड़े की रस्सी।
(f.) a sinew, catgut, string or leather strap.

ताँता (tāṁtā) पु. अटूट पाँत, सिलसिला, कतार।
(m.) a line, row, a series, continuation.

ताँती (tāṁtī) पु. जुलाहा।
(m.) a weaver.

तांतरिक (tāṅtarik) पु. (सं.) तांत्रिक, मंत्र आदि के ज्ञान में दक्ष व्यक्ति।
(m.) a person versed in tantrik knowledge.

तांबूल (tāṅbūl) पु. (सं.) पान।
(m.) betel.

ताई (tāī) स्त्री. जेठी चाची।
(f.) wife of a father's elder brother.

ताईद (tāīd) स्त्री. समर्थन, पुष्टि।
(f.) confirmation, stengthening.

ताऊ (tāū) पु. पिता का बड़ा भाई।
(m.) father's elder brother.

ताक (tāk) स्त्री. टकटकी, सुअवसर।
(f.) fixed look, peep, expectation (for an opportunity).

ताकत (tākat) स्त्री. शक्ति, सामर्थ्य।
(f.) strength, power, capability.

ताकतवर (tākatavar) वि. बलशाली।
(adj.) energetic.

ताकल (tākal) सक. किसी ओर देखना, इंतजार करना।
(v.t.) to look at, to look alertly at, to gaze at, to peep at, to wait for.

ताकीद (tākīd) स्त्री. (अ.) 1. जोर के साथ किसी बात की दी जानेवाली आज्ञा या किया जानेवाला अनुरोध। 2. खूब चेताकर कही हुई बात।
(f.) 1. strict instruction, compulsion. 2. warning caution.

ताख (tākh) पु. (अ.) कोई चीज रखने के लिए मकान (दालान) में बनी जगह। पर्या. आला, ताखा।
(m.) a niche, aldove niche in a wall.

ताखा (tākhā) पु. दे. ताख।

तागत (tāgat) स्त्री. (अ.) बल, शक्ति, पौरुष।
(f.) power, force, vigour.

तागल (tāgal) सक. मोटी सिलाई करना।
(v.t.) to thread (a needle) to stitch coarsely.

ताग-पाट (tāg-pāṭ) पु. विवाह के समय वधू को दिया जानेवाला पहला आभूषण।
(m.) first ornamental thread gifted to the bride on her wedding.

तागा (tāgā) पु. धागा, डोरा।
(m.) thread, string, cord.

ताज (tāj) पु. (अ.) 1. बादशाह की टोपी, राजमुकुट। 2. कलगी, तुर्रा। 3. पक्षियों के सिर की चोटी, शिखा। 4. मकान के ऊपर शोभा के लिए लगाई हुई ताज के आकार की बुर्जी। 5. आगरा का ताजमहल।
(m.) 1.crown, diadem. 2. tuft of feathers, crest. 3. Crest of a bird. 4. a turret. 5. the Tajmahal (of Agra).

ताजबीबी (tājabībī) स्त्री. मुमताज महल, शाहजहाँ की बीबी।
(f.) Mumtaj Mahal, the queen of the Shahejahan.

ताजा (tājā) वि. (फा.) 1. जो सूखा न हो। 2. जो थका-माँदा न हो। 3. तुरंत का बना, सद्यः प्रस्तुत।
(adj.) 1. fresh. 2. healthy, wholesome. 3. newly made or prepared.

ताड़ (tāṛ) पु. एक लंबा पेड़।
(m.) the palm tree.

ताड़ल (tāṛal) सक. भाँपना, समझना।
(v.t.) to perceive, to understand, to become aware of, to deduce.

ताड़ी (tāṛī) स्त्री. ताड़ के पेड़ से निकला नशीला रस।
(f.) fermented juice of the palm tree, toddy.

तात (tāt) पु. (सं.) पिता।
(m.) father, respected person.

तातल (tātal) वि. (सं.) गर्म, उष्ण।
(adj.) very hot, warm, calid, fervid.

ताता (tātā) वि. (ब्रज, अवधी) गर्म।
(adj.) heated, hot.

ताताथेई (tātātheī) स्त्री. संगीत की ताल, नृत्य की ताल।
(f.) beating time (in music), beat or rhythm of the feet striking the ground (in dancing).

तादाद (tādād) स्त्री. (अ.) संख्या, गिनती।
(f.) number, count, quantity.

तान (tān) स्त्री. आलाप।
(f.) a tone, note, key-note, melody.

तानल (tānal) सक. फैलाना, खींचकर फैला देना।
(v.t.) to stretch, to extend. to expand.

तानपुरा (tānapurā) पु. तंबूरा, एक वीणा।
(m.) stringed instrument used to accompany singers.

ताना (tānā) पु. (अ.) आक्षेप, व्यंग्य।
(m.) taunt, sarcasm.

तानासाह (tānāsāh) पु. तानाशाह।
(m.) a dictator.

ताप (tāp) पु. (सं.) गर्मी, जलन, ज्वर।
(m.) heat, burning, fever.

तापल (tāpal) सक. शरीर को गर्म रखने के लिए आग का सेवन करना।
(v.t.) to warm oneself at a fire.

तापस (tāpas) पु. (सं.) तपस्वी।
(m.) an ascetic.

तापसी (tāpasī) स्त्री. तपस्वी की पत्नी, तपस्विनी।
(f.) the wife of an ascetic, a female ascetic.

ताबड़ (tābaṛ) पु. थप्पड़।
(m.) slap.

ताबड़-तोड़ (tābaṛ-toṛ) क्रि.वि. लगातार।
(adv.) in quick succession, rapidly.

ताम-झाम (tām-jhām) पु. अनावश्यक दिखावा।
(m.) pomp and show, unnecessary show off.

तामरस (tāmaras) पु. (सं.) लाल कमल।
(m.) a red lotus.

तामल (tāmal) सक. खेत को कुदाल आदि से गोड़ना।
(v.t.) to hoe a field with a mattock.

तामसी (tāmasī) वि. (सं.) अँधेरा, तमस गुणवाला।
(adj.) dark, characterised by the quality of tamas.

तामा (tāmā) पु. ताँबा।
(m.) copper.

तामील (tāmīl) स्त्री. (अ.) आज्ञा का पालन।
(f.) act of complying, compliance, observance.

तार (tār) पु. 1. तपी हुई धातु को खींच और पीटकर बनाया गया तागा, तार। 2. सूती डोरा।
(m.) 1. wire. 2. thread.

तारन (tāran) पु. घर छाने में खपड़े के नीचे लगाए जानेवाले बाँस के फट्टे।
(m.) bamboo structure put in place under the tiles of a roof.

तारपीन (tārapīn) पु. चीड़ के पेड़ से निकला हुआ तेल।
(m.) turpentine.

तारल (tāral) सक. मुक्ति देना, पार लगाना।
(v.t.) to save from rebirth, to take (one) across.

तारा-ऊपरी (tārā-ūparī) क्रि.वि. एक के ऊपर एक, लगातार।
(adv.) one after another, continuous.

तारीख (tārīkh) स्त्री. (अ.) 1. महीने का हर एक दिन, तिथि। 2. नियत तिथि। 3. इतिहास।
(f.) 1. date. 2. fixed or allotted date. 3. history.

तारीफ (tārīf) स्त्री. (अ.) 1. प्रशंसा। 2. लक्षण। 3. परिभाषा। 4. वर्णन, विवरण। 5. विशेषता, गुण।
(f.) 1. praise. 2. symptom. 3. a definition. 4. description, details. 5. a virtue.

तारू (tārū) पु. तालू।
(m.) the palate.

ताल (tāl) पु. 1. गीत और बाजा की ध्वनि। 2. तालाब। 3. पहलवान द्वारा जाँघ या बाँह पर जोर से हथेली मारकर उत्पन्न की जानेवाली ध्वनि।
(m.) 1. clapping the hands, applause, beating time (in music) rhythm. 2. pond. 3. a resounding smacking sound by wrestlers.

ताला (tālā) पु. ताला।
(m.) a lock, a padlock.

तालाब (tālāb) पु. तालाब, टैंक।
(m.) a pond, tank, reservoir.

तालिका (tālikā) स्त्री. (सं.) सूची।
(f.) a list, table, schedule, catalogue.

तालीम (tālīm) स्त्री. (अ.) शिक्षा, पढ़ाई।
(f.) education.

ताले (tāle) क्रि.वि. तब तक।
(adv.) upto, to that extent, so long, so far.

ताव (tāv) पु. ताप, क्रोध, शक्ति, आन।
(m.) heat, anger, strength, dignity.

तावान (tāvān) पु. (फा.) वह चीज जो नुकसान भरने के लिए दी जाए, दंड, डाँड़, मुआवजा।
(m.) fine, penalty, compensation.

तास (tās) पु. ताश।
(m.) playing cards.

तासा (tāsā) पु. एक प्रकार का बाजा।
(m.) a small drum.

तासीर (tāsīr) स्त्री. (अ.) 1. असर, प्रभाव। 2. किसी औषधि का गुण।
(f.) 1. effect. 2. the property of a medicine.

तिउर (tiur) पु. भोज के अवसर पर जमीन में खोदा गया चूल्हा।
(m.) a kind of chulha dug in the ground on the occasion of feast.

तिउरा (tiurā) स्त्री. एक प्रकार की घास।
(f.) a kind of grass.

तिकछ (tikach) वि. (सं.) तीता, कटु, तीक्ष्ण, तीखा।
(adj.) bitter, pungent.

तिकड़म (tikaṛam) पु. प्रपंच।
(m.) manoeuvring, strategem.

तिकड़ी (tikaṛī) स्त्री. तीन का जुटान।
(f.) consisting of three parts.

तिकवल (tikaval) सक. देखना, आँखें फाड़कर देखना, टकटकी लगाना।
(v.t.) to aim at, to stare, to gape, to gaze.

तिकावल (tikāval) सक. गौर से देखना।
(v.t.) to cause to stare at.

तिकोना (tikonā) वि. त्रिकोण। (पु.) त्रिकोण आकार का समोसा।
(adj.) triangular. (m.) a small triangular shaped pastry (samosa).

तिक्का (tikkā) पु. ताश का वह पत्ता जिस पर तीन बूटियाँ होती हैं।
(m.) a three (in cards), a playing card with three icons on it.

तिखरा (tikharā) वि. खेत की तीसरी जुताई।
(adj.) three times ploughed.

तिखार (tikhār) पु. तीसरी बार की जोताई।
(m.) a third ploughing.

तिखारल (tikhāral) सक. बार-बार पूछना।
(v.t.) to ask many times.

तिखूँट (tikhūṁṭ) स्त्री. त्रिभुज।
(f.) a triangle.

तिखूँटा (tikhūṁṭā) वि. तीन खूँटवाला।
(adj.) triangular.

तिगुना (tigunā) वि. तीन गुना।
(adj.) threefold.

तिग्गी (tiggī) स्त्री. दे. तिक्का।
(f.) (see तिक्का)

तिजहर (tijahar) पु. दिन का तीसरा पहर।
(m.) third watch of the day, afternoon.

तिजहरिया (tijahariyā) पु. तीसरा पहर।
(m.) afternoon.

तिजाब (tijāb) पु. तेजाब।
(m.) acid.

तिजारत (tijārat) स्त्री. व्यापार, रोजगार।
(f.) trade, commerce.

तिजोरी (tijorī) स्त्री. मजबूत लोहे का बक्सा जिसमें बहुमूल्य वस्तुएँ रखी जाती हैं।
(f.) the strong iron box in which valuable things are kept.

तिड़ी-बिड़ी (tiṛī-biṛī) वि. तितर-बितर।
(adj.) scattered, dispersed, thrown here and there, in disorder.

तितनो (titano) वि. उतना, उस मात्रा में।
(adj.) as much as that, as many as that.

तितर-बितर (titar-bitar) वि. दे. तिड़ी-बिड़ी।

तितलउकी (titalaukī) स्त्री. 1. एक प्रकार की तीखी लौकी। 2. तीखी बात बोलनेवाली।
(f.) 1. bitter gourd. 2. bitter tongued.

तितली (titalī) स्त्री. 1. सुंदर पंखोंवाली फतिंगी, तितली। 2. बन-ठन कर चहकनेवाली स्त्री, स्टाइल मारनेवाली स्त्री।
(f.) 1. a butterfly. 2. a showily dressed or flirtatious woman, glamour girl, stylish lady.

तितिर (titir) पु. एक पक्षी का नाम।
(m.) a partridge.

तितिरिआ (titiriā) वि. तीतर का नाच।
(adj.) dance of partridge.

तिथि (tithi) स्त्री. तारीख, दिनांक।
(f.) a lunar day, a date.

तिदरा (tidarā) स्त्री. तीन द्वारोंवाला दालान।
(f.) a three-doored Dalan (porch).

तिधर (tidhar) क्रि.वि. वहाँ, तहाँ।
(adv.) there, thither.

तिधारा (tidhārā) स्त्री. (सं. त्रिधारा) तीन धाराओं का समूह।
(f.) confluence of three streams.

तिन (tin) सर्व. वह।
(pron.) he.

तिनकल (tinakal) अक. नाराज होना।
(v.i.) to flare up (in anger).

तिनका (tinakā) पु. घास, सूखी घास।
(m.) a grass, straw, a blade of grass.

तिनचुटिया (tinacuṭiyā) पु. कौवा।
(m.) a crow.

तिनपई (tinapaī) स्त्री. तीन पाव का बटखरा।
(f.) weighing measure of three quarters of a ser (kg.).

तिनपतिया (tinapatiyā) पु. तीन पत्तों का खेल, तीन पत्तों-वाली घास।
(m.) a game of three cards, a grass of three leafs.

तिनपेंड़िया (tinapeṅṛiyā) पु. तीन रास्तों का संगम।
(m.) confluence of three ways.

तिनपौआ (tinapauā) पु. तीन पाव की तौल।
(m.) three pav approx 750 gm.

तिनमंजिला (tinamaṅjilā) वि. तीन मंजिल का मकान।
(adj.) a house of three storey.

तिनसेरा (tinaserā) पु. तीन सेर की तौल।
(m.) a measurement of three kilograms.

तिमाही (timāhī) वि. त्रैमासिक।
(adj.) quarterly.

तिय (tiy) स्त्री. (सं.) औरत।
(f.) woman.

तिया (tiyā) वि. तीन गुना। (पु.) तीन का समूह।
(adj.) multiplied by three. (m.) a group of three.

तिरंगा (tiraṅgā) पु. तीन रंगोंवाला, राष्ट्रीय झंडा।
(m.) tricolour, the national flag of India.

तिरखा (tirakhā) पु. प्यास, इच्छा।
(m.) thirst, longings.

तिरछा (tirachā) वि. जो झुका हो, सीधा न हो।
(adj.) slanting, oblique, crooked.

तिरछोल (tirachol) वि. दुष्ट, बदमाश, शैतान, कमीना।
(adj.) bad, base, wicked.

तिरतिया (tiratiyā) स्त्री. तृतीया (कृष्ण पक्ष, शुक्ल पक्ष)।
(f.) the third day of dark and bright fortnight.

तिरथा-तिरथी (tirathā-tirathī) स्त्री. तीर्थस्थान, धार्मिक स्थान।
(f.) pilgrim, religious place.

तिरपट (tirapaṭ) वि. झुका हुआ, टेढ़ा, तिरछा।
(adj.) bent, crooked, oblique, distorted.

तिरपटाह (tirapaṭāh) वि. ऐंचा-ताना।
(adj.) squint-eyed.

तिरपन (tirapan) वि. तिरपन, 53 की संख्या।
(adj.) fifty three.

तिरपाल (tirapāl) पु. (अं.) तिरपाल।
(m.) tarpaulin.
तिरपौलिया (tirapauliyā) पु. तीन द्वारवाला भवन।
(m.) a building having three gates.
तिरफला (tirafalā) पु. त्रिफला।
(m.) a medicine, made up of three-amla, bahera, and hare.
तिरबेनी (tirabenī) स्त्री. तीन नदियों का संगम, त्रिवेणी, प्रयाग।
(f.) the confluence at Allahabad of Ganga and Jamuna with Saraswati.
तिरमिरी (tiramirī) स्त्री. चकाचौंध।
(f.) an extreme sensitivity of the eyes to strong light.
तिरमुहानी (tiramuhānī) स्त्री. तीन रास्तों के मिलने का संगम।
(f.) a junction of three roads, a confluence of three rivers.
तिरलोक (tiralok) पु. स्वर्ग, पाताल और मृत्युलोक, सृष्टि, ब्रह्मांड।
(m.) the three worlds: sky, atmosphere and earth; heaven, earth and lower regions, the universe.
तिरसठ (tirasaṭh) वि. तिरसठ, 63 की संख्या।
(adj.) sixty three.
तिरसूल (tirasul) पु. शिव का अस्त्र, त्रिशूल।
(m.) a trident esp. that of Lord Shiva.
तिरहुत (tirahut) पु. मिथिला प्रदेश।
(m.) Mithila region.
तिरहुतिया (tirahutiyā) वि. तिरहुत का निवासी।
(adj.) inhabitants of Tirahut.
तिरानबे (tirānabe) वि. तिरानवे, 93 की संख्या।
(adj.) ninety three.
तिरासी (tirāsī) वि. तिरासी, 83 की संख्या।
(adj.) eighty three.
तिराहा (tirāhā) पु. तीन तरफ से आनेवाली सड़कों का मिलान।
(m.) an intersection of three roads.
तिरिछ (tirich) पु. अनाज का बेकार भाग जो साफ करने या छाँटने से निकलता है।
(m.) discarded part after cleansing separating grains.
तिरिया (tiriyā) स्त्री. स्त्री, महिला।
(f.) woman, lady.
~चरित्तर (~carittar) पु. महिलाओं का प्रपंच।
(m.) woman's trickery.
तिलंगा (tilaṅgā) पु. अंग्रेजी पलटन के भारतीय सिपाही।
(m.) an Indian soldier in a European controlled army.
तिलंगी (tilaṅgī) स्त्री. पतंग।
(f.) a kite.
तिल (til) पु. 1. एक प्रकार का तेलहन। 2. गाल पर काले रंग का निशान।
(m.) 1. sesame seed, oil seed. 2. a mole or black spot (on cheek).
तिलउरी (tilaurī) स्त्री. तिल से बनाई गई पकौड़ी।
(f.) a small pakori made of sesame seed.
तिलक (tilak) पु. चंदन, राज्याभिषेक का एक रस्म।
(m.) ornamental sandal mark made on the forehead, a gift to a bridegroom on his betrothal (the bride's relatives).
तिलकहरू (tilakaharū) पु. तिलक चढ़ानेवाले लोग।
(m.) persons assigned to apply tilak.
तिलचट्टा (tilcaṭṭā) पु. तिलचट्टा।
(m.) a cockroach.
तिलमिलाइल (tilamilāil) अक. क्रोध से छटपटाना, व्यग्र होना।
(v.i.) to become suddenly enraged, to be dazzled, to get angry.
तिलरी (tilarī) स्त्री. गले में पहनने का हार।
(f.) necklace.
तिलवा (tilavā) पु. तिल की बनी मिठाई, तिलकुट।
(m.) a sweet made from ground sesame and sugar.
तिलहन (tilahan) पु. तिलहन, सरसों।
(m.) oil-seed, oil-crop.
तिलांठी (tilāṅṭhī) स्त्री. तिल का डंठल।
(f.) dry stalk of til, mustard etc.
तिलाक (tilāk) स्त्री. (फा.) कसम, संबंध-विच्छेद।
(f.) oath, pledge, divorce.
तिलोतर सौ (tilotar sau) वि. एक सौ तीन, 103 की संख्या।
(adj.) one hundred three.

तिल्ली (tillī) स्त्री. 1. तेलहन जिससे तेल निकाला जाता है। 2. माचीस की लकड़ी।
(f.) 1. oil-seeds. 2. fire stick.

तिवारी (tivārī) पु. ब्राह्मणों की एक उपाधि, नाम।
(m.) name of a brahmin sub-community, a man of that community.

तिसरइत (tisarait) पु. तीसरा व्यक्ति।
(m.) a mediator, arbitrator.

तिसिरौटा (tisirauṭā) पु. तीसी का डंठल।
(m.) stalk, stem (of Tisi).

तिसी (tisī) स्त्री. तीसी, अलसी।
(f.) linseed.

तिहइया (tihaiyā) पु. तीन हिस्से में से एक हिस्सा, तिहाई।
(m.) one third.

तिहत्तर (tihattar) वि. तिहत्तर, 73 की संख्या।
(adj.) seventy three.

तिहवार (tihavār) पु. त्यौहार।
(m.) a festival.

तीअना (tīanā) पु. (सं.) सब्जी।
(m.) vegetables.

तीत-मीठ (tīt-mīṭh) वि. भला-बुरा, कड़ुआ-मीठा।
(adj.) good-bad, bitter-sweet.

तीखा (tīkhā) वि. तीक्ष्ण, तीखा (स्वाद)।
(adj.) sharp, pangent, tang.

तीज (tīj) स्त्री. (सं.) 1. चंद्र पक्ष का तीसरा दिन। 2. भाद्र-शुक्ल तृतीया तिथि को तीज का त्यौहार मनाया जाता है, हरितालिका व्रत।
(f.) 1. the third day of a lunar fortnight. 2. a festival held on the third day of a lunar fortnight, esp. in the month of Bhado, Haritalika Vrat.

तीतर (tītar) पु. एक प्रकार का पक्षी।
(m.) a partridge.

तीता (tītā) वि. तीखा, तीत।
(adj.) bitter, pungent, acrid.

तीन (tīn) वि. (सं.) तीन।
(adj.) three.
~काल (~kāl) पु. भूत, वर्तमान, भविष्य काल, समय।
(m.) past, present, future tenses.
~तेरह (~terah) वि. छिन्न-भिन्न, नष्टप्राय।
(adj.) scattered, destroyed.

तीनमुहानी (tīnamuhānī) पु. तीन रास्तों का संगम।
(m.) junction of three ways.

तीना (tīnā) पु. एक प्रकार का पवित्र चावल।
(m.) a type of sacred rice.

तीयन (tīyan) पु. साग।
(m.) greens.

तीर (tīr) पु. किनारा, नदी का तट।
(m.) a shore, a bank.

तीर (tīr) पु. बाण, शर।
(m.) an arrow.

तीरथयात्रा (tīrathayātrā) पु. तीर्थयात्रा।
(m.) pilgrimage.

तीरवाह (tīravāh) पु. नदी के निकट रहनेवाला व्यक्ति।
(m.) the man residing near the river.

तीराइल (tīrāil) अक. हाथ लगना, मुफ्त में मिलना।
(v.i.) obtained for nothing, free of charge.

तीराकोनी (tīrākonī) वि. तिरछा, तीन कोनिया, जो सीधा न हो।
(adj.) slant, three edged, not straight.

तीरिथ (tīrith) पु. पुण्य स्थल, पवित्र स्थान, तीर्थ।
(m.) a place of pilgrimage (esp. places along the course of sacred rivers as the Ganga) bathing place, pilgrimage.

तीरीन (tīrīn) पु. घास, खर, तृण।
(m.) grass, straw, a blade of grass.

तील-भर (tīl-bhar) क्रि.वि. अति थोड़ा।
(adv.) insufficiently.

तीली-तीली (tīlī-tīlī) क्रि.वि. बार-बार, हर बार।
(adv.) frequently.

तीले-तीले (tīle-tīle) क्रि.वि. बार-बार।
(adv.) again and again, over and again, often.

तीस (tīs) वि. तीस, 30 की संख्या।
(adj.) thirty.

तीसर (tīsar) पु. गैर, पराया, तीसरा व्यक्ति।
(m.) third person, other.

तीसी (tīsī) स्त्री. एक प्रकार का तेलहन, अलसी।
(f.) a kind of linseed, flax.

तीहा (tīhā) पु. धीरज।
(m.) patience.

तुंग (tuṅg) वि. (सं.) ऊँचा। (पु.) ऊँचाई।
(adj.) high, lofty. (m.) peak, summit.

तुंत (tuṅt) पु. तूत, शहतूत।
(m.) mulberry.

तुंड (tuṅḍ) पु. (सं.) सूँड़।
(m.) snout, beak, trunk.

तुंद (tuṅd) पु. (सं.) तोंद।
(m.) the belly, a pot belly.

तुंबा (tuṅbā) पु. तुमड़ा, तुमड़ी।
(m.) a gourd, a hollowed out gourd (as used by ascetics to carry water).

तुक (tuk) स्त्री. तुकबंदी, तर्क।
(f.) rhyme, a line of verse, logic, reason.

तुक्का (tukkā) क्रि.वि. अटकल-पच्चू से।
(adv.) randomly.

तुच्छ (tucch) वि. अति साधारण, तुच्छ।
(adj.) insignificant, base, worthless.

तुतलाइल (tutalāil) अक. तुतलाना, कुछ का कुछ उच्चारण करना।
(v.i.) to lisp, to speak indistinctly, to stammer.

तुनुक (tunuk) वि. (फा.) दुर्बल, कमजोर, नाजुक, कोमल।
(adj.) delicate, sensitive, frail.

तुनुक-मिजाज (tunuk-mijāj) वि. (फा.) बात-बात पर बिगड़ने या रंज होनेवाला, चिड़चिड़ा।
(adj.) quick tempered.

तुनुकल (tunukal) अक. छोटी-छोटी बातों पर चिढ़ जाना, तिनकना।
(v.i.) to flare up (in anger).

तुनुकाह (tunukāh) वि. कमजोर, शीघ्र क्रोधी।
(adj.) weak, short tempered, quick tempered.

तुफान (tufān) पु. आँधी, आफत।
(m.) storm, calamity, mishap.

तुमड़ी (tumaṛī) स्त्री. छोटी तुंबी, खोखली लौकी से बना पात्र।
(f.) a small hollow gourd.

तुरंग (turaṅg) पु. (सं.) घोड़ा, अश्व।
(m.) a horse.

तुरंत (turaṅt) क्रि.वि. शीघ्र, तत्काल, जल्दी।
(adv.) quickly, in haste, at once, recently.

तुरंता (turaṅtā) पु. सतुआ, गाँजा।
(m.) Satua, cannabis.

तुरई (turaī) स्त्री. तरोई।
(f.) a kind of vegetable, zucchini.

तुरकानी (turakānī) स्त्री. तुर्की, मुस्लिम महिला।
(f.) a Turkish or Muslim woman.

तुरग (turag) पु. दे. तुरंग।

तुरत (turat) वि. दे. तुरंत।

तुरतुरी (turaturī) स्त्री. भोंपू, बिगुल, तुरही।
(f.) a long trumpet or horn.

तुरपई (turapaī) स्त्री. सिलाई।
(f.) stitching.

तुरपल (turapal) सक. साड़ी आदि के किनारे को मोड़कर हाथ से सिलाई करना।
(v.t.) to hem-stitch, to hem a saree edge.

तुरपावल (turapāval) सक. तुरपाई करवाना।
(v.t.) to cause to be hemmed by.

तुर-फार (tur-fār) पु. तोड़-फोड़।
(m.) breaking, tearing, splitting.

तुरहा (turahā) पु. सब्जी बेचनेवाली एक जाति।
(m.) a community who sells vegetable, vegetable vendors.

तुरही (turahī) स्त्री. सिंगा।
(f.) a small trumpet, horn.

तुरावल (turāval) सक. पालतू जानवरों द्वारा रस्सी तोड़ना, खूँटे से अलग हो जाना।
(v.t.) to break, to break free (said of domestic animals when they break the tether).

तुरुप (turup) पु. तास के खेल में पत्तों को काटनेवाली पत्ती।
(m.) a trump (in playing cards).
~देहल (~dehal) सक. पत्ता काट देना।
(v.t.) to trump.

तुर्रा (turrā) पु. पगड़ी के ऊपर खोंसा जानेवाला, कलगी, गोशवारा।
(m.) crest, an ornamental tassel worn on turban.

तुलवाई (tulavāī) स्त्री. तौलवाना, तौलवायी।
(f.) getting (sthg) weighed, price paid for having weighed.

तुलसी (tulasī) स्त्री. पवित्र और औषधीय पौधा। उदा. 'आँगन में तुलसी जी सोंहें।' (लोक.)।
(f.) the sacred and medicinal basil plant.
~दल (~dal) पु. तुलसी का पत्ता।
(m.) a basil leaf.
~वन (~van) पु. तुलसी का वन।
(m.) a thicket of basil shrubs.

तूँ (tūṁ) सर्व. (सं. त्वम्) तुम, आप।
(pron.) you, thou.

~ता कइल (~tā kail) अक. झगड़ना, गाली देना।
(v.i.) to dispute, to abuse.

तूत (tūt) पु. तूत।
(m.) mulberry.

तूती (tūtī) स्त्री. (फा.) 1. एक छोटी चिड़िया जो सुंदर बोलती है। 2. मुँह से बजाने का बाजा।
(f.) 1. a small bird with sweet chirp, a small singing bird. 2. a small mouth-organ.

तूती बोलल (tūti bolal) अक. किसी का प्रभाव या यश होना।
(v.i.) to enjoy good repute or standing, to gain influence or authority.

तू-तू (tū-tū) स्त्री. कुत्ते को बुलाने हेतु की गई आवाज।
(f.) a sound made in calling to a dog.

तूनल (tūnal) सक. रूई धुनने के पहले रूई को हाथ से तोड़ना।
(v.t.) to break cotton wool before carding it.

तूफान (tūfān) पु. दे. तुफान।

तूरल (tūral) अक. तोड़ना।
(v.i.) to break, to pluck.

तूल (tūl) पु. कपास या कपास जैसे धागे।
(m.) cotton, cotton-like fibres (from semal and pods).

तूल (tūl) पु. संयोग, किसी बात पर बल।
(m.) pressure on any matter, chance.

तूलल (tūlal) अक. किसी काम के लिए उपयुक्त अवसर का आना।
(v.i.) the appropriate chance for any work.

तूलिका (tūlikā) स्त्री. कूँची, लेखनी।
(f.) a painter's brush, pen.

तेआगल (teāgal) सक. छोड़ देना, त्याग करना।
(v.t.) to leave, to give up, to relinquish.

तेआह (teāh) वि. जिस व्यक्ति का तीसरा विवाह हुआ हो।
(adj.) third marriage of a person.

तेइस (teis) वि. तेईस, 23 की संख्या।
(adj.) twenty three.

तेकर (tekar) सर्व. तिसका, उसका।
(pron.) that, his, her.

तेखारल (tekhāral) सक. किसी बात को तीन बार पूछकर स्पष्ट कर लेना।
(v.t.) to enquire closely into.

तेग (teg) स्त्री. बड़ी तलवार।
(f.) a dagger.

तेगुना (tegunā) वि. तीन गुणा।
(adj.) three times, three fold.

तेजंसी (tejaṅsī) वि. तेजस्वी, प्रतापी।
(adj.) energetic, brilliant.

तेज (tej) वि. (फा.) 1. पैनी धारवाला। 2. जल्दी चलनेवाला। 3. फुर्तीला। 4. महँगा। 5. उग्र, प्रचंड। 6. तीव्र बुद्धि वाला।
(adj.) 1. sharp edged. 2. fast moving. 3. agile. 4. costly. 5. violent. 6. intelligent, sharp.

तेजपात (tajapāt) पु. मसाले के रूप में प्रयुक्त पत्ता।
(m.) bayleaf, leaf used as spice.

तेजल (tejal) सक. दे. तेआगल।

तेजी (tejī) स्त्री. फुर्ती।
(f.) dash, smartness.

तेतना (tetanā) क्रि.वि. उतना, उस परिमाण में।
(adv.) as much as that, as many as that.

तेतर (tetar) वि. तीन के बाद चौथी संतान।
(adj.) the fourth offspring after the third.

तेतालीस (tetālīs) वि. तैंतालीस, 43 की संख्या।
(adj.) forty three.

तेतीस (tetīs) वि. तैंतीस, 33 की संख्या।
(adj.) thirty three.

तेनही (tenahī) क्रि.वि. उधर ही।
(adv.) thither, over there, on that side, on the other hand.

तेने (tene) क्रि.वि. उस ओर।
(adv.) on that, on it.

तेनर (tenar) वि. तीन गुणा।
(adj.) three times.

तेबरल (tebārāl) सक. तीन बार मोड़ना।
(v.t.) to mould three times, to fold thrice.

तेबारा (tebārā) क्रि.वि. तीसरी बार।
(adv.) third time.

तेरस (teras) स्त्री. (सं.) त्रयोदशी की तिथि।
(f.) the thirteenth day of Hindu panchangs.

तेरह (terah) वि. तेरह, 13 की संख्या।
(adj.) thirteen.

तेरही (terahī) स्त्री. मृत्यु के तेरहवें दिन का श्राद्ध कर्म।
(f.) the thirteenth day after a death (when the last of the funeral rites are performed).

तेरी-मेरी (terī-merī) स्त्री. गाली-गलौज।
(f.) squabbling.

तेरोदसी (terodasī) स्त्री. कृष्ण या शुक्लपक्ष की तेरहवीं तिथि।
(f.) the thirteenth day of dark or bright fortnight.

तेल (tel) पु. (सं.) वानस्पतिक तेल, खनिज तेल।
(m.) vegetable oil (from sesamum, mustard), mineral oil (petroleum, petrol).

तेली (telī) पु. तेल का व्यापारी, तेली समुदाय का व्यक्ति।
(m.) a business man of oil, a man of the Teli community.

तेलकट (telakaṭ) वि. तेल लगने से गंदा (कपड़ा), चीकट।
(adj.) dirtiness of cloth due to oil, oil-soaked.

तेलचट (telacaṭ) पु. एक तरह का कीड़ा।
(m.) a type of worm.

तेलचट्टा (telacaṭṭā) पु. तिलचिट्टा।
(m.) a cockroach.

तेलवाँसा (telavāṁsā) पु. तेल रखने का बाँस का बर्तन।
(m.) a bamboo pot for keeping oil.

तेलवान (telavān) पु. बरातियों के स्नान हेतु तेल-साबुन भेजने की रस्म।
(m.) a custom of presenting oil and soap for bathing the bridegroom's party.

तेलहन (telahan) पु. तिलहन।
(m.) oil-seed.

तेलहा (telahā) वि. तैलीय।
(adj.) oily.

तेलाइन (telāin) क्रि.वि. तेल-सा स्वाद।
(adv.) taste like oil.

तेला-बेला (telā-belā) पु. गड़बड़, प्रपंच।
(m.) confusion, muddle, uproar.

तेलिन (telin) स्त्री. 1. तेल मिल मालिक की पत्नी। 2. वह औरत जो तेल तैयार करती है। 3. तेली जाति की औरत।
(f.) 1. an oil-miller's wife. 2. a woman who prepares oil. 3. a woman of the Teli community.

तेवहार (tevahār) पु. त्यौहार।
(m.) festival.

तेसे (tese) सर्व. उससे।
(pron.) on that.

तेहरा (teharā) वि. तीन परत।
(adj.) three fold.

तेहवार (tehavār) पु. दे. तेवहार।

तेहाला (tehālā) पु. तीसरा व्यक्ति।
(m.) the third man.

तैनात (taināt) वि. (अ.) किसी काम पर लगाया या नियत किया हुआ, नियुक्त, नियत, मुकर्रर।
(adj.) appointed, posted.

तैनाती (taināti) स्त्री. (अ.) नियुक्ति, सिपाही, नौकर, पहरेदार की नियुक्ति।
(f.) appointment, appointment of watchman.

तैयार (taiyār) वि. (अ.) 1. प्रस्तुत, मौजूद। 2. उद्यत, तत्पर। 3. हृष्ट-पुष्ट, बनाना।
(adj.) 1.ready, ready-made. 2. prepared, willing. 3. hale and hearty.

तैस (tais) वि. क्रोध, आवेग।
(adj.) anger, flush.

तोड़ (toṛ) पु. तोड़ने की क्रिया।
(m.) breaking, a break fracture.

तोड़ा (toṛā) पु. सोने-चाँदी का ब्रेसलेट, सिकड़ी, धरोहर, पूँजी।
(m.) gold or silver bracelet or neck chain, a deposit, capital.

तोड़ी (toṛī) स्त्री. तोड़ी।
(f.) a kind of mustard.

तोता (totā) पु. सुग्गा, तोता।
(m.) a parrot, colloq pet.

तोती (totī) स्त्री. 1. सुग्गी। 2. प्यारी नन्हीं बिटिया।
(f.) 1. a parrakeet. 2. dear little girl (colloq).

तोनइल (tonail) पु. तोंदवाला।
(m.) a pot-belly.

तोप (top) स्त्री. तोप।
(f.) a field gun, cannon.

तोपची (topacī) पु. (तु.) तोप चलानेवाला, गोलंदाज।
(m.) a cannon fireman.

तोपल (topal) सक. ढकना।
(v.t.) to cover over, to conceal.

तोपवावल (topavāval) सक. ढँकवा देना।
(v.t.) to cause to be covered over (by), to cause to be concealed (by).

तोबा (tobā) स्त्री. घृणा।
(f.) hate.

तोम (tom) पु. समूह, ढेर।
(m.) mass, bulk.

तोर (tor) सर्व. तुम्हारा, तेरा।
(pron.) your, thy, thine.

तोरल (toral) सक. तोड़ना।
(v.t.) to pick, to pluck.

तोरी (torī) स्त्री. सरसों का पौधा और उसका फल।
(f.) mustard plant and its seed.

तोला (tolā) पु. लगभग दस ग्राम का बाट (10 ग्राम का बटखरा)।
(m.) a measurement of twelve masa (about 10 gm.).

तोसक (tosak) पु. गद्‌दा।
(m.) mattress, a large padded cushion.

तोहफा (tohafā) पु. (अ.) उपहार, सौगात।
(m.) a gift, a present.

तोहमत (tohamat) स्त्री. (अ.) झूठा आरोप, कलंक, दोष।
(f.) false accusation, stigma.

तोहार (tohār) सर्व. तुम्हारा।
(pron.) yours.

तौन (taun) सर्व. वह, जो।
(pron.) he, who.

तौर (taur) पु. (अ.) 1. चाल-ढाल, चाल-चलन। 2. हालत। 3. तरीका। 4. प्रकार।
(m.) 1. conduct, behaviour. 2. condition. 3. a way manner, method. 4. kind.

तौहीन (tauhīn) स्त्री. (अ.) अपमान, बेइज्जती, अप्रतिष्ठा।
(f.) insult, disrespect.

तौहीनी (tauhīnī) स्त्री. दे. तौहीन।

थ

थ (tha) देवनागरी वर्णमाला का सत्रहवाँ व्यंजन वर्ण और तवर्ग का दूसरा वर्ण, जिसका उच्चारण स्थान दंत है।
– the seventeenth consonant of the Devanagari syllabary.

थंब (thaṅb) पु. (सं.) खंभा, स्तंभ, सहारा, टेक, थूनी।
(m.) a pillar, a prop, support.

थंभ (thaṅbh) पु. दे. थंब।

थंभुआ (thaṅbhuā) पु. केले का थंभ या धड़।
(m.) the lower part of banana tree.

थइला (thailā) पु. बड़ा पैकेट, रुपए पैसे रखने का झोला।
(m.) a big pocket, a bag for keeping money.

थइली (thailī) स्त्री. थैली, छोटी थैली।
(f.) a pouch, a pocket.

थई (thaī) स्त्री. ढेर।
(f.) a mass, heap, pile.

थई-थई (thaī-thaī) वि. परिपूर्ण, पूर्ण, संतुष्ट।
(adj.) complete, satisfied.
~भइल (~bhail) अक. पूर्णतः संतुष्ट होना।
(v.i.) to be satisfied fully.

थउआ (thauā) वि. अति वृद्ध जो चल-फिर न सके, शिथिल।
(adj.) too old to move, inert.

थउसल (thausal) अक. दुर्बलता के चलते असमर्थ हो जाना।
(v.i.) to become incapable due to weakness.

थकइनी (thakainī) स्त्री. थकावट, सुस्ती।
(f.) tiredness, fatigue, exhaustion, lassitude.

थकरल (thakaral) सक. थकरी से बाल साफ करना।
(v.t.) to clean hair with brush (thakari).

थका-माँदा (thakā-māṁdā) वि. थककर जो चूर हो गया हो, श्रांत।
(adj.) tired, tired out.

थकान (thakān) पु. थकावट।
(m.) fatigue.

थकाहट (thakāhaṭ) स्त्री. दे. थकइनी।

थक्का (thakkā) वि. जमी हुई गाढ़ी चीज, जैसे दही, खून का थक्का। (पु.) सिल्ली, ईंट, ढेला।
(adj.) congealed, clotted (as curd) thick. (m.) lump, clod, clot, an ingot.

थथमल (thathamal) अक. स्तंभित होना, हक्का-बक्का होकर खड़ा रहना, अचंभित।
(v.i.) to become standstill with surprise.

थथमा (thathamā) पु. स्तब्ध होने की स्थिति।
(m.) the state of being ashtonished.

थन (than) पु. मवेशियों की दूध की थैली, स्तन।
(m.) udder, teat.
~दार (~dār) वि. बड़े थनवाली।
(adj.) having a large udder.
थनइत (thanait) पु. जमींदारों के कारिंदा।
(m.) landlord's agent or manager.
थनइला (thanailā) पु. स्त्री के स्तन पर सूजन की बीमारी।
(m.) inflamed breast (of a woman), inflamed udder, swelling or abscess in the breast.
थनइली (thanailī) स्त्री. पशु के स्तन पर सूजन की बीमारी।
(f.) a disease causing swelling on a animal's udders.
थनगे-थनगे (thanage-thanage) क्रि.वि. अलग-अलग।
(adv.) separately.
थनदार (thanadār) पु. किसी थाने का दारोगा।
(m.) a police inspector, sergeant.
थप (thap) पु. किसी वस्तु पर हल्की चोट से उत्पन्न ध्वनि।
(m.) the sound of a tap or pat.
थपथपावल (thapathapāval) सक. थपकी देना।
(v.t.) to pat.
थपकी (thapakī) स्त्री. पीठ पर थपथपाना।
(f.) a pat on the back.
थपकुन (thapakun) वि. नाटा और मोटा।
(adj.) dwarf and fat.
थप्पड़ (thappaṛ) पु. तमाचा, झापड़।
(m.) a slap, blow.
थपड़ी (thapaṛī) स्त्री. ताली बजाना।
(f.) clapping with hands.
थपरियावल (thapariyāval) सक. तमाचा मारना।
(v.t.) to slap, to blow.
थपरी (thaparī) स्त्री. करतल ध्वनि, ताली।
(f.) applause, clap.
थम्ह (thamh) पु. केले के पेड़ का तना।
(m.) the stem of banana tree.
थम्हल (thamhal) अक. रुक जाना।
(v.i.) to stand still, stop.
थर (thar) पु. (सं.) सूखी जमीन, भूमि।
(m.) dry land, ground, soil.
थर-थर (thar-thar) स्त्री. काँपने की स्थिति।
(f.) trembling (from fear).
थरथराइल (tharatharāil) अक. भय से काँपना, भयभीत होना।
(v.i.) to shake, to tremble (with fear), to quiver.
थरथराहट (tharatharāhaṭ) स्त्री. दे. थर-थर।
थरथरी (tharatharī) स्त्री. कँपकँपी।
(f.) fit of shivering.
थरबोट (tharaboṭ) पु. थारुओं की उपजाति।
(m.) a sub caste of Tharu.
थरमस (tharamas) पु. थर्मस।
(m.) vaccum flask.
थरिया (thariyā) स्त्री. थाली, प्लेट, तश्तरी।
(f.) a large flat metal plate or dish, a tray, a platter.
~बजावल (~bajāval) सक. पुत्र-जन्म पर थाली बजाने की परंपरा।
(v.t.) to strike a Thali to rejoice at the birth of a son.
थरी (tharī) स्त्री. थली, जगह।
(f.) place, space, site.
थरुआन (tharuān) पु. थारुओं की निवास-भूमि, थरुहट।
(m.) residential place of Tharu, tharuhat.
थरुआरी (tharuārī) स्त्री. थारुओं की बोली, थारुओं का एक प्रकार का गीत।
(f.) dialect of Tharu, a type of song esp. of Tharu.
थरुइन (tharuin) स्त्री. थारु की स्त्री।
(f.) wife of Tharu.
थल (thal) पु. दे. थर।
थल-थल (thal-thal) वि. मोटाई या झोल के कारण हिलता हुआ।
(adj.) shaking, flabby (flesh).
थली (thalī) स्त्री. पेंदी, बर्तन का निचला हिस्सा।
(f.) bottom, lower portion.
थवई (thavaī) पु. राजगीर, राजमिस्त्री।
(m.) a mason.
थवना (thavanā) पु. चूल्हे के पास की ऊँची जगह जिस पर तसला रखकर माँड़ पसाया जाता है।
(m.) high place near chulha, used to remove liquid starch from boiled rice.
थसकल (thasakal) अक. मंद पड़ जाना (कमजोरी से)।
(v.i.) to become slow or sluggish, to slump down on the burns due to weakness.

थहराइल (thaharāil) अक. थककर बैठ जाना।
(v.i.) to sit after tiredness.

थहियावल (thahiyāval) सक. थाह लेना।
(v.t.) to fathom.

थाँग (thāṁg) पु. चोरों के छिपने की जगह।
(m.) hiding place (of thieves).

थांगी (thāṁgī) पु. चोरी की सूचना देनेवाला।
(m.) an informer (about a theft).

थाक (thāk) पु. समूह, ढेर, राशि।
(m.) a heap, pile (as of grain).

थाकर (thākar) पु. एक तरह का धान।
(m.) a type of paddy.

थाकल (thākal) अक. थक जाना, हार जाना।
(v.i.) to be exhausted, to get tired.

थाकल-हारल (thākal-hāral) वि. थका-हारा।
(adj.) exhausted.

थाती (thātī) स्त्री. (सं.) धरोहर, पूँजी।
(f.) a pledge (given in trust), capital.

थान (thān) पु. 1. सब्जी का नवजात पौधा। 2. कपड़े का पूरा बंडल। 3. आभूषणों की अलग-अलग इकाई। 4. मादा पशुओं का स्तन।
(m.) 1. nursery especially of edible vegetables. 2. bolt of cloth. 3. discrete unit of anklet, nosering etc. 4. udder.

थाना (thānā) पु. शासन द्वारा बनाया गया पुलिस केंद्र, थाना।
(m.) a police station.

थानेदार (thānedār) पु. दे. थनदार।

थाप (thāp) स्त्री. 1. थाप, थपथपाने की क्रिया। 2. पंजे से ड्रम, तबले पर मारने की ध्वनि। 3. प्रतिष्ठा, धाक, शक्ति, अधिकार।
(f.) 1. a pat, slap, blow. 2. sound of a drum struck with the palm of the hand. 3. authority, power, prestige.

थापड़ (thāpaṛ) पु. दे. थप्पड़।

थापल (thāpal) अक. 1. थापना। 2. गोबर थापकर चिपरी बनाना। 3. दीवाल पर गोबर से लीपना, लेपन करना।
(v.i.) 1. to pat, to tap, to beat. 2. to pat (dung in to cakes). 3. to plaster (cow-dung on the wall).

थापी (thāpī) स्त्री. मूँगड़ा, चपटो मुंगरी।
(f.) a wooden instrument for patting or beating (as used by potters plasterers, stonemasons) floor pounder, slap.

थाम (thām) पु. (सं.) खंभा, पकड़।
(m.) a pillar.

थाम्हल (thāmhal) अक. रोकना, पकड़ना, सहारा देना।
(v.i.) to prop, to maintain, to support.

थार (thār) स्त्री. दे. थरिया।

थाला (thālā) पु. किसी पौधे को रोपने हेतु जमीन को खोदकर बनाया गया छोटा गड्ढा।
(m.) a hole in the ground in which a tree is to be planted, plant basin.

थावर (thāvar) पु. (सं.) स्थिर।
(m.) stationary, immobile.

थाह (thāh) स्त्री. 1. तल, पेंदी। 2. छिछला पानी। 3. गहराई।
(f.) 1. bottom. 2. shallow water. 3. depth.

थाहल (thāhal) अक. पानी की गहराई को मापना।
(v.i.) to determine the depth of water, to assess the depth.

थिगली (thigalī) स्त्री. पेवंद, पेबंद।
(f.) a patch.

थिर (thir) वि. (सं.) 1. स्थिर। 2. टिकाऊ। 3. शांत।
(adj.) 1. fixed, firm. 2. permanent, durable. 3. calm (as water, weather, temperament).

थिरकल (thirakal) अक. नजाकत के साथ चलना, नाचना।
(v.i.) to move or to dance in a delicate manner.

थिराइल (thirāil) अक. स्थिर होना।
(v.i.) to grow calm.

थीर (thīr) वि. दे. थिर।

थुकाई (thukāī) स्त्री. थूकने की क्रिया।
(f.) spitting.

थुक्का-फजीहत (thukkā-fajīhat) स्त्री. अपमान, झगड़ा-लड़ाई।
(f.) disgrace, quarrelling.

थुकथुकी (thukathukī) वि. बार-बार थूकने की प्रवृत्ति।
(adj.) the tendency of frequent spitting.

थुकियावल (thukiyāval) अक. थुकियाना।
(v.i.) to cause to spit.

थुथुन (thuthun) पु. मवेशियों का आगे की ओर निकला लंबा मुँह।
(m.) muzzle, snout.

थुन्ही (thunhī) स्त्री. भारी वस्तु को टिकाए रखने के लिए उसके नीचे लगाई गई लकड़ी, टेक, थूनी।
(f.) a wooden support under a heavy thing, wooden prop.

थू (thū) स्त्री. थूकने से निकली ध्वनि।
(f.) the sound of spitting.

थूक (thūk) पु. मुँह का पानी और कफ।
(m.) spittle, saliva.

थूकल (thūkal) अक. थूक फेंकना।
(v.i.) to spit out, to reject (as in contempt disgust).

थूनी (thūnī) स्त्री. भारी वस्तुओं को टिकाए रखने हेतु उसके नीचे लगाई हुई लकड़ी, टेक, थूनी।
(f.) a post, pillar, prop, vertical support (as for a roof).

थूरल (thūral) सक. कड़ी पिटाई करना, बार-बार चोट मारना।
(v.t.) to strike, to beat, to pound.

थूहा (thūhā) पु. सब्जी के बीज का छोटा हिस्सा।
(m.) a small part of sapling.

थेई-थेई (theī-theī) स्त्री. 1. समयबद्ध संगीतमय कदमताल। 2. भाव व्यंजना के साथ नृत्य।
(f.) 1. rhythmical beating of time with foot. 2. dancing with expressive action.

थेग (theg) पु. सहारे के लिए खड़ा किया गया खंभा।
(m.) a prop, support, pillar.

थेथर (thethar) वि. मुँहफट, मुँहजोर।
(adj.) cheeky, insolent.

थैला (thailā) पु. बड़ा बैग, झोला।
(m.) a large bag, a sack.

थैली (thailī) स्त्री. झोली, छोटा बैग।
(f.) a bag, a sack, a small bag.

थोक (thok) पु. (सं.) 1. ढेर, समूह। 2. थोक सामान या व्यापार।
(m.) 1. mass quantity, total amount. 2. wholesale, goods or trade.

थोका (thokā) वि. गुच्छा, समूह।
(adj.) bunch, a cluster, a collection.

थोड़ा (thoṛā) वि. (सं.) 1. कम। 2. कुछ। 3. सीमित, अल्प, थोड़ा।
(adj.) 1. little, small (of amount). 2. few, a few, not many. 3. insufficient, limited, slight, not enough.

थोथा (thothā) वि. 1. सारहीन, खोखला, व्यर्थ। 2. मुँहफट। 3. कुंद, मंदबुद्धि।
(adj.) 1. empty, hollow, meaningless, senseless. 2. outspoken. 3. dull, not sharp.

थोथी (thothī) स्त्री. धोखा, चकमा।
(f.) deceit, false impression, cheating, trickery.

थोपल (thopal) सक. थोपना, मढ़ना।
(v.t.) to cover, to snear, to plaster.

थोपी (thopī) स्त्री. थापड़, चपत, चाँटा।
(f.) a blow with open hand, a slap, thump.

थोबड़ (thobaṛ) पु. जबड़ा, थूथन। (वि.) मंदबुद्धि।
(m.) muzzle, snout. (adj.) dull.

थोबड़ा (thobaṛā) पु. दे. थोबड़।

थोर (thor) वि. दे. थोड़ा।

थोरिका (thorikā) वि. दे. थोड़ा।

थौआ (thauā) वि. आलसी, सुस्त, निष्क्रिय।
(adj.) lazy, inert, inactive, drowsy.

द

द (da) देवनागरी वर्णमाला का अठारहवाँ व्यंजन।
– the eighteenth consonant of the Devanagari syllabary.

दँइत-दानव (dam̐it-dānav) पु. राक्षस।
(m.) a demon.

दंग (daṅg) वि. (फा.) विस्मित, चकित, स्तब्ध।
(adj.) astonished, surprised, stunned, amazed, dumbfounded.

दंगल (daṅgal) पु. (फा.) 1. पहलवानों की वह कुश्ती जो जोड़ बनाकर हो और जिसमें जीतनेवाले को इनाम

मिले। 2. अखाड़ा, मल्लयुद्ध का स्थान। 3. जमावड़ा, समूह, जमात, दल।
(m.) 1. wrestling competition. 2. wrestling arena. 3. a large gathering, assemblage, an excited crowd.

दंगली (daṅgalī) वि. दंगल संबंधी, बहुत बड़ा, आक्रामक।
(adj.) having to do with a contest, aggressive, victorious.

दंगा (daṅgā) पु. (फा.) 1. दंगा-फसाद, उपद्रव। 2. गुल-गपाड़ा, शोरगुल।
(m.) 1. disturbance, riot, wrangle, uproar. 2. tumult, noise.

दंगाई (daṅgāī) वि. (फा.) झगड़ालू, उपद्रवी। (पु.) झगड़ालू पुरुष, उपद्रवी।
(adj.) quarrelsome, pugnacious. (m.) a quarrelsome person, a rioter.

दंड (daṅḍ) पु. (सं.) 1. डंडा, लाठी। 2. पेनाल्टी, फाइन, सजा, दंड।
(m.) 1. stick, rod, beam, yoke. 2. penalty, fine, punishment.
~देहल (~dehal) सक. (सं.) दंड देना, सजा देना।
(v.t.) to punish, to fine.

दंत (daṅt) पु. (सं.) दाँत, हाथी का दाँत।
(m.) tooth, tusk.

दंतकथा (daṅtakathā) स्त्री. वाचिक परंपरा, प्रमाणहीन कथन, उपन्यास, कहानी।
(f.) a legend, an assertion without textual support, a fiction.

दँतखोदनी (daṁtakhodanī) स्त्री. दाँत खोदनेवाला सिक।
(f.) toothpick.

दँतचिआर (daṁtachiār) वि. सदा हँसनेवाला। उदा. 'जाग जाग दँतचिअरा रे आजादी आइल निअरा रे।'– (अलमस्त)।
(adj.) laughing always.

दँताड़ (daṁtāṛ) वि. 1. बड़े दाँतवाला। 2. (पुं.) हाथी।
(adj.) 1. having large or projecting teeth, husked. 2. (m.) an elephant.

दँतिहा (daṁtihā) वि. दंत्य।
(adj.) dental.

दँतुली (daṁtulī) स्त्री. छोटा दाँत, बच्चे का पहला दाँत।
(f.) small tooth, child's first teeth.

दंद (daṅd) पु. (सं. द्वंद्व) झगड़ा।
(m.) quarrel, quarreling.
~फंद (~faṅd) पु. उपद्रव, षड्यंत्र।
(m.) scheming, machination.

दंपति (daṅpati) पु. (सं.) पति और पत्नी, विवाहित जोड़ी।
(m.) a married couple, husband and wife.

दंभ (daṅbh) पु. (सं.) अभिमान, पाखंड, घमंड।
(m.) pretence, hypocrisy, deceit, pride, arrogance, boasting.

दंभी (daṅbhī) वि. (सं.) पाखंडी, ढकोसलेबाज, घमंडी।
(adj.) hyprocritical, proud, arrogant, boastful.

दँवक (daṁvak) स्त्री. गर्मी, आँच।
(f.) heat.

दँवरी (daṁvarī) स्त्री. अन्न का दाना निकालने के लिए फसल को बिछाकर उस पर बैलों को घुमाना।
(f.) rope with which a string of cattle are tied together (as bullocks when threshing).

दंस (daṅs) पु. (सं.) वह घाव जो दाँत काटने से हो, दाँत गड़ाने की क्रिया, डंक।
(m.) bite, biting, stinging, a tooth, a sting.

द (da) सक. दीजिए।
(v.t.) to ask, to give

दइब (daib) पु. विधाता, ब्रह्मा।
(m.) God, the supreme being.

दइया (daiyā) स्त्री. दादी, पिता की माँ।
(f.) grand mother, the mother of the father.

दई (daī) पु. (सं.) ईश्वर, विधाता।
(m.) the supreme being, god.
~दई (~daī) विस्म. हे देव!
(interj.) to cry out 'Oh god'.

दउड़ (dauṛ) स्त्री. दौड़।
(f.) race.

दउनी (daunī) स्त्री. दे. दउरी।

दउरल (daural) अक. बार-बार जाना, दौड़ना।
(v.i.) going frequently, to run.

दउरा (daurā) पु. बाँस की कमची का बना एक बड़ा पात्र।
(m.) a big basket of bamboo strips.

दउरी (daurī) स्त्री. बाँस की कमची की बनी छोटी टोकरी।
(f.) a small basket of bamboo strips.

दउलत (daulat) स्त्री. (अ.) धन, संपत्ति।
(f.) riches, wealth.

दउलत-खाना (daulat-khānā) पु. (अ.+फा.) निवास-स्थान, घर (आदरार्थ)।
(m.) a residence (euphemistic).

दउलतमंद (daulatamaṅd) वि. (अ.+फा.) धनी, संपन्न।
(adj.) rich, wealthy.

दउलतमंदी (daulatamaṅdī) स्त्री. (अ.+फा.) धनी होने का भाव।
(f.) wealthiness.

दक-लक (dak-lak) पु. (उ.) स्वच्छ मैदान, रेगिस्तान।
(m.) bare plain, desert.

दकियानूस (dakiyānūs) पु. (अ.) फारस और अरब का एक पुराना बादशाह जो बहुत अत्याचारी था। (वि.) पुराना, बुड्ढा, रूढ़िवादी।
(m.) the name of a king of Iran who was very cruel, an old fashioned person. (adj.) old, aged.

दक्खिन (dakkhin) पु. दक्षिण।
(m.) the south.

दखल (dakhal) पु. (अ. दख़्ल) 1. अधिकार। 2. कब्जा। 3. हस्तक्षेप। 4. पहुँच, प्रवेश। 5. दक्षता।
(m.) 1. a right, privilege. 2. occupation, possession. 3. interference. 4. reach, entrance, scope. 5. proficiency.

दखिन (dakhin) पु. दे. दक्खिन।

दखिनवारी (dakhinavārī) वि. दक्षिण दिशा में स्थित।
(adj.) situated in south.

दखिनहा (dakhinahā) वि. दक्षिण का निवासी।
(adj.) a resident of south.

दगइल (dagail) वि. दागदार, चिह्न सहित।
(adj.) spotted, with mark.

दगदग (dagadag) वि. अत्यधिक पीला।
(adj.) extreme yellow.

दगधल (dagadhal) अक. (सं. दग्ध) तप्त होना, अत्यंत गर्म होना।
(v.i.) to burn, to be burnt.

दगवावल (dagavāval) सक. किसी गर्म धातु को शरीर से सटाकर दगाना।
(v.t.) to be branded (with an hot iron), to be marked.

दगहा (dagahā) वि. दे. दगइल।

दगा (dagā) स्त्री. छल-कपट, धोखा।
(f.) deceit, deception, treachery, fraud.

दगाबाज (dagābāj) वि. (फा.) धोखा देनेवाला, छली, कपटी।
(adj.) deceitful, treacherous.

दगियावल (dagiyāval) सक. दागदार करना।
(v.t.) to blot, to mark a spot.

दछिना (dachinā) स्त्री. (सं.) 1. दक्षिणा, धार्मिक कृत्यों हेतु दी जानेवाली राशि। 2. दान।
(f.) 1. fee paid to a Brahman for performance of a sacrifice or other religious service. 2. donation.

दढ़िअल (daṛhial) वि. दाढ़ीवाला।
(adj.) bearded.

दतुअन (datuan) स्त्री. (सं.) टहनी–विशेषतः नीम या बबूल पेड़ की जिसका प्रयोग दाँत की सफाई में किया जाता है।
(f.) a twig, esp. of the nim or babul tree, the frayed end of which is used to clean the teeth and tongue.

दत्तक (dattak) पु. (सं.) गोद लिया हुआ (लड़का), अपना पुत्र न होने पर भी विधि के अनुरूप जिसे पुत्र बना लिया गया हो।
(m.) an adopted (son).

ददरी (dadarī) स्त्री. बलिया (उ.प्र.) में लगनेवाला वार्षिक मेला। उदा. 'चमक उठल रे बलिया नगरी, आइल ददरी मेला।'
(f.) name of a yearly festival held in Ballia (Uttar Pradesh).

ददा (dadā) पु. दादा, वयोवृद्ध को संबोधित करने हेतु आदरणीय शब्द, पिता के पिता।
(m.) paternal grandfather, respectful term to address an old man.

ददिया (dadiyā) वि. दादा से संबंधित, दादी हेतु आदर-सूचक।
(adj.) having to do with a paternal grandfather.
~ससुर (~sasur) पु. ससुर के पिता।
(m.) father-in-law's father.
~सास (~sās) स्त्री. ससुर की माता।
(f.) father-in-law's mother.

ददियौरा (dadiyaurā) पु. दादा या बाबा का घर।
(m.) home of grandfather.

ददोरा (dadorā) पु. किसी जंतु के काटने या खुजलाने पर होनेवाली सूजन, चकत्ता।
(m.) a swelling (caused by an insect bite, or other irritation).

दन (dan) पु. बंदूक से निकली गोली की आवाज।
(m.) the sound of a shot or of a gun being fired.

दन-से (dan-se) क्रि.वि. अत्यंत शीघ्रता से।
(adv.) briskly, promptly.

दन्न-दन्न (dann-dann) क्रि.वि. शीघ्रतापूर्वक, तुरंत।
(adv.) briskly, promptly, quickly.

दनादन (danādan) क्रि.वि. दनदन शब्द के साथ, लगातार, निरंतर।
(adv.) with a reverberating noise, continuingly, quickly.

दफतर (dafatar) पु. (फा.) कार्यालय, आफिस।
(m.) an office.

दफतरी (dafatarī) पु. (फा.) जिल्दसाज।
(m.) a book binder.

दफती (dafatī) स्त्री. गत्ता।
(f.) cardboard.

दफदार (dafadār) पु. गाँव में पहरा देनेवाला व्यक्ति, वरिष्ठ चौकीदार।
(m.) watchman of village, senior watchman of villages.

दफन (dafan) पु. (अ.) किसी चीज को विशेषकर शव को गाड़ने की क्रिया, छिपाना।
(m.) act of burying a corpse, burial, concealing.

दफनावल (dafanāval) सक. शव को गाड़ा जाना।
(v.t.) to bury the corpse.

दफा (dafā) स्त्री. (अ. दफ्अः) 1. बार। 2. सेक्शन (किसी कानूनी किताब का वह अंश जिसमें किसी अपराध से संबंधित व्यवस्था हो, धारा)।
(f.) 1. time. 2. section.

दफादार (dafādār) पु. (अ.+फा.) फौज का वह आफिसर जिसके अधीन कुछ सिपाही हों।
(m.) a military officer of a low rank.

दबंग (dabaṅg) वि. प्रभावशाली, दबाववाला।
(m.) impressive, blustering.

दबकल (dabakal) अक. छिपकर रहना।
(v.i.) to lie hidden.

दबल (dabal) वि. दबी हुई।
(adj.) pressing down, oppressive.

दबावल (dabāval) सक. दबाना।
(v.t.) to press, compress.

दबाहट (dabāhaṭ) स्त्री. दबाने का भाव या काम।
(f.) pressing, pressure.

दबेल (dabel) वि. दब्बू, डरनेवाला, बेहद आज्ञाकारी (डरने की हद तक)।
(adj.) oppressed, submissive.

दबोरल (daboral) सक. एकबारगी अचानक दबा देना।
(v.t.) to seize suddenly, to press tight, to hide away.

दब्बू (dabbū) वि. स्वभाव से दुर्बल, दूसरों से दब जानेवाला।
(adj.) submissive.

दम (dam) पु. (फा.) 1. श्वास, साँस। 2. नशे आदि के लिए साँस के साथ धुआँ खींचने की क्रिया। 3. साँस खींचकर जोर से बाहर फेंकने या फूँकने की क्रिया। 4. उतना समय जितना एक बार साँस लेने में लगता है, पल, लम्हा। 5. प्राण, जी, जान। 6. जीवनीशक्ति। 7. व्यक्तित्व। 8. धोखा, छल।
(m.) 1. a breath. 2. a small amount of smoke inhaled, puff. 3. act of blowing a puff. 4. instant, moment. 5. life. 6. life force. 7. personality. 8. deception, treachery.

दमक (damak) स्त्री. (प्रा.) कांति, आभा, प्रकाश।
(f.) glitter, brilliance, glow.

दमकल (damakal) पु. आग बुझाने का यंत्र।
(m.) a fire engine, a pump.

दमकीला (damkīlā) वि. आभा से पूर्ण।
(adj.) glittering.

दमगर (damagar) वि. भारी, वजनी, मूल्यवान।
(adj.) heavy, valuable.

दमदार (damadār) वि. (फा.) दृढ़, मजबूत, चोखा।
(adj.) having life-force, firm, sharp.

दमरी (damarī) स्त्री. पैसे का आठवाँ भाग।
(f.) eighth part of a paisa.

दमदमा (damadamā) पु. (फा.) मोरचा, धुस।
(m.) booming of a drum, or of cannon, a bunker.

दमा (damā) पु. अस्थमा, श्वासरोग।
(m.) asthma, breathlessness.

दमाद (damād) पु. पुत्री का पति।
(m.) the husband of daughter, son-in-law.

दमादम (damādam) क्रि.वि. (फा.) लगातार।
(adv.) continuously.

दमामा (damāmā) पु. (फा.) नगाड़ा, डंका।
(m.) a large kettledrum, a large drum.

दमाह (damāh) वि. दमा का रोगी।
(adj.) a patient of asthma.

दमी (damī) स्त्री. (फा.) एक तरह का छोटा हुक्का।
(f.) a small hubble-bubble.

दमी-साधल (damī-sādhal) स्त्री. साँस रोकने की क्रिया, चुप्पी।
(f.) stoppage of breathing, silence.

दया (dayā) स्त्री. (सं.) करुणा, ममता।
(f.) compassion, pity, mercy, kindness.

दयानत (dayānat) स्त्री. (अ.) सत्यनिष्ठा, ईमान।
(f.) honesty.

दयानतदार (dayānatadār) पु. (अ.+फा.) ईमानदार, सच्चा।
(m.) honest.

दयानतदारी (dayānatadārī) स्त्री. (अ.+फा.) सत्यनिष्ठा, ईमानदारी।
(f.) honesty.

दयार (dayār) पु. (अ.) 1. देश। 2. नगर। 3. निवासी।
(m.) 1. a country. 2. a city. 3. an inhabitant.

दयाल (dayāl) वि. (सं.) कृपालु, दयावान।
(adj.) compassionate, merciful, kind.

दयालु (dayālu) वि. दे. दयाल।

दयावंत (dayāvaṁt) वि. दयालु, कृपालु।
(adj.) compassionate, kind.

दयावान (dayāvān) वि. दयालु।
(adj.) kind.

दर (dar) पु. (फा.) दरवाजा, द्वार, प्रवेश-द्वार।
(m.) a door, entrance, threshold, gate.

दर (dar) क्रि.वि. (फा.) में, अंदर।
(adv.) in, inside.

दर (dar) स्त्री. बिक्री का मूल्य, भाव।
(f.) price, rate (of sale or exchange), tarrif, rate of interest, worth value.

दर-दर (dar-dar) वि. द्वार-द्वार, घर-घर।
(adj.) at every door.

दरकचल (darakacal) सक. जोर से दबाना, रगड़ना।
(v.t.) to press with force, to rub vehemently.

दरकल (darakal) अक. चिटकना।
(v.i.) to crack.

दरकार (darakār) वि. (फा.) आवश्यक, अपेक्षित। (स्त्री.) आवश्यकता।
(adj.) necessary, needed. (f.) necessity, need.

दरखास (darakhās) स्त्री. (फा.) 1. प्रार्थना-पत्र। 2. किसी बात हेतु निवेदन।
(f.) 1. an application. 2. a request.

दरगाह (daragāh) स्त्री. (फा.) 1. किसी सिद्ध का समाधि- स्थान, मकबरा। 2. दरबार, कचहरी। 3. चौखट, देहरी।
(f.) 1. a tomb of saint. 2. court, royal court. 3. a threshold.

दरजन (darajan) वि. बारह की इकाई, दर्जन।
(adj.) unit of twelve, a dozen.

दरजा (darajā) पु. वर्ग, कक्षा, दर्जा।
(m.) class, section, step, stage.

दरजिन (darajin) स्त्री. दर्जी की स्त्री।
(f.) a tailor's wife.

दरजी (darajī) पु. (फा.) दर्जी, वह पुरुष जो कपड़े सीने का व्यवसाय करता है।
(m.) a tailor.

दरद (darad) पु. (फा.) 1. पीड़ा, व्यथा, तकलीफ। 2. दया, करुणा, दर्द।
(m.) 1. pain, ache. 2. pity, compassion.

दरपन (darapan) पु. (सं.) दर्पण, बड़ा आईना।
(m.) a big mirror.

दरबा (darabā) पु. दड़बा।
(m.) a fowl-house, dovecot.

दरबान (darabān) पु. द्वारपाल।
(m.) a gatekeeper.

दरबार (darabār) पु. राजसभा।
(m.) a royal court, hall of audience, royal audience.

दरबारी (darabārī) पु. (फा.) दरबार में बैठनेवाला आदमी।
(m.) a courtier.

दरमाहा (daramāhā) पु. (फा.) मासिक वेतन, तनख़्वाह।
(m.) monthly salary.

दरमियान (daramiyān) क्रि.वि. (फा.) मध्य, बीच, दौरान।
(adv.) between, in the middle of, among.

दरवाजा (daravājā) पु. (फा.) द्वार, किवाड़।
(m.) a door, gate.
दरवान (daravān) पु. द्वारपाल।
(m.) a gatekeeper.
दरवावल (daravāval) सक. अन्न का मोटा-मोटा टुकड़ा करवाना।
(v.t.) to cause to get coarsely ground.
दरस (daras) पु. एक अगहनी मोटा धान।
(m.) a coarse Agahani paddy.
दरसन (darasan) पु. 1. अपने से बड़ों का साक्षात्कार। 2. दर्शन।
(m.) 1. interview with elder's, paying regards to deities. 2. philosophy.
दरहम (daraham) वि. (फा.) तितर-बितर, अव्यवस्थित।
(adj.) scattered, disordered.
दरही (darahī) स्त्री. एक प्रकार की मछली।
(f.) a type of fish.
दराँत (darāṁt) पु. हँसुआ।
(m.) a sickle, a hooked.
दराज (darāj) स्त्री. मेज में बनी पेटी।
(f.) drawer (of a table etc).
दरार (darār) स्त्री. फाँक।
(f.) a crack, gap, opening, breach (as in a wall).
दरिंदा (dariṅdā) पु. (फा. दरिन्दः) हिंसक पशु।
(m.) a wild animal.
दरिआ (dariā) वि. मोटा पीसा हुआ अन्न।
(adj.) grounded coarse grain.
दरिआफत (dariāfat) स्त्री. खोज, तलाश, तथ्य की जानकारी हेतु पूछ-ताछ।
(f.) investigation, enquiry, ascertainment.
दरिआव (dariāv) पु. नदी (बड़ी)।
(m.) river (large).
दरियादास (dariyādās) पु. एक संत।
(m.) a saint.
दरी (darī) स्त्री. कारपेट।
(f.) a carpet, mat (made of cotton).
दरीबा (darībā) पु. वह बाजार जिसमें पान बिकते हैं।
(m.) a shop in a market (esp. one where pan is sold) betel-leaf-market.
दरेरल (dareral) सक. रगड़ना, धक्का देना।
(v.t.) to rub, to grind.
दरोगा (darogā) पु. थानेदार, थाने का अधिकारी।
(m.) a police officer, inspector of police, SHO.
दर्ज (darj) वि. (फा.) कागज पर लिखा हुआ, लिखित।
(adj.) noted on the paper, entered, written.
दर्द (dard) पु. दे. दरद।
दर्दनाक (dardanāk) वि. (फा.) जिसे देख या सुनकर मन में दर्द या करुणा उत्पन्न हो, पीड़ादायक।
(adj.) painful, pitiful, awful.
दर्रा (darrā) पु. (फा.) पहाड़ों के बीच का सँकरा मार्ग, घाटी।
(m.) a narrow route through the mountains, mountain pass.
दर्सक (darsak) पु. दर्शक।
(m.) onlooker, spectator, audience.
दल (dal) पु. 1. झुंड, समूह, जमात। 2. सेना। 3. फूलों की पँखुड़ी। 4. पत्ता।
(m.) 1. group, band, party. 2. army. 3. petal. 4. leaf.
~बदलू (~badalū) पु. दल बदलनेवाला।
(m.) one who changes party or affiliation.
दलक (dalak) स्त्री. हिलना, धमक, दलकन, कंपन।
(f.) shaking, trembling, shock.
दलकल (dalakal) अक. हिलना, काँपना।
(v.i.) to shake, to tremble, to throle.
दलका (dalakā) पु. आतंक, भय।
(m.) horror, fear.
दलकी (dalakī) स्त्री. दलदल भूमि, भय।
(f.) marsh, fear.
दलगंजन (dalagaṅjan) पु. एक मोटा धान।
(m.) a coarse paddy.
दलदल (daladal) स्त्री. (सं.) वह गीली जमीन जिस पर खड़े होने से पैर नीचे धँसता हो। मुहा. **~में फँसल**=झँझट या बखेड़े में पड़ना।
(f.) marshy land, marsh, swamp, mire. (id.) difficult situation.
दलदलाइल (daladalāil) अक. 1. गीली भूमि का हिलना। 2. सर्दी से काँपना।
(v.i.) 1. to shake, to quake. 2. to tremble due to cold.
दलदली (daladalī) वि. दलदल से भरा।
(adj.) marshy, boggy, swampy.
दलपिट्ठी (dalapiṭṭhī) स्त्री. दाल में पकाई गई आटे की पिट्ठी, दाल का दुलहा।
(f.) flour Pitthi boiled in pulse.

दलमा (dalamā) पु. एक प्रकार का आम।
(m.) a kind of mango.

दलहन (dalahan) पु. (सं.) दाल के काम में आनेवाला अन्न, फसल का नाम।
(m.) pulse, pulse crop.

दलही (dalahī) स्त्री. दालवाला बर्तन।
(f.) a pot used for pulse.

दलान (dalān) पु. (फा.) मकान में वह छाई हुई जगह जो खुली हो, बरामदा, ओसारा।
(m.) a roofed platform facing the contyard, a hallway, corridor (in a house), a verandah.

दलाल (dalāl) पु. (अ.) वह व्यक्ति जो खरीदने-बेचने में सहायता करे, मध्यस्थ, कुटना।
(m.) a broker, an agent.

दलाली (dalālī) स्त्री. (अ.) 1. दलाल का काम। 2. वह द्रव्य जो दलाल को मिलता है, कमीशन।
(f.) 1. the profession of a commission agent, 2. payment to an agent for selling goods, commission.

दलिची (dalicī) स्त्री. खिड़की।
(f.) window.

दलित (dalit) वि. (सं.) 1. मसला, रौंदा या कुचला हुआ, नष्ट किया हुआ। 2. दरिद्र और पीड़ित।
(adj.) 1. broken or torn to pieces, crushed, ground. 2. trampled, oppressed.
~वर्ग (~varg) पु. समाज का वह वर्ग जो दुखी दरिद्र हो, छोटी अछूत जातियों का वर्ग।
(m.) depressed class.

दलिद्दर (daliddar) पु. दरिद्र, दरिद्र व्यक्ति।
(m.) poverty stricken person.

दलिदरई (dalidaraī) स्त्री. दरिद्रता।
(f.) poverty.

दलिया (daliyā) पु. (हिं. दलना) मोटा या दरदरा पीसा हुआ अन्न।
(m.) coarsely ground grain, split pulse.

दलील (dalīl) स्त्री. (अ.) 1. तर्क, युक्ति। 2. बहस, वाद-विवाद।
(f.) 1. an argument. 2. a debate, controversy.

दवड़ (davaṛ) पु. दौड़ने का भाव या कार्य।
(m.) a race.

दवनी (davanī) स्त्री. दे. दँवरी।

दवलत (davalat) स्त्री. दे. दउलत।

दवा (davā) स्त्री. (अ.) 1. वह वस्तु जिससे कोई रोग या कष्ट दूर हो, औषधि। 2. रोग दूर करने का उपाय, उपचार, चिकित्सा। 3. दूर करने की युक्ति। 4. दुरुस्त करने की विधि।
(f.) 1. medicine. 2. cure, treatment. 3. a way of solving a problem, remedy. 4. a remedial method.
~खाना (~khānā) पु. औषधालय।
(m.) dispensary.
~दारू (~dārū) स्त्री. औषधि, इलाज।
(f.) medicine(s), medical treatment.

दवाई (davāī) स्त्री. दे. दवा।

दवात (davāt) स्त्री. (अ.) लिखने की स्याही का पात्र, मसि पात्र।
(f.) an inkpot.

दस (das) वि. दस, 10 की संख्या।
(adj.) ten.

दसक (dasak) पु. दशक।
(m.) a decade.

दसगातर (dasagātar) पु. मृत्यु के दसवें दिन का कर्म।
(m.) offerings on the tenth day after death.

दसताना (dasatānā) पु. दस्ताना।
(m.) a glove.

दसमी (dasamī) स्त्री. दसवीं तिथि।
(f.) the tenth day.

दसमूल (dasamūl) पु. दस औषधियों की जड़ का समूह।
(m.) bundle of roots of ten medicinal plants.

दसरथ (dasarath) पु. अयोध्या के राजा, रामचंद्र के पिता।
(m.) the king of Ayodhya, the father of Ramchandra.

दसहरा (dasaharā) पु. (सं.) 1. विजयादशमी, दुर्गापूजा, उत्सव, रावण के ऊपर राम की जीत। 2. ज्येष्ठ शुक्ल दशमी, गंगा दशहरा, गंगा के जन्म (अवतरण का दिवस)।
(m.) 1. the celebrations in honour of Durga held on Vijaya Dashmi as a culmination of Durgapuja festival, the celebration of the victory of Ram over Ravan, held on the same day. 2. the tenth day of the bright half of the month Jeth, the festival in honour of the river Gangas held on that day (which is regarded as the birthday of Ganga).

दसा (dasā) स्त्री. (सं.) दशा, अवस्था, हालत, स्थिति।
(f.) state, condition, situation, circumstances.

दसोदुआरा (dasoduārā) पु. विजयदशमी का दिन।
(m.) the day of Vijayadashami.

दस्त (dast) पु. 1. हाथ। 2. पतला पाखाना।
(m.) 1. a hand. 2. loose motion.

दस्तक (dastak) स्त्री. (फा.) 1. हाथ से खटखट शब्द करने या खटखटाने की क्रिया। 2. बुलाने हेतु दरवाजे की कुंडी खटखटाने की क्रिया। 3. कुर्की, वसूली का परवाना। 4. कर, महसूल।
(f.) 1. a knock (on the door). 2. act of knocking. 3. attachment. 4. a tax.

दस्तखत (dastakhat) पु. (फा.) अपने हाथ का लिखा हुआ अपना नाम, हस्ताक्षर।
(m.) signature, sign.

दस्ताना (dastānā) पु. (फा.) हाथ (पंजे) और हथेली में पहना जानेवाला, दस्ताना।
(m.) a hand-glove.

दस्तावेज (dastāvej) स्त्री. (फा.) वह कागज जिसमें कुछ व्यक्तियों के बीच के व्यवहार की बात लिखी हो और जिस पर व्यवहार करनेवालों के दस्तखत हों, व्यवहार संबंधी लेख।
(f.) a document, a bond, deed, certificate.

दस्तूर (dastūr) पु. (फा.) 1. रीति, रस्म, रिवाज, चाल, प्रथा। 2. नियम, कायदा, विधि।
(m.) 1. a custom, practice, usage, normal procedure. 2. a rule, law.

दह (dah) पु. बड़ा पोखरा या झील, कुंड।
(m.) a big pond.

दहक (dahak) स्त्री. ज्वाला, लपट।
(f.) burning, blazing.

दहतर (dahatar) पु. जो खेत पानी के चलते बराबर दह जाता हो।
(m.) waterlogged field.

दहला (dahalā) पु. ताश का पत्ता जिसमें दस बूटियाँ हों।
(m.) the ten (at cards).

दहलावल (dahalāval) सक. डराना, भय पैदा करना।
(v.t.) to cause to shake, to make afraid.

दहलीज (dahalīj) स्त्री. (फा.) दरवाजे के चौखट के नीचे-वाली लकड़ी जो जमीन पर रहती है, देहली, डेहरी।
(f.) a doorsill, threshold.

दहसत (dahasat) स्त्री. (फा.) 1. डर, भय, खौफ। 2. आतंक।
(f.) 1. fear, panic, alarm. 2. terror.

दहा (dahā) पु. (फा.) 1. मुहर्रम का महीना। 2. मुहर्रम की एक से दस तरीख तक का समय। 3. ताजिया।
(m.) the tenth month of the Arabian callender, month of Muharram. 2. the period between first and tenth of the month. 3. the model of the tomb of the Imam Husan.

दहाई (dahāī) स्त्री. (सं.) दस की संख्या, दस का मान, स्थान, दसवाँ भाग।
(f.) the figure ten, place of the tens (in numbers), tenth part.

दहाड़ (dahāṛ) स्त्री. 1. घोर शब्द। 2. शेर की गरज। 3. घनघोर ध्वनि।
(f.) 1. roaring. 2. thunderous noise. 3. any loud cry.

दहारि (dahāri) स्त्री. बाढ़, जल-प्लावन।
(f.) flood.

दहिया (dahiyā) पु. दही या गीले पदार्थ पर सड़ने के क्रम में उत्पन्न फफूँदी।
(m.) mould, fungus, mildew.

दहिआही (dahiāhī) स्त्री. दही रखनेवाला बर्तन।
(f.) pot for keeping curds.

दहिने (dahine) क्रि.वि. दाहिनी ओर।
(adv.) right side.

दहियासार (dahiyāsār) पु. कार्तिक में उपजनेवाला एक प्रकार का धान।
(m.) a kind of paddy reeping in Karatik.

दही (dahī) पु. (सं.) गरम दूध में जोरन डालकर जमाया गया।
(m.) thick sour milk, curds, yoghurt.

दहीबड़ा (dahībaṛā) पु. उरद का बना पकौड़ा जो दही में डालकर खाया जाता है।
(m.) a kind of sweet.

दहेंड़ी (daheṅṛī) स्त्री. (सं.) हाँड़ी। उदा. 'अहे दहेंड़ी जनि धरै, जनि तू ले ही उतार।'–बिहारी।
(f.) a pot in which milk is made into curds or in which curds are kept.

दहेज (dahej) पु. (अ.) वह धन-संपत्ति जो विवाह में कन्या- पक्ष की ओर से वर को दी जाती है, दहेज।
(m.) dowry.

दहेड़ी (daheṛī) स्त्री. दे. दहेंड़ी।

दाँत (daṁt) पु. (सं.) दंत, रद, दशन।
(m.) tooth, tusk.
~दरद (~darad) पु. दाँत-दर्द।
(m.) toothache.

दाँता (dāṁtā) पु. (सं.) दाँतों की तरह उभरा भाग जैसे आरी के दाँत, पहिए के दाँत।
(m.) tooth (of wheel, saw camb), a notch, jag.

दाँती (dāṁtī) स्त्री. (सं.) 1. बत्तीसी, दंतावलि। 2. नदी या पोखर का किनारा।
(f.) 1. the teeth, set of teath. 2. the bank of river or pond.

दाँतुल (dāṁtul) वि. दाँत प्रधान मुखड़ा।
(adj.) having prominent teeth.

दाँय (dāṁy) स्त्री. फसल की दौनी।
(f.) the process of treading out corn.

दाँया (dāṁyā) वि. दाहिना।
(adj.) right.

दाँव (dāṁv) पु. एक बार का मोड़।
(m.) one turn, to make one's move (in a game).

दाँवल (dāṁval) सक. फसल को रौंदकर दाना निकालना।
(v.t.) treading out corn after thrashing.

दाई (dāī) स्त्री. (फा.) दाई, धाय, धात्री।
(f.) a wet-nurse, nurse, midwife, a woman servant.
~गिरी (~girī) स्त्री. सेवा-सुश्रूषा।
(f.) midwifery.

दाऊ (daū) पु. बड़ा भाई, पिता।
(m.) elder brother, father.

दाख (dākh) स्त्री. (सं. द्राक्षा) अंगूर, मुनक्का, किशमिश।
(f.) a grape, a raisin, a large raisin.

दाखिल (dākhil) वि. (अ.) प्रविष्ट, घुसा हुआ, पैठा हुआ।
(adj.) entering, arriving, admitted to, entered (in a list), included.

दाखिल-खारिज (dākhil-khārij) पु. (अ.+फा.) किसी सरकारी कागज पर से किसी जायदाद के पुराने हकदार का नाम काटकर उस पर उसके वारिस या दूसरे हकदार का नाम लिखना।
(m.) mutation.

दाखिला (dākhilā) पु. (अ.) 1. प्रवेश, पैठ। 2. संस्था आदि में सम्मिलित किए जाने का कार्य। 3. दाखिल होने का शुल्क।
(m.) 1. admission. 2. permission to enter a place. 3. money paid to enter a place.

दाग (dāg) पु. (फा.) 1. धब्बा, चित्ती। 2. निशान चिह्न, अंक। 3. फल आदि पर पड़ा हुआ सड़ने का चिह्न। 4. कलंक, लांछन। 5. घाव या जलने का चिह्न।
(m.) 1. a stain, a blot. 2. a mark or figure. 3. a spot or mark showing decay. 4. a stigma. 5. a mark left on the skin after the healing of a wound or burn, a scar.

दागदार (dāgadār) वि. (फा.) जिस पर दाग या धब्बा लगा हो।
(adj.) stained, tainted, marked, scarred, disgraced.

दागल (dāgal) सक. 1. गर्म लोहे से अंग पर किया गया चिह्न या जख्म। 2. बंदूक से गोली छोड़ना। 3. गोल मारना।
(v.t.) 1. to burn, esp. with an iron. 2. to fire (a firearm). 3. to shoot (a goal).

दागी (dāgī) वि. (फा.) 1. जिस पर दाग या धब्बा हो। 2. जिस पर सड़ने का चिह्न हो। 3. कलंकित, दोषयुक्त, लांछित। 4. जिसको सजा मिल चुकी हो।
(adj.) 1. stained, tainted. 2. having a mark showing decay. 3. stigmatised. 4. having got punishment.

दाघ (dāgh) पु. (सं.) गरमी, ताप।
(m.) heat, summer, burning.

दाढ़ा (dāṛhā) पु. बड़ी दाढ़ी।
(m.) big beard.

दाढ़ी (dāṛhī) स्त्री. दाढ़ी।
(f.) beard, chin.

दाता (dātā) पु. (सं.) दानशील, देनेवाला।
(m.) donor, liberal man, benefactor.

दातुअन (datuan) स्त्री. दे. दतुअन।

दाद (dād) स्त्री. (फा.) 1. इन्साफ, न्याय। 2. प्रशंसा, तारीफ।
(f.) 1. justice. 2. praise.

दाद (dad) स्त्री. (सं.) चर्मरोग जिसमें खुजली होती है।
(f.) ringworm, shingles.

दादरा (dādarā) पु. एक राग।
(m.) a melody.

दादा (dādā) पु. (सं.) पिता का पिता, पितामह, बड़ों के लिए आदरसूचक शब्द।
(m.) paternal grandfather, respectful term of address to an elder man.

दादी (dādī) स्त्री. पिता की माता, पितामही।
(f.) paternal grandmother.

दादुर (dādur) पु. (सं.) मेढक।
(m.) a frog.

दादू (dādū) पु. संबोधनसूचक शब्द (दादा), बड़े भाई, मित्र या लाड़ प्यार से पुत्र को भी दादू कहा जाता है।
(m.) term of address, Dada, brother, friend, son.

दाध (dādh) स्त्री. (सं.) जलन, दाह।
(f.) burning, fire, heat.

दान (dān) पु. (सं.) 1. देने का कार्य, देना। 2. खैरात। 3. उपहार (गिफ्ट)। 4. कर।
(m.) 1. giving, giving in marriage. 2. donation. 3. offering, alms, gift, grant. 4. tax.

दानव (dānav) पु. (सं.) असुर, राक्षस।
(m.) a demon, class of demons.

दाना (dānā) वि. (फा.) जाननेवाला, ज्ञाता, बुद्धिमान।
(adj.) knowing, wise.

दाना (dānā) पु. (फा.) अनाज का कण, अनाज, माल-असबाब।
(m.) seed from a plant, grain, luggage.

दानादार (dānādār) वि. (फा.) दानेदार, जिसमें दाने हों।
(adj.) granular.

दानी (dānī) वि. दान देनेवाला, दाता।
(adj.) beneficent, bountiful, liberal.

दानो (dāno) पु. दे. दानव।

दाबल (dābal) सक. ऊपर से भार या बोझा डालना, मींचना।
(v.t.) to press down, to press, to squeeze.

दाम (dām) पु. 1. छोटा सिक्का। 2. मूल्य, कीमत। 3. धन, रुपया, पैसा।
(m.) 1. a small coin. 2. price, cost, value, rate (of purchase). 3. money, funds.

दामन (dāman) पु. (फा.) 1. कोट, कुर्ता का निचला भाग। 2. पहाड़ों के नीचे की भूमि।
(m.) 1. the lower part of a upper garment. 2. low area between the hills, valley.

दामाद (dāmād) पु. (फा.) जामाता, बेटी का पति। पर्या. जँवाई, पाहुन।
(m.) a son-in-law.

दामिल (dāmil) पु. आजीवन कैद की सजा। (वि.) कीमती।
(m.) life-imprisonement. (adj.) valuable.

दामी (dāmī) वि. कीमती, दामवाला।
(adj.) costly, valuable.

दाया (dāyā) स्त्री. दे. दया।

दारचीनी (dāracīnī) स्त्री. (सं.) दालचीनी, सुगंधित छाल जो दवा, मसाले के काम आती है।
(f.) cinnamon, a bark used as a spice and medicine.

दारमदार (dāramadār) पु. (फा.) किसी कार्य का किसी पर अवलंबित रहना।
(m.) dependence, reliance.

दारु (dāru) पु. (सं.) काठ, लकड़ी, देवदार वृक्ष।
(m.) wood, timber, the deodar pine.

दारुन (dārun) वि. (सं.) भयंकर, भीषण, घोर।
(adj.) fearsome, terrible, cruel, painful, harsh.

दारू (dāru) स्त्री. शराब।
(f.) wine, liquor.

दारोगा (dārogā) पु. (फा.) 1. देखभाल करनेवाला, प्रबंध करनेवाला व्यक्ति, निरीक्षक। 2. थानेदार।
(m.) 1. an inspector. 2. a police inspector.

दार्सनिक (dārsanik) पु. दार्शनिक।
(m.) a philosopher.

दाल (dāl) स्त्री. (सं.) दला हुआ मटर, अरहर, मूँग, दाल।
(f.) split pea, lentils, pulse.

दालचीनी (dālacīnī) स्त्री. दे. दारचीनी।

दालान (dālān) पु. दे. दलान।

दाव (dāv) पु. दाँव (खेल में), बड़ा छुरा।
(m.) punt, cleaver, big knife.

दावत (dāvat) स्त्री. (अ.) 1. भोज, ज्योनार। 2. बुलावा, निमंत्रण।
(f.) 1. a feast, banquet. 2. an invitation.

दावा (dāvā) पु. (अ.) 1. किसी चीज़ पर हक जाहिर करने का कार्य। 2. स्वत्त्व, हक। 3. किसी जायदाद या रुपए- पैसे के लिए चलाया हुआ मुकदमा। 4. नालिश, अभियोग। 5. अधिकार, जोर। 6. दृढ़तापूर्वक कथन।
(m.) 1. a claim. 2. a right. 3. a law-suit filed to obtain, something which one has right. 4. a

law-suit. 5. right, power. 6. firm or stiff statement.

दावात (dāvāt) स्त्री. दे. दवात।

दावेदार (dāvedār) पु. (अ.+फ.) दावा करनेवाला, अपना हक जतानेवाला।

(m.) a claimant.

दासतान (dāsatān) स्त्री. (फा.) कथा, कहानी, वर्णन।

(f.) a tale, story, a spoken or written account, narration, description.

दाह (dāh) पु. जलन, ताप, शव जलाने का कृत्य।

(m.) burning, fire, cremation.

दाहिना (dāhinā) वि. दाहिने हाथ की ओर का, दायाँ।

(adj.) right (hand).

दिआवल (diāval) सक. देने हेतु प्रेरित करना।

(v.t.) to cause to be given (by).

दिक (dik) वि. (अ.) 1. जिसे कष्ट पहुँचाया गया हो, तंग, हैरान। 2. अस्वस्थ, बीमार (तबीयत शब्द के साथ)। (पु.) क्षयरोग, तपेदिक।

(adj.) 1. harassed, vexed, embarrassed. 2. ill, unhealthy. (m.) tuberculosis.

दिकदारी (dikadārī) स्त्री. (अ.+फा.) कठिनाई, विपत्ति, तकलीफ।

(f.) hardship, calamity, harassment, suffering.

दिकियावल (dikiyāval) सक. तंग करना, परेशान करना।

(v.t.) to irritate, to tease.

दिक्कत (dikkat) स्त्री. दे. दिकदारी।

दिखलावल (dikhalāval) सक. दिखाना, प्रदर्शित करना।

(v.t.) to show (to), to demonstrate, to indicate.

दिखवैया (dikhavaiyā) पु. देखने या दिखानेवाला।

(m.) one who shows, an onlooker, spectator.

दिखाऊ (dikhāū) वि. देखने लायक, दिखाने लायक, आकर्षक।

(adj.) visible, worth seeing, worth displaying, attractive.

दिखावटी (dikhāvaṭī) वि. जो केवल रूप-रंग, आकार-प्रकार से मात्र दिखाने के लिए हो, दिखौआ।

(adj.) specious, false, forged (papers, money).

दिगर (digar) सर्व. दूसरा।

(pron.) other.

दिठौना (diṭhaunā) पु. (सं.) वह निशान या काली बिंदी जो बालकों को नजर से बचाने के लिए उनके माथे या गाल पर लगाई जाती है।

(m.) a patch or a black mark made with lamp-black on the forehead or cheek of a child (to avert the evil eye).

दितिया (ditiyā) स्त्री. (सं.) द्वितीया, दूसरी तिथि, दूज।

(f.) second day of a lunar fortnight.

दिदिया (didiyā) स्त्री. बड़ी बहन, दीदी।

(f.) elder sister.

दिन (din) पु. (सं.) 1. सूर्य निकलने से उसके अस्त होने तक का समय। 2. समय, काल, वक्त। 3. नियत, उपयुक्त या उचित समय।

(m.) 1. a day time from sunrise to sunset. 2. time, period, life span. 3. definite or proper time.

~कर (~kar) पु. सूर्य।

(m.) the sun.

~दहाड़े (~dahāṛe) क्रि.वि. दिन में ही।

(adv.) in broad day light.

~नाथ (~nāth) पु. सूर्य।

(m.) the sun.

~रात (~rāt) क्रि.वि. लगातार।

(adv.) constantly.

दिनांक (dināṅk) पु. (सं.) गिनती के विचार से महीने का कोई दिन, जैसे – 01 मई, 2015।

(m.) date (i.e. 01 May, 2015).

दिनांत (dināṅt) पु. (सं.) संध्या।

(m.) close of day, sunset, evening.

दिनाय (dināy) पु. दाद रोग।

(m.) ringworm.

दिब्य (diby) वि. दिव्य।

(adj.) heavenly.

दिमाग (dimāg) पु. (अ.) 1. सिर का गूदा, मस्तिष्क, भेजा। 2. मानसिक शक्ति, बुद्धि, समझ। 3. अभिमान, घमंडी, शेखी।

(m.) 1. the organ inside the head, brain. 2. intellect. 3. pride, conceit, boasting.

दिमागी (dimāgī) वि. (अ.) दिमाग संबंधी, मानसिक गतिविधि।

(adj.) of the brain, mental (as work, activity).

दियना (diyanā) पु. दीपक, मिट्टी का छोटा दीया।

(m.) a light, a lamp, a clay lamp.

दियरखा (diyarakhā) पु. दिवाल में छोड़ा गया खाँचा जिसमें दीया रखा जाता है।
(m.) a groove left on the wall for keeping the lamp or claylamp.

दियानत (diyānat) स्त्री. (अ.) ईमान, सत्यनिष्ठा।
(f.) honesty, integrity, conscientiousness.

दियार (diyār) पु. (अ.) भूभाग, प्रदेश।
(m.) a region or area.

दियारा (diyārā) पु. कछार, नदी के पास की भूमि।
(m.) land adjoining a river, river bank, an island in a river.

दियासलाई (diyāsalāī) स्त्री. माचिस, सलाई।
(f.) a matchstick.

दिरकसूल (dirakasūl) पु. दिशाशूल।
(m.) an inauspicious, planetary, conjunction.

दिल (dil) पु. (फा.) 1. कलेजा, हृदय। 2. मन, चित्त।
(m.) 1. the organ that pumps the blood around the body. 2. the place of one's feelings and emotions, heart.

~दार (~dār) वि. प्रेमी, रसिक, प्रिय।
(adj.) charming, heartened.

~बर (~bār) वि. प्यारा।
(adj.) attarctive, charming.

~रुबा (~rubā) स्त्री. प्रेयसी, प्रेमिका।
(f.) heart-captivating, beloved.

दिलहा (dilahā) पु. किवाड़ के पल्ले के वे चौकोर टुकड़े जो शोभा के लिए लगाए जाते हैं।
(m.) panel (of a door).

दिलासा (dilāsā) पु. आश्वासन।
(m.) assurance.

दिली (dilī) वि. (फा.) दिल संबंधी, हार्दिक, बहुत घनिष्ठ।
(adj.) pertaining to the heart, hearty, cordial, close, intimate.

दिलेर (diler) वि. (फा.) बहादुर, साहसी।
(adj.) bold, brave, courageous, lively.

दिल्लगी (dillagī) स्त्री. (फा.) चित्त-विनोद या हँसने-हँसाने की बात, ठट्ठा, ठिठोली, मजाक, मखौल।
(f.) a jest, joke, fun.

~बाज (~bāj) पु. हँसी-दिल्लगी करनेवाला।
(m.) a joker, light-hearted person.

दिवस (divas) पु. (सं.) दिन, रोज।
(m.) a day, particular day.

दिवालिया (divāliyā) पु. जिसके पास ऋण चुकाने के लिए कुछ भी न रह गया हो।
(m.) a bankrupt.

दिसा (disā) स्त्री. (सं.) दिशा, ओर, तरफ।
(f.) direction, course (as of an aircraft).

~निर्देसक (~nirdesak) पु. दिशा निर्देशक।
(m.) a guide.

~फरागत (~farāgat) स्त्री. शौच।
(f.) defection.

~सूल (~sūl) पु. दिक्शूल।
(m.) an inauspicious, planetary conjunction, an unlucky direction or day.

दिसंबर (disanbar) पु. ईसवी सन् का अंतिम माह, दिसंबर।
(m.) December.

दिसावर (disāvar) पु. (सं.) दूसरा देश, परदेश, विदेश।
(m.) foreign country.

दिसावरी (disāvarī) वि. विदेशी, आयातित।
(adj.) foreigner, imported (goods).

दिहल (dihal) वि. दिया हुआ। उदा. 'हमहिं दिहल करि कुटिल करमचँद।'—तुलसी।
(adj.) to given.

दीठ (dīṭh) स्त्री. दृष्टि, नजर।
(f.) sight, vision.

दीढ़ (dīṛh) वि. मजबूत, धैर्य, शक्ति।
(adj.) strong, solid, tough, firm, sound (health).

दीद (dīd) स्त्री. (फा.) आँख, दर्शन, दीदार।
(f.) an eye, act of seeing.

दीदा (dīdā) पु. (फा.) 1. दृष्टि, नजर। 2. आँख।
(m.) 1. eye-sight. 2. an eye.

दीदार (dīdār) पु. दे. दीद।

दीदी (dīdī) स्त्री. बड़ी बहन।
(f.) elder sister.

दीन (dīn) पु. (अ.) धर्म, मत, मजहब।
(m.) religion, a religious sect.

दीप (dīp) पु. द्वीप।
(m.) an island.

दीपक (dīpak) पु. (स.) दीया, चिराग।
(m.) a light, a lamp.

दीमक (dīmak) स्त्री. (फा.) चींटी की तरह का एक छोटा सफेद कीड़ा जो लकड़ी, कागज में लगकर उसे खोखला और नष्ट कर देता है, वल्मीक।
(f.) white ant, termite.

दीयट (dīyaṭ) स्त्री. लकड़ी या धातु का वह आधार जिस पर दीया रखा जाता है।
(f.) a lampstand.

दीया (dīyā) पु. दे. दीपक।

दीरघा (dīraghā) स्त्री. (सं.) यातायात हेतु लंबा छाया मार्ग, दर्शकों हेतु बैठने का स्थान।
(f.) a gallery.

दीवान (dīvān) पु. (अ.) 1. राजा के बैठने की जगह राजसभा, कचहरी। 2. राज्य का प्रबंध करनेवाले मंत्री, वजीर, प्रधान। 3. गजलों का संग्रह।
(m.) 1. a royal assembly. 2. a minister of the king. 3. a compilation of poems.

दीवानगी (dīvānagī) स्त्री. (फा.) पागलपन, उन्माद।
(f.) madness, craziness.

दीवाना (dīvānā) वि. (फा.) पागल, मुग्ध प्रेमी।
(adj.) mad, crazy.

दीवानी (dīvānī) स्त्री. (फा.) 1. प्यार हेतु पागल स्त्री। 2. दीवान का पद। 3. वह न्यायालय जो संपत्ति संबंधी अधिकार का निर्णय करे।
(f.) 1. a woman mad in love. 2. the post of a Devan. 3. a civil court.

दीवार (dīvār) स्त्री. (फा.) भीत, दीवाल, ऊपर उठा हुआ घेरा।
(f.) a wall, embankment, outer, vertical portion.

दीवाली (dīvālī) स्त्री. (सं.) दीपावली, दीपों की पंक्ति, कार्तिक की अमावस्या का एक प्रसिद्ध उत्सव जिसमें रात को दीपक जलाकर लक्ष्मी का पूजन किया जाता है।
(f.) row of lamps, a festival in honour of Lakshmi held at the new moon of the month Kartik (when houses and buildings are illuminated).

दीहल (dihal) सक. देना।
(v.t.) to give.

दुंद (duṅd) पु. (सं.) उत्पात, उपद्रव, झगड़ा-बखेड़ा।
(m.) quarrelling, noise, din, uproar.

दुंद (duṅd) पु. (सं.) नगाड़ा, डंका।
(m.) a large drum.

दु (du) वि. (सं. द्वि) दो, 02 की संख्या।
(adj.) two.

~छत्ता (~chattā) वि. दो छतवाला।
(adj.) having a double roof.

~तरफा (~tarafā) वि. दोनों ओर का।
(adj.) having two sides.

~पहिया (~pahiyā) वि. दो पहिएवाला।
(adj.) two wheeled.

~भासिया (~bhāsiyā) पु. दो भाषाएँ जाननेवाला।
(m.) an interpreter.

~महला (~mahalā) वि. दो मंजिल का।
(adj.) two storeyed.

~हत्था (~hatthā) वि. दो मूठोंवाला।
(adj.) two handled.

दुअरथ (duarath) पु. द्वयर्थ, संदिग्ध।
(m.) ambiguity.

दुअरा (duarā) पु. द्वार, दरवाजा, भ्रमात्मक।
(m.) gate, door.

दुअर्थी (duarthī) वि. द्विअर्थी।
(adj.) equivocal, ambiguous.

दुआ (duā) स्त्री. (अ.) 1. प्रार्थना, विनती, दरखास्त, याचना। 2. आशीर्वाद, आशीष। मुहा. 1. **~माँगल**= प्रार्थना करना। 2. **~लागल**=आशीर्वाद फलीभूत होना।
(f.) 1. a prayer, entreaty. 2. bleassings. (id.) 1. to pray for. 2. granting of the prayer.

दुआरी (duārī) स्त्री. द्वार, दरवाजा।
(f.) gate, door.

दुकान (dukān) स्त्री. (फा.) सौदा बिकने का स्थान। मुहा. 1. **~बढ़ावल**–दुकान बंद करना। 2. **~लगावल**– दुकान का सामान फैलाकर रखना।
(f.) shop, stall. (id.) 1. to close a shop. 2. to spread things for sale.

दुख (dukh) पु. (सं. दुःख) तकलीफ, कष्ट, क्लेश।
(m.) causing grief, pain, trouble.

~दरद (~darad) पु. दुःख-दर्द।
(m.) grief and pain, distress, troubles.

~सुख (~sukh) पु. दुःख-सुख।
(m.) sorrow and joy.

दुखड़ (dukhaṛ) पु. व्यथा।
(m.) agony.

दुखभरल (dukhabharal) वि. दुःखपूर्ण।
(adj.) mournful.

दुखाइल (dukhāil) अक. दर्द करना।
(v.i.) to ache.

दुखी (dukhī) वि. (सं.) जिसे दुःख या कष्ट पहुँचा हो, दुःख में पड़ा हुआ।
(adj.) grieving, sad, sorry.

दुगुना (dugunā) वि. (सं.) द्विगुणित, दो गुना।
(adj.) twofold, double, twice.

दुद्धी (duddhī) स्त्री. (हिं.) खड़िया मिट्टी।
(f.) a whitish chalk.

दुध (dudh) पु. (सं.) दुग्ध, दूध।
(m.) milk.

दुधमुहाँ (dudhamuhāṁ) वि. बच्चा जो अभी माता के दूध से ही पलता हो।
(adj.) not weaned.

दुधहा (dudhahā) पु. दूधवाला।
(m.) a milkman.

दुधार (dudhār) वि. दूध देनेवाली (गौ, भैंस, बकरी) लोक. 'दुधार गाय के लातो भला'।
(adj.) giving milk (cow, buffallow, goat).

दुधारू (dudhārū) वि. दे. दुधार।

दुधैल (dudhail) वि. दे. दुधार।

दुनाली (dunālī) स्त्री. दो नालवाली (बंदूक)।
(f.) double-barrelled gun.

दुनिया (duniyā) स्त्री. (अ.) 1. संसार, जगत। 2. संसार के लोग, जनता। 3. संसार का जाल। मुहा. 1. **~के हवा लागल**=सांसारिक अनुभव होना, 2. **~भर के**=बहुत अधिक।
(f.) 1. the world, this world, life. 2. all the people of the world. 3. the network of the world. (id.) 1. to have the worldly experience. 2. too much, very much.

दुनियाई (duniyāī) वि. सांसारिक।
(adj.) relating to this world.

दुनियादार (duniyādār) वि. (अ) 1. सांसारिक प्रपंच में फँसा हुआ। 2. ढोंग रचकर अपना काम निकालनेवाला, व्यवहार-कुशल।
(adj.) 1. entangled in worldly affairs. 2. worldly wise, pragmatic.

दुनियादारी (duniyādārī) स्त्री. (अ.+फा.) 1. दुनिया का कारोबार, गृहस्थी का जंजाल। 2. वह व्यवहार जिससे अपना प्रयोजन सिद्ध हो, स्वार्थ साधन। 3. बनावटी व्यवहार।
(f.) 1. affairs of the world. 2. any selfish act. 3. artificial behaviour.

दुन्ना (dunnā) क्रि.वि. दुगुना।
(adv.) doubly.

दुन्नों (dunnoṅ) वि. दोनों।
(adj.) both.

दुपट्टा (dupaṭṭā) पु. ओढ़ने का चादर। मुहा. **'~तानके सूतल'**=निश्चिंत हो जाना।
(m.) a shawl of doubled material, sheet, wrapper. (id.) to sleep in peace or with the mind at ease.

दुपलिया (dupaliyā) वि. दो पल्लावाली।
(adj.) two sided.

दुपहर (dupahar) पु. मध्याह्न।
(m.) midday, the period around midday.

दुपहरिया (dupahariyā) स्त्री. दे. दुपहर।

दुपाया (dupāyā) वि. (फा.) दो पैरोंवाला।
(adj.) two footed.

दुबकल (dubakal) अक. दुबकना, छिपना।
(v.i.) to skulk, to hide.

दुबगली (dubagalī) वि. दोनों तरफ।
(adj.) both sides.

दुबराइल (dubarāil) अक. दुबला होना।
(v.i.) to become thin.

दुबला (dubalā) वि. (सं.) दुर्बल, अशक्त, निर्बल।
(adj.) thin, lean, weak, frail.

दुबारा (dubārā) क्रि.वि. (फा.) फिर, पुनः।
(adv.) again, once again, once more.

दुबिधा (dubīdhā) स्त्री. संदेह, अनिश्चितता, आगा-पाछा, शंका, संशय।
(f.) dilemma, doubt, uncertainty.

दुब्बर (dubbar) वि. शक्तिहीन, कमजोर।
(adj.) impotent, frail, anaemic, flimsy, flaccid.

दुभासिया (dubhāsiyā) पु. (सं.) दो भाषाएँ जाननेवाला, इंटरप्रेटर।
(m.) interpreter.

दुमंजिला (dumaṅjilā) वि. (फा.) दुमंजिल, दुतल्ला, दो खंडोंवाला।
(adj.) double-storyed.

दुम (dum) स्त्री. (फा.) 1. पूँछ, पुच्छ। 2. पूँछ की तरह पीछे लगी। 3. पीछे-पीछे लगा रहनेवाला आदमी। मुहा. **~दबाके भागल**=डरकर भाग जाना।
(f.) 1. tail. 2. a thing like a tail. 3. a hanger on. (id.) to take to one's heels.

दुमट (dumaṭ) स्त्री. (सं.) चिकनी मिट्टी जो फसल के लिए उपयुक्त होती है।
(f.) a heavy loamy soil, fit for crops.

दुमदार (dumadār) वि. (फा.) दुम या पूँछवाला।
(adj.) having a tail.

दुर (dur) विस्म. 'दूर हो' का संक्षिप्त रूप (कुत्तों के लिए प्रयुक्त)।
(interj.) the abridged form of 'be off! clear out', to drive away (as a dog).

दुरगत (duragat) स्त्री. बुरी दशा।
(f.) bad circumstances.

दुरघटना (duraghaṭanā) पु. दुर्घटना।
(m.) an accident.

दुरजन (durajan) पु. (सं. दुर्जन) दुष्ट व्यक्ति।
(m.) a villain, scoundrel.

दुरदसा (duradasā) पु. दुर्दशा।
(m.) predicament.

दुरदुरावल (duradurāval) सक. दूर भगाना।
(v.t.) to drive or to send scornfully away.

दुरभाग्य (durabhāgy) पु. बदकिस्मती।
(m.) misfortune.

दुरमिस (duramis) पु. पीट-पीटकर भूमि को समतल बनाने का उपकरण।
(m.) rammer (for pounding earth).

दुरलभ (duralabh) वि. (सं.) जो जल्दी न मिले, दुष्प्राप्य, अनोखा।
(adj.) difficult to find, rare, precious.

दुरुस्त (durust) वि. (फा.) 1. ठीक, सही। 2. उचित। 3. अखंड।
(adj.) 1. correct, right. 2. proper. 3. whole.

दुरुस्ती (durustī) स्त्री. (फा.) सुधार, संशोधन।
(f.) improvement, correction, amendment.

दुर्गा (durgā) स्त्री. (सं.) दुर्गा देवी।
(f.) the goddess Durga.

दुलरुआ (dularuā) वि. प्रिय, प्यारा, लाडला।
(adj.) dear, adorable.

दुलहन (dulahan) स्त्री. नवविवाहिता, दुल्हन।
(f.) a bride.

दुलहा (dulahā) पु. वर, दूल्हा।
(m.) a bridegroom.

दुलहिन (dulahin) स्त्री. दे. दुलहन।

दुलार (dular) पु. प्रेम, प्यार।
(m.) love, affection.

दुलारल (dulāral) सक. प्रेम, प्यार करना।
(v.t.) to fondle, to caress.

दुलारा (dulārā) वि. प्यारा।
(adj.) dear, darling.

दुलीचा (dulīcā) पु. मोटे सूतों का बना रंग-बिरंगा बिस्तर, दरी।
(m.) a carpet.

दुवार (duvār) पु. मुख्य घर के बाहर एक छोटा घर।
(m.) out house.

दुवारी (duvārī) स्त्री. प्रवेश मार्ग।
(f.) entrance.

दुसमन (dusaman) पु. (फा.) दुश्मन, शत्रु।
(m.) an enemy.

दुसमनी (dusamanī) स्त्री. शत्रुता।
(f.) enmity.

दुसाला (dusālā) पु. (फा.) एक प्रकार का शाल।
(m.) a kind of shawl.

दुस्ट (dusṭ) वि. (सं.) दुष्ट, नीच, भ्रष्ट।
(adj.) wicked, vicious, base, corrupted.

दुस्टई (dusṭaī) स्त्री. दुष्टता।
(f.) wickedness.

दुसाध (dusādh) पु. (सं.) हिंदू जाति का एक समुदाय।
(m.) name of a Hindu community.

दुस्मनी (dusmanī) स्त्री. दुश्मनी, बैर।
(f.) hostility, enmity.

दुहल (duhal) सक. गाय, भैंस, बकरी के स्तन से दूध निकालना।
(v.t.) to milk, to squeeze out.

दुहिता (duhitā) स्त्री. (सं.) पुत्री।
(f.) daughter.

दू (dū) वि. दो।
(adj.) two.

दूकान (dūkān) स्त्री. दे. दुकान।

दूकी (dūkī) स्त्री. तास की एक पत्ती।
(f.) a card.

दूज (dūj) पु. (सं.) द्वितीया तिथि।
(m.) the second day of lunar fortnight.
~के चान (~ke can) मुहा. बहुत दिन के बाद मिलने-वाला।
(id.) an infrequent visitor.

दूजा (dūjā) वि. दूसरा।
(adj.) second, other, another, secondary.
दूटूकी (dūṭūkī) स्त्री. स्पष्ट बात। (वि.) खुलासा, स्पष्ट।
(f.) the plain and open fact. (adj.) free, open, unchecked, explicit.
दूत (dūt) पु. (सं.) संदेश पहुँचानेवाला व्यक्ति, समझौता करनेवाला व्यक्ति, खुफिया।
(m.) an envoy, messenger, negotiator, spy.
दूती (dūtī) स्त्री. (सं.) समाचार पहुँचानेवाली स्त्री, कुटनी।
(f.) a female envoy, a gossip, tale bearer.
दूध (dūdh) पु. दे. दुध।
दूना (dūnā) वि. दुगुना।
(adj.) twice.
दूनी (dūnī) वि. दो गुना का बोधक।
(adj.) multiplied by two.
दूनू (dūnū) वि. दोनों, पति-पत्नी।
(adj.) both, husband-wife.
दूब (dūb) स्त्री. (सं.) एक प्रसिद्ध घास।
(f.) a famous grass.
दूबर (dūbar) वि. निर्बल, कमजोर, दुबला, पतला, शक्तिहीन।
(adj.) weak, frail, powerless, impotent.
दूबे (dūbe) पु. ब्राह्मणों की एक उपाधि।
(m.) name of a Brahman sub-community.
दूभर (dūbhar) वि. (सं.) दुर्भर, कठिन, कठोर।
(adj.) hard to be borne, burdensome, hard to obtain.
दूर (dūr) क्रि.वि. (फा.) देश, काल या संबंध आदि के विचार से बहुत अंतर पर, बहुत फासले पर, दूर। मुहा. 1. **~कइल**=अलग करना। 2. **~भगावल**=बहुत बचाना।
(adv.) far away, far off. (id.) 1. to dispel. 2. to keep aloof, to avoid.
दूरदरसक (dūradarasak) वि. (सं.) दूर तक की बात देखने या समझनेवाला, दूरदर्शी।
(adj.) far seeing, discerning, long-sighted, a learned man.
दूरजन (dūrajan) वि. दे. दुरजन।
दूरदरसन (duradarsan) पु. (सं.) टेलीविजन, दूरदर्शन।
(m.) television.
दूरबीन (dūrabīn) स्त्री. (फा.) गोल नल के आकार का एक काँच लगा हुआ यंत्र जिससे दूर की चीजें स्पष्ट और बड़ी दिखाई पड़ती हैं, दूरबीन।
(f.) a binocular, a telescope.
दूरी (dūrī) स्त्री. (फा.) अंतर, दूरत्व, फासला।
(f.) distance.
दूसर (dūsar) वि. (सं.) द्वितीय, दूसरा।
(adj.) other, another, next.
दूसल (dūsal) सक. दोष देना. शिकायत करना।
(v.t.) to blame, to complain.
दूहल (dūhal) पु. दुहना।
(m.) milking.
देआदिन (deādin) स्त्री. पति के भाई की पत्नी।
(f.) the wife of husband's brother.
देआल (deāl) वि. दयालु, कृपालु।
(adj.) kind, kind hearted.
देई (deī) स्त्री. देवी।
(f.) goddess, Devi.
देखल (dekhal) सक. देखना।
(v.t.) to see.
देखभाल (dekhabhāl) स्त्री. सुरक्षा, देखभाल।
(f.) supervision, care (of a child, a patient).
देखवैया (dekhavaiyā) पु. देखनेवाला।
(m.) spectator, observer.
देखा-देखी (dekhā-dekhī) स्त्री./क्रि.वि. एक दूसरे को देखने की क्रिया, दशा या भाव, साक्षात्कार, दूसरे को कुछ करते हुए देखकर उसी के अनुकरण पर (कोई काम करना)।
(f./adv.) looking at each other, confrontation (of two persons), imitation, rivalry, in sight (of), out of rivalry (with).
देखावल (dekhāval) सक. दिखाना।
(v.t.) to show, to present.
देखावा (dekhāvā) पु. दिखवा।
(m.) showing, displaying.
देग (deg) स्त्री. (फा.) खाना पकाने का चौड़ा और बड़ा बर्तन।
(f.) a large cooking pot, cauldron, kettle.
देगचा (degacā) पु. (फा.) छोटा देग।
(m.) a small kettle.
देन (den) स्त्री. 1. कर्ज, ऋण। 2. भेंट, कृपा।
(f.) 1. a loan, debt, liability. 2. gift.
देनदार (denadār) पु. देने के लिए पाबंद।
(m.) debtor.
देबी (debī) स्त्री. भवानी, देवी।
(f.) goddess, Bhavani.

देर (der) स्त्री. (फा.) 1. नियमित, उचित से अधिक समय, विलंब। 2. समय, वक्त।
(f.) 1. delay. 2. time.
~सवेर (~saver) क्रि.वि. किसी समय, जल्दी या देरी से।
(adv.) sooner or later, now and again, at whatever time.

देरी (derī) स्त्री. विलंब, देर।
(f.) delay.

देव (dev) पु. (सं.) भगवान, देवता। उदा. 'उगिना सुरुज देव होखि ना सहाइ।' (छठ गीत)।
(m.) a god, supreme lord.
~नदी (~nadī) स्त्री. गंगा।
(f.) divine river, Ganga.
~नागरी (~nāgarī) स्त्री. देवनागरी लिपि।
(f.) Devanagari script.
~बानी (~bānī) स्त्री. संस्कृत।
(f.) Sanskrit.
~लोक (~lok) पु. स्वर्ग, देवस्थान।
(m.) paradise, the world of Gods.

देव (dev) पु. (फा.) राक्षस, दैत्य। (वि.) बहुत हृष्टपुष्ट, बलवान।
(m.) a giant, monster. (adj.) stout, mighty.

देवकरी (devakarī) स्त्री. (सं.) देवस्थान, देवता का स्थान, कहा. 'देवकरी गइले दूना दुख' (अच्छे का बुरा परिणाम)।
(f.) abode of the gods heaven, temple.

देवकी (devakī) स्त्री. कृष्ण की माता। उदा. 'देवकी-नंदन जय जय श्याम।'
(f.) the mother of Krishna.

देवठान (devaṭhān) पु. कार्तिक शुक्ल पक्ष एकादशी के दिन विष्णु का जागरण।
(m.) the waking of Vishnu (on the eleventh of the bright half of the month Kartik).

देवता (devatā) पु. (सं.) देव, सुर, पूज्य, प्रतिमा।
(m.) a god, a person held to be sacred, an idol.

देवदार (devadār) पु. (फा.) जंगलों में पाया जानेवाला बड़ा वृक्ष, चीड़ का पेड़।
(m.) a large tree of forests, a pine tree.

देवर (devar) पु. (सं.) पति का छोटा भाई।
(m.) husband's younger brother.

देवरानी (devarānī) स्त्री. देवर की पत्नी।
(f.) husband's younger brother's wife.

देवल (deval) पु. (सं.) देवालय, देव मंदिर।
(m.) a temple, shrine.

देवली (devalī) स्त्री. (सं.) छोटा मंदिर, केवल एक मूर्ति हेतु या कुलदेव हेतु मंदिर।
(f.) a small temple or shrine made for an idol only.

देवसार (devasār) पु. एक प्रकार का धान।
(m.) a type of paddy.

देवहरा (devaharā) पु. मंदिर।
(m.) a temple.

देवा (devā) पु. (सं.) 1. भगवान, देवता। 2. देनेवाला।
(m.) 1. a god, a deity. 2. a giver.

देवान (devān) पु. दे. दीवान।

देवानी (devānī) स्त्री. दे. दीवानी।

देवाल (devāl) स्त्री. दे. दीवार।

देवाला (devālā) पु. दिवाला, व्यवसाय में पूरा घाटा।
(m.) bankruptcy, complete loss in business.

देवी (devī) स्त्री. (सं.) 1. देवता की स्त्री। 2. देवता की संगिनी (शिवजी की भवानी दुर्गा)। 3. भद्र महिला।
(f.) 1. a goddess. 2. consort of a god esp. Durga (wife of Shiva). 3. a lady.

देवैया (devaiyā) पु. देनेवाला।
(m.) a giver, bestower.

देस (des) पु. (सं.) 1. स्थान, क्षेत्र, प्रांत। 2. राष्ट्र, देश। 3. मातृभूमि या क्षेत्र।
(m.) 1. place, region, province. 2. nation, country. 3. native land or region.
~भगत (~bhagat) पु. राष्ट्रभक्त।
(m.) patriot.
~भगती (~bhagatī) स्त्री. राष्ट्रभक्ति।
(f.) patriotism.
~विदेस (~vides) पु. देश और विदेश।
(m.) home and abroad.

देसावर (desāvar) पु. 1. विदेश। 2. आयात, निर्यात का केंद्र।
(m.) 1. a foreign country or countries. 2. market for exports, source of imports.

देसावरी (desāvarī) वि. विदेश का, आयातित माल। (पु.) विदेशी।
(adj.) foreign, imported (goods). (m.) a foreigner.

देसी (desī) वि. (सं.) क्षेत्र या स्थान से संबंधित। (पु.) देश क्षेत्र का निवासी।
(adj.) belonging to region or locality. (m.) an inhabitant of a region or country.

देह (deh) स्त्री. शरीर।
(f.) body.

देहगर (dehagar) पु. पुष्ट शरीरवाला।
(m.) of healthy body.

देह (deh) पु. (फा.) गाँव, खेड़ा, मौजा। (प्रत्य.) देनेवाला –जैसे आरामदेह।
(m.) a village. (suf.) giver.

देहात (dehāt) पु. (फा. 'देह' का बहुवचन) गाँव।
(m.) a village.

देहातिन (dehātin) स्त्री. ग्रामीण महिला।
(f.) a village woman.

देहाती (dehātī) वि. (फा.) गाँव का। (पु.) गाँव में रहनेवाला, गँवार।
(adj.) of a village. (m.) a villager.

देहा-देही (dehā-dehī) क्रि.वि. प्रतिव्यक्ति।
(adv.) every body.

देहान्त (dehānt) पु. मृत्यु।
(m.) death.

दैत (dait) पु. (सं.) 1. दिति का पुत्र। 2. राक्षस, दैत्य।
(m.) 1. the son of Diti. 2. a demon.

दैन (dain) पु. (अ.) कर्ज।
(m.) a loan, a debt.

दैनिक (dainik) क्रि.वि. (सं.) प्रतिदिन।
(adv.) daily.

दैन्य (dainy) पु. (सं.) दीनता, कातर।
(m.) poverty, humility.

दैया (daiyā) स्त्री. माता, माँ।
(f.) mother.

दैव (daiv) वि. (सं.) 1. देवता संबंधी। 2. देवता, ईश्वर का किया हुआ। (पु.) 1. प्रारब्ध, भाग्य। 2. होनहार। 3. ईश्वर। मु. **~बरसल**=पानी बरसना।
(adj.) 1. divine, heavenly. 2. destined fated. (m.) 1. deity, a heavenly being. 2. divine power, fate, destiny. 3. god. (id.) rain to fall.

दैविक (daivik) वि. (सं.) देवता संबंधी प्राकृतिक कारणों से होने वाला। उदा. 'दैहिक, दैविक, भौतिक तापा।' –तुलसीदास।
(adj.) having to do with a god or gods, divine divinely caused.

दैवी (daivī) वि. (सं.) देवता संबंधी, प्रारब्ध या संयोग से होनेवाला, अचानक अपने आप होनेवाला, आकस्मिक।
(adj.) divine, fated, happening by chance.

दैहिक (daihik) वि. (सं.) शारीरिक।
(adj.) of or belonging to the body.

दैहिकी (daihikī) स्त्री. (सं.) शरीरविज्ञान।
(f.) physiology.

दोंगा (doṅgā) पु. (सं.) कन्या का वर के घर दुबारा जाना।
(m.) the practice of a bride leaving her parental home at gauna.

दो (do) वि. (सं.) दो, 2 की संख्या।
(adj.) two.

दोआबा (doābā) पु. (फा.) किसी देश का वह भाग जो दो नदियों के बीच में हो।
(m.) the land of the country between the two rivers.

दोआर पूजा (doār pūjā) स्त्री. दे. द्वार पूजा।

दोआह (doah) वि. दूसरा ब्याह करनेवाला व्यक्ति।
(adj.) twice-married.

दोएम (doem) वि. मध्यम श्रेणी का, दूसरे नंबर का।
(adj.) second, second class, second rate, inferior.

दोकरा (dokarā) पु. पैसे का चौथा भाग।
(m.) one fourth part of a paisa.

दोकान (dokān) स्त्री. दुकान।
(f.) a shop.

दोख (dokh) पु. (सं.), दोष, कमियाँ।
(m.) demerit.

दोगला (dogalā) वि. (फा.) 1. वह मनुष्य जो अपनी माता के यार से उत्पन्न हुआ हो, जारज, वर्ण संकर। 2. वह जीव जिसके माता-पिता भिन्न-भिन्न जातियों के हों।
(adj.) 1. bastered. 2. cross of mixed blood, illegitimate.

दोगहा (dogahā) पु. दो दरवाजोंवाला मकान, दो दीवालों के बीच की जगह, दुआर-घर, गलियारा।
(m.) a house of two doors, the space between two walls, door-house.

दोगाह (dogāh) पु. गोशाला।
(m.) enclosure for cattle.

दोच (doc) स्त्री. भूल, विस्मृति, असमंजस।
(f.) mistake, uncertainty.

दोजख (dojakh) पु. (फा.) नरक, जहन्नुम।
(m.) the hell.

दोजखी (dojakhī) वि. (फा.) दोजख संबंधी, नरक संबंधी। (पु.) पापी, नारकी।
(adj.) relating to hell. (m.) a sinner, an offender.

दोतरफा (dotarafā) वि. (फा.) दोनों तरफ का, दोनों ओर होनेवाला। (क्रि.वि.) दोनों तरफ, दोनों ओर।
(adj.) two-way, bilateral. (adv.) on both sides.

दोदरा (dodarā) पु. खुजलाने से बदन पर उभरा चकत्ता, पतली छड़ी की मार से उभरा दाग।
(m.) a mark or stain after itching body, a spot after canning.

दोन (don) पु. (सं.) दो नदियों का संगम स्थान।
(m.) land between two rivers, junction of two rivers.

दोन (don) पु. एक छोटी नाव।
(m.) a small yatch.

दोना (donā) पु. (सं.) पेड़ की पत्ती की बनी कटोरी।
(m.) a leaf basket, leaf-cup.

दोपटी (dopaṭī) वि. जिसके दोनों पाट अलग हो गए हों।
(adj.) of two breadths or folds.

दोपहता (dopahatā) वि. (फा.) गर्भवती।
(adj.) pregnant.

दोपहर (dopahar) पु. दोपहर, दुपहर, मध्याह्न।
(m.) midday, the period around midday.

दोपहरिया (dopahariyā) वि. दो पहर का। (स्त्री.) दोपहर।
(adj.) related to afternoon. (f.) the period around midday, early afternoon.

दोपाया (dopāyā) वि. (फा.) दो पैरोंवाला (मनुष्य)।
(adj.) having two feet (man).

दोफसली (dofasalī) वि./स्त्री. एक साल में दो फसलों-वाला खेत।
(adj./f.) land yielding two crops per year.

दोबर (dobar) वि. दो तहोंवाला।
(adj.) of two layers.

दोबरा (dobarā) वि. दोहरा।
(adj.) of double thickness.

दोबारल (dobāral) सक. वस्त्र को मोड़कर दो पर्त करना।
(v.t.) to fold the cloth in two tiers or layers.

दोबारा (dobārā) क्रि.वि. (फा.) एक बार हो चुकने के बाद फिर एक बार, दूसरी बार।
(adv.) again, once more.

दोमंजिला (domaṅjilā) वि. दो मंजिला मकान।
(adj.) tow storeyed house, double storeyed.

दोमुँहा (domuṁhā) वि. जिसके दो मुँह हों, जैसे दो मुँहा साँप, दोहरी चाल चलनेवाला, कपटी।
(adj.) having duplicity.

दोबिधा (dobidhā) स्त्री. दुविधा, दो बातों में अटके रहने की स्थिति।
(f.) dilemma, doubt, indecision, uncertainty.

दोम (dom) स्त्री. पूँछ, दुम।
(f.) tail.

दोमट (domaṭ) वि. हल्की और कड़ी मिट्टी के योग से बना खेत, मिट्टी का एक प्रकार।
(adj.) field of soft and hard soil, a type of soil.

दोलक (dolak) पु. एक प्रकार का धान।
(m.) a kind of paddy.

दोलाई (dolaī) स्त्री. रूई-भरी रजाई।
(f.) a quilt of cotton.

दोस (dos) पु. (सं.) अवगुण, बुराई, खराबी, पाप, अपराध।
(m.) fault, defect, vice, blame, offence, sin, guilt.

दोसिहा (dosihā) पु. अभियुक्त, दोषी।
(m.) accused, convict.

दोसी (dosī) वि. अपराधी, कसूरवार।
(adj.) criminal, culprit.

दोसर (dosar) वि. दूसरा, अन्य।
(adj.) another.

दोसाला (dosālā) वि. दो साल का पुराना।
(adj.) of two years, biennial.

दोसाला (dosālā) पु. (फा.) एक प्रकार की शाल।
(m.) a kind of shawl.

दोस्त (dost) पु. (फा.) मित्र, स्नेही।
(m.) a friend, a lover, sweetheart.

दोस्तदार (dostadār) वि. (फा.) मित्रता रखनेवाला।
(adj.) friendly, companionable.

दोस्तदारी (dostadārī) स्त्री. (फा.) दोस्ती, मित्रता।
(f.) friendship, intimacy.

दोस्ताना (dostānā) पु. (फा.) मित्रता, मित्रता का व्यवहार।
(m.) friendship, friendly dealings, friendly manner.

दोस्ती (dostī) स्त्री. (फा.) मित्रता।
(f.) friendship, love, affection.

दोहन (dohan) पु. (सं.) 1. गाय, भैंस का दूध दुहने का कार्य। 2. शोषण।
(m.) milking, fig, exploitation.

दोहनी (dohanī) स्त्री. (सं.) वह बर्तन जिसमें दूध दुहते हैं।
(f.) milking, milk-pail.

दोहर (dohar) स्त्री. दो पल्लों या परतों की एक प्रकार की चादर।
(f.) a cloth of two folds, a double sheet.

दोहरवरा (doharavarā) क्रि.वि. दुबारा, पुनः।
(adv.) again, once more.

दोहरा (doharā) वि. दुबारा।
(adj.) double, two-fold, twice as much.

दोहरावल (doharāval) सक. किसी काम को दो बार करना।
(v.t.) to repeat, to revise, to fold, to double.

दोहा (dohā) पु. तेरह और ग्यारह मात्रा पर विरामवाला चौबीस मात्राओं का छंद, दो पंक्तियों का पद।
(m.) a rhyming couplet in which each line consists of half-lines made up of feet of 6+4+3 and 6+4+1 matras respectively.

दोहाई (dohāī) स्त्री. सहायता, दया, न्याय, रक्षा हेतु पुकार।
(f.) cry for help, mercy, or justice.

दोहिया (dohiyā) पु. ग्वाला, दूधिया।
(m.) milkman, cowherd.

दोही (dohī) स्त्री. बैर रखनेवाला दुश्मन।
(f.) hostile, inimical, an enemy, rebel, conspirator.

दौ (dau) स्त्री. (सं.) जंगल की आग, संताप, कष्ट, दाह, जलन।
(f.) a forest fire, burning heat.

दौड़ (dauṛ) स्त्री. दौड़ने की क्रिया।
(f.) running, a run, a gallop, a race.
~कूद (~kūd) स्त्री. दौड़ने की प्रतियोगिता।
(f.) athletics.
~धूप (~dhūp) स्त्री. वह प्रयत्न जिसमें इधर-उधर दौड़ना पड़े।
(f.) scurrying, bustle, effort, fight, confusion.

दौड़ावल (dauṛāval) सक. दूसरे को दौड़ने में प्रवृत करना, किसी को जल्दी या बार-बार भेजना।
(v.t.) to cause to run, to urge on, to drive, to despatch (a person) in haste.

दौरा (daurā) पु. एक प्रकार का टोकरा (बिना ढक्कन का)।
(m.) a large basket (without a lid).

दौरी (daurī) स्त्री. डलिया।
(f.) small flat basket of bamboo or munj grass (without lid).

दौलत (daulat) स्त्री. (अ.) धन, संपत्ति।
(f.) wealth, riches.

दौलतखाना (daulatakhānā) पु. (अ. दौलत+फा. खानः) निवासस्थान, घर (आदर के साथ)।
(m.) a residence (euphemistic).

दौलतमंद (daulatamaṅd) वि. (अ.+फा.) धनी, संपन्न।
(adj.) rich, wealthy.

दौलतमंदी (daulatamaṅdī) स्त्री. (अ.+फा.) धनी होने की अवस्था या भाव।
(f.) wealthiness.

द्रब्य (draby) पु. द्रव्य, पदार्थ।
(m.) matter.

द्वार (dvār) पु. (सं.) दरवाजा।
(m.) door, gate, entrance.

द्वारका (dvārakā) स्त्री. (सं.) प्राचीन पवित्र नगरी जो श्रीकृष्ण की राजधानी थी।
(f.) name of the legendary capital of Krisna, a sacred and old city near Gulf of Kutch.

द्वारकाधीस (dvārakādhīs) पु. (सं.) श्रीकृष्ण।
(m.) Shri Krisna.

द्वारकानाथ (dvārakānāth) पु. (सं.) श्रीकृष्ण।
(m.) Shri Krisna.

द्वारपूजा (dvārapūjā) स्त्री. (सं.) विवाह की एक रस्म जो लड़कीवाले के द्वार पर बारात पहुँचने के समय होती है जिसमें वर का पूजन होता है।
(f.) marriage rite performed at the door of the brides house.

द्वारा (dvārā) अव्य. (सं.) जरिए से, साधन से।
(indec.) by means (of), by the agency (of), (in the address of a letter) care of.

द्वीप (dvīp) पु. (सं.) चारों ओर जल से घिरा हुआ स्थल, टापू, द्वीप।
(m.) an island.

द्वेस (dves) पु. द्वेष।
(m.) malice.

ध

ध (dha) देवनागरी वर्णमाला का उन्नीसवाँ व्यंजन, इसका उच्चारण स्थान दंत है।
– the ninteenth consonant of the Devanagari syllabary.

धंधा (dhaṅdhā) पु. उद्योग, व्यवसाय, काम-काज, कारोबार।
(m.) occupation, trade, profession, business.

धँधार (dhaṁdhār) स्त्री. आग की लपट।
(f.) fire, tongue of fire.

धंस (dhaṅs) पु. नाश, उजाड़।
(m.) destruction, demolition.

धँसल (dhaṁsal) अक. गड़ना, कील आदि का अंदर घुसना।
(v.i.) to sink (into), to pierce to stick (into), to penetrate.

धइल (dhail) सक. पकड़ना, रखना, रखा हुआ।
(v.t.) to seize, to catch, to hold, to clutch, to check, to arrest.

धउताल (dhautāl) वि. मूर्ख, बुद्धिहीन, मानसिक रूप से दरिद्र।
(adj.) foolish, senseless, ignorant, stupid.

धउरल (dhaural) अक. बार-बार जाना, दौड़ना।
(v.i.) to run, to hasten, to dart, to gallop, to scurry.

धक (dhak) स्त्री. धक्का, ठोकर, दिल की धड़कन, दुश्चिंता। मुहा. जी **~हो गइल**=दहल जाना, चौंक पड़ना। (क्रि.वि.) अचानक, सहसा।
(f.) shock, pulpitation, anxiety, heart-beating.
(adv.) with a surge, impetus.

धक-धक (dhak-dhak) स्त्री. दिल के धड़कने के शब्द।
(f.) beating, palpitation, words of heart beating.

धकधकाइल (dhakadhakāil) अक. भय से हृदय की गति तीव्र होना।
(v.i.) to throb violently (the heart) due to fear.

धकाधक (dhakādhak) क्रि.वि. खूब तेजी से, लगातार।
(adv.) with a surge continued.

धकियावल (dhakiyāval) सक. ढकेलना, रेलना, ठेलना।
(v.t.) to shove or to elbow (one's way).

धकेलल (dhakelal) सक. धक्का देना।
(v.t.) to push, a crush, crowd.

धक्का (dhakkā) पु. टक्कर, ठोकर, आघात, विपत्ति, संकट।
(m.) shove, jolt, shock, impact, blow of fate, damage.

धक्काड़ (dhakkāṛ) वि. प्रभावशाली, निर्भय, निडर।
(adj.) influential, weighty, authoritative, fearless.

धखछुट्टू (dhakhachuṭṭū) वि. निर्लज्ज।
(adj.) shameless, brazen, immodest.

धखाइल (dhakhāil) अक. धाक मानना, मनवाना।
(v.i.) to become established, to be held in awe.

धगड़ा (dhagaṛā) पु. स्त्री का यार, उपपति।
(m.) lover, adulterer, master, woman's illicit male sexual partner, paramour.

धगड़ी (dhagaṛī) स्त्री. हरजाई, व्याभिचारिणी।
(f.) an adulteress.

धगरिन (dhagarin) स्त्री. ढगरिन।
(f.) the nurse engaged in cutting the umbilical cord in delivery (of a child).

धगांठ (dhagāṅṭh) पु. वह फसल जो पशुओं के पैर से कुचली गई हो।
(m.) crop trampled by animals.

धजा (dhajā) स्त्री. पताका, ध्वज।
(f.) flag, pennant, strip of cloth (as flown over a shrine), pole with strip of cloth attached.

धजीला (dhajīlā) वि. सजीला, सुंदर, अच्छी धजवाला।
(adj.) of good or attractive build (a person), personable, well-dressed, stylish.

धडंग (dhaṛaṅg) वि. नंगा।
(adj.) stripped, naked, stark naked.

धड़ (dhaṛ) पु. शरीर का बिचला मोटा भाग, कमर के ऊपर का भाग, धड़।
(m.) the body, trunk main part (of an object or group), trunk (of a tree).

धड़ (dhaṛ) स्त्री. (अनु.) अचानक गिरने या टकराने आदि का गंभीर शब्द।
(f.) a noisy sound, esp. as of a fall or blow; bang, thud.

धड़क (dhaṛak) स्त्री. (हिं.) धड़कना, हृदय का स्पंदन, धकधकी, आशंका, खटका।
(f.) beating, throbbing (as of the heart), fear, alarm.

धड़कन (dhaṛakan) स्त्री. दे. धड़क।

धड़कल (dhaṛakal) अक. दिल का धक-धक करना।
(v.i.) to beat, to throb, to palpitate the heart.

धड़क्का (dhaṛakkā) पु. जोर की आवाज।
(m.) loud crashing sound, sound of a shot, explosion, rumble, roar (of thunder or storm).

धड़ाम (dhaṛām) पु. ऊँचाई से कूदने या गिरने की आवाज।
(m.) any sudden loud sound, crash, thud, splash, with a rush.

धत (dhat) स्त्री. बुरी लत, कमजोरी, दोष।
(f.) a bad habit, a weakness, vice.

धत्-धत् (dhat-dhat) विस्म. तिरस्कारपूर्वक हटाने या दुतकारने अथवा किसी को तुच्छ या बुरा सूचित करने का शब्द जैसे धत् तेरी की।
(interj.) expression of reproof, contempt, clear out, cut it out, you rascall, clear out.

धतियल (dhatiyal) वि. बुरी लतवाला।
(adj.) having a vice, addicted (to a person) addicted (to any vice).

धतूरा (dhatūrā) पु. (सं.) एक पौधा जिसका फल जहरीला, नशीला होता है।
(m.) the thorn-apple (a narcotic and poison).

धधकल (dhadhakal) अक. लपट के साथ जलना।
(v.i.) to blaze, to flare up to conflagrate.

धधकावल (dhadhakāval) सक. प्रज्वलित करना।
(v.t.) to cause to blaze (a fire), to kindle a fire fully.

धधाइल (dhadhāil) अक. घमंड से अनर्गल बातें कहना। कहा. 'धधाइल बाड़न तुरंते बुतइहन'।
(v.i.) to blaze, to flare, to rejoice, to be jubilant.

धधार (dhadhār) पु. आग की प्रचंड लपट।
(m.) hot blast (of flame or wind).

धन (dhan) पु. (सं.) रुपया-पैसा, सोना-चाँदी, द्रव्य, धन-दौलत, संपत्ति, जायदाद।
(m.) wealth, riches, money, funds, capital, property, treasure.

धन (dhan) स्त्री. (सं.) युवती स्त्री या वधू, नायिका या प्रेमिका।
(f.) blessed bride, young lady, heroine, beloved, auspicious, lucky, virtuous.

धनकियारी (dhanakiyārī) स्त्री. धान का खेत।
(f.) the field of paddy.

धनकटी (dhanakaṭī) स्त्री. धन-कटना, धान काटने का समय।
(f.) the season for cutting crop.

धनकल (dhanakal) अक. आग का जोर पकड़ना या तेज होना।
(v.i.) to be set on fire, to blaze.

धनकुटनी (dhanakuṭanī) स्त्री. धान की कुटनी।
(f.) the pounding of rice.

धनखर (dhanakhar) पु. वह खेत जिसमें धान की फसल होती है।
(m.) paddy-growing land.

धनखेती (dhanakhetī) स्त्री. धान का खेत।
(f.) the land of paddy.

धन-दौलत (dhan-daulat) पु. धन-संपत्ति।
(m.) wealth, riches.

धनपापर (dhanapāpar) पु. एक तरह की घास जो औषधि के काम आती है।
(m.) a medicinal grass.

धनबाल (dhanabāl) पु. मक्के का फूल, जब धान की बाल की तरह हो जाए।
(m.) stage of corn flower, becoming like paddy stamen.

धनवान (dhanavān) वि. धनी, अमीर।
(adj.) rich, wealthy, affluent.

धनसेठवा (dhanaseṭhavā) वि. धनी, अमीर।
(adj.) rich.

धनहरा (dhanaharā) पु. मक्के के पौधे में निकला उजला फूल।
(m.) white coloured flower of corn.

धनागार (dhanāgār) पु. खजाना।
(m.) treasury.

धनाठ (dhanāṭh) पु. धनी व्यक्ति।
(m.) a wealthy person.

धनादेस (dhanādes) पु. मनीआर्डर।
(m.) money order.

धनाही (dhanāhī) स्त्री. धान की खूब उपज।
(f.) profuse paddy crop.

धनिक (dhanik) पु. (सं.) 1. धनी मनुष्य। 2. पति।
(m.) 1. a rich man. 2. husband.

धनियाँ (dhaniyāṁ) स्त्री. 1. मसाला। 2. एक महीन धान। 3. लोकगीतों में पत्नी के लिए प्रयुक्त, धनियाँ (धन्या)।
(f.) 1. a spice. 2. a type of fine paddy. 3. wife.

धनी (dhanī) वि. (सं.) धनवान, मालिक, रक्षक।
(adj.) rich, wealthy, virtuous.

धनी (dhanī) स्त्री. प्रियतमा, पत्नी।
(f.) mistress, proprietress lady, wife.

धनी-मनी (dhanī-manī) वि. धनवान।
(adj.) rich, prosperous.

धनुकी (dhanukī) स्त्री. रूई तूमने का कमान।
(f.) bow used for carding cotton.

धनुख (dhanukh) पु. (सं.) कमान (बाँस का बना)।
(m.) a bow, a rainbow.

धन्नासेठ (dhannāseṭh) पु. (सं.) धन्य-श्रेष्ठ, बहुत धनी, परम धनाढ्य।
(m.) a wealthy man, wealthy person.

धन्नासेठी (dhannāseṭhī) स्त्री. अधिक धन पर प्राप्त अधिकार।
(f.) possession of great wealth.

धन्यवाद (dhanyavād) पु. (सं.) साधुवाद, प्रशंसा, कृतज्ञता ज्ञापन हेतु शब्द। (विस्म.) धन्यवाद करना।
(m.) giving thanks, gratitude, praise. (interj.) thank you.

धन्वंतरि (dhanvaṁtari) पु. (सं.) देवताओं के वैद्य, भारतीय चिकित्सा के जनक।
(m.) the physician of gods, the founder of Indian medicine.

धनुही (dhanuhī) स्त्री. छोटा धनुष, धुनकी।
(f.) a little bow, a little rainbow.

धनेस (dhanes) स्त्री. एक प्रकार की बड़ी चोंचवाली चिड़िया।
(f.) a kind of big beaked bird.

धन्होर (dhanhor) स्त्री. ज्वाला, लपट।
(f.) a flame.

धप (dhap) स्त्री. ध्वनि, शोर, धब-धब।
(f.) sound, noise, crack, clack (of a shoe) thud, thump, blow.

धप (dhap) वि. सफेद, धपधप, झकझक।
(adj.) snow white.

धपधप उजर (dhapadhap ujar) वि. एकदम सफेद।
(adj.) snow white.

धप्पड़ (dhappaṛ) स्त्री. थप्पड़।
(f.) a slap, blow.

धब्बा (dhabbā) पु. निशान, दाग, कलंक, लांछन।
(m.) a blot, stain, dark patch, blemish, slur, stigma.

धम (dham) स्त्री. (अनु.) भारी चीज के गिरने का शब्द, धमाका।
(f.) a loud sound, bang, crash, thud, sound (as of heavy falling).

धमकल (dhamakal) अक. 'धम' शब्द करते हुए गिरना, धमाका करना। मुहा. **~आ धमकल**–आ धमकना।
(v.i.) to make a loud sound (as footsteps or falling), to feel a shock, to shake.

धमकावल (dhamakāval) सक. भय दिखाना, डराना।
(v.t.) to threaten, to terrorise.

धमकियावल (dhamakiyāval) वि. दे. धमकावल।

धमकी (dhamakī) स्त्री. भय दिखाने का भाव या कार्य।
(f.) threatening, threat.

धमधूसर (dhamadhūsar) वि. कद में नाटा और मोटा व्यक्ति।
(adj.) small and fat person.

धमनी (dhamanī) स्त्री. नाड़ी, वह नस जिससे शुद्ध रक्त फैलता है।
(f.) artery, vein, nerve.

धमाका (dhamākā) पु. धम्म से गिरने का शब्द, बम आदि में विस्फोट।
(m.) a loud noise, crash, a hard blow or thump.

धमाचौकड़ी (dhamācaukaṛī) स्त्री. उछल-कूद, उपद्रव।
(f.) turmoil, row, brawl.

धमाधम (dhamādham) क्रि.वि. धम-धम शब्द करते हुए लगातार धम-धम शब्द के साथ।
(adv.) with a loud noise, continuously (of noise or beating).

धमार (dhamār) स्त्री. उछल-कूद, धमा-चौकड़ी, एक प्रकार का गीत।
(f.) great merriment, uproar, a type of song.

धम्माल (dhammāl) पु. दे. धमार।

धर (dhar) पु. (सं.) रखने या धारण करनेवाला, अपने ऊपर भार सँभालनेवाला, रक्षक।
(m.) wearing, having, keeping, supporting.

धरकोसा (dharakosā) पु. बच्चों को पकड़कर अपने थैले में रखनेवाला काल्पनिक डरावना व्यक्ति।
(m.) imaginary man who kidnaps children in his bag.

धरती (dharatī) स्त्री. (सं.) पृथ्वी।
(f.) the earth.

धरन (dharan) स्त्री. शहतीर, बड़ी कड़ी।
(f.) beam, womb.

धरना (dharanā) पु. (सं.) किसी के द्वार पर किसी काम के लिए लगातार बैठने की स्थिति, हड़ताल।
(m.) sitting constantly at the door of a person or persons for a demand, picketing, strike.

धरनी (dharanī) स्त्री. (सं.) पृथ्वी, धरणी।
(f.) the world, the earth, soil, land.

धरम (dharam) पु. (सं.) धर्म, कर्तव्य, पुण्य कार्य। उदा. 'करमे धरम हऽ'।
(m.) right action, duty, the prescriptions of religion, spiritual merit.

धरम-करम (dharam-karam) पु. (सं.) किसी धर्मग्रंथ में बतलाए गए आवश्यक कृत्य।
(m.) a duty or observance prescribed by religion, a virtuous act, righteous conduct.

धरमग्रंथ (dharamagranth) पु. (सं.) वह पुस्तक जिसमें धर्म की शिक्षा हो, वह ग्रंथ जो किसी धर्म में मुख्य और आधार माना जाता हो, आगम।
(m.) a sacred book, scripture.

धरमपत्नी (dharamapatnī) स्त्री. विवाहिता स्त्री।
(f.) a lawfully married wife.

धरमसाला (dharamasālā) स्त्री. (सं.) यात्रियों के ठहरने हेतु धर्मार्थ बना हुआ मकान।
(f.) a rest house for travellers and pilgrims.

धरमसास्त्र (dharamasāstr) पु. धर्मग्रंथ, धर्मशास्त्र।
(m.) a body or code of precepts having religious sanction (as Hindu law).

धरमातमा (dharamātamā) वि. धर्मशील, धर्मात्मा।
(adj.) righteous, virtuous, devout, a righteous person, a saint.

धरमावतार (dharamāvatār) पु. (सं.) साक्षात् धर्म का रूप, परम धर्मशील, अत्यंत धर्मात्मा, न्यायशील।
(m.) incarnation of dharma, respectful form of address to a holy man, a judge.

धरमासन (dharamāsan) पु. (सं.) न्यायाधीश का आसन।
(m.) seat of justice or judge, the bench.

धरमी (dharamī) वि. (सं.) धर्मात्मा, धर्म को माननेवाला, धर्मी। (पु.) धर्मशील व्यक्ति।
(adj.) following dharma, righteous, devout, godly, just, adhering, to a particular religion.
(m.) a righteous man.

धरल (dharal) सक. पकड़ना।
(v.t.) to catch, grasp.

धरवइया (dharavaiyā) पु. पकड़नेवाला।
(m.) captor.

धरा (dharā) स्त्री. (सं.) पृथ्वी, जमीन, संसार, दुनिया।
(f.) the earth, the world, the land.

धराई (dharāī) स्त्री. रखने की अवस्था।
(f.) placing, holding, seizing.

धराऊ (dharāū) वि. जो विशेष अवसरों पर ही निकालकर व्यवहार में लाया जाता है (कपड़ा, सामान आदि)।
(adj.) kept, stored up (goods), kept for special occasions (as clothes, goodstuffs).

धरियावल (dhariyāval) सक. धारी बनाना, हल के पीछे धारी में बीज बोना।
(v.t.) to make furrow, to sow seeds in a furrow through an attachment behind the plough.

धरीछन (dharīchan) पु. प्रयास, प्रयत्न।
(m.) attempt, trial.

धरोहर (dharohar) स्त्री. थाती, अमानत।
(f.) entrusted to another, a charge, trust, inheritance, a deposit.

धवई (dhavaī) स्त्री. एक प्रकार की मछली।
(f.) a type of fish.

धवर (dhavar) वि. सफेद, उजला, श्वेत।
(adj.) white, dazzling, brilliant.

धवरहर (dhavarahar) पु. ऊँचा मकान।
(m.) mansion, grand house.

धवरा (dhavarā) पु. जिस बैल के रोएँ सफेद हों, धूसर रंग का बैल।
(m.) white bullock, dusty bullock.

धवरी (dhavarī) स्त्री. सफेद गाय।
(f.) white cow.

धवल (dhaval) वि. दे. धवर।

धवलगिरी (dhavalagirī) पु. (सं.) धवल-गिरि, हिमालय पर्वत की एक प्रसिद्ध चोटी।
(m.) name of a famous peak of Himalaya mountain.

धसक (dhasak) स्त्री. धसकने की क्रिया।
(f.) sinking, subsiding.

धसल (dhasal) अक. नीचे की ओर धँसना या बैठना।
(v.i.) to sink, to subside, to slip (out of place), to fall away.

धसोरल (dhasoral) सक. जोर से घुसेड़ना, पीछे से धक्का देना।
(v.t.) to pierce with force stick (into).

धसोरा (dhasorā) पु. धक्का।
(m.) push, bump.

धाँगर (dhāṁgar) पु. कुआँ, तालाब खोदनेवाली जाति।
(m.) a community specializing in digging wells and tanks.

धाँगल (dhāṁgal) सक. रौंदना।
(v.t.) to trample.

धाँधली (dhāṁdhalī) स्त्री. स्वेच्छाचारिता, धोखा।
(f.) cheating.

धाँय (dhāṁy) स्त्री. बंदूक से गोली निकलने की ध्वनि।
(f.) banging, clattering, booming sound (as of a gun, a drum).

धाँय-धाँय (dhāṁy-dhāṁy) क्रि.वि. गोली छूटने की आवाज।
(adv.) sound of gunfire.

धाई (dhāī) स्त्री. दूसरों के बच्चों को पालने-पोसनेवाली स्त्री, मजदूरिन।
(f.) a wet-nurse, a nurse, a mid wife, a woman servant.

धाक (dhāk) पु. वर्चस्व।
(m.) domination.

धाकड़ (dhākaṛ) पु. बहुत प्रबल या बलवान, विशेष शक्तिशाली, प्रभावशाली व्यक्ति।
(m.) a man with strong body, potent and powerful man.

धाख (dhākh) पु. दबदबा, भय।
(m.) fame, renown, pomp.

धागड़ (dhāgaṛ) पु. दे. धाकड़।

धागा (dhāgā) पु. सूत, डोरा, तागा।
(m.) thread, fig, bonds, of love.

धात (dhāt) स्त्री. (सं.) 1. धातु, 2. वीर्य।
(f.) 1. a metal. 2. semen.

धाता (dhātā) पु. (सं.) धातृ, ब्रह्मा।
(m.) creator, a title of Brahma.

धाध (dhādh) पु. वीर्य, धातु।
(m.) semen.

धान (dhān) पु. (सं.) प्रसिद्ध अन्न जिससे चावल तैयार होता है।
(m.) paddy, the rice plant, unhusked rice.

धानी (dhānī) वि. धान के पौधे के रंग का।
(adj.) light green, of paddy colour.

धानुक (dhānuk) पु. 1. धनुषवाला पुरुष। 2. रूई धुनने वाला।
(m.) 1. a bowman, one armed with bow. 2. cotton-carder.

धानुख (dhānukh) पु. एक जाति विशेष।
(m.) a type of community.

धाप (dhāp) पु. भय।
(m.) fear, fright.

धाम (dhām) पु. देवस्थल, तीर्थ, निवासस्थल, दिव्य भवन।
(m.) place of pilgrimage, abode, radiant place.
~परम (~param) पु. स्वर्ग।
(m.) heaven, paradise, the supreme abode.

धामिन (dhāmin) स्त्री. एक प्रकार का साँप, जिसकी पूँछ में विष रहता है।
(f.) a typical snake having venom in its tail, ratsnake.

धायँ (dhāyṁ) स्त्री. बंदूक से गोली निकलने की आवाज।
(f.) a sound of gun-shot.

धायँ-धायँ (dhāyṁ-dhāyṁ) अव्य. बंदूक से एकाधिक गोली निकलने की आवाज।
(indec.) a sequence of gun-shot.

धाय (dhāy) स्त्री. धाई, दाई।
(f.) a wet-nurse, foster, midwife.

धार (dhār) स्त्री. 1. हथियार का पैना किनारा। 2. नदी की धारा।
(f.) 1. an edge, sharp edge, sharpness. 2. current, flow.

धारना (dhāranā) पु. धारणा, विचार।
(m.) notion, thought.

धारमिक (dhāramik) वि. धार्मिक।
(adj.) devotional.

धारा (dhārā) स्त्री. नदी या जल का प्रवाह मार्ग।
(f.) current, stream, flow (of water).

धारा (dhārā) पु. दस सेर का तौल।
(m.) weight measuring ten sers.

धारा-परवाह (dhārā-paravāh) पु. धारा-प्रवाह।
(m.) flow.

धारावाहिक (dhārāvāhik) पु. सीरियल, क्रमशः प्रदर्शन।
(m.) serial, serialised.

धारी (dhārī) स्त्री. रेखा।
(f.) a strip, line.

धार्मिक (dhārmik) वि. धर्म, धर्म के अनुसार करनेवाला।
(adj.) religious, religious minded, pertaining to a religion.

धावक (dhāvak) पु. दौड़नेवाला।
(m.) a runner, a courier.

धावल (dhāval) अक. दौड़ना।
(v.i.) to run.

धावा (dhāvā) पु. आक्रमण, चढ़ाई, दौड़ना।
(m.) running, over-running, an enemy's country, attack, assaulting, a raid.

धावा-धूपी (dhāvā-dhūpī) स्त्री. दौड़-धूप।
(f.) hustle bustle of life, endeavour, exercise, exertion.

धासल (dhāsal) सक. दे. धाँसल।

धाह (dhāh) पु. गर्मी, आतप।
(m.) heat.

धाह (dhāh) स्त्री. छाया।
(f.) shaddow.

धाही (dhāhī) स्त्री. प्रातःकाल की लाली।
(f.) red sky seen at the dawn.

धिआ (dhiā) स्त्री. पुत्री, कन्या, बेटी। उदा. 'सराहल धिया नीच घरे जाली'।
(f.) daughter.

धिकावल (dhikāval) सक. गर्म करना।
(v.t.) to heat.

धिक् (dhik) विस्म. भर्त्सना, निंदा, घृणासूचक शब्द।
(interj.) a word denoting censor, contempt, aversion, menace etc.

धिक्कार (dhikkār) पु. 'धिक्' कहकर की गई भर्त्सना।
(m.) curse, censure, condemnation, disrespect.

धिक्कारल (dhikkāral) सक. धिक्कारना, नकारना।
(v.t.) to curse, to condemn, to reproach.

धिरकार (dhirakār) पु. हत्यारा।
(m.) a murderer.

धिरज (dhiraj) पु. धैर्य, सब्र।
(m.) patience, satisfaction.

धिरवल (dhiraval) सक. दे. धिरावल।

धिरावल (dhirāval) सक. धमकाना, चेताना।
(v.t.) to make cautions, to warn, to threaten, to admonish.

धिरिक (dhirik) पु. धिक्कार, भर्त्सना हेतु प्रयुक्त शब्द।
(m.) condemnation, disrespect.

धीकल (dhīkal) अक. गर्म होना।
(v.i.) to get heated.

धीपल (dhīpal) अक. दे. धीकल।

धीमर (dhīmar) पु. मछली मारकर या नाव चलाकर गुजारा करनेवाला।
(m.) a low caste (in traditional Hindu social order), subsisting by fishing and sailing.

धीवरक (dhīvarak) पु. मछुआरा।
(m.) a fisherman.

धीवरी (dhīvarī) स्त्री. धीवर जाति की औरत।
(f.) a woman of Dhivar caste.

धीमा (dhīmā) वि. मंद, कम।
(adj.) slow, dull, mild, low, gentle.

धीमाठ (dhīmāṭh) वि. अति धीमा।
(adj.) the most dull, or slow.

धीया (dhīyā) स्त्री. दे. धिया।

धीर (dhīr) पु. धैर्य, सहनशीलता, दृढ़ता।
(m.) patience, forebearance, firmness.

धीरज (dhīraj) पु. दे. धीर।

धीरता (dhīratā) स्त्री. धैर्य, दृढ़ता, सहनशीलता।
(f.) patience, fortitutde, composure.

धीरा (dhīrā) वि. धीरे-धीरे चलने या करनेवाला, मंद, मंदगामी।
(adj.) slow (in work).

धीरे-धीरे (dhīre-dhīre) क्रि.वि. शनैः-शनैः, मंद-मंद।
(adv.) by slow degrees, by and by, gradually.

धुंध (dhuṇdh) पु. आँख का एक रोग जिसमें सभी वस्तुएँ धुँधली दिखाई देती हैं।

(m.) an oilment of eye in which all objects appear as blurred.

धुँधुरावन (dhuṁdhurāvan) वि. धुँध से भरा, धुँधला।
(adj.) hazy, dusky, foggy.

धुँधरावल (dhuṁdharāval) सक. धुँधला करना।
(v.t.) to make hazy.

धुँधराह (dhuṁdharāh) पु. धुँधलापन।
(m.) darkness, dullness.

धुअँतु (dhuaṁtu) वि. धुएँ के समान गंध या स्वादवाला।
(adj.) a smell or taste like smoke and fume.

धुआँइल (dhuāṁil) अक. धुआँ देना।
(v.i.) to emit fumes or smoke.

धुआँकस (dhuāṁkas) पु. घर के धुएँ के निकलने के लिए बना छिद्र।
(m.) a chimney.

धुआँसा (dhuāṁsā) पु. दे. धुआँकस।

धुएँदार (dhueṁdār) वि. धुआँ से युक्त।
(adj.) smoky.

धुकड़-पुकड़ (dhukaṛ-pukaṛ) स्त्री. भय, आशंका।
(f.) pit-a-pat, palpitation, suspense, agitation.

धुकड़ी (dhukaṛī) स्त्री. थैली।
(f.) a purse.

धुकधुक (dhukadhuk) क्रि.वि. धकपक।
(adv.) pit a pat.

धुकधुकाइल (dhukadhukāil) अक. कलेजे में धड़कन पैदा होना, दिल का धड़कना।
(v.i.) to throb the heart, suspense.

धुकधुकी (dhukadhukī) स्त्री. हृदय के धड़कने की स्थिति।
(f.) throbbing (of the heart), suspense.

धुकनी (dhukanī) स्त्री. धौंकनी।
(f.) a pipe to blow fire.

धुक्कड़ (dhukkaṛ) पु. धूल-भरी आँधी।
(m.) storm with dust and dirt.

धुकुर-धुकुर (dhukur-dhukur) पु. आशंका, भय, अनिश्चितता, दिल में होनेवाली खलबली।
(m.) fear, apprehension, uneasy feeling.

धुत्त (dhutt) वि. नशे में चूर।
(adj.) stupefied (by liquor), besotted (with), steeped (in).

धुत्ता (dhuttā) पु. चालबाजी, धोखा।
(m.) trick, deception.

धुतुक (dhutuk) पु. तुरही।
(m.) a trumpet.

धुधुर (dhudhur) वि. धुँधली-सी।
(adj.) fainted, foggy.

धुन (dhun) स्त्री. प्रवृत्ति, मौज, गति, लय।
(f.) inclination, propensity, ardour, mania, tune.
~के पक्का (~ke pakkā) मुहा. 'हठी होना'।
(id.) preserving, resolute, assiduous.

धुनकी (dhunakī) स्त्री. धुनियों की वह कमान जिससे वे रूई धुनते हैं।
(f.) a cotton-carding bow.

धुनल (dhunal) सक. 1. धुनना। 2. बहुत अधिक मारना। 3. निरंतर काम करना।
(v.t.) 1. to card or comb as (cotton). 2. to beat severly, to flog, to thrash. 3. to work non-stop, to talk continuously.

धुनाई (dhunāī) स्त्री. 1. धुनकी की सहायता से रूई धुनना। साफ करना। 2. पिटाई।
(f.) 1. carding, thrashing. 2. beating.

धुनिया (dhuniyā) पु. वह जो रूई धुनने का काम करता हो, बेहना।
(m.) a carder or comber (of cotton).

धुपावल (dhupāval) सक. धूप दिखाना।
(v.t.) to put or spread in the sun (to dry), to burn incense.

धुप्पल (dhuppal) पु. झाँसा-पट्टी।
(m.) bluff, bluffing.
~बाज (~bāj) पु. धोखेबाज।
(m.) a bluffer.
~बाजी (~bājī) स्त्री. झाँसा-पट्टी।
(f.) bluffing.

धुप्पस (dhuppas) स्त्री. दे. धुप्पल।

धुरंधर (dhuraṅdhar) वि. (सं.) सुयोग्य, अप्रतिम, श्रेष्ठ, प्रधान।
(adj.) par-excellence, of the top-most grade, leading, pre-eminent (as scholar).

धुर (dhur) पु. एक बिस्वा का बीसवाँ भाग।
(m.) the twentieth part of a bisva (a measure of land).

धुरपद (dhurapad) पु. एक राग (संगीत)।
(m.) a melody of Hindustani music.

धुरफनई (dhurafanaī) स्त्री. धूर्तता, चालाकी।
(f.) cunningness, trick.

धुरा (dhurā) पु. अक्ष, धुरी।
(m.) axis.

धुरियाइल (dhuriyāil) वि. धूल धूसरित।
(adj.) dusty.

धुरियावल (dhuriyāval) सक. धूल डालना या झोंकना।
(v.t.) to cover with dust.

धुरी (dhurī) स्त्री. गाड़ी का धूरा।
(f.) axis, axle.

धुरीण (dhurīn) वि. मुख्य, प्रधान, धुरंधर।
(adj.) leading, outstanding, foremost.

धुरुवतारा (dhuruvatārā) पु. ध्रुवतारा।
(m.) polestar.

धुर्रा (dhurrā) पु. धूल, पावडर।
(m.) dust, powder.

धुलवावल (dhulavāval) सक. धुलाना, धुलवा लेना।
(v.t.) to get washed or cleansed, to cause to be washed or cleansed.

धुलाई (dhulāī) स्त्री. धोने का काम, भाव या मजदूरी।
(f.) the act of washing, a wash, washing charges.

धुलेंडी (dhuleṁdī) स्त्री. होली जलने के दूसरे दिन होनेवाला त्यौहार जिसमें लोग एक दूसरे पर धूल, अबीर, गुलाल डालते हैं।
(f.) the next day of the Holi on which it is the practice for people to throw dust or red or colourful powder on each other.

धुवाँकस (dhuvāṁkas) पु. धुआँ निकलने का छिद्र।
(m.) funnel.

धूँई (dhūṁī) स्त्री. धूनी, सुगंधित द्रव्यों को जलाने से उठा हुआ धुआँ।
(f.) smoke fire (as of an ascetic), who sits beside it as a penance, the burning of incense, fumigation.

धूआँ (dhūāṁ) पु. दे. धुआँ।

धून (dhūn) स्त्री. दे. धुन।

धूनल (dhūnal) सक. दे. धुनल।

धूनी (dhūnī) स्त्री. दे. धूँई।

धूनिआ (dhūniā) पु. रूई धुननेवाली मुसलमानों की एक जाति, धुनिया।
(m.) a caste among mohammedan who cards the cotton, a cotton-carder.

धून्ह (dhūnh) वि. धुंधराह, कुहासा।
(adj.) hazy, foggy, gloomy.

धूप (dhūp) पु. (सं.) सुगंधित लकड़ी जिसका उपयोग हवन में होता है।
(m.) incense, fragrant gum or resin, aroma.

धूप (dhūp) स्त्री. सूर्यातप, धूप।
(f.) light or heat of the sun, sunshine, the sun.

धूपछाँह (dhūpachāṁh) स्त्री. धूप और छाया, एक प्रकार का वस्त्र जो बारी-बारी से दो रंगों का नजर आता है।
(f.) light and shade, variegated material (as shot silk).

धूपदानी (dhūpadānī) स्त्री. धूप रखने का पात्र।
(f.) container for incense.

धूपदीप (dhūpadīp) पु. मूर्त्ति पर सुगंधित वस्तु चढ़ाना।
(m.) offering of incence (to an idol).

धूपल (dhūpal) अक. दौड़ना।
(v.i.) to run.

धूम (dhūm) पु. दे. धुआँ।

धूम (dhūm) पु. कोलाहल, ऊधम, हर्षोत्सव।
(m.) noise, uproar, turmoil.

धूमगज्जर (dūmagajjar) पु. हल्ला, कोलाहल।
(m.) uproar, hustle-bustle, flurry.

धूमधाम (dhūmadhām) क्रि.वि. ठाट-बाट, भारी तैयारी।
(adv.) grand. ostentatious.

धूमिल (dhūmil) वि. (सं.) मलीन, मैला।
(adj.) smoke-coloured, grey, purple, dim (of light).

धूर (dhūr) स्त्री. धूल।
(f.) dust.

धूरकी (dhūrakī) स्त्री. धूर का बीसवाँ भाग।
(f.) the twentieth part of a dhur (a measure of land).

धूरखेल (dhūrakhel) पु. होली के दिन मिट्टी, धूल, कीचड़ से खेला जानेवाला खेल।
(m.) taking pleasure in throwing soil, dust, mud on each other on Holi festival.

धूरमुस (dhūramus) पु. दुरमुस, दुरमुट।
(m.) hammer (for pounding earth).

धूरा (dhūrā) पु. गाड़ी के चक्के का लौह-दंड।
(m.) cart's iron axle.

धूरिया-मल्लार (dhūriyā-mallār) पु. मानसून के प्रारंभ में गाई जानेवाली रागिनी।
(m.) name of a Ragini (sung esp. at the beginnning of the Mansoon).

धूर्जटि (dhūrjaṭi) पु. (सं.) शिव, महादेव।
(m.) God Shiva, Mahadev.

धूर्त (dhūrt) वि. (सं.) वंचक, ठग, मायावी, छली, चालबाजी से काम निकालनेवाला।
(adj.) cunning, deceitful, corrupt, villainous.

धूर्तई (dhūrtaī) स्त्री. चालबाजी, धोखाधड़ी।
(f.) craftly behaviour.

धूल (dhūl) स्त्री. (सं.) मिट्टी का बहुत महीन चूर, गर्द।
(f.) dust, fig anything, trivial or useless.

धूल-धाकड़ (dhūl-dhākaṛ) पु. धूसरता।
(m.) a dust storm.

धूस (dhūs) पु. मिट्टी और बालू मिली उपजाऊ जमीन।
(m.) fertile soil containing clay and sand.

धूसर (dhūsar) वि. धूमिल, मटमैला।
(adj.) dust-coloured, grey, khaki, dusty.

धूसिया (dhūsiyā) पु. जो बारी-बारी से दोनों तरफ से खेलता हो।
(m.) player who takes turns to play for both teams.

धेआन (dheān) पु. (सं.) एकाग्र चित्त से चिंतन, ध्यान।
(m.) attention, meditation, contemplation.

धेन (dhen) स्त्री. थोड़े दिनों की ब्याई हुई गाय।
(f.) recently calved cow.

धेनुस (dhenus) पु. धनुष।
(m.) a bow.

धेला (dhelā) पु. अधेला।
(m.) half a paisa, a small copper coin, equal to half a pice.

धेली (dhelī) स्त्री. अधेली।
(f.) a silver or nickel coin equal to half a rupee.

धेयान (dheyān) पु. ध्यान।
(m.) attention, meditation, notice.

धेवता (dhevatā) पु. (सं.) दौहित्र, कन्या का पुत्र।
(m.) daughter's son, grandson.

धेवती (dhevatī) स्त्री. (सं.) कन्या की पुत्री।
(f.) daughter's daughter, grand daughter.

धैर्य (dhairy) पु. (सं.) धीरता, धीरज, शांति।
(m.) steadfastness, patience, perseverance, calm.

धोंधड़ (dhoṅdhaṛ) पु. खोखला (पुराना वृक्ष)।
(m.) hollow (old tree).

धोंधा (dhoṅdhā) पु. (सं.) 1. बेडौल, भद्दा, बेढंगा, मिट्टी का बड़ा गोला, लोंदा। 2. मूर्ख व्यक्ति।
(m.) 1. an a symmetrical or ugly body, a lump of earth, clod, blob. 2. an ignorant or foolish person.

धोअन (dhoan) पु. किसी वस्तु को धोने से निकला मैलयुक्त पानी।
(m.) dirty water in which any thing has been washed.

धोअल (dhoal) सक. पानी से साफ करना।
(v.t.) to wash or clean with water.

धोआ (dhoā) वि. धुला हुआ नया वस्त्र।
(adj.) new cloth after washing.

धोई (dhoī) स्त्री. पानी में फुलाकर बनाई गई छिलकारहित दाल।
(f.) pulse dehusked after soaking.

धोक (dhok) पु. (मारवाड़ी संस्कृति) प्रणाम, नमस्कार।
(m.) bowing, salutation.

धोकरा (dhokarā) पु. थैला।
(m.) a big bag.

धोकरी (dhokarī) स्त्री. छोटी थैली।
(f.) a small bag.

धोखबाज (dhokhabāj) पु. दे. धोखेबाज।

धोखा (dhokhā) पु. (सं.) छल, दगा, भुलावा।
(m.) deceit, false impression, blunder.

धोखाधड़ी (dhokhādhaṛī) स्त्री. धोखेबाजी, छल।
(f.) cheating.

धोखेबाज (dhokhebaj) वि. दगाबाज, छली।
(adj.) deceitful, fraudulent.

धोती (dhotī) स्त्री. (सं.) पुरुषों के पहनने का वस्त्र, धोती।
(f.) long piece of cloth worn by Hindus, round the waist, passing between the legs and fastened behind.

धोंध (dhoṅdh) पु. तोंद।
(m.) a large belly.

धोबिन (dhobin) स्त्री. धोबी की स्त्री।
(f.) washerman's wife, a washer-woman.

धोबिन चिरई (dhobin ciraī) स्त्री. गीध की प्रजाति का श्वेत रंग का पक्षी।
(f.) a white bird of eagle family.

धोबिया घाट (dhobiyā ghāṭ) पु. धोबी घाट।
(m.) laundering ghat.

धोबिया नाच (dhobiyā nāc) पु. धोबियों का लोकनृत्य।
(m.) washermen's dance.

धोबिया पाट (dhobiyā pāt) पु. मल्लयुद्ध का एक दाँव।
(m.) wrestling.

धोबी (dhobī) पु. रजक, धोबी।
(m.) a washerman.

धौंस (dhauṅs) स्त्री. (सं.) धमकी, घुड़की, धाक, रोब, झाँसा-पट्टी।
(f.) overbearing conduct, threatening, blackmail, deception.

धौर (dhaur) पु. ताड़ का पेड़ जिससे वर्षा ऋतु में ताड़ी निकलती है।
(m.) a palm yielding toddy in rainy season.

धौरी (dhaurī) स्त्री. सफेद रंग की गाय, कपिला।
(f.) a white cow.

धौला (dhaulā) वि. (सं.) धवल, सफेद, उजला, झकाझक।
(adj.) white, dazzling.

ध्वज (dhvaj) पु. (सं.) पताका, झंडा।
(m.) a flag, banner.

ध्वजा (dhvajā) स्त्री. (सं.) ध्वज, पताका, झंडा।
(f.) a flag, banner.

न

न (na) देवनागरी वर्णमाला का बीसवाँ व्यंजन।
– the twenthieth consonant of the Devanagari syllabary.

नंग (naṅg) पु. (सं.) नंगापन।
(m.) nakedness.

~धड़ंग (~dharaṅg) वि. बिल्कुल नंगा, दिगंबर।
(adj.) naked.

~पैरा (~pairā) वि. जूतारहित, नंगे पाँव।
(adj.) barefoot.

नंगई (naṅgaī) पु. नंगापन।
(m.) nudity.

नंगटा (naṅgaṭā) वि. नंगा।
(adj.) naked.

नंगा (naṅgā) वि. (सं.) नग्न, वस्त्रहीन, दिगंबर, निर्वस्त्र, बेहया, लुच्चा, पाजी। (पु.) बेहया आदमी, लुच्चा व्यक्ति।
(adj.) adj. naked, bare, nude, shameless. (m.) shameless person, a base person.

~झोली (~jholī) स्त्री. संदेहवश किसी के कपड़े को उतरवाकर तलाशी लेने का काम।
(f.) search of the person.

~नाच (~nāc) पु. निर्लज्जतापूर्वक, मनमाने ढंग से अनुचित कार्य-संपादन।
(m.) disgraced action.

~बुच्चा (~buccā) वि. परम निर्धन।
(adj.) poverty-stricken.

~लुच्चा (~luccā) वि. बदमाश।
(adj.) base, stark naked.

~सिर (~sir) वि. नंगा सिरवाला।
(adj.) bare-headed.

नंद (naṅd) पु. (सं) 1. आनंद, हर्ष। 2. गोकुल के राजा।
(m.) 1. joy, delight. 2. the king of Gokul.

~किसोर (~kisor) पु. (सं.) श्रीकृष्ण।
(m.) son of Nand : Krishna.

~कुमार (~kumār) पु. (सं.) श्रीकृष्ण।
(m.) Nanda's son : Krishna.

~नंदन (~naṅdan) पु. (सं.) श्रीकृष्ण।
(m.) the delight of Nand=Krishna.

~लाल (~lāl) पु. (सं.) श्रीकृष्ण।
(m.) Nand's dear son : Krishna.

नंदा (naṅdā) स्त्री. (सं.) आनंद, लक्ष्मी (समृद्धि), दुर्गा।
(f.) joy, prosperity, Durga.

नंदिनी (naṅdinī) स्त्री. (सं.) पुत्री, बेटी।
(f.) daughter.

नंदी (naṅdī) पु. (सं.) शिव की सवारी, बैल।
(m.) the (carrier) bull of Lord Shiva.

नंदोई (naṅdoī) पु. ननद का पति, पति का बहनोई।
(m.) sister-in-law's husband.

नंबर (naṅbar) वि. (अं.) संख्या, अदद।

(adj.) number.

~एक (~ek) वि. सर्वोत्तम।
(adj.) the best, top ranking.

~दार (~dār) पु. गाँव का वह अधिकारी जो मालगुजारी वसूलता है, मुखिया।
(m.) village headman.

~वार (~vār) क्रि.वि. (अं.+फा.) संख्या के क्रम से, एक-एक करके, क्रमशः।
(adv.) in order, by number, by turns.

नंबरिंग मसीन (naṁbariṅg masīn) स्त्री. (अं.) वह मशीन जिससे नंबर अंकित होता है।
(f.) the machine for marking number.

नंबरी (naṁbarī) वि. जिस पर नंबर लगा हो, नंबर संबंधी, मशहूर, चोर, एक सौ का नोट।
(adj.) numbered, by number, famous, notorious, a note of one hundred.

न (na) क्रि.वि. नहीं।
(adv.) no, not.

नइआ (naiā) पु. हजाम, नाऊ।
(m.) a barber.

नइकी (naikī) स्त्री. नवागता।
(f.) newly married girl.

नइखन (naikhan) अक. नहीं हैं।
(v.i.) is not.

नइचा (naicā) वि. पतला और मुलायम।
(adj.) thin and tender.

नइनी (nainī) स्त्री. एक तरह की मछली।
(f.) a kind of fish.

नइया (naiyā) पु. नाव। उदा. 'नइया ले आव, जाई पार हो मोहन।'
(m.) a boat.

नइवेद (naived) पु. देवताओं को चढ़ाया जानेवाला भोग।
(m.) food consecrated to deity.

नइहर (naihar) पु. पीहर, पितृगृह।
(m.) married woman's maternal home.

नउआ (nauā) दे. नाई।

नउजी (naujī) अव्य. किसी के काम न करने पर अपनी निश्चिंतता बतलाना।
(indec.) having no care.

नउनि (nauni) स्त्री. नाउन, हजाम की पत्नी।
(f.) wife of a barber.

नउबत (naubat) पु. अवसर, शुभ अवसर पर बजनेवाला मंगल वाद्य, शहनाई।
(m.) Shehnai–a mouth-blown musical instrument.

नउमी (naumī) स्त्री. नौमी तिथि (कृष्ण या शुक्ल पक्ष)।
(f.) a holyday of Hindu Religion.

नउवाँ (nauvāṁ) वि. नौवाँ।
(adj.) ninth.

नएन (naen) पु. आँख, दृष्टि।
(m.) eye, vision.

नक (nak) स्त्री. नाक का सामासिक रूप।
(f.) compound form of nose.

नककटा (nakakaṭā) वि. जिसकी नाक कटी हो, निर्लज्ज, बेहया।
(adj.) having the nose cut off, disgrace, infamy.

नककटा (nakakaṭā) पु. एक प्रकार का गीत जो स्त्रियाँ विवाह के अवसर पर गाती हैं।
(m.) a type of indecent song (sung by woman at marriages).

नकघिसनी (nakaghisanī) स्त्री. अपराध क्षमा हेतु या कोई कार्य कराने के लिए दीनतापूर्वक विनती करना।
(f.) rubbing the nose (on the ground as a punishment).

नकचढ़ा (nakacaṛhā) वि. चिड़चिड़ा, तुनुक मिजाज।
(adj.) haughty, bad tempered, irritable, angry, fastidious.

नकछिकनी (nakachikanī) स्त्री. एक प्रकार की घास या पौधा जिसे सूँघने से छींकें आती हैं।
(f.) name of a sternutatory plant, a grass or plant which causes sneezing when rubbed on nose.

नकटा (nakaṭā) वि. नककटा। कहा. 'नकटा जिए बुरे हवाल।'
(adj.) nose-clipped, noiseless, a rogue, 'he that hath ill name is half hanged'.

नकटी (nakaṭī) स्त्री. नाक के भीतर की मैल।
(f.) snot, nasal mucus, nosewax.

नकड़ा (nakaṛā) पु. पशुओं के नाक में होनेवाला रोग।
(m.) inflammation of the nose (in cattle), a nose disease (in cattle).

नकद (nakad) पु. (अ.) वह धन जो रुपए-पैसे के रूप में हो।
(m.) money in coins or notes, cash, hard cash.

नकदम (nakadam) पु. नाक में दम।
(m.) great botheration.

नकदी (nakadī) स्त्री. (अ.) दे. नकद।

नकदी चिट्ठा (nakadī ciṭṭhā) पु. नगदी चिट्ठा।
(m.) a cash book.
~पुर्जा (~purjā) पु. नगदी पुर्जा।
(m.) a cash memo.
~रसीद (~rasīd) स्त्री. नगदी रसीद।
(f.) cash receipt.

नकब (nakab) स्त्री. (अ.) चोरी करने के लिए दीवार में किया हुआ छेद, सेंध।
(f.) burglary, house breaking.

नकबजन (nakabajan) पु. (अ.+फा.) वह जो नकब या सेंध लगाता हो।
(m.) a burglar, a house breaker.

नकबजनी (nakabajanī) स्त्री. सेंध लगाने की क्रिया।
(f.) burglary, act of house breaking.

नकबानी (nakābānī) स्त्री. नाक में दम, हैरानी, परेशानी।
(f.) harassing, plaguing.

नकबेसर (nakābesar) स्त्री. छोटी नथ, बेसर।
(f.) a nose-ring (worn as an ornament by women).

नकल (nakal) स्त्री. (अ.) अनुकृति, कॉपी, अनुकरण, प्रतिलिपि, हाव-भाव का अनुकरण, स्वाँग, हास्यप्रद आकृति, चुटकुला। उदा. 'अकिल से नकल होला।'
(f.) a copy, duplicate, imitation, a fascimile, guise of another person, mimicry, a tit-bit.

नकलची (nakalacī) वि. (अ.+तु.) नकल करनेवाला।
(adj.) immitator.

नकलाह (nakalāh) वि. अत्यधिक रोने-धोने तथा नकल करनेवाला बालक।
(adj.) a weepy, tantrum throwing and mimicking child.

नकलिया (nakaliyā) पु. अभिनेता, जोकर, भाँड़।
(m.) an actor, mime, a jester, joker, clown.

नकलनवीस (nakalanavīs) वि./पु. (अ.+फा.) वह जो दूसरों के लेखों आदि का नकल करता हो।
(adj./m.) a copyist.

नकली (nakalī) वि. (अ.) कृत्रिम, बनावटी, खोटा, जाली, झूठा।
(adj.) artificial, false, fake.

नकलोल (nakalol) पु. नाक का अग्रभाग।
(m.) front portion of nose.

नकसा (nakasā) पु. नक्शा, मानचित्र, आकृति। मुहा. **~बिगाड़ल**=शेहत बिगाड़ना।
(m.) map, draft, figure.

नकसीर (nakasīr) स्त्री. एक रोग जिसमें नाक से रक्त बहता है।
(f.) nosebleed, epistaxis.

नकाब (nakāb) स्त्री. (अ.) मुस्लिम स्त्रियों द्वारा प्रयोग किया जानेवाला वह कपड़ा जो मुँह छिपाने हेतु सिर से गले तक डाल लिया जाता है।
(f.) a veil, a mask.

नकाबपोस (nakābapos) वि./पु. (अ.+फा.) जिसने मुँह पर नकाब डाली हो।
(adj./m.) one who is wearing a mask, masked person.

नकामिल (nakāmil) वि. निकम्मा, बेकार।
(adj.) worthless, unemployed.

नकार (nakār) पु. इनकार, मंजूर न करना।
(m.) denial, refusal.

नकारल (nakāral) सक. 'नहीं' कहना या करना, अस्वीकृत करना।
(v.t.) to deny, not to agree.

नकारा (nakārā) वि. निकम्मा, निरर्थक।
(adj.) worthless, useless.

नकासल (nakāsal) सक. (अ.) नक्काशी करना, धातु, पत्थर आदि पर खोदकर चित्र या बेल-बूटे आदि बनाना।
(v.t.) to engrave, carve.

नकासी (nakāsī) स्त्री. (अ.) धातु पर खोदकर बेल-बूटे बनाने का काम, वे बेल-बूटे जो खोदकर बनाए गए हों।
(f.) engraving, carving, embroidery.

नकियाइल (nakiyāil) अक. ऊबना, परेशान हो जाना।
(v.i.) to be plagued, vexed, worried or distressed.

नकियावल (nakiyāval) अक. 1. बोलते समय शब्दों का अनुनासिक उच्चारण करना, नाक से बोलना। 2. नाक में दम करना।
(v.i.) to speak through the nose. 2. to vex.

नकुल (nakul) पु. (सं.) 1. नेवला (जंतु)। 2. युधिष्ठिर के छोटे भाई।
(m.) 1. a mongoose. 2. the younger brother of Yudhisthir.

नकेल (nakel) स्त्री. ऊँट, बैल आदि की नाक में पिरोई हुई रस्सी जो लगाम का काम देती है, मुहरा।
(f.) halter pin (fixed in an animal's nose, esp. that of a camel), halter, nose-string.

नकोटल (nakoṭal) सक. नख से खरोंचना।
(v.t.) to scratch with nails.

नक्कू (nakkū) वि. बड़ी नाकवाला। आलंकारिक प्रयोग– बुरा करनेवाला।
(adj.) having a big nose, fig. notorious (a person).

नख (nakh) पु. (सं.) नाखून।
(m.) nail (of the finger or toe), claw.

नख (nakh) स्त्री. (फा.) तागा जिससे पतंग उड़ाते हैं, डोर।
(f.) the string used for kite-flying.

नखड़ाह (nakhaṛāh) वि. दे. नखराबाज।

नखत (nakhat) पु. नक्षत्र।
(m.) a star, a planet, a heavenly body, a lunar, asterism.

नखरा (nakharā) पु. (फा.) नाज, प्रपंच, रिझाने की झूठी चेष्टा, चोंचला।
(m.) prudence, coquetry, flirtatious airs, airs and graces, affectation, whimsical behaviour.

नखरा तिल्ला (nakharā tillā) पु. नखरा, चोंचला।
(m.) coquetry, flirtation.

नखराबाज (nakharābāj) वि. (फा.) जो बहुत नखरा करे, नखरा करनेवाला।
(adj.) coquettish, flirtatious.

नखरूस (nakharūs) वि. दूसरे का सदा दोष देखनेवाला।
(adj.) observer of another's demerits.

नखलौ (nakhalau) पु. लखनऊ।
(m.) Lucknow.

नखास (nakhās) पु. (अ.) जानवरों या गुलामों के बिकने का बाजार।
(m.) a market (for livestock), a market-place.

नखि-चुकी (nakhi-cukī) वि. अतिलघु।
(adj.) very small.

नखी (nakhī) पु./वि. बाघ, सिंह, नखवाला जंतु।
(m./adj.) having nails, or claws, a wild beast.

नखुस (nakhus) वि. नाराज, नाखुश।
(adj.) angry, unhappy.

नखोटल (nakhoṭal) सक. दे. नकोटल।

नग (nag) पु. (सं.) पर्वत, पहाड़, सात की संख्या, बहुमूल्य पत्थर, आइटम।
(m.) mountain, rock, gem, precious stone, number, an item.

नगचा (nagacā) क्रि.वि. नजदीक।
(adv.) near, nearby.

नगद (nagad) पु. दे. नकद।

नगदी (nagadī) स्त्री. नकद रुपया-पैसा।
(f.) hard cash.

नगमा (nagamā) पु. (अ.) राग, सुरीली आवाज, मधुर स्वर।
(m.) a song, a sweet song.

नगर (nagar) पु. (सं.) शहर, बड़ी बस्ती।
(m.) a city, a town.

नगरनारिन (nagaranārin) स्त्री. मायाविनी, प्रपंची, नगर में रहनेवाली स्त्री।
(f.) a courtesan, a prostitute, a woman of the town.

नगर निगम (nagar nigam) पु. नगम निगम।
(m.) municipal corporation.

नगर पालिका (nagar pālikā) पु. नगर पालिका।
(m.) municipality.

नगर मोथा (nagar mothā) पु. एक प्रकार की औषधि।
(m.) a kind of medicine.

नगरी (nagarī) स्त्री. (सं.) छोटा शहर, बड़ा गाँव, कस्बा।
(f.) a small town, a big village, a town.

नगला (nagalā) पु. गाँव, छोटी बस्ती।
(m.) a village.

नगाड़ा (nagāṛā) पु. बड़ा ढोल, डंका, धौंसा।
(m.) a big kettle-drum.

नगिचाइल (nagicāil) अक. समीप होना, निकट आना। उदा. 'डुमरी कतेक दूर, अब नगिचाइल बा।'
(v.i.) to be near, to close.

नगिचाह (nagicāh) वि. पास का।
(adj.) adjacent.

नगीचा (nagīcā) क्रि.वि. नजदीक।
(adv.) near, close.

नगीना (nagīnā) पु. बहुमूल्य पत्थर, रत्न, नग।
(m.) precious stone, gem, jewel.

नच (nac) अक. नाचना।
(v.i.) to dance.

नचदेखवा (nacadekhavā) पु. नाच देखवैया।
(m.) dance audience, dance lover.

नचनिया (nacaniyā) पु. नाचनेवाला, नर्तक।
(m.) a dancer.

नचवावल (nacavāval) सक. किसी को नाचने में प्रवृत्त करना।
(v.t.) to cause to dance.

नछतिरी (nachatirī) पु. भाग्यशाली व्यक्ति।
(m.) a fortunate person.

नजदिकाइल (najadikāil) अक. समीप आना, नजदीक आना, करीब आना।
(v.i.) to come near, close.

नजदिकाह (najadikāh) वि. निकटवर्ती।
(adj.) close, near.

नजदीक (najadīk) क्रि.वि. (फा.) नजदीक, पास, निकट, करीब, समीप।
(adv.) near, at a short distance.

नजदीकी (najadīkī) वि. नजदीक का, समीपस्थ।
(adj.) near, close.

नजर (najar) स्त्री. (अ.) दृष्टि, निगाह, कृपादृष्टि, देखरेख, परख।
(f.) eye sight, sympathetic out, look, care, supervision, the ability to judge correctly.

नजर (najar) स्त्री. (अ.) भेंट, उपहार।
(f.) gift, present, an offering.

नजराना (najarānā) पु. उपहार, भेंट, घूस (उत्कोच)।
(m.) a present, a gift, a bribe.

नजरावल (najarāval) सक. बुरी दृष्टि से देखना।
(v.t.) to cast an evil eye (upon).

नजरिया (najariyā) पु. दृष्टिकोण।
(m.) point of view, angle, view point.

नजला (najalā) पु. जुकाम, सर्दी।
(m.) a cold, catarrh.

नजाकत (najākat) स्त्री. सुकुमारता, नाजुक होने का भाव।
(f.) softness, delicacy, politeness.

नजायज (najāyaj) वि. अनुचित, अन्यायपूर्ण।
(adj.) improper, inappropriate, unsuitable.

नजारा (najārā) पु. (अ.) दृश्य, दृष्टि, प्रिय को निहारना, तमाशा।
(m.) a scene, a look, act of seeing one's beloved amorously, a spectacle.

नजाराबाजी (najārābājī) स्त्री. आँखें लड़ाने की क्रिया या भाव।
(f.) act of exchanging amorous glances.

नजीक (najīk) वि. दे. नजदीक।

नजीर (najīr) स्त्री. उदाहरण, दृष्टांत, मिसाल।
(f.) example, precedent, illustration.

नट (naṭ) पु. (सं.) अभिनय करनेवाला मनुष्य, नाटक का पात्र।
(m.) an actor, a dancer, a member of the Nat community, juggler.

नटई (naṭaī) स्त्री. गला, गरदन, घाँटी।
(f.) the throat, the neck, gullet.

नटखट (naṭakhaṭ) वि. पाजी, शरारती, चालाक, चंचल।
(adj.) naughty, mischievous, playful, roguish.

नटनागर (naṭanāgar) पु. (सं.) श्रीकृष्ण।
(m.) sri Krishna.

नटराज (naṭarāj) पु. नृत्य का राजा, शिव।
(m.) king of dance, Shiva.

नटवा (naṭavā) पु. नट।
(m.) an actor.

नटिका (naṭikā) स्त्री. नाड़ी।
(f.) a blood-vessel, the pulse.

नटिन (naṭin) स्त्री. नट की स्त्री, अभिनेत्री, नर्तकी।
(f.) wife of a Nat, actress, dancer.

नट्टी (naṭṭī) स्त्री. गला, गर्दन।
(f.) the throat, the neck, patite.

नटुरा (naṭurā) वि. छोटे कद का।
(adj.) of small size, short, statured.

नटुरी (naṭurī) वि. नाटी, छोटे कद की।
(adj.) dwarfish female, of short stature.

नटुली (naṭulī) स्त्री. नाटी गाय।
(f.) short statured (cow).

नठ (naṭh) वि. नष्ट। उदा. 'नठ देवता के भरठ पूजा।'
(adj.) destroyed, ruined base, immoral.

नतइत (natait) पु. संबंधी, रिश्तेदार।
(m.) relatives, kinsman.

नतकुर (natakur) पु. नाता एवं उसके वंशज, सगे-संबंधी।
(m.) relations and dynasty kins, kinfolk.

नतिन दमाद (natin damād) पु. नतिनी का पति।
(m.) husband of granddaughter.

नतिनी (natinī) स्त्री. पुत्री की पुत्री।
(f.) daughter's daughter.

नतीजा (naṭījā) पु. (अ.) परिणाम, फल।
(m.) result, consequence.

नतैत (natait) पु. दे. नतइत।

नत्थी (natthī) स्त्री. पन्नों को एक कोने पर धागा से गूँथना।
(f.) a file (of papers) threaded together, attached, annexed, tagged.

नतुहा (natuhā) पु. संबंधी, रिश्तेदार।
(m.) relative, kinsman.

नथ (nath) स्त्री. नाक में पहनने का गहना, नथिया।
(f.) a nose ring, a sign of being married as well that the husband is alive, nose-rope (for bullock).

नथाइल (nathāil) सक. पशुओं का नाथा जाना।
(v.t.) to have the nose bored and a string passed through it (a bullock), to be pierced.

नथिया (nathiyā) स्त्री. नाक में पहना जानेवाला गहना।
(f.) an ornament worn on the nose.

नथुनी (nathunī) स्त्री. नथ।
(f.) a nose-ring, a jewel worn in the nose, cord attached to a bullock's nose.

नद (nad) पु. (सं.) बड़ी नदी जिसका नाम पुलिंग में हो।
(m.) a river the name of which is masculine. eg. the Brahmaputra

नदकोला (nadakolā) पु. छोटा नाद, बड़ा पेट।
(m.) shallow tub, paunch, large tummy.

नदारद (nadarad) पु. अनुपस्थित, गायब।
(m.) missing, not present, disappeared, absent.

नदिया (nadiyā) पु. दही रखने हेतु मिट्टी का बर्तन, नदी।
(m.) small earthen pot for curds, river.

नदी (nadī) स्त्री. (सं.) सरिता, दरिया, नदी।
(f.) a river.

ननका (nanakā) पु. छोटा बच्चा, पुत्र (आत्मीयता-भरा संबोधन)।
(m.) little child, son (an expression of endearment).

ननद (nanad) स्त्री. पति की बहन।
(f.) husband's sister.

ननदी (nanadī) स्त्री. दे. ननद।

ननदोई (nanadoī) पु. ननद का पति।
(m.) husband of Nanad.

ननदोसी (nanadosī) पु. दे. ननदोई।

नननबन (nananaban) पु. नंदनवन।
(m.) Nandan-van.

ननहर (nanahar) पु. ननिहाल, नाना का घर।
(m.) maternal grand mother's house.

ननसार (nanasār) स्त्री. ननिहाल।
(f.) house of maternal grand fater, maternal kindred.

ननिआउर (naniāur) पु. दे. ननहर।

ननिया (naniyā) वि. नाना संबंधी।
(adj.) having to do with maternal grand father.

ननिया ससुर (naniyā-sasur) पु. पत्नी का नाना।
(m.) husband of mother-in-law's mother.

ननिया सास (naniyā-sās) स्त्री. पत्नी की नानी।
(f.) mother-in-law's mother.

ननिहाल (nanihāl) पु. दे. ननसार।

नन्हका (nanhakā) पु. छोटा बच्चा।
(m.) an young child, infant, baby.

नन्हकी (nanhakī) स्त्री. छोटी बच्ची।
(f.) a baby girl.

नन्हा (nanhā) वि. छोटा, लघु, छोटा, नन्हा-मुन्ना, नन्हीं। (पु.) अति प्यारा बच्चा।
(adj.) little, small, tiny, young. (m.) darling child.

नन्ही-चुकी (nanhī-cukī) वि. छोटा-सा।
(adj.) miniscule.

नन्हकू (nanhakū) पु. दे. ननका।

नपाई (napāī) स्त्री. नापने की क्रिया, पारिश्रमिक।
(f.) measuring, surveying, charges paid therefor.

नपा-तुला (napā-tulā) वि. ठीक-ठीक नाप या माप।
(adj.) measured, exact to the cone, precisely to the point.

नपुंसक (napuṅsak) पु. हिंजड़ा, जिसमें कामोत्तेजना की शक्ति न हो।
(m.) impotent, emasculate.

नपुंसकता (napuṅsakatā) स्त्री. नपुंसकत्व।
(f.) impotency, emasculation.

नफरत (nafarat) स्त्री. (अ.) घृणा।
(f.) hate, hatred.

नफा (nafā) पु. (अ.) लाभ।
(m.) profit, gain, advantage.

नफासत (nafāsat) स्त्री. (अ.) सफाई, नफीस का भाव, अच्छाई।
(f.) cleanliness, refinement, choiceness.

नबज (nabaj) स्त्री. (अ.) कलाई की नाड़ी, नब्ज।
(f.) the pulse.

नबी (nabī) पु. (अ.) ईश्वर का दूत, पैगंबर, रसूल।
(m.) devine messenger, prophet.

नब्बे (nabbe) वि. नब्बे, 90 की संख्या।
(adj.) ninety.

नब्बेउवाँ (nabbeuvaṁ) वि. नब्बेवाँ।
(adj.) ninetieth.

नभ (nabh) पु. आकाश।
(m.) sky.

नम (nam) वि. (फा.) भीगा हुआ, आर्द्र, गीला।
(adj.) moist, damp, humid.

नमक (namak) पु. (फा.) लवण, नमक, लावण्य, सलोनापन।
(m.) salt, flavour, charm.
~हराम (~harām) वि. कृतघ्न।
(adj.) untrue to one's salt, ungrateful, disloyal.
~हलाल (~halāl) वि. स्वामीभक्त।
(adj.) grateful, loyal.

नमकीन (namakīn) वि. जिसमें नमक का सा स्वाद हो, जिसमें नमक पड़ा हो, आकर्षक।
(adj.) saltish, salty, salted, charming.

नमन (naman) पु. (सं.) झुकते हुए नमस्कार, झुकना, नमस्कार।
(m.) bowing down, salutation, greeting.

नमस्कार (namaskār) पु. अभिवादन, प्रणाम।
(m.) salutation, adoration, a term of greeting.

नमस्ते (namaste) पु. नमस्कार।
(m.) salutations to you, to bow with hands (palms), pressed together at breast, a form of greeting and reverence.

नमाज (namāj) स्त्री. मुसलमानों की ईश्वर-प्रार्थना।
(f.) a formal prayer (by the muslims).

नमाजी (namājī) पु. (फा.) 1. नमाज पढ़नेवाला। 2. वह वस्त्र जिस पर खड़े होकर नमाज पढ़ी जाती है।
(m.) 1. one who prays, prayer-doer. 2. a piece of cloth on which one stands while doing prayer.

नमी (namī) स्त्री. (फा.) गीलापन, तरी, ओद।
(f.) moistness, humidity.

नमूना (namūnā) पु. आदर्श प्रतिमान, अनुकरणीय ढाँचा।
(m.) a sample, specimen, model, pattern, example, form, type.

नम्मी (nammī) स्त्री. नवमी तिथि।
(f.) the ninth day of a lunar fortnight.

नमोनारायण (namonārāyaṇ) पु. भारतीय संन्यासियों, साधुओं में प्रचलित अभिवादन के शब्द।
(m.) words for salutations prevalent among ascetics and saints of India.

नम्मर (nammar) पु. दे. नंबर।

नयका (nayakā) वि. नया, नवीन।
(adj.) new, recent, fresh.

नयकाहा (nayakāhā) वि. नए विचार के लोग, प्रगतिशील।
(adj.) persons of new thoughts, progressive.

नयन (nayan) पु. (सं.) आँख।
(m.) an eye.

नयनी (nayanī) स्त्री. सुंदर आँखोंवाली स्त्री।
(f.) a woman of charming beautiful eye.

नयनू (nayanū) पु. मक्खन, नवनीत।
(m.) fresh butter.

नया (nayā) वि. नवीन, हाल का, कम उम्र का।
(adj.) new, novel, fresh, young, inexperienced, recent, modern.

नरंगी (naraṅgī) स्त्री. मीठा नीबू, नवरंगी, नारंगी।
(f.) an orange (the tree, fruit).

नर (nar) पु. (सं.) पुरुष, मर्द, विष्णु, शिव, अर्जुन।
(m.) a man, a male, man, mankind, Vishnu, Shiva.
~नारी (~nārī) पु. स्त्री-पुरुष।
(m.) men and women.
~नाह (~nāh) पु. पुरुषों का स्वामी, नरेश।
(m.) lord of men.
~लोक (~lok) पु. पृथ्वी।
(m.) the world of men, the earth.
~सिंगा (~siṅgā) पु. तुरही की तरह का एक बड़ा बाजा।
(m.) a trumpet, horn (curved in shape).
~सिंह (~siṅh) पु. नृसिंह।
(m.) Nrisingh.

नरोत्तम (narottam) पु. पुरुषों में उत्तम, विष्णु।
(m.) the best of men, Vishnu.

नरक (narak) पु. (सं.) दोजख, जहन्नुम, यातना से पूर्ण स्थान।
(m.) the hell, a place of great torture, a place unfit for human habitation.

नरक-कुंड (narak-kuṅḍ) पु. जिस कुंड में बुरी आत्माएँ डुबोई जाती हैं, उनको यातना दी जाती है।
(m.) an inferno, a hell-pool (where evil souls are supposed to be dipped for torture).

नरकगामी (narakagāmī) वि. नरक जानेवाले।
(adj.) hell-going.

नरकट (narakaṭ) पु. जिस पौधे से कलमें और चटाइयाँ बनती हैं। सरकंडा जाति का फोंफला पौधा।
(m.) a kind of reed of which mats and pens are made.

नरकटनी (narakaṭanī) स्त्री. बच्चों के जन्म के समय जिस औजार से नाभि की नाल काटी जाती है।
(f.) emplement to detach the umbilical cord at birth.

नरकपाल (narakapāl) पु. यमराज।
(m.) yamraj, lord of hell.

नरकल (narakal) पु. दे. नरकट।

नरकस (narakas) पु. दे. नरकट।

नरकवास (narakavās) पु. नरक में वास।
(m.) living in hell.

नरकी (narakī) वि. भयावह, अरुचिकर।
(adj.) hellish, infernal.

नरकुल (narakul) पु. दे. नरकट।

नरगजल (naragajal) अक. जोर से चिल्लाना।
(v.i.) to cry loudly.

नरगोरी (naragorī) स्त्री. लाल डंठलवाली ईख।
(f.) sugar cane with reddish stalk.

नरगिस (naragis) स्त्री. (फा.) एक पौधा जिसमें सफेद फूल लगते हैं। उर्दू साहित्य में इन फूलों की तुलना आँखों से की जाती है।
(f.) the narcissus plant and its flowers, eyes are compared with this flower in Urdu literature.

नरघट (naraghaṭ) पु. झगड़ा, हठ।
(m.) conflict, quarrel, obstinacy.

नरदोह (naradoh) पु. नाला।
(m.) drain, gutter, water course (natural) water channel (man-made).

नरम (naram) वि. (फा.) मुलायम, कोमल, मृदु, लचकदार, धीमा, मंद, सुस्त, जिसमें पौरुष का अभाव हो।
(adj.) soft, tender, flexible, slow, dim, lazy, impotent.

नरमा (naramā) पु. कपास की एक जाति।
(m.) a kind of cotton wool.

नरमी (naramī) स्त्री. कोमलता, नरम होने की क्रिया या भाव।
(f.) softness, mildness, gentleness, delicacy.

नरसों (narasoṅ) क्रि.वि. तीन दिन पूर्व या तीन दिन बाद।
(adv.) three days previously or a head.

नराज (narāj) वि. नाखुश, अप्रसन्न, क्रोधित।
(adj.) unhappy, angry.

नरियर (nariyar) पु. नारियल वृक्ष, नारियल फल।
(m.) the coconut tree, a coconut.

नरिया (nariyā) पु. घर छवाने में प्रयुक्त मिट्टी का अर्धगोलाकार टाइल, नरिया।
(m.) a roofing tile (of semi circular section).

नरियाइल (nariyāil) अक. जोर से रोना।
(v.i.) to cry loudly.

नरियल (nariyal) पु. दे नरिअर।

नरेटी (nareṭī) स्त्री. कंठ, गर्दन, कंठ की नली।
(f.) the throat, gullet.

नर्तक (nartak) पु. (सं.) नाचनेवाला, नकल दिखानेवाला।
(m.) a dancer, a mime.

नर्तकी (nartakī) स्त्री. (सं.) नाचनेवाली।
(f.) a female dancer, a dancing girl.

नल (nal) पु. लोहा या अन्य धातु की पोपली पाइप, बाँस का फोफला।
(m.) a hollow shaft of bamboo, a tube, pipe, spout, water-channel, sewer, water-pipe.

नलका (nalakā) पु. दे. नल।

नलकूप (nalakūp) पु. (हिं.+सं.) जमीन के अंदर से पानी निकालनेवाला नल।
(m.) a tubewell, handpump.

नली (nalī) स्त्री. छोटा या पतला नल, चोंगा, बंदूक का अगला भाग जिसमें होकर गोली निकलती है।
(f.) a hollow reed, a tube, pipe, spout, barrel (of a firearm).

नव (nav) वि. (सं.) नवीन, नया, नूतन, आधुनिक।
(adj.) new, neo, novel, modern.

नव (nav) वि. (सं.) नौ, 9 की संख्या।
(adj.) nine.

नवका (navakā) वि. नया।
(adj.) new.

नवंबर (navaṅbar) पु. (अं.) नवंबर का महीना।
(m.) November.

नवगछुली (navagachulī) स्त्री. नया बाग, नया पेड़।
(f.) new garden, new tree.

नवचा (navacā) वि. पतला और लचीला।
(adj.) thin and flexible.

नवटंकी (navaṭaṅkī) स्त्री. लोकनाट्य।
(f.) folk drama.

नवठा (navaṭhā) पु. नौ दाँतवाला बछड़ा।
(m.) a calf of nine teeth.

नवनीत (navanīt) पु. (सं.) ताजा मक्खन।
(m.) fresh butter.

नवमी (navamī) वि. (सं.) चातुर्मास के किसी पक्ष की नवमी तिथि।
(adj.) the ninth day of a lunar fortnight.

नवर (navar) पु. नया हल।
(m.) new plough.

नवरंगी (navaraṅgī) स्त्री. नारंगी (फल), आलंकारिक-महिलाओं का जोबन।
(f.) orange, fig. woman's breast.

नवरतन (navaratan) पु. 1. नवरत्नों का समूह। 2. विवाहोपरांत पहली बार ससुराल में दामाद को नौ दिन तक रखने की प्रथा।
(m.) 1. the nine jewels. 2. customary of welcoming the bridegroom as guest for nine days after the marriage.

नवल (naval) वि. (सं.) नवीन, नूतन, नया।
(adj.) new, novel, fresh.

नवल (naval) अक. नीचे की ओर झुकना।
(v.i.) to bow downward, to bend.

नवला (navalā) स्त्री. एक प्रकार की मछली।
(f.) a kind of fish.

नवसिखुआ (navasikhuā) पु. नौसिखिया, नौसिखुवा।
(m.) a beginner.

नवसे (navase) पु. दुलहा।
(m.) bridegroom.

नवहा (navahā) वि. नवीन, नया।
(adj.) new, new fashioned.

नवही (navahī) स्त्री. एक प्रकार की मछली, लवही, नयी उम्रवाली स्त्री।
(f.) a type of fish, Lavahi, a young and fresh lady.

नवावल (navāval) सक. झुकाना, नीचे की ओर खींचना।
(v.t.) to cause to bow or to stoop.

नवासा (navāsā) पु. उत्तराधिकार।
(m.) succession.

नवासी (navāsī) वि. नवासी, 89 की संख्या।
(adj.) eighty nine.

नवाह (navāh) वि. (सं.) नौ दिनों तक चलता रहनेवाला।
(adj.) continuing for nine days.

नवीन (navīn) वि. दे. नव।

नवीस (navīs) पु. (फा.) लेखक।
(m.) a writer.

नवेला (navelā) पु. सुंदर वेशभूषावाला जवान।
(m.) handsome, smartly dressed young man.

नवेली (navelī) स्त्री. सुंदर नवयुवती।
(f.) a beautiful young woman.

नवो, नवों (navo, navoṅ) वि. सभी नौ।
(adj.) all nine.

नवोत्तर सौ (navottar sau) वि. एक सौ नौ, 109 की संख्या।
(adj.) one hundred nine.

नस (nas) स्त्री. स्नायु, नाड़ी, रक्तवाहिनी, नली, सुँघनी।
(f.) a vein, a nerve, a sinew, tendon, snuff.

नसकट (nasakaṭ) वि. 1. जो नस काटे। 2. आकार में छोटा।
उदा. 'नसकट खटिया, बतकट जोय।'
(adj.) 1. pricking. 2. a small bedstead.

नस्तर (nastar) पु. तेजधार का चाकू।
(m.) a sharp knife, lancet.

नसदानी (nasadānī) स्त्री. नस (एक प्रकार की सुँघनी) रखने की डिबिया।
(f.) a small box for keeping Nas, sunghani (snuff).

नसपाती (nasapātī) स्त्री. नाशपाती।
(f.) a pear.

नसबंदी (nasabandī) पु. नस को बाँधकर परिवार नियोजन की प्रक्रिया।
(m.) vasectomy.

नसल (nasal) स्त्री. (अ.) नस्ल, वंश, कुल।
(f.) offspring, descendants, family, breed.

नसा (nasā) पु. नशा।
(m.) smoking.

नसाइल (nasāil) सक. नष्ट किया जाना, नष्ट हो जाना।
(v.t.) to destroy, to be destroyed.

नसादर (nasādar) पु. तीक्ष्ण क्षारीण द्रव्य जो औषधि के रूप में प्रयुक्त होता है, नौसाद।
(m.) ammonium chloride.

नसाबाज (nasābāj) पु. नशेबाज।
(m.) smoker.

नसावन (nasāvan) वि. नाश करनेवाला।
(adj.) destructive.

नसीब (nasīb) पु. (अ.) भाग्य, प्रारब्ध, तकदीर।
(m.) fate, fortune, destiny.
नसीबा (nasībā) पु. दे. नसीब।
नसीला (nasīlā) वि. नशीला।
(adj.) intoxicating.
नसीहत (nasīhat) स्त्री. सीख, उपदेश, सलाह।
(f.) advice, counsel, exhortation.
नह (nah) पु. (सं.) नख, नाखून।
(m.) nail (of the finger or toe).
नहछू (nahachū) पु. विवाह में वर के नाखून काटने की प्रथा।
(m.) customary of cutting the nail of bride-groom in marriage, ceremonial nail paring.
नहर (nahar) स्त्री. कृत्रिम जलधारा जो सिंचाई हेतु किसी नदी या झील से निकाली जाती है, नहर।
(f.) stream, flow, a canal, an irrigation channel, an artificial water-channel for irrigation.
नहरनी (naharanī) स्त्री. नाखून काटने का औजार।
(f.) a nail-parer, nail cutter.
नहरी (naharī) स्त्री. पतली नहर, पइन।
(f.) a thin flow, small canal.
नहलवावल (nahalavāval) पु. नहलवा देना।
(m.) to cause to be bathed.
नहला (nahalā) पु. 1. ताश की नौवीं पत्ती। 2. राजगीर का औजार।
(m.) 1. ninth playing card, the nine (in cards). 2. a trowel (as used by craftsmen).
नहवावन (nahavāvan) पु. विवाह के समय वर और कन्या की स्नान-विधि।
(m.) ritual bathing on the occasion of marriage.
नहसुर (nahasur) पु. नखव्रण।
(m.) a blain on the nail.
नहाइल (nahāil) अक. स्नान करना।
(v.i.) to bathe, to wash, to be bathed.
नहान (nahān) पु. स्नान-पर्व।
(m.) festival of bathing.
नहिं (nahiṅ) क्रि.वि. नहीं।
(adv.) no, not.
नहि (nahi) क्रि.वि. दे. नहीं।
नहीं (nahīṅ) क्रि.वि. (सं.) निषेध या अस्वीकृतिसूचक शब्द।
(adv.) no, not, don't, won't.
नहूस (nahūs) स्त्री. (अ.) अशुभ, मनहूस।
(f.) misfortune, evil, a bad omen.
नाँ (nāṁ) क्रि.वि. दे. नहीं।
नाँगा (nāṁgā) वि. नंगा। (पु.) नग्न व्यक्ति, साधुओं की जाति।
(adj.) naked. (m.) naked person, a sect of saints.
नाँघल (nāṁghal) सक. लाँघना, कूदना, पार करना।
(v.t.) to jump across, to cross over.
नाँद (nāṁd) पु. मिट्टी का बड़ा बर्तन जिसमें पशुओं को पानी चारा दिया जाता है।
(m.) a trough, an open mouthed earthen jar (for water or grass to animals).
नाँव (nāṁv) पु. नाम।
(m.) name.
नाँह (nāṁh) पु. (सं.) नाथ, स्वामी।
(m.) lord, master, owner.
ना (nā) क्रि.वि. नहीं, न, मत।
(adv.) not, no, nor.
नाइन (nāin) स्त्री. हजाम की पत्नी।
(f.) barber's wife.
नाइटरोजन (nāiṭarojan) पु. (अं.) नाइट्रोजन।
(m.) nitrogen.
नाईं (nāīṅ) वि. समान, तरह।
(adj.) like, as.
नाई (nāī) पु. हजाम।
(m.) barber.
नाउन (nāun) स्त्री. दे. नाइन।
नाऊ (nāū) पु. दे. नाई।
नाएक (nāek) पु. नायक।
(m.) a hero.
नाक (nāk) स्त्री. नासिका।
(f.) a nose.
नाक (nāk) पु. स्वर्ग।
(m.) heaven.
नाक के तेज (nāk ke tej) वि. तेज घ्राण शक्तिवाला।
(adj.) having a sharp sense of smell.
नाकड़ा (nākaṛā) पु. नाक के पकने का रोग।
(m.) an inflammation or tumour of the nose.
नाक-नक्स (nāk-naks) पु. चेहरे की बनावट।
(m.) facial features, facial cut.
नाकर-नुकुर (nākar-nukur) अव्य. इनकार।
(indec.) rejection, refusal, denial.

नाका (nākā) पु. रास्ते का सिरा, मुहाना, नगर, दुर्ग का प्रवेश द्वार।
(m.) end or beginning (of a road), entrance (as to pass a walled town, fort).

नाकामयाब (nākāmayāb) वि. (फा.) विफल, असफल।
(adj.) unsucessful.

नाकामयाबी (nākāmayābī) स्त्री. (फा.) विफलता।
(f.) failure.

नाकामिल (nākāmil) वि. अयोग्य, बेकाम का।
(adj.) incapable, unfit.

नाकी (nākī) स्त्री. नाक से निकली बोली।
(f.) speaking through nose.

नाखुन (nākhun) पु. नख।
(m.) nail (of the finger or toe).

नाखुस (nākhus) वि. अप्रसन्न।
(adj.) displeased (with unpleasant).

नाखुसी (nākhusī) स्त्री. अप्रसन्नता।
(f.) displeasure.

नाखून (nākhūn) पु. दे. नाखुन।

नाग (nāg) पु. सर्प।
(m.) a snake, a cobra.

नागपंचमी (nāgapañchamī) स्त्री. एक हिंदू त्यौहार जिसमें साँपों की पूजा होती है।
(f.) a Hindu festival falling on the fifth day of the light half of the month Savan (when snakes are worshipped).

नागपाँचो (nāgapāṁco) पु. दे. नागपंचमी।

नागन (nāgan) स्त्री. नागिन।
(f.) a female snake.

नागर (nāgar) पु. नागरिक।
(m.) a citizen.

नागरिक (nāgarik) (सं.) दे. नागर।

नागरिकता (nāgarikatā) स्त्री. नागरिक होने की अवस्था।
(f.) citizenship.

नागरी (nāgarī) स्त्री. महिला नागरिक।
(f.) a female citizen.

नागा (nāgā) पु. नागा साधु।
(m.) naked ascetic.

नागा (nāgā) पु. (तु.) कार्यस्थल से अनुपस्थित होना।
(m.) absence from work, duty.

नागिन (nāgin) स्त्री. दे. नागन।

नाच (nāc) पु. नृत्य।
(m.) dancing, a dance.

नाच-कूद (nāc-kūd) स्त्री. नाच-तमाशा।
(f.) dancing, festivity.

नाचल (nācal) अक. नाचना।
(v.i.) to dance.

नाचनी (nācanī) स्त्री. नाचनेवाली लड़की।
(f.) a dancing girl.

नाच-रंग (nāc-raṅg) पु. गाने, नाचने का जलसा।
(m.) music and dancing joyful or festive mood.

नाचारी (nācārī) स्त्री. (फा.) लाचारी, विवशता, मजबूरी।
(f.) helplessness, compulsion.

नाचीज (nācīj) वि. (फा.) तुच्छ, निकृष्ट।
(adj.) worthless, wretched.

नाज (nāj) पु. अनाज।
(m.) grain.

नाज (nāj) पु. (फा.) हाव-भाव, नखरा, अभिमान।
(m.) airs, charming gestures, coquettish behaviour, pride.

नाज-नखरा (nāj-nakharā) पु. चोचला।
(m.) conquettish behaviour.

नाजनीं (nājanīṅ) स्त्री. सुंदरी, आकर्षक महिला।
(f.) a beautiful woman, fascinating woman.

नाजाइज (nājāij) वि. अनुचित, अनुपयुक्त।
(adj.) improper, inappropriate, unsuitable.

नाजानकारी (nājānakārī) स्त्री. अज्ञानता।
(f.) darkness.

नाजिर (nājir) पु. (अ.) दर्शक, निरीक्षक, लेखकों का प्रधान।
(m.) a spectator, an inspector, a court official.

नाजुक (nājuk) वि. (फा.) कोमल, सुकुमार, पतला, महीन, बारीक, सूक्ष्म, जोखिम-भरा। उदा. 'नाजुक कलइया मरोड़ दिहले।'
(adj.) soft, tender, thin, delicate, subtle, minute, risky, fragile.

नाजो (nājo) स्त्री. दुलारी, प्रियतमा, कोमलांगी।
(f.) a flirtatious woman, a term of endearment darling.

नाट (nāṭ) वि. बौना, छोटा, नाटा।
(adj.) dwarfish, short-statured.

नाटक (nāṭak) पु. (सं.) अभिनय।
(m.) drama, play, dramatic performance.

नाटकिया (nāṭakiyā) पु. नाटक करनेवाला अभिनेता।
(m.) an actor.

नाटकी (nāṭakī) स्त्री./पु. नाचनेवाली, नाटक करनेवाला।
(f./m.) a dancing girl, an actor.

नाटा (nāṭā) वि. छोटे कद का, कम ऊँचा, बौना।
(adj.) short of stature, dwarf.

नाटिका (nāṭikā) स्त्री. (सं.) चार अंकों का नाटक, लघु नाटक।
(f.) a drama of four acts, short drama.

नाठा (nāṭhā) वि. जो गाय या भैंस दूध नहीं देती है।
(adj.) milkless dairy, cattle.

नाड़ा (nāṛā) पु. 1. घाघरा, पाजामा बाँधने की डोरी, नीबी, इजारबंद। 2. माँगलिक पीला या लाल सूत जो देवता-देवी पर चढ़ाया जाता है।
(m.) 1. tape, draw-string (of shirt, pajama). 2. knotted red or yellow thread (offered to god, goddess).

नाड़ी (nāṛī) स्त्री. नली, धमनी, डोरी, रस्सी।
(f.) a stalk, a tube, pipe, a blood-vessel, the pulse, string.

नात (nāt) पु. नाता, संबंध, नातेदार।
(m.) relationship, connection, alliance.

नात-गोत (nāt-got) पु. दे. नात।

नात (nāt) क्रि.वि. (न+तो) नहीं तो, अन्यथा।
(adv.) otherwise.

नाता (nātā) पु. संबंध, नातेदार।
(m.) relationship, alliance.

नाता-रिसता (nātā-risatā) पु. संबंध, नाता।
(m.) relationship, family alliance.

नातिन (nātin) स्त्री. लड़की की लड़की, दौहित्री।
(f.) daughter's daughter, grand-daughter.

नाती (nātī) पु. (सं.) लड़की का लड़का, दोहता।
(m.) daughter's son, grandson.

नातेदार (nātedār) वि. (हिं.+फा.) संबंधी, रिश्तेदार।
(adj.) relatives.

नाथ (nāth) पु. प्रभु, स्वामी, मालिक, पति, गोरखपंथी साधुओं की उपाधि।
(m.) lord, protector, master, husband, a title of followers the sect of Gorakhanath.

नाथ (nāth) स्त्री. पशुओं की नाक में नाथने की रस्सी, नकेल। उदा. 'आगे नाथ न पीछे पगहा'।
(f.) nose rope (of animals).

नाथल (nāthal) सक. पशुओं को वश में रखने हेतु उनकी नाक छेद कर उसमें रस्सी पिरोना, नकेल डालना।
(v.t.) to bore the nose of cattle and thread it with a nose-rope for bringing under control.

नाद (nād) पु. (सं.) शब्द, आवाज, संगीत।
(m.) sounding, resonance, a loud sound, noise, music.

नाद (nād) पु. मवेशियों को चारा खिलाने का पात्र।
(m.) an open mouthed vessel for cattle feeding.

नादान (nadān) वि. (फा.) अनजान, मूर्ख।
(adj.) ignorant, foolish.

नाधल (nādhal) सक. जोतना, आगे बाँधना, लगाना, आरंभ करना।
(v.t.) to yoke, to link, to attach, to begin.

नाधा (nādhā) पु. पल्लो और हरिस को बाँधनेवाली रस्सी।
(m.) rope to tie the yoke to the plough's main rod.

नान (nān) पु. (फा.) रोटी, खमीरी रोटी।
(m.) bread, a cake of bread.

नानखटाई (nānakhaṭāī) स्त्री. (फा.) एक प्रकार की सोंधी, मीठी टिकिया जो चौरठ चीनी, घी से बनती है।
(f.) a sweet made from rice flour with Ghee and sugar.

नानबाई (nānabāī) पु. रोटियाँ पकाकर बेचनेवाला।
(m.) a baker.

नाना (nānā) पु. माता का पिता।
(m.) maternal grandfather.

नाना (nānā) वि. (सं.) अनेक प्रकार के, तरह-तरह के, अनेक, बहुत।
(adj.) different, various, varied.

नानिहाल (nānihāl) पु. नाना का घर-परिवार।
(m.) house and family of a maternal grand-father, maternal kindred.

नानी (nānī) स्त्री. माता की माता।
(f.) maternal grandmother.

ना-नुकर (nā-nukar) पु. अस्वीकृति, इनकार।
(m.) denial, refusal, disapproval.

नान्ह (nānh) पु. दे. नन्हा।

नान्हीचुक (nānhīcuk) वि. अत्यंत छोटा।
(adj.) little, tiny, young.

नाप (nāp) स्त्री. परिमाण, माप।
(f.) measure, scale.

नापना (nāpanā) पु. धारक।
(m.) container.

नापल (nāpal) सक. नापना।
(v.t.) to measure.

नापल-जोखल (nāpal-jokhal) स्त्री. नापने-जोखने की क्रिया।
(f.) measuring, weighing, assessing.

नापल-तोलल (nāpal-tolal) स्त्री. दे. नापल-जोखल।

नापाक (nāpāk) वि. अपवित्र, मैला-कुचैला।
(adj.) unholy, dirty.

नापित (nāpit) पु. (सं.) नाई, हजाम।
(m.) a barber.

नाफा (nāfā) पु. लाभ, फायदा।
(m.) profit.

नाबदान (nābadān) पु. (फा.) गंदी नाली, पनाला।
(m.) gutter.

नाबालिग (nābālig) वि. अवयस्क, जो पूरा जवान न हुआ हो।
(adj.) underage, minor.

नाभि (nābhi) स्त्री. (सं.) ढोंढ़ी। उदा. 'हम त ढोंढ़ी मूदले रहनी पियरी माती से'।
(f.) navel, hub (of a wheel).

नामंजूर (nāmañjūr) पु. अस्वीकृत, अमान्य।
(m.) denial, refusal.

नाम (nām) पु. (सं) संज्ञा, आख्या, पुकारने का साधन।
(m.) name.

नामक (nāmak) वि. नाम से प्रसिद्ध, नामवाला।
(adj.) bearing/having the name, called.

नामकरन (nāmakaran) पु. (सं.) किसी का नाम निश्चित करने का समारोह, नाम रखना, नामकरण।
(m.) the ceremony of naming a child after birth, giving a name (to) nomenclature.

नामकिरतन (nāmakirtan) पु. ईश्वर के नाम का भजन।
(m.) chanting the name of god.

नामगोत्र (nāmagotr) पु. नाम और उसकी वंशावली।
(m.) name and family name.

नामजद (nāmajad) वि. (फा.) नामजद, जिसका नाम निश्चित किया गया हो।
(adj.) nominated.

नामजदगी (nāmajadagī) स्त्री. किसी काम या चुनाव में खड़े होने के लिए किसी नाम का निश्चय।
(f.) nomination.

नामधारी (nāmadhārī) वि. नामक, नामवाला।
(adj.) bearing the name of, named.

नाम-पट (nām-paṭ) पु. वह पट्ट जिस पर नाम लिखा रहता है।
(m.) name-plate, signboard.

नामरद (nāmarad) वि. नपुंसक, कायर।
(adj.) impotent, effeminate.

नामरदी (nāmaradī) स्त्री. नपुंसकता।
(f.) impotency, effeminancy.

नाम-लिखाई (nām-likhāī) स्त्री. नाम लिखा जाना।
(f.) enrolment.

नामवर (nāmavar) वि. प्रसिद्ध, मशहूर।
(adj.) famous, reputed.

नाम-हँसाई (nām-haṁsāī) स्त्री. लोक-निंदा, बदनामी।
(f.) mockery.

नामांकन (nāmāṅkan) पु. चुनाव में सम्मिलित होने के लिए किसी का नाम लिखा जाना, नामजदगी, नामांकन।
(m.) registration, nomination.

नामी (nāmī) वि. नामधारी, नामवाला, प्रसिद्ध, मशहूर।
(adj.) well-known, famous, of good name, having a name.

नामुनासिब (nāmunāsib) वि. अनुचित।
(adj.) improper.

नामे (nāme) वि. के नाम।
(adj.) in or against, a name (as credit or debit).

नाय (nāy) पु. नाव।
(m.) a boat.

नायक (nāyak) पु. (सं.) नेता, अगुआ, सरदार।
(m.) a leader, cheif, principal, hero.

नायन (nāyan) पु. दे. नाइन।

नायिका (nāyikā) स्त्री. नायक की स्त्री, जिस स्त्री को काव्य, नाटक में प्रधान भूमिका दी गई हो।
(f.) a leading female character, heroine.

नारंग (nāraṅg) पु. दे. नारंगी।

नारंगी (nāraṅgī) स्त्री. नीबू को जाति का एक पेड़ जिसमें मीठे, सुगंधित, रसीले फल लगते हैं, नारंगी। नारंगी के छिलके का-सा रंग।
(f.) a large round citrus fruit, a bright reddish yellow colour.

नारकी (nārakī) वि. (सं.) नरक में जाने योग्य, बहुत बड़ा पापी, नरक में रहनेवाला।
(adj.) having to do with hell, hellish, infernal.

नारद (nārad) पु. (सं.) ब्रह्मा के पुत्र, देवर्षि, लोगों में झगड़ा करानेवाला व्यक्ति, एक सच्चा पत्रकार।
(m.) the son of Brahma, causer of quarrels, a true jounalist.

नारा (nārā) पु. (अ.) प्रचारात्मक उक्ति, विजय घोष। उदा. 'नारा लगाईं, उनके जिताईं।'
(m.) a slogan, a triumphal, slogan.

नाराज (nārāj) वि. अप्रसन्न, रुष्ट, नाखुश, खफा।
(adj.) unhappy, angry, displeased.

नाराजगी (nārājagī) स्त्री. (फा.) अप्रसन्नता, रोष।
(f.) displeasure, anger, annoyance.

नारायन (nārāyan) पु. (सं.) विष्णु, ईश्वर, नारायण।
(m.) Lord Vishnu, the God.

नारायनी (nārāyanī) स्त्री. (सं.) दुर्गा, लक्ष्मी, नारायणी।
(f.) Lakshmi, Durga.

नारियल (nāriyal) पु. (सं.) एक पेड़ जिसके बड़े गोल फलों में मीठी गिरी होती है, नारियल। गिरी, फल की खोपड़ी का बना हुक्का।
(m.) the coconut tree, a coconut a hookah made of a coconut skull.

नारियली (nāriyalī) स्त्री. नारियल की खोपड़ी का बना कटोरा।
(f.) a cup made of coconut shell.

नारी (nārī) स्त्री. औरत, स्त्री।
(f.) a woman, a female.

नारी-जगत (nārī-jagat) पु. स्त्रियों का संसार।
(m.) women's world.

नारी-धरम (nārī-dharam) पु. नारी का कर्तव्य।
(m.) duty of a woman.

नारेबाज (nārebāj) पु. वह जो नारे लगाता हो।
(m.) a sloganeer, slogan-monger.

नारेबाजी (nārebājī) स्त्री. नारे लगाने का काम।
(f.) sloganeering.

नाल (nāl) स्त्री. (सं.) 1. फूलों की पतली-लंबी डंडी, पौधे का डंठल। 2. नली (बंदूक की)। 3. सुनारों की फुँकनी, 4. गर्भ-नाल।
(f.) 1. stalk (esp. of the lotus), blade (of grass). 2. tube, pipe, barrel (of firearm). 3. blowpipe of a goldsmith. 4. navel cord.

नाल (nāl) पु. (अ.) अर्द्धचंद्राकार लोहा जो घोड़ों की टाप के नीचे या जूतों की एड़ी में जड़ा होता है।
(m.) horse-shoe.

नालबंद (nāl-baṅd) पु. जूते की एड़ी या घोड़े के पैरों में नाल जड़नेवाला।
(m.) a farrier.

नाला (nālā) पु. वह जलमार्ग जिसमें वर्षा का पानी बहता है, गंदे जल के बहने का मार्ग (प्राकृतिक या बनावटी)।
(m.) a water course (natural), a water channel (man-made), a canal, drain, gutter.

नालायक (nālāyak) वि. अयोग्य, दुष्ट, बेकार।
(adj.) unfit, improper, wretched, worthless.

नालिस (nālis) स्त्री. फरियाद, अभियोग, मुकदमा।
(f.) plaint, complaint, law-suit, suit, charge.

नालिस-दागल (nālis-dāgal) सक. मुकदमा दाखिल करना।
(v.t.) to file a complaint suit.

नाली (nālī) स्त्री. जल बहने का छोटा नाला, गंदा पानी बहने की मोरी, पतला नल।
(f.) a small water-race or channel, gutter, drain.

नाव (nāv) स्त्री. किश्ती, नाव।
(f.) a boat.

नावक (nāvak) पु. (फा.) छोटा बाण, मधुमक्खी का डंक।
(m.) a small arrow, the sting of a bee.

नावरी (nāvarī) स्त्री. मवेशियों के खाने का बर्तन।
(f.) pot for cattle feed.

नाविक (nāvik) पु. मल्लाह, केवट, नाव चलानेवाला व्यक्ति।
(m.) boatman, sailor, helmsman.

नास (nās) पु. (सं.) बरबादी, ध्वंस।
(m.) a destruction, ruin, loss.

नासतिक (nāsatik) पु. (सं.) ईश्वर को न माननेवाला।
(m.) an atheist.

नासल (nāsal) सक. (सं.) नष्ट करना, बर्बाद करना।
(v.t.) to destroy, to spoil, to mar.

नासपाती (nāsapātī) स्त्री. सेब की तरह का बढ़िया फल।
(f.) a sweet fruit like apple.

नासमझ (nāsamajh) वि. जिसे समझ न हो, मूर्ख।
(adj.) stupid, dull.

नासमझी (nāsamajhī) स्त्री. मूर्खता।
(f.) stupidity, folly, lack of understanding.

नासा (nāsā) स्त्री. (सं.) नाक, नाक का छेद, नथुना।
(f.) the nose, the nostril.

नासिका (nāsikā) स्त्री. दे. नासा।

नासूर (nāsūr) पु. जिस घाव से हमेशा मवाद निकलता हो, नाड़ीव्रण।
(m.) a runing soar, an ulcer.

नास्ता (nāstā) पु. जलपान।
(m.) breakfast.

नाह (nāh) पु. दे. नाथ।

नाहक (nāhak) क्रि.वि. (फा.) व्यर्थ, वृथा।
(adv.) in vain, without success, uselessly.

नाहर (nāhar) पु. शेर।
(m.) a lion, a tiger.

नाहिं (nāhiṅ) क्रि.वि. दे. नहीं।

नाहीं (nahīṅ) क्रि.वि. दे. नहीं।

नाही (nāhī) क्रि.वि. दे. नहीं।

निंदक (niṅdak) पु. (सं.) निंदा करनेवाला।
(m.) one who blames or scorn, slanderer, blasphemer.

निंदरिया (niṅdariyā) स्त्री. नींद। उदा. 'मोरे लाल को आव निंदरिया, काहे न आनि सुलावे।'–सूरदास।
(f.) sleep.

निंदा (niṅdā) स्त्री. (सं.) बुराई या दोष बतलाना, अपकीर्ति, बदनामी।
(f.) blame, scorn, abuse, slander, defamation.

निंब (niṅb) पु. (सं.) नीम का पेड़।
(m.) the neem tree.

निंबू (niṅbū) पु. नीबू का पेड़, नीबू (फल)।
(m.) the lime tree, the lemon.

निअन (nian) वि. ऐसा, सदृश, के जैसा।
(adj.) so, like, as.

निअर (niar) क्रि.वि. नगीचा, निकट, समीप, के जैसा।
(adv.) near, close, as.

निअरा (niarā) क्रि.वि. नजदीक। उदा. 'प्रीतम बसे पहाड़ पर, का निअरा का दूर।' (लोक.)।
(adv.) close, near.

निआर (niār) पु. बिदाई की तिथि तय करने या होने का संदेश। 'आइ गइले अवचक निआर।' (लोक.)।
(m.) the message of fixing the date of departure of a newly married wife to her husband's family's home, message for the date of bride's Bidai (departure).

निकड़ल (nikaṛal) अक. निकलना।
(v.i.) to come out, to leak out (a substance).

निकम्मा (nikammā) वि. बेकार, व्यर्थ, बेकाम।
(adj.) unemployed, worthless, good for nothing, useless.

निकम्मापन (nikammāpan) पु. अकर्मण्यता।
(m.) worthlessness.

निकरमी (nikaramī) वि. दे. निकम्मा।

निकलल (nikalal) अक. दे. निकड़ल।

निकलाइल (nikalāil) अक. निकाला जाना।
(v.i.) expulsion, taking out.

निकलुआ (nikaluā) वि. निकाला हुआ।
(adj.) expelled, ousted.

निकसल (nikasal) अक. दे. निकड़ल।

निकसार (nikasār) पु. रुख, दरवाजे के सामने की खाली जमीन।
(m.) exit, place of exit, opening, outlet.

निकसारी (nikasārī) स्त्री. चेचक।
(f.) small pox, measles.

निकाई (nikāī) स्त्री. अच्छा होने का भाव, सुंदर लगने का भाव, अच्छापन, सुंदरता। उदा. 'ज्यों ज्यों निहारिए...त्यों त्यों खरी निकरे री निकाई।'
(f.) goodness, good quality, beauty, charm.

निकाज (nikāj) वि. दे. निकम्मा।

निकालल (nikālal) वि. बहिष्कृत।
(adj.) outcast.

निकास (nikās) पु. द्वार, दरवाजा।
(m.) exit, door.

निकासल (nikāsal) सक. निकालना।
(v.t.) to get out, to expel.

निकाह (nikāh) पु. (अ.) मुस्लिम पद्धति से किया हुआ विवाह।
(m.) muslim marriage.

निकाहनामा (nikāhanāmā) पु. वह पत्र जिस पर विवाह की शर्तें लिखी हों।
(m.) a marriage deed.

निकाही (nikāhī) स्त्री. (अ.) विवाहिता।
(f.) a married woman.

निकुंज (nikuṅj) पु. (सं.) लता मंडप।
(m.) an evergreen place, thicket.

निकियावल (nikiyāval) सक. छीलना, छिलका उतारना।
(v.t.) to peel.

निकिस्ट (nikisṭ) वि. निकृष्ट, खराब, बुरा, सबसे बेकार।
(adj.) debased, worst, vile, wretched (as condition, way of life).

निकेत (niket) पु. (सं.) घर, मकान, भंडार।
(m.) mansion, abode.

निकेतन (nikeṭan) पु. दे. निकेत।

निकोटल (nikoṭal) सक. नाखूनों से खरोंचना, काटना। मुहा. **चमड़ी निकोटल**।
(v.t.) to pinch or to pick (with nails).

निखट्टू (nikhaṭṭū) वि. दे. निकम्मा।

निखत्तर (nikhattar) वि. विनष्ट, बर्बाद, तबाह, अभिशप्त।
(adj.) ruined, doomed (person).

निखरल (nikharal) अक. निर्मल होना, स्वच्छ होना, रंग का खुलना।
(v.i.) to become clear or clean, to become clear (the complexion, the sky), to be purified.

निखरवावल (nikharavāval) सक. दूसरे से स्वच्छ कराना।
(v.t.) to cause other to clean, to purify.

निखहर (nikhahar) पु. खाट या चौकी जिस पर बिछावन न हो।
(m.) cot without bedsheet.

निखार (nikhār) पु. निर्मलता, स्वच्छता, शोधन, सौंदर्यीकरण।
(m.) clearing, refinement, development, beautifying.

निखारल (nikhāral) सक. साफ या निर्मल करना।
(v.t.) to make clean or clear, to bleach, to wash out (clothes or a stain).

निखालिस (nikhālis) वि. बिना मिलावट के।
(adj.) without any mixture.

निखिन्न (nikhinn) वि. अत्यंत भद्दा, अश्लील।
(adj.) too ugly, indecent.

निखिल (nikhil) वि. अखिल, पूरा, सभी, समस्त।
(adj.) whole, entire, all.

निखुटुक (nikhuṭuk) क्रि.वि. निर्भयतापूर्वक।
(adv.) fearlessly.

निखुराह (nikhurāh) वि. छाँट-छाँटकर खानेवाला।
(adj.) abstemious, undereater.

निखोट (nikhoṭ) वि. बिना किसी दोष या भूल के, सीधा, ईमानदार।
(adj.) without any defect or fault, straight forward, honest, open.

निखोरल (nikhoral) सक. नख से काटना।
(v.t.) to cut, scratch by nail.

निखोराह (nikhorāh) वि. कम खानेवाला।
(adj.) undereater.

निगड़ (nigaṛ) पु. हाथी के पैरों को बाँधने हेतु लोहे की सिकड़ी।
(m.) an iron chain for the feet (esp. of elephants, a fetter).

निगचा (nigacā) दे. नगीचा।

निगम (nigam) पु. लापरवाह व्यक्ति।
(m.) careless person.

निगरा (nigarā) पु. गन्ने का कोल्हू से पेरा गया ताजा रस।
(m.) squeezed out (thick fresh sugar cane juice).

निगरानी (nigarānī) स्त्री. देखरेख, चौकसी, निरीक्षण।
(f.) watch, supervision, inspection, surveillance.

निगलल (nigalal) सक. निगलना, घोट लेना।
(v.t.) to swallow, to gulp down.

निगहबान (nigahabān) पु. देखरेख करनेवाला, रक्षक।
(m.) a watchman, a security person.

निगाह (nigāh) स्त्री. (फा.) दृष्टि, नजर, चितवन, कृपादृष्टि, परख।
(f.) look, glance, consideration, care.

निगिचाई (nigicāī) पु. निकटता।
(m.) juxtaposition, nearness.

निगुन (nigun) वि. निर्गुण, बिना गुणों वाला।
(adj.) without qualities, unqualified without good qualities.

निगुनी (nigunī) वि. दे. निगुन।

निगुरा (nigurā) वि. जिसका कोई गुरु न हो।
(adj.) not having a teacher.

निगूढ़ (nigūṛh) वि. अत्यंत गुप्त, रहस्यमय।
(adj.) secret, mysterious, profound.

निगोड़ा (nigoṛā) वि. जिसके ऊपर या आगे-पीछे कोई न हो, अभागा।
(adj.) having no heirs or relatives, miserable, wretched, helpless, poor.

निघरघट (nigharaghaṭ) वि. जिसका कहीं घर-घाट (ठौर-ठिकाना) न हो, निर्लज्ज, बेहया।
(adj.) homeless, shameless, wretched.

निचला (nicalā) वि. नीचे का।
(adj.) lower, nether (lover in position).

निचाई (nicāī) स्त्री. नीचता, नीचपन।
(f.) lowness, depth, bottom.

निचान (nicān) पु. दे. निचाई।

निचास (nicās) स्त्री. दे. निचाई।

निचिंत (niciṁt) वि. निश्चिंत।
(adj.) carefree.

निचीतौ (nicītau) वि. दे. निचिंत।

निचू (nicū) वि. जो चूता न हो।
(adj.) without leaking, not leaky, no dripping.

निचोड़ (nichoṛ) पु. निचोड़ने की क्रिया, निचोड़ने पर निकलनेवाला अंश, सार, सत, कथन का सारांश।
(m.) the process of squeezing, liquid pressed or wrong out, juice, extract, essence, gist.

निचोड़ल (nicoṛal) सक. निचोड़ना।
(v.t.) to press out, to crush, to squeeze.

निछक्का (nichakkā) वि. विशुद्ध।
(adj.) pure, without any mixture.

निछनियाँ (nichaniyāṁ) क्रि.वि. वास्तव में, सही में।
(adv.) truly, indeed.

निछत्तर (nichattar) पु. नक्षत्र।
(m.) a planet, an asterism.

निछद्दम (nichaddam) पु. (सं.) ऐसा स्थान जहाँ कोई पराया न हो, पूरी निश्चिंतता हो।
(m.) the lonely place without any hindrance, completely carefree mind.

निछाउर (nichāur) पु. निछावर, न्यौछावर।
(m.) an offering, a sacrifice.

निछोह (nichoh) वि. निर्ममता, बिना दया के।
(adj.) cruel, hard-hearted.

निछोही (nichohī) वि. निर्मम, ममता न रखनेवाला।
(adj.) cruel, without mercy.

निज (nij) वि. (सं.) अपना, स्वकीय, ठीक, यथार्थ।
(adj.) own, personal, individual, private, one's own, true, real.

निजगुत (nijagut) वि. निश्चित, असली। उदा. 'मोटा-मोटी भतार से, निजगुत बात पिअउ से।'
(adj.) definite, real, private.

निजी (nijī) वि. दे. निज।

निझर (nijhar) पु. (सं.) झरना।
(m.) waterfall, cascade, mountain stream.

निठल्ला (niṭhallā) वि. खाली, बिना काम-धंधा के।
(adj.) idle, indolent, without work, not having work (a person).

निठल्लू (niṭhallū) वि. दे. निठल्ला।

निठाला (niṭhālā) पु. सुस्ती, बेरोजगारी।
(m.) idleness, unemployment.

निठाह (niṭhāh) वि. ठोस, मजबूत।
(adj.) solid, strong, hard.

निठुर (niṭhur) वि. (सं.) निष्ठुर, निर्दय, बेरहम।
(adj.) harsh, cruel, sever, rough, coarse (of speech manner).

निठुराई (niṭhurāī) स्त्री. (सं.) निष्ठुरता।
(f.) harshness.

निठुराह (niṭhurāh) वि. (सं.) निष्ठुर।
(adj.) heartless.

निडर (niḍar) वि. निर्भय, साहसी।
(adj.) fearless, brash.

निडरपन (niḍarapan) पु. निर्भयता, साहस।
(m.) fearlessness, brashness.

निढाल (niḍhāl) वि. शिथिल, थका-माँदा, अशक्त।
(adj.) weak, faint, inert.

नित (nit) क्रि.वि. रोज, प्रतिदिन।
(adv.) always, daily.

नितंब (nitaṅb) पु. चूतड़ (विशेषतः स्त्रियों का)।
(m.) buttocks (esp. of a woman).

नितांत (nitāṅt) वि. बहुत अधिक। (क्रि.वि.) हद दरजे का।
(adj.) extreme, excessive, (adv.) utterly, excessively.

नियंभ (nithaṅbh) पु. खंभा।
(m.) a pillar.

निदरदी (nidaradī) वि. कठोर, निर्दयी। उदा. 'निदरदी बालमा हमके हमेसा तऽ सतावेला।' (लोक.)।
(adj.) harsh, cruel.

निदाघ (nidāgh) पु. (सं.) गरमी, ताप, धूप।
(m.) heat, body heat, the hot season.

निदान (nidān) पु. रोकथाम, समाधान, निर्णय।
(m.) first or prime cause, diagnosis, conclusion.

निदेस (nides) पु. (सं.) शासन, आज्ञा, हुक्म, कथन।
(m.) order, command, leadership, statement.

निदेसक (nidesak) पु. (सं.) संस्था का मुख्य अधिकारी, किसी कार्य का देखरेख करनेवाला।
(m.) director (of an institution), guide, supervisor (of work).

निधड़क (nidhaṛak) क्रि.वि. बेधड़क, बिना झिझक के।
(adv.) fearlessly, without hesitation, without reflection.

निधन (nidhan) पु. मृत्यु, मौत, जीवन का अंत।
(m.) death, decease, end of life.

निधनी (nidhanī) वि. गरीब (बिना संपत्ति का)।
(adj.) poor (without wealth).

निधान (nidhān) पु. आधार, आश्रय, भंडार।
(m.) receptacle, support, abode, treasure, hoard.

निधि (nidhi) स्त्री. खजाना, भंडार।
(f.) treasure, store.

निनरी (ninarī) स्त्री. नींद।
(f.) sleep.

निनवा (ninavā) पु. मुँह या जीभ का छाला।
(m.) mouth thrush, blister on the tongue.

निनाई (nināī) स्त्री. गर्मी से जीभ का रोग।
(f.) thrush on the tongue.

निनाद (ninād) पु. (सं.) ध्वनि, आवाज, शब्द।
(m.) sound, noise, roar.

निनानबे (ninānabe) वि. निन्यानवे, 99 की संख्या।
(adj.) ninety nine.

निनानबे के फेर (ninānabe ke fer) पु. धन बढ़ाने की धुन।
(m.) intent on amassing wealth.

निनिआ (niniā) स्त्री. नींद।
(f.) sleep.

निन्दल (nindal) सक. शिकायत करना।
(v.t.) to make a complaint.

निपंग (nipaṅg) वि. पंगु।
(adj.) crippled, disabled.

निपट (nipaṭ) क्रि.वि. बिल्कुल, अत्यंत, समाप्त।
(adv.) completely, extremely.

निपटल (nipaṭal) अक. निवृत्त होना।
(v.i.) to be settled (a matter, dispute, debt).

निपटान (nipaṭān) पु. त्याग, निवृत्ति, पूर्ति।
(m.) disposal, finished.

निपटारा (nipaṭārā) पु. फैसला, निर्णय।
(m.) settlement, conclusion (of a matter).

निपटावल (nipaṭāval) सक. पूरा करना, समाप्त करना चुकाना (देन, ऋण), तय करना।
(v.t.) to complete, to get through (work), to settle, to pay (loan), to decide.

निपातक (nipātak) पु. (सं.) पाप।
(m.) sin.

निपुत्तर (niputtar) वि. पुत्रहीन।
(adj.) without son.

निपूती (nipūtī) वि. पुत्रहीन स्त्री, बाँझ।
(adj.) a woman without son.

निपुन (nipun) वि. दक्ष, कुशल, प्रवीण, निपुण।
(adj.) skilled, clever, expert.

निपोरल (niporal) सक. बेशरमी दिखलाना।
(v.t.) to show (the teeth), to grin.

निफरल (nifaral) अक. पार पाना, फुर्सत पाना, अवकाश मिलना।
(v.i.) to complete the work.

निफिकिर (nifikir) वि. चिंताहीन, निश्चिंत।
(adj.) without care, carefree.

निबल (nibal) वि. निर्बल, बलहीन, असहाय।
(adj.) week, feeble.

निबटल (nibaṭal) पु. दे. निपटल।

निबद्दर (nibaddar) वि. बिना बादल का।
(adj.) cloudless.

निबहल (nibahal) अक. संबंध, व्यवहार का ठीक तरह से चलते रहना।
(v.i.) to be carried on or through (a task, a relationship).

निबादर (nibādar) पु. जब बादल बिल्कुल न हों, बिना बादल का।
(m.) without cloud.

निबाह (nibāh) पु. (सं. निर्वाह) निभने या निभाने की क्रिया, गुजारा।
(m.) carrying on or through (a task), coping, livelihood, spending, passing (time).

निबाहल (nibāhal) सक. निर्वाह करना।
(v.t.) to keep, to live, to maintain.

निबोरी (niborī) स्त्री. नीम का फल, निबोली।
(f.) neem fruit.

निभावल (nibhāval) सक. निभाना।
(v.t.) to keep, to maintain.

निमक (nimak) पु. नमक, नून।
(m.) salt.

निमकी (nimakī) स्त्री. नीबू का अचार।
(f.) pickled lemons, pickle of lemon, salted savouries.

निमकीन (nimakīn) वि. नमकयुक्त खाद्य पदार्थ, नमकीन।
(adj.) salted edibles, salted eatables.

निमन (niman) वि. सुंदर, पवित्र, अच्छा।
(adj.) beautiful, holy, nice.

निमनाह (nimanāh) वि. औरों की तुलना में अच्छा।
(adj.) better in comparison with others.

निमुछिया (nimuchiyā) वि. जिसकी अभी मूँछें न उगी हों।
(adj.) moustacheless, young (a man).

निमुहाँ (nimuhāṁ) वि. बिना मुँह का, चुप्पा, स्वभाव से शांत।
(adj.) mouthless, speachless, silent (by temperament).

निमोना (nimonā) पु. मटर या चना को मसाले और घी में छौंककर बनाया गया खाद्य पदार्थ।
(m.) a preparation from pea nut or gram fried with spices in Ghee.

निमोछिया (nimochiyā) पु. बिना मूँछ का आदमी।
(m.) a man without moustach.

निमोनिया (nimoniyā) पु. (अं.) न्यूमोनिया।
(m.) pneumonia.

निमौरी (nimaurī) स्त्री. दे. निबोरी।

निम्मन (nimman) वि. उत्तम, अच्छा।
(adj.) good, nice.

नियंता (niyaṁtā) पु. शासक, नियंत्रण करनेवाला।
(m.) ruler, governor, master.

नियत (niyat) स्त्री. इरादा, चाह।
(f.) intention, desire.

नियति (niyati) स्त्री. भाग्य।
(f.) destiny, fate.

नियन (niyan) अव्य. समान।
(indec.) similar.

नियम (niyam) पु. (सं.) नीति, विधि, कायदा, ढंग, प्रतिबंध।
(m.) restraint, fixed rule, law, principle, regulation.

नियर (niyar) क्रि.वि. दे. नियरे।

नियरा (niyarā) वि. दे. नियरे।

नियराई (niyarāī) स्त्री. निकटता।
(f.) nearness, closeness.

नियरावल (niyarāval) सक. समीप आना।
(v.t.) to come close in.

नियराह (niyarāh) वि. समीपस्थ।
(adj.) close by, near.

नियरे (niyare) क्रि.वि. नजदीक, पास।
(adv.) near, nearby.

नियार (niyār) पु. पशुओं का आहार।
(m.) fodder.

नियोजक (niyojak) पु. (सं.) नियोक्ता।
(m.) employer, organiser.

निरंजन (niraṅjan) वि./पु. (सं.) अंजनरहित, भगवान शिव।
(adj./m.) without collynum, untainted, pure, a title of the god Shiva.

निरंतर (niraṅtar) वि. (सं.) लगातार, अनवरत।
(adj.) without gaps or intervals (esp. of time), continuous, eternal (of ritual).

निरउठ (nirauṭh) पु. जो जूठा न हो।
(m.) untouched, pure, untasted.

निरछर (nirachar) वि. (सं.) अपढ़, मूर्ख।
(adj.) illiterate.

निरछरता (niracharatā) स्त्री. अज्ञानता।
(f.) illiteracy.

निरखल (nirakhal) सक. ध्यान से देखना।
(v.t.) to look with care, to observe.

निरखी (nirakhī) पु. निरीक्षक।
(m.) inspector.

निरगंध (niragaṅdh) वि. गंधरहित।
(adj.) without smell.

निरगुट (niraguṭ) वि. (सं.) किसी गुट से असंबद्ध।
(adj.) not part of a group, non-aligned (nation).

निरगुन (niragun) पु. आध्यात्मिक गीत।
(m.) spiritual song.

निरगुनिया (niraguniyā) वि. निर्गुण गानेवाला।
(adj.) a singer of Nirgun.

निरघिन (niraghin) वि. क्रूर, बेहया।
(adv.) cruel, shameless.

निरघोख (niraghokh) वि. निडर।
(adj.) fearless.

निरच्छर (niracchar) वि. अनपढ़।
(adj.) illiterate.

निरजन (nirajan) पु. निर्जन स्थान।
(m.) deserted place.

निरजल (nirajal) वि. बिना जल का।
(adj.) without water, waterless.

निरजला (nirajalā) पु. एकादशी व्रत, जिसमें पानी न पिया जाए, बिना जल के।
(m.) dry fast kept on eleventh day of a month, without adding water.

निरजीव (nirajīv) वि. जीवरहित, निर्जीव।
(adj.) lifeless, inanimate, non living.

निरझर (nirajhar) पु. निर्झर, झरना।
(m.) a waterfall, cascade.

निरदई (niradaī) वि. दयाहीन, क्रूर।
(adj.) merciless, cruel.

निरदल (niradal) वि. (सं.) जो किसी दल में न हो, तटस्थ।
(adj.) neutral.

निरदय (niraday) वि. निर्दय।
(adj.) inhuman, brutal.

निरदोस (nirados) वि. बेकसूर, दोषरहित, निर्दोष।
(adj.) without fault, faultless.

निरधन (niradhan) वि. निर्धन, गरीब।
(adj.) poor, needy.

निरपराध (niraparādh) वि. (सं.) जिसने कोई अपराध न किया हो, दोषरहित।
(adj.) innocent, crimeless.

निरपेछ (nirapech) वि. निरपेक्ष।
(adj.) absolute, neutral.

निरबंस (nirabaṅs) वि. संतानहीन, निरवंश।
(adj.) issueless, sterile.

निरबल (nirabal) वि. कमजोर। उदा. 'निरबल के बल राम।'
(adj.) weak.

निरबैना (nirabainā) वि. मूक।
(adj.) silent, speechless.

निरबोध (nirabodh) वि. मूढ़, निबोध।
(adj.) ignorant, foolish.

निरभय (nirabhay) वि. निर्भय, निडर।
(adj.) fearless, not afraid (of).

निरभर (nirabhar) वि. निर्भर।
(adj.) dependent.

निरभीक (nirabhīk) वि. निर्भीक।
(adj.) fearless.

निरभेद (nirabhed) वि. निश्चिंत। उदा. 'जेकर धिया बाड़ी सेयान, कइसे सूते निरभेद।'।
(adj.) carefree.

निरमम (niramam) वि. (सं.) क्रूर, निर्मम।
(adj.) cruel.

निरमल (niramal) वि. स्वच्छ, निर्मल। उदा. 'निरमल गंगा जल लाऊँ रे भगत भाई।'
(adj.) clear (as sky), pure, clean.

निरमाता (niramātā) पु. (सं.) निर्माता।
(m.) maker, creator.

निरमूल (niramūl) वि. निर्मूल।
(adj.) rootless.

निरमेघ (niramegh) वि. (सं.) निर्मेघ।
(adj.) cloudless.

निरमोही (niramohī) वि. निर्मोही, ममतारहित। उदा. 'निरमोही दागा देके गइले, लूट गइल रूपवा हमार'।
(adj.) cold, harsh, lacking in affection.

निरमोल (niramol) वि. निर्मूल्य।
(adj.) priceless.

निररथक (nirarathak) पु. निरर्थक।
(m.) meaningless.

निरलज (niralaj) वि. बेहया, बेशर्म।
(adj.) shameless.

निरवाह (niravāh) पु. (सं.) निर्वाह।
(m.) carrying on or through.

निरविकार (niravikār) वि. (सं.) बिना विकार के, परिवर्तन शून्य।
(adj.) unchanged, without defect.

निरविवाद (niravivād) वि. विवादरहित।
(adj.) indisputable.

निरविवेक (niravivek) वि. विवेकरहित।
(adj.) lacking discretion.

निरस (niras) वि. (सं.) रसहीन।
(adj.) without sap, without flavour.

निरसा (nirasā) वि. स्वादहीन।
(adj.) flavourless, insipid.

निलय (nilay) पु. (सं.) निवासस्थान, घर।
(m.) dwelling place, home.

निरा (nirā) वि. निपट, बिल्कुल, खाली।
(adj.) pure, real, absolute, sheer.

निराई (nirāī) स्त्री. सोहनी।
(f.) weeding.

निराकरन (nirākaran) पु. (सं.) गलतियों का सुधार, निराकरण।
(m.) removal (as of error), refutation.

निराकांछी (nirākāṅchī) पु. (सं.) आकांक्षारहित।
(m.) one free from desire.

निराकार (nirākār) वि. आकाररहित। (पु.) परमसत्ता।
(adj.) formless, without form. (m.) the ultimate being.

निरादर (nirādar) वि./पु. आदरहीन, अनाहत, अनादर, अपमान।
(adj./m.) not respected, disrespectful, disrespect, scorn, insult.

निराधार (nirādhār) वि. (सं.) आधाररहित, असहाय, आधारहीन।
(adj.) without support, helpless, baseless.

निरामय (nirāmay) वि. (सं.) रोगरहित, विशुद्ध।
(adj.) free from disease, untainted, pure.

निरामिस (nirāmis) वि. (सं.) शाकाहारी, निरामिष।
(adj.) vegetarian, meatless.

निरायास (nirāyās) वि. (सं.) आयास के बिना, प्रयासरहित।
(adj.) not requiring effort, without attempt.

निरालंब (nirālaṅb) वि. (सं.) अवलंब के बिना।
(adj.) without support.

निराला (nirālā) वि. विचित्र, विलक्षण, अनोखा।
(adj.) strange, unusual, peculiar, extraordinary, unique.

निरास (nirās) वि. (सं.) आशारहित, बिना किसी आस के।
(adj.) without hope, despairing, disappointed.

निरासल (nirāsal) वि. निराशयुक्त।
(adj.) frustrating, hopeless.

निरासा (nirāsā) स्त्री. निराशा।
(f.) hoplessness.

निरासी (nirāsī) स्त्री. गाली, आशारहित। उदा. 'निरासी, तोर भतार खाई'।
(f.) an abuse, hopelessness.

निराहार (nirāhār) वि./पु. आहार के बिना, उपवास, व्रत।
(adj./m.) without food, fasting, starvation.

निरीछक (nirīchak) पु. (सं.) पर्यवेक्षक, निरीक्षक।
(m.) an observer, an inspector.

निरीछन (nirīchan) पु. निरीक्षण।
(m.) observing, inspection.

निरेखल (nirekhal) सक. दे. निरखल।

निरेछन (nirechan) पु. विवाह के पूर्व कन्या निरीक्षण की प्रथा।
(m.) a customary of observing the bride before marriage.

निरोग (nirog) वि./पु. रोगरहित, स्वस्थ, स्वास्थ्य।
(adj./m.) not ill, in good health, good health.

निरोगी (nirogī) पु. एक स्वस्थ व्यक्ति, निरोग शरीर।
(m.) a healthy person.

निरोध (nirodh) पु. (सं.) 1. बाधा, अवरोध, रुकावट। 2. परिवार-नियोजन के लिए प्रयुक्त एक वस्तु।
(m.) 1. stopping, checking, prohibition, preventing. 2. condom for family planning.

निवाड़ (nivāṛ) स्त्री. निवार।
(f.) coarse, broad-tape (as use to lace beds).

निवास (nivās) पु. (सं.) निवासस्थल।
(m.) residing, residence, dwelling place.

निवासी (nivāsī) पु. निवास करनेवाला।
(m.) a resident.

निविदा (nividā) स्त्री. (सं.) टेंडर।
(f.) tender (for work).

निवेदन (nivedan) पु. (सं.) अनुरोध, प्रार्थना।
(m.) request, petition, representing (a fact, a case to superior).

निवेस (nives) पु. निवेश।
(m.) input, investment.

निसंतान (nisāṅtān) वि. संतानहीन, निरवंश, निःसंतान।
(adj.) childless.

निसइल (nisail) वि. नशाबाज, नशेबाज, नशेड़ी।
(adj.) drunkard, addict.

निसठ (nisaṭh) वि. सूखा हुआ, कंजूस, कड़ा।
(adj.) dried, miser, hard.

निसबद (nisabad) वि. शब्दहीन, निःशब्द।
(adj.) wordless.

निसवारथ (nisavārath) वि. जिसमें स्वार्थ न हो, निःस्वार्थ।
(adj.) without self, selfless.

निसहार (nisahar) वि. निराश।
(adj.) hopeless.

निसा (nisā) स्त्री. रात्रि।
(f.) night.

निसाचर (nisācar) पु. राक्षस, रात्रि में चलनेवाला।
(m.) demon, nocturnal being.

निसान (nisān) पु. चिह्न, दाग, धब्बा, ध्वजा, पताका, झंडा।
(m.) a mark, a sign, a spot, stain, signpost, a flag.

निसानबाज (nisānabāj) पु. निशानेबाज।
(m.) marksman.

निसाना (nisānā) पु. लक्ष्य।
(m.) target.

निसानी (nisānī) स्त्री. चिह्न, पहचान।
(f.) a mark, a sign.

निसाफ (nisāf) पु. इंसाफ, न्याय।
(m.) justice.

निसोच (nisoc) वि. चिंताहीन, जिसे चिंता न हो।
(adj.) carefree, without care.

निस्कपट (niskapaṭ) वि. निष्कपट, कपट रहित।
(adj.) fair, honest.

निस्चित (niscit) वि. निश्चित।
(adj.) certain.

निस्ठुर (nisṭhur) वि. संवेदनशून्य, निष्ठुर।
(adj.) insensible, without sensation.
निस्तानी (nistānī) पु. निस्संतान।
(m.) childless, issueless.
निस्पच्छ (nispacch) वि. निष्पक्ष।
(adj.) neutral.
निस्फल (nisphal) वि. निष्फल।
(adj.) ineffective, unfruitful.
निहचय (nihacay) पु. अन्वेषण।
(m.) ascertainment, verification, proof, decision, firm opinion.
निहत्था (nihatthā) वि. (हिं.) जिसके हाथ में कोई अस्त्र-शस्त्र न हो, जिसका हाथ न हो।
(adj.) unarmed, empty handed, without hand.
निहफल (nihafal) वि. निष्फल।
(adj.) without success.
निहसल (nihasal) वि. उदास।
(adj.) mirthless, unhappy.
निहसावल (nihasāval) सक. उदास करने का भाव।
(v.t.) to make mirthless.
निहाई (nihāī) स्त्री. (सं. निघाति) लोहे का वह आधार जिस पर सुनार, लुहार कोई चीज रखकर पीटते हैं।
(f.) an anvil.
निहाउ (nihāu) पु. दे. निहाई।
निहायत (nihāyat) वि. (अ.) अत्यंत, बहुत।
(adj.) extreme, very much.
निहायत (nihāyat) क्रि.वि. बहुत ही।
(adv.) extremely.
निहारल (nihāral) सक. गौर से देखना।
(v.t.) to gaze at, to look at intently.
निहाल (nihāl) वि. संतुष्ट, प्रसन्न।
(adj.) gratified, content, happy, wealthy.
निहाली (nihālī) स्त्री. (फा.) तोशक, गद्दा, रजाई।
(f.) carpet, cushion, quilt, bedcloth.
निहाली (nihālī) स्त्री. दे. निहाई।
निहित (nihit) वि. (सं.) कहीं या किसी के अंदर रखा, पड़ा या छिपा हुआ।
(adj.) contained, latent.
निहुड़ल (nihuṛal) अक. झुकना।
(v.i.) to bend.
निहुरल (nihural) अक. झुककर रहना या चलना, झुकना।
(v.i.) to bend, to hand (the head).
निहुरावल (nihurāval) सक. झुकाना।
(v.t.) to cause to bend.
निहोरा (nihorā) पु. प्रार्थना, आग्रहपूर्वक निवेदन।
(m.) entreaty, favour, kindness, insistence, request, prayer.
नींद (nīṅd) स्त्री. (सं.) निद्रा, सोने की अवस्था।
(f.) sleep.
नींदड़ी (nīṅdaṛī) स्त्री. दे. नींद।
नींबू (nīṅbū) पु. दे. नीबू।
नींव (nīṅv) स्त्री. (सं.) आधार, जड़, मूल।
(f.) foundation, basis, root.
नीक (nīk) वि. (सं.) स्वच्छ, अच्छा, बढ़िया।
(adj.) good, fine, elegant, attractive.
नीके (nīke) क्रि.वि. अच्छी तरह।
(adv.) well, easily, rightly.
नीके-नीके (nīke-nīke) क्रि.वि. ठीक-ठीक, भली-भाँति।
(adv.) rightly, well.
नीच (nīc) वि. (सं.) अधम, निकृष्ट, बुरा।
(adj.) low, mean, base.
नीच-ऊँच (nīc-ūṁc) स्त्री. अच्छाई और बुराई, अच्छा-बुरा, हानि-लाभ, सुख-दुख।
(f.) the bad and the good, loss and gain, inequalities (of position).
नीचपन (nīcapan) पु. नीचता, नीचे होने की अवस्था।
(m.) baseness, lowness.
नीचाई (nīcāī) स्त्री. दे. निचाई।
नीचे (nīce) क्रि.वि. भीतर, नीचे होकर, गहराई में।
(adv.) low, down, downward, below, underneath.
नीड़ (nīṛ) पु. घोंसला।
(m.) a nest.
नीति (nīti) स्त्री. (सं.) आचार-व्यवहार, अच्छा व्यवहार, चलन, राजविद्या, उपाय, ढंग।
(f.) moral conduct, morality, manner of conducting oneself, statesmanship, manner.
नीतिसास्त्र (nītisāstr) पु. नीतिशास्त्र, राजनीति विज्ञान।
(m.) ethics, political science.
नीन (nīn) पु. दे. नींद।
नीनरी (nīnarī) स्त्री. दे. नींद।

नीब (nīb) स्त्री. कलम का नुकीला भाग।
(f.) the pointed portion of a pen.
नीबू (nībū) पु. (सं.) नीबू।
(m.) the lime tree and its fruit, the lemon.
नीम (nīm) पु. (सं.) नीम का वृक्ष और फल।
(m.) the neem tree and fruit.
नीमन (nīman) पु. दे. निमन।
नीमू (nīmū) पु. दे. नीबू।
नीयत (nīyat) स्त्री. (अ.) मंशा, इरादा, इच्छा।
(f.) intention, motive, object, desire.
नीर (nīr) पु. पानी, आँसू। उदा 'नयना से ढरे नीर।' (लोक.)।
(m.) water, tears.
नीरस (nīras) वि. रसहीन, स्वादहीन।
(adj.) without sap, taste or flavour.
नीरा (nīrā) स्त्री. (सं.) ताड़ का रस।
(f.) palm juice.
नीरोग (nīrog) वि. (सं.) दे. निरोग।
नील (nīl) पु. एक पौधा और उससे बना रंग।
(m.) indigo plant and its dark blue colour.
नीलकंठ (nīlakaṅṭh) पु. नीला गला, पक्षी विशेष, शिव की उपाधि।
(m.) blue throat, the peacock, a title of lord Shiva.
नीलगाय (nīlagāy) पु. एक प्रकार का बड़ा पशु जो गौ के समान दिखता है।
(m.) a species of large antelope (iron-grey in colour).
नीलम (nīlam) पु. (सं.) नीले रंग का एक रत्न, नीलमणि।
(m.) a sapphire.
नीला (nīlā) वि. नीले रंग का।
(adj.) blue.
नीलाम (nīlām) पु. बोली लगवाकर किसी संपत्ति को बेचना।
(m.) act of auctioning, auction.
नीसन (nīsan) वि. जो पोला न हो, ठोस।
(adj.) not hollow, solid.
नुकसान (nukasān) पु. (अ.) नुकसान, हानि, घाटा, क्षति, कमी, घटी, ह्रास।
(m.) loss, damage, reduction, shortage.
नुकीला (nukīlā) वि. नोकदार, जिसमें नोक निकली हो।
(adj.) having a sharp tip, pointed.
नुक्कड़ (nukkaṛ) पु. कोना, सिरा।
(m.) point, end, corner.
नुकुस (nukus) पु. दोष, ऐब, छिद्र।
(m.) demerit, flaw, fault.
नुनगर (nunagar) वि. नमकीन।
(adj.) saltish.
नुनछाह (nunachāh) वि. नमकीन।
(adj.) saltish.
नुनही (nunahī) स्त्री. नमक से संबंधित।
(f.) related with salt.
नुन्नी (nunnī) स्त्री. शिश्न (बच्चों का)।
(f.) penish (of children).
नुमाइस (numāis) स्त्री. प्रदर्शनी, प्रदर्शन।
(f.) show (of), display, exhibition.
नुसखा (nusakhā) पु. (अ.) वह कागज जिस पर डॉक्टर रोगी हेतु औषधि और उसके सेवन की विधि लिखते हैं।
(m.) a prescription.
नू (nū) अव्य. नहीं, मत।
(indec.) not, no, don't.
नूतन (nūtan) वि. नया, नवीन।
(adj.) new, fresh, recent.
नून (nūn) पु. नमक, लवण।
(m.) salt.
नूनहा (nūnahā) पु. नमक रखने का बर्तन।
(m.) a pot for salt.
नूनी (nūnī) स्त्री. बच्चे की इंद्री।
(f.) penis of a pre-adolescent boy.
नूपुर (nūpur) पु. पैजनी, घुँघरू, पायल।
(m.) anklet, an ornament of the ankles.
नूर (nūr) पु. ज्योति, प्रकाश, कांति, शोभा।
(m.) light, brilliance, radiance.
नूरानी (nūrānī) वि. (अ.) प्रकाशमान, चमकदार।
(adj.) shining, luminious, beautiful, charming.
नेंव (neṅv) पु. आधार, नींव।
(m.) basis, foundation.
ने (ne) अव्य. नहीं, मत।
(indec.) no, not.
नेआय (neāy) पु. न्याय।
(m.) justice.
नेउर (neur) पु. नेवला।
(m.) a mongoose.

नेक (nek) वि. अच्छा, भला, ईमानदार।
(adj.) good, noble, honest.

नेकी (nekī) स्त्री. अच्छाई, कृपा, भलाई।
(f.) goodness, mercy, good treatment.

नेकी-बदी (nekī-badī) स्त्री. भलाई-बुराई, पाप-पुण्य।
(f.) good and evil, weal or woe.

नेग (neg) पु. उत्सवों पर दिया गया उपहार।
(m.) the custom of giving presents at marriages and other occasions.

नेग-जोग (neg-jog) पु. विवाह पर दिया गया उपहार।
(m.) presents given at marriage.

नेग-निछावर (neg-nichāvar) पु. प्रथा के अनुरूप उपहार।
(m.) customary presents.

नेगी (negī) पु. अवसरों पर उपहार पाने की जो आशा करते हैं (पंडित, हजाम, नौकर, आश्रित जन)।
(m.) one who expects a customary present or fee at occasions (pandits, barber, servant, dependant).

नेटा (neṭā) पु. नाक से निकलनेवाला लसीला पदार्थ।
(m.) mucus, nasal discharge.

नेटुआ (neṭuā) पु. बंजारा जाति जो खानाबदोश होते हैं।
(m.) an Indian gypsy tribe.

नेता (netā) पु. (सं.) अगुआ, नायक।
(m.) a leader.

नेनुआ (nenuā) पु. तरोई, तोरई, घिया जैसी सब्जी।
(m.) vegetables as Taroi, Ghiya, smooth gourd, zucchini.

नेपुल (nepul) पु. (अं.) बच्चों को दूध पिलाने की बोतल, निप्पल।
(m.) feeding bottle, nipple.

नेम (nem) पु. नियम, प्रथा।
(m.) rule, principle, custom, religious observance.

नेम-धरम (nem-dharam) पु. पूजा-पाठ, दर्शन, व्रत।
(m.) a religious observance (as fasting, prayer, worshipping etc).

नेमी (nemī) वि. नियमित रूप से व्रत, पूजा-पाठ, जप, दर्शन, धार्मिक कृत्य करनेवाला।
(adj.) devout, one who observes (fasting, worshipping, prayer) regularly.

नेरुआरी (neruārī) स्त्री. डंठल (धान का)।
(f.) paddy stalk, straw, millet-stalk.

नेव (nev) स्त्री. दे. नींव।

नेवछल (nevachal) सक. किसी व्यक्ति की मंगलकामना से आशीष देना।
(v.t.) bless any one on festive occasions.

नेवछावर (nevachāvar) पु. किसी के मंगल हेतु किया गया समर्पण।
(m.) an offering for the best wishes on occasions.

नेवतन (nevatan) पु. निमंत्रण, न्यौता।
(m.) invitation, feast, a present given by a guest.

नेवतल (nevatal) सक. किसी को निमंत्रित करना।
(v.t.) to invite (to a feast or entertainment).

नेवतहरी (nevataharī) पु. निमंत्रित व्यक्ति।
(m.) invited guest.

नेवता (nevatā) पु. दे. नेवतन।

नेवद (nevad) वि. झुका हुआ।
(adj.) bent down.

नेवला (nevalā) पु. (सं.) नेवला।
(m.) a mongoose.

नेवान (nevān) पु. नए अन्न का पहला भोजन।
(m.) the first food of new crop.

नेह (neh) पु. (सं.) प्रेम, स्नेह, छोह।
(m.) love, affection, kindness.

नेहाय (nahāy) पु. दे. निहाई।

नेही (nehī) पु. प्रेमी, मित्र।
(m.) a lover, friend.

नैन (nain) पु. आँख।
(m.) the eye.

नैना (nainā) पु. दे. नैन।

नैनू (nainū) पु. ताजा घी।
(m.) fresh butter.

नैया (naiyā) स्त्री. नाव, नौका।
(f.) a boat.

नैवेद (naived) पु. (सं.) भोग।
(m.) food consecrated to a deity, offering.

नोइनी (noinī) स्त्री. वह रस्सी जो गाय दुहाई के समय उसके पिछले पैरों में बाँधी जाती है।
(f.) rope used to tie a cow's legs while milking.

नोई (noī) स्त्री. दे. नोइनी।

नोक (nok) स्त्री. सूक्ष्म अग्र भाग, किसी वस्तु के निकले हुए भाग का पतला हिस्सा, निकला हुआ कोना।
(f.) a point, tip, sharp, end of a thing, a pointed part.

नोक-झोंक (nok-jhoṅk) स्त्री. आपस में होनेवाली तू-तू-मैं-मैं, उग्र वार्तालाप।
(f.) violent argumentation, barbed remarks, sarcasm.

नोकदार (nokadār) वि. जिसमें नोक हो, चुभनेवाला, पैना, चित्त में चुभनेवाला, शानदार।
(adj.) pointed, pricking, pinching, heart rending, grand.

नोकर (nokar) पु. दे. नौकर।

नोकरानी (nokarānī) स्त्री. दे. नौकरानी।

नोकरिहा (nokarihā) वि. नौकरी से जीवन चलानेवाला।
(adj.) earning, livelihood by service.

नोकसान (nokasān) पु. दे. नुकसान।

नोकसानदेह (nokasānadeh) वि. हानिकारक, नुकसानदेह।
(adj.) detrimental, harmful.

नोकीला (nokīlā) वि. दे. नुकीला।

नोख (nokh) पु. हथियार का नुकीला भाग।
(m.) pointed part of weapon.

नोखगर (nokhagar) वि. नुकीला।
(adj.) pointed.

नोखता (nokhatā) पु. बिंदी, बिंदु।
(m.) point.

नोखदार (nokhadār) वि. दे. नोकदार।

नोचनी (nocanī) स्त्री. खुजली।
(f.) itch.

नोचल (nocal) सक. नोचना, खरोंचना।
(v.t.) to scratch, to claw, to pinch, to grip.

नोट (noṭ) पु. (अं.) नोट, संक्षिप्त टिप्पणी, बैंक नोट।
(m.) a note, bank-note.

नोटिस (noṭis) स्त्री. सूचना।
(f.) notice, information.

नोन (non) पु. नमक।
(m.) salt.

नोनचा (nonacā) पु. नमकीन मिट्टी, अचार।
(m.) salty soil, salty, pickle.

नोना (nonā) वि. नमकीन।
(adj.) salty.

नोनिया (noniyā) पु. नमक बनाने या उसका व्यापार करनेवाला।
(m.) a maker or dealer of salt.

नोनिया (noniyā) पु. नोनिया का साग (एक जाति, कास्ट)।
(m.) a green vegetable, purslain.

नोनी (nonī) स्त्री. एक प्रकार की घास।
(f.) a kind of grass.

नोह (noh) पु. दे. नख।

नौ (nau) वि. नौ, नया।
(adj.) nine, new, fresh.

नौकर (naukar) पु. (फा.) चाकर, टहलुआ, कर्मचारी।
(m.) a servant, an employee.

नौकरानी (naukarānī) स्त्री. दासी, मजदूरनी।
(f.) a maid servant.

नौकरी (naukarī) स्त्री. (फा.) सेवा, टहल।
(f.) service, a job.

नौटंकी (nauṭaṅkī) स्त्री. नाच विशेष, नाटक।
(f.) a special type of dance, drama.

नौमी (naumī) वि. दे. नवमी

नौसिखुवा (nausikhuvā) पु. नौसिखिया।
(m.) a beginner.

नौसे (nause) पु. दुलहा, वर।
(m.) a bridegroom, young husband.

प

प (pa) देवनागरी वर्णमाला में इक्कीसवाँ व्यंजन और पवर्ग का पहला वर्ण।
–the twenty-first consonant of the Devanagari syllabary and the first letter of cerebral or Pavarg.

पँइचा (paṁicā) स्त्री. ज्यों का त्यों लौटा देने की शर्त पर लिया गया बेसूदी रुपया या चीजें।
(f.) loan without interest (or money).

पँएड़ा (paṁeṛā) स्त्री. (सं.) पथ, रास्ता, राह।
(f.) way, road.

पँकरा (paṁkarā) स्त्री. पानी की धारा के साथ बह कर जमा हुई मिट्टी, दलदल भूमि।
(f.) marsh, mire, bog.

पँकाड़ (paṁkāṛ) स्त्री. अत्यधिक कीचड़युक्त स्थल।
(f.) swampy land, marsh land.

पँखमोर (paṁkhamor) वि. लाचार, असमर्थ।
(adj.) incapable, helpless.

पँखरा (paṁkharā) पु. पंखा।
(m.) a fan.

पंखा (paṅkhā) पु. हवा चलाने का उपकरण।
(m.) a fan.

पँखुरा (paṁkhurā) पु. कंधे और हाथ का जोड़।
(m.) joint of shoulder and hand.

पँगरा (paṁgarā) पु. भेड़ का बच्चा, मेमना।
(m.) lamb, kid.

पंगा (paṅgā) पु. झगड़ा।
(m.) quarrel.

पँगौरा (paṁgaurā) पु. ईख के पके रस को रखनेवाला मिट्टी का बर्तन।
(m.) pot for heated cane juice.

पँच (paṁc) वि. पाँच का सामासिक रूप।
(adj.) compound form of five.

पंच (paṅc) पु. 1. पंचायत का सदस्य। 2. ग्रामसभा सदस्य।
(m.) 1. member of a panchayat. 2. member of village council.

पंचइती (paṅcaitī) स्त्री. पंचों द्वारा लिया गया निर्णय।
(f.) judgement of the members of panchayat council.

पँचइया (paṁcaiyā) स्त्री. नागपंचमी का पर्व।
(f.) nagpanchami festival.

पँचकटैल (paṁcakaṭail) स्त्री. कई प्रकार की मिट्टी से युक्त चिकनी मिट्टी।
(f.) mixture of various soils : a smooth clay.

पँचकरमा (paṁcakaramā) पु. शव जलाने की अंतिम स्थिति में होनेवाला एक कर्मकांड।
(m.) a ritual performed during the last stages of funeral rites.

पँचकल्यान (paṁcakalyān) पु. काला अथवा लाल रंग का घोड़ा जिसके चारों पैर सफेद हों तथा ललाट पर सफेद तिलक जैसा हो।
(m.) black or brown horse having white legs and a forehead with tilak like spot.

पँचकिरनी (paṁcakiranī) स्त्री. जनकल्याण के लिए की गई कोई कीर्ति।
(f.) reputation for welfare.

पँचकोसी (paṁcakosī) स्त्री. पाँच कोस की लंबाई-चौड़ाई में स्थित क्षेत्र।
(f.) a distance of five kosas (15 kilometers).

पँचगछिया (paṁcagachiyā) स्त्री. पाँच पेड़ों का समूह।
(f.) a group of five trees.

पंचगी-पँचगी (paṅcagī-paṁcagī) स्त्री. किसी पौधे का ऊपरी भाग काटने पर निकली शाखा।
(f.) branch that sprouts up after cutting down the upper part of a plant.

पँचगुना (paṁcagunā) वि. पाँच गुणा।
(adj.) five times, five fold.

पँचगोटिया (paṁcagoṭiyā) पु. पाँच गोटी का खेल।
(m.) a game with five pieces.

पँचफोरन (paṁcaforan) पु. छौंकने के लिए प्रयुक्त पाँच मसाले, जिसमें राई, जीरा, मेथी, सौंफ और मंगरैला शामिल हैं।
(m.) five spices (mustard seed, cumin seed, fenugreek seed, aniseed, mangrella seed) for seasoning.

पँचबेनिया (paṁcabeniyā) स्त्री. किवाड़ों की जोड़ी।
(f.) pair of door leaves.

पंचम (paṅcam) वि. (सं.) पाँचवाँ।
(adj.) fifth, 5th.

पंचमी (paṅcamī) स्त्री. (सं.) 1. पाँचवीं। 2. शुक्लपक्ष की पाँचवीं तिथि।
(f.) 1. fifth. 2. fifth day of fortnight.

पंचमूल (paṅcamūl) पु. पाँच जड़ों के मेल से बनी औषधि।
(m.) a medicine made with five roots.

पंचमेल (paṅcamel) पु. पाँच चीजों का मेल।
(m.) mixture of five kinds.

पंचमेवा (paṅcamevā) पु. पाँच प्रकार के सूखे फल।
(m.) mixture of five dry fruits, as almonds, dried dates, dried grapes, coconut and chiraunji (dried seeds).

पँचरतन (paṁcaratan) पु. पाँच रत्नों का समूह।
(m.) a collection of five jewels.

पंचाइठ (paṅcaiṭh) पु. धान की रोपनी के समय सबसे पहले पाँच पौधे रोपने की विधि।
(m.) a custom to plant five plants sapling at the start of transplantation.

पंचाइत (paṅcāit) स्त्री. (सं.) पंचों की सभा या बैठक, पंचायत।
(f.) village council.

पंचानवे (paṅcānave) वि. पंचानवे, 95 की संख्या।
(adj.) ninety five.

पँचे (paṁce) पु. पाँच गुना।
(m.) five times.

पंचौर (paṅcaur) पु. पाटे में बाईं तरफ जोता जानेवाला बैल।
(m.) bullock yoked on the left side of a levelling plank.

पंछा (paṅchā) पु. घाव से निकला हलका पीले रंग का पानी, मवाद।
(m.) pus.

पंछी (paṅchī) स्त्री. चिड़िया, पक्षी।
(f.) bird.

पँजरा (paṁjarā) क्रि.वि. निकट, पास, समीप।
(adv.) near about, nearly.

पँजरासट्टा (paṁjarāsaṭṭā) पु. एक घाव जो जाँघ या किसी अंग की बगल में होता हो।
(m.) wound on the thigh and any other joint.

पँजरी (paṁjarī) स्त्री. कंकाल, पसली।
(f.) skeleton.

पंजा (paṅjā) पु. (फा.) 1. पाँच अंगुलियों का समूह। 2. पाँच बिंदियों वाला तास का पत्ता।
(m.) 1. a collection of five fingers. 2. playing card having five pips.

पंजाबी (paṅjābī) वि. पंजाब का निवासी।
(adj.) inhabitant of Panjab.

पंजिका (paṅjikā) स्त्री. छोटी बही (रजिस्टर)।
(f.) small register.

पँजियावल (paṁjiyāval) सक. 1. कटे हुए धान, गेहूँ आदि की फसल को बोझा बाँधने के लिए इकट्ठा करना। 2. पकड़ना।
(v.t.) 1. to collect paddy, wheat crops for bunding up. 2. to embrace.

पंजी (paṅjī) स्त्री. बही, रजिस्टर।
(f.) register.

पंजी कार्यालय (paṅjī kāryālay) पु. वह ऑफिस जहाँ पंजीकरण किया जाता है।
(m.) registry office.

पंजीरी (paṅjīrī) स्त्री. एक तरह की पाउडरनुमा मिठाई जो आटा, चीनी और सूखे फलों से बनाई जाती है।
(f.) a kind of powdered sweetmeat made from flour, sugar and dry fruits.

पंडा (paṅḍā) पु. किसी तीर्थस्थान या मंदिर का पुजारी।
(m.) a priest at a place of pilgrimage or temple.

पंडार (paṅḍār) पु. वह ईख जो मीठी नहीं लगती है।
(m.) a kind of sugarcane which is not sweet.

पंडित (paṅḍit) पु. 1. विद्वान व्यक्ति। 2. ब्राह्मण, ज्ञाता। 3. धार्मिक अनुष्ठान कराने में निपुण व्यक्ति।
(m.) 1. a scholar. 2. a Brahman. 3. well versed to performance of religious rites.

पंडिताइन (paṅḍitāin) स्त्री. पंडित की पत्नी।
(f.) wife of a pandit.

पंडिताई (paṅḍitāī) पुं. पुरोहिती का काम।
(m.) priestly job.

पंडुक (paṅḍuk) पु. कबूतर की जाति का एक पक्षी।
(m.) dove (bird) of a pigeon family.

पंथ (paṅth) पु. 1. मार्ग। 2. संप्रदाय, मत।
(m.) 1. path, way. 2. sect, cult.

पँदारा (paṁdārā) पु. पनारा, पनाला, नाब-दान।
(m.) gutter, drainpipe.

पँवार (paṁvār) पु. राजपूतों की एक जाति, परमार।
(m.) a caste of Rajputs, Parmar.

पँवारे (paṁvāre) क्रि.वि. बहाना से।
(adv.) on pretext.

पंसरहट्ट (paṅsarahaṭṭ) पु. वह बाजार जहाँ पंसारियों की दुकानें हों।
(m.) grocer's market.

पंसारी (paṅsārī) पु. किराना सामग्री या औषधि बेचनेवाला।
(m.) grocer.

पंसेरी (paṅserī) स्त्री. पाँच सेर का बटखरा।
(f.) a weight of five sers (approx 4.5 kg).

प (pa) क्रि.वि. ऊपर, पर।
(adv.) above, on, over.

पइआ (paiā) पु. अन्न का ऐसा दाना जो खोखला या सत्त्वहीन हो।
(m.) hollow grain, worm-eaten.

पइचल (paical) सक. अनाज को सूप से फटकना।
(v.t.) to winnow grain.

पइचा (paicā) पु. दे. पँइचा।

पइजन (paijan) स्त्री. पैर का एक आभूषण।
(f.) anklet, ornament for the feet.

पइट (paiṭ) स्त्री. पहुँच, प्रवेश।
(f.) approach, access.

पइटल (paiṭal) अक. 1. प्रवेश करना। 2. बलात् प्रवेश करना।
(v.i.) 1. to enter (into). 2. to intrude.

पइटावल (paiṭāval) सक. प्रवेश कराना।
(v.t.) to cause to enter.

पइन (pain) स्त्री. पानी घटाने की नाली।
(f.) a drain to reduce water.

पइया (paiyā) पु. दे. पइआ।

पइरी (pairī) स्त्री. पैर का एक भारी गहना जो अब प्रचलन में नहीं है।
(f.) a heavy ornament for the feet which is not yet in use.

पइला (pailā) पु. काठ का बना नपना।
(m.) an wooden measuring instrument.

पइसल (paisal) अक. दे. पइटल।

पइसा (paisā) पु. पैसा, धन, मुद्रा, द्रव्य, राशि।
(m.) paisa, money.

पइसार (paisār) पु. (सं.) प्रवेश द्वार, घुसने का दरवाजा।
(m.) entrance, entrance gate.

पइसावल (paisāval) सक. दे. पइटावल।

पउँड़ल-पँवरल (paumṛal-pamvaral) अक. 1. तैरना। 2. पार करना।
(v.i.) 1. to swim. 2. to go across.

पउँड़ी (paumṛī) स्त्री. जिस लीक पर कोल्हू का बैल चक्कर काटता है।
(f.) round track on which a bullock treads to turn the oil expeller.

पउवा (pauvā) पु. खटिया का पाया।
(m.) cot's leg.

पकउड़ी (pakauṛī) स्त्री. बेसन में सब्जी मिलाकर पकाई गई बरी।
(f.) a fried vegetable stuffed gram flour preparation.

पकठा (pakaṭhā) वि. सूखा।
(adj.) dry.

पकठाइल (pakaṭhāil) अक. अनाज के दानों का पककर कड़ा हो जाना।
(v.i.) hardening of a grain seed.

पकड़ल (pakaṛal) सक. पकड़ना।
(v.t.) to hold, to grasp, to catch.

पकड़ाइल (pakaṛāil) अक. पकड़ा जाना।
(v.i.) to be caught, to be apprehended.

पकड़वावल (pakaṛavāval) सक. पकड़ने का काम दूसरे से कराना।
(v.t.) to cause to be caught or arrested.

पकड़ोसल (pakaṛosal) वि. बोलने में चतुर, ढीठ।
(adj.) clever in talk, obstinate.

पकल (pakal) अक. 1. सीझना। 2. फल पकना। 3. बाल पकना।
(v.i.) 1. to be cooked. 2. to ripen. 3. to turn grey.

पकवान (pakavān) पु. (सं.) घी या तेल में पकाकर बनाया हुआ खाद्य पदार्थ।
(m.) fried and cooked article rich with Ghee or oil.

पकवावल (pakavāval) सक. पकाने का काम दूसरे से कराना।
(v.t.) to cause to be cooked.

पकाड़ (pakāṛ) पु. बारी, अवसर।
(m.) turn.

पकावल (pakāval) सक. पकाना।
(v.t.) to cook.

पकिया (pakiyā) वि. (सं.) पक्का, वह जो आसानी से नहीं टूटे, मजबूत, स्थायी।
(adj.) strong, permanent.

पकुहा (pakuhā) पु. पीपल, बरगद, पकड़ी आदि का फल।
(m.) fruit from peepal, banyan kind of tree.

पकोआ (pakoā) पुं. दे. पकुहा।

पक्का (pakkā) वि. 1. ईंट का बनाया हुआ मकान। 2. भोजन का एक प्रकार। 3. अंतिम।
(adj.) 1. brick house. 2. fried food. 3. final.

पक्की (pakkī) स्त्री. 1. मजबूत सड़क। 2. तला गया भोज्य पदार्थ।
(f.) 1. metalled road. 2. fried food.

पख (pakh) पु. दे. पछ।

पखंड (pakhaṁḍ) पु. ढोंग, पाखंड, मिथ्याचार।
(m.) hypocrisy.

पखना (pakhanā) पु. अंग-प्रत्यंग, शाखा-प्रशाखा।
(m.) each and every part of the body.

पखरा (pakharā) पु. कत्थे का एक प्रकार।
(m.) a kind of catechu.

पखवारा (pakhavārā) पु. दे. पख।

पखाउज (pakhāuj) स्त्री. मृदंग।
(f.) a kind of drum, mridangam drum.

पखाउजी (pakhāujī) पु. पखावज बजानेवाला।
(m.) drummer, one who plays a pakhavaj.

पखारल (pakhāral) सक. (सं.) प्रक्षालन, धोना, साफ करना।
(v.t.) to wash, to cleanse.

पखिया (pakhiyā) पु. झगड़ालू।
(m.) quarrelsome.

पखुड़ी (pakhuṛī) स्त्री. फूल की पँखुडी।
(f.) a petal.

पखेरू (pakherū) पु. (सं.) चिड़िया, पक्षी।
(m.) a bird.

पखेव (pakhev) पु. गायों और भैंसों को बच्चा पैदा करने के बाद दिया जानेवाला खाद्य।
(m.) food given to cows and buffaloes after calving.

पखौटा (pakhauṭā) पु. (सं.) पक्षी का पंख।
(m.) bird's wing, fin.

पग (pag) पु. (सं.) पद, पैर, पाँव, डग, चरण।
(m.) foot, leg, step.

पगडंडी (pagaḍaṇḍī) पु. छोटा और सँकरा मार्ग।
(m.) path, track, straight line for the feet.

पगड़ी (pagaṛī) स्त्री. दे. पगरी।

पगरी (pagarī) स्त्री. सिर पर लपेटकर बाँधने का कपड़ा, मुरेठा।
(f.) a turban.

पगला (pagalā) पु. पागल।
(m.) a mad, insane (man).

पगलाइल (pagalāil) अक. पागल होना।
(v.i.) to become mad.

पगली (pagalī) स्त्री. पागल औरत।
(f.) mad, insane (woman).

पगलेट (pagaleṭ) वि. पागल जैसा आचरण करनेवाला व्यक्ति।
(adj.) a man who behaves as a mad.

पगस्त (pagast) वि. दूर।
(adj.) far.

पगहा (pagahā) पु. मवेशियों को बाँधने की रस्सी। कहा. 'आगे नाथ ना पीछे पगहा।'
(m.) cattle halter, tether.

पगार (pagār) पु. वेतन, मजदूरी।
(m.) salary, wages.

पगुरावल (pagurāval) अक. पागुर करना, जुगाली करना।
(v.i.) to masticate, to ruminate.

पगुरी (pagurī) स्त्री. पशुओं द्वारा खाए हुए भोजन को फिर से चबाना।
(f.) act of mastication.

पघरिआ (paghariā) स्त्री. हँसुआ का एक प्रकार जो मोटा और बड़ा होता है।
(f.) heavy sickle.

पघिलल (paghilal) अक. 1. पिघलना। 2. द्रवित होना।
(v.i.) 1.to melt. 2. to liquify.

पघिलवावल (paghilavāval) सक. पिघलवाना।
(v.t.) to cause to be melted.

पघिलावल (paghilāval) सक. 1. पिघलाना। 2. द्रवित करना।
(v.t.) 1. to melt. 2. to liquify.

पचकल (pacakal) अक. किसी उभरे या उठे हुए सतह का दब जाना।
(v.i.) deshaped due to shock.

पचखा (pacakhā) पु. पाँच अशुभ तिथियाँ।
(m.) five inauspicion dates.

पचखी (pacakhī) स्त्री. पौधे के ऊपर का भाग काट लेने के बाद उसमें से निकला हुआ अंकुर या नई पत्ती।
(f.) leaf that has sprouted up after cutting down the upper part of a plant.

पचड़ा (pacaṛā) पु. प्रपंच, झंझट, बखेड़ा।
(m.) illusory creation, trouble, complication.

पचपच (pacapac) पु. गीला होने की स्थिति।
(m.) watery, moist.

पचपन (pacapan) वि. पचपन, 55 की संख्या।
(adj.) fifty five.

पचरस (pacaras) वि. वह भूमि जिसमें नमी बनी रहे।
(adj.) moist land.

पचल (pacal) अक. हजम होना।
(v.i.) to be digested.

पचलकड़िया (**pacalakaṛiyā**) पु. जलने की अंतिम स्थिति में शव की परिक्रमा करते हुए शव के पास होकर शव पर लकड़ी फेंकने की क्रिया।
(m.) act of throwing log pieces during the last stages of a dead body being consumed by fire.

पचलरी (**pacalarī**) स्त्री. एक प्रकार का हार (गहना)।
(f.) a kind of necklace.

पचवटा (**pacavaṭā**) पु. वह बैल जो चार बैलों के पाटे में दाहिनी ओर के बैलों की जोड़ी में बाईं ओर हो।
(m.) bullock at the left side of the pair of right side bullocks in a four bullock leveling plank.

पचहत्तर (**pacahattar**) वि. पचहत्तर, 75 की संख्या।
(adj.) seventy five.

पचार (**pacār**) पु. हल के जुए के दोनों पल्लों को जोड़ने के लिए बैल के कंधे के भीतर की ओर के छेद में लगाई जानेवाली कील।
(m.) peg to join the two sides of a plough's yoke near the bullock's shoulder.

पचावल (**pacāval**) सक. 1. हजम करना। 2. दूसरे की देय राशि को नहीं देना।
(v.t.) 1. to digest. 2. to embezzle money.

पचास (**pacās**) वि. पचास, 50 की संख्या।
(adj.) fifty.

पचासा (**pacāsā**) पु. एक ही प्रकार की पचास चीजों का समूह।
(m.) collection or set of fifty similar things.

पचासी (**pacāsī**) वि. पचासी, 85 की संख्या।
(adj.) eighty five.

पचाही (**pacāhī**) स्त्री. मुर्दा या शव को ढोने के लिए नए बाँस की बनी डोली, टिकठी।
(f.) bier.

पचीस (**pacīs**) वि. पच्चीस, 25 की संख्या।
(adj.) twenty five.

पचीसी (**pacisī**) स्त्री. पचीस वस्तुओं का समूह।
(f.) collection of twenty five similar things.

पचोत्तर-सौ (**pacottar-sau**) वि. एक सौ पाँच, 105 की संख्या।
(adj.) one hundred and five.

पच्चर (**paccar**) पु. काठ या लकड़ी को कसने के लिए उसमें ठोकी गई लकड़ी या बाँस की खूँटी।
(m.) a wedge.

पच्छिम (**pacchim**) पु. (सं.) पश्चिम, सूर्योदय के विपरीत की दिशा।
(m.) west.

पछ (**pach**) पु. पखवारा, 15 दिनों की अवधि।
(m.) fortnight, a period of 15 days.

पछइयाँ (**pachaiyāṁ**) पुं. 1. पश्चिमी। 2. पश्चिम का बैल।
(m.) 1. western. 2. a bullock from the western part.

पछगुड़िया (**pachaguṛiyā**) वि. पीछे की ओर का।
(adj.) western.

पछता (**pachatā**) वि. विलंब या समय बिताकर किया गया।
(adj.) late.

पछताइल (**pachatāil**) अक. पछताना, पश्चाताप करना।
(v.i.) to repent, to regret.

पछतावा (**pachatāvā**) पु. (सं.) शोक, पश्चाताप।
(m.) regret, repentance.

पछपात (**pachapāt**) पु. (सं.) पक्षपात, तरफदारी।
(m.) partiality, favouritism.

पछपाती (**pachapātī**) पु. पक्षपात करनेवाला।
(m.) partisan, partial.

पछरल (**pacharal**) अक. पिछड़ना।
(v.i.) to lag, to have a backlog (in some work).

पछरा (**pacharā**) पु. कुश्ती।
(m.) wrestling.

पछराइल (**pacharāil**) अक. कुश्ती में हार जाना।
(v.i.) defeat in wrestling.

पछरिया (**pachariyā**) स्त्री. कटनी के लिए साधन।
(f.) means for harvesting.

पछवा (**pachavā**) क्रि.वि. बाद में।
(adv.) late.

पछाँह (**pachāṁh**) पु. पश्चिम की ओर का प्रवेश।
(m.) pertaining to the west.

पछाड़ (**pachāṛ**) पु. शोक आदि के कारण अचेत होकर गिरना।
(m.) falling back in a swoon.

पछाड़ल (**pachāṛal**) सक. कुश्ती में पराजित करना।
(v.t.) to throwdown (wrestling).

पछाड़ी (**pachāṛī**) स्त्री. पीछे की ओर।
(f.) backside.

पछाँया (**pachāṁyā**) पु. पश्चिमी हवा के अनुकूल।
(m.) favourable to western (wind).

पछिम (pachim) पु. (सं.) दे. पच्छिम।

पछिमारी (pachimārī) वि. पश्चिम की ओर स्थित।
(adj.) situated in west.

पछिमाहुत (pachimāhut) वि. पश्चिम की ओर।
(adj.) towards west.

पछिलका/पछिला (pachilakā/pachilā) वि. पीछेवाला।
(adj.) back sided.

पछुआइल (pachuāil) अक. दे. पछरल।

पछूती (pachūtī) स्त्री. घर के पीछे का भाग।
(f.) back side of house.

पछेआ (pacheā) स्त्री. पश्चिम से पूरब की ओर बहनेवाली हवा।
(f.) western wind.

पछेआरी (pacheārī) स्त्री. दे. पछिमारी।

पछेला (pachelā) पु. कंगन के पीछे पहना जानेवाला गहना।
(m.) ornament worn behind a bracelet.

पछोरल (pachoral) सक. सूप से अन्न को साफ करना।
(v.t.) to winnow, to separate chaff from grain.

पजाड़ (pajāṛ) पु. क्रम, अवसर, बारी।
(m.) turn.

पजारी (pajārī) स्त्री. एक तरह की ईख जो मीठी नहीं होती है।
(f.) a kind of sugarcane which is not sweet.

पजावा (pajāvā) पु. ईंट का भट्ठा।
(m.) a kiln.

पजेड़ा (pajeṛā) वि. बड़ा पाजी, दुष्ट।
(adj.) wicked person, rascal.

पटंबर (paṭaṅbar) पु. रेशमी वस्त्र।
(m.) silken cloth.

पट (paṭ) पु. कपड़ा, पर्दा।
(m.) cloth, screen, curtain.

पटउँआ (paṭauṁā) पु. कर्ज चुकाने का एक तरीका, जिसमें एक निश्चित समय तक सूद देने के बाद कर्ज का भुगतान किया जाता है।
(m.) a method of repaying a debt in this one pays the interest for a fixed time after which the payment of the principal sum starts.

पटकन (paṭakan) पु. पटकने का भाव या कार्य।
(m.) throwing down, fall (in wrestling).

पटकनिया (paṭakaniyā) स्त्री. पटकने की क्रिया या भाव।
(f.) rush, a knock down.

पटकल (paṭakal) सक. पटकना, गिराना।
(v.t.) to knock down, to dash down.

पटका (paṭakā) पु. हेंगा, पटेला, पटरा।
(m.) planer, leveling plant.

पटका-पटकी (paṭakā-paṭakī) स्त्री. एक-दूसरे को पटकने का कार्य, कुश्ती।
(f.) wrestling.

पटकी (paṭakī) स्त्री. चने का पौधा जो युवावस्था में हो।
(f.) young gram plant.

पटगोंरची (paṭagoṅracī) स्त्री. पटेआ की छोटी प्रजाति, एक प्रकार की मछली।
(f.) a kind of fish.

पटजेहर (paṭajehar) पु. खपैरल के बरामदे में खंभे तथा खपरैल के बीच की मोटी लकड़ी।
(m.) wooden beam in between the pillar and tiles of an tiled varandah.

पटतर (paṭatal) पु. दृष्टांत, बदले में। उदा. 'केहि पटतरौं विदेह कुमारी।'–तुलसी।
(m.) an example, in lieu of, comparison.

पटना (paṭanā) सक. समतल या चौरस होना। (पु.) बिहार की राजधानी।
(v.t.) to be levelled. (m.) a capital of Bihar.

पटपट (paṭapaṭ) स्त्री. किसी वस्तु के फूटने की आवाज।
(f.) cracking sound.

पटपटाइल (paṭapatāil) अक. भूख से पीड़ित होना।
(v.i.) to feel uneasy due to hunger.

पटपर (paṭapar) वि. समतल भूमि।
(adj.) flat, level, plane (ground).

पटरा (paṭarā) पु. 1. हेंगा, आरी से चीरी गई समतल लकड़ी। 2. धोबी का पाट।
(m.) 1. harrow. 2. a plank on which a washer man beats cloths.

पटरानी (paṭarānī) स्त्री. किसी राजा की मुख्य रानी।
(f.) the chief queen of the king.

पटरी (paṭarī) स्त्री. 1. रेल की पटरी। 2. सड़क का किनारा। 3. लिखने की पाटी।
(f.) 1. railway track. 2. footpath. 3. a plank to write on.

पटल (paṭal) अक. 1. राजी करना। 2. समतल होना। 3. आपस में पटरी बैठना।
(v.i.) 1. to be persuaded. 2. to be levelled. 3. to be on good terms with.

पटवनिहार (**paṭavanihār**) पु. सिंचाई करनेवाला।
(m.) irrigator.

पटवल (**paṭaval**) सक. पानी से खेत सींचना।
(v.t.) to irrigate, to water.

पटवारी (**paṭavārī**) पु. वह कर्मचारी जो खेत की बंदोबस्ती और मालगुजारी का हिसाब-किताब रखता है।
(m.) the village official who maintains land records.

पटवावल (**paṭavāval**) सक. 1. सिंचाई कराना। 2. समतल कराना।
(v.t.) 1. to get irrigated. 2. to get levelled.

पटवास (**paṭavās**) पु. 1. वस्त्र। 2. गृह। 3. तंबू।
(m.) 1. cloth. 2. house. 3. tent.

पटसन (**paṭasan**) पु. पटुआ, जूट।
(m.) jute.

पटसार (**paṭasār**) पु. पहाड़ के नीचे की समतल भूमि।
(m.) flatland at the foot hills.

पटसुनरी (**paṭasunarī**) स्त्री. पटरानी।
(f.) king's chief queen.

पटहा (**paṭahā**) पु. लकड़ी का वह टुकड़ा जिस पर धोबी पटककर कपड़ा साफ करता है।
(m.) washerman's board to beat and wash clothes.

पटहेरा (**paṭaherā**) पु. पटवा, गुरिया आदि गूँथनेवाला।
(m.) embroiderer, a stringer of beads.

पटहेरिन (**paṭaherin**) स्त्री. पटेरा की पत्नी।
(f.) wife of embroiderer.

पटाइल (**paṭāil**) अक. शांत होना।
(v.i.) to become quiet.

पटाक (**paṭāk**) पु. किसी वस्तु के गिरने की आवाज।
(m.) sound of falling a thing, thumping sound, sound of heavy blow.

पटाखा (**paṭākhā**) पु. पटाका, पट या पटाक शब्द से छूटनेवाली गोली के आकार की एक छोटी आतिश-बाजी।
(m.) cracker.

पटान (**paṭān**) पु. कर्ज के भुगतान का द्योतक शब्द।
(m.) clearance of debt.

पटापट (**paṭāpaṭ**) क्रि.वि. 1. एक के तुरंत बाद दूसरा। 2. लगातार।
(adv.) 1. one after on. 2. continuously.

पटापटी (**paṭāpaṭī**) स्त्री. एक प्रकार का रंगीन धारीदार वस्त्र।
(f.) a kind of coloured striped cloth.

पटारही (**paṭārahī**) स्त्री. एक तरह का कीड़ा जो लाल होता है।
(f.) a kind of red insect.

पटावन (**paṭāvan**) पु. सिंचाई।
(m.) irrigation.

पटावल (**paṭāval**) सक. सिंचाई करना।
(v.t.) to irrigate.

पटिआ (**paṭiā**) स्त्री. 1. गहाई में किनारे का बैल। 2. खेत का टुकड़ा।
(f.) 1. side bullock in threshing crop. 2. a part of plot.

पटियावल (**paṭiyāval**) सक. मीठी बातों से अपने मेल में लाना।
(v.t.) to bring some body over to one's side.

पटिदार (**paṭidār**) पु. हिस्सेदार, संपत्ति में हिस्सों का अधिकारी, पट्टीदार।
(m.) co-sharer, partner.

पटिदारी (**paṭidārī**) स्त्री. हिस्सेदारी।
(f.) partnership.

पटुआ (**paṭuā**) पु. दे. पटसन।

पटुआइल (**paṭuāil**) अक. कार्य साधने के लिए मौन धारण कर बर्दास्त करना।
(v.i.) keeping silence for work done.

पटुक (**paṭuk**) पु. एक तरह की चादर, जो शोभा के लिए कंधे पर रखी जाती है।
(m.) a sheet kept on shoulder as a decoration.

पटुका (**paṭukā**) पु. कपड़े का टुकड़ा, जिसे कमर में बाँधा जाता है।
(m.) piece of cloth wound around waist.

पटेआ (**paṭeā**) पु. एक प्रकार की चोइँटारहित काले रंग की मछली।
(m.) a scaleless dark coloured fish.

पटेर (**paṭer**) पु. एक तरह की घास, जिससे चटाई बनती है।
(m.) a grass used for weaving mats.

पटेला (**paṭelā**) पु. हेंगा, खेत को समतल करने हेतु प्रयोग में लाया जानेवाला लकड़ी का पटरा।
(m.) field leveller.

पटोर (paṭor) पु. एक प्रकार का पौधा जिसके काष्ठ का उपयोग देवी-पूजन में होता है।
(m.) a kind of plant which wood uses in worship of goddess.

पटोरा (paṭorā) पु. गोटा-किनारी से जड़ी रेशमी साड़ी।
(m.) silken saree with silver lace.

पट्‌ट (paṭṭ) पु. 1. मंदिर या महल का मुख्य दरवाजा। 2. प्रधान। 3. पहिया। 4. ढाल। 5. घाव पर बाँधने की पट्‌टी।
(m.) 1. main gate of temple or palace. 2. chief. 3. wheel. 4. shield. 5. bandage.

पट्‌टक (paṭṭak) पु. 1. दस्तावेज। 2. तख्ता।
(m.) 1. document. 2. board.

पट्‌टर (paṭṭar) पु. आँख का ढक्कन या पर्दा।
(m.) lid of eye.

पट्‌टा (paṭṭā) पु. किसी भूमि अथवा स्थावर संपत्ति के उपयोग का अधिकार-पत्र।
(m.) a deed, lease contract.

पट्‌टी (paṭṭī) स्त्री. घाव पर बाँधने की पट्‌टी।
(f.) bandage.

पट्‌टीदार (paṭṭīdār) पु. दे. पटिदार।

पट्‌टू (paṭṭū) पु. एक प्रकार का मोटा ऊनी कपड़ा।
(m.) a kind of coarse woollen cloth.

पट्‌टेदार (paṭṭedār) वि. सजे हुए बालवाला व्यक्ति।
(adj.) (of hair) well dressed.

पट्‌ठा (paṭṭhā) पु. 1. पहलवान। 2. जवान। 3. हट्‌ठाकट्‌ठा पशु।
(m.) 1. wrestler. 2. a young. 3. full grown animal.

पठंगा (paṭhaṅgā) वि. ठिगना। (पु.) अंत।
(adj.) dwarfish, undersized. (m.) end.

पठई (paṭhaī) पु. कुश्ती।
(m.) wrestling.

पठरू (paṭharū) पु. बकरी का बच्चा।
(m.) a kid, lamb, young goat.

पठावल (paṭhāval) सक. भेजना।
(v.t.) to dispatch, to send.

पड़ंग (paṛaṅg) पु. आकार में बड़ा पाड़ा।
(m.) a male young of buffalo, steer.

पड़पड़ (paṛapaṛ) पु. हाजमा खराब होने पर मल-त्याग के समय निकलनेवाली आवाज।
(m.) sound during excretion.

पड़रू (paṛarū) पु. भैंस का बच्चा।
(m.) buffalo child, calf.

पड़वा (paṛavā) पु. भैंस का नर बच्चा।
(m.) male child of buffalo, calf of a buffalo.

पड़ाका (paṛākā) पु. दे. पटाखा।

पड़ाव (paṛāv) पु. 1. वह स्थान जहाँ यात्री ठहरते हैं। 2. चट्‌टी, ठिकाना।
(m.) 1. resting place. 2. halt.

पड़िया (paṛiyā) स्त्री. भैंस का मादा बच्चा।
(f.) female child of buffalo.

पड़े (paṛe) क्रि.वि. होकर।
(adv.) by the side of.

पड़ोसी (paṛosī) पु. पड़ोस में रहनेवाला।
(m.) neighbour.

पड़ोह (paṛoh) पु. मोरी, नाली।
(m.) drain, sewer.

पढ़ल (paṛhal) सक. (सं.) 1. पढ़ना। 2. लय के साथ पढ़ना। 3. रटना।
(v.t.) 1. to read. 2. to recite. 3. to repeat, reiterate continuously.

पढ़वावल (paṛhavāval) सक. पढ़ाने का काम दूसरे से कराना।
(v.t.) to cause to be read, to have (a boy or girl) taught.

पढ़ाई (paṛhāī) स्त्री. पढ़ने का कार्य, अध्ययन।
(f.) reading, studying, learning.

पढ़ावल (paṛhāval) सक. अध्यापन करना, शिक्षा देना, पढ़ाना।
(v.t.) to teach to make one read or study.

पढ़ुआ (paṛhuā) पु. 1. पढ़नेवाला। 2 पढ़ा-लिखा व्यक्ति।
(m.) 1. reader. 2. literate.

पतंग (pataṅg) स्त्री. गुड्‌डी।
(f.) a kite.

पतंग (pataṅg) पु. 1. पक्षी। 2. सूर्य।
(m.) 1. bird. 2. sun.

पत (pat) स्त्री. 1. लज्जा। 2. इज्जत। 3. प्रतिष्ठा।
(f.) 1. shame. 2. prestige. 3. respect.

पतई (pataī) स्त्री. (सं.) पत्ता।
(f.) a leaf.

पतझड़ (patajhaṛ) स्त्री. वह ऋतु जिसमें वृक्षों की पत्तियाँ झड़ जाती हैं, पतझड़।
(f.) autumn.

पतन (patan) पु. (सं.) गिरने का भाव, निम्न स्तर पर आने की स्थिति।
(m.) downfall, degeneration.

पतर-पत्तर (patar-pattar) पु. 1. लोहे का पतला बर्तन। 2. पतली चादर। 3. पत्र। 4. कागज।
(m.) 1. iron strip. 2. thin sheet. 3. letter. 4. paper.

पतरका (patarakā) वि. पतला शरीरवाला पुरुष।
(adj.) lean and thin man.

पतरकी (patarakī) वि. पतली शरीरवाली स्त्री।
(adj.) lean and thin women.

पतरखा (patarakhā) पु. झंडा।
(m.) a flag.

पतरा (patarā) पु. (सं.) पंचांग।
(m.) a calendar.

पतराइल (patarāil) अक. पतला होना।
(v.i.) to be lean and thin.

पतरावल (patarāval) सक. पतला करना।
(v.t.) to make thin.

पतराह (patarāh) वि. पतले जैसा, पतला।
(adj.) lean and thin.

पतरी (patarī) स्त्री. चिट्ठी।
(f.) a letter.

पतरेड़ (patareṛ) स्त्री. हरे रंग की चिड़िया।
(f.) a green bird.

पतलचट्ट (patalacaṭṭ) पु. अधिक भोजन करनेवाला।
(m.) a glutton.

पतलार (patalār) पु. एक पशुखाद्य घास।
(m.) a cattle food grass, a grass eaten by cattle.

पतलून (patalūn) पु. (अं.) एक प्रकार का पायजामा।
(m.) a kind of trousers, pantaloon.

पतलो (patalo) पु. गन्ने का सूखा पत्ता, एक बड़ी घास।
(m.) dry leaf of sugarcane, a big grass.

पतवार (patavār) पु. नाव खेने का विशेष डंडा।
(m.) rudder, helm.

पतवारी (patavārī) स्त्री. ईख का खेत।
(f.) a sugarcane field.

पतवास (patavās) पु. पक्षियों का घोंसला।
(m.) a birds nest.

पतहर (patahar) पु. ईख या सरकंडे का पत्ता।
(m.) sugarcane or reed leaf.

पता (patā) पु. स्थान, ठिकाना, सूचना।
(m.) an address, place, information.

पताई (patāī) स्त्री. पत्तों का ढेर।
(f.) a heap of leaves.

पताका (patākā) पु. दे. पतरखा।

पतार (patār) पु. एक प्रकार का तृण।
(m.) a kind of grass.

पताल (patāl) पु. (सं.) भुवन का अधो भाग, पुराणों के अनुसार पृथ्वी के नीचे के सात लोकों में सबसे नीचे का लोक। पाताल।
(m.) the nether most world, as referred to in Purans, the farthest of the seven nether-world.

पति (pati) पु. (सं.) 1. मालिक। 2. किसी विवाहिता का पति।
(m.) 1. owner. 2. husband.

पतिआइल (patiāil) सक. विश्वास करना।
(v.t.) to put trust in, to believe.

पतिआर (patiār) पु. विश्वास, प्रतीति।
(m.) belief, trust, confidence.

पतित (patit) वि. 1. गिरा हुआ। 2. नीच, अधम।
(adj.) 1. fallen. 2. low, mean.

पतिबरता (patibaratā) स्त्री. पति के प्रति समर्पित स्त्री।
(f.) faithful and virtuous wife.

पतिसार (patisār) पु. बादशाह।
(m.) king, sovereign, ruler.

पतील (patīl) वि. 1. महीन। 2. बारीक।
(adj.) 1. thin. 2. fine.

पतीला (patilā) पु. मिट्टी की छोटी हाँड़ी।
(f.) a small earthen cooking pot.

पतीली (patīlī) स्त्री. डेगची।
(f.) a small metal vessel (for boiling).

पतुकी (patukī) स्त्री. दे. पतीला।

पतुरिया (paturiyā) स्त्री. वेश्या।
(f.) prostitute.

पतोरा (patorā) पु. दे. पतहर

पतोलल (patolal) सक. लकड़ी को किनारे से छाँटना।
(v.t.) trim a wood piece on side.

पतोह (patoh) स्त्री. बेटे की पत्नी।
(f.) daughter in law, son's wife.

पत्तल (pattal) पु. भोजन करने में प्रयुक्त पत्ते का पात्र।
(m.) platter made of leaves, a plate made up by tagging broad tree leaves together (for serving food).

पत्ता (pattā) पु. 1. पेड़ की पत्ती। 2. पत्र। 3. ताश।
(m.) 1. leaf. 2. letter. 3. playing card.

पत्ती (pattī) स्त्री. छोटा पत्ता।
(f.) a small leaf.

पत्थल (patthal) पु. कंकड़, पत्थर।
(m.) a pebble, stone.

पथ (path) पु. (सं.) 1. रोगी को दिया जानेवाला भोजन, पथ्य। 2. रास्ता।
(m.) 1. diet, medically prescribed or salubrious diet. 2. way, road.

पथरल (patharal) सक. किसी हथियार को पत्थर पर रगड़कर तेज करना।
(v.i.) to put (a knife etc.) to the grind stone, to whet, to sharpen.

पथराइल (patharāil) अक. पत्थर की तरह कड़ा हो जाना, निश्चल हो जाना।
(v.i.) to become immobilized, to become hard as a stone, to become transfixed.

पथराव (patharāv) पु. पत्थर आदि का लगातार फेंका जाना।
(m.) stoning, stone throwing, pelting with stones.

पथरी (patharī) स्त्री. मूत्राशय में बनी एक पत्थर-सी गोली।
(f.) bladder stone, gall stone.

पथरौटा (patharauṭā) पु. पत्थर का कटोरा।
(m.) bowl made of stone.

पथरौटी (patharauṭī) स्त्री. पत्थर की छोटी कटोरी या प्याली।
(f.) a small bowl or cup made of stone.

पथल (pathal) पु. (सं.) 1. पत्थर। 2. ओला।
(m.) 1. stone. 2. hail-stone.

पथलुटी (pathaluṭī) स्त्री. दे. पथरौटी।

पथार (pathār) पु. 1. ढेर। 2. कतार।
(m.) 1. heap. 2. line, row.

पथिक (pathik) पु. राही, राहगीर।
(m.) traveller, passenger, wayfarer.

पथेरा (patherā) पु. ईंट बनानेवाला।
(m.) brick maker.

पद (pad) पु. (सं.) 1. दर्जा, ओहदा। 2. कविता या गीत का बंद। 3. बंद की पंक्ति। 4. डग।
(m.) 1. post, rank. 2. stanza. 3. line of a stanza 4. step foot.

पदक (padak) पु. (सं.) तमगा, मेडल।
(m.) medal, badge.

पदड़ी (padaṛī) पु. पादरी।
(m.) pastor, churchman.

पदना (padanā) पु. पादनेवाला व्यक्ति।
(m.) one who passes the Gas frequently.

पदवी (padavī) स्त्री. 1. उपाधि। 2. खिताब।
(f.) 1. degree. 2. title.

पदारथ (padārath) वि. 1. दुर्लभ, बहुमूल्य वस्तु। 2. स्वादिष्ट भोजन-पदार्थ।
(adj.) 1. rare, precious thing. 2. tasteful food.

पदुमकाठ (padumakāṭh) पु. एक प्रकार की वनौषधि।
(m.) a kind of wild medicinal plant and its parts.

पधारल (padhāral) अक. आदरणीय व्यक्ति का आना।
(v.i.) to grace the occassion.

पन (pan) पु. उम्र, अवस्था।
(m.) age, stage.

पनगेड़ा (panageṛā) पु. गन्ने की पहली सिंचाई।
(m.) first irrigation for the sugarcane field.

पनघट (panaghaṭ) पु. कुएँ पर बना वह स्थान जहाँ से लोग पानी खींचते हैं।
(m.) place to draw water from a well.

पनचक्की (panacakkī) स्त्री. पानी से चलनेवाली चक्की।
(f.) watermill.

पनछंदा (panachaṅdā) पु. सिंचाई करनेवाला पुरुष।
(m.) persuasive male, ingratiating male.

पनछाही (panachāhī) स्त्री. एक प्रकार की कोमल ईख।
(f.) a soft sugarcane.

पनछुछुर (panachuchur) वि. पानी मिला हुआ।
(adj.) diluted with water, watered down.

पनछोर (panachor) पु. सिंचाई के लिए कुएँ से पानी निकालनेवाले यंत्र (ढेंकली) की बल्ली को बाल्टी से जोड़नेवाली रस्सी।
(m.) knotted rope joining the irrigation bucket with pole of the irrigation instrument used to draw water from well.

पनजंजल (panajañjal) वि. पानी का घड़ा।
(adj.) water pot.

पनटकिया (panaṭakiyā) पु. पाँच रुपए का नोट या सिक्का।
(m.) a currency note or coin of five rupees.

पनडठिया (panaḍaṭhiyā) पु. छोटी पत्तीवाला तंबाकू।
(m.) tobacco of small leaves.

पनडब्बा (panaḍabbā) पु. पान रखने का डब्बा।
(m.) a small box in which betel leaves are kept.

पनडाली (panaḍālī) स्त्री. पान रखने की डाली।
(f.) a basket in which betel leaves are kept.

पनडुब्बा (panaḍubbā) पु. एक पक्षी जो पानी में डुबकी लगाकर मछली पकड़ता है।
(m.) a bird that dives to catch fish.

पनडुब्बी (panaḍubbī) स्त्री. एक प्रकार का पानीवाला जहाज जो समुद्र के पानी में डूबकर चलता है।
(f.) submarine.

पनथुथुर (panathuthur) पु. जलोदर रोग।
(m.) dropsy.

पनदउरी (panadaurī) स्त्री. टोकरी जो खेत में सिंचाई के काम में आती है।
(f.) basket used in farm irrigation.

पनदहन (panadahan) पु. पानी लगे खेत में हल और हेंगा चलाने की क्रिया।
(m.) act of ploughing and leveling an irrigated farm.

पनदाह (panadāh) पु. पानी लगे खेत की फसल में हल चलाने की क्रिया।
(m.) ploughing of water-logged field.

पनपनाइल (panapanāil) अक. क्षुब्ध होना, नाराज होना।
(v.i.) to get irritated/annoyed.

पनपल (panapal) अक. पनपना।
(v.i.) to grow leaves.

पनपियाव (panapiyāv) पु. जलपान।
(m.) breakfast, refreshment.

पनफल (panafal) अक. दे. पनपल।

पनबट्टा (panabaṭṭā) पु. दे. पनडब्बा।

पनबदरा (panabadarā) पु. वह बादल जो धूप रहते बरसता है।
(m.) raining cloud in sunny sky.

पनबोरा (panaborā) पु. इंद्रधनुष।
(m.) a rainbow.

पनभरा (panabharā) पु. पानी भरने का काम करनेवाला मजदूर।
(m.) a water bearer.

पनभरिन (panabharin) स्त्री. पानी भरने या ढोने का काम करनेवाली स्त्री।
(f.) a water-bearer woman.

पनमार (panamār) पु. वह जमीन जिसका पानी सूख गया हो।
(m.) dry land after irrigation.

पनरह (panarah) वि. पंद्रह, 15 की संख्या।
(adj.) fifteen.

पनरहवाँ (panarahavāṁ) वि. पंद्रहवाँ।
(adj.) fifteenth.

पनरहिया (panarahiyā) वि. पंद्रह दिनों की अवधि।
(adj.) a period of fifteen days.

पनरोहा (panarohā) पु. गंदा पानी निकलने का रास्ता (नाला)।
(m.) drain.

पनवाड़ी (panavāṛī) पु. पान बेचनेवाला।
(m.) a betel seller.

पनसारी (panasārī) पु. पंसारी। किराने की दुकानदारी करनेवाला।
(m.) a grocer, a grain dealer.

पनसाला (panasālā) स्त्री. वह स्थान जहाँ जल इकट्ठा रखा और लोगों को पिलाया जाता है।
(f.) stand where water is stored and distributed to travelers.

पनसाह (panasāh) पु. एक तरह का चेचक।
(m.) a kind of pox.

पनसाही (panasāhī) स्त्री. मीठी ईख, जो मार्च-अप्रैल में कटती है।
(f.) sweet sugarcane cropped in March-April.

पनसुहिया (panasuhiyā) स्त्री. 1. चेचक का एक प्रकार। 2. डेंगू का भेद।
(f.) 1. a kind of pox. 2. a kind of dengue.

पनसेरा (panserā) पु. पाँच सेर की तौल।
(m.) a five ser weight.

पनसोखा (panasokhā) पु. दे. पनबोरा।

पनहा (panahā) पु. 1. कपड़े की चौड़ाई। 2. चोरी की वस्तु लौटाने के लिए दी गई धनराशि।
(m.) 1. cloth width. 2. ransom money for stolen goods.

पनही (panahī) स्त्री. जूता।
(f.) a shoe, footwear.

पनहेरी (panaherī) पु. दे. पनवाड़ी।

पनाला (panālā) पु. नाला, नावदान।
(m.) a gutter, drain.

पनाह (panāh) स्त्री. (फा. पनाः) 1. रक्षा। 2. शरण या आश्रय पाने का स्थान। मुहा. पनाह माँगल=रक्षा हेतु प्रार्थना करना।
(f.) 1. safety, defence. 2. shelter, refuse, id. to make a plea for defence.

पनिआ (paniā) वि. 1. पानी में रहनेवाला (साँप)। 2. जलीय।
(adj.) 1. water (snake). 2. hydrous, of water.

पनियावल (paniyāval) सक. 1. सिंचाई करना। 2. पानी डालना।
(v.t.) 1. to irrigate. 2. to water.

पनिगर (panigar) वि. जिसमें पानी अधिक मिला हो।
(adj.) watery thin.

पनिघट (panighaṭ) पु. दे. पनघट।

पनियाला (paniyālā) पु. एक प्रकार का फल।
(m.) a kind of fruit.

पनिवट (panivaṭ) पु. सिंचाई का कर।
(m.) irrigation tax.

पनिहारिन (panihārin) स्त्री. दे. पनभरिन।

पनीर (panīr) पु. (फा.) 1. दूध फाड़कर जमाया हुआ छेना। 2. वह दही जिसका पानी निचोड़ दिया गया हो।
(m.) 1. cheese. 2. curd devoid of water.

पनुआँ (panuāṁ) पु. ईख का रस, जिसमें पानी मिला रहता है।
(m.) watered down cane juice.

पनेढ़ी (paneṛhī) पु. दे. पनवाड़ी।

पन्ना (pannā) पु. 1. पृष्ठ। 2. सोने का एक प्रकार। 3. रत्न विशेष।
(m.) 1. page. 2. a kind of gold. 3. precious stone.

पन्नी (pannī) स्त्री. 1. किसी धातु का पत्तर। 2. महीन रंगीन कागज।
(f.) 1. sheet of metal. 2. fine coloured paper.

पपनी (papanī) स्त्री. पलक के बाल।
(f.) eyelash, hair on the edge of eyelids.

पपरा (paparā) पु. 1. बेसन की रोटी जो तेल में तवे पर तलकर बनाई जाती है। 2. रोटी का ऊपरी भाग।
(m.) 1. oily chickpea chapati shallow fried on a griddle. 2. upper crisp part of a chapati.

पपरी (paparī) स्त्री. पपड़ी।
(f.) curst, crustation, flake.

पपिस्टी (papisṭī) वि. 1. पापी। 2. जो गलत काम करता हो।
(adj.) 1. sinner. 2. evil-doer.

पपिहरा (papiharā) पु. एक पक्षी, पपीहा।
(m.) the hawk cuckoo.

पपीता (papītā) पु. एक प्रकार का फल, पपीता।
(m.) papaya.

पबनी (pabanī) स्त्री. त्यौहार, पर्व।
(f.) a festal day, festival.

पबित्तर (pabittar) वि. पवित्र।
(adj.) holistic.

पमड़ी (pamaṛī) स्त्री. गाँजा का एक प्रकार।
(f.) a kind of hemp.

पम्ह (pamh) पु. मूँछ निकलने के समय के पतले-पतले बाल।
(m.) a youth's first moustache.

पम्हावल (pamhaval) अक. जमीन के भीतर से तरावट आना।
(v.i.) to get moist from down below (said of earth).

पम्ही (pamhī) स्त्री. धान की महीन भूसी।
(f.) fine paddy straw.

पय (pay) पु. ऐब, अवगुण।
(m.) demerit, weakness.

पयमाल (payamāl) वि. परेशान, हैरान।
(adj.) troubled, harassed.

पया (payā) पु. चूरा, चूर्ण, महीन अंश।
(m.) filings, saw dust, a powder.

पयादा (payādā) वि./पु. (फा.) 1. पैदल चलनेवाला व्यक्ति। 2. पैदल सिपाही।
(adj./m) 1. going on foot. 2. a foot soldier.

पयान (payān) पु. (सं.) प्रस्थान, यात्रा।
(m.) departure.

पयाम (payām) पु. (फा.) संदेश।
(m.) a message.

परंपराई (paranparāī) वि. परंपरागत, परंपरा से चला आ रहा।
(adj.) traditional.

पर (par) पु. (फा.) चिड़ियों का पंख और उस पर के रोएँ, पंख, पक्ष।
(m.) feather.

परई (paraī) स्त्री. मिट्टी का पात्र।
(f.) an earthen pot.

परकार (parakār) अव्य. (सं.) 1. भाँति, तरह। 2. विविध प्रकार का।
(indec.) 1. kind, method. 2. having variety.

परकार (parakār) पु. वृत्त खींचने का औजार।
(m.) compass, calipers.

परकास (parakās) पु. प्रकाश।
(m.) light.

परकासक (parakāsak) पु. प्रकाशक।
(m.) a publisher.

परकासन (parakāsan) पु. प्रकाशन।
(m.) a publication.

परकिर्ती (parakirtī) स्त्री. (सं.) 1. प्रकृति। 2. स्वभाव।
(f.) 1. nature. 2. habit, temperament.

परखल (parakhal) सक. जाँच करना, परखना।
(v.t.) to test.

परगट (paragaṭ) वि. (सं.) प्रत्यक्ष, स्पष्ट, उत्पन्न, प्रकट।
(adj.) evident, clear, manifest.

परगति (paragati) स्त्री. प्रगति।
(f.) progress.

परगना (paraganā) पु. प्रशासनिक दृष्टि से कुछ गाँवों का समूह।
(m.) an administrative sub-division comprising a number of villages.

परगास (paragās) पु. (सं.) 1. प्रकाश। 2. संत साहित्य।
(m.) 1. light. 2. saint literature.

परचंड (pracaṅḍ) वि. (सं.) उग्र, प्रचंड, हिंसापूर्ण, भयंकर।
(adj.) violent, furious, terrible.

परचलन (paracalan) वि. प्रचलन।
(adj.) prevalent.

परचवाल (paracavāl) वि. परिचित व्यक्ति।
(adj.) familiar.

परचा (paracā) पु. 1. कागज का टुकड़ा। 2. प्रश्न-पत्र। 3. इश्तहार। 4. अखबार।
(m.) 1. a piece of paper. 2. question paper. 3. poster. 4. news-paper.

परचार (paracār) पु. (सं.) 1. प्रचलन, रिवाज। 2. प्रचार।
(m.) 1. custom, convention. 2. propaganda, publicity.

परचारक (paracārak) पु. (सं.) प्रचारक, प्रचार करनेवाला।
(m.) propagandist, publicist.

परचित (paracit) वि. (सं.) परिचित, जाना हुआ, ज्ञात, जिससे जान-पहचान हो।
(adj.) known (to), acquainted, familiar (with).

परचून (paracūn) पु. (सं.) खुदरा सामग्री की दुकान।
(m.) provisions grocery, retail commodities.

परचे (parace) पु. (सं.) जान-पहचान, परिचय।
(m.) familiarity, intimacy, introduction.

परछाईं (parachāīṅ) स्त्री. (सं.) 1. प्रतिबिंब। 2. छाया।
(f.) 1. reflection. 2. shadow.

परछेप (parachep) पु. प्रक्षेप।
(m.) a projection.

परजा (parajā) स्त्री. (सं.) 1. रैयत, काश्तकार। 2. प्रजा।
(f.) 1. tenants. 2. subjects.

परजात (parajāt) पु. दूसरी जाति का आदमी।
(m.) a person of other caste.

परजाति (parajāti) स्त्री. प्रजाति।
(f.) species.

परणाली (paraṇālī) स्त्री. प्रणाली।
(f.) method, system.

परत (parat) स्त्री. 1. तह, स्तर। 2. छिलका।
(f.) 1. fold, layer, surface. 2. husk, peel.

परतच्छ (paratacch) वि. (सं.) 1. सामने, प्रत्यक्ष। 2. स्पष्ट। 3. वास्तविक।
(adj.) 1. visible, perceptible. 2. clear. 3. real, actual.

परतर (paratar) पु. उपमा, समता।
(m.) a simile, comparison, similarity.

परतवाई (paratavāī) पु. गंदा काम करनेवाला।
(m.) a person whose work is dirty.

परतवाय (paratavāy) पु. 1. निकृष्ट काम। 2. गंदा काम।
(m.) 1. crude work. 2. dirty work.

परता (paratā) पु. लाभ, फायदा।
(m.) profit.

परताप (paratāp) पु. (सं.) 1. प्रभाव, प्रताप। 2. ख्याति। 3. बल।
(m.) 1.influence. 2. glory. 3. vigour.

परतापी (paratāpī) वि. प्रतापी।
(adj.) imperial.

परतिग्या (paratigyā) स्त्री. (सं.) 1. प्रण, प्रतिज्ञा। 2. दृढ़ कथन। 3. शपथ।
(f.) 1. promise. 2. assertion. 3. vow.

परतिस्ठा (paratisṭhā) स्त्री. (सं.) 1. मान, मर्यादा, गौरव, प्रतिष्ठा। 2. पद।
(f.) 1. honour, prestige. 2. rank, position.

परती (paratī) स्त्री. खाली पड़ी भूमि।
(f.) fallow, bare fallow, idle land.

परतीत (paratīt) पु. (सं.) 1. विश्वास। 2. भरोसा।
(m.) 1.faith. 2. hope.

परतीना (paratīnā) पु. अनुपात।
(m.) ratio, proportion.

परतीभा (paratībhā) स्त्री. प्रतिभा।
(f.) talent.

परतोख (paratokh) पु. 1. उदाहरण। 2. संतुष्टि।
(m.) 1.example. 2. satisfaction.

परत्यछ (paratyach) वि. प्रत्यक्ष।
(adj.) visible, clear, evident, explicit.

परथन (parathan) पु. रोटी बनाते समय लोई में लगाया जानेवाला आटा।
(m.) dry flour applied to help in rolling chapati etc.

परथा (parathā) स्त्री. (सं.) 1. रीति-रिवाज, प्रथा। 2. ख्याति। 3. व्यवहार।
(f.) 1. custom, tradition. 2. influence. 3. manner.

परदछिना (paradachinā) स्त्री. (सं.) प्रदक्षिणा, पूजा के पश्चात् परिक्रमा की विधि।
(f.) circumamabulation after worship.

परदर्सन (paradarsan) पु. प्रदर्शन।
(m.) performance, exhibit.

परदर्सनी (paradarsanī) स्त्री. प्रदर्शनी।
(f.) exhibition.

परदा (paradā) पु. (फा.) 1. आड़ करनेवाला कपड़ा, पर्दा। 2. चिक।
(m.) 1. curtain, screen. 2. hanging screen.

परदादा (paradādā) पु. (सं.) पितामह का पिता, प्रपितामह।
(m.) paternal great grand father, a fore-father.

परदादी (paradādī) स्त्री. (सं.) पितामह की माता, प्रपितामही।
(f.) paternal great grand mother.

परदेस (parades) पु. (सं.) परदेश, दूसरा देश, विदेश।
(m.) another country, foreign country.

परदेसी (paradesī) वि. (सं.) परदेशी, दूसरे देश में रहनेवाला।
(adj.) foreigner (person).

परधान (paradhān) पु. (सं.) प्रधान, प्रमुख।
(m.) chief, principal.

परधानमंत्री (paradhānamantrī) पु. प्रधानमंत्री।
(m.) prime minister.

परन (paran) पु. (सं.) प्रतिज्ञा, प्रण।
(m.) promise.

परना (paranā) पु. (सं.) व्रत के बाद का प्रथम भोजन।
(m.) first food concluding a fast.

परनाती (paranātī) पु. नाती या नातिन का पुत्र।
(m.) great grandson on daughter's side.

परनाना (parnānā) पु. नाना का पिता।
(m.) maternal great grand father.

परनानी (paranānī) स्त्री. नानी की माँ।
(f.) maternal great grand mother.

परनाम (paranām) पु. (सं.) प्रणाम, नमस्कार, नमन, अभिवादन।
(m.) bow, respectful greeting.

परपंच (parapanc) पु. (सं.) प्रपंच, छल, कपट।
(m.) fraud, deceit.

परपराइल (paraparāil) अक. तीखा लगना, जलन होना (जीभ में)।
(v.i.) to sting, to burn (esp. tongue).

परपाजा (parapājā) पु. (सं.) पितामह का पिता।
(m.) great grand father.

परपाजी (parapājī) स्त्री. (सं.) पितामह की माँ।
(f.) great grand mother.

परपाटी (parapāṭī) स्त्री. 1. रीति। 2. प्रथा, परिपाटी।
(f.) 1. manner, method. 2. custom.

परपोता (parapotā) पु. (सं.) प्रपौत्र, पोता का पुत्र।
(m.) great grand son.

परपोती (parapotī) स्त्री. (सं.) प्रपौत्री, पोता की पुत्री।
(f.) great grand daughter.

परबंध (parabandh) पु. प्रबंध।
(m.) management.

परबंधक (parabańdhak) पु. प्रबंधक।
(m.) a manager.

परब (parab) पु. (सं.) त्यौहार, पर्व। कहा. 'पहिल-पहिल के परब, अँटकर पायेब त करब।'
(m.) a festival.

परबत (parabat) पु. (सं.) पर्वत, पहाड़।
(m.) a mountain, a hill.

परबल (parabal) वि. (सं.) प्रबल, मजबूत, बलवान।
(adj.) strong, powerful.

परबस (parabas) वि. (सं.) 1. दूसरे के वश में रहने की स्थिति। 2. पराधीन। उदा. 'परबस जीव स्वबस भगवंता।'–तुलसी।
(adj.) 1. in another's power. 2. dependent.

परबी (parabī) स्त्री. पर्व-त्यौहार के अवसर पर दिया जाने-वाला इनाम, त्यौहारी।
(f.) a gift of money or other present, given on the occasion of a festival.

परबीन (parabīn) वि. प्रवीण।
(adj.) proficient.

परबे (parabe) पु. एक तरह की टोकरी जिससे मछली पकड़ी जाती है।
(m.) fishing basket.

परभाव (parabhāv) पु. (सं.) 1. असर, प्रभाव। 2. शक्ति।
(m.) 1. influence, effect. 2. power, might.

परभावसाली (parabhāvasālī) वि. प्रभावशाली।
(adj.) effective.

परभावी (parabhāvī) वि. प्रभावी।
(adj.) preponderant, influential, persuasive.

परभुता (parabhutā) पु. (सं. प्रभुता, प्रभुत्व) शक्ति, ताकत, प्रभुत्व।
(m.) power, lordship, supremacy, might.

परभू (parabhū) पु. (सं.) 1. ईश्वर, प्रभु। 2. स्वामी।
(m.) 1. God, Lord. 2. ruler.

परम (param) वि. (सं.) बहुत, अत्यंत, सर्वोच्च।
(adj.) supreme, best, highest.

परमल (paramal) पु. भूजा, विशेष प्रकार से भूना हुआ अधपका अन्न।
(m.) grain first soaked then parched for eating.

परमाण (paramāṇ) पु. (सं. प्रमाण) सबूत।
(m.) proof, testimony, evidence.

परमाणिक (paramāṇik) वि. प्रामाणिक।
(adj.) authentic.

परमातमा (paramātamā) पु. (सं.) परमात्मा, ईश्वर, भगवान।
(m.) God, Lord, the supreme being.

परमारथ (paramārath) पु. (सं.) परमार्थ, दूसरों की भलाई के लिए किया गया कार्य। उदा. 'परमारथ के कारने साधुन धरा सरीर'।
(m.) kindness to others.

परमीन (paramīn) पु. जो सगोत्री या नातेदार नहीं हो, ऐसा आदमी।
(m.) a person who is neithter, sagotri nor relative.

परमुख (paramukh) वि. प्रमुख।
(adj.) prominent.

परमेसर (paramesar) पु. (सं.) दे. परमातमा।

परमेह (parameh) पु. बहुमूत्र का रोग।
(m.) urinary disease, gonorrhoea.

परयाप्त (parayāpt) पु. पर्याप्त।
(m.) plenty, sufficient.

परयावरन (parayāvaran) पु. पर्यावरण।
(m.) environment.

परयास (parayās) पु. प्रयत्न।
(m.) an attempt, dint, effort.

परयोग (parayog) पु. प्रयोग।
(m.) an experiment.

परल (paral) अक. 1. लेटे रहना। 2. बीमार होना।
(v.i.) 1. to lie down. 2. to be ill.

परलय (paralay) पु. (सं.) सृष्टि के विनाश की स्थिति, प्रलय।
(m.) dissolution of the world.

परलोक (paralok) पु. (सं.) 1. दूसरा लोक। 2. स्वर्ग।
(m.) 1. the next world. 2. paradise.

परवरिस (paravaris) पु. (फा.) पालन-पोषण, परवरिश।
(m.) maintenance, support, the means of existence.

परवल (paraval) पु. एक प्रकार की सब्जी, परवर।
(m.) a kind of vegetable.

परवा (paravā) पु. बड़ा ढकना।
(m.) a large cover, lid.

परवाना (paravānā) पु. (फा.) 1. आज्ञा-पत्र। 2. पतंगा।
(m.) 1. warrant, order. 2. a moth.

परवास (paravās) पु. प्रवास।
(m.) migration.
परवासी (paravāsī) वि. प्रवासी।
(adj.) non-resident, migrant.
परवाह (paravāh) स्त्री. चिंता, फिक्र।
(f.) anxiety.
परवेस (paraves) पु. प्रवेश।
(m.) entry, admission.
परसंग (parasaṅg) पु. (सं.) 1. संबंध। 2. लगाव। 3. प्रसंग, प्रकरण।
(m.) 1. connection. 2. attachment. 3. context.
परसंसा (parasaṅsā) स्त्री. (सं.) बड़ाई, तारीफ, प्रशंसा।
(f.) glory, praise, commendation.
परस (paras) पु. (अ.) बटुआ।
(m.) a purse.
परस (paras) पु. (सं.) स्पर्श, छूने का भाव। उदा. 'दरस परस मज्जन अरु पाना।'–तुलसी।
(m.) touch, touching.
परसउआँ (parasauāṁ) क्रि.वि. (सं.) पहले या बाद का दूसरा दिन।
(adv.) the day before yesterday or the day after tomorrow.
परसउती (parasautī) स्त्री. (सं.) प्रसूता, ऐसी स्त्री जिसने हाल में बच्चे को जन्म दिया हो।
(f.) a woman who has recently given birth.
परसन्न (parsann) पु. (सं.) 1. खुश, प्रसन्न। 2. छूने का भाव।
(m.) pleased, happy, cheerful. 2. touching.
परसाद (parasād) पु. (सं.) प्रसाद, देवताओं पर चढ़ाया हुआ नैवेद्य या पदार्थ।
(m.) food offered to idols.
परसादी (parasādī) स्त्री. दे. परसाद।
परसान (parasān) वि. (फा.) व्यग्र, व्याकुल, उद्विग्न, परेशान।
(adj.) troubled, distressed, worried.
पर-साल (par-sāl) वि. गत वर्ष, पिछला साल।
(adj.) last year.
परसिध (parasidh) वि. (सं.) प्रसिद्ध, विख्यात, मशहूर।
(adj.) well-known, famous.
परसुराम (parasurām) पु. (सं.) परशुराम, ऋषि जमदग्नि के पुत्र।
(m.) a son of Rishi Jamadagni.
परसूत (parasūt) पु. (सं.) प्रसूत, प्रसव के बाद प्रसूता को होनेवाला एक रोग।
(m.) a kind of disease of woman after child birth.
परसों (parasoṅ) क्रि.वि. पहले या बाद का दूसरा दिन।
(adv.) the day before yesterday or the day after tomorrow.
परस्ताव (parastāv) पु. प्रस्ताव।
(m.) proposal, offer.
परस्तुति (parastuti) पु. प्रस्तुति।
(m.) persentation.
परस्न (parasn) पु. प्रश्न, सवाल।
(m.) question.
परस्पर (paraspar) क्रि.वि. (सं.) परस्पर, आपस में, एक दूसरे के प्रति।
(adv.) mutually, between, each other, among one another.
परहेज (parahej) पु. (फा.) स्वास्थ्य के लिए हानिकारक वस्तुओं या दुर्गुणों से बचने का कार्य। अपने को जब्त रखने का कार्य, परहेज।
(m.) abstention, temperance.
पराँठ (parāṁṭh) पु. मेंड़, खेत की सीमा।
(m.) boundary-mound (of a field), fence.
पराँत (parāṁt) स्त्री. परती, बिना जोता हुआ खेत, बेकार पड़ी भूमि।
(f.) unploughed field, unused field.
परांत (parāṅt) पु. प्रांत।
(m.) province.
पराइल (parāil) अक. भागना। कहा. 'मरले गुन, नात परइले गुन'।
(v.i.) to run aways, to flee.
पराकरम (parākaram) पु. (सं.) शक्ति, बल, पराक्रम, सामर्थ्य।
(m.) vigour, might.
पराचीन (parācīn) वि. प्राचीन, पुरातन।
(adj.) primitive, ancient.
पराछूत (parāchūt) पु. पापी।
(m.) a sinner.
पराजा (parājā) पु. प्रपितामह।
(m.) great grandfather.

पराठा (parāṭhā) पु. तवा पर घी या तेल में सेंककर बनाई गई गेहूँ की पूड़ी।
(m.) a cake of wheat flour fried in Ghee or oil on a griddle.

परात (parāt) पु. धातु निर्मित थाल जैसा बड़ा पात्र।
(m.) a large circular metal dish having a raised edge.

पराथमिक (parāthamik) वि. प्राथमिक।
(adj.) primary.

परान (parān) पु. (सं.) श्वास, शक्ति, परमप्रिय व्यक्ति। प्राण।
(m.) breath, vital, life, dearest.

परान-पन (parān-pan) पु. (सं.) जीवन-पर्यंत प्रतिज्ञा।
(m.) lifelong promise.

परानी (parānī) स्त्री. (सं.) जीवधारी, प्राणी।
(f.) animate, a living creature.

पराय (parāy) वि. 1. अन्य, दूसरा, पराया। 2. अन्य का, दूसरे का।
(adj.) 1. other, another. 2. other's, another's.

परायस्चित (parāyascit) पु. (सं. प्रायश्चित) वह कृत्य जिससे शुद्ध होकर मनुष्य पापों से मुक्त हो जाता है। प्रायश्चित।
(m.) penance, atonement.

परारंभिक (parāraṅbhik) वि. प्रारंभिक।
(adj.) prefatory, primordial, preparatory.

परालब्ध (parālabdh) पु. (सं.) भाग्य, प्रारब्ध, पूर्व कृत कर्म का फल।
(m.) fortune, fate, destiny.

परास (parās) पु. (सं.) पलाश, ढाक का पेड़।
(m.) the dhak tree.

परास्त (parāst) वि. (सं.) परास्त, हारा हुआ, पराजित।
(adj.) defeated, thrown, beaten (in a contest).

पराहि (parāhi) स्त्री. भगदड़, भागने की क्रिया।
(f.) fleeing, escape.

परिआर (pariār) वि. गत वर्ष के पूर्व का वर्ष।
(adj.) last year before one year.

परिकरमा (parikaramā) स्त्री. चारों तरफ गोल घूमना। प्रदक्षिणा, परिक्रमा।
(f.) going round, the act of going round to the right.

परिकरमा कइल (parikaramā kail) अक. किसी पवित्र स्थान के चारों ओर फेरी लगाना।
(v.i.) to go round a holy place.

परिकल (parikal) अक. आदी होना, अभ्यस्त होना, चस्का लगना।
(v.i.) to be habitual, to become accustomed (to.)

परिच्छा (paricchā) स्त्री. (सं.) 1. इम्तहान, परीक्षा। 2. जाँच।
(f.) 1. examination. 2. test.

परिया (pariyā) पु. हल का फाल।
(m.) ploughshare.

परियार (pariyār) पु. दे. परिआर।

परियावल (pariyāval) सक. संभोग करना (मुख्यतः पशुओं का)।
(v.t.) to have sex, (specially by animals).

परिवा (parivā) स्त्री. (सं.) प्रतिपदा, पक्ष की प्रथम तिथि।
(f.) the first day of lunar fortnight.

परिवार (parivār) पु. (सं.) परिजन समूह, कुटुंब।
(m.) family, relatives.

परिसरम (parisaram) पु. (सं. परिश्रम) मेहनत, श्रम, परिश्रम। कहा. 'परिसरम के फल मीठ होला।'
(m.) hardwork, labour.

परी (parī) स्त्री. अप्सरा, परी, सुंदर स्त्री।
(f.) fairy, a beautiful woman.

परीछक (parīchak) पु. परीक्षक।
(m.) examiner.

परीछा (parīchā) स्त्री. परीक्षा।
(f.) examination.

परेआ (pareā) वि. दे. पराय।

परेआग (pareāg) पु. (सं.) एक प्रमुख तीर्थ-स्थान, प्रयाग।
(m.) a pilgrimage-place, Prayag.

परेखल (parekhal) सक. पहचानना, किसी को भली-भाँति समझना।
(v.t.) to recognize.

परेड (pareḍ) पु. (अं.) कवायद, ड्रिल।
(m.) parade.

परेत (paret) पु. (सं.) भूत, प्रेत।
(m.) the spirit of a dead person, a ghost, demon.

परेता (paretā) पु. सूत या मंझा लपेटने का उपकरण।
(m.) bobbin, a large reel.

परेम (parem) पु. (सं.) प्रेम, प्यार, अनुराग, स्नेह।
(m.) love, affection, kindness.

परेवा (parevā) पु. कबूतर।
(m.) a pigeon.

परेहि (parehi) स्त्री. 1. कढ़ी। 2. मसालेदार रस।
(f.) 1. chickpea curry. 2. spiced juice.

परों (paroṅ) पु. दे परसउआँ।

परोज (paroj) पु. भोज।
(m.) banquet.

परोजन (parojan) पु. (सं.) 1. काम, प्रयोजन। 2. मतलब।
(m.) 1. need. 2. purpose.

परोर (paror) पु. दे. परवल।

परोस (paros) पु. (सं.) पड़ोस, घर के निकट का घर या बस्ती।
(m.) neighbourhood.

परोसल (parosal) सक. परोसना।
(v.t.) to dish up, to serve out.

परोसा (parosā) पु. किसी के खाने के लिए थाली में सजाया गया भोज्य पदार्थ।
(m.) dish of food (as set to a neighbour or friend.)

परोसिआ (parosiā) पु. 1. पड़ोस में रहनेवाला। 2. खाना परोसनेवाला।
(m.) 1. neighbour. 2. one who serves food (waiter or host).

परौठा (parauṭhā) पु. दे. पराठा।

पलंग (palaṅg) पु. (सं.) बड़ी खाट, बड़ा पलंग।
(m.) a bedstead, a heavy cot.

पलंगरी (palaṅgarī) स्त्री. छोटी खाट, छोटा पलंग।
(f.) a small cot.

पलंजर (palaṅjar) पु. समस्या।
(m.) problem.

पल (pal) पु. (सं.) समय का एक मापदंड।
(m.) a moment.

पलई (palaī) स्त्री. 1. फसल या वृक्ष का ऊपरी हिस्सा। 2. पेड़ की नई शाखा।
(f.) 1. upper part of crop. 2. young branch of a tree.

पलक (palak) पु. आँख की पलक।
(m.) eyelid.

पलखत (palakhat) पु. पलक गिरने-भर का समय।
(m.) very short time, time, taken for a blink.

पलङ (palaṅ) पु. दे. पलंग।

पलटन (palaṭan) स्त्री. (अं.) सेना, सैनिकों का दल, झुंड।
(f.) a platoon, battalion, troop.

पलटनिहा (palaṭanihā) पु. सेना का सिपाही, सैनिक।
(m.) a soldier.

पलटल (palaṭal) अक. लौटना, मुकरना।
(v.i.) to turn over.

पलटा (palaṭā) पु. पलटने का भाव। 2. बदला। 3. हेंगौनी।
(m.) 1. turning over. 2. exchange. 3. levelling.

पलटावल (palaṭāval) सक. फेरना, वापस करना।
(v.t.) to turn over, to turn back.

पलटूदास (palaṭūdās) पु. भोजपुरी के एक प्रसिद्ध संत कवि।
(m.) a famous saint poet of Bhojpuri.

पलड़ा (palaṛā) पु. तराजू का पल्ला, पलरा।
(m.) weighing pan (of a scales).

पलथा (palathā) वि. उल्टा।
(adj.) upside down.

पलथी (palathī) स्त्री. एक पैर पर दूसरे को चढ़ाकर बैठने का ढंग, एक आसन, सुखासन।
(f.) a cross legged sitting, a sitting posture.

पलना (palanā) पु. (सं.) पालना, झूला।
(m.) a cradle.

पलरल (palaral) अक. लेटना (व्यंग्य में)।
(v.i.) to lie down (satirically), to slouth.

पलरा (palarā) पु. दे. पलड़ा।

पलवट (palavaṭ) पु. बाँस का अग्रभाग।
(m.) top portion of bamboo.

पलवा (palavā) पु. एक प्रकार की मछली।
(m.) a kind of fish.

पलवार (palavār) पु. एक छोटी नाव।
(m.) a small sailling boat.

पलस्तर (palastar) पु. (अं.) प्लास्टर, दीवाल को चूने, मिट्टी के गारे, सुर्खी-चूना या सीमेंट-बालू से पोतने का काम।
(m.) plaster, plastering.

पलहा (palahā) पु. (सं.) पल्लव, कोंपल।
(m.) leaf bud, leaf sprout, tender leaf.

पलहारी (palahārī) स्त्री. खेत में काटकर कतार में छोड़ी हुई फसल।
(f.) reaped crop left in the field.

पलांकी (palāṅkī) स्त्री. (सं.) पालक, एक प्रकार का साग।
(f.) a kind of vegetable, greens.

पला (palā) पु. दे. पलड़ा।

पलाइस (palāis) पु. पक्षपात।
(m.) partiality.

पलानी (palānī) स्त्री. मड़ई, घास-फूस की दुपलिया मड़ई।
(f.) leafy cottage, thatching.

पलिया (paliyā) पु. ओढ़ी जानेवाली चादर।
(m.) covering sheet.

पलिवार (palivār) पु. दे. परिवार।

पलिहर (palihar) पु. वर्षा ऋतु में जोतकर बिना बोए छोड़ा गया खेत।
(m.) farm ploughed but left unsown in the rainy reason, fallow land.

पलीता (palītā) पु. (फा.) आग लगाने की बत्ती।
(m.) fuse, igniter.

पले (pale) क्रि.वि. पास में, पल्ले में।
(adv.) with lying with.

पलेट (paleṭ) पु. (अं.) प्लेट।
(m.) a plate.

पल्ला (pallā) वि. ठंडा।
(adj.) cold.

पल्लो (pallo) पु. (सं.) आम का हरा पत्ता, किसलय, पल्लव।
(m.) sprout, shoot of mango.

पवँरल (pavaṁral) अक. तैरना।
(v.i.) to swim.

पवँरावल (pavaṁrāval) सक. तैराना।
(v.t.) to help to swim.

पवडिल (pavaḍil) पु. (अं.) पैडल।
(m.) paddle.

पवदान (pavadān) पु. पैर रखने का काष्ठ-फलक।
(m.) a foot rest, foot-board.

पवन (pavan) पु. (सं.) 1. वायु, हवा। 2. प्राण।
(m.) 1. air, wind. 2. the breath of life.

पवनार (pavanār) पु. नाला।
(m.) large drain.

पवनिहार (pavanihār) पु. प्राप्तकर्ता, लेनेवाला।
(m.) receiver.

पवनी (pavanī) स्त्री. नाई, धोबी, लोहार आदि जो साल भर के काम के लिए निश्चित मात्रा में अन्न पाते हैं।
(f.) subsidy given in kind to barber, washerman, ironsmith etc, given once a year as fee.

पवरुख (pavarukh) पु. (सं.) 1. शक्ति, साहस। 2. पुरुषत्व, पौरुष।
(m.) 1. power, courage. 2. manhood, manliness.

पवलगी (pavalagī) स्त्री. बड़ों को प्रणाम करने की स्थिति।
(f.) a term used in greeting elders.

पवहारी (pavahārī) वि. (सं.) पयहारी, केवल दूध पीकर रहनेवाला।
(adj.) one who subsists or survives on milk alone.

पवाई (pavāī) स्त्री. जूते की जोड़ी में से एक।
(f.) a shoe, one out of a pair of shoes.

पवावल (pavāval) सक. भोजन सामग्री सेंकना।
(v.t.) to cause to be baked (as bread).

पवित्तर (pavittar) वि. शुद्ध, निर्मल।
(adj.) pure, holy, sacred.

पसँघा (pasaṁghā) पु. तराजू के पलड़ों की तौल या वजन का अंतर।
(m.) balance-weight set off.

पस (pas) पु. (सं.) पशु, जानवर। कहा. 'जइसन पस तइसन घास'।
(m.) an animal, beast, cattle.

पस-गैबत (pas-gaibat) क्रि.वि. (फा.+अ.) पीठ पीछे, अनुपस्थिति में।
(adv.) behind someone's back, in (someone's) absence.

पसई (pasaī) स्त्री. फसल जो खेत में काटकर पंक्ति में फैलाकर छोड़ी गई हो।
(f.) reaped crop spread in rows in the field.

पसएगत (pasaegat) वि. व्यक्तिगत।
(adj.) personal.

पसङा (pasaṅā) पु. (फा.) तराजू की डंडी को बराबर रखने के लिए उठे हुए पलड़े पर रखा हुआ बोझ। पर्या. पासंग, पसंगा।
(m.) the weight attached to counterbalance the difference between weight of two pans of scale.

पसन (pasan) पु. (फा.) पसंद, अच्छा लगने की स्थिति, अभिरुचि।
(m.) choice, liking, taste.

पसनी (pasanī) स्त्री. सीधी फलकवाली खुरपी।
(f.) small hoe with a straight blade.

पसपति-पसुपति (pasapati-pasupati) पु. (सं.) पशुपति, शिव का एक नाम।
(m.) a name of Lord Shiva.

पसपानी (pasapānī) वि. आलसी। (पु.) काम में पीछे रहनेवाला।
(adj.) lazy. (m.) lazy person.

पसम (pasam) पु. (फा.) 1. बढ़िया मुलायम ऊन। 2. तुच्छ वस्तु।
(m.) 1. a sort of finewool. 2. a useless thing.

पसर (pasar) पु. (सं.) प्रसर, सिकोड़ या दबाकर गहरी की हुई हथेली।
(m.) the two handfuls, as much as can be held in both hands joined in a cup like structure.

पसरल (pasaral) अक. फैलकर लेटना।
(v.i.) to lay, to lie.

पसरा (pasarā) पु. एक तरह का जाल, जिससे मछलियाँ पकड़ी जाती हैं।
(m.) a fishing net.

पसार (pasār) पु. (सं.) प्रसार, फैलाव।
(m.) extension.

पसारल (pasāral) सक. (सं.) फैलाना, पसारना।
(v.t.) to spread.

पसावल (pasāval) सक. भात पक जाने पर उसमें से माँड़ निकालना।
(v.t.) to remove starch water from cooked rice.

पसिजल (pasijal) अक. पसीजना।
(v.i.) to exude.

पसिझल (pasijhal) अक. (सं.) द्रवित होना।
(v.i.) to melt, to become liquid.

पसेना (pasenā) पु. (सं.) पसीना, गर्मी या परिश्रम से रोमकूपों से पानी निकलना।
(m.) sweat, perspiration.

पसेरी (paserī) स्त्री. पाँच सेर वजन की तौल।
(f.) a measure or weight of five sers.

पसेवा (pasevā) पु. परिश्रम, मेहनत।
(m.) labour, hard work.

पस्त (past) वि. (फा.) 1. थका हुआ। 2. हारा हुआ।
(adj.) 1. wearied, tired. 2. exhausted.

पहँटल (pahaṁṭal) सक. कुदाल से खोदी हुई मिट्टी बराबर करना।
(v.t.) to dress soil dug by pick axe.

पहँसुल (pahaṁsul) पु. सब्जी काटने का औजार।
(m.) scythe mounted on a stand (used to dice vegetables).

पहँसुला (pahaṁsulā) पु. सब्जी काटने का औजार।
(m.) a tool to cut the vegitables.

पह (pah) पु. (सं.) सुबह का समय।
(m.) early dawn.

पहचनवावल (pahacanavāval) सक. पहचान-कार्य दूसरे से करवाना।
(v.t.) to cause (one) to recognise.

पहचान (pahacān) स्त्री. (सं.) पहचानने की क्रिया या भाव, परिचय।
(f.) recognition, identity.

पहचानल (pahacānal) सक. पहचानना।
(v.t.) to recognize, to know, to idetntifly.

पहड़ा (pahaṛā) पु. (सं.) किसी अंक के गुणनफलों की क्रमागत सूची। पर्या. पहाड़ा।
(m.) a multiplication table.

पहड़िया (pahaṛiyā) पु. पहाड़ पर रहनेवाला। पर्या. पहाड़ी।
(m.) a hill dweller.

पहत (pahat) पु. फैला हुआ हाथ, करतल, हथेली।
(m.) palm (of a hand).

पहपट (pahapaṭ) पु. एक प्रकार का गीत जो होली में गाया जाता है।
(m.) a song sung in Holi festival.

पहर (pahar) पु. (सं.) तीन घंटे का समय, प्रहर।
(m.) a divsion of time consisting of three hours.

पहरा (paharā) पु. (सं.) निगरानी, चौकसी।
(m.) a guard, watch.

पहरुआ-पहरू (paharuā-paharū) वि. (सं.) प्रहरी, पहरा देनेवाला, पहरेदार।
(adj.) guard, watchman, sentry.

पहल (pahal) पु. 1. आरंभ। 2. जमी हुई रूई। 3. किनारा।
(m.) 1. imitiative, beginning. 2. a flock of cotton. 3. side.

पहलवान (pahalavān) पु. (फा.) 1. कुश्ती लड़नेवाला, बली पुरुष। 2. बलवान तथा डीलडौलवाला व्यक्ति।
(m.) 1. a wrestler. 2. a stout person, athlete.

पहलवानी (pahalavānī) स्त्री. कुश्ती लड़ने का काम।
(f.) wrestling.

पहलौंठा (pahalauṁṭhā) वि. किसी स्त्री के गर्भ से उत्पन्न पहला लड़का।
(adj.) first born boy.

पहलौंठी (pahalauṁṭhī) स्त्री. पहली जन्मी लड़की।
(f.) first born girl.

पहाड़ (pahāṛ) पु. (सं.) 1. पर्वत। 2. बड़ा ढेर।
(m.) 1. a mountain. 2. a huge heap.

पहाड़ा (pahāṛā) पु. दे. पहड़ा।

पहाड़ी (pahāṛī) स्त्री. 1. छोटा पहाड़। 2. पहाड़ का निवासी।
(f.) 1. a small mountain. 2. mountatinous.

पहाव (pahāv) पु. प्रवृत्ति, झुकाव।
(m.) mentality, tendency, inclination.

पहिती (pahitī) स्त्री. (सं.) पकी दाल।
(f.) boiled pulse.

पहिनल (pahinal) सक. दे. पहिरल।

पहिनावा (pahināvā) पु. (सं.) परिधान, वेशभूषा।
(m.) dress, clothing, manner of dressing up.

पहिया (pahiyā) पु. (सं.) धूरी पर घूमनेवाला चक्का।
(m.) a wheel.

पहिरन (pahiran) पु. पोशाक, वस्त्र।
(m.) apparel.

पहिरल (pahiral) सक. (सं.) पहनना।
(v.t.) to wear, to put on.

पहिरवावल (pahiravāval) सक. पहनाने का काम दूसरे से कराना।
(v.t.) to cause to be worn, to help somebody be dressed up.

पहिरावल (pahirāval) सक. पहनाना।
(v.t.) to help somebody dress up, to clothe.

पहिलहीं (pahilahīṅ) वि. पहले ही।
(adj.) advance.

पहिला (pahilā) वि. (सं.) पहला, प्रथम।
(adj.) first.

पहिले (pahile) अव्य. सबसे प्रथम, पहले, आरंभ में।
(indec.) first (of all) in the beginning.

पहिलौंठा (pahilauṁṭhā) पु. दे. पहलौंठा।

पहिलौंठी (pahilauṁṭhī) स्त्री. दे. पहलौंठी।

पहुँच (pahuṁc) स्त्री. पहुँचने की स्थिति, पहुँचने की सूचना।
(f.) arrival, reach, intimation of arrival.

पहुँचल (pahuṁcal) अक. एक स्थान से चलकर दूसरे स्थान पर पहुँचना।
(v.i.) to reach, to arrive, to come.

पहुँचा (pahuṁcā) पु. (सं.) कुहनी के नीचे का भाग, कलाई, मणिबंध।
(m.) wrist.

पहुँचावल (pahuṁcāval) सक. किसी वस्तु को एक जगह से दूसरी जगह पहुँचाना।
(v.t.) to carry, to convey, to transmit.

पहुँची (pahuṁcī) स्त्री. (अप.) कलाई पर पहनने का एक गहना, एक तरह का कंगन।
(f.) wrist ornament, a kind of bracelet.

पहुनई (pahunaī) स्त्री. 1. पाहुन होने का भाव। 2. पाहुन की निवास-भूमि, पहुनाई।
(f.) 1. guestship. 2. residence of the guest.

पहुना (pahunā) पु. 1. अतिथि, मेहमान। 2. दामाद। कहा. 'पहिला दिन पहुना, दोसरा दिन ठेहुना, तीसरा दिन केहुना।' पर्या. पाहुन, पाहुना।
(m.) 1. guest. 2. son-in-law.

पहुनाई (pahunāī) स्त्री. दे. पहुनई।

पहुला (pahulā) पु. 1. शिकारी। 2. जानवरों का शिकंजा।
(m.) 1. a hunter. 2. paw of animal.

पा (pā) वि. पाव का संक्षिप्त रूप।
(adj.) short form of one fourth of ser (kilogram).

पाँक (pāṁk) पु. (सं.) कीचड़।
(m.) mud.

पाँख (pāṁkh) पु. (सं.) 1. पंख, पर। 2. कंधा।
(m.) 1. wing, feather. 2. shoulder.

पाँखुर (pāṁkhur) पु. पाँख, कंधे का ऊपरी भाग। पर्या. पाँखुड़।
(m.) the upper arm.

पाँगल (pāṁgal) सक. पत्ररहित करना।
(v.t.) to trim small branches.

पाँच (pāṁc) वि. (सं.) पाँच, 5 की संख्या।
(adj.) five.

पाँचर (pāṁcar) पु. बाँस या लकड़ियों के जोड़ को कसने के लिए लगाया जानेवाला लकड़ी का छोटा टुकड़ा।

(m.) a bit of wood used to tighten the joint of bamboos or woods.

पाँचा (pāṁcā) पु. खलिहान में काम आनेवाली बाँस की लग्गी, जिसमें पाँच काँटे लगे रहते हैं।

(m.) five pronged rake.

पाँजर (pāṁjar) पु. (सं.) पंजर, बगल।

(m.) the ribs, the side.

पाँजा (pāṁjā) पु. (सं.) कटी फसल के छोटे-छोटे बोझ, जो दोनों बाँहों के घेरे में आ जाएँ।

(m.) small heaps of reaped crop containable between the arms.

पाँड़े (pāṁṛe) पु. (सं.) पाण्डेय, ब्राह्मणों, भूमिहारों और कायस्थों की एक उपाधि।

(m.) a title of Brahmans, Bhumihars and Kayasthas.

पांगल (pāṅgal) सक. छोटी-छोटी डालियों को काटना, जिससे पेड़ की कोई हानि नहीं होती है।

(m.) to trim small branches in a manner so as not to harm the tree.

पांडो (pāṅḍo) पु. (सं.) महाराज पांडु के वंशज।

(m.) a descendent of king Pandu.

पाँत (pāṁt) स्त्री. (सं.) 1. कतार, पंक्ति। 2. भोज में आमंत्रित लोगों की पंक्ति।

(f.) 1. a row, line. 2. row of invitees in a feast.

पाँतर (pāṁtar) पु. (सं.) निर्जनस्थान।

(m.) uninhabited place, deserted place.

पाँव (pāṁv) पु. (सं.) पाद, पैर, पग।

(m.) foot, leg.

पाँवड़ा (pāṁvaṛā) पु. वह बिस्तर जो किसी बड़े या पूज्य आगंतुक के मार्ग में बिछाया जाता है।

(m.) cloth or carpet as spread to receive a guest.

पाँवड़ी (pāṁvaṛī) स्त्री. 1. जूता। 2. खड़ाऊँ।

(f.) 1. shoes, sandeals. 2. wooden kharaum.

पाई (pāī) स्त्री. 1. एक पैसा। 2. सीधी खड़ी लकीर।

(f.) 1. one paisa. 2. strainght line, Devanagari full stop sign.

पाउटी (pāuṭī) स्त्री. 1. बैलगाड़ी की लीक। 2. घुँघरू।

(f.) 1. rut left by heavy cart wheels on an unpaved ground, road. 2. string of bells.

पाएट (pāeṭ) पु. (अं.) पैंट।

(m.) a pant.

पाएप (pāep) पु. (अं.) पाइप।

(m.) a pipe.

पाक (pāk) पु. (सं.) 1. रसोई बनाने का कार्य। 2. पाचन क्रिया।

(m.) 1. cooking or preparing food. 2. digestion.

पाकड़ (pākaṛ) पु. (सं.) एक प्रकार का वृक्ष।

(m.) a type of tree.

पाकल (pākal) वि. (सं.) पका हुआ (फल आदि)।

(adj.) ripen (fruit etc.).

पाकल (pākal) अक. (सं.) 1. भोज्य पदार्थों का पकना। 2. ईंटें या मटके पकना। 3. फलों का पकना। 4. फोड़ा पकना आदि।

(v.i.) 1. to be cooked, boiled or baked. 2. to be baked. 3. to ripen, to be cosne ripe. 4. to suppurate, to come, to a head.

पाका (pākā) वि. दे. पक्का।

पाकिट (pākiṭ) पु. (अं.) जेब।

(m.) a pocket.

पाकिटमार (pākiṭamar) पु. पाकिट काटनेवाला।

(m.) a pick pocket.

पाखंड (pākhaṅḍ) पु. दे. पखंड।

पाख (pākh) पु. दे. पख।

पाखर (pākhar) पु. एक अगहनी मोटा धान।

(m.) bespeckled coarse paddy cropped in the month of Agahan.

पाखा (pākhā) पु. (सं.) 1. बगल में कोना। 2. बगल की दीवार।

(m.) 1. side. 2. side wall.

पाग (pāg) पु. (सं.) 1. चीनी की चासनी। 2. पगड़ी।

(m.) 1. sugary syrup. 2. a turban.

पागल (pāgal) वि. (सं.) उन्मत्त, विक्षिप्त। (सक.) चासनी में कोई चीज लपेटना।

(adj.) a mad. (v.t.) to sugar coat.

पागलखाना (pāgalakhānā) पु. (हिं.+फा.) वह स्थान जहाँ चिकित्सा के लिए पागल रखे जाते हैं।

(m.) lunatic asylum.

पागुर (pāgur) पु. दे. पगुरी।

पाङल (pāṅal) सक. दे. पांगल।

पाचक (pācak) पु. (सं.) 1. पाचन शक्ति बढ़ानेवाली दवा। 2. रसोइया।

(m.) 1. digestive affecting, digestion. 2. cook.

पाछा (pāchā) क्रि.वि. (सं.) पीछे-पीछे।
(adv.) just behind, in the wake (of).

पाछिक (pāchik) वि. पाक्षिक।
(adj.) fortnightly.

पाछे (pāche) अव्य. (सं.) पश्चात्, बाद में।
(indec.) after, later.

पाजी (pājī) वि. (फा.) दुष्ट, कमीना, बदमाश।
(adj.) wicked, naughty.

पाझा (pājhā) पु. मवेशियों के रहने के लिए झोपड़ीनुमा घर।
(m.) cattleyard, cow shed.

पाट (pāṭ) पु. (सं.) 1. रेशम का कपड़ा। 2. वस्त्र। 3. पटसन।
(m.) 1. silk cloth. 2. cloth. 3. jute.

पाटन (pāṭan) पु. छत बनाने का सामान।
(m.) material used in constructing a roof, roofing.

पाटल (pāṭal) वि. पटाया गया (खेत), सिंचित। (पु.) एक पुष्प।
(adj.) irrigated, watered (farm). (m.) a kind of flower.

पाटा (pāṭā) पु. 1. लिंग के पास का जाँघ का हिस्सा। 2. वह लंबी लकड़ी जिससे जोते हुए खेत के ढेले तोड़े जाते हैं।
(m.) 1. groin, pubic area. 2. a long piece of wood to break clods.

पाटी (pāṭī) स्त्री. 1. पलंग में लगी बगल की लंबी लकड़ी। 2. बच्चों को लिखने की पटरी।
(f.) 1. longer side beam of bedstead. 2. a thin wooden board on which children are taught to write the alphabet.

पाठ (pāṭh) पु. (सं.) 1. पढ़ने की क्रिया या भाव, पढ़ाई। 2. अध्याय। 3. अभिनय।
(m.) 1. reading. 2. lesson, chapter. 3. acting.

पाठक (pāṭhak) पु. (सं.) 1. पढ़नेवाला। 2. ब्राह्मणों की एक उपाधि।
(m.) 1. reader. 2. a title of Brahmans.

पाठसाला (pāṭhasālā) स्त्री. (सं.) विद्यालय।
(f.) a school.

पाठा (pāṭhā) पु. (सं.) 1. पहलवान। 2. नर हाथी।
(m.) 1. a wrestler. 2. a full grown animal (elephant, goat).

पाठी (pāṭhī) स्त्री. बकरी का मादा बच्चा।
(f.) female goat kid.

पाड़ा (pāṛā) पु. भैंस का बड़ा नर बच्चा।
(m.) male young of a buffalo.

पाड़ी (pāṛī) स्त्री. भैंस का मादा बच्चा, तैयार होनेवाली भैंस।
(f.) female young of a buffalo.

पाढ़ (pāṛh) पु. साड़ी, धोती आदि का किनारा, जो थोड़ा मोटा या रंगीन होता है।
(m.) border of saree, dhotee etc. it is coloured and thicker.

पात (pāt) पु. (सं.) पत्ता।
(m.) a leaf.

पातक (pātak) पु. (सं.) पाप, गुनाह।
(m.) sin, crime, guilt.

पातकी (pātakī) वि. (सं.) पाप करनेवाला।
(adj.) sinner, evildoer, criminal.

पातगोभी (pātagobhī) स्त्री. वह गोभी जिसमें केवल पत्ता हो।
(f.) a cabbage.

पातन (pātan) पु. धान आदि की कटी हुई फसल।
(m.) reaped crop of paddy etc.

पातर (pātar) वि. (सं.) पतला, संकीर्ण।
(adj.) thin, narrow.

पाता (pātā) पु. दे. पात।

पाताल (pātāl) पु. दे. पताल।

पाती (pātī) स्त्री. (सं.) 1. चिट्ठी, पत्र। 2. वृक्ष का पत्ता। उदा. 'नउआ पाती ले के आइल गंगा पार से।' (लोक.)।
(f.) 1. a letter. 2. leaf.

पाथर (pāthar) पु. (सं.) पत्थर। उदा. 'पाथर पूजे हरि मिले तो मैं पूजौं पहार।'—कबीर।
(m.) stone.

पाथल (pāthal) सक. गीले पदार्थ को हथेली से कोई अन्य स्वरूप देना।
(v.t.) to give shape to semi-solid matter (like cowdung, mud etc.) by hand.

पाद (pād) पु. (सं.) अधोवायु, अपानवायु, गुदामार्ग से वायु छोड़ने की क्रिया।
(m.) farting.

पादल (pādal) अक. गुदा से वायु त्याग करना।
(v.i.) to fart.

पान (pān) पु. (सं.) 1. पान का पत्ता, तांबुल। 2. पीने की क्रिया।
(m.) betel leaf. 2. drinking.

पानी (pānī) पु. (सं.) 1. जल। 2. चमक। 3. प्रतिष्ठा।
(m.) 1. water. 2. brightness. 3. honour.

पानीवाला (pānīvālā) वि. वह व्यक्ति जो पानी लाने या पिलाने का काम करता है।
(adj.) waterman.

पाप (pāp) पु. दे. पातक।

पापर (pāpar) पु. (सं.) पापड़, दाल के बेसन से बनी पतली रोटी जो सेंक या तलकर खाई जाती है।
(m.) salted (spiced) thin cake made of ground pulse.

पापी (pāpī) वि. दे. पातकी।

पाम्ही (pāmhī) स्त्री. मूँछ की पहली रेखा।
(f.) first signs of moustache.

पाय (pāy) पु. (सं.) पाद, पैर।
(m.) leg.

पायजामा (pāyajāmā) पु. (फा.) पजामा, पाजामा, पैर से कमर तक ढकने का पाँवों में पहनने का सिला कपड़ा।
(m.) trousers.

पायजेब (pāyajeb) स्त्री. (फा.) स्त्रियों का एक गहना, जो पैरों में पहना जाता है, पाजेब, पायल।
(f.) an ornament worn in the ankles, anklet.

पायताना (pāyatānā) पु. बिस्तर के पैर की ओर का स्थान।
(m.) the foot side of a bed.

पायताबा (pāyatābā) पु. (फा.) पाँव का मोजा। पर्या. पाताबा।
(m.) socks, stockings.

पायबंद (pāyabaṅd) वि. (फा.) 1. पाबंद, बँधा हुआ, कैद। 2. किसी बात का नियमित रूप से अनुसरण करनेवाला।
(adj.) 1. arrested, imprisoned. 2. abiding.

पायल (pāyal) स्त्री. दे. पायजेब।

पाया (pāyā) पु. (फा.) खंभा, स्तंभ।
(m.) pillar, pole.

पारंगत (pāraṅgat) वि. दक्ष।
(adj.) efficient.

पार (pār) पु. (सं.) 1. नदी आदि के दूसरी ओर का किनारा। 2. अंत। 3. सीमा।
(m.) 1. the other side of a river etc. 2. the end. 3. limit.

पार (pār) पु. चारपाई का पैर
(m.) the leg of cot.

पारखी (pārakhī) पु. परखनेवाला।
(m.) tester, assayer.

पारन (pāran) पु. (सं.) व्रत के बाद किया जानेवाला भोजन।
(m.) food taken after a fasting.

पारबती (pārabatī) स्त्री. (सं.) हिमालय की कन्या, पार्वती।
(f.) the daughter of Himalaya.

पारल (pāral) सक. 1. साँचे में ढालना। 2. फेंकना।
(v.t.) 1. to mould. 2. to throw.

पारस (pāras) पु. (सं.) 1. एक प्रकार का पत्थर जिसके स्पर्श से लोहा सोना हो जाता है। उदा. 'पारस परसि कुधातु सुहाई।'–तुलसी। 2. खाने की थाली।
(m.) 1. touchstone. 2. dish of food.

पारा (pārā) पु. (सं.) एक सफेद, वजनी और चमकीली धातु जो साधारणतः द्रव रूप में रहती है, पारा।
(m.) mercury.

पारापारी (pārāpārī) क्रि.वि. एक के बाद दूसरा।
(adv.) one after other.

पारायन (pārāyan) पु. (सं.) पारायण, किसी ग्रंथ का निर्बाध गति से पाठ।
(m.) regular and complete reading of a book.

पारी (pārī) स्त्री. बारी, क्रम।
(f.) turn, shift.

पाल (pāl) पु. (सं.) 1. नाव के मस्तूल में बाँधने का कपड़ा। 2. सन की पट्टी का बना सामान जो गाड़ी में सामान लादने में प्रयुक्त होता है।
(m.) 1. sail. 2. curtain on a vehicle.

पालक (pālak) पु. (सं.) एक प्रकार का साग।
(m.) spinach.

पालकी (pālakī) स्त्री. (सं.) डोली, जिसे कंधे पर ढोया जाता है।
(f.) a litter, a sedan.

पालन (pālan) पु. (सं.) भरण-पोषण, निर्वाह।
(m.) maintenance.

पालल (pālal) सक. (सं.) 1. पालन-पोषण करना। 2. आज्ञा मानना।
(v.t.) 1. to bring up. 2. to obey.

पालल-पोसल (pālal-posal) सक. पालन-पोषण करना।
(v.t.) to nourish.

पाला (pālā) पु. (सं.) ठंड।
(m.) frost.

पालाइस (pālāis) पु. पक्षपात।
(m.) partiality.

पालो (pālo) पु. हल का वह भाग जो बैलों के कंधे पर रखा जाता है। (हल का जुआ)।
(m.) yoke's part kept on the bullock's necks.

पाव (pāv) पु. (सं.) चौथाई भाग।
(m.) fourth part, quarter.

पावगाड़ी (pāvagāṛī) स्त्री. साइकिल।
(f.) a bicycle.

पावजेब (pāvajeb) स्त्री. दे. पायजेब।

पावटी (pāvaṭī) स्त्री. दे. पाउटी।

पावदान (pāvadān) पु. (हिं.+फा.) 1. पैर रखने का तख्ता। 2. पैर पोंछने की छोटी चटाई।
(m.) 1. footboard. 2. small mat for wiping feet.

पावना (pāvanā) पु. वह राशि जो किसी से लेनी हो।
(m.) receivables, dues, amount due to someone.

पावल (pāval) सक. (सं.) प्राप्त करना।
(v.t.) to get, to find, to receive.

पावे-पावे (pāve-pāve) क्रि.वि. धीरे-धीरे पैर रखकर चलना।
(adv.) to go slowly.

पासँघ (pāsaṁgh) पु. (फा.) दे. पसङा।

पास (pās) क्रि.वि. (सं.) नजदीक, बगल में।
(adv.) near, beside.

पासपोट (pāsapoṭ) पु. (अं.) पासपोर्ट।
(m.) passport.

पासवान (pāsavān) पु. दुसाध जाति की एक उपाधि।
(m.) a title of Hindu's caste Dusadh.

पासा (pāsā) पु. (सं.) चौपड़, चौपड़ का खेल।
(m.) dice, a dice game.

पासासार (pāsāsār) पु. पासा का खेल, चौपड़।
(m.) a dice game.

पासी (pāsī) पु. (सं.) ताड़ी उतारने और व्यवसाय करनेवाली एक जाति।
(m.) one whose business is to make toddy.

पाह (pāh) पु. किसी काम को टुकड़े-टुकड़े में करके पूरा करने की प्रक्रिया।
(m.) process of dividing a job in parts and complete in part by part.

पाही (pāhī) स्त्री. (सं.) दूसरे गाँव की खेती।
(f.) farm in the other village.

पाहुन (pāhun) पु. (सं.) 1. अतिथि, मेहमान। 2. दामाद।
(m.) 1. guest. 2. son-in-law.

पाहुर (pāhur) पु. संबंधियों के यहाँ से आनेवाला सामान (कपड़ा, मिठाई आदि)।
(m.) gifts like clothes, sweet etc. received from relatives.

पिंचड़ा (piṅcaṛā) वि. दब जाने से चिपटाकार।
(adj.) compressed plat.

पिंचड़ाइल (piṅcaṛāil) अक. कुचला जाना।
(v.i.) to be compressed.

पिंजड़ा-पिंजरा (piṅjaṛā-piṅjarā) पु. (सं.) तोता-मैना आदि पक्षियों को पालने के लिए बाँस की कमाची या लोहे आदि का जालीदार संदूक।
(m.) a cage, trap.

पिंजन (piṅjan) पु. (सं.) धुनकी।
(m.) a cotton carding bow.

पिंड (piṅḍ) पु. (सं.) 1. ठोस पदार्थ। 2. देह, शरीर।
(m.) 1. solid. 2. body.

पिंडदान (piṅḍadān) पु. (सं.) पितरों के लिए पिंड देने का कार्य।
(m.) offering of ball of flour for the deceased.

पिंडा (piṅḍā) पु. दे. पिंड।

पिअक्कड़ (piakkaṛ) पु. ज्यादा पीनेवाला, शराबी।
(m.) drunkard, liquaraddict.

पिअनी (pianī) स्त्री. तंबाकू।
(f.) tobacco.

पिअरका (piarakā) वि. (सं.) पीले रंग का।
(adj.) yellow, pale.

पिअराइल (piarāil) अक. पीला पड़ना।
(v.i.) to become yellow.

पिअरी (piarī) स्त्री. पीले रंग की धोती। उदा. 'हे गंगा मइया तोहे पिअरी चढ़इबो' (गीत)।
(f.) yellow coloured dhoti.

पिआ (piā) पु. (सं. प्रिय) प्रेमी, पति।
(m.) lover, husband.

पिआज (piāj) पु. (फा.) एक प्रकार का कंद, प्याज।
(m.) onion.

पिआजी (piājī) पुं. (फा.) हल्का गुलाबी रंग।
(m.) light rose pink.

पिआदा (piādā) पु. (फा.) 1. सिपाही। 2. शतरंज की एक गोटी, प्यादा।
(m.) 1. soldier. 2. (of chess) pawn.

पिआला (piālā) पु. (फा.) प्याला, चीनी मिट्टी आदि का बना एक कटोरीनुमा बर्तन।
(m.) a cup.

पिआव (piāv) पु. एक प्रकार की मिठाई।
(m.) a kind of sweetmeat.

पियावल (piyāval) सक. पिलाना।
(v.t.) to give a drink.

पिआस (piās) स्त्री. (सं.) पीने की इच्छा, प्यास।
(f.) thirst.

पिआसल (piāsal) वि. जिसे प्यास लगी हो, प्यासा, तृषित।
(adj.) thirsty.

पिउनी (piunī) स्त्री. (सं.) सूत कातने के लिए तैयार की हुई धुनी रूई की बत्ती।
(f.) a roll of cotton prepared for spinning, a skein.

पिकहरल (pikaharal) सक. धान के बाल को खींचकर डंठल से अलग करना।
(v.t.) to seperate paddy from the corn ear by pulling.

पिघलल (pighalal) अक. (सं.) पिघलना, द्रवीभूत होना।
(v.i.) to melt, to thaw.

पिघिलावल (pighilāval) सक. पिघलाना।
(v.t.) to melt.

पिङला (piṅalā) स्त्री. 1. एक रानी। 2. नाड़ी।
(f.) 1. a queen. 2. pulse.

पिचास (picās) पु. (सं.) 1. एक प्रेत योनि। 2. नर पिशाच।
(m.) 1. evil spirit, fiend, goblin. 2. demon.

पिचासी (picāsī) वि. पैशाचिक।
(adj.) demonic.

पिछड़ल (picharal) अक. साथ से छूटकर पीछे रह जाना।
(v.i.) to lag, to stay, fall behind.

पिछला (pichalā) वि. पूर्ववर्ती।
(adj.) prior.

पिछली (pichalī) स्त्री. दे. पिछलहरी।

पिछवाड़ा (pichavāṛā) पु. घर आदि के पीछे का भाग।
(m.) the back portion of a house or any area.

पिछवारे (pichavāre) क्रि.वि. पीछे की ओर।
(adv.) around.

पिछाड़ (pichāṛ) पु. दे. पिछवाड़ा।

पिछिलका (pichilakā) वि. पिछला।
(adj.) back, rear, last.

पिछुआर (pichuār) पु. घर का पिछला हिस्सा, पिछवाड़ा।
(m.) backyard.

पिछुवाइल (pichuvāil) अक. पिछड़ना।
(v.i.) to lag, to fall behind.

पिछूती (pichūtī) दे. पछूती।

पिजावल (pijāval) सक. किसी हथियार को पत्थर पर रगड़कर तेज करना।
(v.t.) to make sharp, sharpen.

पिजावा (pijāvā) पु. (फा.) ईंट पकाने के लिए बनाया गया भट्ठा। पर्या. पजावा।
(m.) a kiln.

पिटना (piṭanā) पु. वह वस्तु जिससे कुछ पीटा जाता हो। पर्या. थापी।
(m.) a mallet.

पिटवावल (piṭavāval) सक. पीटने का काम किसी दूसरे से कराना।
(v.t.) to cause to get somebody beaten.

पिटाइल (piṭāil) अक. पीटा जाना।
(v.i.) to be beaten, to get thrashed.

पिटाई (piṭāī) स्त्री. पीटने का कार्य या भाव।
(f.) beating, thrashing.

पिटारा (piṭārā) पु. (सं.) बाँस आदि की पट्टियों से बना ढक्कनदार पात्र। उदा. 'भानुमती का पिटारा।'
(m.) wicker work panniere large basket, exa. miscellaneous collection of things.

पिट्ठी (piṭṭhī) स्त्री. दाल या गुड़ के साथ बनाई गई आटे की टिकिया।
(f.) dish prepared by boiling flour-balls in pulse or raw.

पिठार (piṭhār) पु. चावल का पीसा हुआ लेप।
(m.) a rice paste.

पिठास (piṭhās) पु. (सं.) पीठ का चौड़ा भाग।
(m.) broad part of the back.

पिठिआ (piṭhiā) वि. (सं.) पीठ का (घाव)।
(adj.) (wound) of the back.

पिठिआठोक (piṭhiāṭhok) क्रि.वि. ठीक पीछे।
(adv.) just back.

पिठियावल (piṭhiyāval) सक. पीछा करना।
(v.t.) to follow, to pursue.

पिठौरी (piṭhaurī) स्त्री. एक नमकीन व्यंजन।
(f.) a kind of salty food.

पिड़की (piṛakī) स्त्री. दे. पिठिया।

पिढ़ई (piṛhaī) स्त्री. छोटा पीढ़ा।
(f.) a small and low wooden seat.

पितंबर (pitaṅbar) पु. (सं.) पीतांबर, पीलावस्त्र।
(m.) yellow cloth.

पितमरू (pitamarū) वि. सहनशील।
(adj.) tolerant.

पितरनेवती (pitaranevatī) स्त्री. (सं.) पितृनिमंत्रण, शादी में होनेवाली एक रस्म, जिसमें पूर्वजों को आमंत्रित किया जाता है।
(f.) wedding custom to invoke ancestors.

पितरपछ (pitarapach) पु. (सं.) पितृपक्ष, आश्विन मास का कृष्ण पक्ष, जिसमें पितरों को पिंड या तिलांजलि देते हैं।
(m.) dark fortnight in the month of Ashwin for oblations to be offered to dead ancestors.

पितरसेली (pitaraselī) स्त्री. अजवाइन की जाति।
(f.) a kind of parsley.

पितराइल (pitarāil) अक. पीतल की कसावट का आना।
(v.i.) to be contaminated with verdigris, to be spoiled.

पितरिआ (pitariā) वि. पीतल का बना हुआ।
(adj.) made of brass.

पित्त (pitt) पु. (सं.) शरीर के अंदर का तरल पदार्थ जो यकृत में बनता है और पाचन में सहायक होता है।
(m.) bile, gall.

पिता (pitā) पु. (सं.) बाप, जन्मदाता।
(m.) father.

पिताइल (pitāil) अक. क्रोधित होना।
(v.i.) to be angry.

पिताह (pitāh) वि. क्रोधी, तुरंत गुस्सा करनेवाला।
(adj.) angry, hot tempered.

पितिआ (pitiā) पु. (सं.) पिता का भाई, चाचा।
(m.) uncle, father's younger brother.

पितिआ ससुर (pitiā sasur) पु. ससुर का भाई।
(m.) brother of the father-in-law.

पितिआ सास (pitiā sās) स्त्री. ससुर के भाई की पत्नी।
(f.) wife of brother of the father-in-law.

पिनकावल (pinakāval) सक. चिढ़ाना।
(v.t.) to annoy.

पिनकाह (pinakāh) वि. तुनकमिजाज।
(adj.) haughty, snobbish.

पिनपिनाइल (pinapināil) अक. पिनपिन स्वर निकालते हुए रोना।
(v.i.) to weep in nasal tones, to crib, to whine.

पिनसिन (pinasin) पु. (अं.) पेंशन, कर्मचारियों को अवकाश के बाद दिया जानेवाला मासिक भत्ता।
(m.) pension.

पिनिकाह (pinikāh) वि. दे. पिनकाह।

पिपरा (piparā) पु. गेहूँ के साथ उगनेवाली एक घास।
(m.) a grass found in wheat field.

पिपरी (piparī) स्त्री. (सं.) अत्यंत छोटी चींटी।
(f.) miniscule ant.

पिपुही (pipuhī) स्त्री. सुरीली आवाज का बाजा जिसे फूँककर बजाते हैं। बाँसुरी, शहनाई।
(f.) a flute, aboe.

पिआर (piār) पु. प्यार, दुलार।
(m.) love.

पिआरी (piārī) स्त्री. प्यारी, प्रिया।
(f.) beloved.

पियक्कड़ (piakkaṛ) वि. शराबी।
(adj.) alcoholic.

पियरी (piyarī) स्त्री. दे. पिअरी।

पिया (piyā) पु. दे. पिआ।

पियाज (piāj) पु. प्याज।
(m.) onion.

पियादा (piyādā) पु. (फा.) 1. पैदल। 2. दूत। पर्या. प्यादा।
(m.) 1. a footman, pedestrian. 2. a messenger.

पियावल (piyāval) सक. पिलाना।
(v.t.) to catter, to fill.

पिरथिवी (pirathivī) स्त्री. (सं.) पृथ्वी, धरती।
(f.) the earth.

पिराइल (pirāil) अक. (सं.) दर्द करना।
(v.i.) to pain.

पिरात (pirāt) वि. पीड़ापूर्ण।
(adj.) painfull.

पिरीत (pirīt) स्त्री. (सं.) प्रेम, प्यार, प्रीत।
(f.) love, affection.

पिलपिलाह (pilapilāh) वि. दुबला-पतला, कमजोर।
(adj.) flabby, flaccid.

पिलही (pilahī) स्त्री. अँतड़ी का एक रोग, तिल्ली, प्लीहा।
(f.) the spleen.

पिलावल (pilāval) सक. 1. तरल पदार्थ को पिलाना। 2. छाती पिलाना, स्तनपान कराना।
(v.t.) 1. to make one drink. 2. to suckle.

पिल्ला (pillā) पु. कुत्ते का नर बच्चा।
(m.) pup, puppy.

पिल्ली (pillī) स्त्री. कुतिया का बच्चा (मादा)।
(f.) a puppy.

पिलुआ (piluā) पु. (सं.) सफेद रंग का लंबा कीड़ा।
(m.) a whitish long worm.

पिलुआइल (piluāil) अक. कीड़ा लगना।
(v.i.) to be eaten up by worms.

पिसउनी (pisaunī) स्त्री. पीसने की मजदूरी।
(f.) wages paid for grinding.

पिसनीहार (pisanīhār) पु. आटा पीसनेवाला।
(m.) a man who grinds flour, man whose occupation is to grind flour.

पिसमान (pisamān) वि. (फा.) परेशान, व्याकुल।
(adj.) harassed, wooried.

पिसल (pisal) अक. पीसा जाना।
(v.i.) to be ground, to be powdered.

पिसाची (pisācī) वि. पैशाचिक।
(adj.) demonic.

पिसान (pisān) पु. आटा।
(m.) flour.

पिसावल (pisāval) सक. पिसवाना।
(v.t.) to cause to be ground or powdered.

पिसिआ (pisiā) स्त्री. 1. पिसाई। 2. पीसने का काम।
(f.) 1. grinding. 2. work of grinding.

पिस्ता (pistā) पु. (पिस्तः) एक प्रकार का प्रसिद्ध मेवा।
(m.) pistachio nut.

पिहकल (pihakal) अक. सुरीले स्वर में गाना।
(v.i.) to sing in high notes like a peacock.

पिहान-पिहानी (pihān-pihānī) पु./स्त्री. मिट्टी का ढक्कन।
(m./f.) earthen lid (cover).

पिहुदी (pihudī) स्त्री. कचूमर।
(f.) mince, mask.

पींचल (pīṅcal) सक. कुचलना।
(v.t.) to trample (over), to crush.

पींजरा (pīṅjarā) पु. दे. पिंजड़ा।

पींजड़ा (pīṅjaṛā) पु. दे. पिंजड़ा।

पीअर (pīar) वि. दे. पिअर।

पीअल (pīal) सक. 1. तरल पदार्थ को कंठ से नीचे उतारना, पीना। 2. सिगरेट पीना।
(v.t.) 1. to drink. 2. to smoke (a cigarette).

पीआजुआ (pījuā) पु. एक प्रकार की घास।
(m.) a kind of grass.

पीआर (pīār) पु. एक प्रकार का जंगली फल।
(m.) a kind of wild fruit.

पीउनी (pīunī) स्त्री. दे. पिउनी।

पीक (pīk) पु. खाए हुए पान के रस की थूक।
(m.) juice of chewed betel, spat out.

पीकदान (pīkadān) पु. पीक थूकने का बर्तन।
(m.) pot for betel leaf spat.

पीचर (pīcar) पु. एक प्रकार का धान।
(m.) a kind of paddy.

पीटल (pīṭal) सक. पीटना, मारना।
(v.t.) to beat.

पीठ (pīṭh) स्त्री. पेट के पीछे की ओर का भाग।
(f.) the back, spine.

पीठवा-आम (pīṭhavā-ām) पु. एक तरह का आम।
(m.) a kind of mango.

पीठास (pīṭhās) पु. दे. पिठास।

पीठी (pīṭhī) स्त्री. दे. पिट्ठी।

पीढ़ा (pīṛhā) पु. (सं. पीठक) काठ का बना बैठने का आसन।
(m.) wooden seat.

पीढ़ी (pīṛhī) स्त्री. (सं.) कुल-परंपरा, पीढ़ी।
(f.) generation.

पीत (pīt) पु. दे. पित्त।

पीतर (piṭar) पु. (सं.) ताँबे और जस्ते से बनी एक मिश्रित उपधातु। पर्या. पीतल।
(m.) brass, bronze.

पीताम्बरी (pītāmbari) स्त्री. (सं.) पीला वस्त्र।
(f.) yellow cloth.

पीनस (pīnas) पु. (सं.) नाक का एक रोग।
(m.) a nasal disease.

पीपर (pīpar) पु. (सं.) एक बड़े आकारवाला वृक्ष, पीपल। उदा. 'खैरा पीपर कबहीं ना डोले।'
(m.) the holy peepal tree.

पीपा (pīpā) पु. तरल पदार्थ रखने का गोल बर्तन।
(m.) can, canister, cask, drum.

पीब (pīb) पु. (सं.) घाव का नवाद। पर्या. पीप।
(m.) pus.

पीयर (pīyar) पु. दे. पिअर।

पीयल (pīyal) सक. पीना।
(v.t.) to drink.

पीर (pīr) पु. (फा.) 1. महात्मा, सिद्ध। 2. वृद्ध, बुजुर्ग।
(m.) 1. a saint. 2. an oldman, elder person.

पीरा (pīrā) स्त्री. (सं.) दर्द, पीड़ा।
(f.) pain, ache.

पीराइल (pīrāil) अक. दर्द करना।
(v.i.) to pain.

पीलवान (pīlavān) पु. (फा.) हाथीवान, महावत।
(m.) mahout.

पीसल (pīsal) सक. (सं.) पीसना।
(v.t.) to grind, to pound.

पीसवन (pīsavan) पु. (सं.) पीसने का कार्य या भाव।
(m.) the act of grinding.

पीहर (pīhar) पु. (सं.+हिं) विवाहित स्त्रियों के लिए माता-पिता का घर, मायका।
(m.) parents' home (of a married woman).

पुअरसी (puarasī) स्त्री. पुआल का महीन भूसा।
(f.) fine straw.

पुआ (puā) पु. (सं.) गेहूँ के आटे और शक्कर के घोल से बना व्यंजन।
(m.) a kind of sweet flour cake.

पुआर (puār) पु. (सं.) धान आदि के वे सूखे डंठल जिनमें से दाने निकाल दिए गए हों, पुआल। पर्या. पयार, पयाल।
(m.) straw (especially paddy straw).

पुका (pukā) पु. 1. कारुणिक स्वर में रुलाई। 2. विलाप।
(m.) 1. compassionate weeping. 2. weeping sorrowfully.

पुकार (pukār) स्त्री. बुलाहट, चिल्लाहट, जोर की आवाज।
(f.) a call, a cry, a shout.

पुकारल (pukāral) सक. किसी का नाम लेकर बुलाना, पुकारना।
(v.t.) to call by name, to call.

पुकी (pukī) स्त्री. ऊँचे स्वर की रुलाई।
(f.) weeping loudly.

पुख (pukh) पु. (सं.) आठवाँ नक्षत्र, पुष्य।
(m.) the eighth lunar asterisk.

पुगावल (pugāval) सक. पूरा करना।
(v.t.) to complete, to fulfil.

पुछवइया (puchavaiyā) वि. पूछनेवाला।
(adj.) one who asks or enquires.

पुछवावल (puchavāval) सक. पूछने का काम दूसरे से कराना।
(v.t.) to casue to be enquired, to cause to be asked.

पुछारथ (puchārath) पु. पूछ-ताछ, जाँच पड़ताल।
(m.) enquiry, investigation.

पुजउल (pujaul) पु. (सं.) पुआल का ढेर।
(m.) heap of straw.

पुजवट (pujavaṭ) पु. दे. पुजउल।

पुजवावल (pujavāval) सक. पूजने का काम दूसरे से कराना।
(v.t.) to cause to be worshipped.

पुजाई (pujāī) स्त्री. पूजा का पारिश्रमिक।
(f.) the charges (paid to the priest) for worship.

पुजारी (pujārī) पु. (सं.) वह व्यक्ति जो मंदिर में देवता की पूजा करने के लिए नियुक्त हो। पूजा करनेवाला, पूजक, भक्त।
(m.) a priest, worshipper, adorer.

पुजावल (pujāval) सक. 1. पूजित होना। 2. पूरा करना।
(v.t.) 1. to cause to worship. 2. to cause to be filled, or completed.

पुजेरी (pujerī) पु. पुजारी।
(m.) priest.

पुटपुरी (puṭapurī) स्त्री. आँख और कान के बीच का भाग, कनपटी।
(f.) part near temple.

पुट्ठा (puṭṭhā) पु. (सं.) 1. चूतड़ के ऊपर का भाग। 2. चूतड़।
(m.) 1. buttock. 2. rump.

पुतर (putar) पु. (सं.) बेटा, पुत्र।
(m.) son.

पुतरा (putarā) पु. (सं.) तृणादि की बनी मनुष्य की आकृति, पुतला।
(m.) the image of a person, effigy.

पुतरी (putarī) स्त्री. 1. आँख के बीच का काला भाग, पुतली। 2. गुड़िया, पुतलिका।
(f.) 1. pupil of the eye. 2. a doll.

पुतावत (putāvat) पु. संतान, बाल-बच्चा।
(m.) issue, children.

पुतुरिया (puturiyā) स्त्री. वेश्या, रंडी।
(m.) a prostitute, harlot.

पुनकाल (punakāl) पु. (सं.) पुण्यकाल, वह शुभ या पवित्र समय, जब दान-धर्म करने का शास्त्र एवं पुराणों में आदेश है।
(m.) auspicious moment.

पुनरबस (punarabas) पु. (सं.) पुनर्वस, सातवाँ नक्षत्र।
(m.) the seventh luner asterisk.

पुनवासी (punavāsī) स्त्री. पूर्णिमा।
(f.) full moon night.

पुनिआ-पुनेआ (puniā-puneā) पु. आरंभ।
(m.) beginning.

पुर (pur) पु. (सं.) नगर, शहर।
(m.) town, city.

पुरइन (purain) स्त्री. (सं.) कमल का पत्ता।
(f.) lotus leaf.

पुरखा (purakhā) पु. (सं.) पूर्वज।
(m.) forefathers, ancestors.

पुरजा (purajā) पु. (फा.) 1. कागज का टुकड़ा। 2. मशीन का अंग, पुर्जा।
(m.) 1. piece of paper, slipchit. 2. part of machinery.

पुरठ (puraṭh) वि. (सं.) मजबूत, हट्ठा-कट्ठा।
(adj.) strong, well-built.

पुरदिलही (puradilahī) स्त्री. पर्याप्तता, भरपूर।
(f.) sufficiency.

पुरधान (puradhān) पु. (सं.) प्रमुख, मुख्य, प्रधान।
(m.) chief, principal, main.

पुरनका (puranakā) वि. पुराना।
(adj.) old.

पुरनवाँसी (puranavāṁsī) स्त्री. दे. पुनवासी।

पुरनाहुत (puranāhut) पु. (सं.) यज्ञ की समाप्ति का अनुष्ठान, पुर्णाहुति। यज्ञ की अंतिम आहुति।
(m.) concluding function of a yagya, the last oblation of a yagya.

पुरनिया (puraniyā) पु. बूढ़ा, बुजुर्ग जो जीवन के अंतिम पड़ाव पर हो।
(m.) elder person, old and experieced person.

पुरपातर (purapātar) पु. श्रेष्ठ गाँव।
(m.) best village.

पुरबा (purabā) स्त्री. 1. एक नक्षत्र का नाम। 2. पूर्व दिशा से चलनेवाली हवा।
(f.) 1. name of a lunar. 2. easterly wind.

पुरबारी (purabārī) वि. (सं.) पूरब दिशा का।
(adj.) eastern.

पुरबिआ (purabiā) पु. 1. पूर्व देश का निवासी। 2. पूरब का।
(m.) 1. inhabitant of east (India). 2. eastern.

पुरबिल (purabil) पु. पूर्व जन्म का।
(m.) of previous birth.

पुरवइआ (puravaiā) स्त्री. (सं.) पूरब की हवा।
(f.) east wind.

पुरवल (puraval) सक. पूरा करना।
(v.t.) to complete, to fulfil.

पुरवा (puravā) पु. 1. मिट्टी की कटोरी, सकोरा। 2. छोटा गाँव।
(m.) 1. clay dish, clay cup. 2. small village.

पुरवासाखी (puravāsākhī) स्त्री. गवाही।
(f.) evidence, witness.

पुरवाहुत (puravāhut) क्रि.वि. पूर्व की ओर।
(adv.) towards east.

पुरसी (purasī) स्त्री. धान की बारीक भूसी।
(f.) fine straw of paddy.

पुरहथ (purahath) क्रि.वि. पूरे जोर से।
(adv.) with full force, powerfully.

पुरहर (purahar) वि. अधिक।
(adj.) more.

पुरहिया (purahiyā) वि. जो भैंस प्रतिवर्ष बच्चा देती हो।
(adj.) buffallo calving yearly.

पुरान (purān) पु. (सं.) प्राचीन भारत का धार्मिक कथा-साहित्य, पुराण। (वि.) पुराना।
(m.) ancient Hindu mythological scriptures, (adj.) old, ancient.

पुरावल (purāval) सक. दे. पुरवल।

पुड़िआ (puṛiā) स्त्री. (सं.) छोटा पाकिट, पुड़िया।
(f.) small pocket.

पुरी (purī) स्त्री. (सं.) 1. पवित्र स्थान। 2. जगन्नाथपुरी।
(f.) holly place. 2. Jagannathpuri.

पुरुख (purukh) पु. (सं.) 1. पुरुष, मर्द। 2. पति।
(m.) 1. a man. 2. husband.

पुरुखा (purukhā) पु. दे. पुरखा।

पुरुब (purab) पु. (सं.) पूर्व दिशा।
(m.) the east.

पुरुबजनम (purubajanam) पु. (सं.) पूर्वजन्म, पहले का जन्म।
(m.) previous birth.

पुरुबी (purubī) वि. पूर्वी।
(adj.) oriental, eastern.

पुरोहित (purohit) पु. (सं.) परिवार में पूजा करनेवाला व्यक्ति।
(m.) priest, pastor.

पुरोहिताई (purohitāī) स्त्री. पुरोहित का काम।
(f.) priesthood, work of a priest.

पुल (pul) पु. (फा.) नदी आदि के आर-पार जाने का रास्ता, सेतु।
(m.) a bridge.

पुल-पुल (pul-pul) वि. अति कोमल।
(adj.) very soft.

पुलिंदा (puliṅdā) पु. गट्ठर।
(m.) a bundle.

पुलिया (puliyā) स्त्री. छोटा पुल।
(f.) small bridge, a culvert.

पुलिन (pulin) पु. (सं.) 1. तट, किनारा। 2. रेती।
(m.) 1. bank. 2. a sandy bank.

पुस्त (pust) पु. (फा.) 1. पीठ। 2. कई पीढ़ियों से चला आनेवाला, पुश्त।
(m.) 1. back portion. 2. generation.

पुस्तक (pustak) स्त्री. (सं.) पोथी, किताब।
(f.) a book.

पुस्तकालय (pustakālay) पु. (सं.) जिस भवन में पुस्तकों का संग्रह हो।
(m.) a library.

पुस्तीमान (pustīmān) पु. किवाड़ों को जोड़ने तथा बाँटने-वाली लकड़ी।
(m.) wood piece joining and dividing door leaves.

पूँछटँगा (pūṁchaṭaṁgā) वि. छोटी पूँछवाला (बैल)।
(adj.) small tailed (bullock).

पूँज (pūṁj) पु. (सं.) पुंज, ढेर।
(m.) a heap.

पूँजी (pūṁjī) स्त्री. किसी व्यवसाय में लगा मूल धन।
(f.) capital, investment, principal sum.

पूँजीपति (pūṁjīpati) पु. 1. पूँजी रखनेवाला। 2. धनवान।
(m.) 1. a capitalist. 2. rich man.

पूंगल (pūṅgal) अक. खेल में अपने लक्ष्य तक पहुँचना।
(v.i.) to reach the goal.

पूआ (pūā) पु. दे. पुआ।

पूका फारि के (pūkā fāri ke) क्रि.वि. जार-बेजार होकर (रोना)।
(adv.) plaintively (to wail), full throatedly (to wail).

पूगल (pūgal) सक. पूरा करना।
(v.t.) to fulfil, accomplish.

पूछ (pūch) स्त्री. 1. जाँच। 2. खोज।
(f.) 1. investigation. 2. enquiry.

पूछताछ (pūchatāch) स्त्री. 1. किसी से बातचीत करते हुए जानकारी इकट्ठा करना। 2. खोज।
(f.) 1. enquiry. 2. investigation.

पूछल (pūchal) सक. 1. पूछना। 2. खोज-खबर लेना।
(v.t.) 1. to ask. 2. to inquiry.

पूजल (pūjal) सक. 1. पूजा करना। 2. पूरा होना।
(v.t.) 1. to worship. 2. to be fulfilled, to be completed.

पूजा (pūjā) स्त्री. (सं.) पूजन, आराधना।
(f.) worship, devotion.

पूठ (pūṭh) पु. शरीर का वह भाग जिसके सहारे आदमी बैठता है, चूतड़, नितंब।
(m.) either side of that part of the body on which a person sits, buttock, hip.

पूड़ी (pūṛī) स्त्री. एक प्रकार की रोटी जो घी या तेल में पकाकर तैयार की जाती है।
(f.) a kind of bread fried in Ghee or oil.

पूत (pūt) पु. (सं.) पुत्र, बेटा, लड़का।
(m.) a son.

पूतना (pūtanā) स्त्री. (सं.) एक राक्षसी, जो कृष्ण को विषलिप्त स्तन पिलाने के प्रयास में उनके द्वारा मारी गई।
(f.) a demoness to kill Lord Krishna to making him suck at her poisoned breasts and was killed by Krishna.

पून (pūn) पु. (सं.) पुण्य, पवित्र कार्य।
(m.) holy work.

पूता (pūtā) पु. मिट्टी के दोमुँहे चूल्हे के बीच का भाग।
(m.) midle part of two sided soil stove.

पूनी (pūnī) स्त्री. दे. पिउनी।

पूर (pūr) अक. दे. पुनवासी।

पूरन (pūran) वि. (सं.) पूरा, पूर्ण।
(adj.) complete, whole, entire, full.

पूरनवासी (pūranavāsī) स्त्री. दे. पुनवासी।

पूरबी (pūrabī) स्त्री. एक तरह की रागिनी, राग।
(f.) a kind of tune.

पूरल (pūral) सक. रस्सी बटना।
(v.t.) to entwine (a rope).

पूरा (pūrā) पु. दे. पूरन।

पूरा-पूरा (pūrā-pūrā) क्रि.वि. पूर्ण रूप से।
(adv.) fully-flatly.

पूरी (pūrī) स्त्री. दे. पूड़ी।

पूरुब (pūrub) पु. पूर्व।
(m.) orient, east.

पूरुख (pūrukh) पु. दे. पुरखा।

पूरुबी (pūrubī) वि. पूरब देश का।
(adj.) eastern.

पूला (pūlā) पु. घास और अनाज के डंठल का बना मुट्ठा।
(m.) a bundle of grass or straw.

पूस (pūs) पु. (सं.) हिंदू पंचांग का दसवाँ मास, पौष।
(m.) the tenth month of Hindu (lunar) calendar, Pausha.

पेंग (peṅg) स्त्री. झूले का झूलते समय एक ओर से दूसरे ओर जाना।
(f.) oscillation of a swing.

पेंचकस (peṅcakas) पु. कीलों का कसने या खोलने का औजार।
(m.) a screwdriver, cork-screw.

पेंठिआ (peṅṭhiā) स्त्री. बाजार, हाट।
(f.) a market, a mart.

पेंड़ (peṅṛ) पु. वृक्ष। पर्या. गाछ।
(m.) a tree.

पेंड़ुक (peṅṛuk) पु. एक तरह की चिड़िया, पंडुक। पर्या. पेंड़ुकी।
(m.) a kind of bird, dove.

पेंड़ुकिया (peṅṛukiyā) स्त्री. एक तरह की मिठाई, गुझिआ।
(f.) a kind of sweetmeat, Gujhiya.

पेंड़ुकी (peṅṛukī) स्त्री. दे. पेंड़ुक।

पेंदा (peṅdā) पु. किसी वस्तु का निचला भाग।
(m.) the bottom (of a vessel, box, pot etc.).

पेआम-पेआन (peām-peān) पु. (सं.) प्रस्थान, यात्रा।
(m.) departure, going, march.

पेआस (peās) स्त्री. एक प्रकार की मछली।
(f.) a kind of fish.

पेङल (peṅal) वि. काबिल, चतुर, दक्ष।
(adj.) able, skilled, expert.

पेचिस (pecis) पु. (फा.) पेट का एक रोग, जिसमें अन्न ठीक से हजम नहीं होता है।
(m.) dysentery.

पेट (peṭ) पु. देह में भोजन पचने का थैला, उदर।
(m.) stomach.

पेटकट (peṭakaṭ) पु. पेट-भर भोजन नहीं मिलने की स्थिति।
(m.) not to have a grain of food to eat.

पेटकस (peṭakas) पु. बैलगाड़ी पर रखे सामान को नीचे से रस्सा लगाकर बाँधने की स्थिति।
(m.) the state of binding goods loaded on a bullock cart by rope– the method is to put the rope at the bottom and tie it all.

पेटकुनिआ (peṭakuniā) क्रि.वि. पेट के बल।
(adv.) with stomach side.

पेटजरुआ (peṭajaruā) वि. वह व्यक्ति जिसको खाने के लिए कुछ भी नहीं हो।
(adj.) a man who has no food to eat, hungry.

पेटझरी (peṭajharī) स्त्री. पेट झरने की बीमारी, अतिसार।
(f.) diarrhoea.

पेटपोंछना (peṭapoṅchanā) पु. अंतिम और छोटी संतान।
(m.) the last and the youngest child.

पेटफुल्ली (peṭafullī) स्त्री. पशुओं का वह रोग, जिसमें उनका पेट वायु से फूल जाता है।
(f.) a cattle disease causing bloated stomach.

पेटबत्थी (peṭabatthī) स्त्री. पेट दर्द।
(f.) stomach ache.

पेटसुध (peṭasudh) वि. पेट की बात।
(adj.) a secret.

पेटहन (peṭahan) वि. दे. पेटसुध।

पेटा (peṭā) पु. भीतरी भाग।
(m.) inner part.

पेटाढ़ी (peṭāṛhī) स्त्री. धान के दानों को पीटकर अलग कर देने के बाद उसका सूखा डंठल।
(f.) dry stalk left after separating grains from paddy.

पेटारा (peṭārā) पु. बाँस की पट्टियों से बना हुआ ढक्कनदार पात्र, पिटारा।

(m.) wicker box generally made with bamboo strips.

पेटारी (peṭārī) स्त्री. दे. पेटाढ़ी।

पेटी (peṭī) स्त्री. छोटा बक्सा।
(f.) a small box.

पेटू (peṭū) वि. अधिक खानेवाला।
(adj.) gluttonous, voracious.

पेठा (peṭhā) पु. एक प्रकार का मुरब्बा।
(m.) a sweetmeat prepared from the ash gourd.

पेठावल (peṭhāval) सक. भेजना।
(v.t.) to send.

पेठिया (peṭhiyā) पु. दे. पेंठिआ।

पेड़ (peṛ) पु. दे. पेंड़।

पेड़ा (peṛā) पु. खोवा की एक प्रकार की मिठाई।
(m.) sweetmeat prepared from Khoa.

पेड़ी (peṛī) स्त्री. पेड़ का तना।
(f.) the branch of a tree, the trunk of a tree.

पेड़ू (peṛū) पु. नाभि और जननेंद्रिय के बीच का भाग।
(m.) the part of the body lying between the navel and the region.

पेनी (penī) स्त्री. दे. पेंदा।

पेन्हल (penhal) सक. पहनना।
(v.t.) to wear, to put on.

पेन्हाइल (penhāil) अक. मवेशियों का दूध देने के लिए तैयार होना।
(v.i.) to be ready for milching (said of cattle).

पेरल (peral) सक. पेरना।
(v.t.) to draw extract (as juice from sugre-cane).

पेराइल (perāil) वि. पेरा गया, तेल निकालने के लिए कुचला गया।
(adj.) crushed.

पेलल (pelal) सक. 1. घुसेड़ना। 2. संभोग करना।
(v.t.) 1. to insert, to push. 2. to have sex, to fuck.

पेलाई (pelāī) स्त्री. संभोग की क्रिया।
(f.) sexual intercourse.

पेल्हड़ (pelhaṛ) पु. अंडकोश।
(m.) scrotum, a testicle.

पेवन (pevan) पु. (फा.) थेगली, पैबंद।
(m.) a patch.

पेवसी (pevasī) स्त्री. फेनसा, फेनुस, चीक।
(f.) seven days milk of a cow or buffalo after calving.

पेस (pes) पु. (फा.) पेश, सामने रखने का भाव या कार्य।
(m.) to present, in front of, before.

पेसकार (pesakār) पु. (फा.) पेशकार, हाकिम के सामने कागज रखने के लिए नियुक्त कर्मचारी।
(m.) a court official or clerk, an agent.

पेसकी-पेसगी (pesakī-pesagī) स्त्री. (फा.) 1. पेशगी, काम से पहले दिया गया धन। 2. अग्रिम।
(f.) 1. an advance money. 2. advance.

पेसतउल (pesataul) पु. (अं.) अति छोटी बंदूक, तमंचा।
(m.) a pistol.

पेसतर (pesatar) क्रि.वि. (फा.) पेश्तर, पहले, पूर्व।
(adv.) before, prior to.

पेसराज (pesarāj) पु. मकान बनानेवाला (मजदूर, कारीगर, मिस्त्री)।
(m.) building workers, mason and others.

पेसल (pesal) सक. घुसाना, प्रवेश कराना।
(v.t.) to insert.

पेसा (pesā) पु. (फा.) रोजगार, व्यवसाय, पेशा।
(m.) a profession, an occupation.

पेसावर (pesāvar) वि. (फा.) रोजगार करनेवाला (व्यक्ति)।
(adj.) professional.

पेसाब (pesāb) पु. (फा.) पेशाब, मूत्र।
(m.) urine.

पेसाबखाना (pesābakhānā) पु. (फा.) पेशाबखाना, मूत्र त्यागने का स्थान।
(m.) urinal.

पेसी (pesī) स्त्री. (फा.) 1. हाकिम के सामने किसी मुकदमे के पेश होने की क्रिया या भाव, पेशी। 2. सामने होने की क्रिया या भाव।
(f.) 1. hearing of a law suit. 2. presentation, being presented.

पेसुआ (pesuā) वि. मंत्रसिद्ध (साँप)।
(adj.) spell bound (snake).

पेहना (pehanā) पु. ढक्कन।
(m.) lid.

पेहान (pehān) पु. दे. पेहना।

पैंड़ा (paiṅṛā) पु. रास्ता, राह।
(m.) path, way, road.

पैंतरा (paiṅtarā) पु. युद्ध में पैर रखने की रीति या कला।
(m.) an offencive on defencive move in a wrestling bout.

पैंतालिस (paiṅtālis) वि. पैंतालीस, 45 की संख्या।
(adj.) forty five.

पैंसठ (paiṅsaṭh) वि. पैंसठ, 65 की संख्या।
(adj.) sixty five.

पै (pai) पु. दोष, अवगुण।
(m.) fault, guilt, disqualification.

पैकड़ (paikaṛ) पु. पशुओं के पैर में बाँधने की जंजीर।
(m.) chain for animals feet.

पैकार (paikār) पु. (फा.) फुटकर सौदा बेचनेवाला।
(m.) a pedlar, hawker.

पैखाना (paikhānā) पु. (फा.) 1. वह स्थान जहाँ मलत्याग किया जाए। 2. मल, गू, गलीज।
(m.) 1. a privy. 2. stool.

पैगंबर (paigaṅbar) पु. (फा.) परमेश्वर का दूत।
(m.) a prophet, devine massenger.

पैजनी (paijanī) स्त्री. पाँवों में पहनने का एक गहना।
(f.) ankle-bells, anklet.

पैजामा (paijāmā) पु. दे. पायजामा।

पैठ (paiṭh) पु. 1. पहुँच। 2. प्रवेश।
(m.) 1. reach. 2. admission.

पैठान (paiṭhān) पु. मुसलमानों की एक जाति, पठान।
(m.) a caste of Muslim, Pathan.

पैतान (paitān) पु. खाट का वह भाग जिधर सोने पर पैर रहता है, पैताना।
(m.) the lower end of a cot or bedstead.

पैतीस (paitīs) वि. पैंतीस, 35 की संख्या।
(adj.) thirty five.

पैदल (paidal) पु. 1. पैदल चलनेवाला (व्यक्ति)। 2. पाँव से यात्रा करने की स्थिति।
(m.) 1. a foot man, a pedestrian. 2. journey on foot.

पैदा (paidā) पु. (फा.) 1. उत्पन्न। 2. प्राप्त। 3. लाभ।
(m.) 1. born. 2. gain. 3. income.

पैदाइस (paidāis) स्त्री. जन्म, उत्पत्ति।
(f.) birth, creation.

पैदाइसी (paidāisī) वि. पैदाइशी, जन्मजात।
(adj.) congenital.

पैदावार (paidāvār) स्त्री. (फा.) खेत से उत्पन्न अन्न आदि।
(f.) yield.

पैना (painā) पु. मवेशियों को हाँकने की छड़ी।
(m.) a goad.

पैमाइस (paimāis) स्त्री. (फा.) नाप, माप।
(f.) measurement, surveying (of land).

पैमाल (paimāl) पु. दे. पयमाल।

पैयाँ (paiyāṁ) पु. पाँव, पैर।
(m.) foot.

पैर (pair) पु. खलिहान में दाँवने के लिए छींटी हुई तैयार फसल।
(m.) crop in the barnyard for threshing.

पैरवी (pairavī) स्त्री. (फा.) सफलता के लिए प्रयास, सिफारिश।
(f.) advocacy, pleading.

पैरवीकार (pairavīkār) पु. (फा.) पैरवी करनेवाला।
(m.) an advocate, a pleader.

पैराँव (pairāṁv) पु. खलिहान में दौनी के लिए फसलों को फैलाने का काम।
(m.) spreading the crop in the barnyard for threshing.

पैरा (pairā) पु. बिना जोते, बोई गई फसल जैसे गेहूँ के खेत में बोई गई खेसारी।
(m.) crop raised in an unploughed field.

पोंछ (poṅch) स्त्री. (सं.) पूँछ, दुम।
(f.) the tail (of a beast).

पोंछना (poṅchanā) पु. वह वस्तु जिससे पोछा जाता है।
(f.) a duster, a cloth used for wiping or cleaning.

पोंछल (poṅchal) सक. पोछना. पोछकर साफ करना।
(v.t.) to wipe dry.

पोंछी (poṅchī) स्त्री. मछली का पूँछवाला हिस्सा।
(f.) the part of tail of fish.

पोंछुई (poṅchuī) स्त्री. पराँठा।
(f.) shallow fried roti on a griddle.

पोंटा (poṅṭā) पु. नाक से बहनेवाला गीला मैल।
(m.) snot, mucus (blown out of the nose).

पोंटी (poṅṭī) स्त्री. एक प्रकार की छोटी मछली।
(f.) a kind of small fish.

पोअरा (poarā) पु. दे. पुआर।

पोअल (poal) सक. रोटी सेंकना। उदा. 'हाथ-गोड़ सुकवार, हम बहुत नदान, कमजोर भइलो रोटी के पोआई में भाँग के पिसाई में ना।' (कजरी)।
(v.t.) to cook roties.

पोआ (poā) पु. साँप का छोटा बच्चा।
(m.) young snake.

पोआरी (poārī) स्त्री. धान के पौधे की एक बीमारी जिसमें वह सूख जाता है।
(f.) a paddy disease which causes the crop to get dried.

पोइया (poiyā) स्त्री. घोड़े की एक चाल।
(f.) a horse gait.

पोई (poī) स्त्री. 1. ईख की गाँठ अथवा अंकुर। 2. एक साग।
(f.) 1. sugarcane joint or shoot. 2. a green leafy vegetable.

पोखता (pokhatā) वि. (फा.) मजबूत, दृढ़।
(adj.) strong, sturdy, hardy, durable.

पोखरा (pokharā) पु. (सं.) तालाब, पोखर, पुष्कर।
(m.) pond, tank.

पोखराज (pokharāj) पु. एक मूल्यवान पत्थर।
(m.) a valuable stone.

पोखरी (pokharī) स्त्री. (सं.) छोटा जलाशय।
(f.) small pond.

पोच (poc) वि. कायर, दब्बू, डरपोक।
(adj.) timid, meek, coward.

पोचारा (pocārā) पु. दीवार को पोतने का कार्य।
(m.) white washing.

पोछटा (pochaṭā) पु. धोती का वह भाग जो दोनों जाँघों के बीच से पीछे की ओर खोंसा जाता है।
(m.) dhoti end tucked at the back and between the legs.

पोछिआ (pochiā) स्त्री. बकरी खरीदनेवाले द्वारा बकरी चराने-वाले को मूल्य के अतिरिक्त दी गई छोटी-सी राशि।
(f.) a small extra sum paid by a goat owner to grazier (herdsman).

पोटल (poṭal) सक. अपनी तरफ मिलाना।
(v.t.) to buddy up to, to bring to one's side.

पोटा (poṭā) पु. लहसुन, प्याज आदि की गाँठ।
(m.) a pad of garlic, onion etc.

पोटास (poṭās) पु. खाद।
(m.) fertilizer, artificial manure.

पोटी (poṭī) स्त्री. दे. पोंटा।

पोठरी (poṭharī) स्त्री. दे. पोठिआ।

पोठिआ (pothiā) स्त्री. एक प्रकार की छोटी मछली।
(f.) a kind of small fish.

पोढ़ (poṛh) वि. (सं.) मजबूत, प्रौढ़।
(adj.) strong, sound, mature.

पोतदार (potadār) पु. (फा.) खजांची, कोषाध्यक्ष।
(m.) a treasurer.

पोतना (potanā) पु. जमीन लीपने के लिए वस्त्र या बोरा का टुकड़ा।
(m.) a part of cloth etc. to smear land.

पोतल (potal) सक. किसी गीली वस्तु से लीपना।
(v.t.) to smear, to coat.

पोता (potā) पु. (सं.) पुत्र का पुत्र, पौत्र।
(m.) a grand son, a son's son.

पोती (potī) स्त्री. (सं.) पुत्र की पुत्री, पौत्री।
(f.) a grand daughter, son's daughter.

पोथा (pothā) पु. बड़े आकार की पुस्तक।
(m.) a big voluminous book, a big volume.

पोथी (pothī) स्त्री. छोटी पुस्तक।
(f.) a small book.

पोदीना (podīnā) पु. एक प्रकार का पौधा जिसकी पत्तियाँ सुगंधित होती हैं और जो चटनी तथा औषधियों में प्रयुक्त होता है।
(m.) a mint.

पोय (poy) पु. एक प्रकार की लता जिसका साग बनता है और जिसके पत्ते पान की तरह होते हैं।
(m.) a green leafy vegetable like betel leaf.

पोर (por) स्त्री. पौधे की गाँठ अथवा शरीर का जोड़।
(f.) branch node, body joint.

पोरगर (poragar) वि. लंबे पोरवाला।
(adj.) of long joint.

पोरसा (porasā) पु. पैर से उठाए गए हाथ की उँगली तक की ऊँचाई।
(m.) height from toe to the fingers of raised hands (used in the context of indecating depth of body).

पोरावल (porāval) सक. गाँठ लगाना।
(v.t.) to knit, to join.

पोरी (porī) स्त्री. दे. पोर।

पोरुआ (poruā) पु. एक आभूषण।
(m.) an ornament.

पोल (pol) पु. 1. रिक्त स्थान, खाली जगह। 2. खंभा।
(m.) 1. empty or hollow space. 2. pole.

पोला (polā) वि. खाली, रिक्त।
(adj.) hollow, empty, vacant.

पोलाव (polāv) पु. (फा.) घी में पकाया हुआ भात।
(m.) rice bolied with Ghee.

पोलिथीन (polithīn) पु. (अं.) पालिथीन।
(m.) polythene.

पोवल (poval) सक. आटे की लोई की रोटी हाथ से बनाना।
(v.t.) to make chapati by spreading it on palms in stead of rolling them on a rolling pan.

पोसउनी (posaunī) स्त्री. पशुओं को पालने की मजदूरी।
(f.) payment for raising animals.

पोसकार्ड (posakārḍ) पु. (अं.) पोस्टकार्ड।
(m.) post card.

पोसनिहार (posanihār) पु. पालक, पोषणकर्ता।
(m.) fosterer, nourisher.

पोसपुत (posaput) पु. (सं.) पोष्य पुत्र, दत्तक पुत्र।
(m.) adopted son.

पोसल (posal) सक. पालन करना, पोसना।
(v.t.) to upbring foster, nourish.

पोसाइल (posāil) वि. पोसा गया।
(adj.) nourished, fostered.

पोसाक (posāk) पु. (फा. पोशाक) पहनने का वस्त्र।
(m.) dress, clothes.

पोसुआ (posuā) वि. पोसा हुआ, पालतू।
(adj.) domesticated, tame, housebroken.

पोसेआ (poseā) वि. पोसने के लिए दिया हुआ।
(adj.) nourished, reared, nurtured.

पोस्ता (postā) पु. (फा.) एक पौधा जिसकी छीमी से अफीम निकलती है।
(m.) a poppy plant, poppy seed.

पौंड़ी (pauṅṛī) स्त्री. मछली मारने का एक प्रकार का जाल।
(f.) a kind of fishing net.

पौ (pau) स्त्री. प्रातःकाल की ज्योति या किरण।
(f.) early dawn a ray of light.

पौआ (pauā) पु. 1. एक सेर का चौथा भाग। 2. एक पाव रखने का पात्र।
(m.) 1. quarter of a Ser. 2. a pot which can contain a quarter Ser of liquid (ad milk oil etc.).

पौदर (paudar) पु. मोट खींचनेवाले बैलों का ढालू मार्ग।
(m.) stope for bullocks to draw water from a leather, bag well.

पौन (paun) वि. तीन चौथाई।
(adj.) three fourth.

पौना (paunā) पु. एक के तीन चौथाई का पहाड़ा।
(m.) a multiplication table in which the multiples of three fourth (3/4) are recovered.

पौरा (paurā) पु. 1. आगमन। 2. चरण।
(m.) 1. arrival. 2. foot.

पौरी (paurī) स्त्री. 1. द्वार। 2. डेउढ़ी।
(f.) 1. door. 2. entrance, porch.

पौरुख (paurukh) पु. (सं.) पौरुष, पुरुषत्व।
(m.) manhood, manliness.

प्रीतम (prītam) पु. (सं.) 1. प्रियतम, अतिप्रिय व्यक्ति। 2. पति।
(m.) 1. dearest, most beloved. 2. husband.

प्रेछक (prechak) पु. प्रेक्षक।
(m.) observer.

प्रेम (prem) पु. (सं.) प्यार, प्रीति, स्नेह, अनुराग।
(m.) love, affection.

फ

फ (fa) देवनागरी वर्णमाला में बाईसवाँ व्यंजन और प वर्ग का दूसरा वर्ण।
– the twenty second consonant of the Devanagari syllabary and the second letter of the cerebral or Pavarg.

फंका (faṅkā) पु. किसी वस्तु का उतना भाग जो एक बार फाँका जा सके।
(m.) the quantity (of powder etc.) chucked into the mouth in one lot.

फंकी (faṅkī) स्त्री. चूर्ण के रूप में औषधि जिसे फाँका जा सके।
(f.) the quantity (of medicinal digestive powder) chucked into the mouth in one lot.

फंद (faṅd) पु. (फा.) छल, कपट, फरेब।
(m.) trick, deception.

फंदनी (faṁdanī) स्त्री. एक प्रकार का पतला गन्ना।
(f.) a kind of thin sugarcane.

फंदा (faṁdā) पु. 1. फँसाने के लिए लगाया गया रस्से आदि का घेरा, फाँस। 2. दुःख, कष्ट।
(m.) 1. trap, noose. 2. grief.

फँफाइल (faṁfāil) अक. दूध-दाल आदि का उबलकर बरतन से बाहर गिरना।
(v.i.) to brim over (said of boiling milk, pulse etc.).

फँफेली (faṁfelī) स्त्री. गला।
(f.) throat.

फँसड़ल (faṁsaṛal) अक. शरीर का फैल जाना, मोटापा।
(v.i.) to grow fat.

फँसरी (faṁsarī) स्त्री. गले का फंदा।
(f.) trap of neck, hangman's rope.

फँसल (faṁsal) अक. 1. फंदे में पड़ना, बंधन में आना। 2. अवैध प्रेम संबंध में पड़ना।
(v.i.) 1. to be traped, to be noosed. 2. to develop an illicit relation with.

फँसावल (faṁsāval) सक. फंदे में लाना, उलझाना।
(v.t.) to snare, to trap, to entangle.

फँसिआ (faṁsiā) पु. एक प्रकार की मछली।
(m.) a kind of fish.

फँसुल (faṁsul) पु. सब्जी काटने का एक हथियार।
(m.) an instrument to cut vegetables.

फइल (fail) वि. चौड़ा, विस्तृत।
(adj.) expanded, diffused.

फइलल (failal) अक. पसरना, विस्तृत होना।
(v.i.) to spread, to expand.

फइलार (failār) वि. दे. फइल।

फइलाव (filāv) पु. फैलाव।
(m.) expanse.

फइलावल (failāval) सक. पसारना, छितराना।
(v.t.) to spread, to extend.

फउकल (faukal) अक. डींग हाँकना।
(v.i.) to boast, to brag.

फउज (fauj) स्त्री. (अ.) फौज, सेना।
(f.) army.

फौजदार (faujadār) पु. (अ.) सेना का अधिकारी।
(m.) military officer.

फउजदारी (faujadārī) स्त्री. (अ.+फा.) वह कचहरी जहाँ अपराध संबंधी मुकदमे देखे जाते हैं, फौजदारी।
(f.) criminal court.

फक (fak) वि. (अ.) भय आदि के कारण जिसका रंग पीला पड़ गया हो।
(adj.) pale, anaemic.

फकड़ी (fakaṛī) स्त्री. चिंतामुक्त रहने की स्थिति।
(f.) carefreeness.

फकीर (fakīr) पु. (अ.) मुस्लिम संत, भिखारी।
(m.) a muslim mendicant, saint, hermit, beggar.

फकीरी (fakīrī) स्त्री. (अ.) गरीबी, साधुता। उदा. 'मन लागे मेरो यार फकीरी में।'–कबीर।
(f.) poverty, indigence.

फगुआ (faguā) पु. 1. होली का त्यौहार। 2. होली के अवसर पर गाया जानेवाला गीत। उदा. 'बाबू कुँवर सिंह तेगवा बहादुर बंगला में उड़ेला गुलाल।' (होली गीत)।
(m.) 1. Holi festival. 2. songs sung at the time of the Holi festival.

फगुनहट (fagunahaṭ) स्त्री. फागुन के महीने में बहनेवाली धूल-भरी तेज हवा।
(f.) the strong dusty wind that blows in the month of Fagun.

फगुनी (fagunī) वि. फागुन में तैयार होनेवाली फसल। उदा. 'चमचम चमकेला फगुनी अँजोरिया चमकेला घर पछुआर। गमगम गमकेला आम के मोजरिया गमकेला अँगना दुआर।'
(adj.) crops prepared in the time of Fagun.

फजली (fajalī) स्त्री. एक बड़े आकार का आम।
(f.) a mango of large size.

फजिअत (fajiat) स्त्री. (अ.) 1. बेइज्जती। 2. गाली।
(f.) 1. insult. 2. abuse.

फजिरे (fajire) पु. (अ.) प्रातःकाल, सबेरा।
(m.) morning, dawn.

फजिहत (fajihat) पु. मुसीबत।
(m.) disgrace, shame, exposure of the vices.

फजीर (fajīr) पु. भोर, तड़के सुबह।
(m.) first light, early morning.

फजूल (fajūl) वि. (अ.) व्यर्थ, बेकार।
(adj.) useless, worthless.

फट (faṭ) स्त्री. 1. सूखी हुई पतली लकड़ी के टूटने की आवाज। 2. तुरंत।
(f.) 1. fulttering sound. 2. at once.

फटक (faṭak) पु. (सं.) रत्न, पारदर्शी पत्थर।
(m.) crystal.

फटकन (faṭakan) पु. 1. खपरैल की छत में लगा बाँस। 2. फटकने पर निकला निकृष्ट अंश।
(m.) 1. bamboo fixed used in a tile roof. 2. raff or other leaving after winnowing.

फटकल (faṭakal) सक. सूप से अन्न साफ करना, फटकना।
(v.t.) to winnow, to buffet (grain on a frame).

फटकार (faṭakār) स्त्री. डाँट।
(f.) scolding.

फटकारल (faṭakāral) सक. फटकारना, दानेदार चीजों को सूप से झाड़ना।
(v.t.) to berate, to scold.

फटकी (faṭakī) स्त्री. चौड़ाई की तरफ से खेत की जुताई।
(f.) ploughing a farmland on the broad side.

फटफट (faṭafaṭ) पु. 1. फटफट की आवाज। (क्रि.वि.) 2. अतिशीघ्र।
(m.) 1. sound of fatfat. (adv.). 2. immediatly.

फटफटाइल (faṭafaṭiāl) अक. फटफट की आवाज होना।
(v.i.) to be sound of fatfat.

फटफटिआ (faṭafaṭiṭīā) पु. मोटरसाइकिल।
(m.) motor bicycle.

फटल (faṭal) अक. दरार पड़ना, फटना।
(v.i.) to crack, to be torn.

फटलवाँसी (faṭalavāṁsī) स्त्री. स्वतः फटा हुआ आम आदि।
(f.) burst on its own (mango etc.).

फटहई (faṭahaī) स्त्री. बदमाशी।
(f.) wickedness.

फटहा (faṭahā) वि. व्यर्थ की बातें बोलते रहनेवाला।
(adj.) one who talks useless.

फटा (faṭā) पु. गन्ने का एक रोग।
(m.) a disease of sugarcane.

फटाक से (faṭāk se) क्रि.वि. तुरंत, जल्दी से।
(adv.) soon, immediately.

फटाफट (faṭāfaṭ) क्रि.वि. 1. बराबर फटफट आवाज के साथ। 2. तुरंत।
(adv.) 1. with the voice of fatafat continuously. 2. immediately.

फट्टू (faṭṭū) पु. डरपोक आदमी/लड़का।
(m.) timid person, coward.

फट्ठा (faṭṭhā) पु. बाँस को फाड़कर बनाई गई लाठी। फटहा।
(m.) a plank, long and wide piece of split plank.

फटिचर (faṭicar) वि. फटेहाल।
(adj.) destitute, shabbily dressed.

फट्ठी (faṭṭhī) स्त्री. बाँस को फाड़कर बनाई गई बानी।
(f.) thin and small piece of split plank.

फड़फड़ाइल (faṛafaṛāil) अक. फड़फड़ाना।
(v.i.) to flutter.

फड़ुआ (faṛuā) पु. कुदाल, फावड़ा।
(m.) a pick-axe.

फड़ुई (faṛuī) स्त्री. छोटी कुदाली।
(f.) a small pick-axe.

फतिंगा (fatiṅgā) पु. (सं.) उड़नेवाला एक कीड़ा, पतंग।
(m.) an insect, a moth.

फतुराती (faturātī) वि. उपद्रवी, खुराफाती।
(adj.) riotous, rowdy, naughty.

फतुही (fatuhī) स्त्री. (अ.) फतूही, बंडी, बिना बाँह की कुर्ती।
(f.) a kind of cotton stuffed (sleeveless or half sleeve).

फतेआ (fateā) स्त्री. (अ.) प्रार्थना।
(f.) prayer.

फतेह (fateh) स्त्री. (अ.) जीत, विजय।
(f.) a victory, triumph, conquest.

फदगुद्दी (fadaguddī) स्त्री. अत्यंत छोटी चिड़िया।
(f.) very small bird.

फदगोबर (fadagobar) पु. आलसी, सुस्त।
(m.) lazy, idolent.

फन (fan) पु. (अ.) 1. खूबी। 2. कला।
(m.) 1. quality, merit. 2. art.

फन (fan) पु. (सं.) साँप के सिर का ऊपरी भाग।
(m.) the hood of a snake.

फनइता (fanaitā) वि. छलाँग लगानेवाला बहादुर।
(adj.) jumper.

फनगा (fanagā) पु. एक प्रकार का कीड़ा।
(m.) a kind of insect.

फनगी (fanagī) स्त्री. गेहूँ, जौ, चना आदि की जड़ों को काटनेवाला कीड़ा।
(f.) a root eating worm found in crops like wheat, barley, gram etc.

फनफन (fanafan) क्रि.वि. फुर्ती से।
(adv.) quickly, promptly.

फनफनाइल (fanafanāil) अक. आवेश में तेज चलना।
(v.i.) to walk quickly.

फन्दा (fandā) पु. फँसाने के लिए बनाया गया घेरा, जाल, फाँस।
(m.) a trap, noose, gin, snare.

फफाइल (fafāil) अक. धन आदि का तेजी से बढ़ना।
(v.i.) growing quickly wealth etc.

फफूँनियाइल (fafūṁniyāil) वि. फफूँदीदार।
(adj.) mouldy, musty.

फफेली (fafelī) स्त्री. गले से ऊपर ठुड्डी एवं गाल का भाग, जबड़ा।
(f.) a jaw.

फफेहरा (fafeharā) वि. व्यग्र, बेचैन।
(adj.) restless, perturbed.

फफोर (fafor) पु. मक्का, भुट्टा आदि का भात।
(m.) a boild dish of maize corn etc.

फयसन (fayasan) पु. (अं.) फैशन, चाल, ढंग, रीति-प्रथा।
(m.) fashion.

फर (far) पु. (सं.) फल।
(m.) the fruit of crops or plants.

फरउरी (faraurī) स्त्री. (अं.) फरवरी।
(f.) february.

फरक (farak) पु. (अ.) अंतर, दूरी, भेद, अलगाव।
(m.) difference, distance, distinction.

फरकझार(farakajhār) वि. अलग-अलग (फसल का पौधा)।
(adj.) separate. (plants of crops).

फरकल (farakal) अक. किसी अंग में अचानक गति पैदा होना, फड़कना।
(v.i.) to throb, to flutter.

फरका (farakā) क्रि.वि. (अ.) अलग, जुदा।
(adv.) separate, different, dissimilar.

फरकिल्ला (farakillā) पु. बैलगाड़ी के फर में लगा कील।
(m.) nail fixed on the inner side a wheel of bullock cart.

फरकोर (farakor) वि. अलग-अलग।
(adj.) individual, distinct.

फरगजी (faragajī) वि. थान से काटकर निकाला गया वस्त्र-खंड।
(adj.) cut piece from a bolt of cloth.

फरचउक (faracauk) वि. 1. फुर्तीला। 2. निर्मल, साफ, स्वच्छ।
(adj.) 1. smart, prompt. 2. clean, clear, pure.

फरजी (farajī) स्त्री. (फा.) 1. शतंरज के खेल की रानी। 2. फर्जी।
(f.) 1. the queen in the game of chess. 2. duplicate.

फरद (farad) पु. (अ.) कागज या कपड़े आदि का टुकड़ा।
(m.) cut piece of paper of cloth.

फरदखान (faradakhān) पु. (अ.) खुली जगह।
(m.) open space.

फरदाँव (faradāṁv) पु. दे. फरदखान।

फरनाठी (faranāṭhī) स्त्री. बाँस की फाड़ी हुई छड़ी।
(f.) splinter from spit bamboo.

फरनी (faranī) स्त्री. पहली जोत।
(f.) ploughing first.

फरफराइल (farafarāil) अक. फड़फड़ाना।
(v.i.) to flop.

फरफंद (farafaṁd) पु. छल-कपट, प्रपंच।
(m.) dodge, and duplicity, illusory creation.

फरफराकित (farafarākit) पु. शौचकर्म।
(m.) purificatory act, defection.

फरमा (faramā) पु. साँचा, ढाँचा।
(m.) model, frame.

फरमाइस (faramāis) स्त्री. (फा.) किसी काम के लिए आदेश, आग्रह।
(f.) an imperative request, an order.

फरमाइसी (faramāisī) वि. (फा.) विशेष रूप से आदेश देकर तैयार कराई गई कोई चीज।
(adj.) (performed) on specific request.

फरमान (faramān) पु. (फा.) राजकीय आज्ञापत्र।
(m.) a royal edict, command, decree.

फरमावल (faramāval) सक. (फा.) किसी वस्तु के लिए आज्ञा या आदेश देना।
(v.t.) to make an utterance, to come out with an order.

फरल (faral) अक. फलना, पौधों में फल लगना।
(v.i.) to come to fruition, to be fruitful.

फरल-फुलाइल (faral-fulāil) अक. फलना-फूलना।
(v.i.) to flowish.

फरस (faras) पु. (अं.) 1. बिछावन। 2. जमीन, फर्श।
(m.) 1. bedding. 2. flooring.

फरसस्त (farasast) वि. 1. बाधा रहित। 2. उत्तम।
(adj.) 1. without hindrance. 2. the best.

फरसा (farasā) पु. (सं.) चौड़ा और तेज धार का हथियार।
(m.) battle axe.

फरसाद (farasād) पु. (अ.) फसाद, झगड़ा, उपदेश।
(m.) quarrel, disturbance.

फरहद (farahad) पु. एक प्रकार का पौधा।
(m.) a kind of plant.

फरहर (farahar) वि. फुर्तीला, तेज, जोशीला।
(adj.) agile, prompt, alert, energetic.

फरहरई (faraharaī) स्त्री. चपलता।
(f.) fickleness.

फरहरी (faraharī) स्त्री. फलनेवाली सब्जी की लता।
(f.) creeper of vegetable.

फरहा (farahā) स्त्री. एक प्रकार की बड़ी मछली।
(f.) a kind of big fish.

फरहारा (farahārā) पु. बड़े आकार का पताका, झंडा।
(m.) a banner, flag.

फरही (farahī) स्त्री. चिउरी।
(f.) rice parched and beaten flat.

फराक (farāk) पु. (अं.) बच्चियों को पहनने का एक लंबा वस्त्र।
(m.) a frock.

फरागत (farāgat) स्त्री. दे. फरफराकित।

फरार (farār) पु. (अ.) भागा हुआ आदमी, भगोड़ा।
(m.) absconder.

फरांसीसी (farāṅsīsī) वि. फ्रांस देश का रहनेवाला। (स्त्री.) फ्रांस की भाषा।
(adj.) an inhabitat of france. (f.) the french language.

फराहिन (farāhin) पु. अवकाश।
(m.) leisure, leave of absence.

फरियाइल (fariyāil) अक. निपटारा होना।
(v.i.) to be setteled.

फरियावल (fariyāval) सक. झगड़ा शांत करना।
(v.t.) to settle a dispute.

फरिछ (farich) पु. सुबह का प्रकाश।
(m.) morning light, morning glow.

फरिछाइल (farichāil) अक. गंदगी साफ होना।
(v.i.) to be swept clean.

फरिया (fariyā) स्त्री. फार, फाल।
(f.) ploughshare.

फरियाद (fariyād) स्त्री. (फा.) शिकायत, नालिश।
(f.) a petition, complaint.

फरियादी (fariyādī) पु. (फा.) फरियाद करनेवाला, शिकायतकर्ता।
(m.) a petitioner, suppliant.

फरीक (farīk) पु. (अ.) हिस्सेदार।
(m.) shareholder, partner.

फरुसा (farusā) पु. फावड़ा।
(m.) a mattock.

फरुहा (faruhā) पु. चौड़े फलक का कुदाल।
(m.) spade with a wide blade.

फरुही (faruhī) स्त्री. लाई।
(f.) parched paddy.

फरेंद (fareṅd) वि. (फा.) फल देनेवाला पेड़।
(adj.) fruitful tree.

फरे (fare) पु. सफलता, कामयाबी।
(m.) success, achievement.

फरेन (faren) वि. दे. फरेंद।

फरेनवा (farenavā) पु. (फा.) बड़े आकार का जामुन।
(m.) large size black berry.

फरेब (fareb) पु. (फा.) कपट, छल।
(m.) fraud, duplicity, deception.

फरेबी (farebī) पु. (फा.) कपटी, धूर्त, धोखेबाज।
(m.) fraudulent, wily, deceptive person.

फरेरा (farerā) वि. सूखा।
(adj.) dry.

फल (fal) पु. (सं.) 1. परिणाम। 2. फल (आम, जामुन आदि)।
(m.) 1. result. 2. fruit (mango black berry etc).

फलकल (falakal) अक. 1. मुटाई आना (अंग)। 2. फैलना।
(v.i.) 1. to grow fat, to fatten. 2. to spread.

फलकार (falakār) पु. फलों पर लगनेवाला कर या राजस्व।
(m.) fruit tax.

फलगुनी (falagunī) स्त्री. 1. फाल्गुन में होनेवाली फसल। 2. फाल्गुनी सितारा।
(f.) 1. the crop of Phalgun month. 2. Phalguni star.

फलगू (falagū) स्त्री. (सं.) बिहार में गया के निकट बहने-वाली एक प्रसिद्ध नदी, फल्गु।
(f.) a famous river near Gaya in Bihar.

फलताड़ (falatāṛ) पु. वह ताड़ वृक्ष, जिसमें फल लगता है।
(m.) fruitful palm tree.

फलदान (faladān) पु. (सं.) वररक्षा, वरेच्छा।
(m.) engagement/settlement regarding dowry etc. for marriage.

फलरा (falarā) पु. दुर्गम स्थान।
(m.) difficult of access place.

फलसा (falasā) पु. फल्ली, फली, छिम्मी।
(m.) a bean, a pod.

फलाना (falānā) सर्व. (अ.) फलाँ, अमुक।
(pron.) such and such.

फलालैन (falālain) पु. एक प्रकार का कपड़ा।
(m.) a kind of cloth.

फली (falī) स्त्री. दे. फलरा।

फसकल (fasakal) अक. दे. फलकल।

फसल (fasal) स्त्री. (अ. फस्ल) 1. खेत की उपज, पैदावार। 2. मौसम।
(f.) 1. yield, crop. 2. season.

फसली (fasalī) स्त्री. (फा.) हैजा।
(f.) cholera.

फसिल (fasil) स्त्री. दे. फसल।

फसिली (fasilī) स्त्री. दे. फसली।

फहम (faham) स्त्री. (अ.) फहम, समझ, ज्ञान।
(f.) understanding, knowledge.

फहरल (faharal) अक. हवा में उड़ना, फहराना, फड़फड़ाना।
(v.i.) to flutter, to flap.

फहरावल (faharāval) सक. फहराना।
(v.t.) to unfurl, to make to fly.

फहीमा (fahīmā) वि. (अ.) समझदार, बुद्धिमान।
(adj.) keen, intelligent, wise.

फाँक (faṁk) पु. 1. टुकड़ा। 2. दरार।
(m.) 1. slice, piece. 2. crack, rift, fissure.

फाँकल (fāṁkal) सक. फाँकना।
(v.t.) to swallow.

फाँका (faṁkā) पु. फाँककर एक बार में मुँह में डाली गई किसी वस्तु की मात्रा, फंकी।
(m.) a gulpful chunk of powder, a swallow.

फाँकी (fāṁkī) स्त्री. (सं.) संस्कृत व्याकरण का गूढ़ प्रश्न।
(f.) the abstruse question of Sanskrit Vyakaran.

फाँट (faṁṭ) पु. 1. हिस्सा। 2. चौड़ाई।
(m.) 1. part, portion. 2. width.

फाँटल (faṁṭal) सक. 1. बाँटना। 2. विभाजित करना।
(v.t.) 1. to distribute. 2. to devide.

फाँड़ (faṁṛ) स्त्री. लुँगी, आँचल आदि को मोड़कर बनाई गई झोलेनुमा आकृति।
(f.) lungi-saree end folded as a bag or container.

फाँड़ी (faṁṛī) स्त्री. 1. शाखा। 2. दूरी।
(f.) 1. branch. 2. distance.

फाँफ (faṁf) पु. पानी या किसी द्रव का फुहारा।
(m.) fountain, shower.

फाँफड़ (faṁfaṛ) पु. दो चीजों के बीच का खाली स्थान।
(m.) gap between two things.

फाँय-फाँय (faṁy-faṁy) क्रि.वि. जोरों की हवा चलने की आवाज।
(adv.) the sound of fast blowing wind.

फाँस (fāṁs) स्त्री. 1. रस्सी का फंदा। 2. गाँठ।
(f.) 1. noose. 2. knot.

फाँसल (fāṁsal) सक. जाल या फंदे में फँसाना।
(v.t.) to entrap, to trap.

फाँसी (faṁsī) स्त्री. गले में फंदा डालकर मारने का कार्य।
(f.) death by hanging.

फाइन (fāin) वि. (अं.) उत्तम, जुर्माना।
(adj.) best, fine.

फाइल (fāil) स्त्री. (अं.) पंजिका।
(f.) file.

फाएट (fāet) पु. घूँसा।
(m.) fisticuff, punch.

फाएदा (fāedā) पु. लाभ।
(m.) benefit, profit.

फाका (fākā) पु. (अ.) फाक, उपवास।
(m.) fast, starvation.

फाकामस्त (fākāmast) वि. (अ.+फा.) जो खाने-पीने का कष्ट उठाकर भी कुछ चिंता नहीं करता हो।
(adj.) cheerful even in extreme poverty.

फाग (fāg) पु. 1. होली का त्यौहार। 2. होली के अवसर पर गाया जानेवाला विशेष गीत।
(m.) 1. Holi festival. 2. a typical song sung during the Holi.

फागुन (fāgun) पु. (सं.) फाल्गुन, हिंदू पंचाँग के अनुसार वर्ष का बारहवाँ और अंतिम महीना।
(m.) the twelveth and last month of the year according to the Hindu calendar.

फाजिल (fājil) वि. (अ.) 1. अतिरिक्त, अधिक। 2. विद्वान।
(adj.) 1. extra, addtional, surplus. 2. scholar.

फाट (fāṭ) पु. 1. जमीन आदि का बँटवारा। 2. दरार, छिद्र।
(m.) 1. division of land etc. 2. rift, hole.

फाटक (fāṭak) पु. मुख्य द्वार। 2. प्रवेश द्वार।
(m.) 1. main gate. 2. entrance.

फाटबंदी (fāṭabaṁdī) स्त्री. बँटवारा।
(f.) division, partition.

फाटल (fāṭal) अक. 1. दरार पड़ना। 2. टुकड़ा होना।
(v.i.) 1. to crack. 2. to be pieces.

फाटल-चुटल (fāṭal-cuṭal) वि. चीथड़ा।
(adj.) taller, shred.

फाटो (fāṭo) पु. धान की बाल में होनेवाली बीमारी।
(m.) a crop disease occuring in paddy filaments (corn ear).

फाड़ल (fāṛal) सक. फाड़ना।
(v.t.) to tear off, to rend.

फानल (fānal) अक. फाँदना, कूदना।
(v.i.) to leap over, to jump, to hop.

फायदा (fāyadā) पु. (अ.) फायदा, लाभ, नफा।
(m.) profit, benefit.

फार (fār) पु. हल का फाल जिससे भूमि जोती जाती है।
(m.) plough blade.

फारखती (fārakhatī) स्त्री. (अ.+फा.) कर्ज वापस करने का दस्तावेज।
(f.) debt clearance document.

फारम-गेहूँ (fāram-gehūṁ) पु. अच्छे किस्म का गेहूँ।
(m.) a fine quality of wheat.

फारल (fāral) सक. दे. फाड़ल।

फारस (fāras) पु. (फा.) ईरान या पारस नामक देश।
(m.) Persia.

फारसी (fārasī) स्त्री. (फा.) फारस देश की भाषा। उदा. 'पढ़े फारसी बेचे तेल। देख भाई किस्मत के खेल'।
(f.) the persian language.

फारा (fārā) पु. किसी फल या लकड़ी के हिस्सों में से एक भाग।
(m.) cut piece.

फारी (fārī) स्त्री. दे. फारा।

फाल (fāl) पु. 1. डेग, कदम। 2. छलाँग।
(m.) 1. step, foot. 2. jump.

फालतू (fālatū) वि. 1. अतिरिक्त, अधिक। 2. बेकार।
(adj.) 1. extra, surplus. 2. useless.

फालसा (fālasā) पु. एक प्रकार का फल।
(m.) a kind of fruit.

फालिस (fālis) पु. लकवा जिसमें आधा अंग सुन्न हो जाता है, पक्षाघात। पर्या. फालिग।
(m.) paralysis.

फालूदा (fālūdā) पु. (फा.) एक प्रकार का व्यंजन।
(m.) a kind of food.

फासला (fāsalā) पु. (अ.) दूरी, अंतर।
(m.) distance, gap, difference.

फाहा (fāhā) पु. रूई का गोल पिंड।
(m.) swab, cotton wool wad.

फिकिर (fikir) पु. (अ.) चिंता, फिक्र।
(m.) worry, anxiety.

फिचकारी (ficakārī) स्त्री. पानी आदि जोर से फेंकने का उपकरण, पिचकारी।
(f.) a syringe, flitgun.

फिटकाल (fiṭakāl) पु. 1. मुसीबत। 2. उलझन।
(m.) 1. difficulty. 2. complication.

फिटकिरी (fiṭakirī) स्त्री. एक खनिज वस्तु जिसका उपयोग प्रायः पानी साफ करने को होता है।
(f.) alum.

फिटर (fiṭar) पु. (अं.) 1. कारीगर, मिस्त्री। 2. दर्जी।
(m.) 1. fitter. 2. tailor.

फितरत (fitarat) स्त्री. (अ.) 1. प्रकृति। 2. स्वभाव प्रवृत्ति। 3. धूर्तता।
(f.) 1. nature. 2. disposition. 3. cunningness, wiliness.

फितूर (fitūr) पु. (अ.) 1. पागलपन। 2. बीमारी, कमजोरी। 3. अशक्तता।
(m.) 1. craze. 2. unsoundness. 3. infirmity.

फिदवी (fidavī) वि. (अ.) 1. आज्ञाकारी। 2. समर्पित।
(adj.) 1. obedient. 2. devoted.

फिदा (fidā) वि. (अ.) 1. समर्पित। 2. आकर्षित।
(adj.) 1. devoted. 2. attracted.

फिनु (finu) क्रि.वि. फिर, पुनः, नए सिरे से।
(adv.) again, a fresh.

फिरंगी (firaṅgī) पु. इंग्लैंड का निवासी, अंग्रेज।
(m.) Englishman.

फिरंट (firaṅṭ) पु. 1. क्रुद्ध। 2. विरुद्ध।
(m.) 1. angry. 2. opposed.

फिरका (firakā) पु. (अ. फिर्कः) 1. संप्रदाय। 2. जाति, समुदाय।
(m.) 1. religious sect. 2. sect, community.

फिरकी (firakī) स्त्री. एक तरह का खिलौना जो लकड़ी का और गोल आकृति का होता है।
(f.) a kind of round wooden toy.

फिरता (firatā) पु. 1. वापसी। 2. अस्वीकार।
(m.) 1. return, coming back. 2. refusal.

फिरती (firatī) स्त्री. लौटते समय।
(f.) in return trip.

फिरनी (firanī) स्त्री. (फा.) एक प्रकार की खीर जो चावल के आटे से बनाई जाती है।
(f.) a sweet dish prepared from rice flour.

फिरल (firal) अक. 1. घूमना। 2. लौटना। 3. चक्कर लगाना।
(v.i.) 1. to turn, to walk. 2. return. 3. to go round, to wander.

फिराऊ (firāū) वि. लौटाने योग्य।
(adj.) returnable.

फिराक (firāk) पु. (अ.) 1. वियोग, विछोह। 2. चिंता। 3. खोज।
(m.) 1. separation. 2. worry, anxiety. 3. search.

फिरार (firār) पु. (अ.) भगोड़ा, भागा हुआ व्यक्ति।
(m.) absconder.

फिरिस्त (firist) स्त्री. (फा.) 1. सूची, तालिका। 2. सूचीपत्र।
(f.) 1. a list, table. 2. catalogue.

फिरी (firī) वि. (अं.) मुफ्त।
(adj.) free.

फिलिम (filim) पु. (अं.) चलचित्र, फिल्म।
(m.) movie.

फिल्ली (fillī) स्त्री. टखना।
(f.) ankle.

फिसाद (fisād) पु. (अ.) झगड़ा, उपद्रव।
(m.) quarrel, disturbance.

फी (fī) वि. (अ.) प्रत्येक, हर एक।
(adj.) each, every.

फीक (fīk) वि. लंबा और पतला।
(adj.) long and thin.

फीका (fīkā) वि. 1. स्वादहीन, बेस्वाद। 2. नीरस।
(adj.) 1. tasteless, insipid. 2. vapid.

फीचल (fīcal) सक. कपड़ा आदि धोना। उदा. 'ताहि तर कवन बाबू करे असननवाँ, धोतिया फीचत कुम्हिलाय हे।' (विवाहगीत)।
(v.t.) to wash, to clean.

फीता (fītā) पु. (फा.) पतली धज्जी सूत आदि जो किसी वस्तु को लपेटने या बाँधने के काम में आता है।
(m.) a lace, ribbon, tape, shoelace.

फीलपाँव (fīlapāṁv) पु. (फा.) एक रोग जिसमें पैर या कोई अंग फूलकर हाथी के पैर की तरह हो जाता है। श्लीपद।
(m.) elephantiasis.

फीलवान (fīlavān) पु. (फा.) हाथी हाँकनेवाला, महावत। पर्या. हाथीवान।
(m.) an elephant driver.

फीस (fīs) स्त्री. (अं.) शुल्क, पारिश्रमिक।
(f.) fee.

फुँकनी (fuṁkanī) स्त्री. बाँस, पीतल आदि की नली जिसमें मुँह की हवा भरकर आग को दहकाने के लिए उस पर छोड़ा जाता है (सोनार आदि के लिए)।
(f.) a blow tube, blow pipe (for gold smith etc.).

फुँफकार (fuṁfakār) पु. साँप के फुँफकारने की आवाज।
(m.) hiss of a snake, hissing.

फुंसियाइल (fuṅsiyāil) वि. फुंसीदार।
(adj.) pimply, pocked.

फुंसी (fuṅsī) स्त्री. छोटा फोड़ा।
(f.) pimple, pock.

फुचकी (fucakī) स्त्री. पानीपुरी, गोलगप्पा।
(f.) crisp spherical pockets of wheat flour or semolina.

फुट (fuṭ) वि. अयुग्म, अलग, बिना मेल के।
(adj.) alone, separate, without a match.

फुटकर (fuṭakar) वि. 1. खुदरा। 2. विविध प्रकार का।
(adj.) 1. retail. 2. miscellaneous.

फुटकल (fuṭakal) अक. अलग हो जाना, साथ छूट जाना।
(v.i.) to separate, to be alone.

फुटका (fuṭakā) पु. दे. फुट।

फुटकावल (fuṭakāval) सक. अलग-अलग करना।
(v.t.) to make separate.

फुटकुटिया (fuṭakuṭiyā) वि. खुदरा विक्रेता, कम पूँजीवाला।
(adj.) retailer.

फुटमत (fuṭamat) पु. 1. विरोध। 2. अलगाव।
(m.) 1. protest, objection. 2. separation.

फुटानी (fuṭānī) स्त्री. बड़ा दिखने के लिए आडंबर।
(f.) obtentation. showing higher class.

फुटेहरा (fuṭeharā) पु. लावा, भुना हुआ चना।
(m.) pop corn, fried gram.

फुटेहरी (fuṭeharī) स्त्री. आटे की लोई में सत्तू तथा मसाला भरकर बना गोलाकार खाद्य पदार्थ।
(f.) food item made by mixing sattu and herbs with Atta dough.

फुदकल (fudakal) अक. 1. उछलना। 2. कुलाँच भरना।
(v.i.) 1. to skip. 2. to caper.

फुदफुदही (fudafudahī) स्त्री. खंजन।
(f.) wagtail (bird).

फुनगी (funagī) स्त्री. पेड़, पौधा या उसकी शाखाओं का शीर्ष भाग।
(f.) a tree tip, a branch tip.

फुनफुनाइल (funafunāil) अक. आवेश में आना।
(v.i.) to be agitated.

फुनुस (funus) पु. पौधा।
(m.) a plant.

फुफकार (fufakār) पु. दे. फुँफकार।

फुफुआ (fufuā) वि. फुआ से संबंधित।
(adj.) related to father's sister.

फुफुआउत (fufuāut) वि. फूफा से संबंधी, फुफेरा।
(adj.) related to father's sister's husband.

फुफुती (fufutī) स्त्री. धोती या साड़ी की खोंसी गई चुन्नट। उदा. 'गोतिन के झुलनी चोराएब फुफुती में लुकायेब नइहर भेजायेब।' (लोक.)।
(f.) pleats of a saree tucked in the petticoat.

फुफुहर (fufuhar) पु. बुआ का निवासस्थान, वह स्थान जहाँ बुआ ब्याही गई हो।
(m.) residence of father's married sister.

फुफेरा (fuferā) वि. दे. फुफुआउत।

फुर (fur) पु. 1. उड़ने के समय पक्षी के पंख की आवाज। 2. सत्य।
(m.) 1. sound of a bird's wing in flight. 2. true.

फुरती (furatī) स्त्री. (सं.) स्फूर्ति, तेजी, शीघ्रता।
(f.) quickness, smartness, rapidity.

फुरल (fural) अक. याद आना।
(v.i.) to remember.

फुरसत (furasat) स्त्री. (अ.) 1. अवकाश, छुट्टी, फुर्सत। 2. अवसर।
(f.) 1. leisure, leave, holiday. 2. chance, opportunity.

फुलका (fulakā) पु. पतली हल्की रोटी, चपाती।
(m.) a thin bread.

फुलकारी (fulakārī) स्त्री. कशीदाकारी, कशीदा काढ़ने का काम।
(f.) embroidery.

फुलझड़ी (fulajhaṛī) स्त्री. एक प्रकार की अग्नि क्रीड़ा जिसमें से फूलों के समान चिनगारियाँ निकलती हैं।
(f.) a kind of fireplay which emits flower like sparks.

फुलवा (fulavā) वि. बैल की एक किस्म।
(adj.) a type of ox.

फुलवारी (fulavārī) स्त्री. पुष्प वाटिका, बगीचा।
(f.) flower's garden.

फुलहरा (fulaharā) पु. माली।
(m.) gardener.

फुलहा (fulahā) वि. फूल नामक धातु से बना बर्तन।
(adj.) a vessel made with Fool metal.

फुलाइल (fulāil) अक. पुष्पित होना, फूल निकलना।
(v.i.) to florish, to bloom, to blossom.

फुलावल (fulāval) सक. फुलाना।
(v.t.) to inflate, to bloat.

फुलुक (fuluk) वि. मुलायम।
(adj.) soft.

फुलेना (fulenā) पु. एक प्रकार की घास।
(m.) a kind of grass.

फुलौना (fulaunā) पु. गुब्बारा।
(m.) a balloon.

फुसफुसाइल (fusafusāil) अक. धीमे स्वर से कान में कहना।
(v.i.) to whisper.

फुसरी (fusarī) स्त्री. फुंसी।
(f.) pustule, boil, abscess.

फुसलावल (fusalāval) सक. फुसलाना, बहकाना, धोखा देना।
(v.t.) to persuade, to deceive.

फुहर-पातर (fuhar-pātar) पु. अशिष्ट बातें।
(m.) obscene talk.

फुहार (fuhār) पु. भीनी बूँदों की बारिश।
(m.) drizzle , fine dense drops of rain, spray.

फुहारा (fuhārā) पु. फब्बारा।
(m.) a fountain, shower.

फुही (fuhī) स्त्री. दे. फुहार।

फुहिआइल (fuhiāil) अक. अति बारीक कणों के रूप में बूँदें पड़ना।
(v.i.) to drizzle.

फूँक (fūṁk) स्त्री. (सं.) फुत्कार, फूँकने का कार्य।
(f.) puff, whiff.

फूँकल (fūṁkal) सक. फूँकना।
(v.t.) to puff, to blow, to whiff.

फूँकनी (fūṁkanī) स्त्री. दे. फुँकनी।

फूँका (fūṁkā) पु. छोटा घाव।
(m.) small wound.

फूँट (fūṁṭ) पु. कँकड़ी प्रजाति का एक फल, फूट।
(m.) a fruit in the cucumber family.

फूआ (fūā) स्त्री. पिता की बहन।
(f.) father's sister.

फूटल (fūṭal) अक. फूटना, फटना या दरार पड़ना। (वि.) फूटा हुआ।
(v.i.) to burst, to crack, or to explode. (adj.) broken, burst.

फूदेना (fūdenā) पु. छोटा पौधा जो चटनी और औषधि के रूप में प्रयुक्त होता है।
(m.) a small plant used in making dips or as medicine.

फूफा (fūfā) पु. फुआ का पति।
(m.) husband of a paternal aunt or father's sister.

फूफी (fūfī) स्त्री. दे. फूआ।

फूफू (fūfū) स्त्री. दे. फूआ।

फूल (fūl) पु. (सं.) पौधे की फलोत्पादक ग्रंथि, पुष्प।
(m.) a flower.

फूलगोभी (fūlagobhī) स्त्री. ऐसी गोभी जिसमें फूल निकलता है।
(f.) cauliflower.

फूलडाली (fūladālī) पु. फूल रखने की डलिया।
(m.) a pot used to keep flowers.

फूलदान (fūladān) पु. गुलदस्ता।
(m.) a flower vase, flower pot.

फूलदार (fūladār) वि. जिस पर फूल-पत्ते बनाए गए हों (वस्त्र आदि)।
(adj.) flowery, embroidered.

फूलभंगा (fūlabhaṅgā) वि. ऐसा फलदार पौधा जिसमें फूल लगते हों पर फल नहीं लग पाते हों।
(adj.) a fruit tree which flowers but does not fruits.

फूलमती (fūlamatī) स्त्री. छोटी गोटीवाला चेचक रोग।
(f.) chicken pox.

फूलमाला (fūlamālā) पु. पुष्पहार।
(m.) coronet.

फूलल (fūlal) अक. 1. पुष्पित होना। 2. सूजन होना। 3. रूठना।
(v.i.) 1. to flower, to bloom. 2. to swell. 3. to be displeased, to sulk.

फूलावल (fūlāval) सक. फुलाना।
(v.t.) to bloat.

फूली (fūlī) स्त्री. आँख का एक रोग जिसमें पुतली में सफेद धब्बा हो जाता है।
(f.) a hard whitish out growth in the pupil of the eye.

फूलेल (fūlel) पु. तेल, जो फूल से बना हो।
(m.) essential oil, essence.

फूस (fūs) पु. सूखी घास जो घर छाने के काम में आती है।
(m.) straw, hay.

फूहर (fūhar) वि. बेढंगा, असहाय।
(adj.) coarse-grained inrefined.

फूहरई (fūharaī) स्त्री. फूहड़पन।
(f.) fumble.

फूही (fūhī) स्त्री. दे. फुहार।

फेंकइता (feṅkaitā) वि. 1. बहादुर। 2. फुर्तीला।
(adj.) 1. brave. 2. smart.

फेंकइल (feṅkail) पु. फेंककर मछली मारनेवाला जाल।
(m.) a fishing net, it is thrown wide.

फेंकरल (feṅkaral) अक. जोर-जोर से रोना।
(v.i.) to weep loudly.

फेंकल (feṅkal) सक. फेंकना।
(v.t.) to throw, to cast, to hurl.

फेंटल (feṅṭal) सक. दो या अधिक वस्तुओं को एक में मिलाना।
(v.t.) to batter, to mix, to shuffle.

फेंटा (feṅṭā) पु. 1. कमर में लपेटा गया धोती का अंश। 2. कोल्हू का एक अंग।
(m.) 1. the part of dhoti rolled and tucked up round the waist. 2. a part of oil crusher.

फेंटी (feṅṭī) स्त्री. लकड़ी का बेकार टुकड़ा।
(f.) useless piece of wood.

फेंड़ (feṅṛ) पु. पेड़, वृक्ष।
(m.) a tree.

फेंफरी (feṅfarī) स्त्री. होंठों के सूखने से पड़ी परत।
(f.) crust on dry lips.

फेट (feṭ) स्त्री. मिश्रण।
(f.) a mixture, combination.

फेदराह (fedarāh) वि. गंदा, भद्दा।
(adj.) dirty, ugly.

फेदा (fedā) पु. ताड़ का फल।
(m.) palm fruit.

फेन (fen) पु. तरल पदार्थ के ऊपर के नन्हे-नन्हे बुलबुले, झाग।
(m.) foam.

फेना (fenā) पु. एक प्रकार की घास।
(m.) a kind of grass.

फेनी (fenī) स्त्री. एक तरह की मिठाई।
(f.) a kind of sweet meat.

फेनु (fenu) क्रि.वि. एक बार फिर।
(adv.) once again.

फेन्सा (fensā) पु. बच्चा देने के तुरंत बाद गाय-भैंस के दूध को उबालकर बना खाद्य पदार्थ।
(m.) a food item made of the milk from a recently calved cattle.

फेफड़ा (fefaṛā) पु. छाती के भीतर का साँस लेने का अवयव।
(m.) a lung.

फेफा (fefā) पु. गला, गर्दन।
(m.) a neck.

फेर (fer) क्रि.वि. दे. फेनु।

फेरल (feral) सक. वापस करना।
(v.t.) to return, to give back.

फेरहई (ferahaī) स्त्री. मवेशियों की खरीद-बिक्री का कार्य।
(f.) the work of buying and selling of cattles.

फेरहा (ferahā) पु. मवेशियों का दलाल।
(m.) cattle agent.

फेरा (ferā) पु. चक्कर, परिक्रमा।
(m.) round, going round.

फोंफड़ (foṅfaṛ) वि. खोखला।
(adj.) hollow.

फोंफी (foṅfī) स्त्री. 1. आग तेज करने के लिए फूँकी जानेवाली नली। 2. नरकुल का बाजा। 3. बच्चों की एक मिठाई।
(f.) 1. blow pipe, blower. 2. musical pipe made form a Narakul plant. 3. a sweet for children.

फोकचा (fokacā) पु. फफोला।
(m.) a blister, eruption.

फोकट (fokaṭ) वि. बिना दाम चुकाए, मुफ्त।
(adj.) free of charge, free.

फोटो (foṭo) पु. (अं.) छायाचित्र।
(m.) photograph.

फोता (fotā) पु. (फा.) अंडकोष।
(m.) a testicle.

फोद (fod) पु. लिंग, शिश्न, पुरुष जननेंद्रिय।
(m.) penis.

फोरल (foral) सक. फोड़ना, तोड़ना।
(v.t.) to break, to burst, tc split.

ब

ब (ba) देवनागरी वर्णमाला में तेईसवाँ व्यंजन और पवर्ग का तीसरा वर्ण।
– the twenty third consonant of the Devanagari syllabary and the third letter of the cerebral or Pavarg.

बँइछा (bamichā) पु. एक प्रकार की कपास।
(m.) a kind of cotton.

बँउखा (bamukhā) पु. कच्चे तागे से बना सिर पर लगाने-वाला फूल।
(m.) flower-shaped decoration for the hair, it is made from coarse the read.

बँकइती (bamkaitī) स्त्री. बहादुरी।
(f.) bravery.

बंका (baṅkā) वि. उद्यमी, पुरुषार्थी।
(adj.) diligent, industrious.

बंकुआ (baṅkuā) वि. पसनी, घास काटने का एक औजार।
(adj.) an instrument to cut grass.

बंगड़ (baṅgaṛ) वि. दुष्ट, धूर्त।
(adj.) wicked, vile, cunning.

बँगराह (bamgarāh) वि. अनुपजाऊ (जमीन)।
(adj.) infertile, barren (land).

बंगट (baṅgaṭ) पु. बदमाश, तुच्छ व्यक्ति।
(m.) scoundrel, crook, mean person.

बंगड़ेड़ा (baṅgaṛeṛā) पु. बवंडर।
(m.) whirlwind, storm.

बँगला (baṅgalā) पु. 1. अमीरों का चौपाल, मकान, बगीचा या खुले स्थान में बना अधिकारियों या अमीरों का मकान। 2. बंगला भाषा। (वि.) बंगाल से संबंधित।
(m.) 1. a bungalow. 2. the Bengali language. (adj.) belonging to Bengal.

बंगा (baṅgā) पु. कपास के पौधे से प्राप्त रूई।
(m.) oblained from a cotton tree.

बंगाली (baṅgālī) वि. बंगाल का निवासी।
(adj.) inhabitant of Bengal.

बंगीड़ (baṅgīṛ) पु. एक प्रकार का पौधा।
(m.) a kind of plant.

बँगुरी (bamgurī) स्त्री. 1. एक प्रकार का आभूषण। 2. एक प्रकार की मछली।
(f.) 1. a kind of ornament. 2. a type of fish.

बँचल (bamcal) अक. बचना, वंचित रहना।
(v.i.) to be saved, to remain (unused or un-spent). to avoid.

बँचवावल (bamcavāval) सक. किसी से पढ़वाना।
(v.t.) to cause to be read.

बँचावल (bamcāval) सक. रक्षा करना।
(v.t.) to save, to preserve, to keep safe.

बंजर (baṅjar) वि. दे. बँगराह।

बंजारा (baṅjārā) पु. अनाज आदि लादकर बेचनेवाला व्यापारी। पर्या. बनजारा।
(m.) trader or carrier of grain etc, merchant.

बँझौड़ा (bamjhauṛā) वि. जो बीज नहीं जम सके।
(adj.) infertile seed.

बँटवारा (bamṭavārā) पु. वितरण, बाँटने का कार्य।
(m.) division, partition (of land, territory).

बँटवावल (bamṭavāval) सक. विभाजित कराना, वितरित कराना।
(v.t.) to casue to be divided (by).

बंटा (baṅṭā) पु. छोटा डब्बा।
(m.) a small box.

बँटाइल (bamṭāil) अक. बाँटा जाना, विभाजित होना।
(v.i.) to be divided.

बँटाई (bamṭāī) पु. वितरण।
(m.) distribution.

बंठा (baṅṭhā) वि. जिस घोड़े को बाँधकर घास-भूसा खिलाया जाता हो।
(adj.) horse which is fed while tied to a rope.

बंडा (baṅḍā) पु. अरुई की जाति का एक कंद। (वि.) जिस बैल की पूँछ टूटी हो।
(m.) a variety of arum plant and its tubers. (adj.) broken tailed (bullock).

बंडी (baṅḍī) स्त्री. गंजी।
(f.) light vest coat, vest.

बँड़छा (baṁṛachā) पु. एक प्रकार की कपास।
(m.) a kind of cotton.

बँड़ेरी (baṁṛerī) स्त्री. खपरैल के मकान का ऊपरी हिस्सा।
(f.) upper part of a sloping tile house.

बँड़वा (baṁṛavā) पु. इंद्रधनुष।
(m.) rainbow.

बंतू (baṅtū) वि. अपने को यथार्थ से अधिक दिखानेवाला।
(adj.) showy.

बंद (baṅd) वि. (फा.) जो खुला नहीं हो, अवरुद्ध।
(adj.) not open, closed, shut , locked.

बंदगी (baṅdagī) स्त्री. (फा.) भक्तिपूर्वक ईश्वर की वंदना, आदाब, प्रणाम।
(f.) deep respect and devotion for the God salutation.

बंदना (baṅdanā) पु. वंदना।
(m.) praising, praise, prayer.

बंदर (baṅdar) पु. बंदर, कपि, मर्कट।
(m.) a monkey.

बंदल (baṅdal) अक. (सं.) वंदना करना, प्रार्थना करना।
(v.i.) to pray, to utter a prayer.

बंदी (baṅdī) पु. बंदी।
(m.) captive, prisoner.

बंदूक (baṅdūk) स्त्री. (अ.) एक अस्त्र जिसमें गोली रखकर बारूद की सहायता से उसे चलाया जाता है, बंदूक।
(f.) a gun, rifle.

बंदौर (baṅdaur) पु. कपास का बीज।
(m.) cotton seed.

बँधना (baṁdhanā) पु. एक तरह का पात्र।
(m.) a type of pot.

बंमई (baṅmaī) पु. एक प्रकार का स्वादिष्ट आम।
(m.) a kind of very tasty mango.

बंमड़ (baṅmaṛ) वि. बेढंगा, मूर्ख।
(adj.) uncouth, foolish.

बँवरि (baṁvari) स्त्री. लता, बेलि।
(f.) vine, creeper, climber.

बंस (baṅs) पु. (सं.) वंश, कुल, संतान।
(m.) family line, succession, family, offspring.

बँसइठा (baṁsaiṭhā) पु. बाँस की मोटी लाठी।
(m.) a thick staff of bamboo.

बँसगेंड़ा (baṁsageṅṛā) पु. एक तरह की ईख जो मोटी और लंबी होती है।
(m.) a thick and longish sugarcane.

बँसफूल (baṁsafūl) पु. एक तरह का धान, जो महीन होता है।
(m.) a fine paddy.

बँसफोर (baṁsafor) पु. बाँस की कसीदाकारी कर डलिया-खाँची बनानेवाली जाति।
(m.) a caste engaged in making decorative baskets.

बँसवारी (baṁsavārī) स्त्री. बाँसों का झुरमुट।
(f.) bamboo grove.

बँसहट (baṁsahaṭ) पु. बाँस की खाट।
(m.) a bamboo cot.

बंसा (baṅsā) पु. एक प्रकार की मछली।
(m.) a kind of fish.

बंसावली (baṅsāvalī) स्त्री. वंशावली।
(f.) genealogy.

बंसी (baṅsī) स्त्री. (सं.) वंशी, पतले बाँस की नली का बना, फूँककर बजाने का एक बाजा, बाँसुरी ।
(f.) a flute.

बँसुड़ी (baṁsuṛī) स्त्री दे. बंसी।

बँसुरी (baṁsurī) स्त्री. दे. बंसी।

बँसौता (baṁsautā) पु. एक जंगली बाँस।
(m.) wild bamboo.

बँहड़ल (baṁhaṛal) अक. गलत राह पकड़ना।
(v.i.) to go a stray, to be misled, to wander.

बँहिकट (baṁhikaṭ) वि. जिसका हाथ कटा हो।
(adj.) stumped, crippled.

बँहेल (baṁhel) वि. दे. बंमड़।

बइठउआ (baiṭhauā) वि. जिससे माँड़ नहीं पसाया जाता हो (भात)।
(adj.) from which starch is not removed (cooked rice).

बइठका (baiṭhakā) पु. बैठक, दालान, घर का वह भाग जहाँ प्रायः पुरुष वर्ग बैठता है।
(m.) a sitting room.

बइठकी (baiṭhakī) स्त्री. बैठने का भाव या क्रिया।
(f.) sitting.

बइठल (baiṭhal) अक. बैठना, पिचकना, निशाने पर लगना।
(v.i.) to sit, to get deflated, to hit the target.

बइठावल (baiṭhāval) सक. बैठाना, बैठने का स्थान देना।
(v.t.) to cause to sit, to give a sit (to).

बइमान (baimān) वि. बेईमान।
(adj.) dishonest.

बइमानी (baimānī) स्त्री. बेईमानी।
(f.) dishonesty.

बइर (bair) पु. बेर, एक कँटीला पेड़ और उसका फल।
(m.) a thorny tree and its fruit, jujube.

बइरी (bairī) पु. दुश्मन।
(m.) an enemy.

बइलावल (bailāval) सक. भगाना, खदेड़ना।
(v.t.) to turn out.

बइसाख (baisākh) पु. (सं.) वैशाख, हिंदू पंचांग का दूसरा महीना।
(m.) the second month of the Hindu calendar.

बउआइल (bauāil) अक. सपना या बेहोशी में बोलना।
(v.i.) to talk in sleep and unconsciousness.

बउक (bauk) पु. मूर्ख, अज्ञानी।
(m.) foolish.

बउकार (baukār) वि. बली, शक्तिशाली।
(adj.) strong, powerful, able.

बउखलाइल (baukhalāil) अक. क्रुद्ध होकर बोलना।
(v.i.) to rage with anger.

बउखाह (baukhāh) वि. टेढ़ा।
(adj.) crooked, bent, zigzag.

बउखेह (baukheh) वि. विक्षिप्त।
(adj.) scattered, thrown about.

बउचटाह (baucatāh) वि. मूर्ख-सा।
(adj.) as a foolish.

बउठाँड़ (bauṭhaṁṛ) वि. जिसे कोई काम नहीं हो, निठल्ला।
(adj.) indolent without work.

बउड़िआइल (bauṛiāil) अक. इधर-उधर घूमते रहना।
(v.i.) to wander, to ramble.

बउध (baudh) पु. जो बोल नहीं सके, गूँगा।
(m.) dumb.

बउरल (baural) वि. मूर्ख।
(adj.) foolish.

बउराइल (baurāil) अक. पागल होना।
(v.i.) to be mad, to lose sense.

बउराह (baurāh) वि. पागल, विक्षिप्त। उदा. 'अइसन बउराह बरसे गौरी ना बियाहब मोरा गौरा रहिअन कुँआर।' (विवाह गीत)।
(adj.) mad, crazy, lunatic.

बउराही (baurāhī) पु. सनक।
(m.) eccentricity.

बउवा (bauvā) पु. छोटा बच्चा, बबुआ का लघुरूप।
(m.) little boy, short form of babua.

बऊठा (baūṭhā) पु. धोबियों की एक उपाधि।
(m.) a title of washerman.

बकइयाँ (bakaiyāṁ) पु. बच्चों का घुटने के बल चलने की स्थिति।
(m.) moving on all fours (as of children).

बकउर (bakaur) पु. सत्तू, जौ, चना आदि को भूँजकर बनाया गया चूर्ण।
(m.) coarse flour made form parched grain (barley, gram etc.).

बकटेंट (bakaṭeṅṭ) वि. झगड़ालू।
(adj.) quarrelsome, truculent.

बकता (bakatā) वि. (सं.) वक्ता, व्याख्यान देनेवाला, बहुत बोलनेवाला। उदा. 'ना अति बरखा ना अति धूप, ना अति बकता ना अति चूप'। (कहा.)।
(adj.) a speaker, an eloquent person.

बक-बक (bak-bak) क्रि.वि. व्यर्थ की बात।
(adv.) useless talk.

बकबकाइल (bakabakāil) अक. बकबक करना।
(v.i.) to chatter.

बकरा (bakarā) पु. एक पालतू पशु।
(m.) a goat, billy goat.

बकरी (bakarī) स्त्री. बकरी, एक छोटा दूधारू और पालतू पशु।
(f.) a goat.

बकरीद (bakarīd) पु. (अ. बकर+ईद) मुसलमानों का एक त्यौहार जिसमें बकरों को बलि देते हैं, बकरीद।
(m.) a Muslim festival in which goats are sacrified.

बकल (bakal) सक. व्यर्थ की बातें बोलते रहना।
(v.t.) to chatter, to babble, to talk nonsense.

बकलँड़ (bakalaṁṛ) वि. बुद्धिहीन।
(adj.) senseless, foolish.

बकला (bakalā) पु. एक प्रकार की फली।
(m.) a kind of bean.

बकलोल (bakalol) वि. बेवकूफ, मूर्ख। उदा. 'सभका के समझे बकलोल, कलम आज ओकर जै बोल।' (गीत)।
(adj.) stupid, foolish.

बकवास (bakavās) पु. व्यर्थ की बात।
(m.) chatter, idle talk.
बकसल (bakasal) सक. (फा.) छोड़ना, जाने देना, प्रदान करना, बख्शना।
(v.t.) to forgive, to give or to donate.
बकसा (bakasā) पु. संदूक।
(m.) a box.
बकसीस (bakasīs) स्त्री. (फा.) उपहार, भेंट, पुरस्कार।
(f.) a gift, a tip.
बकाइन (bakāin) पु. नीम के समान पत्तेवाला एक पेड़।
(m.) a neem type tree.
बकाया (bakāyā) वि. (अ.) बाकी बचा हुआ। (पु.) बाकी बची हुई रकम।
(adj.) overdue, late. (m.) arrears.
बकार (bakār) पु. आवाज।
(m.) sound.
बकावल (bakāval) सक. किसी को विवशकर उससे गोपनीय बातें कहवाना।
(v.t.) to cause to chatter.
बकिऔता (bakiautā) वि./पु. दे. बकाया।
बकिया (bakiyā) वि. बाकी, शेष।
(adj.) other, rest.
बकुचा (bakucā) पु. गठरा, धोबी के कपड़े का गट्ठर।
(m.) a bundle, a washerman's bundle of clothes.
बकुची (bakucī) स्त्री. छोटा गट्ठर।
(f.) small bundle.
बकुला (bakulā) पु. (सं.) लंबी टाँगवाला सफेद रंग का एक पक्षी, बगुला।
(m.) heron.
बकेन (baken) वि. दूध देनेवाली महीनों पहले ब्याई गाय या भैंस।
(adj.) a cow or buffalo that is till giving milk (long after calving).
बकेया (bakeyā) पु. धान को नष्ट करनेवाला एक लंबा कीड़ा।
(m.) a long insect which destroys paddy.
बकोटल (bakoṭal) सक. नाखून से खरोंचना।
(v.t.) to claw with finger.
बकोटा (bakoṭā) पु. मुट्ठी में आने लायक वस्तु।
(m.) the amount one may hold in a fist.
बकोय (bakoy) पु. एक तरह का धान, जो लाल होता है।
(m.) a red paddy.
बक्की (bakkī) स्त्री. धान को खानेवाला लंबी आकृति का एक छोटा कीड़ा।
(f.) a long worm that eats into paddy.
बखरा (bakharā) पु. हिस्सा।
(m.) part, share, heap.
बखरी (bakharī) स्त्री. कच्चा मकान।
(f.) soil made house.
बखान (bakhān) पु. वर्णन, बड़ाई।
(m.) exposition, praise.
बखानल (bakhānal) सक. वर्णन करना, प्रशंसा करना।
(v.t.) to expound, to praise.
बखार (bakhār) पु. अन्न रखने के लिए बनाया गया घर।
(m.) storehouse, granary.
बखारी (bakhārī) स्त्री. कुठला।
(f.) a large earthen bin for grain.
बखिया (bakhiyā) पु. (फा.) कपड़े की एक प्रकार की मजबूत सिलाई।
(m.) a type of stitching.
बखीर (bakhīr) स्त्री. ईख के रस में पका चावल।
(f.) rice pudding cooked in sugarcane juice.
बखेड़ा (bakheṛā) पु. परेशानी, झमेला, झंझट।
(m.) difficulty, trouble, worry.
बखौर (bakhaur) पु. एक तरह का धान।
(m.) a kind of paddy.
बगइचा (bagaicā) पु. (फा.) छोटा बाग, उपवन, बागीचा।
(m.) a small garden, orchard.
बगड़ा (bagaṛā) पु. जवान बकरा।
(m.) young male sheep, lamb.
बगदल (bagadal) अक. खराब होना, बिगड़ना। उदा. 'तहार बगदल बा रहनियाँ कइसे सुधरी।' (गीत)।
(v.i.) to be spoiled, to be ruined.
बगरेंड़ (bagareṅṛ) पु. अंडी।
(m.) the oil bearing fruit of the castor tree.
बगल (bagal) पु. (फा.) काँख, पाँजर।
(m.) armpit, side of the body.
बगली (bagalī) स्त्री. (फा.) पाकेट, जेब।
(f.) pocket.
बगवानी (bagavānī) वि. बागवानी।
(adj.) horticulture.
बगाइल (bagāil) अक. टेढ़ा-नेढ़ा चलना।
(v.i.) to go zigzag.

बगावत (bagāvat) स्त्री. (अ.) किसी के विरुद्ध खड़े होना, विद्रोह।
(f.) act of rebelling, revolt, rebellion.

बगास (bagās) पु. ईख की सिट्ठी।
(m.) bagasse, sugarcane residue after juice has been extracted out of it.

बगिया (bagiyā) स्त्री. दे. बगइचा।

बगेड़ी (bageṛī) स्त्री. मटमैले रंग की एक छोटी चिड़िया।
(f.) an earth coloured small bird.

बगेदल (bagedal) सक. तिरस्कार के साथ खदेड़ना।
(v.t.) to turn out.

बग्गी (baggī) स्त्री. (अं.) घोड़ागाड़ी, बग्घी।
(f.) buggy, horse-deriven vehicle.

बग्यान (bagyān) पु. चीता।
(m.) a leopard.

बघछल (baghachal) वि. विद्रोही।
(adj.) rebellious.

बघछाला (baghachālā) पु. साधुओं द्वारा प्रयुक्त बाघ का चमड़ा।
(m.) tiger skin used by saints.

बघरुआ (bagharuā) पु. तेल या घी में तलकर तैयार किया हुआ व्यंजन।
(m.) a food fried in oil or ghee.

बघार (baghār) पु. छौंक।
(m.) seasoning.

बघारल (baghāral) सक. गर्म तेल या घी में मसाला डालना।
(v.t.) to brown spices in heated oil or ghee to season.

बघेल (baghel) पु. राजपूतों की एक उपजाति।
(m.) name of a Rajput community.

बच (bac) पु. (सं.) एक प्रकार की वनौषधि।
(m.) a semi aquatic herb having medicinal properties.

बचकट (bacakaṭ) पु. बच्चे की तरह छोटा और नाजुक।
(m.) tender like a child.

बचका (bacakā) पु. एक प्रकार का व्यंजन।
(m.) a kind of food.

बचत (bacat) स्त्री. बचने का भाव, लाभ।
(f.) saving, amount saved profit.

बचन (bacan) पु. (सं.) वचन, बात, वाणी, वादा।
(m.) speech, promise.

बचनी (bacanī) पु. शिशु।
(m.) an infant.

बचपन (bacapan) पु. लड़कपन, शैशव।
(m.) childhood, childishness.

बचल (bacal) अक. बचना, सुरक्षित रहना।
(v.i.) to be saved, to be safe.

बचवा (bacavā) पु. बच्चा, एक प्रकार की छोटी मछली।
(m.) child, a kind of fish.

बचाव (bacāv) पु. बचने की स्थिति या भाव, सुरक्षा।
(m.) preservation, safety, protection, defense.

बचावल (bacāval) सक. सुरक्षित रखना।
(v.t.) to secure, to save, to keep in reserve.

बच्चा (baccā) पु. किसी प्राणी का छोटा शिशु।
(m.) a child, a baby, infant, young one.

बच्छा (bacchā) पु. (सं.) गाय का नर बच्चा।
(m.) a calf.

बछरू (bacharū) पु. दे. बच्छा।

बछिमार (bachimār) पु. गाय की हत्या करनेवाला व्यक्ति। (वि.) निर्दय।
(m.) cow-killer. (adj.) merciless, pitiless.

बछिया (bachiyā) स्त्री. गाय का मादा बच्चा।
(f.) a calf (female).

बछेड़ा (bacheṛā) पु. घोड़ी का बच्चा।
(m.) foal, colt.

बछेड़ी (bacheṛī) स्त्री. घोड़ी का मादा बच्चा।
(f.) foal (female).

बजका (bajakā) पु. लौकी, आलू आदि में बेसन लगाकर तला हुआ भोज्य पदार्थ।
(m.) fried food item made from battle gourd, potato soaked in besan.

बजड़ (bajaṛ) वि. कड़ा, सख्त।
(adj.) hard, stiff, firm.

बजड़ा (bajaṛā) पु. एक प्रकार का मोटा अन्न, बाजरा।
(m.) millet.

बजनिया (bajaniyā) पु. बाजा बजानेवाला।
(m.) musician.

बजबज (bajabaj) क्रि.वि. मधुमक्खियों के झुंड की आवाज, अत्यधिक सड़ा हुआ।
(adv.) swarm,seethe, ferment.

बजबजाइल (bajabajāil) अक. तरल पदार्थ में सड़न के कारण कीड़े पड़ना या झाग पैदा होना।
(v.i.) to swarm, to seethe, to ferment.

बजरंग (bajaraṅg) पु. हनुमान का एक नाम।
(m.) a name of Hanuman.

बजर (bajar) पु. आकाश से गिरनेवाली बिजली।
(m.) thunderbolt.

बजरबोंग (bajaraboṅg) पु. मजबूत लाठी।
(m.) strong staff.

बजरल (bajaral) अक. अचानक गिरना, पहुँच जाना।
(v.i.) to fall suddenly, to appear suddenly.

बजरा (bajarā) पु. सजी-धजी बड़ी नाव।
(m.) round-bottomed passenger boat.

बजरी (bajarī) स्त्री. छोटी मटर।
(f.) small pea.

बजवइया (bajavaiyā) वि. दे. बजनिया।

बजाज (bajāj) पु. वस्त्र-व्यवसायी।
(m.) cloth-merchant.

बजाजी (bajājī) स्त्री. कपड़ा बेचने का व्यवसाय।
(f.) cloth selling business.

बजार (bajār) पु. (फा.) वह स्थान जहाँ अनेक प्रकार के सामानों की दुकानें हों, बाजार।
(m.) a market.

बजारल (bajāral) सक. मारना (लाठी)।
(v.t.) to beat with a staff.

बजारू (bajārū) वि. 1. बाजार संबंधी, बाजार का। 2. मामूली, साधारण।
(adj.) 1. of or pertaining to the market. 2. of low quality.

बजावल (bajāval) सक. बजाना।
(v.t.) to play, to sound (musical instrument).

बज्जड़ (bajjaṛ) वि. दे. बजड़।

बज्जुला (bajjulā) पु. बाँह का एक आभूषण।
(m.) an arm ornament.

बझना साँप (bajhanā sāṁp) पु. साँप, जिसके शरीर पर जनेऊ की तरह निशान रहता है।
(m.) serpent with a janeu-like marking on it.

बझान (bajhān) पु. फँसाव।
(m.) involvement.

बझावल (bajhāval) सक. फँसाना।
(v.t.) to ensnare, to entrap.

बटइआ (baṭaiā) पु. आधी फसल बाँटने की शर्त पर दी गई जमीन।
(m.) equal division of crops between tenant and landlord.

बटखरा (baṭakharā) पु. बाट जिससे वस्तुएँ तौली जाती हैं।
(m.) a weight used in weighing goods.

बटखरी (baṭakharī) स्त्री. छोटा बटखरा।
(f.) a small weight.

बटगायन (baṭagāyan) पु. रास्ते में गाया जानेवाला गीत।
(m.) song sung on the way.

बटम (baṭam) पु. (अं.) सिले वस्त्र की घुंडी, बटन।
(m.) a button.

बटलोही (baṭalohī) स्त्री. चावल या दाल पकाने का धातु निर्मित पात्र।
(f.) metal for cooking pot.

बटही (baṭahī) स्त्री. बटेर पक्षी।
(f.) a quail.

बटा (baṭā) पु. मिट्टी का छोटा बर्तन जिससे पानी पिया जाता है, चुक्कड़।
(m.) a small earthen vessel, a cup to drink.

बटाली (baṭālī) स्त्री. लकड़ी काटने-छीलने का औजार।
(f.) an instrument to cut or peel wood.

बटिया (baṭiyā) स्त्री. सँकरा मार्ग।
(f.) narrow path.

बटी (baṭī) स्त्री. (सं.) दवा की छोटी टिकिया।
(f.) pill.

बटुआ (baṭuā) पु. खानेदार छोटा थैला।
(m.) a small bag with inner division.

बटुरी (baṭurī) स्त्री. छोटे दानेवाला काला मटर।
(f.) small black pea.

बटोर (baṭor) पु. भीड़, जमाव।
(m.) crowd, a gathering.

बटोरन (baṭoran) पु. संकलन।
(m.) compilation.

बटोरल (baṭoral) सक. इकट्ठा करना।
(v.t.) to collect, to gather, to draw in.

बटोराइल (baṭorāil) अक. एकत्र होना।
(v.i.) to be grouped, to congregate.

बटोही (baṭohī) पु. पथिक।
(m.) wayfarer, traverller.

बड़ (baṛ) वि. बड़ा।
(adj.) big, elder.

बड़इठा (baṛaiṭhā) पु. इंद्रधनुष।
(m.) rainbow.

बड़कन्ना (baṛakannā) पु. बड़े कानवाला बैल।
(m.) long-eared bullock.

बड़का (baṛakā) वि. बड़ा।
(adj.) elder.

बड़गोहुँआ (baṛagohuṁā) पु. एक तरह की घास जो गेहूँ के खेत में और गेहूँ सरीखी होती है।
(m.) a kind of grass which is found in wheat crop, it resembles wheat crop.

बड़प्पन (baṛappan) पु. बड़ा होने का भाव।
(m.) greatness, largeness.

बड़वर (baṛavar) वि. बड़ा।
(adj.) grand, tall.

बड़वरगी (baṛavaragī) स्त्री. दे. बड़प्पन।

बड़सिंगा (baṛasiṅgā) वि. बड़े सींगवाला (बैल)।
(adj.) large horned (bullock).

बड़हन (baṛahan) वि. आकृति में बड़ा।
(adj.) large, big.

बड़हर (baṛahar) पु. एक खट्टे फलवाला पेड़ और उसका फल।
(m.) a tree yielding tartish fruit.

बड़हरी (baṛaharī) स्त्री. एक प्रकार का केला।
(f.) a kind of banana.

बड़हार (baṛahār) पु. वैवाहिक भोज।
(m.) matrimonial reception.

बड़हारा (baṛahārā) पु. बाँह में पहनने का एक गहना।
(m.) an arm ornament.

बड़ाई (baṛāī) स्त्री. प्रशंसा, प्रतिष्ठा।
(f.) praise, fame.

बड़ा-दिन (baṛā-din) पु. ईसा मसीह का जन्मदिन।
(m.) Christmas Day.

बड़ापन (baṛāpan) पु. दे. बड़प्पन।

बड़ियार (baṛiyār) वि. बलिष्ठ, ताकतवर।
(adj.) robust, strong.

बड़ी-माता (baṛī-mātā) स्त्री. चेचक।
(f.) pox.

बड़ेरा (baṛerā) पु. लू का चक्रवात।
(m.) cyclone of hot, summer wind (loo).

बड़ेरी (baṛerī) स्त्री. खपरैल के घर का मुँडेरा।
(f.) parapet of a house with a sloping tiled roof.

बड़ैसा (baṛaisā) पु. कपास का एक प्रकार।
(m.) a kind of cotton.

बढ़ंती (baṛhantī) स्त्री. बढ़ती, बढ़त।
(f.) increase, enlargement, extension.

बढ़ई (baṛhaī) पु. लकड़ी का सामान बनानेवाला कारीगर।
(m.) carpenter.

बढ़त (baṛhat) वि. बढ़ते हुए।
(adj.) onward.

बढ़ती (baṛhatī) स्त्री. दे. बढ़ंती।

बढ़नी (baṛhanī) स्त्री. झाड़ू। उदा. 'बढ़नी ना मारो तोरा तिलक लेहला के, करिया पतोह आइल गोर बेटा के।'
(f.) broom.

बढ़ल (baṛhal) सक. नाप, तौल, परिमाण आदि में अधिक होना, बढ़ना, उन्नति करना।
(v.t.) to increase, to grow (plants), to rise in price, to make progress.

बढ़ाँव (baṛhāṁv) पु. दे. बढ़ंती।

बढ़ावल (baṛhāval) सक. बढ़ाना।
(v.t.) to forward, to maximize, to enlarge.

बढ़ावल-चढ़ावल (baṛhāval-caṛhāval) सक. बढ़ाना-चढ़ाना।
(v.t.) to inflate.

बढ़ियाँ (baṛhiyāṁ) वि. अच्छा, सुंदर।
(adj.) good, high-quality, beautiful, handsome.

बढ़ियाइल (baṛhiyāil) वि. बाढ़ से प्रभावित।
(adj.) flood out.

बढ़ोतरी (baṛhotarī) स्त्री. वृद्धि, विकास।
(f.) increase, progress, surplus.

बतक (batak) स्त्री. एक प्रकार का जलपक्षी, बतख।
(f.) a duck.

बतकही (batakahī) स्त्री. बातचीत, वार्तालाप।
(f.) conversation, dialogue, talks.

बतकुचन (batakucan) पु. निरर्थक बातचीत।
(m.) chitchat.

बतक्कड़ (batakkaṛ) वि. अधिक बोलनेवाला, वाचाल।
(adj.) garrulous.

बतबढ़ाँव (batabaṛhāṁv) पु. किसी बात को विस्तार देने का काम।
(m.) talkativeness, wrangling, prolonging.

बतरस (bataras) पु. आनंददायक बातचीत।
(m.) delightful conversation.

बतरी (batarī) स्त्री. एक प्रकार की घास।
(f.) a kind of grass.

बतलावल (batalāval) सक. बताना, सूचित करना।
(v.t.) to inform, to state, to tell.

बतही (batahī) स्त्री. मूक स्त्री।
(f.) dumb woman.

बताड़ (batāṛ) पु. ऊँची मोटी मेंड़।
(m.) thick and raised ridge between two fields.

बतावल (batāval) सक. दे. बतलावल।

बतास (batās) स्त्री. वायु, हवा।
(f.) wind.

बतासफेनी (batāsafenī) पु. एक प्रकार का धान।
(m.) a kind of paddy.

बतासा (batāsā) पु. शक्कर की बनी मिठाई।
(m.) hollow sugar-cake.

बतिया (batiyā) पु. हरा कच्चा और छोटा फल।
(m.) green unripe and small fruit.

बतियावल (batiyāval) अक. बातचीत करना, वार्तालाप करना।
(v.i.) to talk, to converse.

बतिहर (batihar) पु. दीए में लगा कपड़ा या सूत जिसके सहारे वह तेल खींचकर जलता है।
(m.) wick.

बतीसा (batīsā) पु. एक प्रकार का बड़ा केला जो सब्जी के काम में आता है।
(m.) a kind of big banana which used in vegetable.

बतीसी (batīsī) स्त्री. 1. बत्तीस दाँतों का समूह। 2. बत्तीस पदों या कथाओं का संग्रह।
(f.) 1. collection of thirty two teeth. 2. a collection of thirty two verses or stories.

बत्तख (battakh) पु. बतख।
(m.) a duck.

बत्ती (battī) स्त्री. दे. बतिहर।

बत्तीस (battīs) वि. बत्तीस, 32 की संख्या।
(adj.) thirty two.

बत्था (batthā) पु. (सं. व्यथा) पीड़ा, दर्द, व्यथा।
(m.) pain, anguish.

बतुली (batulī) स्त्री. महत्त्वहीन बात, अनुपयोगी बात।
(f.) useless talk.

बतुस (batus) पु. (सं. वस्तु) चीज, वस्तु।
(m.) thing, article, item.

बथल (bathal) अक. दर्द करना।
(v.i.) to pain.

बथान (bathān) पु. मवेशियों के रहने का स्थान।
(m.) cattle yard.

बथुआ (bathuā) पु. एक प्रकार का साग।
(m.) goose foot, a kind of green leafy vegetable.

बद (bad) वि. (फा.) बुरा, खराब।
(adj.) bad, deplorable, vile, unpleasant.

बदइल (badail) वि. बदमाश, उद्दंड।
(adj.) wicked.

बदकिस्मत (badakismat) वि. (फा.+अ.) अभागा, भाग्यहीन।
(adj.) unlucky, unfortunate.

बदगोई (badagoī) स्त्री. (फा.) निंदा, शिकायत, चुगली।
(f.) backbiting.

बदचलन (badacalan) वि. (फा. बद+हिं. चलन) जिसका चाल-चलन ठीक न हो, दुराचारी।
(adj.) ill behaved, depraved.

बदजात (badajāt) वि. (फा.) नीच, कमीना, दुष्ट।
(adj.) mean, wicked.

बदतमीज (badatamīj) वि. (फा.+अ.) अशिष्ट, उजड्ड।
(adj.) rude, unmannered.

बदतर (badatar) वि. (फा.) किसी की तुलना में अधिक बुरा, ज्यादा खराब।
(adj.) worse.

बदन (badan) पु. (सं.) देह, शरीर।
(m.) the body.

बदनाम (badanām) वि. (फा.) जिसकी निंदा हो रही हो, कलंकित।
(adj.) infamous, disgraced.

बदबू (badabū) स्त्री. दुर्गंध।
(f.) bad smell, stench.

बदमास (badamās) वि. बदमाश।
(adj.) rascal.

बदरंग (badaraṅg) वि. (फा.) जिसका रंग उड़ गया हो, खराब रंगवाला।
(adj.) discoloured, dull.

बदरकट्टू (badarakaṭṭū) वि. हल्के बादल रहने पर उगी हुई (धूप)।
(adj.) sunlight on a light cloud.

बदरी (badarī) स्त्री. बादल।
(f.) cloud.

बदल (badal) सक. किसी बात का निर्णय करने के लिए किसी को नियुक्त करना।
(v.t.) to settle, to apoint (as a witness or a jury).

बदलएन (badalaen) पु. किसी वस्तु को बदलने का कार्य, विनिमय।
(m.) exchange.

बदलल (badalal) सक. बदलना, विनिमय करना।
(v.t.) to chang, to tranform, to exchange (for).

बदलवावल (badalavāval) सक. किसी से बदलने का काम कराना।
(v.t.) to cause to be changed.

बदला (badalā) पु. दे. बदलएन।

बदलाव (badalāv) पु. परिवर्तन।
(m.) change.

बदली (badalī) स्त्री. स्थानांतरण।
(f.) transfer.

बदसूरत (badasūrat) वि. (फा.) कुरूप।
(adj.) ugly, misshapen.

बदहजमी (badahajamī) स्त्री. (फा.+अ.) अपच, हजम न होना।
(f.) indigestion.

बदहवास (badahavās) वि. (फा.+अ.) जिसके होश-हवास ठिकाने न हों, बहुत घबराया हुआ।
(adj.) bewildered, perplexed.

बदहाल (badahāl) वि. (फा.+अ.) जिसका हाल बुरा हो, दुर्दशाग्रस्त।
(adj.) miserable, in plight.

बदान-बदानी (badān-badānī) पु. स्त्री. दाँव, बाजी, शर्त।
(m./f.) bet, wager.

बदाम (badām) पु. एक प्रकार का कड़ा छिलकावाला मेवा, बादाम।
(m.) almond.

बदामी (badāmī) वि. बादाम के समान रंगवाला।
(adj.) almond-coloured.

बदिअल (badial) वि. बदमाश, मुँहजोर।
(adj.) wicked, brash.

बदी (badī) स्त्री. महीने का कृष्णपक्ष।
(f.) the dark half of a lunar month.

बदे (bade) अव्य. के लिए, वास्ते।
(indec.) for.

बदेल (badel) वि. दे. बदिअल।

बदौलत (badaulat) क्रि.वि. कृपा से, के कारण, माध्यम से।
(adv.) by the grace of, by the virtue of.

बद्धी (baddhī) स्त्री. गले में पहनने की सूत या तागा की माला।
(f.) garland of thread which is worn across the chest and back.

बधँबर (badhaṁbar) पु. पानी पीने का टोंटीदार बर्तन, बधना।
(m.) drinking pot with a spout.

बध (badh) पु. हत्या, वध।
(m.) killing, slaying.

बधइया (badhaiyā) पु. दे. बधावा।

बधाई (badhāī) स्त्री. किसी शुभ अवसर पर कहा गया मंगलसूचक वचन।
(f.) congratulation.

बधार (badhār) पु. गाँव से दूर का खेत।
(m.) a farm far from the village.

बधावा (badhāvā) पु. बच्चे के जन्मदिन पर दी गई बधाई, ऐसे अवसर पर दिया गया उपहार।
(m.) congratulation on the birth of a child, presents given to a new mother following child birth.

बधियावल (badhiyāval) सक. पशुओं का अंडकोष निकालना।
(v.t.) to castrate (animals)

बधिया (badhiyā) पु. अंडकोष निकाला या कूटा हुआ जानवर।
(m.) a castrated animal.

बन (ban) पु. (सं.) वन, जंगल।
(m.) forest, jungle.

बनइला (banailā) पु. जंगली।
(m.) barbarian.

बनउनी (banaunī) स्त्री. बनाने की मजदूरी।
(f.) wages for making (any thing).

बनउर (banaur) पु. कपास का बीज, बिनौला।
(m.) cotton seed.

बनकट (banakaṭ) वि. जंगली, वन का, बनैला।
(adj.) wild (animals, plants) uncivilised (person).

बनगोइँठी (banagoiṁṭhī) स्त्री. जलावन के लिए चारागाह से चुना गया गोबर।
(f.) cowdung found in scrub country and used as fuel.

बनच्चर (banaccar) वि. (सं.) जंगली, असभ्य।
(adj.) wild, uncivilised.

बनछिहुली (banachihulī) स्त्री. वह जमीन जिसमें झाड़ी पैदा होती है।
(f.) land tending to encourage thickets.

बनजारा (banajārā) पु. दे. बंजारा।

बनतिल (banatil) स्त्री. तिल का एक प्रकार।
(f.) a kind of sesame seed.

बनदूक (banadūk) स्त्री. रिवाल्वर, बंदूक।
(f.) revolver, gun.

बननी (bananī) स्त्री. स्त्रियों के सिर का एक आभूषण।
(f.) ornament worn by women on the head.

बनपोस्ता (banapostā) पु. जंगली अफीम।
(m.) wild opium.

बनफल (banafal) पु. जंगली फल।
(m.) wild fruit.

बनबिलार (banabilār) पु. जंगली बिल्ली।
(m.) wild cat.

बनभुटका (banabhuṭakā) पु. मकोय का एक प्रकार।
(m.) a kind of the cape gooseberry.

बनमानुख (banamānukh) पु. मनुष्य की आकृति का एक जानवर, वनमानुष।
(m.) ape, joc, chimpanzee.

बनमानुस (banamānus) पु. दे. बनमानुख।

बनमुरगी (banamuragī) स्त्री. मुर्गी जैसी एक चिड़िया जो जंगल में रहती है।
(f.) a hen type wild bird.

बनरमुँहा (banaramum̐hā) वि. बंदर के समान मुँहवाला, बदसूरत।
(adj.) ugly.

बनरछक (banarachak) पु. वनरक्षक।
(m.) forester.

बनरा (banarā) पु. दुलहा, वर। (विवाह गीत में प्रयुक्त होनेवाला शब्द)।
(m.) bridegroom (folk song).

बनल (banal) अक. बनना, मरम्मत होना।
(v.i.) to be made, to be repaired.

बनल-बनावल (banal-banāval) वि. बना बनाया।
(adj.) readymade.

बनवइया (banavaiyā) पु. बनानेवाला।
(m.) maker, manufacturer.

बनवटी (banavaṭī) वि. काल्पनिक।
(adj.) imaginary.

बनवाई (banavāī) स्त्री. दे. बनाई।

बनवारी (banavārī) पु. कृष्ण का एक नाम।
(m.) a name of Krishana.

बनवासी (banavāsī) वि. वन में निवास करनेवाला।
(adj.) forest dwelling, forester.

बनसार (banasār) पु. बंदीगृह।
(m.) prison.

बनसारी (banasārī) स्त्री. एक प्रकार की घास।
(f.) a kind of grass.

बनस्पति (banaspati) पु. वनस्पति।
(m.) flora.

बना (banā) पु. दुलहा, वर, बन्ना।
(m.) bridegroom.

बनाइल (banāil) अक. व्यर्थ घूमते रहना।
(v.i.) to wander.

बनाई (banāī) स्त्री. किसी वस्तु को बनाने की मजदूरी।
(f.) charges of making a thing.

बनाउरी (banāurī) स्त्री. बनावट, गढ़न।
(f.) structure, construction.

बनात (banāt) स्त्री. लाल रंग का बढ़िया ऊनी वस्त्र।
(f.) a high quality red woollen cloth.

बनाव (banāv) पु. अच्छा संबंध।
(m.) good relationship, connection.

बनावट (banāvaṭ) स्त्री. दे. बनाउरी।

बनावटी (banāvaṭī) स्त्री. नकली, कृत्रिम।
(f.) artificial.

बनावल (banāval) सक. किसी वस्तु का निर्माण करना।
(v.t.) to make, to create.

बनियाई (baniyāī) स्त्री. बनिए का व्यवसाय।
(f.) occupation of a merchant.

बनिया (baniyā) पु. (सं. वणिक्) खरीद-बिक्री करनेवाला व्यापारी, दुकानदार।
(m.) merchant, grocer, shopkeeper.

बनियाइन (baniyāin) स्त्री. 1. बनिया की पत्नी। 2. एक प्रकार की गंजी।
(f.) 1. wife of a marchant. 2. a kind of vest.

बनिऔटा (baniauṭā) पु. किसी महाजन का कर्जखोर, बुरी तरह ऋणग्रस्त।
(m.) highly indebted to a money lender.

बनिजिया (banijiyā) पु. व्यापार।
(m.) trade.

बनिहार (banihār) पु. खेत मजदूर।
(m.) wager in a farm.

बनिहारी (banihārī) स्त्री. बनिहार की मजदूरी।
(f.) wages for a farm labourer.
बनी (banī) स्त्री. अनाज के रूप में कृषि-कार्य की मजदूरी।
(f.) wage given as grains for farm work.
बनेआ (baneā) वि. (सं.) जंगली।
(adj.) wild.
बनेठी (baneṭhī) स्त्री. एक प्रकार की लाठी।
(f.) a kind of staff.
बनेया (baneyā) वि. दे. बनेआ।
बनौरी (banaurī) स्त्री. ओला।
(f.) hailstone.
बंडी (banḍī) स्त्री. एक तरह की जाकेट, फतूही।
(f.) a kind of jacket.
बन्ना (bannā) पु. किसी पेड़ की डाली के ऊपर से निकल आनेवाली बिजातीय शाखा।
(m.) branch of a different tree which has taken root on its another branch.
बन्हक (banhak) पु. बंधक।
(m.) a mortgage.
बन्हकी (banhakī) वि. बंधक रखी गई (वस्तु)।
(adj.) mortgaged (thing).
बन्हन-खोलाई (banhan-kholāī) स्त्री. शादी में होनेवाला नेग, जिसमें लड़के के पिता शादी के अंत में मंडप की रस्सी खोलते हैं।
(f.) a custom at the end of a marriage when the bridegroom's father opens the rope tied to mado.
बन्हवावल (banhavāval) सक. दूसरे से बँधवाना।
(v.t.) to cause to be bound.
बन्हाइल (banhāil) अक. बाँधा जाना।
(v.i.) to be fastened, bound.
बन्हुआ (banhuā) पु. कैदी। (वि.) बँधा हुआ (मजदूर)।
(m.) a prisoner. (adj.) bonded (labourer).
बपहँस (bapahaṁs) पु. संपत्ति के बँटवारे में पिता का अंश।
(m.) father's portion in a division of assets.
बपहर (bapahar) पु. पिता का घर, पितृगृह।
(m.) father's house or family.
बपौती (bapautī) वि. पूर्वजों से प्राप्त, पैतृक।
(adj.) ancestral.
बफदर (bafadar) पु. चेहरे के ऊपर का चर्म रोग।
(m.) a skin-disease on face.
बफरल (bafaral) अक. चीखना, चिल्लाना।
(v.i.) to shout, to roar.
बफाइल (bafāil) वि. थोड़ा उबला हुआ।
(adj.) unsufficient boiled.
बफारा (bafārā) पु. मुँह या गर्म पानी से निकलनेवाली भाप।
(m.) vapour.
बफियाइल (bafiyāil) पु. वाष्पीकरण।
(m.) evaporation.
बबर (babar) पु. (अ.) शेर, सिंह, केसरी।
(m.) a lion.
बबरी (babarī) स्त्री. केश।
(f.) hair (on the head).
बबुआ (babuā) पु. बच्चों के लिए संबोधन।
(m.) an vocative used for children.
बबुआन (babuān) पु. अमीर, सेठ।
(m.) a moneyed man.
बबुनी (babunī) स्त्री. छोटी बच्ची।
(f.) a little girl.
बबुर (babur) पु. एक प्रकार का काँटेदार पेड़, बबूल।
(m.) a thorny tree, the acacia tree.
बबुरबन्ना (baburabannā) पु. बबूल का जंगल।
(m.) acacia jungle.
बबुरी (baburī) स्त्री. छोटी और कँटीली झाड़ी।
(f.) a small and thorny shrub.
बभनई (babhanaī) स्त्री. ब्राह्मणों से संबंधित।
(f.) related with Brahmans.
बभनगेंठरी (babhanageṅṭharī) स्त्री. एक ही कपड़े में अलग-अलग सामान बाँधने का तरीका।
(f.) a way of tying various items separately in a piece of cloth.
बभनटोली (babhanaṭolī) स्त्री. ग्राम का वह भाग जहाँ ब्राह्मणों के अधिक घर हों।
(f.) Brahman's locality.
बभना (babhanā) पु. ब्राह्मणों के लिए अनादरसूचक शब्द।
(m.) an indicating word of unrespect for Brahman.
बभनी (babhanī) स्त्री. धान के पौधों का एक रोग।
(f.) a disease of paddy plants.
बम (bam) अव्य. 1. शिवभक्तों द्वारा प्रयोग में लाया जानेवाला शब्द। 2. एक विस्फोटक वस्तु।
(indec.) 1. a word used by shivadevotees. 2. a bomb.

बमकल (bamakal) अक. उत्साह या क्रोध में उछलना।
(v.i.) to jump with enthusiams or in anger.

बमगोला (bamagolā) पु. 1. विस्फोटक पदार्थ से तैयार किया गया एक प्रकार का ध्वंसकारी गोला। 2. पेट का गोला, ट्यूमर।
(m.) 1. a bomb. 2. tumour.

बमचख (bamacakh) पु. झगड़ा, मारपीट।
(m.) a quarrel, dispute.

बमपिलाट (bamapilāṭ) वि. अल्पबुद्धि का व्यक्ति।
(adj.) fool, blockhead.

बमभोला (bamabholā) वि. सरल स्वभाव का।
(adj.) simple hearted, fair, straight.

बमसुराह (bamasurāh) वि. हिम्मतवाला।
(adj.) bold, brave, daring.

बमू (bamū) पु. (अं.) बाँस का मोटा टुकड़ा (व्यंग्य)।
(m.) a thick piece of bamboo (irony).

बम्मड़ (bammaṛ) वि. मूर्ख, बेढंगा।
(adj.) foolish, clumsy, shoddy.

बयँहत्था (bayaṁhatthā) वि. (सं.) बाएँ हाथ से काम करनेवाला।
(adj.) left-handed.

बय (bay) पु. जमीन की बिक्री।
(m.) sale of land.

बयान (bayān) पु. (अ.) 1. वर्णन। 2. जिक्र। 3. कथन।
(m.) 1. description. 2. mention. 3. a statement.

बयाना (bayānā) पु. (अ.) पेशगी, अग्रिम।
(m.) an earnest money, advance.

बयार (bayār) पु. शीतल हवा।
(m.) cool wind.

बरंडा (baraṅdā) पु. बरामदा।
(m.) corridor.

बर (bar) पु. 1. बरगद। 2. दूल्हा।
(m.) 1. banyan. 2. bridegroom.

बरइन (barain) स्त्री. पान की बिक्री करनेवाले की पत्नी।
(f.) wife of a betel seller.

बरई (baraī) पु. पान की बिक्री करनेवाली एक जाति।
(m.) a betel selling caste.

बरक्कत (barakkat) स्त्री. (अ.) 1. वृद्धि। 2. लाभ।
(f.) 1. a bundance. 2. profit.

बरकरार (barakarār) वि. (फा.) 1. भली-भाँति स्थापित किया हुआ, दृढ़। 2. वर्तमान।
(adj.) 1. well established, firm. 2. present.

बरकल (barakal) अक. किसी ठोस पदार्थ का गर्मी या आग से पिघल जाना।
(v.i.) to melt.

बरकस (barakas) पु. छप्पर के बाँस में बाँधी जानेवाली रस्सी।
(m.) rope tied to the bamboo under a shed.

बरखज (barakhaj) पु. बैर, विरोध।
(m.) enmity, resistance.

बरखा (barakhā) पु. (सं.) वृष्टि, वर्षा।
(m.) rain.

बरखास (barakhās) वि. (फा.) नौकरी से निष्कासित, बरखास्त।
(adj.) dismissed.

बरखी (barakhī) स्त्री. मृत्यु-तिथि पर होनेवाला वार्षिक श्राद्ध।
(f.) the annual shraddh observed on death anniversary.

बरग (barag) पु. (सं.) वर्ग, दर्जा, श्रेणी।
(m.) class.

बरगद (baragad) पु. वटवृक्ष।
(m.) the banyan tree.

बरगलावल (baragalāval) वि. गुमराह।
(adj.) astray.

बरगाँवाँ (baragāṁvāṁ) वि. अनेक गाँवों का।
(adj.) of many villages.

बरगा (baragā) पु. खंभे का ऊपरी भाग।
(m.) pillar's upper part.

बरघरा (baragharā) पु. मवेशियों के रहने की पलानी।
(m.) a cattle shed.

बरच्छा (baracchā) पु. (सं.) वररक्षा, एक वैवाहिक रस्म।
(m.) a matrimonial custom.

बरछा (barachā) पु. भाला।
(m.) a spear, lance.

बरछा बहादुर (barachā bahādur) पु. एक प्रकार का लंबा धान।
(m.) a kind of long paddy.

बरजल (barajal) सक. मना करना, बात से रोकना।
(v.t.) to stop, to forbid.

बरजात (barajāt) पु. बदमाश।
(m.) scoundred.

बरजोर (barajor) वि. मजबूत, जबरदस्त।
(adj.) strong, mighty.

बरजोरी (barajorī) स्त्री. जबरदस्ती।
(f.) coercion, tyranny.

बरत (barat) पु. (सं.) व्रत, पूजनार्थ उपवास।
(m.) vow, pledge, fast.

बरतन (baratan) पु. खाने-पीने का सामान या अन्य किसी वस्तु को रखने का पात्र।
(m.) utensils, vessel.

बरतन-चौका (baratan-caukā) पु. रसोई घर और बर्तन आदि की सफाई का काम।
(m.) act of cleaning the kitchen and kitchen-wares.

बरतनी (baratanī) स्त्री. शब्द का वर्णनक्रम।
(f.) spelling (of a word).

बरता (baratā) पु. सन का मोटा रस्सा।
(m.) a thick rope of jute.

बरताव (baratāv) पु. व्यवहार, बरतने का ढंग।
(m.) behaviour, treatment.

बरतिया (baratiyā) पु. बारात जानेवाला व्यक्ति।
(m.) a man who is a member of marriage party.

बरद (barad) पु. बैल।
(m.) ox.

बरदाइल (baradāil) अक. मादा पशु का गाभिन होना।
(v.i.) to conceive (said of a female cattle).

बरदास (baradās) पु. (फा.) बरदाश्त, सहने की क्रिया या भाव।
(m.) tolerance, endurance.

बरदान (baradān) पु. वरदान।
(m.) boon.

बरदिया (baradiyā) पु. एक तरह का कर, जो चरागाह के मालिक को दिया जाता है।
(m.) tax paid to the owner of a grazing land.

बरध (baradh) पु. दे. बरद।

बरधी (baradhī) वि. बैल से संबंधित, बैल का।
(adj.) of or concerning a bullock.

बरन (baran) पु. (सं.) वर्ण, रंग, रूप, जाति।
(m.) colour, form, community.

बरनन (baranan) पु. (सं.) वर्णन, किसी के संबंध में विस्तार से कहने का कार्य, वर्णन।
(m.) the act of describing, discription.

बरनेत (baranet) स्त्री. शादी में होनेवाली एक रस्म जिसमें भसुर (जेठ) द्वारा कन्या को साड़ी, गहना आदि चढ़ाया जाता है।
(f.) a marriage custom-in this the bride groom's elder brother presents fineries like saree and jewellery to the bride.

बरपाय (barapāy) वि. तंदुरुस्त, स्वस्थ।
(adj.) healthy.

बरफ (baraf) स्त्री. (फा.) बर्फ, हिम।
(f.) ice, snow.

बरफी (barafī) स्त्री. खोआ और चीनी से बनी एक मिठाई।
(f.) thickened milk and sugar mixed a sweet meat.

बरबर (barabar) पु. अनाप-शनाप, प्रलाप।
(m.) incoherent and meaningless talk, gab.

बरबराइल (barabarāil) अक. व्यर्थ की बातें बोलते रहना।
(v.i.) to mutter, to grumble, to babble (nonsensically).

बरबराहट (barabarāhaṭ) पु. बड़बड़ाहट।
(m.) muttering, talking in sleep.

बरबाद (barabād) वि. (फा.) नष्ट, चौपट, तबाह।
(adj.) destroyed, wested.

बरबारगी (barabāragī) स्त्री. बड़प्पन, श्रेष्ठता।
(f.) greatness, dignity.

बरमसिआ (baramasiā) वि. बारहों मास फलने-फूलने वाला, सदाबहार।
(adj.) evergreen, all season.

बरमहल (baramahal) क्रि.वि. हमेशा।
(adv.) always.

बरमा (baramā) पु. 1. लकड़ी आदि में छेद करने का लोहे का एक औजार। 2. म्याँमार देश का पुराना नाम।
(m.) 1. drill (for making hole). 2. Burma, old name of Myanmar.

बरमावल (baramāval) सक. बरमा से छेद करना।
(v.t.) to make hole with drill.

बरल (baral) अक. जलना। (सक.) रस्सी बटना।
(v.i.) to burn. (v.t.) to twine rope.

बरवाह (baravāh) पु. हत्थे से पानी फेंककर सिंचाई करनेवाला मजदूर।
(m.) irrigation worker who throws water from the handle of the basket.

बरस (baras) पु. (सं.) वर्ष, साल।
(m.) year.

बरसगाँठ (barasagāṁṭh) स्त्री. (सं.) हर वर्ष मनाया जानेवाला जन्मोत्सव।
(f.) birth anniversary.

बरसल (barasal) अक. वर्षा होना।
(v.i.) to rain.

बरसात (barasāt) स्त्री. वर्षाऋतु, वर्षा का मौसम।
(f.) the rainy season.

बरसाती (barasātī) वि. वर्षा संबंधी। (पु.) बरसात में पहनने का कपड़ा।
(adj.) rainy, pertaining to rains. (m.) raincoat, water proof covering.

बरसायन (barasāyan) वि. प्रतिवर्ष बच्चा देनेवाली गाय।
(adj.) cow which calves every year.

बरसावल (barasāval) सक. वर्षा करना, गिराना।
(v.t.) to cause to rain, to pour down.

बरसौंह (barasauṅh) वि. बरसनेवाला (बादल)।
(adj.) threatening rain (clouds).

बरहमासा (barahamāsā) पु. एक प्रकार का बरसाती गीत।
(m.) a kind of rainy song.

बरहा (barahā) पु. मोटा रस्सा।
(m.) a thick rope.

बरही (barahī) स्त्री. संतान उत्पन्न होने के बारहवें दिन का उत्सव।
(f.) festivity on the twelveth day of birth.

बराठी (barāṭhī) पु. भादों में होनेवाला एक मोटा धान।
(m.) a coarse paddy which ripens in the month of Bhadarpad.

बरात (barāt) स्त्री. (सं.) विवाह के अवसर पर वर के साथ जानेवाला जन-समूह।
(f.) marriage procession.

बरात-घर (barāt-ghar) पु. वह स्थान जहाँ बरात ठहराई जाती है।
(m.) the place where marriage parties stay.

बराती (barātī) पु. (सं. वरयात्री) बरात में जानेवाले लोग।
(m.) members of marriage party.

बरादर (barādar) पु. दे. बिरादर।

बरादराना (barādarānā) वि.(फा.) भाइयों जैसा भाईचारा।
(adj.) brother like, brotherhood.

बरादरी (barādarī) स्त्री. (फा.) जाति के लोग।
(f.) the person's of one's community.

बराबर (barābar) वि. (फा.) मात्रा, गुण आदि में समान, तुल्य, एक-सा।
(adj.) equal in size value etc.

बराबर-बराबर (barābar-barābar) क्रि.वि. समान रूप से।
(adv.) equally.

बराबरी (barābarī) स्त्री. (फा.) बराबर होने की क्रिया या भाव, समानता।
(f.) equality, parity.

बरामद (barāmad) वि. (फा.) 1. बाहर या सामने आया हुआ। 2. पकड़ा गया।
(adj.) 1. become apparant. 2. recovered, seized.

बरामदगी (barāmadagī) स्त्री. (फा.) 1. बरामद होने का भाव। 2. बरामद वस्तुएँ।
(f.) 1. recovery. 2. recovered things.

बरामदा (barāmadā) पु. (फा.) ओसारा, दालान।
(m.) verandah, shed, porch.

बरामदी (barāmadī) स्त्री. निंदा।
(f.) backbiting, censure.

बरारी (barārī) स्त्री. एक प्रकार की मछली।
(f.) a kind of fish.

बराव (barāv) पु. बचाव, किसी काम से बचने का भाव।
(m.) protection, safety.

बरावल (barāval) सक. परहेज करना।
(v.t.) to observe restraint.

बरास्ता (barāstā) क्रि.वि. से होकर, के रास्ते।
(adv.) via, by way of.

बराहिल (barāhil) पु. जमींदार का काम देखनेवाला सिपाही।
(m.) landlord's sepoy, looking after his business.

बरिआ (bariā) वि. ताकतवर, जबर्दस्त। उदा. 'बरिआ हारे त हुरे, जीते त थूरे।' (कहा.)।
(adj.) powerful, mighty.

बरिआई (bariāī) क्रि.वि. बलात्, जबर्दस्ती, जियादती।
(adv.) forcefully.

बरिआर (bariār) वि. दे. बरिआ।

बरिजल (barijal) सक. वर्जित करना।
(v.t.) to restrict.

बरिस (baris) पु. (सं.) दे. बरस।

बरी (barī) वि. (अ.) मुक्त, आज़ाद, रिहा।
(adj.) released, acquitted.

बरुआ (baruā) पु. वह बालक जिसका यज्ञोपवीत हो रहा हो, ब्रह्मचारी।
(m.) the yajnopaveet child.

बरुआ (baruā) पु. मूँज के सिरे निकालकर बनाई गई चीज जिससे डाली बुनी जाती है।
(m.) a thing made from top of munja used to intertwine the basket.

बरेज (barej) पु. पान का बगीचा।
(m.) betel leaf field.

बरेठा (bareṭhā) पु. धोबी।
(m.) a washerman.

बरोठा (baroṭhā) पु. बरामदा।
(m.) verandah.

बरोह (baroh) पु. बट की शाखाओं से नीचे लटकी शाखाएँ।
(m.) banyan tree's aerial root.

बरोबर (barobar) वि. बराबर।
(adj.) level, equal.

बरोबर-बरोबर (barobar-barobar) क्रि.वि. समान रूप से।
(adv.) evenly.

बरोबरी (barobarī) स्त्री. बराबरी।
(f.) parity.

बरौनी (baraunī) स्त्री. पलक के बाल।
(f.) eyebrow.

बर्णन (barṇan) पु. वर्णन।
(m.) description, narration.

बर्तमान (bartamān) वि. वर्तमान।
(adj.) present.

बल (bal) पु. (सं.) बल, ताकत, शक्ति।
(m.) might, power , force.

बलकट (balakaṭ) पु. डंठल छोड़कर केवल बाल काटकर अनाज निकालने का कार्य।
(m.) cutting ears of the corn without the stalk.

बलगम (balagam) पु. (अ.) कफ, श्लेष्मा।
(m.) phlegm, mucus.

बलगर (balagar) वि. बलवान।
(adj.) strong, powerful.

बलजोरी (balajorī) स्त्री. दे. बरजोरी।

बलतोड़ (balatoṛ) पु. बाल के टूट जाने से होनेवाला फोड़ा या घाव।
(m.) boil or sore caused by the plucking or tearing out a hair.

बलथर (balathar) पु. बालू मिश्रित भूमि।
(m.) sandy soil.

बलदान (baladān) पु. बलिदान।
(m.) sacrifice.

बलदेव (baladev) पु. (सं.) बलदेव, कृष्ण के बड़े भाई बलराम।
(m.) the elder brother of Krishna.

बलधूस (baladhūs) पु. दे. बलथर।

बलफ (balaf) पु. (अं.) बल्ब।
(m.) a bulb.

बलबलाइल (balabalāil) अक. व्यर्थ की बातें करते रहना, बकना।
(v.i.) to chatter, to babble.

बलम (balam) पु. प्रेमी, भाला।
(m.) lover, spear lance.

बलराँड (balaraṁḍ) स्त्री. जवान विधवा।
(f.) a very young widow, a child widow.

बलवंत (balavaṁt) वि. दे. बलगर।

बलवा (balavā) पु. विद्रोह, दंगा।
(m.) vebellion, riot.

बलवाई (balavāī) पु. (अ.+हिं.) 1. उपद्रव करनेवाला 2. विद्रोही।
(m.)1. rioter. 2. a rebel.

बलवान (balavān) पु. दे. बलगर।

बलसुनरी (balasunarī) स्त्री. दे. बलथर।

बलात (balāt) क्रि.वि. (सं.) दे. बरिआई।

बलान (balān) पु. वह भूमि जो बालू के कारण बेकार हो गई हो।
(m.) soil spoiled by preponderance of sand.

बलाय (balāy) स्त्री. (अ.) बला, विपत्ति, कष्ट।
(f.) a calamity, grief.

बलिस्ता (balistā) पु. तकिया।
(m.) a pillow.

बलुअट (baluaṭ) स्त्री. दे. बलथर।

बलुआही (baluāhī) वि. रेतीला, बलुआ।
(adj.) sandy.

बलुई (baluī) स्त्री. 1. दलहन के पौधे में लगनेवाला एक कीड़ा। 2. बालू मिली भूमि।
(f.) 1. worm found in pulse crops. 2. sandy soil.

बल्ला (ballā) पु. बाँस या काठ का मोटा और लंबा टुकड़ा।
(m.) a thick and long piece of bamboo or wood.

बलुक (baluk) अव्य. (फा.) परंतु, बल्कि, और अच्छा हो।
(indec.) but, rather.

बलुरी (balurī) स्त्री. बाल, केश।
(f.) hair.

बलुरेत (baluret) पु. रेतीली भूमि। उदा. 'बलुरेतवा डगरिया चलब कइसे।' (लोक.)।
(m.) sandy soil.

बलेक (balek) पु. (अं.) स्याह, श्याम, काला बाजार।
(m.) black market.

बलेल (balel) वि. मूर्ख।
(adj.) foolish.

बलौंधी (balauṅdhī) स्त्री. एक प्रकार की चोइँटा रहित मछली।
(f.) a speckled fish.

बवंडर (bavaṅḍar) पु. चक्रवात, आँधी।
(m.) cyclone, whirlwind storm.
~खड़ा कइल अक. बखेड़ा बाँधना।
(**~khaḍa kail**) (v.i.) to create a storm.

बवाल (bavāl) पु. झगड़ा, झंझट।
(m.) quarrel, discord.

बवासीर (bavāsīr) स्त्री. एक रोग जिसमें मलद्वार पर मस्सा निकलता है या सूजन होती है।
(f.) piles.

बसंत (basaṅt) पु. (सं.) बसंत, एक ऋतु जो चैत-वैशाख में पड़ती है।
(m.) spring.

बसंती (basaṅtī) स्त्री. 1. बसंत संबंधी। 2. पीले रंग का।
(f.) 1. pertaining to the spring season. 2. of yellow, colour.

बस (bas) अव्य. (फा.) पर्याप्त, काफी, केवल।
(indec.) enough, only.

बसइठा (basaiṭhā) पु. बाँस का मोटा टुकड़ा।
(m.) a thick piece of bamboo.

बसगीत (basagīt) पु. घर बनाने योग्य भूमि।
(m.) inhabitable piece of land.

बसती (basatī) स्त्री. जहाँ लोग रहते हों, गाँव, बस्ती।
(f.) residence, site of a village.

बसनाइल (basanāil) अक. पशुओं (गाय-भैंस) का बथान में आराम करना।
(v.i.) to rest in the yard (shed of cattle).

बसरी (basarī) स्त्री. एक प्रकार की मछली।
(f.) a kind of fish.

बसल (basal) अक. बसना, निवास करना।
(v.i.) to take up residence, to inhabit, to reside, to settle.

बसवारी (basavārī) स्त्री. बाँस की झाड़ी।
(f.) bamboo thicket.

बसहर (basahar) पु. गृहदेवता का घर।
(m.) house of the deity of residence.

बसहा (basahā) पु. जटावाला बैल।
(m.) bearded bullock.

बसाइल (basāil) अक. गंध देना, दुर्गंध देना।
(v.i.) to smell unpleasant.

बसावल (basāval) सक. रहने के लिए भूमि देना, बसाना।
(v.t.) to give residence to, to accomodate, to lodge.

बसिआ (basiā) वि. बासी भोज्य पदार्थ।
(adj.) stale (as food).

बसियाइल (basiyāil) अक. भोज्य पदार्थ का बासी होना।
(v.i.) to grow stale.

बसीना (basīnā) पु. (फा.) रहनेवाला, निवासी।
(m.) an inhabitant, resident.

बसुगीत (basugīt) पु. दे. बसगीत।

बसुला (basulā) पु. बढ़ई या मिस्त्री के काम आनेवाला औजार, बसूला।
(m.) an adz, adze, a tool used by carpenters and masons.

बसेड़ (baseṛ) पु. निवास, ठहराव, टिकने का स्थान।
(m.) residence, place of residence.

बस्ता (bastā) पु. (फा.) कागज-पत्र आदि रखने के लिए कपड़े का टुकड़ा।
(m.) a piece of cloth used to tie up a bundle.

बहँगी (bahaṁgī) स्त्री. कंधे से सामान ढोने का एक उपकरण।
(f.) a pole with slings at the ends for carrying loads.

बहंतु (bahaṅtu) वि. व्यर्थ घूमने-फिरने वाला व्यक्ति।
(adj.) wanderer.

बहँसल (bahaṁsal) अक. डींग हाँकना।
(v.i.) to boast, to crow.

बह (bah) पु. 1. रास्ते पर, घर या गाँव के सामने। 2. बाँस की जड़ से निकली कोंपल जो बाद में बाँस हो जाती है।
(m.) 1. road in front of the house or village. 2. bamboo shoot which later becomes bamboo.

बहकल (bahakal) अक. सही राह छोड़कर भटक जाना।
(v.i.) to stray, to deviate.

बहत्तर (bahattar) वि. बहत्तर, 72 की संख्या।
(adj.) seventy two.

बहदुम्मी (bahadummī) स्त्री. बहादुरी।
(f.) bravery.

बहनी (bahanī) स्त्री. बहने का भाव, बहाव।
(f.) flow (of water or air).

बहनोई (bahanoī) पु. बहन का पति, जीजा।
(m.) sister's husband.

बहनोत (bahanot) पु. बहन का बेटा।
(m.) sister's son.

बहमा (bahamā) पु. (अ.) अफवाह।
(m.) rumour.

बहर (bahar) पु. कारोबार।
(m.) trade, business dealings.

बहरखाल (baharakhāl) वि. बदचलन।
(adj.) of loose morals, depraved.

बहरबूटा (baharabūṭā) पु. एक तरह का आभूषण, जो हाथ में पहना जाता है।
(m.) an ornament worn on the hand.

बहरल (baharal) अक. घर से बाहर निकलना।
(v.i.) to go out from house.

बहरवारा (baharavārā) पु. खुली जगह।
(m.) open place.

बहरसी (baharasī) क्रि.वि. बाहर।
(adv.) out, out side.

बहरा (baharā) क्रि.वि. बाहर।
(adv.) outside.

बहरिआ (bahariā) वि. बाहर का। उदा. 'बाहर मारेला बहरिया, भीतर कोतवाल, कइसे गढ़ पइसब।' (लोक.)।
(adj.) outsider.

बहरिआइल (bahariāil) अक. दे. बहरल।

बहरी (baharī) क्रि.वि. बाहर।
(adv.) out.

बहरुपिया (baharupiyā) पु. नाच या तमाशा से अनेक रूप दिखलानेवाला व्यक्ति, बहुरूपिया।
(m.) an expert in many different forms of disguise.

बहल (bahal) अक. प्रवाहित होना।
(v.i.) to flow.

बहलखाना (bahalakhānā) पु. बैलों के रहने की जगह।
(m.) a place to stay for oxen.

बहलल (bahalal) अक. मनोरंजन होना।
(v.i.) to be amused, entertained.

बहलवान (bahalavān) पु. बैलगाड़ी हाँकनेवाला।
(m.) a bullock- cart driver.

बहलावल (bahalāval) सक. मनोरंजन कराना, फुसलाना।
(v.t.) to amuse, to entertain.

बहस (bahas) स्त्री. (फा.) 1. तर्क, दलील। 2. विवाद। 3. होड़।
(f.) 1. argument. 2. querrel, dispute. 3. rivalry.

बहसल (bahasal) अक. तर्क-वितर्क करना।
(v.i.) to argue, to enter into argumentation.

बहाइल (bahāil) अक. बहना।
(v.i.) to float.

बहादुर (bahādur) पु. (फा.) वीर, योद्धा। (वि.) बलवान।
(m.) warrior. (adj.) brave powerful.

बहादुरी (bahāduri) स्त्री. वीरता।
(f.) bravery.

बहाना (bahānā) पु. (फा.) किसी बात से बचने या काम निकालने के लिए कही जानेवाली गढ़ी हुई बात।
(m.) an excuse, pretex, to make an excuse.

बहानाबाज (bahānābāj) पु. (फा.) बहाने बनानेवाला।
(m.) one who makes excuses.

बहानाबाजी (bahānābājī) स्त्री. (फा.) 1. बहाने बनाने की क्रिया या भाव। 2. बहाना।
(f.) 1. act of making excuses. 2. an excuse.

बहार (bahār) स्त्री. (फा.) आनंद, मौज, मनोरंजन।
(f.) joy, bliss. entertainment.

बहारन (bahāran) पु. झाड़ू लगाने के बाद निकलनेवाला कूड़ा।
(m.) sweepings, rubbish, dirt.

बहारनी (bahāranī) स्त्री. एक प्रकार का महीन एवं सुगंधित धान।
(f.) a fine and fragrant paddy.

बहारल (bahāral) सक. झाड़ू लगाना, बुहारना।
(v.t.) to sweep.

बहाल (bahāl) वि. (फा.) 1. पुनः पदस्थापित। 2. अच्छी अवस्था में होनेवाला। 3. पद स्थापित।
(adj.) 1. reinstated. 2. being in a good condition. 3. appointed.

बहाली (bahālī) स्त्री. (फा.) बहाल होने की क्रिया या भाव।
(f.) reinstatement, appointment.

बहाव (bahāv) पु. धारा, प्रवाह।
(m.) drift, flow, current (of water).

बहावल (bahāval) सक. प्रवाहित करना, उड़ेलना।
(v.t.) to cause to flow, to pour out.
बहासी (bahāsī) स्त्री. एक प्रकार का सफेद मोटा धान।
(f.) a kind of white coarse paddy.
बहिंगा-टांड़ी (bahiṅgā-ṭaṅṛī) स्त्री. एक प्रकार का धान।
(f.) a kind of paddy.
बहिन (bahin) स्त्री. बहन।
(f.) sister.
बहिनउर (bahinaur) पु. वह घर या गाँव जहाँ बहन ब्याही गई हो।
(m.) a home or village where sister is married.
बहिन-दमाद (bahin damād) पु. बहन की पुत्री का पति।
(m.) husband of sister's daughter.
बहिनपा (bahinapā) पु. किसी भी स्त्री द्वारा अन्य किसी स्त्री से मैत्री करना, बहन-सा संबंध।
(m.) a relation as sister.
बहिन-बेटा (bahin-beṭā) पु. बहन का बेटा।
(m.) sister's son.
बहिना (bahinā) स्त्री. बहन के लिए संबोधनसूचक शब्द।
(f.) form of address for sister.
बहिनी (bahinī) स्त्री. स्त्रियों द्वारा नाता या उम्र में समान स्त्री के लिए प्रयुक्त संबोधन।
(f.) form of address by women for such woman who is same in relation and age.
बहियाँ (bahiyaṁ) पु. साथी, संगी।
(m.) companion, friend, an associate.
बहिया (bahiyā) पु. बाढ़।
(m.) flood.
बहिया-बैल (bahiyā-bail) पु. परिश्रमी बैल।
(m.) hardworking bullock.
बहियार (bahiyār) पु. गाँव के बाहर की जमीन।
(m.) land outside a village.
बहिर (bahir) वि. (सं.) बधिर, जो कान से नहीं सुनता हो, बहरा।
(adj.) deaf.
बहिरा (bahirā) पु. एक प्रकार का विषैला साँप।
(m.) a kind of poisonous snake.
बहिराठ (bahirāṭh) पु. दे. बहिर।
बहिलंठ (bahilaṅṭh) वि. बंध्या, बाँझ (पशु)।
(adj.) infertile, barren (woman or female animal).
बहिला (bahilā) वि. (सं.) दे. बहिलंठ।
बही (bahī) स्त्री. हिसाब-किताब लिखने का रजिस्टर।
(f.) an account book.
बहुआर (bahuār) पु. लस्सेदार फलवाला एक पेड़ और उसकी लकड़ी।
(m.) a tree of sticky fruit and its wood.
बहुटेस (bahuṭes) पु. जिस खाद्य पदार्थ में विकृति आ गई हो।
(m.) changed and testeless food.
बहुत (bahut) वि. (सं.) ज्यादा, अधिक, यथेष्ट, अनेक।
(adj.) many, much.
बहुपछीय (bahupachīy) वि. बहुपक्षीय।
(adj.) multilateral.
बहुबंस (bahubaṅs) पु. अयोग्य संतान।
(m.) unqualified offspring, unsuitable issue.
बहुबचन (bahubacan) पु. बहुवचन।
(m.) plural.
बहुभासी (bahubhāsī) वि. बहुभाषी।
(adj.) polyglot.
बहुमत (bahumat) पु. बहुत लोगों की भिन्न-भिन्न राय, किसी विषय पर अधिक लोगों की सहमति।
(m.) variety of opinions, the opinion of a majority.
बहुँरहत (bahuraṁhat) पु. विवाह के बाद किसी अवसर पर वधू और उसके परिवार को वर पक्ष से दिया गया मिठाई, फल आदि।
(m.) food like sweetmeats and fruits given by the groom's side to the bride's family after the wedding.
बहुरल (bahural) अक. वापस आना।
(v.i.) to come back, to return.
बहुरा (bahurā) पु. एक व्रत जो भाद्रपद कृष्ण चौथ को पड़ता है।
(m.) a fast observed on the fourth day of the dark fortnight of the Bhadrapad month.
बहुरिया (bahuriyā) स्त्री. (सं.) दुल्हन, वधू। उदा. 'कनिया बहुरिया के लाल लहँगा।' (लोक.)।
(f.) bride.
बहुरी (bahurī) स्त्री. भूँजा।
(f.) parched or rosted grain.
बहुरूपिया (bahurūpiyā) पु. दे. बहरुपिया।
बहू (bahū) स्त्री. (सं.) वधू, पतोहू।
(f.) daughter in law.

बहूटा (bahūṭā) पु. बाँह का गहना।
(m.) an ornament of arm.
बहेंग (baheṅg) पु. लोक-कथाओं में चर्चित एक पक्षी।
(m.) a mythical bird referred to in folk tales.
बहेंगवा (baheṅgavā) वि. बिना मतलब के घूमनेवाला।
(adj.) wanderer for no reason.
बहेंड़ (baheṅṛ) वि. दे. बहेंगवा।
बहेड़ा (baheṛā) पु. एक वृक्ष जिसका फल दवा के काम में आता है।
(m.) a tree which fruit used medicinally.
बहेरुआ (baheruā) वि. दे. बहेंगवा।
बहेल (bahel) वि. दे. बहेंगवा।
बहोरनी (bahoranī) स्त्री. एक प्रकार का लंबा उजला धान।
(f.) a king of long and white paddy.
बहोरल (bahoral) सक. माँग में सिंदूर लगाना।
(v.t.) to apply sindoor on hair parting.
बहोरी (bahorī) क्रि.वि. पुनः, फिर-फिर।
(adv.) agian.
बाएँ (bāeṁ) क्रि.वि. (सं.) बाईं ओर।
(adv.) left side.
बाँक (bāṁk) पु. दे. बहूटा।
बाँकठा (bāṁkaṭhā) पु. देखरेख के अभाव में नष्ट फसल।
(m.) crop destroyed because of neglect.
बाँका (bāṁkā) वि. (सं.) टेढ़ा, झुका हुआ, सजीला, दिखावेवाला।
(adj.) crooked, bent, a smart, a showily dressed (youth).
बाँकुरा (baṁkurā) वि. साहसी या बुद्धिमान (प्रेम या युद्ध में)।
(adj.) bold or skilful (in love or war).
बाँग (bāṁg) पु. कपास, कच्ची रूई।
(m.) cotton, raw cotton.
बाँगट (bāṁgaṭ) वि. बदमाश।
(adj.) rogue, wicked.
बाँगड़ (bāṁgaṛ) वि. मूर्ख, असभ्य।
(adj.) foolish, uncivilized.
बाँगर (bāṁgar) पु. बालू मिश्रित पीली मिट्टी।
(m.) sandy yellow soil.
बाँगा (bāṁgā) पु. 1. कपास का डंठल। 2. वन।
(m.) 1. stalk of cotton. 2. forest.
बाँगुर (bāṁgur) वि. (सं.) जिसकी अंगुलियाँ छोटी-बड़ी तथा टेढ़ी हों।
(adj.) a person with irregular fingers.
बाँचल (bāṁcal) सक. 1. पढ़ना। 2. बचना, मुक्त रहना।
(v.t.) 1. to read. 2. to be saved, to be free.
बाँझ (bāṁjh) वि. (सं.) दे. बहिलंठ।
बाँट (bāṁṭ) पु. विभाजन।
(m.) division, partition.
बाँटल (bāṁṭal) सक. बाँटना, विभाजित करना।
(v.t.) to distribure, to divide.
बाँटू (bāṁṭū) पु. बाँटनेवाला।
(m.) distributor.
बाँड़ (bāṁṛ) वि. 1. पूँछविहीन पशु। 2. कृपण। 3. बदमाश।
(adj.) 1. tailless animals. 2. miser. 3. wicked.
बाँड़ा (bāṁṛā) वि. बिना पूँछ का पशु।
(adj.) tailless (animal).
बाँदिया (bāṁdiyā) वि. पेंचकस।
(adj.) screwdriver.
बाँयें (bāṁyeṅ) क्रि.वि. बाईं ओर।
(adv.) left side.
बाँव (bāṁv) वि. टेढ़ा।
(adj.) crooked, bent.
बाँवाँ (bāṁvāṁ) वि. बायाँ।
(adj.) left.
बाँस (bāṁs) पु. (सं.) कई पोरों और गाँठोंवाली एक वनस्पति, बाँस।
(m.) bamboo.
बाँसकोठी (bāṁsakoṭhī) स्त्री. बाँसों का वन।
(f.) a bamboo plantation, bamboo thicket.
बाँसगेड़ा (bāṁsageṛā) पु. एक प्रकार का लंबा और मोटा धान।
(m.) a kind of long and course paddy.
बाँसफूल (bāṁsafūl) पु. एक प्रकार का बारीक धान।
(m.) a kind of fine paddy.
बाँसल (bāṁsal) पु. बाँस का व्यापार करनेवाला।
(m.) bamboo trader.
बाँसा (bāṁsā) पु. नाक के बीच की हड्डी।
(m.) the middle bone of the nose.
बाँसुरी (bāṁsurī) स्त्री. दे. बँसुरी।
बाँह (bāṁh) स्त्री. हाथ का ऊपरी हिस्सा।
(f.) the upper arm, sleeve.
बाइली (bāilī) वि. बाहरी।
(adj.) outsider.
बाइस (bāis) वि. बाईस, 22 की संख्या।
(adj.) twenty two.

बाई (bāī) स्त्री. 1. वातरोग। 2. नर्तकियों की उपाधि।
(f.) 1. gout. 2. a title of female dancer.

बाईसी (bāīsī) स्त्री. बड़े दानेवाली चेचक।
(f.) pox with large marks.

बाउग (bāug) पु. बुआई की एक प्रक्रिया। पर्या. बावग।
(m.) a method of sowing.

बाउर (bāur) वि. खराब, अस्वस्थ।
(adj.) bad, unhealthy.

बाउली (bāulī) स्त्री. छोटा तालाब, बावली।
(f.) a small pond.

बाकंदी (bākaṅdī) स्त्री. एक तरह की कपास।
(f.) a kind of cotton.

बाकई (bākaī) क्रि.वि. (अ.) सचमुच, यथार्थ में, वाकई।
(adv.) really.

बाकनट (bākanaṭ) पु. एक तरह का केला।
(m.) a kind of banana.

बाकल (bākal) पु. (सं.) वृक्ष की छाल, लकड़ी की बाहरी परत। (वि.) मूर्ख व्यक्ति।
(m.) bark of a tree, external layer of wood. (adj.) foolish person.

बाकला (bākalā) पु. (अ.) एक प्रकार की फली। पर्या. बकला।
(m.) a kind of bean.

बाकस (bākas) पु. (अं.) बक्सा।
(m.) box, case, trunk.

बाकिर (bākir) अव्य. लेकिन, किंतु।
(indec.) but.

बाकी (bākī) वि. (अ.) शेष, बचा हुआ। (अव्य.) लेकिन।
(adj.) rest, extra. (indec.) but.

बाखर (bākhar) पु. निवास, घर, हवेली, बखरी।
(m.) residence, house building, grain store.

बाखरी (bākharī) स्त्री. बकेना (गाय या भैंस)।
(f.) a cow or she-buffalo that is still giving milk (long after calving).

बाग (bāg) पु. (अ.) उद्यान, उपवन, वाटिका।
(m.) a garden.

बागड़ (bāgaṛ) वि. जो स्पष्ट न बोल सके, गूँगा।
(adj.) dumb.

बागडोर (bāgador) स्त्री. लगाम।
(f.) rein.

बागनर (bāganar) पु. एक प्रकार का बड़ा केला।
(m.) a kind of large banana.

बागबानी (bāgabānī) स्त्री. (फ़ा.+अ.) बागवान या माली का काम।
(f.) gardening.

बागी (bāgī) वि. बगावत या विद्रोह करनेवाला।
(adj.) rebellious, mutineer, mutinous.

बागेसरी (bāgesarī) स्त्री. (सं.) सरस्वती, वागीश्वरी।
(f.) Sarasvati, Godless of speach and learning.

बाघ (bāgh) पु. (सं.) हिंसक जंतु, व्याघ्र।
(m.) a tiger.

बाघ-बकरी (bāgh-bakarī) पु. एक तरह का बच्चों का खेल।
(m.) a children's game (lion and goat).

बाघी (bāghī) स्त्री. जाँघ और पेड़ू की जोड़ पर की गिलटी।
(f.) glandular swelling on the groin.

बाछल (bāchal) सक. छोटे-छोटे सघन पौधों के बीच से कुछ पौधों को उखाड़ देना।
(v.t.) to weed out some plants between small plants.

बाछा (bāchā) पु. गाय का नर बछड़ा।
(m.) a calf.

बाज (bāj) पु. (फा.) एक प्रसिद्ध शिकारी पक्षी। (वि.) कोई-कोई।
(m.) a hawk, falcon. (adj.) any body.

बाजदाबा (bājadābā) पु. अपने अधिकार का त्याग करने-वाला दस्तावेज।
(m.) document renunciating a claim.

बाजन (bājan) पु. (सं.) वादन, बाजा।
(m.) a musical instrument of any kind.

बाजरा (bājarā) पु. एक प्रकार का अन्न।
(m.) a kind of corn, millet.

बाजल (bājal) अक. 1. बजना। 2. लड़ना।
(v.i.) 1. to make sound. 2. to fight.

बाजार (bājār) पु. (फा.) जहाँ अनेक प्रकार के पदार्थों की दुकानें हो।
(m.) a market, shopping area.

बाजी (bājī) स्त्री. (फा.) शर्त, दाँव।
(f.) a bet, stake.

बाजीगर (bājīgar) पु. (फा.) 1. कसरत के खेल करनेवाला, नट। 2. जादूगर।
(m.) 1. an acrobat. 2. a juggler.

बाजू (bājū) पु. (फा.) बाँह, बाँह का एक गहना।
(m.) an arm, an armlet.

बाजूबंद (bājūbaṁd) पु. एक आभूषण।
(m.) an ornament.
बाझल (bājhal) अक. फँस जाना, व्यस्त होना।
(v.i.) to be entangled.
बाट (bāṭ) पु. राह, मार्ग।
(m.) way, path, road.
बाटी (bāṭī) स्त्री. लिट्टी।
(f.) a thick bread cake baked on cinders.
बाटुर (bāṭur) क्रि.वि. बहुत।
(adv.) much.
बाडीगाड (bāḍīgāḍ) पु. (अं.) अंगरक्षक।
(m.) a bodyguard.
बाड़न (bāṛan) अक. हैं।
(v.i.) are.
बाड़ा (bāṛā) पु. चारों ओर से घिरा क्षेत्र।
(m.) enclosed area.
बाड़ी (bāṛī) स्त्री. घर के पास की घिरी हुई भूमि। (अक.) है (स्त्री.)।
(f.) fenced land near the house. (v.i.) is (f.).
बाढ़ (bāṛh) स्त्री. अत्यधिक वर्षा से पानी की वृद्धि, जलप्लावन।
(f.) flood, an over flow.
बाढ़न (bāṛhan) पु. झाड़ू, बढ़नी।
(m.) a broom.
बात (bāt) स्त्री. (सं.) वार्ता, वचन, कथन, बात।
(f.) speech, talk, a word.
बातचीत (bātacīt) स्त्री. वार्तालाप, गुफ्तगू।
(f.) conversation, dialogue.
बातबढ़ाँव (bātabaṛhāṁv) पु. किसी बात को बढ़ा-चढ़ाकर कहने का काम या भाव।
(m.) wrangle.
बाताकहनी (bātākahanī) स्त्री. कहा-सुनी, वाद-विवाद।
(f.) a debate, an altercation.
बाती (bātī) स्त्री. (सं.) 1. बत्ती, दीपशिखा। पर्या. बतिहर। 2. पसली की हड्डी। 3. बाँस का फट्ठा।
(f.) 1. a wick. 2. rib. 3. a sliver of bamboo.
बातूनी (bātūnī) पु. बतंगड़, बहुत बोलनेवाला।
(m.) fuss.
बाथा (bāthā) पु. (सं.) व्यथा, दर्द, पीड़ा, कष्ट।
(m.) pain.
बाद (bād) क्रि.वि. पीछे।
(adv.) after, then.
बादर (bādar) पु. मेघ, बादल। पर्या. घन, घटा।
(m.) a cloud.
बादसाह (bādasāh) पु. (फा.) बादशाह, बहुत बड़ा राजा, महाराज, सम्राट।
(m.) a king, emperor, a ruler.
बादाम (bādām) पु. दे. बदाम।
बादुर (bādur) पु. चमगादड़।
(m.) a bat.
बाध (bādh) पु. खाट बुनने की रस्सी।
(m.) twine used in weaving cots.
बाधक (bādhak) वि. (सं.) रुकावट पैदा करनेवाला।
(adj.) obstructive, troubling.
बाधा (bādhā) स्त्री. (सं.) बिघ्न, रुकावट, अंतराल, व्यवधान।
(f.) obstruction, impediment.
बाधी (bādhī) स्त्री. दे. बाध।
बान (bān) पु. 1. तीर, बाण। 2. आदत।
(m.) 1. an arrow. 2. habit.
बानक (bānak) पु. बाना, बनावटी रूप, छद्मवेश।
(m.) guise.
बानगी (bānagī) स्त्री. नमूना, उदाहरण।
(f.) a sample, an example.
बानवे (bānave) वि. बानवें, 92 की संख्या।
(adj.) ninety two.
बानर (bānar) पु. बंदर। पर्या. मर्कट।
(m.) a monkey.
बाना (bānā) पु. 1. बुनाई। 2. महीन रेशमी वस्त्र। 3. एक तरह की तलवार।
(m.) 1. weaving. 2. fine silk cloth. 3. a kind of sword.
बानी (bānī) स्त्री. (सं.) वाणी, बोली, कथन। (अव्य.) हैं, हूँ।
(f.) voice, speech, (indec.) are, am.
बान्ह (bānh) पु. 1. बंधन। 2. बाँध।
(m.) 1. binding. 2. dike or dam.
बान्हल (bānhal) सक. बाँधना।
(v.t.) to bind, to knot.
बाप (bāp) पु. पिता।
(m.) father.
बापुत (bāput) पु. पिता और पुत्र।
(m.) father and son.
बाफ (bāf) पु. भाप, वाष्प।
(m.) vapour, steam, fumes.

बाफदा (bāfadā) पु. एक प्रकार का मोटा रेशमी वस्त्र।
(m.) a kind of course silk cloth.

बाफल (bāfal) सक. वाष्प में पकाना।
(v.t.) to cook with steam.

बाबड़ी (bābaṛī) स्त्री. सिर पर रखे गए बड़े-बड़े बाल।
(f.) long curly hairs on the head of a man.

बाबत (bābat) स्त्री. (फा.) 1. संबंध। 2. विषय में।
(f.) 1. relation. 2. matter, subject.

बाबरची (bābaracī) पु. (फा.) भोजन पकानेवाला, रसोइया।
(m.) a cook.

बाबरचीखाना (bābaracīkhānā) पु. पाकशाला, भोजनालय।
(m.) a kitchen.

बाबरा-बाबुरी (bābarā-bāburī) पु./स्त्री. मालपुए जैसी एक मिठाई।
(m./f.) a sweetmeat as pan cake.

बाबा (bābā) पु. 1. पिता का पिता। 2. संन्यासियों और बूढ़ों के लिए प्रयुक्त संबोधन।
(m.) 1. grandfather. 2. a word used for ascetics and old persons.

बाबू (bābū) पु. पिता।
(m.) father, dad.

बाबूजी (bābūjī) पु. पिता (सम्मान)।
(m.) dad, father (honour).

बाभन (bābhan) पु. (सं.) ब्राह्मण।
(m.) Brahman.

बाम (bām) पु. चोट का निशान।
(m.) mark of injury.

बामत (bāmat) पु. एक प्रकार का जादू।
(m.) a kind of magic.

बामी (bāmī) स्त्री. साँप सदृश एक मछली।
(f.) a fish as a snake.

बायन (bāyan) पु. (सं.) वह मिठाई आदि जो माँगलिक अवसरों पर संबंधियों-मित्रों के यहाँ भेजी जाती है।
(m.) sweets sent to relatives and friends on auspicious occasions.

बायल (bāyal) वि. अलग, पृथक्।
(adj.) different.

बायाँ (bāyāṁ) वि. (सं.) वाम, बाईं तरफ का बोधक।
(adj.) left.

बार (bār) पु. केश, बाल।
(m.) hair.

बार-बार (bār-bār) क्रि.वि. फिर-फिर।
(adv.) agian and again repeatedly.

बारता (bāratā) स्त्री. (सं.) वार्तालाप, वार्ता।
(f.) conversation, discussion.

बारदात (bāradāt) स्त्री. 1. घटना। 2. विपत्ति।
(f.) 1. an event. 2. disaster.

बारल (bāral) सक. जलाना, प्रज्वलित करना।
(v.t.) to burn.

बारहदरी (bārahadarī) स्त्री. वह बैठक जिसमें बारह दरवाजे हों।
(f.) pavilion with twelve doors.

बारहमासा (bārahamāsā) पु. लोकगीत की एक विधा जिसमें वर्ष के प्रत्येक महीने का वर्णन होता है।
(m.) a form of folk song discribing each of the month of the year.

बारहमासी (bārahamāsī) वि. बारहों महीने फूलनेवाला।
(adj.) flowering throughout the year.

बारहवाँ (bārahavāṁ) वि. ग्यारह के बादवाला।
(adj.) twelfth.

बारिस (bāris) स्त्री. (फा.) बारिश, वर्षा।
(f.) rain.

बारी (bārī) स्त्री. 1. समय, अवसर। 2. एक जाति। 3. एक आभूषण। 4. कमसिन (लड़की)।
(f.) 1. time, occasion. 2. a caste. 3. an ornament. 4. minor (girl).

बारी भोरी (bārī bhorī) स्त्री. अबोध बालिका।
(f.) an innocent girl.

बारीक (bārīk) वि. (फा.) 1. महीन, पतला। 2. सूक्ष्म। 3. जो जल्दी समझ में नहीं आए, दुरूह।
(adj.) 1. thin. 2. minute. 3. difficult to comprehend.

बारीकी (bārīkī) स्त्री. 1. बारीक होने का भाव। 2. सूक्ष्मता। 3. दुरूहता।
(f.) 1. thinness. 2. minuteness. 3. difficulty.

बारूद (bārūd) स्त्री. (तु.) विस्फोटक रसायन।
(f.) gunpowder, the powder used in fire works.

बारे में (bāre meṅ) क्रि.वि. विषय में।
(adv.) about.

बारौठी (bārauṭhī) स्त्री. द्वारचार, द्वारपूजा।
(f.) a ceremony preformed at the time of marriage.

बाल (bāl) पु. 1. केश। 2. अनाज के डंठलों के आगे का हिस्सा, जिसमें बाल लगते हैं। 3. बालक।
(m.) 1. hair. 2. ear. 3. a boy.

बालक (bālak) पु. (सं.) लड़का, बच्चा।
(m.) a boy, child.

बालगोविंद (bālagoviṁd) पु. (सं.) बालकृष्ण।
(m.) Lord Krishna, while he was a child.

बालचर (bālacar) पु. बालकों के लिए बनी ऐसी संस्था का सदस्य जिसमें उसे सेवा और परोपकार का अभ्यास कराया जाता है।
(m.) boy scout.

बालछड़ (bālachaṛ) पु. एक प्रकार का पौधा।
(m.) a kind of plant.

बालटी (bālaṭī) स्त्री. एक प्रकार की डोल, बाल्टी।
(f.) a bucket.

बालतोड़ (bālatoṛ) पु. फुंसी या मुँहासा जो बाल के टूटने से होता है।
(m.) a pimple caused by the uprooting of a hair.

बाल-बच्चा (bāl-baccā) पु. संतान।
(m.) offspring.

बालभोग (bālabhog) पु. प्रातःकाल का नैवेद्य जो देवता को भोग लगाया जाता है।
(m.) offering made to the God in the morning.

बालम (bālam) पु. (सं.) 1. प्रियतम। 2. पति। 3. ईश्वर। उदा. 'तड़पे बिन बालम मोर जिया।' —कबीर।
(m.) 1. dearest. 2. husband. 3. God.

बालमखीरा (bālamakhīrā) पु. एक प्रकार का लंबा और मोटा खीरा।
(m.) a kind of long and fat cucumber.

बालल (bālal) सक. लकड़ी, पेड़ आदि को टुकड़े-टुकड़े करना।
(v.t.) to cut wood or tree into pieces.

बाला (bālā) पु. 1. कान का एक आभूषण। 2. बारह से सोलह वर्ष की उम्रवाली लड़की। 3. घूस, रिश्वत।
(m.) 1. an ornament for the ear. 2. a girl who is twelve to sixteen years of age. 3. a bribe.

बालाई (bālāī) स्त्री. (सं.) हाथ का कड़ा, वलय।
(f.) a bracelet.

बालिग (bālig) पु./वि. (अ.) जो बाल्यावस्था को पार कर चुका हो, वयस्क।
(m./adj.) adult, major.

बाली (bālī) स्त्री. 1. कान का एक गहना। 2. फसल के अन्न का गुच्छा।
(f.) 1. an ear-ring. 2. ear of corn.

बालू (bālū) पु. (सं.) पत्थर का बारीक चूर्ण, रेत।
(m.) sand.

बालूसाही (bālūsāhī) स्त्री. (हिं.+फा.) एक प्रकार की मिठाई।
(f.) a kind of sweetmeat.

बाव (bāv) पु. (सं.) हवा, वायु।
(m.) wind, air.

बावग (bāvag) पु. छींटकर बीज बोने की विधि (धान के लिए)।
(m.) method of sowing paddy by sprinkling or scattering seeds.

बावड़ी (bāvaṛī) स्त्री. एक बड़ा सीढ़ीदार कुआँ।
(f.) a large masonary well with steps.

बावन (bāvan) वि. बावन, 52 की संख्या।
(adj.) fifty two.

बावपेचिस (bāvapecis) पु. उदररोग, पेचिश।
(m.) bowel pain, diarrhoea, dysentery.

बावल (bāval) सक. मुँह खोलना।
(v.t.) to open mouth to open wide, to spread.

बावली (bāvalī) स्त्री. दे. बावड़ी।

बावाँ (bāvāṁ) वि. (सं.) वाम, बायाँ।
(adj.) left.

बावाँरी (bāvāṁrī) वि. बाईं तरफ का।
(adj.) of the left hand side.

बास (bās) पु. (सं.) रहने की जगह, निवासस्थान, गंध।
(m.) residence, odar.

बासठ (bāsaṭh) वि. बासठ, 62 की संख्या।
(adj.) sixty two.

बासदेव (bāsadev) पु. (सं.) वासुदेव, श्रीकृष्ण का एक नाम।
(m.) a name of Lord Krishna.

बासन (bāsan) पु. (सं.) 1. बर्तन। 2. वस्त्र। 3. सुगंध।
(m.) 1. vessal, dish, pot. 2. garments. 3. perfuming.

बासमती (bāsamatī) स्त्री. एक प्रकार का सुगंधित चावल।
(f.) a kind of fragrant rice.

बासा (bāsā) पु. (सं.) 1. निवासस्थान, डेरा। 2. भोजन पकाने और बेचने का स्थान।
(m.) 1. a dwelling place, a habitation. 2. the place where cooked food can be bought.

बासिंदा (bāsiṅdā) वि./पु. (फा.) रहनेवाला, निवासी।
(adj./m.) resident, an inhabitant.
बासी (bāsī) पु. (सं.) दे. बसिंदा।
बासीया (bāsīyā) पु. बासी अन्न, बासिया।
(m.) not fresh, stale.
बासूदा (bāsūdā) पु. रबड़ी।
(m.) thickened and sweetened milk.
बाह (bāh) स्त्री. (अ.) संभोग की इच्छा या शक्ति।
(f.) a desire or ability to perm sexual activity.
बाह-बाह (bāh-bāh) विस्म. वाह-वाह।
(interj.) hurrah.
बाहबाही (bāhabāhī) स्त्री. वाहवाही।
(f.) acclamation.
बाहर (bāhar) क्रि.वि. (सं.) किसी निश्चित सीमा से हटकर निकला हुआ।
(adv.) outside, beyond, abroad.
बाहरा (bāharā) क्रि.वि. बाहर।
(adv.) out.
बाहरी (bāharī) वि. बाहर का।
(adj.) external, outer, foreigner.
बाहल (bāhal) अक. मादा पशुओं का समागम करना या गर्भधारण करना।
(v.i.) to mate or conceive (said of female cattle).
बाहा (bāhā) पु. छोटा नाला।
(m.) a small irrigation canal.
बाहिआत (bāhiāt) वि. (अ.+फा.) 1. बेकार। 2. बुरा।
(adj.) 1. useless. 2. bad, vagabond.
बिंदी (biṅdī) स्त्री. 1. बिंदु। 2. स्त्रियों की बिंदी।
(f.) 1. dot. 2. ornamenting the forehead.
बिअड़ा (biaṛā) पु. रोपनी के लिए तैयार धान का पौधा।
(m.) paddy seedling ready for transplantation.
बिअर (biar) पु. बिल, चूहे आदि के द्वारा बनाया गया छेद।
(m.) hole (of a rodents, snake etc.).
बिअरल (biaral) सक. विवाह करना।
(v.t.) to marry, to get married.
बिअराड़ (biarāṛ) पु. वह खेत जिसमें धान का बिजड़ा (पौधा) तैयार होता है।
(m.) nursery for paddy seedings.
बिअरी (bīarī) वि. जिसका विवाह हुआ हो (स्त्री)।
(adj.) married (female).
बिअहुआ (biahuā) वि. जिसका विवाह हुआ हो (पुरुष)।
(adj.) married (male).
बिअहुती (biahutī) वि. विवाह संबंधी।
(adj.) concerning marriage, marital.
बिआइल (biāil) सक. बच्चा जनना।
(v.t.) to calve, to fanny.
बिआई (biāī) स्त्री. अनाज का बिक्री-कर।
(f.) sales tax (excise) on grain.
बिआउर (biāur) वि. जो पशु (मादा) नियमित रूप से बच्चा देती आ रही हो।
(adj.) female cattle calving regularly.
बिआधा (biādhā) पु. (सं.) व्याध, शिकारी।
(m.) a hunter.
बिआधि (biādhi) स्त्री. रोग, बीमारी।
(f.) a disease.
बिआस (biās) पु. ईख की कोंपल।
(m.) sugarcane leaf dud.
बिआह (biāh) पु. (सं.) विवाह, पाणिग्रहण, परिणय।
(m.) marriage, wedding.
बिआहल (biāhal) सक. ब्याहना।
(v.t.) to marry.
बिकट (bikaṭ) वि. (सं.) विकट, कठिन, दुस्साध्य, भयंकर। उदा. 'बिकट कटक कटलू दुस्मन के।' (गीत)।
(adj.) difficult, terrible.
बिकराल (bikarāl) वि. डरावना, भयंकर।
(adj.) fearful, terrible.
बिक्री (bikrī) पु. विक्रय।
(m.) sell.
बिकल (bikal) अक. बिक जाना।
(v.i.) to be sold.
बिकलांग (bikalāṅg) वि. विकलांग।
(adj.) handicapped.
बिकाऊ (bikāū) वि. बिक्री योग्य।
(adj.) saleable, for sale.
बिकार (bikār) पु. (सं.) विकार, विकृति, दोष, कमी, त्रुटि।
(m.) a defect, a flaw.
बिकास (bikās) पु. विकास।
(m.) development, evolution, progress.
बिख (bikh) पु. (सं.) विष, ज्हर।
(m.) poison.

बिखधर (bikhadhar) वि. (सं.) विषधर, विषैला (साँप)।
(adj.) poison-holding, venomous, poisonus snake.

बिखरल (bikharal) अक. छितराना, तितर-बितर होना।
(v.i.) to be scattered, to be dispersed, to be disarranged.

बिखान (bikhān) पु. विविध प्रकार।
(m.) of many kind, different types.

बिखियाइल (bikhiyāil) अक. अति क्रुद्ध होना।
(v.i.) to be very angry.

बिखिन (bikhin) वि. (सं.) खिन्न, दुखी, क्षुब्ध।
(adj.) sad, agitated.

बिखे (bikhe) पु. वस्तु।
(m.) thing.

बिखेरल (bikheral) सक. बिखेरना।
(v.t.) to litter.

बिखो (bikho) पु. गहना।
(m.) an ornament.

बिख्यात (bikhyāt) वि. विख्यात।
(adj.) noted, reputed.

बिगड़ता (bigaṛatā) पु. कार्य-हानि, काम में बाधा।
(m.) disturbance, hindrance.

बिगड़ल (bigaṛal) वि. कुमार्गी, बिगड़ा हुआ।
(adj.) impious, of bad charecter, wicked.

बिगड़ल (bigaṛal) अक. किसी वस्तु के गुण में विकृति आना, बुरी दशा को प्राप्त करना।
(v.i.) to be spoiled, to be damaged, to break down, to go out of order.

बिगड़ा-बिगड़ी (bigaṛā-bigaṛī) पु. परस्पर विरोध, झगड़ा।
(m.) conflict between each other, a quarrel.

बिगड़ाह (bigaṛāh) वि. बिगड़े स्वभाव का, बिगड़ैल।
(adj.) truculent, short-tempered.

बिगदल (bigadal) अक. जोतते समय बैलों का बिगड़ना।
(v.i.) to get out of control, become rebellious (said of a bullock while ploughing a field).

बिगरल (bigaral) अक. विकृत होना।
(v.i.) to deform.

बिगरह (bigarah) पु. (सं.) विरोध, वैमनस्य, विग्रह।
(m.) conflict, hostility, indifference.

बिगल (bigal) सक. फेंकना।
(v.t.) to throw.

बिगहट्टी (bigahaṭṭī) स्त्री. बड़ा खेत।
(f.) a large farm.

बिगहा (bigahā) पु. खेत की बीस बिस्वे (कट्ठा) की एक नाप, बीघा।
(m.) measure equivalent of twenty biswa of land.

बिगाड़ (bigāṛ) पु. दे. बिगरह।

बिगाड़ल (bigāṛal) सक. किसी वस्तु में विकृति पैदा करना, बिगाड़ना।
(v.t.) to spoil, to corrupt (a person), to ruin (as a reputation).

बिगाड़ू (bigāṛū) वि. बिगाड़नेवाला।
(adj.) harmful, who spoils.

बिगुल (bigul) पु. अंग्रेजी सैनिकों की एक प्रकार की तुरही। उदा. 'बिगुल बजावे के परी'—मोती बी.ए.।
(m.) trumpet, horn.

बिघिन (bighin) पु. (सं.) विघ्न, विरोध, बाधा।
(m.) conflict, impediment, objection, obstacle.

बिचकनी (bicakanī) स्त्री. कान के बीच का भाग।
(f.) middle part of the ear.

बिचकल (bicakal) अक. टेढ़ा होना, असहमति या अस्वीकृति प्रकट करने के लिए मुँह बनाना।
(v.i.) to be twisted away (as the face in displeasure).

बिचका (bicakā) वि. बीचवाला।
(adj.) middle.

बिचकावल (bicakāval) सक. किसी के प्रति उपेक्षा प्रकट करने के लिए मुँह बनाना।
(v.t.) to grimace.

बिचबिचवा (bicabicavā) वि. मध्यस्थ।
(adj.) intermediary.

बिचरल (bicaral) अक. भ्रमण करना, स्वच्छंद घूमना।
(v.i.) to wander, to move about.

बिचला (bicalā) वि. मध्यवर्ती।
(adj.) intermediate.

बिचवनिया (bicavaniyā) पु. मध्यस्थ, बीच-बचाव करनेवाला।
(m.) mediator.

बिचार (bicār) पु. (सं.) इरादा, विचार, सिद्धांत।
(m.) desire, idea, thought, opinion.

बिचारमान (bicāramān) वि./पु. (सं.) विचारवान, विचार करनेवाला, विचारक।
(adj./m.) thoughtful, a thinker.

बिचारल (bicāral) सक. विचारना।
(v.t.) to think about, to notice.

बिचाराधीन (bicārādhīn) वि. विचाराधीन।
(adj.) pending.

बिचाली (bicālī) स्त्री. पुआल।
(f.) straw, chaff, husk.

बिचित्र (bicitr) वि. अनोखा, विचित्र।
(adj.) extraordinary, strange.

बिचिलल (bicilal) अक. 1. इधर से उधर हो जाना। 2. पूर्व की निश्चित बात से मुकर जाना।
(v.i.) 1. to be here and there. 2. to go back on one's word.

बिच्छी (bicchī) स्त्री. बिच्छू।
(f.) a scorpion.

बिछल (bichal) अक. बिछावन का बिछाया जाना।
(v.i.) to be laid.

बिछलल (bichalal) अक. फिसलना।
(v.i.) to slip.

बिछलहरी (bichalaharī) स्त्री. (सं.) ऐसी गीली और चिकनी जमीन जिस पर चलने पर पैर फिसल जाता है।
(f.) slippery, too smooth.

बिछली (bichalī) स्त्री. फिसलन।
(f.) slipperiness.

बिछवँतिया (bichavaṁtiyā) स्त्री. छिपकली।
(f.) a lizard.

बिछवना (bichavanā) पु. बिस्तर, बिछावन।
(m.) a bed, mattress.

बिछावल (bichāval) सक. बिछाना।
(v.t.) to spread (like a sheet or bed).

बिछिया (bichiyā) स्त्री. पैरों की अँगूठी।
(f.) a ring worn on the toe by married women.

बिछिलाइल (bichilāil) अक. (सं.) फिसलना।
(v.i.) to ship, to skid, to slide.

बिछुड़ल (bichuṛal) अक. अलग होना, बिछोह होना।
(v.i.) to be separated (from).

बिछोह (bichoh) पु. वियोग।
(m.) separation (of lovers).

बिछौना (bichaunā) पु. बिस्तर।
(m.) a bed.

बिजमार (bijamār) पु. खेत में डाले गए बीज के नहीं जमने की स्थिति।
(m.) the state of a sowed seed not taking root.

बिजय (bijay) स्त्री. (सं.) विजय, जीत।
(f.) victory, conquest, triumph.

बिजयदसमी (bijayadasamī) स्त्री. (सं.) आश्विन माह के शुक्लपक्ष की दशमी तिथि को मनाया जानेवाला एक त्यौहार, विजयादशमी।
(f.) a festival observed on the tenth day of the bright half of the month of Ashwin.

बिजयी (bijayī) वि. (सं. विजयी) विजेता, जीतनेवाला।
(adj.) victorious, triumphant.

बिजली (bijalī) स्त्री. एक आभूषण।
(f.) an ornament.

बिजाठ (bijāṭh) पु. बाँह का आभूषण।
(m.) an arm ornament.

बिजातीय (bijātīy) वि. विजातीय।
(adj.) heterogeneous.

बिजार (bijār) पु. साँड़।
(m.) a bull, a wandering bull.

बिजार-कटरा (bijār kaṭarā) पु. जवान साँड़।
(m.) a young bull.

बिजियाइल (bijiyāil) अक. लोहे में जंग लगना।
(v.i.) to rust.

बिजुआ-आम (bijuā-ām) पु. एक प्रकार का रेशायुक्त रसदार आम जो देशी पौधे के बीज से तैयार होता है।
(m.) a kind of fibrous juicy mango grown from a seed instead of scionor cutting.

बिजुकल (bijukal) अक. भड़कना।
(v.i.) to get agitated.

बिजुली (bijulī) स्त्री. 1. बादलों के टक्कर से उत्पन्न प्रकाश-रेखा, बिजली। 2. रासायनिक क्रिया या चुंबकीय शक्ति से उत्पन्न शक्ति विशेष, विद्युत। 3. एक आभूषण।
(f.) 1. lightning. 2. electricity. 3. an ornament.

बिजे (bije) पु. भोज का निमंत्रण।
(m.) feast invitation.

बिजौरा (bijaurā) पु. एक प्रकार का नींबू।
(m.) a kind of lemon, lime.

बिज्जी (bijjī) स्त्री. जंग (लोहा)
(f.) rust.

बिझौरा (bijhaurā) पु. गहरा गड्ढा।
(m.) a deep pit.

बिटिया (biṭiyā) स्त्री. लड़की, पुत्री।
(f.) a girl, daughter.

बिटुराइल (biṭurāil) अक. इकट्ठा होना।
(v.i.) to congregate, to coalesce, to gather.

बिटेव (biṭev) पु. व्यवधान।
(m.) an interposition, an intervention.

बिटोर (biṭor) पु. इकट्ठा होने का भाव।
(m.) embodiment, collecting.

बिठो (biṭho) पु. खपड़े की गोल गोटी को ऊपर नीचे सजाकर रखने और उसे गेंद से मारने का खेल।
(m.) a game of striking at the tile pieces kept one above other.

बिढ़वा (biṛhavā) पु. एक तरह की घास जिसे पशु खाते हैं।
(m.) a grass eaten by animals.

बितना (bitanā) पु. बित्ते-भर का या बहुत नाटा (व्यक्ति या वस्तु)।
(m.) tiny, too small.

बितावल (bitāval) सक. व्यतीत करना, गुजारना।
(v.t.) to pass, to spend.

बित्ता (bittā) पु. कनिष्ठा से अँगूठे के अग्रभाग तक की दूरी।
(m.) span.

बित्ती (bittī) स्त्री. 1. चुंगी या बिक्री-कर। 2. लड़कों का एक खेल।
(f.) 1. duty, levy or sales tax. 2. boy's game.

बिदत (bidat) पु. दुर्दशा, दुर्गति।
(m.) evil, misery.

बिदरोह (bidaroh) पु. विद्रोह।
(m.) putsch, insurrection, revolt.

बिदा (bidā) स्त्री. गमन, जाने की आज्ञा।
(f.) departure, permission to depart.

बिदागरी (bidāgarī) स्त्री. नवविवाहित स्त्रियों का ससुराल के लिए प्रस्थान।
(f.) departure of a newly married women to her husband's family's home.

बिदाह (bidāh) पु. उपजे हुए खेत की हल्की-सी जुताई जिससे घास-पात साफ हो जाएँ।
(m.) light ploughing of a sown field for weeding purposes.

बिदाहल (bidāhal) सक. जमी हुई फसल को बचाते हुए खेत को ऊपर ही ऊपर जोतना।
(v.t.) to plough lightly.

बिदुर (bidur) पु. महाभारत के एक पात्र, जो धृतराष्ट्र और पांडु के भाई जो व्यास द्वारा अंबिकादासी के पुत्र थे।
(m.) a character of mahabharat.

बिदेआरथी (bideārathī) पु. (सं.) विद्यार्थी, विद्या प्राप्ति के लिए पढ़नेवाला छात्र।
(m.) a pupil, a student.

बिदेस (bides) पु. (सं.) विदेश, परदेश, अन्य देश।
(m.) foreign country, another country.

बिदेसिया (bidesiyā) पु. एक लोकनाटक जिसके प्रवर्तक भिखारी ठाकुर हैं।
(m.) a folk-drama which is promoted by Bhikhari Thakur.

बिदेसी (bidesī) पु. विदेशी।
(m.) a foreigner.

बिदोरल (bidoral) सक. किसी को चिढ़ाने के लिए मुँह टेढ़ा करना।
(v.t.) to make a wry face.

बिद्या (bidyā) पु. विद्या।
(m.) learning.

बिद्वेस (bidves) पु. विद्वेष।
(m.) rancour.

बिद्वान (bidvān) वि. विद्वान।
(adj.) scholar.

बिधंस (bidhaṅs) पु. (सं.) विध्वंस, नाश, बर्बाद।
(m.) ruin, destruction.

बिध (bidh) पु. (सं.) विधि, रस्म, प्रथा, परंपरा।
(m.) manner, custom, tradition.

बिधना (bidhanā) पु. (सं.) विधाता, ब्रह्मा।
(m.) the creator, Brahama.

बिधर (bidhar) वि. शरीर के कपड़ों का चिथड़ा-चिथड़ा हो जाना।
(adj.) ragged.

बिधवा (bidhavā) स्त्री. (सं.) विधवा, वह स्त्री जिसका पति मर गया हो।
(f.) a widow.

बिधा (bidhā) पु. विधा।
(m.) discipline.

बिधाता (bidhātā) पु. (सं.) दे. बिधना।

बिधान (bidhān) पु. (सं.) विधान, नियम।
(m.) regulation, ordination.

बिधायक (bidhāyak) पु. विधायक।
(m.) a legislator.

बिधि (bidhi) स्त्री. (सं.) दे. बिध।
बिधुआइल (bidhuāil) अक. मुँह पर उदासी आना।
(v.i.) to be sorrowful, to be cool.
बिधुन (bidhun) पु. दे. बिधंस।
बिधुनल (bidhunal) सक. नष्ट कर देना।
(v.t.) to destroy.
बिनती (binatī) स्त्री. प्रार्थना।
(f.) a prayer.
बिननिहार (binanihār) पु. 1. चुननेवाला। 2. बुननेवाला।
(m.) 1. a elector, a gatherer. 2. a weaver.
बिनबिनाइल (binabināil) अक. क्षुब्ध होना, क्रुद्ध होना।
(v.i.) to be agitated, to be angry.
बिनल (binal) सक. 1. चुनना। 2. छाँटना। 3. बुनना।
(v.t.) 1. to pick, to gather. 2. to select. 3. to weave, to knit.
बिनवल (binaval) सक. प्रार्थना करना।
(v.t.) to pray, to worship.
बिनसल (binasal) अक. विनष्ट होना, बर्बाद होना।
(v.i.) to be ruined.
बिना (binā) अव्य. अभाव में, बगैर।
(indec.) without, in want of.
बिनावट (bināvaṭ) पु. बुनने की क्रिया, बुनावट।
(m.) weaving, kniting.
बिनास (binās) पु. विनाश।
(m.) havoc, destruction.
बिनिया (biniyā) स्त्री. गिरे अन्न को चुनने का कार्य।
(f.) to gather, to pick.
बिनीत (binīt) वि. विनीत।
(adj.) humble.
बिनुआ (binuā) वि. चुना हुआ।
(adj.) selected.
बिनोद (binod) पु. विनोद।
(m.) mirth.
बिनोदी (binodī) वि. विनोदी।
(adj.) humorous.
बिनौला (binaulā) पु. कपास का बीज।
(m.) cotton seed.
बिंदवा (biṅdavā) पु. अफवाह।
(m.) rumour, hearsay.
बिंदी (biṅdī) स्त्री. छोटे आकार की डिजाइनदार टिकुली जो माथे के बीच लगाई जाती है।
(f.) small bindi (with designs) affixed to the forehead.
बिपछ (bipach) पु. विपक्ष।
(m.) opponent.
बिपत (bipat) स्त्री. (सं.) विपत्ति, आपदा, आफत, दुःख।
(f.) calamity, crisis, plight.
बिपतमरू (bipatamarū) वि. विपत्तिग्रस्त।
(adj.) affected by grief.
बिपनास (bipanās) पु. सर्वनाश, बर्बादी।
(m.) complete destruction, ruin.
बिपरीत (biparīt) वि. प्रतिकूल।
(adj.) counter.
बिभाजन (bibhājan) पु. विभाजन।
(m.) partition.
बिभो (bibho) पु. (सं.) वैभव, धन-संपत्ति।
(m.) wealth, property.
बियहुती (biyahutī) वि. विवाह संबंधी।
(adj.) related to marriage.
बियाइल (biyāil) सक. जन्म देना (बच्चे को)।
(v.t.) to give birth (said of a female animal).
बियान (biyān) स्त्री. दुधारू पशुओं द्वारा प्रजनन की क्रिया।
(f.) act of giving birth (of milky animals).
बियारी (biyārī) स्त्री. धान के बीज की क्यारी।
(f.) a paddy plant bed.
बियाह (biyāh) पु. दे. बिआह।
बियाह-संस्कार (biyāh-saṅskār) पु. विवाह-संस्कार।
(m.) nuptials.
बिरंग (biraṅg) वि. कई रंगों का।
(adj.) multicoloured.
बिरझल (birajhal) अक. (सं.) 1. फड़कना। 2. झगड़ना।
(v.i.) 1. to throb. 2. to quarrel.
बिरतंत (birataṅt) पु. (सं.) वर्णन, वृत्तांत।
(m.) description.
बिरथ (birath) वि. व्यर्थ।
(adj.) useless, vain.
बिरथा (birathā) क्रि.वि. वृथा।
(adv.) ineffectively.
बिरधा (biradhā) वि. (सं.) वृद्ध, बूढ़ा।
(adj.) old.
बिरन (biran) पु. भाई। उदा. 'ननदो बधाई माँगे अइली बोलदे राजा बिरन के।' (सोहर)।
(m.) brother.
बिरना (biranā) पु. बलवान पुत्र जो वृषभ जैसी ताकत रखता हो।
(m.) robust son strong like a bull.

बिरनाइल (biranāil) अक. क्रुद्ध होना।
(v.i.) to be angry.
बिरवा (biravā) पु. पौधा।
(m.) a plant.
बिरह (birah) पु. (सं.) वियोग, विरह।
(m.) separation.
बिरहनी (birahanī) स्त्री. (सं.) विरहिणी, वियोगिनी।
(f.) a woman suffering with pang of separation.
बिरहा (birahā) पु. (सं.) बिरहगीत, जिसका उपयोग प्रायः 'यादव' लोग करते हैं।
(m.) a separation song.
बिरहिनी (birahinī) स्त्री. साग-सब्जी के पौधे।
(f.) plants of vegetables.
बिरही (birahī) वि. (सं.) विरही, पत्नी के वियोग से दुःखी।
(adj.) one who is sad owing to the separation from his wife or beloved.
बिराजल (birājal) अक. सुशोभित होना, बैठना।
(v.i.) to take a sit, to sit.
बिरादर (birādar) पु. (फा.) भाई, रिश्तेदार, एक ही जाति के लोग।
(m.) brother, a relative, people from same caste.
बिरान (birān) वि. अन्य, पराया, गैर।
(adj.) other, another's.
बिराम (birām) पु. विराम।
(m.) pause.
बिरावल (birāval) सक. चिढ़ाना।
(v.t.) to vex, to gibe, to irritate, to provoke.
बिरिआ (biriā) पु. एक प्रकार का लवण।
(m.) a kind of salt.
बिरिछ (birich) पु. (सं.) पेड़, वृक्ष, पादप।
(m.) a tree.
बिरिज (birij) पु. (सं.) ब्रज, गोकुल ग्राम, मथुरा।
(m.) Gokul gram, Mathura.
बिरिझल (birijhal) अक. असंतुष्ट होना, रूठना।
(v.i.) to be displeased.
बिरीत (birīt) पु. वह जमीन जो राजा से ब्राह्मणों-कलावंतों को कर माफी के साथ दी गई हो।
(m.) land gifted by a monarch to Brahmans, artists.
बिरोजा (birojā) पु. चीड़ के पेड़ का गोंद जो औषधि के रूप में व्यवहृत होता है।
(m.) pine resin, which is used as medicine.
बिरोध (birodh) पु. (सं.) झगड़ा, विरोध।
(m.) conflict, opposition, resistance.
बिलंद (bilaṅd) वि. (फा.) बुलंद, ऊँचा।
(adj.) high.
बिरौ (birau) पु. गोल आँधी।
(m.) round storm.
बिल (bil) पु. (सं.) छेद, बिल।
(m.) hole, burrow.
बिलइया (bilaiyā) पु. दरवाजा बंद करने के लिए लकड़ी का बना उपकरण, बिलाया।
(m.) a wooden device to shut a door.
बिलकुल (bilakul) क्रि.वि. बिल्कुल।
(adv.) perfectly.
बिलखाइल (bilakhāil) अक. सिसकना।
(v.i.) to sob.
बिलग (bilag) वि. पृथक, अलग।
(adj.) separate, detached.
बिलगल (bilagal) अक. अलग होना।
(v.i.) to be separated.
बिलगावल (bilagāval) सक. 1. अलग करना। 2. बँटवारा करना।
(v.t.) 1. to separate. 2. to divide.
बिलगी (bilagī) स्त्री. अलग होने की स्थिति, बिलगाव।
(f.) separation, parting.
बिलटी (bilaṭī) स्त्री. रेलगाड़ी या बस से माल भेजने की रसीद।
(f.) bill of lading, railway or bus receipt.
बिलम (bilam) पु. (सं.) देर, विलंब।
(m.) delay, stay, lateness.
बिलमल (bilamal) अक. (सं.) विलंबन, रुकना, देर करना।
(v.i.) to stay, to tarry, belated.
बिलमावल (bilamāval) सक. ठहराना, रोके रखना।
(v.t.) to keep (one) waiting, to delay (one).
बिलवावल (bilavāval) सक. बर्बाद करना, नष्ट करना।
(v.t.) to destroy, to waste, to ruin.
बिलाइत (bilāit) पु. 1. ग्रेट ब्रिटेन। 2. विदेश, विलायत।
(m.) 1. Great Britain. 2. foreign.
बिलाइती (bilāitī) वि. 1. ग्रेट ब्रिटेन का बना हुआ। 2. विदेशी, विलायती।
(adj.) 1. made in Great Britain. 2. foreigner.

बिलाइल (bilāil) अक. लुप्त होना, नष्ट होना।
(v.i.) to vanish, to be lost.

बिलाई (bilāī) स्त्री. बिल्ली।
(f.) a cat.

बिलार (bilār) पु. नर बिल्ली।
(m.) a tom cat.

बिलाला (bilālā) वि. रंक, कंगाल।
(adj.) poor, peniless, miserable.

बिलिल्ला (bilillā) वि. मूर्ख, बेकार।
(adj.) foolish, useless.

बिलुक (biluk) पु. छेद।
(m.) a hole.

बिवाद (bivād) पु. विवाद।
(m.) dispute, controversy.

बिस (bis) पु. (सं.) विष, जहर। पर्या. गरल।
(m.) posion.

बिसइला (bisailā) वि. विषैला।
(adj.) poisonous.

बिसकरमा (bisakaramā) पु. (सं.) आदि-कलाकार या मिस्त्री, विश्वकर्मा।
(m.) first artist or a craftsman, a carpenter.

बिसकुट (bisakuṭ) पु. बिस्कुट।
(m.) biscuit.

बिसकोपड़ा (bisakoparā) पु. दे. बिसखोपड़ा।

बिसखोपड़ा (bisakhoparā) पु. गोह की जाति का एक जंतु, गिरगिट।
(m.) a chamelion.

बिसंगति (bisaṅgati) स्त्री. विसंगति।
(f.) incongruity, discrepancy.

बिसघातक (bisaghātak) पु. विषघातक।
(m.) poisoner.

बिसतर (bisatar) पु. (फा.) बिछावन, बिस्तर, बिछौना।
(m.) a bed, a bedding.

बिसतार (bisatār) पु. (सं.) फैलाव, विस्तार।
(m.) spread, extension, space.

बिसतुइआ (bisatuiā) स्त्री. छिपकली।
(f.) a lizard.

बिसफोट (bisafoṭ) पु. विस्फोट।
(m.) blast.

बिसबिसाइल (bisabisāil) अक. जलन के साथ वेदना होना।
(v.i.) to smart, to tingle.

बिसभोटी (bisabhoṭī) वि. वह व्यक्ति जो बातों को भूल जाता है।
(adj.) a person who forgets words.

बिसम (bisam) वि. विषम।
(adj.) odd.

बिसमता (bisamatā) पु. विषमता।
(m.) inequality.

बिसमय (bisamay) पु. (सं.) विस्मय, आश्चर्य, ताज्जुब।
(m.) wonder, astonishment, surprise.

बिसरल (bisaral) सक. भूलना, विस्मृत होना।
(v.t.) to forget.

बिसराम (bisarām) पु. (सं.) विश्राम, आराम।
(m.) rest, comfort, relief.

बिसरावल (bisarāval) सक. भूलना, बिसराना।
(v.t.) to cause, to forget.

बिसरी (bisarī) स्त्री. एक प्रकार का तिकोना जाल।
(f.) a kind of triangular net.

बिसवास (bisavās) पु. (सं.) भरोसा, विश्वास।
(m.) faith, confidence.

बिसहा (bisahā) वि. विषैला।
(adj.) poisonous.

बिसात (bisāt) स्त्री. (अ.) 1. सामर्थ्य, हैसियत। 2. वह कागज या कपड़ा, जिस पर शतरंज या चौपड़ खेलने के लिए खाने बने होते हैं।
(f.) 1. capacity. 2. a chessboard usually a piece of cloth.

बिसाती (bisātī) पु. (अ.) सूई, तागा, चूड़ी, खिलौने आदि बेचनेवाला।
(m.) a general merchant.

बिसारल (bisāral) सक. भुला देना, चित्त से उतार देना।
(v.t.) to cause to be forgotten.

बिसाल (bisāl) वि. (सं.) विशाल, बहुत बड़ा।
(adj.) huge, vast.

बिसिस्ट (bisiṣṭ) वि. विशिष्ट।
(adj.) particular.

बिसुकल (bisukal) अक. गाय-भैंस का दूध देना बंद करना।
(v.i.) to stop milking (cattle).

बिसुनाइल (bisunāil) अक. नींद में बोलना।
(v.i.) to talk in sleep.

बिसेख (bisekh) वि. (सं.) विशेष, विशिष्ट जो गुण-परिमाण आदि में औरों से बढ़ा-चढ़ा हो।
(adj.) peculiar, specific, distinctive.

बिसेन (biseṇ) पु. राजपूतों की एक जाति।
(m.) sub-caste of Rajputs.
बिसेसर (bisesar) पु. (सं.) विश्वेश्वर, महादेव का विशेषण।
(m.) an epithet of Shiva.
बिसेस (bises) वि. दे. बिसेख।
बिसेसण (bisesaṇ) पु. विशेषण।
(m.) adjective.
बिसेसता (bisesatā) पु. विशेषता।
(m.) feature, merits, qualities.
बिस्तुइया (bistuiyā) स्त्री. दे. बिसतुइआ।
बिस्टा (bisṭā) पु. मल, विष्ठा।
(m.) excrement.
बिस्व (bisv) पु. विश्व।
(m.) macrocosm, world.
बिस्वसनीय (bisvasanīy) पु. विश्वसनीय।
(m.) reliable, faithful.
बिहड़ (bihaṛ) वि. 1. कठिन, दुर्गम। 2. ऊबड़-खाबड़ भूमि।
(adj.) 1. difficult, unpassable (as a road). 2. rugged, hilly land.
बिहदाना (bihadānā) पु. मीठा अनार।
(m.) sweet pomegranate.
बिहनाह (bihanāh) पु. बीज, बीज का पौधा।
(m.) seed, plant of seed.
बिहनी (bihanī) वि. अभावग्रस्त।
(adj.) poverty stricken.
बिहरल (biharal) अक. 1. स्वच्छंद घूमना। 2. विरह का गीत गाना।
(v.i.) to wander. 2. to sing a song of seperation.
बिहान (bihān) पु. सबेरा।
(m.) early morning, dawn.
बिहाने (bihāne) क्रि.वि. दूसरे दिन, कल।
(adv.) the other day, tomorrow.
बिहार (bihār) पु. (सं.) 1. घूमने की क्रिया। 2. भारत का एक राज्य। 3. बौद्ध विहार।
(m.) 1. walking. 2. name of an Indian state. 3. Budhaistic monastery.
बिहुँसल (bihum̐sal) अक. फटना।
(v.i.) to be torn, to crack.
बिहोस (bihos) वि. बेहोश।
(adj.) delirious.
बिहोसी (bihosī) स्त्री. बेहोशी।
(f.) anaesthesia.
बीअर (bīar) पु. (सं. विवर) दे. बिल।
बीआ (bīā) पु. बीज।
(m.) sead.
बीए (bīe) पु. (अं.) स्नातक, बी.ए.।
(m.) graduate, B.A..
बीगल (bīgal) सक. फेंकना।
(v.t.) to throw away something.
बीघा (bīghā) पु. खेत की नाप का एक परिमाण, बीस बिस्वे का रकबा।
(m.) a measure of land.
बीच (bīc) क्रि.वि. मध्य भाग।
(adv.) middle.
बीचबिचवा (bīcabicavā) वि. मध्य का।
(adj.) mediam.
बीछल (bīchal) सक. चुनना।
(v.t.) to select.
बीछी (bīchī) स्त्री. दे. बिच्छी।
बीजी (bījī) स्त्री. गुठली।
(f.) a fruit stone.
बीजू (bījū) पु. वह आम जिसका पौधा गुठली से तैयार हुआ हो।
(m.) mango produced from a seed.
बीजे (bīje) पु. दे. बिजे।
बीट (bīṭ) स्त्री. (सं.) चिड़ियों की विष्ठा या मल।
(f.) the dung of birds.
बीड़ा (bīṛā) पु. गिलौरी।
(m.) folded betel leaf.
बीड़ी (bīṛī) स्त्री. तेंदू पत्ते में तंबाकू को लपेट कर तैयार किया गया एक प्रकार का सिगरेट।
(f.) a twist of tobacco rolled in a tobacco leaf to be smoked.
बीतल (bītal) अक. बीतना, गुजरना।
(v.i.) to pass, to elapse.
बीता (bītā) पु. दे. बित्ता।
बीनल (bīnal) सक. दे. बिनल।
बीपत (bīpat) स्त्री. दे. बीपति।
बीपति (bīpati) स्त्री. (सं.) विपत्ति, आफत, कष्ट।
(f.) misfortune, suffering.
बीफे (bīphe) पु. (सं.) गुरुवार, बृहस्पतिवार।
(m.) thursday.
बीबी (bībī) स्त्री. (फा.) 1. भले घर की स्त्री, कुलवधू। 2. पत्नी, जोरू।
(f.) 1. a lady. 2. a wife.

बीमा (bīmā) पु. (फा.) किसी प्रकार की हानि की जिम्मेदारी जो कुछ धन लेकर उसके बदले में उठाई जाती है, बीमा।
(m.) insurance.
बीमार (bīmār) वि. (फा.) रोगी, रुग्ण।
(adj.) ill, sick.
बीया (bīyā) पु. दे. बीआ।
बीर (bīr) वि. (सं.) वीर, शूर, समर्थ।
(adj.) brave.
बीरता (bīratā) स्त्री. वीरता।
(f.) heroism, bravery.
बीरन (bīran) पु. भाई। (लोक.) उदा. 'ननदो बधाई माँगे, अइली बोलादे राजा बीरन के।' (सोहर)।
(m.) a brother.
बीरा (bīrā) पु. दे. बीड़ा।
बीरो (bīro) पु. जड़ी-बूटी, दवा का सहचर शब्द।
(m.) an express used along with the word 'medicine'.
बील (bīl) पु. छिद्र।
(m.) hole.
बीस (bīs) वि. (सं.) बीस, 20 की संख्या।
(adj.) twenty.
बीह (bīh) स्त्री. दो पौधों के बीच की खाली जगह।
(f.) blank space between two plants.
बीहन (bīhan) पु. रोपने के लिए उखाड़ा गया बीज।
(m.) seed uprooted for transplantation.
बुकउर (bukaur) पु. सत्तू।
(m.) a meal of parched grain.
बुकचा (bukacā) पु. गठरी।
(m.) tied bundle, back.
बुकची (bukacī) स्त्री. छोटी गठरी।
(f.) small bundle.
बुकनी (bukanī) स्त्री. बारीक चूर्ण।
(f.) fine powder.
बुकवा (bukavā) पु. उबटन जिसे स्त्रियाँ शरीर में लगाती हैं।
(m.) body unction, unguent (generally used by women).
बुचिया (buciyā) स्त्री. छोटी बच्ची।
(f.) a girl child.
बुजरी (bujarī) स्त्री. स्त्रियों के लिए एक प्रकार की गाली।
(f.) an abuse for women, slang.
बुजुरुग (bujurug) वि. (फा.) बुज़ुर्ग, बड़ा, बूढ़ा।
(adj.) an elderly person, an old person.
बुझनी (bujhanī) स्त्री. पहेली।
(f.) a puzzle.
बुझारत (bujhārat) पु. जाँच-पड़ताल की प्रक्रिया।
(m.) any process of examining appraising, audit or adjustment of accounts.
बुझावल (bujhāval) सक. किसी जलती वस्तु पर पानी डालना।
(v.t.) to quench, to put out.
बुझौवल (bujhauval) पु. पहेली।
(m.) a riddle, a puzzle.
बुट्टी (buṭṭī) स्त्री. छोटा टुकड़ा (माँस), बोटी।
(f.) small piece (meat).
बुड़की (buṛakī) स्त्री. डुबकी।
(f.) a dive.
बुड़बक (buṛabak) वि. मूर्ख।
(adj.) fool.
बुड़वा (buṛavā) वि. दे. बुड़ाह।
बुड़ावल (buṛaval) सक. पानी या तरल पदार्थ में डुबाना।
(v.t.) to cause to sink.
बुड़ाह (buṛāh) वि. अधिक पानी जिसमें डूबा जा सके।
(adj.) unfordable, deep water.
बुढ़घाउस (buṛhaghāus) पु. बुढ़ापे में जवान की तरह व्यवहार।
(m.) trying to act like young man in old age.
बुढ़ाइल (buṛhāil) अक. बूढ़ा होना।
(v.i.) to get old.
बुढ़ापा (buṛhāpā) पु. वृद्धावस्था।
(m.) old age.
बुढ़ारी (buṛhārī) स्त्री. दे. बुढ़ापा।
बुढ़िया (buṛhiyā) स्त्री. वृद्धा, बूढ़ो स्त्री।
(f.) old woman.
बुढ़ियाबड्डी (buṛhiyābaḍḍī) पु. कबड्डी की तरह खेल जिसे लड़कियाँ-लड़के खेलते हैं।
(m.) a kabaddi like game played by girls and boys.
बुढ़ौती (buṛhautī) स्त्री. दे. बुढ़ापा।
बुत (but) पु. चेतनाहीन व्यक्ति (शराबी)।
(m.) unconscious person (drunk).
बुतल (butal) अक. दीपक आदि का बुझना।
(v.i.) to go out (a lamp).

बुतावल (butāval) सक. बुझाना।
(v.t.) to extinguish.
बुदबुद (budabud) पु. पानी से निकली आवाज।
(m.) a bubble.
बुदबुदाइल (budabudāil) अक. अस्पष्ट शब्द बोलना।
(v.i.) to speak unclearly, to mumble.
बुध (budh) पु. 1. बुधग्रह। 2. बुधवार।
(m.) 1. the planet mercury. 2. wednesday.
बुधिसागर (budhisāgar) वि. (सं.) बुद्धिमान, होशियार।
(adj.) wise, intelligent.
बुद्धि (buddhi) स्त्री. (सं.) विवेक, ज्ञान, समझ।
(f.) intelligence, knowledge, understanding.
बुद्धिमानी (buddhimānī) स्त्री. बुद्धिमत्ता।
(f.) intelligence.
बुद्धू (buddhū) वि. मूर्ख।
(adj.) stupid.
बुनका (bunakā) स्त्री. सिंदूर से की गई बिंदी।
(f.) sindoor bindi.
बुनिआ (buniā) पु. एक प्रकार की मिठाई, बूँदी।
(m.) a kind of sweet, bundi.
बुनिआद (buniād) स्त्री. (फा.) 1. जड़, मूल, बुनियाद, नींव। 2. असलियत।
(f.) 1. foundation. 2. reality.
बुंदा (buṅdā) पु. एक आभूषण।
(m.) an ornament.
बुर (bur) स्त्री. भग, योनि।
(f.) female genital organ, vagina.
बुरबक (burabak) वि. दे. बुड़बक।
बुरा (burā) वि. बुरा, खराब।
(adj.) nasty, bad.
बुरादा (burādā) पु. (फा.) लकड़ी का चूर्ण।
(m.) sawdust.
बुरुज (buruj) पु. नाश, समाप्ति।
(m.) ruin , destruction, end.
बुलंद (bulaṅd) वि. (फा.) ऊँचा।
(adj.) high, lofty.
बुलंदी (bulaṅdī) स्त्री. ऊँचाई की पराकाष्ठा।
(f.) the top of height.
बुलबुल (bulabul) स्त्री. (फा.) एक गानेवाली छोटी चिड़िया।
(f.) a nightingale.
बुलबुला (bulabulā) पु. पानी में उठनेवाली फोफला गोली, बुल्ला।
(m.) a bubble.
बुला (bulā) पु. एक प्रकार की मछली।
(m.) a kind of fish.
बुलाकी (bulākī) स्त्री. नथिया का बड़ा रूप।
(f.) a large nose ring.
बुल्ला (bullā) पु. एक प्रकार की छोटी मछली।
(m.) a kind of small fish.
बूँट (būṁṭ) पु. चना, चने का पौधा।
(m.) chickpea, bengal gram, chickpea plant.
बूँद (būṁd) स्त्री. (सं.) पानी या दूसरे तरल पदार्थ का छोटा अंश, कतरा, बिंदु।
(f.) drop, raindrop.
बूँदी (būṁdī) स्त्री. (सं.) 1. वर्षा की बूँदें। 2. बूँदों के आकार की एक मिठाई।
(f.) 1. drops of rain. 2. sweet in the form of drops.
बूआ (būā) स्त्री. पिता की बहन।
(f.) father's sister.
बूकल (būkal) सक. चूर्ण करना।
(v.t.) to grind into powder.
बूका (būkā) पु. चूर्ण।
(m.) powder.
बूचा (būcā) वि. जिसका कान कटा हो।
(adj.) earless.
बूची (būcī) वि. बहुत छोटी बच्ची।
(adj.) very small girl (child).
बूझ (būjh) स्त्री. समझदारी।
(f.) discretion, wiseness.
बूझल (būjhal) सक. 1. किसी बात को समझना। 2. विचार करना।
(v.t.) 1. to understand. 2. to think.
बूटा (būṭā) पु. 1. छोटा पौधा। 2. फूल का छोटा पौधा। 3. कपड़े पर बनी हुई फूल-पत्ती।
(m.) 1. small plant. 2. small plant of flower. 3. a pattern of flower created/crafted on cloth.
बूटी (būṭī) स्त्री. दवा में काम आनेवाला पौधा।
(f.) a medicinal plant.
बूड़ल (būṛal) अक. डूबना, डुबकी लगाना।
(v.i.) to sink, to dive.

बूड़ी मारल (būṛī māral) अक. पानी में पूरा शरीर डुबाकर तैरना।
(v.i.) to swim with full body under water.

बूढ़ (būṛh) वि. (सं.) वृद्ध, बुड्ढा।
(adj.) old, aged.

बूढ़ाठ (būṛhāṭh) वि. अति वृद्ध (व्यंग्य)।
(adj.) very old (irony).

बूतल (būtal) अक. दे. बुतल।

बूता (būtā) पु. बल, सामर्थ्य।
(m.) strength, power, capacity, ability.

बून (būn) स्त्री. (सं.) 1. बूँद, ठोप। 2. वीर्य।
(f.) 1. drop. 2. semen.

बूना-बूनी (būnā-būnī) स्त्री. हल्की-हल्की वृष्टि, बूँदा-बाँदी।
(f.) light rain.

बूनी (būnī) स्त्री. वर्षा।
(f.) rain, rain drop.

बूनेला (būnelā) वि. बहादुर, बुंदेला।
(adj.) brave.

बूंदा (būndā) पु. एक तरह का आभूषण जो नाक में पहना जाता है।
(m.) a nose ornament.

बूलनी (būlanī) स्त्री. दे. बूंदा।

बूलल (būlal) अक. घूमना।
(v.i.) to walk.

बेंग (beṅg) पु. मेढक।
(m.) a frog.

बेंचल (beṅcal) सक. बेचना।
(v.t.) to sell.

बेंचा (beṅcā) पु. वह अनाज, जो किसी वस्तु के मूल्य के रूप में दिया गया हो।
(m.) grain bartered against a thing.

बेंट (beṅṭ) पु. टाँगा, टाँगी, कुदाल आदि में लगा लड़की का डंडा।
(m.) wooden handle of axe spade etc.

बेंड (beṅḍ) पु. किवाड़ की किल्ली।
(m.) bolt of a door.

बेंदी (beṅdī) स्त्री. सिर का एक आभूषण।
(f.) ornament worn near the parting of hair.

बेंवत (beṅvat) पु. उपाय, युक्ति, तरीका।
(m.) resource, manner, method, solution.

बेंवतल (beṅvatal) सक. काटना।
(v.t.) to cut.

बेअंत (beaṅt) वि. अनंत।
(adj.) eternal, infinite.

बेअकिल (beakil) वि. (फा.+अ.) जिसे अक्ल न हो, मूर्ख।
(adj.) foolish, stupid.

बेअखरा (beakharā) पु. व्यग्रता, बेचैनी, बैखरा।
(m.) perplexity, anxiety, restlessness.

बेअधिकार (beadhikār) वि. अनधिकार।
(adj.) not having authority.

बेअरथ (bearath) वि. अर्थहीन
(adj.) meaningless.

बेआकुल (beākul) वि. व्यग्र, परेशान।
(adj.) restless, impatient.

बेआज (beāj) पु. सूद, ब्याज।
(m.) interest.

बेआध (beādh) पु. (सं.) व्याधि, रोग, बीमारी।
(m.) illness.

बेआधा (beādhā) पु. (सं.) बहेतिया, व्याधा।
(m.) hunter, fowler.

बेआन (beān) पु. (अ.) 1. कथन, बयान। 2. वर्णन। 3. जिक्र।
(m.) 1. a statement. 2. description. 3. mention.

बेआना (beānā) पु. (अ.) बयाना, अग्रिम। पर्या. पेशगी, अगाऊ।
(m.) an earnest money.

बेआर (beār) पु. बयार, हवा।
(m.) cool wind, air.

बेआलिस (beālis) वि. बयालीस, 42 की संख्या।
(adj.) forty two.

बेइज्जत (beijjat) वि. (फा.+अ.) 1. जिसकी कोई प्रतिष्ठा नहीं हो। 2. अपमानित।
(adj.) 1. having no respect. 2. insulted, dishonoured.

बेइज्जती (beijjatī) स्त्री. अपमान।
(f.) insult.

बेइलि (beili) स्त्री. एक प्रकार का सफेद फूल, बेली।
(f.) the jasmine.

बेओपार (beopar) पु. (सं.) क्रय-विक्रय, व्यापार।
(m.) occupation, business, trade.

बेकत (bekat) स्त्री. पति या पत्नी।
(f.) husband or wife.

बेकदर (bekadar) वि. (फा.+अ.) जिसकी कोई कद्र न हो, बेकद्र, तुच्छ।
(adj.) having no respect.
बेकल (bekal) वि. (फा.+हिं.) बिकल, बेचैन।
(adj.) restless, impatient, uneasy.
बेकस (bekas) वि. (फा.) दुखी, पीड़ित।
(adj.) unhappy, grieved.
बेकसूर (bekasūr) वि. (फा.) बेकसूर, निर्दोष।
(adj.) blameless, innocent.
बेकहल (bekahal) वि. जो कहा न माने।
(adj.) disobedient, undeuteous, defiant.
बेकाबू (bekābū) वि. (फा.) अनियंत्रित।
(adj.) uncontrolled, uncontrollable.
बेकाम (bekām) वि. बेकार, निठल्ला, निकम्मा।
(adj.) unemployed, idle.
बेकायदा (bekāyadā) वि. (फा.+अ.) 1. कायदे या नियम के विरुद्ध, अनियमित। 2. अशिष्ट।
(adj.) 1. irregular, illegal. 2. unmannerly.
बेकार (bekār) वि. (फा.) दे. बेकाम।
बेकूफ (bekūf) वि. (फा.) बेवकूफ, मूर्ख, नासमझ।
(adj.) foolish, stupid.
बेक्कल (bekkal) वि. दे. बेकल।
बेखटक (bekhaṭak) क्रि.वि. बेधड़क, निस्संकोच।
(adv.) without apprehension, freely, without reserve.
बेखबर (bekhabar) वि. (फा.+अ.) 1. अनजान, नावाकिफ। 2. बेहोश, बेसुध।
(adj.) 1. unware. 2. unconscious, senseless.
बेगंध (begaṅdh) वि. निर्गंध।
(adj.) without smell.
बेग (beg) पु. 1. गति की तीव्रता, तेजी, प्रवाह, वेग। 2. बैग।
(m.) 1. speed, sharpness, a current, a stream of water. 2. bag.
बेगम (begam) स्त्री. (तु.) 1. उच्च कुल की महिला। 2. पत्नी।
(f.) 1. a lady. 2. a wife.
बेगर (begar) क्रि.वि. बिना।
(adv.) without.
बेगार (begār) पु. (फा.) 1. बिना मजदूरी दिए कराया गया काम। 2. बेमन का काम।
(m.) 1. forced labour. 2. careless work.
बेगारी (begārī) पु. (फा.) बेगार करनेवाला व्यक्ति।
(m.) a forced labour.
बेगास (begās) पु. सिट्ठी, चेफुआ।
(m.) gregs.
बेगुनाह (begunāh) वि. (फा.) निरपराध, निर्दोष।
(adj.) faultless, innocent, guiltless.
बेघर (beghar) वि. जिसे घर नहीं हो।
(adj.) homeless.
बेचल (becal) सक. विक्रय करना।
(v.t.) to sell.
बेचारा (becārā) वि. (फा.) दीन, असहाय, गरीब।
(adj.) helpless, poor.
बेचेत (becet) वि. बेहोश, अचेत।
(adj.) unconscious.
बेचैन (becain) वि. (फा.) जिसे चैन न पड़ता हो, विकल।
(adj.) restless, uneasy.
बेजान (bejān) वि. (फा.) 1. निर्जीव, निष्प्राण। 2. मृत, मरा हुआ।
(adj.) 1. lifeless. 2. dead.
बेजायँ (bejāyṁ) पु. अनुचित कार्य, गलती।
(m.) inappropriate work, misbehave.
बेजोड़ (bejoṛ) वि. जिसका जोड़ा नहीं हो, अद्वितीय।
(adj.) incomparable, unique.
बेझरा (bejharā) पु. कई अनाजों का मिश्रण।
(m.) mixture of many grains.
बेटहा (beṭahā) पु. वरपक्ष के लोग, बाराती।
(m.) people belonging to the groom's side.
बेटा (beṭā) पु. पुत्र।
(m.) a son.
बेटिहा (beṭihā) पु. कन्यापक्ष के लोग।
(m.) people belonging to the bride's side.
बेटी (beṭī) स्त्री. पुत्री।
(f.) a daughter.
बेटीचोद (beṭīcod) वि. एक गाली (बेटी से समागम करनेवाला)।
(adj.) an abuse (literally daughter-fucker).
बेठन (beṭhan) पु. (सं.) किसी वस्तु को लपेटने का वस्त्र।
(m.) a packing or covering cloth, a wrapper.
बेठीक (beṭhīk) वि. अनुचित, अयोग्य, गलत।
(adj.) unsatisfactory, wrong, unsuitable.

बेड़ई (beṛaī) स्त्री. कचौड़ी।
(f.) a kind of puri having a filling of tentils or vegetables and deep-fried.

बेड़ा (beṛā) पु. नाव।
(m.) a boat.

बेड़िया (beṛiyā) क्रि.वि. चौड़ाई की तरफ से।
(adv.) from the side of width.

बेड़ी (beṛī) स्त्री. कैदियों के पैरों में पहनाया जानेवाला लोहे का कड़ा।
(f.) iron fetters for the legs.

बेडौल (beḍaul) वि. कुरूप, भद्दा।
(adj.) ugly, untoward.

बेढंगा (beḍhaṅgā) वि. बेतरतीब, कुरूप।
(adj.) clumsy, ugly, rough.

बेढब (beḍhab) वि. बेढंगा।
(adj.) cumbersome.

बेढव (beḍhav) वि. (फा.) दे. बेढब।

बेढ़ल (beṛhal) सक. मवेशियों को घेरना या रोकना।
(v.t.) to enclose with a force, to pound cattle.

बेढ़वा (beṛhavā) पु. एक तरह की घास जिसे पशु खाते हैं।
(m.) a kind of grass eaten by animals.

बेढ़ी (beṛhī) स्त्री. गेहूँ, भूसा आदि रखने के लिए बाँस, पुआल आदि से घेर कर बनाई हुई मड़ई।
(f.) storage bin for wheat straw etc. it is made by surrounding the bin with bamboo and straw.

बेंत (beṅt) पु. एक प्रकार की लता जिसका उपयोग प्रायः छड़ी के रूप में होता।
(m.) a kind of creeper which used as stick.

बेतरह (betarah) क्रि.वि. अनुचित रीति से।
(adv.) inappropriately.

बेतरीका (betarīkā) वि. दे. बेतरह।

बेतर्क (betark) वि. अतर्कसंगत।
(adj.) nonsensical.

बेताल (betāl) पु. असंगति।
(m.) anomaly.

बेताक (betāk) पु. असमय, कुअवसर।
(m.) an improper time, unsuitable occasion.

बेतुकी (betukī) स्त्री. बेतुकापन।
(f.) incongruity.

बेद (bed) पु. (सं.) 1. ज्ञान। 2. भारत का सर्वाधिक प्राचीन धर्मग्रंथ, वेद। 3. वैदिक साहित्य।
(m.) 1. knowledge. 2. early Indian sacred scriptures. 3. vedic literature.

बेदखल (bedakhal) वि. जिसका दखल, कब्जा या अधिकार नहीं रह गया हो, अधिकारच्युत।
(adj.) ejected.

बेदना (bedanā) पु. वेदना।
(m.) pain, anguish, suffering.

बेदम (bedam) वि. (फा.) अशक्त, निर्बल।
(adj.) weak, feeble.

बेदर्द (bedard) वि. (फा.) निर्मम, निर्दय।
(adj.) cruel, merciless.

बेदाग (bedāg) वि. (फा.) 1. बिना दाग का। 2. निर्दोष।
(adj.) 1. stainless, spotless. 2. not guilty, blameless.

बेदामी (bedāmī) स्त्री. बादामी रंग।
(f.) almond colour.

बेदी (bedī) स्त्री. (सं.) वेदी, वह स्थान जहाँ पर बैठकर पूजा हो या बलि दी जाए।
(f.) an alter, a plateform.

बेधल (bedhal) सक. शरीर में किसी नुकीली वस्तु को भोंकना।
(v.t.) to pierce, to penetrate.

बेधड़ाल (bedhaṛāl) क्रि.वि. तेजी से।
(adv.) hastly, quickly.

बेन (ben) पु. बीन, एक बाजा जो फूँककर बजाया जाता है।
(m.) a lyre, a harp.

बेना (benā) पु. पंखा, बाँस का पंखा।
(m.) a fan, a fan of bamboo.

बेनाम (benām) वि. गुमनाम।
(adj.) nameless.

बेनामी (benāmī) वि. (फा.) बेनाम का।
(adj.) nameless.

बेपच्छ (bepacch) वि. (सं.) विपक्ष, प्रतिकूल, विरुद्ध।
(adj.) an opponent, an adversary.

बेपरद (beparad) वि. (फा.) जिसके आगे कोई परदा न हो, आगे से खुला हुआ।
(adj.) uncovered.

बेपरभाव (beparabhāv) पु. प्रभावरहित।
(m.) lightweight.

बेपरवान (beparavān) क्रि.वि. मात्रा में अत्यधिक।
(adv.) too much, very much, over dose.

बेपरवाह (beparavāh) वि. जिसे परवाह नहीं हो, बेफिक्र।
(adj.) unmindful, careless.

बेपारी (bepārī) पु. खरीदी-बिक्री करनेवाला, व्यापारी।
(m.) a businessman, a marchant, a trader.

बेपेनी (bepenī) वि. 1. बिना पेंदी का। 2. बिना सिद्धांत का।
(adj.) 1. without a bottom. 2. an unprincipled person.

बेफाँट (befāṁṭ) वि. बेमेल।
(adj.) imcompatible, odd, discordant.

बेफायदा (befāyadā) वि. (अ.) जिससे कोई लाभ नहीं हो।
(adj.) useless, without profit.

बेफिक्र (befikr) वि. लापरवाह।
(adj.) careless.

बेफिकिरी (befikirī) स्त्री. बेफिक्री।
(f.) carelessness.

बेबस (bebas) वि. विवश।
(adj.) bound.

बेबाक (bebāk) वि. (फा.+अ.) चुकता किया हुआ, चुकाया हुआ (कर्ज या देन)।
(adj.) fully paid up, redeemed.

बेबुका (bebukā) पु. आल्हा में वर्णित घोड़ा।
(m.) a horse, it is referred to in the balled Alhakhand.

बेबूझ (bebūjh) वि. नासमझ, बुद्धिहीन।
(adj.) unintelligent, stupid, foolish.

बेभंड (bebhaṅḍ) वि. अश्लील (गाली)।
(adj.) wretched, indecent (abuse).

बेभरम (bebharam) वि. बेइज्जत।
(adj.) disgraced, dishonoured.

बेभाव (bebhāv) वि. भावहीन।
(adj.) emotionless.

बेमन (beman) वि. अनमना।
(adj.) absent-minded.

बेमरिआह (bemariāh) वि. (फा.) बीमार, रोगी, रोगग्रस्त।
(adj.) ill, sick.

बेमतलब (bematalab) वि. निरुद्देश्य।
(adj.) purposeless.

बेमवार (bemavār) वि. बिना मालिक या स्वामी का।
(adj.) without owner or master.

बेमार (bemār) पु. बीमार।
(m.) ill.

बेमारी (bemārī) स्त्री. बीमारी।
(f.) illness, disease.

बेमौका (bemaukā) क्रि.वि. (फा.+अ.) असमय।
(adv.) at a wrong time.

बेयक्ति (beyakti) पु. व्यक्ति।
(m.) a person.

बेयाना (beyānā) पु. (अ.) दे. बेआना।

बेयोरा (beyorā) पु. ब्यौरा।
(m.) detail.

बेरंग (beraṅg) वि. (फा.) 1. बदरंग। 2. प्रतिकूल। 3. बेढंग।
(adj.) 1. discoloured, faded. 2. opposite. 3. uncouth.

बेर (ber) पु. (सं.) 1. समय। 2. आवृत्ति।
(m.) 1. time. 2. repetation, turn, frequency.

बेर-बेर (ber-ber) अव्य. बार-बार।
(indec.) again and again, repetition.

बेरई (beraī) स्त्री. जौ और चने का मिश्रण।
(f.) mixture of barley and chickpea.

बेरल (beral) अक. पृथक् होना।
(v.i.) to separate, to disconnect.

बेरस (beras) वि. नीरस।
(adj.) prosaic.

बेरहतिया (berahatiyā) स्त्री. शाम का भोजन।
(f.) dinner, night time meal.

बेरहम (beraham) वि. (फा.+अ.) निर्दय, निर्मम।
(adj.) cruel, relentless.

बेरा (berā) पु. (सं.) समय, मौका।
(m.) time, an occasion.

बेराइल (berāil) अक. दे. बेरल।

बेरादर (berādar) वि. (फा.) 1. बरादर, बिरादर। 2. रिश्तेदार। 3. बिरादरी का आदमी।
(adj.) 1. a man of same cast. 2. a relative. 3. a kith and kin.

बेराम (berām) वि. दे. बेमरिआह।

बेरामी (berāmī) स्त्री. (फा.) बीमारी, रोग।
(f.) illness, sickness.

बेराय (berāy) पु. प्रतिकूल, पृथक् मत।
(m.) opposite, different thought.

बेरावल (berāval) अक. पृथक् रहना, परहेज करना।
(v.i.) to be separated, to observe a regimen.

बेरावा (berāvā) पु. परहेज, बचे रहने की प्रवृत्ति।
(m.) continuance, abstinence.

बेरासी (berāsī) वि. बयासी, 82 की संख्या।
(adj.) eighty two.

बेरोख (berokh) वि. नाराज।
(adj.) displeased, dissatisfied.

बेलगरामी (belagarāmī) स्त्री. एक प्रकार की मिठाई जो मैदे से बनती है और लाल रंग की होती है।
(f.) a red coloured sweetmeat made from fine flour.

बेलगान (belagān) पु. वह भूमि जिसकी मालगुजारी नहीं लगती है।
(m.) a land of without paying revenue.

बेलगावल (belagāval) सक. दूर करना, भगाना।
(v.t.) to keep at a distance.

बेलचड़ी (belacaṛī) स्त्री. काढ़ा का एक प्रकार।
(f.) a kind of a medicinal extract.

बेलदार (beladār) पु. (फा.) मिट्टी काटनेवाली एक जाति।
(m.) earth digger's caste.

बेलधुक (beladhuk) वि. मूर्ख।
(adj.) fool, blockhead, duffer, brainless, dim-wit.

बेलन (belan) पु. दंडाकार गोल भारी पदार्थ जिसे चलाकर सड़क आदि का कंकड़ बैठाते हैं।
(m.) a roller.

बेलना (belanā) पु. काठ का वह उपकरण जिससे रोटी आदि बेली जाती है।
(m.) a rolling pin.

बेलपत्तर (belapattar) पु. (सं.) बेल (श्रीफल) के पत्ते।
(m.) wood apple tree leaves.

बेल-बूटा (bel-būṭā) पु. फूल-पत्ती आदि के चित्र जो दीवाल या कागज पर बनाए जाते हैं।
(m.) creepers and shrubs, embroidery, a flowered border.

बेलमुँड़ (belamuṁṛ) वि. जिसके बाल स्वाभाविक रूप से झड़ गए हों, या छिलवाए गए हों।
(adj.) bald.

बेलल (belal) सक. गूँथे आटे को बेलन से रोटी का रूप देना।
(v.t.) to roll with rolling pin.

बेलसल (belasal) अक. विलास करना, प्रसन्न रहना, संतुष्ट होना।
(v.i.) to be delighted, to be pleased, to be satisfied.

बेलहट्टी (belahaṭṭī) स्त्री. मवेशियों के पेट में दर्द होने की बीमारी।
(f.) a stomach disease among cattle.

बेलहर (belahar) पु. एक प्रकार की मछली।
(m.) a kind of fish.

बेलहान (belahān) क्रि.वि. असुविधा।
(adv.) inconvenience, trouble.

बेला (belā) पु. एक सफेद सुगंधित फूल।
(m.) a white fragrant flower, a jasmine flower.

बेलाग (belāg) वि. सब प्रकार से अलग, साफ।
(adj.) quite separate, clear.

बेलावल (belāval) सक. खदेड़ना, भगाना।
(v.t.) to drive away, to cause to run away, to chase.

बेलि (beli) स्त्री. (सं.) 1. लता। 2. एक प्रकार का फूल, बेला।
(f.) 1. creeper. 2. a kind of flower, a jasmine.

बेली (belī) स्त्री. एक प्रकार का फूल।
(f.) a kind of flower.

बेलूर (belūr) वि. गलत ढंग का।
(adj.) of wrong method, clusmy.

बेवकूफ (bevakūf) वि. मूर्ख।
(adj.) foolish.

बेवकूफी (bevakūfī) स्त्री. मूर्खता।
(f.) foolishness.

बेवक्कड़ (bevakkaṛ) वि. बेअक्ल, मूर्ख।
(adj.) foolish, stupid.

बेवक्त (bevakat) क्रि.वि. (फा.+अ.) असमय, बेमौके।
(adv.) at a wrong time.

बेवरा (bevarā) पु. विवरण, ब्यौरा।
(m.) statement, detail.

बेवसाय (bevasāy) पु. (सं.) व्यवसाय, पेशा, रोजगार।
(m.) an accupation, a business, an industry.

बेवस्था (bevasthā) स्त्री. (सं.) व्यवस्था, प्रबंध, इंतजाम।
(f.) management.

बेवस्थित (bevasthit) वि. व्यवस्थित।
(adj.) methodical.

बेवहर (bevahar) पु. सूद पर रुपया चलाना।
(m.) money-lending

बेवहरिया (bevahariyā) पु. सूद पर रुपया चलानेवाला।
(m.) a money-lender.

बेवहार (bevahār) पु. (सं.) व्यवहार, बर्ताव, ढंग।
(m.) treatment, behaviour, conduct.

बेवहारिक (bevahārik) वि. व्यावहारिक।
(adj.) applied.

बेवा (bevā) स्त्री. (फा.) विधवा।
(f.) a widow.

बेवान (bevān) पु. (सं.) 1. वायुयान, विमान। 2. अर्थी जिससे शव को श्मशान ले जाया जाता है।
(m.) 1. an aeroplane. 2. a bier.

बेवाय (bevāy) पु. बिवाई।
(m.) chilblain, chap.

बेस (bes) वि. (फा.) 1. अधिक, ज्यादा। 2. बढ़िया, श्रेष्ठ, अच्छा।
(adj.) 1. more, much more. 2. nice.

बेसक (besak) क्रि.वि. (फा.) बिना किसी शक के, निस्संदेह।
(adv.) surely, undoubtedly.

बेसकीमती (besakīmatī) वि. (फा.+अ.) बहुमूल्य।
(adj.) valuable.

बेसन (besan) पु. चने की दाल का आटा।
(m.) flour of gram pulse.

बेसभूसा (besabhūsā) पु. वेशभूषा, शैली।
(m.) fashion.

बेसम्हार (besamhār) वि. बहुत अधिक।
(adj.) exorbitant, superabundant.

बेसर (besar) स्त्री. नाक का एक प्रकार का गहना। उदा. 'नकबेसर कागा ले भागा, सइयाँ अभागा ना जागा।' (होली गीत)।
(f.) a nose ornament, nosepin.

बेसरम (besaram) वि. (फा.+अ.) निर्लज्ज, बेशर्म।
(adj.) shameless.

बेसरमी (besaramī) स्त्री. निर्लज्जता।
(f.) impudence.

बेसवाद (besavād) पु. अरुचि।
(m.) distaste.

बेसहनी (besahanī) स्त्री. खरीद का काम।
(f.) the work of purchasing or buying.

बेसाहल (besāhal) सक. खरीदना।
(v.t.) to buy, to purchase.

बेसी (besī) वि. (फा.) अधिक, ज्यादा।
(adj.) excess.

बेसुध (besudh) वि. (फा.) अचेत, बेहोश।
(adj.) unconscious.

बेसुरा (besurā) वि. स्वरहीन, बेताल।
(adj.) out of tune, unharmonious, tuneless.

बेस्या (besyā) स्त्री. वेश्या।
(f.) a prostitute.

बेहँगवा (behamgavā) वि. 1. आवारा। 2. असावधान।
(adj.) 1. loafer. 2. negligence.

बेहतर (behatar) वि. (फा.) अपेक्षाकृत उत्तम, किसी के मुकाबले में अच्छा।
(adj.) better.

बेहद (behad) वि. (फा.) अपार, असीम।
(adj.) boundless, unlimited.

बेहन (behan) वि. (फा.) धान का पौधा जिसे अन्यत्र रोपा जाता है।
(adj.) nursery seeds used for paddy plants.

बेहर (behar) अव्य. बिना।
(indec.) without.

बेहरी (beharī) स्त्री. चंदा, दान रूप में ली गई आर्थिक सहायता।
(f.) donation, subscription.

बेहवर (behavar) पु. दे. बेवहर।

बेहवार (behavār) पु. (सं.) बर्ताव, व्यवहार।
(m.) behaviour, conduct.

बेहाथ (behāth) वि. नियंत्रण से बाहर।
(adj.) out of control.

बेहाया (behāyā) वि. (फा.+अ.) निर्लज्ज।
(adj.) shameless.

बेहाल (behāl) वि. (फा.+अ.) व्याकुल, बेचैन।
(adj.) restless, uneasy.

बेहिसाब (behisāb) वि. बहुत अधिक, जिसकी गिनती या हिसाब न हो।
(adj.) too much, very nuch, uncountable.

बेहोस (behos) वि. (फा.) दे. बेसुध।

बै (bai) स्त्री. (अ.) 1. बेचने की क्रिया। 2. क्रय- विक्रय।
(f.) 1. act of selling. 2. sale and purchase.

बैकल (baikal) वि. उन्मत्त।
(adj.) intoxicated, frenzied.

बैकल्पिक (baikalpik) वि. वैकल्पिक।
(adj.) optional.
बैकुंठ (baikuṅṭh) पु. 1. स्वर्ग। 2. विष्णुलोक, वैकुंठ।
(m.) 1. paradise. 2. the heaven of Vishnu.
बैकुंठी (baikuṅṭhī) स्त्री. साधुओं द्वारा दाल के लिए प्रयुक्त शब्द।
(f.) this word used by saints for pulse.
बैखरा (baikharā) पु. 1. परेशानी। 2. व्यग्रता।
(m.) 1. harassment. 2. restlessness.
बैगन (baigan) पु. बैंगन।
(m.) brinjal.
बैगनी (baiganī) वि. बैगन के रंग का।
(adj.) purple.
बैजंती (baijaṅtī) स्त्री. (सं.) 1. एक लता और उसका फूल, वैजयंती। 2. विष्णु की माला।
(f.) 1. a plant and flower. 2. the garland of Vishnu.
बैजदार (baijadār) पु. वह व्यक्ति जो जमीन खरीदता है।
(m.) purchaser of land.
बैजा (baijā) पु. अंडकोश।
(m.) scrotum.
बैठक (baiṭhak) स्त्री. 1. बैठने का स्थान। 2. बैठने का कमरा। 3. गोष्ठी।
(f.) 1. a seat. 2. a siting room. 3. meeting.
बैतरनी (baitaranī) स्त्री. (सं.) 1. एक प्रकार का धान। 2. एक नदी।
(f.) 1. a kind of paddy. 2. a river.
बैताल (baitāl) पु. विक्रमादित्य की कथाओं का एक अतिमानव पात्र।
(m.) goblin.
बैद (baid) पु. चिकित्सक, वैद्य।
(m.) a doctor.
बैदक (baidak) पु. भारतीय चिकित्साशास्त्र, आयुर्वेद।
(m.) Indian medical science, Ayurved.
बैदनाथ (baidanāth) पु. (सं.) देवघर के महादेव, वैद्यनाथ।
(m.) Mahadev (shiva) of Devaghar (in jharkhand state).
बैदार (baidār) पु. किसी की जमीन खरीदनेवाला।
(m.) purchaser of land.
बैदिक (baidik) पु. (सं.) वैदिक, वेद का ज्ञाता, वेदज्ञ।
(m.) well versed in the Vedas.
बैध (baidh) वि. वैध।
(adj.) legitimate.
बैधता (baidhatā) पु. वैधता।
(m.) legitimacy.
बैधानिक (baidhānik) वि. वैधानिक।
(adj.) legislative.
बैनामा (baināmā) पु. विक्रयपत्र।
(m.) a sales deed.
बैमान (baimān) वि. (फा.+अ.) दूसरे का हक हड़पनेवाला, बेईमान।
(adj.) dishonest, corrupt.
बैरंग (bairaṅg) वि. जिस पर टिकट लगाए बिना डाकघर से छोड़ा गया हो (ऐसी चिट्ठी आदि)।
(adj.) bearing letters ect. unstamped.
बैर (bair) पु. (सं.) 1. वैर, विरोध। 2. झगड़ा। 3. शत्रुता।
(m.) 1. hostility. 2. quarrel. 3. enmity.
बैरन (bairan) पु. दे. बैरंग।
बैराग (bairāg) पु. (सं.) वैराग्य, सांसारिक सुखों में अनासक्ति।
(m.) freedom from worldly desires, asceticism.
बैरागी (bairāgī) पु. (सं.) वैरागी, वैष्णव साधुओं का एक प्रकार।
(m.) a kind of Vaishnava ascetics.
बैराह (bairāh) वि. वायुदोष उत्पन्न करनेवाला भोजन।
(adj.) food causing swelling of stomach.
बैरिया (bairiyā) पु. लाल-भूरे रंग का बैल।
(m.) a raddish brown bullock.
बैरी (bairī) पु. दुश्मन, शत्रु।
(m.) an enemy.
बैल (bail) पु. बैल।
(m.) ox, bullock.
बैलगाड़ी (bailagāṛī) पु. बैलगाड़ी।
(m.) a bullock cart.
बैलहट्टा (bailahaṭṭā) पु. वह हाट जहाँ बैलों की खरीद-बिक्री होती हो।
(m.) a bullock market.
बैस (bais) पु. बुआई का काम।
(m.) act of sowing seeds.
बैसाखी (baisākhī) स्त्री. लँगड़े आदमी के चलने का एक उपकरण।
(f.) a crutch.

बोंग (boṅg) पु. लाठी।
(m.) a staff, a big stick.

बोंगिया (boṅgiyā) स्त्री. एक छोटी टोकरी।
(f.) a small basket.

बो (bo) अव्य. पत्नी के संबोधन के लिए पति के नाम के बाद का प्रत्यय।
(indec.) a respectful suffix added to the husband's name to adress his wife.

बोअनी (boanī) स्त्री. बोने का काम।
(f.) act of sowing.

बोअल (boal) सक. खेत में बीज डालना।
(v.t.) to sow.

बोआई (boāī) स्त्री. बोने की मजदूरी या कार्य।
(f.) wages or worth of sowing.

बोआरी (boārī) स्त्री. एक प्रकार की मछली।
(f.) a kind of fish.

बोकड़ा (bokaṛā) पु. आधा कूटा हुआ धान।
(m.) half pounded paddy.

बोकरल (bokaral) अक. वमन करना, कै करना।
(v.i.) to vomit.

बोकला (bokalā) पु. छिलका।
(m.) rind, bark.

बोकवा (bokavā) पु. एक प्रकार का दुर्गंध युक्त पौधा।
(m.) a bad smelling plants.

बोका (bokā) पु. 1. नर बकरा। 2. मूर्ख, बेवकूफ।
(m.) 1. a billy-goat. 2. foolish, stupid.

बोखरियाइल (bokhariyāil) वि. बुखार से ग्रस्त।
(adj.) fevered.

बोखार (bokhār) पु. (अ.) ज्वर, ताप, बुखार।
(m.) fever.

बोच (boc) पु. एक प्रकार का जलजंतु।
(m.) a kind of aquatic animals.

बोझ (bojh) पु. भार।
(m.) load, burden.

बोझल (bojhal) सक. किसी पात्र में किसी वस्तु को डालते जाना।
(v.t.) to load, to incumber.

बोझा (bojhā) पु. 1. गट्ठर। 2. भार। 3. वजन।
(m.) 1. bundle. 2. load. 3. weight.

बोटा (boṭā) पु. लकड़ी का सिलपट।
(m.) a wood panel, plank.

बोटी (boṭī) स्त्री. माँस का छोटा टुकड़ा।
(f.) limp of flesh, meat chop.

बोड़ा (boṛā) पु. एक प्रकार की तरकारी।
(m.) a kind of green vegetable.

बोतू (botū) पु. नर बकरा।
(m.) billy goat.

बोथल (bothal) सक. भिगोना, सराबोर करना।
(v.t.) to wet, to drench, to soak.

बोदर (bodar) पु. सींचने के लिए पानी उठाने का स्थान।
(m.) a place where water for irrigation is lifted.

बोदा (bodā) पु. 1. सुस्त। 2. काम में ढीला।
(m.) 1. dull. 2. lezy.

बोध (bodh) स्त्री. (सं.) 1. ज्ञान। 2. समझ, जानकारी।
(f.) 1. knowledge. 2. understanding.

बोनी (bonī) स्त्री. दे. बोअनी।

बोम (bom) पु. बाँस की मोटी लाठी।
(m.) thick staff of bamboo.

बोमी (bomī) स्त्री. (सं.) वमन, उल्टी करने का काम।
(f.) act of vomiting.

बोय (boy) पु. दुर्गंध, बदबू।
(m.) foul smell, reck, stink.

बोरल (boral) सक. तरल पदार्थ में किसी चीज को डुबोना।
(v.t.) to sink or drown a thing in liquid.

बोरसी (borasī) स्त्री. आग रखने का मिट्टी का पात्र।
(f.) a firepot.

बोरा (borā) पु. टाट का बना बड़ा थैला।
(m.) a jute sack.

बोल (bol) पु. ध्वनि, शब्द, पद्य।
(m.) sound, word, verse.

बोलक्कड़ (bolakkaṛ) वि. ज्यादा बोलनेवाला।
(adj.) talkative.

बोलचारी (bolacārī) स्त्री. बोलचाल की स्थिति।
(f.) talk, covnersation, altercation.

बोलता (bolatā) पु. जीव, आत्मा।
(m.) the soul.

बोलल (bolal) अक. बोलना।
(v.i.) to speak.

बोलवावल (bolavāval) सक. बोलवाना, बोलने को कहना।
(v.t.) to cause to speak up.

बोलहटा (bolahaṭā) पु. बुलावा।
(m.) an invitation.

बोलावल (bolāval) सक. बुलाना।
(v.t.) to call.

बोलावा (bolāvā) पु. बुलावा।
(m.) avocation.

बोली (bolī) स्त्री. 1. क्षेत्र विशेष की बोली। 2. व्याख्यान। 3. बातचीत। 4. हँसी-ठट्ठा।
(f.) 1. dialect. 2. speech. 3. conversation. 4. joking.

बोह (boh) स्त्री. डुबकी, गोता।
(f.) ducking, plunge.

बोहनी (bohanī) स्त्री. किसी दिन की प्रथम नकद बिक्री।
(f.) the first cash sale of the day.

बोहा (bohā) पु. बाढ़।
(m.) flood, inundation.

बोहाइल (bohāil) अक. पानी में भीग जाना।
(v.i.) to be wet.

बौंड़िआइल (bauṅṛiāil) अक. भटकना, राह भूल जाना।
(v.i.) to go astray, to get lost, to lose the way.

बौखी (baukhī) स्त्री. आँधी।
(f.) storm, windstorm.

बौना (baunā) वि. (सं.) वामन, नाटा।
(adj.) dwarfish.

बौर (baur) पु. आम की मंजरी।
(m.) blossom of the mango tree.

बौराइल (baurāil) अक. पागल होना, बौराना।
(v.i.) to be mad.

बौराह (baurāh) वि. 1. पागल। 2. बावला। 3. विक्षिप्त।
(adj.) 1. mad. 2. crazy, insane. 3. confused.

ब्रह्म (brahm) पु. (सं.) 1. परमात्मा। 2. विधाता, ब्रह्मा।
(m.) 1. the supreme spirit. 2. Brahma.

ब्रह्मगाँठ (brahmgāṁṭh) स्त्री. यज्ञोपवीत की गाँठ।
(f.) a knot of yagyopavīt.

ब्रह्मचरज (brahmacharaj) पु. (सं.) ब्रह्मचर्य, वीर्य-रक्षा का व्रत।
(m.) celibacy.

ब्रह्मचारी (brahmacārī) पु. (सं.) ब्रह्मचर्य व्रत का पालन करनेवाला।
(m.) one who observes celibacy.

ब्रह्मवेला (brahmavelā) स्त्री. (सं.) सूर्योदय के पूर्व का समय।
(f.) the moments just before sunrise.

ब्रह्महत्या (brahmahatyā) स्त्री. (सं.) ब्राह्मण के वध का पाप।
(f.) sin of killing a Brahman.

ब्रह्मा (brahmā) पु. (सं.) सृष्टि का निर्माता, त्रिदेवों में एक।
(m.) the creator of the universe, one of the three triad of Hindu mythology.

ब्राह्मण (brāhmaṇ) पु. (सं.) चार हिंदू-वर्णों में प्रथम, ब्राह्मण।
(m.) the first of the four Hindu castes, a Brahman.

ब्राह्मी (brahmī) स्त्री. (सं.) 1. एक प्रकार की बूटी जो स्मरण-शक्ति और प्रतिभा को बढ़ाती है। 2. एक पुरानी लिपि।
(f.) 1. a medicinal plant, the leaves of which improve memory and intelligence. 2. the ancient script of India.

भ

भ (bha) देवनागरी वर्णमाला का चौबीसवाँ व्यंजन और पवर्ग का चौथा व्यंजन।
–the twenty fourth consonant of the Devanagari syllabary, and the fourth letter of the 'Pavarg'.

भँइस (bhaṁis) स्त्री. (सं.) भैंस। उदा. 'भँइस के आगे बीन बजावे, भँइस करे पगुराई'। (कहा.)।
(f.) a female buffallo.

भँइसवार (bhaṁisavār) पु. (सं.) भैंस का चरवाहा।
(m.) a herdsman of female buffallo.

भँइसा (bhaṁisā) पु. भैंस का नर, भैंसा।
(m.) a buffallo.

भँउकी (bhaṁukī) स्त्री. टेढ़ा चलने का कार्य।
(f.) act of going crooked or zigzag.

भँकाड़ (bhaṁkāṛ) पु. बड़ा विवर।
(m.) a large hole, gaping hole.

भँख (bhaṁkh) पु. निर्जनता, सूनापन।
(m.) desolate.

भंग (bhaṅg) वि. टूटा हुआ।
(adj.) broken, damaged.

भंगड़ा (bhaṅgaṛā) पु. एक पंजाबी लोकनृत्य।
(m.) a Punjabi folk dance.

भंगरा (bhaṅgarā) पु. एक प्रकार की घास।
(m.) a kind of grass.

भंगावल (bhaṅgāval) सक. नष्ट करना।
(v.t.) to destroy.

भंगिन (bhaṅgin) स्त्री. भंगी की पत्नी।
(f.) a woman of the sweeper caste.

भंगुआइल (bhaṅguāil) अक. भाँग के नशे में आना।
(v.i.) to get intoxicated on Bhang.

भँगुवएना (bhaṁguvaenā) वि. मादक।
(adj.) heady, intoxicating.

भँगूर (bhaṁgūr) पु. (सं.) भंगुर, विध्वंस, नाश।
(m.) ruin, destruction.

भँगेड़ी (bhaṁgeṛī) पु. भाँग खाने का अभ्यस्त व्यक्ति।
(m.) one who is addicted to use of Bhang.

भँजावल (bhaṁjāval) सक. रुपए के बदले उसी मूल्य के छोटे सिक्के लेना।
(v.t.) change of the same amount for rupee.

भँटइला (bhaṁṭailā) पु. एक प्रकार का दलहन, भेंटवास।
(m.) a kind of pulse plant.

भँटकटइआ (bhaṁṭakaṭaiā) पु. एक प्रकार का कँटीला पौधा।
(m.) a thorny plant.

भँटवस (bhaṁṭavas) पु. बैंगन का डंठल।
(m.) brinjal stalk.

भंटा (bhaṅṭā) पु. बैंगन।
(m.) brinjal.

भंडा (bhaṅḍā) पु. 1. बर्तन। 2. रहस्य, भेद।
(m.) 1. vessel, utensil. 2. a secret, a mystery.

भंडा फोरल (bhaṅḍā foral) सक. किसी गुप्त बात को प्रकट करना।
(v.t.) to blow the lid off, to expose.

भंडार (bhaṅḍār) पु. भोज्य पदार्थ का ढेर, पाकशाला।
(m.) a grainstore, kitchen.

भंडारकोन (bhaṅḍārakon) पु. पश्चिम और उत्तर का कोण।
(m.) north west corner.

भंडारा (bhaṅḍārā) पु. साधुओं का भोज।
(m.) a meal provided for holy men.

भंडारी (bhaṅḍārī) पु. 1. रसोइया। 2. भंडार का मालिक।
(m.) 1. a cook. 2. a storekeeper.

भँड़उजा (bhaṁṛaujā) पु. एक गाली।
(m.) an abuse.

भँड़इती (bhaṁṛaitī) स्त्री. 1. एक अश्लील स्वांग। 2. घटिया कार्य।
(f.) 1. buffoonery. 2. cheap work.

भँड़िया (bhaṁṛiyā) पु. मिट्टी का बर्तन।
(m.) a clay pot.

भँड़ुआ (bhaṁṛuā) पु. वेश्याओं का दलाल।
(m.) a broker of prostitutes.

भँड़ेहर (bhaṁṛehar) पु. मिट्टी का बर्तन जिसमें खाना बनता है।
(m.) a cooking clay pot.

भँभाइल (bhaṁbhāil) अक. खाली होना।
(v.i.) to become empty.

भँवजल (bhaṁvajal) पु. उलझन, झंझट।
(m.) complication, difficulty.

भँवर (bhaṁvar) पु. नदी के किसी गर्त में पानी का चक्कर, वह जगह जहाँ पानी चक्कर काटता है।
(m.) the rotating waves of the whirpool.

भँवरा (bhaṁvarā) पु. (सं.) भ्रमर, एक काले रंग का पंखवाला कीड़ा जो फलों का रस लेता है, भौंरा।
(m.) the black bee.

भंसा (bhaṅsā) पु. रसोईघर।
(m.) a kitchen.

भंसिया (bhaṅsiyā) पु. रसोइया।
(m.) a cook.

भइया (bhaiyā) पु. (सं.) भ्राता, भाई, भैया।
(m.) brother.

भइयाचार (bhaiyācār) पु. भाई जैसा व्यवहार, भाईचारा।
(m.) brotherly relationship.

भइल (bhail) अक. होना।
(v.i.) to be.

भउजल (bhaujal) पु. दे. भँवजल।

भउजाई (bhaujāī) स्त्री. बड़े भाई की पत्नी, भाभी।
(f.) elder brother's wife.

भउजी (bhaujī) स्त्री. दे. भउजाई।

भउर (bhaur) पु. राख मिश्रित आग।
(m.) smouldering ashy fire.

भउलियावल (bhauliyāval) सक. भरमाना, भुलावा देना।
(v.t.) to delude, to deceive, to misguide.

भएकड़ा (bhaekaṛā) पु. भाई, भाइयों के लिए प्रयुक्त शब्द।
(m.) brother, word used for brothers.

भकंदर (bhakandar) पु. गुदा का घाव, भगंदर।
(m.) fistula.

भक (bhak) वि. भौंचक।
(adj.) astonished.

भक-भक (bhak-bhak) पु. इंजन से धुआँ निकलने की आवाज।
(m.) puffing of an engine.

भकचोन्हर (bhakaconhar) वि. मूर्ख।
(adj.) foolish, bungler, bumbler, dolt.

भकठल (bhakaṭhal) अक. खराब हो जाना।
(v.i.) to rot.

भकठा (bhakaṭhā) वि. सड़ा-गला, खराब।
(adj.) rether, rubbish.

भकठाह (bhakaṭhāh) वि. दे. भकठा।

भकसावन (bhakasāvan) वि. डरावना, भयानक, खौफनाक, डराऊ।
(adj.) fearsome, awful, dreadful.

भकाऊँ (bhakāūṁ) पु. एक काल्पनिक एवं डरावना जीव।
(m.) an imaginary fearsome being.

भकुरा (bhakurā) पु. एक प्रकार की मछली।
(m.) a kind of fish.

भकुरी (bhakurī) स्त्री. स्त्रियों के गुप्तांग के लिए व्यंग्यात्मक शब्द।
(f.) an ironical word for female genitical organs.

भकोल (bhakol) वि. मूर्ख।
(adj.) fool.

भकोलवा (bhakolavā) पु. बच्चों को डराने के लिए एक कल्पित प्राणी।
(m.) a bogy man.

भकोसल (bhakosal) सक. शीघ्रतापूर्वक खाना।
(v.t.) to eat fustly.

भकोसा (bhakosā) पु. बड़ा ग्रास या कौर।
(m.) a mouthful of food.

भक्कू (bhakkū) पु. भूसा रखने की बड़ी बोरी।
(m.) a big sack to keep straw.

भगई (bhagaī) स्त्री. बच्चों की लँगोटी।
(f.) a diaper.

भगउती (bhagautī) स्त्री. (सं.) भगवती, देवी, दुर्गा।
(f.) goddess, durga.

भगजियार (bhagajiyār) वि. 1. खूब प्रकाशयुक्त। 2. स्पष्ट।
(adj.) 1. bright, brilliant. 2. clear.

भगजोगनी (bhagajoganī) स्त्री. जुगनू, खद्योत।
(f.) firefly.

भगत (bhagat) पु. (सं.) 1. वह व्यक्ति जो माँस, मछली नहीं खाता हो, शाकाहारी व्यक्ति। 2. वैष्णव साधु, भक्त।
(m.) 1. a person abstaining from meat and fish, vegetarian. 2. a Vaishnav ascetic.

भगती (bhagatī) स्त्री. (सं.) भगवान के प्रति अनुराग, भक्ति।
(f.) religious devotion to God.

भगना (bhaganā) पु. एक प्रकार की मछली।
(m.) a kind of fish.

भगल (bhagal) पु. 1. प्रपंचपूर्ण रुदन, स्वाँग। 2. बहाना।
(m.) 1. deceitful weeping. 2. pretext.

भगवती (bhagavatī) स्त्री. (सं.) दे. भगउती।

भगवा (bhagavā) पु. गेरुआ वस्त्र।
(m.) ochre coloured cloth.

भगवान (bhagavān) पु. (सं.) ईश्वर।
(m.) God.

भगावल (bhagāval) सक. खदेड़ना।
(v.t.) to drive away, to chase.

भगिदार (bhagidār) पु. भागीदार।
(m.) part-owner.

भगिन-पतोह (bhagin-patoh) स्त्री. बहन के पुत्र की पत्नी।
(f.) wife of sister's son.

भगिनमान (bhaginamān) पु. बहन के पुत्र-पौत्र आदि।
(m.) sister's sons-grandsons etc.

भगिना (bhaginā) पु. (सं.) बहन का पुत्र, भाँजा।
(m.) sister's son.

भगिनी (bhaginī) स्त्री. (सं.) बहन की पुत्री, भाँजी।
(f.) sister's daughter.

भगीरथ (bhagīrath) पु. (सं.) अयोध्या के एक राजा जो स्वर्ग से पृथ्वी तक गंगा को लाने में सक्षम हुए।
(m.) a king of Ayodhya, who brought the Ganga down from heaven to earth.

भगौना (bhagaunā) पु. पतीला।
(m.) a boiler.

भछ (bhach) पु. (सं.) भक्ष्य, खाद्य पदार्थ (कुत्सित)।
(m.) food (blemed).

भजन (bhajan) पु. किसी देवता का गुणगान।
(m.) a hymn, devotional song.

भजन-मंडली (bhajan-maṅḍalī) स्त्री. भजन गानेवाली जमात।
(f.) a group of devotional song singers, a group of hymn singers.

भजनानंदी (bhajanānaṅdī) पु. भगवद् भजन करने में हर्ष अनुभव करनेवाला।
(m.) one who is always happy by chanting hymns.

भजनावली (bhajanāvalī) स्त्री. भजन-संग्रह।
(f.) collection of hymn.

भजनिया (bhajaniyā) पु. दे. भजनी।

भजनी (bhajanī) पु. भजन गानेवाला।
(m.) a singer of devotional songs.

भजल (bhajal) सक. किसी के नाम का बार-बार उच्चारण करना।
(v.t.) to chant a name again and again.

भजहा (bhajahā) पु. पशुओं का एक रोग जो उनके मुँह या पैर में होता है।
(m.) a mouth or foot disease in cattle.

भजाली (bhajālī) स्त्री. तलवार की तरह का एक अस्त्र।
(f.) a sword like weapon.

भट (bhaṭ) पु. भाँटों की उपाधि।
(m.) a title of Bhants.

भटक (bhaṭak) पु. दुविधा, संकोच।
(m.) hesitation, hitch.

भटकल (bhaṭakal) अक. भूलकर इधर-उधर घूमना, रास्ता भूल जाने से अन्यत्र चला जाना।
(v.i.) to lurk, to wonder, to deviate.

भटकावल (bhaṭakāval) सक. किसी को रास्ते से भटकाना।
(v.t.) cause to miss the way, to mislead a person.

भटकोंआ (bhaṭakoṅā) पु. एक छोटा काला फल।
(m.) a small black fruit.

भटभटाइल (bhaṭabhaṭāil) अक. भूलना, स्पष्ट याद नहीं आना।
(v.i.) to forget.

भटरंग (bhaṭaraṅg) वि. जिसका रंग हल्का हो।
(adj.) light coloured.

भटिन (bhaṭin) पु. एक प्रकार का लाल और मोटा धान।
(m.) a kind of red course paddy.

भटी (bhaṭī) स्त्री. एक प्रकार का धान।
(f.) a kind of paddy.

भट्ठा (bhaṭṭhā) पु. ईंट आदि पकाने का आँवा।
(m.) a brick kiln.

भट्टी (bhaṭṭī) स्त्री. शराबखाना।
(f.) liquor shop, wine shop.

भड़इता (bhaṛaitā) पु. किराएदार।
(m.) a tenant.

भड़क (bhaṛak) स्त्री. दिखावा।
(f.) show, astentation.

भड़कताली (bhaṛakatālī) स्त्री. झूठी धमकी।
(f.) false threatening.

भड़कदार (bhaṛakadār) वि. भड़कीला, चमकीला।
(adj.) splendid, showy, flashy.

भड़कल (bhaṛakal) अक. फूटना, उत्तेजित हो जाना।
(v.i.) to break, to be excited.

भड़का (bhaṛakā) स्त्री. जल की धारा।
(f.) current of water.

भड़काऊ (bhaṛakāū) वि. भड़कीला।
(adj.) provocative.

भड़कावल (bhaṛakāval) सक. फोड़ना, उत्तेजित करना।
(v.t.) to excite, to blast.

भड़की (bhaṛakī) स्त्री. किसी को भयभीत करने के लिए धमकी देने का कार्य या भाव।
(f.) the act of threatening.

भड़कीला (bhaṛakīlā) वि. दे. भड़कदार।

भड़कूई (bhaṛakūī) स्त्री. छोटा कच्चा कुआँ (कुइयाँ)।
(f.) a small well.

भड़भड़ाइल (bharabhaṛāil) अक. भड़भड़ की आवाज होना।
(v.i.) to tap, to rap, to flutter.

भड़भड़ाहट (bharabhāṛahaṭ) पु. किवाड़ की आवाज।
(m.) sound of a door.

भड़भड़िया (bharabhaṛiyā) वि. बिना सोचे-विचारे बात करनेवाला।
(adj.) impulsive talker.

भड़सर (bhaṛasar) पु. घर का भीतरी हिस्सा, अंतःपुर।
(m.) inner part of a house.

भड़ाका (bhaṛākā) पु. भड़ाम की आवाज, प्रक्षोभ।
(m.) outburst.

भड़ेहर (bhaṛehar) पु. रसोई बनाने का मिट्टी का बर्तन।
(m.) a cooking clay pot.

भतखई (bhatakhaī) स्त्री. भात का भोजन।
(f.) service of boiled cooked rice.

भतखोर (bhatakhor) वि. अधिक चावल खानेवाला (उपेक्षा में)।
(adj.) too much rice eater (used derogativity).

भतरीन्हा (bhatarīnhā) पु. रसोइया।
(m.) a cook.

भतवान (bhatavān) पु. भात का भोज।
(m.) bhat feast.

भतहड़ (bhatahaṛ) पु. माँड़ पसाने की टोकरी।
(m.) basket to rinse starch from boild cooked rice.

भतहा (bhatahā) वि. अधिक चावल खानेवाला।
(adj.) too much rice eater.

भतार (bhatār) पु. (सं.) पति।
(m.) husband.

भतिजपतोह (bhatijapatoh) स्त्री. भतीजे की पत्नी।
(f.) nephew's wife.

भतिया (bhatiyā) पु. बतिया, छोटा कोमल नवीन फल।
(m.) small soft new fruit.

भतीजा (bhatījā) पु. (सं.) भाई का पुत्र।
(m.) brother's son, nephew.

भतीजी (bhatījī) स्त्री. भाई की पुत्री।
(f.) brother's daughter, niece.

भतुआ (bhatuā) पु. एक उजले रंग की कुम्हड़ा प्रजाति की सब्जी।
(m.) a vegetable of the gourd family.

भत्ता (bhattā) पु. किसी कर्मचारी को यात्रा आदि के लिए दिया जानेवाला खर्च।
(m.) an allowance alloted to any employee for travelling etc.

भथिआन (bhathiān) स्त्री. 1. स्त्रियों का गुप्तांग। 2. गर्भाशय।
(f.) 1. vagina. 2. uterus.

भथुआ (bhathuā) पु. दे. भतुआ।

भद (bhad) पु. गिरने की आवाज।
(m.) thud.

भदई (bhadaī) स्त्री. भाद्रपद माह में होनेवाली फसल।
(f.) crop ripening in the month of Bhadrapad.

भदभदाइल (bhadabhadāil) सक. पेड़ से फल का गिरना।
(v.t.) to knock fruit down from a tree.

भदरा (bhadarā) पु. अशुभ योग। कहा. 'घरी में घर घूटे नव घरी भदरा'।
(m.) unlucky time, bad time.

भदराह (bhadarāh) वि. अशुभ, जिसके उत्सव में पानी बरसे।
(adj.) inauspicous omenor person or happening (belived to bring rain in a celebratory function).

भदवारी (bhadavārī) स्त्री. भादों एवं उसके आसपास का वर्षाकाल।
(f.) rainy season of Bhadrapad and its round about.

भदेरल (bhaderal) सक. भादों के महीने में खेत को जोत देना।
(v.t.) to plough a field in the month of Bhadrapad.

भदैया (bhadaiyā) पु. दे. भदई।

भद्दर (bhaddar) पु. सिर के बाल मुँड़े रहने की स्थिति।
(m.) act of shaving the head.

भद्दा (bhaddā) वि. 1. कुरूप। 2. बुरा।
(adj.) 1. ugly. 2. bad.

भनक (bhanak) स्त्री. उड़ती खबर, हल्की ध्वनि।
(f.) advance information, faint sound.

भनकल (bhanakal) सक. किसी बात को धीमी आवाज में कहना।
(v.t.) to say in faint sound.

भनभन (bhanabhan) पु. मक्खियों के उड़ने से उत्पन्न ध्वनि।
(m.) buzzing.

भनभनाइल (bhanabhanāil) अक. मधुमक्खियों जैसी ध्वनि उत्पन्न करना (मक्खी)।
(v.i.) to buzz (bee).

भनल (bhanal) सक. भनना, बोलना।
(v.t.) to speak.

भनसा (bhanasā) पु. रसोईघर।
(m.) a kitchen.
भनसिया (bhanasiyā) पु. रसोइया।
(m.) a cook.
भब्भड़ (bhabbhaṛ) पु. अनियंत्रित भीड़।
(m.) unobstructed crowd.
भब्य (bhaby) वि. भव्य।
(adj.) magnificent.
भभकल (bhabhakal) अक. 1. किसी बर्तन से एकाएक किसी पदार्थ का गिरना। 2. आग की लपट का जोर से उठना।
(v.i.) 1. to spill suddenly (a liquid from a utensil). 2. to flare up (fire).
भभकी (bhabhakī) स्त्री. धौंस, धमकी।
(f.) browbeating, threat.
भभक्कड़ (bhabhakkaṛ) वि. आडंबरपूर्ण बात करनेवाला।
(adj.) a pretentious, an arrogant.
भभड़ल (bhabhaṛal) वि. मोटा, बेडौल।
(adj.) fat, misshapen.
भभरा (bhabharā) पु. एक कीड़ा।
(m.) a worm.
भभुतिया (bhabhutiyā) पु. एक प्रकार का केला।
(m.) a kind of banana.
भभूका (bhabhūkā) पु. लपट, शोला।
(m.) blazing, glowing.
भभूत (bhabhūt) पु. (सं.) कंडे की राख जो चंदन के रूप में व्यवहृत होती है।
(m.) the ashes of cow dung smeared on the forehead.
भभोरल (bhabhoral) सक. जोर से काटना।
(v.t.) to bite fiercely.
भम्हट (bhamhaṭ) पु. 1. भ्रम। 2. संकोच।
(m.) 1. doubt, confusion. 2. contraction.
भम्होरल (bhamhoral) सक. दाँत से काटना।
(v.t.) to bite with teeth, to cut off flesh.
भयंकर (bhayaṅkar) वि. प्रचंड।
(adj.) drastic.
भय (bhay) पु. डर, आशंका।
(m.) fear, terror, suspicion.
भयकरा (bhayakarā) पु. रिश्ते में दूर का भाई।
(m.) distant cousin.
भयबद्धी (bhayabaddhī) स्त्री. बिरादरी, भाईचारा।
(f.) brotherhood, kinship.
भयानक (bhayānak) वि. भयंकर।
(adj.) fearful.
भरंस (bharaṅs) पु. भ्रंश।
(m.) pro-lapse.
भर (bhar) पु. 1. हिंदुओं की एक जाति। 2. एक रत्ती सोने, चाँदी की माप।
(m.) 1. a caste of Hindus. 2. a unit for gold, silver measurement.
भरइत (bharait) पु. (सं.) भारवाहक, भार ले जानेवाला।
(m.) a carrier of load.
भरकल (bharakal) अक. बिखर जाना, तितर-बितर होना।
(v.i.) to be dispersed, to be scattered.
भरका (bharakā) पु. ढूह।
(m.) a mound.
भरकावल (bharakāval) सक. बिखेरना, छितराना।
(v.t.) to scatter.
भरकी (bharakī) स्त्री. धान की फसल में लगनेवाला रोग।
(f.) a disease of paddy crops.
भरखर (bharakhar) वि. यथेष्ट, पर्याप्त।
(adj.) enough, sufficient.
भरठ (bharaṭh) वि. (सं.) भ्रष्ट, पतित।
(adj.) corrupt.
भरता (bharatā) पु. चोखा।
(m.) a spieced dish of roasted or fried vegetables.
भरती (bharatī) स्त्री. 1. भरने का कार्य या भाव। 2. किसी संस्था में नियुक्ति।
(f.) 1. a filling. 2. admission or appointment to any institutation.
भरथ (bharath) पु. (सं.) भरत, राम के छोटे भाई (रामायण)।
(m.) Ram's younger brother (Ramayan).
भरदंता (bharadaṅtā) पु. गिरे दाँतवाला बैल।
(m.) bullock whose teeth have fallen.
भरदिना (bharadinā) पु. दिन-भर काम करनेवाला मजदूर।
(m.) a labourer of the whole day.
भरदूल (bharadūl) पु. एक छोटी चिड़िया।
(m.) a small bird.
भरना (bharanā) सक. भरना।
(v.t.) to pay, to fill.

भरनी (bharanī) स्त्री. (सं.) भरणी, सत्ताईस नक्षत्रों में दूसरा नक्षत्र, भरणी।
(f.) Second Nakshatra among twenty seven.
भरपायी (bharapāyī) स्त्री. भुगतान।
(f.) payment.
भरपूर (bharapūr) वि. पूरा भरा हुआ, परिपूर्ण।
(adj.) quite full, completely finished, full.
भरपेट (bharapetā) पु. भरपेट आहार।
(m.) square meal.
भर-पोरसा (bhar-porasā) पु. डुबान।
(m.) a deep place, depth.
भरभंड (bharabhaṅḍ) वि. अपवित्र, भ्रष्ट।
(adj.) impure (corrupt).
भरभट्ठ (bharabhaṭṭh) वि. दे. भरभंड।
भरभर (bharabhar) पु. चिड़ियों के उड़ने से उत्पन्न ध्वनि।
(m.) flying sound of birds.
भरभराइल (bharabharāil) अक. भरभर शब्द होना।
(v.i.) to be sound of bharbhar.
भरभांइस (bharabhāṅis) स्त्री. एक प्रकार की घास।
(f.) a kind of grass.
भरम (bharam) पु. 1. इज्जत, प्रतिष्ठा। 2. संदेह, भ्रम।
(m.) 1. honour. 2. doubt, delusion.
भरमन (bharaman) पु./वि. (सं.) 1. घूमने का भाव या कार्य, भ्रमण। 2. मन के मुताबिक।
(m./adj.) 1. wandering, a tour, walking. 2. agreeable.
भरमल (bharamal) अक. घूमना, चक्कर काटना।
(v.i.) to wander, to roam.
भरमार (bharamār) पु. अधिकता।
(m.) abundance, excess.
भरमावन (bharamāvan) वि. भ्रामक।
(adj.) hallucinatory.
भरमावल (bharamāval) सक. 1. मन में संशय पैदा करना। 2. व्यर्थ इधर-उधर घुमाना।
(v.t.) 1. to cause to stray. 2. to confuse.
भरमाह (bharamāh) वि. संदेहास्पद।
(adj.) doubtful.
भररात (bhararāt) क्रि.वि. रात-भर।
(adv.) overnight.
भरल (bharal) सक. 1. पूर्ण करना, उड़ेलना। 2. ऋण चुकाना।
(v.t.) 1. to fill fully, to pour. 2. to pay off debt.
भरल-पुरल (bharal-pural) वि. परिपूर्ण, सम्पन्न।
(adj.) complete in every respect.
भरवन (bharavan) पु. जलाशय का बाँध।
(m.) dam of a river.
भरवावल (bharavāval) सक. दूसरे से भरवाना।
(v.t.) to fill by other.
भरसक (bharasak) क्रि.वि. यथाशक्ति, जहाँ तक हो सके।
(adv.) as far as possible, according to one's capacity.
भरसलिया (bharasaliyā) पु. पूरे वर्ष के लिए नियुक्त खेतिहर मजदूर।
(m.) a farm labourer appointed for the whole year.
भरस्ट (bharast) वि. भ्रष्ट।
(adj.) corrupt.
भरस्टाचार (bharasṭācār) पु. भ्रष्टाचार।
(m.) corruption.
भराँत (bharāṁt) पु. वह स्थान जहाँ मिट्टी भरी गई हो।
(m.) a place filled with soil.
भराई (bharāī) स्त्री. 1. भरने का भाव। 2. भरने की मजदूरी।
(f.) 1. filling. 2. wages of filling.
भरिआ (bhariā) पु. (सं.) भारवाहक, भार ढोनेवाला।
(m.) a porter.
भरिआइल (bhariāil) अक. भारी होना, भारी अनुभव होना।
(v.i.) to be heavy, to feel weighty.
भरी (bharī) स्त्री. एक रुपए के बराबर की तौल।
(f.) the weight of a one rupee coin.
भरुआ (bharuā) पु. दे. भरता।
भरुआ पूड़ी (bharuā pūṛī) स्त्री. दाल की पूड़ी, दाल की भरी हुई पूड़ी।
(f.) a small round cake of wheat flour, deep fried in ghee or oil stuffed with pulse.
भरुका (bharukā) पु. मिट्टी का प्याला। पर्या. कुल्हड़, पुरवा, रामलोटा।
(m.) an earthen pot.
भरैया (bharaiyā) पु. पानी पटाया हुआ खेत।
(m.) irrigated farm, watered field.
भरोसा (bharosā) पु. विश्वास।
(m.) confidence, faith, belief.
भर्र (bharr) क्रि.वि. दे. भरभर।

भल (bhal) वि. अच्छा।
(adj.) good.
भलमनसियत (bhalamanasiyat) स्त्री. सज्जनता।
(f.) goodness, kindness.
भलमनसी (bhalamanasī) स्त्री. दे. भलमनसियत।
भलमानस (bhalamānas) पु. भला आदमी।
(m.) a gentleman.
भलमानुसी (bhalamānusī) स्त्री. भलमनसाहत।
(f.) gentleness.
भला (bhalā) वि. दे. भल।
भलाई (bhalāī) स्त्री. हित, कल्याण, उपकार।
(f.) welfare, help, charity.
भले (bhale) क्रि.वि. भली-भाँति, खूब अच्छी तरह।
(adv.) well, quite.
भवकट्टी (bhavakaṭṭī) स्त्री. बाजार-भाव पर अनाज के रूप में दिया जानेवाला कर्ज।
(f.) loan given in the form of grains at the market rate.
भवगर (bhavagar) वि. जिसका मूल्य उचित हो।
(adj.) priced appropriately.
भवतबिता (bhvatabitā) स्त्री. (सं.) होनेवाली घटना, प्रारब्ध, भवितव्यता।
(f.) fate, destiny.
भवद (bhavad) पु. कुल-खानदान के सभी सदस्य।
(m.) all members of an extended family.
भवह (bhavah) स्त्री. छोटे भाई की पत्नी।
(f.) younger brother's wife.
भविस्य (bhavisy) पु. भविष्य।
(m.) future.
भविस्यवानी (bhavisyavānī) स्त्री. भविष्य-कथन, भविष्यवाणी।
(f.) prophecy.
भसल (bhasal) अक. 1. गिरना। 2. पानी में डूबना।
(v.i.) 1. to fall, to sink. 2. to drown in water.
भसान (bhasān) पु. मूर्तियों को जल में विसर्जित करने का काम।
(m.) the act of drowning idols into deep water, immersion.
भसावल (bhasāval) सक. किसी वस्तु को जल में डुबा देना।
(v.t.) to drown something into water, to immerse.
भसुर (bhasur) पु. पति का बड़ा भाई।
(m.) husband's elder brother.
भसेड़ (bhaseṛ) पु. कमल-मूल, कमलनाल।
(m.) the stalk of lotus.
भहरल (bhaharal) अक. गिरना (दीवार आदि)।
(v.i.) to fall down from a height.
भहराइल (bhaharāil) अक. एकाएक तेजी से गिर पड़ना, ढहना।
(v.i.) to fall all of a sudden.
भा (bhā) अव्य. अथवा, या।
(indec.) or.
भाँग (bhāṁg) स्त्री. एक प्रकार की नशीली पौध, भंग।
(f.) hemp, a narcotic drink made from hemp leavs.
भाँज (bhāṁj) पु. 1. टेढ़ापन। 2. बारी।
(m.) 1. turning, twisting. 2. chance, turn.
भाँजल (bhāṁjal) सक. 1. मोड़ना, मुगदर आदि घुमाना। 2. किसी बात के बारे में अनावश्यक बढ़ा-चढ़ाकर कहना।
(v.t.) 1. to turn, to flail or swing mugdar etc. 2. to boast.
भांजा (bhāṅjā) पु. बहन का पुत्र, भानजा।
(m.) sister's son.
भांजी (bhāṅjī) स्त्री. बहन की पुत्री।
(f.) sister's daughter.
भाँड़ (bhāṁṛ) पु. मिट्टी का बर्तन।
(m.) earthen ware, pot.
भाँड़ल (bhāṁṛal) सक. किसी को गाली देना।
(v.t.) to abuse.
भाँत (bhāṁt) पु. प्रकार, तरह, भाँति।
(m.) kind, type.
भाँयँ-भाँयँ (bhāṁyṁ-bhāṁyṁ) स्त्री. सन्नाटे में अपने आप से होनेवाली ध्वनि।
(f.) resounding sound in emptiness.
भाँवर (bhāṁvar) पु. विवाह में वर-वधू द्वारा की जानेवाली अग्नि के चारों तरफ परिक्रमा की विधि।
(m.) circumambulation of the sacred fire by bride and groom.
भाँस (bhāṁs) पु. 1. कूड़ा-करकट, बुहारन। 2. शक्ति, सामर्थ्य।
(m.) 1. rubbish, sweeping. 2. power, ability.

भाई (bhāī) पु. (सं.) भ्राता, पिता का पुत्र।
(m.) brother.
भाईचारा (bhāīcārā) पु. बंधुत्व।
(m.) brotherhood.
भाई-बंधु (bhāī-baṅdhu) पु. परिवार के सदस्य, जाति के लोग।
(m.) members of family, members of caste.
भाउक (bhāuk) वि. भावुक।
(adj.) sentimental, emotional.
भाउली (bhāulī) स्त्री. जमीन की पैदावार देखकर मालगुजारी निश्चित करने की प्रथा।
(f.) practice of realizing excise assessed on the basis of crop.
भाकस (bhākas) पु. घास-पात।
(m.) grass and leaves.
भाकसी (bhākasī) स्त्री. भट्टी, अँगीठी।
(f.) furnace, oven.
भाकुर (bhākur) पु. 1. भयानक आकृतिवाला आदमी। 2. एक प्रकार की मछली।
(m.) 1. a terrible person. 2. a kind of fish.
भाखल (bhākhal) सक. 1. भविष्यवाणी करना। 2. मनौती करना।
(v.t.) 1. to foretell, to predict. 2. a vow to worship after the fulfilment of one's desire.
भाखा (bhākhā) स्त्री. (सं.) भाषा, बोली।
(f.) a language, a dialect.
भाग (bhāg) पु. (सं.) 1. अंश, हिस्सा, भाग। 2. भाग्य।
(m.) 1. part, share, section. 2. fate, luck.
भागड़ (bhāgaṛ) स्त्री. भगदड़।
(f.) a panic, stampede.
भागर (bhāgar) पु. नदी की धारा परिवर्तित होने से निकली जमीन।
(m.) polder, land freed due to change in river course.
भागल (bhāgal) अक. भागना, पलायन करना।
(v.i.) to flee, to escape.
भागवत (bhāgavat) पु. (सं.) भागवत महापुराण।
(m.) the Bhagavat Mahapuran.
भागवान (bhāgavān) वि. (सं.) भाग्यवान, भाग्यशाली।
(adj.) fortunate, lucky.
भागी (bhāgī) पु. अंशधारी, भागीदार।
(m.) sharer, partner.
भागीरथ (bhāgīrath) पु. (सं.) दे. भगीरथ।
भागे-जोगे (bhāge-joge) क्रि.वि. संयोगवश।
(adv.) by chance, fortunately.
भाजी (bhājī) स्त्री. सब्जी।
(f.) vegetable.
भाटिन (bhāṭin) पु. बड़ी जाति का बैगन।
(m.) a big size brinjal.
भाठ (bhāṭh) स्त्री. बाढ़ के बाद की इकट्ठी की गई मिट्टी।
(f.) soil deposited after a flood.
भाठल (bhāṭhal) सक. खपा देना।
(v.t.) to spend, to exhaust.
भाठा (bhāṭhā) पु. 1. पाट या पाटी पर लिखने के लिए मिट्टी का बना एक सामान, खड़िया। 2. ईंटों को पकाने का आँवा, भट्ठा।
(m.) 1. chalk. 2. brick kiln.
भाड़ा (bhāṛa) पु. किराया, महसूल।
(m.) charge, fare, rent.
भात (bhāt) पु. (सं.) पानी में उबालकर बनाया चावल।
(m.) boiled rice.
भातवान (bhātavān) पु. वरपक्ष द्वारा विवाह के तुरंत बाद सगे-संबंधियों को भात खिलाने का आयोजन।
(m.) the ceremony observed at the time of marriage, when the bridegroom's father gives a feast of boiled rice to his relatives.
भाथी (bhāthī) स्त्री. भट्टी की आग सुलगाने की धौंकनी।
(f.) a blower.
भादों (bhādoṅ) पु. भारतीय पंचांग का छठा मास, भाद्रपद।
(m.) the sixth month of the Indian lunar calander.
भाद्दा (bhāddā) वि. भद्दा।
(adj.) rough, not charming.
भानमती (bhānamatī) स्त्री. 1. राजा भोज की रानी। 2. जादूगरनी।
(f.) 1. the queen of king Bhoj. 2. sorceress, witch.
भानस (bhānas) पु. रसोई।
(m.) a kitchen.
भाफ (bhāf) पु. भाप, वाष्प।
(m.) steam, vapour, fumes.

भा-बहिन (bhā-bahin) यौ./पु. भाई-बहन।
(comp./m.) brother and sister.

भार (bhār) पु. भड़भूजे का चूल्हा, भाड़।
(m.) parcher's oven.

भारथी (bhārathī) पु. (सं.) भारती, अतिथियों और संन्यासियों की एक उपाधि, भारती।
(m.) a title of Athiths and Saints.

भारी (bhārī) वि. वजनदार।
(adj.) heavy.

भाल (bhāl) पु. भालू।
(m.) a bear.

भालसरी (bhālasarī) स्त्री. एक प्रकार का चावल।
(f.) a kind of rice.

भाला (bhālā) पु. एक शस्त्र, बरछा का एक भेद।
(m.) a spear, a lance.

भाव (bhāv) पु. (सं.) 1. अभिप्राय। 2. विचार। 3. इच्छा। 4. कीमत।
(m.) 1. sense. 2. thought. 3. desire. 4. price.

भावना (bhāvanā) स्त्री. (सं.) विचार, सोच।
(f.) thought, wish, feeling, emotion.

भावल (bhāval) अक. पसंद आना, अच्छा लगना। उदा. 'जे रोगिआ के भावे, से बैदा फरमावे।'
(v.i.) to like.

भावली (bhāvalī) स्त्री. दे. भाउली।

भावा-जोखी (bhāvā-jokhī) यौ./स्त्री. 1. भय। 2. आशंका।
(comp./f.) 1. fear. 2. doubt.

भावावेस (bhāvāves) पु. भावावेश।
(m.) passion.

भावी (bhāvī) स्त्री. भविष्य में होनेवाली घटना।
(f.) expected event.

भावे (bhāve) स्त्री. दे. भवह।

भावे-भावे (bhāve-bhāve) क्रि.वि. धीरे-धीरे, उचित ढंग से।
(adv.) slowly, properly.

भास (bhās) पु. धूल।
(m.) dust.

भासन (bhāsan) पु. (सं.) व्याख्यान, भाषण।
(m.) speech.

भासा (bhāsā) स्त्री. (सं.)
(f.) language.

भासासास्त्र (bhāsāsāstr) पु. भाषाशास्त्र।
(m.) philology.

भिंजावल (bhiṅjāval) सक. भिगोना।
(v.t.) to soak, to wet.

भिंडी (bhiṅḍī) स्त्री. एक प्रकार की पतली और लंबी फली जिसकी सब्जी बनती है, रामतरोई।
(f.) a lady's finger.

भिखमंगा (bhikhamaṅgā) पु. भिक्षुक, भिखारी।
(m.) a beggar.

भिखार-भिखारी (bhikhār-bhikhārī) पु. दे. भिखमंगा।

भिच्छा (bhicchā) स्त्री. (सं.) भिक्षा, आवश्यकता की पूर्ति के लिए दीनतापूर्वक माँगने का काम।
(f.) begging.

भिजावल (bhijāval) सक. दे. भिंजावल।

भिड़ंत (bhiṛaṅt) पु. टक्कर।
(m.) clash.

भितरिया (bhitariyā) वि. भीतर का, आंतरिक।
(adj.) inner, internal.

भितरियाइल (bhitariyāil) अक. भीतर आना।
(v.i.) to enter, to come in.

भितरिहा (bhitarihā) वि. भीतरी।
(adj.) interior.

भितरी (bhitarī) क्रि.वि. भीतर का हिस्सा।
(adv.) internal portion.

भिनसार (bhinasār) पु. सबेरा।
(m.) morning.

भिनाइल (bhināil) अक. घृणा अनुभव करना, घिनाना।
(v.i.) to make (one) feel disgust.

भिरंगी (bhiraṅgī) स्त्री. एक प्रकार की मूँग।
(f.) a kind of moong bean.

भिरल (bhiral) सक. आक्रमण करना, भिड़ना।
(v.t.) to attack, to fight.

भिरावट (bhirāvaṭ) स्त्री. भिड़ने का भाव।
(f.) an attack, an aggression.

भिरि (bhiri) वि. समीप, पास।
(adj.) near.

भिरिए (bhirie) क्रि.वि. बगल में।
(adv.) next to, near.

भिसांढ़ (bhisāṅṛh) पु. कमल का डंठल।
(m.) a lotus stalk.

भिहलाइल (bhihalāil) अक. पिघलकर गिरना।
(v.i.) to melt.

भीख (bhīkh) स्त्री. दे. भिच्छा।

भीजल (bhījal) अक. तर होना, गीला होना, भीगना।
(v.i.) to be wet, to be drenched.

भीठ (bhīṭh) स्त्री. पान की लत जिन ऊँची जगहों पर उगाई जाती है।
(f.) a raised ground for planting betel plant.

भीडुक (bhīḍuk) पु. टीला।
(m.) mound, a rising ground.

भीढा (bhīḍhā) पु. डीह।
(m.) site of a deserted village, a mound.

भीत (bhīt) स्त्री. मिट्टी की दीवार।
(f.) a mud wall.

भीतर (bhītar) क्रि.वि. अंदर।
(adv.) inside, within.

भीता (bhītā) पु. नाली का गहरा आंतरिक भाग।
(m.) inner deep portion of a drain.

भीनल (bhīnal) पु. 1. समाविष्ट होना। 2. शीत लगना।
(m.) 1. to be filled. 2. to be damp.

भीम (bhīm) पु. (सं.) पांच पांडवों में से एक।
(m.) one of the five Pandavas.

भीरी (bhīrī) क्रि.वि. निकट, पास।
(adv.) near.

भील (bhīl) पु. एक जंगली जाति।
(m.) a wild caste, a type of tribal.

भीस (bhīs) पु. ऊँची जमीन।
(m.) high land.

भीस्म (bhīsm) पु. (सं.) भीष्म, महाभारत के प्रमुख पात्र, भीष्म पितामह।
(m.) Bhism Pitamah.

भुँइ (bhuṁi) स्त्री. (सं.) भूमि, पृथ्वी।
(f.) the earth.

भुँइकँप (bhuṁikaṁp) पु. भूकंप।
(m.) an earthquake.

भुँइया (bhuṁiyā) पु. दे. भूँइयाँ।

भुँइलोट (bhuṁiloṭ) पु. एक प्रकार का केला जिसका पेड़ छोटा होने से उसका घौद जमीन से सट जाता है।
(m.) a kind of banana, its tree is small and fruit touches the ground.

भुँइसीकर (bhuṁisīkar) पु. एक प्रकार का धान।
(m.) a kind of paddy.

भुँजनी (bhuṁjanī) वि./स्त्री. जिसमें भूँजा जाता है (कड़ाही)।
(adj./f.) a pan, a cauldron.

भुअंगम (bhuaṅgam) पु. (सं.) साँप।
(m.) a snake.

भुअला (bhualā) पु. एक प्रकार का रोएँदार कीड़ा जिसके स्पर्श से खुजली पैदा होती है।
(m.) a hairy cater pillar.

भुँइआर (bhuṁiār) पु. हिंदुओं की एक जाति, भूमिहार ब्राह्मण।
(m.) a caste of Hindu, Bhumihar Brahman.

भुँड़ा (bhuṁṛā) वि. बिना सींग का (बैल)।
(adj.) harnless (bullock).

भुअरियाइल (bhuariyāil) अक. फफूँदी लगना।
(v.i.) to get fungus ridden.

भुअरी (bhuarī) स्त्री. एक फफूँदी।
(f.) a fungus.

भुक्खड़ (bhukkhaṛ) वि. अति भूखा।
(adj.) very hungry.

भुखाइल (bhukhāil) अक. भूख से पीड़ित होना।
(v.i.) to be hungry.

भुगतल (bhugatal) सक. सहना, भुगतना।
(v.t.) to suffer.

भुगतवावल (bhugatavāval) सक. भुगतवाना।
(v.t.) to meet out, to make to suffer.

भुगतान (bhugatān) पु. अदायगी।
(m.) payment.

भुचेंग (bhuceṅg) पु. एक काले रंग का पक्षी।
(m.) a black coloured bird.

भुच्च (bhucc) वि. बेवकूफ।
(adj.) stupid.

भुजायठ (bhujāyaṭh) पु. एक आभूषण।
(m.) an ornament.

भुजाली (bhujālī) स्त्री. तलवार की तरह का एक अस्त्र।
(f.) a sword like weapon.

भुजवावल (bhujavāval) सक. दूसरे से भुजवाना।
(v.t.) to cause to be parched.

भुजिया (bhujiyā) स्त्री. 1. तेल या घी में भुनी हुई सब्जी। 2. उसिना।
(f.) 1. roasted vegetables with oil or Ghee. 2. boiled.

भुजी (bhujī) स्त्री. टुकड़ा।
(f.) a piece.

भुजुरी (bhujurī) स्त्री. छोटे-छोटे टुकड़े।
(f.) small pieces.

भुटका (bhuṭakā) पु. 1. एक प्रकार की मकोय। 2. एक प्रकार का साग।
(m.) 1. a kind of medicinal plant. 2. a type of vegetable.

भुटकुली (bhuṭakulī) वि. कद में नाटा।
(adj.) short statured.

भुट्टा (bhuṭṭā) पु. मक्का।
(m.) maize.

भुट्ठरी (bhuṭṭharī) पु. एक प्रकार का धान।
(f.) a kind of paddy.

भुड़की (bhuṛakī) स्त्री. उपद्वार।
(f.) small door or side-door.

भुतहा (bhutahā) वि. प्रेतरूपी।
(adj.) ghostly.

भुतलाइल (bhutalāil) अक. खो जाना, भूल जाना।
(v.i.) to be forgotten, to be missed.

भुनिहार (bhunihār) पु. भूमिधर।
(m.) a landowner.

भुन्ना (bhunnā) पु. एक प्रकार की मछली।
(m.) a kind of fish.

भुभुक्का (bhubhukkā) पुं. ज्वाला, लपट।
(m.) flame, blaze.

भुभुन (bhubhun) पु. नाक और होंठ का भाग।
(m.) nose and lips, part of the face.

भुभुनाठ (bhubhunāṭh) पु. नासापुट।
(m.) nostril.

भुरकुस (bhurakus) पुं. चूर्ण, महीन कण।
(m.) powder, dust.

भुरभुरी (bhurabhurī) वि. महीन।
(adj.) fine, thin, sandy, powder.

भुरहरी (bhuraharī) स्त्री. सूखी मिट्टी।
(f.) dry soil.

भुरुकवा (bhurukavā) पु. शुक्रतारा, सुकवा, प्रातःकालीन शुक्र।
(m.) morning star, venus, rising in morning.

भुलकियावल (bhulakiyāval) सक. भुलावा देना, धोखा देना।
(v.t.) to deceive.

भुलकी (bhulakī) स्त्री. भुलावा देने का कार्य।
(f.) act of misguiding.

भुलक्कड़ (bhulakkaṛ) वि. किसी बात को भूलनेवाले स्वभाव का।
(adj.) forgetful, negligent, a person with short term memory.

भुलवावल (bhulavāval) सक. भुला देना, खो देना।
(v.t.) to cause to forget.

भुलाइल (bhulāil) अक. भूल जाना।
(v.i.) to forget.

भुसउल (bhusaul) पु. भूसा रखने के लिए बाँस का बना घेरानुमा घर।
(m.) place to keep straw, it is round in shape and made from bamboos.

भुसकाह (bhusakāh) वि. सरलता से चूर-चूर होनेवाला।
(adj.) friable.

भुसहन (bhusahan) पु. वह अनाज जिसमें भूसा हो।
(m.) corn with straw.

भूँइजबरा (bhūṁijabarā) पु. गुफा।
(m.) a cave.

भूँइयाँ (bhūṁiyāṁ) वि. धरातल पर।
(adj.) overground.

भूँकल (bhūṁkal) अक. भौंकना।
(v.i.) to bark.

भूँजल (bhūṁjal) सक. अनाज को गर्म बालू में तपाकर चबेना बनाना, भूनना।
(v.t.) to parch.

भूँजा (bhūṁjā) पु. चबेना।
(m.) parched grain.

भूअर (bhuar) वि. भूरे रंग का।
(adj.) brown.

भूअरी (bhuarī) स्त्री. रेंगनेवाला एक कीड़ा।
(f.) a creeping insect.

भूआ (bhūā) पु. सेमर की रूई।
(m.) cotton of the semal tree.

भूकंप (bhūkaṅp) पु. दे. भुँइकँप।

भूकल (bhūkal) अक. दे भूँकल।

भूखाइल (bhūkhāil) वि. भूखा।
(adj.) hungry.

भूखा-दूखा (bhūkhā-dūkhā) वि. 1. गरीब। 2. भिखमंगा।
(adj.) 1. poor. 2. a beggar.

भूच्चड़ (bhūccaṛ) वि. गँवार।
(adj.) barbarous.

भूडोल (bhūḍol) पु. भूकंप।
(m.) earthquake.

भूत (bhūt) पु.(सं.) 1. भूत-प्रेत। 2. भूतकाल।
(m.) 1. a ghost. 2. past.

भूमर (bhūmar) पु. गर्म राख।
(m.) hot ashes.

भूमिहार (bhūmihār) पु. दे. भुँइआर।

भूर (bhūr) पु. कुएँ का जल-स्रोत।
(m.) well spring, source of water in a well.

भूल (bhūl) स्त्री. गलती।
(f.) mistake, error.

भूल-भुलैया (bhūl-bhulaiyā) पु. वह मकान जिसमें प्रवेश करनेवाला निकलने का सही मार्ग शीघ्र नहीं पकड़ पाता।
(m.) a maze, a labyrinth.

भूलल (bhūlal) सक. याद नहीं करना, बिसर जाना।
(v.t.) to forget.

भूलाइल (bhūlāil) वि. भूला हुआ।
(adj.) forgotten.

भूवर (bhūvar) वि. दे. भूअर।

भूस (bhūs) पु. एक प्रकार का कीटाणु।
(m.) a kind of germ.

भूसा (bhūsā) पु. अनाज के डंठलों का महीन चूरा।
(m.) fine powder of grain stalk.

भूसी (bhūsī) स्त्री. अनाज का बाहरी महीन छिलका।
(f.) husk, rind.

भें (bheṅ) पु. भेंड़ और बकरी की बोली के लिए प्रयुक्त शब्द।
(m.) bleating (as of sheep and goat).

भें-भें (bheṅ-bheṅ) पु. रोने की आवाज (व्यंग्य)।
(m.) voice of weeping (irony).

भेंगरिया (bheṅgariyā) पु. एक तरह का छोटा पौधा, इसके रस में बाल काले करने की शक्ति होती है।
(m.) a small plant, its juice is used to dye hair.

भेंट (bheṅṭ) स्त्री. मुलाकात।
(f.) meeting.

भेंटी (bheṅṭī) स्त्री. फलों का डंठल।
(f.) fruit stalk.

भेंड़वा (bheṅṛavā) पु. भेंड़ा।
(m.) a ram.

भेंवल (bheṅval) सक. भिगोना, भिजाना।
(v.t.) to soak, to drench.

भेअंकर (bheaṅkar) वि. भयानक, डरावना।
(adj.) fearsome, terrible.

भेआइल (bheāil) अक. भयभीत होना, डरना।
(v.i.) to be afraid.

भेआनक (bheānak) वि. दे. भेअंकर।

भेजल (bhejal) सक. भेजना।
(v.t.) to send, to dispatch.

भेटल (bheṭal) सक. मिलना, प्राप्त होना।
(v.t.) to meet.

भेड़ (bheṛ) स्त्री. बकरी की जाति का एक चौपाया।
(f.) a sheep.

भेड़काबर (bheṛakābar) पु. एक प्रकार का धान।
(m.) a kind of paddy.

भेड़ा (bheṛā) पु. दे. भेंड़वा।

भेड़ियाचाल (bheṛiyācāl) स्त्री. बिना सोचे-समझे किसी समूह के साथ चलना।
(f.) blind following.

भेड़ियाधसान (bheṛiyādhasān) पु. सामूहिक रूप से देखा-देखी करने की स्थिति।
(m.) flock crowed together.

भेड़िहर (bheṛihar) पु. भेड़ पालनेवाली एक जाति।
(m.) sheep rearing tribe.

भेद (bhed) पु. 1. छिपी हुई बात, रहस्य, मर्म। 2. अंतर।
(m.) 1. mystery. 2. difference.

भेदी (bhedī) पु. गुप्त बात बतानेवाला।
(m.) spy, a confidant.

भेम्ह (bhemh) पु. भ्रम।
(m.) confusion, suspicion, doubt.

भेली (bhelī) पुं. गुड़ का गोल पिंड।
(m.) a lump of molasses, or coarse sugar.

भेस (bhes) पु. वेश, पहनावा।
(m.) guise, dress.

भैंस (bhaiṅs) स्त्री. भैंस।
(f.) a female buffallo.

भैंसा (bhaiṅsā) पु. भैंसा।
(m.) a buffalo.

भैना (bhainā) पु. भाँजा।
(m.) sister's son.

भैरवी (bhairavī) स्त्री. प्रातःकाल गाई जानेवाली एक रागिनी।
(f.) modification of a musical mode, which is sung in the early morning.

भैसलिन (bhaisalin) पु. (अं.) वैसलीन।
(m.) petroleum jelly.

भों-भों (bhoṅ-bhoṅ) पु. कुत्ते के भौंकने की आवाज।
(m.) the sound of the barking dog.

भोंकरल (bhoṅkaral) अक. जोर-जोर से रोना।
(v.i.) to weep loudly.

भोंकल (bhoṅkal) सक. भौंकना।
(v.t.) to bark.

भोंकार (bhoṅkār) पु. विलाप।
(m.) weeping, lamentation.

भोंचड़ (bhoṅcaṛ) वि. मूर्ख, सुस्त।
(adj.) foolish, dull.

भोकड़वा (bhokaṛavā) वि. बहुत मोटा।
(adj.) very fat.

भोकाड़ (bhokāṛ) पु. मोटा बिल।
(m.) wide hole.

भोग (bhog) पु. देवताओं पर चढ़ाया गया नैवेद्य।
(m.) food consecrated to a deity.

भोगल (bhogal) अक. 1. भोगना। 2. भुगतना।
(v.i.) 1. to enjoy. 2. to suffer for sins.

भोगिला (bhogilā) पु. कपास की एक जाति।
(m.) a type of cotton.

भोज (bhoj) पु. (सं.) 1. मालवा के एक राजा। 2. एक साथ किया जानेवाला भोजन।
(m.) 1. a king of Malava. 2. feast.

भोजन (bhojan) पु. (सं.) खाद्य पदार्थ।
(m.) food.

भोजपत्तर (bhojapattar) पु. (सं.) एक प्रकार का पेड़ और उसकी छाल, जिसका उपयोग प्राचीन काल में कागज के समान होता था।
(m.) the leaf and bark of birch tree.

भोजपुर (bhojapur) पु. बिहार का एक प्राचीन ज़िला।
(m.) an old district in Bihar.

भोजपुरिहा (bhojapurihā) वि. भोजपुरी भाषा-भाषी (लोग)।
(adj.) Bhojpuri speaking (people).

भोजपुरी (bhojapurī) स्त्री. भोजपुरी बोली, भाषा और साहित्य।
(f.) Bojpuri dialect, language and literature.

भोज-भात (bhoj-bhāt) पु. त्योहार या उत्सव की रसोई।
(m.) feast.

भोट (bhoṭ) पु. 1. भूटान। 2. मत।
(m.) 1. Bhutan. 2. vote.

भोटिया (bhoṭiyā) पु. 1. भूटान का निवासी। 2. एक प्रकार का घोड़ा।
(m.) 1. a resident of Bhutan. 2. a kind of horse.

भोड़ा (bhoṛā) पु. एक प्रकार की बड़ी मछली।
(m.) a kind of large fish.

भोथर (bhothar) वि. धारविहीन हथियार।
(adj.) blunt.

भोम्हाक (bhomhāk) पु. मोटा छिद्र।
(m.) large hole.

भोर (bhor) पु. सुबह, सूर्य उगने के पूर्व का समय।
(m.) dawn, early morning.

भोरल (bhoral) सक. भ्रम में डालना, बहकाना।
(v.t.) to mislead, to disappoint.

भोरहरिया (bhorahariyā) पु. उषाकाल।
(m.) dawn.

भोरहीं (bhorahīṅ) क्रि.वि. तड़के।
(adv.) daybreak.

भोराइल (bhorāil) अक. भ्रमित होना।
(v.i.) to be deceived.

भोरावल (bhorāval) सक. दे. भोरल।

भोलवा (bholavā) पु. एक तरह की मछली जिसमें सिर्फ एक काँटा होता है।
(m.) a fish with a single thorny bone.

भोला (bholā) वि. सीधा-सादा।
(adj.) simple.

भोलानाथ (bholānāth) पु. शिव, महादेव।
(m.) Shiv, Mahadev.

भोसवा (bhosavā) पु. केले का एक भेद।
(m.) a kind of banana.

भौं (bhauṅ) स्त्री. भौंह।
(f.) the eyebrow.

भौंकी (bhauṅkī) स्त्री. एक प्रकार की टोकरी।
(f.) a basket.

भौंता (bhauṅtā) पु. 1. घुमाव। 2. लपेट।
(m.) 1. turn. 2. covering.

भौंरा (bhauṅrā) पु. एक कीड़ा जो फूलों का रस चूसता है।
(m.) a black bee.

भौंरी (bhauṅrī) स्त्री. तपी राख।
(f.) hot ashes.

भौंह (bhauṁh) स्त्री. दे. भौं।

भौकाल (bhaukāl) पु. अधिप्रचार।
(m.) propaganda.

भौकाली (bhaukālī) स्त्री. अधिप्रचारक।
(f.) propagandist.

भौजाई (bhaujāī) स्त्री. बड़े भाई की पत्नी।
(f.) wife of elder brother.

भौजी (bhaujī) स्त्री. दे. भौजाई।

भौतिक (bhautik) वि. भौतिक, बाहृय सांसारिक।
(adj.) physical, external worldly.

म

म (ma) देवनागरी वर्णमाला का पचीसवाँ व्यंजन तथा प वर्ग का पाँचवाँ वर्ण।
-the twenty fifth consonant of the Devanagari syllabary and the fifth letter of Pavarg.

मंगता (maṅgatā) पु. भिखारी।
(m.) a beggar.

मंगन (maṅgan) पु. दे. मंगता।

मँगनी (maṅganī) स्त्री. कर्ज, उधार।
(f.) a loan, a borrowing.

मंगर (maṅgar) पु. मंगलवार।
(m.) Tuesday.

मंगरइल (maṅgarail) पु. काले रंग का एक मसाला।
(m.) mangraila, nigella seeds.

मंगरा (maṅgarā) पु. नाली जैसा खपड़ा जो पटरी के ऊपर रखकर छप्पर छाने के काम आता है।
(m.) a drain shaped tile placed on the base tile used with roofing tiles.

मँगरी (maṁgarī) स्त्री. लकड़ी का कुंदा, बोटा, सिल्ली।
(f.) wood piece, log, block of wood.

मंगल (maṅgal) पु. 1. ग्रह विशेष। 2. मंगलवार। 3. कल्याण।
(m.) 1. the planet, mars. 2. Tuesday. 3. welfare.

मंगलकाल (maṅgalakāl) पु. (सं.) माँगलिक कार्य करने का समय।
(m.) auspicious time.

मंगलगीत (maṅgalagīt) पु. (सं.) माँगलिक अवसरों पर गाया जानेवाला गीत।
(m.) song sung on ceremonial occasions.

मंगलाचार (maṅgalācār) पु. दे. मंगलगीत।

मंगला (maṅgalā) स्त्री. (सं.) पार्वती का एक नाम।
(f.) a name of the goddess Parvati.

मंगली (maṅgalī) वि. (सं.) वह पुरुष या स्त्री जिसके चौथे, आठवें या बारहवें स्थान में मंगल ग्रह हो।
(adj.) one whose nativity has the planet mars placed in the fourth, eighth or the twelth house.

मँगवावल (maṅgavāval) सक. किसी से मँगवाना।
(v.t.) to cause to be sent for.

मँगुरी (maṅgurī) स्त्री. एक प्रकार की मछली।
(f.) a kind of fish.

मँचिआ (maṁciā) स्त्री. छोटी खाट।
(f.) a small cot.

मँजवावल (maṁjavāval) सक. माँजने का प्रेरणार्थक रूप, मँजवाना।
(v.t.) to cause to be cleaned by another.

मँजाइल (maṁjāil) वि. 1. मँजा हुआ। 2. अनुभवी।
(adj.) 1. cleaned. 2. experienced.

मंजिल (maṅjil) स्त्री. (अ.) 1. पड़ाव। 2. मकान का खंड।
(f.) 1. destination. 2. a storey, floor.

मँजीरा (maṁjīrā) पु. मँजीरा।
(m.) a cymbal.

मंजूर (maṅjūr) वि. (अ.) स्वीकृत।
(adj.) approved, accepted.

मंजूरी (maṅjūrī) स्त्री. (अ.) स्वीकृति।
(f.) approval, acceptance.

मंझा (maṅjhā) पु. एक तरह की गोंद जिसका प्रयोग ऐसे धागे में किया जाता है जो पतंग उड़ाने में काम आता है।
(m.) paste applied to the thread which is used for flying a kite.

मँझार (maṁjhār) पु. भड़कनेवाला बैल।
(m.) an unruly bullock.

मझिला (majhilā) वि. बिचला, बीचवाला।
(adj.) middle.

मंडप (maṅḍap) पु. (सं.) किसी त्योहार या वैवाहिक कार्य के लिए बनाया गया अस्थायी कमरा।
(m.) a temporary shed erected at time of festivals or marriages.

मंडल (maṅḍal) पु. (सं.) 1. घेरा। 2. क्षेत्र।
(m.) 1. circle. 2. zone.

मँड़वा (mamṛavā) पु. दे. मंडप।

मड़ुआठी (maṛuāṭhī) स्त्री. मड़ुआ की फसल का डंठल।
(f.) stalk of a mandua crop.

मंतरा (maṅtarā) स्त्री. (सं.) मात्रा, व्यंजन के साथ लगनेवाला स्वर।
(f.) an intra syllabic vowel symbol.

मंतरी (maṅtarī) पु. (सं.) मंत्री, जिसके साथ एकांत में मंत्रणा की जाए, मंत्री, सचिव, सलाह देनेवाला।
(m.) a minister, a secretary, an adviser.

मंदा (maṅdā) वि. गिरी हुई कीमत का।
(adj.) slack.

मंदिल (maṅdil) पु. (सं.) मंदिर, देवालय।
(m.) a temple.

मंदी (maṅdī) स्त्री. कीमत गिर जाने की स्थिति।
(f.) slackness, a fall in price.

मंदोदरी (maṅdodarī) स्त्री. (सं.) रावण की पत्नी, मंदोदरी।
(f.) the wife of Ravan.

मँसगर (maṁsagar) वि. जिसमें अधिक माँस हो। पर्या. माँसल।
(adj.) fleshy.

मंसा (maṅsā) स्त्री. (अ.) 1. उद्देश्य, मतलब। 2. कामना।
(f.) 1. a aim, purpose. 2. desire.

मइया (maiyā) स्त्री. (सं.) 1. माता। 2. देवी, दुर्गा आदि।
(f.) 1. mother. 2. Devi, Durga etc.

मइजल (maijal) पु. 1. शवयात्रा। 2. मंजिल।
(m.) 1. funeral procession. 2. halting place.

मइल (mail) स्त्री. गंदगी। वि. गंदा।
(f.) dirt, filth. (adj.) dirty, mucky.

मइला (mailā) पु. विष्ठा, पुरीष।
(m.) excrement.

मई (maī) पु. (अं.) मई का महीना।
(m.) the month of may.

मउअत (mauat) स्त्री. मृत्यु, मौत, पर्या. निधन।
(f.) death.

मउआर (mauār) पु. मवेशियों का स्वामी।
(m.) a cattle owner.

मउगा (maugā) पु. स्त्रैण प्रकृति का पुरुष।
(m.) a person of female nature.

मउगी (maugī) स्त्री. औरत के लिए प्रयुक्त उपेक्षाबोधक शब्द।
(f.) a negligible word for woman.

मउज (mauj) पु. (अ.) मौज, मन की उमंग, जोश।
(m.) zeal, enthusiasm.

मउजा (maujā) पु. (अ.) गाँव, ग्राम।
(m.) a village.

मउजी (maujī) वि. मौजी।
(adj.) fanciful.

मउनी (maunī) स्त्री. सींक का बना छोटा पात्र।
(f.) a small pot of the jointed stalk of the grasses.

मउर (maur) पु. मुकुट विशेष जिसे विवाह के अवसर पर वर पहनता है।
(m.) a crown which is worn by a groom during the marriage ceremony.

मउरल (maural) अक. अधिक धूप के कारण पौधे का मुरझा जाना।
(v.t.) to wither.

मउरी (maurī) स्त्री. छोटा मौर।
(f.) a small crown which is worn by a groom during the marriage ceremony.

मउरूसी (maurūsī) वि. (अ.) मौरूसी, बाप-दादा से विरासत में मिला हुआ, पैतृक।
(adj.) having to do with the inheriting of something hereditary, ancestral.

मउवत (mauvat) स्त्री. मृत्यु।
(f.) demise, death.

मउसा (mausā) पु. (हिं.) मौसा, माँ की बहन का पति।
(m.) husband of mother's sister.

मउसिआउत (mausiāut) वि. मौसी से संबंधित।
(adj.) related to mother's sister.

मउसिहर (mausihar) पु. मौसी का गाँव।
(m.) the village of mother's sister.

मउसी (mausī) स्त्री. माता की बहन।
(f.) mother's sister.

मउसेरा (mauserā) वि. दे. मउसिआउत।

मऊग (maūg) वि. दे. मउगा।

मएदान (maedān) पु. मैदान।
(m.) ground.

मकई (makaī) स्त्री. मक्का, एक प्रकार का अन्न।
(f.) maize, a kind of grain.

मकड़ा (makaṛā) पु. आठ टाँगोंवाला एक कीट जिसके बुने जाल में कीड़े फँसते हैं और उसका भोजन बनते हैं।
(m.) a spider.

मकड़िआवल (makaṛiāval) सक. किसी बात में टाल-मटोल करना।
(v.t.) to put off, to defer.

मकतब (makatab) पु. (फा.) पाठशाला, विद्यालय।
(m.) a school.

मकरा (makarā) पु. दे. मकड़ा।

मकरी (makarī) स्त्री. मादा मकड़ा, मकड़ी।
(f.) a female spider.

मकसद (makasad) पु. (अ.) उद्‌देश्य।
(m.) an aim, a desire.

मकान (makān) पु. (अ.) रहने की जगह, घर, आवास, गृह।
(m.) a house, residence.

मकुना (makunā) पु. 1. बिना दाँत का या छोटे दाँतवाला नर हाथी। 2. मोटा आदमी।
(m.) 1. a male elephant which has no tusks or small tusks. 2. fat person.

मकुनी (makunī) स्त्री. लिट्टी, भभरी।
(f.) bread which is made of flour of wheat and gram fixed together.

मकुरावल (makurāval) सक. धीरे-धीरे खाना।
(v.t.) to eat slowly.

मकेनिक (makenik) पु. (अं) मैकेनिक।
(m.) a mechanic.

मकोय (makoy) पु. एक प्रकार का जंगली बेर।
(m.) a type of wild plum.

मकोर (makor) पु. एक तरह का बाँस, जिसका पोर लंबा होता है।
(m.) a bamboo with very long nodes.

मकौड़ा (makauṛā) पु. मवेशियों की उछल-कूद।
(m.) tomfoolery, horseplay.

मक्खड़ (makkhaṛ) पु. मजाकिया, मखौलिया।
(m.) a jester, a buffoon.

मक्खन (makkhan) पु. दूध के मथने से निकला पदार्थ। पर्या. लैनू, नवनीत।
(m.) butter.

मक्खीचूस (makkhīcūs) वि. कंजूस।
(adj.) miser, tick, penny.

मक्खीचूसई (makkhīcūsaī) स्त्री. कंजूसी।
(f.) miserliness.

मखदूर (makhadūr) पु. (अ.) सामर्थ्य, क्षमता।
(m.) capacity.

मखन (makhan) पु. दे. मक्खन।

मखमल (makhamal) स्त्री. (अ.) एक प्रकार का बढ़िया नरम और महीन वस्त्र।
(f.) velvet.

मखमली (makhamalī) वि. (अ.) मखमल जैसा।
(adj.) velvety.

मखाना (makhānā) पु. कमल का बीज।
(m.) parched lotus seed.

मखौल (makhaul) पु. मजाक।
(m.) a joke, a jest.

मखौलिया (makhualiyā) पु. मजाक करने या मखौल उड़ाने में सिद्ध।
(m.) a joker.

मग (mag) पु. जग।
(m.) a jug.

मगज (magaj) पु. 1. मस्तिष्क। 2. गुदा। 3. मज्जा।
(m.) 1. brain. 2. pump. 3. pith.

मगजपच्ची (magajapaccī) स्त्री. किसी विषय में दिमाग अधिक खपाने का काम।
(f.) too much thinking on a subject.

मगन (magan) वि. (सं.) 1. आनंदित। 2. लीन।
(adj.) 1. delighted, glad. 2. immersed.

मगर (magar) पु. घड़ियाल। (अव्य.) लेकिन, किंतु, परंतु।
(m.) crocodile. (indec.) but.

मगरमच्छ (magaramacch) पु. दे. मगर।

मगह (magah) पु. (सं.) मगध, बिहार का दक्षिणी क्षेत्र।
(m.) the southern portion of Bihar.

मगहर (magahar) पु. संत कबीरनगर जिले में कबीर की समाधिवाला स्थान।
(m.) the place of cremation of Kabir in Sant Kabirnagar district.

मगहिया (magahiyā) वि. मगह का।
(adj.) of Magah.

मगही (magahī) वि./पुं. 1. मगह या मगध की भाषा। 2. मगह संबंधी। 3. एक प्रकार का पान।
(adj./m.) 1. the language of magah or Magadh. 2. related to Magadh. 3. a kind of betel leaf.

मघा (maghā) पु. (सं.) दसवाँ नक्षत्र।
(m.) name of the tenth lunar asterism.
मङटीका (maṅaṭīkā) स्त्री. माँगटीका, माथे का गहना।
(f.) an ornament of the forehead.
मङता (maṅatā) पु. दे. मंगता।
मङन (maṅan) पु. दे. मंगन।
मङनी (maṅanī) स्त्री. दे. मँगनी।
मङर (maṅar) पु. दे. मंगर।
मङरइल (maṅarail) पु. दे. मंगरइल।
मङरा (maṅarā) पु. दे. मंगरा।
मङल (maṅal) पु. दे. मंगल।
मङली (maṅalī) वि. दे. मंगली।
मङवावल (maṅavāval) सक. दे. मँगवावल।
मङुरी (maṅurī) स्त्री. दे. मँगुरी।
मच-मच (mac-mac) पु. दबाव पड़ने या मुड़ने पर उत्पन्न शब्द।
(m.) creaking sound (of bed or shoe).
मचमचाइल (macamacāil) अक. बोझ पड़ने पर मच-मच का शब्द करना।
(v.t.) to creak (under weight).
मचर-मचर (macar-macar) पु. जूते की आवाज।
(m.) sound of shoe.
मचवा (macavā) पु. बड़ी खटिया।
(m.) a large bed or bed stead.
मचान (macān) पु. खेत की रखवाली या शिकार के लिए बना ऊँचा मंच।
(m.) a platform for farm wachmen or hunters.
मचामच (macāmac) पु. दे. मच-मच।
मचिया (maciyā) स्त्री. एक आदमी के बैठने-भर की खटिया। उदा. 'मचिया बइठल रानी कोसिला बलकवा मुँह निरखेली हो।' (सोहर)।
(f.) small cot (large enough for one person).
मचोला (macolā) पु. दे. मचिया।
मच्छर (macchar) पु. उड़नेवाला एक कीड़ा, मच्छर।
(m.) a mosquito.
मछर-खउका (machar-khaukā) पु. मछली खानेवाला आदमी।
(m.) one who eats fish.
मछरहट्टा (macharahaṭṭā) पु. मछली का बाजार।
(m.) a fishmarket.
मछरी (macharī) स्त्री. (सं.) मछली, मीन।
(f.) a fish.
मछिआइल (machiāil) अक. मक्खी लगना।
(v.i.) to attract flies (said of a wound etc.).
मछिन्दरनाथ (machindaranāth) पु. गोरखनाथ के गुरु, मत्स्येन्द्रनाथ।
(m.) the guru of Gorakhnath.
मछुआ (machuā) पु. मछली मारनेवाला।
(m.) a fisherman.
मछुआगिरी (machuāgirī) स्त्री. मछली मारने का काम।
(f.) fishing.
मछोदरी (machodarī) स्त्री. (सं.) राजा शांतनु की पत्नी और व्यास की माता।
(f.) the wife of king Shantanu and the mother of Vyas.
मजकिहा (majakihā) पु. मजाकिया।
(m.) a jester.
मजगर (majagar) वि. 1. अच्छा। 2. स्वादिष्ट।
(adj.) 1. good, fine, nice. 2. very tasty.
मजगूत (majagūt) वि. (अ.) 1. दृढ़, पक्का, पुष्ट। 2. बलवान, सबल, मजबूत।
(adj.) 1. firm, steady. 2. mighty powerful.
मजगूती (majagūtī) स्त्री. 1. दृढ़ता। 2. ताकत, बल। 3. साहस, मजबूती।
(f.) 1. firmness, steadiness. 2. power, might. 3. courage.
मजदूर (majadūr) पु. (फा.) कल कारखाने या खेत में काम करके मजदूरी पानेवाला।
(m.) a labourer.
मजदूरी (majadūrī) स्त्री. (फा.) काम के बदले मिलनेवाली रकम, पारिश्रमिक।
(f.) wages, labour charges.
मजधार (majadhār) पु. नदी का मध्य भाग, मझधार।
(m.) middle part of river.
मजनूँ (majanūṁ) वि./पु. (अ.) 1. जो प्रेम में पागल हो गया हो। 2. बहुत ही दुबला-पतला, क्षीणकाय।
(adj./m.) 1. a love lorn person. 2. a lean and thin person.
मजबूत (majabūt) वि. दे. मजगूत।
मजबूती (majabūtī) स्त्री. दृढ़ता।
(f.) firmness.
मजबूर (majabūr) वि. (अ.) मजबूर, विवश, लाचार।
(adj.) helpless.

मजबूरन (majabūran) क्रि.वि. मजबूर होकर, विवश होकर, लाचारी से।
(adv.) under compulsion.
मजबूरी (majabūrī) स्त्री. (अ.) मजबूरी, लाचारी, विवशता।
(f.) helplessness, compulsion.
मजमा (majamā) पु. (अ.) 1. वह स्थान जहाँ बहुत से लोग एकत्र हों। 2. भीड़।
(m.) 1. the place of gathering. 2. gathering, crowd.
मजमून (majamūn) पु. (अ.) 1. वर्ण्य विषय। 2. लेख।
(m.) 1. subject. 2. an essay or article.
मजलिस (majalis) स्त्री. (अ. मज्लिस) 1. सभा। 2. समाज। 3. जलसा।
(f.) 1. meeting, conference. 2. society. 3. function.
मजहब (majahab) पु. (अ.) 1. संप्रदाय, पंथ, मत। 2. धर्म, मजहब।
(m.) 1. a sect. 2. religion.
मजहबी (majahabī) वि. (अ.) 1. धार्मिक, मजहबी। 2. सांप्रदायिक।
(adj.) 1. religious. 2. communal.
मजा (majā) पु. (फा.) 1. स्वाद, लज्जत। 2. आनंद, सुख, मजा। 3. हँसी, दिल्लगी।
(m.) 1. taste, flavour. 2. happiness, bliss. 3. a ridicule.
मजाक (majāk) पु. (अ.) परिहास, ठट्ठा, हँसी।
(m.) a joke, redicule, jest or witticism.
मजाकिया (majākiyā) पु./वि. (अ.) मजाकिया, परिहास, प्रिय, हँसोड़।
(m./adj.) a joker.
मजार (majār) स्त्री. (अ.) कब्र, समाधि।
(f.) a grave, a tomb.
मजाल (majāl) स्त्री. (अ.) शक्ति, सामर्थ्य, योग्यता।
(f.) power, capacity.
मजीठ (majīṭh) पु. एक पौधा जिससे लाल रंग निकलता है।
(m.) the madder plant and its dye (of red colour).
मजीठा (majīṭhā) पु. लाल रंग का एक जलपक्षी।
(m.) a red coloured aquatic bird.
मजीठी (majīṭhī) वि. मजीठ-सा लाल रंग।
(adj.) maddar coloured.
मजीरा (majīrā) पु. लोहे या पीतल का कटोरीनुमा बाजा।
(m.) cymbals.
मजूरा (majūrā) पु. दे. मजदूर।
मजेदार (majedār) वि. आनंददायक।
(adj.) delectable.
मझधार (majhadhār) पु. दे. मजधार।
मझार (majhār) पु. बीच का हिस्सा।
(m.) the middle portion, the central part.
मझिला (majhilā) वि. बीचवाला (भाई, बेटा)।
(adj.) middle (brother, son).
मझोल (majhol) वि. न बहुत बड़ा न बहुत छोटा (बीच की आकृति का)।
(adj.) middle, average (as in size, age, position).
मटकल (maṭakal) अक. नखरे से चलना।
(v.i.) to strut.
मटका (maṭakā) पु. 1. मिट्टी का बड़ा घड़ा। 2. एक प्रकार का रेशमी वस्त्र।
(m.) 1. a large earthen water pot. 2. a kind of silken cloth.
मटकावल (maṭakāval) सक. आँख या मुँह हिलाकर कुछ संकेत करना।
(v.t.) to make flirtatious movements with the eyes or mouth.
मटकी (maṭakī) स्त्री. 1. आँख से संकेत। 2. मिट्टी का छोटा पात्र। कहा. 'बुरबक रसिआ, अन्हार घर में मटकी'।
(f.) 1. a wink. 2. a small earthen pot.
मटकोड़ (maṭakoṛ) पु. शादी में होनेवाली एक रस्म, जिसमें लड़के या लड़की की फुआ, बहन आदि हल्दी चढ़ाने के पहले मिट्टी कोड़ती हैं।
(m.) a marriage custom, in this brother's sister breaks soil before applying turmeric etc. to the groom or bride.
मटमइला (maṭamailā) वि. मिट्टी के रंग का।
(adj.) soil coloured, dirtied.
मटर (maṭar) पु. एक प्रकार का दलहन।
(m.) a pea, peas.
मटरमाला (maṭaramālā) स्त्री. गले में पहना जानेवाला एक आभूषण।
(f.) a neck ornament.
मटसन (maṭasan) वि. मिट्टी मिला हुआ अन्न।
(adj.) soil mixed grain.
मटिया (maṭiyā) वि. दे. मटमइला।

मटियातेल (maṭiyātel) पु. किरोसिन तेल, घासलेट, मिट्टी का तेल।
(m.) kerosene oil.

मटियावल (maṭiyāval) सक. मिट्टी से मलना या ढकना।
(v.t.) to smear, rub or cover with soil.

मटिकोड़ (maṭikoṛ) पु. दे. मटकोड़।

मटिगर (maṭigar) वि. मिट्टीयुक्त।
(adj.) having dust particle, dusty.

मटुक (maṭuk) पु. मुकुट, ताज।
(m.) a crown.

मटुकी (maṭukī) स्त्री. दूध-दही रखने का मिट्टी का पात्र।
(f.) an earthen pot to put milk and curd.

मट्ठा (maṭṭhā) पु. मथकर मक्खन या नवनीत निकाला गया दही, छाछ।
(m.) liquified curd.

मठ (maṭh) पु. साधुओं का निवासस्थान।
(m.) residence of devotees.

मठरी (maṭharī) स्त्री. गेहूँ के आटे का बना खाद्य पदार्थ।
(f.) a food made with wheat flour.

मठाधिसिन (maṭhādhisin) पु. मठाध्यक्षा।
(m.) an abbess.

मठाधीस (maṭhādhīs) पु. मठाध्यक्ष।
(m.) an abbot.

मड़ई (maṛaī) स्त्री. झोपड़ी।
(f.) a cottage, shack.

मड़वा (maṛavā) पु. (सं.) विवाहादि कार्यों के लिए बना अस्थायी मंडप।
(m.) a temporary shed erected at times of festivals or marriages.

मड़सटका (maṛasaṭakā) पु. माँड़युक्त भात।
(m.) boild rice with starch.

मड़ुआ (maṛuā) पु. छोटे दानेवाला एक अनाज, एक तरह का बाजरा।
(m.) a grain of small seeds, a kind of millet.

मड़ैया (maṛaiyā) स्त्री. दे. मड़ई।

मड़ोर (maṛor) स्त्री. ऐंठना।
(f.) a twist

मड़ोरल (maṛoral) अक. ऐंठना, मरोड़ना, पेट से संबंधित दर्द।
(v.i.) to twist.

मढ़ल (maṛhal) सक. मढ़ना। (वि.) मढ़ा हुआ।
(v.t.) to cover, to mount. (adj.) mounted, covered.

मढ़ाई (maṛhāī) स्त्री. 1. मढ़ने का कार्य। 2. उसकी मजदूरी।
(f.) 1. covering. 2. cost of covering.

मढ़ावल (maṛhāval) सक. दूसरे से मढ़वाना।
(v.t.) to cause to be covered.

मत (mat) पु. (सं.) 1. राय-सलाह। 2. विचार। 3. पंथ। 4. नहीं।
(m.) 1. advice. 2. thought. 3. sect. 4. no.

मतभरम (matabharam) वि. विक्षिप्त, बेसुध।
(adj.) senseless.

मतलब (matalab) पु. (अ.) अर्थ, अपना हित, स्वार्थ, संबंध, मतलब।
(m.) meaning, welfare, selfinterest, relation.

मतवाला (matavālā) वि. मदमस्त, नशे में चूर।
(adj.) intoxicated, drunk.

मतवाही (matavāhī) स्त्री. चेचक की बीमारी।
(f.) the small pox.

मतहाई (matahāī) स्त्री. दे. मतवाही।

माताय (matāy) पु. वैभव, संपत्ति।
(m.) wealth.

मतारी (maṭarī) स्त्री. (सं.) माता, जननी, जनयित्री, माँ।
(f.) mother.

मतावल (matāval) सक. नशीला पदार्थ खिलाकर मदमस्त करना।
(v.t.) to intoxicate.

मति (mati) स्त्री. (सं.) बुद्धि, विवेक।
(f.) sense, intelligence, concience.

मतिन (matin) अव्य. सदृश, समान, की तरह।
(indec.) like, like this.

मतिसरी (matisarī) स्त्री. एक प्रकार का धान।
(f.) a kind of paddy.

मथनी (mathanī) स्त्री. दही मथने का काठ का दंड।
(f.) a churning stick, churner.

मथबन्हनी (mathabanhanī) स्त्री. एक छोटी चिड़िया जिसके सिर पर कलँगी रहती है।
(f.) a bird with a crest.

मथल (mathal) सक. (सं. मंथन) 1. मथना। 2. अनुसंधान करना।
(v.t.) 1. to churn. 2. to investigate.

मथहरा (mathaharā) पु. ऊँचाई की ओर।
(m.) height side.

मथार (mathār) पु. पौधे के ऊपर का भाग।
(m.) upper part of plant.

मथुरा (mathurā) स्त्री. (सं.) यमुना के किनारे स्थित एक शहर और कृष्ण की जन्मभूमि।
(f.) a city situated on the banks of the Yamuna and native place of Krishna.

मथेला (mathelā) पु. 1. शीर्षक। 2. छप्पर के शीर्ष भाग की लकड़ी।
(m.) 1. heading. 2. beam.

मद (mad) स्त्री. 1. विभाग। 2. खाता।
(f.) 1. a head, item. 2. a ledger.

मदत (madat) स्त्री. (अ.) मदद, सहायता, सहारा।
(f.) aid, help, support.

मदतकार (madatakār) वि. (अ.+फा.) मददगार, मदद करनेवाला, सहायक।
(adj.) a helper, supporter, assistant.

मदरसा (madarasā) पु. (अ.) उर्दू, अरबी, फारसी की पढ़ाई वाला प्राथमिक विद्यालय।
(m.) a primary school of Urdu, Arabian and Persian languages.

मदहोस (madahos) वि. मत्त, बेसुध।
(adj.) drunken.

मदहोसी (madahosī) स्त्री. मत्तता, बेसुधी, संज्ञा शून्यता।
(f.) drunkenness.

मदार (madār) पु. (सं.) अकवन, आक, मंदार।
(m.) swallow-wort.

मदारी (madārī) पु. (अ.) बंदर, भालू आदि नचाकर पैसा कमानेवाली जाति।
(m.) a conjuror, juggler.

मद्धिम (maddhim) वि. मंदा, हल्का।
(adj.) slow, slack.

मदेसिया (madesiyā) वि. (सं.) मध्यदेशीय, मध्य देश का निवासी।
(adj.) a resident of the middle region of north India.

मध (madh) वि. (सं.) मध्य, बीच। (पु.) मधु, शहद।
(adj.) middle. (m.) honey.

मधमाछी (madhamāchī) स्त्री. (सं.) शहद की मक्खी।
(f.) honey bee.

मधिम (madhim) वि. मद्धिम।
(adj.) dim.

मधु (madhu) पु. (सं.) शहद।
(m.) honey.

मधुआ (madhuā) पु. आम की मंजरी में लगनेवाला एक रोग।
(m.) a disease of the cluster of mango buds.

मधुकरी (madhukarī) पु. 1. भिक्षा। 2. भभरी, बाटी, लिट्टी।
(m.) 1. begging. 2. a bread-cake backed on hot ashes.

मधुबन (madhuban) पु. (सं.) ब्रजदेश का एक वन।
(m.) forest of madhu, the Braj area around Mathura.

मधुमाखी (madhumākhī) स्त्री. मधुमक्खी।
(f.) honey bee.

मधुरी (madhurī) स्त्री./वि. मीठा, हल्का। उदा. 'एक छाक तड़िया पिआव भइया पसिया, लागल बाड़े मधुरी पिआस।'(विरहा)।
(f./adj.) sweet, light, toddy.

मधे (madhe) क्रि.वि. 1. हिसाब में। 2. खाते में। 3. बीच में।
(adv.) 1. into account. 2. into accountbook. 3. between.

मधेस (madhes) वि. फीका।
(adj.) tasteless.

मन (man) पु. (सं.) 1. ज्ञान। 2. इच्छा। 3. हृदय। 4. आत्मा। 5. चालीस सेर (लगभग 37 किलो) वजन की इकाई।
(m.) 1. knowledge. 2. will. 3. heart. 4. soul. 5. a weight of forty seers (about 37 kilograms).

मनई (manaī) पु. मनुष्य, मानव, आदमी।
(m.) a man.

मनउनी (manauanī) स्त्री. मनोकामना पूरी होने पर किसी देवता को पूजा देने का संकल्प। (मनौती)।
(f.) to worship a deity after the fulfilment of one's desire.

मनका (manakā) पु. माला का दाना।
(m.) a bead of a rosary.

मनकामना (manakāmanā) स्त्री. (सं.) मनोकामना, इच्छा, अभिलाषा।
(f.) desire, wish.

मनगँवे (managaṁve) क्रि.वि. खुश मन से।
(adv.) happily.

मनगर (managar) वि. प्रसन्नचित्त, मनपसंद।
(adj.) contented, pleasing, agreeable.

मनगो (manago) पु. एक प्रकार की ईख।
(m.) a kind of sugarcane.

मनता (manatā) पु. दे. मनउनी।

मनना (mananā) भली-भाँति पसंद की स्थिति।
(m.) pleasing to the heart, agreeableness.

मनफेरवट (manaferavaṭ) पु. स्वाद बदलने की स्थिति।
(m.) the state of changing taste.

मनमउजी (manamaujī) वि. मन की उमंग के अनुसार चलनेवाला।
(adj.) whimsical, self-willed.

मनमाना (manamānā) वि. मन के अनुकूल, इच्छा के अनुसार।
(adj.) agreeable, spontaneous, pleasing to mind.

मनमुखी (manamukhī) वि. दे. मनमउजी।

मनमोटाव (manamoṭāv) पु. वैमनस्य।
(m.) animosity, animus, antagonism.

मनमोटाह (manamoṭāh) पु. दे. मनमोटाव।

मनलग्गू (manalaggū) वि. जिसमें मन लगे।
(adj.) pleasing to the mind, attractive.

मनवाँ (manavāṁ) पु. एक प्रकार का कपास।
(m.) a kind of cotton.

मनवावल (manavāval) सक. दूसरे को मानने के लिए विवश करना।
(v.t.) to cause to be accepted.

मनसरा (manasarā) पु. एक प्रकार का लाल रंग का मोटा धान।
(m.) a paddy of red colour.

मनसरी (manasarī) स्त्री. दे. मनसरा।

मनसल (manasal) वि. प्रसन्नचित्त।
(adj.) blithe.

मनसा (manasā) पु. मन, इच्छा, अभिप्राय। (स्त्री.) एक देवी विशेष।
(m.) wish, desire, perport (f.) a goddess.

मनसायन (manasāyan) पु. मनोविनोद, मनोरंजन।
(m.) entertainment, amusement, enjoyment.

मनसिफ (manasif) पु. (अ.) मुनसिफ, न्यायकर्ता।
(m.) a judge, a presiding officer in a lower court.

मनसी (manasī) पु. (अ.) लिखनेवाला, मुहर्रिर।
(m.) a clerk.

मनसूबा (manasūbā) पु. (अ.) 1. योजना। 2. इरादा।
(m.) 1. a scheme. 2. an intention.

मनहा (manahā) पु. चालीस सेर के वजन का बटखरा।
(m.) a weight of forty seers.

मनहूस (manahūs) वि. (अ.) 1. अशुभ, अमंगल- कारी। 2. देखने में अप्रिय।
(adj.) 1. inauspicious. 2. omnious.

मना (manā) वि. (अ.) 1. निषिद्ध, वर्जित। 2. अनुचित।
(adj.) 1. forbidden, prohibitted. 2. wrong, improper.

मनान (manān) स्त्री. सियार का घर।
(f.) jackal's den.

मनावल (manāval) सक. रूठे हुए व्यक्ति को आग्रह से प्रसन्न करना।
(v.t.) to appease.

मनाही (manāhī) स्त्री. (अ.) न करने की आज्ञा, रोक, निषेध।
(f.) forbiddance, prohibition.

मनिआडर (maniāḍar) पु. (अ.) धनादेश।
(m.) money order.

मनिआर (maniār) पु. मणिधर सर्प।
(m.) a jewel possess snake.

मनिस्टर (manisṭar) पु. (अं.) कक्षानायक।
(m.) a monitor.

मनिहार (manihār) पु. चूड़िहारा।
(m.) a bangle seller.

मनिहारिन (manihārin) स्त्री. चूड़ीहारिन।
(f.) a bangle seller woman.

मनी (manī) पु. 1. वजन। 2. एक प्रकार का बहुमूल्य पत्थर।
(m.) 1. weight. 2. a kind of precious stone.

मनुआ (manuā) पु. मन, मनुष्य।
(m.) the mind, a man.

मनुस (manus) पु. (सं.) मनुष्य, आदमी।
(m.) a man.

मने-मने (mane-mane) अव्य. चुपचाप।
(indec.) silently.

मनेजर (manejar) पु. (अं.) मैनेजर, प्रबंधक, संचालक।
(m.) a manager.

मनोरथ (manorath) पु. (सं.) मनोकामना, अभिलाषा।
(m.) heart's desire, wish, hope.

मनोहर (manohar) वि. (सं.) सुंदर, मन को हरनेवाला।
(adj.) beautiful, heart-stealing, charming.

मनौती (manuatī) स्त्री. दे. मनउनी।

ममता (mamatā) स्त्री. (सं.) अपनापन, ममत्व।
(f.) affection for persons or things.

ममहर (mamahar) पु. मामा का घर।
(m.) house of mother's brother.

ममिआउत (mamiāut) वि. मामा से संबंधित।
(adj.) maternal.

ममिला (mamilā) पु. (अ.) 1. मुकदमा, अभियोग। 2. झगड़ा, विवाद। 3. व्यापार। 4. पारस्परिक व्यवहार।
(m.) 1. case, a law suit. 2. a quarrel, dispute. 3. business, job. 4. mutual dealings.

ममेरा (mamerā) वि. दे. ममिआउत।

ममोर (mamor) पु. शिकन।
(m.) crease, wrinkle.

ममोरल (mamoral) अक. ऐंठना।
(v.i.) to grip, to twist.

ममोराइल (mamorāil) वि. शिकनदार।
(adj.) creased, wrinkled, crimpled.

मय (may) वि. सब, पूरा।
(adj.) all.

मयगर (mayagar) वि. दयालु, दयावान।
(adj.) kind, merciful.

मयभा (mayabhā) वि. सौतेली।
(adj.) step (mother).

मयार (mayār) वि. दे. मयगर।

मये (maye) वि. दे. मय।

मरउअत (marauat) स्त्री. (अ.) 1. मुरव्वत, संकोच, लिहाज। 2. आदमियत, दया।
(f.) 1. obliging, disposition. 2. humanity.

मरकट (marakaṭ) वि. गंदा। (पु.) बंदर।
(adj.) dirty. (m.) monkey.

मरकी (marakī) स्त्री. 1. महामारी। 2. मृत्यु।
(f.) 1. a pest, epidemic, plague. 2. death.

मरखाह (marakhāh) वि. मारनेवाला (पशु)।
(adj.) agressive (cattle).

मरघट (maraghaṭ) पु. श्मशान।
(m.) cremation ground.

मरचा (maracā) पु. मिर्चा।
(m.) chilli.

मरज (maraj) पु. (अ.) 1. रोग। 2. व्यसन।
(m.) 1. a disease. 2. an addiction.

मरजा (marajā) पु. घाटा।
(m.) reduction, deficit, loss.

मरजाद (marajād) पु. (सं.) 1. सीमा, मर्यादा। 2. अवधि। 3. प्रतिष्ठा। 4. दो रात रुकने वाली (बारात)।
(m.) 1. limit. 2. period. 3. honour, position. 4. staying for two days (said of groom's wedding party).

मरजी (marajī) स्त्री. (अ.) 1. इच्छा, कामना, चाह, मर्जी। 2. प्रसन्नता, खुशी। 3. आज्ञा। 4. स्वीकृति।
(f.) 1. a desire, wish. 2. happiness, delight. 3. an order, command. 4. acceptance.

मरतबा (maratabā) पु. बार, दफा।
(m.) time, moment, occasion.

मरतुलाह (maratulāh) वि. 1. रुग्ण। 2. अत्यंत दुर्बल।
(adj.) 1. a patient, ill. 2. very weak.

मरथम (maratham) पु. ईख के कोल्हू का खंभा।
(m.) piller in the sugarcane crusher.

मरथल (marathal) वि. मरणासन्न।
(adj.) moribund.

मरद (marad) पु. 1. मर्द। 2. बहादुर। 3. पति।
(m.) 1. a male. 2. brave man, hero. 3. husband.

मरदल (maradal) सक. मलना, मसलना।
(v.t.) to rub, to crush, to pulverise.

मरदानगी (maradānagī) स्त्री. (फा.) 1. वीरता, मर्दानगी, शौर्य। 2. साहस, हिम्मत। 3. काम शक्ति।
(f.) 1. bravery. 2. courage. 3. sexual energy.

मरदाना (maradānā) वि. 1. पुरुष-संबंधी। 2. पुरुषोचित। 3. वीरोचित।
(adj.) 1. manly. 2. mannish. 3. brave, heroic, knightly.

मरदानी (maradānī) वि. मर्दों का।
(adj.) masculine.

मरदुआ (maraduā) पु. (फा.) अपरिचित पुरुष के लिए तिरस्कारसूचक शब्द (स्त्रियाँ)।
(m.) a man (disdainful).

मरदूमी (maradūmī) स्त्री. बहादुरी, वीरता।
(f.) bravery, intrepidity.

मरन (maran) पु. (सं.) मरण, मौत, मृत्यु।
(m.) death.

मरम (maram) पु. (सं.) 1. रहस्य। 2. गुप्त बात, मर्म।
(m.) 1. a mystery. 2. secret matter.

मरमर (maramar) पु. पत्तियों के हिलने की आवाज।
(m.) a rusting sound of leaves.

मरमूढ (maramūṛh) स्त्री. मूर्छा की बीमारी।
(f.) a faint, swoon.
मरमोह (maramoh) पु. ममता।
(m.) affection, interest for persons or things.
मरम्मत (marammat) स्त्री. (अ.) टूटे-फूटे भाग को दुरुस्त करने का कार्य।
(f.) repair, mending.
मरयादा (marayādā) पु. मर्यादा।
(m.) propriety.
मरल (maral) अक. (सं.) मरना।
(v.i.) to die, to expire, to wither.
मरल (maral) वि. मृत।
(adj.) deceased.
मरवावल (maravāval) सक. किसी को मारने के लिए प्रेरित करना।
(v.t.) to cause to be killed.
मरसा (marasā) पु. मरुसा, एक प्रकार का साग।
(m.) a kind of greens, a vegetable.
मराइल (marāil) वि. मरा हुआ, नष्ट, बर्बाद।
(adj.) killed, destroyed.
मराछिन (marāchin) स्त्री. वह स्त्री जिसके बच्चे जन्म लेकर मर जाते हों।
(f.) a woman whose children die soon after birth.
मराता (marātā) पु. सूखा पौधा, मुअतार।
(m.) a dry plant.
मरिच (maric) पु. गोलमिर्च, काली मिर्च।
(m.) black pepper.
मरिचा (maricā) पु. दे. मरचा।
मरियल (mariyal) वि. दुबला-पतला, कमजोर।
(adj.) lean and thin, weak.
मरियल (mariyal) वि. दे. मरिअल।
मरिया (mariyā) पु. हथौड़ी।
(m.) a hammer.
मरीज (marīj) पु. (अ.) रोगी, बीमार।
(m.) a patient.
मरुआइल (maruāil) अक. मुरझाना।
(v.i.) to wither, to droop, to shrivel.
मरुकल (marukal) अक. मोच लगना।
(v.i.) to twist a joint muscle.
मरुसा (marusā) पु. दे. मरसा।
मरोड़ (maroṛ) पु. आँव के कारण पेट दर्द।
(m.) dysentery, gastrodynia due to mucus.
मर्ही (marhī) वि. कंजूस।
(adj.) miser.
मलंग (malaṅg) पु. 1. मुसलमानों का एक संत। 2. नाव का अगला हिस्सा।
(m.) 1. a saint of muslims. 2. the front part of boat.
मल (mal) पु. 1. आँव। 2. भूमिहार और राजपूतों की एक उपाधि।
(m.) 1. mucus. 2. a title of Bhumihars and Rajputs.
मलकाइन (malakāin) स्त्री. मालकिन।
(f.) mistress.
मलकाना (malakānā) पु. मालिकाना।
(m.) proprietary.
मलकारी (malakārī) स्त्री. गुड़िया।
(f.) a doll, a puppet.
मलकावल (malakāval) सक. पलक को उठाते-गिराते रहना, पलक झपकाना।
(v.t.) to move the eyes, to blink.
मलकिनी (malakinī) स्त्री. मालिक की पत्नी।
(f.) wife of owner.
मलकियत (malakiyat) वि. मालिक का रहना।
(adj.) owner-occupied.
मलकोका (malakokā) स्त्री. कुमुदिनी।
(f.) dimin, a lotus, a cluster of lotus flowers.
मलगजरी (malagajarī) स्त्री. सारवस्तु।
(f.) the best thing.
मलगोवा (malagovā) पु. दही मिश्रित खाद्य पदार्थ।
(m.) curd mixed food.
मलछल (malachal) अक. कसक या व्यग्रता का अनुभव करना।
(v.i.) to feel a nagging.
मलछहूँ (malachahūṁ) वि. मलीन, मैला-सा।
(adj.) dirty.
मलदहवा (maladahavā) पु. एक प्रकार का बड़ा और स्वादिष्ट आम, मालदह।
(m.) a kind of big and very tasty mango.
मलपट (malapaṭ) पु. कनपटी, कान तथा गाल के पास का स्थान।
(m.) temple.
मलपटल (malapaṭal) सक. कनपटी पर मारना।
(v.t.) to slap on temple.
मलमल (malamal) स्त्री. महीन सूती वस्त्र।
(f.) a fine cotton cloth, muslin.

मलमास (malamās) पु. प्रत्येक तीसरे वर्ष पड़नेवाला अधिक मास।
(m.) an intercalary month falling once in three years.

मलल (malal) सक. रगड़ना, माँजना।
(v.t.) to rub, to cleanse.

मलवावल (malavāval) सक. दूसरे से मलवाना।
(v.t.) to cause to be rubbed.

मलहम (malaham) पु. (अ.) मरहम, घाव या दर्द पर लगाया जानेवाला दवा का लेप।
(m.) ointment.

मलहोरी (malahorī) पु. माली।
(m.) gardener, flower seller.

मलाई (malāī) स्त्री. दूध की साढ़ी।
(f.) skimming from boiled milk.

मलामत (malāmat) स्त्री. (अ.) 1. गंदगी। 2. डाँट-फटकार।
(f.) 1. filth. 2. reprimand, reproach.

मलाल (malāl) पु. (अ.) 1. दुःख। 2. उदासी, क्षोभ।
(m.) 1. grief. 2. sadness.

मलाह (malāh) पु. (अ.) मल्लाह, नाव चलानेवाला, नाविक।
(m.) a boatman.

मलिआ (maliā) स्त्री. काठ या काँच का बना तैल-पात्र।
(f.) a vessel for holding oil, made of wood or glass.

मलियावल (maliyāval) सक. जानते हुए कुछ न बताना।
(v.t.) to not disclose, to keep a secret.

मलिक (malik) पु. 1. गाने में प्रवीण। 2. गायक की उपाधि।
(m.) 1. perfect in signing. 2. a title of singer.

मलिकाँव (malikāṁv) पु. स्वामित्व।
(m.) ownership.

मलिकाई (malikāī) दे. मलिकाँव।

मलिकार (malikār) पु. मालिक।
(m.) owner.

मलीदा (malīdā) पु. (अ.) 1. चूरमा। 2. एक प्रकार का बहुत मुलायम ऊनी वस्त्र।
(m.) 1. a sweet dish. 2. a soft woollen cloth.

मलीन (malīn) वि. गंदा।
(adj.) dirty.

मलुआइल (maluāil) अक. उदास रहना।
(v.i.) to be sorrowful.

मलू (malū) पु. बंदर।
(m.) a monkey.

मलेछ (malech) पु. (सं.) कृपण या गंदा व्यक्ति।
(m.) miser or dirty man.

मलयागिर (malayāgir) पु. एक प्रकार के चंदन की सुगंधित लकड़ी।
(m.) a kind of fragrant wood of sandal.

मलेरिया (maleriyā) पु. (अं.) जड़ैया बुखार।
(m.) malaria.

मल्हिया (malhiyā) स्त्री. एक प्रकार की मछली।
(f.) a kind of fish.

मलेहरा (maleharā) पु. एक तरह का पान।
(m.) a kind of betel leaf.

मवक्किल (mavakkil) पु. (अ.) मुवक्विल, मुकदमे में वकील रखनेवाला व्यक्ति।
(m.) a client.

मवस्सर (mavassar) वि. (अ.) मयस्सर, प्राप्त, उपलब्ध।
(adj.) available.

मस (mas) पु. (सं.) मच्छर, मच्छड़, मशक।
(m.) a mosquito.

मसक (masak) स्त्री. (फा.) 1. पानी रखने का चमड़े का थैला। 2. एक प्रकार का बाजा।
(f.) 1. a leather bag of water-carrier. 2. a bag-pipe.

मसकरी (masakarī) स्त्री. मजाक, मसखरी, दिल्लगी।
(f.) a joke, jest.

मसकल (masakal) अक. तनाव से थोड़ा फटना।
(v.i.) to be torn due to tension.

मसका (masakā) पु. चबेना का फाँका।
(m.) a mouthful of parched grain.

मसजिद (masajid) स्त्री. (अ.) मस्जिद, वह स्थान जहाँ मुसलमान एकत्र होकर सिजदा करते और नमाज पढ़ते हैं।
(f.) a mosque.

मसनद (masanad) पु. बड़ा तकिया।
(m.) a large pillow.

मसनिया (masaniyā) पु. श्मशान में रहनेवाला व्यक्ति।
(m.) person who lives in a cremation ground.

मसरफ (masaraf) पु. (अ.) 1. प्रयोजन। 2. उपयोगिता।
(m.) 1. purpose. 2. utility.

मसलंद (masalaṅd) पु. दे. मसनद।

मसवरा (masavarā) पु. (अ.) 1. मशवरा, परामर्श, सलाह। 2. षड्यंत्र।
(m.) 1. a counsel, advice. 2. a plot, conspiracy.

मसहरी (masaharī) स्त्री. मच्छरदानी।
(f.) mosquito net.

मसहूर (masahūr) वि. (अ.) मशहूर, प्रसिद्ध, प्रख्यात।
(adj.) famous, well-known.

मसाढ़ (masāṛh) पु. एक तरह की मछली।
(m.) a kind of fish.

मसान (masān) पु. (सं.) मरघट, श्मशान।
(m.) cremation grounds.

मसाल (masāl) स्त्री. (अ.) एक बहुत बड़ी बत्ती जो डंडे में लगी रहती है, मशाल।
(f.) a piece of staff soaked in oil and ignited, a torch.

मसाला (masālā) पु. सब्जी में डाली जानेवाली सामग्री।
(m.) spices.

मसालादार (masālādār) वि. मसालेदार।
(adj.) spiced, seasoned.

मसाह (masāh) स्त्री. पानी-भरे खेत में रोपने के लिए की गई जुताई।
(f.) ploughing done in a waterlogged field.

मसाहल (masāhal) सक. रोपने के लिए खेत तैयार करना।
(v.t.) to ready a field for transplantation.

मसिहान (masihān) स्त्री. 1. दवात। 2. स्याही।
(f.) 1. an inkpot. 2. ink.

मसी (masī) स्त्री. स्याही।
(f.) ink.

मसीन (masīn) स्त्री. (अं.) यंत्र, कल, मशीन।
(f.) a machine.

मसुरिया (masuriyā) स्त्री. गोल दानेवाला एक मोटा अन्न।
(f.) a course grain of round seeds.

मसूरी (masūrī) स्त्री. छोटे आकार का एक दलहन।
(f.) a small grained pulse.

मसूल (masūl) पु. किराया, भाड़ा।
(m.) rent, fare, hire.

मसोरल (masoral) सक. जोर से मीसना, मसलना।
(v.t.) to crush between the palms.

मसौदा (masaudā) पु. (अ.) लेख आदि का प्रारंभिक रूप, प्रारूप।
(m.) draft.

मस्टर (masṭar) पु. (अं.) शिक्षक, अध्यापक।
(m.) a master, a teacher.

मस्टरी (masṭārī) स्त्री. (अं.) प्रवीणता, अध्यापन का कार्य।
(f.) mastery, teaching.

मस्ती (mastī) स्त्री. (फा.) मस्त होने की क्रिया या भाव, मतवालापन।
(f.) state of being carefree and self contained.

महँग (mahaṁg) वि. महँगा।
(adj.) expensive.

महँगी (mahaṁgī) स्त्री. महँगी की स्थिति, महँगाई।
(f.) expensiveness, derth, scarcity.

महंथ (mahaṅth) पु. महंत, मठ का प्रधान।
(m.) the superior of a monastery.

महंथी (mahaṅthī) स्त्री. महंती, महंत का कार्य और पद।
(f.) the duties and position of Mahant.

महमह (mahamah) वि. सुगंधयुक्त।
(adj.) perfumed, fragrant.

महक (mahak) स्त्री. सुगंध, खुश्बू।
(f.) perfume.

महकएना (mahakaenā) वि. बदबूदार।
(adj.) foul.

महकार (mahakār) पु. ईख पेरने की जगह बनाई जानेवाली देव प्रतिमा। कहा. 'ना ऊख रोपब, ना महकार के पूजब'।
(m.) deity image made at the place where sugarcane is going to be crushed.

महकावल (mahakāval) सक. सुँघवाना, सुगंध फैलाना।
(v.t.) to perfume, to exhale.

महङ (mahaṅ) वि. महँगा।
(adj.) expensive, dear in price.

महजड़ा (mahajaṛā) पु. झमेलापूर्ण बातचीत।
(m.) controversial talk.

महजिद (mahajid) स्त्री. मस्जिद।
(f.) a mosque.

महटियावल (mahaṭiyāval) सक. काम करने में टालमटोल करना।
(v.t.) to put off in work.

महतरा (mahatarā) पु. पिता का मित्र।
(m.) a friend of father.

महतारी (mahatārī) स्त्री. माँ। पर्या. माता, मतारी, माई। उदा. 'हरसित महतारी मुनिमन हारी अद्‌भुत रूप निहारी।'–तुलसी।
(f.) mother.

महतीन (mahatīn) स्त्री. मालकिन।
(f.) lady of the home, a matron.

महथा (mahathā) पु. खत्रियों की उपाधि।
(m.) a title of Khatri.

महमूली (mahamūlī) वि. (अ.) साधारण, सामान्य, मामूली।
(adj.) ordinary.

महरा (maharā) पु. चमारों की एक उपाधि।
(m.) a title of leather workers.

महराजा (maharājā) पु. राजाओं का राजा।
(m.) a king of kings.

महरी (maharī) स्त्री. ग्वालिन।
(f.) milk maid.

महल (mahal) सक. मथना।
(v.t.) to churn.

महला (mahalā) वि. मंजिलवाला (मकान)।
(adj.) storeyed (house).

महल्ला (mahallā) पु. (अ.) शहर का कोई भाग या हिस्सा जिसमें बहुत से मकान हों, टोला।
(m.) a locality.

महवारी (mahavārī) स्त्री. मासिक-धर्म।
(f.) menstrucation.

महा (mahā) वि. (सं.) 1. बड़ा। 2. प्रधान।
(adj.) 1. great, large. 2. chief.

महाउत (mahāut) पु. महावत।
(m.) a mahout, elephant rider.

महाकाली (mahākālī) स्त्री. दुर्गा का एक नाम।
(f.) a name of Goddess Durga.

महाजन (mahājan) पु. बनिया।
(m.) merchant, shopkeeper.

महाजनी (mahājanī) स्त्री. सूद का धंधा।
(f.) money lending business.

महाजाल (mahājāl) पु. मछली पकड़ने का बड़ा जाल।
(m.) a large fishnet.

महाजोगिन (mahājogin) स्त्री. एक महीन धान।
(f.) a fine paddy.

महाड़ (mahāṛ) पु. दही मथने का कार्य।
(m.) churning of curd.

महातम (mahātam) पु. (सं.) 1. बड़ाई। 2. पुण्य प्रदान की शक्ति।
(m.) 1. greatness. 2. virtue of any deity or shrine.

महातमा (mahātamā) वि. (सं) महात्मा, जिसकी आत्मा उन्नत हो चुकी हो। (पु.) बड़ा संत।
(adj.) high souled. (m.) a great sage.

महात्मा (mahātmā) पु. दे. महातमा।

महादेव (mahādev) पु. (सं.) 1. बड़े देवता। 2. शिव की उपाधि।
(m.) 1. great deity. 2. a title of Shiva.

महादेवा (mahādevā) पु. पालो की वह गाँठ जिसमें बैलों को रस्सी में बाँधा जाता है।
(m.) the raised part in a plough tied to the rope.

महादेवी (mahādevī) स्त्री. (सं.) दुर्गा।
(f.) Goddess Durga.

महापाप (mahāpāp) पु. (सं.) बड़ा भारी पाप, भयंकर दुष्कर्म से लगा पाप। पर्या. महापातक।
(m.) heinous sin.

महाभारत (mahābhārat) पु. (सं.) 1. महाभारत, महाग्रंथ जिसमें कौरवों और पांडवों के युद्ध का वर्णन है। 2. महायुद्ध।
(m.) 1. the great sanskrit epic describing great war between Kauravas and Pandavas. 2. a great war.

महामाया (mahāmāyā) स्त्री. (सं.) दुर्गा, आदिशक्ति।
(f.) Goddess Durga.

महाराज (mahārāj) पु. (सं.) 1. राजा। 2. जमींदार। 3. ब्राह्मण। 4. गुरु।
(m.) 1. a king. 2. landlord. 3. Brahman. 4. spiritual guide.

महावट (mahāvaṭ) पु. माघ की वर्षा।
(m.) the rain of the month of Magh.

महाल (mahāl) पु. (अ.) 1. विभाग। 2. महल्ला।
(m.) 1. department. 2. locality.

महावत (mahāvat) पु. दे. महाउत।

महावर (mahāvar) पु. जावक, लाल रंग जिससे स्त्रियाँ पैर रँगती हैं।
(m.) feet dye, mahavar.

महासागर (mahāsāgar) वि. महासागर।
(adj.) ocean.

महासे (mahāse) पु. महाशय।
(m.) sir.

महिआ (mahiā) पु. गुड़ बनाते समय निकला मैल।
(m.) scum from the process of making jaggery.

महिनवारी (mahinavārī) स्त्री. 1. रजोधर्म। 2. वेतन। 3. मासिक।
(f.) 1. menstruation. 2. salary. 3. monthly.

महिमा (mahimā) पु. (सं.) महत्त्व, बड़ाई, कृपा, दया।
(m.) greatness, high position.

महिया (mahiyā) पु. दे. महिआ।

महीन (mahīn) वि. 1. पतला। 2. बारीक।
(adj.) 1. thin. 2. fine.

महीना (mahīnā) पु. (सं.) 1. वर्ष का बारहवाँ भाग, 30 दिन का समय। 2. वेतन। 3. रजोधर्म।
(m.) a month. 2. salary. 3. menstruation.

महुअर (mahuar) पु. महुए की रोटी।
(m.) a cake with flour made with Mahua.

महुआ (mahuā) पु. (सं.) एक वृक्ष जिसके फूल से शराब बनती है, महुआ।
(m.) a tree Bassia latifolia bearing sweet flowers, which are used in the preparation of a spiritous liquor.

महुई (mahuī) स्त्री. एक प्रकार का पान।
(f.) a kind of betel leaf.

महूरत (mahūrat) पु. (सं.) 1. मुहूर्त। 2. लग्न।
(m.) 1. a moment. 2. period for ceremony.

महेला (mahelā) पु. घोड़े को दिया जानेवाला एक पौष्टिक खाद्य पदार्थ। उदा. 'घोड़वा के देबो महेलबा, हथिआ के लवँगा कपूर।' (लोक.)।
(m.) nourishing diet given to a horse.

महोखा (mahōkhā) पु. एक पक्षी जो बँसवारी में रहता है।
(m.) a bird inhabiting bamboo groves.

माँ (māṁ) स्त्री. (सं.) दे. महतारी।

माँख (māṁkh) पु. आन, अमर्ष।
(m.) anger, displeasure.

माँग (māṁg) स्त्री. 1. माँगने की क्रिया या भाव। 2. सिर के बाल को दो भागों में बाँटनेवाली रेखा। 3. नाव का अगला हिस्सा।
(f.) 1. demand. 2. parting of the hair. 3. front part of boat.

माँगटीका (māṁgaṭīkā) स्त्री. माथे का एक आभूषण।
(f.) an ornament worn on the parting of the hair.

माँगल (māṁgal) सक. 1. कोई वस्तु देने के लिए किसी से कहना। 2. भीख माँगना।
(v.t.) 1. to demand, to request. 2. to beg, to ask for.

माँगुर (māṁgur) पु. एक तरह की मछली जो माँस खाती है और डंक मारती है।
(m.) meat-eating and stinging fish.

माँजा (māṁjā) पु. कूँची।
(m.) broom.

माँझ (māṁjh) अव्य. बीच, मध्य।
(indec.) middle.

माँझिल (māṁjhil) वि. बीच का, मझला।
(adj.) middle, intermediate.

माँझी (māṁjhī) पु. केवट, मल्लाह।
(m.) a fisherman, boatman.

माँड़ (māṁṛ) पु. उबाले हुए चावल का पानी।
(m.) rice water, starch made of rice.

माँड़ा (māṁṛā) पु. एक प्रकार का नेत्र-रोग।
(m.) a disease of the eye.

माँड़ी (māṁṛī) स्त्री. उबाले हुए चावल का पानी जो कपड़े में लगाया जाता है।
(f.) boiled rice-water for cloth.

माँड़ो (māṁṛo) पु. दे. मंडप।

माँय (māṁy) अव्य. बकरी की बोली।
(indec.) voice of a goat.

मांस (māṅs) पु. (सं.) गोश्त।
(m.) meat, flesh.

मांसपेसी (māṅsapesī) स्त्री. मांसपेशी।
(f.) muscle.

माँह (māṁh) अव्य. (सं.) दे. माँझ।

माँहें (māṁheṅ) अव्य. बीच होकर, तरफ।
(indec.) between, in the middle of.

माई (māī) स्त्री. दे महतारी।

माई-धीया (māī-dhīyā) स्त्री. माता और पुत्री।
(f.) mother and daughter.

माई-बाबू (māī-bābū) पु. माँ-बाप।
(m.) parent.

माईराम (māīrām) स्त्री. सच्चरित्र, धार्मिक, सद्गुणी।
(f.) a virtuous woman.

माएक (māek) पु. (अं.) माइक।
(m.) a mike.

माकल (mākal) अक. पशुओं का दौड़ना, घूमना।
(v.i.) to run (said of animals).

माख (mākh) पु. अप्रसन्नता, आन।
(m.) displeasure, anger, regret.

माखन (mākhan) पु. दे. मक्खन।

माघ (māgh) पु. 1. हिंदू पंचांग का ग्यारहवाँ महीना। 2. संस्कृत के एक प्रसिद्ध कवि।
(m.) 1. the eleventh month of the Hindu calendar. 2. a famous Sanskrit poet.

माघी (māghī) वि. 1. असगुनी भैंस। 2. माघ का।
(adj.) 1. ill-omened buffalo. 2. of the month of Magh.

माङ (māṅ) स्त्री. दे. माँग।

माङल (māṅal) सक. दे. माँगल।

माछी (māchī) स्त्री. (सं.) मक्खी।
(f.) a fly.

माजरा (mājarā) पु. (अ.) 1. घटना। 2. घटना का विवरण।
(m.) 1. an event. 2. discription of an event.

माजल (mājal) सक. माँजना।
(v.t.) to burnish.

माझिल (mājhil) वि. दे. मझिला।

माझी (mājhī) पु. दे. माँझी।

माट (māṭ) पु. 1. मिट्टी का बड़ा घड़ा। 2. मिट्टी का ढेर।
(m.) 1. a large earthen pot. 2. heap of soil.

माटा (māṭā) पु. लाल रंग का एक चींटा जो पेड़ों के पत्तों में रहता है।
(f.) red coloured ants who live on the leaves of tree.

माटी (māṭī) स्त्री. (सं.) 1. मिट्टी। 2. धरती। 3. खेत। 4. शरीर। 5. लाश। 6. शारीरिक गठन।
(f.) 1. soil. 2. earth. 3. field. 4. body. 5. corpse. 6. construction of body.

माटी तेल (māṭī tel) पु. दे. मटियातेल।

माटी-माटी (māṭī-māṭī) वि. धूल-धूसरित।
(adj.) dusty.

माठ (māṭh) पु. एक तरह की मिठाई।
(m.) a kind of sweet.

माठल (māṭhal) सक. टालमटोल करना।
(v.t.) to put off, to defer, to prevaricate.

माठा (māṭhā) पु. दे. मट्ठा।

माड़ल (māṛal) सक. आटा गूँथना।
(v.t.) to knead flour.

माड़वारी (māṛavārī) पु. राजस्थान का निवासी।
(m.) a resident of Rajsthan (marvar).

माड़ो (māṛo) पु. मंडप।
(m.) shed erected at times of marriages.

मात (māt) स्त्री. (अ.) पराजय, हार।
(f.) defeat, checkmate.

मातदिल (mātadil) वि. (अ) 1. न बहुत उग्र न बहुत कोमल। 2. न बहुत ठंडा न बहुत गरम।
(adj.) 1. temperate. 2. moderate.

मातरा (mātarā) पु. (सं.) 1. एक बार में खाई जानेवाली औषधि का परिमाण। 2. व्यंजनों के साथ लगानेवाले स्वर का संक्षिप्त रूप, मात्रा।
(m.) 1. dose (of medicine). 2. an intra syllabic vowel symbol.

मातल (mātal) अक. नशे के प्रभाव में आना।
(v.i.) to get intoxicated, to get frenzied.

मातवर (mātavar) वि. (अ.) 1. विश्वसनीय। 2. सच्चा, मातबर।
(adj.) 1. reliable, trusting. 2. true.

मातहत (mātahat) वि. (अ.) 1. अधीनस्थ। 2. निम्न श्रेणी का।
(adj.) 1. dependent. 2. of low grade.

माता (mātā) स्त्री. दे. महतारी।

मातामाई (mātāmāī) स्त्री. चेचक।
(f.) pox.

मात्रा (mātrā) अव्य. ही।
(indec.) just as.

मात्रिभूमि (mātrībhūmi) स्त्री. मातृभूमि, जन्मभूमि।
(f.) mother land.

माथ-माथा (māth-māthā) पु. 1. सिर। 2. परिवार का मालिक।
(m.) 1. the forehead, the head. 2. owner of family.

माथी (māthī) स्त्री. पान के पौधे का आधा से ऊपर का हिस्सा।
(f.) upper part of a betel leaf plant.

मान (mān) पु. सम्मान, इज्जत
(m.) respect.

मानल (mānal) सक. स्वीकार करना।
(v.t.) to accept.

मानि (māni) स्त्री. 1. गुफा। 2. वह गड्ढा जिसमें जानवर रहते हैं।
(f.) 1. a cave. 2. cattle living pit.

मानिक (manik) पु. लाल रंग का एक रत्न, माणिक्य। उदा. 'गंगाजी के ऊँची अररिआ त मानिक दीप जरें।' (लोक.)।
(m.) a ruby, a jewel.

मानुख (mānukh) पु. मनुष्य, आदमी।
(m.) a man.

मानुस (mānus) पु. दे. मानुख।

माने (māne) पु. अर्थ, तात्पर्य।
(m.) meaning, reference.

माफ (māf) वि. (अ.) क्षमा किया हुआ।
(adj.) pardoned, forgiven.

माफिक (māfik) वि. (अ.) 1. अनुकूल। 2. सदृश।
(adj.) 1. agreeable, favourable. 2. like, equal.

माफी (māfī) स्त्री. क्षमा।
(f.) forgiveness.

मामला (māmalā) पु. दे. ममिला।

मामा (māmā) पु. माता का भाई।
(m.) mother's brother.

मामी (māmī) स्त्री. मामा की पत्नी।
(f.) wife of mother's brother.

मामूली (māmūlī) वि. (अ.) साधारण, सामान्य।
(adj.) ordinary, usual.

माया (māyā) स्त्री. (सं.) 1. दैवी लीला। 2. प्रपंच। 3. ममत्व। 4. दया। 5. धन।
(f.) 1. devine act. 2. the visible world. 3. affection for persons or things connected with oneself. 4. mercy. 5. wealth, property.

मार (mār) स्त्री. 1. आघात। 2. चोट।
(f.) 1. beating, blow. 2. injury.

मार-काट (mār-kāṭ) यौ./स्त्री. लड़ाई-झगड़ा।
(com./f.) beating and wounding, fighting.

मारक (mārak) वि. (सं.) 1. मारनेवाला। 2. जहर आदि के प्रभाव को खत्म करनेवाला।
(adj.) 1. killer. 2. supperssor (poison etc.).

मारका (mārakā) पु. (अं.) 1. पहचान के लिए लगाया गया निशान, चिह्न। 2. रहस्य।
(m.) 1. mark, a mark of signifiance. 2. a mystery.

मारकीन (mārakīn) पु. एक प्रकार का सूती कपड़ा।
(m.) a kind of cotton cloth.

मारकेस (mārakes) पु. घातक ग्रहयोग।
(m.) killing conjunction of planets.

मारतौल (mārataul) पु. बड़ा हथौड़ा।
(m.) a large hammer.

मारन (māran) पु. (सं.) तंत्र-मंत्र से प्राणांत करने की तांत्रिक विधि।
(m.) a tantrik process of killing a person through the influence of mantras.

मारफत (mārafat) अव्य. (अ.) के द्वारा, के जरिए।
(indec.) care of, through.

मारल (māral) सक. हत्या करना, मारना।
(v.t.) to kill, to beat.

मारल-पीटल (māral-pīṭal) सक. मारना-पीटना।
(v.t.) flogging.

मारा-मारी (mārā-mārī) यौ./स्त्री. मारपीट, एक दूसरे को मारने का काम।
(com./f.) beating, fighting, violence.

मारिखर (mārikhar) स्त्री. चमड़े की डोरी।
(f.) cord of leather.

मारुक (māruk) वि. दे. मारक।

मारे (māre) क्रि.वि. कारण से।
(adv.) for the sake of, by reason of, on account of.

माल (māl) स्त्री. (अ.) 1. धन। 2. रुपया। 3. मवेशी।
(f.) 1. wealth. 2. rupee. 3. cattle.

मालगाड़ी (mālagāṛī) स्त्री. सामान ढोनेवाली ट्रेन।
(f.) goods train.

मालगुजारी (mālagujārī) स्त्री. भूमि-कर, भू-राजस्व।
(f.) land revenue.

मालदह (māladah) पु. दे. मलदहवा।

मालदार (māladār) वि. (अ.+फा.) धनी, संपन्न, धनवान।
(adj.) rich, wealthy.

मालदेह (māladeh) पु. दे. मलदहवा।

मालदेही (māladehī) स्त्री. एक प्रकार का धान।
(f.) a kind of paddy.

मालधनी (māladhanī) पु. पूँजीपति।
(m.) a capitalist.

मालपुआ (mālapuā) पु. एक प्रकार का मीठा भोज्य पदार्थ।
(m.) a kind of sweet food, a sweet cake.

मालभोग (mālabhog) पु. 1. एक प्रकार का केला। 2. एक प्रकार का सुगंधित धान।
(m.) 1. a kind of banana. 2. a type of fragrant paddy.

मालवर (mālavar) पु. जंगली बिल्ली।
(m.) a wild cat.

माला (mālā) स्त्री. (सं.) 1. फूलों का हार। 2. गले में पहनने का आभूषण। 3. संग्रह।
(f.) 1. a garland. 2. a necklace. 3. a collection (of books in a series).

मालामाल (mālāmāl) वि. (अ.) बहुत संपन्न, अमीर।
(adj.) very rich, wealthy, immensely rich.

मालिक (mālik) पु. (अ.) 1. ईश्वर। 2. स्वामी। 3. पति, शौहर।
(m.) 1. God. 2. owner. 3. husband.

मालिकाना (mālikānā) वि. (अ.) मालिक का। (पु.) मालिक को उसके स्वामित्व के बदले में मिलनेवाला धन।
(adj.) to an owner, proprietory. (m.) money received against one's proprietory right.

मालियत (māliyat) स्त्री. (अ.) 1. संपत्ति, धन, पूँजी। 2. दाम, मूल्य।
(f.) 1. property, wealth, capital. 2. price, value.

मालिस (mālis) स्त्री. (फा. मालिश) मलने का कार्य।
(f.) act of rubbing.

माली (mālī) पु. (सं.) फूल-पौधों की रखवाली करनेवाला व्यक्ति। (वि.) (अ.) धन संबंधी गरीबी।
(m.) a gardener. (adj.) financial crisis.

मालूम (mālūm) वि. ज्ञात, जाना हुआ।
(adj.) known, felt.

मावस (māvas) पु. (सं.) अमावस्या, अमावस, कृष्णपक्ष की अंतिम तिथि।
(m.) the last day of the dark fortnight of a lunar month.

मावा (māvā) पु. 1. सत्त्व। 2. खोवा।
(m.) 1. substance. 2. milk thickened by boiling.

मास (mās) पु. (सं.) 1. महीना। 2. मिल्कियत।
(m.) 1. month. 2. property, proprietary right.

मासा (māsā) पु. मस्सा, देह या चेहरे पर उभरा हुआ छोटा दाना।
(m.) a mole, a wart.

मासिक (māsik) वि. 1. महीना संबंधी। 2. महीने में एक बार निकलनेवाला।
(adj.) 1. monthly. 2. (a magazine) published every month.

माहि-माहा (māhi-māhā) अव्य. दे. माँह।

माहिर (māhir) वि. (अ.) अच्छा जानकार, दक्ष, निपुण, गुणी।
(adj.) expert, proficient.

माहुर (māhur) पु. जहर, विष।
(m.) poison.

माहें (māheṁ) वि. बीच होकर।
(adj.) in the very middle.

मिआँ (miāṁ) पु. (फा.) 1. मालिक। 2. पति। 3. बड़ों के लिए संबोधन, महाशय। 4. मुसलमान।
(m.) 1. an owner. 2. a husband. 3. a way of addressing old people. 4. a Muslim.

मिचकारल (micakāral) सक. किसी मुलायम वस्तु को अंगुलियों से मसलना।
(v.t.) to rule with fingers.

मिचकावल (micakāval) सक. बंद करना और खोलना।
(v.t.) to wink, to blink (the eyes).

मिचली (micalī) स्त्री. वमन की इच्छा।
(f.) nausea.

मिजाज (mijāj) पु. (अ.) 1. तबीयत। 2. स्वभाव। 3. घमंड।
(m.) 1. mood, temper. 2. habit, nature. 3. pride.

मिठबोला (miṭhabolā) वि. मीठी बात बोलनेवाला।
(adj.) smooth longued, sweet voiced, smooth talking.

मिठवावल (miṭhavāval) सक. मीठा करना।
(v.t.) to make sweet.

मिठाइल (miṭhāil) अक. मीठा होना।
(v.i.) to be sweet.

मिठाई (miṭhāī) स्त्री. (सं.) मीठा खाद्य पदार्थ, मिष्टान्न।
(f.) sweetmeat, sweets.

मिठास (miṭhās) पु. मीठापन।
(m.) sweetness.

मिठुआ (miṭhuā) वि. मीठा।
(adj.) sweet.

मिताई (mitāī) स्त्री. मित्रता, दोस्ती।
(f.) friendship.

मिति (miti) स्त्री. 1. तारीख। 2. विचार-मेल।
(f.) 1. date. 2. similarity in thought.

मिथिला (mithilā) स्त्री. मिथिला का क्षेत्र।
(f.) the region of Mithila.

मिनती (minatī) स्त्री. विनय, प्रार्थना, निवेदन।
(f.) a prayer, entreaty, request.

मिनहा (minahā) अक. किसी देय रकम को दूसरी रकम से घटाने की प्रक्रिया।
(v.i.) deduction (against a total due).

मिनट (minaṭ) पु. (अं.) दे. मिनिट।

मिनिट (miniṭ) पु. (अं.) एक घंटे का साठवाँ भाग, मिनट।
(m.) the sixtieth part of an hour, minute.

मिमिआइल (mimiāil) अक. बकरी या भेड़ का बोलना।
(v.i.) to bleat of a goat or sheep.

मियनी (miyanī) पु. एक तरह का बैल जिसे मनहूस माना जाता है।
(m.) a kind of bullock supposed to be ill omened.

मियाँमिट्ठू (miyāṁmiṭṭhū) पु. मीठी बात बोलनेवाला व्यक्ति, आत्मप्रशंसी। मुहा. **अपने मुँह ~बनल**=अपनी प्रशंसा स्वयं करना।
(m.) a sweet speaking person. (idiom) to praise one's self.

मियाद (miyād) स्त्री. (अ.) 1. अवधि, मीयाद। 2. सीमा।
(f.) 1. fixed term, period. 2. limit.

मिरका (mirakā) स्त्री. एक प्रकार की मछली।
(f.) a kind of fish.

मिरकिटाह (mirakiṭāh) वि. दुबला-पतला।
(adj.) skeletal, weak.

मिरगा (miragā) पु. (सं.) हरिण, मृग।
(m.) a deer.

मिरगिआह (miragiāh) वि. अपस्मार रोग से पीड़ित।
(adj.) epileptic.

मिरगी (miragī) स्त्री. मूर्च्छा रोग।
(f.) epilepsy.

मिरजई (mirajaī) स्त्री. मुस्लिम युग का एक अंगरखा विशेष।
(f.) a jacket, a kind of kurta.

मिरजा (mirajā) पु. (फा.) 1. मीर या सरदार का लड़का। 2. मुगलों की एक उपाधि।
(m.) 1. a son of a noble. 2. a title of noble man in the mughal period.

मिरतु (miratu) स्त्री. (सं.) मरण, मौत, मृत्यु।
(f.) death.

मिरदंग (miradaṅg) पु. एक प्रकार का बाजा, ढोल।
(m.) a kind of drum.

मिरिआस (miriās) स्त्री. बपौती, पैतृक धन।
(f.) inherited from a father, patrimony.

मिरिगछाला (mirigachālā) पु. मृगचर्म।
(m.) deerskin.

मिरिगडाह (mirigadāh) पु. मृगशिरा नक्षत्र।
(m.) a lunar mansion, the constellation orion.

मिरिगसिरा (mirigasirā) पु. दे. मिरिगडाह।

मिरिगा (mirigā) पु. दे. मिरगा।

मिरिचवान (miricavān) पु. केले का एक भेद।
(m.) a kind of banana.

मिरितलोक (miritalok) पु. (सं.) पृथ्वी, धरती, मृत्युलोक।
(m.) the earth, the world of the dead.

मिलकियत (milakiyat) स्त्री. (अ.) 1. भूमि पर स्वामित्व का अधिकार। 2. संपत्ति।
(f.) 1. proprietary right. 2. property.

मिलन (milan) पु. मिलने का कार्य या भाव।
(m.) meeting.

मिलनसार (milanasār) वि. सबसे प्रेम से मिलनेवाला।
(adj.) sociable, friendly.

मिलनी (milanī) स्त्री. विवाह के अवसर पर वर-कन्या पक्ष का मिलना और भेंट देने की स्थिति।
(f.) ceremonical meeting and embracing of the bride's relatives and the groom's on the occasion of a betrothal and gifts made by the bride's relatives.

मिलनुआँ (milanuāṁ) पु. प्रेमी, प्रिय।
(m.) lover, dear.

मिलमिलाह (milamilāh) वि. दुबला, पतला, दुर्बल।
(adj.) lean and thin, weak.

मिलल (milal) अक. 1. मिलना। 2. मिश्रित होना।
(v.i.) 1. to meet. 2. to mix.

मिलाकुअत (milākuat) स्त्री. दे. मिलकियत।

मिलान (milān) पु. 1. मिलाने का भाव। 2. तुलना। 3. मेल।
(m.) 1. mixing, bringing together. 2. comparing. 3. meeting.

मिलाप (milāp) पु. 1. मेल। 2. मेल-मिलाप।
(m.) 1. meeting. 2. combination, a compromise.

मिलावट (milāvaṭ) स्त्री. मिलाने का भाव।
(f.) a mixture, mixed in, act of mixing.

मिलावल (milāval) सक. 1. मिश्रित करना। 2. जुटाना।
(v.t.) 1. to mix. 2. to connect, to attach.

मिलीगराम (milīgarām) पु. (अं.) मिलिग्राम।
(m.) miligram.

मिलल-जुलल (milal-julal) अक. मिलना-जुलना।
(v.i.) to continue meeting, to date.

मिसरी (misarī) स्त्री. दानेदार चीनी का जमा हुआ मिश्रण, मिश्री।
(f.) sugar candy.

मिसरीकंद (misarīkaṅd) पु. एक कंद।
(m.) a kind of bulbous root.

मिसल (misal) अक. मसलना।
(v.i.) to rub, to mash.

मिसाल (misāl) स्त्री. (अ.) 1. उपमा, तुलना। 2. उदाहरण, नमूना, नजीर। 3. कहावत।
(f.) 1. a simile, comparison. 2. an example. 3. a proverb.

मिसिया (misiyā) पु. (अ.) मरसिया, ताजिया में गाया जानेवाला शोकगीत।
(m.) a sad song, an elegy.

मिसिर (misir) पु. (सं.) ब्राह्मणों और भूमिहारों की उपाधि, मिश्र।
(m.) a title of Brahmans and Bhumihars.

मिसिरिया (misiriyā) वि. मीठा, मिश्री जैसा।
(adj.) sweat, as sugar candy.

मिसिल (misil) पु. मुकदमे के कागजात।
(m.) the file of suit.

मिसी (misī) स्त्री. मिस्सी, एक प्रकार का काला दंत-मंजन।
(f.) a kind of black tooth powder.

मिस्तीरी (mistīrī) पु. 1. कारीगर। 2. मशीन की मरम्मत करनेवाला।
(m.) 1. a craftsman, an artisan. 2. a mechanic.

मींजल (mīñjal) सक. 1. मीसना। 2. मलना।
(v.t.) 1. to crush. 2. to rub.

मीजान (mījān) पु. (अ.) 1. चीजें तौलने का तराजू। 2. कुलयोग।
(m.) 1. the scales, balance. 2. a total number or amount.

मीठ (mīṭh) वि. 1. मधुर। 2. हल्का। 3. सुस्त।
(adj.) 1. sweet. 2. light. 3. dull.

मीठा (mīṭhā) पु. गुड़।
(m.) raw sugar, a lump of raw sugar.

मीत (mīt) पु. (सं.) मित्र, दोस्त।
(m.) friend, lover.

मीतरो (mītaro) पु. मित्रता, दोस्ती।
(m.) friendship.

मीता (mītā) पु. दे. मीत।

मीन (mīn) स्त्री. 1. मछली। 2. हिंदू पंचांग की बारहवीं राशि।
(f.) 1. a fish. 2. the twelfth sign of the zodiac. pisces.

मीना (mīnā) पु. (फा.) 1. बहुमूल्य पत्थर जिससे सोने और चाँदी पर रंग-बिरंगा काम करते हैं। 2. सोने या चाँदी पर किया जानेवाला रंग-बिरंगा काम। 3. मद्य रखने का शीशे का पात्र।
(m.) 1. enamel. 2. paint on gold or silver ornaments etc. 3. a goblet of wine.

~बाजार (~bājār) पु. (फा.) सुंदर और बढ़िया बाजार।
(m.) a fancy market.

मीर (mīr) पु. (फा.) 1. सरदार प्रधान, नेता। 2. कुलीन व्यक्ति। 3. वह जो किसी प्रतियोगिता में पहला स्थान प्राप्त करे। 4. ताश के पत्तों में बादशाह।
(m.) 1. a head, chief, leader. 2. a noble man. 3. a winner in a game or competition. 4. a playing card bearing a picture of a king.

मील (mīl) पु. (अं.) आधे कोस की दूरी।
(m.) a mile.

मीसल (mīsal) सक. मालिश करना।
(v.t.) to massage.

मुँगड़ा (muṁgaṛā) पु. काठ का छोटा टुकड़ा जो ठोंकने के काम में आता है।
(m.) a wooden hammer, mallet.

मुँगौरी (muṁgaurī) स्त्री. मूँग की बरी।
(f.) moong nuggets.

मुंडन (muṇḍan) पु. (सं.) हिंदुओं में बच्चे के सिर के बाल को पहली बार छुरे से मूँड़ने का एक संस्कार विशेष।
(m.) the shaving of hairs of a child's head for the first time.

मुँड़झराह (muṁṛajharāh) वि. सींग से मारनेवाला (मवेशी)।
(adj.) tending to strike with horns (cattle).

मुँड़वार (muṁṛavār) पु. बैलगाड़ी के चक्के के बीच का वह हिस्सा जहाँ आरा ठोका जाता है।
(m.) hub-the part of the bullock cart wheel where spokes are embedded.

मुँड़वावल (muṁṛavāval) सक. दूसरे से बाल मुड़वाने का काम कराना।
(v.t.) to cause to be shaved.

मुँड़ाई (muṁṛāī) स्त्री. 1. बाल मुड़वाने का काम। 2. बाल मुड़वाने की मजदूरी।
(f.) 1. shaving. 2. charge for shaving.

मुँड़िया (muṁṛiyā) पु. 1. एक प्रकार का अच्छा गेहूँ। 2. सिर।
(m.) 1. a high quality wheat. 2. head.

मुँड़ेर (muṁṛer) पु. छत का किनारा।
(m.) parapet.

मुँदरी (muṁdarī) स्त्री. (सं.) मुद्रिका, हाथ की अंगुलियों का आभूषण, अँगूठी।
(f.) a ring, a finger-ring.

मुंसी (muṅsī) पु. (अ.) 1. लिखनेवाला, लिपिक, मुंशी। 2. कायस्थों की एक उपाधि।
(m.) 1. a writer, a clerk. 2. a title of Kayasthas.

मुँह (muṁh) पु. (सं.) 1. खाने और बोलने का अंग, मुख। 2. चेहरा।
(m.) 1. mouth. 2. face.

मुँह-करिखी (muṁh-karikhī) स्त्री. बेइज्जती, अपमान।
(f.) dishonour, disgrace.

मुँहचोर (muṁhacor) वि. बोलने में मुँह चुरानेवाला।
(adj.) bashful, timid.

मुँहजबानी (muṁhajabānī) वि. मौखिक, बिना देखे बोलनेवाला।
(adj.) oral, verbal.

मुँहजोर (muṁhajor) वि. अपनी ही बात बोलते रहने-वाला।
(adj.) out-spoken.

मुँहतोड़ (muṁhatoṛ) वि. दूसरों को निरुत्तर करनेवाली बात।
(adj.) mouth breaking, crushing.

मुँहदेखाई (muṁhadekhāī) स्त्री. नववधू का प्रथम-प्रथम मुँह देखने के समय दिया गया उपहार।
(f.) the present which is given to a newly married woman on her first visit to the bridegroom's house.

मुँहफट (muṁhafaṭ) वि. उचित-अनुचित का विचार छोड़कर बोलते ही रहनेवाला।
(adj.) outspoken, abusive.

मुँहबोला (muṁhabolā) वि. बोलकर स्थापित किया गया संबंध।
(adj.) so called, adopted.

मुँहमाँगा (muṁhamāṁgā) वि. माँगने के अनुसार, मनचाहा।
(adj.) demanded, requested by word of mouth, something wished and asked for.

मुँहलगा, मुँहलग्गू (muṁhalagā, muṁhalaggū) वि. ढिठाई से बोलनेवाला, प्रियपात्र होने से निःसंकोच बोलनेवाला।
(adj.) familiar (in manner), presumptuous.

मुँहा-मुँही (muṁhā-muṁhī) स्त्री. एक से दूसरे और अन्य व्यक्तियों तक पहुँचकर फैलनेवाली बात।
(f.) squabble, wrangle.

मुँहासा (muṁhāsā) पु. युवाओं के चेहरे पर निकलने वाली छोटी-छोटी फुंसियाँ।
(m.) the pimples which appear on the face on the advent of youth.

मुँहे (muṁhe) अव्य. तरफ।
(indec.) towards.

मुअवावल (muavāval) सक. जान से मरवा डालना।
(v.t.) to cause to be killed, beaten (by).

मुआवल (muāval) सक. जान से मारना।
(v.t.) to kill.

मुकदमाबाजी (mukadamābājī) स्त्री. मुकदमेबाजी।
(f.) litigation.

मुकदिमा (mukadimā) पु. मुकदमा।
(m.) lawsuit, case.

मुकवसल (mukavasal) सक. मुक्के से लगातार मारना।
(v.t.) to strike repeatedly with the fist.

मुकियावल (mukiyāval) सक. दे. मुकवसल।

मुकुट (mukuṭ) पु. दे. मटुक।

मुक्का (mukkā) पु. बँधी मुटठ्ठी, घूँसा।
(m.) the fist, a blow with the fist.

मुक्की (mukkī) स्त्री. झरोखा।
(f.) peep hole.

मुक्केबाज (mukkebāj) पु. मुक्के से मार करनेवाला।
(m.) the fist fighter, boxer.

मुक्ति (mukti) स्त्री. छुटकारा, मोक्ष।
(f.) disposal, release of soul from rebirth.

मुख (mukh) वि. (सं.) 1. प्रधान। 2. महत्त्वपूर्ण। 3. खास।
(adj.) 1. chief, principal, head. 2. important, significant. 3. particular.

मुखड़ा (mukhaṛā) पु. (सं.) मुख, मुँहवाला हिस्सा।
(m.) mouth.

मुखाड़ी (mukhāṛī) स्त्री. पशुओं के मुख में बाँधने की जाली, खोंचा, जाब।
(f.) a rope mozile.

मुखिया (mukhiyā) पु. 1. प्रधान। 2. नेता। 3. पंचायत का प्रधान।
(m.) 1. chief. 2. a leader. 3. the chief of pancayhat.

मुगदर (mugadar) पु. व्यायाम करने के लिए लकड़ी का मुँगड़ा।
(m.) a wooden mallet.

मुचुकल (mucukal) अक. मोच आना।
(v.i.) to get sprained.

मुछंदर (muchaṅdar) पु. लंबी मूँछवाला आदमी।
(m.) person with long moustache.

मुझबानिए (mujhabānie) क्रि.वि. मौखिक रूप से।
(adv.) orally.

मुझबानी (mujhabānī) वि. मौखिक।
(adj.) oral.

मुट्ठा (muṭṭhā) पु. 1. पुलिंदा। 2. मुट्ठीभर। 3. हल का मूठ।
(m.) 1. a bundle. 2. handful (any thing). 3. handle (as of plough).

मुट्ठी (muṭṭhī) स्त्री. (सं) 1. पकड़। 2. मुट्ठीभर। 3. कसकर बंद अंगुलियों वाला हाथ।
(f.) 1. a grip. 2. handful. 3. fist.

मुठान (muṭhān) पु. मुखाकृति।
(m.) features of a face.

मुठिया (muṭhiyā) स्त्री. अच्छे कार्य के लिए खाना बनाने के पहले निकाला गया एक मुट्ठी अन्न।
(f.) a fistful grian kept aside before starting to cook for an asuspicious occasion.

मुठिआवल (muṭhiāval) सक. मुट्ठी में पकड़ना।
(v.t.) to catch by fist.

मुठियावल (muṭhiyāval) सक. दे. मुठिआवल।

मुठुनी (muṭhunī) स्त्री. एक धान विशेष।
(f.) a kind of paddy.

मुठैल (muṭhail) पु. छोटे सींगवाला बैल।
(m.) a small horned bullock.

मुड़रा (muṛarā) पु. एक मोटा धान।
(m.) a coarse paddy.

मुड़ल (muṛal) अक. 1. घूम जाना। 2. दूसरी दिशा की ओर फिर जाना।
(v.i.) 1. to turn. 2. to turn other side.

मुड़ाव (muṛāv) पु. मोड़।
(m.) diversion.

मुड़ावल (muṛāval) सक. मुड़ाना।
(v.t.) to bend.

मुड़ेरा (muṛerā) पु. 1. छप्पर आदि का ऊपरी भाग। 2. कुएँ का चबूतरा।
(m.) 1. parapet. 2. raised platform around a well.

मुतना (mutanā) वि. असमय और अनुचित जगह पर पेशाब करनेवाला।
(adj.) tending to urinate at an inappropriate time and place (person).

मुतवास (mutavās) पु. पेशाब करने की इच्छा।
(m.) desire to urinate.

मुतावल (mutaval) सक. 1. पेशाब करने को प्रवृत्त करना। 2. परेशान करना।
(v.t.) 1. motivate to urinate. 2. to vex, to harass.

मुदई (mudaī) पु. (अ.) 1. दुश्मन, बैरी। 2. दावा करनेवाला, वादी।
(m.) 1. an enemy. 2. a plaintiff, complainant.

मुदा (mudā) अव्य. लेकिन, परंतु।
(indec.) but.

मुदालह (mudālah) पु. (अ.) जिस पर दावा किया गया हो, मुद्दई का विपक्षी।
(m.) a defendant.

मुनक्का (munakkā) पु. (अ.) एक प्रकार की बड़ी किशमिश।
(m.) a dried variety grape, currant, raisin.

मुनगा (munagā) पु. सहिजन का फल।
(m.) fruit of drumstick tree, horse-radish.

मुनना (munanā) पु. ढक्कन।
(m.) a lid.

मुनवावल (munavāval) सक. मूँदने के लिए प्रेरित करना, मुँदवाना।
(v.t.) to cause to close.

मुनरी (munarī) स्त्री. दे. मुँदरी।

मुनि (muni) पु. साधु, तपस्वी।
(m.) a saint, a sage, ascetic.

मुन्हार (munhār) पु. अँधेरा।
(m.) darkness.

मुनिया (muniyā) स्त्री. एक चिड़िया विशेष।
(f.) a kind of bird.

मुनीब (munīb) पु. (अ.) बही-खाता लिखनेवाला कर्मचारी।
(m.) an accountant.

मुफतखोर (mufatakhor) पु. मुफ्तखोर।
(m.) free loader.

मुफुत (mufut) वि. (अ.) मुफ़्त, बिना मूल्य का।
(adj.) for nothing, gratuitous.

मुरई (muraī) स्त्री. मूली।
(f.) a radish.

मुरकल (murakal) अक. मोच खाना, मुचकना।
(v.i.) to sprain.

मुरका (murakā) पु. राड़ी, एक घास विशेष।
(m.) a hard grass found on poor soils, a kind of grass.

मुरखई (murakhaī) स्त्री. मूर्खता।
(f.) stupidity, foolishness.

मुरगा (muragā) पु. (फा.) सिर पर कलँगीवाला एक पक्षी, मुर्गा। पर्या. कुक्कुट।
(m.) a cock, fowl.

मुरगी (muragī) स्त्री. मुर्गी।
(f.) a hen.

मुरघटिया (muraghaṭiyā) पु. मुर्दा जलाने की जगह, श्मशान।
(m.) a grave, a burning ground, cemetery.

मुरचाइल (muracāil) अक. जंग लगना।
(v.i.) to rust, to get rusted.

मुरछा (murachā) पु. बेहोशी, मूर्च्छा।
(m.) swoon, faint.

मुरछाइल (murachāil) अक. बेहोश होना, मूर्च्छित होना।
(v.i.) to faint, to swoon.

मुरझाइल (murajhāil) अक. कुम्हलाना, किंचित सूखना।
(v.i.) to wither.

मुरदा (muradā) वि. (फा.) मरा हुआ, मृत, मुर्दा।
(adj.) dead body.

मुरदाह (muradāh) वि. दे. मुरदा।

मुरदासंख (muradāsaṅkh) पु. एक प्रकार की औषधि।
(m.) a kind of medicine, the yellow orpiment.

मुरली (muralī) स्त्री. (सं.) बाँसुरी, वंशी।
(f.) a flute.

मुराया (murāyā) पु. टखना।
(m.) the ankle.

मुरुकल (murukal) अक. दे. मुरकल।

मुरुख (murukh) पु. (सं.) मूर्ख, बेवकूफ, नासमझ।
(m.) a fool.

मुरेठा (mureṭhā) पु. पगड़ी, सिर में लपेटने का वस्त्र।
(m.) a turban.

मुर्दगाह (murdagāh) पु. मुरदाघर।
(m.) mortuary.

मुर्दघटिया (murdaghaṭiā) स्त्री. दे. मुरघटिया।

मुलकात (mulakāt) स्त्री. (अ.) 1. भेंट, मिलन, मुलाकात। 2. परिचय।
(f.) 1. meeting. 2. acquaintance.

मुलकीन (mulakīn) क्रि.वि. बहुत, अत्यधिक।
(adv.) very much, extreme, excessive.

मुलहरी (mulaharī) स्त्री. जेठी मधु। पर्या. मुलेठी।
(f.) liquorice. (mulyasti).

मुलायम (mulāyam) वि. (अ.) 1. कोमल। 2. हल्का। 3. धीमा। 4. नाजुक।
(adj.) 1. soft. 2. light. 3. slow. 4. tender.

मुलुक (muluk) पु. (अ.) 1. राज्य। 2. देश, मुल्क।
(m.) 1. a state. 2. a country.

मुलुर-मुलुर (mulur-mulur) क्रि.वि. चुपचाप देखते रहना।
(adv.) to watch silently.

मुलेठी (muleṭhī) स्त्री. दे. मुलहरी।

मुल्हा (mulhā) पु. मूर्ख, बेवकूफ।
(m.) foolish, stupid.

मुवल (muval) अक. मरा हुआ, मृत।
(v.i.) to die.

मुसकइल (musakail) पु. चूहे के बिल की मिट्टी।
(m.) soil thrown out by mice from the burrow.

मुसकाइल (musakāil) अक. मंद-मंद हँसना, मुस्कराना।
(m.) to smile.

मुसकी (musakī) स्त्री. मुसकान।
(f.) smile.

मुसकुर (musakur) पु. मसूढ़ा, मसूड़ा।
(m.) the gum (of the teeth).

मुसटी (musaṭī) स्त्री. चुहिया।
(f.) a mouse.

मुसदानी (musadānī) स्त्री. चुहियादानी।
(f.) a mouse-trap.

मुसमात (musamāt) स्त्री. विधवा स्त्री।
(f.) a widow.

मुसर (musar) पु. ओखली में धान कूटने का काठ का उपकरण।
(m.) a pestle.

मुसरा (musarā) पु. पेड़ की मोटी प्रधान जड़, मूसला।
(m.) a tap root.

मुसरी (musarī) स्त्री. 1. चूहिया। 2. छोटा चूहा। 3. बच्चों का लिंग।
(f.) 1. dimin. 2. a small rat (female). 3. penis of children.

मुसल (musal) सक. हड़पना।
(v.t.) to gobble, to gulp.

मुसलमान (musalamān) पु. (अ.) मुहम्मद साहब के बताए गए मार्ग को माननेवाला, मोहम्मदी।
(m.) a follwer of Mohammad, muslim.

मुसलमानी (musalamānī) स्त्री. मुसलमानों की एक रस्म जिसमें छोटे बालक के लिंग के आगे का कुछ चमड़ा काट डाला जाता है, सुन्नत।
(f.) circumcision.

मुसहर (musahar) पु. चूहे के बिल से अनाज निकालनेवाली जाति, धाँगड़, मुसहर।
(m.) caste of people who ferret out grains from mouse hole.

मुस्कियाइल (muskiyāil) सक. दे. मुसकाइल।

मुस्किल (muskil) वि. कठिन।
(adj.) difficult.

मुस्ता (mustā) पु. मोथा, एक तरह की घास।
(m.) a kind of grass.

मुसीबत (musībat) स्त्री. (अ.) 1. कष्ट। 2. विपत्ति।
(f.) 1. a difficulty. 2. an adversity, calamity.

मुसुकाइल (musukāil) अक. दे. मुसकाइल।

मुसुकी (musukī) स्त्री. दे. मुसकी।

मुहवरा (muhavarā) पु. मुहावरा।
(m.) an idiom.

मुहानी (muhānī) स्त्री. मुहाना।
(f.) mouth.

मूँग (mūṁg) पु. एक प्रकार का दलहन, मूँङ।
(m.) a kind of pulse, green gram.

मूँगफली (mūṁgafalī) स्त्री. मूँगफली।
(f.) peanut.

मूँगा (mūṁgā) पु. 1. समुद्री कीड़ों की हड्डी से बना एक पत्थर विशेष जो रत्नों में गिना जाता है। 2. एक प्रकार का रेशमी वस्त्र।
(m.) 1. coral. 2. a kind of silk-cloth.

मूँज (muṁj) स्त्री. खर जाति का एक तृण।
(f.) a kind of grass or rush.

मूँड़ (mūṁṛ) पु. 1. सिर। 2. संख्या।
(m.) 1. the head. 2. number.

मूँड़न (mūṁṛan) पु. (सं.) बच्चे का पहली बार बाल कटवाने का आयोजन, मुंडन।
(m.) the first ceremonial shavings of a child's head, to tonsure.

मूँड़ल (mūṁṛal) सक. 1. सिर के बालों को छुरे से साफ करना। 2. चेला बनाना। 3. ठगना।
(v.t.) 1. to shave (the head). 2. to make a disciple of. 3. to cheat.

मूँड़ा (mūṁṛā) पु. बकरे या मछली का सिर।
(m.) the head of goat or fish.

मूँड़ी (mūṁṛī) स्त्री. सिर, मुंड।
(f.) the head.

मूँड़ेठा (mūṁṛeṭhā) पु. दे. मुरेठा।

मूँद (mūṁd) पु. कंठी।
(m.) a necklace of small beeds, a vaisnva rosary.

मूँदल (mūṁdal) सक. 1. ढक देना। 2. बंद कर देना।
(v.t.) 1. to cover. 2. to close.

मूँङ (muṁṅ) पु. दे. मूँग।

मूँङफली (mūṁṅafalī) स्त्री. दे. मूँगफली।

मूँङा (muṁṅā) पु. दे. मूँगा।

मूअल (mūal) अक. दे. मरल।

मूठ (mūṭh) पु. 1. पहली बुआई। 2. परिहथ। 3. बेंट।
(m.) 1. the first sowing. 2. handle. 3. khob, handgrip.

मूठी (mūṭhī) स्त्री. दे. मुट्ठी।

मूड़ (mūṛ) पु. दे. मूँड़।

मूड़ल (mūṛal) सक. दे. मूँड़ल।

मूढ़ (mūṛh) वि. मूर्ख।
(adj.) foolish.

मूत (mūt) पु. (सं.) मूत्र, पेशाब।
(m.) urine.

मूतल (mūtal) अक. पेशाब करना।
(v.i.) to urinate.

मूनल (mūnal) सक. 1. बंद करना। 2. ढकना।
(v.t.) 1. to close. 2. to cover.

मूर (mūr) पु. (सं.) मूलधन, कर्ज में दिया गया धन।
(m.) principal amount (lent as loan).

मूरख (mūrakh) वि. मूर्ख।
(adj.) foolish.

मूरखई (mūrakhaī) स्त्री. दे. मुरखई।

मूरछा (mūrachā) पु. दे. मुरछा।

मूरत (mūrat) स्त्री. (सं.) प्रतिमा, आकृति, मूर्ति।
(f.) statue, any body having material form.

मूरती (mūratī) स्त्री. दे. मूरत।

मूरतीपूजक (mūratīpūjak) पु. मूर्तिपूजक।
(m.) an idolater.

मूरी (mūrī) स्त्री. 1. मूल। 2. जड़ी-बूटी। 3. धन।
(f.) 1. root. 2. roots and herbs used medicinally. 3. wealth.

मूरुख (mūrukh) वि. दे. मुरुख।

मूरुखई (mūrukhaī) स्त्री. दे. मुरखई।

मूल (mūl) पु. (सं.) 1. जड़। 2. उत्पत्ति स्थान, उत्स। 3. फल। 4. एक नक्षत्र।
(m.) 1. root. 2. origin, source. 3. fruit. 4. a lunar asterisk a Nakshatra.

मूस (mūs) पु. (सं.) चूहा।
(m.) a rat.

मूसर (mūsar) पु. दे. मुसर।

मूसरधारा (mūsaradhārā) स्त्री. बहुत तेज वर्षा (मुसलाधार)।
(f.) rain (cats and dogs).

मूसा (mūsā) पु. (अ.) एक पैगंबर।
(m.) the name of the Prophet.

मेंआद (meṅād) स्त्री. दे. मियाद।

मेंघुचा (meṅghucā) पु. मेढक।
(m.) a frog.

मेंजन (meṅjan) पु. 1. उपयुक्त मेल। 2. खाद्य पदार्थ का मेल।
(m.) 1. correct combination. 2. the combination of food.

मेंटा (meṅṭā) पु. छोटा घड़ा।
(m.) a small earthen pitcher.

मेंड़ (meṅṛ) पु. खेत के चारों ओर का मिट्टी का घेरा, डँड़ेर।
(m.) a boundary, mound between two fields, a fence.

मेंढ़ा (meṅṛhā) पु. नर भेड़।
(m.) a ram.

मेंह (meṅh) पु. दौनी के केंद्र में गड़ा खंभा।
(m.) pillar stuck at the centre in winnowing.

मेंहदी (meṅhadī) स्त्री. एक प्रकार का पौधा जिसके पत्ते से स्त्रियाँ हाथ रँगती हैं, मेंहदी।
(f.) the henna plant (powdered leaves of which are made into a paste and used by women to dye their hands).

मेंहना (meṅhanā) पु. ताना, फब्ती, कटाक्ष।
(m.) taunting.

मेंहवार (meṅhavār) पु. दँवरी करने के पूर्व मेंह के सिरे पर बँधा हुआ अनाज का बाल।
(m.) ears of corn tied to the upper part of bamboo pole erected at the centre of the field before the trampling of reaped harvest by bullocks for separating corn from chaff.

मेंहा (meṅhā) पु. दँवरी में मेंह के पास रहनेवाला बैल।
(m.) winnowing the bullock near the centre.

मेंहिअकी (meṅhiakī) वि. बारीक।
(adj.) fine, thin.

मेंही (meṅhī) वि. दे. मेंहिअकी।

मेआन (meān) पु. (फा.) तलवार रखने का आवरण, मियान।
(m.) the sheath of a sword.

मेआना (meānā) वि. (फा.) मझोला। (पु.) एक प्रकार की पालकी, मियाना।
(adj.) of average size. (m.) a palanquin.

मेख (mekh) पु. (सं.) बारह राशियों में पहली राशि, मेष राशि।
(m.) the first of the twelve signs of the Zodiac, aries.

मेघ (megh) पु. (सं.) बादल।
(m.) cloud.

मेघनाद (meghanād) पु. (सं.) 1. रावण का पुत्र। 2. एक काले रंग का धान।
(m.) 1. son of Ravan. 2. a black paddy.

मेझरा (mejharā) वि. मिला-जुला, मिश्रित।
(adj.) mixed, joint, coalition.
मेटकल (meṭakal) वि. मिटा हुआ।
(adj.) deleted.
मेटकवना (meṭakavanā) पु. रबड़।
(m.) an eraser.
मेटकावल (metakāval) सक. मिटाना।
(v.t.) to erase.
मेटा (meṭā) पु. दे. मेंटा।
मेटावल (meṭāval) सक. मिटाना।
(v.t.) to erase, to destroy.
मेठ (meṭh) पु. मजदूरों का सरदार, अगुआ।
(m.) a supervisor of labourers in a factory, headman.
मेड़राइल (meṛarāil) अक. मड़राना, आगे-पीछे करना।
(v.i.) to hover, to buzz around.
मेढ़ (meṛh) पु. खेत का घेरा।
(m.) boundary of field.
मेढ़ल (meṛhal) सक. दूसरी ओर घुमाना।
(v.t.) to turn other side.
मेथ (meth) पु. एक निम्न कोटि का दलहन।
(m.) a low quality pulse grain.
मेथी (methī) स्त्री. एक प्रकार का मसाला।
(f.) a kind of spice, fenugreek.
मेधा (medhā) स्त्री. 1. रस्म। 2. मानसिक शक्ति।
(f.) 1. custom, ritual. 2. mental power, intelligence.
मेम (mem) स्त्री. (अं.) अंगरेज साहब की पत्नी।
(f.) madam, European woman.
मेमिआइल (memiāil) अक. दे. मिमिआइल।
मेर (mer) पु. 1. मेल। 2. प्रकार।
(m.) 1. meeting, mixing. 2. type, kind.
मेरवन (meravan) पु. सम्मिश्रण।
(m.) mix.
मेरवल (meraval) सक. दे. मेरावल।
मेरावल (merāval) सक. किसी एक वस्तु में दूसरे को मिला देना।
(v.t.) to mix, to make a mixture.
मेल (mel) पु. (सं.) 1. संगति, मिलन। 2. मित्रता। 3. एक वस्तु में दूसरे को मिलाने का भाव।
(m.) 1. company, meeting. 2. friendship. 3. mixing.
मेला (melā) पु. (सं.) देवस्थान, तीर्थ, मजार आदि में निश्चित तिथि पर लोगों के इकट्ठा होने की स्थिति।
(m.) a large crowd of people. a fair (religious or secular).
मेलाघुमनी (melāghumanī) स्त्री. मेला घूमनेवाली स्त्री।
(f.) (woman) fond of going to fair.
मेली (melī) पु. 1. संगी, साथी 2. मिलनसार।
(m.) 1. friend, compainion. 2. sociable person.
मेल्हनी (melhanī) स्त्री. एक प्रकार की नौका।
(f.) a type of boat.
मेल्हल (melhal) अक. आनाकानी करके समय बिताना।
(v.i.) to spend time in equivocation.
मेवा (mevā) पु. (फा.) किशमिश, बादाम, काजू, अखरोट आदि सुखाए हुए बढ़िया फल, मेवा।
(m.) dry fruit.
मेवाती (mevātī) पु. एक प्रकार का पौधा। (वि.) मेवात (राजस्थान) का निवासी। (स्त्री.) मेवात की भाषा।
(m.) a kind of plant. (adj.) belonging to Mevat (Rajasthan). (f.) The speech of mevat.
मेहतर (mehatar) पु. भंगी।
(m.) a sweeper.
मेहदी (mehadī) दे. मेंहदी।
मेहनत (mehanat) स्त्री. (अ.) श्रम, परिश्रम।
(f.) labour, hard work.
मेहनताना (mehanatānā) पु. (अ.) मेहनत के बदले दिया जानेवाला धन।
(m.) remuneration.
मेहनती (mehanatī) वि. परिश्रमी।
(adj.) labourious, hard worker.
मेहमान (mehamān) पु. (फा.) 1. अतिथि, पाहुन, मेहमान 2. दामाद।
(m.) 1. a guest. 2. son-in-law.
मेहर (mehar) स्त्री. पत्नी, जोरू।
(f.) wife.
मेहरबानी (meharabānī) स्त्री. (फा.) कृपा, दया, अनुकंपा।
(f.) kindness.
मेहरमउग (meharamaug) पु. नारीभक्त।
(m.) an effeminate man.
मेहराइल (meharāil) अक. नमी से किसी चीज का कुरकुरापन खत्म हो जाना।
(v.i.) to lose crispness due to moisture.

मेहराब (meharāb) पु. (अ.) द्वार आदि के ऊपर का उर्द्ध मंडलाकार भाग।
(m.) an arch.

मेहरारू (meharārū) स्त्री. 1. औरत। 2. पत्नी।
(f.) 1. woman. 2. wife.

मेहरी (meharī) स्त्री. दे. मेहर।

मेहिन (mehin) वि. बारीक, पतली।
(adj.) fine, thin.

मेहिनी (mehinī) स्त्री. बारीकी।
(f.) thinness, excellence.

मैजलि (maijali) स्त्री. शव।
(f.) a corpse.

मैडम (maiḍam) स्त्री. (अं.) महोदया।
(f.) madam.

मैथिल (maithil) वि. मिथिला का निवासी।
(adj.) belonging to Mithila.

मैदा (maidā) पु. बहुत महीन आटा।
(m.) fine flour.

मैदान (maidān) पु. 1. खुली जगह। 2. खेल की सपाट जमीन। 3. लड़ाई का मैदान।
(m.) 1. open area. 2. playing field. 3. field of battle.

मैना (mainā) स्त्री. 1. पार्वती की माता। 2. काले रंग की एक चिड़िया।
(f.) 1. the mother of Parvati. 2. a black bird, mynah.

मैभा (maibhā) स्त्री. विमाता, सौतेली माँ।
(f.) step mother.

मैया (maiyā) स्त्री. (सं.) माँ, माता, जननी।
(f.) mother.

मोंछ (moṅch) स्त्री. पुरुषों के ऊपरी ओठ के बाल, मूँछ।
(f.) moustache.

मोअल (moal) सक. भिगोना।
(v.t.) to soak.

मोकदमा (mokadamā) पु. (अ.) मुकदमा, नालिश, अभियोग।
(m.) a law-suit, case, prosecution.

मोकदमाबाज (mokadamābāj) वि. मुकदमा लड़नेवाला।
(adj.) one who goes to law.

मोकना (mokanā) पु. लता की तरह का एक पौधा।
(m.) a kind of creeper.

मोकरी (mokarī) स्त्री. कम लगान पर दी जानेवाली भूमि।
(f.) land with low tax.

मोकर्रर (mokarrar) वि. (अ.) 1. निश्चित। 2. नियुक्त, तैनात।
(adj.) 1. agreed, decided. 2. appointed.

मोका (mokā) पु. (अ.) मौका, अवसर, उपयुक्त समय।
(m.) an ocassion, proper time.

मोकाबला (mokābalā) (अ. मुकाबिलः) 1. मुकाबला, मुठभेड़। 2. आमना-सामना। 3. समानता।
(m.) 1. encounter. 2. face to face. 3. equality.

मोकाम (mokām) पु. (अ.) मुकाम, ठहरने की जगह, निश्चित स्थान।
(m.) a place for staying, place of residence.

मोखतसर (mokhatasar) वि. (अ.) मुख्तसर, थोड़े में कहा या किया हुआ, संक्षिप्त।
(adj.) brief.

मोखतार (mokhatār) पु. (अ.) मुख्तार, कानूनी सलाहकार और काम करनेवाला।
(m.) a legal adviser, attorney.

मोखतारनामा (mokhatāranāmā) पु. (अ.+फा.) मुख्तारनामा, वह पत्र जिसके अनुसार किसी को कोई कार्य करने का अधिकार सौंपा जाए।
(m.) the letter of attorney.

मोखल (mokhal) सक. सूई से सिलाई करना।
(v.t.) to stitch with a needle.

मोखातिब (mokhātib) वि. (अ.) मुखातिब, उन्मुख, ध्यानपूर्वक सुननेवाला।
(adj.) facing, looking towards.

मोखालिफ (mokhālif) पु. (अ.) मुखालिफ, विरोधी। (वि.) विरुद्ध।
(m.) opponent. (adj.) opposite.

मोगल (mogal) पु. (अ.) 1. मंगोल देश का निवासी, मुगल। 2. मुसलमान का एक वर्ग।
(m.) 1. an inhabitant of mongolia. 2. a sect of Muslims.

मोगलवा (mogalavā) पु. बैगनी रंग का मोटा शकरकंद।
(m.) a kind of thick and violet coloured sweet potato.

मोगली (mogalī) स्त्री. बैलगाड़ी के टूटे हुए धूरे में मोड़कर लगाया गया लोहे का पत्तर।
(f.) a curved iron piece attached to a broken axle in a bullockcart.

मोचंड (mocaṅd) वि. हट्टा-कट्टा।
(adj.) sturdy, robust.

मोच (moc) स्त्री. ऐंठन, चोट लगने से नस का अपने स्थान से हट जाना।
(f.) a sprain, strain.

मोचना (mocanā) पु. बाल उखाड़ने या किसी वस्तु को मोड़नेवाला हथियार।
(m.) a pair of forceps, pincers.

मोचरस (mocaras) पु. सेमर का लस्सा, जिसका उपयोग औषधि के रूप में होता है।
(m.) resin of the Semal tree (used medicinally).

मोचल (mocal) सक. किसी को ठग लेना, हथिया लेना।
(v.t.) to cheat to lay hands on, to seize.

मोचलका (mocalakā) पु. (तु.) मुचलका, न्यायालय में हाजिर होने का प्रतिज्ञा-पत्र।
(m.) a personal bond.

मोचा (mocā) पु. मक्के की नई बाल।
(m.) new filament in the corn.

मोची (mocī) पु. जूता बनानेवाला।
(m.) a shoe-maker.

मोछ (moch) स्त्री. दे. मोंछ।

मोछइल (mochail) पु. दे. मुछंदर।

मोछमुंडा (mochamuṅḍā) पु. वह व्यक्ति जो मूँछ मुड़वाकर रखता हो।
(m.) clean shaved person.

मोजर (mojar) पु. 1. मंजरी। 2. आम का बौर।
(m.) 1. cluster of tender flowers. 2. mango raceme.

मोजरा (mojarā) पु. (अ.) 1. वह रकम जो किसी रकम में से काट ली गई हो। 2. अभिवादन, सलाम। 3. नर्तकी का गायन।
(m.) 1. deducted amount, reduction. 2. salutation. 3. a musical sitting by a dancing girl.

मोजराइल (mojarāil) अक. मंजरी निकलना।
(v.i.) to grow racome.

मोजा (mojā) पु. (फा.) पायताबा, जुर्राब।
(m.) a pair of socks, stocking.

मोट (moṭ) पु. सिंचाई के लिए पानी निकालने का चमड़े का थैला। (वि.) मोटा, स्थूल।
(m.) a leather bucket used in irrigation. (adj.) fat.

मोटक्कड़ (moṭakkaṛ) वि. अत्यंत मोटा।
(adj.) very fat, plump, well fed, sleek.

मोटरसाइकिल (moṭarasāikil) स्त्री. (अं.) मोटरसाइकिल।
(f.) motorbyke.

मोटरी (moṭarī) स्त्री. गठरी।
(f.) a bundle, a package.

मोटहन (moṭahan) वि. दे. मोटका।

मोटा (moṭā) पु. गट्ठर।
(m.) a large bundle, a large package, parcel.

मोटाइल (moṭāil) अक. मोटा होना, शरीर पर माँस आना।
(v.i.) to grow fat, to become fat.

मोटाई (moṭaī) स्त्री. मोटापन, स्थूलता।
(f.) fatness, bulk.

मोटा-मोटी (moṭā-moṭī) क्रि.वि. मोटे तौर पर, साधारणतः।
(adv.) approximately, roughly.

मोटिआ (moṭiā) पु. खद्दर, गाढ़ा या खुरदुरा कपड़ा।
(m.) a thick, coarse type of cotton cloth.

मोटू (moṭū) वि. मोटा।
(adj.) fat.

मोड़ल (moṛal) सक. मोड़ना।
(v.t.) to bend.

मोताबिक (motābik) क्रि.वि. (अ.) मुताबिक, अनुसार।
(adv.) as stated by, in accordance with, accordingly.

मोतियाबिंद (motiyābiṅd) पु. आँख का एक रोग जिसमें पुतली पर एक पर्दा पड़ जाता है।
(m.) cataract (of the eye).

मोती (motī) पु. सीप से निकलनेवाला एक प्रकार का रत्न।
(m.) a pearl.

मोतीचूर (motīcūr) पु. गोल आकारवाली एक मिठाई।
(m.) a sweetmeat in the form of a ball, laddu.

मोतीसर (motīsar) पु. एक प्रकार का बारीक धान, मतिसरी।
(m.) a kind of fine paddy.

मोतीसारी (motīsārī) स्त्री. एक तरह की साड़ी, जिसमें मोती टाँके जाते हैं।
(f.) a saree embroidered with pearls.

मोथा (mothā) पु. मजबूत जड़वाली एक घास।
(m.) a strong rooted grass, cyperus rotundus.

मोदक (modak) वि. (सं.) आनंददायक। (पु.) लड्डू।
(adj.) delighting. (m.) a small round sweetmeat, laddu.

मोदी (modī) पु. अन्न बेचनेवाला, बनिया।
(m.) a grain dealer, a grocer, a merchant.
मोनासिब (monāsib) वि. (अ.) मुनासिब, उचित, वाजिब, ठीक।
(adj.) right, just, fair.
मोनक्का (monakkā) पु. मुनक्का।
(m.) currant.
मोन्हा (monhā) पु. एक प्रकार की घास और कमचियों से बना पात्र जिसमें ढक्कन होता है।
(m.) a little pot with lid made of twigs and a type of grass.
मोफलर (mofalar) पु. (अं.) गुलबंद।
(m.) a muffler.
मोफिल (mofil) पु. (अ.) 1. मजलिस, सभा, महफिल। 2. नाच-गाना होने का स्थान।
(m.) 1. an assemblage. 2. a recreational assemblage.
मोम (mom) पु. (फा.) एक चिकना नरम पदार्थ जिससे शहद की मक्खियाँ छत्ता बनाती हैं।
(m.) wax.
मोमबत्ती (momabattī) स्त्री. मोम से बनाई गई बत्ती।
(f.) a wax candle.
मोय (moy) स्त्री. एक तरह की मछली, जो चिपटी होती है। इसका शरीर चौड़ा तथा मुँह पतला होता है। इसका माँस स्वादिष्ट होता है।
(f.) a flat and broad fish with thin mouth, it is considered a delicacy.
मोयन (moyan) पु. आटा में मिलाया गया घी।
(m.) the mixing of clarified butter with flour.
मोर (mor) पु. (सं.) एक सुंदर पक्षी, मयूर, मोर।
(m.) a peacock.
मोरचा (moracā) पु. (फा.) वह स्थान जहाँ से सेना अपने देश, नगर आदि की रक्षा करती है।
(m.) the battle front.
मोरनी (moranī) स्त्री. (सं.) मादा मयूर, मयूरनी।
(f.) a peahen.
मोरब्बा (morabbā) पु. (अ.) फलों में चीनी देकर तैयार किया गया भोज्य पदार्थ।
(m.) a fruit jam, preserved fruit.
मोरब्बी (morabbī) पु. (अ.) 1. संरक्षक। 2. पिता।
(m.) 1. a patron. 2. father.
मोरल (moral) सक. मोड़ना।
(v.t.) to turn, to fold.
मोरहन (morahan) पु. बोने के बाद से प्रथम बार ली गई फसल।
(m.) first crop of a grain.
मोरा (morā) सर्व. मेरा।
(pron.) my, mine.
मोरातिब (morātib) पु. 1. पद। 2. प्रतिष्ठा।
(m.) 1. position, status. 2. honour.
मोरी (morī) स्त्री. नाली।
(f.) a drain.
मोल (mol) पु. (सं.) 1. कीमत, मूल्य। 2. महत्त्व।
(m.) 1. price. 2. importance.
मोलम्मा (molammā) पु. (अ.) 1. किसी चीज पर चढ़ाई हुई सोने या चाँदी की पतली तह, कलई। 2. ऊपरी और झूठी दिखावट।
(m.) 1. veneer coating. 2. ostentation.
मोलवी (molavī) पु. (अ.) 1. अरबी-फारसी का पंडित, मौलवी। 2. इस्लामी धर्मशास्त्र का ज्ञाता।
(m.) 1. a scholar of Arabic, Persian. 2. a shcolar of Muslim law.
मोलाई (molāī) स्त्री. बेचने और खरीदनेवाले के बीच किसी वस्तु की उचित कीमत तय करने की विधि।
(f.) bargaining between a seller and purchaser.
मोलाजिम (molājim) पु. (अ.) मुलाजिम, नौकर, सेवक।
(m.) a worker, serviceman, employee.
मोलायम (molāyam) वि. दे. मुलायम।
मोलावल (molāval) सक. मोलभाव करना।
(v.t.) to ask the price of thing.
मोसतैद (mosataid) वि. (अ.) 1. मुस्तैद, तत्पर, तैयार। 2. चालाक।
(adj.) 1. ready, prepared. 2. clever.
मोसमी (mosamī) स्त्री. एक प्रकार का नींबू, मौसंबी।
(f.) a kind of lemon (mausambi).
मोसल्लम (mosallam) वि. (अ.) समूचा, कुल, पूरा, संपूर्ण।
(adj.) full, total.
मोसहरा (mosaharā) पु. (अ.) मुशाहरा, वेतन, तनख्वाह, महीना।
(m.) salary, wages.
मोसीबत (mosībat) स्त्री. दे. मुसीबत।

मोह (moh) पु. (सं.) 1. ममता, प्रेम। 2. आसक्ति।
(m.) 1. affection for persons or things connected with oneself. 2. attachment, devotion.

मोहकमा (mohakamā) पु. (अ.) महकमा, विभाग।
(m.) department.

मोहड़ा (mohaṛā) पु. (फा.) 1. मुँह। 2. अगला हिस्सा। 3. गाड़ीवान के बैठने की जगह।
(m.) 1. mouth. 2. front part. 3. front seat of carter.

मोहन (mohan) पु. (सं.) 1. आकर्षण। 2. कृष्ण का एक नाम।
(m.) 1. charming. 2. a name of Krisna.

मोहनभोग (mohanabhog) पु. एक प्रकार का हलवा।
(m.) a kind of sweet (halva).

मोहनी (mohanī) स्त्री. (सं.) मोहिनी, वश में करनेवाली स्त्री।
(f.) a charming woman.

मोहब्बत (mohabbat) स्त्री. (अ.) 1. प्रेम, मुहब्बत। 2. मित्रता। दोस्ती। 3. कड़ियों का आगे का मुँह बाँधनेवाली लकड़ी।
(f.) 1. love, affcation. 2. friendship. 3. engraving on a wood panel around the edge of the shed.

मोहर (mohar) स्त्री. (अ.) 1. अशर्फी, सोने का सिक्का। 2. पहचान के लिए लगाई गई छाप, मुहर।
(f.) 1. a golden coin. 2. seal, stamp.

मोहरइया (moharaiyā) स्त्री. पीले मक्के का अधफुटा भूँजा।
(f.) rosted yellow and half budded corn pod.

मोहरमाला (moharamālā) स्त्री. अशर्फी का हार।
(f.) a necklace of golden coins.

मोहरी (moharī) स्त्री. मवेशियों के मुँह को खास प्रकार की रस्सी से बाँधने की व्यवस्था।
(f.) bridle.

मोहरीर (moharīr) पु. (अ.) वह जो तहरीर करता या लिखता हो, मुहर्रिर।
(m.) a clerk, a writer.

मोहर्रम (moharram) पु. (अ.) 1. हिज्री वर्ष का पहला महीना जिसमें हुसेन की मृत्यु हुई थी और जिसमें मुसलमान शोक मनाते हैं। 2. शोक, मातम।
(m.) 1. the first month of the muslim year, a month of mourning. 2. mourning.

मोहल (mohal) सक. 1. भिगोना, अन्न या खाद्य पदार्थ को पानी से भिगोना, मोअल। 2. मोहित करना।
(v.t.) 1. to wet, to soak, to steep. 2. to charm.

मोहलत (mohalat) स्त्री. (अ. मुहलत) 1. अवकाश। 2. रियायत, समय।
(f.) 1. leisure, grace, period. 2. concession.

मोहवरा (mohavarā) पु. (अ. मुहावरः) 1. मुहावरा, वह पद समूह जिसका अर्थ लक्षणा या व्यंजना से सूचित होता हो। 2. अभ्यास। 3. आदत।
(m.) 1. an idiom. 2. practice. 3. habit.

मोहाछ (mohāch) स्त्री. पानी निकलने की जगह।
(f.) the place of water supply.

मोहाड़ (mohāṛ) पु. 1. महत्त्वपूर्ण स्थान। 2. केंद्र।
(m.) 1. important place. 2. centre.

मोहाना (mohānā) पु. 1. अग्रभाग (नदी का)। 2. नदी का किनारा। 3. वह स्थान जहाँ से रास्ता घूमता है।
(m.) 1. mouth of a river. 2. bank of rivers. 3. turn, a bend.

मोहानी (mohānī) स्त्री. मेंड़ का पतला कटा भाग जहाँ से पानी खेत में जाता है।
(f.) a narrow parting in the boundary of plant bed for letting water in.

मोहाल (mohāl) वि. (अ.) 1. असंभव। 2. कठिन।
(adj.) 1. impossible. 2. difficult.

मोहासा (mohāsā) पु. मुँहासा।
(m.) acne.

मोहि, मोही (mohi, mohī) सर्व. मुझे।
(pron.) me, to me.

मोहिया (mohiyā) पु. दे. महिआ।

मौका (maukā) पु. (अ.) 1. अवसर, समय। 2. स्थान, देश।
(m.) 1. an ocassion, proper time. 2. a place, country.

मौजा (maujā) पु. (अ.) 1. जगह। 2. खेत। 3. गाँव।
(m.) 1. a place. 2. a field. 3. a village.

मौजूद (maujūd) वि. (अ.) 1. उपस्थित, हाजिर। 2. प्रस्तुत, तैयार।
(adj.) 1. present. 2. ready.

मौत (maut) स्त्री. (अ.) मृत्यु।
(f.) death.

मौन (maun) पु. (सं.) चुप्पी, शांति।
(m.) silence, quiet.

मौना (maunā) पु. मुंज से बुना हुआ एक बर्तन।
(m.) a pot woven of munj.

मौनी (maunī) पु. चुप रहने का व्रत लेनेवाला व्यक्ति।
(m.) an ascetic who has taken a vow to be silent.

मौर (maur) पु. वर के सिर की अलंकारयुक्त टोपी।
(m.) a high-crowned hat worn by a bridegroom at marriage.

मौरि (mauri) स्त्री. 1. सिर। 2. गर्दन।
(f.) 1. head. 2. neck.

मौरी (maurī) स्त्री. स्त्रियों के सिर का एक शृंगार-प्रसाधन।
(f.) an adornment of woman's head.

मौरूसी (maurūsī) वि. बाप-दादा से विरासत में मिला, पैतृक।
(adj.) hereditary, ancestral, inherited.

मौलवी (maulavī) पु. दे. मोलवी।

मौलेसरी (maulesarī) स्त्री. एक हरा-भरा बड़ा पेड़ और उसका फल। इसके फूल इत्र तैयार करने में प्रयुक्त होते हैं। पर्या. मौलसिरी, बकुल।
(f.) a large evergreen tree, mimusops elengi, and its fruit its flowers are used in making perfumes.

मौसम (mausam) पु. 1. ऋतु। 2. उचित समय।
(m.) 1. season, the weather. 2. appropriate time.

य

य (ya) देवनागरी वर्णमाला का 26वाँ अक्षर, इसका उच्चारण स्थान तालु है।
–the twenty-sixth consonant of the Devanagari syllabary.

यंत्रणा (yaṅtraṇā) स्त्री. (सं.) कष्ट, दर्द, पीड़ा, तकलीफ।
(f.) torment, suffering, torture.

यकीन (yakīn) पु. (अ.) विश्वास, एतबार।
(m.) faith, trust, confidence.

यकीनन (yakīnan) क्रि.वि. (अ.) निश्चित रूप से, अवश्य।
(adv.) surely, certainly.

यति (yati) पु. (सं.) संन्यासी, त्यागी।
(m.) an ascetic.

यतिनी (yatinī) स्त्री. संन्यासी स्त्री।
(f.) female ascetic.

यदि (yadi) यो. (सं.) अगर, जो।
(conj.) if, whether.

यहाँ (yahāṁ) क्रि.वि. (सं.) इस स्थान पर।
(adv.) here, hither.

याचिका (yācikā) स्त्री. (सं.) याचना-पत्र।
(f.) request, petition.

यातायात (yātāyāt) पु. (सं.) आने-जाने की क्रिया या भाव (गाड़ियों का)।
(m.) going and coming, traffic.

याद (yād) स्त्री. (फा.) स्मरण, स्मृति।
(f.) memory, a memory recollection.

यादगार (yādagār) वि. स्मरणीय, जिसे भूला न जा सके।
(adj.) memorable.

यादव (yādav) पु. (सं.) यदु का वंशज, अहीर जाति की उपाधि।
(m.) a discendant of Yadav, title of an ahir community.

यादास्त (yādāst) पु. यादाश्त, याद रखने की क्षमता।
(m.) memory, recalling ability.

यान (yān) पु. (सं.) सवारी, जैसे–आकाशयान, विमान, वायुयान।
(m.) going, going against, e.g airoplane.

यानी (yānī) यो. (अ.) अर्थात्।
(conj.) that is, i.e.

यायावर (yāyāvar) पु. खानाबदोश।
(m.) frequently going, a wanderer.

यार (yār) पु. मित्र, दोस्त, किसी स्त्री का उपपति।
(m.) friend, lover.

यारनी (yāranī) स्त्री. मादा मित्र (लड़की का)।
(f.) female friend (of a girl).

यारी (yārī) स्त्री. (फा.) मित्र होने का भाव।
(f.) friendship, love.

युग (yug) पु. 1. जुआ, जुआठा। 2. अवधि, जैसे–प्रस्तरयुग, लौहयुग।
(m.) 1. a yoke. 2. a period.

येहू (yehū) वि. यह भी।
(adj.) this also.

योग (yog) पु. (सं.) मिलना, संयोग, शुभकाल।

योग (yog) पु. (सं.) मिलना, संयोग, शुभकाल।
(m.) connection, union, combination.

योगी (yogī) पु. (सं.) योग का साधक।
(m.) an asectic.

योजना (yojanā) स्त्री. (सं.) उपाय, साधन की रूपरेखा, प्रोजेक्ट, जैसे–पंचवर्षीय योजना।
(f.) plan, planning, project.

यौन (yaun) वि. (सं.) योनि-संबंधी।
(adj.) sexual.

यौवन (yauvan) पु. (सं.) जवानी।
(m.) youth, young adulthood, young people (of a nation).

र

र (ra) देवनागरी वर्णमाला का सत्ताईसवाँ व्यंजन।
–the twenty seventh consonant of the Devanagari syllabary.

रंक (raṅk) वि. (सं.) दरिद्र, कंजूस।
(adj.) poor, penniless.

रंग (raṅg) पु. 1. वर्ण, रंगत। 2. जवानी, शोभा। 3. प्रभाव, धाक। 4. उत्सव, तरंग। 5. मौज, आनंद, मजा। 6. प्रेम, अनुराग।
(m.) 1. colour, shade of skin or face. 2. youth, beauty. 3. impression, influence, predominance. 4. a frolic, festival activity. 5. a fun, joy, merriment. 6. love affection.

रंगत (raṅgat) स्त्री. 1. रंग, विशेषतः हल्का रंग। 2. मजा, आनंद, हाल।
(f.) 1. colour, tinge. 2. joy, merriment, condition.

रंगबिरंग (raṅgabiraṅg) वि. रंग-बिरंगा।
(adj.) multicolured.

रंगमहल (raṅgamahal) पु. भोग-विलास का स्थान।
(m.) a building for enjoyment.

रंगरली (raṅgaralī) स्त्री. आनंद-क्रीड़ा, आमोद-प्रमोद।
(f.) reverlry.

रंगरेज (raṅgarej) पु. कपड़ा रँगनेवाला।
(m.) a dyer.

रंगरेली (raṅgarelī) स्त्री. दे. रंगरली।

रँगल (raṁgal) सक. रँगना।
(v.t.) to colour, to dye.

रंगरूट (raṅgarūṭ) पु. (अं.) सेना में भर्ती सिपाही।
(m.) a recruit.

रँगवाई (raṁgavāī) स्त्री. रँगने या पेंट करने हेतु मजदूरी।
(f.) price paid for dyeing or painting.

रँगवावल (raṁgavāval) सक. रँगा हुआ, रँगवाना।
(v.t.) to cause to be coloured, dyed.

रँगाई (raṁgāī) स्त्री. रँगने की क्रिया, या मजदूरी।
(f.) colouring, dyeing.

रंगीन (raṅgīn) वि. (फा.) रँगा हुआ, रंगदार, विलास-प्रिय, मजेदार।
(adj.) coloured, jolly, fun-loving.

रंगीनी (raṅgīnī) स्त्री. रंग-बिरंगापन।
(f.) colourfulness.

रँगीला (raṁgīlā) वि. रंगीन, रसिक, सुंदर।
(adj.) bright, showy, gaudy, pleasure-loving.

रंगोली (raṅgolī) स्त्री. रंगों से बनी आकर्षक कलाकृति।
(f.) painted decoration (on a house a wall) pictures made on the ground with coloured powders.

रंच (raṅc) क्रि.वि. थोड़ा।
(adv.) a little, somewhat.

रंज (raṅj) पु. (फा.) दुख, मनमुटाव, शत्रुता।
(m.) grief, sorrow, enmity, raneour.

रंजिस (raṅjis) स्त्री. नाराजगी, वैमनस्य।
(f.) ill feeling, malice.

रंडा (raṅḍā) स्त्री. (सं.) राँड, विधवा।
(f.) a widow, term of abuse.

रंडी (raṅḍī) स्त्री. (सं.) वेश्या, नाचने-गाने वाली स्त्री।
(f.) a prostitute, a local stage dancer.

रंडीखाना (raṅḍīkhānā) पु. वेश्यालय।
(m.) bordello.

रंडीबाज (raṅḍībāj) पु. वेश्यागामी।
(m.) one who wenches with prostitute.

रंडीबाजी (raṅḍībājī) स्त्री. वेश्या के पास जाने की आदत।
(f.) habit of wenching with prostitutes, act of going to prostitutes regularly.

रंडुवा (raṅḍuā) पु. जिसकी पत्नी मर गई हो।
(m.) a widower.

रंडुवा-भड़ुवा (raṅṛuvā-bhaṛuā) पु. निम्न वर्ग के बुरे लोग।
(m.) riff-raff, scum of society.

रंथी (raṅthī) स्त्री. अर्थी।
(f.) a fier.

रंदल (raṅdal) सक. रंदे से लकड़ी की सतह चिकनाना।
(v.t.) to plane (carpentry).

रंदा (raṅdā) पु. (सं.) लकड़ी छीलकर चिकनी और साफ करने का औजार।
(m.) a planer, grater.

रंभा (raṅbhā) स्त्री. (सं.) केला, गौरी, वेश्या, अप्सरा।
(f.) banana (fruit), name of Gauri or Parvati, name of one of a class of female deities (Apsara) of Indra's paradise.

रंभा (raṅbhā) पु. (सं.) लोहे के मोटे छड़ का बना वह औजार जिससे दीवार खोदी जाती है।
(m.) a grubber, a hoe, a crowbar.

रंभाइल (raṅbhāil) अक. गाय की आवाज आना, गाय की बोली या बोलना।
(v.i.) to bellow (as cattle).

रँहट (raṁhaṭ) पु. दे. रहट।

रइनि (raini) स्त्री. (सं.) रजनी, रात।
(f.) night.

रई (raī) स्त्री. मथानी, रही।
(f.) churning-staff, churning-stick.

रईस (raīs) पु. (अ.) धनी, अमीर, बड़ा आदमी।
(m.) a rich, a person of status, wealthy, gentle man.

रईसी (raīsī) स्त्री. अमीरी, रईस होने की अवस्था।
(f.) lordship, wealth status of a rais, the state of being a rich.

रउआँ (rauāṁ) सर्व. आप, तुम के लिए आदरसूचक।
(pron.) hon. 'you'.

रउताइन (rautāin) स्त्री. राउत की पत्नी।
(f.) the wife of Raut.

रउताई (rautāī) स्त्री. दे. रवताई।

रउनक (raunak) पु. चमक-दमक, शोभा।
(m.) brightness, radiance.

रउनल (raunal) सक. रौंदना।
(v.t.) to trample on, to tread out (corn), to ride over (ground).

रउरे (raure) सर्व. आप।
(pron.) hon. you.

रएली (raelī) स्त्री. (अं.) जमघट (शक्ति-प्रदर्शन)।
(f.) rally.

रकटल (rakaṭal) अक. किसी के लिए लालायित होना।
(v.i.) to long for, to hanker after.

रकबा (rakabā) पु. (अ.) क्षेत्रफल।
(m.) area.

रकम (rakam) स्त्री. (अ.) रकम, धन-संपत्ति, धन की राशि, गहना-जेवर, प्रकार, भाँति।
(f.) an ornament, sum, total mark (as of price) valuable, possession, kind, type.

रकसाई (rakasāī) स्त्री. राक्षसपन।
(f.) demonness.

रकाब (rakāb) स्त्री. (अ.) घोड़ों की काठी का पायदान जिससे बैठने में सहारा लेते हैं।
(f.) a pair of stirrups.

रखनी (rakhanī) स्त्री. रखैल।
(f.) kept woman.

रखल (rakhal) सक. (सं.) स्थिर करना, ठहराना, टिकाना, रखना।
(v.t.) to put, to place, to pledge.

रख-रखाव (rakh-rakhāv) पु. पालन-पोषण, भरण-पोषण।
(m.) maintenance, upkeep.

रखनिहार (rakhanihār) पु. दे. रखवार।

रखवावल (rakhavāval) सक. रखवाना।
(v.t.) to cause to place, to maintain.

रखवार (rakhavār) पु. पहरेदार।
(m.) a watchman.

रखवाला (rakhavālā) पु. रक्षा करनेवाला, देखभाल करनेवाला, निगरानी करनेवाला।
(m.) one who saves.

रखवाली (rakhavālī) स्त्री. देख-भाल की क्रिया।
(f.) guarding, watchmanship.

रखावल (rakhāval) सक. दे. रखवावल।

रखेली (rakhelī) स्त्री. उपपत्नी के रूप में रखी हुई स्त्री।
(f.) kept woman, concubine mistress.

रग (rag) स्त्री. नस।
(f.) nerve.

रगड़ (ragaṛ) स्त्री. रगड़ने की क्रिया।
(f.) friction, rub, rubbine.

रगड़ल (ragaṛal) सक. घर्षण करना, घिसना, पीसना।
(v.t.) to rub.
रगड़वावल (ragaṛavāval) सक. रगड़वाना।
(v.t.) to cause to rub.
रगड़ा (ragaṛā) पु. दे. रगड़।
रगर (ragar) पु. दे. रगड़।
रगरल (ragaral) सक. दे. रगड़ल।
रगरा (ragarā) पु. दे. रगड़।
रगराइल (ragarāil) अक. घिसना, घिसा हुआ।
(v.i.) to be rug.
रगेदल (ragedal) सक. खदेड़ना।
(v.t.) to chase away, to shoo away.
रघु (raghu) पु. (सं.) एक सूर्यवंशी राजा।
(m.) a suryavanshi king (Raghu).
रघुकुल (raghukul) पु. (सं.) राजा रघु का वंश। उदा. 'रघुकुल रीति सदा चलि आई, प्राण जाई पर बचन न जाई।' (मानस)।
(m.) the lineage of Raghu, lord of the race of Raghu.
रघुराई (raghurāī) पु. (सं.) रघुराज, श्रीरामचंद्र।
(m.) ShriRamchandra.
रघुराज (raghurāj) पु. (सं.) श्रीरामचंद्र।
(m.) ShriRamchandra.
रघुवंस (raghuvaṅs) पु. (सं.) रघु का वंश।
(m.) the race of Raghu.
रघुवर (raghuvar) पु. (सं.) श्रीरामचंद्र।
(m.) ShriRamchandra.
रङ (raṅ) पु. दे. रंग।
रचना (rachanā) स्त्री. (सं.) 1. कृति। 2. किया गया कार्य। 3. पुस्तक।
(f.) 1. created or formed. 2. a creation. 3. a literary or artistic work.
रचयिता (racayitā) पु. (सं.) रचनाकार, ग्रंथकार, निर्माता।
(m.) creator, maker, composer, author.
रचल (racal) सक. बनाना, लिखना, चित्र उरेहना।
(v.t.) to create, to write, to draw picture.
रचवावल (racavāval) सक. रचाना, रचवाना।
(v.t.) to cause to be made, to cause to create.
रछक (rachak) पु. रक्षक।
(m.) a protector.
रछछिन (rachachin) स्त्री. राक्षसी।
(f.) a demoniac women.
रछा (rachā) पु. रक्षा।
(m.) defence, protection.
रछाबंधन (rachābaṅdhan) पु. भाई-बहन का पर्व।
(m.) the festival held in Savan, sisters tie a Rakhi on the arm of brothers.
रछित (rachit) वि. रक्षित।
(adj.) protected.
रच्छक (racchak) वि. रक्षा करनेवाला, रक्षक।
(adj.) a protector, guardian, defender.
रच्छेया (raccheyā) स्त्री. रक्षा, बचाव, रक्षण।
(f.) protection, preservation, care.
रज (raj) स्त्री. धूल, चाँदी।
(f.) dust, silver.
रजइसी (rajaisī) वि. राजसी, रजोगुणमयी, राजा के योग्य।
(adj.) of king.
रजऊ (rajaū) वि. राजा-सा। (पु.) पति।
(adj.) like king. (m.) husband.
रजक (rajak) पु. धोबी।
(m.) a washerman.
रजकी (rajakī) स्त्री. धोबिन।
(f.) washerman's wife, a washer woman.
रजगद्दी (rajagaddī) स्त्री. राजगद्दी।
(f.) coronation.
रजनी (rajanī) स्त्री. रात्रि।
(f.) night.
रजपूत (rajapūt) पु. राजपूत।
(m.) Rajput.
रजपूती (rajapūtī) स्त्री. राजपूतपन, क्षत्रियत्व, वीरता।
(f.) Rajput rank or status, bravery.
रजबहा (rajabahā) पु. नहर से निकाला हुआ बड़ा चैनल।
(m.) main channel or main branch of a canal.
रजगज (rajagaj) पु. चहल-पहल, धूम-धाम।
(m.) merriment, jinks, jollity.
रजधानी (rajadhānī) स्त्री. राजधानी।
(f.) the capital.
रजनीति (rajanīti) स्त्री. राजनीति।
(f.) politics.
रजला (rajalā) पु. एक प्रकार का मोटा धान।
(m.) a kind of coarse paddy.
रजवाड़ा (rajavāṛā) पु. रियासत, राज्य।
(m.) king's territory, princely state.

रजाई (rajāī) स्त्री. रूई-भरा लिहाफ।
(f.) a quilt, comforter.

रजिस्टर (rajisṭar) पु. (अं.) खाता-बही।
(m.) a register.

रजिस्टरी (rejisṭarī) स्त्री. (अं.) रजिस्टर में दर्ज कराकर भेजने का कार्य, पक्की लिखा-पढ़ीवाला।
(f.) registration (of mail), registration (of a document).

रटंत (raṭaṅt) स्त्री. रटाई, रटने की क्रिया।
(f.) continued repeating.

रट (raṭ) स्त्री. किसी का बार-बार उच्चारण करना।
(f.) repeating, rote-learning.

रटल (raṭal) सक. बार-बार दोहराना, कंठस्थ करना।
(v.t.) to repeat, to learn by heart.

रत (rat) वि. (सं.) अनुरक्त, लीन, लगा हुआ।
(adj.) attracted to, engrossed (in).

रतन (ratan) पु. रत्न, बहुमूल्य धातु।
(m.) jewel, precious stone.

रतनार (ratanār) वि. लाल, ललछहूँ।
(adj.) red, bright, glowing.

रति (rati) स्त्री. (सं.) कामदेव की पत्नी, प्रेम, अनुराग।
(f.) wife of Kamdev, enjoyment, passion, love.

रतौंधिया (ratauṅdhiyā) वि. जिसे रात में दिखाई नहीं देता हो।
(adj.) night blind.

रतौंधी (ratauṅdhī) स्त्री. रात में नहीं दिखना।
(f.) night-blindness.

रतौनी (rataunī) स्त्री. दे. रतौंधी।

रत्ती (rattī) स्त्री. 1. आठ चावल का एक मान। 2. एक प्रकार की लता।
(f.) 1. used as a weight equal to eight rice. 2. the seed of the climbing shrub.

रथ (rath) पु. वाहन, गाड़ी, यान।
(m.) chariot, vehicle, (as of the gods).

रथ-यात्रा (rath-yātrā) स्त्री. रथ का जुलूस, पुरी के जगन्नाथ (वैष्णव मूर्त्ति) के रथ का जुलूस।
(f.) chariot-procession, the procession of a Vaisnava idol on a vehicle (esp. that of Jagannath at Puri).

रथी (rathī) पु. (सं.) रथ हाँकनेवाला, रथ पर से लड़ाई करनेवाला सैनिक।
(m.) charioteer, warrior who fight from a chariot.

रथी (rathī) स्त्री. अरथी।
(f.) a bier.

रथी निकलल (rathī nikalal) अक. शव-यात्रा।
(v.i.) a (Hindu) funeral to take place or to begin.

रदवा-खदवा (radavā-khadavā) पु. बहेड़ुआ, व्यर्थ व्यक्ति।
(m.) a wanderer, a good for nothing person.

रद्द (radd) वि. जो निरस्त कर दिया गया हो, खराब हो गया हो।
(adj.) cancelled, spoiled.

रद्दी (raddī) वि. निकम्मा, बेकार, निष्प्रयोजन।
(adj.) useless, purposeless.

रद्दोबदल (raddobadal) पु. (अ.) परिवर्तन, उलट-फेर।
(m.) change, alteration, a complete change.

रधिका (radhikā) स्त्री. राधा।
(f.) Radha.

रन (ran) पु. लड़ाई, धावन, दौड़ (क्रिकेट)।
(m.) fighting, war, run (cricket).

रनबन (ranaban) पु. घनघोर जंगल।
(m.) a dense forest, wild wood.

रनल (ranal) सक. रदना, रंदे से छीलकर लकड़ी चिकनी करना।
(v.t.) to plane.

रनवास (ranavās) पु. रानियों का आवास।
(m.) queen's quarters (of a place) inner rooms (of a private house).

रनिवास (ranivās) पु. दे. रनवास।

रपट (rapaṭ) स्त्री. (अं.) रिपोर्ट, सूचना।
(f.) report, information, notice.

रपटल (rapaṭal) अक. सरकना, फिसलना, जल्दी-जल्दी चलना।
(v.i.) to slip, to slide, to rush.

रपटीला (rapaṭīlā) वि. फिसलनेवाला स्थान।
(adj.) slippery.

रपेट (rapeṭ) स्त्री. शिकार, पीछा।
(f.) hunting, chasing.

रपेटल (rapeṭal) सक. शिकार करना, पीछा करना।
(v.t.) to hunt, to chase.

रपोट (rapoṭ) (अं) दे. रपट।

रफल (rafal) पु. ऊनी शॉल, रैपर।
(m.) a woolen shawl, wrapper.

रफा (rafā) वि. (अ.) दूर किया हुआ, निवृत्त, शांत।
(adj.) dispelled, shunted away, relieved, calm.

रफा-दफा (rafā-dafā) पु. कठिनाई, संघर्ष, झगड़े की शांति।
(m.) removing, endning (a difficulty, a quarrel, a dispute) settled and finished.

रफू (rafū) पु. फटे-कटे वस्त्र के भाग को धागे की जाली से भरने का काम।
(m.) darning, mending.

रफूगर (rafūgar) पु. रफू करने का व्यवसाय करनेवाला व्यक्ति, रफू बनानेवाला व्यक्ति।
(m.) a darner.

रफू-चक्कर (rafū-cakkar) वि. गायब, चंपत।
(adj.) disappearing suddenly, going suddenly.

रफ्ता-रफ्ता (raftā-raftā) क्रि.वि. धीरे-धीरे, क्रम से।
(adv.) gradually, step by step, quiet, gently.

रफ्तार (raftār) स्त्री. गति, चाल।
(f.) motion, speed, pace, momentum.

रब (rab) पु. (अ.) परमेश्वर, मालिक, परवरदिगार।
(m.) the lord, God.

रबड़ (rabaṛ) पु. एक वृक्ष के रस को पकाकर बनाया जाने-वाला लचीला पदार्थ।
(m.) rubber.

रबड़ी (rabaṛī) स्त्री. खूब उबालकर गाढ़ा किया हुआ चीनी मिश्रित दूध।
(f.) thickened and sweetened milk.

रबरी (rabarī) स्त्री. दे. रबड़ी।

रबिहन (rabihan) स्त्री. वसंत ऋतु की फसल।
(f.) the spring crop.

रबी (rabī) पु. चैती फसल।
(m.) the spring crop or harvest (March-April).

रमइया (ramaiyā) पु. राम।
(m.) Ram (the lord).

रमचेलवा (ramacelavā) पु. छोटा लड़का जो विशेषतः साधुओं की सेवा करता है।
(m.) young boy who serves saints especially.

रमजान (ramajān) पु. मुस्लिम कैलेंडर का नौवाँ महीना जिसमें वे व्रत रखते हैं।
(m.) the ninth month of the Muslim calendar, the fast observed by Muslims during this month.

रमझोल (ramajhol) पु. दे. रमझोला।

रमझोला (ramajholā) पु. घुँघरू, नुपूर।
(m.) an anklet.

रमत (ramat) स्त्री. चक्कर, भ्रमण।
(f.) wandering about, stroll.

रमत-झमत (ramat-jhamat) क्रि.वि. आरामपूर्वक चलना।
(adv.) comfortably walking, gradually moving.

रमता (ramatā) वि. घूमते रहनेवाला (साधु), योगी आदि। (कहा.) 'रमता जोगी बहता पानी'।
(adj.) wandering saints, yogi.

रमन-चमन (raman-caman) यौ./पु. मनोरंजन, मन-बहलाव का साधन।
(comp./m.) entertainment, medium of recre-ation.

रमना (ramanā) पु. वह मैदान जो टहलने और खेलकूद के लिए होता है।
(m.) a park, pasture.

रमल (ramal) अक. टहलना, रम जाना।
(v.i.) to wander, to be engrossed (in).

रमा (ramā) स्त्री. (सं.) लक्ष्मी।
(f.) Goddess of wealth, Lakshami.

रमाकांत (ramākānt) पु. रमा के पति (विष्णु)।
(m.) husband of Rama (Vishnu).

रमायन (ramāyan) पु. रामायण।
(m.) Ramayan.

रमावल (ramāval) सक. मन लगाना, जोड़ना (रास), मोहित करना, अनुरक्त बनाना।
(v.t.) to delight, to take possession of (the heart).

रमेसर (ramesar) पु. (सं.) रामेश्वर।
(m.) Rameshwar.

रमैनी (ramainī) स्त्री. कबीर की एक कृति।
(f.) a creation of Kabir.

रमैया (ramaiyā) पु. दे. रमइया।

रम्मा (rammā) पु. दे. रंभा।

रव (rav) पु. (सं.) ध्वनि, आवाज।
(m.) sound, voice, noise.

रवनि (ravani) स्त्री. रमणी, सुंदरी, स्त्री।
(f.) a lady, woman.

रवन्ना (ravannā) पु. पास, परामेट।
(m.) a pass, permit.

रवा (ravā) पु. छोटा टुकड़ा, कण, दाना।
(m.) a grain (as of sand) a bit, piece, crystal.

रवा (ravā) वि. उचित, वाजिब।
(adj.) adequate, proper.

रवाज (ravāj) पु. (फा.) परिपाटी, प्रथा, चाल, रस्म।
(m.) a custom, a long continued practice.

रवादार (ravādār) वि. दानेदार।
(adj.) granular.

रवादार (ravādār) पु. (फा.) साथी, संगी, शुभचिंतक, संबंधी।
(m.) a companion, a well wisher, relative.

रवानगी (ravānagī) स्त्री. प्रस्थान।
(f.) departure, forwarding.

रवाना (ravānā) वि. भेजा हुआ, जो चल पड़ा हो।
(adj.) departed, sent, dispatched.

रवानी (ravānī) स्त्री. (फा.) बहाव, प्रवाह।
(f.) flow, drift fluency (of speech, reading).

रवि (ravi) पु. (सं.) सूर्य।
(m.) the sun.

रविकुल (ravikul) पु. सूर्यवंश।
(m.) the solar race.

रवितनया (ravitanayā) स्त्री. यमुना नदी।
(f.) Yamuna.

रविवार (ravivār) पु. रविवार।
(m.) sunday.

रवें-रवें (raveṅ-raveṅ) क्रि.वि. धीरे-धीरे।
(adv.) slowly, by and by.

रवैया (ravaiyā) पु. चाल-चलन, तौर-तरीका, रंग-ढंग।
(m.) a way, manners, conduct, behaviour.

रस (ras) पु. (सं.) स्वाद, आनंद, तरल पदार्थ।
(m.) juice, essence, sap, extract, relish.

रसगर (rasagar) वि. रस से भरा हुआ, रसदार।
(adj.) full of sap, juicy.

रसगुल्ला (rasagullā) पु. छेने की रसदार मिठाई।
(m.) a sweet made from cheese.

रसद (rasad) स्त्री. अनाज, खाने का सामान।
(f.) grain, supplies.

रसदार (rasadār) वि. रस से परिपूर्ण।
(adj.) juicy, containing a lot of juice.

रसना (rasanā) स्त्री. जीभ।
(f.) tongue.

रसभरी (rasabharī) स्त्री. एक फल और मिठाई।
(f.) raspberry.

रसम (rasam) स्त्री. प्रथा, चाल-चलन, परंपरा।
(f.) custom, manner, tradition.

रसरी (rasarī) स्त्री. रस्सी।
(f.) a rope.

रसहीन (rasahīn) वि. स्वादहीन।
(adj.) sapless.

रसा (rasā) पु. मीट का सूप, सब्जी का सूप।
(m.) soup of meat, vegetable, juice.

रसातल (rasātal) पु. नरक।
(m.) hell, nether world.

रसाल (rasāl) पु. आम।
(m.) a mango.

रसिआउर (rasiāur) पु. ईख के रस से बनी खीर।
(m.) Khir prepared in sugarcane juice.

रसिक (rasik) वि./पु. काव्य, नाटक आदि से आनंद प्राप्त करनेवाला, खुशदिल व्यक्ति।
(adj./m.) getting pleasure from poetry, Drama etc. a jolly person.

रसिया (rasiyā) पु. रसिक, रस लेनेवाला (लोकगीत)।
(m.) a man of taste, a type of folk song.

रसियाव (rasiyāv) पु. गुड़ या गन्ने के रस में पका चावल।
(m.) cooked rice in sugarcane juice.

रसीद (rasīd) स्त्री. पहुँच, प्राप्ति।
(f.) a receipt.

रसीदी-टिकट (rasīdī-ṭikaṭ) रसीदी-टिकट।
(f.) a revenue stamp.

रसीला (rasīlā) वि. रसयुक्त, रसपूर्ण, स्वादिष्ट।
(adj.) juicy, tasty, spicy.

रसे-रसे (rase-rase) क्रि.वि. धीरे-धीरे। उदा. 'रसे-रसे डोलेला बेनियवा'।
(adv.) slowly, softly.

रसोई (rasoī) स्त्री. पाकशाला, भोजन।
(f.) a kitchen, food.

रसोईघर (rasoīghar) पु. रसोई बनानेवाला घर।
(m.) a kitchen.

रसोईदार (rasoīdār) पु. रसोई बनानेवाला व्यक्ति।
(m.) a cook.

रसोइया (rasoiyā) पु. दे. रसोईदार।

रस्ता (rastā) पु. दे. रास्ता।

रस्सा (rassā) पु. बड़ी और भारी रस्सी।
(m.) a heavy rope.

रस्सी (rassī) स्त्री. रस्सी।
(f.) a rope, cord, string.

रह (rah) पु. राह, रास्ता।
(m.) a road, way.

रहता (rahatā) पु. राह, रास्ता।
(m.) a way, path.

रहन (rahan) पु. रहने का ढंग, व्यवहार।
(m.) way of living, manner of life.

रहन-सहन (rahan-sahan) पु. दे. रहन।

रहजनी (rahajanī) स्त्री. डकैती, बटमारी।
(f.) robbery.

रहट (rahaṭ) पु. रहट।
(m.) a persion wheel (for drawing water).

रहम (raham) पु. दयालुता।
(m.) kindness, pilty, compassion.

रहल (rahal) अक. रहना, ठहरना।
(v.i.) to remain, to stay, to reside, to live.

रहवास (rahavās) पु. आवास, रहनेवाला।
(m.) residence, resident.

रहवासी (rahavāsī) पु. निवासी, रहनेवाला।
(m.) a habitant, a resident.

रहवैया (rahavaiyā) पु. दे. रहवासी।

रहस्य (rahasy) पु. रहस्य, गुप्त बात।
(m.) mystery.

रहीम (rahīm) वि. दयालु, उपकारी।
(adj.) kind, benevolent.

राँझा (rāṁjhā) पु. प्रेमी।
(m.) a lover, sweetheart.

राँड़ (rāṁṛ) स्त्री. विधवा। 'भर बाँह चूड़ी ना त पट दे राँड़'। (लोक.)।
(f.) a widow.

राइता (rāitā) पु. दे. रायता।

राइफल (rāifal) स्त्री. (अं.) राइफल, छोटी बंदूक।
(f.) a rifle.

राई (rāī) स्त्री. सरसों।
(f.) mustard.

राउर (rāur) सर्व. आपका, श्रीमान् का। उदा. 'गे सुमंत तब राउर माँही'।
(pron.) your, yours (respectfully).

राकस (rākas) पु. दैत्य, निशाचर, दुष्ट, राक्षस।
(m.) devil, demon, giant, monster.

राकसिन (rākasin) स्त्री. राक्षस की स्त्री, दुष्ट क्रूर, राक्षसी।
(f.) demoness.

राका (rākā) स्त्री. (सं.) पूर्णिमा की रात, पूर्णिमा, चंद्रमा।
(f.) the night of the full moon.

राकेट (rākeṭ) पु. (अं.) रॉकेट।
(m.) a rocket.

राख (rākh) स्त्री. भस्म, जले पदार्थ का शेष।
(f.) ash, ashes.

राखदान (rākhadān) पु. राख रखने का पात्र।
(m.) a container for ash

राखल (rākhal) सक. रखना, रोकना।
(v.t) to keep, to stop.

राखी (rākhī) स्त्री. रक्षाबंधन की डोरी।
(f.) sacred thread tied by the sister on the wrist of her brother who guarantees life long protection to her.

राग (rāg) पु. विशिष्ट ताल-लय-युक्त ध्वनि।
(m.) musical mode or sequence harmony, melody, a musical note.

रागल (rāgal) सक. गाना, अलापना।
(v.t.) to sing.

राघव (rāghav) पु. (सं.) राम, रघुकुल का व्यक्ति।
(m.) Ram, of the family of Raghu.

राच्ट (rācṭ) पु. (सं.) देश, पूरा जनसमूह, राष्ट्र।
(m.) nation.

राच्टकवि (rācṭakavi) पु. राष्ट्र का कवि, जैसे मैथिली-शरण गुप्त।
(m.) poet of a nation.

राच्टगान (rācṭagān) पु. राष्ट्र का गान, अपने देश का राष्ट्रगान 'जन-गण-मन अधिनायक जय हे'।
(m.) national anthem.

राच्टगीत (rācṭagīt) पु. राष्ट्र का गीत।
(m.) national song.

राच्टध्वज (rācṭadhvaj) पु. राष्ट्र की ध्वजा।
(m.) national flag.

राच्टपति (rācṭapati) पु. आधुनिक प्रजातंत्रीय राष्ट्र का प्रधान शासक।
(m.) a president.

राच्टभाषा (rācṭabhāṣā) स्त्री. राष्ट्र में प्रचलित प्रधान भाषा।
(f.) national language.

राच्टसंघ (rācṭasaṅgh) पु. संसार के प्रमुख राष्ट्रों का संघ।
(m.) United Nations Organisation U.N.O.

राष्ट्रीकृत (rācṭrīkrit) वि. राष्ट्रीयकृत।
(adj.) nationalized.

राछस (rāchas) पु. दे. राकस।

राछसनी (rāchasanī) स्त्री. दे. राकसिन।

राज (rāj) पु. (फा.) 1. रहस्य, भेद। 2. राज्य।
(m.) 1. a secret, mystery. 2. kingdom.

राजगीर (rājagīr) पु. दे. राजमिस्त्री।

राजदार (rājadār) पु. (फा.) रहस्य जाननेवाला व्यक्ति, साथी, संगी।
(m.) one who shares the secret of someone, a companion.

राजदारी (rājadārī) स्त्री. (फा.) रहस्य या भेद जानना, रहस्य प्रकट न होने देना।
(f.) knowledge of the secret of someone, concealement of secret.

राजदूत (rājadūt) पु. राजा का दूत।
(m.) a ambassador.

राजधानी (rājadhānī) स्त्री. शासन केंद्र, शासक के रहने का नगर।
(f.) the seat of a government, capital of state or country.

राजनीति (rājanīti) स्त्री. राजनीति, राज्य-शासन पद्धति।
(f.) politics.

राजनीतिसास्त्र (rājanītisāstr) पु. राजनीति का शास्त्र।
(m.) political science.

राजनेता (rājanetā) पु. राज्य का नेता।
(m.) statesman.

राजपत्रित (rājapatrit) वि. सरकारी गजट में छपा हुआ।
(adj.) gazetted.

राजपथ (rājapath) पु. मुख्य सड़क।
(m.) highway.

राज-पाट (rāj-pāṭ) पु. शासन, राज-सिंहासन।
(m.) empire and its paraphernelia.

राजपुरुस (rājapurus) पु. राजकर्मचारी।
(m.) state official.

राजपूत (rājapūt) पु. राजपुत्र।
(m.) Rajput.

राजभवन (rājabhavan) पु. राजमहल, प्रासाद।
(m.) government house.

राजभासा (rājabhāsā) स्त्री. वह भाषा जो राजकार्यों में प्रयुक्त हो।
(f.) official language of a country.

राजभोग (rājabhog) पु. भोग, राजसी भोग।
(m.) food consecrated to deity.

राजमहल (rājamahal) पु. राजा का भवन।
(m.) royal palace.

राज मारग (rāj mārag) पु. मुख्य सड़क, राजमार्ग।
(m.) a highway.

राजमिस्त्री (rājamistrī) पु. मकान की ईंट जोड़ने व बनानेवाले कारीगर।
(m.) a mason.

राजवंस (rājavaṅs) पु. राजा का वंश।
(m.) royal family.

राज-विवस्था (rāj-vivasthā) स्त्री. राज्य की व्यवस्था।
(f.) polity.

राज-सिंहासन (rāj-siṅhāsan) पु. वह सिंहासन जिस पर राजा बैठता है।
(m.) royal throne.

राजसी (rājasī) वि. राजाओं जैसा, राजा के योग्य।
(adj.) princely, royal.

राजस्थानी (rājasthānī) वि. राजस्थान से संबंधित।
(adj.) of pertaining to Rajasthan.

राजा (rājā) पु. नरेश, स्वामी, शासक।
(m.) a king.

राजी (rājī) वि. रजामंद, सहमत।
(adj.) agreed, agreeable.

राजी-खुसी (rājī-khusī) क्रि.वि. सौहार्द भाव से।
(adv.) happily, amicably.

राजीनामा (rājīnāmā) पु. वादी-प्रतिवादी के मतैक्य से मुकदमा उठाने के लिए दिया गया लेख।
(m.) a agreement, a compromise.

राज्य (rājy) पु. (सं.) शासन।
(m.) rule, state.

राज्यपाल (rājyapāl) पु. प्रांत का सर्वोच्च अधिकारी।
(m.) a governor.

राढ़ (rāṛh) स्त्री. रार, झगड़ा।
(f.) quarrel, dispute.

रात (rāt) स्त्री. रात्रि, रजनी, रात।
(f.) night.

राती (rātī) स्त्री. दे. रात।

रात्रि (rātri) स्त्री. दे. रात।

राधा (rādhā) स्त्री. (सं.) कृष्ण की प्रेमिका।
(f.) Radha.

राधा-माधव (rādhā-mādhav) पु. (सं.) श्रीकृष्ण।
(m.) Srikrishna

राधिका (rādhikā) स्त्री. दे. राधा।

राधेय (rādhey) पु. कर्ण, राधा का पुत्र (कर्ण की माँ का नाम राधा था)।
(m.) name of Karan.

रान (rān) स्त्री. जंघा।
(f.) thigh.

रानी (rānī) स्त्री. राजा की स्त्री, स्वामिनी।
(f.) a queen.

रानी-बिटिया (rānī-biṭiyā) स्त्री. पुत्री को प्यार से बुलाने का शब्द।
(f.) good, obedient daughter.

रानी-काजल (rānī-kājal) पु. एक प्रकार का धान या उसका चावल।
(m.) a kind of paddy or its rice.

राफ-साफ (rāf-sāf) वि. स्पष्टवादी।
(adj.) frank.

राब (rāb) स्त्री. पकाकर गाढ़ा किया हुआ गन्ने का रस।
(f.) molasses, treacle.

राबिस (rābis) स्त्री. ईंट भट्ठे से निकला कण।
(f.) a particle from a brick kiln or from a crusher.

राम (rām) पु. राम, रामायण के नायक।
(m.) Lord Ram, the hero of the Ramayan.

रामकथा (rāmakathā) स्त्री. राम संबंधी कथा।
(f.) story of Ramayan.

राम-कहानी (rām-kahānī) स्त्री. 1. राम की कहानी। 2. आत्म या अपनी कथा-वृतांत।
(f.) 1. the story of Ram. 2. episode, recital of one's life.

रामकृस्न (rām-krisn) पु. राम और कृष्ण। उदा. 'जग में सुंदर बा दू नाम, चाहे कृष्ण कहीं या राम।'
(m.) Ram and Krishna.

रामदाना (rāmadānā) पु. साबूदाना।
(m.) a kind of sago.

रामदूत (rāmadūt) पु. (सं.) हनुमान जी।
(m.) Lord Hanuman.

रामधुन (rāmadhun) स्त्री. (सं.+हिं) भक्तिपूर्वक राम नाम जपने की क्रिया।
(f.) repeating Ram-Ram with devotion.

रामनवमी (rāmnavamī) स्त्री. चैत्र सुदी नवमी जो रामचंद्र की जन्मतिथि है।
(f.) ninth day of bright fortnight of chait, birth-day of God Ram.

रामरज (rāmaraj) स्त्री. एक प्रकार की पीली मिट्टी।
(f.) yellow ochre.

रामनामा (rāmanāmā) वि. राम नाम अंकित वस्त्र।
(adj.) cloth with the name of Ram printed all over.

रामरस (rāmaras) पु. लवण, नमक।
(m.) salt.

राम-राम (rām-rām) पु. अभिवादन, प्रणाम करना, बधाई, शुभकामना।
(m.) greeting, valedictory remark.

रामलीला (rāmalīlā) स्त्री. रामायण का अभिनय।
(f.) dramatic performance of Ramayana.

रामसखा (rāmasakhā) पु. राम का सखा, निषाद, सुग्रीव।
(m.) chum of Ram, Nishad, or Sugreev.

रामायन (rāmāyan) पु. रामायण (महाकाव्य)।
(m.) Ramayan (Epic).

रामायनी (rāmāyanī) पु. रामायण का ज्ञाता, रामायण का विद्वान।
(m.) one well-versed in Ramayan, a scholar of Ramayan.

रामेसर (rāmesar) पु. रामेश्वर, राम द्वारा पूजित शिवलिंग।
(m.) Rameshwar, Shiv-ling worshipped by Ram.

राय (rāy) स्त्री. 1. मत, विश्वास। 2. एक उपनाम।
(f.) 1. one's belief about someone or something, opinion. 2. a surname.

रायता (rāyatā) पु. (सं.) दही और कद्दू आदि से बना नमकीन खाद्य।
(m.) a saltish dish prepared with curd and vegetables.

रायबात (rāyabāt) पु. सलाह-मशवरा।
(m.) discussion.

रार (rār) स्त्री. (सं.) झगड़ा, विवाद।
(f.) quarrel, dispute.

रार-बेसाहल (rār-besāhal) सक. बैर करना।
(v.t.) to make enemies, to quarrel.

राव (rāv) पु. राजा, सरदार।
(m.) king, member of royal family.

रावटी (rāvaṭī) स्त्री. छोटा टेंट।
(f.) a small tent.
रावत (rāvat) पु. छोटा राजा, योद्धा।
(m.) a small king, chieftain, warrior.
रावन (rāvan) पु. लंका का राजा (रामायण)।
(m.) king of Lanka (Ramayan).
रास (rās) पु. धान का ढेर।
(m.) heap of paddy.
रासन (rāsan) पु. (अं.) वह राजकीय प्रबंध जिसमें खाद्य पदार्थ एवं अन्य सामग्रियाँ नियत मात्रा में नियत दर पर जनता को दी जाती हैं।
(m.) ration.
रासि (rāsi) स्त्री. ढेर, मात्रा, तारों के समूह।
(f.) amount, quantity, zodiac sign.
रास (rās) वि. कृष्ण-गोपी संबंधी नृत्य।
(adj.) dances associated with Lord Krishna and Gopi.
रासमंडली (rāsamaṅḍalī) स्त्री. रासधारियों का समाज।
(f.) group of performers.
रासलीला (rāsalīlā) स्त्री. (सं.) कृष्णलीला संबंधी अभिनय।
(f.) dramatic performance related with Krishna.
रासो (rāso) पु. राजा के वीरतापूर्वक युद्धों के विवरण के साथ पद्य में लिखा जीवन-चरित्र।
(m.) poetic life-history of a king.
रास्ता (rāstā) पु. मार्ग, पथ, सड़क।
(m.) path, way, road, avenue.
राह (rāh) स्त्री. रास्ता।
(f.) path, way.
राहखर्च (rāhakharc) पु. मार्गव्यय।
(m.) travelling expenses.
राहगीर (rahagīr) पु. पथिक, बटोही।
(m.) wayfarer.
राहजन (rāhajan) पु. पथिक।
(m.) highwayman.
राहजनी (rāhajanī) स्त्री. सड़क पर डकैती।
(f.) highway robbery.
राहत (rāhat) स्त्री. सुविधा।
(f.) relief.
राह निहारल (rāh nihāral) सक. इंतजार करना।
(v.t.) to wait.
राही (rāhī) पु. (फा.) पथिक, यात्री।
(m.) one who goes on a journey (esp.) by foot, wayfarer.
रिआयत (rīayat) स्त्री. कमी, छूट।
(f.) concession, rebate.
रिआयती (riāyatī) वि. (अ.) छूटवाला, कमी।
(adj.) concessional.
रिआया (riāyā) स्त्री. (अ.) प्रजा।
(f.) people, subjects.
रिकसा (rikasā) पु. (जा.) रिक्शा।
(m.) rickshaw.
रिकार्ड (rikārḍ) पु. (अं.) अभिलेख, रिकार्ड।
(m.) record.
रिगावल (rigāval) सक. चिढ़ाना।
(v.t.) to vex, to irritate.
रिगिर (rigir) पु. जिद, हठ।
(m.) insistence, obstinacy.
रिटायर (riṭāyar) वि. (अं.) अवकाश प्राप्त, सेवानिवृत्त।
(adj.) retired.
रिपोट (ripoṭ) स्त्री. (अं.) सूचना, आख्या, विवरण।
(f.) a report.
रिपोटर (ripoṭar) पु. (अं.) संवाददाता।
(m.) a reporter.
रिमझिम (rimajhim) स्त्री. फुहार, हल्की वर्षा।
(f.) light drizzle.
रियाज (riyāj) पु. (फा.) रियाज, परिश्रम, अभ्यास।
(m.) exercise, exertion.
रियासत (riyāsat) स्त्री. (अ.) राज्य, अमलदारी।
(f.) estate, state.
रिरियाइल (ririyāil) अक. रिरियाना।
(v.i.) to whimper, to entreat.
रिवाज (rivāj) पु. (अ.) रस्म, प्रथा।
(m.) custom, vogue, practice.
रिवाल्वर (rivālvar) पु. (अं) रिवाल्वर, तमंचा।
(m.) revolver.
रिसवत (risavat) स्त्री. घूस, उत्कोच।
(f.) bribe.
रिसवतखोरी (risavatakhorī) स्त्री. घूसखोरी।
(f.) bribery.
रिस्ता (ristā) पु. संबंध, नाता लगाव।
(m.) relation, relationship.

रिस्तेदार (ristedār) पु. (फा.) संबंधी, परिजन, नतइत।
(m.) relative, kinsman.

रिस (ris) पु. (सं.) क्रोध, गुस्सा।
(m.) anger, wrath.

रिसियाइल (risiāil) अक. रूठ जाना।
(v.i.) to get angry.

रिहा (rihā) वि. मुक्त, बंधनमुक्त।
(adj.) released, acquitted freed.

रिहाइस (rihāis) स्त्री. (फा.) रहने की क्रिया या भाव।
(f.) residence, abode.

रिहाई (rihāī) स्त्री. (फा.) छुटकारा, मुक्ति।
(f.) release, acquittal.

रीछ (rīch) पु. (सं.) भालू।
(m.) a bear.

रीझल (rījhal) अक. (सं.) रीझना।
(v.i.) to be charmed, to be allured.

रीठा (rīṭhā) पु. (सं.) जंगली वृक्ष का फल जो कपड़े धोने के काम में आता है।
(m.) a soap-nut.

रीढ़ (rīṛh) स्त्री. (सं.) मेरुदंड।
(f.) backbone, spine.

रीति-रिवाज (rīti-rivāj) पु. काम करने का ढंग, परिपाटी, प्रणाली।
(m.) custom and manners, mores.

रीन्हल (rīnhal) सक. भोजन पकाना।
(v.t.) to cook food.

रुंड (ruṅḍ) पु. (सं.) धड़, कबंध।
(m.) headless body, trunk.

रुँधल (ruṁdhal) अक. (सं.) रुद्ध, मार्ग रुकना, घिरना, घेरा जाना।
(v.i.) to be choked.

रुआब (ruāb) पु. दबदबा, धाक, रोब।
(m.) overpowering influence, awe.

रुई (ruī) स्त्री. कपास का फूल जिससे सूत बनता है।
(f.) cotton.

रुकल (rukal) अक. रुकना, ठहर जाना।
(v.i.) to stay, to stop.

रुकावटी (rukāvaṭī) वि. रुकावट संबंधी।
(adj.) pertaining to hurdle.

रुक्का (rukkā) पु. (अ.) पत्र, चिट्ठी।
(m.) a chit, note, document.

रुख (rukh) पु. वृक्ष।
(m.) a tree.

रुख (rukh) पु. (फा.) मुँह, आकृति, चेष्टा, आकृति से प्रकट होनेवाली इच्छा।
(m.) face, trend, attitude, frontage.

रुखर (rukhar) वि. रूखा, खुरदुरा।
(adj.) hard, not smooth, rough.

रुखाई (rukhāī) स्त्री. रूखा होने का भाव।
(f.) bluntness.

रुखानी (rukhānī) स्त्री. बढ़ई का औजार।
(f.) a chisel, drill.

रुचल (rucal) सक. रुचना।
(v.t.) to relish, to derice interest, to like.

रुचि (ruci) स्त्री. चाह, प्रेम, मन लगाने की स्थिति।
(f.) interest, taste, liking.

रुचिगर (rucigar) वि. रुचि उत्पन्न करनेवाला, सुरुचि-पूर्ण।
(adj.) relishing , enteresting.

रुचिर (rucir) वि. (सं.) सुंदर, मीठा।
(adj.) sweet, pleasing, winning.

रुझान (rujhān) पु. (अ.) प्रवृत्ति।
(m.) bent, inclination.

रुतबा (rutabā) पु. (अ.) पद, ओहदा।
(m.) status.

रुधिर (rudhir) पु. (सं.) रक्त, लहू, खून।
(m.) blood.

रुनझुन (runajhun) स्त्री. झनकार, प्रेमिका, पत्नी। उदा. 'रुनझुन, खोलना हो केवड़िया, हम बिदेसवा जइबे ना।'
(f.) tinkle, tinkling, beloved, wife.

रुपया (rupayā) पु. सिक्का जो सोलह आने या 100 पैसे का होता है।
(m.) rupee, money.

रुपया-पइसा (rupayā-paisā) पु. दौलत, धन, संपत्ति।
(m.) money, wealth.

रुपल्ली (rupallī) पु. रुपया।
(m.) rupee.

रुपहला (rupahalā) वि. चाँदी के रंग का, चाँदी का-सा।
(adj.) silvery.

रुलाई (rulāī) स्त्री. रोना, रोने की क्रिया या भाव।
(f.) weeping, wailing.

रुलावल (rulāval) सक. रुलाना।
(v.t.) to cause to weep.

रूखा (rūkhā) वि. जो चिकना न हो, रूखा।
(adj.) rough, not smooth.

रूखाई (rūkhāī) पु. खुरदरा, शीलरहित, रूखापन।
(m.) roughness, dryness, (of person) bluntness.

रूखी (rūkhī) स्त्री. गिलहरी।
(f.) a squirrel.

रूठल (rūṭhal) अक. रूठना, अप्रसन्न होकर उदासीन रहना।
(v.i.) to be displayed, annoyance.

रूढ़ (rūṛh) वि. (सं.) चलता हुआ, प्रचलित, देशज।
(adj.) conventional, traditional.

रूढ़ि (rūṛhi) स्त्री. बहुत दिनों से चली आ रही प्रथा, चाल।
(f.) traditional, usage, convention.

रूढ़िवादी (rūṛhivādī) वि. रूढ़ियों का पालन करनेवाला।
(adj.) conservative, conventionalist.

रूप (rūp) पु. (सं.) शक्ल, सूरत, सौंदर्य, खूबसूरती।
(m.) beauty, charm, shape, form.

रूप-यौवन (rūp-yauvan) पु. रूप और यौवन, जवानी।
(m.) beauty and youth.

रूप-रेखा (rūp-rekhā) स्त्री. आकार-प्रकार का परिचायक, रूप-रेखा।
(f.) outline, design, synopsis.

रूपवंत (rūpavaṁt) वि. रूपवान।
(adj.) beautiful, handsome, charming.

रूपवान (rūpavān) वि. सुंदर, खूबसूरत।
(adj.) pretty, handsome.

रूप-सज्जा (rūp-sajjā) स्त्री. साज-सज्जा, सौंदर्यीकरण।
(f.) make-up, beautification.

रूपसी (rūpasī) वि. (सं.) सुंदरी, सुंदर स्त्री।
(adj.) beautiful (woman).

रूपा (rūpā) पु. चाँदी।
(m.) silver.

रूबरू (rūbarū) क्रि.वि. आमने-सामने, सम्मुख।
(adv.) in the presence of, in front of, face to face.

रूमाल (rūmāl) पु. कपड़े का चौकोर टुकड़ा हाथ-मुँह पोंछने के लिए।
(m.) a handkerchief, scarf.

रूमाली (rūmālī) स्त्री. कमर के नीचे गुप्तेंद्रियों को ढकने-वाला छोटा वस्त्र।
(f.) a small piece of cloth to cover private parts.

रूल (rūl) पु. (अं.) नियम।
(m.) rule, regulation.

रूलदार (rūladār) वि. लाइन खींची हुई।
(adj.) ruled.

रूसल (rūsal) अक. रूठना।
(v.i.) to sulk.

रूसी (rūsī) वि. रूस का।
(adj.) Russian.

रूह (rūh) स्त्री. (अ.) आत्मा, जीव।
(f.) soul, inner being.

रूहानी (rūhānī) वि. आत्मा का, पवित्र, पावन।
(adj.) of spirit, spiritual, holy, sacred.

रेंकल (reṅkal) अक. गदहे का रेंगना।
(v.i.) to bray.

रेंगल (reṅgal) अक. धीरे-धीरे जमीन से सटकर चलना, रेंगना।
(v.i.) to creep, to crawl.

रेंड़ (reṅṛ) पु. (सं.) एक पौधा जिसके बीज से तेल निकलता है।
(m.) a castor plant.

रेंड़ल (reṅṛal) अक. धान के पौधों का बाल निकलने की स्थिति में होना।
(v.i.) to be in the stage when corns emerge out of paddy crop.

रेंड़ा (reṅṛā) पु. एक तरह का गेहूँ जिसका दाना छोटा होता है।
(m.) a small grained wheat.

रेंकवँच (reṅkavaṁc) पु. कंदे के पत्ते में मसाला डालकर तली हुई सब्जी।
(m.) shallow-fried dish made form kanda leaves.

रेख (rekh) स्त्री. लकीर, रेखा।
(f.) a line, mark.

रेखा (rekhā) स्त्री. लकीर, पंक्ति।
(f.) a line, mark.

रेगनी (reganī) स्त्री. कपड़ा फैलाने की रस्सी या डंडा।
(f.) a clothesline.

रेगिस्तान (registān) पु. मरुस्थल।
(m.) a desert.

रेघारी (reghārī) स्त्री. रेखा।
(f.) a line.

रेघावल (reghāval) सक. लय से गाना।
(v.t.) to sing tunefully, melodiously.

रेचक (recak) वि. दस्तावर।
(adj.) purgative.
रेजकी (rejakī) स्त्री. दे. रेजगारी।
रेजगारी (rejagārī) स्त्री. छोटे सिक्के।
(f.) money in small units.
रेजगी (rejagī) स्त्री. दे. रेजगारी।
रेजा (rejā) पु. बहुत छोटा टुकड़ा।
(m.) very small piece.
रेट (reṭ) पु. (अं.) मूल्य।
(m.) rate, price.
रेडियो (radiyo) पु. (अं.) आकाशवाणी।
(m.) radio.
रेत (ret) पु. (सं.) बालू।
(m.) sand.
रेतल (retal) अक. रेती से रगड़कर काटना या कम करना।
(v.i.) to file, to rasp.
रेता (retā) पु. दे. रेत।
रेतीला (retīlā) वि. बालूवाला, जहाँ रेत हो।
(adj.) sandy.
रेल (rel) स्त्री. (अं.) रेलपथ, पटरी।
(f.) a track for trains.
रेलगाड़ी (relagāṛī) स्त्री. लोहे की पटरियों पर चलनेवाली गाड़ी।
(f.) train.
रेलवे (relave) स्त्री. (अं.) रेल का विभाग, रेल-संघटन, रेल-तंत्र।
(f.) Railway.
रेलवे लाइन (relave lāin) स्त्री. (अं.) रेलवे लाइन, रेलपथ।
(f.) railway line.
रेला (relā) पु. पानी का तेज बहाव, जनसमूह का धावा।
(m.) rush.
रेलिंग (reliṅg) स्त्री. (अं.) गिरने से रोकने हेतु बनाई गई इमारती बनावट।
(f.) railing.
रेवड़ी (revaṛī) स्त्री. छोटी टिकियों के रूप में तिल और चरनी की बनी मिठाई।
(f.) a hard crisp sweet.
रेसम (resam) पु. सिल्क।
(m.) silk.
रेसमी (resamī) वि. सिल्की।
(adj.) silken.
रेसा (resā) पु. रेशा, तंतु।
(m.) fibre.
रेसेदार (resedār) वि. रेशे से युक्त।
(adj.) fibrous.
रेह (reh) स्त्री. सफेद मिट्टी जो सफाई के काम आती है।
(f.) whitish alkali soil for cleansing purpose.
रेहन (rehan) पु. बंधक, गिरवी।
(m.) a mortgage.
रैगिंग (raigiṅg) स्त्री. (अं.) भद्दा हँसी-मजाक।
(f.) playing rough tricks on some one, ragging.
रैन (rain) स्त्री. (सं.) रात्रि, रात।
(f.) night.
रैन-बसेरा (rain-baserā) पु. रात्रि में शरण लेने का स्थान।
(m.) a place for taking shelter at night.
रैपर (raipar) पु. ऊनी चादर।
(m.) woolen wrapper.
रैयत (raiyat) स्त्री. प्रजा, रिआया।
(f.) public, subjects.
रोआँ (roāṁ) पु. (सं.) रोम, शरीर पर बहुत छोटे-पतले बाल।
(m.) small and soft hair on the body.
रोईं (roīṅ) स्त्री. दे. रोआँ।
रोएँदार (roeṁdār) वि. (हिं.+फा.) जिसके शरीर पर बहुत अधिक रोएँ हों।
(adj.) hairy.
रोअल (roal) अक. आँसू बहाना, रोना।
(v.i.) to shed tears, to weep.
रोअल-कलपल (roal-kalapal) अक. रोना-कलपना।
(v.i.) to grieve over.
रोअल-धोअल (roal-dhoal) अक. दे. रोअल-कलपल।
रोअल-पीटल (roal-pīṭal) अक. रोना-चिल्लाना।
(v.i.) to cry and wail loudly.
रोक (rok) स्त्री. निषेध, नियंत्रण।
(f.) restriction, ban, prohibition.
रोक-टोक (rok-ṭok) स्त्री. मनाही, निषेध।
(f.) too much of restriction.
रोकड़ (rokaṛ) स्त्री. (सं.) नगद रुपया-पैसा।
(f.) cash in hand.
रोकड़-बही (rokaṛ-bahī) स्त्री. कैश-बुक।
(f.) cash-book.
रोकड़िया (rokaṛiyā) पु. खजांची।
(m.) a cashier.

रोकथाम (rokathām) स्त्री. रोकने की व्यवस्था।
(f.) prevention, check.
रोकल (rokal) सक. रोकना।
(v.t.) to stop, to prevent, to check.
रोकावट (rokāvaṭ) स्त्री. अवरोध, रुकावट।
(f.) hindrance, barrier, hampered.
रोग (rog) पु. बीमारी, अस्वस्थता।
(m.) disease, sickness, illness, malady.
रोगनासक (roganāsak) वि. रोगनाशक।
(adj.) preventive, prophylactic.
रोगसय्या (rogasayyā) स्त्री. रोगी के शयन हेतु बेड।
(f.) sick-bed.
रोगिनी (roginī) स्त्री. रुग्ण औरत।
(f.) female patient.
रोगियाह (rogiyāh) वि. रोगी, बीमार रहनेवाला।
(adj.) ailing.
रोगी (rogī) वि. अस्वस्थ, बीमार।
(adj.) patient, sick.
रोगी-कछ (rogī-kacha) पु. रोगी का वार्ड।
(m.) a patient's ward.
रोचक (rocak) वि. (सं.) अच्छा लगनेवाला, मनोरंजक।
(adj.) interesting, pleasant sweet, amusing.
रोज (roj) पु. प्रतिदिन।
(m.) every day, daily.
रोजहा (rojahā) पु. दैनिक, मजदूरी।
(m.) daily wager.
रोजगार (rojagār) पु. व्यापार, व्यवसाय, कारोबार।
(m.) business, occupation, profession.
रोजगारी (rojagārī) पु. व्यापारी।
(m.) businessman.
रोजनामचा (rojanāmacā) पु. दैनिकी।
(m.) a diary, journal.
रोजा (rojā) पु. व्रत, उपवास।
(m.) fast.
रोजाखोर (rojākhor) पु. जो रोजा से दूरी रखता हो।
(m.) one who avoids a Roza.
रोजादार (rojādār) पु. जो नियम से रोजा रखता हो।
(m.) one who performs a Roza.
रोजाना (rojānā) क्रि.वि. प्रतिदिन, हर रोज।
(adv.) daily.
रोजीना (rojīnā) पु. (फा.) प्रतिदिन की मजदूरी।
(m.) daily wager.
रोजी-रोटी (rojī-roṭī) स्त्री. जीविका का साधन।
(f.) means of livelihood.
रोट (roṭ) पु. मोटी रोटी जो देवताओं को चढ़ती है।
(m.) thick chapati-it is offered to deities.
रोटी (roṭī) स्त्री. चपाती, रोटी।
(f.) loaf (of bread).
रोड़ा (roṛā) पु. ईंट या पत्थर का बड़ा टुकड़ा, ढेला, अवरोध।
(m.) piece of stone, brick, hindrance.
रोड़ी (roṛī) स्त्री. छोटी टुकड़ी।
(f.) a small pebble.
रोप (rop) पु. रोपा गया धान का पौधा।
(m.) transplanted paddy sapling.
रोपल (ropal) सक. रोपना।
(v.t.) to plant, to implant.
रोपनी (ropanī) स्त्री. दे. रोपाई।
रोपाई (ropāī) स्त्री. पौधे आदि को जमाना, लगाना, स्थापित करना।
(f.) process of planting.
रोब (rob) पु. दे. रुआब।
रोबीला (robīlā) वि. रोबवाला।
(adj.) awe-inspiring.
रोम (rom) पु. दे. रोआँ।
रोमांचक (romāṅcak) वि. (सं.) रोमांच उत्पन्न करनेवाला।
(adj.) causing excitement, thrilling.
रोमांचकारी (romāṅcakārī) वि. दे. रोमांचक।
रोमांस (romāṅs) पु. प्रेम-कथा, प्रेमाख्यान, प्रेम-लीला, स्वच्छंद प्रेम।
(m.) romance, love play.
रोमानी (romānī) वि. प्रेम संबंधी, रूमानी।
(adj.) romantic.
रोरी (rorī) स्त्री. शुभ अवसरों पर प्रयुक्त हल्दी, रोली, चूने का मिश्रण।
(f.) a mixture of lime and turmeric powder used for auspicious purposes.
रोवल-पीटल (roval-pīṭal) अक. दे. रोअल-पीटल।
रोस (ros) पु. रोष।
(m.) anger.
रोसन (rosan) वि. जलता हुआ, प्रदीप्त।
(adj.) lit up, light, bright, shining.
रोसनदान (rosanadān) पु. झरोखा।
(m.) a ventilator.

रोसन दिमाग (rosan dimāg) वि. बुद्धिमान।
(adj.) intelligent.

रोसनाई (rosanāī) स्त्री. स्याही।
(f.) ink.

रोसनी (rosanī) स्त्री. (फा.) उजाला, प्रकाश।
(f.) light.

रोसियाइल (rosiyāil) अक. रुष्ट होना।
(v.i.) to be indignant.

रोहू (rohū) पु. एक प्रकार की मछली।
(m.) a kind of fish.

रौ (rau) पु. गति, चाल, तेजी।
(m.) flow, impulsive, mood.

रौनकदार (raunakadār) वि. चमक-दमक से पूर्ण, शोभायुक्त।
(adj.) charming, full of hustle and bustle.

रौरे (raure) सर्व. आपका।
(pron.) your (respectfully).

ल

ल (la) देवनागरी वर्णमाला का अट्ठाईसवाँ वर्ण जिसका उच्चारण स्थान दंत है।
–the twenty-eighth consonant of the Devanagari syllabary.

लंक (laṅk) स्त्री. (सं.) कमर, कटि।
(f.) the waist, lower back.

लंका (laṅkā) पु. लंका द्वीप, एक देश।
(m.) the region of Lanka, Sri lanka.

लंकपति (laṅkapati) पु. (सं. लंका+पति) लंका का राजा, रावण।
(m.) lord of lanka, Ravana.

लंकलाट (laṅkalāṭ) पु. (अं. लांगक्लाथ) सूती कपड़ा।
(m.) cotton cloth.

लंका (laṅkā) स्त्री. (सं.) भारत के दक्षिण में बसा हुआ एक टापू, रावण के राज्य की राजधानी, सीलोन।
(f.) an island situated in the south of India, the capital of Ravan's kingdom, ceylon.

लंकाई (laṅkāī) वि. लंका का।
(adj.) singhalese.

लंकिलाट (laṅkilāṭ) पु. दे. लंकलाट।

लंग (laṅg) वि. लँगड़ा। पु. लँगड़ापन।
(adj.) lame. (m.) lameness.

लंगटई (laṅgaṭaī) स्त्री. बदमाशी, लंपटता।
(f.) miscreancy, rascality.

लंगटिन (laṅgaṭin) वि. नीच, बदमाश, कुलटा, छिनाल।
(adj.) bitch, coquette, flirt.

लँगटा (laṅgaṭa) वि. नंगा।
(adj.) rascal.

लंगड़ (laṅgaṛ) वि. दे. लँगड़ा।

लंगड़-लूल (laṅgaṛ-lūl) वि. अपंग।
(adj.) crippled, maimed.

लँगड़ा (laṁgaṛā) वि. जिसका पैर टूट गया हो, लँगड़ाकर चलनेवाला। (पु.) एक स्वादिष्ट आम।
(adj.) lame, crippled. (m.) a variety of sweet mango.

लँगड़ाई (laṁgaṛāī) स्त्री. लँगड़ाहट।
(f.) lameness, limping.

लँगड़ाइल (laṁgaṛāil) अक. लॅगड़ाकर चलना।
(v.i.) to limp.

लँगड़ाहट (laṁgaṛahaṭ) स्त्री. दे. लँगड़ाई।

लंगर (laṅgar) पु. (फा.) 1. लोहे का बड़ा काँटा जिससे नाव या जहाज को स्थिर रखा जाता है। कोई लटकनेवाली चीज, बड़ा रस्सा या लोहे की जंजीर। 2. वह स्थान जहाँ गरीबों को भोजन मिलता है, वह भोजन जो भक्तों, आगंतुकों को एक पंगत में बैठाकर वितरित होता है।
(m.) 1. an anchor, any heavy thing swinging like a pendulum, heavy rope or chain. 2. alms house, food distributed to the needy.

लँगराई (laṁgarāī) स्त्री. पाजीपन, शरारत, दुष्टता।
(f.) naughtiness, tricks, burdensome.

लँगी (laṁgī) वि. दे. लँगड़ा।

लंगी (laṅgī) स्त्री. पैरों के दाँव से किसी को गिराने की क्रिया।
(f.) act of falling by obstructing ones leg.

लंगूर (laṅgūr) पु. बड़ा बंदर जिसकी पूँछ लंबी और जिसका मुँह काला होता है।
(m.) the long tailed, black faced big monkey.

लँगोट (laṁgoṭ) पु. कमर पर बाँधने का पहनावा जिससे लिंग और चूतड़ ढके रहते हैं।
(m.) a loin-cloth.
लँगोटा (laṁgoṭā) पु. दे. लँगोट।
लँगोटिया (laṁgoṭiyā) वि. लँगोट से संबंधित।
(adj.) having to do with the loin cloth.
लँगोटिया यार (laṁgoṭiyā-yār) पु. बचपन का आत्मीय मित्र।
(m.) a childhood friend, close friend.
लँगोटी (laṁgoṭī) स्त्री. दे. लँगोट।
लंघासन (laṅghāsan) पु. नग्न, नंगा।
(m.) naked.
लंच (laṅc) पु. (अं.) दोपहर का भोजन। 'लंच बहुत टंच करी काम कहाँ सँपरी।' (लो.)।
(m.) lunch.
लंठ (laṅṭh) वि. उजड्ड, मूर्ख।
(adj.) stupid, boorish.
लंठई (laṅṭhaī) स्त्री. मूर्खता, उजड्डपना।
(f.) boorishness.
लंड (laṅḍ) पु. पुरुषेंद्रिय, लिंग।
(m.) penis.
लँड़-चोन्हर (laṁṛ-conhar) वि. बेवकूफ, महामूर्ख।
(adj.) the great fool, stupid.
लँड़बक (laṁṛabak) वि. मूर्ख।
(adj.) foolish.
लंतरानी (laṅtarānī) स्त्री. (अ.) शेखी, डींग, बहुत बढ़-चढ़ कर की जानेवाली बातें।
(f.) an empty boast, bragging, boasting.
लंद-फंद (laṅd-faṅd) पु. धोखा।
(m.) deceit.
लंप (laṅp) पु. (अं.) लैंप, बत्ती।
(m.) a lamp.
लंपट (laṅpaṭ) वि./पु. व्यभिचारी, बदचलन, कामुक, बदचलन व्यक्ति, विषयी।
(adj./m.) licentious, depraved, a licentious person.
लंपटई (laṅpaṭaī) स्त्री. लंपटता।
(f.) licentiousness, bustfulness.
लंफ (laṅf) पु. (अं.) दीये की लौ।
(m.) flame of lamp or candle.
लंब-तड़ंग (laṅb-taṛaṅg) वि. खूब लंबा।
(adj.) unusually tall.
लंबर (laṅbar) पु. (अं.) नंबर, अंक।
(m.) number, mark (in examination).
लंबरदार (laṅbaradār) पु. (अं.) नंबरदार।
(m.) village headman, responsible for the government revenue.
लंबरवार (laṅbaravār) क्रि.वि. (अं.) क्रम से, नंबर से, नंबरवार।
(adv.) in order, by turns.
लंबा (laṅbā) वि. लंबा।
(adj.) long, tall, large.
लंबाई (laṅbāī) स्त्री. लंबापन।
(f.) length.
लंबान (laṅbān) स्त्री. दे. लंबाई।
लंबू (laṅbū) वि./पु. दुबला-पतला, बड़े लंबे आकार का।
(adj./m.) thin and bony, gaunt.
लंबोतरा (laṅbotarā) वि. दीर्घाकार।
(adj.) longish, somewhat, long.
लंबोदर (laṅbodar) वि. लंबा मोटा उदरवाला। (पु.) गणेश।
(adj.) fat-bellied. (m.) Ganesh.
लइका (laikā) पु. छोटा बच्चा, लड़का।
(m.) baby boy.
लइकाई (laikāī) पु. लड़कपन।
(m.) boyhood, childhood.
लइका-फइका (laikā-faikā) पु. संतान।
(m.) descendant.
लइकी (laikī) स्त्री. बच्ची, पुत्री, लड़की।
(f.) girl child, daughter.
लइसेंस (laiseṅs) पु. (अं.) लाइसेंस, वैधता-पत्र।
(m.) licence.
लउकल (laukal) अक. नजर आना, दिखाई पड़ना।
(v.i.) to be seen, to be visible.
लउका (laukā) पु. कद्दू।
(m.) a pumpkin, gourd.
लउकी (laukī) स्त्री. छोटा कद्दू।
(f.) a pumpkin.
लउर (laur) स्त्री. (सं.) लाठी। (लो.) 'लउर त मरदे के पहचान ह।'
(f.) stick higher than one's head.
लउरियार (lauriyār) पु. लाठी भाँजने का खेल।
(m.) a play of stick.
लउँड़ी (lauṁṛī) स्त्री. परिचारिका, सेविका, दासी।
(f.) a maid, servant, slave girl.

लकठा (lakaṭhā) पु. बाँस का टुकड़ा (जमीन नपाई के लिए)।
(m.) a piece of bamboo.
लकठो (lakaṭho) पु. गुड़ और मैदा की मिठाई।
(m.) a sweet made of jaggery and flour.
लकड़ (lakaṛ) पु. लकड़ी।
(m.) wood.
लकड़पेंचा (lakaṛapeṅcā) पु. तरकीब, उपाय।
(m.) method, clue.
लकड़बग्घा (lakaṛabagghā) पु. लकड़बग्घा।
(m.) hyena.
लकड़हारा (lakaṛahārā) पु. लकड़ी काटने और बेचनेवाला व्यक्ति।
(m.) a wood cutter and seller.
लकड़ा (lakaṛā) पु. लकड़ी का बड़ा टुकड़ा। (कहा.) 'असी मन के लकड़ा ओपर बइठे मकड़ा'।
(m.) a larg wood. a log, a beam.
लकड़ी (lakaṛī) स्त्री. लकड़ी।
(f.) a stick, staff, wood.
लकदक (lakadak) स्त्री. झलक, चमक।
(f.) gleaming.
लकम (lakam) पु. आदत।
(m.) habit.
लकलक (lakalak) पु. लंबी गरदनवाला पक्षी।
(m.) stork, a long necked bird.
लकलक (lakalak) वि. अत्यधिक पतला शरीर।
(adj.) very thin body.
लकवा (lakavā) पु. (अ.) पक्षाघात, फालिज।
(m.) paralysis, a strok.
लकसी (lakasī) स्त्री. फल तोड़ने का बाँस।
(f.) a bamboo for plucking the fruit.
लकीर (lakīr) स्त्री. पंक्ति, रेखा।
(f.) a line, a groove.
लकीरल (lakīral) सक. लकीर खींच देना, निशान बना देना।
(v.t.) to mark with a line, to mark off, to outline.
लकुटी (lakuṭī) स्त्री. छड़ी।
(f.) a stick.
लकुराध (lakurādh) पु. अपराध, अभियोग।
(m.) crime, blame.
लकूड़ (lakūṛ) पु. लंगूर।
(m.) an ape.
लक्खी (lakkhī) वि. लाख रुपयोंवाले, अति धनाढ्य।
(adj.) very wealthy, possessing a lakh (of rupees).
लक्खी (lakkhī) स्त्री. लक्ष्मी।
(f.) the goddess Lakshmi.
लख (lakh) वि. लाख, लाख का संक्षिप्त रूप।
(adj.) a lakh, the abridged form of Lakh.
लखन (lakhan) पु. लक्ष्मण, राम के छोटे भाई।
(m.) Laksman, younger brother of Ram.
लखपती (lakhapatī) पु. लाख रुपए की संपत्ति का स्वामी।
(m.) a millionaire.
लखराँव (lakharāṁv) पु. एक लाख आम के पेड़ों का बगीचा।
(m.) a garden of one lac mango trees.
लखल (lakhal) सक. देखना, समझना, पहचानना, ताड़ना।
(v.t.) to see, to look at, to understand, to judge.
लखाई (lakhāī) स्त्री. पहचानना, ताड़ लिया जाना।
(f.) appearing, appearance.
लखार (lakhār) वि. जो स्पष्ट नजर आता है।
(adj.) which is seen clear.
लखावल (lakhāval) सक. बता देना, पहचान करा देना।
(v.t.) to make recognize, to tell.
लखेदल (lakhedal) सक. खदेड़ना, पीछा करना।
(v.t.) to make run away, to pursue.
लखैरा (lakhairā) वि. लंपट, फालतू, आवारा, निखट्टू।
(adj.) a rogue, depraved, vagarious, layabout.
लग (lag) क्रि.वि. निकट, पास, आस-पास तक, पर्यंत।
(adv.) near, along with nearby, almost.
लगठा (lagaṭhā) पु. बाँस की लग्गी।
(m.) a pole of bamboo.
लगन (lagan) स्त्री. किसी काम या व्यक्ति की ओर ध्यान, स्नेह, प्रेम।
(f.) feeling of intense interest in, attachment, affection.
लगन (lagan) पु. (सं.) लग्न, विवाह का मुहूर्त।
(m.) an auspicious moment or period for marriage.
लगनइती (laganaitī) वि. वैवाहिक लग्न से संबंधित।
(adj.) related with marriage ceremony.
लगनपत्री (laganapatrī) स्त्री. वह कागज जिस पर ज्योतिषी विवाह का मुहूर्त लिखता है।
(f.) a paper on which an astrologer writes the auspicious time for marriage.

लगभग (lagabhag) क्रि.वि. प्रायः, बहुत कुछ।
(adv.) approximately, nearby, about.

लगले (lagale) क्रि.वि. तुरंत।
(adv.) immediately.

लगवार (lagavār) पु. जिससे अनुचित संबंध हो, यार, प्रेमी।
(m.) a illicit connection.

लगसी (lagasī) स्त्री. फल तोड़नेवाला पतला लंबा बाँस।
(f.) a long hooked stick (for plucking fruit).

लगहर (lagahar) स्त्री. दूध देनेवाली गाय या भैंस।
(f.) milk-giving, milch.

लगातार (lagātār) क्रि.वि. बिना क्रम टूटे, बराबर, निरंतर।
(adv.) uninterrupted, succession, constantly, continuously.

लगान (lagān) पु. खेती-बारी की भूमि पर लगनेवाला कर, पोत।
(m.) rent payable or accruing on land assessment (on land).

लगाम (lagām) स्त्री. रास, बाग, नियंत्रण में रखनेवाली चीज।
(f.) briddle, check.

लगामी (lagāmī) स्त्री. पशुओं के मुँह पर लगाई जानेवाली जाली ताकि पशु चर न सकें।
(f.) a net fixed on cattle's mouth so that it can not graze the crop.

लगायत (lagāyat) क्रि.वि. पर्यंत, तक।
(adv.) up to, as far as, until, near, as long as.

लगालगी (lagālagī) स्त्री. संबंध, लगाव, प्रेम का संबंध।
(f.) attachment, connection, fellow-feeling.

लगावल (lagāval) सक. लगाना, जोड़ना, लगाना।
(v.t.) to fix, to apply, to install.

लगी (lagī) क्रि.वि. पास।
(adv.) near.

लगुआ (laguā) वि. जिससे हँसी-मजाक का रिश्ता हो।
(adj.) (person) with whom one has a jesting relationship.

लगे (lage) क्रि.वि. पास।
(adv.) near.

लगौना (lagaunā) पु. लंबा बाँस, वृक्षों से फल तोड़ने का बाँस।
(m.) a long pole.

लग्गी (laggī) स्त्री. दे. लगसी।

लग्गू (laggū) वि. जो पीछा करता है।
(adj.) One who follows.

लग्गू-भग्गू (laggū-bhaggū) पु. इर्द-गिर्द चक्कर काटने वाला।
(m.) follower on, hanger on.

लघु (laghu) वि. छोटा, हल्का।
(adj.) light, small.

लघुसंका (laghusaṅkā) स्त्री. पेशाब।
(f.) urination.

लचक (lacak) स्त्री. लचकने की अवस्था, लचीलापन।
(f.) elasticity (of objects), flexibility.

लचकदार (lacakadār) वि. लचीला।
(adj.) elestic, flexible.

लचकल (lacakal) अक. लचकना, बलखाते हुए चलना।
(v.i.) to bend, to lurch.

लचकाह (lacakāh) वि. दे लचीला।

लच-पच (lac-pac) वि. ढीला-ढाला, शिथिल, दुर्बल, कमजोर।
(adj.) weak, feeble.

लचर (lacar) वि. कमजोर।
(adj.) weak, loose.

लचल (lacal) अक. झुकना।
(v.i.) to bend.

लचार (lacār) वि. असहाय, लाचार।
(adj.) helpless, forlorn.

लचीला (lacīlā) वि. लचकनेवाला।
(adj.) elastic.

लछन (lachan) पु. लक्षण।
(m.) feature, symptom.

लछमना (lachamanā) पु. एक तरह की लता जो औषधि बनाने के काम आती है।
(m.) a medicine, creeper.

लजइना (lajainā) वि. दे. लजालू।

लजत (lajat) स्त्री. स्वाद, मजा।
(f.) taste.

लजवावल (lajavāval) सक. लज्जित करना।
(v.t.) to cause to ashame.

लजाइल (lajāil) अक. लज्जित होना।
(v.i.) to be ashamed, to blush.

लजालू (lajālū) वि. लाज से भरा हुआ, शर्मीला, संकोची, लज्जाशील।
(adj.) bashful, modest, shaming.

लजीज (lajīj) वि. जिसमें लज्जत हो, बढ़िया या स्वादवाला, स्वादिष्ट।
(adj.) delicious, tasty.

लजीला (lajīlā) वि. लज्जाशील।
(adj.) bashful.

लजीलापन (lajīlāpan) पु. लज्जा होने का भाव।
(m.) bashfullness.

लजुरी (lajurī) स्त्री. कुएँ से पानी खींचने की रस्सी।
(f.) rope to draw water from a well.

लजौहाँ (lajauhāṁ) वि. लज्जाशील, शर्मीला।
(adj.) shy, bashful.

लज्जा (lajjā) स्त्री. शर्म, हया, लज्जा।
(f.) bashfulness.

लज्जाजनक (lajjājanak) वि. जिससे लज्जा आती हो।
(adj.) shaming, shameful.

लज्जाहीन (lajjāhīn) वि. बेहया, जिसको लाज न आती हो।
(adj.) shameless, impudent.

लट (laṭ) स्त्री. बालों का गुच्छा।
(f.) lock of hair.

लटकन (laṭakan) पु. लटकती हुई चीज या अंग।
(m.) hanging, suringing any thing that hangs, pendent, anything dangling down.

लटकल (laṭakal) अक. झूलना, झुकना, लटकना।
(v.i.) to hang, to dangle, to be hanging, to suring.

लटकवना (laṭakavanā) पु. दे लटकन।

लटकावल (laṭakāval) सक. 1. झुलवाना। 2. देर करना।
(v.t.) 1. to cause to hang, to respend, to hang, to suring. 2. to delay.

लटगेना (laṭagenā) पु. बालों में लगा फूल।
(m.) flower stuck in hair.

लटपट (laṭapaṭ) वि. लटपटी, लटापटा, मिला-जुला, अस्त-व्यस्त।
(adj.) tangled, not properly, folded or wound.

लटपटाइल (laṭapaṭāil) अक. लड़खड़ाना।
(v.i.) to rock, to shake, to stagger, to stamble, to stammer.

लटपटिया (laṭapaṭiyā) वि. लटपट कार्य करनेवाला, जो लेन-देन में साफ न हो।
(adj.) lively, showy (in manner) double-dealing, mischief-making.

लटल (laṭal) वि. भूख से पिचका पेट।
(adj.) stomach sunk with hunger.

लटी (laṭī) स्त्री. वेश्या, रंडी।
(f.) a loose woman, prostitute.

लटू (laṭū) पु. लट्टू।
(m.) a top (toy), a knob.

लटूरिया (laṭūriyā) वि. लटवाला।
(adj.) having tangled hair.

लटूरी (laṭūrī) स्त्री. बच्चों की लट।
(f.) tangled hair of children.

लट्टू (laṭṭū) पु. दे. लटू।

लट्ठ (laṭṭh) पु. (सं.) बड़ी छड़ी, लाठी।
(m.) a staff, a club.

लट्ठम-लट्ठा (laṭṭham-laṭṭhā) पु. लट्ठबाजी, लाठी का खेल।
(m.) cudgel-play, a fight with sticks or clubs.

लट्ठा (laṭṭhā) पु. लकड़ी का बड़ा बल्ला, शहतीर।
(m.) a beam, rafter, pole, marker.

लठपठ (laṭhapaṭh) वि. लथपथ।
(adj.) soaked, drenched. smeared (with).

लठिधर (laṭhidhar) वि. लाठी चलाने में निपुण।
(adj.) expert in brandishing a lathi.

लठिया (laṭhiyā) स्त्री. छोटी लाठी, बेंत।
(f.) a small lathi, a stick. or cane.

लठैत (laṭhait) पु. लाठी लेकर चलनेवाला।
(m.) a person carrying a club.

लड़ंत (laṛaṅt) स्त्री. संघर्ष, युद्ध।
(f.) fighting, wrestling.

लड़ंतिया (laṛaṅtiyā) पु. लड़नेवाला।
(m.) a fighter, wrestler.

लड़ (laṛ) पु. एक ही तरह की चीजों की माला, रस्सी या डोर का एक तार।
(m.) a string (as of pearls) a strand (of a rope or cord) a chain.

लड़कपन (laṛakapan) पु. बाल्यावस्था।
(m.) boyhood, childhood.

लड़कबुद्धि (laṛakabuddhi) स्त्री. बचपना, बच्चों-सी समझ।
(f.) a child's understanding, childhood.

लड़का (laṛakā) पु. बालक, पुत्र, बेटा।
(m.) a boy, a child, a son.

लड़काई (laṛakāī) पु. दे. लड़कपन।

लड़की (laṛakī) स्त्री. बालिका, पुत्री, कन्या।
(f.) a girl, a daughter.

लड़कोरी (laṛakorī) वि./स्त्री. बच्चेवाली, जो कुछ ही दिन पहले माँ बनी हो।
(adj./f.) having a child or children, a woman having a young child.

लड़खड़ाइल (laṛakhaṛāil) अक. लड़खड़ाना, डगमगाना।
(v.i.) to stagger, to totter, to stumble, to stammer.

लड़खड़ात (laṛakhaṛāt) वि. लड़खड़ाता हुआ।
(adj.) stammering.

लड़ल (laṛal) सक. लड़ना, झगड़ना। (अक.) टकराना।
(v.t.) to fight. (with) to quarrel, to struggle, to strike (against). (v.i.) to collide.

लड़बड़ा (laṛabaṛā) वि. लिजलिजा।
(adj.) mellow, sticky.

लड़वावल (laṛavāval) सक. लड़वा।
(v.t.) to cause to collide.

लड़ाई (laṛāī) स्त्री. संग्राम, युद्ध, झगड़ा, तकरार।
(f.) fighting, quarrelling, a fight.

लड़ाका (laṛākā) वि. योद्धा, झगड़ालू। (पु.) योद्धा, लड़नेवाला।
(adj.) warlike, quarrelsome. (m.) a warrior, fighter.

लड़ाकू (laṛākū) वि. दे. लड़ाका।

लड़ावल (laṛāval) सक. लड़ाना।
(v.t.) to cause to fight, to clash together.

लड़ी (laṛī) स्त्री. माला आदि का छोटा लड़।
(f.) a string (as of pearls or flowers), row, line.

लड्डू (laḍḍū) पु. (सं.) मोदक, लड्डू।
(m.) a sweet consisting of balls of grandflour, or of thiekened milk with sugar.

लढ़ा (laṛhā) पु. बैलगाड़ी।
(m.) a light country cart.

लढ़िया (laṛhiyā) स्त्री. बैलगाड़ी।
(f.) a light country cart.

लढ़ी (laṛhī) स्त्री. दे. लढ़ा।

लत (lat) स्त्री. (सं.) बुरी आदत।
(f.) a bad habit, vice, addiction.

लतखोर (latakhor) वि. लात खाने या दुर्दशा भोगनेवाला, नीच।
(adj.) kicked.

लतखोरा (latakhorā) पु. चौखट का निचला भाग, दहलीज।
(m.) doorsill, threshold.

लतर (latar) स्त्री. दे. लता।

लतरी (latarī) स्त्री. खेसारी, एक दाल।
(f.) khesari, a lentil.

लता (latā) स्त्री. (सं.) पतला पौधा, वल्लरी, बेल।
(f.) creaper, vine, tendril.

लताड़ (laṭāṛ) स्त्री. लताड़ने की क्रिया।
(f.) spurning, rejecting with contempt, insulting.

लताड़ल (latāṛal) सक. कुचलना, रौंदना, तंग करना।
(v.t.) to spurn, to treat with contempt, to insult.

लतिका (latikā) स्त्री. दे. लता।

लतियल (latiyal) वि. लतखोर।
(adj.) liable to kick.

लतियावल (latiyāval) सक. लात मारना।
(v.t.) to kick.

लतीफा (latīfā) पु. (अ.) लतीफा, चुटकुला।
(m.) humorous remark, witticism.

लतुरहत्था (laturahatthā) वि. जो बाएँ हाथ से काम करे।
(adj.) left hander.

लतुरी (laturī) वि. बायाँ।
(adj.) left.

लतैत (latait) पु. लात मारनेवाला पशु।
(m.) an animal that kicks.

लत्तम-जुत्ता (lattam-juttā) पु. संघर्ष, मारपीट।
(m.) a fight, brawl.

लत्तर (lattar) स्त्री. दे. लता।

लत्ता (lattā) पु. चीथड़ा।
(m.) a tattered piece of cloth.

लत्ती (lattī) स्त्री. पशुओं के लात मारने की क्रिया।
(f.) kicking, kick.

लथपथ (lathapath) वि. दे. लठ-पठ।

लथेड़ल (latheṛal) सक. लथेड़ना।
(v.t.) to besmear (with), to soil, to make bedraggled.

लदनिया (ladaniyā) पु. लादनेवाला।
(m.) a carrier.

लदनी (ladanī) स्त्री. लदान।
(f.) load.

लदरल (ladaral) अक. फल-फूल से लदना।
(v.i.) to be loaded with leaves flowers and fruits.

लदरी (ladarī) स्त्री. आँत।
(f.) intestine.

लदवावल (ladavāval) सक. लदवाना।
(v.t.) to cause to be loaded.

लदाइल (ladāil) वि. लदा हुआ।
(adj.) laden.

लदाई (ladāī) स्त्री. लादने की क्रिया, मजदूरी।
(f.) load, freight payment or charge for loading.

लदान (ladān) पु. भार।
(m.) load.

लद्धर (laddhar) वि. सुस्त, आलसी।
(adj.) slow, lethargic.

लनतरानी (lanatarānī) स्त्री. दे. लंतरानी।

लपकल (lapakal) सक. लपकना।
(v.t.) to spring, to leap, to rush, to snatch, to make haste.

लफ्ची (lafcī) स्त्री. एक प्रकार की मछली, बरारी मछली का बच्चा।
(f.) a skate fish young of the Barari fish.

लप-झप (lap-jhap) वि. चंचल, तेज, फुर्तीला।
(adj.) lively (of gait) active, nimble.

लपट (lapaṭ) स्त्री. आग के ऊपर उठने वाली लौ, गरम हवा का झोंका।
(f.) hot blast (of flame or wind), tongue of flame heat.

लपटा (lapaṭā) पु. गाढ़ी गीली वस्तु या पिंड, लपसी, कढ़ी।
(m.) any sticky food, a thin molasses.

लपटा (lapaṭā) पु. एक प्रकार की घास जो कपड़े में चिपक जाती है।
(m.) a grass which sticks to clothes.

लपड़-सपड़ (lapaṛ-sapaṛ) पु. हड़बड़ाकर काम करने की क्रिया।
(m.) confused speech, jargon, involved speech or account.

लपरवाह (laparavāh) पु. लापरवाह।
(m.) mindless negligent.

लपरवाही (laparavāhī) स्त्री. लापरवाही।
(f.) negligence.

लपल (lapal) अक. झुकना।
(v.i.) to bow, to bend.

लपलपावल (lapalapāval) अक./सक. लपलपाना।
(v.t.) to be switched or brandished (a cane, a sword), to flash (as a sword), to flicker back and forth (as a snake's tongue). (v.t.) to swing, to brandish, to cause (a sword, to flash).

लपसी (lapasī) स्त्री. पतला हलुआ।
(f.) a food made of flour, milk and sugar, a sticky mess (of food), gruel.

लपावल (lapāval) सक. लपाना।
(v.t.) to cause to bend or to move.

लपेटल (lapeṭal) सक. लपेटना।
(v.t.) to wrap, to twist.

लपेटा (lapeṭā) पु. लपेट।
(m.) a coil.

लप्पड़ (lappaṛ) पु. थप्पड़।
(m.) a slap.

लफंगा (lafaṅgā) पु. (फा.) लफंग, लंपट, दुश्चरित्र, लुच्चा, बदमाश।
(m.) a braggart, an empty talker, a depraved person.

लफड़ा (lafaṛā) पु. झमेला।
(m.) tiresome or bothering, quarrel.

लफावल (lafāval) सक. हाथ बढ़ाना।
(v.t.) to extend hand.

लफ्फाज (laffāj) वि. (अ.) बढ़-चढ़कर बातें करनेवाला, डींग हाँकनेवाला।
(adj.) wordy, verbose.

लब (lab) पु. (फा.) होंठ, ओठ।
(m.) lip, brim.

लबजा (labajā) वि. झूठा।
(adj.) false, forged, vain.

लबड़धोंधों (labaṛadhoṅdhoṅ) स्त्री. अंधेर, कुव्यवस्था।
(f.) mess, confusion, row.

लबदा (labadā) पु. लाठी।
(m.) a lathi, cudgel.

लबनी (labanī) स्त्री. वह हाँड़ी जो ताड़ के पेड़ पर ताड़ी निकालने हेतु बाँधी जाती है।
(f.) an earthen pot in which toddy is collected from a palmtree.

लबलब (labalab) वि. फालतू, अनर्गल।
(adj.) incoherent, without restraint.

लबरई (labaraī) स्त्री. झूठी बात।
(f.) false statement.

लबरा (labarā) पु. अनर्गल बोलनेवाला।
(m.) a talker without restraint.

लबार (labār) वि. व्यर्थ की बढ़-चढ़कर बोलनेवाला।
(adj.) used to talk unnecessarily, boaster, trumpeter.

लबादा (labādā) पु. चोंगा (पहनावा)।
(m.) over garment, cloak, gown, robe.

लबाब (labāb) पु. सारतत्त्व, निचोड़।
(m.) essence, gist, extract.

लबालब (labālab) वि. छलकता हुआ, ऊपर या किनारे तक भरा हुआ।
(adj.) full to the brim, brimming.

लबेद (labed) पु. लोकाचार की भद्दी-भोड़ी बातें; प्रथा।
(m.) something not sanctioned by scripture, useless talk, thing.

लबेदा (labedā) पु. छोटा-सा मोटा डंडा, मुँगरी।
(m.) a small piece of wood, a small stick .

लभलेटर (labhaleṭar) पु. (अं.) प्रेमपत्र।
(m.) love letter.

लभेरल (labheral) सक. चिपचिपा पदार्थ लगाना, चिपकाना।
(v.t.) to stick, to paste.

लमघोड़ (lamaghoṛ) वि. अत्यधिक लंबा।
(adj.) very tall.

लमछर (lamachar) वि. लंबे कद का।
(adj.) tall-statured.

लमतड़ंग (lamataṛaṅg) वि. बहुत लंबा या ऊँचा।
(adj.) lean and lanky, tall.

लमटेन (lamaṭen) पु. (अं.) लालटेन।
(m.) a lantern.

लमसम (lamasam) क्रि.वि. लगभग।
(adv.) around, approximately, almost.

लमहर (lamahar) वि. लंबा, दीर्घ।
(adj.) tall, long, lengthy.

लमहराइल (lamaharāil) (अक.) लंबा होना।
(v.i.) to be long.

लमहराह (lamaharāh) वि. लंबा।
(adj.) long.

लमहा (lamahā) पु. (अ.) समय का सूक्ष्म मान, क्षण।
(m.) a moment.

लमेरा (lamerā) पु. स्वयं उगनेवाला पौधा।
(m.) self generating plant.

लम्मा (lammā) क्रि.वि. दूर।
(adv.) far.

लय (lay) स्त्री. धुन।
(f.) a rhythm, tune.

लरकल (larakal) अक. झुकना।
(v.i.) to bend.

लरकाव (larakāv) पु. झुकाव।
(m.) leaning.

लरकावल (larakāval) सक. झुकाना।
(v.t.) to cause to bend.

लरकोरी (larakorī) स्त्री. गोद में नवजात शिशुवाली स्त्री।
(f.) a woman with a new born child in lap.

लरछा (larachā) वि. लच्छा।
(adj.) a puff, bundle.

लरछी (larachī) स्त्री. लच्छी।
(f.) a hank.

लरहा (larahā) वि. जिसके मुँह से लार टपकती रहती हो।
(adj.) salivating (person, animal).

लरही (larahī) स्त्री. खपरैल की छत में प्रयुक्त मोटी लकड़ी जिस पर छत टिकी होती है।
(f.) beam of a slated roof.

लरिकइयाँ (larikaiyāṁ) पु. बचपन।
(m.) childhood.

लरिका (larikā) पु. दे. लड़का।

लरिकाईं (larikāīṅ) पु. बचपन।
(m.) baby-hood.

लरुआ (laruā) पु. पुआल।
(m.) straw.

ललक (lalak) स्त्री. ललकने का भाव।
(f.) longing, craving, intense desire.

ललकल (lalakal) अक. ललचना, लालसा करना।
(v.i.) to long for, to crave.

ललका (lalakā) वि. लाल रंग का।
(adj.) of red colour.

ललकी (lalakī) वि. लाल रंग की।
(adj.) of red colur.

ललकार (lalakār) स्त्री. ललकारने की क्रिया, चुनौती।
(f.) challenge, gage.

ललकारल (lalakāral) सक. ललकारना।
(v.t.) to challenge.

ललचल (lalacal) अक. ललचना, लालच करना।
(v.i.) to be tempted, allured.

ललचाइल (lalacāil) अक. लालच करना।
(v.i.) to be allured.

ललचावन (lalacāvan) वि. लुभावना।
(adj.) alluring.

ललचावल (lalacāval) सक. ललचाना।
(v.t.) to tempt, to allure.

ललचौंहा (lalacauṁhā) वि. लालच से भरा हुआ।
(adj.) greedy.

ललछौहाँ (lalachauhāṁ) वि. लालिमा से युक्त।
(adj.) reddish.

ललदेइया (laladeiyā) पु. एक धान जो लाल रंग का होता है।
(m.) a red coloured paddy.

ललन (lalan) पु. (सं.) प्यारा बच्चा।
(m.) a sweet baby.

ललना (lalanā) पु. दे. ललन।

ललमुँहा (lalamuṁhā) वि. लाल मुँहवाला। (पु.) बंदर।
(adj.) red-faced. (m.) monkey.

ललसा (lalasā) स्त्री. कामना, इच्छा, चाह।
(f.) desire, longing, ambition.

लला (lalā) पु. प्यारा और दुलारा लड़का।
(m.) sweet child (boy).

ललाई (lalāī) स्त्री. लाली, लालिमा।
(f.) redness, flush of face.

ललाट (lalāṭ) पु. (सं.) मस्तक, माथा।
(m.) forehead.

ललाम (lalām) वि. (सं.) रमणीय, सुंदर, लाल, सुर्ख।
(adj.) beautiful, charming.

ललित (lalit) वि. मनोहर, सौंदर्यपूर्ण।
(adj.) fine, pretty, fascinating.

ललित कला (lalit kalā) स्त्री. (सं.) ललित कला (संगीत, चित्रकला)।
(f.) fine art.

ललिपाप (lalipāp) पु. (अं.) लॉलीपॉप।
(m.) lollipop.

ललिसा (lalisā) स्त्री. लालसा।
(f.) longing.

लली (lalī) स्त्री. प्यारी।
(f.) sweet girl.

लल्लो-चप्पो (lallo-cappo) स्त्री. चिकनी-चुपड़ी, खुशामदी की बातें।
(f.) flattery.

लवंग (lavaṅg) पु. लौंग।
(m.) clave tree.

लवंग-लता (lavaṅg-latā) स्त्री. लौंग-लता (मिठाई)।
(f.) clove creeper, a variety of Indian sweet.

लवंडा (lavaṅḍā) पु. भाँड़, वह पुरुष जो स्त्री के रूप में नाचने का काम करता हो।
(m.) a buffoon, a joker.

लव (lav) स्त्री. सुविधा।
(f.) comfort.

लवका (lavakā) पु. आकाश से गिरनेवाली बिजली।
(m.) lightning.

लवगर (lavagar) वि. सुविध जनक।
(adj.) comfortable.

लवटा (lavaṭā) पु. एक तरह का हथियार जिसे पासी रखते हैं।
(m.) a weapon kept by the Pasi.

लवटानी (lavaṭānī) स्त्री. वापसी।
(f.) returning.

लवना (lavanā) पु. लकड़ी जिससे खाना पकता है।
(m.) wood used to fuel.

लवर (lavar) पु. लपट।
(m.) flame.

लसुन (lasun) पु. दे. लहसुन।

लस (las) पु. लासा, गोंद।
(m.) stickiness, adhesiveness.

लसकर (lasakar) पु. फौज, सेना।
(m.) military.

लसगर (lasagar) वि. दे. लसदार।

लसदार (lasadār) वि. चिपकनेवाली, सटनेवाली।
(adj.) sticky.

लसराह (lasarāh) वि. चिपचिपा।
(adj.) adhesive.

लसल (lasal) सक. लसना, चिपकाना।
(v.t.) to paste.

लसलसा (lasalasā) वि. चिपचिपा, लस से युक्त।
(adj.) gluey, sticky, adhesive.

लसहरा (lasaharā) पु. लेई।
(m.) paste.

लसार (lasār) वि. लसदार।
(adj.) glutinous.

लसारल (lasāral) सक. घसीटना।
(v.t.) to drag, to lug.

लस्टम-पस्टम (lasṭam-pasṭam) क्रि.वि. जैसे-तैसे, किसी तरह से, बिना किसी क्रम से।
(adv.) in a disordarly manner.

लस्त (last) वि. शिथिल, अशक्त।
(adj.) fatigued, exhausted.

लस्त-पस्त (last-past) वि. बहुत शिथिल।
(adj.) exhausted, tired, weary.

लस्सी (lassī) स्त्री. (सं.) दही, चीनी और बर्फ घोलकर बनाया गया पेय।
(f.) drink yogurt.

लहँगा (lahaṁgā) पु. लंबा घेरावदार पहनावा, लहँगा।
(m.) a long loose skirt worn by women.

लहँड़ा (lahaṁṛā) पु. समूह, झुंड।
(m.) flock, herd.

लह (lah) पु. दाँव, युक्ति, तिकड़म।
(m.) bet, trick, craft.

लहक (lahak) स्त्री. लहक, ज्वाला।
(f.) blaze, glare.

लहकल (lahakal) सक. लहकना।
(v.t.) to blaze, to glare.

लहकावल (lahakāval) सक. लहकाना, उकसाना।
(v.t.) to cause to blaze.

लहकारल (lahakāral) सक. लहकारना।
(v.t.) to excite.

लहजा (lahajā) पु. बोलने का तरीका।
(m.) tone, intonation.

लहठी (lahaṭhī) स्त्री. लाह की चूड़ी।
(f.) bangle of lac.

लहना (lahanā) पु. उधार दिया हुआ या बाकी रुपया जो मिलने को है।
(m.) dues, collection.

लहर (lahar) स्त्री. तरंग।
(f.) a wave.

लहरदार (laharadār) वि. (हिं.+फा.) जिसमें लहर की तरह धारियाँ हों।
(adj.) wavy, undilatory.

लहर-बहर (lahar-bahar) स्त्री. सब प्रकार की प्रसन्नता, संपन्नता।
(f.) merry-making, enjoyment.

लहरल (laharal) अक. लहरों से युक्त होना।
(v.i.) to ripple, to flutter.

लहरा-पटोर (laharā-paṭor) पु. रेशमी वस्त्र। उदा. 'तोहरा के देबो बाभन चढ़बे को घोड़वा, बभनी के लहरा-पटोर।'
(m.) a silken saree.

लहरावल (laharāval) सक. लहराना।
(v.t.) to wave.

लहरियादार (lahariyādār) वि. लहर की तरह टेढ़ी लकीरों की श्रेणी।
(adj.) wavy, rippling, corrugated.

लहरी (laharī) वि. मनमौजी, आनंदी।
(adj.) whimsical, fanciful.

लहल (lahal) अक. अभिप्राय की सिद्धि में सहायक होना।
(v.i.) to be of help in achieving.

लहलहाइल (lahalahāil) अक. हरी पत्तियों से युक्त, हरा-भरा होना।
(v.i.) to flourish, to bloom.

लहसुन (lahasun) पु. लहसुन।
(m.) garlic.

लहार (lahār) पु. आनंद, मजा।
(m.) enjoyment, happiness.

लहालोट (lahāloṭ) वि. हँसी से लोटता हुआ, प्रसन्न, उल्लासित, मुग्ध। उदा. 'गोरिया मारऽ ना नजरिया, जियरा लहालोट होई'।
(adj.) pleased, fascinated.

लहास (lahās) स्त्री. शव, मृत शरीर, आग की लपट।
(f.) a dead body, carpse, blaze.

लहासी (lahāsī) स्त्री. एक तरह की रस्सी जिसमें बकरी आदि बाँधी जाती है।
(f.) rope to tether goats etc.

लहुरा (lahurā) पु. कनिष्ठ, छोटा।
(m.) junior, younger.

लहू (lahū) पु. (सं.) खून, रक्त।
(m.) blood.

लहेंड़ा (laheṅṛā) पु. बिगड़ैल, अपनी मर्जी का।
(m.) vagabond.

लाँघल (lāṁghal) सक. इस पार से उस पार जाना, ऊपर से डाँकना।
(v.t.) to cross over, to jump over.

लांछन (lāṅchan) पु. दाग, धब्बा।
(m.) a disfiguring mark.

लांछना (lāṅchanā) स्त्री. दे. लांछन।

लाँड़ (lāṁṛ) पु. पुरुष जननेंद्रिय।
(m.) penis, male genital.

लाइन (lāin) स्त्री. (अं.) 1. पंक्ति, कतार। 2. बिजली।
(f.) 1. line, row. 2. electricity.

लाइलाज (lāilāj) वि. जिसका उपचार न किया जा सके।
(adj.) incurable.

लाई (lāī) स्त्री. धान का लावा, खील। लोक. 'एक मुठी लाई, बरखा ओनिए बिलाई।'
(f.) parched grain (as millet, a sweet made with parched paddy.

लाएक (lāek) वि. दे लायक।

लाकन (lākan) वि. दुबला-पतला शरीरवाला।
(adj.) lin and thin.

लाकिट (lākiṭ) पु. (अं.) लॉकेट।
(m.) a locket.

लाख (lākh) वि. (सं.) लक्ष, सौ हजार।
(adj.) a hundred thousand, a lakh.

लाख (lākh) स्त्री. (सं.) लाह।
(f.) lac, shellac, sealing wax.

लाग (lāg) स्त्री. संबंध, नाता, संपर्क, लगाव।
(f.) relation, connection.

लागत (lāgat) स्त्री. बनाने में होनेवाला व्यय।
(f.) outlay, expenditure, investment, cost price, production price.

लागी (lāgī) क्रि.वि. कारण, हेतु, वास्ते, द्वारा से।
(adv.) because of, for the sake of, by means of, up to as far as, as long as.

लागी (lāgī) स्त्री. प्रेम, आत्मीयता, अपनापन।
(f.) attachment, affection, love.

लागू (lāgū) वि. जो कहीं लग सके, प्रयुक्त हो सके, लगाए जाने के योग्य।
(adj.) in force, applying (as a regulation), chargeable (as tax), valid (a document, a currency).

लाघव (lāghav) पु. (सं.) छोटापन, लघुता। उदा. 'अति लाघव उठाई धनु लीन्हा'—तुलसी।
(m.) smallness, lightness.

लाचार (lācār) वि. विवश, मजबूर।
(adj.) helpless, poor.

लाचारी (lācārī) स्त्री. विवशता।
(f.) helplessness.

लाछना (lāchanā) पु. लांछन।
(m.) blame.

लाज (lāj) स्त्री. लज्जा, शर्म, प्रतिष्ठा।
(f.) honour, prestige, shame.

लाजवंती (lājavaṅtī) स्त्री. शर्मीली नार, छुई-मुई।
(f.) a shy woman, touch-me-not.

लाजवाब (lājavāb) वि. अनुपम, बेजोड़।
(adj.) having no equal, matchless, incomparable, answerless.

लाट (lāṭ) स्त्री. मोटा, ऊँचा बड़ा खंभा, मीनार।
(f.) a tall tower, steeple.

लाटरी (lāṭarī) स्त्री. लाटरी।
(f.) lottery.

लाटा (lāṭā) पु. महुए और तीसी के मिश्रण से बना खाद्य पदार्थ।
(m.) food item made from linseed and mahua mixture.

लाठा (lāṭhā) पु. सात फीट लंबा बाँस जिससे खेत की नापी होती है।
(m.) seven feet bamboo used to measure a field.

लाठी (lāṭhī) स्त्री. (सं.) बड़ा डंडा।
(f.) a lathi, staff, cudgel.

लाठीचार्ज (lāṭhīcārj) पु. भीड़ को हटाने के लिए पुलिस का लोगों पर लाठियाँ चलाने का कार्य।
(m.) act of attacking the mob with a lathi or staff in order to disperse it.

लाड़ (lāṛ) पु. (सं.) दुलार।
(m.) (excessive) fondness, caressing.

लाड़-प्यार (lāṛ-pyār) पु. प्रेमपूर्ण व्यवहार।
(m.) excessive fondness, too much of indulgenee.

लाड़ला (lāṛalā) वि. दुलारा।
(adj.) darling, beloved.

लात (lāt) स्त्री. पैर, पाँव।
(f.) leg.

लाद (lād) स्त्री. पेट की आँत, तोंद।
(f.) belly, tummy, entrails, paunch.

लादल (lādal) सक. लादना।
(v.t.) to put a load on, to load.

लादी (lādī) स्त्री. पशु पर लादी हुई गठरी या बोझ।
(f.) load of a beast, big lot, burden.

लान (lān) पु. (अं.) मैदान।
(m.) a lawn.
लानत (lānat) स्त्री. धिक्कार।
(f.) damnation, reproach.
लापता (lāpatā) वि. (अ.+हिं.) जिसका पता न लगे या न हो।
(adj.) missing, untraceable.
लापरवाह (lāparavāh) वि. (अ.) बेफिक्र, असावधान।
(adj.) careless, negligent.
लापरवाही (lāparavāhī) स्त्री. असावधानी, बेफिक्री।
(f.) lack of proper care, carelessness, negligence.
लाभ (lābh) पु. मुनाफा, नफा, उपलब्धि।
(m.) profit, gain, attainment.
लाभकारक (lābhakārak) वि. फायदा करनेवाला, गुण-कारक।
(adj.) profitable, worthwhile.
लाभदायक (lābhadāyak) वि. फायदेमंद, लाभकारी।
(adj.) profitable, gainful, lucrative, paying, beneficial, advantageous.
लाम (lām) वि. लंबा।
(adj.) long.
लामे (lāme) क्रि.वि. दूर।
(adv.) away.
लायक (lāyak) वि. (अ.) सुयोग्य, गुणवान, समर्थ।
(adj.) able, capable.
लाय-फूस (lāy-fūs) पु. बहकाव।
(m.) enticement.
लार (lār) स्त्री. मुँह से निकलनेवाली पहली लसदार थूक।
(f.) saliva.
लारी (lārī) स्त्री. (अं.) यात्रियों एवं माल को ढोनेवाली लंबी मोटरगाड़ी।
(f.) a lorry, a truck.
लाल (lāl) वि. लाल रंग, (पु.) पुत्र।
(adj.) red, (m.) son.
लालगेंड़ा (lālageṅṛā) पु. एक तरह की लाल ईख जो मोटी और रसदार होती है।
(m.) a thick red juicy sugarcane.
लालच (lālac) पु. लालसा, लोभ।
(m.) gread, temptation.
लालची (lālacī) वि. लोभी।
(adj.) greedy, avaricious.
लालटेन (lālaṭen) स्त्री. (अं.) कंदील, शीशे से ढका दीपक।
(f.) lantern, lamp covered with glass.
लालन (lālan) पु. बच्चों का पालन-पोषण।
(m.) bringing up, caressing or fondling.
लाल-पगड़ी (lāl-pagaṛī) स्त्री. (आलंकारिक) पुलिस।
(f.) police (lit.red turban).
लाल-परी (lāl-parī) स्त्री. (आलंकारिक) शराब।
(f.) wine (lit.red nymph).
लाल-मिरिच (lāl-miric) स्त्री. लाल मिर्च।
(f.) chilly.
लालमोहन (lālamohan) पु. गुलाब जामुन।
(m.) a fried syrupy sweet.
लालसा (lālasā) स्त्री. कामना, इच्छा।
(f.) ardent desire, yearning, craving.
लालाइल (lālāil) अक. लालायित होना।
(v.i.) to crave.
लाली (lālī) स्त्री. लालपन, लाल होने का भाव।
(f.) redness, glow, radiance.
लाले (lāle) पु. अभाव, कमी।
(m.) lack, shortage.
लावनी (lāvanī) स्त्री. एक प्रकार का लोकगीत।
(f.) a kind of folk song.
लावल्द (lāavald) वि. निःसंतान।
(adj.) having no issue, childless.
लावा (lāvā) पु. भुने हुए धान, ज्वार, रामदाने जो फूल जाते हैं, खील, लाई।
(m.) parched paddy, lava (volcano).
लावा-घोली (lāvā-gholī) स्त्री. उचित तौल से अधिक।
(f.) extra beside the actual measurement.
लावा मेराई (lāvā merāī) स्त्री. शादी की एक रस्म जिसे दुल्हन का भाई पूरी करता है।
(f.) a wedding customary, fulfilled by brides brother.
लावारिस (lāvāris) वि. उत्तराधिकारी का न होना।
(adj.) (person) heirless.
लास (lās) स्त्री. शव, मृत शरीर।
(f.) a dead body, corpse.
लासा (lāsā) पु. लसदार चीज, गोंद।
(m.) an adhesive thing, gum.
लाही (lāhī) स्त्री. फसल का कीड़ा।
(f.) insects which damage the crops.

लाहे-लाहे (lāhe-lāhe) क्रि.वि. प्रेम से, धीरे-धीरे।
(adv.) slowly, with care.

लिखंत (likhaṅt) पु. भाग्य।
(m.) fate, destiny.

लिंग (liṅg) पु. व्याकरण में वह तत्त्व जिससे पुरुष और स्त्रीवाची शब्दों के भेद का पता लगता है, लिंग।
(m.) gender.

लिंटर (liṅṭar) पु. (अं.) छत, कंक्रीट की छत।
(m.) lintel.

लिए, के (lie, ke) क्रि.वि. संप्रदान कारक का चिह्न जो गौण कर्म का सूचक होता है।
(adv.) holding, taking with one to, for, for the sake of, in order to.

लिक्खाड़ (likkhāṛ) पु. बहुत बड़ा लेखक (व्यंग्य)।
(m.) voracious writer (often used derogatorily).

लिखंत (likhaṅt) पु. लिखा हुआ दस्तावेज।
(m.) a written document.

लिखत (likhat) स्त्री. लिखा हुआ।
(f.) writing.

लिखत-पढ़त (likhat-paṛhat) स्त्री. लेख, दस्तावेज।
(f.) a (written) deed, document.

लिखल (likhal) सक. लिखना।
(v.t.) to write.

लिखवाई (likhavāī) स्त्री. लिखवाना या उसकी मजदूरी।
(f.) causing to write or remuneration paid there of.

लिखवावल (likhavāval) सक. लिखवाना।
(v.t.) to cause to write.

लिखाई-पढ़ाई (likhāī-paṛhāī) स्त्री. शिक्षा, अध्ययन।
(f.) education, studies.

लिखावट (likhāvaṭ) स्त्री. लिखने का ढंग, लेखन-शैली।
(f.) handwriting.

लिट्टी (liṭṭī) स्त्री. आटा का गोला जिसमें सत्तू भरकर आग में पकाया जाता है।
(f.) a round-shaped ball of dough after it has been baked.

लिपटल (lipaṭal) अक. लिपटना।
(v.i.) to cling (to), to be engrossed.

लिपल (lipal) सक. लीपना।
(v.t.) to plaster, to coat.

लिपवाई (lipavāī) सक. लिपवाना।
(v.t.) to cause to be smeared.

लिपाई-पुताई (lipāī-putāī) स्त्री. लीपने-पोतने की क्रिया या भाव।
(f.) plastering and whitewashing.

लिपा-पुता (lipā-putā) वि. दे. लिपाई-पुताई।

लिपि (lipi) स्त्री. अक्षर लिखने की विशेष प्रणाली।
(f.) the letters, figures used in writing by hand, script.

लिपिक (lipik) पु. लेखक, क्लर्क।
(m.) a writer, clerk.

लिपिकार (lipikār) पु. प्रतिलिपि या लेख की नकल करनेवाला लेखक।
(m.) a copyist.

लिपिस्टिक (lipisṭik) पु. (अं.) लिपस्टिक, ओठ पर लगानेवाली लाली।
(m.) lipstick.

लिफाफा (lifāfā) पु. लिफाफा जिसके अंदर चिट्ठियाँ रखी जाती हैं।
(m.) an envelop, a cover wrapper.

लिफ्ट (lifṭ) स्त्री. (अं.) लिफ्ट। उदा. 'लिफ्ट भइल फेल अब सीढ़ीए सहारा'।
(f.) a lift.

लिबरी (libarī) स्त्री. पानी और सत्तू का घोल।
(f.) mixture of sattu and water.

लिबलिबा (libalibā) वि. लसदार।
(adj.) sticky, slimy viscous, pliable, delicate (to touch) panereas.

लिबास (libās) पु. पोशाक, पहनने के कपड़े।
(m.) dress, attire, uniform.

लियावल (liyāval) सक. लाना।
(v.t.) to bring.

लिरुआ (liruā) पु. धान का पाँजा।
(m.) paddy straw.

लिलार (lilār) पु. दे. ललाट।

लिसलिसा (lisalisā) वि. चिपचिपा।
(adj.) viscous, sticky.

लिस्ट (lisṭ) स्त्री. (अं.) सूची।
(f.) a list.

लिहल (lihal) सक. ग्रहण करना।
(v.t.) to take.

लिहल-दिहल (lihal-dihal) पु. लेन-देन।
(m.) bargain.

लिहाड़ी (lihāṛī) स्त्री. वह आक्षेप जिससे नीचा देखना पड़े।
(f.) ridicule, mockery.

लिहाफ (lihāf) पु. ओढ़ने का रूईदार कपड़ा, भारी रजाई।
(m.) a quilt.

लीक (līk) स्त्री. लकीर, रेखा।
(f.) a line, track.

लीख (līkh) स्त्री. जूँ का अंडा।
(f.) a type of tiny whitish louse.

लीग (līg) स्त्री. बड़ी सभा या संस्था।
(f.) a league (institution).

लीचड़ (līcaṛ) वि. सुस्त, आलसी, निकम्मा, नीच गुणों वाला।
(adj.) sluggish, lethargic, mean (in money matters).

लीची (līcī) स्त्री. लीची का पेड़ और फल।
(f.) a tree and its fruits, the litchi (lychee).

लीडर (līḍar) पु. (अं.) नेता।
(m.) a leader.

लीपल (līpal) सक. लीपना।
(v.t.) to plaster, to coat with (in Indian context with wet cow dung).

लीपा-पोती (līpa-potī) स्त्री. दोष, भूल छिपाने के लिए ऊपर से की जानेवाली दिखौआ कार्रवाई, लीपने-पोतने का काम।
(f.) patching up, deceptive action intend to conceal someone's error.

लीभर (lībhar) पु. यकृत।
(m.) liver.

लीलल (līlal) सक. निगलना।
(v.t.) to swallwo, to gulp.

लीला (līlā) स्त्री. मनोरंजन हेतु क्रीड़ा, खेल, खिलवाड़।
(f.) fun and frolic, sportive display.

लुंगी (luṅgī) स्त्री. तहमत, अँगोछा।
(f.) an Indian type of loin cloth.

लुंज-पुंज (luṅj-puṅj) वि. शारीरिक दृष्टि से पूर्णतः असमर्थ।
(adj.) badly crippled, paralysed.

लुंड-मुंड (luṅḍ-muṅḍ) वि. जिसके सिर, हाथ, पैर कट गए हों।
(adj.) tailless and headless, a mutilated torso.

लुँड़ा (lumṛā) पु. सूत या कपड़े की पिंडी।
(m.) thread ball.

लुंडी (luṅḍī) स्त्री. गोला, धागे का गोला।
(f.) a ball (of rolled thread).

लुआठी (luāṭhī) स्त्री. जलती हुई लकड़ी।
(f.) a burning piece of wood.

लुआब (luāb) पु. लासा।
(m.) spittle, mucus.

लुआर (luār) पु. दे. लू।

लुकंदर (lukaṅdar) वि. बदमाश, चंचल।
(adj.) naughty.

लुकल (lukal) अक. लुकना, छिपना। उदा. 'तरु पल्लव मँहु रहा लुकाई–तुलसी।
(v.i.) to hide, to disppear.

लुकवारी (lukavārī) स्त्री. दे. लुआठी।

लुकवावल (lukvāval) सक. छिपाना।
(v.t.) to hide.

लुकाइल (lukāil) अक. छिपना।
(v.i.) to hide, to conceal.

लुकाठी (lukāṭhī) स्त्री. दे. लुआठी।

लुगड़ा (lugaṛā) पु. फटा वस्त्र, पुराना कपड़ा।
(m.) ragged cloth, old cloths.

लुगरी (lugarī) स्त्री. फटी पुरानी साड़ी।
(f.) torn and old saree.

लुगाई (lugāī) स्त्री. स्त्री, औरत, पत्नी।
(f.) a woman, wife.

लुग्गा (luggā) पु. साड़ी, कपड़ा।
(m.) a sari.

लुचुई (lucuī) स्त्री. मैदे या आटे की बनी पतली, मुलायम तली हुई रोटी।
(f.) a soft, thin bread cake of maida flour, deep fried in Ghee.

लुच्चई (luccaī) स्त्री. भ्रष्ट-आचरण।
(f.) depravity.

लुच्चा (luccā) वि./पु. नीच, पाजी, बदमाश।
(adj./m.) low, base corrupt, shameless, scoundrel, depraved man.

लुटावल (luṭāval) सक. व्यर्थ करना, बहुत अधिक व्यय करना।
(v.t.) to squander, to spend lavishly.

लुटिया (luṭiyā) स्त्री. छोटा लोटा।
(f.) an Indian type of little water vessel.

लुटेरा (luṭerā) पु. लूटनेवाला।
(m.) a robber, bandit, plunderer.
लुढ़कल (luṛhakal) अक. लुढ़कना।
(v.i.) to roll down, to tumble.
लुत्ती (luttī) स्त्री. चिनगारी।
(f.) spark.
लुतरा (lutarā) वि./पु. चुगलखोर।
(adj./m.) tell-tale, backbiter.
लुतरापन (lutarāpan) पु. चुगलखोरी।
(m.) back-biting.
लुफुत (lufut) स्त्री. आदत।
(f.) habit.
लुब्बे-लुबाब (lubbe-lubāb) पु. सारांश, संक्षेप में मूल तत्त्व।
(m.) enence, gist, sum and substance.
लुभावल (lubhāval) सक. लुभाना।
(v.t.) to charm, to entice.
लुभावना (lubhāvanā) वि. सुंदर, आकर्षणयुक्त।
(adj.) charming, attractive.
लुरकी (lurakī) स्त्री. बाली, कान का निचला हिस्सा जिसमें स्त्रियाँ बाली, झुमका आदि पहनती हैं।
(f.) earring, lower part of ear.
लुहार (luhār) पु. लोहार।
(m.) a blacksmith.
लू (lū) स्त्री. लौ, गर्म हवा।
(f.) heatwave, sunstroke.
लूका (lūkā) पु. आग की लपट, जलती हुई लकड़ी।
(m.) flame, burning piece of wood.
लूट (lūṭ) स्त्री. लूटने का भाव, लूटने से मिला हुआ माल।
(f.) loot, pillage.
लूट-खसोट (lūṭ-khasoṭ) स्त्री. लूटने और माल छीनने की कार्रवाई।
(f.) act of plundering, plunder.
लूटल (lūṭal) सक. लूटना, जबर्दस्ती छीनना।
(v.t.) to rob, to loot, to plunder.
लूटपाट (lūṭapāṭ) स्त्री. लोगों को लूटने की क्रिया।
(f.) plundering and destruction, looting and ruination.
लूट-मार (lūṭ-mār) स्त्री. लोगों को लूटने-मारने का भाव।
(f.) plundering and massacre.
लूता (lūtā) पु. मकड़ी, लूता।
(m.) a spider.
लूम (lūm) पु. करघा।
(m.) a loom.
लूला (lūlā) वि. जिसका हाथ कटा हो; जो अपंग, पंगु हो।
(adj.) with a maimed, without hand.
लूला-लँगड़ा (lūla-laṁgaṛā) वि. हाथ, पैर कटे हों; जो अशक्त, असमर्थ हो।
(adj.) maimed and crippled.
लूलू (lūlū) वि. मूर्ख, बेवकूफ।
(adj.) foolish.
लेंगा (leṅgā) पु. झगड़ा, कलह, अनबन।
(m.) discord, tiff, disharmony.
लेंड़ी (leṅṛī) स्त्री. बकरी आदि का बँधा ठोस मल।
(f.) sheep or goat shit.
लेंस (leṅs) पु. (अं.) लेंस।
(m.) lens.
लेंहड़ा (leṅhaṛā) पु. पशुओं का झुंड।
(m.) herd.
लेई (leī) पु. गाढ़ा लसीला पेस्ट, अवलेह, चिपकाने के काम आनेवाला पदार्थ, जिल्दसाजी में प्रयोग होनेवाली लेई।
(m.) paste, and adhesive preparation of fine flour (used in book-binding).
लेकिन (lekin) यो. बल्कि, परंतु।
(conj.) but, however.
लेकुना (lekunā) पु. कमी, ऐब, अवगुण।
(m.) defect, demerit, flaw.
लेक्चर (lekcar) पु. (अं.) व्याख्यान।
(m.) a lecture.
लेक्चरबाजी (lekcarabājī) स्त्री. सदैव बोलते रहने की आदत।
(f.) habitual lecturing.
लेख (lekh) पु. मजमून, विचार, लिखित अभिलेख।
(m.) a piece of writing, written document.
लेखक (lekhak) पु. लिखनेवाला, ग्रंथकार।
(m.) a writer, author.
लेखनी (lekhanī) स्त्री. कलम, निर्झरिणी।
(f.) a pen.
लेखपाल (lekhapāl) पु. पटवारी।
(m.) a record-keeper, patwari.
लेखा (lekhā) पु. (सं.) गणना, हिसाब, आय-व्यय का विवरण।
(m.) account.

लेखा (lekhā) अव्य. समान, जैसा।
(indec.) like, similar.
लेखाकर्म (lekhākarm) पु. लेखाकर्म।
(m.) accountancy.
लेखाकार (lekhākār) पु. लेखाकार।
(m.) an accountant.
लेखा-बही (lekhā-bahī) स्त्री. वह बही जिसमें आय-व्यय का हिसाब लिखा जाता है।
(f.) a ledger, an account book.
लेखिका (lekhikā) स्त्री. लिखनेवाली स्त्री, पुस्तक रचनेवाली नारी, लेखिका।
(f.) a woman writer.
लेखे (lekhe) क्रि.वि. लिए, खातिर, बदे।
(adv.) for, for the sake of.
लेट (leṭ) क्रि.वि. (अं.) देर।
(adj.) late.
लेटल (leṭal) अक. लेटना, आराम करना।
(v.i.) to lie (down), to take rest.
लेदरा (ledarā) पु. गुदड़ी, कथरी।
(m.) old tattered cloth pieces, patchwork quiet.
लेदी (ledī) स्त्री. कटा हुआ चारा।
(f.) chopped fodder.
लेन-देन (len-den) स्त्री. आदान-प्रदान।
(f.) give-and-take, financial transaction.
लेना-देना (lenā-denā) पु. लेन-देन।
(m.) transaction.
लेप (lep) पु. लीपने, पोतने, चुपड़ने की चीज।
(m.) liniment, coating, ointment.
लेपल (lepal) सक. लेपना।
(v.t.) to coat.
लेमनचूस (lemanacūs) पु. एक प्रकार का चॉकलेट।
(m.) a king of tofee.
लेरुआ (leruā) पु. गाय का छोटा बछड़ा।
(m.) a calf, young cow child.
लेरू (lerū) पु. नवजात बछड़ा।
(m.) a newborn calf.
लेव (lev) पु. धान रोपने हेतु खेत का कीचड़।
(m.) mud in the field for paddy plantation.
लेवा (levā) पु. सूजनी, बिछौना।
(m.) a thick, bed-sheat.
लेवन (levan) पु. किसी बर्तन की पेंदी में लगी मिट्टी की परत जो चूल्हे पर रखने से पहले लगाई जाती है।
(m.) layer of mud pasted at the bottom of utensil before putting it on a hearth for cooking.
लेवरल (levaral) सक. मिट्टी का लेप करना।
(v.t.) to coat with mud.
लेह (leh) पु. चाटकर खाई जानेवाली चटनी।
(m.) any jelly-type preparation.
लेहना (lehanā) पु. पशुचारा।
(m.) animal fodder.
लेहल (lehal) सक. लेना।
(v.t.) to receive.
लैनू (lainū) पु. मक्खन।
(m.) butter.
लैपटाप (laipaṭāp) पु. (अं.) लैपटॉप।
(m.) a laptop.
लैमू (leimū) पु. नीबू।
(m.) a lemon.
लैस (lais) वि. (अं.) सब तरह से तैयार।
(adj.) fully-equipped, fitted.
लोंदा (loṅdā) पु. गीले पदार्थ का पिंड, व्यंग्य में बेकार व्यक्तियों हेतु प्रयुक्त शब्द।
(m.) dough, wet lump, good for nothing person.
लो (lo) विस्म. विस्मयसूचक शब्द।
(interj.) now see this one, what a surprise?
लोई (loī) स्त्री. गुँथे हुए आटे का लोंदा, पिंड।
(f.) dough.
लोक (lok) पु. लोग, जन, समाज, जनता।
(m.) people, world.
~कथा (~kathā) स्त्री. लोक में प्रचलित ग्राम-गाथा।
(f.) a folk tale.
~गीत (~gīt) पु. जनसमाज में प्रचलित परंपरागत गीत।
(m.) a folk song.
~तंत्र (~taṅtr) पु. जनता द्वारा चयनित, जनता की सेवा में जनता का शासन।
(m.) democracy.
~प्रिय (~priy) वि. जो सभी के लिए प्रिय हो।
(adj.) popular, in vogue.

~भासा (~bhāsā) स्त्री. लोक-भाषा।
(f.) folk language.
~लाज (~lāj) स्त्री. जनमत के प्रति सम्मान।
(f.) regard for public opinion.
~सभा (~sabhā) स्त्री. भारतीय संविधान के अनुसार जनता द्वारा चुने गए प्रतिनिधियों की सभा।
(f.) House of the People.
~सेवा (~sevā) स्त्री. जनसामान्य हेतु किए जानेवाले कार्य, राज्य की सेवा या नौकरी।
(f.) public service.

लोग (log) पु. (सं.) आस-पास के सब आदमी।
(m.) a group of perons (men and women) in general, people.

लोग-बाग (log-bāg) पु. जनसमूह।
(m.) common people.

लोच (loc) स्त्री. लचक, कोमलता।
(f.) elasticity, tenderness.

लोचन (locan) पु. (सं.) आँख, नेत्र।
(m.) eye.

लोचना (locanā) पु. पुत्र-जन्म का शुभ समाचार।
(m.) good news regarding son's birth.

लोट (loṭ) स्त्री. लोटने की क्रिया।
(f.) rolling.

लोटल (loṭal) अक. चित और पट होते हुए इधर-उधर करना।
(v.i.) to roll.

लोट-पोट (loṭ-poṭ) वि. लोटनेवाला।
(adj.) rolling.

लोटा (loṭā) पु. पानी रखने हेतु धातु का गोल पात्र।
(m.) an Indian type of water vessel.

लोढ़ल (loṛhal) सक. फूल चुनना।
(v.t.) to gather flowers.

लोढ़ा (loṛhā) पु. मसाला पीसने हेतु पत्थर का पिंड।
(m.) a stone pestle.

लोथ (loth) स्त्री. चलने-फिरने में असमर्थ।
(f.) incapable to move.

लोथड़ा (lotharā) पु. माँस पिंड।
(m.) lump of flash.

लोन (lon) पु. लवण, नमक।
(m.) salt.

लोफर (lofar) पु. (अं.) आवारा।
(m.) loafer, vaga-bond.

लोभ (lobh) पु. (सं.) लालच, लिप्सा।
(m.) greed.

लोभी (lobhī) वि. (सं.) लालची।
(adj.) greedy.

लोमड़ी (lomaṛī) स्त्री. (सं.) लोमड़ी।
(f.) a fox.

लोर (lor) पु. आँसू।
(m.) tears.

लोरकी (lorakī) स्त्री. लोरी।
(f.) lullaby.

लोराइल (lorāil) सक. आँखों में आँसू आना।
(v.t.) to become tearful.

लोरी (lorī) स्त्री. वह गीत जो स्त्रियाँ छोटे बच्चों को सुलाने के लिए गाती हैं।
(f.) lullaby, a soothing song to help little children to sleep.

लोल (lol) पु. चोंच।
(m.) beak.

लोहई (lohaī) वि. लोहे का बना।
(adj.) made of iron.

लोहखर (lohakhar) पु. हजाम का हथियार रखने का थैला।
(m.) a bag or kit of barber.

लोहसारी (lohasārī) स्त्री. लोहे का काम जहाँ होता है।
(f.) iron-smithery.

लोहा (lohā) पु. लौह, धातु, लोहा।
(m.) iron.

लोहाइन (lohāin) स्त्री. लोहार की स्त्री।
(f.) wife of blacksmith.

लोहार (lohār) पु. (सं.) लोहे की सामग्री बनानेवाली जाति, लुहार।
(m.) a blacksmith.

लोहू (lohū) पु. रक्त।
(m.) blood.

लौंडा (lauṅḍā) पु. 1. बालक, लड़का। 2. नर्तक।
(m.) 1. lad, boy. 2. dancer.

लौंडिया (lauṅḍiyā) स्त्री. बालिका, लड़की।
(f.) a lass, girl.

लौंडी (lauṅḍī) स्त्री. दासी।
(f.) a maid servant, slave girl.

लौंडेबाज (lauṅḍebāj) पु. लौंडेबाज।
(m.) sodomite.

लौ (lau) स्त्री. ज्वाला।
(f.) flame, glow.

लौका (lūkā) पु. लौका, कद्दू।
(m.) a gourd, pumpkin.

लौकी (laukī) स्त्री. दे. लौका।

लौटल (lauṭal) अक. लौटना।
(v.i.) to return.

लौनी (launī) स्त्री. फसल की कटाई।
(f.) reaping.

लौह (lauh) पु. लोहा।
(m.) iron.

लौहपुरुस (lauhapurus) पु. लौहपुरुष।
(m.) iron-man.

लौहजुग (lauhajug) पु. इतिहास में वह युग जब अस्त्र-शस्त्र व अन्य औजार लोहे के ही बनते थे।
(m.) Iron Age.

व

व (va) देवनागरी वर्णमाला का उन्तीसवाँ व्यंजन वर्ण, जो अंतस्थ अर्द्धव्यंजन माना गया है।
– the twenty ninth consonant of the Devanagari syllabary.

वंका (vaṅkā) वि. टेढ़ा, वक्र, कुटिल, झुका हुआ। (पु.) नदी का घुमाव, आवारा आदमी।
(adj.) curved. (m.) turning of river, a wanderer.

वंकिम (vaṅkim) वि. कुछ-कुछ टेढ़ा।
(adj.) curved, bent.

वंग (vaṅg) पु. (सं.) बंगाल।
(m.) Bengal.

वंचक (vaṅcak) पु. (सं.) खल, ठग, धूर्त।
(m.) a deceiver.

वंचकी (vaṅcakī) स्त्री. (सं.) धूर्तता, ठगी, वंचकता।
(f.) deceiving, cheating.

वंचित (vaṅcit) वि. ठगा हुआ, धोखा खाया हुआ, प्रताड़ित, रहित, विमुख।
(adj.) bereft, deprived.

वंदन (vaṅdan) पु. (सं.) स्तुति, पूजन, नमस्कार।
(m.) praising, praise, adoration.

वंदित (vaṅdit) वि. (सं.) पूज्य, पूजित।
(adj.) praised, adored.

वंद्य (vaṅdy) वि. (सं.) पूज्य, आदरणीय।
(adj.) praiseworthy.

वंध्या (vaṅdhyā) स्त्री. (सं.) वह स्त्री या गाय जिसे बच्चा न होता हो।
(f.) unfertile woman, sterile, barren.

वंस (vaṅs) पु. (सं.) 1. बाँस, बाँसुरी, बाँस की गाँठ। 2. कुल, खानदान।
(m.) 1. a bamboo, a pipe flute. 2. family line or succession, dynasty.

व (va) यो. (फा.) और।
(conj.) and.

वकालत (vakālat) स्त्री. (अ.) वकील का पेशा, वकील का काम।
(f.) the profession of a lawyer, practice at the bar.

वकील (vakīl) पु. (अ.) वकालत करने का अधिकारी, प्रतिनिधि, दूसरों की ओर से मुकदमों की पैरवी करनेवाला।
(m.) a lawyer, barrister, representative.

वक्त (vakt) पु. (अ.) समय, काल, अवकाश, अवसर, मौका, मौत की घड़ी।
(m.) time, period of time.

वक्तव्य (vaktavy) पु. (सं.) कथन, कहने योग्य।
(m.) a speech, remark.

वक्ता (vaktā) पु. (सं.) भाषण कला में प्रवीण, विद्वान।
(m.) a speaker.

वक्र (vakr) वि. (सं.) टेढ़ा, तिरछा, चालबाज।
(adj.) crooked.

वक्ष (vakṣ) पु. छाती, पेट और गले के बीच का हिस्सा।
(m.) the breast, chest, bosom.

वगैरह (vagairah) क्रि.वि. इत्यादि।
(adv.) etc.

वचन (vacan) पु. (सं.) वाणी, बोलने की क्रिया।
(m.) a speech, word.

वजन (vajan) पु. (अ.) तौल, भार, तौलने की क्रिया।
(m.) weight.

वजनी (vajanī) वि भारी, वजन रखनेवाला, महत्त्वपूर्ण।
(adj.) weighty, important.

वजारत (vajārat) स्त्री. (अ.) वजीर का काम।
(f.) the office, duties or status of a vizier or minister, government ministry.

वजीफा (vajīfā) पु. (अ.) सहायता-वृत्ति, छात्रवृत्ति।
(m.) a scholarship.

वजीर (vajīr) पु. (अ.) सचिव, मंत्री।
(m.) a vizier, minister.

वजूद (vajūd) पु. मौजूदगी, अस्तित्व।
(m.) existence.

वज्र (vajr) वि. (सं.) बहुत कठोर, सख्त।
(adj.) very hard, dire.

वट (vaṭ) पु. (सं.) बरगद का वृक्ष।
(m.) a banyan tree.

वटी (vaṭī) स्त्री. (सं.) टिकिया, गोली।
(f.) a globlue, lump, tablet.

वतन (vatan) पु. (अ.) स्वदेश, जन्मस्थान।
(m.) native country.

वदन (vadan) पु. (सं.) चेहरा, मुख, शक्ल।
(m.) the face, mouth, front part.

वध (vadh) पु. (सं.) नाश, हनन।
(m.) pilling, slaying.

वधू (vadhū) स्त्री. (सं.) पत्नी, दुल्हन, पर्या. पतोहू।
(f.) bride, young wife.

वन (van) पु. (सं.) वन, जंगल।
(m.) forest, jungle.

वनिता (vanitā) स्त्री. (सं.) प्रिया, प्रेयसी, स्त्री।
(f.) wife, mistress, lady.

वपु (vapu) पु. (सं.) आकृति, शरीर, देह, सौंदर्य।
(m.) the body.

वमन (vaman) पु. (सं.) कै, उल्टी।
(m.) vomiting.

वयस (vayas) स्त्री. अवस्था, उम्र।
(f.) age.

वर (var) पु. (सं.) पसन्द, चुनाव, दूल्हा।
(m.) bridegroom, boon.

वरण (varaṇ) पु. (सं.) चुनाव, पति का चुनाव।
(m.) of choosing, selection, choice.

वरदी (varadī) स्त्री. (अ.) किसी विभाग के कर्मचारियों का विशेष प्रकार का वस्त्र।
(f.) uniform.

वराह (varāh) पु. (सं.) सूअर, शूकर।
(m.) a boar, name of the third or boar incarnation of Vishnu.

वरिस्ठ (varisṭh) वि. (सं.) सबसे अच्छा, श्रेष्ठ, उच्च, वरिष्ठ।
(adj.) senior, seniormost.

वर्स (vars) पु. (सं.) बारह महीनों का समय, वर्ष।
(m.) year, a period of twelve months.

वर्सा (varsā) स्त्री. (सं.) वृष्टि, बरसात, वर्षा।
(f.) rain.

वल्लभ (vallabh) वि. (सं.) प्रिय, प्यारा। (पु.) नायक, प्रियजन, पति, स्वामी।
(adj.) dear. (m.) dear one.

वल्ली (vallī) स्त्री. (सं.) वल्लरी, लता।
(f.) a creeper.

वस (vas) पु. (सं.) सामर्थ्य, प्रभाव, काबू।
(m.) power, authority, control.

वसंत (vasaṅt) पु. (सं.) वसंत ऋतु।
(m.) spring season.

वसन (vasan) पु. (सं.) वस्त्र।
(m.) garment, clothing.

वसीअत (vasīat) स्त्री. (अ.) नृत्यु या लंबी यात्रा के अवसर पर लिखा गया वारिस संबंधी आदेश।
(f.) will.

वसुमती (vasumatī) स्त्री. (सं.) पृथ्वी, देश, राज्य, जमीन।
(f.) the earth, country, state, land.

वस्तु (vastu) स्त्री. (सं.) चीज, विषय।
(f.) substance, object.

वस्त्र (vastr) पु. (सं.) पोशाक, कपड़ा।
(m.) clothes, garment.

वहन (vahan) पु. (सं.) खींचकर या लादकर कहीं ले जाना।
(m.) act of carrying transportation.

वहम (vaham) पु. (अ.) शंका, शक, भ्रम, गलत।
(m.) misconception, delusion, false, notion.

वाक (vāk) स्त्री. (सं.) वाणी, वाक्य, कथन।
(f.) speech, statement.

वाक्य (vāky) पु. (सं.) पदों का समूह जिससे वक्ता का अभिप्राय स्पष्ट हो जाए, एक मंतव्य की अभिव्यक्ति।
(m.) a sentence.

वाचक (vācak) वि. (सं.) बोलनेवाला। (पु.) पाठक, दूत।
(adj.) speaking, signifying. (m.) reader, envoy.

वाचनालय (vācanālay) पु. (सं.) सार्वजनिक पुस्तकालय, समाचारपत्र और पत्रिकाएँ पढ़ने का सार्वजनिक स्थान।
(m.) a reading room.

वाचालता (vācālatā) स्त्री. (सं.) बातचीत की निपुणता।
(f.) talkativeness.

वाणी (vāṇī) स्त्री. (सं.) सार्थक शब्द, वचन, सरस्वती, वाक्शक्ति।
(f.) speech, voice, language.

वातावरन (vātāvaran) पु. वातावरण।
(m.) atmosphere.

वात्सल्य (vātsaly) पु. (सं.) संतान के प्रति माता-पिता का स्नेह, प्रेम।
(m.) parental affection.

वाद (vād) पु. (सं.) कथन, तर्क-वितर्क, बहस, सिद्धांत, अभियोग।
(m.) talk, utterance, controversy.

वादक (vādak) पु. (सं.) बजाने वाला।
(m.) an instrumentalist.

वादा (vādā) पु. (अ.) वचन, इकरार, कर्ज अदा करने का समय, वादा।
(m.) promise.

वादी (vādī) स्त्री. (फा.) घाटी, नदी के किनारे का मैदान, जंगल। (पु.) बोलनेवाला, मुद्दई, बाजा बजानेवाला।
(f.) complainant, plaintiff. (m.) speaker.

वाद्य (vādy) पु. (सं.) बाजा, बाजे को स्वरबद्ध बजाना।
(m.) musical instrument.

वापस (vāpas) वि. (फा.) लौटाया हुआ, लौटा हुआ।
(adj.) returned.

वायस (vāyas) पु. (सं.) कौआ।
(m.) a crow.

वायु (vāyu) स्त्री. (सं.) हवा।
(f.) air.

वाराणसी (vārāṇasī) स्त्री. (सं.) वाराणसी, काशी, बनारस।
(f.) Varanasi.

वारिस (vāris) पु. (अ.) संपत्ति का मालिक, उत्तराधिकारी।
(m.) a heir.

वारुणी (vāruṇī) स्त्री. (सं.) 1. शराब, मदिरा। 2. हथिनी।
(f.) 1. wine. 2. auphant.

वार्ड (vārḍ) पु. (अं.) किसी खास काम के लिए घेरा हुआ स्थान, रक्षा, जेल या अस्पताल का विभाग।
(m.) ward.

वार्डन (vārḍan) पु. (अं.) गार्जियन, अभिभावक, रक्षक।
(m.) warden.

वार्ता (vārtā) स्त्री. (सं.) जनश्रुति, बातचीत, वार्तालाप।
(f.) conversation, talk, negotiation.

वास (vās) पु. (सं.) घर, निवास, रहना, कपड़ा, सुगंध।
(m.) abode, residence, habitation, smell.

वासना (vāsanā) स्त्री. (सं.) काम, भावना या इच्छा, कामना।
(f.) craving, sexual love or desire.

वासर (vāsar) पु. (सं.) दिन, दिवस।
(m.) day.

विक्रेता (vikretā) पु. (सं.) बेचनेवाला।
(m.) seller, salesman.

विख्यात (vikhyāt) वि. (सं.) मशहूर, प्रसिद्ध।
(adj.) renowned, celebrated, distinguished.

विघ्न (vighn) पु. (सं.) विरोध, बाधा, अड़चन।
(m.) hindrance, obstacle.

विचार (vicār) पु. (सं.) किसी विषय पर गंभीरता के साथ सोचना, तत्त्व-परीक्षा, विज्ञता।
(m.) an idea, a thought, notion, concept.

विचित्र (vicitr) वि. (सं.) कई प्रकार के रंगोंवाला, असाधारण, सुंदर, मनोरंजक।
(adj.) strange, odd, unusual, peculiar.

विछोह (vichoh) पु. प्रिय से अलग होना, वियोग।
(m.) separation from a dear one.

विधाता (vidhātā) पु. (सं.) ब्रह्मा, विश्वकर्मा, प्रारब्ध।
(m.) creator, doer.

विधान (vidhān) पु. (सं.) नियम, कानून, काम करने का ढंग, प्रणाली, कार्य का आयोजन, प्रबंध, व्यवस्था, आदेश, निर्माण, साधन, संपादन, भाव-द्वंद्व।
(m.) legislation, constitution.

विधायक (vidhāyak) पु. (सं.) विधानकर्ता, कानून बनानेवाला, कार्य बनानेवाला, संस्थापक, निर्माता।
(m.) lawmaker, legislator.

विधुर (vidhur) पु. (सं.) वियोगी, वह व्यक्ति जिसकी पत्नी की मृत्यु हो गई हो।
(m.) a widower.

विनती (vinatī) स्त्री. प्रार्थना।
(f.) entreaty.

विनय (vinay) पु. (सं.) शिष्टता, नम्रता, आचरण, प्रार्थना।
(m.) modesty, humility, polite manners.

विपदा (vipadā) स्त्री. (सं.) दुःख, विपत्ति।
(f.) hardship, woe, adversity.

विपरीत (viparīt) वि. (सं.) नियम विरुद्ध, उलटा, प्रतिकूल।
(adj.) contrary, opposite.

विपुल (vipul) वि. (सं.) विस्तृत, अधिक, प्रचुर, वृहत्।
(adj.) large, vast, ample.

विभाग (vibhāg) पु. (सं.) मुहकमा, पैतृक संपत्ति का हिस्सा, बँटवारा।
(m.) division, portion.

विभाजक (vibhājak) पु. (सं.) बाँटनेवाला, विभाजन करने- वाला, बँटवारा, अलगाव।
(adj.) deviding.

विभूसण (vibhūṣaṇ) वि. (सं.) अलंकृत करनेवाला। (पु.) सौंदर्य, कांति, अलंकार।
(adj.) ornament, embellishment.

विभोर (vibhor) वि. तल्लीन, निमग्न।
(adj.) filled with joy.

विमल (vimal) वि. (सं.) निर्मल, साफ, मलरहित।
(adj.) crystal clear.

विमोचन (vimocan) पु. (सं.) मुक्ति, दूर करना, जुए से हटाना, निकालना, किसी पुस्तक का लोकार्पण करना।
(m.) release.

वियोग (viyog) पु. (सं.) विरह, दुःख, छुटकारा।
(m.) separation, parting from.

विरह (virah) पु. (सं.) वियोग, जुदाई, परित्याग।
(m.) separating, parting.

विवरन (vivaran) पु. विवरण।
(m.) description.

विवाद (vivād) पु. (सं.) झगड़ा, बहस, मुकदमा, खंडन।
(m.) dispute.

विवाह (vivāh) पु. (सं.) दांपत्यसूत्र में आबद्ध होने की एक प्रथा, शादी।
(m.) marriage, wedding.

विस्व (visv) पु. (सं.) संसार, विश्व।
(m.) world.

विस्मय (vismay) पु. (सं.) अचंभा, आश्चर्य।
(m.) amagement.

विहार (vihār) पु. (सं.) मटरगश्ती, घूमकर मनोरंजन करना, मनोरंजन का स्थान।
(m.) roaming for pleasure, recreation.

विहारी (vihārī) वि. (सं.) मनोरंजन के लिए घूमनेवाला, आनंद लेनेवाला।
(adj.) a wonderer for pleasure.

वेतन (vetan) पु. (सं.) नियत समय पर दिया जानेवाला पारिश्रमिक, प्रायः महीने-महीने दिया जानेवाला पारिश्रमिक, तनख्वाह।
(m.) pay, salary.

वेद (ved) पु. (सं.) हिंदुओं के आदि धर्मग्रंथ, ज्ञान, यथार्थ ज्ञान, विष्णु।
(m.) ancient Hindu scriputres, Vedas, divine (knowledge).

वेदना (vedanā) स्त्री. (सं.) पीड़ा, दुःख, कष्ट।
(f.) agony, torment.

वेस्या (vesyā) स्त्री. (सं.) नाचगान तथा व्यभिचार से जीविका चलानेवाली स्त्री, गणिका, वेश्या।
(f.) a woman who offers herself to somebody in return for money, prostitute.

वैताल (vaitāl) वि. (सं.) बेताल का, वेताल संबंधी।
(adj.) evil spirit, related with magician.

वैर (vair) पु. (सं.) दुश्मनी, विरोध, शत्रुता।
(m.) enmity.

वोइसहीं (voisahīṅ) क्रि.वि. वैसे ही।
(adv.) likewise, as it is.

व्यक्त (vyakt) वि. (सं.) प्रकट, अभिव्यक्त, प्रत्यक्ष, साफ, स्पष्ट, दृश्य।
(adj.) explicit, expressed.

व्यक्ति (vyakti) पु. (सं.) मनुष्य, आदमी।
(m.) a man, a person, individual.

स

स (sa) देवनागरी वर्णमाला का बत्तीसवाँ व्यंजन। इसका उच्चारण स्थान दंत है।
–the thirty-second consonant of the Devanagari syllabary.

सँइतल (saṁital) सक. किसी वस्तु को सुरक्षित जगह पर रखना, संभालना, सैंतना।
(v.t.) to put a thing with care, to put a thing properly.

सँउपल (saṁupal) सक. सौंप देना, प्रदान करना।
(v.t.) to entrust, to hand over.

सँउसे (saṁuse) वि. संपूर्ण।
(adj.) whole, entire.

संकट (saṅkaṭ) पु. (सं.) विपत्ति, दुःख।
(m.) trouble, adversity, difficulty, danger, crisis.

संकटकाल (saṅkaṭakāl) पु. विपत्तिकाल।
(m.) period of crisis.

सँकड़ा (saṁkaṛā) वि. तंग, संकीर्ण।
(adj.) narrow, tight-fitting (a garment).

संकर (saṅkar) वि. (सं.) दोगला, दो चीजों का आपस में मिलकर एक हो जाना।
(adj.) an animal or plant produced by crossing two different species, hybrid, cross breed, cross.

संकर (saṅkar) पु. (सं.) शुभ मंगल के रूप, शिव, शंकर।
(m.) causing happiness, a title of lord Shiva, Shiv, Shankar.

सँकरा (saṁkarā) वि. दे. सँकड़ा।

सँकरात (saṁkarāt) स्त्री. संक्रमण, मकर संक्रांति।
(f.) transition, makar-sankranti.

संकलप (saṅkalap) पु. (सं.) संकल्प।
(m.) a determination to act in a certain way, resolve, resolution, vow.

संका (saṅkā) स्त्री. भय, डर, चिंता, संदेह, शंका।
(f.) fear, anxiety, doubt.

संकाइल (saṅkāil) वि. आशंकित।
(adj.) fearful, alarmed, suspected.

संकाय (saṅkāy) पु. (सं.) विश्वविद्यालयों के प्रमुख अंग जिसके अंतर्गत कई विभाग होते हैं।
(m.) faculty (of a university).

सँकार (saṁkār) पु. स्वीकृति, सहमति।
(m.) acceptance.

सँकारल (saṁkāral) सक. स्वीकार करना, कबूल करना।
(v.t.) to accept, to agree with.

सँकेता (saṁketā) पु. कष्ट, अभाव, संकट।
(m.) difficulty, risk, danger, scarecity.

संकीरतन (saṅkīratan) पु. (सं.) संकीर्तन।
(m.) glorifying (esp. a deity with devotional songs), congregational singing (of devotional songs).

संकोचल (saṅkocal) अक. लज्जा का अनुभव करना, हिचकिचाना।
(v.i.) to feel shy, to hestitate.

संकोची (saṅkocī) वि. (सं.) संकोच करनेवाला, सिकुड़नेवाला।
(adj.) shy, bashful, hesitant.

संख (saṅkh) पु. शंख।
(m.) a conch, shell.

संख्या (saṅkhyā) स्त्री. गिनती, तादाद।
(f.) number.

संख्या-बल (saṅkhyā-bal) पु. बहुमत।
(m.) majority.

संखिआ (saṅkhiā) स्त्री. एक प्रकार का भयंकर विष।
(f.) a type of strong poison.

संखिया (saṅkhiyā) पु. संख्या।
(m.) number.

संग (saṅg) पु. मिलन, सहवास, साथ।
(m.) association, accompaniment.

संगठन (saṅgaṭhan) पु. संघटन।
(m.) an organisation.

संगणक (saṅgaṇak) पु. कंप्यूटर।
(m.) a computer.

संगत (saṅgat) वि. (सं.) संगति, सुसंगत।
(adj.) relevant, consistent.

संगति (saṅgati) स्त्री. (सं.) संगत होने की क्रिया या भाव, मेल बैठना या खाना।
(f.) relevance, consistency.

संगतिया (saṅgatiyā) पु. गवैए के साथ बाजा बजानेवाला।
(m.) accompanist.

संगम (saṅgam) पु. (सं.) मिलाप, सम्मेलन, मेल, प्रयाग में गंगा, यमुना, सरस्वती का मिलनस्थल।
(m.) meeting, joining, confluence (specif. that of the rivers Ganges and Yamuna at Allahabad).

संगमरमर (saṅgamaramar) पु. चमकीला, बढ़िया पत्थर।
(m.) marble.

संग-साथ (saṅg-sāth) पु. (सं.) साथ।
(m.) company.

संगाती (saṅgātī) पु. साथी।
(m.) an associate, friend, devoted (to), fond (of), connected (with).

संगिनी (saṅginī) स्त्री. साथी (स्त्री)।
(f.) female companion.

संगी (saṅgī) पु. दे. संगाती।

संगीत (saṅgīt) पु. लय, ताल, स्वरयुक्त मनोरंजक प्रस्तुति।
(m.) music.

संगीतकार (saṅgītakār) पु. संगीतज्ञ, संगीत/धुन बनानेवाला।
(m.) a composer of music, a musician.

संगीत-नाटिका (saṅgīt-nāṭikā) स्त्री. गीत, संगीतमय नाटक।
(f.) opera.

संगीत-निदेसक (saṅgīt-nidesak) पु. संगीत के निदेशक।
(m.) a music director.

संगीतालय (saṅgītālay) पु. संगीत का भवन।
(m.) a house of music.

संगीन (saṅgīn) वि. विकट, भीषण।
(adj.) seriously bad, grave.

संगीन (saṅgīn) पु. (फा.) वह बरछी जो बंदूक के सिरे पर लगी रहती है।
(m.) bayonet.

संगी-साथी (saṅgi-sāthī) पु. मित्र और साथी।
(m.) friends and companions.

संगोस्ठी (saṅgosṭhī) स्त्री. (सं.) गोष्ठी, संगोष्ठी।
(f.) a conference for some discussion, seminar.

संग्या (saṅgyā) स्त्री. 1. संज्ञा। 2. ज्ञान,बुद्धि, चेतना।
(f.) 1. noun, 2. sense, conciousness.

संग्रहालय (saṅgrahālay) पु. (सं.) संग्रहालय, पुरानी या विशिष्ट चीजों के संग्रह का भवन।
(m.) a museum.

संघ (saṅgh) पु. (सं.) समुदाय, समूह। उदा. 'संघे शक्ति : कलौयुगे'।
(m.) federation, union, group, society.

संघर्स (saṅghars) पु. (सं.) रगड़, होड़, संघर्ष।
(m.) rubbing, friction, clash, conflict, struggle.

संघात (saṅghāt) पु. (सं.) समूह, झुंड, संग, साथ।
(m.) a heavy blow, striking, impact, a group, body.

संघतिया (saṅghatiyā) पु. मित्र, दोस्त, संगी।
(m.) friend, companion.

संचय (sañcay) पु. (सं.) समूह, ढेर।
(m.) collection, hoard.

संचयी (sañcayī) पु. जो व्यक्ति इकट्ठा करता हो या भंडार भरता हो।
(m.) one who collects or hoards.

संचर (sañcar) अक. चलना, घूमना-फिरना, फैलना, प्रचलित होना।
(v.i.) to move, to blow (wind), to spread (as moon light).

संचरन (sañcaran) पु. (सं.) गमन, प्रसरण।
(m.) motion, movement, transmission.

सँचल (saṁchal) सक. संचित करना।
(v.t.) to accumulate, to garner.

सँचल-धन (saṁcal-dhan) पु. संचित धन, खजाना, निधि।
(m.) reserve fund.

संचार (sañcār) पु. (सं.) गमन, संप्रेषण, प्रसारण।
(m.) passing through, circulation (as of the blood or of traffic), setting in motion (as of ideas), communication.

संचारिका (sañcārikā) स्त्री. (सं.) कूटनी, दूती।
(f.) a female go-between, a bawd.

संचालन (sañcālan) पु. (सं.) प्रबंधन, निदेशन।
(m.) managing, directing.

संचित (sañcit) वि. (सं.) इकट्टा या जमा किया हुआ।
(adj.) collected together, hoarded.

सँचेत (saṁcet) वि. (सं.) सचेत, सजीव।
(adj.) mindful, conscious (of), alive (to).
संछेप (saṅchep) पु. संक्षेप।
(m.) summary, abstract.
संजमी (saṅjamī) वि. संयमी।
(adj.) practising restraint.
संजीदगी (saṅjīdagī) स्त्री. (फा.) गुरुता, गंभीरता।
(f.) gravity, seriousness.
संजीदा (saṅjīdā) वि. (फा.) धीर, गंभीर।
(adj.) serious, thoughtful.
संजीवनी (saṅjīvanī) स्त्री. (सं.) मरते हुए को जीवित करनेवाली औषधि।
(f.) a life-giving herb.
संजोग (saṅjog) पु. संयोग।
(m.) coincidence, chance.
सँजोर (saṁjor) वि. टिकाऊ।
(adj.) durable.
सँजोवल (saṁjoval) सक. सँजोना, इकट्ठा या जमा करना।
(v.t.) to arrange, to make ready, to layout (as things on a tray).
संज्ञा (saṅjñā) स्त्री. (सं.) दे. संग्या।
सँझला (saṁjhalā) पु. तीसरा भाई।
(m.) a third brother.
संझा (saṅjhā) स्त्री. संध्याकाल, सायंकाल।
(f.) evening, twilight.
सँझुरावल (saṁjhurāval) सक. सुलझाना।
(v.t.) to disentangle, to comb out (hair), to solve, to set right.
सँटका (saṁṭakā) पु. पतली छड़ी।
(m.) a thin stick, a cane.
संठ (saṅṭh) वि./पु. दुष्ट, नटखट, धोखेबाज।
(adj./m.) a wicked, vicious, crafty, deceitful, a false lover or husband, a rogue.
संठी (saṅṭhī) स्त्री. जूट छुड़ाने के बाद पटसन का डंठल।
(f.) hemp stalk after seperation of jute from the plant.
संड-मुसंड (saṅḍ-musaṅḍ) वि. हट्टा- कट्टा, मोटा-ताजा।
(adj.) stoul, burly, heavy and strong.
सँड़सल (saṁṛasal) अक. फँसना (तंग जगह में)।
(v.i.) to be stuck (in a narrow place like a bottleneck).
सँड़वाह (saṁṛavāh) पु. श्राद्ध में बछड़े को दागकर छोड़ने की विधि।
(m.) the practice of leaving a branded young bull stray in commemoration of a deceased person.
सँड़सी (saṁṛasī) स्त्री. गरम चीज को पकड़ने के लिए बना लोहे का छोटा चिमटा या औजार।
(f.) a small pair of pincers or tongs.
संडास (saṅḍās) पु. शौचकूप, पाखाना।
(m.) a latrine.
सँड़ासा (saṁṛāsā) पु. गरम चीज को पकड़ने हेतु लोहे का बड़ा चिमटा या औजार।
(m.) a large pair of pincers or tongs.
सँड़ासी (saṁṛāsī) स्त्री. दे. सँड़सी।
संत (saṅt) वि./पु. (सं.) साधु, संन्यासी, महात्मा।
(adj./m.) good, virtuous, pious, an ascetic.
संतति (saṅtati) स्त्री. (सं.) बाल-बच्चे, औलाद, संतान।
(f.) offspring, descendants.
संतना (saṅtanā) स्त्री. (सं.) सात्वना, सांत्वना।
(f.) consolation.
संतरा (saṅtarā) पु. संतरा।
(m.) an orange.
संतरी (saṅtarī) पु. (अं.) पहरेदार।
(m.) a sentry.
संतान (saṅtān) स्त्री. बाल-बच्चे, औलाद, संतति।
(f.) offspring, children, descendants, a son or daughter.
संताप (saṅtāp) पु. (सं.) ताप, दुःख, आँच, कष्ट।
(m.) suffering, grief, remorse.
संती (saṅtī) वि. उनके स्थान पर।
(adj.) instead (of).
संतुलन (saṅtulan) पु. (सं.) दो पक्षों का बल बराबर रखना।
(m.) balance, equilibrium.
संतुस्ट (saṅtusṭ) वि. (सं.) तृप्त, जो संतुष्ट हो गया हो।
(adj.) satisfied (with), pleased, contented (with).
संतोस (saṅtos) पु. (सं.) सब्र, तृप्त।
(m.) satisfaction, contentment, patience.
संतोसी (saṅtosī) वि. वह जिसे संतोष हो।
(adj.) one who feels satisfaction.

संदर्भ (saṅdarbh) पु. (सं.) वह परिस्थिति जिसमें कोई घटना घटी हो।
(m.) a context, contextual, reference.

संदल (saṅdal) पु. चंदन।
(m.) sandalwood.

संदूक (saṅdūk) स्त्री. (अ.) पेटी, बक्सा।
(f.) a box.

संदूकची (saṅdūkacī) स्त्री. छोटा संदूक।
(f.) a small box, casket.

संदेस (saṅdes) पु. (सं.) सूचना, समाचार, संदेश, खबर।
(m.) information, news, direction, message.

संदेसवाहक (saṅdesavāhak) पु. संदेशवाहक।
(m.) messenger.

संदेह (saṅdeh) पु. (सं.) संशय, शंका, शक।
(m.) doubt, suspicion.

संधि (saṅdhi) स्त्री. (सं.) मेल, संयोग।
(f.) union, junction, treaty.

संध्या (saṅdhyā) स्त्री. (सं.) संध्याकाल की उपासना।
(f.) evening, evening prayer.

संन्यास (saṅnyās) पु. (सं.) त्यागी और विरक्त होकर भ्रमण करनेवाला साधु जीवन का चौथापन।
(m.) abandonement (speif. renunciation of the world, becoming an ascetic), the fourth stage of life, life as a wandering ascetic).

संन्यासिन (saṅnyāsin) स्त्री. (सं.) संन्यासिनी।
(f.) a female ascetic.

संपत्ति (saṅpattī) स्त्री. (सं.) धन-दौलत, जायदाद।
(f.) wealth, property, resources, prosperity.

संपदा (saṅpadā) स्त्री. (सं.) ऐश्वर्य, वैभव।
(f.) abundance, excess.

संपन्न (saṅpann) वि. (सं.) धनी, दौलतमंद।
(adj.) prosperous, rich.

सँपरल (samparal) अक. पार लगना, निभना, पूरा होना।
(v.i.) to be accomplished, to meet expectations.

संपर्क (saṅpark) पु. (सं.) लगाव, संबंध।
(m.) contact, liaison, relationship, connection.

संपनी (saṅpanī) स्त्री. लकड़ी की बनी सवारी गाड़ी।
(f.) a wooden carriage.

संपाति (saṅpāti) पु. (सं.) एक पक्षी का नाम (गरुड़ का पुत्र, जटायु का भाई)।
(m.) name of a bird (son of Garur, brother of Jatayu).

संपादक (saṅpādak) पु. (सं.) संपादक।
(m.) an editor.

संपादकीय (saṅpādakīy) वि. संपादक का, संपादकीय।
(adj.) editor's, editorial.

संपादकीय (saṅpādakīy) पु. अग्रलेख।
(m.) an editorial.

संपादन (saṅpādan) पु. (सं.) सामयिक पत्र की सामग्री का क्रम, पाठ ठीक कर प्रकाशित करवाने का काम।
(m.) editing.

संपुट (saṅpuṭ) पु. सामान रखने की गोलाकार वस्तु, दोना, डिब्बा, अंजली।
(m.) a cavity, a box with a lid, casket.

संपूर्ण (saṅpūrṇ) वि./पु. सब, कुल, समाप्त, भरा हुआ।
(adj./ m.) complete, entire, whole.

सँपेरा (samperā) पु. साँप पालनेवाला मदारी।
(m.) a snake-catcher, snake-charmer.

सँपोला (sampolā) पु. साँप का छोटा बच्चा।
(m.) a young snake.

सँपोली (sampolī) स्त्री. साँप रखने का छोटा बक्सा।
(f.) basket in which a snake is kept.

संप्रति (saṅprati) क्रि.वि. (सं.) इस समय, अभी।
(adv.) at the present time, now, for the present.

संप्रदाय (saṅpradāy) पु. (सं.) कोई धार्मिक मत, किसी मत के अनुयायी का वर्ग, धार्मिक समुदाय।
(m.) a religious sect; school (of thought), a religious community.

संप्रेसन (saṅpresan) पु. (सं.) एक स्थान से दूसरे स्थान पर भेजना, संप्रेषण।
(m.) transmission, communication, effect (as of work of art).

संबंध (saṅbaṅdh) पु. (सं.) लगाव, संपर्क, वास्ता, एक साथ बँधना, मिलना।
(m.) connection, relationship (of blood or marriage).

संबंधी (saṅbaṅdhī) वि./पु. (सं.) जिसका या जिससे संबंध, लगाव हो।
(adj./m.) connected with, concerning, relative (by marriage), relating to.

संबल (saṅbal) पु. (सं.) सहारा, वह साधन जिसके भरोसे काम किया जाए।
(m.) mainstay, support, prop.

संबोधन (sanbodhan) पु. (सं.) जगाना, पुकारना, समझाना।
(m.) understanding, address.

संभरक (sanbharak) पु. आपूर्तिकर्ता।
(m.) a supplier.

संभरन (sanbharan) पु. आपूर्ति।
(m.) supply.

संभरल (sanbharal) अक. सँभलना।
(v.i.) to pull oneself together, to come to one's self or senses.

संभव (sanbhav) वि. (सं.) जो हो सकता हो, हो सकने योग्य, मुमकिन।
(adj.) possible, probable.

संभवतः (sanbhavatah) क्रि.वि. (सं.) हो सकता है कि, संभव है कि।
(adv.) possibly, probably.

सँभाल (sanbhāl) स्त्री. (सं.) रक्षा, पोषण या देखरेख का भार।
(f.) looking after, care, upkeep.

सँभालल (sanbhālal) सक. पालन-पोषण या देख-रेख करना, सँभालना।
(v.t.) to take care of, to look after.

संभावना (sanbhāvanā) स्त्री. (सं.) हो सकना।
(f.) possibility, probability, likelihood.

संभासन (sanbhāsan) पु. (सं.) बातचीत, कथोपकथन।
(m.) conversation, discourse, dialogue.

संभु (sambhu) पु. (सं.) शिव, महादेव, मंगलमूर्ति।
(m.) beneficent, benevolent, a title of Shiva.

संभोग (sanbhog) पु. (सं.) स्त्री के साथ होनेवाला समागम, इंद्रियसुख का भोग, कामवासना की तृप्ति।
(m.) cohabitation, coitus, sex.

संभोगी (sanbhogī) पु. रतिक्रीड़ा में संलग्न रहनेवाला।
(m.) (one) who indulges in sex.

संभरांत (sanbharānt) वि. (सं.) सम्मानित, प्रतिष्ठित।
(adj.) distinguished, esteemed, respectable, honourable.

संरछक (sanrachak) पु. संरक्षक।
(m.) a patron, supporter, guardian.

संलग्न (sanlagn) वि. (सं.) सटा हुआ, संबद्ध।
(adj.) attached, enclosed, annexed.

संवत् (sanvat) पु. (सं.) वर्ष, साल, महाराज विक्रमादित्य के समय से प्रचलित वर्ष-गणना।
(m.) era, year, era started by king Vikramaditya called 'Vikram Samvat'.

संवत्सर (sanvatsar) पु. दे. संवत्।

सँवरल (samvaral) अक. सुघर बनना, ठीक होना।
(v.i.) to appear in a right choice, make-up.

सँवरिया (samvariyā) पु. साँवला, सलोना, कृष्ण।
(m.) the darkish one, Lord Krishna.

संवर्ग (sanvarg) पु. कोटि।
(m.) cadre.

संवर्धक (sanvardhak) वि./पु. बढ़ानेवाला।
(adj./m.) magnifying, magnifier.

संवहन (sanvahan) पु. ले जानेवाला, वहन करनेवाला।
(m.) carrying, conduction.

संवाद (sanvād) पु. संदेश, वार्तालाप, समाचार।
(m.) a message, dialogue, conversation, news.

संवादक (sanvādak) पु. रिपोर्टर।
(m.) a reporter.

संवाददाता (sanvādadātā) पु. खबर देनेवाला, रिपोर्टर।
(m.) a correspondent, reporter.

संवादहर (sanvādahar) पु. संवाददाता।
(m.) a messenger.

सँवारल (samvāral) सक. (सं.) अच्छी अवस्था में लाना, सजाना, अलंकृत करना।
(v.t.) to make up, to put in proper order, to decorate.

संवाहक (sanvāhak) पु. संवहन करनेवाला।
(m.) a conductor.

संवाही (sanvāhī) पु. दे. संवाहक।

संविद (sanvid) पु. संयुक्त विधायक दल (संक्षिप्त रूप)।
(m.) abbreviation of United Legislative Party.

संविदा (sanvidā) स्त्री. ठीकानामा।
(f.) contract.

संविधान (sanvidhān) पु. वह विधान जिससे राज्य, राष्ट्र का संचालन और व्यवस्थापन होता है।
(m.) constitution.

संवेग (sanveg) पु. दे. संवेदन।

संवेदन (sanvedan) पु. (सं.) स्पर्श, ताप, पीड़ा की अनुभूति।
(m.) sensation.

संसय (sansay) पु. (सं.) संदेह, शंका, सुबहा, आशंका।
(m.) doubt, suspicion, uncertainty.

सँसरी (samsarī) स्त्री. धीमी गति की श्वास।
(f.) slow breathing.

संसोधक (saṅsodhak) वि. संशोधन करनेवाला, सुधारनेवाला।
(adj.) corrective, modifier.

संसोधन (saṅsodhan) पु. (सं.) भूल, दोष का निराकरण, परिशोधन।
(m.) correction, modification, amendment.

संसद (saṅsad) स्त्री. संसद।
(f.) parliament.

संसर्ग (saṅsarg) पु. (सं.) संबंध, लगाव।
(m.) contact, association.

संसाधन (saṅsādhan) पु. (सं.) प्राप्ति का साधन, संपदा।
(m.) means, resource.

संसार (saṅsār) पु. (सं.) जगत, दुनिया।
(m.) world.

संसार-बंधन (saṅsār-baṅdhan) पु. संसार का बंधन।
(m.) bondage, mundane.

संसारी (saṅsārī) वि. (सं.) संसार संबंधी, लौकिक।
(adj.) mundane, worldly.

संस्करण (saṅskaraṇ) पु. (सं.) पुस्तकों की एक बार की छपाई, आवृत्ति।
(m.) edition.

संस्कार (saṅskār) पु. (सं.) मन, रुचि, आचार-विचार का परिष्कृत रूप।
(m.) ritual, rite.

संस्कारहीन (saṅskārahīn) वि. संस्कार से हीन, बुरे संस्कारवाला।
(adj.) uncultured, unrefined.

संस्कृत (saṅskrit) स्त्री. संस्कृत, एक प्राचीन भारतीय आर्यभाषा।
(f.) Sanskrit, an ancient language of India.

संस्कृति (saṅskriti) स्त्री. संस्कृति।
(f.) culture.

संस्तुति (saṅstuti) स्त्री. अनुमोदन, संस्तुति।
(f.) recommendation.

संस्था (saṅsthā) स्त्री. संघटित समाज, समूह या वर्ग, संगठन, समिति।
(f.) institution, organization.

संस्थागत (saṅsthāgat) वि. संस्था से संबंधित, व्यक्तिगत या विलोम संस्थागत।
(adj.) regular, institutional.

संस्थापक (saṅsthāpak) पु. (सं.) स्थापित करनेवाला।
(m.) founder.

संस्मरण (saṅsmaraṇ) पु. (सं.) किसी से संबंधित घटनाओं का उल्लेख।
(m.) reminiscences, memoirs.

संहारल (saṅhāral) सक. नाश करना, वध करना।
(v.t.) to kill (sinners), to exterminate.

स (sa) उप. (सं.) साथ।
(pref.) together with, along with.

सइँकी (saiṁkī) पु. दे. सइयाँ।

सइयाँ (saiyāṁ) पु. पति।
(m.) husband.

सउँपल (sauṁpal) सक. सौंपना, देना, हवाले करना।
(v.t.) to entrust, to hand over, to give, to assign.

सउनल (saunal) सक. सानना, गूँथना।
(v.t.) to soak, to impaste.

सऊर (saūr) पु. (अ.) बुद्धि, ज्ञान, काम करने की योग्यता, ढंग।
(m.) knowledge, wisdom, good manners.

सउरी (saurī) स्त्री. प्रसूति का गृह।
(f.) a labour room.

सकंटक (sakaṅṭak) वि. (सं.) काँटायुक्त, कठिनाईयुक्त।
(adj.) thorny, troublesome.

सक (sak) पु. संदेह।
(m.) doubt.

सकड़-दादा (sakaṛ-dādā) पु. परदादा।
(m.) paternal great-grand-father.

सकड़-नाना (sakaṛ-nānā) पु. परनाना।
(m.) maternal great grandfather.

सकत (sakat) स्त्री. शक्ति, बल, ताकत।
(f.) power, force.

सकता (sakatā) पु. (अ.) बेहोशी या उसकी बीमारी, स्तब्धता, भौंचक्कापन।
(m.) fit, fainting fit, state of helplessness.

सकता (sakatā) स्त्री. दे. सकत।

सकदम (sakadam) पु. साँस लेने में कठिनाई।
(m.) difficulty in breathing.

सकना (sakanā) अक. (सं.) कुछ करने में समर्थ होना।
(v.i.) to be able, to be in a position (to do something).

सकपकाइल (sakapakāil) अक. सकपकाना, धकमकाना।
(v.i.) to be taken aback.

सकरा (sakarā) वि. पतला, संकीर्ण।
(adj.) thin, narrow.
सकराई (sakarāī) स्त्री. हुंडी सकारने की फीस।
(f.) fee charged for accepting a bill of exchange.
सकर्मक (sakarmak) वि. (सं.) व्याकरण में वह क्रिया जो कर्म से युक्त हो।
(adj.) having an object, transitive active (as the forces of nature).
सकल (sakal) वि. (सं.) सब, समस्त।
(adj.) all, entire, the whole, gross (amount).
सकारल (sakāral) सक. (सं.) स्वीकार करना, हुंडी को मान्य करना।
(v.t.) to accept, to endorse, as accepted (a bell immediately before it falls due for payment.
सकारात्मक (sakārātmak) वि. (सं.) जो स्वीकृति या सहमति का सूचक हो।
(adj.) compelling, effective, positive.
सकारे (sakāre) क्रि.वि. सवेरे, शीघ्र।
(adv.) early in the morning.
सकाल (sakāl) पु. (सं.) प्रातःकाल।
(m.) early morning.
सकाले (sakāle) क्रि.वि. दे. सकारे।
सकुचल (sakucal) अक. लज्जा या संकोच करना।
(v.i.) to shrink.
सकुचाइल (sakucāil) अक. सकुचाना।
(v.i.) to feel embarrassment or shame, to shy, to hesitate.
सकुचाई (sakucī) स्त्री. संकोच।
(f.) shrinking, shyness, apprehension, shame.
सकुचीला (sakucīlā) वि. संकोच करनेवाला, लजीला।
(adj.) shrinking, shy.
सकुचौंह (sakucauṅh) वि. दे. सकुचीला।
सकेत (saket) पु. (सं.) संकीर्ण, तंग, संकुचित।
(m.) constraint, distress.
सकेतल (saketal) अक. कसवाना, दबाना।
(v.i.) to draw together, to narrow.
सकेती (saketī) स्त्री. दे. सकेत।
सकोप (sakop) वि. क्रोधवश।
(adj.) angry.
सकोरा (sakorā) पु. कसोरा।
(m.) an earthen cup.
सकोरी (sakorī) स्त्री. कसोरी।
(f.) a small earthen cup.
सक्कर (sakkar) स्त्री. चीनी।
(f.) sugar.
सक्ति (sakti) स्त्री. (सं.) शक्ति, बल, ताकत।
(f.) power, strength.
सक्रिय (sakriy) वि. (सं.) काम में लगा हुआ, प्रभावकारी।
(adj.) active, effective.
सखरज (sakharaj) वि. उदार।
(adj.) liberal.
सखा (sakhā) पु. (सं.) साथी, संगी, मित्र।
(m.) friend, companion.
सखि (sakhi) स्त्री. (सं.) सहेली, सहचरी।
(f.) a woman's or girl's female friend.
सखी (sakhī) स्त्री. (सं.) दे. सखि।
सख्त (sakht) वि. (फा.) कठोर, कड़ा, भारी, वजनी, कठोर-हृदय, मुश्किल।
(adj.) hard, hardened, weighty, burdensome, harsh.
सख्त (sakht) क्रि.वि. (फा.) बहुत अधिक।
(adv.) very much.
सख्तदिल (sakhtadil) वि. (फा.) कठोर हृदय, निर्दय।
(adj.) hard-hearted, harsh, cruel.
सख्ती (sakhtī) स्त्री. (फा.) कठोरता, कड़ापन, दृढ़ता।
(f.) hardness, strictness, firmness, harsh, treatment.
सगड़ (sagaṛ) स्त्री. छोटी बैलगाड़ी, शकट, सग्गड़।
(f.) a small bullock cart.
सगड़ी (sagaṛī) स्त्री. छोटी गाड़ी जिससे सामान ढोते हैं।
(f.) a small cart or trolley.
सगरो (sagaro) वि. समूचा, पूरा, कुल, सारा, पूर्णतः।
(adj.) whole, full, complete, all.
सगा (sagā) वि. (सं.) एक ही माता से उत्पन्न, सहोदर।
(adj.) born of the same parents.
सगाई (sagāī) स्त्री. 1. सगापन, पारिवारिक संबंध, नाता, रिश्ता। 2. विवाह का निश्चय, मँगनी।
(f.) 1. relationship of blood. 2. engagement.

सगुण (saguṇ) वि. सत्त्व, रज, तम–इन तीनों गुणों से युक्त, परमात्मा का रूप, साकार ब्रह्म।
(adj.) having attributes or qualities, qualified, virtuous, having good qualities.

सगुन (sagun) पु. दे सगुण।

सगुनिया (saguniyā) पु. (सं.) शकुन बतलाने वाला व्यक्ति।
(m.) a fortune-teller, astrologer.

सगुनौती (sagunautī) स्त्री. मंगलाचरण, मंगल पाठ।
(f.) an omen, a good omen.

सगोत्र (sagotr) वि. वे जो एक ही गोत्र (पूर्वज) से उत्पन्न हुए हों, एक ही गोत्र के लोग।
(adj.) related one of the same family, name and of common origin, a kinsman.

सगौती (sagautī) स्त्री. खाने का मांस।
(f.) meat for eating.

सग्गड़ (saggaṛ) पु. बोझ ढोनेवाली गाड़ी।
(m.) a cart, long trolley.

सघन (saghan) वि. (सं.) घना, ठोस, अविरल।
(adj.) thick, dense (clouds), dense, crowded (as population or an assembly).

सच (sac) वि. (सं.) सत्य, वास्तविक, ठीक, जैसा हो वैसा ही कहा हुआ, ईमानदार।
(adj.) true, genuine, real, pure, honest, sincere (a friend), trustworthy, just, fair.

सच (sac) पु. (सं.) सत्य।
(m.) the truth.

सच में (sac me) क्रि.वि. वास्तव में, सही में।
(adv.) truly, indeed, really.

सचमुच (sacamuc) क्रि.वि. वास्तव में, यथार्थ रूप में, निश्चय।
(adv.) in very truth.

सचराचर (sacarācar) पु. चर और अचर, सभी पदार्थ या प्राणी, संपूर्ण संसार।
(m.) all animate and inanimate things, the whole world.

सचल (sacal) वि. (सं.) चलता हुआ, चंचल, जंगम।
(adj.) movable, mobile.

सचाई (sacāī) स्त्री. सत्य, सच, ईमानदारी।
(f.) truth, the truth, truthfulness, authenticity, honesty, sincerity.

सचान (sacān) पु. बाज पक्षी।
(m.) a falcon, hawk.

सचिंत (sacint) वि. (सं.) चिंतायुक्त, सावधान।
(adj.) filled with anxious thought, attentive, considerate.

सचित्र (sacitr) वि. चित्र के साथ।
(adj.) having pictures, pictorial, illustrated.

सचिव (saciv) पु. मंत्री, मंत्रालय का प्रशासनिक अधिकारी।
(m.) secretary (of any organisation), minister (of a government).

सचिवालय (sacivālay) पु. सचिवों, मंत्रियों, अधिकारियों का प्रधान कार्यालय।
(m.) secretariat.

सचु (sacu) पु. प्रसन्नता, आनंद, संतोष।
(m.) joy, delight, happiness.

सचेत (sacet) वि. (सं.) जो चेतनायुक्त हो, सावधान, होशियार, खबरदार।
(adj.) having consciousness, conscious, animate, thinking, mindful, alert, recovering, consciousness.

सचेतक (sacetak) पु. सतत् चेत करानेवाला (व्यक्ति), चाबुक से अनुशासित करनेवाला (व्यक्ति)।
(m.) a whip.

सचेतन (sacetan) पु. (सं.) जिसमें चेतना या ज्ञान हो, चेतना की अवस्था।
(m.) a conscious or rational being, state of consciousness.

सच्चा (saccā) वि. दे. सच।

सच्चाई (saccāī) स्त्री. दे. सचाई।

सच्चिदानंद (saccidānand) पु. (सं.) सत्, चित् और आनंद से युक्त, परमात्मा।
(m.) being, thought and bliss, a title of the ultimate being, a title of Visnu as identified with the ultimate being.

सच्चो (sacco) क्रि.वि. सचमुच ही।
(adv.) quite, really.

सजग (sajag) वि. (सं.) सावधान, सचेत, होशियार।
(adj.) wakeful, awake, cautious, attentive, alive.

सजगता (sajagatā) स्त्री. सतर्कता, होशियारी।
(f.) wakefulness, cautiousness.

सजधज (sajadhaj) स्त्री. सजावट।
(f.) decoration.

सजल (sajal) अक. सज्जित या अलंकृत होना, सजाया जाना।
(v.i.) to appear in make up, to be embellished/ decorated/dressed.

सजल-सँवरल (sajal-saṁvaral) अक. बनाव। सिंगार करना, सजना-सँवरना।
(v.i.) to make up, cap-a-pie.

सजनी (sajanī) स्त्री. (सं.) प्रियतमा।
(f.) sweet chum.

सजल (sajal) वि. (सं.) जल से युक्त, आँसुओं से भरा हुआ।
(adj.) watery, hydrous, tearful.

सजल-नयन (sajal-nayan) पु. अश्रुपूर्ण।
(m.) watery-eyed.

सजवल (sajaval) वि. अलंकृत।
(adj.) decorated.

सजा (sajā) स्त्री. (फा.) सजा, दंड।
(f.) a penalty for crime or offence, punishment.

सजा-ए-मौत (sajā-e-maut) स्त्री. फाँसी।
(f.) capital punishment.

सजाय (sajāy) स्त्री. दे. सजा।

सजावट (sajāvat) स्त्री. सजे होने का भाव या क्रिया।
(f.) decoration, ornamentation, something used to decorate.

सजावटकर्ता (sajāvaṭakartā) पु. सजावट करनेवाला।
(m.) a decorator.

सजावटी (sajāvaṭī) वि. सजावट के काम आनेवाला।
(adj.) that makes something look more beautiful, decorative.

सजावल (sajāval) सक. सजाना, सुसज्जित करना।
(v.t.) to beautify, to furnish.

सजावल-सँवारल (sajāval-saṁvāral) सक. अलंकृत करना।
(v.t.) to decorate.

सजीला (sajīlā) वि. सुंदर, आकर्षक।
(adj.) winsome, graceful.

सजीला-जवान (sajīlā-javān) वि. बन-ठन कर रहनेवाला, छैला।
(adj.) dandy, foppish.

सजीव (sajīv) वि. (सं.) जिसमें जीवन या प्राण हो, आँखों देखा।
(adj.) live, full of life, vivacious.

सजीवता (sajīvatā) स्त्री. (सं.) ओजस्विता, जीवंतता।
(f.) liveliness, vivacity.

सज्जन (sajjan) पु. (सं.) भला आदमी, शरीफ, प्रियतम।
(m.) gentleman, goodman.

सज्जा (sajjā) स्त्री. (सं.) सजावट, वेश-भूषा।
(f.) decoration, equipment.

सज्जित (sajjit) वि. (सं.) सजा हुआ, अलंकृत।
(adj.) decorated, adorned.

सझिया (sajhiyā) पु. साझ का, सहभागी, साथी।
(m.) co-partner, co-owner, co-sharer.

सटकल (saṭakal) अक. घिसक जाना, सटक जाना।
(v.i.) to slip away.

सट्राग (saṭrāg) पु. (सं. षट्+राग) छह राग, झगड़ा, बखेड़ा।
(m.) six ragas, discord, turmoil.

सटल (saṭal) अक. सट जाना, चिपक जाना, इस तरह चिपकना कि दोनों के बीच कोई जगह न बचे।
(v.i.) to become fixed, glued with another substance, to be so close together that there is no space between.

सटहरा (saṭaharā) पु. चाबुक, छड़ी।
(m.) a whip, hunter, stick.

सटाक (saṭāk) पु. चाबुक या कोड़े के लगने पर आई ध्वनि।
(m.) sound made by a lash or a whip.

सटावल (saṭāval) सक. चिपकाया हुआ, सटाया हुआ।
(v.t.) to paste.

सटीक (saṭīk) वि. बिल्कुल ठीक, जिसमें मूल के सिवा टीका हो, व्याख्या हो।
(adj.) to the point, apt, supplied with the explanatory notes, annotated.

सटोरिया (saṭoriyā) पु. वह जो केवल तेज मंदी के विचार से खरीद-बिक्री करता हो, सट्टा खेलनेवाला (व्यक्ति)।
(m.) a speculator.

सट्करम (saṭkaram) पु. (सं.) षट्कर्म ब्राह्मणों के छह काम—यज्ञ करना, यज्ञ कराना, पढ़ना, पढ़ाना, दान देना, दान लेना।
(m.) the six acts or duties enjoined on a braman.

सट्कोन (ṣaṭkon) त्रि. षट्कोन छह कोणोंवाला।
(adj.) a hexagon.
सट्राग (saṭrāg) पु. (सं.) छह राग।
(m.) the six tones.
सट्टा (saṭṭā) पु. इकरारनामा।
(m.) speculation.
सट्टी (saṭṭī) स्त्री. वह बाजार जिसमें एक ही तरह की चीजें कुछ निश्चित समय पर आकर बिकती हैं, हाट।
(f.) a market-place.
सट्टेबाज (saṭṭebāj) पु. दे. सटोरिया।
सट्टेबाजी (sattebājī) स्त्री. दे. सट्टा।
सठियाइल (saṭhiyāil) अक. बुड्ढा हो जाने पर बुद्धि का ठीक काम न करना।
(v.i.) to be in dotage, to be senile.
सठियाव (saṭhiyāv) पु. बुढ़ापे के चलते दिमाग की कमजोरी, बुढ़ापा।
(m.) dotage, senility.
सड़क (saṛak) स्त्री. आने-जाने का रास्ता, राजमार्ग, चौड़ा पक्का रास्ता।
(f.) a road.
सड़न (saṛan) स्त्री. सड़ने की क्रिया या भाव।
(f.) decomposition.
सड़ल (saṛal) अक. दुर्गंधयुक्त विकार आना।
(v.i.) to rot, decompose.
सड़सठ (saṛasaṭh) वि. सड़सठ, 67 की संख्या।
(adj.) sixty-seven.
सड़सी (saṛasī) स्त्री. सड़सी, चिमटा।
(f.) pair of tongs, forceps.
सड़ाक (saṛāk) पु. दे. सटाक।
सड़ावल (saṛāval) सक. सड़ाना।
(v.t.) to cause to putrefy, to decompose.
सड़ाँध (saṛāṁdh) स्त्री. किसी चीज के सड़ने पर उसमें से आनेवाली गंध।
(f.) stench, foul smell due to putrefaction, disagreeable smell.
सड़ासड़ (saṛāsaṛ) क्रि.वि. कोड़ा, चाबुक लगने से निकलनेवाली सड़सड़ की आवाज, सड़-सड़ शब्द के साथ, जल्दी-जल्दी।
(adv.) with repeated sound made by a lash or whip.

सड़ियल (saṛiyal) वि. सड़ा हुआ, निकृष्ट, रद्दी, बेकार।
(adj.) rotten, decaying, putrid, worthless, good-for-nothing.
सड्यंत्र (ṣaḍayaṅtr) पु. (सं.) षड्यंत्र, गुप्त कार्रवाई, भीतरी चाल, कपटपूर्ण आयोजन।
(m.) a plot, a conspiracy.
सत (sat) वि. एक सौ।
(adj.) a hundred.
सतक (satak) पु. (सं.) एक ही तरह की सौ वस्तुओं का समूह या संग्रह, सौ की संख्या।
(m.) a century.
सतगुना (sataguṇā) वि. सात गुना।
(adj.) seven times.
सत्गुरु (satguru) पु. अच्छा और सच्चा गुरु।
(m.) a good teacher, worthy preceptor.
सत्जुग (satjug) पु. (सं.) सत्ययुग।
(m.) the first age according to Indian mythology, golden age.
सतत (satat) वि. (सं.) सदा, हमेशा, निरंतर, लगातार।
(adj.) perennial, going on without stopping, occuring without interruption.
सततरवा बाजा (satataravā-bājā) पु. सितार।
(m.) a sitar.
सतधन (satadhan) पु. मृत्यु के सातवें दिन होनेवाला कर्मकांड।
(m.) seventh day observance after death.
सतनजा (satanajā) पु. सात प्रकार के भिन्न अन्नों का मेल।
(m.) a mixture of seven kinds of grains.
सतमासा (satamāsā) पु. वह बच्चा जो गर्भ के सातवें महीने में उत्पन्न हो, गर्भाधान के सातवें महीने में होनेवाला कृत्य।
(m.) of seven months.
सतमेझरा (satamejharā) पु. सात अनाजों का मिश्रण।
(m.) mixture of seven grains.
सतरंगा (sataraṅgā) वि. सात रंगोंवाला।
(adj.) of seven colours.
सतर (satar) स्त्री. (अ.) लकीर, रेखा, पंक्ति, कतार।
(f.) a line, row.
सतर्क (satark) वि. (सं.) सावधान, तर्क या युक्ति से युक्त।
(adj.) alert, cautions, careful, vigilant.

सतलड़ा (satalaṛā) वि. सात लड़ियों (चेनों) वाला। (पु.) सात-चेन वाली नेकलेस।
(adj.) having seven chains. (m.) a necklace with seven chains.

सतवंती (satavaṅtī) वि. पति के सिवा और किसी पुरुष का ध्यान न करनेवाली, पति के प्रति विश्वस्त, समर्पित।
(adj.) (woman) faithful to her husband and true to her duties.

सतसई (satasaī) स्त्री. (सं.) किसी कवि के सात सौ पदों का संग्रह, जैसे बिहारी सतसई, वृंद सतसई।
(f.) collection of seven hundred verses of a poet.

सतह (satah) स्त्री. (अ.) भूमि का ऊपरी भाग, तल।
(f.) the uppermost level of land, surface.

सतहत्तर (satahattar) वि. सतहत्तर, 77 की संख्या।
(adj.) seventy seven.

सतही (satahī) वि. (अ.) ऊपरी तल से संबंधित, ऊपरी, छिछला, उथला।
(adj.) pertaining to the surface, superficial.

सतावल (satāval) सक. (सं.) कष्ट या दुख देना, पीड़ित करना।
(v.t.) to oppress, victimize, torment, torture.

सतावर (satāvar) स्त्री. शतावर, नागदौन।
(f.) asparagus.

सती (satī) स्त्री. (सं.) पतिव्रता, साध्वी।
(f.) a chaste woman, faithful wife.

सतीप्रथा (satīprathā) स्त्री. वह प्रथा जिसमें अपने पति के शव के साथ चिता में पतिव्रता जलकर प्राण दे देती है।
(f.) the tradition of being cremated with the dead body of the husband on the funeral pyre.

सतीत्व (satītv) पु. (सं.) पतिव्रत।
(m.) chastity, fidelity to one's husband.

सतीत्व-भंग (satītv-bhaṅg) स्त्री. पतिव्रत रूप का नाश।
(f.) loss of (one's) chastity.

सतीत्व-हरण (satītv-haraṇ) पु. सदाचारिणी स्त्री के साथ बलपूर्वक संभोग।
(m.) spoilation of (some one's) chastity.

सती-साध्वी (satī-sādhvī) स्त्री. अपने पति के प्रति पूर्णतः निष्ठावान।
(f.) fully loyal to (one's) husband.

सती-सावित्री (saṭī-sāvitrī) स्त्री. अपने पति के प्रति समर्पित भाव।
(f.) extremely loyal to (one's) husband.

सतुआ (satuā) पु. भुने हुए जौ, चने का चूर्ण जो खाया जाता है।
(m.) parched gram or barley pulverised and used as an edible.

सतुहन (satuhan) वि. सत्तू पिसवाने हेतु रखा गया अनाज।
(adj.) (grain) kept aside for being grounded as sattu.

सतोगुण (satoguṇ) पु. भारतीय दर्शन के अनुसार शुद्धता और उत्तमता-भरा गुण सतोगुण है।
(m.) first of the three qualities according to the Hindu Philosophy of life, representing purity and goodness.

सत् (sat) वि. सत्य, सज्जन, नित्य, शुद्ध, श्रेष्ठ प्रत्यय के रूप में प्रयुक्त।
(adj.) used as prefix denoting truth, piety and virtue.

सत्कर्म (satkarm) पु. शुभ काम।
(m.) good action, virtuous deed.

सत्कर्मी (satkarmī) वि. अच्छा काम करनेवाला।
(adj.) virtuous in deed.

सत्कार (satkār) पु. (सं.) खातिरदारी, आदर, सम्मान, सेवा।
(m.) courteous welcome, hospitable reception.

सत्कार्य (satkāry) पु. उत्तम कार्य, अच्छा काम, सत्कर्म।
(m.) good work, virtuous act, hospitability.

सत्कीर्ति (satkīrti) स्त्री. (सं.) उत्तम कीर्ति, यश।
(f.) good reputation, repute, renown, fame.

सत्त (satt) पु. (सं.) सत्त्व, सार, जीवनी-शक्ति।
(m.) essence, extract, power, strength.

सत्तर (sattar) वि. सत्तर, 70 की संख्या।
(adj.) seventy.

सत्ता (sattā) स्त्री. (सं.) अस्तित्व, भाव, हस्ती।
(f.) existence.

सत्ताइस (sattāis) वि. सत्ताइस, 27 की संख्या।
(adj.) twenty seven.

सत्ताधारी (sattādhārī) वि./पु. वह जिसके हाथ में सत्ता हो।
(adj./m.) person in power, authority.

सत्तानबे (sattānabe) वि. सत्तानवे, 97 की संख्या।
(adj.) ninety seven.

सत्तारूढ़ (sattārūṛh) वि. जो सत्ता प्राप्त हो।
(adj.) in power or authority.

सत्तावन (sattāvan) वि. सत्तावन, 57 की संख्या।
(adj.) fifty seven.

सत्ता-संघर्ष (sattā-saṅghars) पु. सत्ता हेतु संघर्ष।
(m.) power-struggle.

सत्तासी (sattasī) वि. सत्तासी, 87 की संख्या।
(adj.) eighty seven.

सत्तू (sattū) पु. दे. सतुआ।

सत्पुत्र (satputr) पु. सुपुत्र।
(m.) a good son.

सत्पुरुस (satpurus) पु. (सं.) सत्पुरुष।
(m.) virtuous person.

सत्फल (satfal) पु. अच्छा फल।
(m.) excellent result.

सत्य (saty) वि. सत्य।
(adj.) true.

सत्यकाम (saty-kām) पु. सदा सत्य, उत्तम कार्यों की कामना करनेवाला व्यक्ति।
(m.) seeker of truth.

सत्यतः (satyatah) क्रि.वि. सही में, सत्य अर्थों में।
(adv.) truly, verily.

सत्यनारायण (satyanārāyaṇ) पु. विष्णु का पर्याय, सत्यव्रत।
(m.) god, the truth, other name of Visnu.

सत्यपथ (satyapath) पु. सत्य का पथ।
(m.) path of truth.

सत्यभामा (satyabhāmā) स्त्री. कृष्ण की पत्नी।
(f.) wife of Krishna.

सत्यवादी (satyavādī) वि. जो कभी असत्य न बोलता हो।
(adj.) one who never tells a lie.

सत्याग्रह (satyāgarh) पु. (सं.) किसी सत्य या न्याय की स्थापना हेतु शांतिपूर्वक किया गया हठ, सत्य के लिए आग्रह।
(m.) insistence on truth, a non-violent struggle offered to uphold the truth, passive resistance.

सत्यानासी (satyānāsī) वि./पु. पूरी तरह बर्बाद करनेवाला (व्यक्ति)।
(adj./m.) completely destructive (person).

सत्र (satr) पु. वह नियत काल जिसमें कोई कार्य एक बार आरंभ होकर कुछ समय तक चलता रहता है।
(m.) session.

सत्रह (satrah) वि. सत्रह, 17 की संख्या।
(adj.) seventeen.

सत्रांत (satrāṅt) पु. सत्र का अंत।
(m.) end of the session.

सत्संग (satsaṅg) पु. (सं.) सज्जनों का साथ।
(m.) company of the good, religious assembly.

सत्संगति (satsaṅgati) स्त्री. दे. सत्संग।

सत्संगी (satsaṅgī) पु. सत्संग करनेवाला व्यक्ति।
(m.) one who attends religious assembly.

सदन (sadan) पु. (सं.) घर, मकान।
(m.) an abode, a home, a house.

सदन-त्याग (sadan-tyāg) पु. सदन-सभा का त्याग, वाकआउट।
(m.) walkout, leaving the house.

सदमा (sadamā) पु. (अ.) किसी दुखद घटना का आघात या चोट।
(m.) a shock, trauma.

सदर (sadar) वि. (अ.) प्रधान, मुख्य।
(adj.) main, head, principal.

सदरी (sadarī) स्त्री. बिना आस्तीन का जैकेट।
(f.) sleeveless jacket, kurta.

सदस्य (sadasy) पु. किसी सभा, समाज में सम्मिलित व्यक्ति।
(m.) member.

सदस्यता (sadasyatā) स्त्री. (सं.) सदस्य होने की अवस्था, भाव या पद।
(f.) membership.

सदस्यता-शुल्क (sadasyatā-sulk) पु. सदस्यता का शुल्क।
(m.) membership fee.

सदा (sadā) क्रि.वि. नित्य, हमेशा।
(adv.) always, ever.

सदाकत (sadākat) स्त्री. सच्चाई।
(f.) truthfulness.

सदाचरण (sadācaraṇ) पु. दे. सदाचार।

सदाचार (sadācār) पु. (सं.) उत्तम आचरण, अच्छा चाल-चलन।
(m.) good conduct.

सदाचारी (sadācārī) वि. (सं. सदाचारिन्) अच्छे आचरण वाला।
(adj.) of good conduct, righteous.
सदानंद (sadānand) पु. शाश्वत आनंद, आशीर्वाद।
(m.) perpetual bliss.
सदाफल (sadāfal) पु. सदा बारहों माह फल देनेवाला वृक्ष।
(m.) the tree that always bears fruit.
सदाबहार (sadābahār) वि. सदा हरा-भरा रहनेवाला।
(adj.) (a tree or plant) bearing green leaves all the year, round, evergreen.
सदारत (sadārat) स्त्री. (अ.) सभापतित्व।
(f.) chairmanship, presidentship.
सदावरत (sadāvarat) पु. जहाँ गरीबों को नित्य भोजन मिलता हो, अन्नक्षेत्र।
(m.) distributing food to the poor on a permanent basis.
सदासिव (sadāsiv) वि./पु. सदा कल्याण करनेवाले, शिव, महादेव।
(adj./m.) ever kind, Lord Shiva.
सदी (sadī) स्त्री. शताब्दी, शती।
(f.) a century.
सदुपदेस (sadupadesh) पु. उत्तम राय, संदेश।
(m.) good counsel.
सदुपयोग (sadupayog) पु. (सं.) उपयुक्त प्रयोग।
(m.) good use, proper use.
सदेह (sadeh) क्रि.वि. शरीर के साथ।
(adv.) bodily, physically.
सदैव (sadaiv) क्रि.वि. सदा, हमेशा।
(adv.) always, ever, forever.
सद् (sad) उप. अच्छा।
(pref.) good.
सद्गति (sadgati) स्त्री. मरने के बाद अच्छे लोक की प्राप्ति, मोक्ष।
(f.) better state, condition, salvation.
सद्गति-निवास (sadgati-nivās) पु. स्वर्गलोक, स्वर्गवास।
(m.) a home for dying persons.
सद्गुण (sadguṇ) पु. (सं.) अच्छा गुण।
(m.) good trait, virtue.
सद्गुनी (sadgunī) वि. अच्छे गुणवाला।
(adj.) possessing good traits, virtuous.
सद्गुरु (sadguru) पु. योग्य, आदर्श गुरु।
(m.) good teacher, worthy preceptor.
सद्धर्म (saddharm) पु. अच्छा या उत्तम धर्म।
(m.) good law, virtuous act.
सद्भाव (sadbhāv) पु. (सं.) प्रेम और हित का भाव।
(m.) good-will, kindly feeling.
सद्भावना (sadbhāvanā) स्त्री. दे. सद्भाव।
सधल (sadhal) अक. सधना, कार्य सिद्ध होना, काम पूरा होना।
(v.i.) to be well accomplished, to be well practised.
सधन्यवाद (sadhanyavād) क्रि.वि. धन्यवाद के साथ।
(adv.) thankfully.
सधवा (sadhavā) वि./स्त्री. सुहागिन, वह स्त्री जिसका पति जीवित हो।
(adj./f.) (woman) whose husband is alive.
सनकहा (sanakahā) वि. दे. सनकाह।
सधावल (sadhāval) सक. खाकर समाप्त करना।
(v.t.) to finish by eating.
सधुवाइन (sadhuvāin) पु. संन्यासिन, भक्तिन, तपस्विन।
(m.) a nun.
सधुवाइल (sadhuvāil) अक. संभोग से विरक्त होना।
(v.i.) to be frigid.
सन (san) पु. सन।
(m.) hemp.
सनई (sanaī) स्त्री. दे. सन।
सनक (sanak) स्त्री. पागलों की प्रवृत्ति, झक आचरण।
(f.) whim, mania, craze.
सनकल (sanakal) अक. पागल होना।
(v.i.) to go crazy, to get intoxicated.
सनकाह (sanakāh) वि. पागल, सनकवाला।
(adj.) mad, crazy, whimsical.
सनकी (sanakī) वि. पागल जैसा, झक्कवाला।
(adj.) eccentric, whimsical, crazy.
सनकीपन (sanakīpan) पु. पागलों की सी धुन, प्रवृत्ति या आचरण, झक।
(m.) eccentricity, whimsicality, craziness.
सनद (sanad) स्त्री. प्रमाण, सबूत, प्रमाण-पत्र।
(f.) certificate from a person in authority, deed document.
सनमति (sanamati) स्त्री. मतैक्य। आम सहमति।
(f.) consensus.

सनल (sanal) अक. किसी में मिलना, लीन होना, डूब जाना।
(v.i.) to be besmeared.
सनम (sanam) पु. (अ.) प्रियतम, प्रेयसी।
(m.) a person who is much loved, dear one, darling, lover, idol.
सनरछक (sanarachak) पु. संरक्षक।
(m.) a patron, guardian.
सनसनी (sanasanī) स्त्री. संवेदना, उत्तेजना, उद्वेग, घबराहट।
(f.) sensation, thrill, excitment.
सनसनीखेज (sanasanīkhej) वि. (फा.) सनसनी उत्पन्न करनेवाला।
(adj.) sensational, thrilling, exciting.
सनसनीदार (sanasanīdār) वि. दे. सनसनीखेज।
सनातन (sanātan) वि. बहुत दिनों से चली आ रही परंपरा, शाश्वत।
(adj.) eternal, perpetual, permanent, ever-lasting.
सनातनी (sanātanī) वि. (सं.) सनातन धर्म का अनुयायी।
(adj.) eternal, pertaining to eternal religion.
सनाथ (sanāth) वि. नाथ, स्वामी, संरक्षक के साथ।
(adj.) endowed with a patron, blessed with a protector.
सनाय (sanāy) स्त्री. एक पौधा जिसकी पत्तियाँ शोधक, रेचक, जुलाब के तौर पर कार्य करती हैं।
(f.) a plant, the leaves of which serve as a purgative.
सनीचर (sanīcar) पु. शनिवार।
(m.) saturday.
सनेसा (sanesā) पु. संदेश।
(m.) a message
सनेह (saneh) पु. स्नेह।
(m.) affection.
सनेही (sanehī) वि. स्नेही।
(adj.) affectionate.
सन् (san) पु. वर्ष, संवत्।
(m.) Anno Domini.
सन्न (sann) वि. (सं.) स्तब्ध, भौचक, निश्चेष्ट।
(adj.) stunned.
सन्नाटा (sannāṭā) पु. नीरवता, निस्तब्धता, एकांतता।
(m.) stillness.
सन्मति (sanmati) स्त्री. अच्छी बुद्धि।
(f.) wisdom, good sense.
सन्मार्ग (sanmārg) पु. सदाचार, नैतिकता का पथ।
(m.) path of righteousness, moral course.
सपत्नी (sapatnī) स्त्री. (सं.) सौत, सौतिन।
(f.) co-wife, another wife of the same husband.
सपत्नीक (sapatnīk) क्रि.वि. पत्नी के सहित।
(adv.) along with (one's) wife or wives.
सपथ (sapath) स्त्री. शपथ, कसम, सौगंध, दृढ़तापूर्वक कथन।
(f.) an oath, a vow.
सपना (sapanā) पु. स्वप्न।
(m.) dream.
सपनाइल (sapanāil) अक. स्वप्न में बोलना।
(v.i.) to talk in dream.
सपरल (saparal) सक. (सं.) काम का हो सकना, काम का पूरा निपटना, किसी काम के प्रति पूरी तरह इच्छा का होना।
(v.t.) to pull through, to have desire to work.
सपरिवार (saparivār) क्रि.वि. अपने परिवार के साथ।
(adv.) together with ones family.
सपरेटा (sapareṭā) पु. मलाई उतारा हुआ, दूध।
(m.) skimmed milk.
सपाट (sapāṭ) वि. समतल, चिकना।
(adj.) flat, plane, smooth.
सपाटा (sapāṭā) पु. (सं.) चलने या दौड़ने का वेग, तीव्र गति।
(m.) speed.
सपाटा (sapāṭā) पु. कसरत का एक प्रकार जिसमें मुँह के बल छाती उठाकर शरीर को ऊपर नीचे किया जाता है, दंड-बैठक।
(m.) push ups and sit downs.
सपाटू (sapāṭū) पु. महोगनी वृक्ष का फल।
(m.) mahogany tree fruit.
सपुत्र (saputr) क्रि.वि. अपने पुत्र या पुत्रों के साथ।
(adv.) together with one s son or sons.
सपूत (sapūt) पु. (सं.) अच्छा और योग्य पुत्र।
(m.) a worthy son.
सपेरा (saperā) पु. सर्प पकड़नेवाला व्यक्ति, साँप के साथ कौतुक दिखलानेवाला व्यक्ति।
(m.) a snake-charmer.

सप्तपदी (saptapadī) स्त्री. हिंदू विवाह के समय वर-वधू द्वारा अग्नि की सात परिक्रमाएँ पूरी करने की विधि, भाँवर, भँवरी।
(f.) seven bridal steps around the fire.

सप्तमी (saptamī) स्त्री. (सं.) चंद्रमास के किसी पक्ष की सातवीं तिथि।
(f.) seventh day of each lunar half month.

सप्ताह (saptāh) पु. (सं.) सात दिनों की अवधि, हफ्ता।
(m.) week.

सफर (safar) पु. (अ.) सफर, यात्रा।
(m.) journey, travel.

सफल (safal) वि. (सं.) 1. जिसमें फल लगा हो। 2. कामयाब, कृतकार्य।
(adj.) 1. bearing fruit, fruitful. 2. successful.

सफलता (safalatā) स्त्री. (सं.) कार्यसिद्धि, कामयाबी।
(f.) success, fruitfulness.

सफा (safā) वि. (अ.) स्वच्छ, निर्मल, शुद्ध, उज्ज्वल।
(adj.) clean.

सफा (safā) पु. (अ.) पुस्तक का पृष्ठ।
(m.) a page of book.

सफाई (safāī) स्त्री. (अ.) साफ करने की क्रिया या भाव, स्वच्छता।
(f.) cleanliness, tidiness, sanitation.

सफाया (safāyā) पु. (अ.) पूरी सफाई, पूर्ण विनाश।
(m.) clean sweep.

सफेद (safed) वि. (फा.) उजला।
(adj.) white.

सफेदी (safedī) स्त्री. (फा.) उजलापन, चूना।
(f.) whiteness, lime.

सब (sab) वि. दे. सबकुछ।

सबक (sabak) पु. (फा.) पाठ, शिक्षा।
(m.) a lesson.

सबकुछ (sabakuch) पु. कुल, पूरा, समस्त।
(m.) everything from A to Z, complete.

सबब (sabab) पु. (अ.) कारण, वजह।
(m.) cause, reason.

सबर (sabar) पु. संतोष, धैर्य।
(m.) satisfaction, patience.

सबराह (sabarāh) वि. 1. अधिक। 2. समय रहते।
(adj.) 1. more. 2. in time.

सबरी (sabarī) स्त्री. मिट्टी या दीवार खोदने का एक औजार, सावर।
(f.) an iron-rod used for house-breaking, jemmy.

सबल (sabal) वि. (सं.) बलवान, ताकतवर।
(adj.) strong, mighty, powerful.

सबहरिया (sabahariyā) पु. घर के हर एक व्यक्ति को भोज में आमंत्रण।
(m.) invitation for all persons in a family.

सबुनावल (sabunāval) सक. साबुन लगाना (कपड़े में)।
(v.t.) to apply soap (to clothes).

सबुर (sabur) पु. धैर्य, संतोष, सब्र।
(m.) forbearance, satisfaction, contentment.

सबूत (sabūt) पु. (अ.) प्रमाण।
(m.) proof, evidence.

सबेर (saber) पु. दे. सबेरा।

सबेरा (saberā) पु. सवेरा।
(m.) morning.

सबेरे (sabere) क्रि.वि. सवेरे।
(adj.) in the morning.

सब्ज (sabj) वि. (फा.) हरा, कच्चा, ताजा, लहलहाता हुआ।
(adj.) green.

सब्जी (sabjī) स्त्री. (फा.) साग-सब्जी।
(f.) vegetable, herbage.

सब्जी-मंडी (sabjī-mandī) स्त्री. सब्जी का बाजार।
(f.) a vegetable market.

सब्द (sabd) पु. (सं.) शब्द।
(m.) a word.

सभहर (sabhahar) पु. दे. सबहरिया।

सभा (sabhā) स्त्री. (सं.) परिषद्, गोष्ठी, समिति।
(f.) an assembly.

सभागार (sabhāgār) पु. वह स्थान या घर जहाँ सभा होती है।
(m.) an auditorium, assembly hall.

सभागृह (sabhāgrih) पु. दे. सभागार।

सभापति (sabhāpati) पु. (सं.) सभा का प्रधान, मुखिया, नेता।
(m.) president of an assembly or public meeting, chairman.

सभामंच (sabhāmaṅc) पु. सभा हेतु विशेष व्यक्तियों के बैठने के लिए तैयार किया गया ऊँचा मंच।
(m.) a dais.

सभामंडप (sabhāmaṅdap) पु. (सं.) वह स्थान जहाँ कोई सभा या समाज एकत्र होता हो, मंदिरों के सामने वह स्थान जहाँ भजन-कीर्तन होता है।
(m.) a pavilion.

सभासद (sabhāsad) पु. (सं.) सदस्य, वह जो सभा में उसके अंग के रूप में रहता हो।
(m.) a councillor.

सभी (sabhī) वि. सब।
(adj.) all.

सभ्य (sabhy) वि. (सं.) शिष्ट, अच्छे आचार व्यवहार रखनेवाला।
(adj.) civilized, polite and courteous, cultivated.

सभ्यता (sabhyatā) स्त्री. (सं.) 1. सभ्य होने का भाव, शराफत, शील और सज्जन होने की अवस्था। 2. सभ्यता।
(f.) 1. cultivated or educated manner civilised state. 2. civilisation.

समंदर (samaṅdar) पु. (सं. समुद्र) सागर।
(m.) sea, ocean.

समंदरी (samaṅdarī) वि. समुद्र से संबंधित।
(adj.) having to do with the sea, marine.

समउरिया (samauriyā) वि. हम उम्र।
(adj.) equal in age, contemporary.

समकछ (samakach) वि. (सं.) समान, तुल्य, समकक्ष।
(adj.) of the same class or category.

समकालीन (samakālīn) वि. (सं.) जो (दो या कई) एक ही समय में हुए हों।
(adj.) concerning to same time, contemporary.

समछ (samach) वि. सामने, सम्मुख, समक्ष।
(adj.) before the eyes (of) in the presence (of) visible.

समग्र (samagr) वि. (सं.) सारा, सब।
(adj.) all, entire, complete.

समजाती (samajātī) वि. एक ही जाति के।
(adj.) of the same kind or type, homogeneous.

समझ (samajh) स्त्री. जानने और समझने की शक्ति, अक्ल।
(f.) understanding, mental grasp, intelligence.

समझल (samajhal) सक. समझना।
(v.t.) to understand, to consider.

समझावल (samajhāval) सक. समझाना।
(v.t.) to cause to understand, to explain (to).

समझौता (samajhautā) पु. आपस में होनेवाला निपटारा, संधि।
(m.) an agreement, a compromise, a pact, a treaty.

समत (samat) पु. लकड़ी का ढेर जो होलिका दहन के दिन जलाया जाता है।
(m.) wood pile for burning on Holi.

समतल (samatal) वि. सपाट।
(adj.) level, even, plane.

समता (samatā) स्त्री. तुल्यता।
(f.) similarity, equality, harmony.

समदन (samadan) पु. एक तरह का गीत जो शादी में बिदाई के समय गाया जाता है।
(m.) a song sung at the time of farewell to the bride.

समदरसी (samadarasī) वि. समान, निष्पक्ष भाव रखनेवाला।
(adj.) viewing equally, impartial, objective.

समधिन (samadhin) स्त्री. पुत्र या पुत्री की सास।
(f.) mother-in-low of a son or daughter.

समधियाना (samadhiyānā) पु. समधी का घर।
(m.) the home or family of a person's father-in-law.

समधी (samadhī) पु. पुत्र या पुत्री का ससुर।
(m.) father-in-low of a son or daughter.

समन (saman) पु. शांति, दोष, विकार, उपद्रव को दबाना।
(m.) calming, relieving (pain, disease).

समन्वय (samanvay) पु. (सं.) मिलान, मिलाप।
(m.) coordination, connection, sucession.

समभाव (samabhāv) पु. समानता, तुल्यता, समान स्वभाव का।
(m.) of similar nature, similarity, equality.

समय (samay) पु. 1. समय, वक्त। 2. मौका, अवसर। 3. अवधि।
(m.) 1. time. 2. opportunity. 3. due time term.

~तालिका (~tālikā) स्त्री. सनय-तालिका।
(f.) time table.

~सारिणी (~sāriṇī) स्त्री. दे. समय-तालिका।

समर (samar) पु. (सं.) युद्ध, लड़ाई।
(m.) war, battle.
समरभूमि (samarabhūmi) स्त्री. युद्धभूमि।
(f.) a battle-field.
समरथ (samarath) वि. (सं.) सक्षम, समर्थ।
(adj.) capable, competent, powerful.
समरथक (samarathak) पु. समर्थक।
(m.) supporter.
समरथन (samarathan) पु. (सं.) मत का पोषण, समर्थन।
(m.) support, confirmation.
समरपन (samarapan) पु. अर्पण, सौंपने की क्रिया।
(m.) handing over, entrusting.
समरस (samaras) वि. (सं.) समतल, बराबर, चौरस।
(adj.) even, harmonious.
समराज्य (samarājy) पु. साम्राज्य।
(m.) empire, kingdom.
समराट (samrāṭ) पु. सम्राट।
(m.) an emperor.
समलिंगी (samaliṅgī) वि. समान लिंगवाले।
(adj.) homosexual.
समवेत (samavet) वि. (सं.) एकत्र, सामूहिक।
(adj.) united, collective.
समवेदना (samavedanā) स्त्री. (सं.) 1. शोक। 2. संवेदना।
(f.) 1. condolence. 2. sentiment.
समसान (samasān) पु. श्मशान।
(m.) a cremation ground, crematorium.
समसामयिक (samasāmayik) वि. समकालीन।
(adj.) contemporary.
समस्त (samast) वि. (सं.) सब, कुल, समग्र।
(adj.) all, whole, entire.
समस्या (samasyā) स्त्री. (सं.) समस्या।
(f.) a problem.
समहुत (samahut) पु. जुताई, फसल की कटाई आदि का शुभारंभ।
(m.) auspicious beginning of plougning, reaping etc.
समाँ (samām̐) पु. 1. समय, वक्त। 2. दृश्य।
(m.) 1. time, season. 2. scene, view.
समाँठ (samām̐ṭh) पु. मूसल।
(m.) a pestle, pounder.
समांतर (samāṅtar) वि. (सं.) समान अंतर पर, समानांतर।
(adj.) parallel.
समा (samā) पु. आकाश।
(m.) the sky.
समाइल (samāil) अक. भर जाना, समाना।
(v.i.) to fill. to get into.
समाई (samāī) स्त्री. समाने की क्रिया या भाव, औकात।
(f.) the act of containing or holding.
समाऊ (samāū) वि. दे. समाई।
समागम (samāgam) पु. (सं.) आगमन, आना, मिलना।
(m.) coming together, meeting, union.
समाचार (samācār) पु. (सं.) संवाद, खबर, हाल, सूचना, घटना।
(m.) news, information, an occurrence.
~चित्र (~citr) पु. समाचार से संबंधित चित्रों की शृंखला।
(m.) a newsreel.
~पत्र (~patr) पु. नियमित रूप से प्रकाशित अखबार।
(m.) a newspaper.
समाज (samāj) पु. (सं.) समाज, समुदाय, वर्ग।
(m.) a society, association. community.
~वाद (~vād) पु. (सं.) समाज में आर्थिक विषमता मिटाकर समता की स्थापना करने का सिद्धांत।
(m.) socialism.
~वादी (~vādī) वि./पु. (सं.) वह जो समाजवाद के सिद्धांत को मानता हो।
(adj./m.) socialist.
~विरोधी (~virodhī) वि. वह जो समाज हित का विरोधी हो।
(adj.) antisocial.
~शास्त्र (~shāstr) पु. समाज, संस्कृति संबंधी तथ्यों का विवेचन करनेवाली विद्या।
(m.) sociology.
~शास्त्री (~shāstrī) पु. समाजशास्त्र का ज्ञाता, पंडित।
(m.) sociologist.
समाजी (samājī) पु. समिति का सदस्य, नर्तकों के साथ का वादक।
(m.) member of a society, a musician accompanying dancers.
समाजीकरण (samājīkaraṇ) पु. (सं.) किसी कार्य, योजना को संपूर्ण समाज के हित में प्रयुक्त करना।
(m.) socialisation.

समादर (samādar) पु. (सं.) यथेष्ट आदर या सम्मान।
(m.) great respect, veneration.

समाधान (samādhān) पु. (सं.) समस्या का हल, निष्पत्ति, निराकरण, निर्णय।
(m.) solution (of a problem), decision, determination.

समाधि (samādhi) स्त्री. (सं.) 1. ध्यान में मग्न। 2. वह स्थान जहाँ मृत व्यक्ति गाड़ा गया हो।
(f.) 1. profound meditation. 2. place of burial or entombment.

समान (samān) वि. (सं.) बराबर, तुल्य, एक जैसा, समतल, चौरस।
(adj.) like, similar, equal, even, level.

समानता (samānatā) स्त्री. (सं.) बराबर या तुल्य होने की दशा या भाव।
(f.) similarity, equality.

समाइल (samāil) अक. (सं.) किसी वस्तु का अंदर पहुँचकर भर जाना।
(v.i.) to be contained or held (in), to fit (into).

समापन (samāpan) पु. (सं.) कार्य समाप्ति।
(m.) completing, perfecting, bringing to an end.

~समारोह (~samāroh) पु. किसी उत्सव के समापन पर आयोजित समारोह।
(m.) concluding ceremony.

समापित (samāpit) वि. पूरा कराया हुआ।
(adj.) caused to be completed.

समाप्त (samāpt) वि. (सं.) खत्म, समाप्त।
(adj.) completed, finished, ended.

समायोजन (samāyojan) पु. (सं.) ठीक तरह से व्यवस्थित रखने की क्रिया।
(m.) an arrangement, adjustment.

समार (samār) पु. दूसरी बार की जुताई।
(m.) a second ploughing.

समारोह (samāroh) पु. (सं.) आयोजन, धूमधाम पूर्वक आयोजित बड़ा काम, समारोह।
(m.) a pomp, a celebratory function, a ceremony.

समालोचक (samālocak) पु. समालोचना करनेवाला व्यक्ति।
(m.) a critic (as of a work), a reviewer.

समालोचन (samālocan) पु. दे. समालोचना।

समालोचना (samālocanā) स्त्री. (सं.) अच्छी तरह से देखना, गुण-दोष की परख, किसी कृति की विवेचना, आलोचना।
(f.) close inspection or examination, close consideration, investigation, critical study (of a field or topic).

समाव (samāv) पु. समाई।
(m.) room, space, capacity (of a hall), volume (of a container).

समास (samās) पु. सम्मिलन, दो शब्दों का मिलकर एक होना।
(m.) combination, compounding, composition (of words).

समाहर्ता (samāhartā) पु. (सं.) समाहार या संग्रह करनेवाला, उगाहनेवाला अधिकारी।
(m.) a collector.

समाहार (samāhār) पु. (सं.) संग्रह, वसूली।
(m.) collection.

समिति (samiti) स्त्री. (सं.) सभा, समाज, कमेटी।
(f.) a committee, society, association.

समीच्छक (samīcchak) पु. दे. समालोचक।

समीच्छण (samicchaṇ) पु. दे. समालोचन।

समीच्छा (samicchā) स्त्री. दे. समालोचना।

समीप (samīp) क्रि.वि. (सं.) निकट, पास, नजदीक।
(adv.) near, adjacent, close.

समीपी (samīpī) पु. पड़ोसी।
(m.) a neighbour.

समुंदर (samuṅdar) पु. दे. समंदर।

समुंदरी (samuṅdarī) वि. दे. समुद्री।

समुचित (samucit) वि. (सं.) उचित, ठीक, उपयुक्त।
(adj.) appropriate, suitable.

समुदाय (samudāy) पु. (सं.) समुदाय, समूह।
(m.) community, mass (of people).

समूचा (samūcā) वि. (सं. समुच्चय) सारा, सब, कुल, पूरा।
(adj.) all, entire, complete, whole.

समूचे (samūce) क्रि.वि. पूरे रूप में।
(adv.) as a whole, in its entirety.

समूल (samūl) वि. (सं.) जो मूल के साथ हो।
(adj.) together with the root.

समूह (samūh) पु. (सं.) झुंड, समूह।
(m.) multitude, group.
समृद्ध (samriddh) वि. (सं.) संपन्न, धनवान।
(adj.) prosperous, rich.
समृद्धि (samriddhi) स्त्री. (सं.) संपन्नता।
(f.) prosperity, richness.
समेटल (sameṭal) सक. (सं.) समेटना।
(v.t.) to gather, to roll up.
समेत (samet) वि. (सं.) संयुक्त, मिला हुआ।
(adj.) with, along with.
समोसा (samosā) पु. भारतीय नमकीन पकवान जो तिकोना होता है।
(m.) an Indian variety of saltish pastry usually triangular in shape.
सम्मत (sammat) वि. सहमत, सम्मत।
(adj.) sanctioned by.
सम्मति (sammati) स्त्री. (सं.) सलाह, सम्मति।
(f.) opinion, view, assent, consent.
सम्मन (samman) पु. (अ.) न्यायालय का वह आज्ञापत्र जिसमें किसी को न्यायालय में उपस्थित होने की आज्ञा दी जाती है।
(m.) summons.
सम्मान (sammān) पु. (सं.) मान, प्रतिष्ठा, सम्मान।
(m.) honour, respect, esteem.
सम्मानित (sammānit) वि. (सं.) प्रतिष्ठित, सम्मानित।
(adj.) respected, esteemed, honoured.
सम्मिलन (sammilan) पु. मिलाप, मेला, सम्मिलन।
(m.) combining, joining, meet, get-together.
सम्मिलित (sammilit) वि. (सं.) मिला हुआ, मिश्रित, सम्मिलित।
(adj.) combined, joint, mingled.
सम्मुख (sammukh) क्रि.वि. सामने, समक्ष, सम्मुख।
(adv.) in front of, facing each other, face to face.
सम्मेलन (sammelan) पु. एकत्रित समाज, जमघट, सम्मेलन।
(m.) conference, convention.
सम्मोहक (sammohak) वि. लुभाने, आकर्षित करनेवाले।
(adj.) fascinating, charming, attractive.
सम्मोहन विद्या (sammohan vidyā) स्त्री. मोहित करने या लुभाने की कला संबंधी विद्या।
(f.) hypnotism.
सम्मोहनी (sammohanī) स्त्री. मोहित करने या लुभाने की क्रिया, मोहित करनेवाले।
(f.) that which hypnotises, hypnotising agent.
सम्हारल (samhāral) सक. सँभालना।
(v.t.) to manage, to arrange.
सय (say) वि. सौ, 100 की संख्या।
(adj.) hundred.
सयन (sayan) पु. सोना, निद्रा।
(m.) lying down, sleeping.
सयान (sayān) वि. 1. वयस्क। 2. बुद्धिमान। 3. धूर्त।
(adj.) 1. grown up. 2. wire. 3. shrewd clever.
सयानपन (sayānapan) पु. चतुरता, चालाकी।
(m.) shrewdness, cleverness.
सयाना (sayānā) वि. दे. सयान।
सयानापन (sayānāpan) पु. दे. सयानपन।
सरकंडा (sarakaṅḍā) पु. सरपत की जाति की वनस्पति।
(m.) a kind of reed.
सरकल (sarakal) अक. सरकना।
(v.i.) to move, to crawl, to move slowly.
सरकवाँसी (sarakavāṁsī) पु. रस्सी की गाँठ जो खींचने से कस जाए, खुल जाए।
(m.) a slip knot.
सरकस (sarakas) पु. पशुओं, कलाबाजों, करतूत दिखानेवालों का दल।
(m.) a circus.
सरकार (sarakār) स्त्री. (फा.) सत्ता, मालिक, प्रभु।
(f.) government, master, boss.
सरकारी (sarakārī) वि. सरकार या मालिक का, सरकार या राज्य का।
(adj.) official, pertaining to government.
सरगना (saraganā) पु. (फा.) सरदार।
(m.) a leader, chieftain.
सरगम (saragam) पु. संगीत में सातों स्वरों का समूह, उनके चढ़ाव-उतार का क्रम।
(m.) gamut, music.
सरगरमी (saragaramī) स्त्री. उत्साह और उमंग।
(f.) zeal and enthusiasm.
सरगही (saragahī) स्त्री. अति सवेरे व्रत रहने के पूर्व भोजन ग्रहण।
(f.) meal taken at early dawn immediately before commencing a fast.

सरजमी (sarajamī) स्त्री. देश, राष्ट्र।
(f.) country.
सरणी (saraṇī) स्त्री. (सं.) मार्ग, रास्ता, ढर्रा, ढंग, लकीर।
(f.) way, path, line, row, table.
सरताज (saratāj) वि. मुकुट, शिरोमणि, सरदार।
(adj.) topping, crown.
सरदार (saradār) पु. (फा.) नायक, अगुआ, शासक।
(m.) chief, chieftain, leader.
सरदारी (saradārī) स्त्री. (हिं. सरदार) सरदार का पद, काम या भाव।
(f.) leadership.
सरधा (saradhā) स्त्री. श्रद्धा।
(f.) fidelity.
सरधांजली (saradhāṅjalī) स्त्री. श्रद्धांजलि।
(f.) homage, respectful offering.
सरनामी (saranāmī) वि. प्रसिद्ध, नामी-गिरामी।
(adj.) famous, well-known.
सरपंच (sarapaṅc) पु. (फा.) पंचों में प्रधान।
(m.) a chief arbiter.
सरपत (sarapat) पु. (सं.) एक प्रकार का तृण, घास जिससे छप्पर छाए जाते हैं।
(m.) a kind of reed.
सरपरस्त (saraparast) पु. अभिभावक, संरक्षक।
(m.) guardian, patron.
सरफ (saraf) पु. डिटर्जेंट का एक प्रकार।
(m.) a kind of detergent, washing powder.
सरफरोसी (sarafarosī) स्त्री. वीरता, शौर्य।
(f.) gallantry, bravery.
सरबत (sarabat) स्त्री. (अ. शर्बत) मधुर पेय पदार्थ।
(f.) any sweet drink.
सरमाइल (saramāil) अक. लजाना, लज्जित होना।
(v.i.) to feel shame, to be bashful.
सरयु (sarayu) स्त्री. (सं.) एक नदी।
(f.) name of a river.
सरल (saral) वि. (सं.) जो टेढ़ा न हो, सीधा।
(adj.) simple, not difficult.
सरल (saral) अक. सड़ना।
(v.i.) to rot, to decay.
सरलता (saralatā) स्त्री. सीधापन।
(f.) simplicity, easiness.
सरस (saras) वि. (सं.) रसीला, रुचिकर।
(adj.) containing sap, juicy, tasty.
सरसठ (sarasaṭh) वि. सड़सठ, 67 की संख्या।
(adj.) sixty seven.
सरसरी (sarasarī) वि. (फा.) स्थूल रूप से, मोटे तौर पर।
(adj.) cursory, summary.
सर-सामान (sar-sāmān) पु. माल-असबाब।
(m.) goods, belongings, luggage.
सरसो (saraso) स्त्री. (सं.) एक पौधा जिसके बीज से तेल निकलता है, सरसों।
(f.) mustard (seed or plant).
सरस्वती (sarasvatī) स्त्री. (सं.) विद्या की देवी, इल्म की देवी।
(f.) goddess of learning.
सरह (sarah) पु. रिवाज।
(m.) custom.
सरहज (sarahaj) स्त्री. साले की पत्नी।
(f.) wife of brother-in-law.
सरहद (sarahad) स्त्री. सीमा, चौहद्दी।
(f.) border, boundary.
सराप (sarāp) पु. अभिशाप।
(m.) curse.
सरापल (sarāpal) सक. शाप देना।
(v.t.) to curse.
सराफ (sarāf) पु. (अ.) सर्राफ, सोने-चाँदी का व्यापारी।
(m.) bullion merchant.
सराफा (sarāfā) पु. (अ.) सराफ का बाजार।
(m.) a bullion market.
सराबी (sarābī) वि. शराबी।
(adj.) drunk.
सराबोर (sarābor) वि. बिल्कुल भीगा हुआ, तर।
(adj.) fully soaked, drenched.
सराय (sarāy) स्त्री. (फा.) मुसफिरखाना, सराय।
(f.) inn, tavern.
सरासर (sarāsar) क्रि.वि. लगातार, पूरा।
(adv.) in toto, totally, wholly.
सराहल (sarāhal) सक. (सं.) प्रशंसा करना।
(v.t.) to praise, to commend.
सराहाइल (sarāhāil) अक. सराहा जाना।
(v.i.) to be appreciated.
सरिआती (sariātī) पु. वधूपक्ष के लोग।
(m.) people belonging to the brides side, bridesiders.

सरियावल (sariyāval) सक. व्यवस्थित ढंग से रखना। (v.t.) to put systematically, to arrange systematically.

सरिता (saritā) स्त्री. (सं.) धारा, नदी। (f.) stream, river.

सरिया (sariyā) पु. लोहे का छड़। (m.) iron bar.

सरिस (saris) वि. समान, सदृश। उदा. 'सियमुख सरिस देख सुखपावा'—तुलसी। (adj.) similar, equal, alike.

सरीखा (sarīkhā) वि. समान, तुल्य। (adj.) like, similar to.

सरीफ (sarīf) वि. ईमानदार। (adj.) honest.

सरीर (sarīr) पु. (सं.) शरीर, देह, तन, बदन। (m.) the body.

सरेआम (sareām) क्रि.वि. खुलेआम। (adv.) publicly.

सरेखल (sarekhal) सक. जिम्मेदारी देना। (v.t.) to make responsible for.

सरेस (sares) पु. (फा.) लसदार वस्तु जो चमड़े, सींग को उबालकर निकाली जाती है। (m.) gelatine, glue.

सरेह (sareh) पु. चारागाह। (m.) grazing field.

सरोकार (sarokār) पु. (फा.) लगाव, वास्ता। (m.) concern, connection, dealings.

सरोज (saroj) पु. कमल। (m.) lotus.

सरोतर (sarotar) क्रि.वि. शुरू से अंत तक उपयुक्त। (adv.) befitting from beginning to end.

सरोवर (sarovar) पु. (सं.) तालाब। (m.) a pond, pool.

सरौता (sarautā) पु. सुपारी काटने का औजार। (m.) a nut-cracker.

सर्ग (sarg) पु. महाकाव्य का अध्याय। (m.) canto, chapter of an epic.

सर्जन (sarjan) पु. (अं.) रचना, फोड़ों की चीर-फाड़ करनेवाला डॉक्टर। (m.) creation, surgeon.

सर्जनहार (sarjanahār) पु. विधाता, स्रष्टा। (m.) creator.

सर्जरी (sarjarī) स्त्री. (अं.) चीड़-फाड़, शल्यक्रिया। (f.) surgery.

सर्त (sart) स्त्री. (अ.) शर्त, दाँव, बाजी। (f.) a condition, a provision, terms.

सर्द (sard) वि. (फा.) ठंडा, शीतल, सुस्त, मंद, धीमा। (adj.) cold, lacking in enthusiasm.

सर्दी (sardī) स्त्री. सरदी। (f.) a low temperature.

सर्प (sarp) पु. साँप। (m.) a snake.

सरपदंस (sarapadaṅs) पु. साँप का काटना। (m.) snakebite.

सर्म (sarm) स्त्री. संकोच, शर्म, लाज। (f.) shame, bashfulness.

सर्मा (sarmā) पु. (सं. शर्मन) ब्राह्मणों की उपाधि। (m.) a title often taken by brahmans.

सर्व (sarv) वि. (सं.) सब, समस्त, कुल। (adj.) all, every, whole, entire.

सर्वगुण (sarvaguṇ) पु. सभी गुण, विशेषताएँ। (m.) all the merits.

सर्वजनीन (sarvajanīn) वि. सार्वजनिक। (adj.) pertaining to all.

सर्वत्र (sarvatr) क्रि.वि. प्रत्येक जगह, चारों ओर, सब प्रकार से। (adv.) everywhere, at every place, in all cases.

सर्वदा (sarvadā) क्रि.वि. (सं.) हमेशा, सदा। (adv.) ever, ever more, always.

सर्वनाम (sarvanām) पु. संज्ञा के स्थान पर प्रयुक्त शब्द; जैसे—वह, तुम, मैं। (m.) pronoun (as he, you).

सर्वनास (sarvanās) पु. (सं.) पूरी तरह बरबादी, विध्वंस, तबाही। (m.) loss of everything, complete ruin, total destruction.

सर्वप्रिय (sarvapriy) वि. (सं.) जो सबको प्रिय हो, अच्छा लगे। (adj.) dear to all, loved by all.

सर्वमंगला (sarvamaṅgalā) स्त्री. (सं.) दुर्गा, लक्ष्मी। (f.) goddess Durga, Goddess Lakshmi.

सर्वलोक (sarvalok) पु. (सं.) समस्त संसार। (m.) the whole world, the whole people.

सर्वसक्तिमान (sarvasaktimān) वि. (सं.) जिसमें सब कुछ करने की शक्ति हो।
(adj.) all powerful, almighty, omnipotent.

सर्वसिच्छा (sarvasiccha) स्त्री. सभी के लिए शिक्षा, सर्वशिक्षा।
(f.) education for all.

सर्वस्री (sarvasrī) वि. आदरसूचक विशेषण, सबके साथ अलग-अलग श्री न लगाकर केवल एक बार लिखा जाता है, जैसे–सर्वश्री राम, कृष्ण, जवाहर।
(adj.) messrs, plural of Mr.

सर्वस्रेस्ठ (sarvasresṭh) वि. (सं.) सबसे उत्तम।
(adj.) best of all.

सर्वसम्मत (sarvasammat) वि. जिसके पक्ष में सबकी सहमति हो।
(adj.) unanimous.

सर्वसाधारण (sarvasādhāraṇ) पु. सभी प्रकार के लोग, जनता, आम लोग।
(m.) common people.

सर्वस्वाहा (sarvasvāhā) वि. सर्वविनाश।
(adj.) ruined entirely.

सर्वाधिक (sarvādhik) वि. सबसे अधिक।
(adj.) greatest in number.

सर्वाधिकार (sarvādhikār) पु. (सं.) सबकुछ करने का अधिकार।
(m.) all rights, full powers.

सर्वेच्छक (sarvecchak) पु. (सं.) सर्वेक्षण करनेवाला, सर्वेक्षक।
(m.) a surveyor.

सर्वेसर्वा (sarvesarvā) वि. (सं.) सर्वेसर्वा, पूरा अधिकार प्राप्त मालिक।
(adj.) all in fall.

सर्वोच्च (sarvocc) वि. (सं.) सबसे ऊँचा।
(adj.) supreme.

सर्वोदय (sarvoday) पु. (सं.) स्वतंत्र भारत का आंदोलन जिसके द्वारा सभी क्षेत्रों में सभी के विकास के प्रयास होते हैं।
(m.) uplift of one and all.

सर्वोपयोगी (sarvopayogī) वि. (सं.) जो सबके लिए उपयोगी हो।
(adj.) useful to all.

सर्वोपरि (sarvopari) वि. (सं.) सबसे ऊपर या बढ़कर होनेवाला।
(adj.) above all, supreme.

सलज्ज (salajj) वि. (सं.) जिसे लज्जा हो, लज्जाशील।
(adj.) bashful, shy.

सलवार (salavār) स्त्री. (फा.) शलवार, ढीला पायजामा जिसे स्त्रियाँ पहनती हैं।
(f.) a kind of trousers (worn by women).

सलहज (salahaj) स्त्री. दे. सरहज।

सलाई (salāī) स्त्री. आँखों में सुरमा लगाने की सलाई, दियासलाई की काठी।
(f.) pointed longish stick rod for applying collyrium to the eyes, match-stick.

सलाख (salākh) स्त्री. धातु का लंबा पतला धड़।
(f.) thin long metallic bar.

सलाद (salād) पु. (अं.) कच्चे कंद-मूल, फल जो पाचक का काम करते हैं।
(m.) salad.

सलाना (salānā) वि. वार्षिक।
(adj.) annual.

सलाम (salām) पु. (अ.) बंदगी, नमस्कार (मुस्लिम समुदाय में)।
(m.) muslim form of salutation.

सलामत (salāmat) वि. जीवित और स्वस्थ, दुःख, संकट से बचा हुआ।
(adj.) alive, living, having life.

सलामी (salāmī) स्त्री. (अ.) सलाम करने की क्रिया, सैनिकों की सलाम करने की प्रणाली।
(f.) salutation, formal salutation (military in particular).

सलामी-बल्लेबाज (salāmī-ballebāj) पु. क्रिकेट में पारी प्रारंभ करनेवाले दो बल्लेबाज।
(m.) opening batsman.

सलाह (salāh) स्त्री. (अ.) सम्मति, राय।
(f.) advice, counsel.

सलाहकार (salāhakār) पु. (अ.+फा.) परामर्शदाता।
(m.) a counsellor, an advisor.

सलिल (salil) पु. (सं.) जल, पानी।
(m.) water.

सलीका (salīkā) पु. (अ.) शिष्टता, शऊर, हुनर।
(m.) etiquette, good manners.

सलीकेदार (salīkedār) वि. तमीजदार, सभ्य।
(adj.) possessing good manners.
सलीपर (salīpar) पु. (अं.) चप्पल (जोड़ा)।
(m.) (pair of) slippers.
सलूक (salūk) पु. (अ.) व्यवहार, बर्ताव, आचरण, भलाई।
(m.) behaviour, goodness, benevolence.
सलूका (salūkā) पु. एक तरह का ब्लाउज जो आधी बाँह का होता है।
(m.) a type of jacket worn by woman, a half-sleeved blouse.
सलोना (salonā) वि. मनोहर, चारु, मनोरम, प्यारा।
(adj.) comely, winsome, pretty, charming.
सलोर (salor) वि. अधिक गीली बनी हुई (सब्जी), रसदार।
(adj.) thin, watery (vegetable).
सव (sav) पु. मृत शरीर, लाश।
(m.) a corpse.
सवर्ण-हिंदू (savarṇ-hiṁdū) पु. उच्च वर्ण का हिंदू।
(m.) a Hindu belonging to the upper castes.
सवस्थ (savasth) वि. स्वस्थ।
(adj.) fit, healthy.
सवाँचल (savāṁcal) सक. जानकारी लेना, ठीक-ठीक पता लेना।
(v.t.) to find out, to look for, to gather information.
सवाँस (savāṁs) पु. अवकाश, फुरसत।
(m.) letup, respite.
सवांग (savāṅg) पु. परिवार का पुरुष सदस्य।
(m.) male member of a family.
सवा (savā) वि. (सं.) जिसमें पूरे के सिवा चौथाई और लगा हो, सवा।
(adj.) one and a quarter.
सवाई (savāī) वि. दे. सवा।
सवाद (savād) पु. स्वाद।
(m.) flavour.
सवामित्व (savāmitv) पु. मालिकाना, अपना अधिकार।
(m.) ownership, lordship, sovereignty.
सवाया (savāyā) वि. दे. सवा।
सवार (savār) पु. (फा.) 1. वह जो घोड़े पर चढ़ा हो, अश्वारोही। 2. वह जो किसी चीज पर चढ़ा हो।
(m.) 1. a horserider. 2. one who has mounted on something.
सवारथ (savārath) पु. स्वार्थ, प्रयोजन।
(m.) self-interest.
सवाल (savāl) पु. (अ. सुवाल) पूछने की क्रिया, प्रश्न, माँग, सवाल।
(m.) an act of questioning, a question, a demand, submission.
सवाली (savālī) पु. (अ.) 1. प्रश्नकर्ता। 2. भिक्षुक।
(m.) 1. questioner. 2. a beggar.
सविता (savitā) पु. (सं.) सूर्य।
(m.) the sun.
सवेर (saver) क्रि.वि. पहले ही, जल्दी।
(adj.) early, soon.
सवेरा (saverā) पु. सुबह।
(m.) morning.
सवेरे (savere) क्रि.वि. दिन निकलते ही।
(adv.) in the early morning.
सवेरे-सवेरे (savere-savere) क्रि.वि. बहुत तड़के।
(adv.) very early in the morning.
सस्त्र (sastr) पु. (सं.) हथियार।
(m.) a weapon.
ससस्त्र (sasastr) वि. (सं.) शस्त्रसहित।
(adj.) armed (a person, or a force).
सस्रम कारावास (sasram kārāvās) पु. कठिन श्रम के साथ जेल।
(m.) imprisonment with hard labour.
ससुर (sasur) पु. (सं.) श्वसुर।
(m.) father-in-law (of husband or wife).
ससुराल (sasurāl) स्त्री. (सं.) ससुर का घर।
(f.) father-in-law's house.
ससुरी (sasurī) स्त्री. 1. सास। 2. एक गाली।
(f.) 1. mother-in-law. 2. am abuse.
सस्ठ (sasṭh) वि. (सं.) छठा।
(adj.) sixth.
सस्ता (sastā) वि. (सं.) सामान्य से कम मूल्य का, मामूली, भाव का उतार।
(adj.) cheap, inferior.
सस्ताइल (sastāil) अक. सस्ता होना।
(v.i.) to become cheap.
सस्तापन (sastāpan) पु. दे. सस्ती।
सस्ती (sastī) स्त्री. सस्तापन, वह समय जब चीजें सस्ती मिलती हों।
(f.) cheapness, low price, a time of low prices.

सह (sah) उप. सहित, समेत, साथ।
(pref.) with, along with, together with.

सहकल (sahakal) अक. मन का बढ़ना।
(v.i.) to exult.

सहकार (sahakār) पु. (सं.) औरों के साथ मिलकर काम करने की वृत्ति, सहयोग।
(m.) one who acts with a colleague, co-operation.

सहकारी (sahakārī) वि./पु. (सं.) साथी, सहयोगी, सहायक।
(adj./m.) cooperating, cooperative, a fellow worker, assistant.

सहगामिनी (sahagāminī) स्त्री. (सं.) सहगमन करनेवाली स्त्री, पत्नी, सहेली।
(f.) accompanying, companion on a journey.

सहगामी (sahagāmī) वि. (सं.) साथ चलनेवाला, साथी।
(adj.) going with, accompanying, associate.

सहचर (sahacar) वि. साथ रहने और चलनेवाला। (पु.) साथी, सेवक, नौकर।
(adj.) associating. (m.) companion, follower, attendant.

सहचरी (sahacarī) स्त्री. दे. सहचर।

सहज (sahaj) वि. (सं.) सरल, सुगम, स्वाभाविक, प्रकृत, साधारण।
(adj.) innate, natural, unforced, unaffected, easy, simple.

सहजनमा (sahajanamā) वि. जौंआ, जुड़वाँ।
(adj.) born together (as twins).

सहजोग (sahajog) पु. दे. सहयोग।

सहजोगी (sahajogī) पु. दे. सहयोगी।

सहन (sahan) पु. (सं.) सहने की क्रिया, सहना, क्षमा।
(m.) patience, tolerance, forbearance.

सहन (sahan) पु. घर के बीच का खुला भाग, आँगन, चौक, घर से सटा खुला क्षेत्र।
(m.) inner courtyard, open area adjoining a house.

सहनसील (sahanasīl) वि. सहनशील।
(adj.) passive, tolerant.

सहपाठिनी (sahapāṭhinī) स्त्री. वह जो किसी के साथ पढ़ी हो, सहाध्यायी।
(f.) fellow-student, class fellow.

सहपाठी (sahapāṭhī) पु. दे. सहपाठिनी।

सहबाला (sahabālā) पु. दूल्हे का छोटा भाई।
(m.) broom's younger brother.

सहभागी (sahbhāgī) वि. (सं.) समान रूप से भागी हो, हिस्सेदार, शेयर।
(adj.) sharing, partner, shareholder.

सहम (saham) पु. (फा.) भय, डर, खौफ।
(m.) fear, fright.

सहमत (sahamat) वि. किसी के साथ एकमत होना।
(adj.) agree.

सहमल (sahamal) अक. सहमना।
(v.i.) to feel fear (of).

सहमावल (sahamāval) सक. सहमाना, डराना।
(v.t.) to frighten, to terrify.

सहयोग (sahayog) पु. (सं.) सहायता, साथ लेकर कोई काम करने का भाव, सहयोग।
(m.) cooperation, collaboration.

सहयोगी (sahayogī) वि. (सं.) सहयोग करनेवाला, सहायता करनेवाला।
(adj.) cooperating, associated.

सहर (sahar) पु. (फा. शह्र) शहर, नगर, पुर।
(m.) a city, a town.

सहल (sahal) सक. झेलना, वहन करना।
(v.t.) to tolerate, to forbear.

सहलावल (sahalāval) सक. सहलाना।
(v.t.) to stroke, to caress, to teckle.

सहलाहट (sahalāhaṭ) स्त्री. सहलाने की क्रिया या भाव।
(f.) stroking, caressing.

सहवास (sahavās) पु. (सं.) मैथुन, संभोग।
(m.) sex, intercourse.

सहवासी (sahvāsī) वि. (सं.) साथ रहनेवाला।
(adj.) co-resident, fellow lodger.

सहवैया (sahavaiyā) पु. सहनेवाला, दुःख उठानेवाला व्यक्ति।
(m.) an endurer, a sufferer.

सहस (sahas) वि. सहस्र, हजार।
(adj.) thousand.

सहसा (sahasā) क्रि.वि. (सं.) एकाएक, अकस्मात्।
(adv.) suddenly, rashly, hastily.

सहाउर (sahāur) वि. बर्दाश्त करने लायक।
(adj.) bearable, endurable.

सहाना (sahānā) पु. एक तरह की धुन।
(m.) a kind of tune.
सहानुभूति (sahānubhūti) स्त्री. हमदर्दी।
(f.) sympathy.
सहाय (sahāy) पु. (सं.) सहायता, मदद, सहायक, संरक्षक।
(m.) a helper, patron.
सहायक (sahāyak) वि. (सं.) सहायता करनेवाला।
(adj.) assisting, assistant.
सहायता (sahāyatā) स्त्री. (सं.) मदद, धन से सहयोग।
(f.) help, assistance, aid.
सहायिका (sahāyikā) स्त्री. सहायता करनेवाली स्त्री।
(f.) assistant (female).
सहारा (sahārā) पु. (सं.) आश्रय, आसरा, भरोसा, सहायता।
(m.) support, dependence, reliance, assistance.
सहिजन (sahijan) पु. दे. सैजन।
सहित (sahit) क्रि.वि. (सं.) समेत, साथ।
(adv.) with, along with.
सहियारल (sahiyāral) सक. ठीक-ठीक क्रम में सजाना, लगाना, सुधारना।
(v.t.) to arrange, to adjust, to improve.
सही (sahī) वि. शुद्ध, ठीक, सत्य, सच, यथार्थ।
(adj.) correct, right, true, real.
सही (sahī) पु. हस्ताक्षर, दस्तखत। (वि.) ठीक।
(m.) signature. (adj.) correct.
सही-सही (sahī-sahī) क्रि.वि. सही-सही से।
(adv.) correctly.
सहीद (sahīd) पु. (अ.) शुभ प्रयत्न में प्राण देनेवाला व्यक्ति, शहीद।
(m.) a martyr.
सहुआइन (sahuāin) स्त्री. व्यापारी की पत्नी।
(f.) a merchant's or shopkeeper's wife.
सहूलत (sahūlat) स्त्री. (अ.) आसानी, सुविधा।
(f.) a facility.
सहूलियत (sahūliyat) स्त्री. दे. सहूलत।
सहेजल (sahejal) सक. सँभालना, मिलान करके सँभालकर रखना।
(v.t.) to check, to tally, to keep properly.
सहेली (sahelī) स्त्री. (सं.) सखी।
(f.) female companion.
सहोटल (sahoṭal) सक. समेटना।
(v.t.) to gather, to collect.
सहोथल (sahothal) सक. हाथ से बटोरना।
(v.t.) to gather with hands.
सहोदर (sahodar) वि./पु. (सं.) सगा भाई, एक ही माता के उदर से उत्पन्न, सगा।
(adj./m.) sibling, (one's) own brother.
साँई (sāṁī) पु. दे. साई।
साँकड़ (sāṁkaṛ) स्त्री. दे. सिक्कड़।
सांगोपांग (sāṅgopāṅg) क्रि.वि. संपूर्ण, सब अंगों से युक्त।
(adv.) wholly, together with parts, all, entire, thoroughly.
साँच (sāṁc) वि. दे. सच्चा।
साँचीपान (sāṁcīpān) पु. एक तरह का पान।
(m.) a kind of betel leaf.
साँझ (sāṁjh) स्त्री. संध्या, शाम।
(f.) evening.
साँझा (sāṁjhā) पु. एक तरह का गीत जो शुभ अवसर पर महीनों पहले से शाम को गाया जाता है।
(m.) a song sung in the evening during weddings.
साँठ-गाँठ (sāṁṭh-gāṁṭh) स्त्री. घनिष्ठ या गुप्त संबंध, षड्यंत्र।
(f.) complicity, unholy alliance, intrigue.
साँड़ (sāṁṛ) पु. (सं.) दागकर छोड़ा हुआ बछड़ा, जिसका बधिया न किया गया हो।
(m.) a bull.
साँढ़ (sāṁṛh) पु. दे. साड़।
सांत (sāṅt) वि. (सं.) क्रोध, क्षोभरहित, शांत।
(adj.) pacified (anger).
सांति (sāṅti) स्त्री. शांति, चित्त की स्वस्थता, मन में उपद्रव और विद्वेष का अभाव।
(f.) calmness, quiet, peace (of mind).
साँप (sāṁp) पु. (सं.) सर्प, विषधर।
(m.) a serpent, snake.
साँप-गोजर (sāṁp-gojar) पु. साँप आदि जहरीले जीव।
(m.) poisonous creatures as snake etc.
साँपिन (sāṁpin) स्त्री. मादा साँप।
(f.) a female snake.
सांप्रदायिक (sāṁpradāyik) वि. (सं.) परस्पर विद्वेषी संप्रदायों से संबंध रखनेवाला, सांप्रदायिक।
(adj.) communal.

सांप्रदायिकता (sāṁpradāyikatā) स्त्री. (सं.) सांप्रदायिक होने का भाव।
(f.) communalism.

साँबर (sāṁbar) पु. दक्षिण भारत की मसालेदार कढ़ी।
(m.) south Indian spiced curry.

साँवर (sāṁvar) वि. श्याम वर्ण का।
(adj.) dark complexion.

साँवला (sāṁvalā) वि. (सं.) श्यामल, श्याम वर्ण का।
(adj.) having a dark complexion.

साँवाँ (sāṁvāṁ) पु. चावल का तुच्छ प्रकार।
(m.) a low variety of rice.

साँस (sāṁs) स्त्री. (सं.) श्वास, दम।
(f.) breath.

साँसत (sāṁsat) स्त्री. (सं.) शारीरिक पीड़ा, कष्ट, दंड, सजा।
(f.) agony.

सांसद (sāṅsad) पु. (सं.) संसद का सदस्य।
(m.) member of the parliament.

साँसा (sāṁsā) पु. श्वास, साँस, जीवन, जिंदगी। उदा. 'जब तक साँसा तब तक आसा'।
(m.) breath, life.

साइकिल (sāikil) स्त्री. (अं.) साइकिल, पैरगाड़ी।
(f.) cycle.

साइत (sāit) स्त्री. (अ.) समय, मुहूर्त।
(m.) moment, auspicious moment.

साइन-बोर्ड (sāin-borḍ) पु. नाम पट्ट।
(m.) a sign bord.

साइस (sāis) पु. घोड़े की ओढ़नी।
(m.) horse's caparison.

साई (sāī) स्त्री. पेशगी, बयाना।
(f.) advance, earnest money.

साकार (sākār) वि. (सं.) रूप या आकारवाला, मूर्तिमान, मूर्त्त।
(adj.) shaped, having a shape or form.

साकिन (sākin) वि. (अ.) निवासी, रहनेवाला।
(adj.) resident, inhabitant of.

साकी (sākī) पु. शराब प्रस्तुत करनेवाला, प्रेमी।
(m.) server of wine, beloved.

साकेत (sāket) पु. अयोध्या नगरी।
(m.) city of ayodhya.

साख (sākh) स्त्री. (सं.) लेन-देन के खरेपन की मान्यता।
(f.) credit.

साखा (sākhā) स्त्री. शाखा, टहनी, डाली।
(f.) branch, section.

साखी (sākhī) पु. (सं.) गवाह, पंच।
(m.) a witness, arbiter.

साखू (sākhū) पु. (सं.) शाल या सखुआ वृक्ष जिसकी लकड़ी से इमारती सामान बनते हैं।
(m.) sal tree and its wood.

साग (sāg) पु. (सं.) हरी पत्तियाँ जो सब्जी के काम आती हैं।
(m.) green leaves used as vegetables.

साग-भाजी (sāg-bhājī) स्त्री. शाक, भाजी, तरकारी।
(f.) vegetables.

सागर (sāgar) पु. (सं.) समुद्र।
(m.) sea, ocean.

सागर (sāgar) पु. शराब का प्याला।
(m.) cup for drinking wine.

सागौन (sāgaun) पु. शाल का वृक्ष।
(m.) teak-wood, teak-tree.

साछर (sāchar) वि. (सं.) शिक्षित, पढ़ा-लिखा, साक्षर।
(adj.) able to read and write, educated, literate.

साछरता (sācharatā) स्त्री. (सं.) साक्षर होने का भाव, साक्षरता।
(f.) literacy.

साछात्कार (sāchātkār) पु. भेंट।
(m.) seeing and meeting somebody.

साछी (sāchī) पु. (सं.) साक्षी, गवाह, तटस्थ दर्शक।
(m.) a witness, eye witness.

साज (sāj) पु. सजावट, रंग-ढंग, ठाट-बाट।
(m.) equipage, articles of decoration, harness.

साज-सज्जा (sāj-sajjā) स्त्री. (फा.) सजावट, सजावट का सामान।
(f.) decoration and grandeur.

साज-सामान (sāj-sāmān) पु. सामग्री, उपकरण, ठाट-बाट।
(m.) equipment, furniture, paraphernalia.

साजन (sājan) पु. (सं.) पति, प्रेमी, प्रिय, सज्जन।
(m.) a husband, lover.

साजिस (sājis) स्त्री. (फा.) साजिश, बनावट, गढ़न, षड्यंत्र।
(f.) conspiracy, plot, intrigue.

साझा (sājhā) वि. (सं.) हिस्सेदारी, भाग, हिस्सा।
(adj.) shared by two or more people, in common.

साझेदार (sājhedār) पु. हिस्सेदार, साझी।
(m.) co-partner, co-sharer.

साटन (sāṭan) पु. (अं.) रेशमी कपड़ा।
(m.) satin.

साटल (sāṭal) सक. चिपकाना।
(v.t.) to paste, to stick.

साठ (sāṭh) वि. साठ, 60 की संख्या।
(adj.) sixty.

साठ-गाँठ (sāṭh-gāṁṭh) स्त्री. गुप्त समझौता।
(f.) complicity, collision.

साठा (sāṭhā) वि. साठ वर्ष का।
(adj.) sixty years old, of sixty years.

साठी (sāṭhī) पु. धान का एक प्रकार जो साठ दिन में तैयार होता है।
(m.) a kind of paddy which ripe in sixty days.

साड़ी (sāṛī) स्त्री. (सं.) साड़ी।
(f.) sari.

साढ़ी (sāṛhī) स्त्री. मलाई, छाल्ही।
(f.) cream.

साढ़ू (sāṛhū) पु. पत्नी की बहन का पति।
(m.) husband of wife's sister, brother-in-law.

साढ़े (sāṛhe) वि. (सं.) आधे के साथ (पूरी संख्या के अलावा)।
(adj.) plus half.

सात (sāt) वि. (सं.) सात, 7 की संख्या।
(adj.) seven.

सात-पाँच (sāt-pāṁc) स्त्री. धोखा, चकमा।
(f.) deception, deceit.

सातपूती (sātapūtī) वि. सात पुत्रोंवाली स्त्री।
(adj.) (women) having seven sons.

सातफेर (sātafer) पु. विवाह के समय अग्नि को साक्षी मानकर लगाया गया सात फेरा।
(m.) seven bridal round of the sacred fire.

साथ (sāth) पु. (सं.) संगति, साथ।
(m.) company.

साथ-साथ (sāth-sāth) क्रि.वि. साथ-साथ।
(adv.) together.

साथिन (sāthin) स्त्री. साथ रहनेवाली महिला।
(f.) she companion.

साथी (sāthī) पु. मित्र, दोस्त, साथी।
(m.) companion, comrade.

सादगी (sādagī) स्त्री. (फा.) सादापन, सीधापन।
(f.) simplicity, the quality of being simple.

सादर (sādar) क्रि.वि. आदर के साथ।
(adv.) with respect, respectfully.

सादा (sādā) वि. (फा.) सादा, सीधा, सरल।
(adj.) simple, plain.

सादापन (sādāpan) पु. दे. सादगी।

सादी (sādī) स्त्री. (फा.) शादी, विवाह, ब्याह।
(f.) marriage, a wedding.

साध (sādh) स्त्री. (सं.) श्रद्धा, अभिलाषा।
(f.) long cherished desire, wish, yearning.

साधक (sādhak) वि. (सं.) साधना करनेवाला।
(adj.) religiously persevering.

साधन (sādhan) पु. सामान, सामग्री।
(m.) means, matter.

साधना (sādhanā) स्त्री. (सं.) निरंतर अभ्यास, अध्यवसाय।
(f.) great perseverance.

साधार (sādhār) वि. (सं.) आधारयुक्त।
(adj.) based, having a basis, based on facts.

साधारण (sādhāraṇ) वि. (सं.) सामान्य, सहज।
(adj.) ordinary.

साधारन (sādhāran) वि. दे. साधारण।

साधु (sādhu) वि. दे. साधू।

साधु-समाज (sādhu-samāj) पु. संतों का समाज।
(m.) group of saints, mendicants.

साधू (sādhū) पु. (सं.) संत, सज्जन।
(m.) a hermit, saint, religious person.

साध्वी (sādhvī) स्त्री. (सं.) पतिव्रता या पवित्र आचरणवाली स्त्री।
(f.) a chaste and virtuous women.

सानंद (sānaṁd) वि. (सं.) आनंदयुक्त, प्रसन्न।
(adj.) joyful, happy.

सान (sān) स्त्री. शान, तड़क-भड़क, ठाट-बाट, सजावट।
(f.) dignity, pomp, grandeur.

सानदार (sānadār) वि. अप्रतिम।
(adj.) outstanding.

सानल (sānal) सक. गीला करना, गूथना, मिलाना।
(v.t.) to knead, to mix with liquid, to smear, to soak a dry thing.

सानी (sānī) वि. (अ.) बराबरी का सम।
(adj.) matching.

सानी (sānī) स्त्री. पानीयुक्त भूसा।
(f.) wet straw for cattle.

साप (sāp) पु. (सं.) शाप, किसी अनिष्ट की कामना से कहा गया शब्द, वाक्य, भर्त्सना।
(m.) a curse.

साफ (sāf) वि. (अ.) साफ, स्वच्छ, निर्मल।
(adj.) clear.

साफ-सुथर (sāf-suthar) वि. धूलहीन।
(adj.) clean.

साफा (sāfā) पु. (अ.) छोटी पगड़ी।
(m.) a turban-like head dress.

साफा (sāfā) वि. स्पष्ट, साफ।
(adj.) bold, clear.

साफा-साफा (sāfā-sāfā) क्रि.वि. स्पष्टता से।
(adv.) clearly.

साबास (sābās) पु. शाबास।
(m.) well-done, splendid.

साबासी (sābāsī) स्त्री. प्रोत्साहन।
(f.) applause, praise.

साबित (sābit) वि. (अ.) प्रमाणित, सिद्ध।
(adj.) proved, testified.

साबुत (sābut) वि. (अ.) समस्त, सब।
(adj.) entire, whole.

साबुन (sābun) पु. शरीर और वस्त्र साफ करनेवाला क्षारीय पदार्थ।
(m.) a soap.

साबुनदानी (sābunadānī) स्त्री. साबुन रखने का पात्र।
(f.) a soap case.

साबूत (sābūt) वि. दे. साबुत।

साबूदाना (sābūdānā) पु. सागूदाना। व्रत में खाया जानेवाला एक व्यंजन
(m.) sago.

साभार (sābhār) क्रि.वि. (सं.) कृतज्ञतापूर्वक।
(adv.) thankfully.

साम (sām) स्त्री. (फा.) शाम, साँझ, संध्या।
(f.) evening, late afternoon.

सामना (sāmanā) पु. मुख्य भाग, भेंट, मुलाकात, मुकाबला।
(m.) the main side, meeting, confrontation.

सामने (sāmane) क्रि.वि. (सं.) सम्मुख, समक्ष, आगे।
(adv.) before.

सामपट्ट (sāmapaṭṭ) पु. श्यामपट्ट।
(m.) blackboard.

सामयिक (sāmayik) वि. (सं.) वर्तमान समय का।
(adj.) current.

सामाजिक (sāmājik) वि. (सं.) समाज का।
(adj.) social.

सामान (sāmān) पु. साधन, उपकरण, चीज, वस्तु।
(m.) goods, luggage.

सामान्य (sāmāny) वि. (सं.) मामूली आम, सार्वजनिक, अनारक्षित।
(adj.) general, common

सामुदायिक (sāmudāyik) वि. (सं.) समुदाय का।
(adj.) pertaining to a community.

सामूहिक (sāmūhik) वि. (सं.) समूह से संबंध रखनेवाला, 'वैयक्तिक' का विपरीत।
(adj.) collective.

सायं (sāyaṅ) वि. (सं.) संध्या, शाम।
(adj.) pertaining to evening.

सायंकाल (sāyaṅkāl) पु. संध्या का समय, शाम।
(m.) evening.

सायद (sāyad) क्रि.वि. शायद, कदाचित्।
(adv.) perhaps, probably.

साया (sāyā) पु. (फा.) छाया, परछाई, संरक्षण।
(m.) a shadow, shade, patronage.

साया (sāyā) पु. पेटीकोट।
(m.) a petticoat.

सारंग (sāraṅg) पु. (सं.) 1. एक प्रकार का हिरण। 2. बादल। 3. हंस। 4. शंख।
(m.) 1. a variety of dear. 2. cloud. 3. swan. 4. conch.

सारंगिया (sāraṅgiyā) पु. सारंगी बजानेवाला व्यक्ति।
(m.) one who plays on sarangi.

सारंगी (sāraṅgī) स्त्री. (सं.) एक भारतीय बाजा जिसमें लगे तार कमानी से रेतकर बजाए जाते हैं।
(f.) an Indian stringed musical instrument.

सार (sār) पु. (सं.) मूल भाव, संक्षेप, तत्त्व, संत।
(m.) essence, epitome, gist, substance.

सार (sār) पु. 1. गाय-बैलों का घर। 2. पत्नी का भाई।
(m.) 1. a cattle yard. 2. wife's brother.

सारगर्भित (sāragarbhit) वि. सारयुक्त, तत्त्वपूर्ण।
(adj.) with meaning, pithy

सारग्राही (**sārgrāhī**) वि. (सं.) सार ग्रहण करनेवाला।
(adj.) connoisseur, competent to draw out the essence of things.

सारजंट (**sārajanṭ**) पु. (अं.) सर्जेंट (सेना में पद)।
(m.) a sergeant.

सारदा (**sāradā**) स्त्री. (सं.) शारदा, सरस्वती।
(f.) Hindu godess Sarasvati.

सारभूत (**sārabhūt**) वि. मुख्य अंशवाला, तथ्यवाला।
(adj.) essential, substantial.

सारस (**sāras**) पु. (सं.) एक सुंदर बड़ा पक्षी, सारस।
(m.) a crane (bird).

सारांस (**sārāṅs**) पु. सार, निचोड़, संक्षेप, सारांश।
(m.) gist, abstract, summary.

सारा (**sārā**) वि. (सं.) समस्त, पूरा।
(adj.) whole, all, entire.

सारी (**sārī**) स्त्री. दे. साड़ी।

सारीरिक (**sārīrik**) वि. शारीरिक।
(adj.) physical.

सार्थक (**sārthak**) वि. (सं.) जिसका अर्थ हो, सफल।
(adj.) meaningful, fruitful, significant.

सार्वजनिक (**sārvajanik**) वि. सर्वसाधारण संबंधी।
(adj.) public, public-announcement.

साल (**sāl**) पु. वर्ष, काल।
(m.) year.

सालगिरह (**sālagirah**) स्त्री. (फा.) वर्षगाँठ।
(f.) aniversary.

सालता (**sālatā**) सक. मन में चुभना, पीड़ा पहुँचाना।
(v.t.) to cause piercing pain, to eause ceaseless pain.

सालल (**sālal**) अक. कलेजे में कचोटना, सालना।
(v.i.) to pinch, to prick.

साला (**sālā**) पु. (सं. श्यालक) पत्नी का भाई।
(m.) wife's brother, brother-in-law.

साला (**sālā**) स्त्री. (सं.) शाला, घर, गृह, पाठशाला।
(f.) house, place, hall.

सालाना (**sālānā**) वि. (फा.) वार्षिक, हर साल होनेवाला।
(adj.) annual, yearly.

साली (**sālī**) स्त्री. (सं.) पत्नी की बहन।
(f.) wife's sister, sister-in-law.

साव (**sāv**) पु. दे. साहू।

सावधान (**sāvadhān**) वि. (सं.) होशियार, सचेत, खबरदार, सावधान।
(adj.) careful, caution, alert, mindful.

सावधानी (**sāvadhānī**) स्त्री. (सं.) सचेत, सतर्क, सावधान।
(f.) carefulness, cautiousness.

सावन (**sāvan**) पु. (सं.) श्रावण, वर्षा ऋतु का मुख्य महीना।
(m.) the main month of rainy season.

सास (**sās**) स्त्री. (सं.) पत्नी की माता।
(f.) wife's mother, mother-in-law.

सासक (**sāsak**) पु. (सं.) शासक, हाकिम, वह जो शासन करता है।
(m.) ruler, governor.

सासन (**sāsan**) पु. (सं.) शासन, आज्ञा, आदेश, हुक्म।
(m.) government, rule.

सास्त्र (**sāstr**) पु. (सं.) शास्त्र, धार्मिक ग्रंथ।
(m.) a treatise, a scripture.

साह (**sāh**) पु. दे. साहू।

साहब (**sāhab**) पु. (अ. साहिब) मालिक, परमेश्वर, महाशय।
(m.) lord, master, god.

साहस (**sāhas**) पु. (सं.) हिम्मत, हियाव।
(m.) courage, nerve.

साहसपूर्ण (**sāhasapurṇ**) वि. (सं.) पराक्रमी, साहस रखनेवाला।
(adj.) daring, done with courage.

साहसी (**sāhasī**) वि. (सं.) साहस रखनेवाला, हिम्मती, दिलेर।
(adj.) courageous, brave, daring.

साहित्य (**sāhity**) पु. (सं.) ज्ञान-राशि का संचित कोश, वाङ्मय।
(m.) literature.

साहित्यकार (**sāhityakār**) पु. वह जो साहित्य की रचना करता हो, साहित्यकार।
(m.) a literary person.

साही (**sāhī**) वि. (फा.) शाही, बादशाही, राजसी।
(adj.) royal, kingly.

साहू (**sāhū**) पु. (सं.) सेठ, महाजन, भला आदमी।
(m.) a wealthy person, banker, money lender, a good person.

साहुल (**sāhul**) पु. तिकोना पिंड जिससे सीधाई नापी जाती है।
(m.) a plumb.

साहेब (sāheb) पु. दे. साहब।

सिंगड़ा (siṅgaṛā) पु. सींग।
(m.) a horn.

सिंगा (siṅgā) पु. दे. सिंगड़ा।

सिंगार (siṅgār) पु. (सं.) शृंगार, साज।
(m.) a make up.

सिंगारदान (siṅgāradān) पु. शृंगार की वस्तुएँ रखने का डब्बा।
(m.) a make-up box.

सिंगार-पटार (siṅgār-paṭār) पु. साज-सज्जा, सजधज।
(m.) adornment, beautification.

सिंगारल (siṅgāral) सक. सिंगारना, सिंगार करना।
(v.t.) to make up.

सिंगार-हाट (siṅgār-hāṭ) पु. वेश्याओं का वासस्थान, चकला।
(m.) red-light colony of prostitutes.

सिंगी (siṅgī) पु. सींग का बना बाजा।
(m.) blow pipe made of a horn.

सिंघा (siṅghā) पु. मुँह से फूँककर बजानेवाला तुरही बाजा।
(m.) musical instrument played by mouth.

सिंघाड़ा (siṅghāṛā) पु. पानी में पैदा होनेवाला काँटेदार एक तिकोना फल।
(m.) a water chestnut.

सिंघी (siṅghī) स्त्री. एक प्रकार की मछली।
(f.) a kind of fish.

सिंचाई (siṅcāī) स्त्री. सींचने का काम।
(f.) irrigation, watering.

सिंड़ाह (siṅṛāh) वि. जहाँ पानी रिसता हो।
(adj.) oozy land.

सिंदूर (siṅdūr) पु. लाल चूर्ण जिससे स्त्रियाँ माँग भरती हैं।
(m.) vermilion, cinnabar.

सिंदूरदान (siṅdūradān) पु. विवाह की एक रस्म जिसमें वर वधू की माँग में सिंदूर लगाता है।
(m.) putting of vermilion on the forehead of the bride by the bridegroom.

सिंदूरदानी (siṅdūradānī) स्त्री. सिंदूर रखने की छोटी डिबिया।
(f.) small receptacle for keeping vermilion.

सिंदूरी (siṅdūrī) वि. सिंदूर के रंग का।
(adj.) of vermilion colour.

सिंधी (siṅdhī) वि. सिंध देश का। (स्त्री.) सिंध की भाषा। (पु.) सिंध का निवासी।
(adj.) pertaining to sindh.(f.) language of sindh. (m.) native of sindh.

सिंह (siṅh) पु. (सं.) 1. शेर। 2. एक उपनाम।
(m.) 1. a lion. 2. a surname.

सिंह-द्वार (siṅh-dvār) पु. (सं.) प्रासाद का प्रधान द्वार, सदर दरवाजा।
(m.) palace gate, main gate.

सिंहनाद (siṅhanād) पु. (सं.) सिंह का गर्जन, युद्ध हेतु ललकार, हुंकार।
(m.) roar of a lion, challenging, shout, war-cry.

सिंहल (siṅhal) पु. लंका का प्राचीन नाम।
(m.) old name of Sri lanka.

सिंहासन (siṅhāsan) पु. सिंह का आसन, राजा का आसन।
(m.) a lion's seat, a throne.

सिंही (siṅhī) स्त्री. (सं.) शेरनी।
(f.) lioness.

सिअन (sian) स्त्री. सिलाई।
(f.) stiches.

सिउठा (siuṭhā) पु. चिमटा।
(m.) tongs.

सिकटा (sikaṭā) पु. मिट्टी के बर्तन या खपड़े का छोटा टुकड़ा।
(m.) fragment of a broken pot.

सिक्कड़ (sikkaṛ) पु. जंजीर, सिकड़ी।
(m.) a chain.

सिकड़ी (sikaṛī) स्त्री. जंजीर (आभूषण)।
(f.) chain (ornament), chain (bolt).

सिकहर (sikahar) पु. छींका।
(m.) a hanging basket.

सिकहुती (sikahutī) स्त्री. एक बड़ी डलिया।
(f.) a big basket.

सिकाइत (sikāit) स्त्री. शिकायत।
(f.) complaint.

सिकार (sikār) पु. शिकार।
(m.) quarry, hunt.

सिकारी (sikārī) पु. शिकारी।
(m.) a hunter.

सिकुड़ल (sikuṛal) अक. संकुचित होना।
(v.i.) to be constricted, to be cramped.

सिकुड़ाव (sikuṛāv) पु. संकुचन।
(m.) narrowness.

सिकुड़ावल (sikuṛāval) सक. सिकोड़ना।
(v.t.) to distort.

सिगड़ी (sigaṛī) स्त्री. कोयले का छोटा चूल्हा।
(f.) a small charcoal oven.

सिकता (sikatā) स्त्री. (सं.) बालू।
(f.) sand.

सिक्का (sikkā) पु. (अ.) सिक्का।
(m.) a coin.

सिखावल (sikhāval) सक. सिखाना।
(v.t.) to train, to instruct.

सिगनल (siganal) पु. (अं.) संकेत।
(m.) signal.

सिगरेट (sigaret) पु. (अं.) धूम्रपान हेतु कागज में तंबाकू लपेटकर बनाई हुई चीज।
(m.) a little cigar, cigarette.

सिगार (sigār) पु. (अं.) एक प्रकार का सिगरेट, चुरुट।
(m.) a cigar.

सिछक (sichak) पु. (सं.) शिक्षक, गुरु, पढ़ानेवाला, अध्यापक।
(m.) a teacher.

सिछा (sichā) स्त्री. (सं.) शिक्षा, विद्या पढ़ाने या सिखाने की क्रिया, तालीम।
(f.) teaching, instruction, learning, study.

सिझावल (sijhāval) सक. सिझाना।
(v.t.) to cook (vegetable).

सिटकिनी (siṭakinī) स्त्री. किवाड़ अंदर से बंद करने के लिए उसमें लगी हुई छोटी छड़, चटखनी।
(f.) a bolt of the door.

सितंबर (sitaṅbar) पु. (अं.) सितंबर।
(m.) september.

सितम (sitam) पु. (फा.) जुल्म, अन्याय, अंधेर।
(m.) oppression, tyranny, cruelty.

सितमगर (sitamagar) वि. जालिम, अन्यायी, अत्याचारी।
(adj.) tyrant, cruel.

सितार (sitār) पु. (फा.) भारतीय तंत्रवाद्य।
(m.) Indian type of guitar.

सितारा (sitārā) पु. (फा.) तारा, नक्षत्र।
(m.) a star.

सितुहा (situhā) पु. सीपी।
(m.) an oyster.

सितारे-हिंद (sitāre-hiṅd) पु. हिंद का सितारा, भारत का सितारा।
(m.) star of Indian (honorific title).

सिद्ध (siddh) वि. प्रमाणित, पक्का, नियम, निर्णीत।
(adj.) proved, established, decided.

सिद्धपीठ (siddhapīṭh) पु. सिद्धों का स्थान।
(m.) seat sacred to saintly persons.

सिद्धहस्त (siddhahast) वि. जिसका हाथ मंझा हो, दक्ष, कार्य कुशल।
(adj.) adept, define, dexterous, polished.

सिद्धांत (siddhāṅt) पु. (सं.) उसूल, पक्की राय, सिद्धांत।
(m.) principle, canon, doctrine.

सिद्धि (siddhi) स्त्री. सफलता, प्राप्ति, अभ्युदय।
(f.) achievement, attainment, success.

सिधाई (sidhāī) स्त्री. सरलता, सीधापन।
(f.) simplicity.

सिधारल (sidhāral) अक. मरना।
(v.i.) to die.

सिनेमा (sinemā) पु. (अं.) चलचित्र, छायाचित्र।
(m.) cinema.

सिन्होरा (sinhorā) पु. सिंदूरदानी।
(m.) a sindur pot.

सिनेमाघर (sinemāghar) पु. जहाँ चलचित्र प्रदर्शित होते हैं।
(m.) a cinema hall.

सिपारिस (sipāris) स्त्री. सिफारिश।
(f.) recommendation.

सिपाही (sipāhī) पु. सिपाही, कांस्टेबिल, सैनिक।
(m.) a policman, constable, soldier.

सिप्पा (sippā) पु. काम निकालने का उपाय, डील, टिप्स।
(m.) device, artifice.

सिफत (sifat) स्त्री. (अ.) विशेषता, गुण, लक्षण, स्वभाव।
(f.) a virtue, speciality, characteristic, disposition.

सिफर (sifar) पु. (अ.) शून्य, सुन्न, बिंदी।
(m.) zero, cypher.

सिफारिस (sifāris) स्त्री. (अ.) किसी के पक्ष में किसी अधिकारी को दिया जानेवाला सुझाव।
(f.) recommendation.

सिमटल (**simaṭal**) अक. सिमटना।
(v.i.) to constrict, to contract.

सियार (**siyār**) पु. गीदड़, शृगाल।
(m.) a jackal.

सियासत (**siyāsat**) स्त्री. राजनीति।
(f.) politics.

सियाही (**siyāhī**) स्त्री. स्याही।
(f.) ink.

सिर (**sir**) पु. (सं.) खोपड़ी, कपाल।
(m.) head.

सिरकटा (**sirakaṭā**) वि. जिसका सिर कटा हो।
(adj.) headless, beheaded.

सिरका (**sirakā**) पु. धूप में सड़ाकर खमीर उठाया हुआ ईख का रस।
(m.) vinegar.

सिरकी (**sirakī**) स्त्री. सरहरी, सरकंडे की बनी हुई टट्टी।
(f.) screen made of reads.

सिरताज (**siratāj**) पु. मुकुट, मालिक, शौहर।
(m.) crown, lord, husband.

सिरदर्द (**siradard**) पु. माथे की पीड़ा, चिंता, परेशानी का कारण।
(m.) headache.

सिरफिरा (**sirafirā**) वि. जिसका सिर फिर गया हो, खराब हो गया हो, सनकी या पागल।
(adj.) crack.

सिरमेंट (**sirameṅṭ**) पु. (अं.) सीमेंट।
(m.) cement.

सिरमौर (**siramaur**) पु. सिरताज।
(m.) crown of the head, diadem.

सिरहाना (**sirahānā**) पु. खाट का वह हिस्सा जिधर सिर रहता है।
(m.) side of a bedstead where the head rests, a cushion for the head, pillow.

सिरा (**sirā**) पु. अंत का भाग, छोर, शुरू का भाग, नोक।
(m.) end, top.

सिर्फ (**sirf**) वि. (अ.) अकेला, केवल।
(adj.) only, with no other of the group.

सिल (**sil**) स्त्री. मसाला आदि पीसने की पत्थर की पटिया।
(f.) a flat stone used for grinding purposes.

सियल (**siyal**) सक. सिलने का काम करना, सिलना।
(v.t.) to stitch, sew.

सिल-बट्टा (**sil-baṭṭā**) पु. सिल और लोढ़ा।
(m.) stone pestle and flat stone.

सिलवट (**silavaṭ**) स्त्री. सिल।
(f.) a grinding slab.

सिलवाई (**silavāī**) स्त्री. सिलाई का काम, सिलाई के एवज में मजदूरी।
(f.) act of sewing, stitching, charges paid therefor.

सिलवावल (**silavāval**) सक. सिलवाना।
(v.t.) to get (clothes) sewn.

सिलसिला (**silasilā**) पु. कड़ी, शृंखला, बेड़ी, क्रम।
(m.) a series of things in a specific order, sequence.

सिलसिलेवार (**silasilevār**) क्रि.वि. क्रमयुक्त, तरतीबवार।
(adv.) in orderly manner, in due order.

सिला-सिलाया (**silā-silāyā**) वि. रेडीमेड, तत्काल पहनने का पहले से तैयार कपड़ा।
(adj.) made to wear, ready-made (garment).

सिलेट (**sileṭ**) स्त्री. (अं.) स्लेट।
(f.) a slate.

सिलेटी (**sileṭī**) वि. (अं.) स्लेट के रंग का।
(adj.) of the coolur of slate, slaty.

सिल्क (**silk**) पु. (अ.) रेशम, रेशमी वस्त्र।
(m.) silk.

सिल्ली (**sillī**) स्त्री. किसी धातु या बर्फ आदि का बड़ा ठोस टुकड़ा।
(f.) a large solid piece of metal, ice etc.

सिव (**siv**) पु. (सं.) शिव।
(m.) Lord Shiva.

सिसक (**sisak**) स्त्री. सिसकने की आवाज।
(f.) sob.

सिसकल (**sisakal**) अक. सिसकना, सिसकी भरना।
(v.i.) to sob.

सिसकारल (**sisakāral**) अक. सिसकारना।
(v.i.) to hiss.

सिसकारी (**sisakārī**) स्त्री. मुँह से निकली हुई सीटी जैसी आवाज।
(f.) hiss, hissing, sound.

सिसकी (**sisakī**) स्त्री. दे. सिसक।

सिसु (**sisu**) पु. (सं.) छोटा बच्चा, बेबी।
(m.) an infant, a young child.

सिस्टाचार (**sisṭācār**) पु. शिष्टाचार।
(m.) etiquette.

सिस्य (**sisy**) पु. शिष्य।
(m.) a pupil.

सिहरन (**siharan**) स्त्री. कंपन।
(f.) a slight shaking tremor, thrill.

सिहरल (**siharal**) अक. काँपना, ठंड से काँपना, भयभीत होना।
(v.i.) to shake because one feels cold, shyness, to full crusting sensation to shiver with cold or fear.

सिहरावन (**siharāvan**) पु. थोड़ी-थोड़ी ठंड।
(m.) shivering sensation in mild cold.

सिहुँड़ (**sihuṁṛ**) पु. एक प्रकार का काँटेदार पौधा।
(m.) a kind of thorny plant.

सिहुला (**sihulā**) पु. त्वचा पर उजले धब्बे का रोग। उदा. 'सूखे सिहुला दुखे दिनाय'।
(m.) a skin disease causing whitish spots.

सींक (**sīṅk**) स्त्री. मूँज की जाति के एक तृण की तीली जिससे झाड़ू बनाते हैं।
(f.) a slender twing-like stick.

सींका (**sīṅkā**) पु. दे. छींका।

सींकिया (**sīṅkiyā**) वि. सींक-सा पतला।
(adj.) lean and thin.

सींग (**sīṅg**) पु. शृंग, विषाण।
(m.) horn.

सींगी (**sīṅgī**) स्त्री. हिरन के सींग का बना हुआ बाजा।
(f.) a musical pipe made of horn.

सींघ (**sīṅgh**) पु. दे. सींग।

सींचल (**sīṅcal**) सक. सींचना।
(v.t.) to irrigate.

सींझल (**sīṅjhal**) अक. सीझना।
(v.i.) to get cooked.

सीअल (**sīal**) सक. सिलाई करना।
(v.t.) to stitch.

सीख (**sīkh**) स्त्री. सलाह, शिक्षा।
(f.) advice, instruction, lesson.

सीखचा (**sīkhacā**) पु. छोटा चिमटा।
(m.) an iron bar.

सीखल (**sīkhal**) सक. सीखना, ज्ञान प्राप्त करना।
(v.t.) to learn, to receive lessons.

सीखा-पढ़ा (**sīkhā-paṛhā**) वि. शिक्षित, चतुर, जानकार।
(adj.) well-instructe, tutored.

सीखा-सिखाया (**sīkhā-sikhāyā**) वि. शिक्षित, कुशल, जानकार।
(adj.) well-tutored, well-versed.

सीट (**sīṭ**) स्त्री. (अं.) बैठक, आसन।
(f.) seat.

सीटी (**sīṭī**) स्त्री. छोटा बाजा जिसे मुँह से फूँकने से आवाज निकलती है।
(f.) a whistle.

सीड़ (**sīṛ**) स्त्री. सील, नमी।
(f.) dampness, damp, moisture.

सीढ़ी (**sīṛhī**) स्त्री. जीना, निसेनी, सीढ़ी।
(f.) a ladder, staircase.

सीत (**sīt**) पु. ओस।
(m.) dew.

सीतलपाटी (**sītalapāṭī**) स्त्री. चटाई।
(f.) rush mattress.

सीताफल (**sītāfal**) पु. कुम्हड़ा।
(m.) a pumpkin.

सीधा (**sīdhā**) वि. सरल, ऋजु, खड़ा।
(adj.) straight.

सीधापन (**sīdhāpan**) पु. सिधाई, भोलापन।
(m.) simplicity, quality of being too simple.

सीधा-सादा (**sīdhā-sādā**) वि. भोला-भाला, सरल स्वभाव।
(adj.) plain and simple, innocent.

सीधे (**sīdhe**) क्रि.वि. ठीक सामने, बिना मुड़े-झुके, सिधाई से।
(adv.) straight-away, directly.

सीन (**sīn**) पु. (अं.) दृश्य, नजारा।
(m.) a scene.

सीनरी (**sīnarī**) स्त्री. (अं.) स्थान विशेष के प्राकृतिक दृश्य।
(f.) scenery.

सीना (**sīnā**) पु. छाती।
(m.) breast, chest.

सीनाजोर (**sīnājor**) वि. बली, जबरदस्त।
(adj.) high-handed.

सीनाजोरी (**sīnājorī**) स्त्री. जबरदस्ती, धींगा-धींगी।
(f.) high-handedness.

सीनियर (**sīniyar**) वि. (अं.) उम्र या पद में बड़ा, वरिष्ठ।
(adj.) senior.

सीमा (**sīmā**) स्त्री. (सं.) हद, सीमा।
(f.) border, limit, boundary.
सीमाचउकी (**sīmācaukī**) स्त्री. सीमाचौकी।
(f.) outpost.
सीमेंट (**sīmeṅṭ**) पु. (अं.) सीमेंट।
(m.) cement.
सीयन (**sīyan**) स्त्री. सिलाई, सिलाई का जोड़।
(f.) line of stitches.
सीलन (**sīlan**) स्त्री. जमीन की नमी। पर्या. सीड़।
(f.) dampness, damp.
सीलबंद (**sīlabaṅd**) वि. मुहर, ठप्पा।
(adj.) sealed.
सीवान (**sīvān**) पु. स्थान का नाम, गाँव के बाहर का खेत।
(m.) a name of place, a field on the village border.
सीसा (**sīsā**) पु. शीशा, दर्पण।
(m.) lead, mirror.
सीसी (**sīsī**) स्त्री. शीशी।
(f.) a phial.
सुँघनी (**suṁghanī**) स्त्री. सूँघने की चीज, नस।
(f.) snuff.
सुंदर (**suṅdar**) वि. (सं.) शोभन, सुरूप, भला।
(adj.) beautiful, handsome, lively.
सुंदरी (**suṅdarī**) स्त्री. रूपवती, सुंदर स्त्री।
(f.) an attractive woman.
सुअर (**suar**) पु. सूअर।
(m.) a pig, boar.
सुअवसर (**suavasar**) पु. अच्छा अवसर, मौका।
(m.) a good opportunity, favaurable time.
सुआ (**suā**) पु. बड़ी सूई, सूजा।
(m.) a big needle.
सुईंठा (**suīṅṭhā**) पु. चिमटा।
(m.) a pair of tongs.
सुई (**suī**) स्त्री. सुई।
(f.) a needle.
सुकंठ (**sukaṅṭh**) वि. सुंदर कंठवाला, आवाज मधुर।
(adj.) having a good voice, sweet voice, melodious.
सुकर्म (**sukarm**) पु. सुंदर कर्म।
(m.) good deed.
सुकवा (**sukavā**) पु. शुक्रतारा।
(m.) morning star, seen in the morning.
सुकवार (**sukavār**) पु. कोमल।
(adj.) soft, tender.
सुकुल (**sukul**) वि. ब्राह्मणों का एक उपनाम, शुक्ला।
(adj.) shukla, surname of a brahmin community.
सुकोमल (**sukomal**) वि. अत्यंत कोमल।
(adj.) very soft, very tender.
सुक्ल (**sukl**) पु. (सं.) शुक्ल, ब्राह्मणों की उपाधि।
(m.) sukula, surname of a brahmin community.
सुखंडी (**sukhaṅḍī**) स्त्री. सूखा रोग।
(f.) rickets, rachitics.
सुख (**sukh**) पु. (सं.) आनंद, आराम, चैन, सुख।
(m.) happiness, pleasure, comport.
सुखकंद (**sukhakaṅd**) पु. सुख देनेवाला व्यक्ति।
(m.) root or source of happiness.
सुखकर (**sukhakar**) वि. आनंददायक।
(adj.) giving pleasuse enjoyable, pleasing delightful.
सुखकारक (**sukhakārak**) वि. दे. सुखकर।
सुखद (**sukhad**) वि. सुखदायक।
(adj.) pleasing, delightful.
सुखदायक (**sukhadāyak**) वि. दे. सुखकर।
सुखवन (**sukhavan**) पु. सूखने से अनाज के भार में होनेवाली कमी।
(m.) loss of weight due to drying of grain.
सुखाई (**sukhāī**) स्त्री. सूखापन।
(f.) dryness.
सुखावल (**sukhāval**) सक. सुखाना, गीलापन दूर करना।
(v.t.) to make dry, to dry (as clothes), to dry up (as water).
सुखारी (**sukhārī**) वि. सुखमय।
(adj.) happy.
सुखिया (**sukhiyā**) वि. (सं.) सुखयुक्त, जिसकी जिंदगी आराम से कट रही हो।
(adj.) happy, at ease, contented.
सुखी (**sukhī**) वि. दे. सुखिया।
सुगंध (**sugaṅdh**) वि. (सं.) खुशबूदार, सुंदर गंधवाला।
(adj.) sweet smelling, fragrant.
सुगना (**suganā**) पु. 'तोता'। उदा. 'का करब राई-राई पाई-पाई जोड़के, उड़ि जाई ई सुगना एक दिन पिंजड़ा छोड़के'।
(m.) a parrot.

सुगम (**sugam**) वि. (सं.) आसान, सरल, सुबोध।
(adj.) easily accessible, attainable (a goal).
सुग्गा (**suggā**) पु. दे. सुगना।
सुग्गापंखी (**suggāpaṅkhī**) वि. हल्के हरे रंग की।
(adj.) of light green colour.
सुघड़ (**sughaṛ**) वि. सुंदर, सुडौल।
(adj.) well formed, well made, beautiful.
सुघर-साघर (**sughar-sāghar**) वि. सुंदर।
(adj.) beautiful.
सुघराई (**sugharāī**) स्त्री. सुंदरता।
(f.) beauty.
सुघरी (**sugharī**) स्त्री. सुंदरी।
(f.) beautiful (woman).
सुचरित (**sucarit**) वि. अच्छे चरित्रवाला।
(adj.) of good or right conduct.
सुचारु (**sucāru**) वि. (सं.) सुंदर, मनोहर।
(adj.) lovely, delightful, agreeable.
सुचित (**sucit**) वि. (सं.) स्थिर चित्त, चिंता से रहित, अवकाश।
(adj.) at leisure, untroubled in mind.
सुचितई (**sucitaī**) स्त्री. सुचित्तता, निश्चिंतता।
(f.) ease of mind.
सुचिताई (**sucitāī**) स्त्री. दे. सुचितई।
सुचेत (**sucet**) वि. सावधान, सचेत।
(adj.) mindful, watchful.
सुजन (**sujan**) वि. (सं.) सज्जन, भला आदमी।
(adj.) good natured, kindly virtuous, honest.
सुजनी (**sujanī**) स्त्री. कसीदा कढ़ा हुआ बिछावन।
(f.) embroidered sheet for floor.
सुजाक (**sujāk**) पु. गोनोरिया।
(m.) gonorrhoea.
सुजात (**sujāt**) वि. (सं.) सुजन्मा, कुलीन।
(adj.) well born, of high caste.
सुजान (**sujān**) पु. (सं.) बुद्धिमान पति, प्रेमी।
(m.) a wise or experienced person, husband, lover.
सुझाई (**sujhāī**) स्त्री. सुझाव, सुझाई गई बात।
(f.) perception, pointing out, explaining.
सुझाव (**sujhāv**) पु. सुझाने की क्रिया, सुझायी हुई बात, तजबीज।
(m.) suggestion, pointing out (a matter).
सुझावल (**sujhāval**) सक. दिखाना, बताना।
(v.t.) to cause to perceive, to point out.
सुटुकल (**suṭukal**) अक. दुबक जाना, छिप जाना।
(v.i.) to hide.
सुड़पल (**suṛapal**) सक. सुरकना।
(v.t.) to slurp, to gulp noisily.
सुडौल (**suḍaul**) वि. सुंदर डौल, बनावटवाला, सुघड़।
(adj.) well-built, shapely, graceful, handsome.
सुत (**sut**) पु. (सं.) बेटा, पुत्र।
(m.) a son.
सुतल (**sutal**) अक. सोना, नींद में होना।
(v.i.) to sleep, to be asleep.
सुतली (**sutalī**) स्त्री. सन, पटसन के रेशों को बटकर बनाई गई रस्सी या डोरी।
(f.) twine.
सुता (**sutā**) स्त्री. (सं.) लड़की, बेटी।
(f.) a daughter.
सुतार (**sutār**) पु. अनुकूल अवसर, शुभ अवसर।
(m.) opportunate moment, good occasion, good opportunity.
सुतुही (**sutuhī**) स्त्री. सितुई, सितुही सीपी।
(f.) a shellfish, a pearl oyster.
सुथनी (**suthanī**) स्त्री. स्त्रियों के पहनने का ढीला पाजामा।
(f.) women's loose trousers.
सुथनी (**suthanī**) स्त्री. सूथन, अरुई।
(f.) a yam.
सुथरा (**sutharā**) वि. साफ, स्वच्छ।
(adj.) neat, tidy, clean.
सुथरापन (**sutharāpan**) पु. स्वच्छता, सफाई, परिष्कार।
(m.) neatness.
सुदंत (**sudaṅt**) वि. (सं.) सुंदर दाँतोंवाला।
(adj.) having good teeth.
सुदिन (**sudin**) पु. (सं.) अच्छा दिन, शुभदिन, सौभाग्यकाल।
(m.) a clear and bright day, auspicious day.
सुदी (**sudī**) स्त्री. (सं.) शुक्ल पक्ष, चंद्रमास का उजाला पक्ष।
(f.) light half of the lunar month.
सुदूर (**sudūr**) वि. बहुत दूर।
(adj.) far off, very far, far away.
सुदेस (**sudes**) पु. उत्तम देश।
(m.) a good country.

सुद्ध (suddh) वि. शुद्ध।
(adj.) pure.
सुद्धता (suddhatā) स्त्री. शुद्धता।
(f.) purity.
सुद्धवादी (suddhavādī) पु. शुद्धवादी।
(m.) purist.
सुद्धि (suddhi) स्त्री. शुद्धि।
(f.) correction.
सुध (sudh) स्त्री. चेतना, होश, स्मृति, याद।
(f.) awareness, consciousness.
सुधरल (sudharal) अक. सुधारना।
(v.i.) to be reformed, to improve.
सुधर्मी (sudharmī) वि. अच्छे धर्मों से युक्त, पावन।
(adj.) religious, pious.
सुधा (sudhā) स्त्री. (सं.) अमृत।
(f.) nector, ambrosial, heverage.
सुधार (sudhār) पु. सुधारने का भाव, बिगड़ी बात बनाने की क्रिया।
(m.) reform.
सुधारक (sudhārak) पु. संशोधक।
(m.) a reformer.
सुधारल (sudhāral) सक. सुधारना।
(v.t.) to reform, to correct, to improve.
सुधि (sudhi) स्त्री. (सं.) चेतना, होश।
(f.) awareness, consciousness.
सुधी (sudhī) वि. निर्मल बुद्धिवाला, पवित्र विचारवाला।
(adj.) having clear intelect, intellectual, having pious thoughts.
सुनगल (sunagul) अक. सुलगना, जलना।
(v.i.) to catch fire, to burn.
सुनगुन (sunagan) स्त्री. वह भेद या पता जो इधर-उधर से कोई बात सुनने से लगता हो।
(f.) whispering rumour.
सुनर (sunar) वि. सुंदर।
(adj.) beautiful.
सुनल (sunal) सक. सुनना, श्रवण करना।
(v.t.) to hear, to listen.
सुनल-गुनल (sunal-gunal) सक. सुनना और चिंतन-मनन करना।
(v.t.) to listen and assimilate.
सुनयन (sunayan) वि. प्यारे नेत्रोंवाले।
(adj.) having a pair of lovely eyes.
सुनयना (sunayanā) वि. प्यारी-प्यारी आँखोंवाली औरत।
(adj.) (woman) having a pair of lovely eyes.
सुनवाई (sunavāī) स्त्री. सुनने की क्रिया या भाव, अभियोग पर विचार के लिए सुना जाना।
(f.) hearing.
सुनवैया (sunavaiyā) पु. सुननेवाला।
(m.) a listener.
सुनसान (sunasān) वि. (सं.) निर्जन, एकांत, सन्नाटा।
(adj.) lonely, quiet.
सुनहरा (sunaharā) वि. सोने के रंग का, भूरे रंग का।
(adj.) golden, auburn.
सुनहला (sunahalā) वि. दे. सुनहरा।
सुनाई (sunāī) स्त्री. सुनने की योग्यता, क्षमता।
(f.) the ability to hear, the capacity to hear.
सुनावल (sunāval) सक. सुनाना।
(v.t.) to tell, to recite, to narrate.
सुनाम (sunām) पु. (सं.) कीर्ति, यश।
(m.) good name.
सुनार (sunār) पु. (सं.) गहने बनानेवाला कारीगर।
(m.) a goldsmith.
सुनारिन (sunārin) स्त्री. सुनार की पत्नी।
(f.) wife of goldsmith.
सुनारी (sunārī) स्त्री. सोने-चाँदी के गहने बनाने का व्यवसाय, सोनार की स्त्री, एक अच्छी औरत।
(f.) occupation of a goldsmith, goldsmithery, wife of a goldsmith, a good woman.
सुनल-सुनावल (sunal-sunāval) वि. सुनी-सुनाई, अपधर्म।
(adj.) heard from other people, information got from someone, here say.
सुनीति (sunīti) स्त्री. न्यायसंगति, निष्पक्षता, निष्पक्ष नीति।
(f.) equity, wholesome policy.
सुन्न (sunn) वि. (सं.) स्पंदनहीन, निश्चेष्ट।
(adj.) sensationless, void of all sensation, insensible.
सुन्नत (sunnat) स्त्री. (अ.) खतना, मुसलमानी।
(f.) circumcision.
सुन्ना (sunnā) पु. (सं.) शून्य की सूचक गोल बिंदी, सिफर।
(m.) zero, cypher.
सुन्नी (sunnī) पु. (अ.) मुसलमानों का एक संप्रदाय।
(m.) one of the two main sects of muslims.
सुपंथ (supanth) पु. उचित मार्ग, अच्छी राह।
(m.) right path, good path.

सुपति (**supati**) पु. (सं.) अच्छा पति।
(m.) a good husband.
सुपत्नी (**supatnī**) स्त्री. (सं.) सुंदर स्त्री।
(f.) a good wife.
सुपथ (**supath**) पु. दे. सुपंथ।
सुपली (**supalī**) स्त्री. छोटा सूप।
(f.) a small winnowing frame.
सुपथ्य (**supathy**) पु. (सं.) रोगी के लिए निर्धारित स्वास्थ्यप्रद खुराक।
(m.) wholesome diet (prescribed for a patient).
सुपाच्य (**supācy**) वि. आसानी से पचनेवाला।
(adj.) easily digestible.
सुपात्र (**supātr**) वि. (सं.) अच्छा। (पु.) उपयुक्त, योग्य व्यक्ति।
(adj.) well deserving. (m.) good receptacle, worthy person.
सुपारी (**supārī**) स्त्री. (सं.) 1. सुपारी, छोटा कड़ा फल जिसे पान के साथ खाया जाता है। 2. किसी की हत्या के लिए ठीका।
(f.) 1. a betel nut. 2. killing contract.
सुपुत्र (**suputr**) पु. (सं.) अच्छा और योग्य पुत्र।
(m.) worthy son.
सुपूती (**supūtī**) स्त्री. अच्छे, योग्य पुत्रों की माता।
(f.) (woman) having worthy sons.
सुपेली (**supeli**) पु. सूप जैसा निकला हुआ बाँस का छिलका, छोटा सूप।
(m.) a bamboo shuck came out like winnowing frame.
सुफल (**sufal**) वि. (सं.) सुंदर फलों से युक्त, सफल।
(adj.) fruitful, successful.
सुबकल (**subakal**) अक. सुबकना।
(v.i.) to sob faintly.
सुबह (**subah**) स्त्री. (अ.) सबेरा, भोर।
(f.) morning.
सुबह-साम (**subah-sām**) क्रि.वि. प्रातःकाल एवं सायंकाल।
(adv.) morning and evening.
सुबह-सबेरे (**subah-savere**) क्रि.वि. बहुत सबेरे, तड़के।
(adv.) in the early morning, at dawn.
सुबहा (**subahā**) पु. शक।
(m.) doubt.
सुबहित (**subahit**) क्रि.वि. ठीक तरह से।
(adv.) correctly, rightly.
सुबुकल (**subukal**) अक. धीरे-धीरे रोना।
(v.i.) to sob.
सुबूत (**subūt**) पु. (अ.) प्रमाण, साक्ष्य।
(m.) a proof, an evidence.
सुबेवस्थित (**subevasthit**) वि. सुव्यवस्थित।
(adj.) orderly.
सुबोध (**subodh**) वि. (सं.) जो आसानी से समझ में आ जाए, सुंदर ज्ञान।
(adj.) easy to understand, comprehensible.
सुभ (**subh**) वि. (सं.) शुभ, अच्छा, भला, मंगलप्रद।
(adj.) auspicious, lucky, good.
सुभकामना (**subhakāmanā**) पु. शुभकामना।
(m.) greeting.
सुभग (**subhag**) वि. (सं.) भाग्यवान, प्रिय, आकर्षक।
(adj.) lively, charming.
सुभगा (**subhagā**) स्त्री. (स.) सुंदरी, सुहागिन, पतिप्रिया।
(f.) (woman) comely beautiful, married.
सुभट (**subhaṭ**) पु. (सं.) रणकुशल योद्धा।
(m.) good warrior.
सुभारंभ (**subhāraṅbh**) पु. शुभारंभ।
(m.) inauguration.
सुभासित (**subhāsit**) वि. सुंदर रूप से कथित। (पुं.) सूक्ति।
(adj.) well-said, finely expressed. (m.) excellent speech, maxim.
सुभीता (**subhītā**) पु. आसानी, आराम।
(m.) convenience.
सुमति (**sumati**) स्त्री. (सं.) अच्छी बुद्धि या स्वभाव, सद्भाव।
(f.) right way of thinking, concord, harmony.
सुमधुर (**sumadhur**) वि. (सं.) अति मधुर, बहुत नाजुक, सुंदर गायक।
(adj.) very sweet, melodious.
सुमन (**suman**) वि. (सं.) उदार, अच्छा मन। (स्त्री.) पुष्प।
(adj.) nice hearted, liberal. (f.) a flower.
सुमिरल (**sumiral**) सक. स्मरण करना, (बार-बार), जपना, ध्यान करना।
(v.t.) to repeat devotedly (gods) name.
सुमिरनी (**sumiranī**) स्त्री. छोटी जपमाला, सुमरनी, माला।
(f.) a rosary.

सुमुखी (sumukhī) स्त्री. (सं.) सुंदर मुखवाली सुंदरी, मनोरम रूपवाली।
(f.) pretty faced, having unique features.

सुयोग (suyog) पु. (सं.) सुंदर योग, बढ़िया मौका।
(m.) coincidence, occasion.

सुयोग्य (suyogyā) वि. लायक, कुशल।
(adj.) worthy, competent.

सुरंग (suraṅg) वि. अच्छा रंग। (स्त्री.) सुरंग।
(adj.) of good colour. (f.) a tunnel.

सुर (sur) पु. स्वर, आवाज, ट्यून, ध्वनि।
(m.) tone, note, tune, sound.

सुरकी (surakī) स्त्री. नीचे से ऊपर रखे मिट्टी के घड़ों की कतार।
(f.) the bottom-up line of clay pots.

सुरखी (surakhī) स्त्री. ईंट का महीन चूरा।
(f.) fine brick dust.

सुरछा (surachā) स्त्री. सम्यक् रक्षा।
(f.) safety, protection, good protection.

सुरछाबल (surachābal) पु. समुचित रक्षा हेतु तत्पर बल।
(m.) security forces.

सुरछावाद (surachāvād) पु. संरक्षणवाद।
(m.) protectionism.

सुरछित (surachit) वि. सुरक्षित।
(adj.) invulnerable.

सुरगाय (suragāy) स्त्री. कामधेनु।
(f.) kamdhenu.

सुरति (surati) स्त्री. (सं.) रति, काम-क्रीड़ा, विहार।
(f.) pleasant, love play, sexual enjoyment.

सुरती (suratī) स्त्री. तंबाकू का सुखाया और महीन काटा गया मादक पदार्थ।
(f.) tobacco leaves turned into small flakes.

सुरदार (suradār) वि. सुरीला।
(adj.) melodious, tuneful, harmonious.

सुरपुर (surapur) पु. इंद्रपुरी।
(m.) the city of gods, indrapuri.

सुरभि (surabhi) स्त्री. सुगंध।
(f.) fragrance, perfume.

सुरभित (surabhit) वि. (सं.) सुगंधवाला।
(adj.) scented, fragrant, perfumed.

सुरमा (suramā) पु. काजल।
(m.) collyrium.

सुरमेदानी (suramedānī) स्त्री. सुरमा रखने की डिबिया।
(f.) a small collyrium. box.

सुरलोक (suralok) पु. देवलोक, स्वर्ग।
(m.) world of gods, heaven.

सुरस (suras) वि. रसयुक्त, सुंदर रस।
(adj.) juicy, good juice.

सुर-सदन (sur-sadan) पु. स्वर्ग, देवालय।
(m.) house of the gods.

सुरा (surā) स्त्री. (सं.) मद्य, शराब।
(f.) wine, liquor.

सुराज (surāj) पु. सुराज्य।
(m.) home rule, good governance.

सुरापान (surāpān) पु. सुरा का पान।
(m.) drinking of wine.

सुराही (surāhī) स्त्री. (अ.) लंबी गरदन और तंग मुँह का मिट्टी का बर्तन जिसमें पानी ठंडा रहता है।
(f.) long necked jar, earthen jar meant for cooling water.

सुरीला (surīlā) वि. दे. सुरदार।

सुरुचि (suruci) स्त्री. सुंदर रुचि।
(f.) good taste, liking.

सुरुज (suruj) पु. सूर्य।
(m.) the sun.

सुरुवात (suruvāt) वि. आरंभ।
(adj.) beginning.

सुरुवाती (suruvātī) वि. प्रारंभिक।
(adj.) preliminary.

सुरू (surū) पु. (अ. शुरूअ) शुरू, आरंभ।
(m.) beginning.

सुरूप (surūp) वि. (सं.) अच्छी शक्लवाला।
(adj.) beautiful.

सुरेस (sures) पु. देवराज, इंद्र।
(m.) lord of the gods, Indra.

सुलगल (sulagal) अक. सुलगना।
(v.i.) to smoulder, burn.

सुलगावल (sulagāval) सक. सुलगाना।
(v.t.) to ignite, to lit, to kindle.

सुलझावल (sulajhāval) सक. सुलझाना।
(v.t.) to disentangle, to resolve.

सुलभ (sulabh) वि. (सं.) जो आसानी से मिल जाए।
(adj.) easily available.

सुललित (**sulalit**) वि. अति ललित, सुंदर।
(adj.) very beautiful, lovely, very dainty.

सुलह (**sulah**) स्त्री. (अ.) समझौता।
(f.) compromise.

सुलहा (**sulahā**) पु. दे. सुलह।

सुलह-सफाई (**sulah-safāī**) स्त्री. मेल-मिलाप और समझौता।
(f.) settlement and compromise.

सुलावल (**sulāval**) सक. सुलाना।
(v.t.) to cause to sleep, to make (someone) sleep.

सुलाभ (**sulābh**) पु. लाभ, आय।
(m.) advantage.

सुलेख (**sulekh**) पु. सुंदर अक्षर, लिखावट।
(m.) beautiful handwriting.

सुलोचना (**sulocanā**) स्त्री. प्यारी आँखवाली स्त्री।
(f.) (woman) having lovely eyes.

सुवर (**suvar**) पु. दे. सुअर।

सुविचार (**suvicār**) पु. अच्छा या उत्तम विचार, ख्याल।
(m.) excellent idea.

सुविधा (**suvidhā**) स्त्री. (सं.) सहज ढंग से कार्य का संपादन।
(f.) convenience, facility, concession.

सुविधाजनक (**suvidhājanak**) वि. सुविधापूर्ण।
(adj.) convenient.

सुसमय (**susamay**) पु. अनुकूल समय।
(m.) good days, favourable times.

सुसील (**susīl**) वि. सुशील।
(adj.) gentle.

सुसुम (**susum**) वि. थोड़ा गरम।
(adj.) mildly hot, lukeworm.

सुस्त (**sust**) वि. (फा.) उदास, मंद, आलसी, ढीला।
(adj.) lazy, idle, indolent.

सुस्ताइल (**sustāil**) अक. विश्राम करना, आराम करना।
(v.i.) to take rest.

सुहरावल (**suharāval**) सक. सहलाना।
(v.t.) to touch, to press mildly.

सुहाग (**suhāg**) पु. सुहागिन होने की अवस्था, जब पति जीवित हो, अहिवात।
(m.) a woman's blessed state of life when her spouse is alive.

सुहाग-रात (**suhāg-rāt**) स्त्री. दूल्हे-दुलहिन के मिलन की पहली रात।
(f.) first night of ceremonious consummation (of marriage).

सुहागा (**suhāgā**) पु. एक क्षार द्रव्य जो सोना गलाने और दवा के काम आता है।
(m.) borax.

सुहावना (**suhāvanā**) वि. भला लगनेवाला।
(adj.) eye catching, pleasant, delightful.

सुहिला (**suhilā**) पु. बाँस की काँवर की टोकरी।
(m.) kanvar-pans or baskets at the ends of a shaft carried on shoulders.

सुहेल (**suhel**) वि. सुगम।
(adj.) easy.

सूँघल (**sūṁghal**) सक. सूँघना।
(v.t.) to smell.

सूँड़ (**sūṁṛ**) स्त्री. हाथी की स्तंभाकार नाक जो नीचे लटकती रहती है, शुंड।
(f.) trunk (of elephant).

सूआ (**sūā**) पु. बड़ा सूजा।
(m.) large needle.

सूई (**sūī**) स्त्री. दे. सुई।

सूखल (**sūkhal**) अक. शुष्क होना, सूखना।
(v.t.) to dry, to get dry.

सूखा (**sūkhā**) वि. (सं.) सूखा हुआ खुश्क, रसहीन, निस्तेज।
(adj.) dried, dry.

सूचना (**sūcanā**) स्त्री. (सं.) जताने या बताने हेतु कही हुई बात, जानकारी।
(f.) information, communication, notice.

सूचनापट्ट (**sūcanāpaṭṭ**) पु. (सं.) वह पट्ट जिस पर सूचनाएँ टाँगी जाती हैं।
(m.) a notice board.

सूचना प्रौद्योगिकी (**sūcanā praudyogikī**) स्त्री. (सं.) सूचना प्रौद्योगिकी।
(f.) Information technology.

सूचनालय (**sūcanālay**) पु. सूचना-केंद्र।
(m.) an information centre.

सूचिका (**sūcikā**) स्त्री. सूई।
(f.) a needle.

सूची (**sūcī**) स्त्री. (सं.) अनुक्रमणिका।
(f.) an inventory, a list.

सूचीपत्र (**sūcīpatr**) पु. तालिका।
(m.) a catalogue.

सूजन (**sūjan**) स्त्री. शोथ, सूजने की क्रिया या भाव।
(f.) swelling, inflammation.

सूजल (**sūjal**) अक. (फा.) फूलना, शोथ होना।
(v.i.) to swell.

सूजा (**sūjā**) पु. दे. सुआ।

सूजाक (**sūjāk**) पु. दे. सुजाक।

सूजी (**sūjī**) स्त्री. (सं.) गेहूँ का एक विशेष प्रकार का दरदरा।
(f.) granulated wheat, semolina.

सूझ (**sūjh**) स्त्री. सूझने का भाव, दृष्टि, नजर।
(f.) insight, perception, striking idea.

सूझल (**sūjhal**) सक. सूझना।
(v.t.) to come to mind, to strike.

सूझ-बूझ (**sūjh-būjh**) स्त्री. दूरदर्शिता और बुद्धिमत्ता।
(f.) imagination and foresightedness.

सूटकेस (**sūṭakes**) पु. (अं.) कपड़े रखने का संदूक।
(m.) a suitcase.

सूत (**sūt**) पु. (सं.) सूत का धागा, डोरा।
(m.) cotton yarn, thread.

सूतक (**sūtak**) पु. जन्म या मृत्यु के कारण परिवार में कुछ समय के लिए अशौच, अपवित्रता की स्थिति।
(m.) state of temporary impurity due to some birth or death in the family.

सूता (**sūtā**) पु. धागा।
(m.) thread.

सूती (**sūtī**) वि. सूत का बना हुआ।
(adj.) made from cotton.

सूत्र (**sūtr**) पु. (सं.) 1. सूत, तागा, डोरा, जनेऊ। 2. थोड़े शब्दों में बहुत गूढ़ बात का कथन। 3. सुराग, स्रोत।
(m.) 1. thread, cord, sacred cord worn by upper castes. 2. formula. 3. clue, source.

सूद (**sūd**) पु. (फा.) उधार दिए हुए धन के बदले मिलनेवाला (मूल से भिन्न) धन, ब्याज।
(m.) interest (on principal amount).

सूदखोर (**sūdakhor**) पु. बहुत ब्याज लेनेवाला व्यक्ति।
(m.) a person who lends money at an exorbitant rate of interest, userer.

सूना (**sūnā**) वि. (सं.) जहाँ कोई न हो, निर्जन, एकांत।
(adj.) lonely, deserted.

सूप (**sūp**) पु. अनाज साफ करनेवाला उपकरण, भोजन के पूर्व पेय (सूप)।
(m.) a handy gadget or appliance used for winnowing grain and the like.

सूबा (**sūbā**) पु. (अ.) प्रांत, राज्य, प्रदेश।
(m.) province.

सूबेदार (**sūbedār**) पु. सूबे का प्रधान अधिकारी, शासक, सेना में एक पद।
(m.) governor of a province, a non commissioned officer in the Indian army.

सूम (**sūm**) वि./पु. कंजूस, कृपण।
(adj./m). stingy, miser.

सूर (**sūr**) वि. अंधा।
(adj.) blind.

सूर (**sūr**) पु. (सं.) शूर, योद्धा, वीर, बहादुर।
(m.) a hero, a warrior.

सूरज (**sūraj**) पु. सूर्य।
(m.) the sun.

सूरजमुखी (**sūrajamukhī**) पु. सूर्यमुखी।
(m.) sunflower.

सूरत (**sūrat**) स्त्री. रूप, शक्ल, बाह्य आकार।
(f.) appearance, face.

सूरन (**sūran**) पु. एक कंद शाक, जमीकंद, शूरण।
(m.) an edible root.

सूरमा (**sūramā**) पु. योद्धा, बहादुर, शूरवीर।
(m.) a warrior, brave, fighter, hero.

सूराख (**sūrākh**) पु. (फा.) छेद।
(m.) hole, aperture.

सूर्यास्त (**sūryāst**) पु. (सं.) सूरज का डूबना।
(m.) sunset.

सूर्योदय (**sūryoday**) पु. (सं.) सूरज का उगना, प्रातःकाल।
(m.) sunrise.

सूली (**sūlī**) स्त्री. प्राणदंड की पुरानी विधि जिसमें नुकीले छड़ से प्राणदंड दिया जाता है।
(f.) an ancient form of capital punishment.

सेंकल (**seṅkal**) सक. सेंकना, तपाना।
(v.t.) to foment, to bake, to roast.

सेंकाई (**seṅkāī**) स्त्री. सेंकना की क्रिया।
(f.) fomentation.

सेंट (**seṅṭ**) पु. (अं.) इत्र।
(m.) perfume.

सेंध (**seṅdh**) स्त्री. वह छेद जो चोर दीवार तोड़कर बनाते हैं।
(f.) hole made in a house for burglary.

सेंधा-नून (**seṅdhā-nūn**) पु. खनिज नमक।
(m.) solid mineral salt, rock salt.

सेंवठाइल (**seṅvaṭhāil**) अक. सूखकर सिकुड़ना।
(v.i.) to shrink due to drying.

सेंसर (**seṅsar**) पु. (अं.) आपत्तिजनक अंशों का परीक्षण।
(m.) censor.

सेकंड (**sekaṅḍ**) पु. (अं.) एक मिनट का साठवाँ हिस्सा।
(m.) second, one-sixtieth part of a minute.

सेकर (**sekar**) सर्व. उसका।
(pron.) his, hers.

सेकराह (**sekarāh**) क्रि.वि. सुबह, समय से पहले।
(adv.) in the morning, earlier than the fixed time, before time.

सेक्रेटरी (**sekreṭarī**) पु. (अं.) मंत्री, सचिव किसी संस्था के संचालन के लिए उत्तरदायी व्यक्ति।
(m.) secretary.

सेज (**sej**) स्त्री. (सं.) शय्या, पलंग।
(f.) a bed.

सेजिया (**sejiyā**) स्त्री. पलंग।
(f.) a bedstead.

सेट (**seṭ**) पु. (अं.) एक ही तरह की कई चीजों का समूह।
(m.) set (of articles).

सेठ (**seṭh**) पु. (सं.) धनी महाजन, बड़ा साहूकार।
(m.) a wealthy person.

सेठानी (**seṭhānī**) स्त्री. सेठ की पत्नी।
(f.) wife of a wealthy person.

सेतिहा (**setihā**) वि. मुफ्त।
(adj.) free of cost.

सेतु (**setu**) पु. (सं.) नदी पर का पुल, पानी की रुकावट हेतु बना बाँध।
(m.) a bridge, dam.

सेना (**senā**) स्त्री. फौज, पलटन।
(f.) army.

सेनापति (**senāpati**) पु. (सं.) सेना का सबसे बड़ा अधिकारी।
(m.) commander.

सेनुख (**senukh**) पु. संदूक, तिजोरी।
(m.) a cabinet, box, suitcase.

सेनुर (**senur**) पु. सिंदूर।
(m.) vermilion.

सेनुरदान (**senuradān**) पु. सिंदूरदान।
(m.) vermilion box.

सेनुरदानी (**senuradānī**) स्त्री. दे. सेनुरदान।

सेब (**seb**) पु. एक तरह का फल, सेब।
(m.) an apple.

सेम (**sem**) स्त्री. एक प्रकार की फली जिसकी तरकारी बनती है।
(f.) bean.

सेमर (**semar**) पु. सेमल का वृक्ष।
(m.) a cottonwood tree.

सेमल (**semal**) पु. (सं.) एक पेड़ जिसके फल से रुई निकलती है।
(m.) a silk cotton tree.

सेयान (**seyān**) वि. वयस्क।
(adj.) adult, matured.

सेर (**ser**) पु. (फा.) शेर, व्याघ्र, नाहर।
(m.) a lion.

सेर (**ser**) पु. सोलह छटाँक का बटखरा (लगभग एक किलो)।
(m.) seer, a weight around one kg.

सेराइल (**serāil**) अक. ठंडा होना।
(v.i.) to become cool.

सेल (**sel**) स्त्री. (अं.) विशेष विक्रय, स्टाक को खत्म करने हेतु कम कीमत पर बिक्री, बेचना।
(f.) sale.

सेलटेक्स (**selaṭeks**) पु. (अं.) बिक्री-कर।
(m.) sales tax.

सेला (**selā**) पु. उसना चावल।
(m.) a kind of coarse rice.

सेवक (**sevak**) पु. (सं.) नौकर, कर्मचारी।
(m.) a servant, worker.

सेवकाई (**sevakāī**) स्त्री. सेवा।
(f.) service, attendance.

सेवड़ा (**sevaṛā**) पु. (हिं. सेव) सेव की तरह का, लेकिन उससे मोटा बड़ा नमकीन।
(m.) salty preparation (long rectangular fried solids of wheat flour).

सेवन (**sevan**) पु. प्रयोग, व्यवहार, इस्तेमाल।
(m.) use.

सेवन-विधि (sevan-vidhi) स्त्री. (सं.) प्रयोग करने का तरीका।
(f.) method of use.

सेवा (sevā) स्त्री. (सं.) परिचर्या, टहल।
(f.) service.

सेवानिवृत्ति (sevānivritti) स्त्री. अवकाश-प्राप्ति, कार्यकाल समाप्त होने की अवस्था।
(f.) retirement.

सेवापंजी (sevāpaṅjī) स्त्री. सेवा-पुस्तिका।
(f.) a service book.

सेवार (sevār) पु. शैवाल।
(m.) mass, algae.

सेविंग बैंक (seviṅg baiṅk) पु. (अं.) बैंक में जो बचाकर पैसा जमा होता है।
(m.) saving bank.

सेवा-सतकार (sevā-satakār) पु. आतिथ्य।
(m.) hospitality.

सेविका (sevikā) स्त्री. (सं.) दासी, परिचारिका।
(f.) a female servant.

सेहत (sehat) स्त्री. (अ.) स्वास्थ्य, आरोग्य।
(f.) health.

सैंतालिस (saiṅtālis) वि. सैंतालीस, 47 की संख्या।
(adj.) forty seven.

सैंतीस (saiṅtīs) वि. सैंतीस, 37 की संख्या।
(adj.) thirty seven.

सैकड़ा (saikaṛā) पु. सौ।
(m.) hundred.

सैजन (saijan) पु. एक फली जिसकी सब्जी बनती है।
(m.) a tree, it's fruit is used as vegitable.

सैतान (saitān) पु. शैतान, राक्षस।
(m.) rascal.

सैतानी (saitānī) स्त्री. शैतानी, राक्षसी।
(f.) mischief.

सैनिक (sainik) पु. फौजी, सिपाही, योद्धा।
(m.) a person who serves in an army, soldier.

सैयाँ (saiyām̐) पु. पति, मालिक, स्वामी।
(m.) a husband, lover, lord.

सैर (sair) स्त्री. (अ.) भ्रमण, टहलना।
(f.) an outgoing, a short walk.

सैलानी (sailānī) पु. (अ.) घुमक्कड़, सैर करने का शौकीन।
(m.) tourist, excursionist.

सैलाब (sailāb) पु. (फा.) बाढ़, पानी का चढ़ाव।
(m.) flood.

सैली (sailī) स्त्री. शैली।
(f.) style.

सैलून (sailūn) पु. (अं.) 1. नाई की दुकान। 2. अधिकारियों हेतु विशेष तौर पर बनाया, सजाया हुआ रेल का डिब्बा।
(m.) 1. saloon, barber's shop. 2. special carriage meant for some high dignitary.

सोंटा (soṅṭā) पु. (सं.) मोटा डंडा, भाँग घोटने का डंडा।
(m.) a stout walking stick.

सोंठ (soṅṭh) स्त्री. (सं.) सुखाया हुआ अदरक।
(f.) dried ginger.

सोंठउर (soṅṭhaur) पु. सोंठ का लड्डू।
(m.) a laddu containing dried ginger powder.

सोंधा (soṅdhā) वि. (सं.) सुगंधित, खुशबूदार, वर्षाऋतु की पहली बारिश होने पर मिट्टी से मिलनेवाला गंध।
(adj.) having a light pleasing (particularly earthen) smell.

सो (so) क्रि.वि. (सं.) इसलिए।
(adv.) therefore.

सोआ (soā) पु. (सं.) एक प्रकार का साग।
(m.) a variety of leafy vegetable.

सोक (sok) पु. शोक।
(m.) lament, moarning.

सोकगीत (sokagīt) पु. शोकगीत।
(m.) elegy.

सोखल (sokhal) सक. (सं.) जल या नमी चूसना, शोषण करना।
(v.t.) to suck, to absorb.

सोख्ता (sokhtā) पु. खुरदुरा कागज जो लिखे हुए लेखों पर की स्याही को सोख लेता है, स्याही सोख।
(m.) blotting paper.

सोगहग (sogahag) वि. पूरा, संपूर्ण, सीधा।
(adj.) complete, one piece full.

सोच (soc) स्त्री. (सं.) चिंतन, मनन।
(f.) consideration, ponderung.

सोच-विचार (soc-vicār) पु. सोचने-विचारने का भाव।
(m.) deliberation, due thought.

सोचल (socal) सक. विचार करना।
(v.t.) to think, to ponder.

सोचल-समझल (**socal-samajhal**) वि. सुविचारित, सोच-समझकर किया हुआ।
(adj.) deliberate.

सोझ (**sojh**) वि. सीधा।
(adj.) straight.

सोझा (**sojhā**) क्रि.वि. सामने।
(adv.)in front.

सोझा-सोझी (**sojhā-sojhī**) वि. आमने-सामने।
(adj.) face to face.

सोझे (**sojhe**) क्रि.वि. प्रत्यक्ष रूप से।
(adv.) perceptibly.

सोटा (**soṭā**) पु. छोटी लाठी।
(m.) a small cudgel.

सोडा (**soḍā**) पु. (अं.) एक क्षार।
(m.) soda.

सोता (**sotā**) पु. (अ.) छोटी धारा, झरना।
(m.) spining (of water).

सोध (**sodh**) पु. (सं.) शोध, शुद्ध करनेवाला संस्कार, दुरुस्ती, खोज।
(m.) purification, refining, research.

सोधक (**sodhak**) पु. शोधक।
(m.) purgative.

सोधल (**sodhal**) सक. शुद्ध करना, ढूँढ़ना।
(v.t.) to purify, to search.

सोनल (**sonal**) वि. सोना संबंधी।
(adj.) golden.

सोनपापरी (**sonapāparī**) स्त्री. बेसन और चीनी से बनी एक मिठाई।
(f.) a sweet made of besan and sugar.

सोना (**sonā**) पु. स्वर्ण।
(m.) gold.

सोनार (**sonār**) पु. सुनार। उदा. 'सौ चोट सोनार के, एक चोट लोहार के'।
(m.) a goldsmith.

सोन्ह (**sonh**) वि. सोंधा।
(adj.) flavoured.

सोन्ना (**sonnā**) वि. शून्य।
(adj.) zero.

सोपाड़ी (**sopāṛī**) स्त्री. सुपारी।
(f.) a nut.

सोफा (**sofā**) पु. (अं.) एक प्रकार का पलंग।
(m.) sofa.

सोबरना (**sobaranā**) पु. कुल्हड़।
(m.) a clay cup.

सोभल (**sobhal**) अक. शोभा देना।
(v.i.) to look good.

सोभायात्रा (**sobhāyātrā**) पु. शोभायात्रा।
(m.) procession.

सोमवार (**somavār**) पु. सप्ताह का पहला दिन, सोमवर।
(m.) monday.

सोमार (**somār**) पु. दे. सोमवार।

सोयाबीन (**soyābīn**) स्त्री. एक फली जो खाने के काम आती है।
(f.) soyabean.

सोर (**sor**) पु. 1. जड़। 2. कोलाहल।
(m.) 1. root. 2. commotion.

सोलह (**solah**) वि. (सं.) सोलह, 16 की संख्या।
(adj.) sixteen.

सोला (**solā**) पु. (अ. शोलः) शोला, जलती हुई आग की लपट, लौ, अग्निशिखा।
(m.) a flame, blaze.

सोहनी (**sohanī**) स्त्री. निकौनी, निराई।
(f.) weeding.

सोहबत (**sohabat**) स्त्री. संगति।
(f.) company, association, society.

सोहर (**sohar**) पु. पुत्र जन्म पर गाया जानेवाला गीत।
(m.) a variety of songs sung on birth.

सोहरल (**soharal**) सक. जमीन पर लोटना, फैलना।
(v.t.) to lie down on earth, to spread out on earth.

सोहल (**sohal**) सक. फसलयुक्त खेत से घास को साफ करना।
(v.t.) to weed a form with standing crop.

सोहारी (**sohārī**) स्त्री. पतली और छोटी पूरी।
(f.) a thin and small puri.

सौंपल (**sauṅpal**) सक. सौंपना।
(v.t.) to entrust.

सौंफ (**sauṅf**) स्त्री. (सं.) सौंफ।
(f.) fennel.

सौ (**sau**) वि. (सं. शत) सौ, 100 की संख्या।
(adj.) hundred.

सौखीन (**saukhīn**) पु. शौकीन।
(m.) fancier.

सौगात (saugāt) स्त्री. (तु.) भेंट, उपहार, तोहफा।
(f.) some special present for someone brought from outside.

सौचालय (saucālay) पु. शौचालय।
(m.) latrine.

सौत (saut) स्त्री. पति की दूसरी पत्नी या प्रेमिका।
(f.) second wife, co-wife.

सौदा (saudā) पु. खरीदने-बेचने की बातचीत, व्यवहार।
(m.) transaction, bargain, deal.

सौदागर (saudāgar) पु. (फा.) व्यापारी, सौदागर, व्यवसायी।
(m.) businessman, merchant, tradesman.

सौदामिनी (saudāminī) स्त्री. बिजली, विद्युत्।
(f.) lightning.

सौदेबाजी (saudebājī) स्त्री. (अ.+फा.) मोल-भाव करने की क्रिया।
(f.) bargaining, horse trading.

सौभाग्य (saubhāgy) पु. (सं.) खुशकिस्मती, अच्छा भाग्य।
(m.) good fortune.

सौर (saur) वि. (सं.) सूर्य संबंधी, सूर्य का।
(adj.) pertaining to the sun, solar.

सौर-जगत (saur-jagat) पु. (सं.) सूर्य और उसकी परिक्रमा करनेवाले ग्रहों का समूह।
(m.) solar system.

सौरभ (saurabh) पु. (सं.) सुगंध, खुशबू।
(m.) fragrance, sweet smell.

सौरी (saurī) स्त्री. (सं.) सूतिकागार, जच्चाखाना, लेबर रूम।
(f.) lying in chamber, labour room.

सौवाँ (sauvāṁ) वि. सौ का।
(adj.) hundredth.

स्कूटर (skūṭar) पु. (अं.) स्कूटर।
(m.) scooter.

स्कूल (skūl) पु. (अं.) पाठशाला, विद्यालय।
(m.) school.

स्टांप (sṭāṅp) पु. (अं.) पक्की लिखा-पढ़ी करनेवाला कागज।
(m.) stamp.

स्टाक (sṭāk) पु. (अं.) बिक्री का माल, पूँजी।
(m.) supply of goods available for sale or use.

स्टाफ (sṭāf) पु. (अं.) एक ही संस्था के कर्मचारी।
(m.) staff.

स्टाल (sṭāl) पु. (अं.) छोटी दुकान।
(m.) stall.

स्टीमर (sṭimar) पु. (अं.) भाप से चलनेवाला छोटा जहाज।
(m.) a steamer.

स्टूल (sṭūl) पु. (अं.) छोटी चौकी, तिपाई।
(m.) a stool.

स्टेसन (sṭesan) पु. (अं.) ठहरने का स्थान।
(m.) station.

स्टोर (sṭor) पु. (अं.) भंडार, दुकान।
(m.) a store, shop.

स्टोव (sṭov) पु. (अं.) छोटा चूल्हा, स्टोव।
(m.) a stove.

स्तंभ (staṅbh) पु. किसी विषय विशेष हेतु निर्धारित स्थान।
(m.) a column, pillar, post.

स्तंभ-लेखक (staṅbh-lekhak) पु. समाचार पत्र में विशेष विषय पर लेखादि लिखनेवाला।
(m.) a columnist.

स्तन (stan) पु. (सं.) कुच, स्तन।
(m.) breast.

स्त्री (strī) स्त्री. (सं.) औरत, पत्नी।
(f.) woman, female, wife.

स्थल (sthal) पु. (सं.) भू-भाग, मैदान।
(m.) place, site.

स्थान (sthān) पु. (सं.) जगह, स्थान।
(m.) place.

स्थानांतर (sthānāṅtar) पु. (सं.) भिन्न, दूसरा स्थान।
(m.) another place, transfer.

स्थानीय (sthanīy) वि. (सं.) स्थान विशेष से संबंध रखनेवाला।
(adj.) local.

स्थापन (sthāpan) पु. (सं.) खड़ा करना, स्थिर करना, जमाना, बैठाना।
(m.) act of founding, establishment, installation.

स्थायी (sthāyī) वि. (सं.) टिकाऊ, सदा स्थिर रहनेवाला।
(adj.) stable, durable, ever lasting.

स्थिर (sthir) वि. (सं.) निश्चल, स्थायी।
(adj.) fixed, stable.

स्थूल (sthūl) वि. (सं.) मोटा, सूक्ष्म का विपरीत शब्द।
(adj.) bulky, fat.

स्नातक (snātak) पु. (सं.) स्नातक, बी.ए.।
(m.) graduate.

स्नान (snān) पु. (सं.) नहाना।
(m.) bath.

स्नेह (sneh) पु. (सं.) प्रेम, प्यार, मुहब्बत।
(m.) affection, love.

स्पस्ट (spaṣṭ) वि. (सं.) साफ दिखाई देने या समझ में आनेवाला, भ्रम से परे, स्पष्ट।
(adj.) clearly stated, obvious, evident, free from doubt or confusion, explicit.

स्पीकर (spīkar) पु. (अं.) वक्ता, अध्यक्ष।
(m.) speaker.

स्पीड (spīḍ) स्त्री. (अं.) गति।
(f.) speed.

स्मृति (smriti) स्त्री. (सं.) याद।
(f.) memory, recollection.

स्याह (syāh) वि. (फा.) काला।
(adj.) black.

स्याही (syāhī) स्त्री. (फा.) रोशनाई, कालापन।
(f.) blackness, black ink, ink.

स्रम (sram) पु. (सं.) श्रम, शरीर को थकानेवाला काम, परिश्रम।
(m.) exertion, effort, hard work, labour.

स्रीमती (srīmatī) स्त्री. (सं.) श्रीमती, विवाहित महिला हेतु संबोधन, नाम के आगे लगा विशेषण, पत्नी।
(f.) an illustrious beautiful woman, wife, hon. Mrs.

स्रीमान् (srīmān) पु. श्रीमान, धनी, संपन्न, एक आदरसूचक शब्द जो पुरुषों के नाम के पहले विशेषण के रूप में लगता है, श्रीयुत्।
(m.) prosperous, wealthy, illustrious, (hon.) sir.

स्रोता (srotā) पु. (सं. श्रोतृ) श्रोता, सुननेवाला।
(m.) a listener.

स्रोतागन (srotāgan) पु. श्रोतागण।
(m.) audience.

स्लेस (sles) पु. श्लेष।
(m.) pun.

स्वच्छ (svacch) वि. (सं.) निर्मल, साफ।
(adj.) clean.

स्वजन (svajan) पु. (सं.) अपने परिवार के लोग, रिश्तेदार, संबंधी।
(m.) being near and dear relatives.

स्वतंत्र (svataṅtr) वि. (सं.) स्वाधीन, आजाद।
(adj.) independent, free.

स्वतंत्रता (svataṅtratā) स्त्री. आजादी।
(f.) independence, freedom.

स्वदेस (svades) पु. अपना देश, मातृभूमि।
(m.) one's own country, native land, motherland.

स्वधर्म (svadharm) पु. (सं.) अपना धर्म, अपना कर्तव्य।
(m.) one's own duty.

स्वप्न (swapn) पु. (सं.) सपना।
(m.) dream.

स्वभाव (svabhāv) पु. (सं.) प्रकृति, आदत, बान।
(m.) one's own nature temperament.

स्वर (svar) पु. (सं.) मुख-विवर में वायु-प्रवाह में बिना अवरोध के उत्पन्न ध्वनियाँ।
(m.) vowel.

स्वराज्य (svarājy) पु. (सं.) अपना राज्य।
(m.) self-government, swaraj.

स्वराच्ट (svarāciṭ) पु. (सं.) अपना देश, स्वराष्ट्र।
(m.) one's own nation.

स्वर्ग (svarg) पु. (सं.) देवलोक।
(m.) heaven, paradise.

स्वर्ण (svarṇ) पु. (सं.) सुवर्ण, सोना।
(adj.) gold.

स्वस्थ (svasth) वि. (सं.) नीरोग, तंदुरुस्त, चंगा।
(m.) healthy.

स्वांस (svāṅs) पु. साँस।
(m.) breath.

स्वागत (svāgat) पु. (सं.) आगमन पर हर्ष-प्रकाश, अगवानी।
(m.) welcome.

स्वागत-गान (svāgat-gān) पु. अतिथि के आने पर उसके स्वागत में प्रस्तुत गीत।
(m.) a welcome song.

स्वाद (svād) पु. (सं.) जायका, लज्जत, मजा।
(m.) taste, flavour.

स्वादिस्ट (svādiṣṭ) वि. (सं.) अतिशय स्वादु, बहुत ही जायकेदार।
(adj.) taste, tasteful.

स्वाधीनता (svadhīnatā) स्त्री. (सं.) आजादी, स्वतंत्रता।
(f.) independence.

स्वाभिमान (svābhimān) पु. (सं.) आत्मसम्मान।
(m.) self respect.

स्वामी (svāmī) पु. (सं.) मालिक, प्रभु, औनर।
(m.) master, lord, owner.

स्वार्थ (svārth) पु. (सं.) अपना मतलब या प्रयोजन, अपना लाभ।
(m.) one's own good, self-interest.

स्वास्थ्य (svāsthy) पु. (सं.) आरोग्य, स्वस्थता।
(m.) health.

स्वीकार (svīkār) पु. (सं.) अंगीकार, अपनाने की क्रिया।
(m.) act of acceptance.

स्वेटर (sveṭar) पु. (अं.) ऊन से बुनी हुई बनियाइन।
(m.) sweater.

ह

ह (ha) देवनागरी वर्णमाला का तैंतीसवाँ व्यंजन जो उच्चारण के अनुसार उष्म वर्ग का है।
–the thirty-third consonant of the devanagari syllabary.

हँ (haṁ) अव्य. स्वीकृतिसूचक शब्द। किसी की बातें सुनते समय 'ऐसा है' कहने से ध्यान देने की क्रिया समझी जाती है।
(indec.) affirmative word, positive response after hearing.

हँइचल (haṁical) सक. बलपूर्वक दबाना, रौंदना।
(v.t.) to put down, press, weigh down, nip.

हँउकल (haṁukal) सक. 1. मवेशियों को बोलकर या मारकर आगे बढ़ाना। 2. डींग-भरी बातें करना। 3. हवा करने के लिए पंखा हिलाना।
(v.t.) 1. to drive away the cattle. 2. to boast. 3. to fan.

हँउजार (haṁujār) पु. हल्ला, कोलाहल।
(m.) uproar, commotion.

हँउड़ल (haṁuṛal) सक. मथना।
(v.t.) to stir, to churn, to rub.

हँकड़ल (haṁkaṛal) अक. ललकारना।
(v.i.) to bellow, to low (cattle), to speak arrogantly.

हँकवावल (haṁkavāval) सक. हँकवाना।
(v.t.) to cause to be shouted (to) to cause (animals) to driven by.

हँकार (haṁkār) स्त्री. (सं.) जोर से बुलाने की क्रिया।
(f.) loud shout, driving off or away (by) shouting.

हँकारल (haṁkāral) अक. हुँकार भरना।
(v.t.) to shout out loudly, to drive (animals by shouting).

हँकारा (haṁkārā) पु. दे. हँकार।

हंगामा (haṅgāmā) पु. (फा.) उपद्रव, उत्पात, शोरगुल, हल्ला।
(m.) tumultuous crowd, commotion, disturbance, riot.

हंटर (hanṭar) पु. (अ.) कोड़ा।
(m.) a whip, blow with a whip.

हंडा (hanḍā) पु. भाँड़ा।
(m.) a large pot cauldron.

हँड़िया (haṁṛiyā) स्त्री. मिट्टी का छोटा पात्र, शीशे का पात्र जो शोभा के लिए लटकाया जाता है, अन्न से बनाई गई शराब।
(f.) a small earthenware cooking pot, a glass bowl containing a candle, a lamp, an alcoholic drink made from grain.

हंडी (hanḍī) स्त्री. दे हँड़िया।

हंत (hant) विस्म. दुखसूचक शब्द, हा, हंत ये क्या हो गया।
(interj.) alas! alas! woe is me.

हंता (hantā) पु. (सं.) मार डालनेवाला, हत्यारा।
(m.) one who strikes, a killer, murderer.

हँफनी (**haṁfanī**) स्त्री. हाँफने की क्रिया।
(f.) puffing, panting, shortness of breath.

हँफावल (**haṁfāval**) सक. हँफाना।
(v.t.) to cause to pant, to get (one) out of breath.

हंस (**haṅs**) पु. (सं.) जलपक्षी, कविमत के अनुसार दूध से पानी अलग करनेवाला हंस, आत्मा।
(m.) goose, gander (fig) the soul, spirit.

हँसल (**haṁsal**) अक. हँसने की क्रिया, मुस्कुराने की क्रिया।
(v.i.) to laugh, to smile, to laugh (at).

हँसाई (**haṁsāī**) स्त्री. हँसी, उपहास।
(f.) laughing, laughter, fun, course or object of laughter.

हँसाऊ (**haṁsāū**) वि. हँसने योग्य।
(adj.) laughable, ridiculous.

हँसावल (**haṁsāval**) सक. हँसाना।
(v.t.) to cause to laugh.

हँसिया (**haṁsiyā**) स्त्री. (सं.) खेत की फसल, घास-फूस काटने का औजार।
(f.) a sickle, a pruning hook.

हंसी (**haṅsī**) स्त्री. हंस (पक्षी) की मादा।
(f.) a female swan.

हँसी (**haṁsī**) स्त्री. हास।
(f.) a laughter, a smile, a fun, jocking.

हँसी-मजाक (**haṁsī-majāk**) पु. हास्यवृत्ति।
(m.) humour, joke.

हँसुआ (**haṁsuā**) पु. दे. हँसिया।

हँसुली (**haṁsulī**) स्त्री. (सं.) 1. गले के पास छाती के ऊपर धन्वाकार हड्डियाँ। 2. गले में पहनने का एक गहना।
(f.) 1. collar-bone. 2. a necklace.

हँसोड़ (**haṁsoṛ**) वि. दिल्लगीबाज, मसखरा।
(adj.) always laughing, jovial, fond of joking.

हँसोड़पन (**haṁsoṛapan**) पु. मसखरापन।
(m.) fondness for joking.

हँसोड़पना (**haṁsoṛapanā**) पु. दे हँसोड़पन।

हई (**haī**) सर्व. यह।
(pron.) this.

हई (**haī**) अक. हूँ।
(v.i.) am.

हउअ (**haua**) सक. है।
(v.t.) is.

हउआ (**hauā**) पु. एक कल्पित प्राणी जो तंग करता है।
(m.) an imaginary fearful creature.

हउआइल (**hauāil**) अक. किसी वस्तु के लिए अत्यंत व्यग्र हो उठना।
(v.i.) to agitate for a thing.

हउज (**hauj**) पु. हौदा।
(m.) a reservoir, tank.

हउद (**haud**) पु. दे. हउज।

हऊ (**haū**) सर्व. वह।
(pron.) that.

हक (**hak**) पु. (अ.) अधिकार, सत्त्व।
(m.) a claim, a special right, privilege.

हकबकाइल (**hakabakāil**) अक. हक्का-बक्का हो जाना, घबरा जाना।
(v.i.) to become confused, to be taken aback.

हकबकावल (**hakabakāval**) सक. हक्का-बक्का करना।
(v.t.) to confound.

हकला (**hakalā**) वि. हकलाकर बोलनेवाला। (पु.) अटक-अटककर बोलनेवाला व्यक्ति।
(adj.) stuttering, stammering. (m.) stutterer.

हकलाइल (**hakalāil**) अक. रुक-रुक कर बोलना।
(v.i.) to stutter, to stammer.

हकलापन (**hakalāpan**) पु. हकलाकर, रुक-रुक कर बोलने की स्थिति।
(m.) stutter, stammer.

हकलाहट (**hakalāhaṭ**) स्त्री. उच्चारण न कर सकने के चलते रुक-रुक कर बोलने की स्थिति।
(f.) stuttering, stammering.

हकारल (**hakāral**) सक. दे. हँकारल।

हकीकत (**hakīkat**) स्त्री. वास्तविकता, असलियत।
(f.) truth, fact, reality.

हकीम (**hakīm**) पु. विद्वान, यूनानी रीति से चिकित्सा करनेवाला चिकित्सक, दार्शनिक।
(m.) a wise man, a doctor, a philosopher.

हक्का-बक्का (**hakkā-bakkā**) वि. भौंचक्का, बहुत घबराया हुआ।
(adj.) shocked, confused.

हगल (**hagal**) अक. मल-त्याग करना।
(v.i.) to defecate.

हगावल (**hagāval**) सक. मल-त्याग करने के लिए उकसाना, प्रेरित करना।
(v.t.) to cause to defecate.

हगास (**hagās**) स्त्री. मल-त्याग की जल्दबाजी।
(f.) hurry to defecate.

हगासा (**hagāsā**) वि. प्रायः जल्दी-जल्दी मल त्याग करनेवाला।
(adj.) wanting to defecate often.

हगोड़ा (**hagōṛā**) पु. जो बार-बार मल-त्याग करता हो।
(m.) one who is again and again defecating.

हग्गल (**haggal**) पु. मल।
(m.) feces, filth, excsetion.

हग्गू (**haggū**) पु. दे. हगोड़ा।

हचकोला (**hacakolā**) पु. धक्का, धचक्का।
(m.) a jolt, a shock.

हचोक्की (**hacokkī**) स्त्री. हिचकी।
(f.) hiccough.

हज (**haj**) पु. (अ.) मुसलमानों का काबे की परिक्रमा के लिए मक्का (अरब) जाना।
(m.) pilgrimage to Mecca.

हजम (**hajam**) पु. पाचक, पचा हुआ। (ला.) बेईमानी से धन का हथियाना।
(m.) digesting, digestion. (fig.) embezzlement.

हजरत (**hajarat**) पु. (अ.) हजरत, बादशाहों और महात्माओं के लिए संबोधन।
(m.) a reverential form of address.

हजामत (**hajāmat**) स्त्री. (अ.) हजाम का काम, बाल बनाने का काम, क्षौर, बाल बनाने की मजदूरी, सिर या दाढ़ी के बढ़े हुए बाल जिन्हें कटाना या मुड़ाना हो।
(f.) act of cutting someone's hair, charges paid for haircut, the hair to be cut or shaved.

हजार (**hajār**) वि. (फा.) हजार, सहस्र, बहुत से, अनेक।
(adj.) one thousand, very many.

हजारहा (**hajārahā**) वि. (फा.) हजारों।
(adj.) many a thousand.

हजारा (**hajārā**) वि. शतदल। (पु.) हजार पँखुड़ियोंवाला।
(adj.) many petalled, double (a flower). (m.) watering rose, a fountain, a kind of firework.

हजारी (**hajārī**) पु. (फा.) एक हजार सैनिकों का सेनापति।
(m.) a commander of one thousand soldiers.

हजिरी (**hajirī**) स्त्री. हाजिरी।
(f.) attendence.

हजूर (**hajūr**) पु. श्रीमान्।
(m.) esquire, Mr.

हज्जाम (**hajjām**) पु. (अ.) हजामत बनानेवाला (व्यक्ति) नाई, नापित।
(m.) a barber.

हज्जामी (**hajjāmī**) स्त्री. (अ.) हज्जाम का काम या पेशा।
(f.) the profession of a barber.

हटल (**haṭal**) अक. अपना स्थान छोड़कर खिसकना, सरकना, दूर जाना।
(v.i.) to move away, or aside (from), to withdraw, to retire.

हटाव (**haṭāv**) पु. विचलन।
(m.) divergence.

हटावल (**haṭāval**) सक. हटाना, दूसरे स्थान पर भेजना, अलग या दूर करना, निकालना।
(v.t.) to remove, to move away to drive back or off to remove (from a post) to postpone.

हट्टा (**haṭṭā**) पु. हाट, बाजार।
(m.) a market, market-place.

हट्टा-कट्टा (**haṭṭā-kaṭṭā**) वि. (सं.) हृष्ट, हृष्ट पुष्ट बलवान।
(adj.) sturdy, robust.

हट्टी (**haṭṭī**) स्त्री. (सं.) छोटी दुकान।
(f.) a small market, shop, stall.

हट्ठर (**haṭṭhar**) पु. जल्दबाज, अधीर पुरुष।
(m.) hurry, impatience.

हठ (**haṭh**) पु. (सं.) टेक, दृढ़ संकल्प, प्रतिज्ञा।
(m.) stubbornness, insistence, (exp. unreasonable insistence) firm promise or resolve.

हठात (**haṭhāt**) क्रि.वि. (सं.) हठपूर्वक, जबरदस्ती, अचानक, सहसा।
(adv.) by forced, violently under compulsion, suddenly, by chance.

हठी (**haṭhī**) वि. (सं.) जिद्दी, हठ करनेवाला। (पु.) जिद्द करनेवाला व्यक्ति।
(adj.) stubborn, fanatical. (m.) a stubborn, person, bigot.

हठीला (**haṭhīlā**) वि. दे. हठी।

हड़कावल (**haṛkāval**) सक. उत्तेजित करना, सताना।
(v.t.) to stir up, to tantalise, to drive away.

हड़ताल (**haṛatāl**) स्त्री. (सं.) विरोध, असंतोष प्रकट करने हेतु कारबार, दुकान बंद करने की स्थिति।
(f.) passive resistance (specif-shutting the shops of a market), a strike.

हड़ताली (**haṛatālī**) वि. हड़ताल संबंधी। (पु.) हड़ताल करनेवाला, व्यक्ति।
(adj.) having to do with a strike, striking. (m.) a striker.

हड़पल (**haṛapal**) सक. अनुचित रूप से अधिकार जमाना, उड़ा लेना।
(v.t.) to embezzle.

हड़बड़ (**haṛabaṛ**) स्त्री. जल्दी, उतावली, उतावलापन के चलते घबड़ाहट।
(f.) confusion, flurry, haste, rush.

हड़बड़ाइल (**haṛabaṛāil**) पु. हड़बड़ाना।
(m.) to bustle.

हड़बड़ावल (**haṛabaṛāval**) अक. जल्दी मचाना, अस्त-व्यस्त हो जाना।
(v.i.) to be confused, to be in a hurry, to break out.

हड़बड़िया (**haṛabaṛiyā**) वि. उतावला। (पु.) वह व्यक्ति जो उतावला हो जाता है।
(adj.) easily agitated. (m.) one who is easily agitated.

हड़बड़ी (**haṛabaṛī**) स्त्री. दे. हड़बड़।

हड़हड़ (**haṛahaṛ**) अक. धमाके के साथ टूटना, टकराना, गिरना।
(v.i.) to crash, to rattle.

हड़ीला (**haṛīlā**) वि. जिसमें हड्डियाँ मात्र रह गई हों, दुबला-पतला।
(adj.) bony, wasted in body.

हड्डा (**haḍḍā**) पु. बर्रे, हड्डा।
(m.) a wasp.

हड्डी (**haḍḍī**) स्त्री. (सं.) अस्थि।
(f.) a bone.

हत (**hat**) वि. जो मार डाला गया हो, जिसे मार पड़ी हो।
(adj.) struck, struck down, killed, destroyed.

हतल (**hatal**) सक. हतना।
(v.t.) to kill.

हतिया (**hatiyā**) पु. हत्या।
(m.) murder, killing.

हतियारा (**hatiyārā**) पु. दे. हत्यारा।

हत्था (**hatthā**) पु. मूठ, दस्ता।
(m.) a handle, tap.

हत्थी (**hatthī**) स्त्री. छोटा मूठ।
(f.) a small handle.

हत्या (**hatyā**) स्त्री. जान से मारने का काम, खून, वध, हत्या करने का पाप।
(f.) killing, murder, destruction, a mortal sin.

हत्यारा (**hatyārā**) वि. निर्मम, पाप करनेवाला, क्रूर। (पु.) हत्या करनेवाला, पापी, खलनायक।
(adj.) murderous, cruel, sinful. (m.) a murder, assassin, sinner, villain.

हथ (**hath**) पु. हाथ।
(m.) the hand.

हथउड़ा (**hathauṛā**) पु. हथौड़ा।
(m.) a hammer.

हथनी (**hathanī**) स्त्री. हाथी (मादा)।
(f.) a female elephant.

हथिया (**hathiyā**) स्त्री. हस्त नक्षत्र।
(f.) name of the thirteenth lunar monsison.

हथियावल (**hathiyāval**) सक. अपने हाथ में करना, धोखे से लेना, कब्जा करना।
(v.t.) to lay hands on, to save, to obtain by fraud, capture.

हथियार (**hathiyār**) पु. (सं.+हिं.) हाथ से पकड़कर चलाया जानेवाला अस्त्र।
(m.) an implement, a weapon.

हथेली (**hathelī**) स्त्री. (सं.) करतल।
(f.) palm (of the hand).

हथौड़ा (**hathauṛā**) पु. (हिं.) हथौड़ा।
(m.) a heavy hammer.

हथौड़ी (**hathauṛī**) स्त्री. छोटा हथौड़ा।
(f.) a small hammer.

हद (**had**) स्त्री. (अ.) सीमा।
(f.) a boundary, a limit, verge, extent.

हदस (**hadas**) पु. डर, 'क्या होगा' ऐसी डरावनी आशंका।
(m.) fear, constant fear of 'what may happen'.

हदसल (**hadasal**) अक. मन में हदस या भय उत्पन्न होना, 'क्या हो जाय' ऐसा डर समाना।
(v.i.) to be fearful of 'what may happen'.

हद्दद (**hadd**) स्त्री. दे. हद।

हनल (**hanal**) सक. (सं.) आघात करना, मारना, वध करना।
(v.t.) to strike, to wound, to kill.

हनुमंत (**hanumaṅt**) पु. (सं.) हनुमान।
(m.) name of a deity who was staunch follower of lord Ram.

हनुमान (**hanumān**) पु. दे. हनुमंत।

हनू (**hanū**) पु. दे. हनुमंत।

हप (**hap**) पु. भकोसने, गटकने की आवाज।
(m.) the sound of gulping in or gobbling.

हपकल (**hapakal**) सक. भकोसना, हड़पना।
(v.t.) to gulp in, to gobble.

हपटल (**hapaṭal**) सक. मवेशियों द्वारा घास-भूसा खाना।
(v.t.) to eat fodder (said of cattle).

हफहफाइल (**hafahafāil**) अक. हाँफना।
(v.i.) to pant, to gasp.

हफ्ता (**haftā**) पु. (फा.) सप्ताह, सात दिन।
(m.) a week.

हफ्तावारी (**haftāvārī**) स्त्री. साप्ताहिक देय।
(f.) weekly payment.

हबकल (**habakal**) अक. दे. हपकल।

हबकुरिए (**habakurie**) क्रि.वि. मुँह के बल।
(adv.) with face down.

हबर-हबर (**habar-habar**) क्रि.वि. जल्दी-जल्दी।
(adv.) rapidly, hastily.

हबसाइल (**habasāil**) अक. फसल की बाल का पुष्ट होना।
(v.i.) to develope well, to mature well (more than normal).

हब्सी (**habsī**) पु. हब्शी।
(m.) negro.

हब्बा-डब्बा (**habbā-dabbā**) पु. बच्चों का एक रोग जिसमें साँस जोर-जोर से चलती है।
(m.) bronchial illness (in children).

हम (**ham**) सर्व. (सं.) मैं।
(pron.) I.

हमके (**hamake**) सर्व. मुझको।
(pron.) me.

हमनी (**hamanī**) सर्व. हम लोग।
(pron.) we, all of us.

हमरा (**hamarā**) सर्व. मेरा।
(pron.) my, mine.

हमला (**hamalā**) पु. (अ.) आक्रमण।
(m.) an attack, assault, aggression.

हमाम (**hamām**) पु. (अ.) चारों ओर से बंद वह कमरा जिसमें स्नान किया जाता है, स्नानागार।
(m.) bathroom or bathing place.

हमार (**hamār**) वि. दे. हमरा।

हमारा (**hamārā**) वि. दे. हमरा।

हमें (**hameṅ**) सर्व. 'हम' का कर्म और संप्रदान का रूप, हमको।
(pron.) us, to us, concerning us.

हमेल (**hamel**) स्त्री. नेकलेस
(f.) a necklace.

हमेस (**hames**) क्रि.वि. (फा.) हमेशा, सदा, सदैव।
(adv.) always, constantly.

हमेसा (**hamesā**) क्रि.वि. दे. हमेस।

हय (**hay**) पु. (सं.) घोड़ा।
(m.) a horse.

हया (**hayā**) स्त्री. (अ.) लज्जा, शर्म।
(f.) modesty, shame.

हर (**har**) वि. (फा.) प्रत्येक, एक-एक।
(adj.) each, everyone.

हर (**har**) पु. हल। उदा. 'हर ना कुदार, अँकवार भर के पैना'।
(m.) a plough.

हरकत (**harakat**) स्त्री. (अ.) हिलना-डुलना, गति, चेष्टा।
(f.) motion, movement, act.

हरकती (**harakatī**) वि. बाधक, रुकावटी, अवरोधकारी।
(adj.) interrupting, obstructive.

हरकल (**harakal**) अक. भयभीत, किसी आशंका से सजग रहना।
(v.i.) to be afraid, to fear.

हरका (**harakā**) पु. हल्की चोट।
(m.) mild injury, light stroke.

हरकारा (**harakārā**) पु. (फा.) सब काम करनेवाला, पत्र पहुँचानेवाला दूत, पत्रवाहक, संदेशवाहक।
(m.) doing all work, an errand-runner, messenger.

हरछुटाव (**harachuṭāv**) पु. हलवाही का अंत।
(m.) end of ploughing.

हरज (haraj) पु. (फा.) हर्ज, अड़चन, बाधा, रुकावट, क्षति, हानि।
(m.) trouble, loss, harm, inconvenience.

हरजाई (harajāī) वि. (फा.) व्यभिचारिणी, कुलटा, आवारा।
(adj.) (a woman or man) who has numerous affairs.

हरजाना (harajānā) पु. क्षतिपूर्ति, प्रतिकर।
(m.) recompensation, amends.

हरड़ा (harаṛā) पु. हर्रा, हड़।
(m.) yellow or black myrobalan.

हरण (haraṇ) पु. (सं.) छीनना, लूटना, बलपूर्वक ले लेना।
(m.) taking, seizing, carrying off, stealing.

हरता (haratā) पु. छीनने, बलपूर्वक लेनेवाला व्यक्ति, डकैत, चोर, लूट-पाट करनेवाला व्यक्ति।
(m.) one who takes or seizes, robber, thief, plunderer.

हरद (harad) स्त्री. हल्दी।
(f.) turmeric.

हरदम (haradam) अव्य. हमेशा।
(indec.) always.

हरदमे (haradame) क्रि.वि. प्रायः।
(adv.) generally, occaisonally.

हरदा (haradā) पु. फफूँदी, भुकड़ी, धब्बा।
(m.) mildew, smut.

हरदी (haradī) स्त्री. दे. हरद।

हरद्वार (haradvār) पु. (सं.) उत्तर भारत का प्रसिद्ध तीर्थ जहाँ गंगा उत्तर भारत में प्रवेश करती है, हरिद्वार।
(m.) Hari's gate, name of the town and pilgrimage place where the Ganga enters the north India plain.

हरनठल (haranaṭhal) अक. पेड़-पौधे और मवेशियों की प्रजनन क्षमता का खत्म होना।
(v.i.) to lose procreation capacity (said of vegetation and cattle).

हरना (haranā) पु. हिरण।
(m.) a deer, an antelope.

हरना (haranā) पु. गाँठ, काठी के आगे का भाग।
(m.) pommel (of a saddle).

हरफ (haraf) पु. (अ.) अक्षर, वर्ण।
(m.) a letter (of an alphabet).

हरफरौरी (harafaraurī) स्त्री. वर्षा नहीं होने पर उसके होने के लिए गाया जानेवाला गीत।
(f.) a song sung in draught condition praying for rains.

हरबराइल (harabarāil) अक. जल्दी मचाना, जल्दी-जल्दी, हड़बड़ करना।
(v.i.) to be perplexed or confused, to be in a hurry.

हरबोंग (haraboṅg) वि. गँवार, उजड्ड।
(adj.) rude, impertinent, rustic, foolish.

हरबोलिया (haraboliyā) पु. विदूषक।
(m.) a joker, jester, clown.

हरम (haram) पु. अंतःपुर, जनानखाना, रनिवास। (स्त्री.) रखेली।
(m.) a haram, female apartment. (f.) a kept woman, wife.

हरमजदगी (haramajadagī) स्त्री. दुष्टता, बुरा व्यवहार।
(f.) wickedness, misbehaviour.

हरमेसिक (haramesik) क्रि.वि. सदैव।
(adv.) for ever.

हरमोठ (haramoṭh) वि. बलिष्ठ।
(adj.) strong, well built.

हरल (haral) सक. छीनना, बलपूर्वक ले लेना।
(v.t.) to take, to seize, to take away, to carry off, to kidnap.

हरवत (haravat) पु. नई फसल के लिए पहली जुताई।
(m.) first ploughing for a new crop.

हरवावल (haravāval) सक. जूए में हरवा देना।
(v.t.) to cause to lose money in gambling.

हरवाहा (haravāhā) पु. हलवाहा।
(m.) a ploughman, tiller.

हरस (haras) पु. हर्ष।
(m.) happiness.

हरसिन (harasin) स्त्री. ह्रस्व इकार का चिह्न।
(f.) sign of short vowel.

हरहा (harahā) वि. तंग करनेवाला चंचल पशु।
(adj.) annoying and unruly (animal).

हरहाई (harahāī) स्त्री. हरकी गाय।
(f.) a naughty cow.

हरहार (harahār) पु. शिव के गले का हार सर्प, साँप।
(m.) a necklace of Shiva, a serpent.

हरा (**harā**) वि. (सं.) घास पती आदि के रंगों का, हरित्, सब्ज, ताजा, कच्चा फल।
(adj.) green, verdant, fresh, pleased, unripe fruit.

हराई (**harāī**) स्त्री. हार, खेत की जुताई।
(f.) defeat, the ploughing of a field.

हरावल (**harāval**) सक. परास्त करना, पराजित करना, थकाना।
(v.t.) to defeat, to frustrate, to foil, to beat to counteract.

हरापन (**harāpan**) पु. दे. हरा।

हराम (**harām**) वि. (अ.) निषिद्ध, विधि-विरुद्ध, बुरा, अनुचित। (पु.) वह वस्तु जिसका धर्मशास्त्र में निषेध हो, बेईमानी।
(adj.) forbidden, illegal, improper, bad. (m.) a forbidden fruit, dihonesty.

हरामी (**harāmī**) वि. दोगला, वर्णसंकर, परम दुष्ट, बहुत बड़ा पाजी।
(adj.) illegitimate, wicked, rascal, a naughty person.

हरारत (**harārat**) स्त्री. (अ.) हल्का ज्वर, गर्मी, ताप।
(f.) fever, heat, feverishness.

हरि (**hari**) पु. विष्णु, इंद्र, बंदर, घोड़ा, इंद्र।
(m.) Lord Vishnu, Indra, a horse, a monkey.

हरिअर (**hariar**) वि. हरा रंग।
(adj.) green, verdant.

हरिअरी (**hariarī**) स्त्री. हरियाली।
(f.) greenness, greengrass, greenery.

हरिआइल (**hariāil**) अक. पेड़-पौधों का हरा होना।
(v.i.) to become verdant (plants).

हरिकथा (**harikathā**) स्त्री. विष्णु के अवतार की कथा।
(f.) the story of Lord Vishnu's incarnation.

हरिकीर्तन (**harikīrtan**) पु. विष्णु के अवतार के गुणों का कीर्तन।
(m.) a song of praise of Lord Vishnu's incarnation.

हरिचंदन (**haricaṅdan**) पु. एक प्रकार का चंदन।
(m.) a kind of sandal of yellow colour.

हरितालिका (**haritālikā**) स्त्री. भाद्रपद शुक्लपक्ष की तृतीया जिस दिन स्त्रियाँ व्रत रखती हैं, तीज।
(f.) the third day of the bright half of Bhadrapad on which hindu woman observes a fast.

हरिद्रा (**haridrā**) स्त्री. दे. हरदी।

हरिधाम (**haridhām**) पु. (सं.) बैकुंठ।
(m.) paradise, heaven.

हरिन (**harin**) पु. हिरन।
(m.) a deer.

हरियर (**hariyar**) वि. हरा।
(adj.) green.

हरिनी (**harinī**) स्त्री. हरिनी।
(f.) a female deer, a doe.

हरियराइल (**hariyarāil**) वि. कुछ-कुछ हरा होना।
(adj.) greenish.

हरियरी (**hariyarī**) स्त्री. हरियाली।
(f.) greenery.

हरिस (**haris**) स्त्री. (सं.) हरीस।
(f.) the shaft of plough.

हरी (**harī**) पु. दे. हरि।

हरीस (**harīs**) स्त्री. दे. हरिस।

हरे (**hare**) क्रि.वि. धीरे से, मंद गति से।
(adv.) in slow voice.

हरेठा (**hareṭhā**) पु. अरहर के सूखे पौधे के डंठल।
(m.) the dried up stems of yellow lentils.

हरेया (**hareyā**) वि. हल खींचनेवाला बैल।
(adj.) a plough bullock.

हरौरी (**haraurī**) स्त्री. हल चलाने का पारिश्रमिक।
(f.) remuneration for ploughing.

हल (**hal**) पु. (सं.) 1. जमीन जोतने का उपकरण, एक प्रकार का प्राचीन अस्त्र। 2. हिसाब-किताब। 3. समाधान, प्रश्न का उत्तर।
(m.) 1. a plough, name of a weapon. 2. accounting. 3. finding out the answer to a question.

हलकम्प (**halakamp**) पु. हड़कंप।
(m.) agitation, turmoil, disturbance.

हलक (**halak**) पु. (अ.) कंठ, गले की नली।
(m.) the throat, the wind pipe.

हलकई (**halakaī**) स्त्री. हलकापन।
(f.) lightness, vanity, silliness, disrespect.

हलका (**halakā**) पु. (अ.) वृत्त, मंडल, गोलाई, क्षेत्र।
(m.) circle, beat, area.

हलकान (**halakān**) वि. (तु. हल्कान) परेशान, हैरान।
(adj.) harrased.

हलकापन (**halakāpan**) पु. हलका होने का भाव, ओछापन।
(m.) lightness, shallowness.

हलका-फुलका (**halakā-phulakā**) वि. वजन में हलका, सारहीन।
(adj.) light weight, without substance.

हलकोरा (**halakorā**) पु. पानी की तरंग, लहर।
(m.) a water-wave.

हलचल (**halacal**) स्त्री. दौड़-धूप, शोरगुल, गतिविधि।
(f.) stir, commotion.

हलदी (**haladī**) स्त्री. दे. हरदी।

हलधर (**haladhar**) पु. बलराम जी, कृष्ण के बड़े भाई, हल धारण करनेवाला, किसान।
(m.) Balram-elder brother of lord Krishna, ploughman.

हलफ (**halaf**) पु. (अ.) शपथ, कसम।
(m.) oath.

हलफनामा (**halafanāmā**) पु. शपथ-पत्र।
(m.) affidavit, written statement on oath.

हलरावल (**halarāval**) सक. (बच्चों को) हाथ पर लेकर इधर-उधर हिलाना।
(v.t.) to rack, to cradle.

हलवा (**halavā**) पु. भुना हुआ गेहूँ का आटा, घी, चीनी से बना भारतीय भोज्य पदार्थ।
(m.) a dainty indian dish made of roasted wheat flour, ghee and sugar.

हलवाइन (**halavāin**) स्त्री. हलवाई की पत्नी।
(f.) wife of confectioner.

हलवाई (**halavāi**) पु. (अ.) मिठाई बनाने और बेचनेवाला व्यक्ति।
(m.) a confectioner.

हलाकान (**halākān**) वि. परेशान।
(adj.) harassed.

हलाकानी (**halākānī**) स्त्री. (फा.) हैरानी, परेशानी।
(f.) harassment.

हलाकू (**halākū**) पु. हत्या करनेवाला व्यक्ति।
(m.) killer, murderer.

हला-भला (**halā-bhalā**) पु. निपटारा, निपटान, व्यवस्था।
(m.) disposal.

हलाहल (**halāhal**) पु. (सं.) अत्यंत घातक जहर।
(m.) deadly poison.

हलुआ (**haluā**) पु. दे. हलवा।

हलुआ-पूड़ी (**haluā-pūṛī**) स्त्री. हलवा और पूड़ी।
(f.) Halva and Puri (rich diet).

हलुक (**haluk**) वि. हल्का।
(adj.) lightweight.

हलुवाई (**haluvāī**) पु. मिठाई बनानेवाला व्यक्ति।
(m.) a confectioner.

हल्का (**halkā**) वि. दे. हलका।

हल्ला (**hallā**) पु. शोरगुल।
(m.) noise.

हल्ला-गुल्ला (**hallā-gullā**) पु. कोलाहल, शोर, ललकार-भरा वातावरण।
(m.) commotion, tumult. uproar, noise.

हल्ला-हुपाड़ी (**hallā-hupāṛī**) वि. कोलाहली।
(adj.) blusterous.

हलो (**halo**) विस्म. टेलीफोन पर प्रतिउत्तर, ग्राहम बेल की प्रेमिका।
(interj.) hallo, hello (girlfriend of Graham Bell).

हवगरा (**havagarā**) वि. खुली हवा में।
(adj.) outdoor.

हवन (**havan**) पु. (सं.) मंत्र पढ़कर अग्नि देव को समर्पित जौ, तिल, घी, होम।
(m.) ceremony in which oblations are offered to the fire-god.

हवलदार (**havaladār**) पु. (अ.+फा.) पुलिस या फौज का छोटा अफसर।
(m.) a sergeant.

हवस (**havas**) स्त्री. (अ.) लालसा, वासना, काम-वासना, अतृप्त इच्छा।
(f.) insatiable lust.

हवा (**havā**) स्त्री. (अ.) वायु।
(f.) air.

हवाई (**havāī**) वि. (अ.) हवा का, वायु संबंधी, हवा में चलनेवाला।
(adj.) pertaining to air, aerial.

हवाईअड्डा (**havāīaḍḍā**) पु. वह स्थान जहाँ हवाई जहाज के यात्रियों को उतारा, चढ़ाया जाता है।
(m.) an airport, aerodrome.

हवाईचक्की (**havāīcakkī**) स्त्री. पवन-चक्की।
(f.) a windmill.

हवाईछतरी (**havāīchatarī**) स्त्री. पैराशूट।
(f.) an air-umbrella, parachute.

हवाईजहाज (**havāījahāj**) पु. वायुयान।
(m.) an aeroplane.

हवाईबंदूक (**havāībaṁdūk**) स्त्री. एयरगन।
(f.) an airgun.

हवाईबस (**havāībus**) स्त्री. एयरबस।
(f.) an airbus.

हवाकस (**havākas**) पु. वेंटीलेटर।
(m.) a ventilator.

हवादार (**havādār**) वि. (फा.) (स्थान) जिसमें हवा आने-जाने के लिए खिड़कियाँ हों।
(adj.) airy, well-ventilated.

हवादारी (**havādārī**) स्त्री. हवादार बनाने की व्यवस्था।
(f.) system of ventilation.

हवा-पानी (**havā-pānī**) पु. जलवायु।
(m.) climate.

हवाबाजी (**havābājī**) स्त्री. उड़ाका।
(f.) aviation.

हवामहल (**havāmahal**) पु. वह महल जहाँ वायु का मुक्त संचरण हो।
(m.) an airy palace.

हवाल (**havāl**) पु. हाल, दशा, वृत्तांत, परिणाम।
(m.) condition, turn of event.

हवाला (**havālā**) पु. (अ.) प्रमाण का उल्लेख, मिसाल।
(m.) reference.

हवालात (**havālāt**) स्त्री. (अ.) पहरे में रखा जाना, हवालात।
(f.) a lock-up.

हवालाती (**havālātī**) पु. हवालात में रखा हुआ अभियुक्त।
(m.) detained, detenue.

हवास (**havās**) पु. (अ.) इंद्रियाँ, चेतना, सुध, होश।
(m.) knowledge through sense organs.

हविस (**havis**) स्त्री. दे. हवस।

हवेली (**havelī**) स्त्री. (अ.) बड़ा मकान।
(f.) mansion, palatial building.

हसपीटल (**hasapīṭal**) पु. (अं.) चिकित्सालय, अस्पताल।
(m.) a hospital.

हसरत (**hasarat**) स्त्री. (अ. हस्रत) हार्दिक कामना।
(f.) innate derire, longing.

हसीन (**hasīn**) वि. (अ.) बहुत सुंदर (व्यक्ति)।
(adj.) handsome, comely pretty, beautiful.

हसीना (**hasīnā**) स्त्री. सुंदरी, नवयुवती।
(f.) a pretty young girl.

हस्त (**hast**) पु. (सं.) हाथ, एक नक्षत्र (हथिया)।
(m.) hand, tenth constellation of the stars.

हस्तकला (**hastakalā**) स्त्री. (सं.) हाथ से बनाई गई कला, हाथ की कला।
(f.) a handicraft.

हस्तकौसल (**hastakausal**) पु. हाथ की कारीगरी।
(m.) manual skill.

हस्तछेप (**hastachep**) पु. (सं.) दखल।
(m.) interference, intervention.

हस्तगत (**hastagat**) वि. (सं.) हाथ में आया हुआ, प्राप्त, हासिल।
(adj.) obtained, come into one's possession, received.

हस्तरेखा (**hastarekhā**) स्त्री. (सं.) हथेली पर की वे रेखाएँ जिन्हें देखकर व्यक्ति के जीवन की बातें बताई जाती हैं।
(f.) lines on the palm.

हस्तलिखित (**hastalikhit**) वि. (सं.) हाथ का लिखा हुआ।
(adj.) hand-written.

हस्तलेख (**hastalekh**) पु. लिखावट।
(m.) handwriting.

हस्ताछर (**hastāchar**) पु. दस्तखत।
(m.) signature.

हस्ती (**hastī**) स्त्री. (फा.) अस्तित्व, व्यक्तित्व।
(f.) existence, personality, individuality.

हस्ते (**haste**) क्रि.वि. (सं.) हाथ से, द्वारा।
(adv.) through the agency of.

हहास बान्हल (**hahās bānhal**) अक. तेज हवा के साथ वर्षा का आना।
(v.i.) to make noise (said of fast wind with heavy rain).

हुहुआइल (**huhuāil**) अक. जोरों की भूख लगना।
(v.i) to feel pangs of hunger.

हाँ (**hāṁ**) क्रि.वि. (सं.) स्वीकृति, समर्थनसूचक शब्द।
(adv.) yes.

हाँक (**hāṁk**) स्त्री. (सं.) वह जोर का शब्द जिससे पुकारा जाय, पुकार।
(f.) calling aloud.

हाँकल (**hāṁkal**) सक. हाँकना।
(v.t.) to drive a cart.

हाँड़ी (**hāṁṛī**) स्त्री. (सं.) हँड़िया।
(f.) earthen pot meant mainly for cooking purposes.

हाँफल (**hāṁfal**) अक. हाँफना।
(v.i.) to pant.

हा (**hā**) विस्म. (सं.) शोक, दुख, भयसूचक शब्द।
(interj.) denoting sorrow or grief.

हाई (**hāī**) स्त्री. ललक, अपूर्ण इच्छा, साध।
(f.) excessive craving.

हाईकोट (**hāīkot**) पु. (अं.) उच्च न्यायालय।
(m.) high court.

हाईस्कूल (**hāīskūl**) पु. (अं.) उच्च विद्यालय।
(m.) high school.

हाकिम (**hākim**) पु. (अ.) शासक, बड़ा अधिकारी।
(m.) a ruler, officer.

हाकिमी (**hākimī**) स्त्री. (अ.) शासन।
(f.) government, rule.

हाकी (**hākī**) स्त्री. (अं.) हॉकी (एक खेल)।
(f.) hockey.

हाजत (**hājat**) स्त्री. (अ.) जरूरत, पहरे में रखा जाना, हिरासत।
(f.) call of nature, custody.

हाजती (**hājatī**) वि. (अ.) पहरे में रखा जानेवाला व्यक्ति, अभियोगी।
(adj.) (person) under custody.

हाजमा (**hājamā**) पु. (अ.) पाचनशक्ति, पचाने की ताकत।
(m.) digestive capacity, digestion.

हाजिर (**hājir**) वि. (अ.) उपस्थित, मौजूद।
(adj.) present.

हाजिर-जवाब (**hājir-javāb**) वि. हर बात का तुरंत और उपयुक्त उत्तर देनेवाला।
(adj.) of ready wit, ready-writted, versatile, genius.

हाजिर-जवाबी (**hājir-javābī**) स्त्री. प्रत्युत्पन्नमति।
(f.) ready wit.

हाजिरी (**hājirī**) स्त्री. (अ.) उपस्थिति, मौजूदगी।
(f.) attendance, roll-call.

हाजी (**hājī**) पु. (अ.) वह जो हज कर आया हो।
(m.) one who has been to Mecca on pilgrimage.

हाट (**hāṭ**) स्त्री. (सं.) दुकान, बाजार।
(f.) market, periodical market.

हाड़ (**hāṛ**) पु. (सं.) हड्डी, अस्थि।
(m.) bone.

हाता (**hātā**) पु. (सं.) घेरा, बाड़ा, अहाता, चहारदीवारी।
(m.) compound, enclosure.

हाथ (**hāth**) पु. हस्त।
(m.) hand.

हाथा (**hāthā**) पु. मूठ, दस्ता, शुभ अवसरों पर हलदी आदि से दीवारों पर लगाई जानेवाली पंजे की थाप।
(m.) a handle, holder, impression of hand.

हाथापाई (**hāthāpāī**) स्त्री. भिड़ंत।
(f.) scuffle.

हाथाबाँही (**hāthābāṁhī**) स्त्री. दे. हाथापाई।

हाथी (**hāthī**) पु. (सं. हस्तिन्) गज, हाथी।
(m.) an elephant.

हाथीखाना (**hāthīkhānā**) पु. वह स्थान जहाँ पाले हुए हाथी रहते हों।
(m.) an elephant-shed.

हाथी-दाँत (**hāthī-dāṅt**) पु. गजदंत।
(m.) ivory.

हाथी-पाँव (**hāthī-pāṁv**) पु. फीलपाँव।
(m.) elephantiasis.

हाथीवान (**hāthīvān**) पु. महावत।
(m.) mahout.

हादसा (**hādasā**) पु. (अ.) दुर्घटना।
(m.) mishap, accident.

हानि (**hāni**) स्त्री. (सं.) घाटा, क्षति, नुकसान।
(f.) loss.

हानिकर (**hānikar**) वि. हानि करनेवाला, जिससे नुकसान हो।
(adj.) harmful.

हानिकारक (**hanikārak**) वि. दे. हानिकर।

हामी (**hāmī**) स्त्री. हिमायत करनेवाला, स्वीकृति।
(f.) supporter, assent.

हाय (**hāy**) विस्म. (सं.) शोक-दुख, पीड़ा का सूचक।
(interj.) alas!, sigh, cry of a lacerated heart, insatiable hunger.

हाय-तोबा (**hāy-tobā**) स्त्री. शोरगुल, हो-हल्ला।
(f.) uproar, tumult.
हार (**hār**) स्त्री. पराजय।
(f.) defeat.
हार-जीत (**hār-jīt**) स्त्री. विजय-पराजय।
(f.) defeat and victory, win or loss.
हारदिक (**hāradik**) वि. हार्दिक।
(adj.) hearty, cordial.
हारदिकता (**hāradikatā**) स्त्री. हार्दिकता।
(f.) heartiness.
हारल (**hāral**) अक. हारना, थक जाना।
(v.i.) to be defeated, to get tired.
हारमोनिया (**hāramoniyā**) पु. (अं.) एक वाद्ययंत्र, हारमोनियम।
(m.) harmonium
हारा (**hārā**) प्रत्य. 'वाला', प्रत्ययसूचक जैसे करनहारा, चलावनहारा।
(suff.) denoting 'doer'.
हारिल (**hāril**) पु. एक हरी चिड़िया।
(m.) a greenish indian bird.
हार्टअटैक (**hārṭaaṭaik**) पु. (अं.) हृदयाघात।
(m.) heart failure, cardiac arrest.
हार्टफेल (**hārṭfel**) पु. (अं.) हृदय-आघात।
(m.) heart failure.
हार्दिक (**hārdik**) वि. दे. हारदिक।
हाल (**hāl**) पु. 1. दृश्य, स्थिति। 2. बैलगाड़ी के पहिए में लगा लोहे का रिंग। 3. समाचार।
(m.) 1. condition, state. 2. iron ring around the bullock-cart wheel. 3. news.
हालचाल (**hālacāl**) पु. समाचार।
(m.) state of affairs.
हालत (**hālat**) स्त्री. दशा, अवस्था।
(f.) condition.
हालाँकि (**hālāṁki**) यो. यद्यपि।
(conj.) though, although.
हाला (**hālā**) स्त्री. (सं.) मद्य, शराब।
(f.) wine, liquor.
हाला-चाला (**hālā-cālā**) पु. भूकंप।
(m.) earthquake.
हालात (**hālāt**) पु. हाल, स्थिति।
(m.) circumstances.
हालाहल (**hālāhal**) पु. हलाहल, घातक विष।
(m.) deadly poison.
हालि (**hāli**) क्रि.वि. जल्दी।
(adv.) early.
हाली (**hālī**) पु. दे. हलवाहा।
हाली-हाली (**hālī-hālī**) क्रि.वि. जल्दी-जल्दी।
(adv.) hurriedly, hastily.
हाव-भाव (**hāv-bhāv**) पु. मनोहर चेष्टाएँ, नाज-नखरा।
(m.) gestures and postures (especially amorous).
हावा (**hāvā**) पु. पक्षाघात।
(m.) paralysis.
हावी (**hāvī**) वि. प्रबल, दबंग, प्रभावी।
(adj.) dominant, domineering.
हासिया (**hāsiyā**) पु. (अ.) किनारा, सीमा।
(m.) margin, border.
हास (**hās**) पु. (सं.) हँसी, ठिठोली।
(m.) laughter.
हास-परिहास (**hās-parihās**) पु. हँसी-मजाक।
(m.) fun and laughter.
हासिल (**hāsil**) वि. (अ.) प्राप्त, लब्ध, उपार्जित, उपलब्ध।
(adj.) gained, got acquired, obtained.
हास्य (**hāsy**) पु. दे. हास।
हास्य-व्यंग्य (**hāsy-vyaṅgy**) पु. हँसी और व्यंग्य।
(m.) humour and satire.
हाहंत (**hāhaṅt**) अव्य. हे ईश्वर, यह क्या हो गया।
(indec.) O, the tragedy.
हाहाइल (**hāhāil**) वि. असंतुष्ट।
(adj.) dissatisfied.
हाहाकार (**hāhākār**) पु. घबराहट के समय हाय-हाय की चिल्लाहट।
(m.) cry of distress.
हाहा-हूहू (**hāhā-hūhū**) पु. हँसी-मजाक।
(m.) joyous hilarity.
हिंद (**hiṅd**) पु. भारत।
(m.) India.
हिंदी (**hiṅdī**) स्त्री. भारत की राजभाषा।
(f.) Hindi-the official language of India.
हिंदुस्तानी (**hiṅdustānī**) वि. भारतीय। (पु.) भारतवासी।
(adj.) Indian. (m.) an Indian.

हिंदू (hiṅdū) वि./पु. हिंदू जो वेद, स्मृति, पुराण में आस्था रखते हैं।
(adj./m.) Hindu, who respects Veda, Smriti, Puran.
हिंदोस्तान (hiṅdostān) पु. हिंदुस्तान।
हिंदोस्तानी (hiṅdostānī) वि. दे. हिंदुस्तानी।
हिंसक (hinsak) वि. घातक।
(adj.) violent (person), carnivorous (animal).
हिंसा (hiṅsā) स्त्री. शारीरिक कष्ट देने की प्रवृत्ति।
(f.) violence.
हिचक (hicak) स्त्री. आगा-पीछा, हलकी रुकावट।
(f.) hitch, hesitation.
हिचकल (hicakal) अक. कुछ रुकना, आगा-पीछा करना।
(v.i.) to hitch, to hesitate.
हिचकिचाइल (hicakicāil) अक. दे. हिचकल।
हिचकिचात (hicakicāt) वि. हिचकिचाता हुआ।
(adj.) halting, hesitating.
हिचकिचाहट (hicakicāhaṭ) स्त्री. हिचकने की स्थिति।
(f.) hitch, hesitation.
हिचकी (hicakī) स्त्री. हिचकी।
(f.) hiccup.
हिचकोला (hicakolā) पु. दे. हचकोला।
हिजड़ा (hijaṛā) वि. नपुंसक।
(adj.) impotent.
हिज्जे (hijje) पु. (अ.) वर्तनी, अक्षरी।
(m.) spelling.
हित (hit) पु. कल्याण, मंगल, भलाई।
(m.) benefit, gain, welfare.
हितकर (hitakar) वि. हित या भलाई करनेवाला, लाभ-दायक, फायदेमंद।
(adj.) beneficial, useful.
हितकारक (hitakārak) वि. दे. हितकर।
हितकारी (hitakārī) वि. दे. हितकर।
हितचिंतक (hitaciṅtak) वि. हितैषी, शुभचिंतक।
(adj.) well-wisher, benefactor.
हितचिंतन (hitaciṅtan) पु. (सं.) किसी के उपकार या भलाई की बातें सोचना।
(m.) well-wishing.
हिताहित (hitāhit) पु. (सं.) हित और अहित, लाभ और नुकसान।
(m.) good and evil, advantage and disadvantage.
हितू (hitū) वि. हितकारक, हितैषी।
(adj.) well-wishing, well-wisher.
हितेच्छु (hitecchu) वि. पु. दे. हितू।
हिनताई (hinatāī) पु. निंदा।
(m.) denunciation, defamation.
हिनहिनाइल (hinahināil) अक. हिनहिनाना।
(v.i.) to neigh.
हिम (him) पु. (सं.) पाला, तुषार।
(m.) snow, frost.
हिमालय (himālay) पु. हिम का घर, हिमालय।
(m.) abode of snow, Himalay.
हिम्मत (himmat) स्त्री. (अ.) साहस।
(f.) courage. boldness.
हिम्मती (himmatī) वि. हिम्मतवाला, साहसवाला।
(adj.) courageous, bold, adventurous.
हिय (hiy) पु. (सं.) हृदय।
(m.) heart.
हियरा (hiyarā) पु. दे. हिय।
हिया (hiyā) पु. दे. हिय।
हिरन (hiran) पु. हिरण।
(m.) a deer.
हिरनौटा (hiranauṭā) पु. हिरण का छोटा बच्चा।
(m.) young of a deer.
हिरदय (hiraday) पु. हृदय।
(m.) heart.
हिरात (hirāt) पु. पशुओं को रखने का स्थान।
(m.) cattleyard.
हिरनी (hiranī) स्त्री. हिरणी।
(f.) a doe.
हिरासत (hirāsat) स्त्री. हवालात।
(f.) custody, legal detention.
हिरोइन (hiroin) स्त्री. (अं.) मादक पदार्थ, नायिका।
(f.) heroin, actress.
हिलकोरा (hilakorā) पु. हिलोरा।
(m.) billow, wave.
हिलगल (hilagal) अक. हेल-मेल, प्रीति।
(v.i.) to be attached.
हिलल (hilal) अक. हिलना।
(v.i.) to move, to shake.
हिलावल (hilāval) सक. हिलाना।
(v.t.) to put (something) in motion, to swing.

हिलोर (**hilor**) स्त्री. (सं.) पानी की लहर, तरंग।
(f.) wave, surge, undulation.
हिसका (**hisakā**) स्त्री. देखा-देखी, ईर्ष्या, स्पर्धा।
(f.) imitation, snooping, envy.
हिसाब (**hisāb**) पु. गिनकर लेखा तैयार करने की विधा।
(m.) account, sum, estimate, calculation.
हिसाब-किताब (**hisāb-kitāb**) पु. ब्योरा, लेखा।
(m.) accounts.
हिस्सा (**hissā**) पु. (अ.) अंश, अवयव, अंग।
(m.) part, portion.
हिस्सेदार (**hissedār**) पु. (अ.) साझेदार, सहभागी।
(m.) co-sharer, partner, shareholder.
हींग (**hīṅg**) स्त्री. (सं.) हींग।
(f.) asafoetida.
हींड़ल (**hīṅṛal**) सक. किसी तरल पदार्थ को हाथ से गंदा करना।
(v.t.) to dirty a liquid with hands.
हीं-हीं (**hīṅ-hīṅ**) स्त्री. इस प्रकार की मुस्कुराहट कि दाँत दिखने लगें, भद्‌दी हँसी।
(f.) grinning.
ही (**hī**) क्रि.वि. निश्चय, यही-वही, केवल, सही में।
(adv.) only, solely, none but, indeed.
हीक (**hīk**) पु. मन, दिल।
(m.) wish, heart, desire.
हीत-मित (**hīt-mit**) पु. नजदीकी रिश्तेदार।
(m.) one's own flesh and blood.
हीन (**hīn**) वि. (सं.) निकृष्ट, घटिया।
(adj.) low.
हीया (**hīyā**) पु. दे. हिय।
हीर (**hīr**) स्त्री. सार भाग, बल, ताकत।
(f.) pith, quintessence.
हीरक (**hīrak**) पु. 60वें वर्ष की जयंती (डायमंड जुबिली)।
(m.) diamond jubilee.
हीरा (**hīrā**) पु. (सं.) बहुमूल्य रत्न जो अपनी उज्ज्वल कांति और कठोरता के लिए प्रसिद्ध है।
(m.) diamond.
हीरो (**hīro**) पु. (अं.) फिल्मी सितारा।
(m.) a movie star, hero.
हील (**hīl**) पु. एकदम गीला कीचड़।
(m.) mire.
हीला-हवाला (**hīlā-havālā**) पु. बहाना।
(m.) false excuse.
हीला-हवाली (**hīlā-havālī**) स्त्री. दे. हीला-हवाला।
ही-ही (**hī-hī**) स्त्री. हीं-हीं, ठीं-ठीं।
(f.) titter, subdued laugh.
हुँ (**huṁ**) पु. हाँ।
(m.) denoting assent.
हुँकार (**huṁkār**) पु. गरज, चिग्घाड़।
(m.) belligerent cry, war cry.
हुँकारल (**huṁkāral**) अक. हुंकारना।
(v.i.) to make a belligerent cry, to chide, to rebuke.
हुँकारा (**huṁkārā**) पु. 'हूँ-हूँ' की आवाज जिससे स्वीकृति, सहमति सूचित होती है।
(m.) sound indicating that one is listening.
हुँकारी (**huṁkārī**) स्त्री. दे. हुँकारा।
हुक (**huk**) पु. (अं.) टेढ़ी कील, अँकुसी।
(m.) a hook.
हुकूमत (**hukūmat**) स्त्री. हुकूमत।
(f.) government, rule.
हुक्का (**hukkā**) पु. तंबाकू पीने का गुड़गुड़ा।
(m.) a calumet, hukkah.
हुक्का-पानी (**hukkā-pānī**) पु. बिरादरी का बर्ताव।
(m.) social dealings, relations.
हुजूर (**hujūr**) पु. बहुत बड़ों को संबोधन का शब्द।
(m.) your honour, sir.
हुड़दंग (**huṛadaṅg**) पु. उपद्रवयुक्त उछल-कूद।
(m.) uproar, disturbance, noisy, confusion.
हुँड़हा (**huṁṛahā**) पु. दबंग व्यक्ति।
(m.) bullish person.
हुँड़ार (**huṁṛār**) पु. सियार की तरह का एक जानवर, बड़ा सियार।
(m.) an animal like jackal, large jackal.
हुकुम (**hukum**) पु. हुक्म।
(m.) order.
हुनर (**hunar**) पु. (फा.) कला, कारीगरी, काम करने का कौशल।
(m.) art, skill, dexterity.
हुरका के नाच (**hurakā ke nāc**) पु. उछल-कूद से भरा एक नाच।
(m.) a dance performed with a lot of jumping.

हुमेल (humel) स्त्री. अशरफियों को गूँथकर बनाई गई माला।
(f.) a variety of necklace.
हुलसल (hulasal) अक. हुलसना।
(v.i.) to express an exuberance of joy, delight.
हुलास (hulās) पु. (सं.) विशेष आनंद, उल्लास, उत्साह।
(m.) jubilation.
हुलासल (hulāsal) अक. हर्षित करना या होना।
(v.i.) to cause to be happy.
हुल्लड़ (hullaṛ) पु. कोलाहल, हो-हल्ला।
(m.) noise, uproar, tumult, furore.
हुस्न (husn) पु. (अ.) सौंदर्य, उत्तम रूप।
(m.) comeliness, beauty, prettiness.
हूँ (hūṁ) अक. एक सहायक क्रिया। (पु.) सहमतिसूचक शब्द।
(v.i.) am. (m.) assent, attention (to what is being said).
हूब (hūb) पु. शक्ति।
(m.) might, stength.
हूबहू (hūbahū) वि. ज्यों का त्यों, ठीक वैसा ही।
(adj.) exactly, a like.
हूर (hūr) स्त्री. स्वर्ग की अप्सरा।
(f.) fairy, beauty.
हूरा (hūrā) पु. लाठी का निचला भाग।
(m.) lower part of a lathi.
हूल (hūl) पु. वमन।
(m.) vomit.
हूलल (hūlal) अक. ठेलना, धँसाना।
(v.i.) to thrust piercingly.
हृदय (hriday) पु. दिल, कलेजा।
(m.) heart.
हें-हें (heṅ-heṅ) पु. दीनतापूर्वक हँसने या गिड़गिड़ाने का शब्द।
(m.) imploring like a sycophant.
हेंगर (heṅgar) पु. (अं.) कपड़े टाँगने का फ्रेम।
(m.) a hanger.
हेंगा (heṅgā) पु. पटेला, पटरा।
(m.) levelling plank, board, planer.
हे (he) विस्म. संबोधनसूचक शब्द।
(interj.) particle of address.
हेकड़ (hekaṛ) वि. अक्खड़, उद्धत, हेकड़ीवाला।
(adj.) arrogant, rude.
हेड-मास्टर (heḍ-māsṭer) पु. (अं.) प्रधानाध्यापक।
(m.) a headmaster.
हेतु (hetu) पु. अभिप्राय, उद्देश्य।
(m.) cause, motive, purpose.
हेने (hene) क्रि.वि. इधर।
(adv.) here, this side.
हेने-तेने (hene-tene) पु. इधर-उधर।
(m.) hither thither, helter-skelter.
हेम (hem) पु. सोना, स्वर्ण।
(m.) gold.
हेय (hey) वि. छोड़ने योग्य, त्याज्य, बुरा।
(adj.) inferior, bad, worthless.
हेरल (heral) सक. खोजना, हेरना।
(v.t.) to search, to explore.
हेर-फेर (her-fer) पु. अदल-बदल, उलट-पलट।
(m.) interchange of articles.
हेराइल (herāil) वि. खोया हुआ।
(adj.) missing.
हेलल (helal) अक. प्रवेश करना।
(i.v.) to enter.
हेल-मेल (hel-mel) पु. मेल-जोल।
(m.) hobnobbing.
हेहर (hehar) क्रि.वि. यहाँ, इस जगह।
(adv.) here, at this place.
हैं (haiṅ) अक. सहायक क्रिया 'है' का बहुवचन।
(v.i.) are.
है (hai) अक. सहायक क्रिया 'है'।
(v.i.) is.
हैजा (haijā) पु. विशूचिका, कालरा।
(m.) cholera.
हैट (haiṭ) पु. (अं.) टोपी।
(m.) a hat.
हैरान (hairān) वि. चकित, भौचक्का, परेशान।
(adj.) surprised and perplexed.
हैवान (haivān) पु. पशु, जानवर।
(m.) beast.
हैसियत (haisiyat) स्त्री. (अ.) सामर्थ्य, शक्ति।
(f.) status.
होंठ (hoṅṭh) पु. ओठ।
(m.) lip.

होटल (**hoṭal**) पु. होटल।
(m.) a hotel.

होठ (**hoṭh**) पु. दे. होंठ।

होड़ (**hoṛ**) स्त्री. चढ़ा-ऊपरी, प्रतियोगिता।
(f.) competition, rivalry.

होड़ा-होड़ी (**hoṛā-hoṛī**) स्त्री. दे. होड़।

होता (**hotā**) पु. (सं.) हवन करने या यज्ञ में आहुति देनेवाला।
(m.) offerer of oblation (to the fire-god).

होनहार (**honahār**) वि. उदीयमान, अच्छे लक्षणोंवाला।
(adj.) promising, full of promise, of bright future.

होना (**honā**) अक. सत्ता, अस्तित्व में होना।
(v.i.) to be, to become, to take place, to happen.

होनी (**honī**) स्त्री. (हिं.) भावी, भवितव्यता।
(f.) fate, destiny.

होम (**hom**) पु. हवन, यज्ञ, उत्सर्ग।
(m.) sacrifice.

होमवरक (**homavarak**) पु. (अं.) गृह कार्य।
(m.) homework.

होमोपैथ (**homopaith**) पु. (अं.) होमियोपैथ।
(m.) homeopath.

होमोपैथी (**homopaithī**) स्त्री. (अं.) होमियोपैथी चिकित्सा।
(f.) homeopathy.

होरहा (**horahā**) पु. अधपके चने के पौधे जिनकी डाँठ जला दी जाती है और खाने को ढेंढ़ियों सहित दाने साबूत बचा लिए जाते हैं।
(m.) roasted green gram.

होलिका (**holikā**) स्त्री. होली।
(m.) a Hindu festival in which people throw colour, powder, water on each other

होल्डर (**holḍar**) पु. (अं.) पकड़नेवाला।
(m.) a holder.

होस (**hos**) पु. होश, चेतना।
(m.) consciousness, sense.

होसियार (**hosiyār**) वि. (फा.) समझदार, बुद्धिमान, दक्ष, कुशल।
(adj.) clever, cute, alert, smart.

होसियारी (**hosiyāṛī**) स्त्री. चालाकी।
(f.) cleverness, smartness.

होस्टल (**hosṭal**) पु. (अं.) छात्रावास।
(m.) supervised place for students, hostel.

हो-हल्ला (**ho-hallā**) पु. शोरगुल, उद्धम।
(m.) commotion, tumult.

हौदा (**haudā**) पु. हाथी की पोठ पर कसा जानेवाला चौखटा जिस पर आदमी बैठते हैं, अंबरी।
(m.) contrivance for seating placed on an elephant.

हौल (**haul**) पु. (अ.) डर, भय।
(m.) nervousness due to fear and the like.

हौले-हौले (**haule-haule**) क्रि.वि. धीरे-धीरे, चरणबद्ध तरीके से।
(adv.) with steps, slow and easy, slowly and gently.

हौवा (**hauvā**) पु. जिससे भय, आतंक उत्पन्न हो।
(m.) bugbear.

हौसला (**hausalā**) पु. (अ.) कोई काम करने का साहस।
(m.) courage, encouragement, morale.

परिशिष्ट

परिशिष्ट - I
लोकोक्तियाँ-मुहावरे

	भोजपुरी	हिंदी	अंग्रेजी
1.	अन्हरन में कनवा राजा।	अंधों में काना राजा।	A figure among ciphers.
2.	अधजल गगरी छलकत जाई।	अधजल गगरी छलकत जाए।	An empty vessel makes more noise.
3.	आपन आपने ह।	अपना-अपना, पराया-पराया।	Blood is thicker than water.
4.	आपन गली में कुक्कुरो सेर।	अपनी गली में कुत्ता शेर।	Every dog is a lion in his back-yard.
5.	आपन दही के खट्टा के कहेला?	अपने दही को कोई खट्टा नहीं कहता।	Every cock commends his own sauce.
6.	अपना मुँहें अपने मीठू।	अपने मुँह मियां मिट्ठू।	Self-praise is no recommendation.
7.	आँख के आन्हर नाव नयन सुख।	आँख का अंधा नाम नैनसुख।	Blind of sight, called Mr. bright.
8.	आगे कुआँ, पीछे खाई।	आगे कुआँ, पीछे खाई।	Between the devil and the deep sea.
9.	आज हमार, काल्ह तोहार।	आज मेरी, कल तेरी।	Better today than tomorrow.
10.	एह हाथे दीं आ ओह हाथे लीं।	इस हाथ दें, उस हाथ लें।	Give with one hand and take with the other.
11.	भगवान के माया, कहीं घाम कहीं छाया।	ईश्वर की माया, कहीं धूप कहीं छाया।	Ups and downs are part and parcel of life.
12.	उलटे चोर कोतवाल के डाँटे।	उल्टा चोर कोतवाल को डाँटे।	The pot calls the kettle black.
13.	ऊँट क मुँह में जीरा।	ऊँट के मुँह में जीरा।	A drop in the ocean.
14.	एगो अनार सइगो बेमार।	एक अनार सौ बीमार।	One woman and a hundred suitors.
15.	एक त करइला दोसरे चढ़ल नीम।	एक तो करेला, दूजे नीम चढ़ा।	A pimple upon an ulcer.
16.	एक पंथ दू काज।	एक पंथ दो काज।	To kill two brids with one stone.
17.	एगो से दूगो नीक।	एक से भले दो।	Two heads are better than one.
18.	एगो हाथ से ताली ना बाजे।	एक हाथ से ताली नहीं बजती।	It takes two to make a quarrel.
19.	ओस चटले पिआस ना बुताला।	ओस चाटे प्यास नहीं बुझती।	The dew can never slake one's thirst.
20.	कहनी आ करनी में बहुत फरक बा।	कथनी और करनी में बड़ा अंतर है।	Example is better than precept.

21. कबो नाय प गाड़ी, कबो गाड़ी प नाय।	कभी नाव गाड़ी, कभी गाड़ी पर नाव।	Life is full of ups and downs.
22. करम से बढ़के कुछ नइखे।	कर्म ही पूजा है।	Work is worship.
23. करे से डरे।	करे सो डरे।	A guilty conscience need no exucuse.
24. काल्ह के देखले बा?	कल किसने देखा है!	Who has seen tomorrow!
25. काँट से काँट निकालल जाला।	काँटे से काँटा निकलता है।	Use a thorn to remove a thorn.
26. काठ के हँड़िया बेर-बेर ना चढ़ेले।	काठ की हंडिया बार-बार नहीं चढ़ती।	You cannot fool all the people all the time.
27. काठ के उल्लू।	काठ का उल्लू।	bloody fool!
28. कानी के बिआह में सइगो खतरा।	कानी के ब्याह में सौ जोखम।	There is many a slip between the cup and the lip.
29. काम ना त दाम कइसन।	काम नहीं तो दाम कैसा।	A horse that will not carry a saddle must have no oats.
30. करिया अच्छर भइँस बरोबर।	काला अक्षर भैंस बराबर।	This is Greek to me.
31. जहवाँ आग उहवें धुआँ।	जहाँ आग वहीं धुआँ।	No smoke without fire.
32. कुक्कुर के भुँकले हाथी ना डेराय।	कुत्ते के भौंकने से हाथी नहीं डरता।	Dogs bark but the caravan moves on.
33. कुक्कुर के घीव ना पचेला।	कुत्ते को घी नहीं पचता।	An upstart always grows haughty.
34. कुक्कुर के मउअत मरल।	कुत्ते की मौत मरना।	To die a dog's death.
35. केहू दूध के धोअल नइखे।	कोई दूध का धुला नहीं है।	Nobody is pure as milk.
36. खरबूजा के देख के खरबूजा रंग बदलेला।	खरबूजे को देखकर खरबूजा रंग बदलता है।	Association inevitably breeds affinity.
37. खाली दिमाग सैतान के घर।	खाली दिमाग शैतान का घर।	An empty mind is the devil's workshop.
38. खालि बाते से पेट ना भरे।	केवल बातों से पेट नहीं भरता।	Empty words cannot fill one's stomach.
39. खोननी पहाड़, निकलल चुहिआ।	खोदा पहाड़, निकली चुहिया।	Much ado about nothing.
40. गड़ल मुरदा मत उखाड़ीं।	गड़े मुर्दे मत उखाड़ो।	Let sleeping dogs lie.
41. बीतल समइया फेर हाथे ना आई।	गया वक्त फिर हाथ नहीं आता।	Time and tide wait for none.
42. अबर के मेहरारू गाँव के भउजाई।	गरीब की जोरू सबकी भाभी।	Adversity makes strange bedfellows.
43. गहूँ के संगे घुनवो पिसा जाला।	गेहूँ के साथ घुन भी पिस जाता है।	When bulls fight, it is the grass that gets trampled.
44. गुड़ रही त माछी लगबे करी।	गुड़ होगा, तो मक्खियाँ आएँगी ही।	Wherever there is a flame burning, there are moths ready to die.
45. घर के भेदिहा लंका ढाए।	घर का भेदी लंका ढाए।	A small leak will sink a great ship.
46. घर के मुरगी दाल बरोबर।	घर की मुर्गी दाल बराबर।	Familiarity bredds contempt.
47. चापलुसिए के जमाना बा।	चापलूसी का ही जमाना है।	It is the age of flattery.
48. चार दिन की चाँदनी फिर अन्हरिया रात।	चार दिन की चाँदनी, फिर अँधियारी रात।	The brightest day is followed by the darkest night.

भोजपुरी	हिंदी	English
49. चितो हमार, पटो हमार।	चित भी मेरी, पट भी मेरी।	Heads I win, tails you lose.
50. चुरुआ भर पनी में डूबल।	चुल्लू भर पानी में डूबना।	To drown in shame.
51. चोर-चोर मौसियाउत भाई।	चोर-चोर मौसेरे भाई।	Birds of a feather flock together.
52. चोरी के माल मोरी में।	चोरी का माल नाले में।	Ill got, ill spent.
53. छोट मुँह, बड़ बात।	छोटा मुँह, बड़ी बात।	Small wit, great brag.
54. जबले साँस, तबले आस।	जब तक साँस, तब तक आस।	Man lives on hope.
55. जीभ के कटाह, मन के साफ।	जबान का कड़वा, मन का साफ।	Clean at heart but harsh of tongue.
56. जल में रहके मगर से बैर।	जल में रहकर मगर से बैर।	Never qurrel with the crocodile when in the river.
57. जहाँ काम आइ सूई, का करिहे तलवार।	जहाँ काम आवे सुई, क्या करे तलवार।	Little sticks kindle the fire, but big ones it out.
58. जहाँ चाह, ऊहाँ राह।	जहाँ चाह, वहाँ राह।	Where there is a will, there is a way.
59. जहाँ-जहाँ फूल, तहाँ-तहाँ काँटा।	जहाँ फूल, वहाँ काँटा।	No rose is without a thorn.
60. जहाँ सुख, उहें दुख।	जहाँ सुख, वहाँ दुःख।	Joy and sorrow go hand in hand.
61. जागल आदमी के जगावल नइखे जा सकत।	जागते को जगाना असंभव है।	None so deaf as those that won't hear.
62. जेतना गुड़ डलाई, ओतने मीठ होई।	जितना गुड़ डालोगे, उतना ही मीठा होगा।	The harder you work, the sweeter the rewards.
63. जेतना मुँह ओतने बात।	जितने मुँह, उतनी बातें।	As many mouths, as much gossip.
64. जवना थरिया में खाई, ओही में छेद करी।	जिस थाली में खाना, उसी में छेद करना।	To spit into one's own plate.
65. जेकर जूता ओकरे कपार।	जिसकी जूती, उसी का सिर।	Beat one with his own staff.
66. जे कइल शरम, ओकर फूटल करम।	जिसने की शरम, उसके फूटे करम।	He who hestitates is lost.
67. जेकर खाए, ओकर गावे।	जिसका खाइए, उसका गुण गाइए।	Sing for the one who pays.
68. जेकर लाठी, ओकर भँइस।	जिसकी लाठी, उसकी भैंस।	Might is right.
69. बाबू बड़ न भइया, सबसे बड़ रुपइया।	बाप बड़ा न भैया, सबसे बड़ा रुपैया।	A full purse never lacks friends.
70. जिअ आ जिए द।	जियो और जीने दो।	Live and let live.
71. जिए खातिर खा, खाए खातिर मत जिअ।	जीने के लिए खाओ, खाने के लिए न जिओ।	Eat to live not live to eat.
72. छूँछ हाथ परिवार न पूछे।	जेब खाली, मन उदास।	An empty purse is heavy curse.
73. जइसन आइल, वइसही गइल।	जैसा आया, वैसा गया।	Easy come, easy go.
74. जइसन करनी, ओइसन भरनी।	जैसा काम, वैसा फल।	As you sow, so shall you reap.
75. जइसन गुरु, ओइसन चेला।	जैसा गुरु, वैसा चेला।	Like master, like servant.
76. जइसन दाम, ओइसन काम।	जैसा दाम, वैसा काम।	Fair work for fair wages.
77. जइसन बाप, ओइसन बेटा।	जैसा बाप, वैसा पूत।	Like father, like son.
78. जइसन नागनाथ, तइसन साँपनाथ।	जैसे नागनाथ, वैसे साँपनाथ।	Hawk and hog go together.
79. जे कमाय, से खाय।	जो कमाए, सो खाए।	He who would eat the fruit must climb the tree.

80. जे काम करी, ऊ गलतियो करी।	जो काम करेगा वह गलती भी करेगा।	He who works is bound to make a few mistakes.
81. जे काम ना करे उहे उपदेस देला।	जो कर नहीं सकता वही उपदेश देता है।	He who talks a lot accomplishes.
82. जे गरजेला, ऊ बरसे ना।	जो गरजते हैं, वे बरसते नहीं।	Barking dogs seldom bite.
83. जवन बीत गइल, ऊ बात गइल।	जो बीत गई, सो बात गई।	Let bygones be bygones.
84. जवन मुरगी सोना के अंडा देले ओके मारे के ना चाहीं।	जो मुर्गी सोने का अंडा दे उसे मारना नहीं चाहिए।	Kill not the goose that lays the golden eggs.
85. जवन होखे के बा, तवन होइबे करी।	जो होना है, होगा ही।	Whatever is destined to happen will happen.
86. झूठ बोलल पाप ह।	झूठ बोलना पाप है।	To tell a lie is a sin.
87. डाइनो सात घर छोड़ के खा ले।	डायन भी सात घर छोड़कर खाती है।	A wise fox will never rob his neighbour's hen.
88. डूबत के तिनके सहारा।	डूबते को तिनके का सहारा।	A drowning man clutches at a straw.
89. तिल के ताड़ बनावल।	तिल का ताड़ बनाना।	To make a mountain out of a mok.
90. तहार माल हमार, आ हमार त हमरे ह।	तेरा माल मेरा, मेरा तो है ही मेरा।	Heads I win, tails you lose.
91. तेल देखऽ, आ ओकर धार देखऽ।	तेल देखो, तेल की धार देखो।	See which way the wind blows.
92. पँवड़किए डूबबो करेले।	तैराक ही प्रायः डूबते हैं।	It is a good horse that stumbles.
93. थूक से सतुआ ना सनाला।	थूक से सत्तू नहीं साना जाता।	You cannot make a horn out of a pig's tail.
94. तनकिए-तनकी ढेर हो जाला।	थोड़ा-थोड़ा करके बहुत हो जाता है।	Many a little makes a mickle.
95. गरीबी झगड़ा के जर ह।	दरिद्रता कलह की जड़ है।	Poverty breeds strife.
96. गरीबी बूढ़ बना देले।	दरिद्रता बूढ़ा बना देती है।	Wrinkled purses make wrinkled faces.
97. पानी में रह के मगर से दुसमनी।	पानी में रहकर मगर से बैर।	Never quarrel with the crocodile when in the river.
98. दान के बाछी के दाँत ना देखल जाला।	दान की बछिया के दाँत नहीं देखे जाते।	Never look a gift horse in the mouth.
99. दाल-भात में मूसरचंद।	दाल-भात में मूसलचंद।	An unwelcome person.
100. दाल में कुछ करिआ बा।	दाल में कुछ काला है।	There is something fishy.
101. दिल्ली दूर बा।	दिल्ली दूर है।	The goal is distant.
102. देवालो के कान होला।	दीवार के भी कान होते हैं।	Even walls have ears.
103. दुसमन के आपन भेद कबो मत बताईं।	दुश्मन को भेद की बात कभी न बताएँ।	Never tell an enemy that your foot aches.
104. दुस्ट के सुभाव कबो ना बदले।	दुष्ट का स्वभाव कभी नहीं बदलता।	The wolf may lose his teeth, but never his temper.
105. दूध के दूध, पानी के पानी।	दूध का दूध, पानी का पानी।	To sift the chaff from the grain.
106. दूर के ढोल सोहावन।	दूर के ढोल सुहावने।	Distant mountains always look green.
107. दू घर के पाहुन उपासे सूतेले।	दो घरों का अतिथि भूखा सोए।	Between two stools one falls to the ground.

108. दू नाव के सवारी, डूबे के तइयारी।	दो नावों का सवार डूबता है।	He who persues two hares catches neither.
109. दूगो लड़ी त तिसरका पाई।	दो लड़े, तीसरा ले उड़े।	When two cats fight, the third benefits.
110. दूनो हाथ से ताली बाजेला।	दोनों हाथों से ताली बजती है।	It takes two to quarrel.
111. दूनो हाथे लड्डू।	दोनों हाथों में लड्डू हैं।	To butter one's bread on both sides.
112. सबुर से कुल मिलेला।	धीरज से सब कुछ मिलता है।	Patience is the plaster for all sores.
113. धोबी के कुक्कुर ना घर के ना घाट के।	धोबी का कुत्ता, न घर का न घाट का।	A rolling stone gathers no mass.
114. नयकी बहुरिआ नौ दिन के।	नई बहू नौ दिन की।	Nine days wonder.
115. ना देबे के हजार गो बहाना।	न देने के हजारों बहाने।	An ill payer never needs an excuse.
116. ना नौ मन तेल होई, ना राधा नचिहें।	न नौ मन तेल होगा, न राधा नाचेगी।	When the sky will fall, we shall gather larks.
117. ना घोटले घोटाय, ना उगिलले उगिलाए।	न निगला जाए, न उगला जाए।	Between two fires.
118. ना बाप बड़ न भइया, सब से बड़ रुपइया।	न बाप बड़ा न भैया, सबसे बड़ा रुपैया।	Money is paramount in life.
119. नयका नौ दिन, पुरनका सै दिन।	नया नौ दिन, पुराना सौ दिन।	An old cart outlives a new one.
120. ना रही बाँस, ना बाजी बँसुरी।	न रहेगा बाँस, न बजेगी बाँसुरी।	Take away the fuel, take away the flame.
121. नहला प दहला।	नहले पे दहला।	To go one better.
122. नाचे ना आवे अँगनवें टेढ़।	नाच न जाने आँगन टेढ़ा।	A bad workman quarrels with his tools.
123. निरबल के बस राम सहारा।	निर्बल के बल राम।	God tempers the wind to the shorn lamb.
124. नौ नगद ना तेरह उधार।	नौ नकद न तेरह उधार।	Neither a borrowor nor a lender be.
125. पसंद जेकर जइसन, ओकर ओइसन सुभाव।	पसंद अपनी-अपनी, स्वभाव अपना-अपना।	Many men, many minds.
126. पहिले पहुँचे मन भर खाए।	पहले पहुँचे, मन भर खाए।	The early bird catches the worm.
127. पाँचों अँगुरी बरोबर ना होले।	पाँचों उँगलियाँ बराबर नहीं होतीं।	All five fingers are not alike.
128. पूत के पाँव, पलने में चिन्हाला।	पूत के पाँव पालने में ही पहचाने जाते हैं।	Coming events cast their shadows long before.
129. पइसा सबके बऊरा देला।	पैसा सबको अंधा कर देता है।	Lust for money is blinding passion.
130. प्यार आन्हर होला।	प्यार अंधा होता है।	Love is blind.
131. पियासले कुआँ के लगे जाला।	प्यासे को ही कुएँ के पास जाना पड़ता है।	Mohammed must go to the mountain.
132. बानर का जानी आदी के सवाद।	बंदर क्या जाने अदरक का स्वाद!	A blind man is no judge of colours.

133. बड़कन के बड़ बात।	बड़ों की बड़ी बात।	High winds blow on high hills.
134. बानर के हाथ में नरिअर।	बंदर के गले में मोतियों की माला।	Honey is not for the ass's mouth.
135. बलवान के भगवानो संघाती।	बलवान का भगवान भी साथी।	Fortune favours the brave.
136. खाली बाते से पेट ना भरे।	बातों से पेट नहीं भरता।	Bare words buy no barley.
137. बालू से तेल ना निकले।	बालू से तेल नहीं निकलता।	You cannot draw blood from a stone.
138. बिना आग के धुआँ ना उठे।	बिना आग धुआँ नहीं उठता।	There is no smoke without fire.
139. बिना मेहनत के कुछ ना मिले।	बिना परिश्रम के कुछ नहीं मिलता।	Patience and perseverance overcome mountains.
140. बिनु माँगे मोती मिले, माँगे मिले न भीख।	बिन माँगे मोती मिले, माँगे मिले न भीख।	Those who desire nothing get everything, while those who hanker get nothing.
141. बिना सेवा के मेवा ना मिले।	बिना सेवा मेवा नहीं।	No pain, no gain.
142. बिलारी के भागे सिकहर टूटल।	बिल्ली के भाग्य से छींका टूटा।	To secure a windfall.
143. चाम के धोकरी, कुक्कुर रखवार।	बिल्ली और दूध की रखवाली।	Set a wolf to gurad the sheep.
144. बुरा के अंत बुरा।	बुरे का अंत बुरा।	Evil begets evil.
145. बुरा काम के बुरा नतीजा।	बुरे काम का बुरा नतीजा।	Evil begets evil.
146. बूँद-बूँद से घड़ा भरेला।	बूँद-बूँद से घड़ा भरता है।	Many drops make the ocean.
147. बोवे केहू आ काटे केहू।	बोए कोई, काटे कोई।	One sows the seed, another reaps the corn.
148. बोवे फेड़ बबूर के आम कहाँ से खाए।	बोए पेड़ बबूल का, आम कहाँ से खाए!	As you sow, so shall you reap.
149. बोलला से चुप भला।	बोलने से मौन भला।	Silence is the best policy.
150. भगवान किहाँ देर बा अंधेर नइखे।	भगवान के यहाँ देर है पर अंधेर नहीं।	The mills of God grind slowly, but surely.
151. दउरे के पहिले चले सीखऽ।	भागने से पहले चलना सीखो।	Learn to walk before you run.
152. करम का रेख मिटे ना भाई।	भाग्य के लिखे को कौन टाल सकता है।	What is lotted cannot be blotted.
153. भूल-चूक लेनी-देनी।	भूल-चूक लेनी-देनी।	Errors and omissions accepted.
154. भइँस के आगे बीन बजावे, भइँस बइठ पगुराय।	भैंस के आगे बीन बजाए, भैंस खड़ी पगुराय।	Casting pearls before swines.
155. मखमल में टाट के बखिया।	मखमल में टाट का बखिया।	Even the lion has to defend himself against flies.
156. मरत मनई का ना करी।	मरता क्या न करता।	The drowing man clutches at straws.
157. महँगा रोई एक बार, सस्ता रोई बार-बार।	महँगा रोए एक बार, सस्ता रोए बार-बार।	The cheap buyer takes the bad meat.
158. हित उहे ह जे समय पर काम आवे।	मित्र वही, जो समय पर काम आए।	A friend in need is a friend indeed.
159. मुँह में राम, बगल में छूरी।	मुँह में राम, बगल में छूरी।	A fair face may have a foul heart.
160. कंगाली में आटा गील।	मुसीबतें कभी अकेली नहीं आतीं।	Misfortunes never come alone.
161. मउवत के कवनो समय ना ह।	मृत्यु का कोई समय नहीं।	Death keeps no calendar.
162. जइसन राजा ओइसन परजा।	यथा राजा तथा प्रजा।	Like ruler like subjects.

163. तिल के ताड़।	राई का पहाड़।	To make a mountain out of a molehill.
164. राम मिलवले जोड़ी, एगो आन्हर एगो कोढ़ी।	राम मिलाई जोड़ी, एक अंधा एक कोढ़ी।	A deaf husband and a blind wife.
165. राम जी के माया, कहीं घाम कहीं छाया।	राम की माया, कहीं धूप कहीं छाया।	Life is full of shade and sunlight.
166. लात के भूत बात से ना माने।	लातों के भूत बातों से नहीं मानते।	Some only understand the language of force.
167. लेन-देन में लाज कइसन।	लेन-देन में लाज कैसी।	Fair exchange is no robbery.
168. उहे होला जवन लिखल बा।	वही होता है जो मंजूर-ए-खुदा होता है।	God's will reigns supreme.
169. बिनास काले विपरीत बुद्धि।	विनाश काले विपरीत बुद्धि।	Those whom God wants to destroy, He first makes mad.
170. बेपार में लाज कइसन।	व्यापार में शर्म कैसी।	Fair exchange is no robbery.
171. लाज घोंट के पी गइल।	शरम घोलकर पीना।	To loose all sense of shame.
172. संतोस के फल मीठ।	सब्र का फल मीठा।	Slow and steady wins the race.
173. सबके देखऽ एक नजर से।	सबको एक आँख से देखो।	You must measure all by the same critreia.
174. समझदार खातिर इसारे ढेर बा।	अक्लमंद को इशारा काफी है।	The wise can read between the lines.
175. साँच बात में आँच कइसन।	साँच को आँच नहीं।	Truth fears no examination.
176. सावन के आन्हर के सब हरियरे लउकेला।	सावन के अंधे को हरा ही हरा दिखाई देता है।	Everything looks pale to the jaundiced eye.

परिशिष्ट - II

संबंध (Relations)

माई	माता	mother
माई-बाप	माता-पिता	parent
काका	चाचा	uncle
काकी	चाची	aunt
बाबा	दादा	grandfather
परदादा	परदादा	great grandfather
दादी	दादी	grand mother
परदादी	परदादी	great grandmother
दीदी	बड़ी बहन	elder sister
नंदोई	नंदोई	husband's
	sister's	
husband	ननद	ननद
husband's		sister
भतार	पति	husband
मेहरारू	पत्नी	wife
बाबूजी	पिता	father
बेटा	पुत्र	son
बेटी	पुत्री	daughter
पोता	पौत्र	grandson
फुआ	बुआ	father's sister
भतीजा	भतीजा	nephew
भतीजी	भतीजी	niece
भइया	बड़ा भाई	elder brother
भगिना	भांजा	nephew
भगिनी	भांजी	niece
भौजी	भाभी	elder brother's wife
मउसा	मौसा	mother's brother-in-law
मउसी	मौसी	mother's sister
सरहज	सरहज	brother-in-law's wife
ससुर	श्वसुर	father-in-law
साढ़ू	साढ़ू	wife's brother-in-law
सार	साला	brother-in-law, wife's brother
साली	साली	wife's sister, sister-in-law
सास	सास	mother-in-law

जीव-जंतु (Fauna)

कुक्कुर	कुत्ता	dog
कुतिआ	कुतिया	bitch
खच्चड़	खच्चर	mule
खरहा	खरगोश	rabbit
गदहा	गधा	ass
गाय	गाय	cow
गेंडा	गैंडा	rhinoceros
घड़ियार	घड़ियाल	alligator
घोड़ा	घोड़ा	horse
घोड़ी	घोड़ी	mare

चीता	चीता	panther
मूस	चूहा	mouse
छछुन्नर	छछूँदर	mole
टट्टू	टट्टू	pony
नेउर	नेवला	mongoose
पिल्ला	पिल्ला	puppy
बोका	बकरा	he-goat
छेरी	बकरी	she-goat
बछरु	बछड़ा	calf
बछिया	बाछी	she-calf
बाघ	बाघ	tiger
बानर	बंदर	monkey
बिलार	बिल्ली	cat
बैल	बैल	ox
भँइस	भैंस	buffallo
भालू	भालू	bear
भेंड़	भेंड़	sheep
भेंड़ी	भेंड़ी	ewe
भँइसा	भैंसा	buffalo
मेमना	मेमना	lamb
रुखी	गिलहरी	squirrel
लंगूर	लंगूर	ape
लकड़बाघा	लकड़बग्घा	hyena
लोमड़ी	लोमड़ी	fox
साँढ़	साँड़	bull
साहिल	साही	porcupine
सेर	शेर	lion
सुवर	सूअर	hog, pig
सुवरी	सूअरी	swine
हरिन	हिरण	deer
हाथी	हाथी	elephant
उरूवा	उल्लू	owl
उड़ीस	खटमल	bug
कउआ	कौआ	crow
कठफोरवा	कठफोड़वा	woodpecker
कनगोजर	कनगोजर	centipede
कबूतर	कबूतर	pigeon
केंचुआ	केंचुआ	earth worm
केंकरा	केंकड़ा	crab
कोइल	कोयल	cuckoo
गरुड़	गरुड़	eagle
गेहुँअन साँप	नाग	cobra
गिरगिट	गिरगिट	chameleon
गीध	गिद्ध	vulture
गौरइया	गौरैया	sparrow
घुन	घुन	grain moth
घोंघा	घोंघा	snail
चमगादर	चमगादड़	bat
चिउँटा	चींटा	black ant
चिउँटी	चींटी	ant
चील्ह	चील	kite
चोटी	चोटी	crest
जोंक	जोंक	leech
झींगुर	झींगुर	cricket
तितली	तितली	butterfly
बिच्छी	बिच्छू	scorpion
मछरी	मछली	fish
मच्छर	मच्छड़	mosquito
लीख	लीख	nit
संख	शंख	conch

शरीर के अंग (Body Parts)

पेट	पेट	abdomen
काँख	काँख, बगल	armpit
बार	बाल	hair
तरुआ, तारू	तालू	palate
कपार	कपाल	head
लिलार	ललाट	forehead
बरौनी	भौंह	eyebrow
पपनी	पलक के बाल	eyelash
पुतरी	पुतली	eyeball
आँख	आँख	eye
नाक	नाक	nose
मोछ	मूँछ	moustache
ओठ	होंठ	lips
दाँत	दाँत	tooth
चहु	दाढ़	molara
जीभ	जीभ	tongue
गलफर	गलफड़	inner part of cheek
कंठ	कंठ	adam's apple
कान	कान	ear

ललरी	ललरी	ear lobe
नरेटी	गला	throat
फँफेली	गले का सामने वाला हिस्सा	front part of neck
दाढ़ी	दाढ़ी	beard
गाल	गाल	cheek
मूँड़ी	मुंड	head
छतर	साँप का फन	snake head
सींघ	सींग	horn
चनपट	कनपटी	temple
नथुना	नथुना	nostrils
थूथना	ठोड़ी	snout
ठोर	चोंच	beak
ठोड़ी	ठुड्डी	chin
कुकुरदाँत	उदंत	bucktooth
अकिल के दाँत	अकलदाढ़	wisdom tooth
बत्तीसी	बत्तीसी, दंतावली	set teeth
गरदन	गरदन	neck
कान्ह	कंधा	shoulder
धड़	धड़	torso
चूँची	स्तन	breast
घुंडी	चूचूक	nipple
पीठास	पीठ	back
डाँड़	कमर	waist
करिहाई	कूल्हा	hip
ढोंढ़ी	नाभि	navel
लेदड़ी	आँत	intestines
ओदर	उदर	under belly
काछ	काछ	lower belly
गाँड़	गुदा	anus
लाँड़/लंड	पुरुषेंद्रिय	penis
चूत/बुर	स्त्री जननांग	vagina
कौड़ी	अंडकोष	scrotum
बैजा	पोता	scrotum bag
टीट	भगनासा	vagina opening
नार	गर्भनाल	umbilical cord
बाँह	हाथ	arm
केहुनी	कोहनी	elbow
गट्टा	अग्रहस्थ	forearm
पंजा	हाथ पंजा	palm with fingers
पहथ	एक हाथ की अंजलि	palm as a cup
मुट्ठी	मुट्ठी	fist
गोड़, टँगरी	पैर	leg
ठेहुना	घुटना	knee
घुट्ठी	पैर का टखना	ankle
अँगुरी	उँगली	finger
अँगुठा	अँगूठा	thumb
कानी अँगुरी	कनिष्ठिका	little finger
गाँसा	दो उँगलियों के बीच की झिल्ली	membrane between two fingers
पोर	उँगली, गाँठ	knuckle
तरहत्थी	हाथ की हथेली	palm
नोह	नख	nail
लतरी	वाम हस्तीय (बायाँ)	left handed
दहिना	दायाँ	right
हाड़	हड्डी	bone

शरीर के विकार (Physical Ailments)

पोता बढ़ल	अंडवृद्धि	hydrocele
अपच	अजीर्ण	indigestion
अधकपारी	आधासीसी	migraine
ओकाई	वमन	vomiting
कोढ़	कुष्ठ	leprosy
खोंखी	खाँसी	cough
दिनाय	खाज	scabies
खुजली	खुजली	itch
गठिया	गठिया	gout
गलका	अंगुली का घाव	whitlow
घाव	घाव	wound
मातादाई	चेचक	small pox
घवाहिल	चोट	hurt
सरदी-जोखाम	जुकाम	bad cold
जड़इया बुखार	जूड़ी ताप	malaria
जर	ज्वर	fever
बाथा	दर्द	pain
पेट झरल	दस्त	diarrhea
पसेना	स्वेद, पसीना	perspiration

पागल	पागल	mad
पिअरी	पीलिया	jaundice
मवाद	पीब	pus
पिआस/तरास	प्यास	thirst
फोरा	फफोला	blister
हाथी पाँव	फील पाँव	elephantitis
फुसरी	फुंसी	pimple
फोरा	फोड़ा	abscess
बलगम	कफ	couph
बवासीर	अर्श	piles
गहोजनी	बिलनी	stye
भकंदर	भगंदर	fistula
चीनिया रोग	मधुमेह	diabetes
फरका	मिरगी	epilepsy
झाईं	मूर्छा	fainting
बर्रे	मोतीझरा	pimples
कपरवाह	सिरदर्द	headache
हुचकी	हिचकी	hiccup
फुल्ली	आँख की बीमारी	an eye ailment
माड़ा	आँख की बीमारी	cataract
दोदरा	चर्मरोग	skin ailment
चिल्हिक (चमक)	शरीर के अंग में वह दर्द जो नसों में होता है	a body ailment
झिनझीनी	नस में खून बंद होने के कारण पैदा होनेवाली बीमारी	a body ailment
पेडुंरी	नस दबने के कारण झिनझिनी	a body ailment
बेवाय	एड़ी फटने का रोग	a skin disease

फल (Fruits)

अंगूर	अंगूर	grapes
अनार	अनार	pomegranate
अमरूद	अमरूद	guava
आम	आम	mango
केरा	केला	banana
जामुन	जामुन	eugenia jambolana
नरिअर	नारियल	coconut
संतरा	संतरा	orange
सेव	सेब	apple
बइर	बेर	jujube
मकोह	मकोय	gooseberry
बड़हर	बड़हर	monkey jack
कोइन	महुए का फल	bassia latifolia
गोदा	पीपल का फल	ficus religiosa fruit
तूत	शहतूत	mulberry

खाद्यान्न (Food grain)

रहर	अरहर	pigeon pea
उरिद	उड़द	black gram
गहूँ	गेहूँ	wheat
बूँट	चना	bengal gram
चाउर	चावल	rice
जव	जौ	barley
धान	धान	paddy
मकई	मकई	maize
कबीली	खेसारी	pea
केराय	मटर	lathyrus sativus
मसुरी	मसूर	lentil
तेलहन	सरसों	mustard
हरदी	हल्दी	turmeric
आदी	अदरक	ginger

घरेलू सामान (Domestic articles)

कम्मर	कंबल	blanket
चद्दर	चादर	bedsheet
छइँटी	टोकरी	basket

डिब्बा	डिब्बा	box
डोंगा	डोंगा	bowl
ऐना	आईना	mirror
ओखर	ओखल, ओखली	mortar
ककही	कंघी	comb
डूभा	कटोरा	bowl
डूभी	कटोरी	small bowl
कराही	कड़ाही	a frying pan
कागद	कागज	paper
टाँगी	कुल्हाड़ी	axe
खटिया	चारपाई	cot
घइला	घड़ा	pitcher
चाभी	चाबी	key
सिंउठा	चिमटा	tongs
चूड़ी	चूड़ी	bangles
चूल्हा	चूल्हा	stove
बढ़नी	झाड़ू	broom
तरजूई	तराजू	balance
तावा	तवा	pan
ताला	ताला	lock
धूपदानी	धूपदानी	censer
सुराही	सुराही	flagon
छीपा	थाली	plate
ढिबरी	दीया	earthen lamp
बेहुँड़ी	दूधदानी	milk pot
पाती	पत्र	letter
पलंगरी	पलंग	bed
बटुआ	बटुवा (बटुआ)	purse
बेलना	बेलन	roller
मूसर	मूसल	pestle
हँसुआ	हँसिया	scythe
लोटा	लोटा	lota (a water pot)
हाँड़ी	छोटा घड़ा	small pitcher

औजार (Equipment)

आरी	आरी	saw
करघा	करघा	loom
करनी	करनी	trowel
कइँची	कैंची	scissors
कोल्हू (तेली)	कोल्हू	oil mill
कोल्हू (ईख का)	कोल्हू	sugar mill
छूड़ा	छूरा	razor
छेनी	छेनी	cold chisel
टेकुआ	टेकुवा	awl
डिबरी	ढिबरी	nut
निहाई	निहाई	anvil
परकाल	परकाल	divider
फिचकारी	पिचकारी	syringe
पेचकस	पेचकश	screw driver
फरसा	फरसा	spade
कुदारी	कुदाल, फावड़ा	shovel
बरमा	बरमा	auger
बसुला	बसूला	adze
भाथी	भाथी	bollows
मुँगड़ी	मुँगरी	mallet
रंदा (छोटा)	रंदा	trying plane
रंदा (बड़ा)	रंदा	jack plane
रुखानी	रुखानी	chisel
रेती	रेती	file
लंगर	लंगर	anchor
सबरी	सबरी	jemmy
साहुल	साहुल	plumbline
हथकल	हथकल	spanner
हथौड़ी	हथौड़ी	hammer
हर	हल	plough

* परिशिष्ट - III

शब्दावली

1. काम-काज

अत्तार (attār), अमीन (amīn), अरकसिया (आराकस) (arakasiyā (ārākas)), अरजन (अर्जन) (arajan (arjan)), अहेर (aher), आराकसी (ārākasī), उजरत (ujarat), उपरोहित (पुरोहित) (uparohit (purohit)), उपरोहिती (uparohitī), ओझा (ojhā), ओझाई (ojhāī), ओसवनी (osavanī), कटनी (kaṭanī), कटिया (kaṭiyā), कत्तिन (चरखा कातनेवाली स्त्री) (kattin (carakhā kātanevālī strī)), कत्ती (चरखा कातनेवाला पुरुष) (kattī (carakhā kātanevālā puruṣ)), कबरिया (kabariyā), कबाड़िया (kabāṛiyā), कमेरा (kamerā), कमेरी (kamerī), करिंदा (कारिंदा) (kariṅdā (kariṅdā)), कलवार (kalavār), कलवारी (kalavārī), कसेरा (kaserā), कहँरिया (kahaṁriyā), कहाँर (kahāṁr), कहाँरी (kahāamrī), कातिब (kātib), किरानी (kirānī), किरानीगिरी (kirānīgirī), कुँजड़ा (kuṁjaṛā), कुँजड़िन (kuṁjaṛin) कुटनिहारिन (kuṭanihārin), कुटनी (कुट्टनी, कुटाई का काम, कुटाई का काम करनेवाली) kuṭanī (kuṭṭanī, kuṭāī kā kām, kutāī kā kām karanevālī)), कुटिया (kuṭiyā), कुटिया-पिसिया (kuṭiyā-pisiyā), खटिया (khaṭiyā), खटनिहार (khaṭanihār), खटनी (khaṭanī), खेवाई (khevāī), गढ़ाई (gaṛhāī), गधेड़ा (gadheṛā), गवइया (gavaiyā), गवनई (gavanaī), गवनिहार (gavanihār), गवनिहारिन (gavanihārin), गवाई (gavāī), गुड़ाई (गोड़ाई) (guṛāī (goṛāī)), गुनवाह (रस्सी से नाव खींचनेवाला) (gunavāh (rassī se nāv khīṅcanevālā), गुनवाही (gunavāhī), गोदाई (गोदना) (godāī (godanā)), घटवार (ghatavār), घसगढ़वा (ghasagaṛhavā), घसगढ़िन (ghasagaṛhin), घसियारा (ghasiyāṛā), घाटिया (ghāṭiyā), घुरबिनिया (ghurabiniyā), चरवाह (caravāh), चिकबिनिया (cikabiniyā), चिखुरल (cikhural), चिरिहार (बहेलिया) (cirihār (baheliyā)), चीक (cīk), चुगला (cugalā), चुड़िहार, चूड़ीहार (curihār, cūrīhār), चुड़िहारिन (चुरिहारिन) (cuṛihārin (curihārin)), चुनवटल (cunavaṭal), चुहल (cuhal), चुहलबाज (cuhalabāj), चुहलबाजी (cuhalabājī), छँटनी (chaṁṭanī), छपटल (कुट्टीकरना) (chapaṭal (kuṭṭīkaranā)), छपटीकाटल (chapaṭīkāṭal), छवनिहार (chavanihār), छावल (chāval), जँतकुटाई (jaṁtakutāī), जँतकुट्टा (jaṁtakuṭṭā), जजमनिका (jajamanikā), जजमानी (jajamānī), जजी (jajī), जड़ाई (jaṛāī), जड़िया (jaṛiyā), जमूरा (jamūrā), जलाद (jalād), जहतिया (लगान लेनेवाला) (jahatiyā (lagān lenevālā)), जोगड़िहा (jogaṛihā), जोगाड़ (jogāṛ), जोड़ाई (joḍāī), जोत (jot), जोतनिहार (jotanihār), जोताई (jotāī), झाड़-फूँक (jhāṛ-fūṁk), टंडइली (ṭaṅdailī), टहल (ṭahal), टहलुआ (ṭahaluā), टिपकारी (ṭipakārī), ठिकदारी (ṭhikadārī), ठीका (ṭhīkā), डगरिन (ḍagarin), ढोलकवाही (ḍholakavāhī), तमोली (tamolī), ताँती (tāṁtī), तागल (tāgal), तिजारत (tijārat), तुरहा (turahā), तुरहिन (turahin), तुरुकनाऊ (turukanāū), तूनल (tūnal), तेली (telī), तोपची (topacī), दउराहा (daurāhā), दवनी (दौनी) (davanī (daunī)), दुहाई (दुहने का काम, दुहने के काम की मजदूरी) (duhāī (duhane kā kām, duhane ke kāma kī majadūrī)), धंधी (dhaṅdhī), धोआई (dhoāī), नचनिया (nacaniyā), नाउन (nāun), नाऊ (nāū), नाच

* इस परिशिष्ट में दी गई शब्दावली केवल अवलोकनार्थ है। इसके कुछ शब्द मुख्य शब्दकोश में सम्मिलित नहीं हैं।

(nāc), नाल-बन्हवा (nāl-banhavā), नेतुल्ली (netullī), पंड़ा (paṅḍā), पटवन (paṭavan), पढ़वइया (paṛhavaiyā), पढ़वनिहार (paṛhavanihār), पनहेरी (panaherī), पथाई (pathāī), पथेरा (patherā), पहरुआ (paharuā), पिनसिन (pinasin), पिलवान (pilavān), पिलवानी (pilavānī), पिसनहरी (pisanaharī), पिसनी (pisanī), पिसिया (pisiyā), पीलवान (pīlavān), पुचारा (pucārā), पुजाई (pujāī), पुजारिन (pujārin), पुजेड़ी (pujeṛī), पेरवाह (peravāh), पेरवाही (peravāhī), पैरबी (pairabī), फेरवाह (feravāh), फेरवाही (feravāhī), फेरहा (ferahā), फेरी (ferī), बजनिया (bajaniyā), बड़ाबाबू (baṛābābū), बढ़ई (baṛhaī), बढ़ईगिरी (baṛhaīgirī), बनिज (banij), बनिहार (banihār), बनिहारी (banihārī), बरखास (बरखास्त) (barakhās (barakhāst)), बराहिल (barāhil), बरेठा (कपड़े धोनेवाला) (bareṭhā) (kapaṛe dhonevālā), बिसाती (bisātī), बेसाहल (besāhal), बेवहरिया (bevahariyā), बेवहार (bevahār), बैद (baid), बैदगी (baidagī), बैदाई (baidāī), बोहनी (bohanī), भँड़भूजा (bhaṁṛabhūjā), भेदिया (bhediyā), मजूर (majūr), मजूरी (majūrī), मलहोरी (malahorī), महटरी (mahaṭarī), माहटरी (māhaṭarī), महटराइन (mahaṭarāin), माँझी (māṁjhī), मातहत (mātahat), माहटर (māhaṭar), मिस्त्रियाँव (mistriyāṁv), मिस्त्री (mistrī), मुअत्तल (muattal), मुअत्तली (muattalī), मेहतर (mehatar), मेहतरी (mehatarī), रखवार (rakhavār), रखवारी (rakhavārī), रफूगर (rafūgar), रफूगरी (rafūgarī), रेजा (rejā), रोजदार (rojadār), रोजदारी (rojadārī), रोजिगार (rojigār), लँउड़ी (laṁuṛī), लोहार (lohār), लोहारगिरी (lohāragirī), संगतरास (saṅgatarās), साईस (sāīs), सेवादार (sevādār), सेवादारिन (sevādārin), सोनार (sonār), सोनारी (sonārī), सोहनी (sohanī), सौदा (सउदा) (saudā (saudā)), हड़वर (haṛavar), हरवाह (haravāh), हरवाही (haravāhī), हलुआई (haluāī), हाट (hāṭ), हेंगवाही (hengavāhī)

2. काम-काज के साधन

अँकुसी (aṁkusī), अगरौटा (ठेकुआ की लोई पाथने का खाँचा) (agarauṭā (ṭhekuā kī loī pāthane kā khāṁcā)), अड्डी (निशान लगाने के लिए) (aḍḍī (nisān lagāne ke lie)), अदबक्खा (एक तरह का जाल) (adabakkhā (ek tarah kā jāl)), अरगनी (araganī), अरौआ, (अरई) (arauā, (araī)), आरसी (मछली पकड़ने की टोकरी) (ārasī (machalī pakarane kī tokarī)), अहेरन (निहाई) (aheran (nihāī)), आरा (ārā), आरी (ārī), कंघी (kanghī), कंपा (kaṅpā), ककही (kakahī), कठुली (kathulī), कँकही (kaṁkahī), कतरनी (kataranī), कतरा (आरा की धार तेज करने का औजार) (katarā (ārā kī dhār tej karane kā aujār)), कमानी (kamānī), करना (karanā), करनी (karanī), कलबत (जूता बनाने के लिए लकड़ी का साँचा) (kalabat (jūtā banāne ke lie lakarī kā sāmcā)), कसिया (पतली धारवाली कुदाल) (kasiyā (patalī dhārvālī kudāl)), काँती (kāmtī), कुटकटना (कुट्टी काटने का ठीहा) (kutakatanā (kuttī kātane kā thīhā)), कुदार (kudār), कुदारी (kudārī), कुल्हाड़ा (kulhārā), कुल्हाड़ी (kulhārī), कूँचा (झाड़ू) (kūmcā (jhārū)), खँचिया (khamciyā), खाँची (khāmcī), खँचोली (khamcolī), खखोरनी (khakhoranī), खतकस (khatakas), खनसारी (khanasārī), खंती (khantī), खरहरा (kharaharā), खाँचा (साँचा) (khāṁcā (sāṁcā)), खुरचन (khuracan), खुरपा (khurapā), खुरपी (khurapī), गँइता (gaṁitā), गँइती (gaṁitī), गँड़ासी (gamrāsī), गज-गिरह (gaj-girah), गतार (gatār), गतान (रस्सी) (gatān (rassī)), गरभी (garabhī) , गहुआ (gahuā), गिरदा (सिर्फ रेखा बनाने के लिए) (giradā (sirf rekhā banāne ke lie)), गुलफी (मूठ) (gulafī (mūth)), गोनिया (goniyā), घन (ghan), घोनसार (ghonasār), चकैंड़ी (cakaiṅrī), चाक (cāk) , चाक के अंग-कीला (कीली) कुलबी, गुलिया, चकरेटी, चकरौती (चकोतरी), चकेठ (चाक चलाने का डंडा) डारसल, थरी, थरिया, बार, बाड़, बिचौदी, मदरा (ढरकनी), माँड़र (cāk ke ang-kīlā (kīlī)) kulabī, guliyā, cakaretī cakarautī (cakotarī) caketh (cāk calāne kā dandā) dārasal, tharī, thariyā, bār, bāṛ, bicaudī, madarā (ḍharakanī), māṁrar)), चौरसा (चौड़ा छेव मारने के लिए) (caurasā (caurā chev mārane ke lie)), चौरसी (caurasī), छइँटा (chaiṁtā), छइँटी (chaiṁtī), छेनी (chenī), जाब (jāb), जाला (jālā), जुआठ (juāṭh), जोगाड़ (jogāṛ), जोती (jotī), जेंवर (jeṅvar), झगरा (झग्गर) (jhagarā (jhaggar)), झाड़न (jhāṛan), झाड़ू (jhāṛū), टंक (छेनी, जिससे पत्थर गढ़ा जाता है) (ṭaṅk (chenī, jisaṣe patthar garhā jātā hai)), टकुआ (तकला, जिस पर काता हुआ सूत लपेटा जाता है) (takuā (takalā, jis par kāta huā sūt lapetā jātā hai)), टाड़ (हल, जिससे जुताई-

बुवाई साथ-साथ करते हैं) (tār (hal, jisase jutāī-buvāī sāth-sāth karate hai)), टापा (tāpā) , टाँगा (tāṁgā), टाँगी (tāṁgī), टँगारी (taṁgārī), टिकुराई (tikurāī), ढिलही ककही (ḍhilahī kakahī), तगार (मटियार के बीच का हिस्सा) (tagār (matiyār ke bīch kā hissā)), तगाड़ी (tagārī), तगार (tagār), तरजूई (tarajūī), थपुआ (thapuā), दँतिया (दाँतवाली हँसिया) (daṁtiyā (dāṁtavālī haṁsiyā)), दगनी (daganī), दतुअन (datuan), दबिला (dabilā), दुआली (जोती, जेंवर, बर्मा चलाने की डोरी) (duālī (jotī, jeṅvar, barmā calāne kī dorī)), धुनकी (dhunakī), धौंकनी (एकहत्थी, दुहत्थी, मूड़ा) (dhaunkanī (ekahatthī, duhatthī, mūṛā)), नटला (छोटी करनी) (natalā (chotī karanī)), निसुहा (कुट्टी काटने का ठेहा) (nisuhā (kuttī kātane kā thehā)), निहठा (ठेहा) (nihathā (thehā)), निहाई (nihāī), नोहरनी (noharanī), पटरा (patarā), पटरी (patarī), पटहा (धोबी जिस पर कपड़े धोते हैं) (patahā (dhobī jis par kapare dhote hain)), पटेला (हेंगा) (patelā (hengā)), पतवार (patavār), पथरौटा (patharautā), पाट (pāt), परिहथ (parihath), पसुकी (pasukī), पाँसू (मिट्टी खोदने का यंत्र) (pāmsū (mittī khodane kā yantr)), पाटा (pātā), पिटारी (pitārī), पैना (painā), पोतन (पोतना) (potan (potanā)), फरुसा (farusā), फहुरी (fahurī), फार (fār), बंसी (bansī), बँसुली (bamsulī), बटखरा (batakharā), बटारी (batārī), बटाली (batālī), बरमा (बर्मा) (baramā (barmā)), बल्ली (ballī), बसूला (basūlā), बसुली (basulī), बहँगी (bahamgī), बाँक (ईख छीलने के लिए) (bāmk (īkh chīlane ke lie)), बाँका (बाँस छीलने के लिए) (bāmkā (bāms chīlane ke lie)), बेलचा (belacā), भंसार (bhansār), भट्ठी (bhatthī), भरसाँय (bharasāmy), भाथी (bhāthī), मटियार (जिस पर कुम्हार मिट्टी फोड़ता है) (matiyār (jis par kumhār mittī fodatā hai)), मूठ (mūth), रंदा (साफीरंदा, दराजरंदा) (randā (sāfīrandā, darājarandā)), रसरी (rasarī), रामा (rāmā), रामी (rāmī), रुखानी (rukhānī), रेती (retī), रेबल (लेबल, पँसारपारा) (rebal (lebal, pamsārapārā)), लंगर (langar), लकसी (अँकुसीयुक्त लग्गी) (lakasī (amkusī yukt laggī)), लग्गा (laggā), लग्गी (laggī), लरही (larahī), लहाँसू (मिट्टी खोदने का यंत्र) (lahāmsū (mittī khodane kā yantr)), लहासी (मोटी रस्सी) (lahāsī (motī rassī)), लेजुर (lejur), लेजुरी (lejurī), लोहसार (lohasār), लोहसारी (lohasārī), सँड़सी-गहुआ (गर्म लोहा पकड़ने के लिए) (samdasī gahuā (garm lohā pakarane ke lie)), सरंगा (कम्बल बिनाई की लकड़ी) (sarangā (kambal bināī kī lakarī)), सरंजाम (saranjām), सरौता (sarautā), सरेस (sares), साँगह (sāṁgah), साहुल (sāhul), साहुल-सूता (sāhul-sūtā), सिपावा (बैलगाड़ी में टेक के लिए लगी लकड़ी) (sipāvā (bailagārī men tek ke lie lagī lakarī)), सींकड़ (sīnkar), सुतरी (sutarī), सेंचनी (खाट की रस्सियों को अलगानेवाला लकड़ी का टुकड़ा) (sencanī (khāt kī rassiyon ko alagānevālā lakarī kā tukarā)), सेवता (नाव से पानी उलीचने के लिए) (sevatā (nāv se pānī ulīcane ke lie)), हँसिया (hamsiyā), हँसुआ (hamsuā), हटकन (hatakan), हर (har), हरिस (haris), हेंगा (hengā), हैंगर (haingar)।

3. खान-पान

अंगेया (angeyā), अँचार (amcār), अगरासन (agarāsan), अछवानी (achavānī), अदौरी (adaurī), अधसींझल (adhasīnjhal), अनरसा (anarasā), अफरल (afaral), अमझोरा (amajhorā), अमनिया (amaniyā), अमरपीठा (amarapīthā), अमरस (amaras), अरुआइल (aruāil), आखर (अखरा, बिना घी का) (ākhar (akharā, binā ghī kā)), आलू-चाप (ālū-cāp), अमावट (amāvat), इँगुरी (कुटे जौ की रोटी) (iamgurī (kute jau kī rotī), इन्नर (innar), इमिरती (imiratī), इलायचीपाग (ilāyacīpāg), उलवा (ulavā), ऊमी (ūmī), ओड़ावन (orāvan), कंद-मूल (kand-mūl), कचरमकूट (kacaramakūt), कचरस (kacaras), कचरी (kacarī), कचवनिया (kacavaniyā), कचालू (kacālū), कचुम्मर (kacummar), कच्चा खोया (kaccā khoyā), कटुई दही (katuī dahī), कपूरकंद (घीयाकस, एक मिठाई) (kapūrakand (ghīyākas, ek mithāī)), करमोआ (karamoā), कलाकंद (kalākand), कलिया (kaliyā), कलेऊ (kaleū), कलेजी (kalejī), कलेवा (kalevā), कलौंजी (kalaunjī), कसार (kasār), कसाव (kasāv), काँच (kāmc), काँची (kamcī), कुंदा (भुना हुआ खोया) (kundā (bhunā huā khoyā)), कुँचवा (कूँचा) (kuamcavā (kūamcā)), कुटकी (kutakī), कुम्हड़ौरी (kumharaurī), कूँचा (kūmcā), केसर-बाटी (बेसन की एक मिठाई) (kesarbātī (besan kī ek mithāī)), कोंहड़ौरी (konharaurī), कोढ़ा (सतंजा का सत्तू) (korhā (satanjā kā sattū)), कोरवर (सूखा फुलौरा) (koravar (sūkhā fulaurā)), खँखोरी (khamkhorī), खँसिया (khamsiyā), खइनी (khainī), खइनी-चूना (khainī-cūnā), खजुली (khajulī), खजूर (khajūr), खटतुरुस (खँटतुरुस) (khataturus (khamtaturus)), खधुक (khadhuk), खबौनी (khabaunī), खल्ली (khallī), खली (khalī), खर (khar), खर-सेवर (khar-sevar), खरी (kharī), खाँट (khāmt), खाँड़ (khāmr), खाजा (khājā), खाय (khāy), खायक (खाएक) (khāyak (khāek)), खिरौदा (चउरठ की रोटी, मिठाई) (khiraudā (caurath kī rotī, mithāī)), खीरकदम (khīrakadam), खीरमोहन (khīramohan), खील (khīl), खुद्दी (khuddī), खुरचन (khuracan), खुरमा (khuramā), खुरमी (khuramī), खोया (khoyā), गजक (gajak), गजर-बजर (gajar-bajar), गट्टा (gattā), गाल-मसूरी (gāl-masūrī), गुजगुजिया (gujagujiyā), गुझिया (gujhiyā), गुड़ (gur), गुपचुप (gupacup), गुरिया (guriyā), गुरुम्हा (gurumhā), गुलगुला (गुलगुल्ला) (gulagulā (gulagullā)), गुलदाना (guladānā), गोंदपाक (gondapāk), गोझा (फरा, फारा) (gojhā (farā, fārā)), गोरस (goras), गोलगप्पा (golagappā), ग्रास (grās), घाठा (लपसी) (ghāthā (lapasī)), घिवही (ghivahī), घीयाकस (कपूरकंद, एक मिठाई) (ghīyakas (kapūrakand, ek mithāī)), घीव (ghīv), घीव-खिंचड़ी (ghīv-khincarī), घुघुनी (ghughunī), घुघुरी (ghughurī), घेंवड़ा (ghenvarā), घेवर (ghevar), चकरी (गुड़की) (cakarī (gurakī)), चटना (चटोर) (catanā (cator)), चटावन (catāvan), चटोर (cator), चभोर (cabhor), चभोरल (cabhoral), चंद्रकला (candrakalā), चबेना (cabenā), चबेनी (cabenī), चरौरी (caraurī), चाप (cāp), चाभल (cābhal), चासनी (cāsanī), चिउरी (ciurī), चिउरा (चूड़ा) (ciurā (cūrā)), चुरल (cural), चुरुट (curut), चुल्हियानेवार (culhiyānevār), चूड़ा-दही (cūrā-dahī), चूड़ा-मटर (cūrā-matar), चूरमा (cūramā), चोंथा (conthā), चोखा (cokhā), छनुआ (chanuā), छनुई (chanuī), छाँछ (chāmch), छाक (chāk), छाना (chānā), छिनुई (chinuī), छूँछ (chūmch), छेना (chenā), जलखई (jalakhaī), जल-तल (jal-tal), जाउर (jāur), जिभचटोर (jibhacator), जिलेबी (घिवहा) (jilebī (ghivahā)), जिलेबी (तेलहा) (jilebī (telahā)), जुआइल (juāil), जूठ (jūth), जोसंदा (josandā), झूर (jhūr), झोल (jhol), झारी (jhārī), टटका (tatakā), टिकरी (tikarī), टिक्कड़ (मोटी रोटी) (tikkar (motī rotī)), ठर्रा (tharrā), ठहर (thahar), ठुर्री (thurrī), ठेकुआ (ठोकुआ) (thekuā (thokuā)), डभका (dabhakā), डली (मिसरी, मक्खन आदि की) (dalī (misarī, makkhan ādi kī)), ढकनेसर (dhakanesar)), ढुंढा (ढूँढ़ा) (dhundhā (dhūmṛhā)), तक्कर (तक्कड़) (takkar (takkar)), तरकारी (tarakārī), तरिछन (tarichan), तरी (tarī), तस्मई (tasmāī), तहरी (taharī), ताड़ी (tārī), तालमिसिरी (tālamisirī), तिंतलउकी (tintalaukī), तींत (tīnt), तियना (तीयन) (tiyanā (tīyan)), तिलकुट (tilakut), तिलवा (tilavā), तिसौरी (tisaurī), तुरंता (turantā), दनौरी (danaurī), दरिया (dariyā), दलपिट्ठी (dalapitthī), दलपूरी (dalapūrī), दलफरा (dalafarā), दलिया (daliyā), दाना (dānā), दाना-दूनी (dānā-dūnī), दाना-पानी (dānā-pānī), दाल-बाटी (dāl-bātī), दुधपिट्ठी (dudhapitthī), दोहरा (doharā), नरम (naram), नानखटाई (nānakhatāī), निखुराह (nikhurāh), निबाला (निवाला) (nibālā (nivālā)), निभकी (nibhakī), निरउठ (nirauth), नीमक (nīmak), नुनछाह (nunachāh), नून (nūn), नेवान (nevān), पंगत (pangat), पंजीरी (panjīrī), पक्की (pakkī), पटउरा (pataurā), पट्टी (pattī), पनछुछुर (दाल आदि) (panachuchur (dāl ādi)), पनतुआ (panatuā), पनपियउआ (panapiyauā), पनपियार (panapiyār), पनसोह (panasoh), पनेथी (panethī), पन्ना (pannā), पपरा (paparā), पबितरी (pabitarī), परसाद (परसादी, प्रसाद) (parasād (parasādī, prasād)), परेह (pareh), परोसा (parosā), परौंठा (paraunthā), पवटा (pavatā), पाँत (pāmt), पाकल (pākal), पाग (pāg), पायस (pāyas), पाहुर (pāhur), पिठौरी (pithaurī), पिंड़ुकिया (pinrukiyā), पिन्नी (pinnī), पियाव (piyāv), पीठा (pīthā), पेंड़ा (penrā), पेठा (pethā), पेड़ा (perā), पोहा (pohā), परसादी (parasādī), फरहार (farahār), फरहारी (farahārī), फरा (गोझा, पीठा, फारा) (farā (gojhā, pīthā, fārā)), फरुही (faruhī), फिरनी (firanī), फुटेहरी (futeharī), फुलौरा (fulaurā), फुलौरी (fulaurī), फुल्की (fulkī), फेनुस (fenus), फेनुसा (fenusā), बखीर (bakhīr), बजका (bajakā), बतसफेनी (batasafenī), बतासा (batāsā), बफौरी (bafaurī), बरउआखाना (परहेजीखाना) (barauākhānā (parahejīkhānā)), बरफमलाई (barafamalāī), बरी (barī), बर्फी (barfī), बसिअउरा (basiaurā), बहुरी (bahurī), बाटी (bātī), बाटी-चोखा (bātī-cokhā), बाटी-दाल (bātī-dāl), बायन (bāyan), बायन-पेहान (bāyan-pehān), बारा (bārā), बालूशाही (bālūsāhī), बिरियानी (biriyānī), बासी (bāsī), बासूदा (रबड़ी) (bāsūdā (rabarī)), बियारी (biyārī), बीजे (bīje),

बुँदिया (buṁdiyā), बुनिया (buniyā), बेलग्रामी (belagrāmī), बेसनउटी (besanautī), बेस्वाद (besvād), बेलज्जत (belajjat), ब्यालू (byālū), भतुआपाग (bhatuāpāg), भभरी (bhabharī), भरवाँ (bharavāṁ), भात-दाल (bhāt-dāl), भात-दाल-तरकारी (bhāt-dāl-tarakārī), भुँजिया (bhuṁjiyā), भुर्रा (bhurrā), भूँजा (bhūṁjā), भूसा (bhūsā), भूसी (bhūsī), भेली (bhelī), मँड़सटका (भात) (maṁrasatakā (bhāt)), मकुनी (makunī), मक्खन (माखन) (makkhan (mākhan)), मग्दल (magdal), मठरी (matharī), मठजाउर (mathajāur), मध (madh), मनरसा (manarasā), मलगोभा (malagobhā), मलीदा (malīdā), महुअर (mahuar), माँड़ (māṁṛ), माँड़-भात (māṁṛ-bhāt), माठ (math), माठा (मट्ठा) (māthā (maāthā)), मार्हा (mārhā), मालपुआ (mālapuā), मिठरस (mitharas), मिठाई (mithāī), मिसरोटी (मिस्सीरोटी) (misarotī (missīrotī)), मिसिरी (misirī), मीठ (mīth), मुँगौड़ी (mumgaurī), मुँगौरी (mumgaurī), मुखसुद्धी (mukhasuddhī), मुर्की (murkī), मुरकी (murakī), मुर्ही (murhī), मुलायम (मोलायम) (mulāyam (molāyam)), मेंजन (menjan), मेथउरी (methaurī), मोयन (moyan), मोरब्बा (morabbā), मोच्छी (मुच्छी) (mocchī (mucchī)), मोहनभोग (mohanabhog), रँधैन (राँधी जानेवाली वस्तु) (ramdhain (rāmdhī jāne vālī vastu)), रइतो (raito), रबड़ी (rabarī), रसगर (rasagar), रसद (rasad), रसियाव (rasiyāv), रस्सा (rassā), रागभोग (rāgabhog), राब (rāb), रामदाना के लाई (rāmadānā ke lāī), रायता (rāyatā). रुचिगर (rucigar), रेवड़ी (revarī), रोट (rot), लउकजाबर (laukajābar), लकठा (lakathā), लकठो (lakatho), लचिदाना (इलायचीदाना) (lacidānā (ilāyacīdānā)), लजत (लज्जत) (lajat (lajjat)), लड्डू (लेडुआ) (laddū (leduā)), लपसी (lapasī), लस्सी (lassī), लाटा (lātā), लालपेड़ा (lālaperā), लावा (lāvā), लिट्ट (litt), लिट्टी (littī), लिबिरी (libirī), लिबरी (libarī), लुकमा (लुक्मा) (lukamā (lukmā)), लुचुई (lucuī), लेमचूस (lemacūs), लेमनचूस lemanacūs), लौंगलत्ता (laungalattā), सीरनी (sīranī), सीरा (sīrā)), सकरपारा, (sakarapārā), सँखारी (दूध आदि का कच्ची रसोई से छू जाना) (samkhārī (dūdh ādi kā kaccī rasoī se chū jānā)), सँझौआ (samjhauā), सखरा (कच्ची रसोई) (sakharā (kaccī rasoī)), सतमेंझरा (satamenjharā), सतुआ (satuā), सदाबरत (sadābarat), सबहरिया (सपरिवार भोजन के लिए निमंत्रण) (sabahariyā (saparivār bhojan ke lie nimantran)), सिंघाड़ा (जलफल, समोसा) (singhārā (jalafal, samosā)), सगभत्ता (साग के साथ पका भात) (sagabhattā (sāg ke sāth pakā bhāt)), सरगही (saragahī), सरबत (sarabat), सलोर (salor), सानन (sānan), सानी (sānī), सानी-पानी (sānī-pānī), सार्ही (छाल्ही) (sārhī (chālhī)), सालन (sālan), सिकंजी (sikanjī), सिंधाड़ा (sindhārā), सितलबुकनी (सत्तू) (sitalabukanī (sattū)), सिरका (sirakā), सिरनी (siranī), सींझल (sīnjhal), सीधा (sīdhā), सीरा (sīrā), सुखौंता (sukhūantā), सुतफेनी (सूतफेनी) (sutafenī (sūtafenī)), सुर्ती (surtī), सेराइल (serāil), सेवर (sevar), सोंठ (sonth), सोंठौरा (sonthaurā), सोनपापड़ी (sonapāparī), सोहनहलवा (sohanahalavā), सोहारी (sohārī), हथुईरोटी (hathuīrotī), हाबुस (जौ का भुना बाल) (hābus (jau kā bhunā bāl)), हाहा (hāhā), हाही (hāhī), होरहा (horahā), होलक (holak)।

4. खेल-प्रसंग

अंटी (antī), अंताछरी (antācharī), अत्ती-पत्ती (attī-pattī), आइस-पाइस (āis-pāis), आन्हाथोपी (ānhāthopī), उल्हा (ulhā), एल्ही (अंटी, टई, काँच की गोली) (elhī (antī, taī, kāṁc kī golī)), ओका-बोका (okā-bokā), ओल्हापाती (olhāpātī), कंचा (kancā), कउआझापट (गोटी खेलने का एक तरीका) (kauājhāpat (gotī khelane kā ek tarīkā)), कउआठोकर (kauāthokar), कबड्डी (kabaddī), काग-दुरुस (kāg-durus), कोना-कोनी (konā-konī), खो-खो (kho-kho), गणेस-छू (ganes-chū), गदका (gadakā), गाड़ीतीती (gārītītī), गुच्ची (guccī), गुल्ली-डंडा (gullī-dandā), गेनतड़ी (genatarī), गोंइया (goniyā), गोंइया-गँवात (goniyā-gamvāt), गोटी (gotī), घुलटिया (ghulatiyā), घो-घोरानी (gho-ghorānī), चिगिद्दीडाँड़ी (cigiddidāmrī), चिब्भा (cibbhā), चिरइयापंडोलडोल (ciraiyāpandoladol), चोर-सिपाही (cor-sipāhī), चौकड़ियाफनैती (caukariyāfanaitī), चौसर (causar), छिछिली (chichilī), छितीतीती (chitītītī), छुपाछुपी (chupāchupī), जिलेबीदौड़ (jilebīdaur), झिझिरी (jhijhirī), छुत्ती (chuttī), टई (taī), डूबा-डूबी (dūbā-dūbī), डेंगा-पानी (dengā-pānī), तास (गदहवालदान, चौकड़ी, छकड़ी, जोड़-पत्ती, ट्वेंटीनाइन, तीन-दू-पाँच,

दहला-पकड़ (tās (gadahavāladān, caukarī, chakarī, jor-pattī, tvenatīnāin, tīn-dū-pāmc, dahalā-pakar)), थप्पे (thappe), दाँव (दान) (dāmv (dān)), दोल्हा-पाती (dolhā-pātī), धूल-सोना (dhūl-sonā), पँचगोटिया (pamcagotiyā), पदावल (padāval), पिट्टो (pitto), पिलगब्भो (pilagabbho), पोसम्पा (posampā), फनइती (फनैती) (fanaitī (fanaitī)), बनइठी (banaithī), बाघ-बकरी (bāgh-bakarī), बुढ़ियाकबड्डी (burhiyākabaddī), मलखम (malakham), मलखंभ (malakhanbh), मेच्चो (mecco), लट्टूनचावल (lattūnacāval), लुकाछिपी (lukāchipī), साँप-सीढ़ी (sāmp-sīṛhī)।

5. आभूषण

अँगुठी (amguthī), असली (गहना) (asalī (gahanā)), अनंत (anant), इमरितिया (कान का एक गहना) (imaritiya (kān kā ek gahanā)), ऐरन (कान में) (airan (kān men)), कंगना (kanganā), कंठा (kanthā), कंठेसर (kanthesar), ककनी (चाँदी, कलाई में, कक्कन) (kakanī (cāmdī, kalāī men, kakkan)), कड़ा (karā), कनपसवा (kanapasavā), कनफूल (kanafūl), कनबाला (kanabālā), कनबाली (kanabālī), कमरकस (kamarakas), करधनी (karadhanī), करनफूल (karanafūl), काड़ा (kārā), काड़ा-छाड़ा (kārā-chārā), कोचिया (हाथ का गहना) (kociyā (hāth kā gahanā)), गंगा-जमुनी गहना (सोना-चाँदी मिश्रित) (gangā-jamunī gahanā (sonā-cāmdī misrit)), गजरा (gajarā), गलहार (galahār), गिलट (gilat), गिल्लट (gillat), गुच्छी (gucchī), गोड़हरा (gorahará), गोड़संकर (gorasaṅkar), गोड़ाँव (gorāmv), घुँघरू (ghuṅgharū), चंपाकली (caṅpākalī), चनरहार (चंद्रहार) (canarahār (candrahār)), चानी (cānī), चूड़ामणि (cūrāmani), चूड़ामनी (cūrāmanī), चौलरी (हार) (caularī (hār)), छड़ा (charā), छागल (chāgal), छूँछी (chūmchī), जोसन (josan), झबिया (jhabiyā), झब्बा (झाबा) (jhabbā (jhābā)), झाँझ (jhāmjh), झुलनी (jhulanī), टँड़िया (tamriyā), टिकुली (tikulī), टूम (गहना) (tūm (gahanā)), टेटका (कान का एक गहना) (tetakā (kān kā ek gahanā)), डँड़कस (daṁrakas), तरकी (tarakī), तवक (तौक) (tavak (tauk)), तागपात (tāgapāt), तिलरी (हार) (tilarī (hār)), तोड़ा (torā), दुलरी (हार) (dularī (hār)), दावनी (माथ का गहना), (dāvanī (māth kā gahanā)), नकबेसर (nakabesar), नकली (गहना) (nakalī (gahanā)), नथ (nath), नथनी (nathanī), पचलरी (हार) (pacalarī (hār)), पछेला (pachelā), पटमउर (patamaur), फूलमाला (fūlamālā), पहुँची (pahumcī), पाजेब (pājeb), बंगुरी (bangurī), बज्जुला (bajjulā), बननी (bananī), बहरबूटा (baharabūtā), बहूँटी (bahūmtī), बाजूबंद (bājūband), बाला (bālā), बाली (bālī), बिछिया (bichiyā), बिछुआ (bichuā), बिजाइठ (बाजूबंद) (bijāith (bājūband)), बिंदुली (bindulī), बुंदा (bundā), बेंड़ा (benrā), बेरवा (beravā), बेसर (besar), मँगटीका (mamgatīkā), मटरमाला (mataramālā), मुँदरिका (mumdarikā), मेखला (mekhalā), मोहरमाला (moharamālā), लच्छा (lacchā), लर (lar), लरी (larī), लुरका (lurakā), साँकरछल्ली (साँकरी) (sāmkarachallī (sāmkarī)), साँकरी (पैर की अंगुली का गहना) (sāmkarī (pair kī aṅgulī kā gahanā)), सिकड़ी (sikarī), सींक (sīnk), सीसफूल (sīsafūl), सेंठा (बूँटीदार गोल गहना) (senthā (būmtīdār gol gahanā)), हँसली (hamsalī), हँसुली (hamsulī), हुमेल (humel), हथसंकर (हथसक्कर) (hathasankar (hathasakkar)), हुमेन (humen), हैकल (haikal)।

6. गाली वर्ग

अगलगवना (agalagavanā), अगलगवनी (agalagavanī), अधभेसर (adhabhesar), अधिरजी (adhirajī), असतुरना (asaturanā), असतुरनी (asaturanī), उजड्ड (ujadd), उजबुक (ujabuk), उदंड (udand), उफरपरना (ufaraparanā), उरेब (ureb), ओबासमवना (obāsamavanā), ओबासमवनी (obāsamavanī), कमऽसल (kamasal), कुटनी (kutanī), कुभाखर (kubhākhar), कूर (kūr), कोढ़ियाहा (korhiyāhā), गुहखउका (guhakhaukā), घर-उजारन (ghar-ujāran), घर-फोरन (ghar-foran), घिनावन (ghināvan), चोट्टा (cottā), छिनरी (chinarī), छिनरा (chinarā), डँड़वाटुटना (damravātutanā), जरनियाह (jaraniyāh), तेलबेलनो (telabelano), दँइत (damit), दँतचिहार (damtacihār), दँतनिपोर (damtanipor), दहिजरा (dahijarā), दोगला (dogalā), नतिया (natiyā), नतिया-निस्तनिया (natiyā-nistaniyā),

नसकर्ता (nasakartā), निगोड़ा (nigorā), निबहुरा (nibahurā), निस्तनिया (nistaniyā), निस्तानी (nistānī), पिनकाह (pinakāh), पिलुआहा (piluāhā), पुतवाखौकी (putavākhaukī), फूहर-पातर (fūhar-pātar), बइयासमवना (baiyāsamavanā), बइयासमवनी (baiyāsamavanī), बकलोल (bakalol), बनेचर (banecar), बम्मड़ (bammar), बिखधर (bikhadhar), बिखहा (bikhahā), बिपती (bipatī), बिपता (bipatā), बिपताहा (bipatāhā), बिलावन (bilāvan), बुजरी (bujarī), बुड़वक (buravak), भँड़ुआ (bhamruā), भकचोन्हर (bakaconhar), भकसावन (bhakasāvan), भतराखौकी (bhatarākhaukī), भरमाह (bharamāh), भाकुर (bhākur), मंछिझोंकन (manchijhoṅkan), मंछिझोंकना (manchijhonkanā), मटिलगवना (matilagavanā), मटिलगवनी (matilagavanī), मतहा (matahā), मनतुरना (manaturanā), मनतुरनी (manaturanī), मनहूस (manahūs), मरकियालगवना (मर्किलौना) (marakiyālagavanā (markilaunā)), मरकियालगवनी (मर्किलौनी), (marakiyālagavanī (markilaunī)), मरभुक्खा (marabhukkhā), मुँतपियना (mumtapiyanā), मुँहझौंसा (mumhajhaunsā), मुँहझौंसी (mumhajhaunsī), मुँहबवना (mumhabavanā), लँगटा (laṁgatā), लंगा (लांगा) (langā (lāngā)), लखैरा (lakhairā), लउधड़ (laudhar), लद्धड़ (laddhar), लफंटूस (lafantūs), लफुआ (lafuā), लहूचटवा (lahūcatavā), लुच्चा (luccā), लोल (lol), सनकाह (sanakāh), सनकाहिन (sanakāhin), सरबौला (sarabaulā), सरलाहा (saralāhā), सरवा (saravā), ससुरा (sasurā), ससुरू (sasurū), ससुरी (sasurī), साला (sālā), साली (sālī), सुर्तवाला (surtavālā), सूम (sūm), हगना (haganā), हरामजादा (harāmajādā), हलुकपातर (बोलल) (halukapātar (bolal)), हाही (hāhī), हाहीसमवना (hāhīsamavanā).

7. घर-द्वार

अँतरा (कोना-अँतरा) (amtarā (konā-amtarā)), अगवासा (agavāsā), अगूती (agūtī), अगूती-पिछूती (agūtī-pichūtī), अड़गड़ा (अर्गला) (aragarā (argalā)), अरगनी (araganī), आगार (āgār), आन (ān), आसरा (āsarā), आहन (दीवार के लिए पानी देकर रौंदी गई मिट्टी) (ahan (dīvār ke lie pānī dekar raundī gai mittī)), इगुत्ती (iguttī), इगुत्ती-पिछुत्ती (iguttī-pichuttī), उतरंगा (चौखट की ऊपरी लकड़ी) (utarangā (caukhat kī ūparī lakarī)), उदबास (udabās), उनहल (unahal), उपहेया (बिना घर के) (upahiyā (binā ghar ke)), एकतल्ला (इकतल्ला) (ekatallā (ikatallā)), एकपलिया (ekapaliyā), एकमहला (ekamahalā), ओटा (otā), ओबरी (obarī), ओरियानी (oriyānī), ओरी (orī), ओसरा (osarā), ओसारा (osārā), ओसारी (osārī), कंगूरा (kangūrā), करनिस (karanis), किल्ली (killī), कुटिया (kutiyā), केवाड़ी (kevārī), कोठार (भंडार) (kothār (bhandār)), कोठिला (kothilā), कोनिया (दोपाखों का जोड़), (koniyā (dopākhon kā jor)), कोरो (koro), कोनसिया (konasiyā), कोनासी (konāsī), कोनिया (koniyā), कोहबर (kohabar), कौरा (चौखट के दाएँ-बाएँ बाजू) (kaurā (caukhat ke dāyeṁ-bāyeṁ bājū)), खंड़ी (khanrī), खंढ़ी (khanrhī), खटउर (एकपलिया, दुपलिया) (khataur (ekapaliyā, dupaliyā)), खटिया (khatiyā), खपड़ा (khaparā), खपड़ाफेरल (khaparāferal), खपड़ैल (khaparail), गजओबर (गजओबरी) (gajaobar (gajaobarī)), गारा (gārā), गिरिही (girihī), गिलवा (गिलावा) (gilavā (gilāvā)), गुबरौरी (gubaraurī), गुमटी (gumatī), गुलामगरदा (gulāmagaradā), गोंठहुल (gonthahul), गोबरियावल (gobariyāval), गौखा (गवाछ) (gaukhā (gavākch)), ग्लासपट्टी (glāsapattī), घरऊ (gharaū), घरानी (छवइया) (gharānī (chavaiyā)), घरघुसरा (gharaghusarā), घरनी (gharanī), घरुआर (gharuār), घोड़मुँहा (ghoramumhā), चउकठ (caukhath), चउतरा (cautarā), चउरा (caurā), चाँचर (cāmcar), चारदीवारी (cāradīvārī), चुहानी (cuhānī), चुनवटल (cunavatal), चुहानी (cuhānī), चौका (चउका) (caukā (caukā)), चौकोन (चउकोन) (caukon (caukon)), चौकोना (चउकोना) (caukonā (caukonā)), चौबारा (caubārā), छज्जा (chajjā), छतगीर (छत पर तनी चाँदनी) (chatagīr (chat par tanī cāmdanī)), छपरी (chaparī), छवइया (chavaiyā), छबाई (chavāī), छाजन (chājan), छान्ह (chānh), छिटकिली (chitakilī), छेंकन (chenkan), जंगला (jangalā), जनानीकीता (जनानीकित्ता) (janānīkītā (janānīkittā)), जोड़ाई (jordāī), झोंपड़ी (jhoparī), टट्टी (शौचालय) (tattī (shaucālay)), टाँड़ (tāmr), टाटी (tātī), टिपकारी (tipakārī), टोड़िया (toriyā), ठट्टर (thattar), ठहर (thahar), ठाट (thāt), ठाट-पलानी (thāt-palānī), ड़ाढा (rārhā), डेहरी (deharī), ढलइया (dhalaiyā), ढलवाँ (dhalavām), ढलाई (dhalāī), तड़क (tarak), ताखा (tākhā), तैनुआ (धुआँकस) (tainuā (dhuāṁkas)), थून्ही

(thūnhī), थूम्ही (thūmhī), दलान (dalān), दासा (dāsā), दियरखा (diyarakhā), दीयट (dīyat), दुअरा (duarā), दुआर (duār), दुआरी (duārī), दुछत्ती (duchattī), दुमहला (dumahalā), देहरी (deharī), धरन (dharan), धवरहर (dhavarahar), नरिया (nariyā), निकसार (nikasār), नेव (nev), नोनिआइल (noniāil), नोनी (nonī), पखाना (पैखाना) (pakhānā (paikhānā)), पटडेहर (पटडेहरी) (patadehar (patadeharī)), परछत्ती (parachattī), पलानी (palānī), पल्ला (pallā), पाटन (pātan), पिछवारा (pichavārā), पिछुत्ती (pichuttī), पेहान (डेहरी का ढक्कन) (pehān (deharī kā dhakkan)), पोचारा (पुचारा) (pocārā (pucārā)), पोताई (पुताई) (potāī (putāī)), पौरी (paurī), पौरा (ड्योढ़ी) (paurā (dyorhī)), फँफराह (famfarāh), फट्ठा (fatthā), फराठी (farāthī), फाँफर (fāṁfar), फूस (fūs), बँड़ेर (bamrer), बँसखट (bamsakhat), बइठका (baithakā), बखरी (bakharī), बखार (bakhār), बखारी (bakhārī), बरकस (barakas), बहरसी (baharasī), बाती (bātī), बारजा (bārajā), बारादरी (bārādarī), बेंड़ा (benrā), भीत (bhīt), भुइंजबरा (bhuinjabarā), भुसउला (bhusaulā), भुसहुल (bhusahul), मचान (macān), मड़ई (maraī), मीचू (mīcū), मुँड़ेर (mumrer), मुँड़ेरा (mumrerā), मेहराब (meharāb), मोरी (morī), रँगाई (rangāī), रद्दा (रादा) (raddā (rādā)), रावटी (रेवटी) (rāvatī (revatī)), लतमरवा (latamaravā), लरही (धरन के ऊपर का आधार दंड) (larahī (dharan ke ūpar kā ādhār dand)), सउर (saur), सउरघर (sauraghar), सउरी (saurī), सरजाम (sarajām), सरदर (saradar), साँकल (sāmkal), साँगह (sāmgah), सिकहर (sikahar), सिटकिनी (sitakinī), सिरमिट (siramit), सुर्खी (surkhī), सुर्खी-चूना (surkhī-cūnā)।

8. जन-रंजन

अनमाना (anamānā), अहिरऊ (नाच) (ahiraū (nāc)), आलाप (ālāp), ओल्हनी (olhanī), कढ़ावल (karhāval), कथक्कड़ (kathakkar), कबड्डी-बोल (kabaddī-bol), कथुली (kathulī), कबिताई (kabitāī), कबित्त (kabitt), किरतन (कीर्तन) (kiratan (kīrtan)), किलाट (kilāt), खमसा (khamasā), खिस्सा (khissā), खीसा (khīsā), खेलवना (khelavanā), गवइया (gavaiyā), गवनई (gavanāī), गारी (gārī), गीत-गवनई (gīt-gavanaī), गोंड़इती (gonraitī), गोंड़-नाच (gonr-nāc), घाँटो (ghāmto), चंग (cang), चइता (caitā), चइती (caitī), चकचंदा (cakacandā), चकुचंदा (cakucandā), चिकारा (cikārā), चौडोल (caudol), चौताल (cautāl), छिटिका (chitikā), जँतसार (jamtasār), जट-जटिन (jat-jatin), जमूरा (jamūrā), जलुआ (jaluā), जागरन (jāgaran), जोगिन (jogin), जोगीड़ा (jogīrā), झमरबाजा (jhamarabājā), झलकूट (jhalakūt), झाँझ (jhāmjh), झाल (jhāl), झूमर (jhūmar), टाँसी (tāmsī), टिटकारी (titakārī), टिमकी (timakī), ठनक (thanak), ठुमरी (thumarī), ठेकइत (thekait), ठेका (thekā), डंका (dankā), डफ (daf), डफाली (dafālī), डोमकच (domakac), तमूरा (tamūrā), तत्ताथेई (tattātheī), ताताथेई (tātātheī), तानपूरा (tānapūrā), तासा (tāsā), तुमड़ी (tumarī), थपरी (thaparī), दोल्हा (dolhā), धुधुक (धुतुक) (dhudhuk (dhutuk)), धोबियऊ (नाच, गीत) (dhobiyaū (nāc, gīt)), धोबिया (dhobiyā), नकटा (nakatā), नेटुआनाच (netuānāc), नेवतन (nevatan), पँवरिया (pamvariyā), पँवारा (pamvārā), पखावज (pakhāvaj), पखावजी (pakhāvajī), पचरा (pacarā), फगुआ (faguā), फगुई (faguī), बटगायन (batagāyan), बन्ना-बन्नी (bannā-bannī), बहुरुपिया (bahurupiyā), बिगुल (bigul), बिहुला (bihulā), बुझौवल (bujhauval), भँड़ैती (bhamraitī), भँड़ौवा (bhamrauvā), भाँट (bhāmt), भाँड़ (bhāmr), भीमभंभोनाच (bhīmabhanbhonāc), मजीरा (majīrā), मनसायन (manasāyan), मलिक (malik), मलिकजी (malikajī), मिरदंग (miradang), मिलावल (milāval), रतजगा (ratajagā), रमाएन (रामायन) (ramāen (rāmāyan)), रसबात (rasabāt), रसबतिया (rasabatiyā), रेघावल (reghāval), रोपनी गीत (ropanī gīt), लहाछेह (नृत्य-गति) (lahācheh (nrity-gati)), लावनी (lāvanī), लोरिकायन (lorikāyan), लोरी (lorī), लवंडा-नाच (lavanda-nāc), संझा-पराती (sanjhā-parātī), सगुन (sagun), सगुन उठावल (sagun uthāval), सततरवाबाजा (satataravābājā), समदन (विदाई के गीत) (samadan (vidāī ke gīt)), समाजी (samājī), सहाना (sahānā), सारंगिया (sārangiyā), सीनरैनी (sīnarainī), सुमिरन (sumiran), सोहनी-गीत (sohanī-gīt), सोहर (sohar), सोहर-चटनी (sohar-catanī), सोहिला (sohilā), हरफरौरी (harafaraurī), हरबोलवा (harabolavā), हरिगारी (harigārī)।

9. जुगुप्सा व्यंजक

अँतड़ी-गुदड़ी (अँतरी-गुदरी) (amtarī-gudarī (amtarī-gudarī)), अकरावन (akarāvan), आँव (āmv), आक्थू (ākthū), उल्टी (ultī), ओंकाई (onkāī), कँड़रियाइल (कँड़री, मलके) (kamrariyāil (kamrarī, malake)), कलकल (kalakal), कादो (kādo), कादो-कीच (kādo-kīc), किंचिआइल (kinciāil), किचकिल (kicakil), कीच (kīc), कींची (kīncī), कुचइल (kucail), कै (kai), खंखार (khankhār), खील (खिल्ली) (khīl (khillī)), खोंट (khont), खोंठी (khonthī), खोभाड़ (khobhār), गलीज (galīj), गींजल (gīnjal), गुमसाइन (gumasāin), गुह (guh), गुहगींजन (guhagīnjan), गुहथर (guhathar), गुहाड़ (guhār), गुहाड़ी (guhārī), गू (gū), गूह (gūh), गूह के गोहार (gūh ke gohār), गोबरउरा (gobaraurā), चोंत (cont), छेरल (cheral), जूठ-काँठ (jūth-kāmth), झाड़ा (jhārā), झोल (jhol), झोल-झाल (jhol-jhāl), झोल-झाकड़ (jhol-jhākar), टट्टी (tattī), डोल-डाल (dol-dāl), तेलउँस (telaums), थुकहा (thukahā), थुड़ी (thurī), दिनाय (dināy), निघरघट (nigharaghat), निरघिन (niraghin), नेटा (netā), नेटा-पोंटा (netā-pontā), पकसी (pakasī), पखाना (पाखाना, पैखाना) (pakhānā (pākhānā, paikhānā)), पचपचाइल (pacapacāil), पाद (pād), पादल (pādal), पाँकी-पाँकी (pāmkī-pāmkī), पिलुआइल (piluāil), पीब (pīb), पोंटा (pontā), फदगोबर (fadagobar), फदगोबरी (fadagobarī), फिरल (firal), फेचकुर (fecakur), फोंकराइन (fonkarāin), बजबज (bajabaj), बजबजहट (bajabajahat), बलगम (balagam), बसाइल (basāil), बसिआइल (basiāil), बास (bās), बासमारल (bāsamāral), बीट (bīt), भकड़ल (bhakaral), भिनुकल (bhinukal), भुआइल (bhuāil), मइला (mailā), मल (mal), मलामत (malāmat), मलामती (malāmatī), मवाद (mavād), माँस (māms), माँस-मवाद (māms-mavād), मिचली (micalī), मूत (mūt), मेंगन (mengan), लीख (līkh), लीद (līd), लेंड़ (lenr), लेंड़ी (lenrī), लेदरी-गुदरी (ledarī-gudarī), सड़ल (saral), सरल (saral), सरलाइन (saralāin), सूसू (sūsū), हगना (haganā), हगनी (haganī), हगल (hagal), हवाछोड़ल (havāchoral), हिंचाड़ (hincār), हँचाड़ (hamcār), हींड़ल (hīnral), हील (hīl), हीला (hīlā)।

10. कलह (झगड़ा-झंझट)

अदावत (adāvat), अधमरू (adhamarū), अधमर्रू (adhamarrū), अधमूँआ (adhamūmā), आवतआव (āvataāv), कचटल (kacatal), कजकई (धोखबाजी) (kajakaī (dhokhabājī)), कटाउज (katāuj), कटाकटी (katākatī), कठकरेजी (kathakarejī), कठदलेल (कुतर्क) (kathadalel (kutark)), कठहुज्जत (kathahujjat), कठेया (katheyā), कड़खा (लड़ाई के समय गाया जानेवाला गीत) (karakhā (larāī ke samay gāyā jānevālā gīt)), कड़खैत (कड़खा गानेवाला) (karakhait (karakhā gānevālā)), कड़ाकड़ी (karākarī), कतल (katal), कदरई (कायरता) (kadarāī (kāyaratā)), कदरमस (मारपीट) (kadaramas (mārapīt)), कदरमसल (मार-पीट करना) (kadaramasal (mār-pīt karanā)), कदूरत (मनमुटाँव) (kadūrat (manamutāmv)), कनइठी (kanaithī), कपरफुटौवल (कपरफोरउअल) (kaparafutauval (kaparaforaual)), करवाल (karavāl), कलगरह (kalagarah), काँड़ल (kāmral), काँव-कीच (kāmv-kīc), कुटम्म्स (kutammas), कुट्टी (kuttī), केहुनाठल (kehunāthal), कोंचल (koṅcal), कोट-कचहरी (kot-kacaharī), खदेरल (khaderal), खदेरा-खदेरी (khaderā-khaderī), खुन्साह (khunsāh), खेदल (khedal), खेदाखेदी (khedākhedī), गाँवागाँई मार (gāmvāgāmimār), गादह (gādah), गारागारी (gārāgārī), गरियावल (gariyāval), गारी (gārī), गारी-गुप्ता (gārī-guptā), गुस्सैल (gussail), गेंग (geng), गेंगाह (gengāh), गेंगाहिन (gengāhin), गोतरोचार (गाली के लिए लाक्षणिक प्रयोग) (gotarocār (gālī ke lie lāksanik prayog)), गोर-गोटी (gor-gotī), गोहार (gohār), गोहार के मार (gohār ke mār), घमघमावल (ghamaghamāval), घवाहिल (ghavāhil), घाही (ghāhī), घिघियाइल (ghighiyāil), घुसवठल (ghusavathal), चटकनियावल (catakaniyāval), चटाकसे (catākase), चड़ी (उछलकर मारी गई लात) (carī (uchalakar mārī gaī lāt)), चमू (camū), चींचपड़ (cīncapar), चींथल (cīnthal), चोटइल (cotail), चोटाह (cotāh), छकावल (chakāval), छकुनी (chakunī), जुझार (jujhār), जुतवसल (jutavasal), जुतियावल (jutiyāval), जूता-जूती (jūtā-jūtī), झंझ (jhanjh), झउरा (jhaurā), झक्काझूमर (jhakkājhūmar), झगड़ाह (jhagarāh), झगड़ाहा (jhagarāhā),

झगड़ाहिन (jhagarāhin), झपड़ियावल (jhapariyāval), झापड़ (jhāpar), झिकझिक (jhikajhik), झोंटा-झोंटी (jhontā-jhontī), झोंटा-पेरउअल (jhontā-peraual), टेंट (tent), टेंटिया (tentiyā), टेंटिहा (tentihā), टेंढ़ (टेढ़) (tenrh (terh)), टेंढ़ुसाइल (tenrhusāil), ठकठेन (thakathen), ठेक (thek), ठेकल (thekal), ठेठावल (thethāval), ठेन (then), ठेनबेसाहल (thenabesāhal), ठोंकल (thonkal), ठोंकल-ठेठावल (thonkal-thethāval), डंटवसल (dantavasal), डंटा (dantā), डाँटल (dāmtal), डाँट-फटकार (dāmt-fatakār), ढाहल (dhāhal), ढाहीमारल (dhāhīmāral), तंग (भइल, कइल) (tang (bhail, kail), तकरार (takarār), तक्कड़ (takkar), तड़-तड़ (tar-tar), तड़तड़ाइल (taratarāil), तड़पल (tarapal), तड़ी (चपत) (tarī (capat), तबड़ाक (tabarāk), तरुआर (taruār), तिसरइत (tisarait), तोर-मोर (tor-mor), तोहमत (tohamat), तौहीन (tauhīn), थपरा-थपरी (thaparā-thaparī), थुक्का-फजीहत (thukkā-fajīhat), दबेरल (daberal), दबोचल (dabocal), दबोरल (daboral), दरेरल (dareral), दरेरा (darerā), देखलेल (dekhalel), देखादेल (dekhādel), धसोरल (dhasāoral), धसोरा (dhasorā), धसोरा-धसोरी (dhasorā-dhasorī), धींगा-मुस्ती (dhīngā-mustī), नखोरल (nakhoral), नोचल (nocal), नोचाचोंथी (nocāconthī), पछाड़ल (pachāral), पटकन (patakan), पटकनियावल (patakaniyāval), पटकनी (patakanī), पिटापट (pitāpat), पिठियावल (pithiyāval), फरियावल (fariyāval), फरीक (farīk), फसाद (fasād), फसादी (fasādī), फैट (fait), फैटाफैटी (faitāfaitī), बतरस (bataras), बमचक (bamacak), बभनगादह (babhanagādah), बलवा (balavā), बल्लम (ballam), बाजल (bājal), बाताबाती (bātābātī), भितरमार (bhitaramār), भुजाली (bhujālī), मथफुटौवल (mathafutauval), मुँअली के मार (mumalī ke mār), मुकवसल (mukavasal), रगरा (ragarā), लंठाधिराज (lanthādhirāj), लखेदल (lakhedal), लखेदा-लखेदी (lakhedā-lakhedī), लठबन्हवा (lathabanhavā), लठमार (lathamār), लठमारी (lathamārī), लड़वइया (laravaiyā), लतार (latār), लप्पड़ (lappar), लतहारल (latahāral), लतियावल (latiyāval), लथेरल (latheral), सरतर-परतर (saratar-paratar), सलटल (salatal), सलटावल (salatāval), हँउजार (hamujār), हत्यारी (hatyārī), हथछुट (hathachut) ।

11. तरकारी

अरवी (aravī), अरुई (aruī), अरुई के पत्ता (aruī ke pattā), आलू (ālū), ओल (ol), कचरी (kacarī), कँवलगट्टा (kamvalagattā), कमलककड़ी (kamalakakarī), कँवाछ (केंवाच) (kamvāch (kenvāc)), कटहर (katahar), कद्दू (kaddū), कदुआ (kaduā), कनकपुरिया (सफेद आलू) (kanakapuriyā (safed ālū)), कनाइल (kanāil), कंदा (kandā), करइला (karailā), करइली (karailī), करमकल्ला (karamakallā), करमी (साग) (karamī (sāg)), कासीफल (कोंहड़ा) (kāsīfal (konharā)), कुकुरमुत्ता (kukuramuttā), कुचिला (kucilā), कुनबी (kunabī), कुनरी (kunarī), कुंदरू (kundarū), कुलफा (गुलफा, साग) (kulafā (gulafā, sāg)), कोंहड़ा (konharā), कोइड़ार (koirār), कोइरी (koirī), खजुअत (khajuat), खटिक (साग-सब्जी की व्यवसायी जाति) (khatik (sāg-sabjī ki vyavasāyi jāti)), खरोई (kharoī), खीरा (khīrā), खेखर (khekhar), खेखसा (khekhasā), गंगाफल (कद्दू) (gangāfal (kaddū)), गजरा (gajarā), गदहपुरना (साग) (gadahapuranā (sāg)), गाँठगोभी (gamāthagobhī), गूलर (gūlar), घिवहासेम (ghivahāsem), घीया (ghīyā), घुइयाँ (ghuiyām), घेंवड़ा (नेनुआ, सतपुतिया, झिंगुनी) (ghenvarā (nenuā, sataputiyā, jhinguni)), चटइला (catailā), चठइल (cathail), चना (खोंटुआ साग) (canā (khontuā sāg)), चलानी (calānī), चिचिढ़ा (चिचिरा) (cicirhā (cicirā)), चुकंदर (cukandar), चौलाई (caulāī), छतौना (कुकुरमुत्ता) (chataunā (kukuramuttā)), छीमी (chīmī), जलतरोई (मछली) (jalataroī (machalī)), जुआइल (juāil), जेठुई (सब्जी) (jethuī (sabjī)), झिंगुनी (jhingunī), टमाटर (tamātar), ठढ़िया (tharhiyā), तरकारी (tarakārī), तरोई (taroī), तीयन (tīyan), तुरहा (साग-सब्जी का व्यवसायी) (turahā (sāg-sabjī kī vyavasāyī)), देसी (desī), धनियापत्ती (dhaniyāpattī), नेनुआ (nenuā), नोनी (साग) (nonī (sāg), पत्तागोभी (pattāgobhī), परवर (परवल, परोरा, देसी, चलानी) (paravar (paraval, parorā desī, calānī)), पालक (pālak), पियाज (piyāj), पुदीना (pudīnā), पोदीना (podīnā), पेकचा (pekacā), फूलगोभी (कोबी, फुलकोबी) (fūlagobhī (kobī, fulakobī), फेंटुआ (fentuā), बंडा (bandā), बथुआ (साग) (bathuā (sāg), बनकरइला (banakarailā), बरबटी (बरबट्टी, बोरो) (barabatī (barabattī, boro)), बरसाती (सब्जी) (barasātī (sabjī)), बरसेमा (barasemā), बाकला (bākalā), बिरवाई (biravāī), बीन्स (bīns), बैगन (baigan), बोड़ा (बोरो) (borā (boro)), भंटा

(bhantā), भतिया (bhatiyā), भतुआ (bhatuā), भरुआ (bharuā), भाजी (bhājī), भिंडी (bhindī), भुँजिया (bhumjiyā), मटर (matar), मरसा (बरसाती साग) (marasā (barasātī sāg)), मरिचा (लाल, हरियर) (maricaī (lāl, hariyar)), मरिचाई (maricāī), मर्चाई (marcāī), मिरिच (miric), मसरूम (masarūm), माघी (सब्जी) (māghī (sabjī)), मिठका नीम (mithakā nīm), मीठा नीम (mīthī nīm), मीठी नीम (mīthā nim), मुरई (muraī), रतालू (ratālū), रहरियासेम (छोटी सेम) (rahariyāsem (chotī sem)), राजमा (rājamā), रामतरोई (rāmataroī), रामपरोसा (भिंडी) (rāmaparosā (bhinadī)), रिकवँछ (rikavamch), लउका (laukā), लउकी (laukī), लोबिया (एक प्रकार का बोरो) (lobiyā (ek prakār kā boro)), लौका (laukā), लौकी (laukī), ललका (साग) (lalakā (sāg)), लहसुन (lahasun), लालभाजी (चौलाई) (lālabhājī (caulāī)), लाल सेम (lāl sem), लेंढ़ा (lenrhā), सिमला मिर्च (simalā mirc), सफेद चना (safed canā), सफेद सेम (safeda sem), सतपुतिया (sataputiyā), सब्जी (sabjī), सरसो (साग) (saraso (sāg)), सलजम (salajam), सहिजन (sahijan), साग (sāg), साग-पात (sāg-pāt), सुथनी (suthanī), सूरन (sūran), सेम (sem), सोआ (soā), सोया (soyā), सोयाबीन (soyābīn), हरा मटर (harā matar)।

12. तेल-मसाला

अजवाइन (ajavāin), अजवाइन-मँगरइल (ajavāin-mamgarail), अमकली (amakalī), अमचुर (amacur), इलायची (ilāyacī), करुआतेल (karuātel), कसूरीमेथी (kasūrīmethī), काली मिर्च (kālī mirc), केसर (kesar), खड़ामसाला (kharāmasālā), गरममसाला (garamamasālā), गोलमरिच (golamaric), घी (ghī), घीव (ghīv), छोटी इलायची (chotī ilāyacī), जटामासी (jatāmāsī), जवा (javā), जायफल (jāyafal), जीरा (jīrā), टूसी (हल्दी, अदरक, आदि की डली) (tūsī (haldī, adarak, ādi kī dalī)), डालडा (dāladā), तिल (til), तेजपत्ता (tejapattā), तेल (tel), तेलहन (telahan), दालचीनी (dālacīnī) धनिया (खड़ा, पीसल, सूखल, हरियर) (dhaniyā (kharā, pīsal, sūkhal, hariyar)), धनियापत्ती (dhaniyāpattī), नीमक (nīmak), पँचफोरन (pamcaforan), पियाज (piyāj), पीपर (pīpar), पुदीना (pudīnā), पोदीना (podīnā), फोरन (foran), बड़ी इलायची (barī ilāyacī), मँगरइल (mamgarail), मरिच (maric), मरिचाई (लाल, हरियर, लौंगिया) (maricāī (lāl, hariyar, laungiyā)), मसालेदार (masāledār), मेथी (methī), राई (rāī), लहसुन (lahasun), लहसुनपत्ता (lahasunapattā), लाची (इलायची) (lācī (ilāyacī)), लौंग (laung), लौंग-इलायची (laung-ilāyacī), लौंग-लायची (laung-lāyacī), सरसों (sarason), स्याहजीरा (syāhajīrā), हरियर लहसुन (hariyara lahasun), हर्दी (hardī), सोंठ (sonth), सौंफ (saunf), हींग (hīng)।

13. देवी-देवता

अंतरजामी (अंतर्यामी) (antarajāmī (antaryāmī)), अंसावतार (ansāvatār), अगिनदेव (aginadev), अघोरनाथ (aghoranāth), अघोरसिव (aghorasiv), अनंतदेव (anantadev), अनजानबर्हम (anajānabarham), अनपुरनामाई (anapuranāmāī), अमंगलहारी (amangalahārī), अल्ला (allā), अल्लाताला (allātālā), अल्लाह (allāh), अवधबिहारी (avadhabihārī), आदित (ādit), आदितमल (āditamal), आदिपुरुस (ādipurus), आदिसक्ति (ādisakti), आयरनदेवी (āyaranadevī), आसुतोसभगवान (āsutosabhagavān), इंद्रदेव (indradev), इंद्रदेवता (indradevatā), इलाही (ilāhī), ईसर (īsar), उग्रतारा (ugratārā), उमानाथ (umānāth), उमापति (umāpati), ऊपरवाला (ūparavālā), एकलिंगभगवान (ekalingabhagavān), औढरदानी (audharadānī), कन्हैयाजी (kanhaiyājī), कमइछामाई (kamaichāmāī), कमलनयन (kamalanayan), करतार (karatār), करीम (karīm), कल्कीभगवान (कल्कि) (kalkībhagavān (kalki)), कामदेव (kāmadev), कामाख्यामाई (kāmākhyāmāī), कार्तिकेय (kārtikey), कालभैरव (kālabhairav), कालीमाई (kālīmāī), कासीनाथ (kāsīnāth), किसन (kisan), कुंजबिहारी (kunjabihārī), कुलदेवता (kuladevatā), केसव (kesav), कोसलेस (kosales), कौसल्यानंदन (kausalyānandan), खुदा (khudā), खुदाई (khudāī), खुदाताला (khudātālā), खुदावंद (khudāvand), खुदाय (khudāy), खालिक (khālik), गंगाजी (gangājī), गंगाधर (gangādhar), गंधर्व (gandharv), गउरामाता (guramātā), गऊमाता (gaūmātā), गजानन (gajānan), गणदेवता (ganadevatā), गणनायक (gananāyak),

गणपति (ganapati), गणेसजी (ganesajī), गरीबपरवर (garībaparavar), गायत्रीमाता (gāyatrīmātā), गिरिजापति (girijāpati), गिरिजेस (girijes), गिरिधर (giridhar), गिरधारी (giradhārī), गुणातीत (gunātīt), गुरुदेव (gurudev), गैबी (gaibī), गोपालजी (gopālajī), गोबर्धनधारी (gobardhanadhārī), गोविन्द (govind), गौरा-महादेव (gaurā-mahādev), गौरी-गणेस (gaurī-ganes), ग्रामदेवता (grāmadevatā), घटघटवासी (ghataghatavāsī), चंद्रदेवता (candradevatā), चंद्रमौलि (candramauli), चंद्रसेखर (candrasekhar), चक्रधारी (cakradhārī), चटपटीदेवी (catapatīdevī), चतुरानन (caturānan), चतुर्भुज (caturbhuj), चारोभाई (राम, लछुमन, भरत, सतरोहन) (cārobhāī (rām, lachuman, bharat, satarohan)), चिल्हो-सियारो (cilho-siyāro), चिन्मय (cinmay), छठीमइया (chathīmaiyā), छोटेगुरु (choteguru), जगदीस (jagadīs), जगदीस्वर (jagadīsvar), जगन्नाथजी (jagannāthajī), जदुबीर (यदुवीर) (jadubīr (yaduvīr)), जनार्दन (janārdan), जमुनाजी (jamunājī), जसुदानंदन (jasudānandan), जानकीमइया (jānakīmaiyā), झूलेलाल (jhūlelāl), ठाकुरजी (thākurajī), ठाकुरदुआरा (thākuraduārā), डीहबाबा (dīhabābā), डीह-डिहवार (dīh-dihavār), ढेलहवाबाबा (dhelahavābābā), तथागत (tathāgat), तारकेस्वर (tārakesvar), तारादेवी (tārādevī), तिरलोकीनाथ (त्रिलोकीनाथ) (tiralokīnāth (trilokīnāth)), तिरुपति (tirupati), तीर्थंकर (tīrthankar), तुलसीमाता (tulasīmātā), त्रिदेव (tridev), दाऊ (dāū), दामोदर (dāmodar), दिदियाबाबू (didiyābābū), दीनानाथ (dīnānāth), देव (dev), देवकीनंदन (devakīnandan), देवता-पितर (devatā-pitar), देवाधिदेव (devādhidev), देवी (devī), देवी-देवता (devī-devatā), दसावतार (dasāvatār), दिगंबर (digaṅbar), दुर्गामइया (durgāmaiyā), धरतीमाता (dharatīmātā), धूपचंडीदेवी (dhūpacandīdevī), धूमावतीदेवी (dhūmāvatīdevī), नंदकिसोर (nandakisor), नंदनंदन (nandanandan), नंदलाल (nandalāl), नंदिकेस्वर (nandikesvar), नंदी (nandī), नंदीमुख (nandīmukh), नगरदेवता (nagaradevatā), नटराज (natarāj), नटवर (natavar), नटवरनागर (natavaranāgar), नरनारायण (naranārāyana), नरसिंहभगवान (narasinhabhagavān), नवकुमारी (navakumārī), नागदेवता (nāgadevatā), नारायण (nārāyan), नीलकंठ (nīlakanth), निरंकार (nirankār), निरंजन (niranjan), निर्गुनभगवान (nirgunabhagavān), पंचकन्या (pancakanyā), पंचदेव (pancadev), पंचानन (pancānan), पटनदेवी (patanadevī) पतितपावन (patitapāvan), परमपिता (paramapitā), परमपितापरमेस्वर (paramapitāparamesvar), परमब्रह्म (paramabrahm), परमात्मा (paramātmā), परमेसर (paramesar), परवरदिगार (paravaradigār), परसुराम (parasurām) पवनदेवता (pavanadevatā), पाकपरवरदिगार (pākaparavaradigār), पीरबाबा (pīrabābā), पुरंदर (purandar), पूर्णावतार (pūrnāvatār), पैगंबर (paigaṅbar), प्रभू (prabhū), प्रलयंकर (pralayankar), बंसीधर (bansīdhar), बगलामुखी (bagalāmukhī), बजरंगबली (bajarangabalī), बटुकभैरव (batukabhairav), बड़ेगुरु (bareguru), बढ़ावन (barhāvan), बनदेवी (banadevī), बनमाली (banamālī), बनवारी (banavārī), बनसत्तीमइया (banasattīmaiyā), बनसप्तीदेई (banasaptīdeī), बनावनहार (banāvanahār), बमभोला (bamabholā), बर्हमबाबा (barhamabābā), बर्हमानी (ब्रह्माणी) (barhamānī (brahamānī), बलदाऊ (baladāū), बलभद्र (balabhadr), बलरामजी (balarāmajī), बाबाबर्फानी (bābābarfānī), बाबाबैजनाथ (bābābaijanāth), बाबाहरिहरनाथ (bābāhariharanāth), बालगोपाल (bālagopāl), बालाजी (bālājī), बिधना (bidhanā), बिधाता (bidhātā), बिधि (bidhi) बीरबाबा (bīrabābā), बुद्धभगवान (buddhabhagavān), बैदेही (baidehī), ब्रजबिहारी (brajabihārī), ब्रजराज (brajarāj), ब्रजराजकुँवर (brajarājakumvar), ब्रह्माजी (brahmājī), भगवानजी (bhagavānajī), भगवानमहावीर (bhagavānamahāvīr), भभाकोदेई (bhabhākodeī), भवभंजन (bhavabhanjan), भवानी (bhavānī), भालचंद (bhālacand), भीमचंडी (bhīmacandī), भुवनेस्वरी (bhuvanesvarī), भूतभावन (bhūtabhāvan), भूतभैरव (bhūtabhairav), भैरोबाबा (bhairobābā), भोलेनाथ (bholenāth), भोलेबाबा (bholebābā), मंगलभवन (mangalabhavan), मंगलाभवानी (mangalābhavānī), मदनगोपाल (madanagopāl), मदनमोहन (madanamohan), मनमोहन (manamohan), मनसादेवी (manasādevī), मरीमाई (marīmāī), महथिनदाई (mahathinadāī), महामाई (mahāmāī), महामाया (mahāmāyā), माँभागीरथी (māmbhāgīrathī), माखनचोर (mākhanacor), मार्कंडेमहादेव (mārkandemahādev), मालिक (mālik), मिथिलेसकुमारी (mithilesakumārī), मुँड़कटवाबाबा (mumrakatavābābā), मुंबादेवी (muṅbādevī), मृत्युंजयमहादेव (mrityunjayamahādev), मैहरमाता (maiharamātā), मोहन (mohan), मौला (maulā), यच्छ (yacch), रणछोड़जी (ranachorajī), रघुनंदन (raghunandan), रघुनाथजी (raghunāthajī), रमापति (ramāpati), रहमानो-रहीम (rahamānorahīm), राजाराम (rājārām), राधारमण (rādhāraman), राधिका (rādhikā), राधेरानी (rādherānī), रामचंद्र (rāmacandr), रामजी (rāmajī), राम-रहीम (rām-rahīm), रामावतार (rāmāvatār), रासबिहारी (rāsabihārī), रिद्धि-सिद्धि (riddhi-siddhi), रिसीकेस (हृषिकेश) (risīkes (hrsikes)), रुद्रदेवता (rudradevatā), लंबोदर (laṅbodar), ललितादेवी (lalitādevī), लोकनाथ (lokanāth), वक्रतुंड (vakratund), वरुणदेवता (varunadevatā), वामनभगवान (vāmanabhagavān), वासुदेव (vāsudev), वास्तुदेव (vāstudev), विंध्यवासिनी (vindhyavāsinī), संतोसीमाता (santosīmātā), सगुणभगवान (sagunabhagavān), सच्चिदानंद (saccidānand), सत्यनारायणभगवान (satyanārāyanabhagavān), सत्यसाई (satyasāī), सप्तमातृका (saptamātrika), सरबदरसी (सर्वदर्शी) (sarabadarasī (sarvadarsī)), सरबब्यापी (सर्वव्यापी) (sarababyāpī (sarvavyāpī)), सरसतीमइया (sarasatīmaiyā), साँवरिया (साँवलिया) (sāmvariyā (sāmvaliyā)), साईंबाबा (sāīṅbābā), सामेमाई (sāmemāī), सिद्धविनायक (siddhavināyak), सियाबलराम (siyābalarām), सियाराम (siyārām), सियासुकुमारी (siyāsukumūrī), सीतलामाई (sītalāmāī), सीतामइया (sītāmaiyā), सीताराम (sītārām), सुदर्सन (sudarsan), सुरबाला (surabālā), सुरसेनापति (surasenāpati), सुरुजदेवता (surujadevatā), सोमदेव (somadev), स्थानदेवता (sthānadevatā), हनुमानजी (hanumānajī), हरि (hari), हरगौरी (haragaurī), हरिहर (harihar), हाफिज (hāfij)।

14. ध्वन्यर्थव्यंजक

अट-पट (at-pat), अटर-पटर (atar-patar), अर्र-बर्र (arr-barr), आहा (āhā), आहा-आहा (āhā-āhā), आ-हा-हा (ā-hā-hā), अः (ah), ईय्यह! (īyyah!), ओहो (oho), ओ-हो-हो (o-ho-ho), काँव-काँव (kāmv-kāmv), कच-कच (kac-kac), कचर-कचर (kacar-kacar), कच्च-कच्च (kacc-kacc), कच्च-से (kacc-se), कटकटाइल (katakatāil), कड़कड़ (karakar), करकराइल (karakarāil), किरकिरी (kirakirī), किरकिराइल (kirakirāil), कुत-कुत (kut-kut), खट-खट (khat-khat), खटखटावत (khatakhatāval), खट-पट (khat-pat), खटर-पटर (khatar-patar), खड़-खड़ (khar-khar), खड़खड़ाइल (kharakharāil), खड़खड़िया (kharakhariyā), खन-खन (khan-khan), खरखराइल (kharakharāil), खिलखिलाइल (khilakhilāil), खच्च-से (khacc-se), खट-से (khat-se), खप्प-से (khapp-se), खर्र-खर्र (kharr-kharr), गच्च-से (gacc-se), गजर-मजर (gajar-majar), गजगजाइल (gajagajāil), गन-गन (gan-gan), गनगनाइल (ganaganāil), गप्प-से (gapp-se), गब-गब (gab-gab), गबर-गबर (gabar-gabar), गम-गम (gam-gam), गमगमाइल (gamagamāil), गिजिर-मिजिर (gijir-mijir), गिट-पिट (git-pit), गिटपिटाइल (gitapitāil), गुड़-गुड़ (gur-gur), गुड़गुड़ाइल (guragurāil), गुड़गुड़ी (guragurī), गुड्डप (gurup), गुनगुना (gunagunā), गुनगुनाइल (gunagunāil), घच्च-से (ghacc-se), घनघनाइल (ghanaghanāil), घरघराइल (gharagharāil), घर्र-से (gharr-se), घर्र-घर्र (gharr-gharr), घुरघुराइल (ghuraghurāil), चट-चट (cat-cat), चट-पट (cat-pat), चटर-पटर (catar-patar), छरछराइल (characharāil), छर्र-छर्र (charr-charr), छप्प-से (chapp-se), छाँय-छाँय (chāmy-chāmy), जगमग (jagamag), जगर-मगर (jagar-magar), जुलजुल (julajul), झकाझक (jhakājhak), झटपट (jhatapat), झनाक-से (jhanāk-se), झन्न-से (jhann-se), झप्प-से (jhapp-se), झमाझम (jhamājham), झम्म-से (jhamm-se), झरझरी (jharajharī), झर्र-से (jharr-se), झाँय-झाँय (jhāmy-jhāmy), झिलमिल (jhilamil), झुरझुरी (jhurajhurī), टाँय-टाँय (tāmy-tāmy), टाँय-टाँय फिस्स (tāmy-tāmy fiss), टिटकारल (titakāral), टिटकारी (titakārī), टुक-टुक (tuk-tuk), टुकुर-टुकुर (tukur-tukur), टुनटुनाइल (tunatunāil), ठन-ठन (than-than), ठन्न-से (thann-se), ठाँय-ठाँय (thāmy-thāmy), ठीठीठीठी (thīthīthīthī), ठुकठुक (thukathuk), ठुकठुकावल (thukathukāval), ढन-ढन (dhan-dhan), ढनमन (dhanaman), ढनढनाइल (dhanadhanāil), ढम-ढम (dham-dham), तड़ातड़ (tarātar), तमतमाके (tamatamāke), तलमल (talamal), तलमलाइल (talamalāil), थथमल (thathamal), थर-थर (thar-thar), थरथराइल (tharatharāil), थरथरी (tharatharī), थराथर (tharāthar), थुलथुल (thulathul), दन-दन (dan-dan), दनदनाके (danadanāke), दनाक-से (danāk-se), दनादन (danādan), दन्न-से (dann-se), दुर-दुर (dur-dur), दुरदुरावल (duradurāval), धकपकाइल (dhakapakāil), धड़का (dharakā), धड़-धड़ (dhar-dhar), धमाधम (dhamādham), धम्म-से (dhamm-se), धाँय-धाँय

(dhāmy-dhāmy), पकपकाइल (pakapakāil), पकर-पकर (pakar- pakar), पच-पच (pac-pac), परपराइल (paraparāil), पटापट (patāpat), पड़ाक-से (parāk-se), पिनपिनाइल (pinapināil), पुल-पुल (pul-pul), पुलुर-पुलुर (pulur-pulur), फट-फट (fat-fat), फटरफटर (fatarafatar), फटाक-से (fatāk-se), फड़फड़ाइल (farafarāil), फुसफुसाह (fusafusāh), बक-बक (bak-bak), बकर-बकर (bakar-bakar), बम-बम (bam-bam), बिलबिलाइल (bilabilāil), भभाइल (bhabhāil), भाँय-भाँय (bhāmy-bhāmy), भिन-भिन (bhin-bhin), भिनभिनहट (bhinabhinahat), भुन-भुन (bhun-bhun), भुनभुनाइल (bhunabhunāil), भन्न-से (bhann-se), मचमच (macamac), मर्मर (marmar), मिमियाइल (mimiyāil), रिमझिम (rimajhim), रिरियाइल (ririyāil), लप्प-से (lapp-se), सकसकाइल (sakasakāil), सनन-सनन (sanan-sanan), सर-सर (sar-sar), सर्र से (sarr se), साँय-साँय (sāmy-sāmy), सिमसिमाह (simasimāh), सिसकारी (sisakārī), सिसकी (sisakī)।

15. जल-प्रसंग

अँजुरी (amjurī), अथाह (athāh), अरार (arār), अहरा (aharā), अहरी (aharī), आर-पार (ār-pār), आहर (āhar), इनार (inār), उड़ाहल (urāhal), उड़ाही (urāhī), उथला (uthalā), उदहल (udahal), कल (kal), कलकल (kalakal), कादों-कीच (kādon-kīc), कुँइया (कूप, कुआँ) (kumiyā (kūp, kuaṁ)), कुंड (kund), केवट (kevat), गगरा (gagarā), गगरी (gagarī), गड़हा (garahā), गड़ही (garahī), गरमा (garamā), घइला (ghailā), घइली (ghailī), घाट (ghāt), घिरसिर (ghirasir), चकोह (cakoh), चंपाकल (चाँपाकल) (caṅpākal (cāṁpākal)), चह (cah), चहबच्चा (cahabaccā), चहला (cahalā), चुरुआ (curuā), चूहड़ (cūhar), जगत (jagat), जमकातर (पानी का भँवर) (jamakātar (pānī kā bhamvar)), जमुअट (कुएँ का घेरा) (jamuat (kume kā gherā)), जल (jal), जलढारी (jaladhārī), जल-जमाव (jal-jamāv), जल-तल (jal-tal), झरना (jharanā), झिझिरी (jhijhirī), झील (jhīl), डाबर (dābar), डुबाँव (डुबान) (dubāmv (dubān)), ढाब (dhāb), ढेकुली (dhekulī), तलइया (talaiyā), ताल (tāl), दरिया (dariyā), दरियाव (dariyāv), दह (dah), दोन (don), नद (nad), नदीनरमा (पानी) (nadīnaramā (pānī)), नल (nal), नली (nalī), नलका (nalakā), नलकी (nalakī), नहर (nahar), नहरी (naharī), नहाइल (nahāil), नहान (nahān), नेहवावन (nehavāvan), नेहवावल (nehavāval), नाला (nālā), नाली (nālī), पँवरल (pamvaral), पँवराक (pamvarāk), पनपियउआ (panapiyauā), पनपियाव (panapiyāv), पनबदरा (panabadarā), पनरोह (panaroh), पनरोहा (panarohā), पनसोह (panasoh), पनहरा (पानी भरने का काम करनेवाला) (panaharā (pānī bharane kā kām karanevālā)), पनहरी (panaharī), पनाला (panālā), पनियाइल (paniyāil), पनिवट (panivat), पाँक (pāmk), पिचिर-पिचिर (picir-picir), पियास (piyās), पियासा (piyāsā), पोखर (pokhar), पोखरा (pokharā), पोखरी (pokharī), बरखा (barakhā), बदरी (badarī), बहिया (bahiyā), बाढ़ (bārh), बावड़ी (bāvarī), बापी (bāpī), बुलबुला (bulabulā), बूड़ा (būrā), भँवर (bhamvar), मँझधार (mamjhadhār), मलाह (malāh), माँझी (māmjhī), रपटा (rapatā), रहट (rahat), रहँट (rahamt), रेहँट (rehamt), लहर (lahar), सगरा (sagarā), समुंदर (samundar), सागर (sāgar), सैर (पानी उबीछने का एक साधन) (sair (pānī ubīchane kā ek sādhan)), सैलाब (sailāb), सोता (sotā), हउदा (haudā), हथियाडुबान (hathiyādubān), हलान (halān), हाथी-डुबान (hāthī-dubān), हेलान (helān)।

16. पूजा-अभिचार

अङऊ (angaū), अगरबत्ती (agarabattī), अच्छत (acchat), अजपाजाप (ajapājāp), अजान (ajān), अढ़ैया (arhaiyā), अनहद (anahad), अनहदनाद (anahadanād), अभुआइल (abhuāil), अरघ (aragh), अरघा (araghā), अरदास (aradās), सगुन (sagun), असलोक (सलोक) (asalok (salok)), अस्तुती (स्तुति) (astutī (stuti)), आँगछ (āmgach), आचमन (षोडषोपचार में से एक) (ācaman (sodasopacār men se ek)), आम के पल्लो (āma ke pallo), आमीन

(āmīn), आयत (āyat), आरती (āratī), आवाहन (षोडषोपचार में से एक) (āvāhan) (sodasopacār men se ek), आसन (āsan), आसेब (āseb), इँगुर (iṁgur), इंद्रजाल (indrajāl), इड़ा (irā), इमाम (imām), इमामबाड़ा (imāmabārā), उखभोज (ukhabhoj), उग्रह (ugrah), उच्चाटन (uccātan), कड़ाह-प्रसाद (karāh-prasād), कड़ाहा (karāhā), कथा-वार्ता (kathā-vārtā), कपाली (कापालिक) (kapālī (kāpālik)), कपूर (kapūr), कफन (kafan), कफन-दफन (kafan-dafan), कब्रगाह (kabragāh), करबला (karabalā), कर्मकांड (karmakānd), कलमा (kalamā), कलसा (kalasā), कालाजादू (kālājādū), कालीथान (kālīthān), किचिन (kicin), कीर्तन (kīrtan), कील (नावकी) (kīl (nāvakī)), कीलन (kīlan), कुंभ (kuṅbh), कुंडली (kundalī), कुर्बानी (kurbānī), कुलमान (kulamān), कुसाइत (kusāit), खलीफा (khalīfā), खेलावल (khelāval), खोंइछा (khonichā), खोड़सी (khorasī), गंगाजल (gangājal), गंडा (gandā), गंडा-ताबीज (gandā-tābīj), गद्दी (gaddī), गनना (gananā), गनना-मनना (gananā-mananā), गमी (gamī), गुप्तविद्या (guptavidyā), ग्रहदसा (grahadasā), ग्रहदोस (grahados), ग्रहबाधा (grahabādhā), गरहन (ग्रहण) (garahan (grahana)), गुनी (gunī), गुरु (guru), गुरु-उपरोहित (guru-uparohit), गुरुमुख (gurumukh), गोरेया (goreyā), गोसाईं (gosāīn), गौरा (gaurā), ग्रह-नछत्तर (grah-nachattar), घंट (ghant), घाटिया (घटवार, घटवारिया) (ghātiyā (ghatavār, ghatavāriyā)), चउरा (caurā), चढ़ावा (carhāvā), चुड़ैल (curail), चेहलुम (cehalum), चौथा (cauthā), छठी (chathī), छठी-बरही (chathī-barahī), छलावा (chalāvā), छुतिका (chutikā), छूमंतर (chūmantar), जग (जग्य, यज्ञ) (jag (jagy, yajñ)), जगराता (jagarātā), जजमान (jajamān), जती (jatī), जनमपतरी (janamapatarī), जनाजा (janājā), जनेऊ (janeū), जंतर (jantar), जप (jap), जपजाप (japajāp), जप-तप (jap-tap), जपमाली (japamālī), जबह (jabah), जागरन (jāgaran), जादू-टोना (jādū-tonā), जाप (jāp), जायफल (jāyafal), जिन (jin), जोग (jog), जोगिन (योगिनी) (jogin (yoginī)), जोगी (योगी) (jogī (yogī)), जोतखी (jotakhī), झटका (jhatakā), झाँकी (jhāmkī), झाड़-फूँक (jhār-fumk), डँगरी (damgarī), डाइन (dāin), डाकिनी (dākinī), डीह (dīh), तकिया (takiyā), तंतर (तंत्र) (tantar (tantr)), तप (tap), तरपन (तर्पण) (tarapan (tarpana)), ताजिया (tājiyā), तिरबेनी (त्रिवेणी) (tirabenī (trivenī)), तिलांजलि (tilānjali), तीरथ (tīrath), तुलसी (tulasī), तुलसी-चउरा (tulasī-caurā), तुलसीदल (tulasīdal), तुलादान (tulādān), तेरही (terahī), तेलियामसान (teliyāmasān), थंभन (स्तंभन) (thaṅbhan (staṅbhan)), थापन (थापाल) (thāpan (thāpāl)), दँइत (damit), दगहा (दाही) (dagahā (dāhī)), दछिना (dachinā), दफन (dafan), दरसन (darasan), दरसन-पूजन (darasan-pūjan), दसवाँ (dasavām), दागल (अग्निदाह, दागदेल) (dāgal (agnidāh, dāgadel)), दान (dān), दानव (dānav), धारणा (dhāranā), धूप (dhūp), धूप-दीप (dhūp-dīp), ध्यान (dhyān), नजर (najar), नजर-गुजर (najar-gujar), नजराइल (najarāil), नजूमी (najūmī), नमाज (namāj), नमाजी (namājī), नरियर (nariyar), नवग्रह (navagrah), नहान (nahān), नहा-खा (nahā-khā), नात (nāt), नामजप (nāmajap), नाल (घोड़े का) (nāl (ghore kā), निरन्न (nirann), निराहार (nirāhār), निर्जला (nirjalā), नीम (nīm), नेम (nem), नेवछावर (nevachāvar), नेवान (नवान्न) (nevān (navānn), पंचकोसी (pancakosī), पंचरतन (पँचरतन) (pancaratan (pamcaratan)), पंचांग (pancāng), पंजीरी (panjīrī), पंडा (pandā), पंडित (pandit), पँवपूजी (pamvapūjī), पचखा (pacakhā), पचरा (pacarā), पतरा (patarā), पदामासन (padāmāsan), पराछित (parāchit), परिकरमा (षोडषोपचार) (parikaramā (sodasopacār)), पिंडा (pinadā), पितर-नेवतन (pitar-nevatan), पितरपख (pitarapakh), पियरी (piyarī), पिसाच (pisāc), पीठ (pīth), पीपर (pīpar), पोथी (pothī), पूजा (pūjā), प्रसाद (prasād), प्रेत (pret), फकीर (fakīr), फतवा (fatavā), फलफूल (falafūl), फातिहा (fātihā), फूँक (fūmk), फूल (अस्थिशेष) (fūl (asthises)), बंदगी (bandagī), बजरासन (bajarāsan), बढ़ावन (barhāvan), बर (वट) (bar (vat)), बरखी (barakhī), बरती (व्रती) (baratī (vratī)), बरही (barahī), बरिजनेम (barijanem), बलबन्हन (balabanhan), बलि (bali), बर्हम (barham), बर्हमथान (barhamathān), बलइया (लीहल) (balaiyā (līhal)), बलाय-बाधा (balāy-bādhā), बसीकरन (basīkaran) , बान (bān), बायन (bāyan), बायन-पेहान (bāyan-pehān), बीर (bīr), बूड़ा (būrā), भखौटी (bhakhautī), भजन (bhajan), भजनिया (भजनीक) (bhajaniyā (bhajanīk)), भंडारा (bhanadārā), भभूत (bhabhut), भसान (bhasān), भस्म (bhasm), भुँइपरी (bhumiparī), मसान (masān), माया (māyā), मारन (māran), मुंड (mund), मुंडन (mundan), मुफ्ती (muftī), मुरसिद (पीरमुरशिद) (murasid (pīramurasid)), मुल्ला (mullā), माई (मइया, देवीमइया) (māī (maiyā, devīmaiyā)), मूठ (mūth), मूरत (mūrat), मोरछल (morachal), मोहन (mohan), मोहिनी (mohinī), मौलवी

(maulavī), योगासन (जोगासन) (yogāsan (jogāsan)), रछहर (ग्राम-देवता के स्थान और कुएँ की परिक्रमा) (rachahar (grām devatā ke sthān aur kueṁ kī parikramā)), रतजगा (ratajagā), राकस (rākas), रोजा (rojā), रोजा-अफ्तार (rojā-aftār), रोट (rot), लंघन (langhan), लटका (latakā), लौंग (lauang), व्रत (vrat), सूतक (sūtak), सूफी (sūfī), सेनुर (senur), सेवा (sevā), सेवा-बंदगी (sevā-bandagī), सोखा (sokhā), सोखाई (sokhāī), स्वाहा (svāhā), हक्कानी (hakkānī), हठजोग (hathajog), हवन (havan)।

17. भोजन-व्यापार

अँचवल (amcaval), अँचावल (amcāval), अँगेयामाँगल (amgeyāmāmgal), अँचवावल (amcavāval), अघाइल (aghāil), अदहन दीहल (adahan dīhal), अफनल (afanal), उघारल (ughāral), उटकेरल (utakeral), उबालल (ubālal), उलटल (ulatal), उल्टावल (ultāval), उसिनल (usinal), ओदारल (odāral), ओरियावल (oriyāval), ओलारल (olāral), कचरल (kacaral), कतरल (kataral), कलहारल (kalahāral), काटल (kātal), कुटुकल (kutukal), कुतरल (kutaral), कूँचल (kūmcal), कूटल (kūtal), खँखोरल (khamkhoral), खँघारल (khamghāral), खउलावल (khaulāval), खदकल (khadakal), खदकावल (khadakāval), खरावल (kharāval), खाइल (khāil), खियावल (khiyāval), गरमाइल (garamāil), गरमावल (garamāval), गलल (galal), गलावल (galāval), गारीगावल (जेवनार के गीत) (gārīgāval (jevanār ke gīt)), गावल-बनावल (gāval-banāval), गोहरी लगावल (goharī lagāval), गुलेटल (guletal), गोतल (gotal), गुनगुना कइल (gunagunā kail), गोलियावल (goliyāval), घमाइल (ghamāil), घमावल (ghamāval), घीवघँसल (ghīvaghaṁsal), घुलल (ghulal), घुलावल (ghulāval), घोंकल (ghonkal), घोंटल (ghontal), घोरल (ghoral), घोराइल (ghorāil), चटावल (catāval), चभुलावल (cabhulāval), चपोतल (capotal), चरधोवन (caradhovan), चलावल (calāval), चाटल (cātal), चाभल (cābhal), चालल (cālal), चासनी कइल (बनावल) (cāsanī kail (banāval)), चिखावल (cikhāval), चीखल (cīkhal), चुरल (cural), चुरवावल (curavāval), छटकल (chatakal), छनल (chanal), छाँटल (chāmtal), छानल (chānal), छिरिकल (chirikal), छीलल (chīlal), छेंवकल (chenvakal), छोट-छोट कइल (chot-chot kail), जामल (jāmal), जारल (jāral), जिमावल (jimāval), जीमल (jīmal), जुड़ावल (jurāval), जुठारल (juthāral), जुठावल (juthāval), जुठियावल (juthiyāval), जूठ छोड़ल (jūth choral), जेंवल (jenval), जेंवावल (jenvāval), जोगावल (jogāval), जोरन दीहल (jorana dīhal), जोरल (joral), जोहल (johal), झपिलावल (jhapilāval), झरल (jharal), झाँपल (jhāmpal), झाग मारल (jhāg māral), झारल (jhāral), झुराइल (jhurāil), झुरावल (jhurāval), झूर कइल (jhūr kail), झोंकल (jhonkal), ठूँसल (thūmsal), डकारल (dakāral), डगरावल (dagarāval), डहाइल (dahāil), डाढ़ल (छेंवकल) (dārhal (chenvakal), डाहल (dāhal), ढरकावल (dharakāval), ढाँकल (dhāmkal), ढाँपल (dhāmpal), ढारल , (dhāral), ढाहल (dhāhal), ढिमिलावल (dhīmīlāval), ढेंकारल (dhenkāral), तउलल (taulal), तपावल (tapāval), तात कइल (tāt kail), तूरल (tūral), तेल छोड़ावल (tel chorāval), तेलियावल (teliyāval), तोपल (topal), तोपल-तापल (topal-tāpal), थाँसल (thāmsal), थापल (thāpal), थूरल (thūral), थोपल (thopal), दरल (daral), दरकचल (darakacal), दरमसल (daramasal), दरेरल (dareral), परोसल (parosal), पलटल (palatal), पलोटल (palotal), पसारल (pasāral), पसावल (pasāval), पियावल (piyāval), पीयल (pīyal), पीसल (pīsal), फइलावल (फैलावल) (failāval (failāval), फटकल (fatakal), फटकल-फटकारल (fatakal-fatakāral), फटकल-बनावल (fatakal-banāval), फटकारल (fatakāral), फफाइल (fafāil), फरकावल (farakāval), फरियावल (fariyāval), फाँफ (फेंकल, मारल) (fāmf (fenkal, māral), बघारल (baghāral), बदकल (badakal), बदकावल (badakāval), बफाइल (bafāil), बफावल (bafāval), बमकावल (बमकाना, आग को) (bamakāval (bamakānā, āga ko)), बरकावल (barakāval), बसियाइल (basiyāil), बसियावल (basiyāval), बाफल (bāfal), बिछावल (bichāval), बिजे करावल (bije karāval), बिलोवल (biloval), बीछल (bīchal), बीनल (bīnal), बीनल-बीछल (bīnal-bīchal), बेलल (belal), बोकला छोड़ावल (bokalā chorāval), बोझल (bojhal), भकड़ल (bhakaral), भकोसल (bhakosal), भफाइल (bhafāil), भफावल (बफाइल, बफावल) (bhafāval (bafāil, bafāval)), भभाइल (bhabhāil),

भरकावल (bharakāval), भरल (bharal), भिहलावल (bhihalāval), भुआइल (bhuāil), भुरभुरावल (bhurabhurāval), भूँजल (bhūmjal), भूनल (bhūnal), भेंवल (bhenval), मँगनी (mamganī), मथल (mathal), मरुआइल (maruāil), महकल (mahakal), महल (mahal), महकावल (mahakāval), माँजल (māmjal), मेंहराइल (menharāil), मेरावल (merāval), मोमियावल (momiyāval), रखियावल (rakhiyāval), राखल (rākhal), रोन्हल (ronhal), रुचल (rucal), लटकावल (latakāval), लपेटल (lapetal), लसलसाइल (lasalasāil), लसियाइल (lasiyāil), लसियावल (lasiyāval), लोइया काटल (loiyā kātal), लोइया बनावल (loiyā banāval), सँइतल (samital), सँचल (samcal), सरकल (sarakal), सजावल (sajāval), सानल (sānal), सझुरावल (sajhurāval), सल्टावल (saltāval), सिंझावल (sinjhāval), सुधारल (sudhāral), सुनुगावल (sunugāval), सुरुकल (surukal), सोन्ह कइल (sonh kail), सोन्हाइल (sonhāil), सोन्हावल (sonhāval), हिगरावल (higarāval), हिलावल (hilāval)।

18. बाँस के उत्पाद

अर्थी (arthī), ओड़ा (orā), ओड़ी (orī), कइन (kain), कलसुप (kalasup), काँवर (kāmvar), काँड़ी (kāmrī), खँचिया (khamciyā), खाँची (khamcī), गोजी (gojī), चंगोली (cangolī), चटाई (catāī), चिक (cik), चिलमन (cilaman), छकुनी (chakunī), छड़ी (charī), झँपोला (jhampolā), झँपोली (jhampolī), झाँपा (jhāmpā), झाँपी (jhāmpī), टिकठी (tikathī), ठाट (thāt), डंटा (dantā), डगरा (dagarā), डाल दउरा (dāla daurā), डाली (dālī), डोलची (dolacī), डोली (dolī), ढरका (dharakā), ढरकी (dharakī), दउरा (daurā), दउरी (daurī), पंखी (pankhī), पंखा (pankhā), पटकन (patakan), पैना (painā), फटकिन्ना (fatakinnā), फराठी (farāthī), फहुरी (fahurī), बँड़ेर (bamrer), बँसहट (bamsahat), बँसखट (bamsakhat), बजरबोंग (bajarabong), बनेठी (banethī), बँसौरी (bamsaurī), बहँगी (bahamgī), बाँस (bāms), बेंट (bent), बेना (benā), बेनिया (beniyā), बोंग (bong), भउकी (bhaukī), मउनी (maunī), मउर (मौर) (maur (maur)), माँड़ो (māmro), मोढ़ा (morhā), रसबेनिया (rasabeniyā), लउर (laur), लकुटी (lakutī), लग्गी (laggī), लट्ठ (latth), लट्ठा (लाठा) (latthā (lāthā)), लबदा (labadā), लबेदा (labedā), लाठी (lāthī), सटका (satakā), सटहा (satahā), सिकहुत (sikahut), सिकहुता (sikahutā), सिकहुती (sikahutī), सिटुकी (situkī), सिटकुन (sitakun), सीढ़ी (sīrhī), सूप (sūp), सुपुली (supulī), सुपेली (supelī), सोंटा (sontā), हरानी (harānī)।

19. मिट्टी के उत्पाद

अथरी (atharī), अलींजर (alīnjar), ईंटा (īntā), कछरी (kacharī), कड़ाही (कराही) (karāhī (karāhī)), कमंडल (kamandal), कमोरी (kamorī), करवा (karavā), कलसा (kalasā), कलसी (kalasī), कसोरा (kasorā), कुंडा (kundā), कुल्हड़ (kulhar), कुल्हिया (kulhiyā), कुल्हिया-चुकिया (kulhiyā-cukiyā), कूँड़ (kūmr), कूँड़ा (kūmrā), कोठिला (kothilā), कोठिली (kothilī), कोहा (नाद) (kohā (nād)), कोहिया (नाद) (kohiyā (nād), कोसा (kosā), खझड़ी (khajharī), खपड़ा (khaparā), खोन्हा (khonhā), गगरी (gagarī), गमला (gamalā), गागर (gāgar), गुल्लक (gullak), गोरसी (बोरसी) (gorasī (borasī)), घइला (ghailā), घइली (ghailī), घड़ा (gharā), घरिया (ghariyā), घिलोरी (ghilorī), चमटिया (camatiyā), चरुआ (caruā), चरुई (caruī), चिंगोरा (cingorā), चीलम (cīlam), चुक्कड़ (cukkar), चुक्का (cukkā), चुक्की (cukkī), चूका (cūkā), चूल्हा (cūlhā), चूल्ही (cūlhī), छोण (chon), झंझर (jhanjhar), झारी (jhārī), झिटिका (jhitikā), झिटिकी (jhitikī), टुँइया (tumiyā), ठिलिया (thiliyā), ठिल्ला (thillā), टिल्ली (thillī), डोकिया (dokiyā), ढकना (dhakanā), ढकनी (dhakanī), तेलहँड़ी (telahamrī), थपुआ (thapuā), दहेंड़ी (dahenrī), दीया (dīyā), दुधहँड़ी (dudhahamrī), नदकोला (nadakolā), नदिया (nadiyā), नदोरा (nadorā), नरिया (nariyā), नाद (nād), नादी (nādī), पतुका (patukā), पतुकी (patukī), परई (paraī), पुरवा (puravā), पेहान (pehān), बखारी (bakhārī), बासन (basan), बोरसी (borasī), भरुका (bharukā), भाँड़ (bhāmr), भाँड़ा (bhāmrā), भाँड़ी (bhāmrī),

मजकी (माँजने के पहले जिसमें बरतन भिगोते हैं) (majakī (māmjane ke pahale jisamen baratan bhigote hain)), मटका (matakā), मटुकी (matukī), मेटा (metā), मेटी (metī), मँगरा (mamgarā), मर्तबान (martabān), मथना (mathanā), मोघिया (moghiyā), रमलोटा (ramalotā), लबनी (labanī), लेवहँड़ (levahamr), लोंदा (londā), सुराही (surāhī), हँड़िया (hamriyā), हाँड़ी (hāmrī)।

20. रंग के प्रकार

अंगूरी (angūrī), अरुनाई (arunāī), आबनूसी (ābanūsī), आसमानी (āsamānī), उजरका (उजलावाला) (ujarakā (ujalāvālā)), उजरकी (उजलीवाली) (ujarakī (ujalīvālī)), उजराह (ujarāh), उड़ता रंग (uratā rang), उड़ापन (urāpan), उदास रंग (udās rang), ऊजर (ūjar), एकरंगा (ekarangā), कंजई (kanjaī), कंजड़ (kanjar), ककरेजी (kakarejī), कच्चा रंग (kaccā rang), कजरारी (kajarārī), कत्थई (katthaī), कपासी (सफेद, कपास-सा) (kapāsī (safed, kapās-sā)), कपूरी (kapūrī), करइल (karail), करियक्का (kariyakkā), करियक्की (kariyakkī), करिया (kariyā), कर्बुर (चितकबरा) (karbur (citakabarā)), कलूटा (kalūtā), काला (kālā), काला-कलूटा (kālā-kalūtā), काही (kāhī), किसमिसी (kisamisī), कु-रंग (ku-rang), कुसुमी (kusumī), कुसुम्ही (kusumhī), कुचकुच करिया (kucakuc kariyā), केसरिया (kesariyā), कौआपंखी (kauāpankhī), खंजनी (khanjanī), खाकी (khākī), खुनिया (खूनिया रंग) (khuniyā (khūniyā rang)), खुलता रंग (khulatā rang), गंगाजमुनी (gangājamunī), गदगद पीयर (gadagad pīyar), गर्दखोर (gardakhor), गर्दखोरा (gardakhorā), गुलाबी (gulābī), गेरुआ (geruā), गेहुँआ (gehumā), गेहुँअन (gehuman), गैरिक (gairik), गोर (gor), चंपई (canpaī), चटक (catak), चटकीला (catakīlā), चमक (camak), चमकीला (camakīlā), चितकबरा (citakabarā), चितकाबर (citakābar), चित्तीदार (cittīdār), चोख (cokh), चौरंगी (caurangī), छींट (chīnt), छुटता रंग (chutatā rang), जमुनिया (jamuniyā), जर्दी (jardī), जामुनी (jāmunī), जोगिया (jogiyā), झनाक (गोर) (jhanāk (gor)), झाँवर (jhāmvar), ताँबई (tāmbaī), तामई (tāmaī), तिरंगा (tirangā), दबता रंग (dabatā rang), दुरंगा (durangā), दूधिया (dūdhiyā), धपधप ऊजर (dhapadhap ūjar), धवल (dhaval), धवला (धौला) (dhavalā (dhaulā)), धानी (dhānī), धुँअठल (dhumathal), धुँआसा (dhuamāsā), धुँआह (dhumāh), धुँधला (dhumdhalā), धूमिल (dhūmil), धूसर (dhūsar), नारंगी (nārangī), निरंग (nirang), नीलकंठी (nīlakanthī), निलक्का (nilakkā), निलक्की (nilakkī), नीला (nīlā), पँचरंगी (pamcarangī), पकिया रंग (pakiyā rang), पक्का रंग (pakkā rang), पियरका (piyarakā), पियरकी (piyarakī), पियरछौंहा (piyarachaunhā), पियराह (piyarāh), पियरी (piyarī), पियाजी (piyājī), प्याजी (pyājī), पीयर (pīyar), फिरोजी (firojī), फीका (fīkā), बगबग ऊजर (bagabag ūjar), बसंतिया (basantiyā), बहुरंगा (bahurangā), बहुरंगी (bahurangī), बादामी (bādāmī), बासंती (bāsantī), बिल्लौरी (billaurī), बेरंग (berang), बैगनी (baiganī), भंटई (bhantaī), भगवा (bhagavā), भुअरका (bhuarakā), भुअरकी (bhuarakī), भूअर (bhūar), मटमइला (matamailā), मइलखोरा (mailakhorā), मक्खनी (makkhanī), मखनिया (makhaniyā), मजिंटा (मैजेंटा) (majintā (maijentā)), मजीठिया (majīthiyā), मटियाला (matiyālā), मटियाह (matiyāh), मद्धम (maddham), माखनी (mākhanī), मूँगिया (mūmgiyā), मोतिया (motiyā), मोरपंखी (morapankhī), रंग (rang), रंगत (rangat), रंगरेज (rangarej), रंगरेजिन (rangarejin), रंग-रोगन (rang-rogan), रँगवाई (raṁgavāī), रँगाई (raṁgāī), रंगीन (rangīn), रंगीनी (rangīnī), रकतार (rakatār), रतनार (ratanār), रतनारी (ratanārī), रुपहला (चाँदी के रंग का) (rupahalā (cāmdī ke ranga kā)), ललका (lalakā), ललकी (lalakī), ललछौंहा (lalachaunhā), ललाह (lalāh), लहचह (lahacah), लाल (lāl), लाल टहटह (lāl tahatah), लालटेस (lālates), लोहई (lohaī), संतरई (santaraī), सतरंगा (satarangā), सफेद (safed), सफेदी (safedī), सबुज (sabuj), सब्ज (sabj), सब्जा (sabjā), सरसई (पीला, सरसों-सा) (sarasāī (pīlā, sarasoṅ-sā)), सलेटी (saletī), साँवर (sāmvar), सिंदूरी (sindūrī), सिलेटी (siletī), सुआपंखी (suāpankhī), सुगापंखी (sugāpankhī), सुबरन (subaran), सु-रंग (su-rang), सुरमई (suramāī), सुर्ख (surkh), सेबिया (sebiyā), सोकन (sokan), सोनहुला (sonahulā), हरदिया (haradiyā), हरियर (hariyar), हरियराह (hariyarāh), हरियरी (hariyarī)।

21. रसोई के साधन

इस्टोब (istob), ईन्हन (īnhan), उझकुन (ujhakun), उतरना (उतारन) (utaranā (utāran)), उपला (upalā), एकंछिया (चूल्हा) (ekanchiyā (cūlhā)), आखर (ākhar), ओखरी (okharī), कटोरा (katorā), कटोरी (katorī), कठवत (kathavat), करसी (karasī), कड़ाह (karāh), कड़ाहा (karāhā), कड़ाही (karāhī), कराह (karāh), कराहा (karāhā), कराही (karāhī), कलछी (kalachī), कलछुल (kalachul), कलसा (kalasā), किरासन (kirāsan), किरासनतेल (kirāsanatel), कोइला (koilā), खल-मूसर (khal-mūsar), खुरना (चूल्हे में जलने के बाद जलावन का अंश) (khuranā (cūlhe men jalane ke bād jalāvan kā ans)), गगरी (gagarī), गागर (gāgar), गिलास (gilās), गुल (gul), गैस (रसोईगैस) (gais (rasoīgais)), गैसचूल्हा (gaisacūlhā), गोइँठा (goiṁthā), घानी (ghānī), घिरसिर (ghirasir), चउका (caukā), चउका-बेलना (caukā-belanā), चकरी (cakarī), चम्मच (cammac), चरँछिया (चूल्हा) (caramchiyā (cūlhā)), चलनी (calanī), चहछननी (cahachananī), चाकू (cākū), चिंउटा (cinutā), चिमटा (cimatā), चिमटी (cimatī), चिपरी (ciparī), चुहानी (cuhānī), चूल्हा (cūlhā), चौकी (caukī), छँछिया (chamchiyā), छननी (chananī), छनौटा (chanautā), छलनी (chalanī), छिपुली (chipulī), छिलनी (chilanī), छीपा (chīpā), छूरी (chūrī), छोलनी (cholanī), जग (jag), जरनाठी (jaranāthī), जाँता (jāmtā), जामन (jāman), झँझरी (छोटा छनौटा) (jhamjharī (chotā chanautā)), झींक (jhīnk), टब (tab), ठहर (thahar), डूभा (dūbhā), डूभी (dūbhī), डेकची (देग, देगची) (dekacī (deg, degacī)), डोका (काठ का कठौता) (dokā (kātha kā kathautā)), ढकना (dhakanā), ढकनी (dhakanī), ढेंका (dhenkā), ढेंकी (dhenkī), तमरुआ (tamaruā), तसला (tasalā), तस्तरी (tastarī), तावा (tāvā), थारी (thārī), दमकला (damakalā), दहेंड़ी (dahenrī), दुअँछिया (चूल्हा) (duamchiyā (cūlhā)), दुहौना (बाल्टी) (duhaunā (bāltī)), नपना (napanā), नदिया (nadiyā), नादी (nādī), पकड़ (pakar), पतुका (patukā), पतुकी (patukī), परथन (parathan), पलटा (palatā), पलोथन (palothan), परात (parāt), पहँसुल (pahamsul), पानी (pānī), पीढ़ा (pīrhā), पीढ़ा-पानी (pirhā-pānī), पोतना (potanā), फुँकनी (fumkanī), फुटहा (बरतन) (futahā (baratan)), फुलहा (लोटा, थारी आदि) (fulahā (lotā, thārī ādi)), बटलोही (batalohī), बरतन (baratan), बरतन-बासन (baratana-bāsan), बरहगुना (barahagunā), बाल्टी (bāltī), बासन (bāsan), बेलना (belanā), बेलन (belan), भभाकोदेई (bhabhākodeī), मग (mag), मग्गा (maggā), मथनी (mathanī), मथानी (mathānī), मर्तबान (martabān), माटीतेल (mātītel), रसोईगैस (rasoīgais), लकड़ी (lakarī), लवना (lavanā), लूँड़ा (lūmrā), लोटकी (lotakī), लोटा (lotā), लोढ़ा (lorhā), लेवन (levan), सँड़सी (samrasī), सिकहर (sikahar), सिंउठा (sinuthā), सितुहा (situhā), सितुही (situhī), सिल (sil), सिलबट्टा (silabattā), सिलवट (silavat), सिलौटा (silautā), सुराही (surāhī), सूप (sūp), हँड़िया (hamriyā), हँड़िया-पतुकी (hamriyā-patukī), हँसुआ (hamsuā), हाँड़ी (hāmrī), हीटर (hītar)।

22. पहनावा

अंगिया (angiyā), अँगोछा (aṁgochā), अँचरा (amcarā), अंडरवियर (andaraviyar), अचकन (acakan), अद्धी (addhī), अस्तर (astar), आँचर (āmcar), आस्तीन (āstīn), इस्तिरी (istirī), उटुंग utuang), उतारन (utāran), उल्टा बखिया (ultā bakhiyā), ऊन (ūn), ऊनी (ūnī), ओढ़ना (orhanā), ओढ़नी (orhanī), ओहार (ohār), कच्चा (सिलाई) (kaccā (silāī)), कच्छा (kacchā), कच्छी (kacchī), कछिया (kachiyā), कछौटा (kachautā), कढ़ाई (karhāī), कताई (katāī), कथरी (katharī), कमीज (kamīj), करघा (karaghā), कम्मर (kammar), कंबल (kaṁbal), कामदार (kāmadār), कालीन (kālīn), कोरा (korā), कुर्ती (kurtī), कोट (मर्दाना कोट, मेहररुई कोट) (kot (mardānā kot, mehararuī kot)), खलित्ता (जेब) (khalittā (jeb)), खादी (khādī), खूँट (khūmt), खोल (khol), खोली (kholī), गंजी (ganjī), गँड़तर (gamratar), गमछा (gamachā), गलइचा (galaicā), गाँती (gāmtī), गाँधीटोपी (gāmdhītopī), गारल (gāral), गुलबंद (gulaband), गेल्हा (gelhā), गोटा (gotā), घूँघट (ghūmghat), घूघ (ghūgh), चँदोवा (camdovā), चरखा (carakhā), चारखाना (cārakhānā), चित्तीदार (cittīdār), चित्तीमारल (cittīmāral), चिरकुट

(cirakut), चीकट (cīkat), चुटपुटिया (cutaputiyā), चुन्नट (cunnat), चुन्नटदार (cunnatadār), चून (cūn), चुनरी (cunarī), चुन्नी (cunnī), चूड़ीदार पैजामा (cūrīdārapaijāmā), चेंट (cent), चेक (cek), चोली (colī), छाड़ी (chārī), छींट (chīnt), जंघिया (janghiyā), जनेव (जनेऊ) (janev (janeū)), जांघिया (jānghiyā), जाजिम (jājim), जामा (jāmā), जारबन (jāraban), जोड़ा-जामा (jorā-jāmā), जेब (jeb), जेबी (jebī), झिमकी (jhimakī), झूला (jhūlā), टिपटाप (tipatāp), टेरलिन (teralin), टेरीकाट (terīkāt), टोपी (topī), डसौना (dasaunā), डासन (dāsan), तकली (takalī), तकिया (takiyā), तसर (tasar), तहमद (tahamad), तहबन (तही) (tahaban (tahī)), ताना (tānā), ताना-बाना (tānā-bānā), तुरपन (turapan), तुरपल (turapal), तोसक (tosak), तौलिया (tauliyā), थगली (thagalī), थान (thān), दरी (darī), दुपलिया (dupaliyā), दुलाई (dulāī), दुसाला (dusālā), धराऊँ (dharāūm), धोआ (dhoā), धोती (dhotī), धोअल (dhoal), धोआवल (dhoāval), धोकरा (dhokarā), धोकरी (dhokarī), नाड़ा (nārā), निगोटा (nigotā), निमस्तीन (nimastīn), पँचरंगचीरा (pamcarangacīrā), पँचरंगी (pamcarangī), पँड़खड़ (कपड़े का टुकड़ा) (pamrakhar (kapare kā tukarā)), पगड़ी (pagarī), पटम्मर (patammar), पटोर (रेशमी कपड़ा) (pator (resamī kaparā)), पहिरल-ओढ़ल (pahiral-orhal), पहिरावा (pahirāvā), पाँएट (pāmet), पाँचों-पोसाक (pāmcon-posāk), पाकिट (pākit), पाग (pāg), पाढ़ (pārh), पिको (piko), पिछौंड़ी (pichaunrī), पेटीकोट (petīkot), पेवन (pevan), पैजामा (paijāmā), पैजामी (paijāmī), पैताबा (paitābā), पोंछिटा (ponchitā), पोसाक (posāk), फचकारल (facakāral), फतुही (fatuhī), फराक (farāk), फराकसूट (farākasūt), फलालैन (falālain), फाल (fāl), फींचल (fīncal), फुफुती (fufutī), बखिया (bakhiyā), बगली (bagalī), बंडी (bandī), बनात (ऊनी कपड़ा) (banāt (ūni kaparā)), बनियान (baniyān), बटम (बटाम) (batam (batām), बाफता (बूटेदार रेशमी कपड़ा) (bāfatā (būtedār resamī kaparā)), बिछौना (bichaunā), बियहुती (साड़ी आदि) (biyahutī (sārī ādi)), बुर्का (burkā), भगई (bhagaī), भगवा (bhagavā), मच्छरदानी (maccharadānī), मफलर (mafalar), मरकीन (marakīn), मलमल (malamal), मसनद (masanad), मसहरी (masaharī), माँड़ी (māmrī), मिंयानी (minyānī), मिरजई (mirajaī), मुरेठा (murethā), मोजा (mojā), मोटिया (motiyā), मोहरी (moharī), रजाई (rajāī), रफू (rafū), रूमाल (rumāl), रेडीमेट (redīmet), रेसम (resam), रेसमी (resamī), लंगटे (langate), लँगोटा (langotā), लँगोटी (laṁgotī), लहँगा (lahaṁgā), लुंगी (lungī), लुगरी (lugarī), लुग्गा (luggā), लूगा (lūgā), लेवा (levā), लैस (lais), लोई (loī), लोहादेल (lohādel), सेरवानी (seravānī), सटुआ (satuā), सदरी (sadarī), सबुनावल (sabunāval), समीज (samīj), सलवार (salavār), सलवारसूट (salavārasūt), सलूका (salūkā), साफा (sāfā), साया (sāyā), साल (sāl), सिआई (siāī), सिलाई (silāī), सीयन (sīyan), सीयल (sīyal), सुइटर (suitar), सुजनी (sujanī), सूट (sūt), सूत (sūt), सूती (sūtī), स्कार्फ (skārf), हाफ पाँएट (hāf pāṁeṭ), हाफ सुइटर (hāf suiṭar), हेम (hem)।

❑❑❑